UTB 8712

W0108197

Eine Arbeitsgemeinschaft der Verlage

Böhlau Verlag · Wien · Köln · Weimar
Verlag Barbara Budrich · Opladen · Toronto
facultas · Wien
Wilhelm Fink · Paderborn
A. Francke Verlag · Tübingen
Haupt Verlag · Bern
Verlag Julius Klinkhardt · Bad Heilbrunn
Mohr Siebeck · Tübingen
Ernst Reinhardt Verlag · München · Basel
Ferdinand Schöningh · Paderborn
Eugen Ulmer Verlag · Stuttgart
UVK Verlagsgesellschaft · Konstanz, mit UVK/Lucius · München
Vandenhoeck & Ruprecht · Göttingen · Bristol
Waxmann · Münster · New York

Christina von Braun, Micha Brumlik (Hg.)

Handbuch Jüdische Studien

BÖHLAU VERLAG KÖLN WEIMAR WIEN · 2018

Gedruckt mit freundlicher Unterstützung der Stiftung Irene Bollag-Herzheimer, Basel, sowie des Selma Stern Zentrums für Jüdische Studien Berlin-Brandenburg (ZJS).

Bibliografische Information der Deutschen Bibliothek:

Die Deutsche Nationalbibliothek verzeichnet diese Publikation in der Deutschen Nationalbibliografie; detaillierte bibliografische Daten sind im Internet über https://portal.dnb.de abrufbar.

Online-Angebote oder elektronische Ausgaben sind erhältlich unter www.utb-shop.de.

Umschlagmotiv: El Lissitzky, „Und dann kam das Feuer und verbrannte den Stock", entnommen aus: Jüdischer Kulturbund Kiew, 1919; Farblithographie auf Papier, The Jewish Museum New York, USA. Foto John Parnell.

Einbandgestaltung: Atelier Reichert, Stuttgart
Lektorat: Adina Stern
Korrektorat: Ulrike Weingärtner, Gründau
Satz: büro mn, Bielefeld
Druck und Bindung: Friedrich Pustet GmbH & Co. KG, Gutenbergstraße 8, D-93051 Regensburg
Gedruckt auf chlor- und säurefreiem Papier
Printed in Germany

UTB-Band-Nr. 8712 | ISBN 978-3-8252-8712-2 | eISBN 978-3-8463-8712-2

Inhaltsverzeichnis

Einleitung

Die „Jüdischen Studien" – ein Begriff, der in Analogie zu den *Jewish Studies* des anglophonen Raums entstand – umfassen die Gesamtheit aller Lehrfächer und Forschungsprojekte, die für die Erforschung der jüdischen Geschichte, Philosophie und Religion von Bedeutung sind. Sie beinhalten mithin auch Fragen des Antijudaismus, der Nichtjuden betrifft, aber die jüdische Geschichte immer wieder und tiefgehend geprägt hat. Zu den Jüdischen Studien gehören auch Gebiete wie Memorialkultur, Recht, Ökonomie und Geschlechterrollen, die allesamt in den jüdischen Traditionen spezifische Ausprägungen erfuhren. Auch das Verhältnis von Schrift und Oralität ist Teil dieses Forschungsfelds. Die gesprochene und die geschriebene Sprache hatten einen prägenden Einfluss auf die Entwicklung der jüdischen Religion und Kultur. Weil zu den Jüdischen Studien auch viele „säkulare" Gebiete gehören – wie etwa Philosophie und Literatur, Zionismus und Diaspora – haben sie sich neben der traditionellen Judaistik etabliert, die, wenn nicht ausschließlich, so doch weitgehend, von den Fragen der Religion bestimmt ist. Die Jüdischen Studien bilden gewissermaßen das Ende einer historischen Entwicklung, die mit der Haskala, der jüdischen Aufklärung, begann, sich über die – vor allem in Berlin und Breslau entwickelte – „Wissenschaft des Judentums" fortsetzte, bevor der Nationalsozialismus dieser religiösen wie auch bekenntnisneutralen Tradition „des Jüdischen" ein brutales Ende setzte. Die Flucht vieler deutscher intellektueller Jüdinnen und Juden in die USA, nach Palästina oder nach Lateinamerika führte in diesen Regionen zur Weiterentwicklung dieses Gedankenguts des deutschen Judentums und trug in einigen Ländern schließlich zur Entstehung der *Jewish Studies* bei. Die sich seit ca. 1980 allmählich auch im deutschsprachigen Raum etablierenden Jüdischen Studien stellen einen Re-Import dieses aus Deutschland und Europa vertriebenen Gedankenguts dar.

Allerdings lässt sich im Land der Täter das Wort „jüdisch" kaum ohne den Begriff der „Shoah" denken. Insofern eignet den Jüdischen Studien des deutschen Sprachraums eine Dimension, die auch die Reflexion über die nichtjüdische deutsche Geschichte voraussetzt – mit einem Rückblick nicht nur in die nationalsozialistische, sondern auch die davorliegende Vergangenheit. Die „Wissenschaft des Judentums" etablierte sich in einem historischen Zeitalter, in dem an den deutschen Universitäten das Fach Geschichte seinen Einzug hielt – mit dem impliziten und oft auch expliziten „Auftrag", ein Bewusstsein und die psychologische Basis für die „deutsche Nation" zu schaffen. In Deutschland entwickelte sich der Nationalgedanke zunächst in akademischen Kreisen, bevor er auch bei anderen Bevölkerungsschichten Fuß fasste. Eines der Mittel, dem Nationalismus breite Zustimmung zu verschaffen, bestand darin, das „Jüdische" zu einem Synonym für „undeutsch" zu erklären. Gleichzeitig verlangte die Aufklärung nach Rationalität und nach neuen Kriterien der „Wissenschaftlichkeit" in der akademischen Forschung und Lehre. Die Entstehung der „Wissenschaft des Judentums" entsprach dem Versuch, sowohl dem Anspruch an Vernunft und Wissenschaftlichkeit gerecht zu werden als auch einen Rahmen zu entwickeln, der die Bewahrung jüdischer Traditionen innerhalb eines neuen antijüdischen Nationalismus zuließ. Die modernen Jüdischen Studien versuchen, an diese Tradition anzuschließen, doch angesichts des Zivilisationsbruchs durch die Shoah kann nur von einem Versuch die Rede sein. Vor allem aber werden sie – anders als ein Teil der *Jewish Studies* des anglophonen Raums – notwendigerweise immer die nichtjüdische Geschichte explizit oder implizit mitreflektieren.

Jüdische Studien gehören mittlerweile zum festen Bestandteil des akademischen Lebens an vielen deutschen, österreichischen und schweizerischen Universitäten. (Im Anhang haben wir die Studien-, Lehr- und Forschungsbereiche, im deutschsprachigen Raum aufgelistet. Die Liste erhebt keinen Anspruch auf Vollständigkeit, S. 493.) 2012 wurde mit Unterstützung des Bundesforschungsministeriums sowie der beteiligten Universitäten das *Zentrum Jüdische Studien Berlin-Brandenburg* (seit Oktober 2017 *Selma Stern Zentrum Jüdische Studien Berlin-Brandenburg*) gegründet, das der Entwicklung der Jüdischen Studien im deutschsprachigen Raum Rechnung zu tragen versucht. Zu den Gründungsmitgliedern gehören die Humboldt-Universität zu Berlin, die Freie Universität, die Technische Universität, die Universität Potsdam, die Hochschule für Musik Franz Liszt Weimar sowie das *Abraham Geiger Kolleg* und das *Moses Mendelssohn Zentrum* an. 2013 wurde die Viadrina (Universität Frankfurt/Oder) zu einem Mitglied des Verbundes (www.zentrum-juedische-studien.de). Während mit der an der Universität Potsdam angesiedelten *School of Jewish Theology* ein theologisch-religionswissenschaftlicher Zweig geschaffen wurde, orientiert sich der größere Teil des Zentrums an den bekenntnisneutralen akademischen Disziplinen, für die Stellen für Nachwuchswissenschaftler und -wissenschaftlerinnen geschaffen wurden. Einige dieser Stellen wurden inzwischen von den Universitäten verstetigt und werden für eine dauerhafte Verankerung der Thematik an den Berliner und Brandenburger Universitäten sorgen. In Heidelberg existiert schon seit 1979 die *Jüdische Hochschule,* an der ebenfalls „säkulare" wie theologische Inhalte vermittelt werden. In Hamburg wurde 1966 das *Institut für die Geschichte der deutschen Juden* gegründet, in Leipzig entstand 1995 das *Simon-Dubnow-Institut für jüdische Geschichte und Kultur* und in Graz das *Centrum für Jüdische Studien.* Diese Zentren sind nur einige der prominentesten Beispiele für das Interesse an Jüdischen Studien im deutschsprachigen Raum und deren Präsenz in akademischen Einrichtungen. Einige Universitäten – etwa die Universität Potsdam – haben auch Studiengänge für Jüdische Studien eingerichtet, die das Fach im BA und im MA anbieten.

Das Handbuch richtet sich an Studierende, für die die Jüdischen Studien oft Neuland darstellen. Es wird aber auch vielen Promovierenden, denen die inter- und transdisziplinäre Perspektive der Jüdischen Studien nicht notwendigerweise vertraut ist, ein Begleiter während des Promotionsstudiums sein. In übersichtlichen Aufsätzen, die nach den wichtigsten Stichworten geordnet sind, bietet das Handbuch eine erste Einführung und einen Überblick über die Gebiete, die sich in den Jüdischen Studien immer wieder als relevant erweisen. Für diese Beiträge konnten exzellente Wissenschaftler und Wissenschaftlerinnen verschiedener Universitäten und akademischer Einrichtungen gewonnen werden. Einer von ihnen, der evangelische Theologe und Filmexperte Werner Schneider-Quindeau, ist zu unserer großen Betroffenheit verstorben – nur

kurz, nachdem er uns seinen Beitrag geschickt hatte. Unsere Zielgruppe sind sowohl die Studierenden in den rabbinischen und christlich-theologischen Curricula und Lehreinrichtungen, für
die neben ihrer geistlichen auch eine allgemein akademische Ausbildung erforderlich ist, als
auch Studierende, die den Themen der Jüdischen Studien in einem bekenntnisneutralen Fach
wie etwa der Geschichte nachgehen. Darüber hinaus gibt es auch viele Studierende der Kulturwissenschaft, der Philosophie, der Kunstgeschichte oder der Literaturwissenschaften, die im
Laufe ihres Studiums immer wieder auf Fragen der deutsch-jüdischen und europäisch-jüdischen
Kultur und Geschichte stoßen. Und es gibt andere, die sich im Verlauf ihres Studiums der
bedeutenden jüdischen Anteile an der deutschsprachigen Kultur bewusst werden und darüber
Näheres zu erfahren suchen. In zahlreichen Fächern sind heute Texte und Fragestellungen aus
dem Bereich der Jüdischen Studien zu einem Teil des Kanons geworden, ohne dass sich die
Studierenden dieser Tatsache immer bewusst sind. Wir hoffen, dass dieser Band dazu beiträgt,
den Blick für diese Einflüsse zu schärfen.

In einigen Disziplinen und Einrichtungen, in denen Jüdische Studien zum Lehrplan gehören, wie auch in der Öffentlichkeit ist in den letzten Jahren eine Verschiebung des Interesses
spürbar geworden: Galt bis in die 1980er Jahre das Interesse vor allem dem Dialog zwischen
Judentum und Christentum, so richtete es sich seit den 1990er Jahren auf das Verhältnis der
drei monotheistischen Religionen und Kulturen zueinander – und dies auf theologischer wie
auf säkularer Ebene. Deshalb wird im Handbuch auch diese interreligiöse/interkulturelle Perspektive einbezogen. Diese Interessenverschiebung hat viel mit aktuellen und weltweiten Entwicklungen zu tun, die Themen wie Diaspora, Migration oder transkulturelle Erfahrungen
immer weiter in den Vordergrund treten ließen. In diesem Kontext kommt den Jüdischen
Studien eine besondere Rolle zu.

Wie ist es möglich – so könnte man eine der Fragen formulieren, die sich an die jüdische
Geschichte richten – wie ist es möglich, dass eine Kultur so lange und gegen so viele Widrigkeiten
und Verfolgungen Bestand haben konnte – und dies auch noch in der Zerstreuung? Aus den
Sichtweisen, die sich in den verschiedenen Beiträgen auftun, ergeben sich einige mögliche Antworten auf diese Frage. Sie verweisen einerseits auf die Beharrlichkeit eines religiös-kulturellen
Konzepts, das schon im 6. Jahrhundert v. u. Z. mit dem Exil in Babylon begann, wo ein Gutteil
der biblischen Texte wie auch die Lehren des Monotheismus ausformuliert wurden, und dann
mit der Zerstörung des Zweiten Tempels im Jahre 70 und dem Beginn der Diaspora von den
Rabbinen entwickelt wurde. Sie offenbaren andererseits aber auch ein hohes Maß an Flexibilität, das es den jüdischen Traditionen und Lehren immer wieder erlaubte, sich den aktuellen
historischen Gegebenheiten und kulturellen Kontexten anzupassen. Heute, wo sich weltweit
65 Millionen Menschen auf der Flucht oder in Migrationskontexten befinden, erweist sich diese
Frage auch für andere Kulturen von hoher Relevanz. Die aktuellen Bevölkerungsbewegungen –
sowohl bei denen, die zur Migration gezwungen sind, als auch bei denen, die Migranten auf-
nehmen – erzeugen kulturelle Begegnungen, die oft spannungsgeladen und konfliktreich sind,
sich in vielen Fällen aber auch als bereichernd erweisen. So bietet die jüdische Erfahrung, die
vieles von anderen Kulturen integriert, in diesen aber auch ihre Spuren hinterlassen hat, Erkennt-
nismöglichkeiten für eine Welt, in der sich keine Kultur mehr gegen die andere abzuschotten
vermag. In den letzten 2000 Jahren haben jüdische Gemeinschaften vorgelebt, wie es gelingen
kann, das Eigene zu bewahren, das Andere aber auch in die eigene Erfahrung zu integrieren.

Auf diese Weise werden die Jüdischen Studien zum Vorbild für politische Handlungsweisen und universitäre Forschungen, die sich mit Migration, Stereotypenbildung, Minderheitenschutz und interkulturellen Verflechtungen beschäftigen. Diesen Modellcharakter haben sie auch für die neu entstehenden Islamzentren, die u. a. klären müssen, wie eine europäische Kultur, die in der Nachfolge der Aufklärung steht, einer Kultur begegnet, für die die Aufklärung heute – wenn auch nicht früher – in erster Linie eine „westliche" oder „christliche" Erfindung ist. Die christliche Gesellschaft hatte viele der großen wissenschaftlichen wie philosophischen Innovationen der Renaissance den Importen aus dem islamischen Raum zu verdanken. Doch heute scheinen – aus Gründen, die modernen politischen Einflüssen zu verdanken sind – Begriffe wie „Emanzipation", „Selbstbestimmung" oder „Aufklärung" vielmehr Konfliktpotential zu bergen.

Das Handbuch teilt sich in zwei große Gebiete: Im ersten wird ein historischer Überblick über die Geschichte und Grundlagentexte des Judentums gegeben. Welche Rolle haben Tora und Talmud? Wie entwickelte sich das Judentum, als es unter den Bedingungen der Diaspora zu leben begann? Was waren die Bedingungen für eine Existenz, die von der Begegnung mit anderen Religionen, Kulturen und Traditionen bestimmt war? Und näher an unserer Zeit: Welche Verschiebungen fanden statt, als – unter den Bedingungen der *Haskala* – aus dem religiösen Begriff „jüdisch" ein kultureller wurde? Wie definierten Jüdinnen und Juden, die nicht mehr die Synagoge besuchten und sich dennoch als jüdisch verstanden, ihre Zugehörigkeit? Manchmal ist der Übergang von der einen zur anderen Definition fließend. In anderen Fällen – beim Begriff „Ritual" z. B. – war die Grenzziehung zwischen der religiösen und der kulturellen Selbstdefinition so groß, dass wir dem Begriff zwei getrennte Beiträge gewidmet haben: Im ersten wird das Ritual unter den religiösen Bedingungen beschrieben, im zweiten lässt sich nachverfolgen, wie religiöse Gewohnheiten eine neue, „aufgeklärte" Begründung erfuhren.

Solche kulturellen Verlagerungen vollzogen sich innerhalb jüdischer Denktraditionen schon lange vor dem Beginn der Aufklärung. Sie waren auch der Diaspora inhärent und wurden von den Rabbinen zunächst in mündlicher Exegese entwickelt, dann im Talmud verschriftet, bevor die Flexibilität der Auslegung zu einem integralen Bestandteil jüdischen Denkens wurde. Man könnte sogar behaupten, dass die Selbstreflexion einen festen Bestandteil der jüdischen Religion ausmacht und dass eben dieser Wesenszug auch den Schock der Aufklärung, die mit der Religion aufzuräumen versuchte, zu überstehen vermochte. Auf der einen Seite entstand in Reaktion auf die Aufklärung die jüdische Orthodoxie, die sich einer weiteren Flexibilität der Auslegung verweigerte – übrigens ein Prozess, der auch in der christlichen Gesellschaft sein Pendant fand: Der Begriff „Fundamentalismus", das sollte man nicht vergessen, taucht zunächst in der christlichen Gesellschaft (um etwa 1900) auf und stellte die Selbstbezeichnung einer evangelikalen Bewegung innerhalb des amerikanischen Christentums dar. Auf der anderen Seite wurde die Selbstreflexion aber auch zu einem Teil der modernen jüdischen Selbstdefinition und fand in zahlreichen nichtreligiösen Zusammenhängen, die von der Literatur, über die Kunst bis zur Psychoanalyse reichen, ihren Ausdruck. Viele der Texte der jüdischen Aufklärung entstanden im deutschsprachigen Raum und sind auf Deutsch geschrieben. Um diese Texte im Original lesen zu können, haben eine Reihe von ausländischen Wissenschaftlern und Wissenschaftlerinnen der *Jewish Studies* Deutsch gelernt. Dieses Interesse für die deutsche Sprache und Kultur kam dem Austausch mit der Forschung im Ausland und dem Aufbau der Jüdischen Studien in Deutschland zugute.

Die Selbstreflexion ist heute auch zu einem integralen Bestandteil der Jüdischen Studien geworden – und in Deutschland verbindet sie sich oft mit der Reflexion, die der Beschäftigung mit der deutsch-jüdischen Geschichte inhärent ist. Das dürfte das Spezifische der Jüdischen Studien in Deutschland sein: dass die Selbstzweifel, die sich mit der Erbschaft des National-sozialismus verbinden, in der Selbstreflexion der Erben jüdischer Traditionen einen Widerpart findet. Daraus ergeben sich völlig andere Perspektiven und Forschungsfelder als in den *Jewish Studies.* Hinzu kommt, dass in den USA überwiegend Forscher und Forscherinnen auf dem Gebiet aktiv sind, die sich selbst dem (religiösen oder kulturellen) Judentum zurechnen. In Deutschland dagegen kommen viele Forscher und Forscherinnen nicht aus einem jüdischen Elternhaus. Das ist in erster Linie die Folge der Vertreibung und Vernichtung jüdischen Lebens in Deutschland. Es hat in zweiter Linie aber auch Folgen für die Fächergruppe selbst wie auch für jene, die sich auf die Jüdischen Studien einlassen.

Bei den nichtjüdischen Forschern der Jüdischen Studien in Deutschland tun sich einige Unterschiede auf. Manche von ihnen entscheiden sich zur Konversion (womit sie sich aus ihrem bisherigen Kontext herauslösen und zum religiösen Judentum hinwenden). Andere gehen diesen Schritt nicht und suchen eher nach den Möglichkeiten eines Zusammenwirkens von jüdischer Selbstreflexion mit einer Reflexion über die nichtjüdische Erbschaft. Beide Herangehensweisen sind in Deutschland deutlich ausgeprägt. Zwar gibt es auch in den USA eine hohe Anzahl von Konvertiten – jeder sechste Bürger, der sich zum Judentum bekennt, ist Konvertit.[1] Aber diese Konversion hat zumeist einen ganz anderen Hintergrund. Oft hängt sie mit der Tatsache zusammen, dass der Ehepartner oder aber der Vater und nicht die Mutter jüdisch sind. Insgesamt sind die *Jewish Studies* in den USA weitgehend eine „jüdische Angelegenheit", was manchmal sogar zum Vorwurf (aus den eigenen Reihen) führt, dass es sich um ein „selbstaffirmatives" Studium einer „ethnischen" Gruppe handle, vergleichbar den *Afro-American Studies.*[2] Solche Debatten gibt es in den deutschen Jüdischen Studien höchstens in Andeutungen.

Generell stellt sich die Frage, ob ein Fach, das eine bestimmte Bevölkerungsgruppe mehr betrifft als andere, nur von Mitgliedern dieser Gruppe erforscht und gelehrt werden kann. Das entspricht etwa der Frage: Können katholische und protestantische Theologie nur von Gläubigen dieser Kirchen unterrichtet werden? In den meisten Fällen würde das wohl bejaht werden, weil es bei der Theologie auch um Glaubensinhalte geht. Ganz anders sieht es aber bei der Religi-ons*wissenschaft* aus, die keineswegs erfordert, Mitglied der erforschten Glaubensgemeinschaft zu sein. Die deutsche und europäische Wissenschaft des 19. Jahrhunderts hat sich keineswegs schwer getan, den Islam oder den Buddhismus zu erforschen und Urteile über das Judentum zu fällen, ohne den Standpunkt dieser Religionen einzunehmen. Inzwischen hat die Religions-wissenschaft einiges dazu gelernt – vor allem hat sie begonnen, die eigene Perspektive (und Voreingenommenheit) in die Forschung einzubeziehen und zu reflektieren. Diese Verschiebung der Sichtweise hat auch einen Teil der Theologie erfasst. An vielen (wenn auch keineswegs allen) theologischen Fakultäten des deutschen Sprachraums gibt es inzwischen auch religionswissen-schaftliche Lehrstühle. Einige von ihnen sind weiterhin missionarisch ausgerichtet, andere

---

1   1 in 6 adult US Jews are converts, Pew study finds, in: *Jerusalem Post,* 13. 5. 2015.
2   Vgl. etwa Hughes, Aaron W.: The Study of Judaism: Authenticity, Identity, Scholarship, New York 2013.

richten aber auch einen (vorsichtigen) Blick zurück auf den eigenen Glauben. Diese Entwicklung ist einerseits die Folge des Säkularisierungsprozesses, der die Kirchen zwang, den eigenen Glauben historisch-kritisch zu lesen. Es hat andererseits aber auch zur Folge gehabt, dass nichtchristliche, also etwa jüdische Forscher begannen, das Christentum unter die Lupe zu nehmen. Wäre heute ein *Handbuch Christliche Studien* denkbar? Das ist anzunehmen: etwa in Israel oder auch in einigen islamischen Ländern, soweit diese religionswissenschaftliche Forschung (aus der auch immer Reflexion über die eigenen religiösen Traditionen resultiert) zulassen. Die Tatsache, dass ein *Handbuch Christliche Studien* nur in Gesellschaften denkbar ist, wo das Christentum zur Minderheit gehört, indiziert schon die spezifische Situation eines solchen Handbuchs: Es beschäftigt sich mit einer Minorität. Im deutschen Fall kommen jedoch zwei weitere Faktoren hinzu: Erstens die Selbstreflexion über die christliche Erbschaft, die das Wort „jüdisch" nach der Shoah auslöst, und zweitens die Anerkennung, dass jüdische Denktraditionen (religiöser wie kultureller Art) eine eminent wichtige Rolle für die Geschichte Europas und Deutschlands gespielt haben. Das Handbuch, dessen Beiträge von Juden und Nichtjuden verfasst wurden, spiegelt diesen Sachverhalt wider.

Für die Geistes-, Sozial- und Kulturwissenschaften bieten die Jüdischen Studien viele Anregungen. Da es kaum ein Feld gibt, das von der Frage „Was ist jüdisch?" unberührt bleibt, eröffnen die Jüdischen Studien wie nur wenige andere Gebiete, die Möglichkeit, transdisziplinär zu denken und zu forschen. In dieser Hinsicht ähneln sie den *Gender Studies,* die sich als eine ähnlich breit gefächerte Querschnittswissenschaft verstehen, und sie haben auch viel gemein mit der Wissenschaftsgeschichte selbst, die auf einen „Blick von außen" angewiesen ist, um wissenschaftliche Paradigmen zu analysieren und Strukturen erkennbar zu machen. In der wissenschaftskritischen Perspektive liegt generell das wichtigste Potential der Human- und Geisteswissenschaften. Sie können zwar nicht mehr den Anspruch erheben, eine „Leitwissenschaft" zu sein, wie dies für die Fächer Geschichte und Philosophie im 19. Jahrhundert der Fall war. Eben deshalb sind sie aber auch zu einem wichtigen Faktor der checks and balances in der Wissenschaft geworden. Oft bleibt es den Sozial- und Geisteswissenschaften überlassen, die politische und gesellschaftliche Relevanz allgemeiner Forschungsfortschritte zu benennen und ins öffentliche Bewusstsein zu rücken. Die Skepsis, die den Jüdischen Studien inhärent ist, verstärkt diese Perspektive. Allerdings soll nicht bestritten werden, dass die Transdisziplinarität auch eines der Probleme der Jüdischen Studien darstellt, denn sie eröffnet ein Forschungsfeld, das in alle Bereiche und alle Disziplinen – mit ihrer jeweils eigenen Methodik – führt und das mithin schier unermesslich ist. Aus diesem Grund ist die Definition eines spezifischen Forschungsprojekts und einer genauen Forschungsfrage sehr wichtig: Ist der Fokus klar umrissen, erweist sich die transdisziplinäre Perspektive als großer Gewinn.

Das Handbuch kann und wird die umfangreichen wissenschaftlichen Forschungsergebnisse, die es auf dem Gebiet der Jüdischen Studien schon gibt, nicht ersetzen, noch kann es den Fragen in detaillierten Einzelstudien nachgehen. Vielmehr möchte es Interesse wecken, Türen öffnen und Lust darauf machen, sich in den deutschsprachigen Ländern – nach Jahrzehnten der Berührungsängste – auf das reiche und bereichernde Gebiet der Jüdischen Studien einzulassen. Insofern hoffen wir, dass das Handbuch auch für nichtakademische Leser und Leserinnen von Interesse ist.

Und noch ein Wort zur Transkription: Beim Lesen werden Sie bemerken, dass die Transkriptionen hebräischer Ausdrücke keinem einheitlichen Schema folgen. Der Grund hierfür liegt an der jeweiligen – je nachdem – deutschsprachigen oder englischen Referenzliteratur. Sie zu vereinheitlichen, fällt alleine deshalb schwer, weil damit die Wiedererkennbarkeit und Auffindbarkeit in der Referenzliteratur erschwert würde. Hierfür bitten wir um Verständnis.

Christina von Braun und Micha Brumlik, Berlin im Herbst 2017

1.   Grundsatzfragen

Die Zugehörigkeit zur jüdischen Gemeinschaft

Christina von Braun

„Jude ist, wer eine Jüdin zur Mutter hat" – die Gleichsetzung jüdischer Identität mit einer matrilinearen Deszendenz kannte das Alte Israel nicht.[1] Die Geschichten der Bibel erzählen von einer langen Kette von Vater-Sohn-Erbschaften, wie sie auch bei den anderen Völkern der Antike üblich war. Auch der in den christlichen Evangelien aufgeführte „Stammbaum" Jesu mit seinen 78 Generationen in rein männlicher Erbfolge ist ein typisches Beispiel für eine agnatische Linie. Weil König David laut Hebräischer Bibel von Gott die Zusage der „ewigen Thronfolge" erhalten hatte (2 Sam 7,12f), konstruieren das Lukas- und Matthäus-Evangelium für Jesus einen Stammbaum in rein männlicher Erbfolge, die ihn – der Weissagung entsprechend (Jes 11,1) – zum späten „Wurzelspross" des königlichen Hauses David macht. Die vier „Stammmütter", die in dieser Genealogie auftauchen, verdanken ihre Erwähnung nur dem Aussterben einer agnatischen Linie. Eine Ausnahme bildet einzig die unmittelbar letzte Generation, wo Jesus „aus dem Schoß einer Jungfrau" geboren, also „unbefleckt" gezeugt worden ist. Hier handelte es sich um eine Unterbrechung der Vater-Sohn-Erbfolge, die allerdings erst ab dem 3. Jahrhundert konstruiert wurde und letztlich ein Mittel darstellte, mit dem die Christen einerseits an der biblischen Patrilinearität festhalten, andererseits aber auch der rabbinischen Matrilinearität Rechnung tragen wollten und den Widerspruch schließlich durch eine neue göttliche Herkunft lösten.

Der Gegensatz von Judentum und Christentum, manchmal auch die Gemeinsamkeiten von Judentum und Hellenismus für die Antike, spielten ab dem 1. Jahrhundert eine wichtige Rolle bei der Entwicklung der jüdischen Gemeinschaft. Deshalb müssen bei der Beschreibung der Gemeinschaftsmerkmale und ihrer Veränderungen auch andere religiöse und kulturelle Entwicklungen berücksichtigt werden. Das Jahrhundert, in dem das Christentum geboren wurde, markiert auch den Beginn der jüdischen Diaspora. Von diesem historischen Moment an musste die jüdische Gemeinde nach ganz neuen Formen des Zusammenhalts suchen. Viele der Entscheidungen, die nun getroffen wurden, waren wiederum beeinflusst von der Abgrenzung gegen das Christentum wie auch vom Dialog mit der anderen Religion (siehe hierzu auch die Beiträge von Liliana Feierstein, S. 99 und Joachim Valentin, S. 125).

Die erste Basis des jüdischen Gemeinschaftszusammenhalts bildete die Hebräische Bibel, der heilige Text, der ab dem 6. Jahrhundert v. u. Z. allmählich kanonisiert, d. h. endgültig still-

---

1   „Biblisches Judentum" ist ein Begriff der Moderne. Selbst der Begriff „jüdisch" kommt in der gesamten Hebräischen Bibel nur zweimal vor. Ähnliches gilt auch für den Begriff „Religion". Die Gemeinschaft des Alten Israel sah sich selber eher als ein Volk. Siehe hierzu auch den Beitrag von Daniel Boyarin, S. 59.

gelegt wurde. Der Prozess begann mit Josija, König von Juda (638–608 v. u. Z.), wurde dann im babylonischen Exil um 587 v. u. Z. fortgesetzt und verwandelte die dann entstehende jüdische Gemeinschaft allmählich in die weltweit erste „textual community"[2]: Eine Volksgruppe definierte sich weder durch ein bestimmtes Territorium noch durch eine erbliche Herrscherdynastie, sondern durch eine heilige Schrift. Die hohe Bedeutung, die dem Text beigemessen wurde, schlug sich auf unterschiedliche Weise nieder: zunächst dadurch, dass mit den „Erzählungen" der Bibel zugleich Gesetze formuliert wurden. Die fünf Bücher Mose, die Tora, hatten als erste einen normativen Charakter. Ihnen wurden prophetische und weisheitliche Schriften zur Seite gestellt. Um etwa 100 u. Z. wurde endgültig festgelegt, welche hebräischen Schriften zum dreiteiligen Tanach gehörten (siehe hierzu auch den Beitrag von Elisa Klapheck, S. 81). Zunächst blieben noch griechisch übersetzte Bibelversionen neben dem Tanach bestehen, sie wurden später jedoch verworfen. Die Schrift war in mehrfacher Hinsicht von Bedeutung: einerseits als heiliger Text, andererseits setzten die Mystiker, vor allem die Kabbalisten des Mittelalters, die Tora aber auch mit Gott gleich (siehe hierzu auch den Beitrag von Karl Grözinger, S. 191). Andere sahen im heiligen Text „das Leben" repräsentiert. Eine Tora, selbst wenn sie zerlesen und zerrissen ist, darf nie „weggeworfen" werden; sie wird bestattet wie ein menschlicher Körper. Die Gleichsetzung von Tora und Leben findet auch darin ihren Ausdruck, dass manche kinderlose Paare der Gemeinde zum Ersatz eine Torarolle spenden: Durch diesen Beitrag soll das „Fortleben" der Gemeinde in der Schrift gesichert werden.

Der zweite Faktor des Zusammenhalts waren die Ritualgesetze: Sie lassen die vielen einzelnen Körper zu einem „Gemeinschaftskörper" zusammenwachsen. Viele der 613 Vorschriften richten sich an die Leiblichkeit: Das gilt insbesondere für die Beschneidung, die für die Zugehörigkeit zur jüdischen Gemeinschaft von zentraler Bedeutung ist. Es gilt aber auch für die Speisegesetze, den Umgang mit Sexualität, Niederkunft, Krankheit und Tod, und es gilt für die nidda-Gesetze, die sich auf das weibliche Blut (während der Menstruation und nach der Niederkunft) beziehen. Manche der Regeln (z. B. die zur Beschneidung und zur Reinheit) haben eine hochaufgeladene Symbolik, mit der sich Anthropologen wie Mary Douglas,[3] Kulturhistoriker wie David Biale[4] und viele Religionswissenschaftler auseinandergesetzt haben. Einige Vorschriften – vor allem die Sexualgesetze – zielen auf die Regulierung der Fortpflanzung und den physischen Erhalt der Gemeinschaft ab: Das Regelwerk der Sexualität unterstand dem wachsamen Auge der Priester, später der Rabbinen (siehe hierzu auch den Beitrag von Tamara Or, S. 255).

Der dritte Faktor des Zusammenhalts war die Bestimmung der Herkunft. In dieser Hinsicht setzte sich mit dem Beginn der Diaspora im 1. Jahrhundert u. Z. ein grundlegender Wandel durch, der den meisten sonstigen Entwicklungen in der antiken Welt konträr war: Das Judentum entschied sich für das Prinzip der Matrilinearität, d. h. eine Form von Vererbungskette, die in weiblicher Linie – von Mutter zu Tochter – verläuft. Um zu begreifen, wie es zu diesem Wandel kommen konnte, sind mehrere Stränge zu berücksichtigen, die hier zusammenwirkten:

---

2   Stock, Brian: The Implications of Literacy: Written Language and Models of Interpretation in the Eleventh and Twelfth Centuries, Princeton 1983.
3   Douglas, Mary: Reinheit und Gefährdung. Eine Studie zu Vorstellungen von Verunreinigung und Tabu, Frankfurt/Main 1988.
4   Biale, David: Blood and Belief: The Circulation of a Symbol between Jews and Christians, Berkeley 2007.

1. die Rolle der Kommunikationsmittel für die Entstehung von Gemeinschaftskohäsion; 2. die Charakteristika patrilinearer Erblinien und die sich davon abgrenzenden Eigenschaften jüdischer Matrilinearität; 3. das Verhältnis von Judentum und antiker Welt: Die Abgrenzung gegen Hellenismus und Rom ging später über in die Abgrenzung gegen das Christentum. Da bei jeder Form von Identitätskonstruktion – ob sie normiert ist oder nicht – die Abgrenzung gegen andere Identitäten von zentraler Relevanz ist, muss die Zugehörigkeitsdefinition auch immer das, was außerhalb der eigenen Grenzen angesiedelt wird, im Blick behalten. Was für die Reinheit gilt – es gibt keine positiven Reinheitsbestimmungen, sondern nur solche, die definieren, was „unrein" ist[5] – gilt auch für Zugehörigkeitsregeln.

Kommunikation

Entscheidend für den Faktor Kommunikation war das Schriftsystem. Die Heiligen Schriften aller drei monotheistischen Religionen – Judentum, Christentum und Islam (Der Koran nennt sie die „Religionen des Buches") – sind in alphabetischen, also phonetischen Schriftsystemen geschrieben: Im Gegensatz zu logographischen Schreibweisen, bei denen Bilder Worte oder Ideen repräsentieren, überträgt diese Schriftart gesprochene Laute in visuelle Zeichen. Der Vorgang impliziert einen kaum zu überschätzenden Abstraktionsschub, weil das Alphabet die gesprochene Sprache dem Körper entreißt und den „Lebenssaft" der gesprochenen Sprache, der nicht nur eine Gemeinschaft zusammenhält, sondern auch die psychische, emotionale und intellektuelle Verfassheit des Einzelnen prägt, auf eine körperferne Weise zirkulieren lässt. Nicht durch Zufall entstand mit diesem Schriftsystem, das im semitischen Alphabet seine früheste Ausgestaltung fand, auch zum ersten Mal ein Gott, der jenseits der physischen Welt verortet wird und der sich einzig in den Buchstaben der Schrift offenbart. Die Entwicklung des Alphabets begann um ca. 1500 und war um 1000 v. u. Z. voll entwickelt. In der Bibelforschung gelten die Geschichte von Moses und *Exodus* heute als „Erzählungen", mit denen nicht reale historische Ereignisse, sondern eine neue Weltinterpretation angeboten – oder ein Mentalitätswandel vollzogen – wurde. Trotz intensiver Forschung gibt es weder für eine Versklavung des jüdischen Volkes in Ägypten noch für eine Massenauswanderung archäologische Belege. (An Orten wie auf Elephantine, einer Flussinsel des Nil, gab es jüdische Siedlungen innerhalb Ägyptens, aber sie umfassten eine kleine Bevölkerungsgruppe, die auch nicht versklavt war.) Auch für die historische Existenz der Gestalt von Moses gibt es keine Belege, was noch dadurch befördert wird, dass er laut der Bibel an einem „unbekannten Ort" begraben wurde. Aber auch wenn sie keine historische Realität beschreiben, so können die „Erzählungen" der Bibel dennoch von einem historisch relevanten Sachverhalt handeln – und ein Faktor, an den *Exodus* erinnert, ist die Herauslösung eines neuen phonetischen Schriftsystems, des Alphabets, aus dem piktoralen System der ägyptischen Hieroglyphen und anderer antiker Schriftsysteme. Das hebräische Alphabet war das erste überhaupt und stellte einen radikalen Bruch mit den

---

5   Vgl. Braun, Christina von: Zum Begriff der Reinheit, in: *Metis. Zeitschrift für Historische Frauenforschung* I (1997), S. 7–25.

bis dahin bestehenden Schreibsystemen dar. Zwar war die Keilschrift ebenfalls eine Lautschrift (sie wurde um 3300 v. u. Z. von den Sumerern entwickelt, von Akkadern, Babyloniern, Assyrern, Hethitern und Persern verwendet und hielt sich bis ins 1. Jahrhundert) und auch die ägyptische Kursivschrift umfasste phonetische Zeichen, aber beide Schriftsysteme hatten den Nachteil, mit sehr vielen Zeichen zu operieren, während das Alphabet mit 20 bis 40 Zeichen auskam. Das machte es leichter erlernbar und hatte zudem den Vorteil, dass so gut wie jeder lesen und schreiben lernen konnte und somit Zugang zu Wissen hatte. Heute ist das Alphabet (in unterschiedlicher Gestalt) das weltweit meist verwendete Schriftsystem; die eigentliche „Mutter" aller anderen Alphabete ist jedoch semitisch.

> Das Erstaunlichste am Alphabet ist zweifellos, daß es nur ein einziges Mal erfunden wurde. Ein semitisches Volk oder semitische Völker schufen es um das Jahr 1500 v. Chr. im selben geographischen Raum, in dem auch die erste aller Schriften, die Keilschrift, auftauchte, allerdings runde 2000 Jahre später. […] Jedes existierende Alphabet – das hebräische, ugaritische, griechische, römische, kyrillische, arabische, tamilische malaysische, koreanische – rührt in irgendeiner Weise von der originären semitischen Entwicklung her.[6]

Zwar leiteten sich die Zeichen des neuen phonetischen Schriftsystems von den ägyptischen Hieroglyphen ab, aber sie verwendeten deren Bilder, um den Lauten visuelle Gestalt zu verleihen.[7] Natürlich ist das Alphabet nicht die einzige Wirkmacht, die zur Entstehung einer neuen Religionsform führte, aber seine Bedeutung für einen grundlegenden Mentalitätswandel der alten Welt ist kaum zu überschätzen.

Allerdings ist Alphabet nicht gleich Alphabet: Das semitische Alphabet schrieb nur die Konsonanten. Das bedeutet, dass dieses Schriftsystem nur *lesen* kann, wer auch die Sprache *spricht*. Das hat zur Folge, dass im Judentum der gesprochenen Sprache, neben der Heiligen Schrift, eine hohe Bedeutung beigemessen wird – ob in der Liturgie oder in der Exegese, die im Gespräch zwischen Gelehrten oder Lehrer und Schüler stattfindet. Der Text ist eine „Botschaft" aus dem Transzendenten, doch wie diese Botschaft *ausgelegt* wird, wird auf Erden und zudem oft mündlich ausgefochten, wenn auch einige der Erläuterungen später verschriftet wurden (siehe hierzu auch die Beiträge von Elisa Klapheck, S. 81 und Stefan Schreiner, S. 147). Eine kleine „Geschichte" aus dem Babylonischen Talmud illustriert auf anschauliche Weise dieses Verhältnis von Text und Sprechen: Mehrere Rabbinen streiten sich über die Auslegung einer Textstelle in der Heiligen Schrift. Rabbi Elieser sagt zu den anderen:

> „Wenn die Halacha meiner Meinung entspricht, so werden sie es vom Himmel her beweisen. Da ging eine Hallstimme hervor und sprach: was habt ihr mit Rabbi Elieser? Die Halacha ist auf jeden Fall wie er sagt. Da stellte sich Rabbi Jehoschua auf seine Füße und sagte: ‚Nicht im Himmel ist sie'. Rabbi Jirmeja sagte: daß die Weisung schon am Berg Sinai gegeben worden ist. Wir kümmern uns

---

6   Ong, Walter: Oralität und Literalität. Die Technologisierung des Wortes, übers. v. Wolfgang Schömel, Opladen 1987, S. 91.

7   Kallir, Alfred: Sign and Design: The Psychogenetic Sources of the Alphabet, London 1961, S. 243 (dt.: Sign and Design. Die psychogenetischen Quellen des Alphabets, Berlin 2002).

nicht um eine Art Stimme, denn schon am Berg Sinai hast du in die Weisung geschrieben: ‚Sich zur Mehrheit neigen‘.“[8]

Mit anderen Worten: Gott hat zwar die Gesetze geschrieben, aber ihre Auslegung bleibt den Menschen vorbehalten.

Ganz anders das griechische Alphabet, das 200 Jahre nach dem semitischen entstand und das über Hellenismus und das lateinische Alphabet Roms schließlich auch zum Schriftsystem des Christentums wurde: In Griechenland wurde im 8. Jahrhundert v. u. Z. das sogenannte volle Alphabet eingeführt, das je eigene Zeichen für Vokale und Konsonanten bietet. Dieses Schriftsystem bedurfte nicht der Oralität; folglich verlor die orale Kommunikation an Bedeutung: Sie wurde abgewertet und zugleich an die Normen der Schrift angepasst.

Dieser Unterschied zwischen den beiden Alphabeten hatte indirekt Einfluss auf Patrilinearität und Matrilinearität. In allen drei Religionen, deren Heilige Schriften in alphabetischen Schriftsystemen geschrieben sind, findet das jeweilige Verhältnis von Oralität und Schriftlichkeit in der Geschlechterordnung sein Spiegelbild: Die geschriebene (unvergängliche) Sprache wird der Männlichkeit zugeordnet, während der weibliche Körper die (flüchtige und wandelbare) gesprochene Sprache repräsentiert. Das volle Alphabet Griechenlands machte daraus eine grundsätzliche Dichotomie. Die christlichen Gelehrten des Mittelalters bezeichneten die (zumeist lateinischen) Schriften als „Vatersprache“, während sie die gesprochenen, regionalen Sprachen „Muttersprache“ nannten. Da dank des vollen Alphabets das Schrifttum das gesamte theologische Lehrgebäude umfasste, wurde „dem Vater“ so die *allein*zeugende Kraft zugewiesen. Das fand auch seinen theologischen Niederschlag. In den christlichen Lehren erzeugt ein Gottvater in Christus seinen „eingeborenen Sohn“. Dafür gibt es in der jüdischen Religion keine Parallelen: Gott ist der Schöpfer der Welt oder ihr „König“, der über die Menschen herrscht. Das Gottesbild der Hebräischen Bibel kennt auch einige anthropomorphe Beschreibungen – etwa die Hand oder das Auge Gottes. Aber Gott wird nicht als „Vater“ bezeichnet.[9] Auch gilt der „Messias“, auf den der Gläubige hofft, nicht als „Sohn Gottes“, er ist bestenfalls sein Abgesandter, geschweige denn, dass Gott einen Sohn in Menschengestalt zeugt. Eine solche Vorstellung ist für die jüdische Religion, in deren Zentrum die unüberwindbare Grenze zwischen Gottes Ewigkeit und menschlicher Sterblichkeit steht, undenkbar. Dieses theologische Konzept findet seine Parallele im Schriftsystem. Beim semitischen Alphabet blieb die geschriebene Sprache auf die gesprochene angewiesen, „um zur Welt zu kommen“.[10] Diese Offenheit gegen-

---

8   Die Anekdote ist dem Babylonischen Talmud entnommen, bekannt als „Lo Baschamajim hi“ („Sie ist nicht im Himmel“, die Tora). Es handelt sich um die Geschichte vom Ofen des Achnai (BM 59a–b). Den Hinweis verdanke ich Liliana Feierstein und Micha Brumlik.

9   Erst im rabbinischen Judentum, dessen Vorstellungen sich oft in Parallele oder in Abgrenzungen gegen das Christentum entwickelten, taucht gelegentlich ein „Vater“ in Gebeten auf, so im Gebet zum Versöhnungstag *Avinu Malkenu,* das zwischen 500 und 1000 entstanden sein soll. Vgl. Elbogen, Ismar: Jewish Liturgy: A Comprehensive History, Philadelphia 1993. Es handelt sich um eine erweiterte Ausgabe des ursprünglich deutschen Titels Der Jüdische Gottesdienst in seiner geschichtlichen Entwicklung, Leipzig 1913.

10   Braun, Christina von: Versuch über den Schwindel. Religion, Schrift, Bild, Geschlecht, München; Zürich 2000; Gießen 2016.

über der Oralität schuf einerseits die Voraussetzungen für die Flexibilität der Interpretation, war aber auch nicht irrelevant, als sich das Judentum in den ersten zwei Jahrhunderten für ein matrilineares Prinzip der Zugehörigkeit entschied. Dass die Schriftzeichen ohne eine (als weiblich) definierte Oralität nicht „funktionieren" konnten, hat es zweifellos erleichtert, dem weiblichen Körper auch eine Bedeutung für die Zugehörigkeit zur Gemeinschaft beizumessen.

Die Septuaginta stellte die Unterscheidung zwischen griechischem und hebräischem Alphabet zunächst in Frage. Es handelt sich um die älteste Übersetzung der hebräisch-aramäischen Bibel in die griechische Alltagssprache; sie entstand ab ca. 250 v. u. Z. im hellenistischen Judentum. Zuerst befassten sich die Übersetzer nur mit der Tora, dann aber auch mit den anderen Büchern, deren Übersetzung bis etwa 100 u. Z. vorlagen. Handschriften, die frühere Versionen der jüdischen Bibel wiedergeben, sind nur in Fragmenten erhalten. War die griechische Bibelübersetzung einem innerjüdischen Bedürfnis entsprungen (viele Juden, vor allem die von Alexandrien, verorteten sich selbst in der Kultur des Hellenismus) und von den Rabbinen zunächst gerühmt worden, so änderte sich das: „Als manche ungenaue Übertragung des hebräischen Textes in der Septuaginta und Übersetzungsfehler die Grundlage für hellenistische Irrlehren abgaben, lehnte man die Septuaginta ab."[11] Nach der Spaltung zwischen Christentum und rabbinischem Judentum im 1. Jahrhundert wurde im Judentum ausschließlich das hebräische Alphabet verwendet.

Die alleinzeugende Macht, die das volle griechische Alphabet der Schrift zuwies – die gesprochene Sprache sollte „nach ihrem Ebenbild" gestaltet werden – hatte nicht nur Rückwirkungen auf Philosophie und Wissenschaft, später auch auf die theologischen Lehren des Christentums; sie fand auch in den Zeugungstheorien der griechischen Klassik ihren Ausdruck. Laut Aristoteles enthält der männliche Samen alle Komponenten des Lebenskeims in sich, während der mütterliche Körper die „Materie" (von *mater*, Mutter) liefert, die durch dieses Prinzip „geformt" wird.[12] Aus diesem Konzept entwickelte sich wiederum die Vorstellung einer *männlichen* Blutslinie, die vom Prinzip einer *geistigen* Zeugung bestimmt ist. Von Griechenland ging sie später aufs Christentum über. Während einerseits die Rabbinen das Prinzip jüdischer Matrilinearität auszuformulieren begannen, entwickelte Paulus die Grundlinien einer „christlichen Genealogie". Zu diesen gehörte auch ein spezifisches Geschlechterverhältnis, das die Frau zur Schöpfung des Mannes erklärte. So lautete seine Begründung für die Forderung nach der Verschleierung der Frau im Gotteshaus: „Zwar darf der Mann seinen Kopf nicht verhüllen, denn er ist Abbild und Abglanz Gottes; die Frau aber [muß es tun, denn sie] ist Abglanz des Mannes. Es stammt ja [ursprünglich] nicht der Mann aus der Frau, sondern die Frau aus dem Manne."[13] Dass Paulus die biologische Realität derartig umkehren konnte, wird nur verständlich, wenn man an die Stelle von „Mann" und „Frau" die Begriffe „Schrift" und „Mündlichkeit" setzt: Im vollen, griechischen Alphabet ist die gesprochene Sprache nicht die Mutter der Schrift, sondern ihr „Abglanz". Die Schrift ist es, die die Sprache gestaltet, und diese Umkehrung wird an den Geschlechterrollen exemplifiziert. Kurz, die männlich-zeugende Macht, die dem geschriebenen Wort beigemessen wurde, war einer der Gründe dafür, dass in Griechenland und Rom das patrilineare Prinzip

---

11   Verband der Deutschen Juden (Hg.) (neu hg. von Homolka, Walter; Jacob, Walter; Ben-Chorin, Tovia): Die Lehren des Judentums nach den Quellen, Bd. 3, München 1999, S. 43 ff.

12   Aristoteles: Über die Zeugung der Geschöpfe, Buch I, Bd. 14, S. 71 f., S. 66 f.; Buch II, S. 81 f., 87 f.

13   1. Kor 11,7 f.

dominierte und dann auch vom Christentum übernommen wurde, das seine Schriftkultur vom Hellenismus und der lateinischen Sprache ableitete.

Die Bedeutung des Sprechens, das von der Leiblichkeit nicht zu trennen ist, bewirkte im Judentum, dass die leibliche Fortpflanzung von zentraler Bedeutung war, während für das Christentum die geistige (väterliche) Genealogie in den Vordergrund rückte und die leibliche ihr nachgeordnet wurde. Die Kirche interessierte sich wenig für die biologische Fortpflanzung – oder nur insofern, als diese dem Geist Realitätsmacht verlieh. Sie galt bestenfalls als „Investition" des Geistes.[14] Auf beiden Seiten übten die Geistlichen, Rabbinen wie christliche Priester, eine strenge Kontrolle über Sexualität und Genealogie aus. Doch das geschah mit unterschiedlicher Zielsetzung. Die Rabbinen wollten auf diese Weise den Erhalt der Gemeinschaft sichern. Bei den christlichen Priestern ging es eher um die *geistige* Fortpflanzung: im theologischen und später auch im akademischen Sinn von Vätern, die geistige Söhne zeugen.[15] Natürlich ist diese Darstellung „jüdischer" und „christlicher" Genealogien schematisch gedacht; die historische Realität war vielschichtiger. Entscheidend ist jedoch, dass diese Modelle eng mit den Schriftsystemen zusammenhingen und diese eine erhebliche Wirkmacht entfalteten.

Das Konsonantenalphabet war aber nur ein – und nicht einmal der entscheidende – Faktor bei der Entstehung jüdischer Matrilinearität. Wäre dies der Fall, hätte sich für den Islam eine ähnliche Entwicklung zur mütterlichen Abstammungslinie vollziehen müssen. Denn das arabische Alphabet schreibt ebenfalls nur die Konsonanten. Auch in der muslimischen Kultur spielt die Oralität eine wichtige Rolle und das hat auch einen gewissen Einfluss auf die Geschlechterordnung,[16] führt aber nicht zu einer weiblichen Erblinie. Die jüdische Matrilinearität hing vor allem mit den Bedingungen der Diaspora zusammen.

Das Prinzip Patrilinearität

Patrilinearität ist nicht gleich Patriarchat, ebenso wenig wie Matrilinearität mit Matriarchat verwechselt werden darf. Im einen Fall geht es um die genealogische Folge und die Einordnung der Kinder in eine Genealogie mit einer väterlichen oder mütterlichen Erblinie, im anderen um die soziale oder politische Vorherrschaft des einen Geschlechts. In matrilinearen Gesellschaften, die ihre Verwandtschaftsverhältnisse nach dem Gesetz der „Mutterlinie", „Mutterfolge" oder „uterinen Deszendenz" definieren, orientiert sich die Abstammung – mithin auch die Zuge-

---

14 Der Begriff der „Investition" kommt, wie das Wort schon sagt, aus dem Textilbereich und wurde auch im übertragenen Sinne, etwa für „Bekleidung eines Amtes", verwendet. Erst im 17. Jahrhundert, mit der Entstehung von Aktiengesellschaften und dem Papiergeld, wurde er auf den ökonomisch-monetären Bereich angewendet. Nach dieser Herleitung gilt die „Investition" als die Verkleidung des Geldes. In einem ähnlichen Sinne ist auch die Oralität für das griechische Alphabet eine Verkleidung der Schrift und die leibliche Fortpflanzung eine Materialisierung der geistigen Fortpflanzung.

15 Dazu ausführlicher Braun, Christina von: Blutsbande. Verwandtschaft als Kulturgeschichte, Berlin 2018.

16 Braun, Christina von; Mathes, Bettina: Verschleierte Wirklichkeit. Die Frau, der Islam und der Westen, Gießen 22007; siehe auch Braun, Christina von: Fundamentalismus und Geschlecht, in: Stollberg-Rilinger, Barbara (Hg.): „Als Mann und Frau schuf er sie". Religion und Geschlecht, Würzburg 2014, S. 165–180.

hörigkeit zu einer Gemeinschaft – an einer weiblichen Genealogie. Das Judentum, von dem die Hebräische Bibel erzählt, war patrilinear. Genau genommen handelte es sich bei der von den Rabbinen entwickelten jüdischen Matrilinearität auch um eine Mischform: Zwar wird die Zugehörigkeit zum Judentum seit der Diaspora in weiblicher Erbfolge bestimmt, doch die *Familien*zugehörigkeit orientiert sich an der väterlichen Seite. So etwa die Zugehörigkeit zum Stamm der „Kohanim", der in der Nachfolge von Aaron, dem Bruder von Moses, steht. Ähnliches gilt für die Zugehörigkeit zu den „Leviten", benannt nach dem Stammvater Levi, aus denen sich traditionell die Gelehrten der Gemeinde rekrutierten. Auch die Zugehörigkeit zum sephardischen oder aschkenasischen Judentum orientiert sich am Vater.

Im Fall der Patrilinearität werden Eigentum, soziale Eigenschaften (Ämter) und Familiennamen in väterlicher Linie vererbt. Diese definiert sich zwar als „Blutsverwandtschaft", faktisch ist dies aber kaum möglich, denn der sichere Vaterschaftsnachweis ist erst seit den 1980er Jahren möglich, dank der Erkenntnisse der Genetik. Die Unsicherheit der Vaterschaft ist einerseits der Grund für die strenge Monogamie patrilinearer Blutslinien; sie impliziert die Forderung nach einer strikten Bewachung der Frau. Andererseits tendieren patrilineare Gesellschaften zu einer „Vergeistigung der Manneskraft" oder zu Zeugungstheorien, wie sie von Aristoteles formuliert wurden. Im Rahmen der Patrilinearität entstehen so auch „genealogische Fiktionen", die etwa einem Herrscher (Alexander dem Großen) eine göttliche Herkunft bezeugen oder ein Herrscherhaus (die christlich-europäischen Dynastien) von „sakralem Blut" ableiten.[17] Das Phänomen bewirkt auch sogenannte genealogische Amnesien im Interesse einer Legitimierung gegenwärtiger Machtstrukturen. Die „genealogische Fiktion" erlaubt es, Idealmodelle zu entwerfen, die wiederum auf die realen Verwandtschaftsstrukturen zurückwirken. Das gilt etwa für die christliche Gesellschaft, der das Konzept einer „geistigen Zeugung" Christi als Rechtfertigung für kirchliche Genealogien diente.[18] Die „genealogische Fiktion" kann sehr viel leichter in patrilinearen Kulturen entstehen: Da diese den Beweis der Vaterschaft nicht erbringen können, entstehen Freiräume für Imaginationen.

Allgemein lässt sich sagen, dass die Patrilinearität Ausdruck einer Dominanz der Kultur über die Natur darstellt. Diese war prä-alphabetisch, wurde aber durch die der phonetischen Schrift inhärente Abstraktion verstärkt. Sigmund Freud hat den Zusammenhang zwischen kultureller Dominanz und Patrilinearität deutlich formuliert. Er bezeichnet den Prozess des „Kulturfortschritts" als „Wendung von der Mutter zum Vater" und als „Sieg der Geistigkeit über die Sinnlichkeit". Seine Erklärung für diese Parallelisierung: „Die Mutterschaft ist durch das Zeugnis der Sinne erwiesen, während die Vaterschaft eine Annahme ist, auf einen Schluß und auf eine Voraussetzung aufgebaut."[19] Der Vater repräsentiert also das „Prinzip Geist" aus dem einfachen Grund, dass sich die Vaterschaft nicht feststellen lässt. Die Zuweisung des Geistigen an den männlichen Körper basiert damit auf dem Prinzip des *pater semper incertus est,* das schon das römische Recht kannte. Das ist ein Indiz, dass die Patrilinearität nur so lange aufrechtzuer-

---

17 Kantorowicz, Ernst H.: Die zwei Körper des Königs. Eine Studie zur politischen Theologie des Mittelalters, München 1990.

18 Vgl. Braun: Blutsbande.

19 Freud, Sigmund: Der Mann Moses und die monotheistische Religion, Gesammelte Werke, Frankfurt/Main 1952 ff., Bd. XVI, S. 101–246, hier: S. 221.

halten ist, als sich die Vaterschaft nicht feststellen lässt. Da also die Patrilinearität auf dem *Unwissen* über die leibliche Vaterschaft beruht, wird sie heute – mit einer genaueren Kenntnis der Zeugungsvorgänge – auch in Frage gestellt. Dieser Hintergrund des patrilinearen Prinzips ist wichtig, um zu verstehen, warum das Judentum bei der Frage der erblichen Zugehörigkeit eine Richtung einschlug, der dem Rest der antiken Welt und auch der eigenen Vorgeschichte konträr war. Es könnte aber auch erklären, warum heute – zumindest im Reformjudentum – das rein matrilineare Prinzip in Frage gestellt wird.

Judentum und Hellenismus

Die Entscheidung zu einer „anderen" Erblinie hing eng mit der historischen Situation zusammen, in die das Judentum durch die Diaspora geriet. Diese begann schon lange vor der zweiten Zerstörung des Tempels, mit dem Exil in Babylon, wo nicht nur ein Teil der Bibeltexte formuliert und kanonisiert wurde, sondern auch ein Regelwerk entstand, durch das die jüdische Gemeinschaft in der Fremde zusammengehalten werden sollte. Die Kultur Babylons stellte eine geringere Bedrohung für die jüdische Gemeinschaft dar als der Hellenismus, dessen Kultur auf einem ähnlichen Schriftsystem und damit auf einem hohen Grad an Abstraktion basierte. Lange vor der Entstehung des Christentums war der spätere christlich-jüdische Konflikt im Gegensatz griechisch-jüdisch angelegt. Eines seiner Symptome waren die unterschiedlichen Rechtskulturen, die sich – wie später auch beim Verhältnis von Judentum und Christentum – sowohl in Parallele als auch in Konkurrenz zueinander herausbildeten.

Im 7. Jahrhundert v. u. Z. erklärte Josija das „Buch der Lehre" von Moses, Grundstock von *Deuteronomium,* zum Gesetzbuch. Laut Israel Finkelstein und Neil A. Silberman erhielt das Buch *Exodus* in der zweiten Hälfte des 7. oder Anfang des 6. Jahrhunderts v. u. Z. seine endgültige Form.[20] Das entspricht in etwa dem Beginn des babylonischen Exils (597 v. u. Z). Nur kurze Zeit später vollzog sich auch in Griechenland ein Prozess der Gesetzeskanonisierung: Ca. 575 v. u. Z. setzte Solon in Athen ein Regelwerk durch, das prägend werden sollte für die griechische Kultur. Josijas Kanonisierung der Tora markiert den Beginn eines praktizierten Monotheismus. Dieser war durchsetzbar, weil er auf der Wirkmacht der (bleibenden) Schrift basierte: Mit einem Buch des Gesetzes aus Mose Hand wurde es möglich, „ein für allemal vollendete Tatsachen zu schaffen, also jeden Versuch einer Kritik an den Maßnahmen bzw. einer Revision als gegen den erklärten und schriftlich nachprüfbaren Willen JHWHs zu brandmarken".[21] Nicht nur bestätigte die unvergängliche Schrift das ewige Wort Gottes, sondern als „Wort Gottes" konnte die Schrift auch ihrerseits Anspruch darauf erheben, für eine unwiderlegbare Gültigkeit zu stehen. Ähnlich konnte sich Solons Gesetzesreform, die in derselben Epoche und zu einer Zeit formuliert wurde, in der das griechische Alphabet auf das Denken Athens Einfluss nahm,[22] nur deshalb durchsetzen, weil sie schriftlich fixiert wurde.

---

20 Finkelstein, Israel; Silberman, Neil A.: Keine Posaunen vor Jericho. Die archäologische Wahrheit über die Bibel, München 82015, S. 61 ff., 82.

21 Baltrusch, Ernst: Die Juden und das Römische Reich, Darmstadt 2002, S. 27.

22 Vgl. Havelock, Eric A.: Als die Muse schreiben lernte, Frankfurt/Main 1992.

Die Zerstörung des davidischen Tempels und der Beginn des Exils in Babylon – eine erste diasporische Erfahrung – trugen zur Entwicklung einer spezifisch jüdischen Kultur bei und bewirkten, dass jüdische und griechische Denkwelten schon bald in Konkurrenz zueinander gerieten. Im babylonischen Exil entstand etwas Neues: „Ein Volk und eine Religion, die ihre Identität nicht von einem Land und einem Staat ableiten, sondern von Normen wie Beschneidung, Schabbat, Speisegesetzen und einer allgemeinen gemeinsamen Tradition, die unabhängig von einem bestimmten Land ist und überall gelebt werden kann.“[23] Gerade weil einige jüdische Gelehrte in der „Babylonisierung" (Anpassung an Babylon) eine Gefahr sahen, verstärkten sie das von Josija geschaffene religiöse Regelwerk. Die jüdische Gemeinschaft erhielt so eine erste diasporakompatible Konstitution mit Verfassung, Richtlinien usw. (siehe hierzu auch den Beitrag von Liliana Feierstein, S. 99).

Noch im 5. Jahrhundert trat der Unterschied zum Griechentum deutlich zutage. Im Jahr 457 v. u. Z. entsandte der persische Großkönig Artaxerxes I. zwei hohe Staatsbeamte, die der jüdischen Priesteraristokratie angehörten, darunter Esra, nach Jerusalem. Die Perser wollten eine Region beruhigen, deren Aufständische von Athen und dem Attischen Seebund unterstützt wurden. Esra wurde erlaubt, mit einer „Anzahl von Israeliten, Priestern, Leviten, Sängern, Torwächtern und Tempeldienern nach Jerusalem" zu reisen.[24] Im Jahr 440 riefen er und Nehemia die Bevölkerung von Jerusalem vor die Tore der Stadt und ließen die Tora laut verlesen. Hatte es vorher die Propheten gegeben, so begann mit Esra die Epoche der „Schreiber" und Schriftgelehrten. Sie legten den Grundstein für die Überlieferung der Schrift und machten sie zugleich verständlich.[25] Diese Tradition wird seither von den „Bibellesern" weitergeführt.

Bis zu dieser Aktion blieb die Heilige Schrift Insider-Wissen und ihr Inhalt den Priestern vorbehalten. Nun jedoch wurde die Tora nicht nur laut verlesen, sondern auch ausgelegt: Die Heilige Schrift wurde zum Allgemeinwissen der Gemeinde, und die Befähigung zum Lesen und Schreiben wurde zur Pflicht, zumindest für ihre männlichen Mitglieder. Bis dahin hatte keine andere Kultur oder Religion der alten Welt die allgemeine Schriftkundigkeit propagiert. Im Gegenteil: Je mehr sich die ägyptische Priesterkaste in ihrer Macht bedrängt fühlte, desto unzugänglicher machte sie die heiligen Texte – etwa durch die Vermehrung der Schriftzeichen.[26] Ganz anders bei der jüdischen Gemeinschaft. Dort lebte von nun an Gottes Wort in *jedem* einzelnen Körper seines Volkes, nicht nur bei den Gelehrten und Geistlichen. Im Buch *Exodus,* das in eben dieser Zeit verfasst wurde, heißt es: Die Israeliten „sollen erkennen, daß ich der Herr, ihr Gott bin, der sie aus Ägypten herausgeführt hat, um in ihrer Mitte zu wohnen".[27] Das bedeutet, so Alfred Marx, dass Gott sein Volk nicht aus Ägypten herausgeführt hat, „um seinem heimatlosen und unterdrückten Volk ein eigenes Land zu geben", sondern „um in seiner Mitte zu wohnen". Das Novum gegenüber der vorexilischen Zeit bestehe darin, dass Gott nicht

23 Olmer, Heinrich C.: Wer ist Jude? Ein Beitrag zur Diskussion über die Zukunftssicherung der jüdischen Gemeinschaft, Würzburg 2010, S. 41.
24 Esr, 7,7 ff.
25 Neh 8,8.
26 Assmann, Jan: Moses der Ägypter. Entzifferung einer Gedächtnisspur, München 1998, S. 159.
27 Ex 42–46.

im Tempel, sondern „inmitten Israel" wohnt. „Diese Wohnung wird jetzt zum Ort schlechthin der Begegnung zwischen Gott und seinem Volk."[28]

Für Toragelehrte wie Esra und Nehemia, die selbst der Herrscherschicht angehörten, bedeutete die allgemeine Zugänglichkeit der Heiligen Schrift einen erheblichen Machtverlust. Warum trafen sie dann eine solche Entscheidung? Vermutlich blieb ihnen gar keine andere Wahl: Im Mittelmeerraum hatte sich eine andere Kultur auszubreiten begonnen, und auch sie beruhte auf einem alphabetischen Schriftsystem. Die hellenistische Idee von Kultur erreichte zwar erst mit Alexander dem Großen den Punkt, „wo es möglich wurde, zu sagen, man sei Hellene nicht durch Geburt, sondern durch Bildung, so daß auch ein als Barbar Geborener ein wahrer Hellene werden konnte".[29] Doch schon lange vorher hatte der Hellenismus eine „kosmopolitische" Dimension und das griechische Denken eine „universalistische" Form angenommen, deren spezifisch „logische" Strukturen in das Denken des östlichen Mittelmeerraums einzudringen begann. Der Hellenismus breitete sich nicht in Form von Kolonisierung oder militärischer Unterwerfung aus, wie sie die Griechen zwar immer noch (aber immer weniger) betrieben; vielmehr stellte er eine Form von „geistiger Eroberung" dar, wie sie sich weder militärisch noch politisch je hätte herbeiführen lassen. Tatsächlich entfaltete der Hellenismus erst dann seine höchste Wirksamkeit, als Griechenland schon längst kein politisches oder militärisches Schwergewicht mehr war. Dadurch ergab sich eine weitere Ähnlichkeit von Hellenismus und Judentum. Nicht durch Zufall ist der Begriff „Diaspora", der heute zumeist mit dem Judentum verbunden wird, der griechischen Sprache entnommen: Die *Magna Graecia* stellte ein diasporisches Modell dar, das auf die damalige Welt großen Einfluss ausübte.[30] Eben weil es sich beim Hellenismus um eine geistige Eroberung und „universelles Modell" handelte, gab es eine bemerkenswerte Bereitschaft der „Besiegten", diese Kultur anzunehmen. Obgleich die Nichthellenen den Hellenen zahlenmäßig weit überlegen waren, kam es zur raschen Verbreitung der griechischen Sprache.[31] Sofern der Osten „überhaupt nach literarischem Ausdruck strebte", so Hans Jonas, musste er sich „in griechischer Sprache und Manier äußern".[32] In dieser Form begann der Einfluss Griechenlands auch auf die jüdische Kultur überzugreifen: Dafür spricht die Entstehung der *Septuaginta* und davon erzählen auch die *Makkabäer-Bücher,* in denen von Ereignissen aus dem 2. Jahrhundert v. u. Z. und den innerjüdischen Konflikten zwischen hellenisierten Juden und solchen, die sich dagegen auflehnten, berichtet wird.

Offenbar ging es den jüdischen Gelehrten aus Babylon um diese Anziehungskraft des Hellenismus. In Persien lebend, waren sie mit diesem schon früh konfrontiert worden. Für den Zusammenhalt der jüdischen Gemeinschaft stellte der Hellenismus, der dank des Alphabets eine gewisse Ähnlichkeit vorzuweisen hatte, eine größere Gefahr dar als die anderen umgebenden Kulturen.

---

28   Marx, Alfred: Opferlogik im alten Israel, in: Janowski, Bernd; Welker, Michael (Hg.): Opfer. Theologische und kulturelle Kontexte, Frankfurt/Main 2000, S. 129–149, hier: S. 140.

29   Jonas, Hans: Gnosis. Die Botschaft des fremden Gottes, hg. von Wiese, Christian, Frankfurt/Main 1999, S. 26.

30   Dubnow, Simon: Diaspora, in: Seligman, Edwin R. A.; Johnson, Alvin (Hg.): Encyclopaedia of the Social Sciences, Bd. 5, New York 1931, Bd. 5, S. 126–130, hier: S. 126.

31   Jonas: Gnosis, S. 34.

32   Ebd.

Dass es den jüdischen Gelehrten (wenn nicht ausschließlich, so doch auch) um die Abgrenzung gegen den Hellenismus ging, dafür spricht der Zeitpunkt der Entscheidung: Das Jahr 440 v. u. Z. fiel in genau jene Zeit, in der sich das griechische Alphabet endgültig etablierte. Das war die Zeit Platons, Euripides' und der griechischen Klassik, als die griechische Bevölkerung das Schreiben „gründlich interiorisiert" und die Schrift fähig geworden war, „die Bewußtseinsprozesse durchgängig zu beeinflussen".[33] Begann im Judentum mit Esra die Reihe der Schriftgelehrten und Bibelausleger, so setzte in Athen um dieselbe Zeit das Zeitalter der Sophisten ein, das Griechenland ein neues Zeitalter „der Gelehrten, der Gebildeten, der Männer des Buchs" bescherte.[34]

Ebenso wie mit der Normierung des griechischen Alphabets im Jahr 403 v. u. Z. das griechische Alphabet „zum zentralen Kulturträger des antiken Hellenismus" wurde,[35] schlug mit der lauten Verlesung der Tora, die „Geburtsstunde der Schrift". Für das Judentum, so der Historiker Yosef Hayim Yerushalmi, war dies aber „zugleich die Geburtsstunde der Exegese".[36] Zum Zeitpunkt der Eröffnung des Geheimwissens wurde einerseits die Tora „geschlossen"; sie hörte auf, in einem fließenden „Traditionsstrom" zu stehen, und nahm Kanon-Charakter an. Günter Stemberger setzt die Endredaktion der jüdischen Bibel mit etwa 400 v. u. Z. an. Ab dann war nur noch der dritte Teil der biblischen Sammlungen, die Hagiographen mit den Psalmen und Weisheitsschriften, noch nicht kanonisiert und stillgelegt.[37] Andererseits entstand zu diesem Zeitpunkt durch die Öffnung der Tora auch die Möglichkeit der vielfältigen Interpretationen; die allgemeine Zugänglichkeit hatte die Voraussetzungen dafür geschaffen. Das Terrain war bereitet, auf dem die Heilige Schrift zum „portativen Vaterland" eines jeden Juden werden konnte: Nicht der Text an sich, sondern auch die Möglichkeit, ihn immer wieder aktualisieren, wechselnden historischen und kulturellen Kontexten anpassen zu können, machte aus der Tora eine „Heimat in der Fremde". Indem jeder Jude für sich in der Schrift sein „Zuhause" finden konnte, war die Gemeinschaft weniger anfällig für die Anziehungskraft des Hellenismus. So etwa könnte man die eine Seite des Konzepts „Judentum in der Diaspora" beschreiben, das Esra und andere Gelehrte im babylonischen Exil entwickelt hatten.

Die andere Innovation galt der Herkunftslinie; sie vollzog sich parallel zur Öffnung der Tora. Mit Entsetzen hatte Esra festgestellt, dass die Juden Palästinas „fremde Frauen", d. h. Frauen aus anderen Kulturen geheiratet hatten. Weil sie, wie der gesamte Mittelmeerraum der Antike, in väterlichen Erblinien dachten, hatten viele jüdische Männer Nichtjüdinnen zur Frau genommen, denn deren jüdische Identität war unwichtig. Durch ihre Heirat gehörten sie automatisch zum Judentum, und ebenso wurde auch die Zugehörigkeit der Kinder zur israelitischen Gemeinschaft durch den Vater bestimmt. Offenbar sahen die babylonischen Priester jedoch in diesen Frauen, die in einer anderen kulturellen Tradition aufgewachsen waren, einen potentiellen Gefahrenherd. So schlug einer der Führer der Gemeinschaft, *Schechanja*, die Trennung der jüdischen Männer von ihren nichtjüdischen Frauen und den mit ihnen

---

33 Ong: Oralität und Literalität, S. 96.

34 Hénaff, Marcel: Der Preis der Wahrheit. Gabe, Geld und Philosophie, Frankfurt/Main 2009, S. 536.

35 Haarmann, Harald: Universalgeschichte der Schrift, Frankfurt/Main; New York 1991, S. 289.

36 Yerushalmi, Yosef Hayim : Reflexions sur l'oubli, in: ders. (Hg.): Usages de l'oubli. Colloques de Royaumont, Paris 1988, S. 7–21, hier: S. 15.

37 Stemberger, Günter: Einführung in die Judaistik, München 2002, S. 44.

gezeugten Kindern vor.[38] Ein Kind sollte nur dann als „jüdisch" anerkannt werden, wenn auch die Mutter jüdisch sei. Warum war den babylonischen Gelehrten so viel am matrilinearen Prinzip gelegen? Auch hier ist der Vergleich mit Athen aufschlussreich. Dort hatte Perikles ein neues Staatsbürgerschaftsgesetz eingeführt: Es wurde auf Personen eingeschränkt, die von einer Athenerin geboren wurden, die wiederum gesetzlich mit einem Athener verheiratet war. Das Athener Gesetz hatte wenig bis nichts mit einer Abgrenzung gegen das Judentum zu tun; es ging um die Abgrenzung gegen andere Griechen. In Jerusalem wiederum ging es um die Abgrenzung gegen die umgebenden (heidnischen) Kulturen. Dennoch ist es aufschlussreich, dass sich in beiden Alphabetkulturen fast zeitgleich ähnliche Strukturen durchsetzten, die sich allerdings in einem entscheidenden Detail unterschieden: Während sich aus dem Athener Gesetz eine patrilineare Abstammungsfolge entwickeln sollte, lief das Gesetz von Jerusalem auf eine mütterliche Abstammungslinie hinaus.

Das bedeutet nicht, dass Esra und die anderen Gelehrten eine neue Matrilinearität im Sinne hatten. Sie dachten in den alten Kategorien biblischer Patrilinearität, doch war ihnen an eindeutigen Zugehörigkeitsbeweisen gelegen. Gegen die Einführung einer allein matrilinearen Deszendenz spricht auch die Tatsache, dass in etwa derselben Zeit das *Buch Rut* verfasst wurde: „Als fiktionale Novelle in theologischer Absicht stellt sich das Buch Rut kritisch gegen die in Esra und Nehemia wiedergegebenen Positionen." Rut, die angebliche Urahnin des Königs David, ist Moabiterin und „wird trotzdem vom jüdischen Volk, dem sie sich anschloss, mit Liebe aufgenommen". Sie ist der lebende Beweis dafür, dass nicht „nur eine Familie, die über Generationen im Geist der Tora erzogen wurde, den Weiterbestand des Judentums gewährleisten könne".[39] Diese „fiktionale Novelle" wird freilich in einer Zeit verfasst, in der das jüdische Volk, zumindest in Palästina, festen Boden unter den Füßen hatte. Dagegen kannten Esra und Nehemia das Exil, und das ließ sie ein Modell entwickeln, das den Bedingungen der Diaspora entsprach und sich später auch als solches erweisen sollte.

Mit anderen Worten: Das „portative Vaterland" der Hebräischen Bibel wurde durch eine weibliche Blutslinie ergänzt. Auf diese Weise gehörte der einzelne Jude auch der Herkunft nach seinem Volk an. Da für diese Genealogie nur die Mutter in Frage kommt – *mater semper certa est* –, bot diese Abstammungslinie die notwendige Eindeutigkeit. Verkürzt gesagt: Im Exil substituierte der mütterliche Körper das „Heilige Land". So wie sich Heilige Schrift und Orthopraxie gegenseitig ergänzten, vervollständigte auch die weibliche Blutslinie die geistige Genealogie der väterlichen Schrift. Als Heinrich Heine sehr viel später die Heilige Schrift der Juden als „portatives *Vater*land" bezeichnete,[40] griff er mit seiner prägnanten Formulierung genau diese Zuordnung auf. Beides zusammen bildete für die Gelehrten aus Babylon die Basis für den Erhalt des Judentums in der Diaspora.

Die Ereignisse, die in den Büchern Esra und Nehemia beschrieben werden, offenbaren noch ein weiteres Spezifikum der jüdischen Situation. Die Gruppe der 1550 „Heimkehrer" aus dem babylonischen Exil, die völlig neue Grundlagen für die jüdische Identität und das normative Judentum formulierte, machte gerade mal drei Prozent der damaligen jüdischen Bevölkerung

---

38 Esr 10,2–4.
39 Olmer: Wer ist Jude, S. 67.
40 Heine, Heinrich, Sämtliche Schriften, München 1995, Bd. 4, S. 483.

aus. Es handelte sich um eine engagierte und vor allem hochgebildete Elite, die ihre persönliche Geschichte von Deportation und Heimkehr derart nachhaltig durchsetzen konnte, „dass die Bücher der Chronik im 4. Jahrhundert v. u. Z. erzählen konnten, das Land habe die ganze Zeit ihres Exils brachgelegen".[41] Der Alttestamentarier Klaus Bieberstein nennt dies eine zweischneidige Angelegenheit: „Denn einerseits integriert diese Geschichte vordergründig die zuhausegebliebene Unterschicht in das Schicksal der deportierten Oberschicht. Andererseits aber beraubt sie die zuhausegebliebene Mehrheit ihrer eigenen Geschichte und schließt jene unter ihnen, die auf ihrer eigenen Tradition beharren, als vermeintlich ‚Fremde' aus."[42] So lassen sich Esras und Nehemias Neuerungen auch unter „kolonialer" Perspektive lesen: Ein Blick in die Geschichte zeigt, dass orale Kulturen, wenn sie von schriftkundigen Kulturen überlagert werden, gegen diese keinen Bestand haben. Das galt auch hier, setzt man die Kultur der babylonischen Juden mit Schriftkundigkeit und die der Juden in Judäa mit Oralität gleich. Nur deshalb gelang es „einer kleinen, geschichtsschreibenden Minderheit im Laufe der Zeit, die Geschichte der Ansässigen durch die Geschichte der Heimkehrer zu verdrängen, ihre auf Distinktion bedachte Sicht durchzusetzen, die Bevölkerung des Landes als Hindernis in der Gottesverehrung zu diskreditieren, sozial zu marginalisieren und die Grenzen der Gemeinde durch Stammbaumpflege zu markieren und zu fixieren".[43]

Allerdings schränkt diese Sicht die Ereignisse auf einen *sozialen* Machtkonflikt ein. Gewiss, bei den Exilanten handelte es sich um Privilegierte, sie hatten in Babylon ein gutes wirtschaftliches Auskommen und waren, wie Nehemia und Esra, in die höchsten politischen Ämter aufgestiegen. Aber sie nutzten diese Bildung nicht wie die ägyptischen Priester zur Erweiterung ihrer Macht durch Geheimwissen. Vielmehr hatten sie – als Schriftgelehrte – begriffen, dass die jüdische Religion und Kultur nur überleben kann, wenn *alle* Mitglieder der Gemeinschaft zu Schriftkundigen werden, daher die Verlesung der Tora vor den Toren der Stadt. Erst durch diesen Akt schufen sie die Grundlagen für die Tradition der „mündlichen Tora" – und tatsächlich sollte sich bald zeigen, dass diese für das Überleben des Judentums von essentieller Bedeutung war. Das offenbarten schon die Konflikte unter der Herrschaft der Seleukiden. Hatten die Perser den Juden große Freiheit in der Ausübung ihrer Religion gelassen, so schränkten diese die jüdischen Gesetze ein und gaben z. B. den Handel am Schabbat frei. Als Antiochus Epiphanes (215–164 v. u. Z.), der in Rom eine griechische Erziehung genossen hatte, ein Edikt erließ, das es Juden untersagte, an ihrer Religion festzuhalten (die Beschneidung wurde verboten, die Tora sollte verbrannt werden), und sie zum Beweis ihres Gehorsams heidnische Opferhandlungen vollziehen ließ, kam es zum Aufstand der Hasmonäer, die einen eigenen jüdischen Staat gründeten. Die geflohenen Aufständischen gehörten zum großen Teil der Unterschicht von Jerusalem und der verarmten Landbevölkerung an. Angeführt wurden sie von einer niederen Priesterfamilie,

---

41 Olmer: Wer ist Jude, S. 72.
42 Bieberstein, Klaus: Grenzen definieren. Israels Ringen um Identität, in: Kügler, Joachim (Hg.): Bayreuther Forum TRANSIT, Impuls oder Hindernis? Mit dem Alten Testament in multireligiöser Gesellschaft. Beiträge des Internationalen Bibel-Symposiums Bayreuth 27.–29. September 2002, Münster 2004, S. 59–72, hier: S. 64.
43 Bieberstein, Klaus: Geschichten ziehen Grenzen. Esra, Nehemia und Rut im Streit, in: Küchler, Max; Reinl, Peter (Hg.): Randfiguren in der Mitte, Freiburg (Schweiz) 2003, S. 33–47.

den Makkabäern. Gehörte diese Schicht also einst den „Ungebildeten" an, so bildete sie nun das Rückgrat einer Bewahrung des Judentums.

Von dieser Zeit an wurde der „Befreiungskampf der Juden gegen die hellenistische Umklammerung"[44] auch zu einem innerjüdischen Konflikt zwischen den hellenisierten Juden und den Juden, die sich an die Tradition hielten. Das zeigte sich erneut im letzten vorchristlichen Jahrhundert: Als hellenistisch gesinnte Aristokraten in Jerusalem eine Stadt nach dem Vorbild der Polis schaffen wollten – mit Gymnasium und Ephebeion, d. h. Elite-Institutionen –, wurden sie von den anderen Juden bekämpft, die nicht nur ihrem Glauben treu bleiben wollten, sondern auch das allgemeine Recht auf Bildung einforderten.[45] Es kam also zum Aufstand gegen die „Schriftgelehrten", aber die Befähigung zu diesem Aufstand war letztlich den babylonischen Schriftgelehrten selbst zu verdanken, die schon im 5. Jahrhundert die allgemeine Zugänglichkeit der Tora durchgesetzt hatten.

Das Konzept der matrilinearen Definition von Jüdisch-Sein wurde allerdings erst nach der zweiten Zerstörung des Tempels im Jahr 70, als das gesamte jüdische Volk den Konditionen der Diaspora unterworfen wurde, von den Rabbinen aufgegriffen. Die Tatsache, dass man sich in dieser Situation eines Entwurfs erinnerte, der im babylonischen Exil entwickelt worden war, macht besonders deutlich, dass es bei der matrilinearen Blutslinie um die Diasporafähigkeit des Judentums ging. Die Rabbinen mussten nach Mitteln suchen, den Zusammenhalt einer verstreuten Gemeinschaft zu sichern, und Ende des 2. Jahrhunderts u. Z. legten die Verfasser der Mischna endgültig fest, dass Jude ist, wer eine Jüdin zur Mutter hat. Ihren Ursprung hatte diese Entwicklung in einer Zeit, als sich Juden im babylonischen Exil gegen die Anpassung an die fremde Kultur und den hellenistischen Einfluss zu schützen suchten. Als das matrilineare Konzept der babylonischen Gelehrten in den ersten Jahrhunderten zum zweiten Mal ausformuliert wurde, hieß der Gegensatz freilich nicht mehr Hellenismus, sondern Rom und vor allem Christentum.

Der Wechsel zur Matrilinearität im rabbinischen Judentum

Der Übergang von einer matrilinearen zu einer patrilinearen Gesellschaft fand in der Geschichte mehr als einmal statt. In vielen Fällen wurde er als Prozess der Vergeistigung beschrieben, so wie auch Sigmund Freud darin einen „Kulturfortschritt" sah. Seine Einschätzung ist umso erstaunlicher, als das Judentum, zu dem Freud sich bekannte, zu den wenigen Beispielen gehört, bei denen eine Gesellschaft von Patrilinearität zu Matrilinearität wechselte. Mit der Frage des jüdischen Übergangs zur Mutterlinie hat sich in den letzten Jahrzehnten eine Reihe von Forschern beschäftigt.[46] Einige von ihnen stellen sich heute die Frage, ob, angesichts des erheblichen demo-

---

44 Olmer: Wer ist Jude, S. 76.

45 Ebd., S. 74.

46 Cohen, Shaye J. D.: The Beginnings of Jewishness: Boundaries, Varieties, Uncertainties: Hellenistic Culture and Society, Los Angeles 1999; ders.: The Origins of the Matrilineal Principle in Rabbinic Law, in: *Association for Jewish Studies (AJS) Review* 10 (1985), S. 19–53; Mélèze Modrzejewski, Joseph: „Mutilare Genitalia". Römisches Recht und jüdische Matrilinearität, hg. von Fachbereich Rechtswissenschaft, Forschungsstelle für jüdisches Recht – Marcus Cohn, im Internet: http://www.juedisches-recht.de/rec_modrzejewski.php,

graphischen Rückgangs jüdischer Bevölkerungsanteile in den Ländern der Diaspora, nicht die Zeit gekommen sei, das strenge Regelwerk der matrilinearen Blutslinie aufzugeben und durch ein patrilineares Prinzip zu ergänzen – also auch die Kinder jüdischer Väter als Juden anzuerkennen. In einigen Gemeinden, etwa des amerikanischen oder britischen Reformjudentums wie auch im liberalen deutschen Judentum, hat sich dieses Prinzip schon durchgesetzt. Die Reformer machen freilich zur Bedingung, dass religiöse Bildung, Erziehung und Verständnis für das Judentum diese Möglichkeit ergänzen.

Die Erzählung über das biblische Judentum orientiert sich an der Patrilinearität und Patrilokalität: Die Söhne von Moses werden beschnitten, obwohl ihre Mutter Midianiterin ist. Der Tötungsbefehl des Pharao bezieht sich ausschließlich auf die männlichen Kinder (Ex 1,22). Historisch gab es in dieser Zeit für Frauen keine Konversion; entscheidend war der Familienstand. „Die ‚Konversion‘ einer fremden Frau zum Judentum bestand eben einfach darin, einen jüdischen Mann zu heiraten."[47] Auch die jüdische Frau, die in ein anderes Volk heiratete, wurde Teil der Kultur ihres Mannes. In einer Zeit, in der mehr oder weniger alle Gesellschaften dieses Kulturraums nach dem patrilinearen Prinzip organisiert waren, ergaben sich dadurch überschaubare Verhältnisse. Die Probleme traten erst mit der christlichen Religion auf, die die Taufe für Männer wie für Frauen zum „Entréebillett" in die Gemeinschaft machte – unabhängig von der Religionszugehörigkeit des Vaters oder des Ehemannes. Diese Neuerung implizierte für Frauen eine erhöhte Entscheidungsmacht, die dem frühen Christentum auch viel Zulauf von Frauen brachte (alleinstehenden wie verheirateten),[48] bis auch hier ein Regelwerk geschaffen wurde, das die Frauen entmündigte. Genau genommen schuf erst das christliche Versprechen der freien Entscheidung jenes Entweder-oder-Prinzip, das Jan Assmann als „mosaische Unterscheidung" und als das Ende der religiösen Toleranz der Antike bezeichnete.[49] Zwar ist es richtig, dass die jüdische Religion die Götter der anderen Religionen nicht duldete, aber wie das Beispiel der „weiblichen Konversion" zeigt, war es faktisch einfach, von einer anderen Religion, genauer: von einer anderen Gemeinschaft in die jüdische zu wechseln – und umgekehrt. Zwar galt diese Flexibilität nur für die Frauen, doch musste dies notwendigerweise Auswirkungen auf die Wahrnehmung religiöser Exklusivität haben. Vor allem aber: Religion wurde in dieser Zeit nicht als eine eigene Sphäre betrachtet, sondern war Teil eines Konglomerats von Sitten, Gesetzen, Wirtschaftsformen, die eine politische Gemeinschaft konstituierten (siehe hierzu auch den Beitrag von Daniel Boyarin, S. 59). Der Bezug war also weniger transzendental als der heutige Begriff von „Religion" unterstellt. Erst mit dem Christentum, das den Glauben in den Mittelpunkt stellte, nahm der Monotheismus wirklichen Ausschlusscharakter an.

Nach der Zerstörung des Zweiten Tempels, der Zerschlagung der jüdischen Gemeinde im alten Judäa und dem seit Hadrian sogenannten Palästina sowie dem Übergang zu einer

---

letzter Zugriff: 11. 06. 2017; Boyarin, Daniel: Dying for God: Martyrdom and the Making of Christianity and Judaism, Stanford 1999; Yuval, Israel: Zwei Völker in deinem Leib. Gegenseitige Wahrnehmung von Juden und Christen, Göttingen 2007.

47   Olmer: Wer ist Jude, S. 63.

48   Brown, Peter: Die Keuschheit der Engel. Sexuelle Entsagung, Askese und Körperlichkeit im frühen Christentum, München 1994; siehe auch Braun: Versuch über den Schwindel, S. 193–196.

49   Assmann, Jan: Die Mosaische Unterscheidung oder der Preis des Monotheismus, München 2003.

Existenz in der Diaspora, vollzog sich im Judentum der Übergang von Patrilinearität zu Matrilinearität, den schon die babylonischen Gelehrten angestrebt hatten. Zu dieser Zeit, so Dohmen und Stemberger, entwickelten die Gelehrten auch einen neuen Umgang mit der Heiligen Schrift. „Die Schriftauslegung vor 70 u. Z. war von einer gewissen Freiheit im Umgang mit dem Bibeltext geprägt, der noch in gewissem Maß fluktuierte und auch für die Auslegung vorbereitet werden konnte."[50] Man weiß nicht, so die Autoren, warum es damals so plötzlich zu einer Vereinheitlichung des Textes gekommen sei, aber sie vermuten, dass dies mit der Katastrophe im Jahr 70 „irgendwie zusammenhing", allerdings nicht unbedingt auf einen autoritativen Beschluss der frühen Rabbinen in Jabne zurückzuführen sei.[51] Jedenfalls kam das Prinzip der Matrilinearität in der Midrasch-Literatur der zweiten Tempelperiode praktisch nicht vor, was dafür spricht, „dass dieses Schrifttum mit dem matrilinearen Prinzip eben nicht vertraut war".[52]

Der Wandel von Patrilinearität zu Matrilinearität vollzog sich nicht von einem Tag auf den anderen. Philon von Alexandrien (20 v. u. Z.–50 u. Z.), der als Jude im hellenisch beeinflussten Ägypten lebte, formulierte in seinen philosophisch-pädagogischen Schriften ein Modell, das dem des Perikles für Athen nicht unähnlich war: Nur die Ehen sollten gültig sein, in denen beide Partner jüdisch sind.[53] Die Rabbinen entschieden sich schließlich für ein anderes Modell. Dabei versuchten sie, sich soweit wie möglich auf die biblischen Quellen zu beziehen, darunter *Deuteronomium* 7,3–4, wo von einer der gemischten Ehe innewohnenden Gefahr der Götzenverehrung die Rede ist. Ein explizites Verbot der Mischehe gab es nicht; schließlich war Moses selbst mit einer Fremden verheiratet: Zippora, Tochter des midianitischen Priesters Jetro (Ex 2,21). Die Aussagen von *Deuteronomium* zu den Gefahren der Mischehe sind jedoch so formuliert, dass vom nichtjüdischen Schwiegersohn eine „Gefahr" für die Tochter und deren Kinder ausgehen könnte. Die Kinder des Sohnes mit einer Nichtjüdin werden nicht erwähnt. Aus dieser „Lücke" leiteten die Rabbinen nun ab, dass die Kinder des Sohnes mit einer Fremden gar nicht erst als jüdisch galten. Damit konnten sie dekretieren, dass das Prinzip der Matrilinearität schon in *Deuteronomium* niedergelegt worden sei. Dort heißt es: „Dein Sohn, der von einer Israelitin geboren wurde, wird ‚dein Sohn' genannt, aber dein Sohn, der von einer Götzendienerin geboren wurde, wird nicht ‚dein Sohn' genannt: es ist ihr Sohn." In der Mischna formulierten die Rabbinen: „Dein Sohn ist nicht dein Sohn, wenn seine Mutter nicht Jüdin ist."[54] Damit wurde einerseits das matrilineare Prinzip neu eingeführt, andererseits aber auch in der Heiligen Schrift verankert – und dies mit einem geschickten Schachzug, der sich einer „verwirrenden Syntax" verdankte. „Diese Auslegung wäre nach dem griechischen Bibeltext nicht möglich gewesen, denn das darin enthaltene Futur *apostesei*, männlich und weiblich zugleich, kann sich gleichermaßen auf den

---

50 Dohmen, Christoph; Stemberger, Günter: *Hermeneutik der Jüdischen Bibel und des Alten Testaments*, Köln 1996, S. 75 f.

51 Ebd.

52 Cohen: *Beginnings of Jewishness*, S. 269 f.

53 Zitiert nach Furmann, Liliana: *Hypothesen zum Übergang von der biblischen Patrilinearität zur rabbinischen Matrilinearität*, in: *Freiburger Universitätsblätter* 172 (2006), S. 45–54, hier: S. 46.

54 Modrzejewski: *Mutilare Genitalia*, S. 18.

heidnischen Schwiegersohn wie auf die heidnische Schwiegertochter beziehen", so Joseph Mélèze Modrzejewskis Kommentar zu dieser Auslegung.[55] Eine Zeitlang wurde die Neuordnung noch von Teilen des Judentums bekämpft; Spuren dieser intensiv geführten Debatte finden sich im Talmud. Dann hatte sich die Lehre durchgesetzt und gilt bis heute als Regel des normativen Judentums.

Die neue Richtlinie hatte auch auf den sozialen Status von Kindern aus „Mischehen" Rückwirkungen. Laut der Mischna war der Nachkomme einer jüdischen Mutter und eines nichtjüdischen Vaters ein „Mamser" (Hurenkind).[56] Dasselbe galt für alle Kinder, die aus verbotenen Verbindungen stammten – bestimmte Formen von Inzest und außereheliche Verbindungen.[57] Das von den Tanna'im (den Weisen der Mischna) aufgestellte Gesetz bedeutete jedoch, dass das Kind einer jüdischen Mutter und eines nichtjüdischen Vaters ein Jude ist, wie seine Mutter – obgleich die Eltern keine nach jüdischem Recht anerkannte Verbindung *(kidduschin)* eingegangen waren.[58]

Das veränderte jüdische Regelwerk wies einige Ähnlichkeiten mit dem römischen Recht auf: Bei Beziehungen zwischen Männern und Frauen von ungleichem Stand folgte der Status des Kindes dem Elternteil mit dem niederen Status.[59] Im römischen Recht hieß dies, dass das Kind eines Sklaven oder einer Sklavin ebenfalls dem Sklavenstand angehörte, auch wenn einer der beiden Elternteile frei war. Im Judentum entschied diese Regel weniger über den sozialen Status als über die Zugehörigkeit zur jüdischen Gemeinschaft: Das Kind eines Juden mit einer Nichtjüdin folgt dem Status der Mutter.[60] Allmählich wurde so die Beziehung vom Vater zum Sohn der Zugehörigkeit zur Mutter untergeordnet.[61] Das römische Recht war jedoch nicht der Auslöser für die Veränderung.

> Anhand der Zeugnisse der Papyri, der Apostelgeschichte und Flavius Josephus läßt sich belegen, dass bei den Juden im ersten Jahrhundert unserer Zeitrechnung noch immer die patrilineare Abstammung geltendes Recht war. Ein Jahrhundert später, in der Mischna, gilt gerade die umgekehrte Regel: Das Prinzip der Patrilinearität ist zurückgetreten zugunsten der matrilinearen Abstammung, die die Halacha für die Zukunft, bis in unsere Tage, bestimmt.[62]

Es vollzog sich also eine völlige Umkehrung der Rechtsregeln, durch die die jüdisch-religiöse Identität neu definiert wurde. Allerdings galt dies nur für die Abstammung und Zugehörigkeit zur Religionsgemeinschaft. Denn das rabbinische Familienrecht, das über Verwandtschaftsbeziehungen und Erbschaft bestimmte, hielt sich weiterhin an die überlieferte Patrilinearität. Der babylonische Talmud ist dazu ganz explizit: „Die Familie des Vaters wird als die Familie

---

55 Ebd.
56 tQid IV, 16, zitiert nach Cohen: Beginnings of Jewishness, S. 277.
57 Olmer: Wer ist Jude, S. 88.
58 Ebd., S. 83.
59 Ebd., S. 85.
60 Modrzejewski: Mutilare Genitalia, S. 1.
61 Olmer: Wer ist Jude, S. 87.
62 Modrzejewski: Mutilare Genitalia, S. 3.

des Kindes angesehen, die Familie der Mutter nicht."[63] Auch das Priesteramt der Kohanim wurde weiter in väterlicher Linie vererbt. Eine solche Unterscheidung von Abstammungslinie und Verwandtschaftsverhältnissen blieb in der griechisch-römischen und christlichen Patrilinearität eher die Ausnahme; beim Judentum dagegen wurde es zur Regel und hing eng mit den Bedingungen der Diaspora zusammen.

Für die Motive der Rabbinen, diese Neuerung einzuführen, gibt es mindestens zwei sich ergänzende Erklärungen: erstens die neue Situation der „Staatenlosigkeit", zweitens die Abgrenzung gegen die neu entstehende Religion des Christentums, das sich einerseits auf die jüdische Tradition bezog, von dieser aber auch in entscheidenden Teilen abwich. Außerdem wird der Einfluss des römischen Rechts geltend gemacht.

> Entsprechend dem römischen conubium [durch das bestimmt wurde, welche Personen eine anerkannte Ehe eingehen können, CvB] gibt es im rabbinischen Recht die Bezeichnung Kidduschin. Die wesentliche Übereinstimmung, nämlich dass Kinder nach dem römischen Recht, die aus einer gemischten Ehe (also ohne conubium) hervorgehen, automatisch dem Status der Mutter folgen, entspricht genau dem Prinzip nach mKidd III,12.[64]

Sowohl im römischen als auch im jüdischen Recht gab es das Prinzip der rechtmäßigen Ehe, und in beiden Regelwerken richtete sich bei „Mischehen" der Status der Nachkommen nach der Mutter, weil die legale väterliche Abstammung fehlte. Dennoch unterschieden sich die Gesetze: Das römische Recht sah neben dem *conubium* auch das *justum matrimonium,* die legal vollzogene Ehe, vor – eine Bestimmung, die das jüdische Recht nicht kannte. Die Ähnlichkeiten der Rechtsbestimmungen dürften dazu beigetragen haben, dass die römische Herrschaft der jüdischen Änderung des Personenstands stattgab, „indem sie zuließ, dass die Zugehörigkeit zum Judentum und damit Volk und Religion sich nach der Mutter richtet".[65] Diese Konzession widersprach zwar dem eigenen Patrilinearitätsprinzip, doch im Römischen Reich gab es auch andere Völker und Städte, denen dieses Privileg zugestanden worden war. In griechischen Städten wie Troja und Delphi z. B. wie auch in Antinoupolis, einer im Jahr 130 von Hadrian in Ägypten gegründeten Stadt, ergänzte die Matrilinearität das Recht, eine rechtswirksame Ehe mit „Ägyptern" zu schließen.[66]

Das würde jedoch höchstens erklären, warum der Wandel durchsetzbar war, nicht die Motivation der Rabbinen zu dieser Entscheidung. Unbestreitbar waren gerade im 2. Jahrhundert die historischen Voraussetzungen für eine Orientierung am römischen Recht gegeben – Modrzejewski spricht von einer „zeitlichen Koinzidenz zwischen der Mischna, die um das Jahr 200 unserer Zeitrechnung schriftlich kodifiziert wurde, und dem römischen Recht im Zeitpunkt seiner größten Blüte".[67] Auch war das römische Recht gut vereinbar mit der Neuordnung des jüdischen Rechts. Gleichwohl dürften die Rabbinen andere Gründe für ihre Entscheidung

---

63 TB BB 109b, zitiert nach ebd., S. 2.
64 Olmer: Wer ist Jude, S. 95.
65 Modrzejewski: Mutilare Genitalia, S. 18.
66 Ebd., S. 15.
67 Ebd., S. 3.

gehabt haben. Ihr Hass auf die Römer, die Jerusalem zerstört und die Gemeinschaft zerschlagen hatten, war gewiss nicht geringer als ihre frühere Gegnerschaft zu den Griechen. Warum sollten sie sich dann ausgerechnet am römischen Recht orientieren?

Mehr Gewicht hat ein anderes Erklärungsmuster, das die Sicherheit der mütterlichen Abstammung in den Vordergrund stellte und über die Zugehörigkeit zur Gemeinschaft entscheiden ließ. Auf diese „Sicherheit" hätte schon das biblische Judentum setzen können. Dass es sich an die Patrilinearität der umgebenden Kulturen hielt, zeigt, dass es bei der Änderung um die Bedingungen der Diaspora ging. (Ganz aufgegeben wurde die Patrilinearität auch nicht, wie das Beispiel der geistlichen Ämter zeigt.) Allerdings wurde das neue matrilineare Prinzip nicht immer konsequent verfolgt. „Wurde eine Frau als Folge einer Vergewaltigung schwanger, so hat der Nachkomme den gleichen Status wie die Mehrheit der Bevölkerung, bei der die Vergewaltigung geschah. In diesen Fällen ist die Vaterschaft zwar sehr unsicher, aber die Rabbinen beurteilen die Nachkommen nicht matrilinear."[68] Aus diesem Beispiel lässt sich ableiten, dass mit der neuen Betonung der mütterlichen Deszendenz weniger die Sicherheit der Herkunft gemeint war als ein *positives* Bekenntnis zum Judentum. Diese Identität sollte als Teil einer Konstruktion verstanden werden, die das „portative Vaterland" der Heiligen Schrift mit dem weiblichen Körper als „sakraler Heimstätte" verband: Hatte Gott in der *Exodus*-Erzählung das Volk zu seinem Tempel gemacht, so fand sein Volk in der Zerstreuung eine neue „Wohnstätte" im Körper der Frau – eine Symbolik, die in den Gemeinschaftsallegorien vieler Kulturen und Völker auftaucht (von der Ecclesia über Israel als „Braut Gottes" bis zu den späteren Nationalallegorien). Hier jedoch hat sie nicht symbolischen Charakter, sondern verortet sich im realen Körper der einzelnen Frau.

Die neue Identitätskonstruktion war nur deshalb möglich, weil im Judentum durch die Staatenlosigkeit ein völlig neues Prinzip geistlicher Zuständigkeit entstanden war. Jochanan ben Zakkai gilt als der, der das jüdische Volk nach der Katastrophe von 70 in ein neues Zeitalter überführte. Schon seine Herkunft – er war nicht aus davidischem Geschlecht und auch kein Priester – prädestinierte ihn, Schöpfer einer *neuen* Sozialordnung zu werden. Dementsprechend stieß diese auch zunächst auf viele Widerstände, vor allem von Seiten der Priesterelites. Jochanan und die Gelehrten, die um ihn in Jabne versammelt waren, gelten als die Begründer des rabbinischen Judentums. Diese Rabbinen, so Günther Stemberger, waren „anfangs noch eine sehr kleine Gruppe, ohne direkten Rückhalt im Volk, eine elitäre Intellektuellenschicht, die mit öffentlichen Aufgaben nichts zu tun haben wollte".[69] In gewissem Sinne wiederholte sich also die Situation des 5. Jahrhunderts v. u. Z. – nur in Umkehrung. Damals kam eine kleine Elite von babylonischen Gelehrten, die der jüdischen Bevölkerung ein neues Identitätsmodell nahezubringen versuchten. Nun waren es nicht die Priester, sondern gewissermaßen „Autodidakten", die das neue Prinzip formulierten. Und diese intellektuelle Elite kam nicht aus Babylon, sondern bestand aus dem Judentum des alten Palästinas. Einige der überlebenden Priester, Leviten und Tempelbeamten, die nach der Zerstörung des Tempels ohne Amt, Funktion und öffentliche Macht waren, schlossen sich der Gruppe von Jabne an. „So versuchte ein Teil der

---

68 Cohen: Origins of the Matrilineal Principle, S. 41.
69 Stemberger: Einführung, S. 74.

Priesterschaft neben der aufstrebenden jüdischen Laiengelehrsamkeit, insbesondere durch die pharisäische Bewegung verkörpert, als konsolidierte Gemeinschaft fortzubestehen." In Jabne setzte man „das Studium der Tora an die Stelle des Tempelopfers" und maß ihm eine vergleichbare religiöse Bedeutung zu.[70] Es waren diese Intellektuellen, denen nichts anderes geblieben war als ihre Gelehrsamkeit, die die jüdische Lehre in eine „portative Religion" verwandelten.

Der Status der Gelehrten von Jabne legt noch eine dritte Erklärung für den Wandel zur Matrilinearität nahe. Micha Brumlik vertritt die Ansicht, dass er auch mit der Entmachtung der traditionellen Priesterschaft zusammenhing. Schon in den 200 Jahren vor dem Beginn der Diaspora war mit den Pharisäern eine neue Elite von Gelehrten herangewachsen, die in Jerusalem mit dem Hohepriester, den Kohanim und den Leviten um die Macht konkurrierten. Aus dieser Schicht rekrutierte sich ein Gutteil der Rabbinen von Jabne. Nach der Einführung der Matrilinearität wurden die geistlichen Ämter zwar weiterhin in männlicher Linie vererbt, doch es verband sich damit keine Macht mehr. „Von der einstigen Macht der Kohanim blieb im rabbinischen Judentum nicht mehr übrig als das Privileg, als erste zur Tora aufgerufen zu werden. Damit wurde auch die judäische Kastengesellschaft in eine meritokratische, d. h. in eine auf dem Verdienst des Lernens beruhende Gelehrtenrepublik umgewandelt."[71] Diese Erklärung leuchtet ein, zudem sie typisch ist für den Aufstieg neuer Bildungsschichten in alphabetischen Gesellschaften. In Griechenland stellte der Aufstieg der Sophisten ein ganz ähnliches, „auf dem Verdienst des Lernens" beruhendes Phänomen dar. Ausschlaggebend für das Prinzip der Matrilinearität dürfte jedoch die Frage des Zusammenhalts der Gemeinschaft in der Diaspora gewesen sein.

Auf der einen Seite kanonisierte diese neue geistige und geistliche Elite die jüdische Bibel, auf der anderen schuf sie die Grundlage für einen zweiten heiligen Text, den Talmud mit seinen Diskussionsbeiträgen, Geboten und Verboten, Interpretationen und Kommentaren. Dieser wurde zur Basis der Halacha, dem neuen Verhaltenskodex, der die Gesetze der Tora ergänzte oder auslegte. Daneben entwickelten sie auch neue Formen des Gottesdienstes, die zu Hause oder in der Synagoge stattfinden konnten, um den Tempelkult zu ersetzen. Die einzelnen jüdischen Gemeinden gewannen an Autonomie: Die einzige Voraussetzung für einen Gottesdienst war die Anwesenheit von zehn jüdischen Männern. Tatsächlich lebten Juden schon bald in unterschiedlichen Sprachgebieten und Kulturen und integrierten einige der fremden Traditionen in die eigene. Erst nach der Erfindung des Buchdrucks gab es mit dem Schulchan aruch („Gedeckter Tisch") des Josef Karo (1488–1575) und den ergänzenden Kommentaren von Moses Isserles den Versuch, einen einheitlichen jüdischen Kodex zu erstellen (siehe hierzu auch den Beitrag von Walter Homolka, S. 227). Das Buch wurde 1565 in Venedig gedruckt.

Das Lehrhaus von Jabne wurde zur Keimzelle eines neuen normativen Judentums, das sich in den ersten zwei nachchristlichen Jahrhunderten herausbildete. Zwar bestand das angesehene und erbliche Patriarchat von Jerusalem noch über fast vier Jahrhunderte, doch es hatte immer weniger Gewicht und erlosch endgültig im Jahr 429, als es durch das römische Gesetz beendet

---

70 Olmer: Wer ist Jude, S. 109.

71 Brumlik, Micha: Matrilinearität im Judentum. Ein religionshistorischer Essay, in: Wohl von Haselberg, Lea (Hg.): Hybride jüdische Identitäten. Gemischte Familien und patrilineare Juden, Berlin 2015, S. 19–33, hier: S. 32.

wurde. „Erst mit der Gründung des Staates Israel 1948 entstand ein neues, potentiell konkurrierendes Objekt der kollektiven Identifikation",[72] das das in Jabne entstandene Konzept des „portativen Vaterlands" – als heiliger Text *und* als „Heimatboden" im mütterlichen Leib – ablöste oder ergänzte (je nach Perspektive).

Die Beschneidung

Das römische Privileg zur Einführung der Matrilinearität „erscheint als Gegenstück zu der Erlaubnis, die Beschneidung an jüdischen Jungen vorzunehmen, die die Juden um 150 unserer Zeitrechnung durch das Reskript des Antoninus Pius erhielten", schreibt Modrzejewski.[73] Dies waren die beiden großen Konzessionen des Römischen Reichs an die „jüdische Identität". Die Beschneidung widersprach dem römischen Denken noch mehr als die Matrilinearität. Das hing einerseits mit der Rolle zusammen, die sie für die jüdische Zusammengehörigkeit (und die damit einhergehende jüdische Autonomie) hatte, andererseits aber auch mit deren vielschichtiger Symbolik: Die Beschneidung wurde, manchmal explizit, mit der Kastration gleichgesetzt – ein Eingriff, der in einer patriarchalen und patrilinearen Gesellschaft als Verbrechen galt. Das jüdische Recht auf Beschneidung folgte ganz offenbar einer anderen Vorstellung von Männlichkeit. Es hing nicht unmittelbar mit dem Prinzip der matrilinearen Abstammung zusammen, aber wurde gerade in der Diaspora zum zweiten leiblichen Distinktionsmerkmal.

Bevor auf die Auseinandersetzungen um die Beschneidung in Griechenland und Rom einzugehen ist, noch einige allgemeine Bemerkungen zur Symbolik dieses Ritus. Bei den (zum Teil heftigen und polemisch geführten) Debatten in Deutschland stand die Frage der Religion im Mittelpunkt. Faktisch ist der Ritus der Beschneidung aber viel älter als die jüdische Religion, geschweige denn als der Islam. Ägyptische Darstellungen zeigen, dass die Beschneidung schon vor ca. 4500 Jahren praktiziert wurde, d. h., der Ritus existierte schon mindestens 1500 Jahre, bevor von Monotheismus und Judentum die Rede sein kann. In einer späteren Zeit wurde sie zu einem Privileg ägyptischer Priester, als welche sie dann auch im griechischen und römischen Ägypten erhalten blieb.

Heute sind weltweit – die Zahlen schwanken – ca. drei von 20 Männern beschnitten. Aber nur bei den Juden ist der Eingriff religiöse Vorschrift (Gen 17,10–14; Lev 12,3). Bei Muslimen entspricht er keinem zwingenden Gebot, ist aber sozial erwünscht. Auch in den USA und England ist eine Mehrheit der Jungen beschnitten (jüdischer wie nichtjüdischer Herkunft), weshalb in Amerika und Großbritannien wie auch in Frankreich die deutsche Diskussion auf Unverständnis stößt. Die Begründungen, die die Befürworter der Beschneidung anführen, sind sehr unterschiedlich. Man kann rund zehn solcher Begründungen ausmachen, von denen einige aus dem Denken in Stammesgesellschaft kommen, andere einen religiösen Hintergrund haben und wieder andere den Ansprüchen einer modernen Wissenschaft und Psychologie geschuldet sind.

72　Olmer, Wer ist Jude, S. 100.
73　Modrzejewski: Mutilare Genitalia, S. 15.

1. Durch die Beschneidung werde der Unterschied zwischen Männern und Frauen betont.

2. Die sexuelle Potenz und Fruchtbarkeit des Mannes werde durch die Beschneidung gesteigert. (In Rom und Griechenland galt die Beschneidung dagegen eher als Symbol der Entmannung.)

3. Eine psychologische Begründung lautet, dass durch die Beschneidung die Trennung des Sohnes von der Mutter vollzogen werde. Indem der Vater dafür sorgt, dass der Sohn beschnitten wird, werde eine männliche Linie etabliert, die von Vater zu Sohn weitergegeben wird. Dass diese Begründung weder in Rom noch in Griechenland herangezogen wurde, kann als Beleg dafür gelten, dass die „Patrilinearität" in diesem Fall auf einem anderen Konzept von männlicher Linie beruhen muss.

4. In Gesellschaften, in denen die Beschneidung majoritär ist, kommt eine weitere psychologische Begründung dazu: das Bedürfnis, nicht anders auszusehen als andere Männer/Jungen.

5. In den modernen säkularen Gesellschaften wird die Beschneidung oft mit Hygiene begründet, was als Versuch zu lesen ist, sie in einen „aufgeklärten" Kontext zu überführen (siehe hierzu auch den Beitrag von Werner Treß, S. 335).

6. Im Islam signalisiert die Beschneidung vornehmlich Zugehörigkeit zum Clan, zur Familie oder zur Volksgemeinschaft.

7. Im Kampf gegen den Kolonialismus symbolisierte die Beschneidung auch die Abgrenzung gegen den kolonialen Eroberer und wurde zum Symbol für nationale oder kulturelle Autonomie. Das galt vor allem für den arabischen Raum.

8. Das Judentum war die einzige Gemeinschaft, die der Beschneidung eine religiöse Bedeutung zuwies: Sie wurde zu *dem* Symbol des Bundes zwischen Gott und dem Volk Israel. Angesichts der Nähe von Religion und Recht war sie also auch Zeichen der Volkszugehörigkeit. In der Bibel taucht sie zuerst als ein Ritual der Vorbereitung auf die Hochzeit auf (Gen 34,14–24; Ex 4,24–26), und sie bezieht alle Männer des Hauses ein, auch Sklaven, gleichgültig, ob sie dem Judentum angehören oder aus einer anderen Kultur stammen. Während des babylonischen Exils im 6. Jahrhundert v. u. Z. wurde die Beschneidung religiös „kanonisiert". Dass dies ausgerechnet im Exil geschah, deutet darauf hin, dass sie – wie später die Matrilinearität – unter Juden auch als Erkennungszeichen dienen sollte.

9. Der durch die Beschneidung symbolisierte Einschnitt in den männlichen Körper wird manchmal auch als Teil eines Opfaktes verstanden, der der Gewährung von Fruchtbarkeit – geistiger wie leiblicher Fruchtbarkeit – vorausgeht. In den Erzählungen der Bibel ist von der Beschneidung zum ersten Mal im Zusammenhang mit der (verhinderten) Opferung Isaaks die Rede (Ex 13,13). In dieser Erzählung ersetzt ein Opfertier den Sohn. Erst auf der Basis einer solchen Opferbereitschaft segnet Gott die Fruchtbarkeit und verspricht Abraham, dass sich sein Samen im Land Kanaan vermehren wird.[74]

10. Auch das Christentum eignete sich die Symbolik der Beschneidung an, lenkte den Sinn allerdings auf das Opfer der Passionsgeschichte Christi. Wenn Paulus von der „Beschneidung des Herzens" sprach (Rom 2,25–29) und damit die Reinheit von Seele und Geist meinte,

---

74 Zum Zusammenhang Opfer und Fruchtbarkeit vgl. Braun, Christina von: Der Preis des Geldes, Berlin 2012, S. 43–51.

so griff er damit noch eine Analogie des beschnittenen Glieds mit dem beschnittenen Herz auf, von der schon bei Jeremia (Jer 4,4) die Rede war. Wenn jedoch der Heilige Ambrosius (339–397) in der Beschneidung Jesu den Beginn der Passionsgeschichte sah, so war damit eine Christianisierung des Ritus verbunden. In einem ähnlichen Sinne bezeichnete auch der englische Benediktinermönch Beda (673–735) die Beschneidung als Vorwegnahme der endgültigen Reinigung „von allen Flecken der Sterblichkeit". Wir freuen uns, so verkündete er, auf „unsere wahre und völlige Beschneidung, wenn am Tag des Jüngsten Gerichts alle Seelen die Verderbnis des Fleisches überwunden haben".[75]

Die Debatten in der Antike um die Beschneidung haben einige Ähnlichkeiten mit den heutigen in Deutschland: Damals wie heute ging es um die Frage der Verletzung des Körpers. Die antike Ablehnung der Beschneidung nahm in dem Maße zu, in dem sich der Hellenismus als Kultur und das Römische Reich als Staat etablierten. Die Griechen wussten – vor allem durch Herodot (5. Jahrhundert v. u. Z.) – vom Ritus der Beschneidung bei „anderen Völkern". Herodot, der sich kaum eine Chance entgehen ließ, die Überlegenheit der Griechen gegenüber anderen Völkern hervorzuheben, sah darin einen barbarischen Brauch, der allenfalls mit der „Hygiene" zu erklären sei. Er verwechselte Reinheit (die in der Religion auf das Sakrale verweist) mit Hygiene (Sauberkeit).[76] Einige Völker, so etwa die Phönizier, schreibt Herodot, übernahmen den Brauch zunächst von den „Syrern aus Palästina" (womit er die Juden meinte), gaben ihn aber auf, als sie mit der höheren Kultur der Griechen in Kontakt kamen.

Als sich mit den makkabäischen Unruhen der Konflikt zwischen Hellenismus und Judentum zuspitzte, gab ein Teil der Juden die Beschneidung auf, manche verbargen sogar das beschnittene Glied mit Hilfe falscher Vorhäute, bis diese Praxis verboten wurde. In den Jahrzehnten vor der Zerstörung des Tempels, zur Zeit des griechischen Geschichtsschreibers Strabo (63 v. u. Z.–23 u. Z.) verschärfte sich die Ablehnung der Beschneidung; sie wurde nun explizit mit der Kastration verglichen – ein Vergleich, der von römischen Schriftstellern wie Tacitus aufgegriffen und in eine allgemeine antijüdische Polemik überführt wurde.[77]

Nach der Zerstörung des Tempels mussten die Weisen von Jabne um das Recht auf Beschneidung kämpfen. Es wurde ihnen von Rom schließlich unter der Bedingung eingeräumt, dass ausschließlich die eigenen Söhne – aber weder Sklaven noch Konvertiten – davon betroffen seien. Auch der Priesterschaft in der römischen Provinz Ägypten, die die Beschneidung praktizierte, bereitete Rom Schwierigkeiten. Ab dem 2. Jahrhundert wurde der Ritus unter die Aufsicht der römischen Autorität gestellt, die willkürlich vorging: Ein kaiserlicher Prokurator, der die religiösen Kultgemeinschaften kontrollieren sollte, erteilte die Genehmigung – oder auch nicht. Es kam zu aufwendigen Verfahren, weil es sich um eine „Ausnahme von einer reichs-

---

75 Zitiert nach Steinberg, Leo: The Sexuality of Christ in Renaissance Art and in Modern Oblivion, Chicago; London ²1996, S. 53.

76 Dieser Verwechslung begegnet man auch im innerjüdischen Kontext in den Debatten des 19. Jahrhunderts um die Beschneidung. Dort wird die Hygiene oft von aufgeklärten Juden als Rechtfertigung für die Beschneidung angeführt.

77 Modrzejewski: Mutilare Genitalia, S. 6.

weiten gesetzlichen Bestimmung" handelte, mit der die zunehmende Praxis der Kastration von Sklaven bekämpft werden sollte. Unter Nerva im Jahr 97 erging ein Senatsbeschluss:

> Er drohte die Konfiszierung der Hälfte des Vermögens einer Person an, die einen Sklaven der Kastration ausliefert. Ebenfalls durch einen Senatsbeschluß, der wohl unter Trajan gefaßt wurde, erhöhte man die Strafe für Kastration auf Deportation und gleichzeitig komplette Konfiszierung des Vermögens. Dies stützte sich auf die lex Cornelia de sicariis et ueneficiis, ein altes Gesetz von Sulla (81 vor unserer Zeitrechnung), das Mord und Vergiftung unter Strafe stellte und bis in die Zeit von Justinian in Kraft blieb.[78]

Unter Kaiser Hadrian (76–138) wurde das Verbot nochmals verschärft: Chirurgen, die den Eingriff vornahmen, und Personen, die sich dazu bereit erklärten, drohte die Todesstrafe. In dem hadrianischen Edikt wurde zur Bezeichnung der Kastration der Begriff *excidere* (ausschneiden, abschneiden) verwendet. Da dieser Begriff auch auf die Beschneidung Anwendung fand, war diese nun auch vom Gesetz betroffen. „Das Recht schrieb so die Verwechslung fest, die bezüglich der ‚genitalen Manipulationen‘ in den Köpfen herrschte und die sich bei den griechischen und römischen Autoren widerspiegelt."[79]

Die Proteste gegen das Gesetz führten schließlich zu Ausnahmeregelungen, die zunächst den ägyptischen Priestern (um 120), später auch den Juden zugestanden wurden. Modrzejewski weist zu Recht darauf hin, dass das Edikt des Hadrian nicht zwingend in Verbindung gebracht werden kann mit dem Kampf gegen die jüdische Selbstbestimmung: Es wurde mehr als eine Dekade *vor* dem Bar-Kochba Aufstand (132–135) erlassen. Doch das Gesetz trug dazu bei, die Vorurteile gegen die Juden zu schüren, indem es die Verwechslung von Beschneidung und Kastration beförderte. Unterschwellig griff es damit auch schon einen Gedanken auf, der später sowohl im christlichen Antijudaismus als auch im rassistischen Antisemitismus eine wichtige Rolle spielen sollte: der Gedanke, dass die Andersheit der Juden „irgendwie im genitalen Bereich" zu verorten sei.[80] Diese Vorstellung war wiederum geprägt von der Wahrnehmung, dass Begriffe wie Vater und Mutter – und damit einhergehend die Blutslinie – im Judentum eine andere Bedeutung hatten, als dies für Griechenland, Rom und das Christentum der Fall war. Indem die jüdische Gemeinde das Prinzip der Matrilinearität einführte, bestätigte sie, dass ihrer „Andersheit" auch geschlechtliche Codes zugrunde lagen. Ihr selbst ging es aber um das Überleben der Gemeinschaft: Für Juden ergänzte die Entscheidung zur Matrilinearität das Zeichen der Beschneidung – auf symbolisch-religiöser wie auf historischer Ebene.

Die Entscheidung zur Matrilinearität war auch aus anderen historischen Gründen überlebenswichtig, und hier zeigte sich deutlich der Zusammenhang zur Beschneidung. Während der Kriege gegen die Römer waren viele jüdische Frauen vergewaltigt worden; ihre Kinder mussten in geordneter Weise ins Judentum überführt werden. Zugleich gab es einen dramatischen Männermangel; viele Witwen und unverheiratete Frauen blieben unversorgt. Dieses Problem hätte zwar vorübergehend durch Polygynie, wie sie auch schon die Einrichtung der levitischen

---

78 Ebd., S. 9.
79 Ebd., S. 10.
80 Vgl. Braun, Christina von: Zur Bedeutung der Sexualbilder im rassistischen Antisemitismus, in: *Feministische Studien* 2/2 (November 2015), S. 293–307.

Ehe vorsah, behoben werden können. Aber dagegen sträubten sich die Juden im Römischen Reich. So gab es nur die Möglichkeit, fremde Männer in die Gemeinschaft aufzunehmen. Vorher wurden, wie oben beschrieben, nichtjüdische Frauen zu Jüdinnen, indem sie einen Juden heirateten. Seit dem 2. Jahrhundert v. u. Z. gab es auch ein Reglement, das es Männern erlaubte, bei der Heirat mit einer Jüdin zum Judentum zu konvertieren. Es funktionierte „wie eine Art ‚Einbürgerung‘".[81] Die Konversion setzte aber zwingend die Beschneidung voraus, und durch die Ergänzungen des hadrianischen Edikts, die die Beschneidung für jüdisch geborene Söhne, nicht jedoch für Konvertiten zuließen, stand diese unter schwerer Strafe. In dieser demographischen Situation, die das faktische Verschwinden des Judentums impliziert hätte, blieb den Rabbinen also kaum eine andere Wahl, als die mütterliche Abstammungslinie einzuführen.[82] Wäre aber alleine diese historische Situation der Grund für die Einführung der Matrilinearität gewesen, dann hätte sie nach einigen Generationen wieder verworfen werden können. Da dies nicht der Fall war, ist davon auszugehen, dass die Matrilinearität auch weiterhin eine wichtige Funktion für das Überleben der Gemeinde spielte – und der Grund dafür war zweifellos das Aufkommen des Christentums.

Judentum und Christentum: Aneignungen, Abgrenzungen

Die lange Geschichte des Antijudaismus, des rassistischen Antisemitismus und vor allem die Shoah (siehe hierzu auch den Beitrag von Stefanie Schüler-Springorum, S. 363) erzwingen heute, den Blick auf die *Unterschiede* zwischen „jüdisch" und „christlich" zu richten. Doch für die ersten Jahrhunderte waren diese nicht evident. Christentum und rabbinisches Judentum entstanden fast zeitgleich, sie entwickelten sich nebeneinander – oft in Abgrenzung gegeneinander, manchmal aber auch unter Übernahme von Gedankengut aus der anderen Religion. Je mehr die christliche Religion Zulauf hatte, je mehr sie sich mit Staat und weltlicher Macht verband, je mehr sie also über ein eigenes Territorium verfügte, desto schärfer wurde die Ablehnung des Judentums formuliert. Das Christentum tat sich schwer mit der Tatsache, dass sich sowohl die Heilige Schrift als auch die jüdisch-rabbinischen Lehren auf eine explizit *jüdische* Religion bezogen. Die Kirche berief sich zwar auf denselben heiligen Text, musste diesen jedoch im Sinne der eigenen Religion umdeuten, um den „alten Bund" zwischen Gott und Israel zum Vorläufer des „neuen Bundes" erklären zu können. Ein Beispiel für eine solche Umdeutung: Das in *Exodus* formulierte Konzept, dass Gott „inmitten Israel wohnt" wurde von Paulus fast wörtlich aufgegriffen und auf die christliche Gemeinde übertragen: „Wißt ihr nicht, dass ihr Gottes Tempel seid und der Geist Gottes in euch wohnt? Wer den Tempel Gottes vernichtet,

---

81 Modrzejewski: Mutilare Genitalia, S. 14.

82 Paradoxerweise argumentieren die heutigen Befürworter einer *Abschaffung* des reinen Matrilinearitätsprinzips ebenfalls mit der demographischen Situation und dem Rückgang der jüdischen Bevölkerungszahlen. Heute gilt aber gerade die Mischehe (zu der sich die Rabbinen im 2. Jahrhundert schließlich durchgerungen hatten, indem sie nichtjüdische Väter akzeptierten) als Grund für die Dezimierung der jüdischen Bevölkerung: Sie führe zu einer wachsenden Unkenntnis jüdischer Traditionen, mithin auch zu einer mangelnden emotionalen Einbindung ins Judentum.

den wird Gott vernichten; denn der Tempel Gottes ist heilig, und der seid ihr."[83] Ähnlich auch in der Johannes-Offenbarung. Im Abschnitt „Das himmlische Jerusalem" wird ebenfalls das *Exodus*-Bild christlich umformuliert. „Siehe, das Zelt Gottes unter den Menschen. Und er wird bei ihnen sein Zelt aufschlagen, und sie werden seine Völker sein, und er selbst, Gott mit ihnen, wird ihr Gott sein."[84] Trotz – oder vielleicht wegen – solcher Aneignungen gab es eine tiefe Verunsicherung im Christentum: Die Tatsache, dass der Großteil der antijuadistischen Texte formuliert wurde, *nachdem* das Christentum Staatsreligion geworden war, zeigt deutlich, dass nicht einmal die Tatsache, majoritär zu sein, der christlichen Religion die Sicherheit der eigenen Überlegenheit verschaffte. Auch die zentrale Heilsbotschaft des Christentums, die Vergöttlichung Jesu, wurde erst im 3. Jahrhundert ausformuliert. Das Judentum dagegen musste sich neu ausrichten.

> Das Judentum in seiner heutigen Gestalt ist eine vergleichsweise junge Religion, die ihre definitive Gestalt im frühen 3. Jh. in Abgrenzung und gegen verschiedene Gruppen von Jesusanhängern und Gnostikern, in Auseinandersetzung und Übereinstimmung mit dem römischen Imperium und: nicht zuletzt unter dem Einfluss der griechischen Philosophie gewonnen hat; ein in die Sprache des biblischen Glaubens gekleidetes System von ethisch gebundenen Lebensregeln, das sich in seinem menschheitlichen Universalismus von der stoischen Philosophie kaum unterscheidet, aber aufgrund bitterer historischer Erfahrungen einem politischen Quietismus anhängt und gleichwohl – anders als das Christentum nach Augustus – nicht bereit war, die moralische Verantwortlichkeit des einzelnen Menschen preiszugeben.[85]

Kurz, beide Religionen entwickelten ihre Lehrgebäude in Abhängigkeit von und in Ablehnung gegeneinander. Bei der jüdischen Abgrenzung gegen das Christentum hatten Zugehörigkeitsmerkmale wie Beschneidung und Matrilinearität eine wichtige Funktion.

Die ersten Christen kamen einerseits aus den Traditionen des Judentums, traten andererseits aber auch die Erbschaft von Griechenland und Rom an. Letztere, die heidnischen Christen, brachten die Ablehnung der Beschneidung mit. Anders als die Judenchristen drängten sie auf eine Hellenisierung des Judentums. Paulus kam ihnen entgegen: Er wollte die Beschneidung durch die Askese ersetzen. „So sind wir also, Brüder, dem Fleisch nicht schuldig, daß wir fleischlich leben. Denn wenn ihr fleischlich lebt, werdet ihr sterben. Wenn ihr aber mit dem Geist die Werke des Fleisches tötet, werdet ihr leben."[86] Da die Beschneidung Zeichen des Bundes zwischen Gott und dem Volk Israel war, ließ die paulinische Aufkündigung der Beschneidung erkennen, dass man hier um einen neuen Gottesglauben, wenn nicht gar um einen neuen Gott rang. Gewiss, den Christen heidnischer Herkunft erleichterte der Verzicht auf die Beschneidung den Anschluss an die Gemeinde.[87] Doch Paulus, der auch den Judenchristen entgegenkommen wollte, erklärte, dass Christus einen „neue(n) Bund in meinem Blute" geschlossen

---

83 1. Kor 3,16–17.

84 Johannes Offenbarung 21,3.

85 Brumlik, Micha: Judentum. Was stimmt? Die wichtigsten Antworten, Freiburg i. Br. 2007, S. 39 f.

86 Röm 8,12–13.

87 Gal 2,1–10.

hat.[88] Wir Christen, so schreibt er, „sind die Beschneidung".[89] Mit dieser neuen Auslegung der Beschneidung wird die Beschneidung durch das Selbstopfer Christi ersetzt; dieses sollte fortan alle anderen Formen des Opfers ersetzen.[90] Mit anderen Worten: Nicht nur implizierte der christliche Verzicht auf die Beschneidung eine völlig neue Gottesvorstellung, sondern es wurde hier auch ein Gott angerufen, der sich selbst, in Gestalt seines Sohnes, für das Opfer einbringt, das in der jüdischen Religion *vom Menschen* erbracht werden muss. Im Christentum kann der Gläubige allenfalls dadurch seinen Anteil am Opfer erbringen, dass er sich ganz dem Herrn verschreibt. „Die Gabe des Gläubigen ist zuerst die Gabe seiner selbst durch den Glauben, die Geste absoluten Vertrauens."[91]

Die Beschneidung wurde zu einem wichtigen Referenzpunkt der Spaltung zwischen den zwei Religionen: Beide bezogen sich auf den „Bund mit Gott", doch auf sehr unterschiedliche Weise, was sie in einen unauflöslichen Auslegungskonflikt brachte. Das römische Gesetz verstärkte die Spaltung. „Indem es die Beschneidung für unzulässig erklärte, hat das römische Recht machtvoll dazu beigetragen, den Prozess der Loslösung der Anhänger des Jesus von Nazareth aus ihrem ursprünglich jüdischen Milieu, der schon in der Mitte des ersten Jahrhunderts begonnen hatte, zum Abschluß zu bringen."[92] Mit der Ablehnung der Beschneidung übernahm das Christentum auch diese Erbschaft – neben Schriftsystem und Patrilinearität – von Hellenismus und Rom. Sie erweiterte die christlich-jüdische Spaltung um eine politische Dimension. Die Konflikte zwischen Rom und dem jüdischen Volk hatten vor allem darauf beruht, dass die religiösen Bestimmungen des Judentums zugleich einen Rechtskodex darstellten, mithin die Basis einer politischen Gemeinschaft bildeten. An sich gewährte das Römische Reich Religionsfreiheit; unter seinem Dach fanden sich auch viele unterschiedliche religiöse Strömungen wieder. Doch im Fall des Judentums implizierte religiöse Autonomie auch politische Selbstbestimmung, und die war schwer vereinbar mit den Ansprüchen römischer Herrschaft. Matrilinearität und Beschneidung verstärkten diese Differenz.

In den ersten Jahrhunderten nach der Entstehung des Christentums konkurrierten Judentum und Christentum um die religiöse Definitionsmacht. Dabei wurden auch viele Lehren in Anlehnung an die andere Religionsgemeinschaft entwickelt. Während dies für die christliche Seite schon länger anerkannt wurde, zeigt erst die neuere Forschung, wie sehr auch die Neudefinition des Judentums unter dem Einfluss des frühen Christentums stand. Beginnend in Jabne, dem ersten Ort rabbinischer Gelehrsamkeit, zogen jüdische Gelehrte klare Grenzlinien gegen das aufkommende Christentum. Einige unter ihnen – darunter hochrangige – sympathisierten aber auch mit den Jesusanhängern. Die traditionelle Metapher einer Mutter-Tochter-Religion zur Beschreibung von Judentum und Christentum sei vollkommen unsinnig, schreibt David Biale. Es handle sich eher um Zwillinge. „Man könnte die Metapher sogar erweitern und von *identischen* Zwillingen sprechen: ein Embryo, das sich später geteilt hat."[93] Andere bestreiten

---

88 1 Kor 11,25.
89 Phil 3,2–3.
90 Hebr 9,13–14.
91 Hénaff: Preis der Wahrheit, S. 408.
92 Modrzejewski: Mutilare Genitalia, S. 13.
93 Biale: Blood and Belief, S. 45 (Hervorhebung im Original).

sogar die Spaltung und sprechen von „the ways that never parted".[94] Dagegen sieht Micha Brumlik im Christentum „ein älteres Geschwister" des Judentums, eine „Ausformung des biblischen Glaubens, die das rabbinische Judentum in seiner heutigen Form provozierte".[95] Das rabbinische Judentum sei jünger als das paulinische Christentum und stelle zugleich eine Protestaktion dagegen dar.[96] Biale nennt die Mischna und andere Texte des rabbinischen Judentums ein „Zweites Testament",[97] weist zugleich aber auch darauf hin, dass die Polarisierung zwischen Christentum und Judentum zu einer „Rejudaisierung" Palästinas führte.[98] In dieser Lesart werden das Neue Testament und der Talmud zu zwei miteinander konkurrierenden „Kommentaren". In den Worten von Heinz-Günther Schöttler: „Beide – Juden und Christen – hören die gleiche ‚Ur-Kunde' des Einen Gottes: die als Tanach rezipierte Bibel Israels, verbunden mit Mischna und Talmud als Kommentar, bzw. die als Altes Testament rezipierte Bibel Israels, verbunden mit dem Neuen Testament als Kommentar."[99]

Ein entscheidender Unterschied zwischen den beiden Arten der Exegese ergab sich durch die Art der Verschriftung. Sowohl die Evangelien als auch die rabbinischen Texte haben zunächst orale Form. Doch während im Christentum, nach dogmatischen Kämpfen, die Befürworter einer geschriebenen Fassung den Sieg davontrugen, entwickelte das rabbinische Judentum eine Form von Verschriftung, in der die Eigenschaften der Oralität erhalten blieben (siehe hierzu auch die Beiträge von Elisa Klapheck, S. 81 und Stefan Schreiner, S. 147). Erst ab dem 4. Jahrhundert, als sich diese unterschiedlichen Formen der Verschriftung und Exegese etabliert hatten, kann von zwei getrennten Religionen die Rede sein. Damals war „einerseits das Christentum die hegemoniale Macht des römischen Imperiums geworden und die christliche ‚Orthodoxie' entstanden"; andererseits hatte sich das rabbinische Judentum gefestigt und trat nun „mit seiner eigenen Orthodoxie und Hegemonie" hervor[100] (siehe hierzu auch den Beitrag von Joachim Valentin, S. 125).

Auch andere Judaisten und Historiker betonen, es sei nicht mehr möglich, „das Judentum ohne Christentum zu denken".[101] Israel Yuval schreibt: „Wo immer Ähnlichkeiten zwischen Judentum und Christentum zu beobachten sind, dürfte es sich um christlichen Einfluss auf das

---

94   Becker, Adam H.; Yoshiko Reed, Annette (Hg.): The Ways that Never Parted: Jews and Christians in Late Antiquity and the Early Middle Ages, Tübingen 2003.

95   Zitiert nach Morgenstern, Mathias: Mutter-, Schwester- oder Tochterreligion? Religionswissenschaftliche Beobachtungen und Überlegungen zum Verhältnis von Judentum und Christentum, in: Dialog („Du-Siach"). Christlich-jüdische Informationen 67 (2007), S. 19–26, hier: S. 22.

96   Brumlik, Micha: Kommentar zur 7. These von „Dabru Emet", in: Kampling, Rainer; Weinrich, Michael (Hg.): Dabru Emet – redet Wahrheit. Eine jüdische Herausforderung zum Dialog mit den Christen, Gütersloh 2003, S. 122–132, hier: S. 132.

97   Biale: Blood and Belief, S. 45.

98   Ebd.

99   Schöttler, Heinz-Günther: „Die Nachbarschaft von Juden und Christen – auf Augenhöhe". Zur Theologie und Praxis der christlich-jüdischen Beziehungen, in: Hierold, Alfred E. (Hg): „Umbruch" – ein Zeichen der Zeit. Kirche von Bamberg in der Welt von heute, Münster 2007 (= Bamberger Theologisches Forum, Bd. 11), S. 81–119, hier: S. 117.

100 Olmer: Wer ist Jude, S. 116.

101 Ebd., S. 111.

Judentum handeln und nicht umgekehrt, es sei denn, die jüdischen Wurzeln des betreffenden Phänomens liegen nachweislich früher als die christlichen."[102] Michael Hilton, ein an der Universität Manchester lehrender Rabbiner, zögert nicht, das rabbinische Judentum sogar als „Tochterreligion des Christentums" zu definieren.[103] (Offenbar fällt es schwer, das Verhältnis der beiden Religionen anders als in Verwandtschaftsmetaphern zu denken!) Auch Peter Schäfer weist auf viele Parallelen zwischen christlichen und jüdischen Messias-Vorstellungen hin.[104] Wie kommt es dann, fragt Olmer, „dass die Unterschiede zwischen aschkenasischem und nordafrikanischem oder babylonischem Judentum so relativ gering sind"?[105] Yuvals Antwort: Der christliche Einfluss auf das Judentum begann eben nicht erst im Mittelalter, als die Kirche fest etabliert war. Vielmehr trat bereits das judäische wie auch das babylonische Judentum die Erbschaft einer kulturellen Tradition an. In beiden Fällen kam es zu einer Ablehnung der christlichen Antwort auf die Krise, die die Tempelzerstörung ausgelöst hatte.

Am Anfang ging es den rabbinischen Gelehrten vor allem um die Abgrenzung gegen die jüdischen Anhänger des Christentums:

> Die rabbinische Politik gegen das Christentum war in erster Linie gegen die Judenchristen gerichtet. Mit Erfolg grenzten sie sie aus und hielten sie von der jüdischen Gemeinde *(Kehilat Israel)* fern. Die Geschichte der Trennung ist im Wesentlichen die Geschichte des Triumphs der Rabbinen und das Versagen der Judenchristen, eine Mehrheit der palästinensischen Juden von den Zielen der Evangelien zu überzeugen.[106]

Das von den Rabbinen geschaffene Regelwerk verbot es, mit Judenchristen zu essen, Handel zu treiben, Geschäfte zu tätigen. Sie durften auch nicht ihre Bücher lesen, die als Ketzerei eingestuft wurden. Es war ihnen sogar verboten, sich von „*Minim*" (innerjüdischen Ketzern) behandeln zu lassen – wegen der Gefahr, dass eine Heilung als christliches Wunder bezeichnet werden könnte (siehe hierzu auch den Beitrag von Charlotte Fonrobert, S. 173).[107] Zur Abgrenzungsstrategie gehörte auch das Prinzip der Matrilinearität, das eindeutig etablierte, wer der jüdischen Gemeinde angehörte und wer nicht. Zwar gab es weiterhin Konversionen, aber sie hatten weniger Gewicht als die mütterliche Deszendenz. Zudem wurde festgelegt, „dass der jüdische Status praktisch unauflösbar war".[108] Dies galt auch für Konvertiten, die mit dem Übertritt eine neue Existenz annahmen. Durch das vollständige Eintauchen in „reines Wasser" (Lev 11,36) wird ein Schlussstrich unter das vergangene Leben gesetzt und die Person als Jude oder Jüdin in ein neues Leben überführt: „Ein Proselyt ist wie ein neugeborenes Kind (bYev 22a)."[109] Aus

---

102 Yuval: Zwei Völker, S. 35.

103 Zitiert nach Morgenstern: Mutter-, Tochter-, Schwesterreligion, S. 23.

104 Schäfer, Peter: Die Geburt des Judentums aus dem Geist des Christentums, Tübingen 2010.

105 Olmer: Wer ist Jude, S. 112.

106 Alexander, Philipp S.: The Parting of Ways from the Perspective of Rabbinic Judaism, in: Dunn, James D. G. (Hg.): Jews and Christians: The Parting of the Ways, A. D. 70 to 135, Tübingen 1999, S. 1–25, hier: S. 3.

107 Olmer: Wer ist Jude, S. 121. Fragen der Tischgemeinschaft mit Juden tauchten auch bei frühchristlichen Debatten auf.

108 Ebd., S. 122.

109 Ebd., S. 120, Fn 463.

diesem innerjüdischen Konflikt zwischen traditionellen Juden und den Jesus-Anhängern wurde später, als Heidenchristen die ursprünglich innerjüdische Polemik übernahmen, die Basis des Antijudaismus und „eines nun christlich geprägten Antagonismus, der bis in die Gegenwart reicht, gegen ‚die Juden‘".[110]

Wegen der Abgrenzung gegen die Judenchristen sahen sich die rabbinischen Gelehrten gezwungen, die Frage zu klären: Wer ist Jude? Wie ist der halachische Status der Anhänger dieser Religion.[111] Das stärkt „die Vermutung, dass eine wesentliche Ursache der Einführung der Matrilinearität im 2. Jh. u. Z. die Auseinandersetzung mit dem Christentum war".[112] Der christlichen Gemeinschaft war viel daran gelegen, sich selbst als die legitime Erbin der Heiligen Schrift auszugeben, und der Anspruch der Kirche auf das Auslegungsmonopol verband sich mit dem Ziel, die legitime Erbin des Bundes zu sein. Als im Jahr 554 – das war zu einer Zeit, in der die Kirche schon Staatskirche war – der *Codex Justinianus* veröffentlicht wurde, erhob dieser den Vorwurf, dass die Juden die Bibel nicht nur anders, sondern falsch lesen. „Die Juden interpretieren verrückt", stand dort zu lesen.[113] Fortan wurde den Juden unter Androhung der Todesstrafe untersagt, Widerspruch gegen die Doktrin der Auferstehung, des Jüngsten Gerichts und der Erschaffung der Engel zu erheben. Das kaiserliche Dekret diente dazu, Juden als „Söhne des Teufels" zu brandmarken,

> [...] weil ihre Genealogie eine von der Wahrheit des Textes her als solche erkennbare *falsche* Genealogie, das heißt, ein Betrug ist. Die Juden sind *falsch, juristisch falsch,* wie gefälschte Schriftstücke; sie sind die *falschen* Nachkommen Abrahams, sie haben den Text *falsch* verstanden, die Formel Abrahams ‚et semen eius' *falsch* interpretiert.[114]

In dieses Schema der „legitimen Erbschaft" gehörte auch die Frage der Blutslinie. Um Anspruch auf die jüdische Erbschaft zu erheben, legten die Christen mehrere Erzählungen der Hebräischen Bibel als Prophetien aus, in denen die Ankunft des Messias in der Gestalt von Jesus Christus angekündigt wurde.

Durch ein paar abenteuerliche Deszendenzkonstruktionen wurde Jesus Christus zum legitimen Erben des davidischen Throns, also des Königs der Juden, erklärt. Allerdings gab es ein entscheidendes Problem: Der Thron Davids wurde in *männlicher* Linie vererbt – und das matrilineare Prinzip, das die Rabbinen aus den Tora-Bestimmungen abgeleitet und als göttliches Gesetz legitimiert hatten, widersprach dem. Wie konnte sich das Christentum unter diesen Umständen der Rechtsnachfolge sicher sein? Indem es eine männliche *und* eine weibliche Deszendenlinie für Jesus Christus entwickelte. Die männliche Abstammung entsprach den Stammeslinien der Bibel und wurde darüber hinaus durch die göttliche Herkunft Christi, in

---

110 Ebd., S. 117.

111 Ebd., S. 119.

112 Ebd., S. 115 f.

113 Im Prolog der Novelle 146 heißt es „[...] insensatis semetipsos interpretationibus tradentes (...)", zitiert nach Legendre, Pierre: „Die Juden interpretieren verrückt". Gutachten zu einem klassischen Text, in: *Psyche* 43 (1989), S. 20–39.

114 Ebd., S. 24 (Hervorhebungen im Original).

eine Art von „geistiger Vaterschaft" überführt, die ab dem 3. Jahrhundert auch für seine göttliche
Herkunft stand. Für die weibliche Linie war dagegen die Jungfrau Maria die richtige Lösung:
Erstens war sie ein „Sprössling" aus dem Hause Davids, und da zweitens kein leiblicher Vater
ins Spiel kam, handelte es sich eindeutig um eine weibliche Deszendenz, zumindest was die
„menschliche Natur" Christi betraf.[115] Ob die Rabbinen die Absicht hatten, den Christen durch
die Matrilinearität die Erbschaft ihrer Heiligen Schrift streitig zu machen oder nicht: Rück-
blickend kann man sich zumindest fragen, ob es ohne die Einführung der Matrilinearität auf
jüdischer Seite überhaupt zu den christlichen Lehren der Jungfrauengeburt und dem Dogma
der unbefleckten Empfängnis gekommen wäre.

Viele Differenzen zwischen rabbinischem Judentum und frühem Christentum betrafen Fragen
der Sexualität und Fortpflanzung. „Die neue Denkweise, die im 2. Jahrhundert in christlichen
Kreisen aufkam", so Peter Brown, „verschob den Schwerpunkt des Denkens über die Natur
menschlicher Schwachheit vom Tod auf die Sexualität. Denn die Sexualität wurde nicht mehr
als freundliches Mittel gegen den Tod dargestellt." Vielmehr wurde sie „privilegiertes Symptom
dafür, daß die Menschheit in Knechtschaft verfallen war".[116] Das christliche Ideal der Askese und
die hohe Bewertung der Jungfräulichkeit[117] waren der jüdischen Religion fremd: Am Schabbat
hat der jüdische Mann „die Pflicht" mit seiner Frau Geschlechtsverkehr zu haben; die sexuelle
Vernachlässigung wurde von den Rabbinen als Grund akzeptiert, wenn eine Frau sich von ihrem
Mann trennen wollte. Auch war ein Rabbi, im Gegensatz zu den christlichen Geistlichen, immer
ein verheirateter Mann. Der ganzen antiken Welt war der christliche „Boykott des Schoßes"[118]
fremd. Die Sexualität galt Griechen wie Römern und Juden als Tribut, den Männer und Frauen
für den Erhalt der Gemeinschaft zu erbringen hatten.

Das christliche Askese-Ideal übte allerdings eine hohe Anziehungskraft auf Frauen aus, weil
es zugleich Geschlechtergerechtigkeit und Zugang zu einem geistigen Leben versprach. Diese
Frauen genossen im frühen Christentum ein hohes Ansehen. Doch ab dem 4. Jahrhundert – d. h.
in der Zeit, in der sich die christliche „Staatskirche" allmählich herausbildete – verzog sich das
Askese-Ideal in die Klöster, und in der Welt „draußen" setzte sich eine traditionelle Geschlechterordnung durch: 34 der 81 *canones,* die die im Jahre 306 in Elvira versammelten Bischöfe erließen,
betrafen Fragen der Ehe und sexueller Vergehen, ein Viertel aller Entscheidungen beinhaltete
eine verstärkte Kontrolle der Frauen der christlichen Gemeinschaft.[119]

Dieser Wandel ging mit einem verschärften Antijudaismus einher. Auf dem Konzil von Elvira
wurden auch die ersten kirchlichen Regeln erlassen, die sich ausdrücklich gegen das Judentum

---

115 Hinzu kamen als „Weissagungen" ausgelegte Verse in Jes 7,14, wo es heißt: „Seht, die Jungfrau wird ein
     Kind empfangen, einen Sohn wird sie gebären." Die neue Übersetzung der katholischen Kirche, die Anfang
     2017 erschien, korrigiert diese Aussage. Es heißt nun: „Siehe, die Jungfrau hat empfangen, sie gebiert einen
     Sohn." Von einer Weissagung ist nicht mehr Rede. Darüber hinaus weisen die Übersetzer auch darauf hin,
     dass das hebräische Wort „almáh" eigentlich „junge Frau" bedeutet, womit sie ein Fragezeichen hinter eine
     der wichtigsten Belegstellen für die Jungfräulichkeit Marias setzen.
116 Brown: Keuschheit der Engel, S. 101.
117 Gregor von Nyssa: Über die Jungfräulichkeit, in: Wirth, P.; Gessel, W. (Hg.): Bibliothek der griechischen
     Literatur, Bd. 7, Stuttgart 1977, Kapitel II, S. 83.
118 Brown: Keuschheit der Engel, S. 101.
119 Ebd., S. 220.

richteten – Regeln, die später in staatliches Recht überführt wurden. Vier der 81 *canones* von Elvira sahen eine Distanzierung vom Judentum vor: Ehen mit jüdischen oder heidnischen Partnern wurden verboten; Großgrundbesitzern wurde untersagt, ihre Feldfrüchte von Juden segnen zu lassen, und Gläubige sollten keine Tischgemeinschaft mit Juden pflegen. Auf der anderen Seite hatte sich zu dieser Zeit aber auch das rabbinische Judentum etabliert – und mit ihr die Halacha, der Verhaltenskodex für gläubige Juden. Zwar galt dies zunächst nur für Palästina (die Verbreitung der neuen Lehre in der erweiterten Diaspora sollte noch einige Jahrhunderte auf sich warten lassen, und erst im 8. Jahrhundert erreichte die Halacha Spanien und Italien, das Rheinland sogar erst im 9. Jahrhundert), doch mit der Halacha war ein Instrument geschaffen worden, „das in der Lage war, den wechselnden historischen Herausforderungen entsprechende Antworten zu geben".[120]

Mit dem Übertritt von Konstantin dem Großen zum Christentum zu Beginn des 4. Jahrhunderts fiel im Römischen Reich das Verbot gegen die christliche Religion. Fortan wurde aus dem religiösen Konflikt ein politischer. Waren Judentum und Christentum im vorkonstantinischen Römischen Reich gleichermaßen Außenseiter, so erhielt nun die christliche Gemeinschaft durch die Verbindung mit der kaiserlichen Macht politisches Gewicht – und das veränderte die Rivalität zwischen den beiden Religionsgemeinschaften beträchtlich. Als im Jahr 380 das Christentum im Römischen Reich zur offiziellen Religion wurde, wurden Juden zu doppelten Außenseitern: der Religionsgemeinschaft wie des Staates. Im Jahre 438 dekretierte der Codex Theodosianus den Ausschluss von Juden von öffentlichen Ämtern und das Verbot der Mission unter römischen Bürgern oder Sklaven.[121]

So wie sich die jüdische Ablehnung des Christentums zunächst vor allem gegen die Abtrünnigen in den eignen Reihen richtete, hatte auch der christliche Antijudaismus oft innerreligiöse Hintergründe und Auswirkungen – und dieses Wechselspiel zog sich bis in die Moderne. Die antijüdische Literatur des 7. Jahrhunderts z. B. stand in enger Beziehung zum Bilderstreit, der innerhalb der christlichen Religion tobte, als dort neben die traditionelle Rechtfertigung der Kreuzesverehrung die Rechtfertigung des Bildes im christlichen Gebrauch trat.[122] Andersherum verschärfte sich mit der Entwicklung der christlichen Bilderverehrung das jüdische Bilderverbot (siehe hierzu auch den Beitrag von Inka Bertz, S. 399).[123] Die kirchlichen Debatten des 11. und 12. Jahrhunderts um die Bedeutung von Brot und Wein bei der Messe wurden auf dem Laterankonzil von 1215 zugunsten der Transsubstantiationslehre entschieden. Zugleich wurde die Bestimmung erlassen, dass Juden einen gelben Fleck zu tragen hatten. Während bei der Messe aus dem *Symbol* Brot und Wein das *reale* Fleisch und Blut Christi wurde, verwandelte die Markierung den „Juden" in einen *sichtbaren,* physiologischen Anderen. Die Fixierung auf die andere Religion zog sich durch die gesamte Geschichte der jüdisch-christlichen Beziehung: vom 1. Jahrhundert über das Mittelalter bis in die Moderne. Andersherum war auch die Haskala, die jüdische Aufklärung, eine Reaktion auf die Aufklärung des christlichen Kulturraums, wie

---

120 Olmer: Wer ist Jude, S. 110.
121 Ebd., S. 102.
122 Krause, G.; Müller, G. et al. (Hg.): Theologische Realenzyklopädie, Bd. 6, Berlin; New York 1993, S. 533.
123 Ebd., S. 523.

auch die jüdische Orthodoxie, die sich dieser Entwicklung verweigerte (siehe hierzu auch den Beitrag von Julius H. Schoeps, S. 289).

Neue jüdische Identitäten

Mit der Entstehung des Staates Israel im Jahre 1948 änderte sich die Situation des Judentums grundlegend. Zum ersten Mal seit fast 2000 Jahren gab es neben der Diaspora auch einen festen Ort, ein „jüdisches Territorium". Die jüdische Bevölkerung wurde 1945 auf 11 Millionen Personen geschätzt und umfasst heute 14,1 Millionen.[124] Während der Diaspora 1945 noch ca. 10,5 Millionen Personen zugerechnet wurden, sank dieser Teil der jüdischen Weltbevölkerung auf heute 8,1 Millionen. Die meisten von ihnen leben in den USA. In demselben Zeitraum wuchs die jüdische Bevölkerung Israels von einer halben auf 6,1 Millionen Personen an.[125] Israel hat heute die USA als größte jüdische Gemeinde verdrängt. 2050, so die Prognose, werden 57 Prozent aller Juden in Israel und 34 Prozent in den USA leben. Der europäische Anteil werde in demselben Zeitraum von 9 Prozent (1,2 Millionen) im Jahr 2006 auf sechs Prozent (0,8 Millionen) im Jahr 2050 zurückgehen.[126] Man rechnet also mit einem weiteren Wachstum zugunsten von Israel und zulasten der Diaspora. Würde die jüdische Bevölkerung der USA nach halachischen Kriterien bemessen, wäre die Disproportion noch größer.[127]

Israel bedeutet nicht zwingend eine Zunahme der religiösen Definition des Judentums. Schon die zionistische Emigration nach Palästina war mehrheitlich säkular oder sogar atheistisch und plante einen „säkularen jüdischen Nationalstaat", in dem die Religion „nur ein Bestandteil des nationalen kulturellen Erbes" sein sollte – eine Vision, die von den religiösen Zionisten freilich nicht geteilt wurde.[128] Zu einem religiösen Gebilde entwickelte sich der israelische Staat eigentlich erst seit dem Sechstagekrieg von 1967, der die Notwendigkeit einer einheitsstiftenden Kraft deutlich machte – und für diese kam in erster Linie die Religion in Frage (siehe hierzu

---

124 Wer wird hier mitgezählt? Die Demographie verwendet für diese Statistik den Begriff der *core Jewish population,* einer „jüdischen Kernbevölkerung". Sie „umschließt alle Menschen, die sich in einer soziodemographischen Befragung selber als Juden bezeichnen oder von Angehörigen desselben Hauses als jüdisch identifiziert werden". Die „jüdische Kernbevölkerung" überschneidet sich, ist aber nicht identisch mit dem halachischen oder anderen normativen Definitionen des Judentums. Es geht auch nicht um religiöses Verhalten oder Engagement für jüdische Angelegenheiten. Ausgeschlossen sind jedoch Personen, die einer anderen monotheistischen Religion angehören. Die Definition der „jüdischen Kernbevölkerung" umfasst Konvertiten (egal nach welcher Prozedur sie konvertierten) und auch Personen, die sich mit einer jüdischen Gemeinde identifizieren, ohne konvertiert zu sein. Sie begreift auch all die Personen als „jüdisch", die sich nicht religiös, sondern aus ethnischen oder kulturellen Gründen dem Judentum zurechnen. Vgl. DellaPergola, Sergio: Israel and the Diaspora: Convergent and Divergent Markers, in: Ben-Rafael, Eliezer; Schoeps, Julius H.; Sternberg, Yitzhak; Glöckner, Olaf (Hg.): Handbook of Israel: Major Debates, Bd. 2, Berlin 2016, S. 1080–1101, hier: S. 1088 f.
125 Ebd., S. 1083.
126 Olmer, Wer ist Jude, S. 155.
127 Ebd, S. 155.
128 Ebd., S. 142.

auch den Beitrag von Micha Brumlik zum Thema Zionismus, S. 371). Dennoch bezeichnet sich noch heute eine deutliche Mehrheit (60 Prozent) der Israelis als säkular. Allerdings lebt diese Mehrheit, wenn auch nicht explizit, nach einem reformjüdischen Modell: Sie bekennt sich zum Judentum und hält sich an Rituale und Feiertage wie Schabbat, Beschneidung, Bar Mitzwa, Pessach, Jom Kippur etc. Diese werden aber nicht unbedingt als Rituale der jüdischen Religion wahrgenommen, sondern als „Bestandteile der Kultur in der israelisch-jüdischen Mehrheitsgesellschaft. Insofern heißt säkular leben, insbesondere in Israel, immer auch durch Sprache und Kultur dem Judentum verbunden bleiben".[129] Die meisten areligiösen Israelis, so Amos Oz, seien „Reformjuden, ohne es zu wissen".[130] Auch der „säkularste" Israeli sei täglich mehr „Jiddischkeit" ausgesetzt, als es ein orthodoxer amerikanischer Jude je sein wird; allein die hebräische Sprache sei eine stete Erinnerung an die eigenen Wurzeln.[131] Was Israel also garantiert, ist die „Selbstverständlichkeit" des Jüdisch-Seins – eine Erkenntnis, zu der viele Israelis erst kommen, wenn sie im Ausland zum ersten Mal erleben, dass ihre jüdische Identität minoritär ist.

Die Entstehung des Staates Israel bedeutete für einen Teil der jüdischen Weltbevölkerung das Ende der Diaspora. Das gilt heute nicht nur für Israelis, sondern auch für Juden in anderen Ländern. Für sie ist Israel zu einem Ort der Sicherheit im Fall von Verfolgung geworden. Er bedeutet die Bindung an ein Land, auch wenn sie nicht dort leben. Israel hat nicht die Bibel als Mittel der Kohäsion ersetzt; der Staat hat nicht das „portative Vaterland" verdrängt. Doch das „Heilige Land" ergänzt die „Heilige Schrift". Dadurch besteht nicht mehr in demselben Maße die Notwendigkeit, den weiblichen Körper zur „Heimstätte" des Judentums zu machen. Zwar gilt auch in Israel das matrilineare Prinzip jüdischer Identität, doch in der Praxis wird es teilweise durchbrochen, etwa durch die Immigrationsgesetze von 1970, die auch die Ehepartner, Kinder und Enkel eines Juden, den Ehepartner des Kindes eines Juden und den Ehepartner eines Enkels eines Juden in das Rückkehrrecht einbeziehen. Dadurch sollte explizit die Einheit von Familien, in denen es zu religiös gemischten Familien kam, bewahrt werden. Eigentlich ist es erstaunlich, dass Israel an der mütterlichen Linie festhält, obwohl diese eine Erfindung der Diaspora und durch die Diaspora bedingt war. Mit der Entstehung eines jüdischen Staats mit eigenem Territorium wäre das „Ersatzterritorium" Mutter eigentlich verzichtbar. Wenn der Staat Israel dennoch daran festhält, so mag dies daran liegen, dass die Frage der Territorialität weiterhin als prekär empfunden wird.

In vielen Ländern, in denen noch 1970 Juden lebten, gibt es heute so gut wie keine jüdischen Gemeinden mehr – darunter Belarus, Moldawien, Usbekistan, Iran, Rumänien, Georgien, Marokko, Aserbaidschan. In anderen, wo 1970 kaum Juden lebten, gibt es jetzt jüdische Gemeinden – darunter Deutschland, Mexiko, Belgien, Niederlande, Italien, Chile, die Schweiz, Uruguay. Was die Diaspora betrifft, „deutet alles auf eine Verwestlichung des globalen jüdischen Kollektivs".[132] Die Verlagerung innerhalb des Judentums von Religion zu Kultur ist zugleich ein Phänomen der Diaspora. Unter den „säkularen" Juden ist die Rate der Mischehen wiederum besonders hoch: Ca. 50 Prozent aller Juden außerhalb von Israel gehen Mischehen ein. Ist die

---

129 Ebd., S. 196.
130 Zitiert nach. einem Interview mit Uri Regev in: *Jüdische Allgemeine,* 5. April 2007, S. 4.
131 Olmer: Wer ist Jude, S. 196.
132 DellaPergola: Israel and the Diaspora, S. 1083.

Mutter jüdisch, so besteht wiederum eine 37-prozentige Chance, dass sich die Kinder als Juden betrachten; ist dagegen der Vater jüdisch, so übernehmen nur 15 Prozent der Kinder seine Erbschaft. In Ehen, wo beide Eltern jüdisch sind, liegt der Prozentsatz bei 92 Prozent. Bei den Enkeln weitet sich die Schere noch.[133] Hinzu kommen die generell niedrigeren Geburtenraten, vor allem in Europa. Die Kombination von niedrigen Geburtenraten und hoher Rate an „Mischehen" führt insgesamt zu einem Rückgang der jüdischen Bevölkerung in der Diaspora, die noch erheblich verstärkt würde, sollte sich die von der Orthodoxie geforderte Einschränkung auf das Prinzip der Matrilinearität überall durchsetzen. Sie bewirkt laut Olmer, dass „das jüdische Volk täglich um 150 Personen schrumpft".[134] An sich kann nicht wirklich von einer Abnahme der jüdischen Bevölkerung die Rede sein, nicht einmal, wenn man den großen Verlust an Menschen durch den Holocaust bedenkt. Die jüdische Weltbevölkerung betrug 1900 10,5 Millionen, im Jahr 1939 16,5 Millionen; nach dem Holocaust wurde sie auf 11 Millionen geschätzt. Bis zum Jahr 2014 wuchs sie wieder auf 14,2 Millionen an. Der größte Teil des Wachstums fand unmittelbar nach 1945 statt. In nur 13 Jahren wuchs die jüdische Bevölkerung um eine Million Menschen, „aber es bedurfte weiterer 47 Jahre, um eine weitere Million hinzuzufügen".[135] Seit 1970 stagniert das Wachstum. Allerdings verdreifachte sich die Weltbevölkerung von 1945 bis 2014, und der Rückgang des jüdischen Anteils stellt in der Tat eine Gefahr für den Bestand des Judentums dar.

So wundert es nicht, dass viele Juden, vor allem in der Diaspora, nun fordern, auch Kinder von jüdischen Vätern als Juden anzuerkennen. Diese Entscheidung, die sich – außer in Israel – durch keine staatliche Gesetzgebung bestimmen lässt, kann nur von den jüdischen Gemeinden selbst getroffen werden. Heinrich C. Olmer, der inzwischen verstorbene Vizepräsident des Landesverbandes der israelitischen Kultusgemeinden in Bayern, veröffentlichte 2010 ein Plädoyer für die Zulassung der „jüdischen Vaterschaft". Er konstatiert, dass das Judentum heute vor ähnlichen Fragen steht wie das Rabbinat vor 2000 Jahren – nur in Umkehrung. Olmer fragt: Können die alten Gesetze, die damals das Überleben des Judentums sicherten, heute noch diese Funktion erfüllen? Sind das Matrilinearitätsprinzip, das Verbot der Mischehe, die Verknüpfung von Religion, Ethnizität und Nationalität, der heutigen Situation noch angemessen? Seine Antwort:

> Es ist fraglich, ob mit dieser Position in der globalisierten, säkularen Welt des 21. Jh., eines pluralen Judentums und einer immens ansteigenden Mischehenrate die Menschen, die dem Judentum verbunden sind, aber von der Orthodoxie mit der starren Definition „Wer ist Jude?" von der jüdischen Gemeinschaft ausgeschlossen werden, die Zukunft des jüdischen Volks gesichert werden kann.[136]

In Deutschland plädiert, neben Heinrich Olmer, auch der Pädagoge und Judaist Micha Brumlik dafür, die patrilineare Abstammung als hinreichendes Kriterium der Zugehörigkeit zum Judentum wiedereinzuführen.

---

133 Olmer: Wer ist Jude, S. 13.
134 Ebd., S. 15.
135 DellaPergola: Israel and the Diaspora, S. 1083.
136 Olmer: Wer ist Jude, S. 127.

Wenn es historischen Umständen geschuldet war, im 2. Jahrhundert gegen die biblischen Abstammungsregeln der Mischna die Matrilinearität einzuführen, sollte es gemäß dem Geist des rabbinischen Pragmatismus doch heute möglich sein, die Matrilinearität zwar nicht abzuschaffen, sie aber doch um die Patrilinearität zu ergänzen.[137]

Die jüdische Gemeinde in Deutschland setzt sich heute zu einem großen Teil aus Juden zusammen, die nicht den halachischen Kriterien entsprechen: Seit 1990 kamen 220.000 sogenannte Kontingentflüchtlinge aus der ehemaligen Sowjetunion nach Deutschland. Israel, die USA und Deutschland nahmen 92 Prozent aller russischen ImmigrantInnen auf. Seit 2001 ist Deutschland das wichtigste Zielland, noch vor den USA und Israel.[138] Die aus Russland immigrierten Juden machen heute 80 Prozent der deutschen Juden aus – das ist weltweit einmalig. Der Mitgliederbestand der jüdischen Gemeinden hat sich wegen dieser Immigration seit den 1990er Jahren verdreifacht. Die alteingesessenen Juden, die die neuen eigentlich „integrieren" sollten, bilden heute eine Minderheit. Man vermutet, dass inzwischen 200.000 Juden in Deutschland leben, hat aber keine genauen Zahlen, weil viele (man schätzt ca. 100.000) keiner Gemeinde angeschlossen sind.[139] Das liegt vor allem daran, dass die meisten jüdischen Gemeinden in Deutschland an den halachischen Gesetzen festhalten, sich die religiöse Zuordnung in Russland jedoch nach dem Vater richtete.[140] Von den deutschen Behörden dagegen werden die immigrierten Juden als Juden anerkannt – eine widersprüchliche Situation, die für die Betroffenen vollkommen unverständlich ist.

Die Zugehörigkeit zur jüdischen Gemeinschaft unterliegt also Kriterien, die sich von einem Land zum anderen unterscheiden können. Aus solchen Überlegungen heraus sind viele reformjüdische Gemeinden in den USA und Großbritannien sowie liberale Gemeinden in Deutschland dazu übergegangen, Kinder, die nur einen jüdischen Vater, aber keine jüdische Mutter haben, zu Bar Mitzwa und Bat Mitzwa zuzulassen, sofern sie jüdisch erzogen wurden. Am 15. März 1983 fasste das *Committee for Patrilineal Descent* der amerikanischen Reformgemeinden einen Beschluss, in dem es heißt: „Die Central Conference of American Rabbis erklärt, dass das Kind eines jüdischen Elternteils unter der Vermutung einer jüdischen Abstammung steht." Diese „Vermutung" (es ist interessant, dass hier derselbe Begriff wie für die „Vaterschaftsvermutung" verwendet wird) soll allerdings durch den Akt eines öffentlichen Bekenntnisses zum jüdischen Glauben und eine entsprechende Unterweisung ergänzt werden.[141] Nahezu alle Gemeinden, die

---

137 Brumlik, Micha: Papa ante Portas. Warum die Gemeinden auch Kinder jüdischer Väter als Mitglied akzeptieren sollten. Ein Plädoyer, in: *Jüdische Allgemeine*, 6.11.2011.

138 Olmer: Wer ist Jude, S. 166.

139 Ebd., S. 167, Fn 91.

140 Doron Kiesel im Abschlussbericht von 8.2.2009: „Waren sie in der Sowjetunion Angehörige einer nationalen Minderheit gewesen, deren ethnische Zugehörigkeit sich patrilinear bestimmt hatte, so gelten sie in Deutschland als Mitglieder einer Religionsgemeinschaft, unter der Voraussetzung, dass sie, gemäß dem jüdischen Religionsgesetz, den Nachweis einer jüdischen Mutter erbringen." Gotzmann, Andreas; Kiesel, Doron; Körber, Karen: Im Gelobten Land? Die Integration russischsprachiger Juden in die jüdischen Gemeinden Deutschlands, Abschlussbericht-Berichtszeitraum: 1. April 2005–15. September 2008, Zentralrat der Juden in Deutschland, Berlin, S. 8f.

141 Reform Movement's Resolution on Patrilineal Descent, March 15, 1983.

der *World Union for Progressive Judaism* angehören, haben die Positionen des amerikanischen Reformjudentums übernommen.[142] „Jüdische Identität war nun weniger gegeben als wählbar. Kinder mit einem jüdischen Elternteil optierten für die jüdische Identität. [...] Die Betonung verschob sich von der Geburt auf die bewusste Entscheidung."[143] Sogar in konservativen Gemeinden zeigen Umfragen, „dass 68 Prozent aller Befragten die patrilineare Abstammung unterstützen würden".[144] Insgesamt offenbart sich das Aufkommen einer neuen, „mehr individualistisch empfundenen jüdischen Identität außerhalb der etablierten jüdischen Strukturen".[145] Ähnliche Entwicklungen gelten auch für Großbritannien und Frankreich. Je nachdem, wie die jüdische Identität definiert wird – halachisch oder nach den Kriterien des Reformjudentums –, ergeben sich so erhebliche Differenzen in der Bevölkerungsstatistik.

Für Kinder von jüdischen Vätern und nichtjüdischen Müttern findet immer öfter der Begriff „Halbjude" Verwendung. Er erinnert natürlich an die nationalsozialistischen Bezeichnungen, doch während diese ausschließlich die „Blutslinie" meinten, sind mit diesen „Halbjuden" neue *kulturelle* Identitäten gemeint, die sich stärker an der Frage der jüdischen Erziehung orientieren. 2006 hat eine Gruppe um Robin Margolis das „halbjüdische Netzwerk" ins Leben gerufen.[146] Es fand bereits Anerkennung beim US-Reformjudentum und bei den „Rekonstruktionisten" (siehe hierzu auch den Beitrag von Michael A. Meyer, S. 277).[147] Eine Studie konnte nachweisen, dass im Großraum Boston 60 Prozent der Kinder aus Mischehen als Juden erzogen werden. Sie galten bisher als „halbjüdisch", könnten nun aber ihren Einfluss auf eine neue Definition von „jüdisch" geltend machen.[148] Die französische Historikerin Esther Benbassa schreibt dazu: Die exogame Ehe bedeutet „nicht notwendigerweise den Austritt aus dem Judentum, sondern die Erfindung einer neuen jüdischen Identität, die es erlaubt, exogam zu heiraten, gleichzeitig Mitglied einer Gemeinde zu bleiben und diese Identität seinen Nachkommen weiterzugeben".[149] Manche reformjüdischen Gemeinden gehen inzwischen so weit, bei Mischehen die jüdische Mutter als Zugehörigkeitskriterium *auszuschließen,* wenn die Familie keine Erziehung zum

---

142 Olmer: Wer ist Jude, S. 137.

143 Kaplan, Dana Evan: Contemporary American Judaism, New York 2009, S. 183.

144 Olmer: Wer ist Jude, S. 137.

145 Ebd., S. 163.

146 Fishkoff, Sue: „Ja, ich bin Halbjüdin". Zwischen Ablehnung und Akzeptanz: In den USA bekennen sich immer mehr Kinder aus Mischehen zu beiden Seiten ihrer Identität, in: *Jüdische Allgemeine*, 23. 8. 2007.

147 Der Rekonstruktionismus wurde in den 1930er Jahren durch den Rabbiner Mordecai Menahem Kaplan in den USA entwickelt. Kaplan verstand das Judentum nicht als Religion, sondern als eine sich weiterentwickelnde „religiöse Zivilisation", die nicht nur rituelle, sondern auch kulturelle Aspekte wie Geschichte, Literatur und Künste umfasst. Für den Rekonstruktionismus gilt die Halacha nicht als festgelegt, sondern befindet sich in einem permanenten Prozess der Fortentwicklung. 1955 wurde die *Jewish Reconstructionist Federation* gegründet, die etwa 100 Gemeinden und Gruppen umfasst und drei Prozent des amerikanischen Judentums ausmacht. Vgl. Kaplan, Mordecai: Judaism as a Civilization: Toward a Reconstruction of American Jewish Life, New York 1934; siehe auch Dashefsky, Arnold; Sheskin, Ira: *American Jewish Year Book* 2013.

148 Olmer: Wer ist Jude, S. 185.

149 Benbassa, Esther; Attis, Jean-Christophe: Haben die Juden eine Zukunft? Ein Gespräch über jüdische Identitäten, Zürich 2002.

Judentum garantiert. Eine solche Einstellung bedeutet potentiell, dass zwei völlig unterschiedliche, ja sogar konträre Definitionen von Judentum entstehen: eine halachisch-orthodoxe gegenüber einer kulturellen. Zum ersten Mal seit 2000 Jahren wird *der* gemeinsame Nenner aller jüdischen Gemeinden – das Prinzip der Matrilinearität – in Frage gestellt.

Damit steht möglicherweise die Idee der Blutslinie überhaupt zur Disposition – eine Entwicklung, die sich schon im 19. Jahrhundert, mit dem Säkularisierungsprozess angebahnt hatte und ihren Ausdruck in neuen, weder religiösen noch ethnischen Definitionen jüdischer Identität fand. Im Zusammenhang mit Freud spricht Yerushalmi vom „psychologischen Juden". Den klassischen jüdischen Texten entfremdet,

> spricht der psychologische Jude gern von unveräußerlichen jüdischen Zügen. Befragt man ihn weiter, so nennt er als typische jüdische Eigenschaften unter anderem Intellektualität und geistige Unabhängigkeit, höchste ethische und moralische Normen, Sinn für soziale Gerechtigkeit und Unbeirrbarkeit angesichts der Verfolgung.[150]

Andere sprechen von „kulturellen Juden", die zwar auch religionsfern sind, deren jüdische Herkunft aber dennoch eine wichtige Rolle spielt. Diesen „kulturellen Juden", repräsentiert etwa durch Aby Warburg, Ernst Cassirer, Georg Simmel, Walter Benjamin oder Franz Kafka, verdankte das geistige Klima der Jahrhundertwende in Wien, Berlin oder Prag Impulse, die im Kontext einer *geistigen* Tradition des Judentums zu sehen sind; Impulse, die Ausbildung der Kritik- und Denkfähigkeit bedeuteten.[151] Sie hatte viel mit der Tradition der mündlichen Exegese gemein, der Fähigkeit, verschiedene Interpretationen der Tora nebeneinander stehen zu lassen und den Widerspruch zu ertragen.

Im Moment scheint noch die Orthodoxie über die „Norm" zu bestimmen, aber das gilt schon längst nicht mehr für die USA, und auch in England dürfte bis 2020 die Reformbewegung zur größten jüdischen Strömung geworden sein.[152] Auch in den anderen Ländern der Diaspora bilden sich zunehmend nichtorthodoxe jüdische Gemeinden. Die Pluralisierung gilt auch für Deutschland, wo sich mittlerweile mehrere Strömungen herausgebildet haben, die von orthodox über konservativ bis zum liberalen Judentum reichen. Manche von ihnen werden in ein und demselben Rabbinerseminar ausgebildet. Über Jahrhunderte definierte sich das Judentum durch die Orthopraxie, die über Alltag wie religiöses Leben bestimmte. Dieser Aspekt des Judentums scheint nicht mehr den Bedürfnissen zu entsprechen. Jeshajahu Leibowitz (1903–1994) geht sogar so weit zu fragen, „ob das jüdische Volk vom halachischen Standpunkt aus überhaupt noch existiert."[153] Er sieht „ziemlich gute Überlebenschancen für bestimmte orthodoxe jüdische Gruppierungen, aber ich bezweifle doch, dass man darin die Fortexistenz der

---

150 Yerushalmi, Yosef Hayim: Freuds Moses. Endliches und unendliches Judentum, Berlin 1992, S. 28.
151 Vgl. Deuber-Mankowsky, Astrid: Der frühe Walter Benjamin und Hermann Cohen. Jüdische Werte, Kritische Philosophie, vergängliche Erfahrung, Berlin 2000.
152 Olmer: Wer ist Jude, S. 193.
153 Leibowitz, Jeshajahu: Gespräche über Gott und die Welt mit Michael Shashar in Jerusalem 1987, Frankfurt/Main 1990, S. 83.

großen Geschichte des jüdischen Volkes sehen kann".[154] Die moderne Orthodoxie habe keine Antwort auf die aktuellen Probleme des jüdischen Volkes; sie habe „eigentlich kein Verständnis für diese Probleme".[155] Die Conclusio dieses großen Gelehrten, der einerseits moderner Naturwissenschaftler war und andererseits orthodox lebte und in Israel für eine strenge Trennung von Religion und Staat eintrat:

> Wenn ich meine Worte zu diesem Thema zusammenfassen soll, dann muss ich sagen, dass die Zukunft des jüdischen Volkes mir wirklich nicht klar ist, nicht in Israel und nicht in der Diaspora. Möglicherweise gibt es für die innere Krise, die im 19. Jh. begonnen hat, wirklich keine Lösung.[156]

Allerdings, so muss man sagen, hat ein Gutteil jüdischer Denktraditionen auch in nichtjüdischer Umgebung Fuß gefasst – in der Philosophie gilt dies etwa für die Tradition der „Dekonstruktion", für die vor allem der französische Philosoph Jacques Derrida stand. Und es gilt auch für die kulturtheoretischen Aspekte der Psychoanalyse.[157] Auf beiden Gebieten stehen Widerspruch, Uneindeutigkeit, Flexibilität der Auslegung, wie sie für den Talmud bezeichnend sind, im Vordergrund. Auch das vernetzte Wissen des Internets, das sich aus Querverweisen und widersprüchlichen Informationen zusammensetzt, weist eine ähnliche Struktur wie der Talmud auf.

Zu den verschiedenen Strömungen innerhalb des Judentums kommen noch die Unterschiede zwischen dem Judentum in Israel und dem in der Diaspora. In Israel selbst ist keine einheitliche Definition jüdischer Identität zu erkennen: Laut einer Erhebung sind zehn Prozent der israelischen Juden ultraorthodox, elf Prozent „nationalreligiös", jeder vierte bezeichnet sich als gemäßigt traditionell, vier von zehn als säkular.[158] Da jedoch in Israel auch die Säkularen eher dem Reformjudentum zuzuordnen sind, kann hier noch von einer gewissen Zuordnung die Rede sein. Das gilt nicht für die Diaspora. Die Mehrheit der Juden in der Diaspora hat sich überhaupt keiner Denomination angeschlossen. Viele unter ihnen – in manchen US-Städten der überwiegende Teil – gehören keiner Synagogengemeinschaft an. In New York sind es nur 39 Prozent. „Man schätzt, dass ca. 2 Millionen amerikanischer Juden in Haushalten leben, die sich als nichtjüdisch identifizieren."[159] Daneben gibt es aber auch viele, die sich wegen ihrer Herkunft als „jüdisch" oder aus anderen Gründen mit dem Judentum verbunden fühlen.

Das säkulare Judentum stellt die meist verbreitete Form moderner jüdischer Identität dar. So Adam Chalom, der den Versuch unternommen hat, diese Vielfalt zu definieren.[160] Im Vorder-

---

154 Ebd., S. 85.

155 Ebd., S. 86.

156 Ebd.

157 Vgl. etwa: Blumenberg, Yigal: Psychoanalyse – eine jüdische Wissenschaft? Von den jüdischen Wurzeln der Psychoanalyse und der Abwehr von Tradition und Fremdsein, in: *Forum der Psychoanalyse* 12 (1996), S. 156–178, hier: S. 171.

158 Olmer: Wer ist Jude, S. 159.

159 Ebd., S. 187.

160 Chalom, Adam: A Judaism for Secular Jews, in: Gitelman, Zvi (Hg.): Religion or Ethnicity? Jewish Identities in Evolution, New Brunswick; London 2009, S. 286–302.

grund dieses säkularen Judentums stehen ethische Definitionen wie etwa der Humanismus.[161] Auf der Webseite der *Society for Humanistic Judaism* heißt es, dass viele Juden ihre jüdische Identität nicht in der Religion, sondern in „der historischen Erfahrung des jüdischen Volkes" finden: „Das humanistische Judentum verschreibt sich einer Mensch-zentrierten Philosophie, die jüdische Kultur ohne übernatürliche Untermauerung feiert. Humanistische Juden schätzen ihre jüdische Identität und jene Aspekte jüdischer Kultur, die einen wahrhaftigen Ausdruck zeitgenössische Lebens bieten." So feiere man auch die jüdischen Feiertage und Zeremonien des Lebenszyklus, doch geschehe dies jenseits traditioneller Symbole und Liturgien.[162] Das Recht, darüber zu entscheiden, wer Jude ist, gehöre den Juden selbst – eine Formulierung, die über die Paradoxie hinwegsieht, dass man nicht weiß, wer überhaupt ein Anrecht darauf hat, dieses Recht auszuüben. Oder aber die Formulierung will besagen: Jude ist, wer Jude sein will. Genau das war die Antwort, die Ben-Gurion erhielt, als er 1950 einen Fragebogen an Intellektuelle verschickte, in dem er sie nach der jüdischen Identität befragte. „Die Mehrheit der Befragten war der Ansicht, dass jeder, der sich als Jude oder Jüdin betrachtet, Teil des jüdischen Volkes sei."[163] Das Reformjudentum der Diaspora scheint sich weiter in diese Richtung zu bewegen. Symptomatisch dafür ist einerseits die Entstehung des Verbandes *Circle of Secular Jews* mit seinen *Jews of no Religion,* andererseits aber auch die Tatsache, dass laut einem *Pew Report* von Mai 2015 heute jeder sechste erwachsene Jude in den USA ein Konvertit ist.[164] Die Konvertiten bezeichnen sich selbst als *Jews by Choice* – „Wahljuden". Die *Jerusalem Post,* die im Mai 2015 über die Ergebnisse des *Pew Reports* berichtete, illustrierte die Nachricht mit einem Bild von Juden aus Brooklyn, die Purim feiern, sich also „verkleidet" haben.[165] Offenbar sollte mit dieser Illustration unterstellt werden, dass es sich bei der hohen Zahl von Konvertiten um „unechte Juden" handelt.

Rabbi Walter Jacob, der 1930 in Augsburg als Sohn einer bedeutenden Rabbinerfamilie geboren wurde und 1938 mit seiner Familie in die USA floh, wo er zu einer der wichtigsten Persönlichkeiten des liberalen Judentums wurde, konstatiert, dass die überwältigende Mehrheit der Juden in Nordamerika, Israel und dem Rest der Welt nur in einem ganz losen Sinne jüdisch ist. Dennoch formen diese Menschen

> eine neue, in ethnischer Hinsicht unverwechselbare Jüdischkeit. Sie teilen ein kollektives, kultur-sittliches Gedächtnis und obwohl sie Maimonides, Buber oder dem Gaon von Wilna fernstehen, sind sie doch nicht verloren. Sie entwickeln eine jüdische Kultur, die auf losen Verbindungen zwischen Freunden beruht, auf dem Internet und einer unbestimmten Spiritualität. Diese Spielart der Jüdischkeit hält sich seit Generationen, vielleicht schon ein Jahrhundert lang.[166]

---

161 Der Begriff wird in Europa eher mit einer bestimmten Epoche der frühen Neuzeit verbunden, in den USA dagegen mit allgemein-weltlichen Aspekten der Kultur – so etwa beim Fächerbündel der „Humanities", der den in Europa unter dem Namen Geisteswissenschaften firmierenden Fächern weitgehend entspricht.

162 www.shj.org/, letzter Zugriff: 27. 05. 2016.

163 Olmer: Wer ist Jude, S. 202.

164 Von diesen ordnen sich 44 % dem Reformjudentum, 22 % dem konservativen, 14 % dem orthodoxen, 5 % anderen Bewegungen und 16 % gar keiner bestimmten Strömung zu.

165 1 in 6 adult US Jews are converts, Pew study finds, in: *Jerusalem Post,* 13. 5. 2015.

166 Zitiert nach Olmer: Wer ist Jude, S. 203.

Er beschreibt damit ein kulturelles und psychologisches Verständnis von jüdischer Identität, das mit einer matrilinearen Blutslinie so gut wie nichts mehr gemein hat, aber Ausdruck eines neuen Verständnisses von Judentum sein könnte.

Für Simon Dubnow deckte sich die moderne Religionsvielfalt mit den unterschiedlichen Einstellungen des frühen 20. Jahrhunderts zu Diaspora und Zionismus: Während die Reformer in der Diaspora einen Vorteil sahen, der zur Verbreitung eines „ethischen Monotheismus" beigetragen habe, beschworen Orthodoxe den messianischen Gedanken, laut dem das jüdische Volk ohne eine Heimstatt in Palästina zum Untergang verdammt sei.[167] Diese Zuordnung – Reformjudentum der Diaspora, Orthodoxie dem Zionismus – hat sich mit der Entstehung des Staates Israel zunächst nicht bestätigt (der Großteil des Zionisten war nicht religiös, geschweige denn orthodox), nimmt heute aber zunehmend Gestalt an. In den letzten 20 Jahren setzte sich in Israel zunehmend das Gedankengut der Orthodoxie durch, und es übt inzwischen auch Druck auf den majoritären Teil der Bevölkerung aus, der sich als säkular begreift oder einer liberalen Interpretation der Religion nahesteht.[168] In der Diaspora ist die Entwicklung genau gegenläufig: In den USA und auch in England wächst die Reformbewegung und dürfte bald zur größten jüdischen Strömung geworden sein.[169] Ähnliches gilt auch für die anderen Länder der Diaspora.

Die modernen Gesellschaften haben es mit zwei großen Neuerungen zu tun. Das eine ist die Globalisierung und eine damit einhergehende Zunahme der Migration. Das andere ist die Verdichtung des Kommunikationswesens, insbesondere durch das Internet. Zwar hat es schon immer große Migrationsbewegungen gegeben, gerade rund um das Mittelmeer, aber erst nach dem Zweiten Weltkrieg nahmen diese weltweite Dimensionen an. Für die jüdische Kultur entspricht sie einer mehr als 2000-jährigen Erfahrung, die jedoch im 20. Jahrhundert ihre größte Verdichtung erfuhr. Zwischen 1900 und dem Beginn des 21. Jahrhunderts migrierten rund 10 Millionen Juden „von, zu und quer durch Länder und Kontinente", davon mehr als die Hälfte in den Jahren zwischen 1948 und 2013.[170] Die jüdische Migrationserfahrung begann vor zweieinhalbtausend Jahren im babylonischen Exil, wo die theologischen Texte ausformuliert wurden. Seither ist sie der Religion selbst eingeschrieben. Denn schon in Babylon fand das Judentum in den Buchstaben der Schrift eine stellvertretende „Heimat". Nach der zweiten Zerstörung des Tempels erwies sich diese Verlagerung des Gotteshauses in die Buchstaben erneut als überlebenswichtig. Auch heute scheint die jüdische Kultur besser als irgendeine andere für die Konsequenzen gewappnet, die sich auch aus der Verdichtung des Kommunikationsnetzes ergeben. Die jüdische Kultur hatte die Schrift zu ihrem „portativen Vaterland" gemacht. Was aber ist das Internet anderes, als ein ins Schriftsystem verschobenes Heimatland? Im Cyberspace wird das Festland durch ein „bewegliches" Territorium der Zeichen ersetzt. Mehr noch als die Migration von Menschen ist das Internet zu *dem* Symbol einer neuen global zusammen-

---

167 Dubnow: Diaspora, S. 130.

168 Vgl. Tirosh, Yori: Adjudicating Women's Exclusion in Israel: The Demise of Constitutional Law and the Rise of Private Law, in: *ICON, International Journal of Constitutional Law* 2017 (im Druck); siehe auch dies., Modesty on Parade, in: *Haaretz*, 2.6. 2017, S. 8.

169 Olmer: Wer ist Jude, S. 193.

170 DellaPergola: Israel and the Diaspora, S. 1084.

gehörigen Welt geworden – und dieses Leben in den Buchstaben ist der jüdischen Kultur nicht nur vertraut, es ist ihr strukturell eingeschrieben.

Der amerikanische Kultur- und Kommunikationsforscher Jeffrey M. Peck, der ein Buch über die Frage der jüdischen Identität in Deutschland seit 1989 verfasst hat, vertritt die Ansicht, dass für Juden in der Diaspora die modernen Informationstechnologien zu einem wichtigen Vehikel der Vernetzung geworden sind. Das gelte insbesondere für die sich wandelnde jüdische Gemeinde in Deutschland in ihrer Beziehung zum Rest von Europa und zu Israel als der privilegierten „Heimat" des jüdischen Volkes. „Das Erscheinen eines Cyber-Jew wäre nicht erstaunlich angesichts der wachsenden technischen Möglichkeiten, Informationen auszutauschen und, in diesem Fall, Identitäten zu konstruieren und ein neues Diaspora-Bewusstsein zu schaffen."[171] Er erwähnt einige Portale wie *Jewhoo* und *ClickonJudaism,* das von der *Union of American Hebrew Congregations of Reform Movement* in der Hoffnung geschaffen wurde, Menschen über Inhalte „als Eintrittsportal zur Synagoge" zu erreichen.[172] Es entstanden so Netzwerke, die sowohl eine „ethnische Gemeinschaft" als auch eine „virtuelle Ethnizität" herstellen. So der Medienwissenschaftler Mark Poster in seinem Buch *What's the Matter with the Internet?* Als Beispiel zitiert er ein Foto, auf dem ein orthodoxer Jude an der Klagemauer zu sehen ist, der sein Mobiltelefon dem Heiligen Ort entgegenstreckt, damit ein weit entfernter Freund an diesem Ort mit ihm beten kann. Das Internet, so Poster, sei weit davon entfernt, ethnische Zugehörigkeit aufzuheben, vielmehr erlaube es „Juden, wo auch immer sie sich auf dem Planeten befinden mögen, miteinander in Kontakt zu treten".[173] Diese Faktoren, so Peck, spielen besonders in Deutschland eine Rolle: Einerseits wachse die deutsche jüdische Gemeinde rascher als irgendeine andere, hier befinde sich mittlerweile die drittgrößte Europas bzw. die neuntgrößte der Welt. Andererseits gebe es eine vollkommene Unklarheit über den Status jüdischer Identität in Deutschland. In seinen Augen ist das Internet zu *dem* Symbol für das Leben in der Diaspora geworden – das „portative Vaterland" der Moderne.

> Die neue jüdische Diaspora-Identität, die ich hier beschreibe, trägt zwar die Kennzeichen einer konventionellen, auf dem Blut beruhenden Affinität, verwandelt sich nun aber in eine andere Art von ziviler, politischer Gemeinschaft, die sich nach den Kategorien des globalen elektronischen Netzwerks bildet, das heute alle Identitäten reformiert.[174]

Auf dieser Art von Netzwerk und jüdischer Identität basiert Walter Jacobs Zuversicht über die Zukunft des Judentums: „Da uns für unsere jüdische Identität eine Vielzahl von Optionen zur Verfügung steht, sollten wir uns nicht allzu sehr um die Zukunft oder unsere demografische Entwicklung sorgen. Einige mögen für immer verloren gehen, aber die meisten werden in Nordamerika, Israel und Europa neue Formen der Jüdischkeit und des Judentums schaffen."[175]

---

171 Peck, Jeffrey M.: Being Jewish in the New Germany, New Brunswick; London 2006, S. 165.
172 Ebd., S. 166.
173 Poster, Mark: What's the Matter with the Internet? Minneapolis; London 2001, S. 148 ff.
174 Peck: Being Jewish, S. 167.
175 Zitiert nach Olmer: Wer ist Jude, S. 203.

Dieses neue „soziale" oder „virtuelle" Konzept jüdischer Identität *ist* Globalisierung. Aber ohne die Entstehung des Staates Israel als territorialem Gegenpol wäre diese Entwicklung kaum vorstellbar. Das heißt, erst seitdem zum portativen Vaterland der Tora ein reales Territorium hinzugekommen ist, wurden einerseits die weltweite Diaspora, andererseits aber auch die Pluralisierung der Definitionen jüdischer Identität möglich. Zu letzteren gehören u. a. die nicht-religiösen, geistigen und kulturellen Definitionen. Diese Korrelation von Israel und Diaspora zeigt sich an einer erstaunlich hohen Übereinstimmung des Wertekanons: Sowohl in den USA (als *die* Repräsentation der Diaspora) als auch in Israel hat die Erinnerung an den Holocaust hohe Priorität – höher als der Glaube an Gott. Bei beiden nimmt auch die Familie einen hohen Stellenwert ein – höher als etwa die jüdischen Feiertage. Auch der wachsende Bildungsanspruch ist beiden Kulturen gemeinsam: 1957 hatten in den USA nur 26 % der jüdischen Männer und 10 % der jüdischen Frauen einen akademischen Abschluss. 2001 lag er schon bei 67 % der Frauen und 71 % der Männer – das ist erheblich höher als bei der restlichen Bevölkerung. Ähnlich in Israel, wo besonders der Anstieg unter den Frauen auffallend ist.[176] Eine weitere Gemeinsamkeit ist die Sorge um Israel. Nur in einem Punkt unterscheidet sich der Wertekanon: „Unter US-Juden hat die Identifizierung mit jüdischer Kultur, Geschichte und Politik einen ebenso hohen Stellenwert wie die Teilnahme an der Zivilgesellschaft für israelische Juden."[177] Man könnte das Ergebnis dieser Erhebung mit dem Satz interpretieren: Die Juden der Diaspora haben die Aufgabe übernommen, für den Bestand der *geistigen* Erbschaft des Judentums zu sorgen, die Juden in Israel dagegen, den Bestand der Gemeinschaft zu sichern.

---

176 DellaPergola: Israel and the Diaspora, S. 1087 f.
177 Ebd., S. 2091 f.

Gab es in der griechisch-römischen Epoche ein „Judentum"?

Daniel Boyarin

Heute stellt sich oft die Frage, ob der Begriff „jüdisch" eher einer Religion oder eher einer kulturellen Gemeinschaft (mit eigenen Gesetzen und Zugehörigkeitsmerkmalen) zuzuordnen ist. In den modernen Gesellschaften lässt sich der Begriff „jüdisch" auf vielfache Weise auffächern: So gibt es „religiöse Juden" (unterschiedlicher Ausrichtungen), „kulturelle Juden" (die nicht in die Synagoge gehen, sich jedoch der Gemeinschaft der Juden zugehörig fühlen) oder auch „psychologische Juden", wie der Historiker Yosef Hayim Yerushalmi am Beispiel von Sigmund Freud dargestellt hat (siehe hierzu auch den Beitrag von Christina von Braun, S. 15). Für die Antike ist eine solche Auffächerung schon aus dem Grund nicht möglich, weil für diesen Zeitraum kaum zwischen Religion und Kultur unterschieden werden kann. Seit etwa einem Jahrzehnt stellt sich die Forschung auf den Standpunkt, dass es nicht möglich ist, moderne euro-amerikanische Kulturinstitutionen auf antike oder nichtwestliche Gesellschaften zu projizieren. Als Paradebeispiel dafür gilt die „Religion". Es wird immer deutlicher, dass das Konzept „Religion" als eine von der „Politik" getrennte, eigenständige Institution zu vollkommen irreführenden Interpretationen der genannten Kulturen führt. Der folgende Beitrag soll deutlich machen, dass es genauso falsch ist, den Juden der Antike eine „Religion" zuzuschreiben wie den Römern, den antiken Griechen oder den Indianern. Diesem Gedanken folgend soll weiterhin gezeigt werden, dass es in der Antike kein „Judentum" in unserem heutigen Sinne gegeben hat, da die Juden selbst zu jener Zeit kein Konzept dieser Art hatten.[1] Die Verwendung des Terminus „Judentum" für jene oder jede andere vormoderne Epoche ist ausgesprochen irreführend, da er unweigerlich suggeriert, es hätte eine separate „religiöse" Sphäre gegeben, abgetrennt von dem, was wir heute „Politik, Wirtschaft und Gesetz" nennen.

Das antike Judentum und seine Widersprüche

Ich beginne mit einer kurzen Analyse von Philip Davies' Standardwerk *On the Origins of Judaism*,[2] schicke aber voraus, dass durch die Annahme dessen, was nachfolgend verworfen werden soll, nämlich die Existenz eines wie auch immer gearteten „antiken Judentums", über-

---

1 Dieser Beitrag ist eine leicht geänderte und gekürzte Version eines Kapitels in meiner sich in Arbeit befindenden Studie *Judaism/Jewish Religion* im Rahmen der Reihe „Key Words for Jewish Studies", die demnächst in der Rutgers University Press erscheinen wird.
2 Davies, Philip R.: On the Origins of Judaism, Bible World, London; Oakville 2011.

sehen wird, was die bedeutendsten Erkenntnisse dieses Werks sein könnten. Doch beginnen
wir mit Davies' Eröffnungsthese:

> Das antike Judentum ist die religiöse Matrix der drei monotheistischen (oder monarchistisch-theis-
> tischen) Weltreligionen und neben der klassischen griechisch-römischen Kultur einer der beiden
> Ursprünge der westlichen Zivilisation.[3]

Das Problem liegt meines Erachtens bereits bei der Matrix dieses Satzes an sich, nämlich am
Konzept „antikes Judentum". Meint Davies hier den Kult des Alten Israel, wie er im Zweiten Tempel praktiziert wurde, also den Kult des Tempelstaates, den *Jahud?* Wenn das wirklich das „Judentum" war, wie ist es dann möglich, dass dieses „Judentum" sowohl die Matrix
des „Judentums" als auch einiger anderer Gemeinschaften ist, die nicht „Judentum" genannt
werden? Haben wir es hier mit einem ehelichen und zwei unehelichen Kindern zu tun? Diese
Position vertritt Davies eindeutig nicht, denn schon im nächsten Satz merkt er an: „Nur weil das
Judentum den Namen der Mutter annahm, ist es seinen Vorgängern deshalb nicht typologisch
näher." (Das Samaritertum seiner Meinung nach hingegen schon.) In diesem Fall stellt sich die
Frage, weshalb die „Mutter" überhaupt als „Judentum" bezeichnet werden soll, erscheint doch
dieser Begriff in keiner der Quellen, die das Alte Israel erwähnen. Der Versuch, dessen angebliche „Religion" als Judentum zu bezeichnen und somit zu suggerieren, dass die rabbinischen,
mittelalterlichen sowie die modernen Arten des Judentums (selbst moderne Konstrukte) die
direkten, echten (also typologisch nächsten) Nachkommen dieses Vorläufers sind, ist zweifellos
ein legitimes apologetisches Unterfangen, doch hält es auch einer wissenschaftlichen Untersuchung stand? Schließlich scheint mir auch problematisch, das Samaritertum auf das „antike
Judentum" zurückzuführen, bezeichnen sich die Samariter doch nicht einmal selbst als *Ioudaioi,*
sondern als *Israeliten.*

Natürlich ist Davies' Darstellung viel zu komplex, als dass nach seiner Vorstellung das antike
Judentum nur eine einzige Entität gewesen wäre (so spricht er mit Verweis auf das äthiopische
Henochbuch von „Arten des Judentums"), doch die Frage bleibt: Weshalb sollte überhaupt von
Judentum gesprochen werden? In der Tat führt die Verwirrung, die diese Spurensuche stiftet, zu
folgenden Äußerungen: „Wenn man das ‚frühe Judentum' definieren will, muss man sich auch
fragen, ‚wer war Jude'"?[4] Indem Davies die Frage so formuliert, ändert der Terminus „Judentum" seine Bedeutung in seinem Text – von der Bezeichnung einer angeblichen „Religion", aus
der andere angebliche „Religionen" hervorgegangen sind, zu einer wie auch immer gearteten
Volkszugehörigkeit. Am Schluss kommt er zudem zu folgender (bahnbrechender) Erkenntnis:

> Das Ergebnis dieser […] Entwicklungen ist die nunmehr breit (wenn auch zugegebenermaßen nicht
> einstimmig) akzeptierte Wahrnehmung, dass das „Judentum" in dem Zeitabschnitt vor dem Fall des
> Zweiten Tempels (und faktisch auch noch lange danach) in Wirklichkeit eine Zusammenstellung kul-
> tureller und religiöser Einstellungen war. Diese überschnitten sich zuweilen oder standen zueinander

---

3   Ebd., S. 1.
4   Ebd., S. 4.

im Wettstreit; sie reichten von dem, was Soziologen heute „Zivilreligion" nennen, bis zu ziemlich isolierten Sekten.[5]

Von „Judentum" kann also nur in Anführungsstrichen gesprochen werden – oder könnte es sich um einen Hinweis darauf handeln, dass diese Bezeichnung von anderen verwendet wurde? Wenn diese Gruppe in der Antike nicht „Judentum" genannt wurde (wie nachfolgend gezeigt werden soll, hatte *Ioudaismos* eine ganz andere Bedeutung sowohl in den *Büchern der Makkabäer* als auch bei Paulus, die einzigen beiden antiken Kontexte, in denen dieser Begriff auftaucht) – woher kommt dann der Name „Judentum" für diese Gruppe? Die Frage, wann sich „eine Zusammenstellung kultureller und religiöser Einstellungen" formierte, ist ein weiteres gewichtiges analytisches Problem, besonders, wenn zumindest einige dieser Einstellungen im Widerstreit zu den anderen stehen.

Davies ist sich dieser Probleme wohl bewusst: Moderne Wissenschaftler, die das Konzept des einzig wahren, ewigen Judentums zweifellos de-essentialisieren und von „Judaismen" sprechen, sieht er als feste Bestandteile eines Systems von „Judaismen", die miteinander konkurrieren, oder eines Genus, der sich aus verschiedenen „judaistischen Spezies" zusammensetzt. Gleichzeitig wirft er denselben Wissenschaftlern vor, sich nicht die Mühe gemacht zu haben, den Begriff „Judentum" zu definieren. Wie Davies selbst anmerkt, ist die Definition des Judentums als Genus mit verschiedenen judaistischen Spezies ebenso problematisch wie die Bedeutung, die sich aus der Vorstellung ergibt, dass ein einziges Judentum individuelle Spezies hervorbrachte, die dann die Gemeinschaften bildeten. Im Hinblick auf eine andere Studie, die scharf zwischen dem Judentum als ungebrochener „religiöser Tradition" und den „Hellenisierern" unterscheidet, bemerkt Davies zu Recht: „Sind die Judentümer des Philon oder im 2. oder *4. Buch der Makkabäer* traditioneller oder hellenistischer Art? Wenn solche Mischungen in Ägypten möglich waren, warum dann nicht in Palästina?"[6]

Die Frage, ob „das Judentum" die Religion des „jüdischen Volkes" sei oder ob zum „jüdischen Volk" gehöre, wer sich zu dieser Religion bekennt, beantwortet Davies dahingehend, dass viele Juden in der Antike Konvertiten gewesen seien, die freiwillig oder unter Zwang zu einer „bereits bestehenden Religion" übertraten.[7] Die Ansatzpunkte, auf die sich diese Feststellung stützt, werfen eine ernsthafte Frage auf. Wie jüngst dargestellt, war die Frage der Konversion in der Zeit des Zweiten Tempels und selbst noch einige Zeit später alles andere als geklärt.[8] Für bedeutende Gruppen (wie etwa für den Autor des *Buchs der Jubiläen*) trifft keiner dieser Ansätze zu: Jude ist, wer als Jude geboren ist, nicht mehr und nicht weniger (wenn auch für einige dieser Gruppen ein Junge, der nicht am achten Tag nach der Geburt beschnitten wurde, kein Jude war und auch nie einer werden konnte!). Überdies, was soll man sich unter einer Religion vorstellen, die „bereits existiert hat", wenn sie von niemandem im Volk je so benannt

---

5   Ebd., S. 9.
6   Ebd., S. 11.
7   Ebd., S. 12.
8   Thiessen, Matthew: Contesting Conversion: Genealogy, Circumcision and Identity in Ancient Judaism and Christianity, Oxford; New York 2001.

wurde, und wie können Konvertiten ein Teil davon sein, wenn ein Großteil der Gläubigen die Möglichkeit der Konversion gar nicht anerkannte?

Davies kennt die Problematik, die Existenz einer kulturellen Einheit vorauszusetzen, wenn diese behauptete Einheit weder direkt noch indirekt in der Sprache der Mitglieder dieser Gemeinschaft benannt wird: „Erst wenn ein Konzept wie ‚Judentum' ins Bewusstsein rückt, das heißt in Begriffe gefasst wird, kann auch erklärt werden, was diese Begriffe bedeuten […] Doch das bewusste ‚-tum' ist eine Vorbedingung oder zumindest ein Symptom für den Eintritt von ‚Judentum' in das historische Bewusstsein." Die Frage ist also eine philologische: Davies legt dar, dass dieses bewusste Konzept in einem Werk entwickelt wurde bzw. belegt ist, das als das *2. Buch der Makkabäer* bekannt wurde. Insofern könne von einer Einheit gesprochen werden, die „Judentum" genannt wird. Wie aber kann man feststellen oder behaupten, dass der extrem seltene, kaum belegte hellenistische Begriff *Ioudaismos* „Judentum" bedeutet und nicht „Loyalität gegenüber dem Gemeinwesen und den Bräuchen des Volkes von Judäa"?

Ioudaismos ist nicht gleich „Judentum"

Steve Mason hat zweifellos Recht, wenn er behauptet, dass die sogenannte Konversion zum sogenannten Judentum (sofern sie überhaupt anerkannt wurde) ein – wie gesagt freiwilliger oder erzwungener – Aufnahmeprozess in ein der Nation analoges Gebilde war – ein *Genos* oder *Ethnos* (alle diese Begriffe in ihrer antiken Bedeutung). Was hat Religion damit zu tun? Mason schreibt dazu Folgendes:

> Es gibt ein simples Modell der Ethnizität (Athener sind Athener, Tyrianer sind Tyrianer etc.), aber in diesem Fall – wie es Josephus auch in *Gegen Apion* betont – sind die Judäer anders als die Athener und Spartaner, die streng auf ihre Staatsbürgerschaft achteten. Im Gegensatz dazu nahm Moses bereitwillig jeden auf, der bereit war, unter judäischen Gesetzen zu leben. Philo macht dieselbe Aussage: Wer seine Familie, seine Polis, seine Gesetze und seine Bräuche gegen unsere eintauscht, sollte als unser Fleisch und Blut angenommen werden. Andere zeichnen nach, wie die Idumäer zu Judäern wurden, weil sie die judäischen Gesetze annahmen. Epiktet, Tacitus und Juvenal kommentieren dieselbe Erscheinung als Außenstehende: Leute anderer Ethnizität werden merkwürdigerweise zu Judäern, indem sie den ganzen Satz ihrer normalen Identitätsmerkmale aufgeben (was aus der Sicht von Tacitus nicht wünschenswert ist). Es geht hier nicht um religiöse Konversion, sondern um den Wechsel der Ethnie, was in der Tat bemerkenswert ist (man hätte dasselbe tun können, indem man Römer wurde, außer dass die römische Staatsangehörigkeit die ursprüngliche Zugehörigkeit zu einer Gemeinschaft nicht in dem Maße gemindert hätte, wie man die Traditionen der eigenen Vorväter hätte aufgeben müssen, um Judäer zu werden).

Wie Mason weiter ausführt, zeigt auch der folgende Text von Josephus Flavius (*Der Jüdische Krieg* 7,45), dass der Autor die Konversion nicht im christlichen Sinne interpretierte:

Ferner übte auch ihre Religion [thrēskeiai im griechischen Original] stets eine große Anziehung auf viele Griechen aus, die durch deren Annahme in gewisser Hinsicht selbst wieder ein Stück jüdischen Volksthums wurden.[9]

Zunächst beweist der Plural thrēskeiai, dass es sich hier nicht um Judentum handelt, also nicht um eine Religion, sondern um die Ausübung von Kulten verschiedener Art (einschließlich möglicherweise auch der Einhaltung von Speisegesetzen wie Kaschrut, des Schabbat u. ä.). Noch deutlicher schließt die Aussage „die durch deren Annahme in gewisser Hinsicht selbst wieder ein Stück jüdischen Volksthums wurden" jede Vorstellung einer religiösen Konversion aus, ganz im Gegensatz zu einer „ethnischen" Verbindung, da man bei der Konversion zu einer „Religion" nicht in gewisser Hinsicht, sondern ganz Teil der Gruppe und der Institution wird, der man sich anschließt.

Es gab also Mason zufolge kein „Judentum", zu dem man konvertieren konnte. Was also ist dann im *2. Buch der Makkabäer* (und in einigen verwandten Texten) mit *Ioudaismos* gemeint? Mason zeigt, dass dieser Begriff weder die angebliche jüdische Religion noch die Ausübung des Kults der Juden benennt. Diese These zur Bedeutung des seltenen hellenistisch-jüdischen Wortes *Ioudaismos,* das nur in einem Kontext erscheint, ist jedoch entscheidend, da Davies sein äußerst anspruchsvolles System der Suche nach den Ursprüngen des „Judentums" genau auf diesen *Ioudaismos* aufbaut. In seinen Augen ist Jüdischsein vor dem Auftritt des *Ioudaismos* (und hier schließt er sich Daniel Schwartz an) „[…] grundsätzlich eine Frage der Lokalität oder der Rasse [*Ethnos* oder *Genos,* DB]. Es gibt keinen Grund zur Annahme, dass es unter ihnen mehr Übereinstimmung bei einem Glauben oder einem Brauch gab als etwa unter allen Franzosen oder allen Frauen".[10] Doch nach dieser angeblichen Transformation gebe es durchaus Grund zu genau dieser Annahme. Davon leitet Davies drei Phasen der Entwicklung des „Judentums" ab: 1. eine vorreflektive Zeit, in der „die judäische Kultur […] weder homogen war noch konzeptualisiert wurde"; 2. „Judentum' als judäisches Kulturkonzept"; 3. „Judentum' neu definiert als Religion, Kult oder Philosophie – Glauben und Ausübung, nicht Bräuche".[11] Er löst also das Logikproblem, denn nun wird klar, dass das Juden-tum der Vorläufer der ohne Bindestrich geschriebenen Judaismen ist. Dazu gehört auch das Samaritertum, das dem Judentum mit Bindestrich näher ist als der späteren Definition von „Judentum". Dasselbe gilt für das Christentum und den Islam.

Wenn jedoch *Ioudaismos* nicht „Juden-tum" bedeutet, wie Mason bereits festgestellt hat – von „Judaismus" ganz zu schweigen – und wie nachfolgend ausführlich dargelegt werden soll, dann kann nach Davies' eigenen methodologischen Schlussfolgerungen vor einem bestimmten Zeitpunkt in der Moderne nicht von einem „Judentum" gesprochen werden (oder zumindest

---

9   Flavius Josephus: Jüdischer Krieg. Aus dem Griechischen übersetzt von Dr. Philipp Kohout, Linz 1901, S. 488.

10   Schwartz, Daniel R.: Jewish Background of Christianity (= Wissenschaftliche Untersuchungen zum Neuen Testament, Bd. 60), Tübingen 1992, S. 13.

11   Davies: Origins of Judaism, S. 13.

wären damit nicht die Juden gemeint!),[12] denn erst dann „trat das Konzept des ‚Judaismus‘ ins Bewusstsein, also wurde erst konzeptualisiert", und „der bewusste ‚-ismus‘ ist die Voraussetzung oder zumindest das Symptom des Auftauchens des ‚Judaismus‘ im historischen Bewusstsein". Es kann somit kein Judentum geben, solange es nicht konzeptualisiert und benannt wurde. Damit bleibt uns nur noch der philologische Disput.

Der Fall des *2. Buches der Makkabäer*

Vor einigen Jahren trug der Rabbiner und Religionsforscher Yehoshua Amir Quellenmaterial zum Begriff *Ioudaismos* zusammen, wie er von Juden benutzt wurde. Angesichts der insgesamt sieben belegten Erwähnungen, davon vier in ein und demselben Kontext, meint Amir: „Gestützt auf die erste Durchsicht des Materials kann behauptet werden, dass das Wort Ιουδαϊσμός den Komplex von Verhaltensweisen repräsentiert, der sich durch die Tatsache des Jüdischseins ergibt, und dass dieses Verhalten einen Wert darstellt, für den es sich zu kämpfen und sogar zu sterben lohnt."[13] Amir beleuchtet die hinlänglich bekannte Tatsache, dass Nomen mit der Endung *-ismos* als von Verben mit der Endung *-izō* abgeleitete Verbalnomen recht häufig im Griechischen vorkommen. Die wichtige Frage wäre dann, was das Verb bedeutet, von dem das Nomen abgeleitet wurde. Es gibt zahlreiche *izō*-Verben, die von eigentlichen Substantiven abgeleitet sind und bei denen das Verb das Verhalten des Mitglieds einer Gruppe bezeichnet oder die Identifizierung mit einer Gruppe. So würde etwa *mēdizō* bedeuten, sich wie ein Medäer zu verhalten oder für die Medäer Partei zu ergreifen. Amir legt dar, dass damit in der Regel jemand gemeint ist, der selbst nicht Medäer ist, und dass es sich häufig um einen herabsetzenden Begriff handelt.[14]

Hellenismos hingegen bezeichnet etwas, das die Griechen anstreben, nämlich die korrekte Verwendung der griechischen Schriftsprache, während mit *barbarismos* das Gegenteil gemeint war (eine Verwendung, die im Englischen noch geläufig ist, indem etwa ein Irrtum als „barbarism" bezeichnet wird). Der jüdische Gebrauch dieses Terminus ist dagegen ein anderer: Im *2. Buch der Makkabäer* bezeichnen Juden andere Juden, die sich wie Griechen verhielten und sich der griechischen Sache verschrieben hatten, als *Hellenismos,* ähnlich wie Griechen den Ausdruck *Medismos* verwenden. Amir zufolge ist die Entwicklung dieser Verwendung von *Hellenismos* darauf zurückzuführen, dass der jüdische Autor einen Ausdruck benötigte, der „sämtliche Merkmale der hellenistischen Kultur zu einem Ganzen verbindet", da er *Ioudaismos* für die Judäer verwenden wollte und ein Wort brauchte, der das Gegenteil von *Ioudaismos* bezeichnet. *Ioudaismos* ist, laut Amir, ein singulärer Begriff dafür, dass ausschließlich die Judäer als einziges Volk im gesamten Mittelmeerraum es für notwendig hielten, einen Begriff für sämtliche Merk-

---

12   Batnitzky, Leora: How Judaism Became a Religion: An Introduction to Modern Jewish Thought, Princeton 2011.

13   Amir, Yehoshua: The Term Ιουδαϊσμός: On the self-understanding of Hellenistic Judaism, in: Peli, Pinchas (Hg.): Proceedings of the Fifth World Congress of Jewish Studies, the Hebrew University of Jerusalem, Mount Scopus-Givat Ram, Jerusalem 1969, S. 264.

14   Ebd., S. 265.

male ihrer eigenen Kultur zu prägen. Mit anderen Worten stand also am Anfang das Bedürfnis nach einem Wort, das „Judaismus" bedeutet und daher *Hellenismos* zum Gegenstück hatte.[15]

Amirs Rekonstruktion wirft einige Zweifel auf. Zunächst einmal lehnt Steve Mason Amirs Behauptung ab, bei *Iuodaismos* handle es sich um einen Begriff mit singulärer Bedeutung. *Iuodaismos* unterscheide sich in seiner Bedeutung nicht von den andere Ethnien betreffenden *-ismos*-Verbalnomen. Amirs Behauptung, wonach *Ioudaismos* insofern allein dastehe, als es sich um das einzige Nomen in der gesamten Antike handle, das eine ganze Kultur oder Religion bezeichne, beanspruche etwas viel für ein Wort, das außer im *2.* und *4. Buch der Makkabäer* in keinem einzigen hellenistisch-judäischen Text vorkomme. Griechisch-römische Beobachter der *Ioudaioi* hätten den Begriff zudem nie benutzt, und selbst im Hebräischen und im Aramäischen der damaligen Zeit habe sich keine Parallele dazu gefunden. Eine bessere Erklärung für die Seltenheit des Begriffs besteht, angesichts der (oben erwähnten) Verwendung paralleler Formen, darin, dass die besonderen Umstände nur selten eintraten, die nach der Verwendung dieses stets zu negativen Konnotationen neigenden Wortes verlangten.[16] Im Gegensatz zu Amir versteht Mason *Ioudaismos* als Rückbildung von *Hellenismos*. Seiner Interpretation zufolge bedeutet *Ioudaismus* schlicht, sich wie ein Judäer zu verhalten.

In der vorchristlichen Antike taucht der Terminus *Ioudaismos* im Wesentlichen nur in einem literarischen Kontext auf, nämlich in den Berichten über den Widerstand der Makkabäer gegen den *Hellenismos*. Auf eine frühere These[17] aufbauend, legt Mason dar, dass das Wort *Ioudaismos* nur in diesem spezifischen literarischen und historischen Kontext erscheint, weil es auch nur in diesen und keinen anderen Kontext der jüdischen Antike hineinpasst. Zudem passt es zu einem Paradigma anderer griechischer Ausdrücke, die sich auf dieselbe Weise als Verbalnomen von bestimmten Verben ableiten und nichts mit der Bezeichnung einer Religion zu tun haben.[18] *Ioudaizō* würde dann entsprechend bedeuten, „sich wie ein Judäer zu verhalten", und das daraus gebildete Verbalnomen *Ioudaismos* wäre dann schlicht die substantivierte Form dieses Verbs, also

---

15   Ebd., S. 266. Vgl. Schwartz, Daniel R.: More on Schalit's Changing Josephus: The Lost First Stage, in: *Jewish History* 9/2 (1995), S. 9–20.

16   Mason, Steve: Jews, Judaeans, Judaizing, Judaism: Problems of Categorization in Ancient History, in: *Journal for the Study of Judaism* xxxviii/4–5 (2007), S. 465.

17   Unter anderem in Boyarin, Daniel: Semantic Differences: Linguistics and „the Parting of the Ways", in: Becker, Adam H.; Reed, Annette Yoshiko (Hg.): The Ways That Never Parted: Jews and Christians in Late Antiquity and the Early Middle Ages (= Texte und Studien zum antiken Judentum, Bd. 95), Tübingen 2003, S. 65–85. Diese Behauptung zu *Ioudaismos* findet sich zudem bereits bei Goldstein, Jonathan A. (Übers. und Hg.): II Maccabees: A New Translation with Introduction and Commentary, The Anchor Bible 41a, New York 1983. Mason hat das Argument aber zweifellos weiterentwickelt und es in seiner gründlichen Arbeit entscheidend gestärkt.

18   Vgl. Himmelfarb, Martha: Judaism and Hellenism in 2 Maccabees, in: *Poetics Today* 19 (1998), S. 196. Meines Erachtens versteht Himmelfarb diesen Sachverhalt genau verkehrt. Von *Ioudaismos* als gegeben ausgehend und es als „Judentum" übersetzend geht sie davon aus, dass *Hellenismos* hier „Hellenismus" und nicht „Hellenisieren" bedeuten muss. Vgl. auch ihre meinen Thesen diametral entgegenlaufende Bemerkung, dass „,Die Gesetze' *(hoi nomoi)*, oder weniger häufig, ,Das Gesetz' *(ho nomos)*, im *2. Buch der Makkabäer* als Bezeichnung für die jüdische Lebensart ist, die anderswo als *Ioudaismos* bezeichnet wird und den Gegensatz zu ,Hellenismos' bildet". (ebd., S. 196). Vgl. nachfolgend die Argumente bei Josephus, die u. a. gegen diese Interpretation sprechen.

das „Sich-wie-ein-Judäer-Verhalten", genau wie *Hellenismos* bedeutet, wie ein Grieche zu handeln, zu sprechen und zu schreiben. Um einen Eindruck davon zu bekommen, wie oft diese Wortkreation damals im Griechischen verwendet wurde, genügt das folgende humoristische Beispiel: Kenneth Dover erwähnt die Entstehung des Worts „euripidaristophanizein" („wie Euripides und Aristophanes handeln"), das von einem Komödiendichter erdacht wurde, der sich über den intellektuellen Anspruch von Aristophanes lustig machte.[19] Das hypothetische Verbalnomen wäre dann *euripidaristophanismos,* was wohl kaum eine Institution bezeichnet. Mason stützt sich also auf eine solide lexikalische komparative Grundlage, wenn er die Übertragung dieses höchst produktiven griechischen Paradigmas auf eine einzelne Form — *Ioudaismos* — ablehnt.

Wie Seth Schwartz zutreffend bemerkt, trifft Masons Interpretation in Kontexten wie in 14,37 durchaus zu. Im folgenden Zitat sollte nur der von Schwarz verwendete Begriff „Judentum" durch den fraglichen Begriff *Ioudaismos* ersetzt werden:

> Es ward aber dem Nikanor angezeigt einer aus den Ältesten zu Jerusalem, mit Namen Razis, dass er ein Mann wäre, der das väterliche Gesetz lieb und allenthalben ein gutes Lob und solche Gunst unter seinen Bürgern hätte, dass ihn jedermann der Juden Vater hieße. Auch war er vor dieser Zeit darum verklagt und verfolgt gewesen, und hatte Leib und Leben männlich gewagt für den *Ioudaismos*.[20]

In diesem Ausschnitt ist deutlich zu erkennen, wie eine Entscheidung für den *Ioudaismos* einem Bekenntnis zur Lebensart der Judäer und deren Gemeinwesen, ja selbst zu einer Erneuerungsbewegung, die solche Gefühle bei den Abtrünnigen neu entfachen soll, gleichkommt. In 8,1 heißt es hingegen: „Aber Judas Makkabäus und seine Gesellen gingen heimlich hin und wieder in die Flecken, und riefen zuhauf ihre Freundschaft und was sonst bei der Juden Glauben geblieben war […]."

Seth Schwartz warnt davor, den Begriff als Bekenntnis zur Erneuerungsbewegung zu interpretieren.[21] Daraus sollte jedoch nicht geschlossen werden, dass *Ioudaismos* „etwas sehr stark wie Judentum" bedeutet,[22] denn das würde eine lexikalisch und grammatikalisch singuläre Entwicklung der Vokabel und des ihr zugrunde liegenden Paradigmas ausschließlich in diesem Kontext der gesamten griechischen Literatur voraussetzen. Wenn überhaupt, können sie in beiden Fällen schlicht als „der Lebensweise und der Sache der Juden treu ergeben" übersetzt werden. Im ersten Fall riskiert Razis Leib und Leben für die jüdische Lebensweise. Im zweiten Fall sind mit Personen, die im *Ioudaismos* verblieben, diejenigen gemeint, die dem politischen und kulturellen Leben der Juden treu geblieben sind. *Ioudaismos* bedeutet also die Ausübung einer solchen Loyalität. Die korrekte Übersetzung wäre „sind beim Judaisieren geblieben" oder vielleicht besser „beim Jüdischsein". Das hat mit „Religion" nicht mehr zu tun als etwa das „Attikaisieren", also „sich zum Verhalten und zu den Bräuchen auf Attika" zu bekennen. Ein-

---

19 Dover, Kenneth James: Aristophanic Comedy, Berkeley 1972, S. 214.

20 Schwartz, Daniel R.: 2 Maccabees: Commentaries on Early Jewish Literature, Berlin; New York 2008, S. 465.

21 Schwartz, Seth: How Many Judaisms Were There? A Critique of Neusner and Smith on Definition and Mason and Boyarin on Categorization, in: *Journal of Ancient Judaism* 2/2 (2011), S. 225.

22 Ebd., 226.

mal mehr sei hier betont, dass es sich nicht um ein abstraktes, eine Institution bezeichnendes Nomen handelt, sondern um ein Verbalnomen, das für eine Handlung oder eine Gruppe von Handlungen steht (wie etwa die „Barbaren" austreiben oder die Gebote beachten).

Gegen Amirs These spricht auch ein weiterer Grund: Die Annahme, dass *Ioudaismos* als singulärer Ausdruck zuerst geprägt wurde und sich davon dann die geläufige Wortprägung *Hellenismos* ableitete, erscheint unlogisch. Viel eher dürfte Masons Vermutung zutreffen, dass der Begriff *Hellenismos* zuerst existierte und *Ioudaismos* von diesem abgeleitet wurde. Der semantische Effekt ist aber ein anderer, als von Mason postuliert. Wenn nämlich davon ausgegangen wird, dass Judäer *Hellenismos* als Charakterisierung ihrer Landsleute in Analogie zur griechischen Verwendung von *Medismos* in Bezug auf andere Griechen nutzen, dann wird deutlich, dass es sich hier um den primären Ausdruck einer binären Gegenüberstellung handelt. Angeblich abtrünnigen Juden wurde *Hellenismos* vorgeworfen, genau wie abtrünnigen Griechen *Medismos* vorgehalten wurde. *Hellenismos* bedeutet also, sich wie ein Grieche zu verhalten und dem Griechentum gegenüber loyal zu sein. *Ioudaimos* wäre dann das davon abgeleitete Gegenteil, also sich loyal zur jüdischen Lebensweise und der jüdischen Gemeinschaft zu verhalten.[23] Diese Verwendung schien nur den Judäern vorbehalten zu sein, doch es handelt sich um eine natürliche Entwicklung der besonderen Umstände der makkabäischen Konflikte. Statt also davon auszugehen, dass *Hellenismos* von den Juden als Gegenstück zu *Ioudaismus* geprägt wurde, behaupte ich, dass *Ioudaismos* als Gegenstück zur hellenisierenden Abtrünnigkeit die judaisierende Loyalität bezeichnete. Dies ist aber gewiss kein Beweis für ein angeblich neues Bewusstsein der Juden von dieser Institution des „Judentums". Der Begriff passt gut in sämtliche (vorchristlichen) Kontexte und umgeht auch die Einschränkungen von Schwartz, der die Loyalität gegenüber dem Jüdischen (dem Judäischen) bzw. das Festhalten daran nicht auf die Religionsangehörigkeit reduziert, die wir heute Judentum nennen. Da sämtliche Vertreter des Paradigmas solcher Nomen, wie etwa der oben genannte *Medismos* – „das den Persern Zuneigende" –, sowie der *Attikismos* – „das den Athenern Zuneigende" – Gerundien und keine abstrakten Substantive sind, gibt es keinen Grund, *Ioudaismos* nicht auch als solches Gerundium aufzufassen. Im Griechischen sind zwar nur *Ioudaismos* und *Hellenismos* (im Sinne von „Schreiben wie ein Grieche") positiv belegt, aber sie sollten dennoch als „Judaisieren" verstanden und übersetzt werden.

Der antike *Ioudaismos* muss also als Glied dieses semantischen und morphologischen Paradigmas verstanden werden. Die seltene Verwendung des Begriffs in den jüdischen Quellen hängt mit der Tatsache zusammen, dass es sich eben nicht um eine allgemeine Bezeichnung für etwas Zusammenfassendes wie das moderne Judentum handelt. Diese Interpretation stützt sich auf alle Erwähnungen in den *Büchern der Makkabäer*. Masons Ansatz, den Begriff „Judaismus" bei keiner dieser Erwähnungen als Abstraktion, System oder Institution zu sehen, ist schlüssig, doch wird dabei aus Judaisieren eine „Rückführung jener, die fremde Wege gegangen sind". Ein ‚Judaisieren' oder eine ‚Judaisierung', die der Autor des *2. Buches der Makkabäer* programmatisch

---

23   Vgl. „In der immer noch lebendigen Erinnerung der Griechen von den Perserkriegen des 6. und 5. Jahrhunderts v. u. Z. werden jene, die sich von den Griechen abwandten und mit ihren Feinden kollaborierten, ‚Medisierer' genannt, […] die implizierten Antonyme von ‚Medisierer' und ‚Medismus' wären ‚Hellenisierer' und ‚Hellenismus', was ‚der griechischen Sache loyal sein' bedeuten würde." Goldstein: Maccabees, S. 230, Fn 13. Ich erkenne bei *Ioudaismos* genau denselben Ursprung und dieselbe Semantik.

als ‚Ιουδαϊσμός' bezeichnet.[24] Allerdings ist das nicht die einzige Alternative zur Interpretation von ‚Ιουδαϊσμός' als Bezeichnung für eine Religion. Vermutlich führte einfach das „Sich-dem-*Hellenismos*-Verweigern" zur Ableitung *Ioudaismos*.

Die letzte Verwendung des Wortes im *2. Buch der Makkabäer* bestätigt diese Behauptung. Zum ersten Mal überhaupt taucht das Wort in Abschnitt 2:21 auf: „[…] die himmlischen Erscheinungen, die denen zuteil wurden, die für das Judentum *[Ioudaismos]* ruhmvoll und als Helden stritten."[25] Jenen, die miteinander um das Judentum *[Ioudaismos]* wetteiferten, sollen also himmlische Erscheinungen zuteil geworden sein. *Ioudaismos* meint demnach das Wetteifern um die Hingabe zur Lebensweise der Judäer und die Parteinahme für ihren Kampf gegen ihre Unterdrücker, die „Barbaren".[26] Nur ein vorgefasstes Konzept des *Ioudaismos* als Abstraktum oder die Bezeichnung einer Institution könnte hier dazu führen, sich ihn als „Judentum" vorzustellen.

Das „Judentum" des Paulus

Diese Interpretation erklärt auch die Verwendung von *Ioudaismos* in den Paulusbriefen. Wenn der Apostel behauptet, er sei früher sehr im *Ioudaismos* fortgeschritten gewesen, meint er sicher keine abstrakte Kategorie oder eine Institution, sondern die jüdische Treue zum traditionellen Brauchtum der Juden, das von seinem Zeitgenossen Josephus als „das Angestammte [die Traditionen] der *Ioudaioi*" beschrieben wird (τὰ πάτρια τῶν Ιουδαίων; [Ant 20.41 und passim]). Auch das könnte schlicht als jüdische Religion gedeutet werden, wäre da nicht die Tatsache, dass auch Thucydides diesen Begriff verwendet. Er schreibt, die medezierenden Platäer wurden beschuldigt, „ihre angestammten Traditionen aufzugeben" (παραβαίνοντες τὰ πάτρια; [Thucydides 3.61.2]).[27] Dass auch Paulus den Begriff in diesem Sinne verwendet, zeigt Masons Beobachtung, wonach „Paulus Petrus verurteilt, weil Petrus wie ein Fremder und nicht wie ein Judäer lebe (ἐθνικῶς καὶ οὐχὶ Ιουδαϊκῶς), dadurch zwinge er die Fremden, sich zu judaisieren" (τὰ ἔθνη ἀναγκάζεις ἰουδαΐζειν; [Gal 2,14]) – also einer Kulturbewegung anzugehören, die Paulus eng mit der Beschneidung und der Beachtung der judäischen Gesetze verbindet (2.12,21).[28] Da Ethnisierung gewiss nicht mit der Ausübung einer Religion gleichzusetzen ist, kann das hier auch nicht für das Judaisieren gelten und somit auch nicht für das oft von diesem Verb abgeleitete Nomen *Ioudaismos*.

---

24 Mason: Jews, Judaeans, Judaizing, Judaism, S. 467.

25 2. Buch der Makkabäer 2:21, Bibelübersetzung von Hermann Menge http://www.bibelwissenschaft.de/online-bibeln/menge-bibel/bibeltext/bibel/text/lesen/stelle/46/20001/29999/ch/bc17a5c06f734ff3a1b95350290ff329/, letzter Zugriff: 10. 01. 2017.

26 Goldstein stellt enthusiastisch fest: „Unser Vers enthält die früheste bekannte Erwähnung des griechischen Wortes *Ioudaismos* (‚Judentum'). Der Autor benutzte vermutlich absichtlich ein Wort mit dieser Form im Sinne von ‚barbarisch', da er damit seinem gebildeten griechischen Publikum die Analogie zum Kampf der loyalen Hellenen gegen die ‚barbarischen' Perser und gegen den ‚Medismus' der griechischen Kollaborateure mit dem Perserreich nahelegen wollte." Goldstein: Maccabees, S. 192, Fn 21.

27 Mason: Jews, Judaeans, Judaizing, Judaism, S. 463.

28 Ebd., S. 464.

Die vorliegenden Verwendungen von *Ioudaismos* scheinen die Interpretation von *Ioudaismos* als Verbalnomen, also als Praxis und nicht als Institution, ebenfalls zu bestätigen. Paradoxerweise wurde die Verwendung, die Paulus davon in den Galaterbriefen macht, in der Regel als Beweis für das genaue Gegenteil gewertet. Die zentrale Stelle ist der Brief an die Galater, Kap. 1,13–14, wo Folgendes steht [die Worte, die im Folgenden diskutiert werden, bleiben unübersetzt]:

> Ihr habt ja von meinem einstmaligen anastrophe im *Ioudaismos* gehört: dass ich nämlich die Gemeinde Gottes maßlos (= wütend) verfolgt habe und sie zu vernichten suchte und dass ich es an Leidenschaft für den *Ioudaismos* vielen meiner Altersgenossen in meinem Volk zuvorgetan habe, indem ich ein ganz besonderer Eiferer für die von meinen Vätern überkommenen Überlieferungen war.

Das Wort *anastrophe* wird gewöhnlich mit „Leben", hier mit „einstmaligem Leben" übersetzt. Mason behauptet: „In Anbetracht dessen, dass das begleitende Nomen ἀναστροφή stärker ist als ‚[mein einstmaliges] Leben', wie es oft übersetzt wird, sollte es eine gewisse Form von ‚Hang' oder ‚Hinwendung', eine ‚Rückbesinnung' auf etwas oder eine Beschäftigung mit etwas andeuten. Der 1,14 erwähnte Eifer bestätigt diese Bedeutung."[29] „Einstmaliges Leben" gibt in der Tat eine vorgefasste Meinung wieder und stimmt nicht mit den häufigsten Verwendungen dieses Wortes im Griechischen überein. Meines Erachtens eignet sich die Übersetzung „Benehmen" besser, wie sie beispielsweise bei Tobias 4,14 zu finden ist: πρόσεχε σεαυτῷ, παιδίον, ἐν πᾶσι τοῖς ἔργοις σου καὶ ἴσθι πεπαιδευμένος ἐν πάσῃ ἀναστροφῇ σου, wobei der letzte Satz gut als „Benimm dich wohlerzogen in deinem ganzen Wandel" übersetzt werden kann, was wiederum dem ersten Satz entspricht, dessen Übersetzung „Gib' acht auf dich, […], in allem, was du tust" lauten würde. Paulus meinte demnach sein früheres Solidarisieren mit den Judäern, namentlich die Verfolgung der Gemeinde Gottes. Die Verwendung von *Ioudaismos* im zweiten Vers hebt diesen Punkt noch stärker hervor. Man zeichnet sich nicht durch Leidenschaften aus in einer Institution, etwa religiöser Art (außer vielleicht, um darin aufzusteigen, was hier offensichtlich nicht passt), sondern durch die Praxis des Judaisierens, in der sich Paulus besonders hervortat, weil er größeren Eifer zeigte als andere. Schließlich muss die Verwendung, die Paulus vom Verbalnomen *Ioudaismos* macht, auch mit Blick auf seine Verwendung des Verbs interpretiert werden. Wie oben erwähnt, schimpft Paulus in den Galaterbriefen 2,14:

> Als ich jedoch sah, dass sie nicht den rechten Weg in Übereinstimmung mit der Wahrheit der Heilsbotschaft wandelten, sagte ich zu Kephas offen im Beisein aller: ‚Wenn du, der du doch ein Jude bist *[Ioudaios]*, nach heidnischer *[ethnikos]* und nicht nach jüdischer Weise *[Ioudaikos]* lebst, wie kannst du da die Heiden zwingen wollen, die jüdischen Bräuche (= Lebensform) zu beobachten [zu judaisieren]'?

Hier ist also klar gemeint: Es soll nach judäischen und nicht nach heidnischen Bräuchen gelebt werden. *Ioudaismos,* das von diesem Verb abgeleitete Nomen Judaisieren bedeutet dann entsprechend: nach judäischen/jüdischen Bräuchen zu leben und nicht Mitglied einer Institution zu sein, die „Judentum" genannt wird.

---

29 Ebd., S. 469.

Ein weiterer Grund, dass *Ioudaismus* bei Paulus nicht eine jüdische Religion bezeichnen konnte, ist folgender: Paulus betrachtete sich zeit seines Lebens als Jude. Wenn also mit *Ioudaismos* die Gesamtheit des judäischen Brauchtums und des judäischen Glaubens oder die jüdische Religion gemeint wäre, würde sich Paulus in diesem Vers selbst davon ausschließen. Wenn aber Paulus davon ausgeschlossen wäre, könnte *Ioudaismos* schlicht nicht als die vermeintliche jüdische Religion oder selbst als Bezeichnung für die Gesamtheit der Verrichtungen der Juden interpretiert werden. In seinen Schriften muss damit also die (von ihm abgelehnte) Befolgung der Gebote der Bibel gemeint sein. *Ioudaismos,* das „Judäisieren" scheint also bei all diesen Erwähnungen zu bedeuten: sich (mit Eifer) der Praxis (der Traditionen der Vorväter) der Judäer hingeben. Jede andere Interpretation (wovon einige nur im jeweiligen Kontext möglich sind) würde heißen, die spätere Bedeutung von *-ismus*-Begriffen, wie etwa die Bezeichnung von Institutionen, zu adoptieren und sie anachronistisch auf *Ioudaismos* anzuwenden.

Kein Wort – kein Konzept

Mason schlussfolgert damit richtig:

> Die Tatsache, dass die fünf Erwähnungen von Ιουδαϊσμός in den jüdisch-judäischen Schriften weitgehend auf einen einzigen kreativen Autor zurückgehen, entweder Jason von Kyrene oder der Verfasser seiner Epitome, die das Wort als ironisches Gegenstück zu Ελληνισμός prägten, sollte uns davor warnen, das Wort so zu verwenden, als ob es sich um eine generelle Bezeichnung der gesamten Kultur, des gesamten Rechtssystems und der „Religion" der Judäer handelte. Abgesehen vom Kontext der Bedrängnis durch die Hellenisierer und späterer christlicher Kreise, sahen antike Autoren keinen Anlass für dessen Verwendung, teilweise offenbar wegen des abschätzigen Nachklanges der *Medismos*-Familie, der Ιουδαϊσμός auch angehaftet hätte, wenn es nicht im Kontrast zum klar negativ belegten Ελληνισμός benutzt worden wäre.[30]

Das überzeugendste von Masons Argumenten scheint das Argument der Seltenheit zu sein. Gäbe es eine verbreitete Bezeichnung für die Gesamtheit der judäischen „Verhaltensweisen, die der Tatsache geschuldet sind, dass jemand jüdisch ist und dass diese Verhaltensweisen einen Wert darstellen, für den es sich zu kämpfen und sogar zu sterben lohnt", dann ist nicht einzusehen, weshalb es nur in so wenigen und so speziellen Kontexten wie im 2. *Buch der Makkabäer* und in sehr wenigen und sehr spezifischen anderen Kontexten zu finden ist.

Dieses gewichtige Argument der Nichterwähnung kann gewissermaßen noch positiv verstärkt werden. Der Historiker Duncan MacRea, der sich mit römischer Geschichte befasst, untersucht ein ähnliches (oder zumindest analoges) Problem der römischen Historiographie, nämlich die angebliche Tradition des Antiquarianismus, die einigen römisch-republikanischen Schriftstellern – besonders Varro – im Widerspruch zur antiken Historiographie zugeschrieben wird. Nachdem er gezeigt hat, dass es im antiken Latein keinen Terminus für Antiquarianismus

---

30 Ebd., S. 468.

gibt und dass ein solcher Begriff erst im 15. Jahrhundert bei frühen modernen Gelehrten auftaucht, bemerkt MacRea: „[…] doch die These, dass es keinen römischen Antiquarianismus gab, ist nicht nur nominalistischer Art, nämlich dass die Römer kein Wort dafür hatten. Hier soll vielmehr dargelegt werden, dass sie auch kein Konzept dieser Art hatten."[31] Eine nähere Betrachtung von MacReas deutlicher Behauptung wird uns helfen, die These dieses Abschnitts zu verdeutlichen.

Zunächst sei darauf hingewiesen, dass MacRea den Begriff „nominalistisch" hier sehr weit fasst, wenn nicht gar metaphorisch verwendet. Man muss kein Nominalist sein und behaupten, dass sämtliche Kategorien nur dann existieren, wenn sie auch entsprechend benannt sind (z. B. „Hunde", „Bäume"), um darzulegen, dass es für die Welt des Menschen, die Welt der menschlichen Klassifikationen menschlicher Dinge schwer vorstellbar ist, wie ein Konzept ohne Bezeichnung existieren kann. Genau das möchte ich im nächsten und letzten Abschnitt darlegen. Im vorliegenden Abschnitt soll aber, gestützt auf MacReas zweites Argument, erläutert werden, dass das Konzept „Religion", und damit des „Judentums", auch bei den griechisch-jüdischen Autoren nicht existierte.

Bevor ich weiterfahre, möchte ich mich kurz mit einem Irrtum und einer falschen Fährte in diesem Zusammenhang beschäftigen. Der Philosoph Malcolm Lowe behauptet, dass, trotz des Fehlens des Begriffs „Religion" im Judäisch-Griechischen, das Konzept dennoch existiert:

> Hier liegt das größte Problem von Masons Ansatz. Der zweite Abschnitt seines Aufsatzes von 2007 trägt den Titel „Auf der Suche nach Religion in der Antike [Searching for Ancient Religion] und ist der These gewidmet, dass ‚das Konzept der Religion, das unserer Perspektive und unserer Geschichtsforschung zugrunde liegt, keine taxonomische Entsprechung in der Antike aufweist'. Ja, es gibt kein Wort dafür in der Antike. Doch Mason übersieht eine ebensolche taxonomische Entsprechung in seinem Zitat aus Josephus' *Gegen Apion* auf derselben Seite. Die Formulierung, die Josephus benutzt ist: *tois oikeiois nomois peri eusebeian.* Eine ähnliche Terminologie ist bei antiken Autoren sehr verbreitet; anstelle von *oikeios* mag ein anderes Adjektiv stehen (und manchmal steht *nomina* statt *nomoi*). Solche Sätze können als ‚die althergebrachten Frömmigkeitsregeln' übersetzt werden, wobei ‚Frömmigkeit' das ‚Verhältnis der Menschen zu den Göttern' bedeutet, ‚Regeln' kann durch ‚Bräuche' und ‚althergebracht' durch eines von mehreren anderen Adjektiven ersetzt werden, das eine Volkszugehörigkeit bezeichnet. Die Apologie des Sokrates in den ersten Kapiteln von *Xenophons Memorabilia* basiert auf demselben Religionskonzept.[32]

Das klingt fast überzeugend. Es trifft selbstverständlich zu, dass eine Sprache ein Konzept nicht unbedingt mit einem einzigen Wort benennen muss, eine Wortgruppe oder ein Satz genügen auch. Nur stützt das Josephus-Beispiel von Lowes Interpretation in keiner Weise. Josephus schreibt in einer hinlänglich bekannten Passage:

---

31 MacRea, Duncan: Diligentissumus Investigator Antiquitatis? „Antiquarianism" and Historical Evidence between Republican Rome and the Early Modern Republic of Letters, in: Smith, Christopher; Sandberg, Kaj (Hg.): Historical Evidence and Historiography in Republican Rome, im Erscheinen.

32 Lowe, Malcolm: Concepts and Words, in: *Marginalia. The Los Angeles Review of Books* (August 2014).

[…] dass er [Moses] sich auch in der Art der Gesetzgebung zum bleibenden Nutzen von allen anderen sehr unterschied, war: Er machte nicht die Frömmigkeit zu einem Teil der Tugend, sondern als einen Teil der Frömmigkeit fasste er das andere zusammen und setzte es fest; ich meine aber die Gerechtigkeit, die Besonnenheit, die Selbstbeherrschung, die Einstimmigkeit der Bürger untereinander in allem [*Gegen Apion*, 2,170].

Mit anderen Worten, gerade diese angestammten Frömmigkeitsregeln klauben nicht irgendeinen speziellen Teil des judäischen Brauchtums heraus und nennen ihn Religion, sondern sie fassen alles zusammen: die Gerechtigkeit, die Besonnenheit, die Selbstbeherrschung und die Übereinstimmung der Bürger miteinander. Da für Josephus Frömmigkeit und mit dieser einhergehende Regeln zahlreiche Elemente umfassen, die wir als Gegenteil von „Religion" auffassen würden, wäre es auch nicht sinnvoll, seinen Satz als Bezeichnung des Konzepts ‚Religion' in seiner Sprache zu verstehen.

Judentum ohne Namen? – Josephus

Es scheint kaum möglich, dass ein verbreiteter lexikalischer Begriff, der einen für Judäer/Juden obligatorischen Verhaltenskomplex bezeichnet, nicht in der umfangreichen Literatur judäo-griechischer Autoren auftaucht, die ebendiesen Komplex darlegen und rechtfertigen. Die beiden bekanntesten griechisch-jüdischen Schriftsteller, in deren Schriften wir *Ioudaismos* erwartet hätten, sind zweifellos Philon und Flavius Josephus. Beide schildern ausführlich das Wesen des jüdischen Volkes sowie dessen Bräuche, und hätte es einen Oberbegriff für dieses Wesen gegeben, hätten sie diesen bestimmt angewandt. Dabei kann mit an Sicherheit grenzender Wahrscheinlichkeit angenommen werden, dass Josephus das *2. Buch der Makkabäer* kannte.[33] Wenn er *Ioudaismos* als „Judentum" verstanden hätte, also die angebliche jüdische Religion, oder auch als einen Begriff für jüdische Kultur und Brauchtum im Allgemeinen verwendet hätte – warum hat er dann den Begriff nicht in seinem Werk benutzt? Dieses Argument bestärkt Masons These beträchtlich. Und es geht hier um mehr als nur die Nichterwähnung. Nachfolgend soll am Beispiel des Josephus gezeigt werden, dass die Worte, die er benutzt, um den gesamten Komplex des judäischen Brauchtums zu beschreiben, diesen Komplex auf die Ebene anderer Völker stellen. Er begreift somit die Judäer nicht als singuläre Gemeinschaft, ganz im Gegensatz zu Amir, der behauptet: „Im gesamten hellenistisch-römischen Kulturraum gibt es, soweit uns bekannt ist, keine andere Nation, Gemeinschaft oder Gruppe, die sich veranlasst sah, eine übergeordnete Bezeichnung für das gesamte praktische und kognitive Brauchtum, zu dem sich die Mitglieder der Gruppe bekennen müssen, zu prägen, außer das Volk Israel."[34]

---

33 Goldstein: Maccabees, S. 302.
34 Amir: On the self-understanding of Hellenistic Judaism, S. 266.

Politeia; Nomos; Ta Patria Ethē bei Josephus

Josephus wurde oft dafür kritisiert, dass er seinen Lehrer Bannus, die Pharisäer, die Sadduzäer sowie die Essener als philosophische Schulen darstellte,[35] und das basierend auf unserer modernen Annahme, dass es sich um religiöse Gemeinschaften gehandelt haben muss. Doch Josephus standen keine derartigen Begriffe zur Verfügung, die sein Publikum hätte verstehen können. Er sagte lediglich, dass diese Gruppen oder Individuen sich mit Gottesfurcht, Bescheidenheit und einer gewissen Jenseitsvorstellung beschäftigen. Und genau damit beschäftigten sich philosophische Schulen, weshalb er sie auch Philosophien nannte. Es gab keinen Genus „Religion", deren Spezies sie sein konnten.[36]

In keiner Schrift des jüdischen Historikers Josephus aus dem Palästina des 1. Jahrhunderts findet sich ein Wort, das sich auf „Judentum" oder „Religion" bezieht. Spricht er über Ideen, Gedanken und Ideologien der Tora, dann bezeichnet er sie als „die Philosophie der heiligen Bücher". Erwähnt er die in diesen Büchern und im jüdischen Brauchtum kodierten Gebote und Verbote, nennt er diese „Regeln/Bräuche der Vorväter". Das entspricht auch dem Usus im *2. Buch der Makkabäer,* das Josephus gelesen hatte. Martha Himmelfarb bemerkt hierzu: „Für das 2. Buch der Makkabäer ist Jerusalem eine Polis, die Juden ihre Bürger und ihre Lebensphilosophie die *Politeia.*"[37] Die *Nomoi* oder, seltener, der *Nomos,* sind die Bräuche der Vorväter, denen die Bürger verpflichtet sind – genau wie bei Josephus.

Nomos und Narrativ: *Gegen Apion*

Wie bezog sich also ein auf Griechisch (bzw. im vorliegenden Fall auf Hebräisch oder Aramäisch) schreibender jüdischer Chronist auf den judäischen Lebenswandel, ohne einen übergeordneten Begriff wie *Ioudaismos* oder eine Bezeichnung für „Religion" zu verwenden? Um diese Frage zu beantworten, möchte ich zunächst einen Blick auf ein belastetes Wort werfen, das Josephus (und die hellenistischen Juden generell) verwenden, nämlich auf *nomos* und seinen Plural *nomoi.* Diese Begriffe werden in der Regel als „Gesetz" und „Gesetze" übersetzt, doch soll hier gezeigt werden, dass diese Übersetzung den Sinn bei Josephus verfehlt. In seiner bemerkenswerten Apologie der jüdischen Lebensweise, in *Gegen Apion,* dient einzig *nomos* zur Beschreibung dieser Lebensweise. Für Josephus und für antike Autoren allgemein sind Abstraktionen und Kategorien wie „Gesetz", „Politik" und „Religion" keine hilfreichen analytischen Kategorien. Josephus verwendet den Ausdruck *nomos* für das „Buch" und die gesamte judäische Lebensart, ein Begriff, der der hebräischen Tora und der aramäischen *orayta* entspricht. Das mag trivial sein, wird doch bereits in der Septuaginta „Tora" in der Regel mit *nomos* übersetzt. Entscheidend ist aber nicht, dass die griechischen Übersetzer den Sinn der Tora falsch verstanden haben und den

---

35 Der Jüdische Krieg 2,119–166; Altertümer 13,171–173; 18,12–25; Autobiographie 10–12.

36 Dieses Argument wurde bereits vorgebracht, wenn auch etwas weniger pointiert. Siehe Flavius, Josephus: Judean War 2. Translation and Commentary by Steve Mason with Honora Chapman [De Bello Judaico. Liber 2.], Josephus Flavius: Works, 2000 1B, Leiden 2008, S. 96, Fn 734.

37 Himmelfarb: Judaism and Hellenism in 2 Maccabees, S. 201.

Begriff deshalb so übersetzten, sondern dass das griechische Wort *nomos* eine andere Bedeutung erhielt, indem es von den Juden als Entsprechung von Tora genutzt wurde.

Am deutlichsten ist dieser Umstand in Josephus' Schilderung und Apologie des judäischen *nomos* in *Gegen Apion* zu erkennen, ein Text, in dem er den judäischen *nomos* ausdrücklich gegen Angriffe einiger „heidnischer" Autoren verteidigt, unter ihnen der alexandrinische Grammatiker und Homerphilologe Apion. An dieser Stelle schreibt Josephus ausführlich, was *nomos*/Tora in seinen Augen bedeutet:

> Weil aber auch Apollonius Molon und Lysimachus und manch andere teils aus Unkenntnis, größtenteils aber aus Feindschaft über unseren Gesetzgeber Mose und über die Gesetze *[nomoi]* weder gerechte noch zutreffende Äußerungen gemacht haben, indem sie jenen als einen Zauberer und Betrüger verleumdeten, von den Gesetzen aber behaupteten, sie seien für uns Lehrer der Schlechtigkeit, aber keiner einzigen Tugend, will ich kurz sowohl über die Verfassung *[politeuma]* unseres Gemeinwesens als ganze als auch über sie in ihren Teilen sprechen, wie ich es dann vermag.
>
> Ich glaube nämlich, dass offensichtlich sein wird, dass wir zur Frömmigkeit und zur Gemeinschaft miteinander und zur Menschenliebe allgemein, darüber hinaus aber zur Gerechtigkeit und der Ausdauer in Mühen und der Verachtung des Todes die am besten niedergelegten Gesetze haben. Ich bitte aber, dass die, welche die Schrift lesen, die Lektüre nicht missgünstig machen. Denn nicht ein Enkomium auf uns selbst zu schreiben hatte ich mir vorgenommen, sondern ich meine, dass uns, die wir oft und falsch angeklagt werden, diejenige Apologie am meisten gerecht wird, die von den Gesetzen ausgeht, nach denen wir beharrlich leben. [2,145–147]

Obwohl hier Josephus für die fünf Bücher Mose den Terminus *politeuma* benutzt, der in etwa Verfassung bedeutet, also ein Begriff, den wir dem Politischen bzw. der Staatsgewalt zuordnen, sind es die *nomoi,* aus denen sich die *politeuma* zusammensetzt. Häufig verwendet er *nomos* auch im Sinne des gesamten übergeordneten Objekts, der *politeuma*. Innerhalb der *politeuma* gibt es zwar Gesetze, doch man beachte deren Wesensarten: Es handelt sich um Gesetze, die sich auf Frömmigkeit, Gemeinschaft und Menschenliebe beziehen, auf Gerechtigkeit, auf Ausdauer in der Arbeit sowie auf die Todesverachtung. Bei näherer Betrachtung stellen wir fest, dass der gesamte Komplex – gleichgültig wie er ihn nennt, er hat mehrere Begriffe dafür – aus etwas besteht, das wir als „rituelle Gesetze" oder „Führungsstrukturen" einstufen könnten. Sie erzeugen wiederum eine gemeinschaftliche Verbundenheit und Nächstenliebe – und auch Gesetze im engeren Sinne (Recht) sowie einen vorgeschriebenen Ritus zur Verinnerlichung individueller moralischer Charakteristiken. Wir können weder einen Bestandteil dieses Ganzen herauslösen und ihn Gesetz, Politik oder Religion nennen, noch kann das Ganze mit einem solchen Oberbegriff benannt werden. Der Begriff *nomoi* hingegen umfasst all diese Kategorien und Praktiken und noch einiges mehr.

In einer längeren Passage postuliert Josephus die Totalität des judäischen Gesetzeswerks sowie den Umstand, dass dieses allen Judäern zugänglich ist. Zu den griechischen Philosophen, darunter Platon und die Stoiker, die er alle als Schüler des wahren Gottes erkennt, schreibt er:

> Aber die, die vor Wenigen philosophierten, wagten nicht, der in ihren Meinungen voreingenommenen Masse die Wahrheit der Lehre zu veröffentlichen. Unser Gesetzgeber aber hat, weil er ja Taten

vollbrachte, die mit den Worten übereinstimmten, nicht nur seine Zeitgenossen überzeugt, sondern pflanzte auch denen, die in Zukunft aus jenen hervorgehen würden, den unabänderlichen Glauben über Gott ein.

Der Grund dafür ist, dass er sich auch in der Art der Gesetzgebung zum bleibenden Nutzen von allen anderen sehr unterschied, war: Er macht nicht die Frömmigkeit zu einem Teil der Tugend, sondern als einen Teil der Frömmigkeit fasste er das andere zusammen und setzte es fest; ich meine aber die Gerechtigkeit, die Besonnenheit, die Selbstbeherrschung, die Einstimmigkeit der Bürger untereinander in allem. Alle Taten und Beschäftigungen und alles Denken führen uns hin auf die Frömmigkeit zu Gott. Denn nichts von diesen ließ er unbeachtet oder undefiniert. [2,169–171]

Wir stellen also Folgendes fest: Zunächst einmal werden die Vorstellungen Platons und der Stoiker als „Philosophien" bezeichnet, die er nicht im Gegensatz zu den fünf Büchern Mose sieht, sondern auf derselben Ebene. Die Gesetzgebung der Tora sei im Gegensatz zu jener der großen Griechen so perfekt aufgebaut, dass ihre Empfänger auch den Gottesglauben verinnerlicht hätten, was den anderen aufgrund ihres esoterischen Charakters (nicht ihrer „Säkularität") nicht habe gelingen können. In dieser Passage beginnt Josephus ' umfassender Vergleich der fünf Bücher Mose mit dem Brauchtum anderer Völker im Hinblick auf die Verinnerlichung von Werten ihrer Lehre. Zuvor bezeichnet er die judäische Gemeinschaft *[politeuma]* mittels eines Neologismus bereits als Theokratie *[theokratia]*, als Prinzipat Gottes [2,165], also Gott, wie er sich in der Tora präsentiere – nicht als die Herrschaft der Priester, wie John Barclay in seinem Kommentar schreibt.[38] Wie David Flatto gezeigt hat, handelt es sich praktisch um das Gegenteil von dem, was wir heute unter dem Begriff „Theokratie" verstehen.[39] Josephus erklärt hier den Mechanismus der Theokratie anhand seiner Theorie, dass die Tora die Tugenden durch eine Kombination von „Worten" und „Riten" vermittle und damit anderen Kulturen überlegen sei, weil diese versuchten, ihre Werte entweder allein durch Worte (Athen) oder durch Taten (Sparta) zu vermitteln. Für die Judäer sei *eusebeia* gegenüber Gott nicht nur eine von vielen Tugenden, sondern die wichtigste Tugend, die alle anderen Tugenden mit einschließe und präge. „Worte" bedeuten hier wohlgemerkt nichts anderes als die geschriebenen „Gesetze", die es zu studieren gilt, wie Josephus im nächsten Satz erläutert, während für „Taten" steht, „durch Sitten erzogen [werden], nicht durch vernünftige Belehrungen [Worte]" [ἔθεσιν ἐπαίδευον, οὐ λόγοις] [2,172].

---

38 Josephus, Against Apion, hg. von Steve Mason, ins Englische übersetzt und kommentiert von John Barclay, Leiden 2007, S. 262, Fn. 638.

39 „Josephus fasst frühe Staats- und Rechtstheorie mit sozioreligiösen jüdischen Werten zu einem theokratischen Konzept als Alternative zu klassischen Staatsmodellen zusammen. Die Instabilität und tyrannische Tendenzen königlicher Herrschaft kritisierend legt Josephus dar, dass ein politisches System nur dann von Dauer sein kann, wenn es auf den Grundlagen des Gesetzes ruht. Indem es die Rolle der Menschen reduziert und sich an ihrer Stelle auf sakrale Gesetze stützt, bietet die Theokratie ein solches System. Ungeachtet der Verzerrungen, die dieser Begriff im Laufe der Zeit erfuhr, oder dessen späterer Transformation, repräsentiert die Theokratie für Josephus ein konstitutionelles Vorhaben, das sorgfältig darauf ausgelegt wurde, Freiheit und Recht zu erreichen." Vgl. Flatto, David C.: Theocracy and the Rule of Law: A Novel Josephan Doctrine and Its Modern Misconceptions, in: *Dine Yisrael* 28 (2011), S. 7. Zum Gedanken, dass *theokratia* heute das Gegenteil von dem bedeutet, was Josephus mit diesem Begriff vorschwebte, siehe ebd., S. 5.

Josephus bezieht sich somit deutlich auf die Doppelpraxis, die sich später für das rabbinische Judentum als so charakteristisch erweisen wird, nämlich auf die Hingabe sowohl zum Tora-Studium, *logois,* als auch zur Ausübung der Gebote, *erga.*

Wie Barclay ausführt, aktiviert Josephus hier antike Topoi und Stereotype. So zitiert er Dionysios von Halicarnassos, der über die römische Tugend schreibt: „[…] es sei jetzt nicht um schöne Worte […], sondern um Taten zu tun, wenn sie was auszurichten gedächten."[40] Josephus äußert sich hierzu explizit:

> Unser Gesetzgeber aber fügte beides ineinander mit viel Bedacht. Weder ließ er nämlich stumpf-sinnig die Einübung der Sitten, noch ließ er die Lehre aus dem Gesetz unausgeübt, sondern sofort, beginnend mit der ersten Nahrung und der häuslichen Lebensweise aller überließ er nichts, auch nicht das Geringste, selbstbestimmt dem Willen derer, die unter den Gesetzen leben sollten. Sondern auch über Speisen, welcher man sich enthalten muss und welche man zu sich nehmen kann, über die, die diese Lebensweise teilen sollten, über Arbeitszeiten und andererseits Ruhezeiten setzte er als Bestimmung und Richtschnur das Gesetz, damit wir unter diesem wie unter einem Vater und Herrscher leben und weder willentlich noch aus Unwissenheit etwas Sündiges tun. Denn er ließ nicht einmal die Entschuldigung wegen Unwissenheit als Möglichkeit, sondern als schönstes und notwendigstes Erziehungsgut bestimmte er das Gesetz für sie, damit sie es nicht nur ein einziges Mal anhören oder zweimal oder öfter, sondern er hieß sie, jeden siebten Tag von allen anderen Werken abzulassen und sich zum Anhören des Gesetzes zu versammeln und dieses genau auswendig zu lernen. Das haben anscheinend alle [anderen] Gesetzgeber versäumt. [2,173–175]

Josephus ist hier so weit davon entfernt, die Tora mit „Religion" gleichzusetzen, dass er Moses als Gesetzgeber *[nomothetēs]* bezeichnet.[41] Seine Beschreibung des Gemeinwesens als *theokratia* freilich hat er nicht vergessen. Die Tatsache, dass Moses das Gesetz Gottes gestiftet hat, verleiht ihm den Status eines göttlichen Menschen *[theion andra].* Mehr noch, der Hauptzweck der Schabbatruhe soll das Tora-Studium sein. Moses verband die Unterweisung der Israeliten in die Tugenden zu einem perfekten Ganzen, indem er weder die Lehre unausgedrückt noch Worte als Theorie oder unausgeübt ließ. Der *nomos* ist somit der perfekte Ausdruck und Lehrmechanismus judäischer Werte. Die Verbindung zwischen ständigem Hören der Worte und Ausübung der darin erwähnten Taten ist die besondere Qualität: „Für uns aber, die wir überzeugt sind, dass das Gesetz von Anfang an gemäß dem Willen Gottes gegeben wurde, wäre es nicht fromm, dieses nicht einzuhalten." [2,184]

An diesem Punkt führt Josephus die vom *nomos* vermittelten Werte und Tugenden aus, unter denen sich auch solche befinden, die wir in unserem modernen Denken dem „Politischen", dem „Religiösen" und dem „Gesetzlichen" zuordnen, wobei Josephus diese drei neuzeitlichen Abstraktionen nicht voneinander unterscheidet. Der *nomos* hat also zu einer übereinstimmen-

---

40 Josephus: 267, Anm. 677, zitiert in: Altertümer 2,28.
41 Siehe zu dieser Verwendung Josephus Flavius: De Bello Judaico. Der jüdische Krieg, Bd. I u. II. Herausgegeben und mit einer Einleitung sowie mit Anmerkungen versehen von Otto Michel und Otto Bauernfeind, Darmstadt 2013, S. 116: „Nächst Gott ist bei ihnen der Name des Gesetzgebers der Gegenstand der größten Verehrung."

den Gottesauffassung unter den Judäern geführt. Zudem trägt auch ihr gemeinsamer Lebensstil *[bios]* zur Übereinstimmung bei. Der *nomos* entwirft eine Welt, über der Gott als Gebieter des Universums thront, der die Priester zu Verwaltern und Aufsehern und zu Richtern der in Streit Geratenen bestimmt [2,187]. Josephus schließt daran einen Gedanken an, der zunächst unlogisch erscheinen mag, nämlich, dass eine der Tugenden des judäischen Volkes die Fähigkeit sei, das Leben jederzeit als Ritus und Mysterium zu bewahren [2,188 f.]. Als wäre die ganze Verfassung wie ein mystischer Ritus *[telete]* aufgebaut.

Alles in der Tora – das Zivilrecht, die Herrschaftsregeln, die Riten, Ethik und Moral, die gesamte „Verfassung" *[politeia]* – gestaltet sich wie ein Mysterieninitiationsritual. Die Mysterien waren ein essentieller Bestandteil des Lebens der Athener und der Hellenen. Während uns über die Initiation nicht viel bekannt ist (genau das macht ja die Mysterien aus), wissen wir dennoch, dass diese Rituale aus gemeinsamen Handlungen und Sprüchen bestanden. Laut Josephus ist es ja genau das, was die Tora als judäische Verfassung gegenüber den Verfassungen der hellenischen *poleis* besonders auszeichnet. Er scheint also darzulegen, dass während die Athener durch ihre Mysterien zwar lehrten und die Lehre durch eine Worte und Handlungen umfassende Praxis transformierten, kann das von der Athener Verfassung als Ganzes nicht gesagt werden. Die judäische Konstitution hingegen verkörpere solches Handeln und Reden in ihrer gesamten Existenz und sei somit wie eine Mysterieninitiation für alle aufgebaut.

Zunächst erwähnt Josephus die Gebote, die von Gott sprechen: das Verbot anderer Götter und das Verbot, sich ein Ebenbild von Gott zu machen. Dann erwähnt er die Opfer, die Regeln des Opferns, Gebete sowie Rituale der Reinigung, und er schließt diesen Abschnitt mit dem Hinweis ab, dass es sich um feste Bestandteile des *nomos* handle [2,198]. Diesem folgt eine Diskussion über Sexualpraktiken und Heiratsgesetze, Reinigungs- und Bestattungsrituale und das Ehren der Eltern. Anschließend erfahren wir, dass das Gesetz vorschreibt, wie wir uns gegenüber Freunden zu verhalten haben und welche Anforderungen Richter erfüllen müssen. Des Weiteren erläutert er Gesetze, etwa zum Umgang mit Kriegsgefangenen [2,212], mit Tieren [2,213] und zu redlichem Geschäftsverhalten. Josephus' Ausführungen fassen also all das, was wir unter Staat, Ritualen, Religion, Politik und Gesetz verstehen, unter einer Rubrik zusammen – *nomos*.

Dieser Punkt kann am besten mit Josephus' eigener Zusammenfassung abgeschlossen werden:

> Über die Gesetze bedurfte es keiner längeren Ausführung. Sie selbst nämlich wurden erkennbar durch sich selbst, dass sie nicht Gottlosigkeit, sondern wahrhaftigste Gottesfurcht lehren, nicht zum Menschenhass, sondern zur Gemeinschaft mit allen Lebewesen auffordern, feind der Ungerechtigkeit, besorgt um Gerechtigkeit sind, Trägheit und Luxus ausschließen, lehren, selbstgenügsam und bereitwillig in Mühen zu sein. Von Kriegen zum Machtgewinn halten sie fern, sie ordnen aber an, tapfer für sich selbst zu sein, unerbittlich gegenüber den Strafen, unsophistisch in der Anordnung der Worte, durch Taten immer bekräftigt. Denn diese Taten bieten wir stets dar, augenfälliger als Buchstaben. Deshalb möchte ich kühn sagen, dass wir die ersten Lehrer der meisten und zugleich schönsten Dinge für die anderen geworden sind. Denn was ist schöner als unwandelbare Gottesverehrung? Was ist gerechter als den Gesetzen zu gehorchen?
> Oder was ist förderlicher als miteinander übereinzustimmen und weder in schlimmen Zeiten sich zu entzweien noch in glücklichen Zeiten gegeneinander aufzustehen aus Übermut, sondern im Krieg

den Tod zu verachten, sich im Frieden aber den Handwerken oder der Landwirtschaft zu widmen und überzeugt zu sein, dass Gott überall auf alles schaut und alles regiert? [2,291–294]

Im Gegensatz zu der stereotypen Vorstellung, die griechisch-jüdischen Schriftsteller hätten die Tora zum „Gesetz" reduziert, wird bei Josephus deutlich, dass er *nomos* auf eine Art und Weise interpretiert, die weit über unser heutiges Verständnis von „Gesetz" hinausgeht. Für ihn schließt der Begriff Zivil- und Strafgesetz, die Staatsform und zusätzlich den Kultus, inklusive Glaubensausübung im Tempel und als Individuum, sowie Gottesglaube mit ein, also weit mehr als „Gesetz", „Politik" oder „Religion".

An diesem Punkt könnte man sagen: Entscheidend ist nicht der Name. Obwohl Josephus ganz andere lexikalische Begriffe verwendet, um die judäische Lebensart zu beschreiben, sieht er sie dennoch als Einheit. Warum sollte sie also nicht „Judentum" genannt werden? Entscheidend ist hier die Frage, ob Josephus diese judäische Lebensart als Spezies des Genus interpretiert, zu dem er die Griechen, Assyrer, Römer und Skythen zählt, oder als etwas Singuläres, *sui generis*. Der Umstand, dass Josephus den Begriff *Ioudaismos* nicht anwendet, zeigt meines Erachtens, dass Amir genau falsch liegt: Die Juden/Judäer haben kein singuläres Selbstverständnis als Volk, das sich von dem anderer Völker als separater Genus abhebt. Wie Josephus bezeugt (und in Übereinstimmung mit Masons Standpunkt) sehen sie sich gleichsam als Teil der „Völkerfamilie".

Ioudaismos in Inschriften

Zwei epigraphische Funde scheinen diese Sichtweise (entgegen Amirs Darstellung[42]) ebenfalls zu bestätigen. Eine Inschrift von Stobi (spätes 3. bis 4. Jahrhundert)[43] bezieht sich auf eine Person (oder vielmehr bezieht sich die in dieser Inschrift genannte Person auf sich selbst) als „πολιτευσάμενος πᾶσαν πολιτείαν κατὰ τὸν Ἰουδαισμον".[44] Amir übersetzt das erwartungsgemäß mit „verhielt sich in der Öffentlichkeit nach den Regeln des Judentums" und fügt folgenden Kommentar hinzu: „Die Bedeutung scheint einfach, dass er die Gebote streng beachtete." Ich stimme zwar Amirs Interpretation zu, doch ist seine Übersetzung irreführend. Wie erwähnt ist „Judaisieren", d. h., wie ein Judäer zu handeln, sich zu verhalten, wie es Judäer tun (gut oder schlecht, in diesem Fall Ersteres) viel näher am erstrebten Sinn als „Judentum", das die Bedeutungen des modernen -ismus-Begriffes impliziert. Hengel übersetzt es als „jüdische Sitte",[45] was der Sache viel näherzukommen scheint.[46] Doch selbst wenn jemand behaupten möchte, dass bei dieser Inschrift eine Interpretation wie „Judentum" plausibler wäre, ist das vermutlich späte Datum der Inschrift an sich aufschlussreich und könnte somit leicht als Verwendung unter christlichem Vorzeichen gedeutet werden.

---

42 Amir: On the self-understanding of Hellenistic Judaism, S. 264.
43 Vgl. die Diskussion zur Datierung bei Hengel, Martin: Die Synagogeninschrift von Stobi, in: *Zeitschrift für die neutestamentliche Wissenschaft* 57/3 (1966), S. 147–159.
44 Ebd., S. 146.
45 Ebd., S. 178.
46 Siehe Hengels gesamte aufschlussreiche und wichtige Diskussion dieses Aspekts: ebd., S. 179 ff.

Ähnliches wäre zur letzten – meines Wissens – noch erhaltenen Erwähnung in einer Inschrift zu sagen. Eine Inschrift in Porto enthält folgende Passage: καλῶς βιώσασα ἐν το Ιουδϊσμῷ (sie führt ein geruhsames Leben [mit ihrem Ehemann], indem sie den jüdäischen Bräuchen nachgeht), also indem sie die Gebote beachtet/praktiziert (genau wie in der Inschrift von Stobi), aber nicht zwingend im Rahmen einer Institution, die in der Moderne „Judentum" genannt wird. Es gilt zu beachten, dass diese beiden epigraphischen Erwähnungen sich nicht vollständig mit Masons Interpretation vereinbaren lassen, doch ich glaube, dass sie, gestützt auf meine Korrektur dieser Interpretation, sehr gut ins Bild passen und in keiner Weise die Art von semantischer Entwicklung nahelegen, die wir sonst nur in christlichen Quellen finden. Sollten die Inschriften einen christlichen Bezug haben, sind Masons Argumente allerdings völlig irrelevant.[47] Jedenfalls handelt es sich um die einzigen jüdischen Verwendungen von *Ioudaismos* (sozusagen aus der inneren Perspektive), abgesehen von den *Makkabäerbüchern*.

Zusammenfassend lässt sich sagen, dass der überaus seltene Terminus *Ioudaismos* keine Bezeichnung für eine damit angeblich verbundene „Religion" ist, sondern einen Lebenswandel benennt, der sich (mit Eifer) der Einhaltung der Gebote verschrieben hat. Er kann also genauso als „Judaisieren" bezeichnet werden, wie etwa das fehlerfreie Schreiben der griechischen Sprache als „Hellenisieren". Wie Amir mit Bezug auf *Hellenismos* bemerkt: „In diesem Sinne ist es ein ersehntes Ideal, dem der Mann des Geistes sein Leben lang nachstrebt, denn der linguistische ‚Hellenismus' erfordert die genaue Einhaltung tausend kleiner und großer Regeln." Ersetzt man „linguistischer Hellenismus" mit „die Lebensart der Vorväter (oder der Tora), dann erschließt sich der perfekte Sinn für *Ioudaismos*: „In diesem Sinne ist es ein ersehntes Ideal, dem der Mann des Geistes sein Leben lang nachstrebt, denn das Ausüben des ‚Judentums' erfordert die genaue Einhaltung tausend kleiner und großer Regeln." Diese Deutung passt sowohl in den paradigmatischen Kontext des grammatikalischen und lexikalischen Systems des Griechischen als auch zu den syntagmatischen Kontexten der Erwähnung des Begriffs im Jüdisch-Griechischen. Dieser Sinn erschließt sich auch, wenn wir dem Judäischen keine Sonderrolle einräumen. Nicht nur im Jüdisch-Griechischen, sondern auch im Hebräischen, im Jüdisch-Aramäischen und sogar im Jiddischen gab es jahrhundertelang keinen Ausdruck für die „jüdische Religion".

Ich hoffe, hier bewiesen oder zumindest plausibel dargelegt zu haben, dass es irreführend ist, die jüdische Kulturgeschichte der Antike vor dem Hintergrund einer Vermutung zu betrachten, es habe eine „Religion" gegeben, die „Judentum" genannt wurde und gesondert war vom säkularen Bereich und der Politik. Wir täten gut daran, die Kultur insgesamt zu betrachten, ohne sie in Kategorien zu zwingen, die von anderen Kulturen, besonders unserer christlich geprägten, übernommen wurden.

Übersetzung aus dem Englischen: David Ajchenrand

---

47   Das ist zweifellos auch der Grund, weshalb er die Inschriften ignoriert.

Die rabbinische Literatur

Elisa Klapheck

Schriftliche und mündliche Tora

> Die Rabbanan lehrten: Einst trat ein Nichtjude vor Schammai und sprach zu ihm: wie viele *Torot* [Plural von Tora] habt ihr? Dieser erwiderte: Zwei; eine schriftliche und eine mündliche. Da sprach jener: Die schriftliche glaube ich dir, die mündliche glaube ich dir nicht; mache mich zum Proselyten, unter der Bedingung, dass du mich nur die schriftliche Tora lehrst. Dieser schrie ihn an und entfernte ihn mit einem Verweise. Darauf trat er vor Hillel und dieser machte ihn zum Proselyten. Am ersten Tage lehrte er ihn *Alef, Bet, Gimel, Dalet,* am folgenden Tage aber lehrte er ihn umgekehrt. Das sprach jener: Gestern hast du mich ja anders gelehrt! Dieser erwiderte: Wenn du dich auf mich verlassest, so verlasse dich auch auf mich bezüglich der mündlichen Tora (siehe auch den Beitrag von Stefan Schreiner, S. 147).[1]

Nach der rabbinischen Vorstellung gab es von Anfang an eine „schriftliche" *und* eine „mündliche" Tora.[2] Die fünf Bücher Mose in der Bibel, d. h. die „Tora", aus der Juden am Schabbat in der Synagoge lesen, bzw. der *Pentateuch*, ist nach dieser Vorstellung die „schriftliche Tora" *(tora schebichtav).* Ihr zur Seite gestellt ist jedoch noch eine zusätzliche, eine „zweite Tora" – die „mündliche Tora" *(tora scheba'al peh).* Letztere ist die Mischna. Das Wort Mischna bildet sich aus dem Verbstamm sch–n–h für „wiederholen", aber auch „verändern".[3] Das allein lässt schon die große Spannung zwischen der schriftlichen und der mündlichen Tora erahnen. Die mündliche Tora wiederholt die schriftliche Tora und verändert sie zugleich.

Die schriftliche Tora wurde wahrscheinlich in der Zeit um Esra im 5. Jahrhundert v. u. Z. kanonisiert. Sie enthält die Bücher: 1. Genesis/*Bereschit;* 2. Exodus/*Schemot;* 3. Levitikus/*Wajikra;* 4. Numeri/*Bemidbar* und 5. Deuteronomium/*Dewarim.* Diese erzählen die Geschichte des Volkes Israel, beginnend mit der göttlichen Erschaffung der Welt, den Erzählungen über die ersten Generationen Adam, Noah bis hin zu Abraham, die Herausbildung der Kinder Israel, ihren Exodus aus Ägypten und die Gabe der Tora am Sinai, die Zehn Gebote sowie weitere

---

1   bShab 31a.

2   Rabbi Eleasar sagte: Die Tora ist größtenteils schriftlich und kleinstenteils mündlich verliehen worden, denn es heißt: „Ich schreibe ihm das meiste meines Gesetzes, wie fremd sind sie geachtet" (Hos 8,12). Rabbi Jochanan sagte: Größtenteils mündlich und kleinstenteils schriftlich, denn es heißt: „Denn durch den Mund dieser Worte" (Ex 34,27) – bGit. 60b.

3   *Lischnot* (pa'al-Form) = wiederholen; *leschanot* (pi'el-Form) = verändern.

Gesetze, etwa im Priesterkodex und im Heiligkeitskodex, außerdem Bestimmungen über das soziale Zusammenleben und den Umgang mit dem Land, ferner Geschichten während der 40-jährigen Wüstenwanderung und schließlich Moses große Reden an das Volk, bevor er selbst sterben sollte und das Volk in das von Gott versprochene Land ziehen würde.

Die „mündliche Tora", d. h. die Mischna, wurde im 2. Jahrhundert u. Z. unter der Redaktion des in Palästina lebenden rabbinischen Oberhauptes Jehuda ha-Nasi (ca. 165–217) kodifiziert. Gegenüber den fünf Büchern Mose besteht sie aus sechs Ordnungen. Diese erzählen jedoch keine Geschichten, sondern enthalten Gesetzessammlungen für das Leben im heiligen Land. Die Ordnungen sind nach sechs Oberthemen strukturiert: 1. Landwirtschaft (*Sera'im/* „Saaten"); 2. Feste (*Mo'ed/* „Feiertag"); 3. Eheleben (*Naschim/* „Frauen"); 4. Gesellschafts- und Arbeitsrecht (*Nesikin/* „Schäden"); 5. Heiligtum (*Kodaschim/* „heilige Dinge"); 6. Rituelle Reinheit (*Taharot/* „Reinigungen").[4] Jede dieser Ordnungen enthält mehrere Traktate zu Unterthemen, etwa die Ordnung *Seraim* („Saaten") über den Umgang mit dem Land, das Stehenlassen der Ecken, die Abgaben der Zehnten, das Beschneiden der Bäume usw.; oder die Ordnung *Mo'ed* mit Traktaten, die detaillierte Bestimmungen zu den einzelnen jüdischen Festen enthalten; oder die Ordnung *Naschim* mit Traktaten über Ehegesetze, Scheidungen, Umgang mit Ehebruch usw. Im Unterschied zur Tora ist hier jedoch nicht von „Gesetzen und Satzungen" (*chukim u-mischpatim*) die Rede, sondern von der Halacha, dem rabbinischen Begriff für das jüdische Recht (siehe hierzu auch den Beitrag von Walter Homolka, S. 227).

Nur zu einem kleinen Teil decken sich die Gesetzessammlungen der Mischna mit den Gesetzen der schriftlichen Tora. In einem viel größeren Maß erweitern sie diese, erneuern sie und beziehen ganz neue Rechtsgebiete in den jüdischen Gesetzesradius ein. Anders als die Gesetze in der schriftlichen Tora sind die Bestimmungen in der Mischna nach dem rabbinischen Verständnis nicht unbedingt von Gott geoffenbart, sondern von den Rabbinen selbst formuliert und in Ansätzen auch schon in dem für den Talmud typischen, diskursiven Stil verfasst. So beginnt das erste Traktat in der Mischna, das Traktat *Schabbat*, mit einer Frage und mehreren möglichen Antworten:

> Von wann an liest man das *Schema* [‚Höre Israel'] am Abend? – von der Stunde an, da die Priester [in das Heiligtum] eintreten, von ihrer Hebe zu essen, bis zum Schluss der ersten Nachtwache – so R. Elieser. Die Weisen sagen, bis Mitternacht; R. Gamliel sagt, bis die Morgenröte aufsteigt.[5]

Der Talmud-Wissenschaftler Jacob Neusner bezeichnet die Beziehung zwischen der schriftlichen und der mündlichen Tora als das System der „dualen Tora".[6] Es entsteht aus einer Doppelspur, die die gesamte rabbinische Literatur durchzieht. Sie hat ein gigantisches Gebiet hervorgebracht, das auf einigen wenigen Seiten darzulegen kaum möglich ist und deshalb im Folgenden nur in groben Zügen skizziert werden kann.[7]

---

4   Deutsche Übersetzung der Mischna, 6 Bde, übersetzt mit Erklärungen, Basel ³1986.
5   mBer 1,1.
6   Neusner, Jacob: Introduction to Rabbinic Literature, New York; London 1994, S. 5 ff.
7   Empfehlenswerte Einführungen in die rabbinische Literatur: Stemberger, Günther: Einleitung in Talmud und Midrasch, München ⁹2011; sowie die Werke von Jacob Neusner, darunter Four Stages of Rabbinic

Den Autoren der rabbinischen Literatur war es wichtig, die Doppelspur von schriftlicher und mündlicher Tora bis auf die Offenbarung am Sinai zurückzuführen. Hierzu findet sich ein aufschlussreiches Kapitel mit dem Titel Pirke Avot/„Sprüche der Väter" in der Mischna.[8] Es liest sich wie ein *Who is Who* der Gründerväter des rabbinischen Judentums. Nacheinander zählt es die wichtigen Protagonisten auf und zitiert sie mit ihnen zugeschriebenen ethischen Aussagen. Gleich im ersten Satz wird deutlich, dass sich die Autoren des rabbinischen Schrifttums in direkter geistiger Nachfolge von Moses verstehen.

> Moses empfing die Tora am Sinai und überlieferte sie dem Josua, Josua den Ältesten, die Ältesten den Propheten und die Propheten überlieferten sie den Männern der Großen Versammlung. Diese sagten drei Dinge: Seid überlegt bei euren gerichtlichen Entscheidungen; stellt viele Schüler auf; macht einen Zaun um die Tora.[9]

Die „drei Dinge" – als Richter nach den Gesetzen der Tora zu entscheiden, als Lehrer viele Schüler zu unterweisen und als Mitglieder dieser geistigen Elite die Definitionsmacht (= „Zaun") über die Tora auszuüben – drückt die rabbinische Selbstermächtigung aus. Der Passus lässt die einstige Kontroverse erahnen. Es geht um die Legitimation der Rabbinen, die Tora zu „empfangen", sie nach ihrem Verständnis zu interpretieren und der nächsten Generation weiterzugeben. Gemeint ist danach jedoch nicht nur die schriftliche, sondern gerade auch die mündliche Tora.

Dass sich die rabbinische Vorstellung, nach der beide Versionen der Tora *zusammen* am Sinai gegeben wurden, nicht ohne Weiteres durchsetzte, wie die oben angeführte talmudische Anekdote erkennen lässt, liegt auf der Hand. Die Vorstellung von der Gleichzeitigkeit einer schriftlichen und einer mündlichen Tora war unter den Juden in der Antike lange umstritten. Denn die Herausbildung einer zusätzlichen „mündlichen" Tora verknüpfte sich auch mit einer neuen religiösen Praxis: Text- und Gesetzesstudium in Lehrhäusern (Beit Midrasch), Gottesdiensten in Versammlungshäusern (Beit Knesset, Synagoge) sowie einer Rechtspraxis in rabbinischen Gerichtshäusern (Beit Din), die die Gerichtsbarkeit der Priester und des Tempels verdrängte. Demgegenüber hielten die „konservativen" Sadduzäer am Privileg der Priester und dem althergebrachten Tempelsystem fest. Sie bekämpften die Pharisäer, die in *Pirke Avot* als die Vorläufer der Rabbinen aufgeführt werden. Mit dem verlorenen Krieg gegen das Römische Reich und der Zerstörung des Jerusalemer Tempels im Jahre 70 setzte sich jedoch das rabbinische Judentum mit seinem besonderen Tora-Verständnis endgültig durch.

    Judaism, London 1999.

8   Ordnung *Nesikin*. Aufgrund des anderen Stils wird vermutet, dass *Pirke Avot* erst nachträglich in die Mischna eingefügt wurde.

9   mAv 1,1.

Der Paradigmenwechsel: Esra – Schriftgelehrter und Exeget

So wie die schriftliche Tora für Juden noch nicht die ganze Tora darstellt, ist es ebenso unverzeihlich zu meinen, das sogenannte Alte Testament sei schon das Judentum. Die Bibel hat für Juden immer die unsichtbare Gefährtin der rabbinischen Literatur. Erst in der Verbindung mit der rabbinischen Literatur, erst im Lichte ihrer Interpretation, erhält die Bibel ihre Bedeutung für die jüdische Tradition. Streng genommen müsste man jedoch im Plural sprechen. Hinter der Gefährtin der Bibel stehen tausende von Rabbinen, deren Stimmen quer durch die Generationen im rabbinischen Schrifttum vereinigt sind. Wo aber nahm diese Doppelspur von Bibel und rabbinischer Literatur ihren historischen Anfang?

Die rabbinische Darstellung der eigenen Ursprünge zieht, wie oben angeführt, eine Linie zurück bis zu Moses. Demgegenüber würde die historisch-kritische Methode der Bibelwissenschaft den Beginn der Doppelspur in die Zeit von Esra im 5. Jahrhundert v. u. Z. legen, als die exilierten Juden aus der babylonischen bzw. persischen Gefangenschaft zurückkehrten. Einige von ihnen hatten noch die Zerstörung des Ersten Tempels in Jerusalem erlebt. Erstaunlicherweise bedeutete der Verlust des einstigen zentralen Heiligtums, immerhin das Haus Gottes, in dem die regelmäßige kultische Begegnung des Volkes Israel mit seinem Gott praktiziert worden war, nicht das Ende dieser Begegnung. Der Talmud beschreibt die fortgesetzte Beziehung als die „Einwohnung" Gottes, die Schechina,[10] die stets mit den Israeliten ins Exil gezogen sei.[11] Im Exil aber verlagerte sich der Ort der Begegnung vom einstigen Zentrum, dem Tempel in Jerusalem, in den heiligen Text. Die Begegnung sollte nunmehr stattfinden als der Umgang mit einer Tora, die Juden überall hin mitnehmen konnten und durch die sie miteinander verbunden blieben. Diese Politik des heiligen Textes, die sie aus dem babylonischen Exil zurückbrachten, sollte in den späteren Jahrhunderten das Überleben des jüdischen Volkes in der Diaspora möglich machen (siehe hierzu auch den Beitrag von Liliana Feierstein, S. 99).

Die beiden biblischen Bücher *Esra* und *Nehemia* bezeugen einen Paradigmenwechsel, der in seiner Tragweite kaum zu überschätzen ist. Schon Esras Titulierung verwies in die neue Epoche. Zwar wird er in der Bibel zunächst als *kohen haroschl*/„Hauptpriester" eingeführt, was ihn als Vertreter des alten Systems, des priesterlichen Tempelkultes zu bestätigen scheint.[12] Doch sein

---

10   *Schechina* leitet sich von sch–kh–n = „wohnen" ab. Der Begriff wird auch als Ausdruck für die „Präsenz Gottes" verwendet.

11   „Es wird gelehrt: Rabbi Simon bar Jochai sagte: Komm und sieh, wie beliebt die Israeliten sind beim Heiligen, er ist gesegnet, denn wohin sie auch verbannt wurden, war die *Schechina* immer bei ihnen. Wurden sie nach Ägypten verbannt, war die *Schechina* bei ihnen, denn es heißt: ‚Ich habe mich deinem Vaterhause offenbart, als sie in Ägypten waren. (1. Sam. 2,27)' Wurden sie nach Babylonien verbannt, war die *Schechina* bei ihnen, denn es heißt: ‚Um euretwillen wurde ich nach Babel entsendet. (Jes 43,14)' Wurden sie nach Edom [Rom] verbannt, war die *Schechina* bei ihnen, denn es heißt: ‚Wer kommt da aus Edom, in hochroten Kleidern aus Bozra? Usw.' Und auch wenn sie dereinst erlöst werden, wird die *Schechina* bei ihnen sein, denn es heißt: ‚JHWH, dein Gott wird mit deinen Gefangenen zurückkehren. (Dtn 30,3)' Es heißt nicht [er wird die Gefangenen] zurückbringen, sondern [mit ihnen] zurückkehren, und dies lehrt, dass der Heilige, er ist gesegnet, mit ihnen aus dem Exil zurückkehren wird." – bMeg 29a, siehe auch Jer. Talmud, Taan. 64a.

12   Esr, 7,5.

persönlicher Titel im Buch *Esra* ist ein anderer: Nicht *kohen,* sondern *sofer* – „Schreiber" oder „Schriftgelehrter". „Dieser Esra war heraufgezogen von Babel, er war ein kundiger Schriftgelehrter *(sofer)* der ‚Tora von Moses', die der Ewige, der Gott Israels gegeben."[13] Im Folgenden changieren Esras Titel: „Und das ist die Abschrift des Briefes, den der König Artachschascht gegeben Esra, dem Priester *(ha-kohen),* dem Schriftgelehrten *(ha-sofer),* Schreiber *(sofer)* der Worte der Gebote Gottes und seiner Satzungen für Israel."[14]

Die „Tora von Moses", die Esra dem biblischen Bericht zufolge nach Jerusalem mitgebracht hatte, könnte im Großen und Ganzen dem Text der Tora entsprochen haben, der heute in den Synagogen gelesen wird. Vermutlich war er unter Esras Redaktion oder in seinem Umfeld zusammengestellt worden. Sicherlich spiegelte sich aber in seiner Zusammenstellung Esras Auffassung von dem wider, was er als heiliger Text fortan geistig und politisch für die jüdische Gemeinschaft leisten sollte.[15] Mit Hilfe eines gemeinsamen Dokuments sollten die vormals konfligierenden Traditionen auf ewig vereinigt und auf diese Weise die einstigen Gräben zwischen dem Nordreich Israel und dem Südreich Judäa mit ihren verschiedenen Priestergruppen überwunden sein. Der zusammengewirkte Text der Tora enthielt dadurch jedoch zahlreiche unterschiedliche Akzente, wenn nicht Widersprüche, bis hin zu konträren Weltanschauungen. Das machte ihn für alle Zukunft erklärungsbedürftig. Vielleicht war es von Esra so gewollt. In jedem Fall manifestierte sich in der inneren Spannung der Tora ein neues Paradigma: Die religiöse Tradition ließ sich nicht mehr nur als Befolgung der Gebote verwirklichen, sondern verlangte zunächst vor allem eine Auslegung ihres Textes.

Seit dem 18. Jahrhundert hat die historisch-kritische Bibelanalyse mindestens fünf miteinander verwobene Texttraditionen in der Tora unterscheiden können: Die *elohistische* Tradition (E) und die Tradition des Tetragramms *JHWH* (J) sowie eine zusätzliche Tradition, die beide Gottesbezeichnungen als *JHWH Elohim* (JE) kombiniert, ferner die Priesterschrift (P), die die gesamte Schöpfung durch die Strukturzahl Sieben erklärt, sowie eine *deuteronomistische* Tradition (D), die auf ein zentralisiertes System mit dem Tempel in Jerusalem als Mittelpunkt abzielt.[16] Für sich genommen und gegeneinander gelesen offenbaren die fünf Texttraditionen große inhaltliche Unterschiede. Fast unvereinbar erscheinen vor allem die Bücher *Levitikus* und *Deuteronomium.*[17] Im Buch *Deuteronomium* spiegelt sich ein „deuteronomistischer" Kanon

---

13 Esr 7,6.

14 Esr 7,11.

15 Siehe Friedman, Richard Elliot: Wer schrieb die Bibel? So entstand das alte Testament, Wien; Darmstadt 1989.

16 Ein jüdischer Tora-Kommentar, der die historisch-kritische Methode der Bibelwissenschaft berücksichtigt, ist The Jewish Publication Society (Hg.): JPS Torah Commentary Project, Philadelphia 1989: Genesis, Nahum M. Sarna, 1989; Exodus, Nahum M. Sarna, 1991; Leviticus, Baruch A. Levine, 1989; Numbers, Jacob Milgrom 1990; Deuteronomy, Jeffrey H. Tigay 1996.

17 Ein markantes Beispiel sind die unterschiedlichen Bestimmungen zur Freilassung der Sklaven. Nach *Exodus* (21,2) und *Deuteronomium* (15,12) sollen die hebräischen Sklaven nach sieben Jahren freigelassen werden. In *Levitikus* (25,10 ff.) hingegen nur alle 50 Jahre. Ein anderes Beispiel ist die unterschiedliche Einstellung zum Fleischverzehr. Nach den Bestimmungen in *Levitikus* (Kap. 17) musste alles Fleisch, das gegessen wurde, zuvor Gott dargebracht werden. In *Deuteronomium* ist das nicht erforderlich (12,15). Nur das repräsentative Opfer musste noch im Tempel dargebracht werden (12,14). Aufschlussreich über die

innerhalb der Bibel. Dieser reflektiert die Transformation der israelitischen Stämme zu einem Königeich und besteht neben *Deuteronomium* aus den historischen Büchern *Josua, Richter, Samuel* (I. u. II) sowie *Könige* (I. u. II.). Eines der treibenden Anliegen des deuteronomistischen Kanons ist die Frage nach dem Status des Königs unter den Bedingungen einer Weltanschauung, nach der allein Gott König über sein Volk ist.[18] Demgegenüber kommt die Institution eines Königs in *Levitikus* nicht vor, was sich sowohl in einer oppositionellen Spannung zu *Deuteronomium* lesen lässt, als auch die *nachexilische* Situation widerspiegeln könnte, in der Juden zwar nach Jerusalem zurückgekehrt waren und ihren Tempelkult ausüben durften, jedoch keine politische Souveränität besaßen. Einen anderen politischen Akzent setzt wiederum das vierte Buch/*Numeri* als Schauplatz von Konflikten zwischen verschiedenen levitischen Eliten. Sie werden in mythischen Erzählungen verarbeitet, die während der 40-jährigen Wüstenwanderung stattgefunden haben sollen, aber durchaus an das Ringen um die religiöse Vormachtstellung in der Zeit der Königreiche erinnern – etwa der Bericht über den Aufstand der „Rotte Korach" zusammen mit den Familien von Datan und Abiran,[19] oder aber die Kritik von Aaron, dem Hohepriester, und seiner Schwester, der Prophetin Miriam, gegen die Alleinstellung ihres Bruders Moses als Vermittler des göttlichen Wortes.[20] Fraglich ist auch der historische Horizont der Bücher *Genesis* und *Exodus*. Ebenso wie die anderen Bücher bezeugen sie kulturelle Berührungen mit den Gesellschaften Babyloniens und Persiens aus einer *nachexilischen* Perspektive, obwohl sie Dinge erzählen, die lange vor dieser Zeit stattgefunden haben sollen.

Der vermutete Text jener „Tora von Moses", die Esra nach Jerusalem mitgebracht hat, – sollte er im Großen und Ganzen dem bis in die heutige Zeit überlieferten Text entsprechen – wurde jedoch nicht erst für die moderne kritische Bibelwissenschaft erklärungsbedürftig.[21] Bereits die Formulierungen in den Büchern *Esra* und *Nehemia* zeigen, dass die erneute Annahme der Tora inhaltliche Erklärungen, ja ein tieferes Verständnis des Textes erforderte. Nicht der heilige Text für sich, sondern erst in der Verbindung mit einer Auslegung gab ihm seine konstitutive Wirkung. Das hebräische Wort für „Auslegung" oder „Interpretation" leitet sich vom Verbstamm *d–r–sch* ab. An bezeichnender Stelle taucht es bei der Charakterisierung Esras auf: „Denn Esra hatte sein Herz darauf gerichtet, die Tora des Ewigen *auszulegen* – und herzustellen und zu lehren in Israel Gesetze und Recht."[22]

Vielleicht wird mit dem hier auftretenden Verb *lidrosch* von *d–r–sch* auch die Ahnung ausgedrückt, dass die redaktionelle Zusammenstellung der Tora bereits Esras Interpretation der Tora darstellte.

---

unterschiedlichen Bestimmungen sind auch die folgenden anthropologischen Studien: Douglas, Mary: Leviticus as Literature, New York 2000; dies.: In the Wilderness: The Doctrine of Defilement in the Book of Numbers, New York 2004.

18   Siehe Dtn 17,14–20; 20,1–9 sowie Ri 8,22–23; 9, 6ff; 21,25; 1 Sam Kap. 8.

19   Num 16,1–18, 32.

20   Num 12.

21   Zur modernen kritischen Bibelwissenschaft trugen erheblich auch Juden bei – nicht zuletzt Baruch Spinoza, der von manchen als ihr Begründer angesehen wird, vor allem aber die Vertreter der „Wissenschaft des Judentums" im 19. Jahrhundert.

22   Esr 7,10.

Da versammelte sich das ganze Volk wie ein Mann auf dem Platze vor dem Wassertore, und sie sprachen zu Esra, dem *sofer*, dass er herbeibringe das Buch der *Tora von Moses*, die der Ewige Israel geboten. Und Esra, der Priester, brachte herbei die Tora vor die Versammlung, Mann und Frau und jeglichen, und erläuterte alles, dass man es verstehe, am ersten Tag des siebenten Monats, und las darin auf dem Platze vor dem Wassertore, vom lichten Morgen bis zum Mittage, vor den Männern und den Frauen und den Lehrern; und die Ohren des ganzen Volkes waren gerichtet auf das Buch der Tora.[23]

Im Weiteren bekommen die Leviten, d. h. die ehemaligen Tempeldiener, die nunmehr neue Aufgabe, das Buch zusammen mit der Bevölkerung zu *lesen*, zu *verstehen*[24] – und es auf den tieferen Sinn hin *auszulegen*.[25] „Und sie lasen in dem Buche, in der Tora Gottes, *mit Auslegung des tieferen Sinns (meforasch)*, so dass sie das Gelesene *verstanden*."[26]

Das Volk schloss daraufhin einen neuen Bund auf die Tora. Im Unterschied zum Bund, den Gott im Buch Exodus/*Schemot* mit dem Volk Israel geschlossen hatte,[27] ist es hier jedoch das Volk, dass die Initiative dazu nimmt: „Und bei all dem wollen wir einen festen Bund schließen und aufschreiben."[28]

Anders als bei der im Buch Exodus/*Schemot* beschriebenen Offenbarung am Sinai, bei der das Volk Moses beauftragt, die Tora in Empfang zu nehmen, und den darin enthaltenen Bestimmungen gehorchen will – erfolgt die Annahme der Tora hier aufgrund von Unterweisung und Auslegung. Die Doppelspur von Text und Auslegung beginnt, ihren Lauf zu nehmen.

Der Tanach und seine Midraschim

Im Grunde genommen ist aber schon der Tanach ein exegetischer Kommentar zur Tora. TaNaKh ist die jüdische Bezeichnung für die Bibel bzw. das Alte Testament. Der Begriff ist ein Akronym der Anfangsbuchstaben *Tora, Newi'im* (= Propheten) und *Khetuvim* (= Hagiographen). Heute wird auch von „Hebräischer Bibel" oder „Jüdischer Bibel" gesprochen, die, abgesehen von leichten Abweichungen, vor allem in der Reihenfolge, dieselbe ist, die Christen lesen – freilich ohne das Neue Testament.

Der erste Teil, die „Tora", sind die fünf Bücher Mose. Mit dem zweiten Teil, den „Propheten"/*Newi'im* ist ein historisches Zeitalter gemeint, in dem prophetisch begabte Menschen vom monotheistischen Standpunkt her die politischen Geschicke Israels begleiteten. Der gesamte

---

23 Neh 8,1–3.

24 *weha-lewiim mewinim et-ha'am la-tora.*

25 Neh 8,7.

26 Neh 8,8.

27 Z. B.: „Und sprachen zu Moses: Rede du mit uns und wir wollen hören, und nicht möge Gott mit uns reden, dass wir nicht sterben." (Ex 20,16) „Als nun Moses kam und dem Volke erzählte alle Worte des Ewigen und alle die Rechte, da antwortete das ganze Volk mit einer Stimme und sprachen: Alle Worte, die der Ewige geredet, wollen wir tun!" (Ex 24,3) „Und nahm das Buch des Bundes *(sefer ha-brit)*, und las es vor den Ohren des Volkes, und sie sprachen: Alles, was der Ewige geredet, wollen wir tun und hören *(na'asse wenischma)*" (Ex 24,7).

28 Neh 10,1.

deuteronomistische Kanon gehört zu diesem Teil, zusammen mit den drei großen Propheten-büchern Jesaja, Jeremia und Ezechiel sowie den Schriften der zwölf kleinen Propheten. Eine differenzierte Lektüre all dieser Bücher führt in einen vielstimmigen Kommentar zur Tora. Die Propheten vertreten dabei sehr unterschiedliche Ansichten. Jesajas Prophetie etwa richtet sich kritisch gegen den Opferkult im Tempel[29] und hebt die sozialen Gebote, die Befreiung von Unterdrückung und die Unterstützung der Armen, als die eigentlichen Aussagen der Tora hervor.[30] Demgegenüber entwirft Ezechiel die Vision eines wiederaufgebauten Tempels mit der rituellen Wiedereinsetzung der Leviten und detaillierten Kultbestimmungen.[31] Aber auch die Hagiographen/*Khetuvim* stehen in einem nach Deutungen rufendem Spannungs-verhältnis zur Tora. Sie enthalten neben der Weisheitsliteratur – den Psalmen und Sprüchen sowie dem *Buch Hiob* – vor allem die fünf *Megillot,* die fünf „Rollen". Über diese wurde im späteren rabbinischen Zeitalter gestritten, ob sie überhaupt in die Bibel gehören.[32] Die bekannteste Rolle ist die *Megillat Esther,* das Buch *Esther,* das deshalb umstritten war, weil Gott darin nicht vorkommt. Auch das pessimistische Weltbild im Buch Prediger/*Kohelet* sowie die Erotik des Hoheliedes/*Schir Haschirim* erschienen manchen Rabbinen zweifel-haft. Trotzdem wurden sie in den biblischen Kanon aufgenommen. Zusammen mit den anderen *Megillot,* den Büchern Rut und den Klagelieder Jeremias/*Echa* werden sie über das Jahr an den jüdischen Festen Purim, Chanukka, Pessach, Schawuot und Tischa b'Aw gelesen und stehen somit in einem kontrapunktischen Verhältnis zu den Fünf Büchern Moses, aus denen jeden Schabbat in der Synagoge vorgetragen wird. Als Bestandteile eines vielfältigen heiligen Kanons erzeugen sie eine innere Spannung gegeneinander, die sich nur durch Aus-legung vereinbaren lässt.

Verschiedene jüdische Gruppierungen – die *Sofrim* (Schriftgelehrten), die Peruschim (Phari-säer, auch *Niwdalim* genannt) oder die Anhänger der Qumran-Sekte – entwickelten in den auf Esra folgenden Epochen einen jeweils unterschiedlichen exegetischen Umgang mit der Tora.[33] Sie ebneten zugleich die Herausbildung des rabbinischen Schriftverständnisses, das sich allein in der Dialektik des Textes und seiner Auslegung erschließt. Auf dieser Doppelspur schufen die Rabbinen in der späten Antike ein neues Genre – die *Midraschim*. Es ist das schier unendliche Feld rabbinischer Auslegungen.

Die Midrasch-Literatur enthält eine sowohl *aggadische* (erzählerische) als auch *halachische* (reli-gionsgesetzliche) Dimension. Im 2. Jahrhundert erschien die wohl älteste rabbinische Midrasch-

---

29 „Was soll mir die Menge eurer Opfer? spricht der Ewige. Ich bin satt der Ganzopfer von Widdern und des
     Fettes der Masttiere, und das Blut der Farren, und Lämmer und Böcke begehre ich nicht." – Jes 1,11.

30 Zum Beispiel heißt es gegen das Tora-Gebot, an Jom Kipur zu fasten: „Nennst du das ein Fasten und einen
     Tag, der dem Ewigen gefällt? Vielmehr ist dies ein Fasten, wie ich es wünsche: Auflösen ruchloser Fesseln,
     die Seile des Jochholzes freigeben, Unterdrückte frei entlassen, und dass du jedes Jochholz zerbrichst; fer-
     ner dass du dem Hungrigen dein Brot brichst und Arme, Obdachlose in dein Haus führst, wenn du eine
     Nackten siehst, ihn bekleidest und vor deinem Bruder dich nicht verbirgst." Jes 58,5–7.

31 Ez, Kap. 40 ff.

32 Zu den Diskussionen siehe bShab 30b und mYad 3,5.

33 Empfehlenswert Herford, Robert Travers: Die Pharisäer, Köln 1961 sowie Baeck, Leo: Die Pharisäer. Ein
     Kapitel jüdischer Geschichte, Berlin 1934.

sammlung, die Rabbi Jischmael zugeschriebene *Mechilta*, ein Kommentar zum 1. Buch Mose.[34] Es folgten bis zum 5. Jahrhundert umfangreiche Midrasch-Sammlungen unter dem Titel *Raba* zu jedem Buch der Tora sowie zu den *Megillot,* den Psalmen und Sprüchen.[35] Eine prägnante Auswahl der damaligen homiletischen Midraschim schuf der *Tanchuma* im 8. Jahrhundert.[36] Parallel erschienen die halachischen Midraschim *Sifra/Sifre.*[37]

Der bereits erwähnte Verbstamm für „auslegen" – *d–r–sch* – bildet auch den Begriff *Midrasch* (Singular für *Midraschim*). *Midraschim* überbrücken Brüche im Text, heben Widersprüche im Wege von Deutungen auf, überwinden Unklarheiten für die Praxis und erkennen unvermutete neue Themen in den einzelnen biblischen Versen. Ihre literarische Besonderheit liegt darin, gerade nicht zu einer einzig gültigen Interpretation gelangen zu wollen, sondern möglichst viele Stimmen zu Wort kommen zu lassen. Indem die Rabbinen in den Midraschim jeden Vers, ja jedes Wort der Tora nicht nur im Kontext der ganzen Textpassage lasen, sondern für sich nahmen, schufen sie ganz neue Kontexte. Dies führte zu einem neuen Tora-Bewusstsein. Ein Beispiel hierfür ist die rabbinische Deutung der zwei Gottesbezeichnungen *Elohim* und *JHWH*. Die Rabbinen entwickelten aus den beiden Begriffen die Lehre von den „zwei Maßen". Die jeweilige Gottesbezeichnung bedeutete für sie jeweils ein göttliches Attribut. *Elohim* stehe für *midat hadin/* „Maß des Gesetzes"; *JHWH* stehe für *midat harachamim/* „Maß der Barmherzigkeit". Wo immer von *Elohim* die Rede sei, wirke das „gesetzgebende" Attribut Gottes; bei *JHWH* gestalte sein „barmherziges" Attribut den Verlauf.

Die beiden Gottesbezeichnungen prägen das erste und das zweite Kapitel der Tora – die zwei Versionen der göttlichen Schöpfung. In der ersten Darstellung ist es *Elohim*, der die Welt in sechs Tagen erschafft – *Bereschit bara Elohim…/*„Im Anfang schuf *Elohim*…".[38] Im zweiten Schöpfungsbericht ist es *JHWH* in der Kombination mit *Elohim* – „…am Tage, da *JHWH-Elohim* fertigte Himmel und Erde"[39] und den Menschen in den Garten Eden setzte. Ohne die rabbinische Exegese erscheinen die beiden Versionen unvereinbar. In der ersten Darstellung schuf Gott den Menschen zuletzt und von vornherein männlich und weiblich.[40] Im zweiten setzte Gott den Menschen in den Garten Eden und schuf erst danach die Tiere, denen der Mensch Namen geben sollte.[41] Zuletzt stellte Gott die Frau aus der Rippe bzw. der Seite des Menschen heraus.[42] Indem jedoch die Rabbinen die beiden Schöpfungskapitel im Lichte der Lehre von den „zwei Maßen" interpretierten, entstand eine Sichtweise, in der sich der Wider-

---

34 Stemberger, Günter (Hg. und Übers.): Mekhilta de-Rabbi Jischmael. Ein früher Midrasch zum Buch Exodus, Berlin 2010.

35 Wünsche, August (Hg. und Übers.): Midrasch Raba. Eine Sammlung alter Midraschim, Bde. 1–5, Leipzig 1880, ND Hildesheim 1993. Sie enthält auch *Pessikta de Raw Kahana* und *Pessikta Rabbati.*

36 Bietenhart, Hans (Hg.): Midrasch Tanhuma *(Jelammedenu)*, 2. Bde., Bern; Frankfurt/Main 1980.

37 *Sifra* zu Levitikus, *Sifre* zu Numeri, übers. u. erklärt v. Dagmar Börner-Klein, Stuttgart usw. 1997; *Sifre* Deuteronomium, übers. u. erklärt v. Hans Bietenhard, Bern; Frankfurt/Main et al. 1994.

38 Gen 1,1.

39 Gen 2,4.

40 Gen 1,27.

41 Gen 2,8; 2,15; 2,19–20.

42 Gen 2,21–22; das hebräische Wort für „Rippe" *(zela)* heißt auch „Seite".

spruch gänzlich aufhebt und stattdessen die Schöpfung in einem ganz anderen Sinnzusammenhang erkennbar wird. Der bis in die heutige Zeit die jüdische Lesart der Tora prägende Kommentar von Schlomo ben Isaac (Raschi)[43] fasste die rabbinische Exegese zu den zwei Maßen in Bezug auf die Schöpfung zusammen:

> ‚Bereschit bara Elohim‘ [‚Im Anfang schuf Gott‘ = Elohim]. […] Wenn du den Vers nach dem einfachen Sinn [pschat, siehe unten] erklären willst, erkläre ihn so: ‚Am Anfang der Erschaffung von Himmel und Erde, als die Erde noch wüst und öde und Finsternis war, da sprach Gott, es werde Licht.‘ Der Vers will nicht die Reihenfolge der Schöpfung lehren, um zu sagen, dass diese [Himmel und Erde] zuerst erschaffen wurden. Wollte er das lehren, so müsste er den Ausdruck barischona [als erstes] gebrauchen; denn reschit [grammatikalischer Genitiv, also: ‚Anfang des/der‘] ist in der Schrift immer mit dem nächsten Worte verbunden, so [Jer 26,1], ‚am Anfang der Regierung von Jojakim‘, […] Solltest du aber sagen, der Vers lehrt, dass diese [Himmel und Erde] zuerst erschaffen wurden, und der Sinn wäre, am Anfang von allem erschuf er diese, […] – wenn es so wäre, müsstest du dich fragen, das Wasser war ja zuerst; denn es heißt, ‚der Geist Gottes schwebte über die Fläche des Wassers‘, und der Vers hat uns noch nicht offenbart, wann die Erschaffung des Wassers stattgefunden; aus diesem Vers kannst du entnehmen, dass das Wasser schon vor der Erde erschaffen war; außerdem wurde der Himmel aus Feuer und Wasser gebildet; und du musst zum Schluss gelangen, dass uns der Vers nichts über die Reihenfolge, was früher und was später war, lehrt. – ‚Gott [Elohim = Maß des Gesetzes] erschuf,‘ es heißt nicht, ‚JHWH [= Maß der Barmherzigkeit] erschuf‘; denn zuerst bestand die Absicht, mit dem Maß des Gesetzes zu erschaffen, da er aber sah, dass die Welt dann nicht bestehen könne, stellte er das Maß der Barmherzigkeit auf und verband es mit dem Gesetz, darum heißt es [Gen 2,4], ‚am Tage, da JHWH-Elohim[44] Erde und Himmel erschuf‘.[45]

Die zwei Schöpfungsberichte erzählen somit keine Reihenfolge, wann was erschaffen wurde, sondern dass erst zwei Maße, das Maß des Gesetzes und das Maß der Barmherzigkeit, miteinander verwoben werden mussten, damit die Schöpfung nachhaltig bestehen könne. Diese Vorstellung hatte jedoch folgenreiche Konsequenzen für die Beziehung Gottes zu den Menschen. Die Rabbinen erkannten, dass ihre Lehre von den zwei Maßen ein göttliches Spannungsverhältnis erzeugte, in dem Gott immer auch mit sich selbst ringt – und sogar betet:

> R. Jochanan sagte im Namen R. Joses: Woher, dass der Heilige, er ist gesegnet, betet? – es heißt: ‚ich werde sie in meinem Bethause erfreuen‘ (Jes 56,7). Es heißt nicht ‚ihrem Bethause‘, sondern ‚meinem Bethaus‘, woraus zu entnehmen ist, dass der Heilige, er ist gesegnet, betet. Was betet er? Es möge mein Wille sein, dass meine Barmherzigkeit meinen Zorn bezwinge, dass sich meine Barmherzigkeit über

---

43 Raschi ist das Akronym für Schlomo ben Isaac. Er lebte 1040–1105 vorwiegend in Troyes, vorübergehend auch in Worms.

44 Im zweiten Schöpfungsbericht stehen beide Gottesbezeichnungen zusammen: JHWH und Elohim direkt hintereinander, rabbinisch gelesen: das Attribut der Barmherzigkeit verbunden mit dem Attribut der Gesetzgebung.

45 Raschi zum ersten Satz in der Bibel: Gen 1,1. Siehe Bamberger, Selig: Raschis Pentateuchkommentar, Basel 1994.

mein Maß [des Gesetzes] wälze, dass ich mit meinen Kindern nach der Eigenschaft der Barmherzig-keit verfahre und dass ich ihrethalben nicht streng urteile.[46]

Das soll er insbesondere an den jüdischen Festen beten. Das jüdische Neujahrsfest Rosch Haschana, das zugleich der *Teschuwa*, der Umkehr zu Gott gilt, dauert zwei Tage. Die rabbinische Erklärung für die beiden Tage ist nicht dem Umstand geschuldet, dass man in der Diaspora nicht genau wissen konnte, wann der Neumond über dem Land Israel zu sehen ist – und darum wie auch bei anderen Festen zwei Tage veranschlagte. Vielmehr begründeten die Rabbinen die zweitägige Festdauer des Neujahrsfestes mit der Vorstellung, dass Gott am ersten Tag im Zeichen des strengen Gesetzesmaßes richte, welches aber am zweiten Tag zugunsten seiner Barmherzigkeit weiche.[47]

In so gut wie allen Geschichten des ersten Buches Mose kommen beide Namen Gottes vor. Wenn etwa Noah „Gnade bei *JHWH*" gefunden hat,[48] die Sintflut jedoch im Zeichen von *Elohim* geschieht,[49] oder wenn später Abraham seinen Sohn Isaak opfern soll, die Erzählweise mehrfach zwischen *Elohim* und *JHWH* wechselt,[50] gibt das Anlass zu Deutungen über die jeweilige Beschaffenheit des göttlichen Verhaltens.

Eine gebräuchliche Art des Midrasch ist es, einen Vers der Tora im Lichte eines anderen Schriftverses zu lesen. Die Folge hiervon ist die Gleichzeitigkeit aller Schriftverse.

Ein Anhänger einer anderen Religion sprach zu R. Abahu: Es heißt: ‚ein Loblied Davids, als er vor seinem Sohne Absalom floh' (Ps 3,1) und weiter heißt es: ‚ein Lied Davids, als er vor Saul in die Höhle floh.' (Ps 57,1) Welches Ereignis geschah zuerst? Das Ereignis mit Saul geschah ja zuerst, somit sollte er doch dieses zuerst geschrieben haben!? Dieser erwiderte: Euch, die ihr das Nebeneinanderstehen [von Schriftstellen und Gesetzen, die nicht zusammengehören, EK] nicht zur Forschung verwendet, ist dies unerklärlich, uns aber, die wir das Nebeneinanderstehen zur Forschung verwenden, ist dies erklärlich. R. Jochanan sagte nämlich: Wo ist das Nebeneinanderstehen aus der Tora zu entnehmen? – es heißt: ‚nebeneinander stehen sie für immer und ewig, gemacht zu Treue und Recht' (Ps 111,8).[51]

Eklatante Widersprüche, etwa über Zeitangaben in der Bibel, können damit gelöst werden. Es gilt: „Es gibt kein Vorher und Nachher in der Tora."[52] In diesem unbedingten Jetzt des Textes löst sich die Linearität des Tanach weitgehend auf. Danach erzählt er keine abgeschlossene Geschichte im Rückblick – beginnend mit der Schöpfung, endend mit der Rückkehr der Exilanten aus Babylonien. Vielmehr wirkt er in einer immerwährenden Gleichzeitigkeit aller Schriftverse auch in der Gegenwart – sind der Auszug aus Ägypten nicht nur eine Erinnerung und

---

46 bBer 7a.

47 Siehe die Diskussion über die Schofar-Töne an den beiden Tagen, bRH 33b–34a in Verbindung mit Sohar III, 231b.

48 Gen 6,8.

49 Gen 7,12 ff.

50 Gen, Kap. 22.

51 bBer 10a.

52 Sifre zu Num 9,1.

die Begegnung mit Gott am Sinai keine Sache der Vergangenheit, sondern vielmehr Momente, die immer wieder geschehen. In diesem nichtlinearen Bewusstsein entsteht die immerwährende Wirkmacht der Tora durch ihre Auslegung.

Den Rabbinen war klar, dass ihr Verständnis der Tora zu Erkenntnissen führte, die sich vorangegangene Generationen niemals vorgestellt hätten. Eine talmudische Erzählung über Moses, der das Lehrhaus besucht und nichts versteht, drückt das rabbinische Bewusstsein über die eigene Originalität aus:

> R. Jehuda sagte im Namen Raws: Als Moses in die Höhe stieg, traf er den Heiligen, er ist gesegnet, dasitzen und die Buchstaben [der Tora] mit krönchenhaften Verzierungen *[tagim]* schmücken. Da sprach er zu ihm: Herr der Welt, wozu ist das nötig [ist die Tora nicht schon vollständig]? Er erwiderte: Es ist ein Mann, der nach vielen Generationen sein wird, namens Akiva ben Josef; er wird dereinst über jedes Häkchen Haufen über Haufen von Lehren vortragen. Da sprach er vor ihm: Herr der Welt, zeige ihn mir. Er erwiderte: Wende dich um. Da wandte er sich um und setzte sich hinter die achte Reihe [der Schüler Rabbi Akivas im Lehrhaus]; er verstand aber ihre Unterhaltung nicht und war darüber bestürzt. Als jener zu einer Sache gelangte, worüber seine Schüler ihn fragten, woher er dies wisse, erwiderte er ihnen, dies sei eine Mose am Sinai überlieferte Lehre. Da wurde er beruhigt.[53]

Die neue Tora war also noch im Radius der dereinst am Sinai empfangenen Tora; die krönchenhaften Verzierungen an den Buchstaben wiesen schon damals in die zukünftigen mündlichen Lehren. Rabbi Jischmael werden 13 hermeneutische Regeln zugeschrieben, nach denen die Tora ausgelegt werden kann.[54] Dass die spekulative Freiheit des Midrasch auch Gefahren birgt, war den talmudischen Rabbinen bewusst. Die berühmte Geschichte über den PaRDeS, das „Paradies der rabbinischen Exegese", warnt davor, sich zu verlieren. Das Wort PaRDes wird als ein Akronym der vier Möglichkeiten gesehen, nach denen ein Vers oder ein Wort der Tora ausgelegt werden kann. P steht für *Pschat*/der „einfache Sinn" – R für *Remes*/das unverhoffte „Zeichen" innerhalb einer Formulierung – D für *Drasch*/die „Auslegung" – und S für *Sod*/das „Geheimnis" eines Wortes oder Satzes.

> Die Rabbanan lehrten: Vier traten in den PaRDeS ein, und zwar Ben Asai, Ben Soma, Acher und Rabbi Akiva. Rabbi Akiva sprach zu ihnen: Wenn ihr an die glänzenden Marmorsteine herankommt, so saget nicht: Wasser, Wasser [die Scheide zwischen dem unteren Himmel[55] und den oberen Himmeln], denn es heißt: ‚wer Lügen redet, soll vor meinem Angesichte nicht bestehen'. (Ps 101,7) Ben Asai schaute [d. h. er vertiefte sich zu sehr] und starb. Über ihn spricht die Schrift: ‚kostbar ist in den Augen des Ewigen der Tod seiner Frommen.' (Ps 116,15) Ben Soma schaute und kam zu Schaden [er wurde irrsinnig]. Über ihn spricht der Schriftvers: ‚hast du Honig gefunden, so esse, was dir genügt, dass du seiner nicht satt werdest und ihn ausspeiest'. (Spr 25,16) […] Acher haute junge Triebe nieder [er wurde Atheist]. Über ihn spricht die Schrift: ‚gestatte deinem Munde nicht, deinen Leib in Schuld

---

53 bMen 29b.
54 Zusammen mit Hillels sieben Regeln leiten sie den *Midrasch Sifre* ein und stehen auch im jüdischen Gebetbuch für den Morgengottesdienst.
55 Nach der rabbinischen Vorstellung ist die Substanz des Himmels Wasser.

zu bringen'. (Eccl 5,5)[56] [...] Nur Rabbi Akiva stieg in Frieden hinauf und kam in Frieden herunter. Über ihn spricht die Schrift: ‚zieh mich dir nach, lass uns laufen' (Hld 1,4).[57]

Mindestens zwei Stimmen in der halachischen Diskussion

Dem rabbinischen Diskurs kam es offensichtlich nicht darauf an, die eine einzig geoffenbarte Wahrheit herauszufinden. Das gilt nicht nur für die *aggadische* Exegese, sondern auch für die Diskussion über die Halacha, die jüdische Rechts- und Gesetzestradition.

> Warum erwähnt man die Worte Schammais und Hillels auch dann, wenn sie aufgehoben wurden? Um die kommenden Geschlechter zu belehren, dass niemand auf seiner Meinung beharren solle, da doch die größten Lehrer nicht auf ihrer Meinung beharrten. Und warum erwähnt man die Ansicht des Einzelnen gegen die Mehrheit, da doch die Halacha nur nach den Worten der Mehrheit entschieden wird? Damit, wenn einem Gerichte die Ansicht des Einzelnen einleuchtet, es sich darauf stützen könne.[58]

Noch einmal zur Struktur des rabbinischen Schrifttums: Die „schriftliche Tora" ist die Basis des Tanach. Ihm zugeordnet sind die Midraschim, die rabbinischen Auslegungen. Die ursprünglich „mündliche Tora", d. h. die Mischna mit ihren sechs Ordnungen von Gesetzessammlungen, ist wiederum die Basis des Talmuds, auf den im Folgenden noch eingegangen wird. Beide – Midraschim und Talmud – überschneiden sich bis zu einem gewissen Grad und das sowohl in den Diskussionen mit *aggadischen*, d. h. erzählerischen Beispielen, als auch den Diskussionen über die Halacha, die jüdische Gesetzespraxis.

Der Begriff Halacha kam im Tanach noch nicht vor. Dort ist von *chukim u-mischpatim*/ „Gesetzen und Satzungen" oder von *zedek u-mischpat*/„Gerechtigkeit und Recht" die Rede. Erst im rabbinischen Schrifttum tritt der Begriff *Halacha* auf. Er enthält den Verbstamm *h–l–ch* von „gehen" und ist der Oberbegriff für die jüdischen Gesetze und Normen. Anders als die im Pentateuch von Gott vorgeschriebenen „Gesetze und Satzungen" ist die Halacha das Ergebnis der rabbinischen Rechtsdebatten.

Es ist die Frage, warum das rabbinische Schrifttum gerade in seiner halachischen Dimension zu einer Form gelangte, in der nicht ein einzelner Autor im Sinne eines durchstrukturierten großen Wurfs das gesamte argumentative Gerüst darstellt, sondern eine generationenübergreifende Autorenschaft von hunderten Rabbinen aus verschiedenen Zeitaltern, Schulen und Argumentationstraditionen mit knappen Statements, argumentativen Verweisen und kurz gehaltenen Zitaten so viel wie möglich Stimmen zu Gehör bringt. Jacob Neusner sieht in der besonderen rabbinischen Dialektik eine ideale Methode, um einen größtmöglichen Radius an Wissen zu erzeugen und es unter den Bedingungen der Diaspora zu erhalten. Es sei auch

---

56 Acher war ursprünglich Elischa ben Awuja, der Schüler von Rabbi Meir. An verschiedenen Stellen, u. a. hier in bChag 15a–b, setzt sich der Talmud damit auseinander, wie es zu seinem Abfall kommen konnte.

57 bChag 14b–15b.

58 mEd 1,4–5.

eine Überlebensstrategie. Das bedeutete jedoch, dass kein Gelehrter allein die Wahrheit ausdrücken könne.

Schon die bereits erwähnten *Pirke Avot*/„Sprüche der Väter" präsentieren die jüdischen Gelehrten von vornherein in einer inhaltlichen Spannbreite. Auf den Einstieg, der bis auf Moses zurückführt, folgt ein erster Name – Simon der Gerechte. Mit diesem Namen wird in eine konkrete Zeit verwiesen; von hier ausgehend entfaltet sich eine Liste von weiteren bekannten Protagonisten, die das Feld des rabbinischen Schrifttums bereiteten. „Simon der Gerechte war von den letzten der großen Versammlung. Er pflegte zu sagen: ‚Auf drei Dingen besteht die Welt: auf der Tora, auf gottesdienstlicher Arbeit und auf Liebeswerken.'"[59]

Simon war der vermutlich älteste, namentlich bekannte Pharisäer. Der Talmud erzählt über seine Begegnung mit Alexander dem Großen. Auch wenn es sich möglicherweise nur um eine Legende handelt, bekundet sie die große gegenseitige Hochachtung des jüdischen Schriftgelehrten und des immerhin von Aristoteles unterwiesenen Kulturträgers Griechenlands.[60] Mancher Talmudforscher sieht in dieser Geschichte eine Reflexion auf die geistige Geburt einer „jüdisch-griechischen" Tradition, die später – vermittelt über das Christentum – Europa gestaltete.[61] Der rabbinische Anteil darin entwickelte sich in einer Kultur dialektischen Streitens, was grundsätzlich mindestens zwei verschiedene Positionen voraussetzt. Dementsprechend fährt das Kapitel *Pirke Avot* fort: Simon überlieferte die Tora an Antigonos, den Gelehrten aus Socho. Auf Antigonos folgen nun die *Sugot*/die sogenannten Paare – jeweils zwei Protagonisten, zwei Stimmen in einer Generation, mit jeweils zwei unterschiedlichen Einstellungen.[62] Jossi, Sohn des Jo'eser, Gelehrter aus Zereda, und Jossi, Sohn des Jochanan, Gelehrter aus Jerusalem, empfingen die Tora von Antigonos:

---

59 mAv 1,2.

60 Der Kontext ist ein Streit zwischen Samaritanern und Juden. Der Talmud erzählt: „An diesem Tage erbaten die Samaritaner von Alexander dem Mazedonier die Zerstörung unseres Gotteshauses, und sie wurde ihnen gewährt. Da meldete man es Simon dem Gerechten. Was tat er? Er legte die priesterlichen Amtskleider an und hüllte sich in diese. Vornehme Israels schlossen sich ihm an, und mit Fackeln in den Händen wanderten sie die ganze Nacht, die einen auf der einen Seite und die anderen auf der anderen Seite, bis die Morgenröte anbrach. Als die Morgenröte aufgegangen war, fragte [Alexander]: Wer sind diese? Jene erwiderten: Es sind die Juden, die sich gegen dich aufgelehnt haben. Als sie Antipatris erreichten, die Sonne hatte bereits geschienen, begegneten sie einander, und als er Simon den Gerechten sah, stieg er von seinem Wagen und bückte sich vor ihm. Da sprachen sie zu ihm: Ein mächtiger König, wie du es bist, bückt sich vor diesem Juden! Dieser erwiderte: Es ist die Bildgestalt von diesem, die vor mir bei meinen Kriegszügen siegt. Hierauf fragte er sie: Weshalb seid ihr gekommen? Sie erwiderten: Sollte es denn möglich sein, dass jene Nichtjuden dich verleiten konnten, das Haus zu zerstören, in dem man für dich betet und für dein Reich, dass es nicht zerstört werde!? Er fragte: Wer es es? Sie erwiderten: Diese Samaritaner, die vor dir sehen. Da sprach er: Sie sind euch ausgeliefert." bYo 69a.

61 Siehe hierzu Neusner, Jacob: Jerusalem and Athens: The Congruity of Talmudic and Classical Philosophy, Leiden; Boston 1997; auch Fromer, Jakob: Der Talmud. Geschichte, Wesen und Zukunft, Berlin 1920.

62 „Antigonos, der Gelehrte aus Socho, empfing [die Tora] von Simon dem Gerechten. Er pflegte zu sagen: Seid nicht wie Diener, die ihrem Herrn dienen, um Lohn zu erhalten, sondern seid wie Diener, die ihrem Herrn (aus Liebe) dienen, nicht um Lohn zu erhalten, habt aber Ehrfurcht vor dem Himmel. Jossi, Sohn des Jo'eser, Gelehrter aus Zereda, und Jossi, Sohn des Jochanan, Gelehrter aus Jerusalem, [empfingen die Tora] von Antigonos." mAv 3–4.

Jossi, Sohn des Jo'eser, sagt: Dein Haus sei eine Versammlungsstätte für die Weisen, lasse dich vom Staub ihrer Füße bedecken und trinke durstig ihre Worte. Jossi, Sohn des Jochanan, Gelehrter aus Jerusalem, sagt: Dein Haus sei weit offen; Arme sollen deine Hausgenossen sein; mehre kein Geschwätz mit der Frau.[63]

Als nächstes Paar empfingen Jehoschua, Sohn des Perachja, und Nitai aus Arbel die Tora von ihren Vorgängern:

Jehoschua, Sohn des Perachja, sagt: Bestimme dir einen Lehrer, verschaffe dir einen Freund und beurteile jeden Menschen zum Guten. Nitai aus Arbel sagt: Halte dich fern von einem bösen Nachbarn; verbinde dich nicht mit einem Bösen; meine nicht, dass Böses ungestraft bleibt.[64]

Hierauf folgen Jehuda, Sohn des Tabai, und Simon, Sohn des Schatach.[65] Sodann Schmaja und Awtaljon.[66] Die Aufzählung führt auch zu Hillel und Schammai.[67] Hillel wird u. a. zitiert mit seinem berühmten Diktum: „Sorge ich nicht für mich, wer wird für mich sorgen? Sorge ich nur für mich allein, was bin ich dann? Wenn nicht jetzt, wann denn?"

Und Schammai: „Mache dir das Torastudium zur Hauptsache; versprich wenig, doch tue viel; empfange jeden Menschen mit freundlichem Gesicht."

Spätestens mit den Namen von Hillel und Schammai ist die Liste bei den halachischen Disputen angelangt. Wie kein anderes Paar personifizierten sie das rabbinische Ideal der produktiven Streitkultur. Hillel galt als der Nachsichtigere, Schammai als der Rigorosere. Regelmäßig führt der Talmud die beiden Schulen an und verweist damit in die einstigen halachischen Kontroversen. Die Auffassungen der Schule Hillels in Bezug auf die Halacha erhielten autoritative Gültigkeit, trotzdem nennt der Talmud auch die Auffassungen der Schule Schammais:

---

63 mAv 4–5.
64 mAv 6–7.
65 „Jehuda, Sohn des Tabai, sagt: Sei [du als Richter] kein Rechtsanwalt; stehen die beiden Gerichtsparteien vor dir, betrachte beide als Frevler, gehen sie [nach dem Urteil] von dir weg, betrachte sie als Schuldlose, falls sie das Urteil akzeptiert haben. Simon, Sohn des Schatach, sagt: Frage vermehrt die Zeugen aus, sei aber vorsichtig mit deinen Worten, damit sie [die Zeugen] daraus nicht etwas zum Lügen entnehmen können." mAv 8–9.
66 „Schemaja sagt: Liebe die Arbeit und hasse das Herrschen, mache dich nicht bekannt mit den Herrschenden. Awtaljon sagt: Ihr Weisen, seid vorsichtig mit euren Worten, ihr könntet zur Verbannung verurteilt und an einen Ort mit schlechtem Wasser [Sitten] verbannt werden; die Schüler, die euch nachfolgen, würden dieses Wasser trinken und sterben, damit wäre der Gottesname entweiht." mAv 10–11.
67 Ganze Textstelle: „Hillel und Schammai empfingen die Tora von ihnen. Hillel sagt: Sei von den Schülern Aharons, der Frieden liebt und ihm nachjagt, die Menschen liebt und sie der Tora näherbringt. Er pflegte zu sagen: Wer seinen Namen hervorhebt, verliert seinen Namen. Lernt man nichts dazu so nimmt [auch das bereits Gelernte] ab. Wer nicht lernt, macht sich todesschuldig. Wer sich der Tora-Krone [zum Eigennutz] bedient, schwindet dahin. Sorge ich nicht für mich, wer wird für mich sorgen? Sorge ich nur für mich allein, was bin ich dann? Wenn nicht jetzt, wann denn? Schammai sagt: Mache dir das Torastudium zur Hauptsache; versprich wenig, doch tue viel; empfange jeden Menschen mit freundlichem Gesicht." mAv 12–15.

Drei Jahre stritten die Schule Schammais und die Schule Hillels: eine sagte; die *Halacha* sei nach ihr zu entscheiden, und eine sagte, die *Halacha* sei nach ihr zu entscheiden. Da ertönte eine Hallstimme und sprach: *Diese* und *auch diese* sind Worte des lebendigen Gottes *(elu we-elu diwrei elohim chajim)*; jedoch ist die *Halacha* nach der Schule Hillels zu entscheiden. – Wenn aber [die Worte] der einen und der anderen Worte des lebendigen Gottes sind, weshalb war es der Schule Hillels beschieden, dass die *Halacha* nach ihr entschieden wurde? – Weil sie verträglich und bescheiden war, und sowohl ihre eigene Ansicht als auch die der Schule Schammais studierte; noch mehr, sie setzte sogar die Worte der Schule Schammais vor ihre eigenen.[68]

Elu we-elu diwrei elohim chajim – „*Diese* und *auch diese* sind Worte des lebendigen Gottes". Auch wenn die Entscheidungen der Schule Hillels Gesetzesgültigkeit erhielten, scheute sich der Talmud nicht, die Entscheidungen Schammais mit aufzuführen.

Auf die Sugot in den Pirke Avot folgte eine immer verzweigtere Mehrstimmigkeit im Talmud. Zugleich setzte sich das Schema der zwei großen Stimmen in jeder Generation bis zuletzt fort.[69] Im Babylonischen Talmud sind es die Gelehrten Rav und Samuel, die die großen halachischen Diskussionen im 2. und 3. Jahrhundert bestimmen. Rav, als dem spirituelleren der beiden, folgte die Halacha in kultischen Fragen. Demgegenüber hatte Samuel in gesellschaftspolitischen Fragen die halachische Autorität. Von ihm stammt das berühmte Diktum *dina de-malchuta dina* – „Das Gesetz des Staates ist das Gesetz [auch für die Juden]".[70] In der nächsten Generation setzten *Raba* und *Abaje* zwei verschiedene Akzente. Von Raba als dem Rationaleren, der die Halacha auch auf die neuen ökonomischen Bedingungen abstimmte, stammt ein weiteres berühmtes Diktum. Es stellt logisches Denken, ethisches Verhalten in Wirtschaftsfragen, Optimismus, Liebemachen und Tora-Studium gleichwertig in eine Reihe:

Raba sagte: Wenn man den Menschen zu Gericht bringt, fragt man ihn: Hast du deinen Handel in Redlichkeit betrieben? Hast du Zeiten für die Tora festgesetzt? Hast Du die Fortpflanzung ausgeübt? Hast du auf das Heil gehofft? Hast du über Weisheiten diskutiert? Hast du verstanden, [logisch] Sache aus Sache zu folgern? Aber: ‚der Respekt vor Gott ist sein Schatz'.[71]

Talmud-Tora

Nicht lange nach der Redaktion der Mischna unter Jehuda ha-Nasi im 2. Jahrhundert erschien die Tosefta („Hinzufügung"). Sie ist im Stil ähnlich wie die Mischna, indem sie den sechs Ordnungen folgt. Allerdings ist sie im Umfang größer. Teilweise wiederholt sie die Gesetze der Mischna, führt aber noch viele weitere Bestimmungen an, die mitunter im Widerspruch zur Mischna stehen. Gewöhnlich wird die *Tosefta* als der größere Horizont der Mischna gesehen, mitunter auch als Vorstufe des Talmuds.

---

68 bEr 13b.
69 Siehe Steinsaltz, Adin: Persönlichkeiten aus dem Talmud, Basel 1996.
70 bNed 28a, Git 10b; BQ 113a; BB 54b–55a.
71 bShab 31a.

Nach der klassischen Definition bilden die Mischna und ihre Kommentierung, d. h. die Gemara, zusammen den Talmud. Gemara bedeutet „Abschluss". Die Kombination von Mischna und Gemara als Talmud gibt es in zwei Versionen. Im 4.–5. Jahrhundert erschien sie in Palästina als Jerusalemer Talmud[72] – etwa zwei Jahrhunderte später erschien unter der Redaktorenschaft der im persischen Sassaniden-Reich lebenden Rabbinen eine erweiterte Version der Gemara zusammen mit der Mischna: der Babylonische Talmud.[73] Er enthält viele Auslegungen aus den Midraschim, zitiert aus der Tosefta und führt ganze Argumentationsstränge aus dem Jerusalemer Talmud an. Zugleich gehen seine Diskussionen weit darüber hinaus. Jacob Neusner vergleicht ihn mit einer Enzyklopädie, die alles rabbinische Wissen umfassen sollte.

Aus der schriftlichen Tora in ihrer Einbettung in den Tanach und der Kombination mit den Midraschim, ebenso wie der mündlichen Tora, der Mischna, in der Kombination mit der Gemara – sowie den Überschneidungen zwischen beiden, Midraschim und Talmud, ist ein gigantischer Diskurs geworden – der *Jam ha-Talmud,* der „talmudische Ozean". Er entfaltete sich als *Talmud-Tora* in den Lehrhäusern und Talmud-Akademien, als eine unendliche Auseinandersetzung mit der Bedeutung der heiligen Schriften und ihrer Anwendung. Zugleich schuf er eine Textgemeinschaft, deren diskursiver Stil über die Jahrhunderte die Leser einlud, sich ihr anzuschließen und mitzudiskutieren.[74] Empfohlen wird das Talmudstudium zu zweit *(Chevruta),* um durch die Diskussion über den Text zu tieferen Erkenntnissen zu gelangen. Anfänger, die erstmals in die rabbinische Literatur eintauchen, haben Mühe, nicht unterzugehen. Und doch sind sie meist fasziniert und erleben, wie sie, indem sie die Diskussion zu verstehen versuchen, unverhofft an den Argumenten teilhaben und den Prozess des *Talmud-Tora* mit ihren eigenen Erwägungen fortsetzen.

---

72 *Jerusalemer Talmud* in dt. Übersetzung, Tübingen, seit 1975.

73 Babylonischer Talmud, ins Deutsche übertragen von Lazarus Goldschmidt, Frankfurt/Main 1996 (1967).

74 Siehe Neusner, Jacob: Talmud Torah: Ways To God's Presence Through Learning. An Exercise in Practical Theology, New York; Oxford 2002.

Diaspora

Liliana Ruth Feierstein

Einführung

Wenn *ein* Wort jüdische Geschichte und Erfahrungen evoziert, dann ist es „Diaspora". Es ist erstaunlich, dass ausgerechnet ein griechisches Wort diese Bedeutung in der jüdischen Kultur einnimmt. Darin kristallisieren sich einige wesentliche Züge der jüdischen Geschichte: eine komplexe und originelle Dialektik von *Exil* und *Domizil*,[1] der Kontakt mit anderen Kulturen sowie die Übernahme und Adaptation einiger ihrer Elemente, sodass im Zusammenspiel etwas Neues entstehen kann, ohne dabei die kulturellen Unterschiede zu negieren oder gar aufzugeben.

Der Begriff Diaspora bezeichnet sowohl die Territorien außerhalb eines „Zentrums" als auch die Menschen, die die dazugehörigen Gemeinden bilden, und schließt die *conditio* des diasporischen Lebens mit ein. Er umfasst somit – wie viele andere polysemische Begriffe im Judentum – mehrere Bedeutungsinhalte und verhält sich ähnlich wie der Name „Israel", der laut der Tora dem Patriarchen Jakob nach seinem Ringen mit einem „Mann" verliehen wurde (Gen 32,23–33) und später zum Namen eines Volkes (Jakobs Nachkommen, die zwölf Stämme, – im 2. Buch Mose 1,1 – zählten zu den *bnei israel,* den Kindern Israels) und eines Landes (eretz israel) erklärt wurde.

Emmanuel Lévinas hebt die Differenz zwischen der griechischen und der jüdischen Narrative hervor: Während sich Odysseus auf die Reise begibt, um nach Ithaka (und zu sich selbst) zurückzukehren, bricht Abraham – dem göttlichen Imperativ folgend – gleichzeitig mit zwei miteinander verbundenen Prinzipien: dem Götzendienst und dem konkreten Vater-Land. Der Hebräer kehrt nicht nach Hause zurück, sondern folgt dem Wort, dem Versprechen zum Gesetz, hin zur Abstraktion. Die jüdische Narration schöpft ihre Kraft aus dem *lech lecha,* Gottes Befehl an Abraham, das Land seiner Vorväter (und Götzendiener) zu verlassen, um in das „Gelobte Land" zu ziehen – in die Zukunft. Das Land Israel ist demzufolge nicht als *eretz moledet* (Geburtsland) zu verstehen, sondern als ein Versprechen. Das Gelobte Land ist nicht gleich Vaterland.

Das vermutete „Zentrum", das als Pendant zu „Diaspora" fungiert, ist indes kein politisches, denn seit der Zerstörung des Zweiten Tempels im Jahre 70 existierte kein an ein Land bzw. eine Stadt gebundenes religiöses oder politisches Zentrum mehr. Mit der Niederschlagung des Aufstands unter der Führung von Simon bar Kochba im Jahr 135 wurde das Versprechen bzw. die

---

1   Yerushalmi, Yosef Hayim: Exil und Vertreibung in der jüdischen Geschichte, in: ders.: Ein Feld in Anatot. Versuche über jüdische Geschichte, Berlin 1993, S. 21–38.

Hoffnung, in das „Land der Verheißung" zurückzukehren, auf das messianische Zeitalter verschoben und somit von der politischen auf die religiöse Ebene verlagert.[2] Parallel entwickelte sich eine Reihe von Praktiken und Ritualen, die die Opfergabe im Tempel ersetzen sollten, im Wesentlichen das Studium und das Ausführen der *mitzwot*. Auch die Gebete wurden in Anlehnung an die einstigen Opferzeiten von nun an dreimal am Tag verrichtet (schacharit, mincha und maariv). Die Schrift (der Tanach, etwas später der *Talmud*) wurde als neues „geographisches Zentrum" gedeutet – eine Besonderheit, die das Judentum durch die Weisheit der Gelehrten in eine Buchstabengeographie gründen lässt.

In diesem Sinne hat Daniel Boyarin sein letztes Buch *A Travelling Homeland: The Babylonian Talmud as Diaspora* genannt (siehe auch den Beitrag von Daniel Boyarin, S. 59).[3] Darin zeigt er, wie beide Talmudausgaben (Jerusalemer Talmud und Babylonischer Talmud) eine Diaspora für die jeweils andere bildet. Die Dynamik zwischen dem Zentrum und den Rändern variiert stetig: Während die Gelehrten in Babylon behaupteten, Zion sei aufgrund der dort versammelten Weisheit in Babylon zu finden, bekräftigten andere Stimmen weiterhin die Zentralität Jerusalems.

„Diaspora" wird häufig als *galut, golah* oder *tfutzot israel* (die Zerstreuung des Volkes Israels) ins Hebräische zurückübersetzt. Die Komplexität der Sprachen und Narrative erfordert ein umfassendes Verständnis und eine Berücksichtigung verschiedener Konnotationen, historischer Sichtweisen und Gegendarstellungen, die aufgrund der Dialektik der Diaspora untrennbar miteinander verbunden sind.

Die „Entleerung" eines Begriffes

Seit den 1970er Jahren wird in den Sozial- und Kulturwissenschaften ein zunehmend inflationärer Gebrauch des Diaspora-Begriffs festgestellt.[4] Typologisierende Definitionen[5] führen zu einer Missachtung der „diasporischen Bedingtheit"[6] und gehen mit einem mangelnden Verständnis des theoretischen, historischen und kulturellen Hintergrunds des Diaspora-Begriffs einher. Dies bewirkt nicht nur seine Banalisierung, sondern nimmt ihm das Potential, dominante Ordnungen – wie das gegenwärtig in erster Linie territoriale Konzept des Nationalstaats – in Frage zu stellen. Durch die Ausdehnung auf alle möglichen Gemeinschaften, die sich außerhalb eines als *ursprünglich* vorgestellten Territoriums (oder „Zentrums") befinden, wird die Originalität der Idee (die in der Möglichkeit einer extra-territorialen Kultur besteht, basierend auf der „Heimat

---

2   Dies wurde 1948 mit der Gründung des Staates Israel in gewisser Weise „aufgehoben". Viele orthodoxe Juden sprachen sich aufgrund dessen gegen den Zionismus aus. Zu den Schwierigkeiten, eine jüdische Diaspora-Kultur in die hegemoniale Konzeption eines Nationalstaates einzupassen, siehe Boyarin, Daniel; Boyarin, Jonathan: Diaspora: Generation and the Ground of Jewish Identity, in: *Critical Inquiry* 19 (2002), S. 693–725.

3   Boyarin, Daniel: A Travelling Homeland: The Babylonian Talmud as Diaspora, Philadelphia 2015.

4   Dufoix, Stéphane: Les diasporas. Une histoire de usages du mot diaspora, Paris 2011. Hier sind alle Erwähnungen des Wortes *Diaspora* in der Bibel, auch im Neuen Testament, belegt. Siehe vor allem S. 78 ff.

5   Vgl. Cohen, Robin: Global Diasporas: An Introduction, New York 2008.

6   Mayer, Ruth: Diaspora. Eine kritische Begriffsbestimmung, Bielefeld 2005, S. 21.

in der Schrift" bzw. der Sprache) neutralisiert. Stattdessen bedeutet sie die Rückkehr zu einem geographischen Denken, das die Idee einer kulturellen Gemeinschaft an die Logik eines fest umrissenen physischen Raums bindet. Entgegen der kulturwissenschaftlichen Intention verstärkt die Anwendung des Konzepts die territoriale Dimension eher, als sie kritisch zu hinterfragen, und trägt so zur Festigung eines dichotomen Denkens bei, indem sie als Rahmen den Gegensatz Zentrum/Peripherie setzt.

Die jüdische Geschichte des Konzepts Diaspora erlaubt hingegen, sie von einem anderen Ausgangspunkt zu denken. Schon bevor der Begriff zu einer „Mode" wurde, hatten sich einige wenige Gruppen seiner bedient, um ihre Situation zu beschreiben – darunter Afro-Amerikaner, Armenier (nach dem Genozid) sowie Sinti und Roma. Ihnen ist die Erfahrung einer nichtterritorial gebundenen Kultur sowie das Überleben nach einer traumatischen Geschichte gemeinsam. Doch vielleicht liegt der Schlüssel zu einem besseren Verständnis des Diaspora-Begriffs nicht nur in der Geographie, sondern auch und insbesondere in der Sprache: Am Anfang stand eine Übersetzung.

Die Septuaginta

Das Wort Diaspora taucht erstmals in der Septuaginta auf, der ältesten, in Alexandrien verfassten griechischen Übersetzung der Tora. Der Legende nach, die im Aristeas-Brief bzw. im Meg 9a, Sof 1,8 festgehalten ist, wurde diese von 72 aus Jerusalem berufenen Rabbinen (je sechs aus den zwölf Stämmen Israels) in 72 Tagen angefertigt (einige Versionen erwähnen 70 Rabbinen, daher Septuaginta, andere wiederum nur fünf – für die fünf Bücher Mose). Es wird erzählt, dass die Gelehrten unabhängig voneinander zu einem identischen Übersetzungsergebnis gelangten, was wiederum als rhetorische Stilfigur zur Legitimation der Übertragung des heiligen Textes gedeutet werden kann.

Obwohl die Entstehung der Septuaginta historisch bis dato nicht exakt zu rekonstruieren ist (siehe auch den Beitrag von Stefan Schreiner, S. 147), handelt es sich mit großer Wahrscheinlichkeit tatsächlich um eine *kollektive* Übersetzung: Die stilistischen Eigenheiten innerhalb des Textes sowie die in den einzelnen Passagen erkennbar unterschiedlichen Hebräisch- und Griechischkenntnisse lassen vermuten, dass der Text von mehreren Autoren verfasst wurde – vielleicht sogar zu verschiedenen Zeiten.

Die Septuaginta zählt zu den größten kulturellen Leistungen des hellenistischen Judentums. Im Rahmen dieser bemerkenswerten Übersetzung übertrugen jüdische Gelehrte den gesamten Tanach in die *damalige* Weltsprache. Sie ist zugleich als eine Transgression, eine Überschreitung des *damaligen* jüdischen Horizonts zu verstehen, als ein Umdenken und Umformulieren in eine andere Vorstellungswelt. Mit ihr fand das *hellenistische* Judentum seine Heimat in der *hellenistischen* Diaspora. Die Septuaginta leistete einen enormen Beitrag zur Verbreitung des Monotheismus, des Judentums und der Bibel (*biblia* – nochmals ein griechischer Begriff), als diese zusammen mit Jerusalem unterzugehen drohte. Dass im Griechischen das Nomen *biblia* gewählt wurde, womit eher „das Buch" als „die Lehre" (wie in der Tora) gemeint ist, erinnert an den Aristeas-Brief, der die Entstehung der Septuaginta auf die Anregung des königlichen Bibliothekars Demetrios von Phaleron zurückführt.

Das monumentale Werk ist selbst ein Diaspora-Phänomen – von Diaspora-Juden in Ägypten vollbracht. Der heilige Text wird nicht nur in eine andere Sprache, sondern auch in eine andere Zeit und Kultur übertragen: Er bleibt gleich und gleichzeitig verschieden. So wird z. B. aus Tora *nomos* (das Gesetz) – die hebräische (Be-)Deutung von Lehre oder Weisung ging dabei verloren, was u. a. Konsequenzen für die christliche Theologie und deren Verständnis vom Judentum als starrer Gesetzesreligion nach sich zog. Aus dem Versuch, *tohu-wa-bohu* (Chaos, Durcheinander) auf Griechisch zu denken, wurde etwa ahótatos kai akataskeuástos, was so viel wie „unbearbeitet" (also noch nicht in den Erschaffungsprozess der Welt eingegangen) oder „unstrukturiert" bedeutet – und somit nicht sichtbar bzw. visuell wahrnehmbar ist, da nur das Strukturierte, das Konturen aufweist, visuell zugänglich ist.

Die jüdischen Gelehrten, welche die Septuaginta erarbeiteten, gingen kreativ und souverän mit der griechischen Sprache um und entwarfen zahlreiche Neologismen – (Wort-)Neubildungen und -prägungen, die es in der Gräzität zuvor noch nicht gegeben hatte. Sie universalisierten die jüdische Bibel. Die griechischen Intellektuellen faszinierte vor allem der strenge Monotheismus ohne ein anthropomorphes Kultbild, da sich hierbei Berührungspunkte mit Ansätzen und Ideen der griechischen Philosophie ergaben – etwa bei Xenophanes, der die Geistigkeit und Unanschaulichkeit des Göttlichen hervorhob.

Erst als die Christen im griechisch-römischen Kulturkreis die Septuaginta zu ihrer Bibel erklärten, verlor sie an Bedeutung in der jüdischen Welt. Ohne die Übernahme durch das Christentum wäre sie vielleicht zu der maßgebenden jüdischen Bibel avanciert, samt ihrer hellenistisch-liberalen Interpretation des Judentums.

Galut, gerusch, tfutzot (Exil, Vertreibung, Zerstreuung)

Wie bereits erwähnt, existierte das Wort Diaspora vor der Septuaginta nicht im Altgriechischen und stellte eine (vielleicht die interessanteste) Neuprägung der Übersetzer dar: die Substantivierung des Verbes *diaspeíro* (zerstreuen bzw. säen). Gegenwärtig werden Diskussionen darüber geführt, ob dieser Neologismus damals positiv oder negativ konnotiert war und die *Zerstreuung* auch neues Leben mit sich bringen sollte, denn einige Philologen erkennen darin eine Verbindung zu dem Wort Samen.[7]

Aktuellere Abhandlungen trennen Diaspora häufig von dem hebräischen Wort *galut* (meist als „kollektives Exil" übersetzt), mit dem Argument, dass an nahezu keiner Stelle, in der der Begriff Diaspora in der Septuaginta vorkommt, im Original *galut* steht. Mit dem Neologismus Diaspora übersetzten die Gelehrten verschiedene hebräische Begriffe – jedoch nicht *galut* bzw. Worte aus der hebräischen Wurzel *glh*.[8] Einige Autoren bevorzugen Diaspora als Übersetzung von *tfutzot* (im Sinne von Zerstreuung, sowohl als Prozess, als *conditio,* als auch in Bezug auf die verstreuten jüdischen Gemeinden) und behaupten, es handele sich dabei um eine positive, freiwillige Entscheidung und einen Gegenbegriff zu *galut* als negativ konnotiertes Exil (und

---

7   Dufoix: Les diasporas, Kap. I. Kritische Bemerkungen bei Baumann, Martin: Diaspora: Genealogies of Semantics and Transcultural Comparison, in: *Numen* 47 (2000), S. 313–337.

8   Dufoix: Les diasporas, S. 60 ff.

biblische Strafe) – wobei *tfuzot* in der Tora ebenfalls als Strafe für die Nichtbefolgung von Gottes Gebot genannt wird.[9]

Eine derartige Unterscheidung von *galut* und *tfutzot* wird indes weder der Vielfalt und Polysemie der Begriffe noch ihrer Genealogie gerecht. In dem monumentalen etymologischen Werk von Eben Shoshan sind interessanterweise u. a. folgende Bedeutungen unter *golah* aufgeführt:

1. Ausreise/Migration aus dem Geburtsland *(eretz ha'moledet)*, Auszug in ein fremdes Land.
2. Tfutzot Israel in verschiedenen Ländern sowie die Länder, in die das Volk *(ha'am)* vertrieben wurde.
3. Die Kinder der golah *(bnei ha'golah)*.[10]

Unter dem Eintrag *tfutzot* ist wiederum zu lesen: „Im übertragenen Sinn: *golah, galut, makom* (Ort) oder *eretz* (Land), wohin die Menschen vertrieben worden sind: *tfutzat tejman* (Jemen), *tfutzat polin* (Polen)."[11] Hieran wird deutlich, dass die beiden Begriffe nicht klar voneinander abzugrenzen sind und sogar im Konzept des jeweils anderen erwähnt werden.

Verwirrend sind nicht nur die Vermischung von *galut* und *tfutzot*, sondern auch die Beschreibungen und Definitionen von Geburtsland *(eretz moledet)*. Wie bereits erwähnt, lautet Gottes Befehl an Abram[12]: *lech lecha me'arzecha ve'moladetecha umi'beit avicha, el ha'arez ascher arecha* („Ziehe hinweg aus deinem Lande, deinem Geburtsorte und deines Vaters Haus in das Land, das ich dir zeigen werde."[13]). Hier steht unmissverständlich „ziehe hinweg aus *moladetecha*, deinem Geburtsorte", doch das Gelobte Land wird nicht zu *arzecha* (deinem Land), denn Generationen später, bei der Ankunft in Israel, eröffnet Gott seinem Volk, dass es hier lediglich zu Gast sei, denn „das Land ist mein. Ihr seid nur Fremdlinge und Geduldete auf meinem Boden".[14] Es ist diese Paradoxie aus (De-)Territorialisierung und dem komplexen Wechselspiel aus Vergangenheit (Land der Vorväter und Götzendiener, Geburtsland) und Zukunft (das Gelobte Land, Monotheismus), die den Reichtum dieser Begriffe ausmacht. Die Paradoxie ist zudem mit dem messianischen Zeitbegriff verbunden, der sich im Althebräischen grammatikalisch u. a. in einem Buchstaben – dem sogenannten *Waw conversivum* (dem „umkehrenden Waw", *waw ha-hipukh*) – ausdrückt, der die Zukunft in die Vergangenheit „umkehren" kann.

In Anbetracht dieser komplexen jüdischen Raum- und Zeitvorstellungen hat Yosef Hayim Yerushalmi eine spannende Deutung von *galut* vorgeschlagen: die Dialektik von *Exil* und *Domizil*.[15] Obwohl die wiederholten kollektiven Exile der jüdischen Geschichte mit zahlreichen Katastrophen verbunden waren, so haben sich dennoch viele der Exilgemeinden mit den Jahren (wie z. B. im emblematischsten aller Exile, dem babylonischen) in Horte geistiger Blüte und materieller Prosperität verwandelt und die Spuren der Gewalt mit positiven Erfahrun-

---

9   Siehe 5. Buch Mose 28,25.
10   Schoshan, Eben: Ha'milon ha'chadash, Jerusalem 1961, S. 175 [Übersetzung LRF].
11   Ebd., S. 1723.
12   Erst nach der Beschneidung (und dem Bund mit Gott) wird der Buchstabe „he" in Abrams Namen eingeschrieben, wodurch er zu Abraham wird (1. Buch Mose 17,5).
13   Zitiert aus dem 1. Buch Mose 12,1; in der Übersetzung von Moses Mendelssohn.
14   Zitiert aus dem 3. Buch Mose 25,23; in der Übersetzung von Moses Mendelssohn.
15   Yerushalmi: Exil und Vertreibung.

gen vermischt. Die Vertreibung und die damit einhergehenden Gefühle der Niederlage und Trauer sind seitdem im kulturellen Gedächtnis verankert – innerhalb einer Realität, die jedoch gänzlich andere Konturen aufweist. Denn „Exil und Domizil" stehen, wie Yerushalmi betont, „nur oberflächlich betrachtet miteinander im Widerspruch. Tatsächlich haben sie oft in einem dialektischen Spannungsverhältnis koexistiert".[16] Man fühlte sich religiös im Exil, existenziell aber zu Hause.

Schon der große jüdische Historiker Simon Dubnow hatte die jüdische Diaspora als „kulturelles Ferment und Fortschrittskraft" einer Gesellschaft geschildert (diese Metapher für eine kulturelle Minderheit, die innerhalb der Mehrheitsgesellschaft eine erstaunliche Kraft und Wirkungsmacht entfaltet, wird sich wie ein roter Faden durch die jüdische Literatur und Publizistik ziehen). Dubnow erinnert daran, dass die jüdische Diaspora, obwohl sie in den Quellen oft als Strafe und Unglück beschrieben wird, von mittelalterlichen Kommentatoren wie Raschi als eine Chance gesehen wurde, nicht nur die Samen des Monotheismus in der ganzen Welt zu zerstreuen, sondern auch als Möglichkeit zu überleben: Ein verstreutes Volk kann nicht mit einem Schlag ausgelöscht werden.[17]

Diese Überlegungen Simon Dubnows wurden in Form eines Eintrags in der *Encyclopaedia of the Social Sciences* 1931 veröffentlicht. Es ist kein Zufall, dass gerade Simon Dubnow als Erfinder des „Diaspora-Nationalismus", der auf autonome jüdische Gemeinden innerhalb anderer politischer Ordnungen zielte, gebeten wurde, diesen Eintrag zu verfassen. Auf den ersten Blick wirkt der Inhalt etwas verwirrend, denn Dubnow führt zunächst die griechische und anschließend die armenische Diaspora an, bevor er auf die jüdische Geschichte eingeht: „Diaspora has its equivalents in the Hebrew word galut (exile) and golah (the exiled)."[18] Die theoretischen Diskussionen der letzten Jahre vertreten indes genau das Gegenteil – dass Diaspora und *galut* (Exil) *nicht* äquivalent seien, da Diaspora eine nicht erzwungene Zerstreuung bezeichne.[19]

Der zweite in die *Encyclopaedia* aufgenommene Beitrag zu diesem Thema erscheint unter dem Lemma „Exil" und wurde von dem italienischen Geschichtsphilosophen Guido De Ruggiero verfasst. De Ruggiero bezieht sich darin auf die griechisch-römische Tradition des *exilium,* der Verbannung in die Fremde – zunächst als Möglichkeit, um einer Todesstrafe zu entgehen. Bei einem Vergleich der beiden Aufsätze treten die Unterschiede deutlich zutage, denn De Ruggiero stellt die *individuelle* Perspektive in den Mittelpunkt seiner Betrachtungen: Exil als individuelle (mildere) Strafe aufgrund eines Verbrechens (oder aus politischen Gründen). Interessanterweise stammt der älteste der zitierten Präzedenzfälle aus der Tora – wobei der Exil-Begriff in diesem Kontext nichts mit *galut* gemein hat, sondern auf „Flucht-Städte" *(arej miklat)* verweist, in denen einzelne Personen, die ungewollt jemanden getötet haben, Asyl finden konnten, um der Rache der Angehörigen zu entgehen. Lediglich am Ende des Artikels behandelt De Ruggiero den Fall des kollektiven Exils aus politischen Gründen – in der damaligen Zeit ein aktuelles Thema, angesichts des bereits bestehenden faschistischen Regimes unter Benito Mussolini in Italien.

---

16   Ebd., S. 23.
17   Dubnow, Simon: Diaspora, in: Seligman, Edwin R. A.; Johnson, Alvin (Hg.): Encyclopaedia of the Social Sciences, Bd. 5, New York 1931, S. 129–130.
18   Ebd., S. 127.
19   Siehe dazu Mayer: Diaspora.

Galut ist, anders als Exil, immer kollektiv zu verstehen. Nicht eine Handlung (oder politisches Denken) wird bestraft, sondern ein Teil eines Volkes (unabhängig davon, wie die einzelnen Individuen handeln oder denken): Dieses Volk wird nicht von einer zentralen Macht (einer Regierung, einem Königreich o. Ä.) in die Verbannung geschickt, sondern von einer externen (fremden) politischen Macht etwa in die Sklaverei verschleppt. Aufgrund dieser Erfahrung werden die Juden nach der bekannten jiddischen Redensart selbst *den goles schlepn*. So lernten sie Textzeilen frühzeitig als Zufluchtsorte kennen, wie in dem beliebten Kinderlied *Oyfn Pripetshik* von Mark Warshawsky, in dem ein Rabbi kleinen Kindern das hebräische Alphabet *(alef-beys)* lehrt, zu hören ist:

> *Zet-sche kinderlech / Ir wet, kinder, elter wern / Wet ir alein farschtejn / wifln in di ojes lign trern, un wifl gewejn! // Zet-sche kinderlech / As ir wet, kinder, dem goles schlepn / ojsgemutschet zajn / Zolt ir fun die ojes kojech schepn, kukt in zej arajn!*
> (Kinder ihr werdet älter werden / und von selbst verstehen, / wie viel Tränen in den Buchstaben sind / und wie viel Weinen! // Kinder, wenn ihr dann die Bürde des Exils tragt, / und euch damit quält, / sollt ihr Kraft aus den Buchstaben schöpfen, / schaut in sie hinein!).

Wie Yosef Hayim Yerushalmi treffend beschreibt, ist das Gefühl der *galut* (ursprünglich) vor allem auf das Jahr 70 zurückzuführen und weniger dem Verlust des Landes als dem des Tempels geschuldet.[20] Doch diese Dialektik ist nicht nur in der Geschichte zu finden, sondern auch in den Worten selbst.

Die Schriften wurden in die Diaspora mitgenommen bzw. in ihr fortgeschrieben. Es gibt noch immer eine *laschon hakodesch*, eine heilige Sprache – deren Heiligkeit viel stärker ist, als die des Heiligen Landes. Das Gelobte Land wurde zu einer Metapher in der Diaspora – in Boyarins Worten „palimpsestiert", wodurch verschiedene „Jerusalem(e)" wie Toledo, Thessaloniki, Frankfurt oder Prag entstanden.[21] In *Los gauchos judios,* dem Klassiker der jüdisch-lateinamerikanischen Literatur, wird diese Umdeutung des Gelobten Landes mit den konkreten Lebensumständen in Verbindung gebracht: „Eben darum vergaß ich, als Rabbi Zadock Kahn mir unsere Auswanderung verkündete, über meiner Freude die Rückkehr nach Jerusalem und erinnerte mich an die Verse des Jehuda Halevi: Zion ist, wo Freude und Friede herrscht."[22] Fast zwei Jahrtausende zuvor behaupteten die Rabbinen aus Babylon, dass Zion bei ihnen weilte, denn entscheidend war nicht die Geographie, sondern das Wissen – weswegen sich das „Zentrum" mit den jüdischen Gelehrten immer wieder auf den Weg begab: nach Italien, *Sepharad,* Vilnius – den Zentren der jüdischen Weisheit folgend.[23]

Für Simon Dubnow ist nicht die Zerstreuung das Außergewöhnliche der jüdischen Geschichte, sondern das erkennbare Weiterleben der jüdischen Kultur innerhalb so verschiedener Kulturen – trotz jahrhundertelanger Wanderschaft ohne verlässlichen Schutz oder Unterstützung von Seiten

---

20 Yerushalmi: Exil und Vertreibung, S. 26.
21 Siehe Attias, Jean-Christophe; Benbassa, Esther: Israel, la tierra y lo sagrado, Barcelona 2001, S. 100.
22 Gerchunoff, Alberto: Jüdische Gauchos, Berlin 2010, S. 8.
23 Siehe Boyarin: A Travelling Homeland.

eines „Heimatlandes" oder eines anderweitigen Verbündeten.[24] In der Diaspora und insbesondere nach der Verlagerung und Umdeutung des religiösen Zentrums vom Tempel in die Schrift bleibt das Hebräische als heilige Sprache der Texte erhalten, während die jüdischen Gemeinden ihre (Alltags-)Sprachen in Anlehnung an die der jeweiligen Mehrheitsgesellschaften weiterentwickeln (Judeospanisch, Jiddisch, Judeoarabisch). Diese „Mischsprachen" enthalten viele Elemente aus dem Hebräischen und werden oft in *otijot*, hebräischen Buchstaben, geschrieben – wodurch sie mit der heiligen Sprache auch materiell verbunden bleiben.

Die Dialektik von Diaspora bzw. *galut* als Fluch und Segen zugleich ist nicht nur in der Geschichte zu finden. Auch in den Quellen wird sie thematisiert – etwa in der mystischen Interpretation von Jizchak Luria, der in der Diaspora die Aufgabe sieht, die seit der Erschaffung der Welt verstreuten göttlichen Funken *(nitzotzot)* aufzulesen und wieder einzusammeln. Diese dialektische Kraft wohnt sogar den Worten selbst inne: Aus *galut* und *golah* erschallt – zumindest akustisch – *hitgalut* – die Offenbarung. Dies deckt sich mit der jüdischen Narrative, der zufolge die Offenbarung am Berg Sinai und nicht in Israel stattgefunden hat – außerhalb des Zentrums, am Rande. Wir wissen nicht einmal genau *wo*.

Diese Ansicht teilt auch Daniel Boyarin, der den Talmud (und sein Studium) als „das portative Vaterland" darstellt, der wunderbaren Metapher von Heinrich Heine folgend.

Das portative Vaterland

Die Erinnerung an die Zerstörung des Zweiten Tempels in Jerusalem ist eine noch offene Wunde im kulturellen Gedächtnis des Judentums. Aufgrund des Gebots *Zachor!* (Erinnere dich!)[25] gibt es einen Trauertag im jüdischen Kalender, der an diese Zerstörung und andere Katastrophen, wie die Vertreibung aus Spanien 1492, erinnern soll. Tischa b'Aw, der 9. des Monats Aw, ist so auf verschiedenste Weise mit der schmerzhaften Erfahrung des Exils verbunden.

Nach der Zerstörung des Zweiten Tempels entsteht ein neues Konzept des Judentums. Rabbi Jochanan ben Zakkai bat den römischen Kaiser der Überlieferung nach um Erlaubnis, in Jabne eine Schule für das Studium der Tora eröffnen zu dürfen, die niemals geschlossen werden sollte – *nicht einmal für den Wiederaufbau des Tempels.* Sigmund Freud erkannte die Bedeutung dieser Geste: Seitdem – so schrieb er einmal – konnte das *unsichtbare Gebäude* des Judentums erbaut werden.[26] Von diesem Moment an begann das jüdische Volk in der Schrift zu leben.

Heinrich Heine hat wie kein anderer intuitiv die Funktion erfasst, die dieser gemeinsame Ort für ein im Exil verstreutes Volk erfüllt:

> Ein Buch ist ihr Vaterland, ihr Besitz, ihr Herrscher, ihr Glück und ihr Unglück. Sie leben in den
> Marken dieses Buches, hier üben sie ihr Bürgerrecht, hier kann man sie nicht wegjagen, nicht ver-

---

24 Dubnow: Diaspora, S. 127.

25 Siehe: Yerushalmi, Yosef Hayim: Zachor: Erinnere Dich! Jüdische Geschichte und jüdisches Gedächtnis, Berlin 1988 (EA Seattle 1982).

26 Siehe Haddad, Gérard: L'enfant illégitime. Sources talmudiques de la psychanalyse, Paris 1990, Kap. 1. Das Zitat aus Freuds Brief ist ebenfalls diesem Buch entnommen.

achten, hier sind sie stark und bewunderungswürdig [...].[27] Für die wandernden Juden, für das Volk des Buches war das Buch das ‚portative Vaterland'.[28]

Selbst Gott lebt seit dieser Zeit in der Schrift, „jener prekären Heimstatt", wie Emmanuel Lévinas sie nannte, denn im Talmud steht geschrieben: „Seitdem die Heiligkeit zerstört wurde, hat der Heilige in dieser Welt nur noch die vier Ellen der Halacha."[29]

So gewann die Schrift eine vielgestaltige und komplexe Bedeutung in der jüdischen Kultur und Geschichte und wurde zu einer Art metaphorischem Territorium, in dem das *am ha'sefer*, „das Volk des Buches", zu Hause war. Dieses Territorium, ein eigener, abgesteckter und geschützter Raum, bot einen Ort, dem man sich zugehörig fühlte. So formuliert es auch Heine in einem Brief an Eduard Gans, in dem er über die persönliche Widmung seines letzten Buches schreibt: „Ich habe diesen Namen (sc. Rahel Varnhagen), der mir so lieb ist, an den Eingangspfosten meines Buches angeschlagen, und es ist mir dadurch wöhnlicher und gesicherter geworden. Auch unsere Bücher müssen ihre *Mesuse* haben."[30]

Neben dem metaphorischen Territorium der Schrift existiert ein zusätzlicher geographischer Raum, der für die jüdische Narrative konstitutiv ist: die Wüste. Sie ist der Tradition nach nicht leer, sondern voller Wörter; sie ist der Raum, in dem das Gesetz übergeben wurde. „In dieser Wüste kann nichts wachsen, außer Wörter", bemerkt Edmond Jabès, zeigt dabei die Verbindung von Sand und Wort auf und beschreibt die Suche nach diesem Exilterritorium: „Ich habe ein Land verlassen, das nicht das meine war, für ein anderes, das auch nicht das meine war. Ich habe mich geflüchtet in eine Vokabel aus Tinte – und hatte das Buch als Raum."[31]

Das Buch als fürsorgliches Heimatland, das weder Visum noch Reisepass verlangt, ein sicherer Ort zum Leben. In den Worten von George Steiner:

Wie eine Schnecke, die Fühler zur Bedrohung hin ausgerichtet, hat der Jude das Haus des Textes auf dem Rücken getragen. Welches andere Domizil ist ihm gewährt worden? [...][32] Der Text ist das Zuhause, jeder Kommentar eine Heimkehr.[33]

Schabbat: **Die Zeit bewohnen**

Extra-territoriales Denken und diasporisches Leben prägen die jüdische Tradition von Anbeginn: der Vertreibung aus dem Garten Eden. Im Grunde ist der gesamte Tanach ein Reisebericht. Dies steht im Gesetz geschrieben und ist sogar im ersten Gebot präsent: „Ich [bin] dein

---

27 Heine, Heinrich: Sämtliche Schriften, Bd. 4, München 1995, S. 4.

28 Ebd., S. 483.

29 Lévinas, Emmanuel: Eigennamen, München; Wien 1988, S. 106.

30 Heinrich Heine an Eduard Gans, 26. Mai 1826.

31 Jabès, Edmond: Ein Fremder mit einem kleinen Buch unterm Arm, München; Wien 1993, S. 105.

32 Steiner, George: Unser Heimatland: der Text, in: ders.: Der Garten des Archimedes, München; Wien 1996, S. 253.

33 Ebd., S. 251.

Gott, der dich aus dem Lande Mizrajim [Ägypten] geführt und aus der Sklaverei befreit hat."
(2. Buch Mose 20,2) Weitere Auswanderungen prägen die jüdische Geschichte, etwa jene nach
Babylon oder in das Römische Reich. Ein festes (geographisches) Zentrum existiert nicht mehr,
der Hebräer befindet sich stets auf dem Weg, und der Weg ist die Halacha, das jüdische Gesetz
(das Wort *halacha* leitet sich vom Verb *lalechet*, „gehen", ab).

Diese Tradition begründet somit einen Gegenentwurf zu der Sakralisierung des Territoriums, die mit dem Bilderverbot einhergeht: Die Bindung soll nicht zu einem Land, sondern
zum Gesetz bestehen. Die Sakralisierung des Landes – der Geographien, der Materie – folgt
aus jüdischer Perspektive einer ähnlichen Logik wie der Götzendienst. Lévinas schreibt dazu:

> Jedes Wort ist entwurzelt. […] Das Heidentum ist die Verwurzelung […]. Das Aufkommen der Schrift
> ist nicht die Unterordnung des Geistes unter den Buchstaben, sondern der Ersatz des Bodens durch
> den Buchstaben. Der Geist ist im Buchstaben frei und gefesselt an die Wurzel.[34]

In den letzten Versen der Tora wird der Tod Moses erzählt. Die Rabbinen haben oft darüber
diskutiert, wer diese Zeilen verfasst haben mag, denn gemäß der Tradition hat Moses selbst die
Tora geschrieben. Einige deuten es so: Er hat sie geschrieben – mit seinen Tränen.[35]

> Und Gott sprach zu ihm: Das ist das Land, das ich Abraham, Isaak und Jakob zugeschworen habe,
> indem ich sprach: Deinen Nachkommen werde ich es geben. Ich habe es dich mit deinen Augen sehen
> lassen, aber du sollst nicht nach dort hinübergehen. Und Mose, der Knecht des Herrn, starb dort im
> Land Moab nach dem Wort Gottes. Und er begrub ihn im Tal, im Land Moab, Bet-Peor gegenüber;
> und niemand kennt sein Grab bis auf diesen Tag. (5. Buch Mose 34, 4–6).

Dass der Ort des Grabes nicht genannt wird, ist – ebenso wie das Bilderverbot im Judentum –
keinem Zufall geschuldet. Roberto Blatt vermutet, dass das Judentum die Spuren jener bedeutenden Schauplätze, an denen der Bund mit Gott geschlossen wurde, verwischt hat, um die
Sakralisierung von bestimmten Räumen zu verhindern – vom konkreten Ort im Sinai, wo die
Tora übergeben wurde, bis hin zu Moses Grab. Räumlich greifbare heilige Stätten, an denen
die Gefahr der Pilgerschaft bestünde, existieren nicht.[36]

Mit Derrida gesprochen: „Die ‚Vertriebenen', die Exilierten, die Deportierten, die Entwurzelten, die Nomaden haben zwei Seufzer, zwei Nostalgien gemeinsam: ihre Toten und ihre
Sprache."[37] Beide Dimensionen sind für die Juden im Buch stets gegenwärtig: Von der heiligen Sprache der Tora bis zu den *yizker-bikher* (Gedächtnis-Bücher) übernimmt die Schrift
die Funktion von Territorium, Erinnerung und Grabstein.

Der italienische Architekt Bruno Zevi erkennt dieses extra-territoriale Denken und die Distanz zur Materie in den verschiedenen Konzeptionen des Raumes wieder. Während für das

---

34 Lévinas, Emmanuel: Difficile Liberté: Essais sur le judaïsme, Paris ²1983, S. 183 (Übersetzung LRF).
35 Siehe dazu Weber, Elisabeth: Schwarze Tränen, Tintenspur, in: Wetzel, Michael; Jean-Michel Rabaté;
     Agamben, Giorgio (Hg.): Ethik der Gabe. Denken nach Jacques Derrida, Berlin 1993, S. 39–56.
36 Blatt, Roberto zitiert in Sperling, Diana: Genealogía del odio, Buenos Aires 1995, S. 119.
37 Derrida, Jacques: La Hospitalidad, Buenos Aires 2000, S. 91.

griechische bzw. abendländische Denken das Wesentliche eines Raums im Sein besteht (unabhängig davon wie statisch und rigide der Raum umrissen ist), verkörpert ein solches Sein nach jüdischer Vorstellung eine „Nicht-Entität", da ein Sein ohne Bewegung bzw. ohne Handeln nicht existieren kann. So galt der Tempel den Griechen in der Antike als Objekt der Sakralität, wohingegen das Gebetshaus der Juden vor allem als Ort des Zusammentreffens dient, an dem etwas *passiert:* Die Synagoge („Versammlung", „Gemeinschaft", auch hier ein griechisches Wort!) wird auf Hebräisch beit knesset („Haus der Zusammenkunft", auf Jiddisch *schil* oder *schul,* abgeleitet von Schule) genannt.[38] Ein Raum wird nicht durch die ihm immanenten Eigenschaften jüdisch, sondern durch das Anbringen einer mesusa am Türpfosten, die signalisiert bzw. daran erinnert, dass dort die jüdischen Gesetze eingehalten werden. In Lévinas' Worten: „Für das Judentum wird die Welt durch ein menschliches Antlitz intelligibel und nicht, wie für einen großen zeitgenössischen Philosophen, der einen wichtigen Aspekt des Abendlands resümiert, durch Häuser, Tempel und Brücken."[39] Tun statt Sein, Text statt Raum.

Unter den Zehn Geboten steht eines für die Sakralisierung der Zeit (das 4. Gebot „Du sollst den Schabbat heiligen"), doch keines ist einem Land gewidmet. Auch im Talmud bezieht sich ein wichtiges Traktat auf den *Schabbat,* nicht aber auf das Land Israel. Das Judentum lebt und währt schon immer in der Zeit. Abraham Joshua Heschel prägte einst die schöne Formel: „Die *schabatot* sind unsere großen Kathedralen."[40]

Anders als in den europäischen Sprachen tragen die Wochentage auf Hebräisch keinen Eigennamen – mit Ausnahme des Schabbat. Den Narrativen der Tora folgend (1. Buch Mose, *bereschit* bzw. Genesis genannt, das mit der Entstehung der Welt beginnt) werden die Tage einfach gezählt: erster Tag, zweiter Tag, dritter Tag – bis schließlich auf den sechsten Tag der Schabbat folgt. Die Tradition sieht darin eine sich stets wiederholende „Reise" in der Zeit. Jede Woche wird neu gezählt. Wer immer die Macht im territorialen Sinne ausübt und wie zerstreut das jüdische Volk auch sein mag: In der Schrift und am Schabbat sind alle Juden vereint. Zu Hause. Für einen Moment.

Schabbat. Ankommen, jedes Mal neu.

---

38   Siehe Zevi, Bruno: Arquitetura e judaismo: Mendelsohn, Sao Paulo 2002.

39   Lévinas, Emmanuel: Schwierige Freiheit. Versuch über das Judentum, Frankfurt/Main 1992, S. 36.

40   Heschel, Abraham Joshua: Der Sabbat. Seine Bedeutung für den heutigen Menschen, Neukirchen-Vluyn 1990.

Sephardim und Aschkenasim

Sina Rauschenbach

Grundlagen

Sephardim und Aschkenasim bilden traditionell die beiden größten Gruppen innerhalb des Judentums. Dabei gehen die Bezeichnungen auf die biblischen Begriffe „Sepharad" und „Aschkenas" zurück, mit denen im mittelalterlichen Hebräisch „Spanien" und „Deutschland" benannt wurden.[1] Entsprechend werden unter Sephardim traditionell alle Juden zusammengefasst, deren Wurzeln auf die Iberische Halbinsel zurückgehen. Als Aschkenasim bezeichnet man alle Juden deutscher oder nordfranzösischer Abstammung. Ebenfalls einschlägig ist die Unterscheidung zwischen sephardischen und aschkenasischen Traditionen und Ritusgruppen, die seit der Neuzeit zunehmend Gewicht erhält.[2] Schließlich werden soziale und sprachliche Voraussetzungen als Trennmerkmale angeführt, wobei diese nicht nur dazu dienen, Sephardim und Aschkenasim zu unterscheiden, sondern auch West-Ost-Differenzen innerhalb der halachischen sephardischen und aschkenasischen Traditionen deutlich zu machen.[3] Keine der genannten Unterscheidungen ist jedoch eindeutig, und jede Kategorisierung ist auf ihre Art und Weise kontextgebunden. Dies betrifft insbesondere die Zuschreibung von West und Ost, die niemals nur eine geographisch neutrale, sondern immer eine wertende ist und in der neueren Forschung zunehmend in Frage gestellt wird.[4]

Geographisch hatte das sephardische Judentum seine mittelalterlichen Zentren auf der Iberischen Halbinsel und im Mittelmeerraum, das aschkenasische Judentum im nordfranzösischen und deutschsprachigen Raum, von wo es sich sukzessiv in weiten Teilen Europas (und hier

---

1   „Sepharad" findet sich zuerst in Ob 20 und wird seit dem Ende des 8. Jahrhunderts zur Bezeichnung von Spanien verwandt. Vgl. Elazar, Daniel: The Other Jews: The Sephardim Today, New York 1989, S. 15. „Aschkenas" findet sich u. a. in Gen 10,3 oder 1 Chron 1,6, etabliert sich aber ebenfalls erst im 10. Jahrhundert als Bezeichnung für den deutschsprachigen Raum. Vgl. Aust, Cornelia: Art. Aschkenasim, in: Enzyklopädie der Neuzeit, 12 Bde., Stuttgart 2005–2012, Bd. 1, S. 696.

2   Zur Unterscheidung nach halachischen Traditionen vgl. z. B. Medding, Peter Y. (Hg): Sephardic Jewry and Mizrahi Jews (= Studies in Contemporary Jewry, Bd. 22), Oxford 2007, S. vii. Speziell zu den Ritusgruppen vgl. Elbogen, Ismar: Der jüdische Gottesdienst in seiner geschichtlichen Entwicklung, Frankfurt/Main 1924.

3   Ben-Ur, Aviva: Sephardic Jews in America: A Diasporic History, New York 2009, S. 93.

4   Sorkin, David: Beyond the East-West Divide: Rethinking the Narrative of the Jews' Political Status in Europe, 1600–1700, in: *Jewish History* 24/3–4 (2010), S. 247–256. Zur Entstehung der Zuschreibung im aschkenasischen Judentum vgl. Efron, John M.: German Jewry and the Allure of the Sephardic, Princeton 2016, bes. S. 57–61.

besonders nördlich der großen Mittelgebirge) verbreitete. Nach den Vertreibungen der Juden
aus England, Frankreich und unterschiedlichen Teilen des Reichs zwischen dem 13. und frühen
16. Jahrhundert verstärkte sich die Migration von West nach Ost so sehr, dass sich der Schwerpunkt aschkenasischen Lebens nach Polen und Litauen verlagerte, wo die Rechtssicherheit größer
und die Lebensbedingungen günstiger waren als in den meisten westeuropäischen Ländern.
Auch im expandierenden Osmanischen Reich, zu dem seit dem 16. Jahrhundert weite Teile des
östlichen Mittelmeerraums und des Nahen Ostens zählten, ließen sich aschkenasische Juden
nieder. Erst im 17. Jahrhunderts kehrte sich das Bild um, und aschkenasische Juden flohen vor
Krieg und Pogromen aus Mittel und Osteuropa in den Westen. In Frankreich lebten aschkenasische Juden in der frühen Neuzeit mehrheitlich in Elsass-Lothringen. In Italien mischten
sie sich in unterschiedlichen Zeiten und Herrschaftsgebieten mit italienischen, sephardischen
und anderen Juden.[5]

Sephardische Zentren entstanden nach den Vertreibungen und Zwangskonversionen der
iberischen Juden zwischen 1492 und 1498 zuerst in Norditalien, Nordafrika und ebenfalls im
Osmanischen Reich. Seit dem 17. Jahrhundert ließen sich iberische Juden zusätzlich in Hamburg,
Amsterdam, London und auf dem amerikanischen Kontinent nieder, von wo sie bedeutende
Handelsnetzwerke aufbauten, die sich über die gesamte sephardische Diaspora erstreckten.[6]
Gleichzeitig bildeten sich auf der Iberischen Halbinsel, in den Ländern der spanischen und
portugiesischen Kronen sowie im Süden Frankreichs, wo offenes jüdisches Leben nicht erlaubt
war, Converso-Gemeinden, in denen Sephardim in der Öffentlichkeit als Christen und im
Geheimen als Juden lebten. Andere Conversos gaben ihr Judentum auf, blieben aber mit jüdischen Familienmitgliedern und Geschäftspartnern vernetzt und wurden ebenfalls Teil sephar-
disch-atlantischer Handelsnetzwerke und Kontakte.[7] Von Sephardim in klassischen Zentren des
aschkenasischen Judentums wie etwa im Polen des 16. Jahrhunderts wird berichtet, man muss
jedoch davon ausgehen, dass es sich um Ausnahmeerscheinungen handelt.[8] Erst im Zusammen-

---

5   Für einen historischen Überblick vom Mittelalter bis zur Neuzeit, der sowohl sephardische als auch asch-
     kenasische Entwicklungen berücksichtigt, vgl. Battenberg, Friedrich: Das europäische Zeitalter der Juden,
     2 Bde., Darmstadt 2000.

6   Für einen guten Überblick vgl. Bossong, Georg: Die Sepharden: Geschichte und Kultur der spanischen
     Juden, München 2008. Vgl. auch die zahlreichen Publikationen, die 1992 zur Erinnerung an die Ver-
     treibung von 1492 entstanden sind, unter ihnen Beinart, Haim (Hg.): Moreshet Sepharad: The Sephardi
     Legacy, 2 Bde., Jerusalem 1992; Kedourie, Elie (Hg.): Spain and the Jews: The Sephardi Experience 1492 and
     After, London 1992; Méchoulan, Henry (Hg.): Les Juifs d'Espagne: Histoire d'une diaspora (1492–1992),
     Paris 1992.

7   Zu den Conversos vgl. Graizbord, David L.: Souls in Dispute: Converso Identities in Iberia and the Jewish
     Diaspora, 1580–1700, Philadelphia 2004. Zu sephardisch-atlantischen Handelsnetzwerken vgl. Israel,
     Jonathan: Diasporas within a Diaspora: Jews, Crypto-Jews and the World Maritime Empires, 1540–1740,
     Leiden 2002; Kagan, Richard L. (Hg.): Atlantic Diasporas: Jews, Conversos, and Crypto-Jews in the Age
     of Mercantilism, 1500–1800, Baltimore 2009; Studnicki-Gizbert, Daviken: A Nation upon the Ocean Sea:
     Portugal's Atlantic Diaspora and the Crisis of the Spanish Empire, 1492–1640, Oxford 2007.

8   Zu Polen vgl. Gutterman, Alexander: Sephardic Jews in Poland, in: *Pe'amim* 18 (1984), S. 53–79 [hebr.].
     Für eine ältere Darstellung vgl. Balaban, Majer: Skizzen und Studien zur Geschichte der Juden in Polen,
     Berlin 1911, S. 11–19.

hang des Niedergangs und Zerfalls des Osmanischen Reichs sind größere Migrationsbewegungen von sephardischen Juden in traditionelle Zentren des aschkenasischen Judentums zu verzeichnen.[9]

Demographisch waren im Mittelalter Sephardim in der Mehrheit und machten vom 11. bis zum 13. Jahrhundert zwischen 94 % und 85 % der jüdischen Weltbevölkerung aus.[10] In der Frühen Neuzeit wandte sich das Blatt und Aschkenasim begannen, Sephardim an Zahl und Einfluss zu überholen. 1650 sank der Anteil der sephardischen Juden an der jüdischen Weltbevölkerung auf etwa 60 %, um 1700 waren die sephardischen und aschkenasischen Anteile etwa je 50 %. Um 1750 hatte sich das Bild umgekehrt, und etwa 60 % der 2,5 Millionen Juden auf der Welt waren Aschkenasim. Im 19. Jahrhundert sank der Anteil von Sephardim weiterhin von etwa 20 % um 1840 auf 13,4 % um 1860, bis er 1930 mit 8,2 % bei einer Gesamtbevölkerung von 15,9 Millionen Juden seinen Tiefstand erreichte. Nach der Shoah, der vor allem aschkenasische Juden zum Opfer fielen, stieg der prozentuale Anteil von Sephardim an der jüdischen Weltbevölkerung. In den 1980er Jahren pendelte er sich um etwa 20 % ein. Dabei wuchs die sephardische Bevölkerung besonders in Israel, wo Sephardim um die Jahrtausendwende etwa 47 % der jüdischen Bevölkerung ausmachten, wenn man berücksichtigt, dass es sich in einer deutlichen Erweiterung der Terminologie seit den ersten Jahrzehnten des 20. Jahrhunderts etabliert hatte, auch andere Juden nichtaschkenasischer Abstammung als Sephardim zu kategorisieren.[11] Demgegenüber waren in den USA zeitgleich 91 % aller Juden Aschkenasim und in Europa 72 %.

Religiöse Differenzen gingen nie so weit, dass sie Grundpfeiler des Judentums in Frage gestellt oder zu religiösen bzw. konfessionellen Spaltungen geführt hätten,[12] betreffen aber dennoch alle Bereiche des jüdischen Lebens- und Jahreszyklus, Bibel- und Talmudstudium, Halacha und Liturgie.[13] Abgeleitet werden sie aus unterschiedlichen Traditionen, die entweder regional oder durch die jeweils islamischen bzw. christlichen Umfelder, in denen sephardische und aschkenasische Juden seit dem Mittelalter lebten, zu begründen sind.[14] Bisweilen wurden Unterschiede noch weiter in die Antike zurückgeführt. Letzteres betrifft besonders Differenzen im Gottesdienst und im Gebet, die Ausdruck in getrennten liturgischen Traditionen fanden und ihrerseits den beiden großen jüdischen Zentren rabbinischer Gelehrtheit in Palästina

---

9   Vgl. Ayala, Amor; Denz, Rebekka; Salzer, Dorothea M.; Schmädel, Stephanie von (Hg.): Galut Sepharad in Ashkenaz: Sepharden im deutschsprachigen Kulturraum, Potsdam 2013. Vgl. auch einen Teil der Beiträge in Studemund-Halévy, Michael (Hg.): Sefarad in Österreich Ungarn, in: *transversal* 13 (2012), S. 5–80.

10   Für die folgenden und zusätzliche Zahlen vgl. Elazar: The Other Jews, S. 44 ff. und 50 f.

11   Für die folgenden und zusätzliche Zahlen vgl. Medding: Sephardic Jewry, S. ix. Gerber spricht sogar von 60 % Sephardim zu Beginn des 21. Jahrhunderts. Vgl. Gerber, Jane S.: The Jews of Spain: A History of the Sephardic Experience, New York et al. 1994, S. xxiv.

12   Vgl. z. B. Medding: Sephardic Jewry, S. vii, der von einer „fundamental halakhic unity" spricht.

13   Für einen guten Überblick vgl. Aust: Art. Aschkenasim. Für Details vgl. Zimmels, H. J.: Ashkenazim and Sephardim: Their Relations, Differences and Problems as Reflected in the Rabbinical Responsa, London 1958. Abraham Joshua Heschel hat einen Teil der Unterschiede zum Ausgangspunkt genommen, um Sephardim und Aschkenasim prominent als „klassische" und „romantische" Juden zu beschreiben. Vgl. Heschel, Abraham: Die Erde ist des Herrn, Neukirchen-Vluyn 1985, S. 21–31. Für eine sephardische Erwiderung vgl. Elazar: The Other Jews, S. 30–39.

14   Zu Juden im Christentum und Islam vgl. Cohen, Mark R.: Unter Kreuz und Halbmond: Die Juden im Mittelalter, München 2005.

und Babylon zugeordnet wurden.[15] Als paradigmatisch für Unterschiede im jüdischen Jahreszyklus werden normalerweise Pessach-Differenzen beschrieben, die auch und insbesondere die Speisevorschriften betreffen.[16] Als paradigmatisch für Unterschiede im jüdischen Lebenszyklus werden Differenzen in der Namensgebung sowie im Ehe- und Scheidungsrecht benannt.[17] Ebenso wichtig sind Unterschiede in der Gestaltung und Positionierung von Grabsteinen auf sephardischen und aschkenasischen Friedhöfen.[18] In allen Fällen ist allerdings auf zusätzliche regionale Unterschiede hinzuweisen, die nicht nur zwischen Sephardim und Aschkenasim, sondern auch innerhalb beider Gruppen existieren und deren vermeintliche Homogenität schnell in Frage stellen lassen.[19]

Mittelalter

Kontakte zwischen sephardischen und aschkenasischen Juden wurden für das Mittelalter lange marginalisiert und sind nach wie vor unzureichend erforscht.[20] Darüber hinaus wird insgesamt diskutiert, inwiefern für das Mittelalter überhaupt schon von Sephardim als Gruppe gesprochen werden kann. Neuere Forschungen weisen darauf hin, dass sephardische und aschkenasische Identitätskonstruktionen neuzeitliche Phänomene sind und sowohl auf der Iberischen Halbinsel als auch im mittelalterlichen Aschkenas nur von regionalen jüdischen Gruppenbildungen ausgegangen werden kann.[21] Begegnungen fanden weniger zwischen ganzen Gemeinden als zwischen einzelnen Gelehrten, Reisenden, Kaufleuten oder Siedlern statt, die nach ihrer Ankunft in den jeweiligen Traditionen der Zielgemeinden aufgingen.[22] Nicht zuletzt aus diesem Grund konzentriert sich die folgende Darstellung auf die Epoche der Frühen Neuzeit. Gleichwohl sollen die wichtigsten Forschungsdiskussionen zum Mittelalter in einem kurzen Überblick zusammengefasst werden.

---

15   Posner, Raphael; Kaploun, Uri; Cohen, Shalom (Hg.): Jewish Liturgy: Prayer and Synagogue Service throughout the Ages, Jerusalem 1975, S. 249–253. Sichtbar werden diese liturgischen Traditionen auch in unterschiedlichen Raumkonzeptionen sephardischer und aschkenasischer Synagogen. Vgl. Keßler, Katrin: Ritus und Raum der Synagoge: Liturgische und religionsgesetzliche Voraussetzungen für den Synagogenbau in Mitteleuropa (= Schriften der Bet Tfila – Forschungsstelle für jüdische Architektur in Europa, Bd. 2), Petersberg 2007.

16   Für einen kompakten Überblick vgl. Lowenstein, Steven M., Jüdisches Leben – Jüdischer Brauch, Düsseldorf 2002, S. 108–111.

17   Für Details vgl. Zimmels: Ashkenazim and Sephardim, S. 164–187. Zum Ehe- und Scheidungsrecht vgl. auch Fn 26 und Fn 27.

18   Zimmels: Ashkenazim and Sephardim, S. 186.

19   Für einen Eindruck vgl. Lowenstein: Jüdisches Leben.

20   Grossman, Avraham: Relations between Spanish and Ashkenazic Jewry in the Middle Ages, in: Beinart: Moreshet Sepharad, Bd. 1, S. 220–239.

21   Vgl. z. B. Ray, Jonathan: New Approaches to the Jewish Diaspora: The Sephardim as a Sub-Ethnic Group, in: *Jewish Social Studies* N. S. 15/1 (2008), S. 17 f.; Lehmann, Matthias B.: Emissaries from the Holy Land: The Sephardic Diaspora and the Practice of Pan-Judaism in the Eighteenth Century, Stanford 2014, S. 199.

22   Elazar: The Other Jews, S. 19.

Pionierarbeit hat vor allem Avraham Grossman geleistet, der zwei Phasen hervorhebt, in denen besonders der Provence eine wichtige Brückenfunktion zwischen iberischen und nordfranzösischen, bisweilen auch deutschen und schließlich polnischen jüdischen Gemeinden zukam.[23] Für die erste Phase, datiert bis zum Durchbruch der Reconquista im 12. Jahrhundert, konstatiert Grossman zumeist iberische Einflüsse auf aschkenasische Gemeinden, die besonders in der liturgischen Poesie, in der Philologie, Bibelexegese und in Einzelfällen auch in halachischen Diskussionen sichtbar sind. Für die zweite Phase, datiert bis zum Ausbruch der Schwarzen Pest (Mitte des 14. Jahrhunderts), werden umgekehrt starke Einflüsse Raschis und der Tosafisten belegt, die von Nordfrankreich aus auf den Süden und die spanischen Zentren der rabbinischen Gelehrsamkeit wirkten. Höhepunkte dieses neuen Austauschs stellen, Grossman zufolge, zwei Ereignisse dar: a. die Maimonidische Kontroverse von 1232, in der sich erstmals aschkenasische Gelehrte in innere sephardische Diskussionen einbrachten, und b. die Anerkennung des Gelehrten R. Ascher ben Jechiel (ca. 1250–1327) als Autorität in sephardischen Gemeinden Kataloniens und Kastiliens.[24] Durch Ascher ben Jechiel, der in Aschkenas ausgebildet wurde und seit 1305 im kastilischen Toledo lebte, drangen nicht nur Diskussionen über *minhagim* (Bräuche), sondern auch Einflüsse jüdisch-pietistischer Reformbewegungen aus Aschkenas auf die Iberische Halbinsel.[25] Aschers Sohn Jehuda ben Ascher war im 15. Jahrhundert für einen der ersten Versuche verantwortlich, ein von Sephardim und Aschkenasim gleichermaßen akzeptiertes halachisches Kompendium zu schaffen und damit maßgeblich zur religiösen Vermittlung beider jüdischer Gruppen beizutragen.

Verbunden mit der unterschiedlichen Gewichtung von *minhagim* im sephardischen und aschkenasischen Judentum sind auch die Unterschiede zwischen dem Eherecht in beiden Gruppen, auf die bereits zu Beginn dieser Darstellung hingewiesen wurde: Um das Jahr 1000 erließ Rabbi Gerschom Me'or ha-Gola in Mainz seine berühmten *takkanot* (Verordnungen), in denen Polygamie und einseitige Scheidungen verboten und mit dem Bann belegt wurden.[26] Grossman zufolge waren ebenfalls Kaufleute, die von Aschkenas nach Sepharad reisten, dabei lange Abwesenheiten von ihren Familien in Kauf nahmen und bisweilen unter islamischem Einfluss auf der Iberischen Halbinsel neue Ehen schlossen, einer der Auslöser, die Rabbi Gerschom zu seinen Verordnungen veranlasst haben könnten. Beide Verordnungen, die zunächst nur regionale Gültigkeit beanspruchten, wurden schnell von anderen Gemeinden anerkannt und erlangten schließlich in Aschkenas einen quasi-halachischen Status. Durch die genannten *takkanot* wurden jüdische Frauen über ihre bestehenden ökonomischen Freiheiten hinaus gestärkt, und

---

23 Grossman: Relations between Spanish and Ashkenazic Jewry.

24 Ebd., bes. S. 229–231. Zu Ascher ben Jechiel vgl. auch Ta-Shma, Israel: Rabbi Joseph Caro and his Beit Yosef: Between Spain and Germany, in: Beinart: Moreshet Sepharad, Bd. 2, S. 195, und ders.: Creativity and Tradition: Studies in Medieval Rabbinic Scholarship, Literature and Thought, Cambridge, MA 2007, S. 111–126.

25 Ta-Shma: Creativity and Tradition, S. 13.

26 Grossman, Avraham: Pious and Rebellious: Jewish Women in Medieval Europe, Waltham, MA 2004, S. 68–101, bes. S. 70–90.

ihre Stellung in Familie und Gesellschaft wurde gebessert.[27] Von sephardischen Juden wurde der Bann von Rabbi Gerschom als nicht bindender und zeitlich beschränkter aschkenasischer minhag interpretiert,[28] weshalb Polygamie nie mit derselben Eindeutigkeit abgeschafft wurde wie im aschkenasischen Judentum. In den jüdischen Gemeinden Sepharads blieb Polygamie selbst dann noch erlaubt, als die Reconquista weit fortgeschritten war und auch die meisten iberischen Juden unter christlicher Herrschaft lebten.[29]

Ein dritter Aspekt, der inzwischen aber umstritten ist, ist Gerson D. Cohens viel beachtete Gegenüberstellung von sephardischem intellektuellem Aktivismus und aschkenasischer quietistischer Pietät.[30] Cohen hatte diesen Gegensatz, der für ihn bereits in den beiden großen rabbinischen Zentren der Antike seine Wurzeln hatte, herangezogen, um in Zeiten von Verfolgungen und Pogromen aschkenasische Tendenzen zum Märtyrertum mit sephardischen Tendenzen zum „Marranentum" (d.h. zur äußerlichen Konversion bei geheimem Festhalten am Judentum) zu kontrastieren.[31] Gleichzeitig schien ihm der Gegensatz eine Erklärung für unterschiedliche Formen zu sein, wie und mit welcher Häufigkeit sich Messiaserwartungen in beiden Gruppen konkretisierten und (zumindest im Mittelalter und in der Frühen Neuzeit) auch zerschlugen. Cohens These wurde durch Forschungen relativiert, die sich einerseits mit der Entstehung sephardischen Märtyrertums auf der Iberischen Halbinsel befassten.[32] Andererseits wurden unterschiedliche Erinnerungskulturen in Sepharad und Aschkenas untersucht, um den Blick von messianischen Bewegungen auf die Überlieferung dieser Bewegungen in beiden Gruppen zu lenken.[33] Unmittelbar mit der letzten Diskussion verbunden ist die Frage nach der Besonderheit sephardischer Geschichtsschreibung in der Folge des Traumas von 1492, die seit dem Erscheinen von Yosef Hayim Yerushalmis *Zachor* prominent diskutiert wird.[34]

---

27 Grossman: Halakhic Decisions on Family Matters in Medieval Jewish Society, auf: http://jwa.org/encyclopedia/article/halakhic-decisions-on-family-matters-in-medieval-jewish-society, letzter Zugriff: 31.05.2016.

28 Grossman: Pious and Rebellious, S. 77f.

29 Assis, Yom Tov: The Ordinance of Rabbenu Gershom and Polygamous Marriages in Spain, in: *Zion* 46 (1981), S. 251–277 [hebr.]; vgl. auch Grossman: Pious and Rebellious, S. 79–82.

30 Cohen, Gerson D.: Messianic Postures of Ashkenazim and Sephardim, in: Saperstein, Marc (Hg.): Essential Papers on Messianic Movements and Personalities in Jewish History, New York 1992, S. 202–233.

31 Ebd., S. 223f.

32 Vgl. z.B. Gross, Abraham: On the Ashkenazi Syndrome of Martyrdom in Portugal in 1497, in: *Tarbiz* 64 (1994), S. 83–114 [hebr.]; Ben-Shalom, Ram: Kidush ha-Shem and Jewish Martyrdom in Aragon and Castile in 1391: Between Spain and Ashkenaz, in: *Tarbiz* 70 (2001), S. 227–282 [hebr.] und Gross, Abraham: Conversions and Martyrdom in Spain in 1391: A Reassessment of Ram Ben-Shalom, in: *Tarbiz* 71 (2002), S. 269–278. [hebr.]. Zum sephardischen Märtyrertum vgl. auch Bodian, Miriam: Dying in the Law of Moses: Crypto-Jewish Martyrdom in the Iberian World, Bloomington, IN 2007, S. 1–22, bes. 4–9.

33 Carlebach, Elisheva: Between History and Hope: Jewish Messianism in Ashkenaz and Sepharad, Jerusalem 1998.

34 Vgl. Yerushalmi, Yosef Hayim: Zachor: Erinnere Dich! Jüdische Geschichte und jüdisches Gedächtnis, Berlin 1988; Bonfil, Robert: How Golden was the Age of the Renaissance in Jewish Historiography? in: *History and Theory* 27/4 (1988), S. 78–102. Für einen guten Überblick über die Diskussionen im Anschluss an Yerushalmi vgl. Jacobs, Martin: Islamische Geschichte in jüdischen Chroniken. Hebräische Historiographie des 16. und 17. Jahrhunderts, Tübingen 2004, S. 28–57. Zur sephardischen und aschkenasischen

Frühe Neuzeit

Mit den Vertreibungen und Zwangstaufen der iberischen Juden nach 1492 entstanden neue sephardische Gemeinden, die sich erstmals über weite geographische Entfernungen erstreckten, aber, durch Verwandtschafts- und Geschäftsbeziehungen verbunden, die Idee einer zusammenhängenden sephardischen Kultur und Identität konstruierten. Zentral für diese sephardische Identität war die Sehnsucht nach dem „goldenen spanischen Zeitalter", dessen Verlust trotz Feindschaft und Verfolgung schmerzlich betrauert wurde.[35] Gleichzeitig war auch die neue sephardische Diaspora uneinheitlich und in unterschiedliche Diasporen gespalten.[36] Dabei waren vor allem unterschiedliche Erfahrungen mit dem Judentum prägend, die später in die Unterscheidung zwischen der sogenannten westlichen und der sogenannten östlichen sephardischen Diaspora eingingen: Während sephardisches Leben in der „östlichen Diaspora" auf eine ungebrochene Kontinuität seit 1492 verweisen konnte, waren die ersten sephardischen Gemeinden der „westlichen Diaspora" erst zu Beginn des 17. Jahrhunderts entstanden, und ihre Mitglieder blickten auf Generationen von Konvertiten in den Familien zurück. Dies hatte bedeutende religiöse und soziale Konsequenzen und führte in vielen Fällen dazu, dass Rabbiner strenge Maßnahmen ergreifen mussten, um ihre Gemeinden zu disziplinieren und „rejudaisieren".[37] Hierzu gehörte auch die Stärkung traditioneller Familienstrukturen, die unter Conversos, die im Geheimen als Juden lebten, grundlegende Änderungen erfahren hatten.[38] Gleichzeitig lebten Sephardim in der östlichen Diaspora zumeist in islamischen Kontexten, Sephardim in der westlichen in christlichen, was sich ebenfalls in unterschiedlichen religiösen Traditionen niederschlug.

Schließlich waren östliche und westliche Sephardim durch ihre Sprachen getrennt. Während sich in der östlichen sephardischen Diaspora das Judeospanische als gesprochene Sprache etablierte, sprachen Sephardim in der westlichen Diaspora bis ins 18. Jahrhundert im Alltag zumeist Portugiesisch und publizierten auf Spanisch. Dabei war es für Portugiesisch sprechende westliche Sephardim eher unproblematisch, Judeospanisch sprechende östliche Sephardim zu verstehen. Gravierender waren die Sprachbarrieren im Mittelalter und in der Frühen Neuzeit zwischen Portugiesisch oder Judeospanisch sprechenden sephardischen und Jiddisch sprechenden aschkenasischen Gemeinden. Das dürfte somit auch ein Grund dafür gewesen sein, dass sephardische und aschkenasische Juden, wo sie in der Frühen Neuzeit in Kontakt kamen, vielfach getrennt

---

Historiographie vgl. neuerdings auch Wilke, Carsten: Sephardi and Ashkenazi Conceptions of World History: From Gedaliah ibn Yahya to David Gans, in: *Judaica Bohemiae* 51/1 (2016), S. 111–126.

35 Benbassa, Esther (Hg.): Mémoires juives d'Espagne et du Portugal, Paris 1996 und Bodian, Miriam: Hebrews of the Portuguese Nation: Conversos and Community in Early Modern Amsterdam, Bloomington, IN 1999, bes. S. 76–95.

36 Israel: Diasporas within a Diaspora.

37 Bodian: Hebrews of the Portuguese Nation, bes. S. 96–131.

38 Galasso, Christina: Religious Space, Gender, and Power in the Sephardi Diaspora: The Return to Judaism of New Christian Men and Women in Livorno and Pisa, in: Lieberman, Julia (Hg.): Sephardi Family Life in the Early Modern Diaspora, Hanover, NH et al. 2011, S. 101–128. Zur Rolle der Frau in Converso-Familien, die im Geheimen ihr Judentum aufrecht erhielten, vgl. prominent Melammed, Renée Levine: Heretics or Daughters of Israel? The Crypto-Jewish Women of Castile, New York 1999.

voneinander agierten.[39] Hinzu kam, dass die hebräische Sprache, die aschkenasische und sephardische Juden verband, wenn sie auch in beiden Gruppen unterschiedlich ausgesprochen und geschrieben wurde, im alltäglichen Gebrauch wenig Nutzen hatte, weil sie nur in liturgischen und religiösen Zusammenhängen gebraucht wurde.[40]

Nicht nur die Sephardim, sondern auch die Aschkenasim konstituierten sich seit dem 16. Jahrhundert neu als Gruppe. Dabei hat Joseph Davis eindrücklich gezeigt, dass es drei unterschiedliche Modelle der Gruppenbildung geben konnte, die entweder geographisch, ethnisch oder durch individuelle Entscheidungen bestimmt waren. Aschkenasim waren nach diesen Modellen entweder alle Juden, die in Aschkenas lebten, oder alle Juden, die von Aschkenasim abstammten, oder solche, die in einer aschkenasischen Synagoge beteten oder einer aschkenasischen Auslegung des Religionsgesetzes folgten.[41] Dabei wurden für die jeweilige Auslegung des Religionsgesetzes im späten 16. Jahrhundert zwei Standardwerke zentral: einerseits der Schulchan aruch („Der gedeckte Tisch") des sephardischen Gelehrten Joseph Karo, andererseits der Kommentar *Mappat schulchan aruch* („Die Tischdecke zum gedeckten Tisch") des aschkenasischen Rabbiners Moses Isserles.

Frühere Versuche, sephardische und aschkenasische Interessen zu versöhnen und unterschiedliche halachische Schulen in einem von beiden Gruppen anerkannten Kodex zusammenzufassen, wie sie z. B. im 15. Jahrhundert von Jakob ben Ascher, dem Sohn des bereits erwähnten Ascher ben Jechiel, unternommen worden waren, hatten sich nicht durchsetzen können. Auch Joseph Karo selbst war mit seinem Anliegen gescheitert, seinem *Schulchan aruch* allgemeinere und auch außerhalb des sephardischen Judentums gültige Anerkennung zu verschaffen.[42] Obwohl Karo, wie Israel Ta-Shma minutiös analysiert hat, Bräuche *(minhagim)* und kabbalistische Lehren in sein Gesetzeskompendium aufgenommen und sich damit sowohl aschkenasischen als auch romaniotischen (d. i. griechisch-jüdischen) Traditionen zugewandt hatte, war er in den einschlägigen halachischen Diskussionen Isaac Alfasi, Moses Maimonides und Ascher ben Jechiel verpflichtet geblieben, von denen zumindest die ersten beiden eindeutig und ausschließlich sephardische Autoritäten waren.[43] Entsprechend erlangte der „Gedeckte Tisch" im aschkenasischen Judentum erst dann Gültigkeit, als Moses Isserles ihn mit einer aschkenasischen „Tischdecke" überdeckte. Andersherum wurden durch die Kodifizierung aschkenasische Traditionen auch festgeschrieben, was wiederum zur Konstitution der Aschkenasim als Gruppe beigetragen

---

39 Für einen Überblick über beide Sprachen vgl. Weinstock, Nathan; Sephiha, Vidal: Yiddish and Judeo-Spanish: A European Heritage, Brüssel 1997. Für die Neuzeit hat besonders Sarah Abrevaya Stein die Funktion beider Sprachen im Russischen und Osmanischen Reich verglichen. Vgl. dies.: Making Jews Modern: The Yiddish and Ladino Press in the Russian and Ottoman Empires, Bloomington 2003 und dies.: Assymetric Fates: Secular Yiddish and Ladino Culture in Comparison, in: *The Jewish Quarterly Review* 96/4 (2006), S. 498–509. Ansonsten existieren keine vergleichenden Studien.

40 Lowenstein: Jüdisches Leben, S. 65–68. Zur unterschiedlichen Schrift und Aussprache des Hebräischen vgl. auch Zimmels: Ashkenazim and Sephardim, S. 82–99.

41 Davis, Joseph: The Reception of the „Shulhan Arukh" and the Formation of Ashkenazic Jewish Identity, in: *Association for Jewish Studies Review* 26/2 (2002), S. 251–276, bes. S. 259.

42 Zimmels: Ashkenazim and Sephardim, S. 115 f.

43 Ta-Shma: Rabbi Joseph Caro and his Beit Yosef.

hat.[44] Aufgelöst wurde die religiöse Trennung zwischen Sephardim und Aschkenasim im Lurianischen Ritus, benannt nach dem berühmten Kabbalisten Isaac Luria, der im 16. Jahrhundert in Safed sephardische mit aschkenasischen liturgischen Elementen verband. Seit dem 17. Jahrhundert wurde der Lurianische Ritus, der sowohl von sephardischen als auch aschkenasischen Rabbinern angefeindet wurde, von chassidischen Juden in Osteuropa übernommen und wird heute als *Nusach Sepharad* bezeichnet, obwohl er dem sephardischen Ritus im traditionellen Sinne nicht entspricht.[45]

Wo sephardische und aschkenasische Juden in der Frühen Neuzeit zusammenlebten, verliefen die Beziehungen häufig hierarchisch und entlang klar gezogener Grenzen. Dies bedeutet nicht, dass sephardische und aschkenasische Juden in bestimmten Kontexten und Situationen nicht zusammenarbeiteten. Gerade im Handel und auf Reisen, im Buchdruck und Buchhandel sowie in Krisen und Fragen der Krisenbewältigung kam es vielfach zu Kooperationen.[46] Häufig standen ähnlichen Kooperationen aber soziale und kulturelle Differenzen im Wege, zu denen auch gehörte, dass iberische Juden traditionell ihre Wurzeln auf das königliche Geschlecht Davids zurückführten und sich selbst zum jüdischen Adel erklärten.[47] Eine Konsequenz war, dass besonders in den Zentren der westlichen Diaspora reiche und einflussreiche sephardische Eliten ihren aschkenasischen Glaubensgenossen stark paternalistisch begegneten, während sie gleichzeitig streng auf die Trennung von Synagogen, Gemeindeinstitutionen und Friedhöfen bedacht waren.

Klassisches Beispiel ist Amsterdam, wo in den ersten Jahrzehnten des 17. Jahrhunderts das wichtigste Zentrum sephardischen Lebens in der westlichen Diaspora entstand. Aschkenasische Juden, die seit dem Ausbruch des Dreißigjährigen Kriegs ebenfalls nach Amsterdam zogen und ab 1635 eine eigene Gemeinde gründeten, wurden einerseits in ihren elementaren ökonomischen Bedürfnissen durch sephardische Wohlfahrteinrichtungen unterstützt,[48] andererseits wurde genau darauf geachtet, Grenzen aufrechtzuerhalten und persönliche Verbindungen zwischen iberischen und deutschen bzw. polnischen Juden zu verhindern. So beteten Aschkenasim ab 1642 in einer eigenen Synagoge und begruben ihre Toten auf einem eigenen Friedhof. Ab 1644 durften keine aschkenasischen Jungen mehr in der portugiesischen Synagoge beschnitten werden. Seit 1671 wurden aschkenasische Männer, die sephardische Frauen heirateten, nicht mehr in die

---

44 Davis: The Reception of the Shulhan Arukh, S. 259–268.

45 Zimmels: Ashkenazim and Sephardim, S. 116–121.

46 Für einen Überblick vgl. Aust: Art. Aschkenasim. Am besten sind die genannten Interaktionen für den Buchdruck und Buchhandel erforscht. Vgl. z. B. Berger, Shlomo: Ashkenazim Read Sephardim in Seventeenth- and Eighteenth-Century Amsterdam, in: *Studia Rosenthaliana* 35/2 (2001), S. 253–265 und Stanislawski, Michael: The Yiddish „Shevet Yehudah": A Study in the „Ashkenization" of a Spanish-Jewish Classic, in: Carlebach, Elisheva; Efron, John M.; Myers, David N. (Hg.): Jewish History and Jewish Memory: Essays in Honor of Yosef Hayim Yerushalmi, Hanover, NH 1998, S. 134–149. Zu Sephardim und Aschkenasim in Krisen und Fragen der Krisenbewältigung vgl. z. B. Barnai, Jacob: The Spread of the Sabbatean Movement in the Seventeenth and Eighteenth Centuries, in: Menache, Sophia (Hg.): Communication in the Jewish Diaspora: The Pre-Modern World, Leiden 1996, S. 313–337.

47 Bodian: Hebrews of the Portuguese Nation, S. 85–92.

48 Levie Bernfeld, Tirtsah: Poverty and Welfare among the Portuguese Jews in Early Modern Amsterdam, Oxford 2012, bes. S. 117–121.

sephardische Gemeinde aufgenommen. Ab 1696 verloren zusätzlich sephardische Männer, die aschkenasische Frauen heirateten, ihren Status als Gemeindemitglieder.[49] Ähnliche Zusammenhänge sind aus anderen Zentren der westlichen sephardischen Diaspora oder aus europäischen Kolonien in der atlantischen Welt bekannt, wobei im Falle der Kolonien noch diskutiert wird, inwieweit jüdisches Leben „an der Peripherie" andere Verhaltensmuster generierte als in den Zentren der sephardischen Diaspora.[50]

In der westlichen Diaspora spiegelte sich die Selbstwahrnehmung der Sephardim in der spezifischen Fremdwahrnehmung wider, die sephardische Juden in christlichen Herrschaften und Gesellschaften erfuhren. So wurden Privilegien für sephardische Gemeinden in der Regel schneller und für eine längere Dauer vergeben als Privilegien für aschkenasische Juden.[51] Sephardim waren die bevorzugten Ansprechpartner von christlichen Gelehrten und Theologen, die sich seit dem späten 15. Jahrhundert und dann vor allem im Zusammenhang mit Reformation und Konfessionalisierung zunehmend für jüdische Sprachen, Lehren und Texte interessierten.[52] Sephardim wurden von christlichen Malern und Kupferstechern als Modelle gewählt, wenn es darum ging, jüdische Integration in christliche Gesellschaften aufzuzeigen.[53] Und Sephardim wurden zumindest in Frankreich separat und schneller emanzipiert als ihre aschkenasischen Glaubensgenossen.[54] Sephardische Autoren unterstützten dabei die unterschiedliche Fremdwahrnehmung beider Gruppen, indem sie ihrerseits die Vorzüge des sephardischen Judentums her-

---

49 Kaplan, Yosef: The Portuguese Community in 17th-Century Amsterdam and the Ashkenazi World, in: Michman, Jozeph (Hg.): Dutch Jewish History, 3 Bde., Jerusalem 1984–1993, Bd. 2, S. 23–45.

50 Vgl. z. B. Greenberg, Mark I.: A „Haven of Benignity": Conflict and Cooperation Between Eighteenth-Century Savannah Jews, in: *The Georgia Historical Quarterly* 86/4 (2002), S. 544–568 zu Sephardim und Aschkenasim im kolonialen Savannah oder Vink, Wieke: Creole Jews: Negotiating Community in Colonial Suriname, Leiden 2010, bes. S. 187–219 zu Sephardim und Aschkenasim im kolonialen Surinam. Vgl. neuerdings auch Mirvis, Stanley: Ashkenazim and Sephardim in Colonial Jamaica (1692–1785), in: Studemund-Halévy, Michael (Hg.): A Sephardic Pepper Pot in the Caribbean: History, Language, Literature, and Art, Barcelona 2016, S. 109–123; Roitman, Jessica: The Repercussions of Rumor: An Adultery Case from the 18th Century, in: ebd., S. 124–135; Zacek, Natalie A: Great Tangled Cousinries? Jewish Intermarriage in the British West Indies, in: ebd., S. 136–155.

51 In einigen Extremfällen besteht sogar der Verdacht, dass sephardische Gemeinden ihre Privilegien auf Kosten ortsansässiger aschkenasischer Gemeinden verhandelten. Vgl. z. B. Braden, Jutta: Hamburger Judenpolitik im Zeitalter lutherischer Orthodoxie (1590–1710), Hamburg 2001, S. 224–229.

52 Für gute Überblicke vgl. Coudert, Alison; Shoulson, Jeffrey S. (Hg.): Hebraica veritas? Christian Hebraists and the Study of Judaism in Early Modern Europe, Philadelphia 2004; Friedman, Jerome: The Most Ancient Testimony: Sixteenth-Century Christian-Hebraica in the Age of Renaissance Nostalgia. Athens, OH 1983; Manuel, Frank: The Broken Staff: Judaism through Christian Eyes, Cambridge, MA 1992.

53 Baskind, Samantha: Distinguishing the Distinction: Picturing Ashkenazi and Sephardic Jews in Seventeenth- and Eighteenth-Century Amsterdam, in: *The Journal for the Study of Sephardic & Mizrahi Jewry* (2007), S. 1–13.

54 Nahon, Gérard: From New Christians to the Portuguese Jewish Nation in France, in: Beinart: Moreshet Sepharad Bd. 2, S. 336–364; für ein differenzierteres Bild, in dem neben Alleingängen der sephardischen und aschkenasischen französischen Juden auch gemeinsame Emanzipationsbemühungen hervorgehoben werden, vgl. ders.: Séphardes et Achkénazes en France: La conquête de l'émancipation, in: Yardeni, Myriam (Hg.): Les Juifs dans l'histoire de France. Premier colloque international de Haifa, Leiden 1980, S. 121–145.

vorhoben. Prominentes Beispiel ist der Geschäftsmann und Philosoph Isaac de Pinto, der im 18. Jahrhundert auf die antijüdischen Vorwürfe Voltaires erwiderte, dass diese nur aschkenasische, nicht aber sephardische Juden beträfen.[55]

Aschkenasim reagierten auf die Polemik, indem sie Sephardim ihre engen und bisweilen nicht unproblematischen Kontakte zu Nichtjuden vorwarfen.[56] Andere übernahmen das stilisierte Selbstbild der Sephardim und machten es zum Ziel ihrer eigenen Wunschvorstellungen und Ideale. In der westlichen Welt begannen aschkenasische Juden seit der frühen Haskala, sich an sephardischen Curricula und Bildungsidealen zu orientieren, die neben dem Talmudstudium ebenfalls Bibelexegese, Philosophie, Philologie, hebräische Grammatik und schließlich säkulares Wissen umfassten.[57] Klassische sephardische Texte wurden neu rezipiert,[58] und in speziellen Beiträgen wurden das Leben und Wirken „großer Männer" des sephardischen Judentums gepriesen.[59] Sephardische Ideale dienten einerseits dazu, Möglichkeiten des jüdisch-christlichen Zusammenlebens jenseits von Assimilation und der Aufgabe jüdischer Werte und Traditionen zu erwägen.[60] Andererseits zielten sie auf den Bruch deutscher Juden mit ostjüdischen Traditionen und allen negativen Assoziationen, die mit diesen Traditionen verbunden wurden.[61] Hörbar wurde diese Abgrenzung im Vorzug der sephardischen Aussprache des Hebräischen, die in der Haskala ihren Ausgangspunkt nahm und sich über den Zionismus ins heutige Israel fortsetzte.[62]

---

55 Pinto, Isaac de: Apologie pour la nation juive: Réflexions critiques sur le premier chapitre du VIIe tome des œuvres de M. Voltaire, Amsterdam 1762. Für ergänzende Literatur vgl. Cardoso, José Luis; Nogueira, Vasconcelos: Isaac de Pinto (1717–1787) and the Jewish Problems: Apologetic Letters to Voltaire and Diderot, in: *History of European Ideas* 33/4 (2007), S. 476–487; Sutcliffe, Adam: Can a Jew Be a Philosopher? Isaac de Pinto, Voltaire, and Jewish Participation in the European Enlightenment, in: *Jewish Social Studies* NS 6/3 (2000), S. 31–51.

56 Zimmels: Ashkenazim and Sephardim, S. 276–279.

57 Sorkin, David: The Early Haskalah, in: Feiner, Shmuel; Sorkin, David (Hg.): New Perspectives on the Haskalah, Oxford 2004, S. 9–26.

58 Für ein Beispiel vgl. die Rezeption von Judah Halevis *Kuzari,* die Adam Shear in mehreren Studien minutiös nachverfolgt hat: Shear, Adam: Judah Halevi's Kuzari: The Reinterpretation and Reimagining of a Medieval Work, in: Brann, Ross; Sutcliffe, Adam (Hg.): Renewing the Past, Reconfiguring Jewish Culture: From Al-Andalus to the Haskalah, Philadelphia 2004, S. 71–92; ders.: Judah Halevi's Sefer ha Kuzari in Early Modern Ashkenaz and the Early Haskalah: A Case Study in the Transmission of Cultural Knowledge, in: Fontaine; Schatz; Zwiep: Sepharad in Ashkenaz, S. 69–84.

59 Vgl. Efron, John M.: German Jewry and the Allure of the Sephardic, Princeton 2016, S. 61–66; Kennecke, Andreas: Isaac Euchel: Architekt der Haskala, Göttingen 2007, S. 378–383, und Schapkow, Carsten: Vorbild und Gegenbild: Das Iberische Judentum in der deutsch-jüdischen Erinnerungskultur, 1779–1939, Köln 2011, S. 80–104.

60 Die klassische Darstellung ist nach wie vor Schorsch, Ismar: The Myth of Sephardic Supremacy, in: *Leo Baeck Institute Year Book* 34 (1989), S. 47–66. Für neuere Monographien vgl. Schapkow: Vorbild und Gegenbild sowie Efron: German Jewry. Für zusätzliche Beiträge vgl. Brann; Sutcliffe: Renewing the Past; Fontaine, Schatz und Zwiep: Sepharad in Ashkenaz.

61 Efron: German Jewry, S. 78.

62 Ebd., S. 21–52.

Ausblick

Die deutsch-jüdische Rezeption von Sepharad kulminierte im 19. Jahrhundert in der Wissenschaft des Judentums, die ein breites Forschungsprogramm zur sephardischen Philosophie und Poesie des Mittelalters entwickelte.[63] Über Deutschland hinaus wirkte sie z. B. nach England, wo sich Staatsmänner und Autoren wie Benjamin Disraeli trotz ihrer Konversion zum Christentum auf sephardische Vorfahren besannen und sephardische Juden zu ihren literarischen Protagonisten machten.[64] In der deutsch-jüdischen Literatur begründeten Autoren wie Heinrich Heine, Phöbus und Ludwig Philippson oder Berthold Auerbach bewusst ein neues, auf sephardischen Narrativen aufgebautes Genre jüdisch-historischer Fiktion, um damit einen Beitrag zur Entstehung einer selbstbewussten, nicht assimilierten jüdischen Minderheitskultur zu leisten.[65] (Siehe hierzu auch den Beitrag von Irmela von der Lühe, S. 385.) Dieses Genre endete mit dem Beginn des Nationalsozialismus, dem Scheitern der erträumten deutsch-jüdischen Symbiose und der Durchsetzung eines neuen Spanienbilds, das primär mit der Zeit der Inquisition, der Verfolgungen, Pogrome und Vertreibungen verbunden wurde.[66]

In der Architektur orientierten sich die Entwürfe aschkenasischer Reformsynagogen in einem kurzen Zeitraum zwischen 1830 und 1870 ebenfalls an Modellen, die wie Reminiszenzen an das Zusammenleben zwischen Juden und Muslimen auf der Iberischen Halbinsel wirkten, wenn sie auch gleichzeitig von anderen Faktoren beeinflusst wurden, wie John Efron herausgearbeitet hat.[67] Schließlich wirkten sephardisch-orientalische Einflüsse auf körperliche Ideale deutscher Juden von Schönheit und Reinheit.[68] Dabei wurden bisweilen aktuelle Bilder orientalischer Jüdinnen und Juden herangezogen. Insgesamt war die Orientierung am sephardischen Judentum im 18. und 19. Jahrhundert jedoch mehr auf vergangene als auf existente sephardische Welten ausgerichtet, und sephardische Juden, die sich nach dem Zerfall des Osmanischen Reichs in westlichen Zentren der aschkenasischen Diaspora ansiedelten, wurden nicht etwa mit den herrschenden Idealen des „Sephardismus" in Verbindung gebracht, sondern in Umkehrung früherer Verhaltensweisen von der Mehrheit der Aschkenasim als rück-

---

63 Schorsch: The Myth of Sephardic Supremacy. Speziell zur Historiographie vgl. Efron: German Jewry, S. 190–229 und Schapkow: Vorbild und Gegenbild, S. 136–274.

64 Endelman, Todd M.: Benjamin Disraeli and the Myth of Sephardi Superiority, in: *Jewish History* 10/2 (1996), S. 21–35.

65 Skolnik, Jonathan: Jewish Pasts, German Fictions: History, Memory, and Minority Culture in Germany, 1824–1955, Stanford 2014.

66 Ebd., S. 147–175. Nach der Shoah blieb die Erinnerung an Sepharad als Ort des Verbrechens an der eigenen jüdischen Bevölkerung erhalten und wurde in den ersten Jahren der Staatsgründung Israels zentrale Folie für Reiseverbote nach Deutschland. Vgl. hierzu Diner, Dan: Rituelle Distanz: Israels deutsche Frage, München 2015, S. 35–65. Allgemein zum „Sephardismus" in der Literatur des 19. und 20. Jahrhunderts vgl. neuerdings Halevi Wise, Yael (Hg.): Sephardism: Spanish Jewish History and the Modern Literary Imagination, Stanford 2012. Zur karibisch-jüdischen Literatur vgl. Casteel, Sarah Phillips: Calypso Jews: Jewishness in the Caribbean Literary Imagination, New York 2016, S. 35–173.

67 Efron: German Jewry, S. 112–160. Zur Jahresangabe vgl. ebd., S. 131 und 159.

68 Ebd., S. 53–111.

ständig stigmatisiert und ausgegrenzt.[69] Dabei spielten auch westliche Sephardim bisweilen eine ambivalente Rolle, wie Aviva Ben-Ur in einer wichtigen Studie zum US-amerikanischen Judentum gezeigt hat.[70]

Die Erwartung, dass Sephardim und Aschkenasim in einem einheitlichen Judentum aufgehen sollten, wurde vor allem in frühen zionistischen Diskursen vorgetragen, die entgegen gängiger Narrative auch in Zentren der sephardischen Diaspora von Bedeutung und Einfluss waren.[71] Vorläufer hatte diese Erwartung in Wohltätigkeitsorganisationen, die seit dem 18. Jahrhundert von Istanbul aus zur Unterstützung jüdischer Gemeinden in Eretz Israel gegründet wurden, sich aber nie gegen sephardische und aschkenasische Partikularismen durchsetzen konnten, wie Matthias Lehmann gezeigt hat.[72] Auch die unterschiedliche Fremdwahrnehmung von Sephardim und Aschkenasim überlebte den Beginn der Moderne und führte z. B. im Spanien des frühen 20. Jahrhunderts zu einer Welle von „Philosephardismus", die sephardischen Juden aus dem ehemaligen Osmanischen Reich den Erwerb spanischer Pässe ermöglichte.[73] Gleichzeitig entstand eine neue Situation, indem der Begriff „Sephardim" seit der Zwischenkriegszeit eine Erweiterung auf nichtaschkenasische Juden erfuhr und fortan auch arabische Juden umfasste, die keinen europäischen Hintergrund vorzuweisen hatten.[74] Im Nahen Osten hatte dies zur Folge, dass zionistische Einheitsideale durch europäische Kolonialdiskurse konterkariert und Sephardim nichteuropäischer Abstammung als „Juden des Orients" *(edot hamisrach)* stigmatisiert wurden.[75]

---

69 Guttstadt, Corry: Sepharden auf Wanderschaft: Vom Bosporus an die Spree, Elbe und Isar, in: Amor; Denz; Salzer; Schmädel: Galut Sepharad in Ashkenaz, S. 102–106. Für die Diskrepanz zwischen Sephardismus und den Sephardim in den USA des späten 19. und frühen 20. Jahrhunderts vgl. Ben-Ur: Sephardic Jews in America, S. 147. Mit Blick auf aschkenasische Verhaltensmuster levantinischen Immigranten gegenüber geht Ben-Ur so weit, von einer „coethnic recognition failure" zu sprechen. Vgl. ebd., S. 108.

70 Ben-Ur: Sephardic Jews in America, S. 81–107. Für ähnliche Beobachtungen im Falle Französisch-Marokkos vgl. Schroeter, Daniel: Orientalism and the Jews of the Mediterranean, in: *Journal of Mediterranean Studies* 4 (1994), S. 183–196, bes. S. 190 f.

71 Vgl. z. B. Freidenreich, Harriet: Sephardim and Ashkenazim in Inter-War Yugoslavia: Attitudes toward Jewish Nationalism, in: *Proceedings of the American Academy for Jewish Research* 44 (1977), S. 53–80. Für eine sephardische Erwiderung auf aschkenasische Alleinansprüche am Zionismus vgl. z. B. Elazar: The Other Jews, S. 27–30.

72 Lehmann: Emissaries from the Holy Land, S. 169–214.

73 „Philosephardismus" steht hier in Abgrenzung zu „Philosemitismus" und bezeichnet eine Haltung, die explizit nur Sephardim betrifft. Vgl. Menny, Anna Lena: Spanien und Sepharad: Über den offiziellen Umgang mit dem Judentum im Franquismus und in der Demokratie, Göttingen 2013, bes. S. 72–80.

74 Für einen Überblick über die Diskussion, ob die Zusammenfassung aller nichtaschkenasischen Juden als Sephardim als zionistische Fremdbezeichnung oder politisch-pragmatischer Zusammenschluss interpretiert werden muss, vgl. Ben-Ur: Sephardic Jews, S. 18–22. Speziell zu den USA vgl. auch ebd., S. 104 ff.

75 Shenhav, Yehouda: The Arab Jews: A Postcolonial Reading of Nationalism, Religion, and Ethnicity, Stanford 2006. Die Bezeichnung „edot ha-misrach" ist, wie vielfach hervorgehoben wird, zusätzlich problematisch, weil es keine europäischen „edot ha-ma'arav", sondern nur ein vermeintlich einheitliches aschkenasisches Judentum als Gegenüber gibt. Vgl. z. B. Goldberg, Harvey E.; Bram, Chen: Sephardic/Mizrahi/Arab-Jews: Reflections on Critical Sociology and the Study of Middle Eastern Jewries within the Context of Israeli Society, in: Medding, Peter (Hg.): Sephardic Jewry and Mizrahi Jews, Oxford 2007, S. 231 f.

Heute bezeichnen sich arabisch-stämmige Juden vielfach selbst als „Misrachim", um ihre positive Verbindung zur arabischen Welt zu markieren und die Dominanz des europäischen Erbes im Judentum in Frage zu stellen.[76] Andere lehnen „Misrachim" als Bezeichnung ab und halten in Reminiszenz an das europäische Erbe an der Bezeichnung „Sephardim" fest, die sie mit mediterraner Kultur und religiöser Beweglichkeit verbinden.[77] Erneut werden die Ambivalenzen und Probleme von Zuschreibungen deutlich. Offenkundig ist, dass die Geschichte der sephardischen Juden mit der erweiterten Terminologie und den politischen Umbrüchen des 19. und frühen 20. Jahrhunderts im klassischen Sinne entweder endet[78] oder eine völlig neue Dimension und Blickrichtung gewinnt, deren Konsequenzen u. a. in Israel zu verfolgen sind. In jedem Fall setzt sich die Begegnungs- und Vernetzungsgeschichte von sephardischen und aschkenasischen Juden fort und wird auch in Zukunft das Thema von Forschungen sein, die sich dieser Perspektive mehr und mehr öffnen.

76 Shohat, Ella: Sephardim in Israel: Zionism from the Standpoint of its Jewish Victims, in: *Social Text* 19–20 (1988), S. 30 und dies.: The Invention of the Mizrahim, in: *Journal of Palestine Studies* 29/1 (1999), S. 13 f.
77 Elazar, Daniel: Can Sephardic Judaism be Reconstructed? (1992), in: The Daniel Elazar On-Line Library, The Jerusalem Center for Public Affairs, auf: http://www.jcpa.org/dje/articles3/sephardic.htm, letzter Zugriff: 19. 12. 2016, und ders.: The Other Jews. Insbesondere wendet sich Elazar gegen die Ost-West-Unterteilung (ebd., S. 23 ff.).
78 Vgl. Schroeter, Orientalism and the Jews, S. 187 f., der die Emanzipation zum „End of Sephardic History" im klassischen Sinne erklärt.

Das Verhältnis der drei monotheistischen Religionen Judentum, Christentum und Islam, zueinander.
Ein historisch systematischer Querschnitt

Joachim Valentin

Eine Schwierigkeit, aber auch eine Chance dieses Beitrags besteht darin, dass die Erforschung der drei großen monotheistischen Religionen zwar als ein in sich differenzierter, aber eben doch als *ein* Kulturraum in (Spät-)Antike, Mittelalter und Neuzeit bis heute ein Desiderat und dabei doch gerade für aktuelle Fragen des interreligiösen Miteinanders hochrelevant ist. In der europäischen Forschungstradition des 18. und 19. Jahrhunderts begründet, liegen im Kontext der Disziplinen „Wissenschaft des Judentums" bzw. „Judaistik", „Islamwissenschaft" bzw. „Islamische Studien" sowie „Christliche Theologie" bzw. „Religionswissenschaft" Arbeiten zu den einzelnen Religionen bestenfalls in ihrem Außenverhältnis zu einer der beiden anderen Religionen vor, nicht aber Studien, die alle drei Religionen im Rahmen von Gesamtdarstellungen fassen. Die Vorstellung einer *Geschichte* oder gar *Theologie des Monotheismus* als Großphänomen, das die Grenzen der drei Religionen überschreiten würde, taucht bestenfalls als Zukunftsperspektive in den jüngeren Arbeiten jener Autoren und Autorinnen auf, auf die ich mich im Folgenden auch wesentlich stütze: Angelika Neuwirth, Daniel Boyarin, Peter Schäfer und Stefan Schreiner.

Judentum, Christentum und Islam sind drei in verschiedenen historischen Epochen, aber in einem Sprach- und Kulturraum, dem hellenistisch-semitischen, zwischen ca. 1500 v. u. Z. und 750 u. Z. entstandene und über viele Jahrhunderte – auch in neue Kulturräume hinein – weiter gewachsene Religionen und inzwischen auch Kulturen. Deshalb, aber auch aufgrund ihres Basierens auf Offenbarungsschriften und deren teilweise kanonisierter Deutung[1] („Offenbarungsreligionen"), vor allem aber wegen ihres gemeinsamen Ein-Gott-Glaubens („Monotheismus") sind ihnen eine Vielzahl von Glaubensinhalten und Strukturanalogien gemeinsam, deren Differenz in der je konkreten Fassung freilich genauso augenscheinlich ist und uns heute von (mindestens) drei verschiedenen Religionen sprechen lässt, die ihrerseits konfessionell differenziert vorkommen (siehe hierzu auch den Beitrag von Stefan Schreiner, S. 147).

Der Austausch und die Abwehr unter den drei Religionen werden von den gewaltvollen Expansionen des Christentums und des Islams am Ende des west- bzw. oströmischen Reiches bestimmt, von der jüdischen Situation von Vertreibung, Unterdrückung und Exil, von wechselseitigen verbalen und physischen Aggressionen bis hin zu kriegerischen Auseinandersetzungen;

---

1 „Mündliche" und „schriftliche" Tora, „Altes" und „Neues" Testament, „theologische", „volksfromme" *(sensus fidelium)* und „lehramtliche" Traditionen des Christentums, „Sunna", „Hadithe" und Rechtstraditionen *(fiqh)* im Islam.

aber auch von gelungener Koexistenz und erfolgreichem Kulturtransfer. Bis heute durchdringen monotheistische Religion konkrete Gewalt, aber auch Gewaltkritik und Toleranz.

Komplexe Annäherungs- und Abstoßungsprozesse, aber vor allem welthistorische Prozesse wie das Ende des Römischen Reiches, islamisch und christlich geprägte Großreiche im Mittelalter, die Säkularisation christlichen Besitzes und die damit verbundene Emanzipation jüdischer Bürger durch Napoleon Bonaparte, die zahlreiche islamische Länder betreffende europäische Kolonialgeschichte und ihre Folgen, die Gründung des Staates Israel sowie die virulenten Konflikte im Nahen Osten beeinflussen das Verhältnis der drei Religionen bis heute.

Die folgenden Ausführungen basieren auf sieben Grundthesen oder -axiomen, die hier fixiert werden sollen, ohne schon in der notwendigen Tiefe ausgelotet werden zu können:

1. Die christliche Herkunft und Bildung des Autors ist unhintergehbar und zugleich kein Hinderungsgrund für eine wissenschaftliche Beschäftigung mit diesem und anderen religionshistorischen Themen.

2. Entstehung und Formation der drei monotheistischen Religionen erfolgt in einem vom semitischen Siedlungsgebiet ausgehenden expandierenden Kulturimpuls, der heute die gesamte (von Muslimen, Juden und Christen bewohnte) Erde wesentlich prägt.

3. Das Zueinander der drei Religionen ist von nahezu dauerhafter wechselseitiger Wahrnehmung, von Angleichungs- und Abstoßungsprozessen untereinander geprägt, die in ihrer Wirkung bis tief in die Fassung zentraler Glaubensinhalte reicht.

4. Weder eine ernsthafte historische noch eine systematische Darstellung und Erforschung einer der drei Religionen ist ohne Wechselwirkungen mit den beiden anderen Religionen denkbar.

5. Welt- und Theologiegeschichte der drei monotheistischen Kulturregionen können zwar getrennt dargestellt und in verschiedenen Disziplinen erforscht werden, ihr wechselseitiger Einfluss ist bisweilen jedoch immens. Hier wie anderswo ist also eine „entweltlichte" Ideengeschichte der Religionen zu vermeiden.

6. Für einen geschichtsbewussten und zukunftsfähigen Dialog der Religionen heute ist die Kenntnis der Vorgeschichte des Interreligiösen notwendig.

7. In unserem Zusammenhang ist es sinnvoll, die jüdische Perspektive nur ansatzweise zu beschreiben, da sie im Band insgesamt dargestellt wird und ihre Kenntnis bei den Lesern vorausgesetzt werden kann.

Im Folgenden soll nun in der gebotenen Kürze und nach der traditionellen Epocheneinteilung jeweils das Verhältnis zwischen zwei der drei Religionen dargestellt werden. Im Laufe der historischen Spurensuche fällt auf, dass in der Antike nur ein Dialog der heiligen Texte greifbar wird, ihre Autoren und Redaktoren also eher indirekt miteinander zu kommunizieren scheinen, im Mittelalter „dogmatische" Selbstbehauptung und fiktive Religionsgespräche das Feld bestimmen und erst in der Neuzeit und Gegenwart dauerhaft von mehr als einem „Verhältnis" zwischen den Religionen gesprochen werden kann, nämlich von echter Begegnung, auch wenn die Gewalt unter den Monotheisten nicht aufgehört hat.

Antike

Juden und Christen

Das Christentum entstand nicht in einem luftleeren Raum, sondern war von Beginn an von anderen Religionen umgeben und begleitet. Wie die Forschung der letzten Jahre deutlich gezeigt hat, gab es vielerlei gegenseitige Beeinflussungen aus antiken Weltanschauungen und religiösen Kulturen.[2] Die christliche Kirche entstand aus einer jüdisch-messianischen Sekte, wie es vor und nach Jesus und seinen Anhängern viele gab. Diese wuchs im Laufe der Jahrhunderte und etablierte sich hegemonial. Entscheidend, auch für ihr Verhältnis zum Judentum, war dabei die sogenannte konstantinische Wende, also die Tatsache, dass sie, beeinflusst von dem zum Christentum konvertierten Kaiser Konstantin dem Großen, im 4. Jahrhundert zur Staatskirche des späten Römischen Reiches avancierte. Für die Jahrhunderte bis zu diesem Datum war eine Entfernung, ja feindliche Abgrenzung, vom damaligen „Judentum" ebenso zu konstatieren, wie eine dogmatische Fixierung des christlichen Glaubensgutes.[3] Die jüdische Religion wurde zeitgleich durch die Zerstörung des Tempels im Jahre 70 und dem gescheiterten Bar-Kochba-Aufstand im Jahr 135 in ihrer religiösen und politischen Souveränität entscheidend geschwächt. In dieser Zeit bildete sich eine Neuausrichtung des jüdischen Selbstverständnisses in der formativen Phase des rabbinischen Judentums heraus. Für beide Religionen fiel in diese Zeit die Kanonisierung des Großteils der bis heute grundlegenden Heiligen Schriften.

Von Seiten des Christentums ist die Verhältnisbestimmung zu jener Religion, aus der es hervorging, der sein Gründer Jesus Christus, seine Gefährten und ein Großteil der Mitglieder der ersten und zweiten Generation angehörten, entscheidend vom „Heidenapostel" Paulus geprägt. Selbst Jude, trug dieser maßgeblich zur Öffnung der Religion für die nichtjüdische pagane Antike bei und reflektierte explizit über das Verhältnis zum Judentum in den Kapiteln 9–11 seiner Briefe an die Römer.[4] Ebenso bedeutsam für eine interreligiöse Positionierung des sich formierenden Christentums sind die Schriften der „Kirchenväter", namentlich Tertullian, Johannes Chrysostomos und Johannes von Damaskus (seines Zeichens bereits Zeitgenosse des jungen Islam), die – wie die Verfasser der vier Evangelien – teilweise selbst aus jüdischem Hintergrund stammend bzw. mit mehrheitlich judenchristlichen Gemeinden konfrontiert, mehrere Jahrhunderte über um die Verhältnisbestimmung des Christentums

---

2   Vgl. u. a.: Hengel, Martin: Judentum und Hellenismus, Tübingen 1988; Zeller, Dieter: Christus unter den Göttern, Stuttgart 1993; Theißen, Gerd: Studien zur Soziologie des Urchristentums, Tübingen 1989.

3   Vgl. u. a.: Brox, Norbert: Kirchengeschichte des Altertums. Düsseldorf 2008.

4   Die drei Kapitel sind von ebenso würdigenden wie zurückweisenden Metaphern geprägt. Letztere hatten eine weit stärkere Rezeptionsgeschichte. Für die weiteren Überlegungen einer Genese des Christentums aus dem Judentum ist aber vor allem die folgende Passage entscheidend: „Wenn aber einige Zweige herausgebrochen wurden und wenn du als Zweig vom wilden Ölbaum eingepfropft wurdest und damit Anteil erhieltst an der Kraft seiner Wurzel, so erhebe dich nicht über die andern Zweige. Wenn Du es aber tust, sollst du wissen: Nicht du trägst die Wurzel, sondern die Wurzel trägt dich." Röm 11,17 ff. Juden, die nicht zum Glauben an Christus finden, werden hier allerdings durch abgeschnittene Zweige symbolisiert.

gegenüber heidnisch-philosophischer Umwelt und jüdischem Ursprung rangen. Nicht übersehen werden kann dabei eine apologetische und polemische Adversus-Judaeos-Theologie,
die auf eine Delegitimierung des bestehenden Judentums hinauslief. Der christliche Antijudaismus entstand also in der Theologie, wurde aber seit den Kreuzzügen zu einer konkreten blutigen Praxis. Sein wesentlicher Inhalt war die heilsgeschichtliche Suspendierung
des Volkes Israel, an dessen Stelle sich nun die Kirche als „neues" oder „wahres Volk Gottes"
setzte. Diese „Substitutionstheologie" dominierte konfessionsübergreifend die christliche
Theologie bis weit ins 20. Jahrhundert hinein (siehe hierzu auch den Beitrag von Stefanie
Schüler-Springorum, S. 363).

Eine heutige Lektüre der Evangelien und neutestamentlichen Briefe enthüllt freilich eine
viel engere Verwobenheit der jungen Religion mit ihren jüdischen Wurzeln: Die synoptischen
Evangelien, speziell Matthäus, lassen sich ohne genaue Kenntnis der Tora und des jüdischen
Ritualgesetzes nicht verstehen. Jesus, der bewusst nicht selbst schrieb, dürfte sein Auftreten
als messianisch und damit gerade im Kontext jüdischer Religion seiner Zeit vermutlich nahe
pharisäischer Tradition verstanden haben. Vor allem sein Eifer für den Tempel, und Sätze wie
„Ihr sollt nicht glauben, dass ich gekommen bin, das Gesetz oder die Propheten aufzulösen; ich
bin nicht gekommen, aufzulösen, sondern zu erfüllen." (Mt 5,17) sprechen hier eine deutliche
Sprache, die gleichwohl in Jahrhunderten der christlichen Judenverachtung, nicht zuletzt aufgrund von Paulusworten wie „der [jüdische Gesetzes-] Buchstabe tötet, der Geist [Jesu] aber
macht lebendig" (2 Kor 3,6), überhört wurden.[5]

Die jüdischen Zeitgenossen der frühen Kirche waren hingegen jene ersten Rabbinen, die –
nach der Zerstörung des Tempels ebenfalls in einen Transformationsprozess von „altisraelischer"
Religion zum noch heute existierenden „rabbinischen" Judentum gezwungen – die Texte der
„schriftlichen" Tora um die der „mündlichen" Tora ergänzten und in Mischna und Gemara ver-
schriftlichten. Die Quellenlage zum Dialog zwischen den Rabbinen des Talmud und der frühen
Kirche ist vermutlich nicht ohne Grund ausgesprochen dürftig. Dennoch ist die historische
Frage nach einem – vielleicht in den Texten bewusst verschwiegenen – Dialog zwischen diesen
beiden Gruppierungen inspirierend und bisher nur rudimentär bearbeitet.

Wir sind es gewohnt, die beiden Religionen in einem Abstammungsverhältnis von jüdischer Mutter zu christlicher Tochter zu denken. Daniel Boyarin, S. 59, dem wir wesentliche Forschungen zur Trennungsgeschichte zwischen Judentum und Christentum verdanken,

---

5   Exemplarisch für die inzwischen unübersehbare Literatur zum Thema seien zwei markante deutschsprachige
     Jesusmonographien genannt, die sich wie jede ernstzunehmende neuere christliche Literatur ausführlich
     seiner jüdischen Identität widmen: Gnilka, Joachim: Jesus von Nazareth. Botschaft und Geschichte, Freiburg
     2007; Söding, Thomas: Die Verkündigung Jesu. Ereignis und Erinnerung, Freiburg 2011. Daniel Boyarin
     kommt in seiner Studie The Jewish Gospels, New York 2012, zu noch weitreichenderen Schlussfolgerungen.
     Johann Ev. Hafner schreibt in der Einleitung zu der deutschen Übersetzung (Die jüdischen Evangelien.
     Die Geschichte des jüdischen Christus, Würzburg 2015) treffend: „Beide Äste der Gabel [Judentum und
     Christentum] führen den Stamm fort, nur jeweils anders. [...] die Idee des Gott-Menschen war zur Zeit
     Jesu in der israelitischen Religion bereits vorbereitet. Und dies in vielen Details. Präexistenz vor Erschaffung
     der Welt, Leben als Mensch, Erwartung als Messias, Erhöhung durch Gott, endzeitliche Richterfunktion."
     Ebd., S. 16.

hält das Mutter-Tochter-Modell jedoch für unangemessen. Die Vorstellung, das rabbinische Judentum habe bereits vor dem Auftreten Jesu existiert, die Pharisäer seien also die unmittelbaren und identischen Vorläufer der Rabbinen gewesen, ist nach Boyarin historisch schwer haltbar. Zugleich ist es fast unmöglich, für die Zeit vor Jesu Geburt eine gemeinsame Essenz der damals existierenden jüdischen Gruppierungen zu destillieren und so einen festen „Kern", eine belastbare Identitätsbeschreibung dieses „Judentums" zu fassen.[6] Rückt man von der Vorstellung einer Abstammung und einer anschließenden eigenständigen Entwicklung jedoch ab, dann kann eine strikte, einmalige und endgültige Trennung beider Religionen kaum im Sinne einer historisch nacheinander fassbaren „mütterlichen" und „töchterlichen" Identität gedacht werden. Vielmehr muss die allmähliche „geschwisterliche" Ausdifferenzierung zweier Größen in einer längeren gemeinsamen Wegstrecke angenommen werden.

Denkt man hier noch einen Schritt weiter, so lösen sich die klar umrissenen Begriffe „Judentum" und „Christentum" im Blick auf die Spätantike auf und beginnen, sich in einem historischen Raum disparat zu verteilen. So gewinnt Boyarins wegweisendes Modell für eine Verhältnisbestimmung an Kontur, nämlich eines „JudenChristentums", in dem religiöse Ideen, Gedanken und Praktiken zwischen noch nicht endgültig identifizierbaren Gruppierungen wechselseitig ausgetauscht worden sein könnten und soziale Kontakte in der Bevölkerung sowie unter den religiösen Autoritäten als möglich und alltäglich angenommen werden. Die überlieferten jüdischen wie christlichen Texte waren demnach aus ganz bestimmten pastoralen und aktuellen Motivationen heraus geschrieben worden. Sie reagierten jeweils auf eine Gemeindesituation, die oft den Forderungen in den Texten gerade nicht entsprach – weshalb die jeweilige Gemeinde im Sinne der nun vorliegenden Texte ermahnt wird, von der Abweichung zur „Schwesterreligion" wieder zum „rechten" Glauben zu kommen.[7]

Doch auch regelrechte Korrekturen der eigenen Glaubensinhalte sind aufgrund des interreligiösen Kontaktes möglich, etwa indem Rabbinen (wie auch später muslimische Theologen) angesichts der christlichen Trinitätsvorstellung, erstmals im Prolog des Johannesevangeliums[8] theologisch formiert und dann – durchaus in Opposition zum jüdischen Monotheismus – in

---

6   Boyarin, Daniel: Dying for God: Martyrdom and the Making of Christianity and Judaism (= Figurae: Reading Medieval Culture), Stanford 1999, Kap. 1.2.

7   „Wie schon im Fall des Barnabasbriefes ist keineswegs von einer einheitlichen antijüdischen Front auf Seiten der Christen auszugehen. Aus einschlägigen Bemerkungen des [antijudaistischen] Kirchenvaters Chrysostumus ist zu schließen, dass er wohl auf wenig Resonanz gestoßen ist; […] in diesem Fall ist deutlich zwischen gesellschaftlichem Verhalten und religiösen Praktiken im Kirchenvolk und theologischer Reflexion auf Seiten der Kirchenführer zu unterscheiden." Fürst, Alfons: Jüdisch-christliche Gemeinsamkeiten im Kontext der Antike. Zur Hermeneutik der patristischen Theologie, in: Hünerman, Peter; Söding, Thomas (Hg.): Methodische Erneuerung der Theologie. Konsequenzen der wiederentdeckten jüdisch-christlichen Gemeinsamkeiten (= Quaestiones Disputatae, Bd. 207), Freiburg 2003, S. 71–92, hier: 77.

8   „Im Anfang war das Wort, und das Wort war bei Gott, und das Wort war Gott. Im Anfang war es bei Gott. Alles ist durch das Wort geworden und ohne das Wort wurde nichts, was geworden ist. […] Denn das Gesetz wurde durch Mose gegeben, die Gnade und die Wahrheit kamen durch Jesus Christus. Niemand hat Gott je gesehen. Der Einzige, der Gott ist und am Herzen des Vaters ruht, er hat Kunde gebracht." Joh 1, 1f; 18.

den Dogmen der Konzilien von Nicaea und Chalcedon[9] gefasst, das eigene Konzept von Monotheismus neu formulierten.[10]

Peter Schäfer argumentiert – mit Blick auf die durch den Messias-Christus Jesus „geka-
perte" Messias-Idee des Judentums – ähnlich wie Boyarin, nämlich „[…] dass das Judentum
in dem Augenblick, in dem die Idee des christlichen Messias freigesetzt war […] nicht mehr
dasselbe bleiben konnte. Jetzt plötzlich adoptiert das Judentum eine Mutter für den Messias
und erwägt sogar die Möglichkeit, dass er getötet werden könnte."[11] Hier, in der Abgrenzung
gegen das Christentum, sei die späte jüdische Tradition des doppelten Messias zu verorten,
„des Messias aus dem Stamm Ephraim, der im Kampf fallen wird, und des Messias aus dem
Stamme Juda (der davidische Messias), der den endgültigen Sieg über Israels Feinde erringen
wird".[12] Auch wenn diese Idee in den jüdischen Texten nicht ausdrücklich auf die christliche
Messiasvorstellung hin interpretiert wird, ermöglicht sie doch eine inoffizielle Einordnung des
schmählich gestorbenen christlichen Messiasprätendenten. Auch der Abbruch der Tradition
jüdischer Apokalyptik spätestens nach der Verbreitung der christlichen Johannes-Apokalypse
dürfte nicht nur mit der Enttäuschung über den Messiasprätendenten Bar Kochba nach 135,
sondern auch mit der starken Präsenz apokalyptischer Elemente in der christlichen Verkündigung zusammenhängen.

Ein weiteres Thema der wechselseitigen Beeinflussung ist die Entwicklung eines Begriffs von
„Märtyrertum", der etwa zeitgleich im frühen Christentum und im rabbinischen Judentum
entstand: Sowohl die rabbinischen jüdischen wie die frühen christlichen Kirchenvätertexte
(2. Jahrhundert) über das Martyrium sind durch vorchristliche Martyrologien wie das *2. Buch
der Makkabäer* beeinflusst. Schon in ihnen war der Märtyrertod unmittelbar als Folge einer
konsequenten Einhaltung der Gesetze gezeichnet. Doch es gibt auch „Innovationen", die sich
in beiden religiösen Gruppierungen wiederfinden und die darauf schließen lassen, dass diese
Neuerungen aus einem *Judeo-Christian Cultural System*[13] entnommen wurden. Als ein Beispiel
führt Boyarin das Martyrium Polycarpi und jüdische Märtyrerakten an, die alle auf die Bindung

---

9   „Wir glauben […] an den einen Herrn Jesus Christus, Gottes eingeborenen Sohn, aus dem Vater geboren
      vor aller Zeit: Gott von Gott, Licht vom Licht, wahrer Gott vom wahren Gott, gezeugt, nicht geschaffen,
      eines Wesens mit dem Vater; durch ihn ist alles geschaffen. Für uns Menschen und zu unserem Heil ist er
      vom Himmel gekommen, hat Fleisch angenommen durch den Heiligen Geist von der Jungfrau Maria und
      ist Mensch geworden. […] Wir glauben an den Heiligen Geist, der Herr ist und lebendig macht, der aus
      dem Vater hervorgeht, der mit dem Vater und dem Sohn angebetet und verherrlicht wird, der gesprochen
      hat durch die Propheten."

10   „Auch das Judentum hätte [ähnlich dem Evangelisten Johannes] die Vorstellung von der Weisheit und
      dem Logos weiterführen können – und gerade deswegen wurden die Entwicklungen im Christentum als
      gleichzeitig verführerisch und bedrohlich empfunden –, es entschied sich aber, unter dem Eindruck der
      christlichen Theologie, dagegen. Es sollte bis zu Mittelalter dauern, bis zur Entstehung der Kabbala, dass
      die Weisheit wieder als Person in das Judentum zurückkehrte." Schäfer, Peter: Die Geburt des Judentums
      aus dem Geist des Christentums. Fünf Vorlesungen zur Entstehung des rabbinischen Judentums, Tübingen
      2010, S. 63.

11   Ebd., S. 30.

12   Ebd.

13   Boyarin: Dying, S. 115.

Isaaks (Gen 23) verweisen. Boyarin stimmt dabei Judith Lieu zu,[14] die diese biblische Geschichte sowohl in den Targumim als auch bei Melito von Sardes zeitgleich aufgegriffen sieht und mit Pessach bei den einen und Ostern/dem Kreuzestod bei den anderen umgesetzt sehen will.[15]

Die „Erfindung" eines Monotheismus, der anders funktioniert als eine universal – oder total – gedachte Monolatrie, gelangte also in zwei parallelen Entwicklungen in den spätrömischen Kulturraum, allerdings in ganz unterschiedlichen religionspolitischen Konstellationen. So bereitete er das weitere Ringen um monotheistische Konzeptionen und ihre gesellschaftspolitischen Konsequenzen im christlich beherrschten europäischen Mittelalter und im islamischen Kulturraum vor.

Muslime und Juden

Nach islamischer Tradition entstand der Koran in den Jahren 610–632 in Mekka und Medina durch verbalinspiriertes Sprechen des Engels Dschibril (Gabriel) zum Analphabeten Mohammed. Eine Einbettung des so entstandenen, in 114 Suren gegliederten und sehr bald[16] kodifizierten Textes in eine nichtislamische Kultur erscheint in dieser theologischen Sicht schwierig, werden doch durch die Gründungsnarrationen der Koranentstehung alle Möglichkeiten einer historischen Beeinflussung des Textes gekappt. Dabei sind die beiden Vorgängerreligionen im Text eindeutig präsent. Die Weise, wie biblische Fermente als verbalinspiriertes Wort Gottes im Koran vorkommen, bestimmt bis heute den interreligiösen Dialog aus muslimischer Perspektive. Konkreten Niederschlag im Koran fand aber weniger der Kontakt Mohammeds mit dem Christentum, der in der muslimischen Narration eher in seinem Leben vor der Offenbarung verortet wird,[17] als mit dem Judentum, das ihm als Wurzel der monotheistischen Offenbarung seit Abraham bekannt und in der Konfrontation mit der Bekehrungsunwilligkeit der drei jüdischen Stämme in Medina unmittelbar gegenwärtig war.

Bereits im Jahr 1833 veröffentlichte der jüdische Orientalist Abraham Geiger seine Monographie *Was hat Mohammed aus dem Judenthume aufgenommen?*[18] und stellte damit den Koran in den weiten Horizont der spätantiken Debattenkultur des Vorderen Orients. Seine Schüler, wie er dem arabischen Sprachraum aus jüdischer Perspektive besonders verbunden, brachten zwischen 1833 und 1933 die bis heute maßgeblichen Studien zum Koran hervor. Die Islamwis-

---

14 Lieu, Judith: Image and Reality: The Jews in the World of the Christians in the Second Century, Edinburgh 1996, S. 78 f.

15 Vgl. Boyarin: Dying, S. 117.

16 Im Jahre 11 nach dem Tod des Propheten, also 643.

17 Gemäß einer islamischen Legende begegnete Mohammed als Kind dem christlichen Einsiedler Bahira. Der Einsiedler zeigte großes Interesse an dem jungen Mohammed und konnte ihn anhand eines Mals an dessen Rücken (das Siegel des Propheten) als den zukünftigen Propheten, der in der Bibel angekündigt sei, identifizieren. Bis zu den letzten Jahren seines Lebens war die Einschätzung Mohammeds der Christen deutlich positiver als die der Juden, auch wenn die Gottessohnschaft Jesu, sein Kreuzestod und seine Himmelfahrt immer wieder als differente Glaubensinhalte benannt werden. Vgl. etwa Suren 5,82; 57,26–27; 3,110–115.

18 Geiger, Abraham: Was hat Mohammed aus dem Judenthume aufgenommen? Bonn 1833 [ND Schenefeld 2010].

senschaftlerin Angelika Neuwirth hat seine These neu auf den Punkt gebracht.[19] Sie liefert mit dem weltweit einmaligen Großprojekt einer kritischen Koranausgabe, dem *Corpus Coranicum,* zudem das nötige Quellenmaterial. Neuwirth arbeitet damit gegen eine weit verbreitete Herauslösung des Korans aus einem allgemeinen kulturellen Kontext an, der bei islamischen Traditionalisten ebenso opportun zu sein scheint wie bei säkularen Islamwissenschaftlern und -wissenschaftlerinnen. Im Gegenteil wäre aber die Partizipation der im Koran begründeten islamischen Kultur an jenen spätantiken Debatten zu entdecken, aus denen die jüdischen und die christlichen Grundschriften – Mischna und Neues Testament, Kirchenväterschriften und rabbinische Exegese – ja genauso hervorgegangen sind. Dabei geht es nicht einfach darum, Texte aus Psalmen oder Neuem Testament im Koran „verfälscht" wiederzuentdecken, sondern, ganz ähnlich wie im Zugriff Daniel Boyarins zu verstehen, wie ältere Traditionen (von Juden und Christen) von der sich herausbildenden islamischen Gemeinde als Herausforderung begriffen wurden, auf die dialektisch mit neuen Deutungen geantwortet wurde. Aus dieser Perspektive lässt sich ein „Text-Wettstreit" beobachten, eine Kollision von Begriffen und Ideen, die heftig genug war, um jene Energie zu erzeugen, die schließlich in der Genese nicht nur einer neuen Heiligen Schrift, dem Koran, sondern gleichzeitig auch in einer neuen Glaubensgemeinde resultierte.

Das monumentale Werk Neuwirths und ihrer Mitarbeiter und Mitarbeiterinnen kann hier nicht umfassend abgebildet werden. Doch einige wenige Beispiele aus dem Kapitel X „Koran und Bibel" sollen hier die zentralen Themen und Neuwirths Vorgehensweise erläutern. Zunächst arbeitet sie die augenscheinlichen Genre-Unterschiede zwischen Koran und Bibel heraus:

> Der Koran entwirft kein vergleichbar großartiges Bild von Geschichte, obwohl auch er der Weltschöpfung und der Geschichte des auserwählten Volkes einen bedeutenden Platz einräumt und obwohl sich die koranische Gemeinde selbst schon früh als ein neues – von einem Mose verwandten Propheten geführtes – Gottesvolk, ähnlich den Israeliten, versteht. Anders als die Hebräische Bibel bietet er auch kein klar auf einzelne Bücher verteiltes Spektrum von erzählenden, prophetischen, poetischen und weisheitlichen Texten, vielmehr verbindet er verschiedenste Textsorten zu der neuen, vom Koran allein repräsentierten Gattung Sure. Auch referiert und deutet der Koran nicht im Stil der Evangelien das Leben und Wirken eines charismatischen, gottgesandten Verkünders und seine Gemeindegründung bis hin zu seinem, sein Werk beschließenden Tod. […] Statt heilsgeschichtliche Vergangenheit auszubreiten, beschwört er vielmehr in seinen frühen Texten die eschatologische Zukunft herauf und debattiert in seinen späteren Teilen die Implementierung der durch Schrift verbürgten monotheistischen Gesellschaftsordnungen der Gegenwart.[20]

Zugleich beanspruche der Koran aber, Prophetenrede zu sein, und greife damit eine zentrale und typisch biblische Sprechweise auf.[21] Das „mehrstufige Kommunikations- und Interaktionsszena-

---

19 Neuwirth, Angelika: Der Koran als Text der Spätantike. Ein europäischer Zugang, Frankfurt/Main 2010.

20 Ebd., S. 562.

21 „Mahne, du bist nur ein Mahner! Du bist nicht als Machthaber über uns gesetzt! Wer sich aber abwendet und leugnet, den bestraft Gott dereinst mit schwerer Strafe" heißt es etwa in Sure 88,21–24 und Angelika Neuwirth entdeckt hier wie in den Suren 70 und 78 Anklänge an den gottesgewissen, aber vom Gottes*volk* abgelehnten Propheten (vgl. etwa Ez 33,30–32). Neuwirth: Koran, S. 600 f.

rio" des Koran kopiere die Prophetie nicht einfach, sondern treibe „den Typus der dialogischen prophetischen Rede gewissermaßen auf die Spitze".[22] Die zentrale literarkritische Vergleichsgröße zwischen Bibel und Koran ist für Neuwirth der Psalter, der gleichwohl formal und inhaltlich in einen auch an Juden und Christen gerichteten (und deren Verständnis voraussetzenden) innovatorischen Appell kleidet „Damit du ein Volk warnst, dessen Väter nicht gewarnt wurden, so dass sie bedachtlos sind" (Sure 36,6) oder – noch deutlicher – „Diese Lesung ist nicht einfach ohne Gottes Zutun ersonnen, vielmehr ist sie eine Bestätigung dessen, was vor ihr war, und eine Auslegung der Schrift *(tafsil al-kitab)*, an der kein Zweifel ist, vom Herrn der Welten" (Sure 10,37).[23] Mit zeitlichem Fortschreiten der Koranentstehung wird aus dem bloßen Appell an die Gläubigen der Nachbarreligionen eine

> exegetische Aneignung und Verflechtung ganzer biblischer Diskurse [...] So verstanden reflektiert beispielsweise die Festlegung der Gebetsrichtung nach Mekka eine Neubesinnung auf den Prototyp der salomonischen Tempelweihe. Ähnlich spiegelt der im Koran reformierte Kaabakult die biblisch-prophetische, vor allem aber nachbiblische Abwertung des Opfers zugunsten der allein maßgeblichen Gottesfurcht wieder.[24]

Wie bisher szenenhaft deutlich wurde, weigert sich Neuwirth, den Koran für epigonal zu halten, wie dies in der Mehrheit der vergleichbaren Werke[25] geschieht. Mit Northrup Frye entscheidet sie sich stattdessen für das Offenhalten metaphorisch-allegorischer Lesarten des Koran und lässt ihm damit die gleiche Würde zukommen wie einer bedeutungsoffenen, nicht nur am Literalsinn orientierten Bibel- oder Talmudlektüre.[26]

Auch die instruktiven Ausführungen Neuwirths zu den im Koran auftauchenden biblischen Personen müssen hier wenigstens kurz gestreift werden: Bekanntermaßen begegnen als Hauptfiguren im Koran Abraham, Lot, Josef, Mose, der ägyptische Pharao, Maria und Jesus. Auf wenige Auftritte beschränkt bleiben David und Salomo, die Königin von Saba, die Gattin des Potifar, Azar, der Vater Abrahams, Goliath, Saul und Alexander der Große (!). Der Koran dokumentiert „ein Interesse an den heilsgeschichtlichen Personen, das sich weniger auf eine lineare Entwicklung ihrer Viten richtet als auf ihre fortschreitende exegetische ‚Sinn-Anreicherung' durch die Unterfütterung von geschichtlich Mitgeteiltem mit theologisch gewichtigen nachbiblischen Traditionen oder durch die Evokation ihrer Bedeutung für die zeitgenössische Situation des Verkünders selbst."[27] Identität und Differenz einer auf eine ältere antwortenden und diese transformierenden islamischen Tradition wird besonders in den Ausführungen zu Abraham deutlich, die in der Aussage gipfeln:

---

22 Ebd., S. 563.

23 Zitiert ebd., S. 565.

24 Ebd., S. 566.

25 Vgl. u. a. Busse, Heribert: Die theologischen Beziehungen des Islams zu Judentum und Christentum, Darmstadt ²1991.

26 Frye, Northrup: The Great Code: The Bible and Literature, Boston 2002.

27 Neuwirth: Koran, S. 622 f.

Abraham, der schon in der paulinischen Konzeption eine Beispielfunktion innehatte, erhält in dem neuen Modell der koranischen Gemeinde eine noch weiterreichende Rolle: Er wird zum Stifter im eigentlichen Sinne für die sich herausbildende neue Religion, die der Verkünder nur vervollkommnet. Abraham – nicht Mose oder Jesus – ist deswegen auch die einzige biblische Referenz im täglichen Gebet der Gemeinde, das eine Formel enthält, die Abraham und Mohammed zusammenschließt.[28]

Sicher dürfen auch die Schattenseiten bereits des frühen islamischen Blicks auf die beiden Vorgängerreligionen und die kritische Funktion, die Abraham und die Bundestheologie darin spielt, nicht verschwiegen werden: In Sure 3,67 heißt es: „Abraham war weder Jude noch Christ, sondern war ein Muslim und gehörte nicht zu den Götzendienern." Und in Nachbildung der christlichen Substitutionstheologie sagt der Koran über die Israeliten: „Und weil sie ihren Bund brachen, haben wir sie verflucht. Und wir machten ihre Herzen verhärtet, so dass sie die Worte [der Schrift] entstellten" (Sure 5,13–14). Bereits unter dem Kalifen Omar wurde der bis heute in islamischen Staaten wirksame Staatspakt für die sogenannten Dschimmis (Monotheisten minderen Rechts) verkündet, und in Medina hat Mohammed die bekehrungsunwilligen männlichen Juden eines der drei Stämme gar alle persönlich hinschlachten lassen. Damit ist die Phase einer diskussionswilligen Haltung Mohammeds gegenüber Juden und Christen endgültig beendet, die sich im Gebet in Richtung Jerusalem (bis 624) und der Sure 29,46 niedergeschlagen hatte.[29]

Es sollte deutlich geworden sein, dass ein offenbarungsgeschichtlich reflektierter Monotheismus in diesem beziehungsreichen Traditionsfeld sich kaum anders als in Form eines aufgeklärten Inklusivismus auf die anderen Traditionen beziehen kann. Exklusive Heilsansprüche sind bestenfalls als Spielart innerhalb dieses Inklusivismus zu denken.

Mittelalter und frühe Neuzeit

In Gestalt von muslimischen Eroberungszügen, christlichen Judenpogromen und Kreuzzügen realisierte sich im mittelalterlichen Europa zunächst die gewaltsame Dynamik der in den heiligen Texten grundgelegten Abgrenzungsbemühungen. Zentrales Medium des interreligiösen Verhältnisses wurde im Mittelalter die theologische Schrift. Nicht selten war die Existenz der anderen Religionen Auslöser und Strukturgeber von Reflexionen auf die jeweils eigene Theologie. Ein besonderes Genre vor allem der christlich-apologetischen Literatur bilden hierbei fiktionale „Religionsdialoge".[30]

---

28 „Gott, segne Mohammed und das Haus Mohammed, wie du Abraham und das Haus Abraham gesegnet hast. Und gib Heil Mohammed und dem Haus Mohammed, wie du Abraham und dem Haus Abraham Heil gegeben hast." Ebd., S. 652.

29 „Und streitet mit den Leuten der Schrift nie anders als auf eine möglichst gute Art – mit Ausnahme derer von ihnen, die Frevler [Feinde des Islam] sind! Und sagt: ‚Wir glauben an das, was [als Offenbarung] zu uns, und was zu euch herabgesandt worden ist. Unser und euer Gott ist einer. Ihm sind wir ergeben *(muslim)*.'"

30 Vgl. ausführlich und in neun Einzeldarstellungen: Lutz-Bachmann, Matthias; Fidora, Alexander (Hg.): Juden, Christen und Muslime. Religionsdialoge im Mittelalter, Darmstadt 2004.

Johannes Damascenus

Johannes Damscenus (ca. 650–754) wird gerne als letzter der Kirchenväter betrachtet und hat in seinem dreiteiligen Hauptwerk *Quelle der Erkenntnis* einerseits eine frühe Fassung dessen vorgelegt, was man frühscholastische Orthodoxie nennen könnte. Andererseits ist das Werk des in Damaskus aufgewachsenen und unter dem zunehmenden antichristlichen Druck des Kalifen Ab del Malek (685–705) ins Kloster Mar Saba bei Jerusalem ausgewichenen Theologen ohne die Herausforderung des Islams nicht zu denken. Bezeichnenderweise bietet der erste Band des Werkes den christlich rezipierten Ertrag der antiken Philosophie. Der zweite Band enthält Häresien, unter die er auch die christologische „Häresie" des Islam zählt, zurückgehend auf den arianischen Mönch Sergius-Bahira.[31] Im dritten Teil expliziert der Damaszener, ausgehend vom chalzedonensischen Bekenntnis und der hier grundgelegten Zwei-Naturen-Lehre, eine frühe Fassung der dogmatischen Traktate. Diese ausführliche „Orthodoxe Christologie"[32] ist vermutlich ihrer vorhergehenden Kritik durch den Islam geschuldet, speziell, wie Stefan Schreiner, S. 147 vermutet,[33] den Inschriften des Felsendomes (erbaut als ausdrückliches Pendant zur christlichen Grabes- bzw. Auferstehungskirche in Jerusalem), in denen allein sechsmal der Satz „Gott hatte keine Gefährten" wiederholt wird. Ähnlich den Sentenzen des Petrus Lombardus wurde die lateinische Übersetzung des Werkes unter dem Titel *Sententiae Damasceni* bis weit ins 16. Jahrhundert vielfältig tradiert.

Thomas von Aquin

Das Werk des Aquinaten (1224/5–1274) ist in seinem Kern nicht unabhängig vom Import philosophischer und theologischer Schriften aus dem arabischen Kulturraum nach Zentraleuropa zu denken. In der Übersetzerschule von Toledo, also im christlichen Teil des im Süden fast 800 Jahre lang muslimisch besetzten Spanien, entstand zwischen 1050 und 1200 die *Collectio Toledana,* eine Sammlung des weitgehend auf Arabisch vorliegenden antiken Wissens in lateinischer Sprache, welche grundlegend war für die hochscholastisch-aristotelische Reform der christlichen Theologie. Hier wurde nicht nur die erste bekannte Koranübersetzung ins Lateinische realisiert, sondern auch die dem muslimischen Philosophen Al-Kindi[34] zugeschriebene *Apologia,* ein fiktiver Dialog zwischen einem Muslim und einem Christen,

---

31 Die nach dem Gelehrten Arius benannte komplexe „Häresie" des Arianismus begriff nicht alle drei göttlichen Personen als göttlich, sondern nur Gott Vater. Die Frage nach der Trinität wurde auf dem Konzil von Konstantinopel 381 abschließend geklärt.

32 Buch III, Kap. 1–29.

33 Schreiner, Stefan: Christliche Theologie als Antwort auf die islamische Herausforderung. Eine historische Perspektive, in: Gharaibeh, Mohammad u. a. (Hg.): Zwischen Glaube und Wissenschaft. Theologie in Christentum und Islam, Regensburg 2015, S. 23–40, hier: S. 27 ff.

34 ca. 800–873, arabischer Philosoph, Wissenschaftler, Mathematiker, Arzt und Musiker. In Bagdad ließ er zahlreiche Schriften u. a. von Aristoteles, Platon, Alexander von Aphrodisias und Johannes Philoponos ins Arabische übersetzen. Besonders Aristoteles' naturphilosophische Schriften wurden von ihm rezipiert. Seine Abhandlung *Über den Intellekt* wurde über Jahrhunderte von arabischen und lateinischen Intellektuellen breit rezipiert.

Das Buch der Lichter (Kitab al-Anwar) von al-Bakri[35] übersetzt. Durch Vermittlung der sarazenisch beeinflussten Schule in Salerno begann man sich an der Wende zum 13. Jahrhundert auch für naturwissenschaftliche Schriften und die Metaphysik des Aristoteles zu interessieren. Im 12. Jahrhundert waren bereits die bisher fehlenden logischen Schriften *(Analytiken, Topik, sophistici elenchi)* durch Jakob von Venedig in lateinischer Sprache verfügbar gemacht worden. Dann kamen fast alle verfügbaren Werke hinzu. Michael Scotus übersetzte Aristoteleskommentare des Averroes[36] aus dem Arabischen. Sie wurden von christlichen Theologen eifrig benutzt, was in der zweiten Hälfte des 13. Jahrhunderts zur Entstehung des unter Häresieverdachte stehenden lateinischen Averroismus führte, ein für damalige Verhältnisse relativ konsequenter christlicher Aristotelismus.

Thomas, sicher neben Augustinus der einflussreichste katholische Theologe, der je gelebt hat, wurde im süditalienischen Roccasecca geboren, verbrachte aber seine akademische Laufbahn als Schüler und Kollege von Albertus Magnus in Paris und Köln. Seine um 1260 entstandene *Summa contra gentiles (Summa gegen die Heiden)* ist letztlich nur aus einer Frontstellungen gegen Islam und Judentum verständlich. Die Struktur dieses einzig vollendeten Großwerkes des Aquinaten findet sich in der ungleich wirksameren, aber unvollendeten *Summa Theologiae* wieder. Das Werk ist nicht als Polemik angelegt, sondern zielt vermutlich auf dominikanische Mitbrüder, die mit dem Denken der muslimischen Rationalisten Avicenna[37] und Averroes vertraut waren „um ihnen eine Darstellung der christlichen Glaubenslehre im Horizont eines interkulturellen Religionsgesprächs an die Hand zu geben".[38] Zunächst stellt Thomas mit einer christlich modifizierten Version der aristotelischen Weisheitslehre eine damals vermutlich wirklich zwischen Theologen der drei Religionen konsensfähige erkenntnistheoretische Basis her.[39] Epistemologisch kann demnach die Erkenntnis in die Existenz eines Gottes von jedem Menschen nur durch natürliche Verstandesleistung erreicht werden: „Die Aussagen des christlichen Glaubensbekenntnisses, denen zufolge Gott zugleich ‚dreifaltig und einer ist' gehen über die Grenzen dessen hinaus, was unser natürlicher Verstand Thomas zufolge aus eigener Kraft

---

35 1014–1094, andalusischer Geograph und Historiker.

36 1126–1198, arab: Ibn Rushd, islamischer Philosoph und Theologe, verfasste eine medizinische Enzyklopädie und fast zu jedem Werk des Aristoteles einen Kommentar. In der christlichen Scholastik des Mittelalters wurde er schlicht als „der Kommentator" bezeichnet, so wie Aristoteles nur „der Philosoph" genannt wurde.

37 Ca. 980– Juni 1037, persischer Arzt, Physiker, Philosoph, Dichter, Jurist, Mathematiker, Astronom, Alchemist und Musiktheoretiker aus Chorasan in Zentralasien. Er prägte insbesondere die Geschichte und Entwicklung der Medizin maßgeblich.

38 Lutz Bachmann, Matthias: Thomas von Aquin – Religionsdialoge in der *Summa contra Gentiles,* in: ders.; Fidora: Religionsdialoge, S. 96–118, hier: S. 99.

39 „Ausgehend von der Feststellung des ersten Satzes der Metaphysik, dass alle Menschen von Natur aus nach Wissen streben, legt Aristoteles in den ersten zwei Büchern [der *Nikomachischen Ethik*] eine differenzierte Theorie gestufter Erkenntnisformen vor, die [...] ihren Ausgangspunkt im natürlichen Erkenntnisstreben nimmt, das Aristoteles allen Lebewesen zuspricht. [...] nur einige Lebewesen [entwickeln] aus ihren sinnlichen Wahrnehmungen auch die Fähigkeit zur Erinnerung [...] und damit auch Erfahrung, Handwerk, Kunst und Wissenschaft. [...] Die Wissenschaft, die das Ideal der Weisheitssuche und -erkenntnis einlösen soll, bezeichnet Aristoteles als ‚Erste Philosophie' oder als ‚Theologie'. [...] sie beschreibt eine theoretische Aufgabe, deren Einlösung für Aristoteles noch aussteht." Ebd., S. 100 f.

erkennen kann. Gleichwohl will Thomas aufzeigen, dass Aussagen wie diese im strengen Sinne des Begriffs wahrheitsfähig sind."[40]

Auch in seinen (fiktiven) Debatten mit Maimonides in der *Summa contra gentiles* folgt Thomas dem Grundsatz, dass eine Debatte mit jüdischen Philosophen auf der allgemeinen Grundlage, aber auch innerhalb der Grenzen philosophischer Argumente geführt werden solle (und könne). Der Text des Alten Testaments verbindet die Vertreter der Religionen und trennt sie nicht, denn er bildet die von beiden Seiten geteilte Grundlage für einen Dialog über den Glauben an denselben Gott. Das Verhältnis zu Vertretern des islamischen Glaubens sieht Thomas naturgemäß anders. Sie stützten sich nicht auf kanonische Texte der Kirche, es ist eine Debatte mit „Heiden", die nur auf der Basis der „natürlichen Vernunft" stattfinden könne. „Dieser ist jedoch in Bezug auf die göttlichen Dinge mangelhaft."[41] Doch Mohammed könne auch keine Wahrscheinlichkeitsgründe für seine Lehre anführen, seine Religion sei eine Entstellung der biblischen Texte – also Häresie.[42] Mohammed habe keine philosophischen Argumente, sondern greife als Kompensation für die mangelnde Vernünftigkeit seiner Lehre, anders als Jesus Christus und die jüdischen Propheten, auf Waffengewalt zurück.[43]

Auch für den heutigen Dialog unter Religionen, die grundsätzlich eine philosophische Ausweisung ihrer Glaubensinhalte nicht ablehnen, ist der Versuch des Thomas, mit einer gemeinsam geteilten Philosophie eine nichtreligiöse Basis für den theologischen Dialog zu erarbeiten, wegweisend. Letztlich liegt hier und im stoischen Modell des *logos spermatikos* die Grundlage für die Weichen, die 1965 das Konzilsdokument *Nostra Aetate* für den Religionsdialog der katholischen Kirche neu stellte.

Abaelards, Alfonsis und Cusanus' Religionsdialoge

Petrus Abaelardus (1079–1142), einer der visionärsten proto-aufklärerischen Denker der Hochscholastik, eben deshalb und wegen seines unorthodoxen Lebenswandels in Verruf geraten, hat mit seinen *Collationes sive Dialogus inter Philosophum, Iudaeum et Christianum*[44] eine „Programmschrift religiöser Toleranz" vorgelegt, „die mehr am Verständnis des fremden Glaubens interessiert sein kann als an Überzeugung, Überredung oder sogar gewaltsamer Unterdrückung des Anderen, weil sich die Vernunft mit ihrem Drängen durchsetzt, unbegründete Wahrheitsansprüche kenntlich zu machen und zurückzuweisen".[45] Sie darf als unmittelbare

---

40 Ebd., S. 107.
41 SCG lib II. cap 2.
42 Ebd., cap. 6.
43 Ebd. Thomas greift hier einen Argumentationsstrang des Averroes (Ibn Rushd) auf, der die Philosophie ebenfalls als der Religion äußerliche, mit ihr unverbundene Wissenschaft versteht. Vgl. Averroes: Harmonie der Religion und Philosophie, in: Philosophie und Theologie von Averroes, übers. v. M. J. Müller, Weinheim 1991.
44 Gespräch eines Philosophen, eines Juden und eines Christen, lat./dt., Frankfurt/Main; Leipzig 1995.
45 Seit, Stefan: *Dilectio consummatio legis. Ablaelards Gespräch eines Philosophen, eines Juden und eines Christen und die Grenzen einer rationalen Gotteslehre*, in: Lutz-Bachmann; Fidora: Religionsdialoge, S. 40–95, hier: S. 40.

Gegenposition zu dem in ganz Europa den Kreuzzug predigenden Bernhard von Clairvaux gelesen werden, der zu der Lehrverurteilung Abaelards in Sens im Jahre 1140 nicht unwesentlich beigetragen hat.

Abaelard träumt und sieht sich selbst als Schiedsrichter eines Gesprächs, in dem weniger alle drei, sondern eher der Philosoph (ein Muslim?) jeweils mit dem Christen oder dem Juden Fragen der angemessenen theologischen Erkenntnisweise und Wahrheitsfähigkeit einer Religion disputiert. Dabei führt er immer wieder die Vernunft gegen die bloß Behauptungen bietenden Offenbarungsschriften ins Feld. Fazit der ersten Runde: Letztere müssen ihre Ratio vor der ersteren rechtfertigen. Bei der gemeinsamen Suche nach dem *summum bonum,* dem höchsten Gut, trägt die christliche Liebe *(dilectio dei)* gegenüber jüdischer Gesetzesobservanz den Sieg in Sachen philosophischer Plausibilität davon. Und trotzdem gilt: Antwort auf die gemeinsame Wahrheitssuche ist „der Dialog selbst, das dialektische Verfahren der asymptotischen Annäherung an eine […] nicht einholbare Wahrheit".[46]

Der im Jahre 1110 entstandene polemische *Dialog gegen die Juden*[47] des andalusischen Konvertiten Petrus Alfonsi (geführt mit dem Juden Moses Sephardi, der er selbst einmal gewesen war) verdankt seine hohe Wirksamkeit seiner Eingängigkeit und dem wachsenden Bedürfnis, sich der nachhaltig provozierenden Bekehrungsunwilligkeit der jüdischen Gemeinden argumentativ ebenso zu entledigen wie der militärischen und weltanschaulichen Bedrohung durch den Islam. Er zerfällt in zwölf Kapitel, von denen sich die ersten vier gegen die Juden richten, der fünfte gegen den Islam und die übrigen sieben das Christentum verteidigen. Vor Alfonsi gab es keine derart explizit ausgrenzende Literatur, die das Christentum stärken wollte, indem sie das Judentum als konspirative antichristliche Sekte desavouierte – an sich ja ein schwieriges Unterfangen, weil man ja wesentliche kanonische Texte teilt. Petrus Alfonsi behilft sich hier mit der These, die Juden brächen das Alte Testament und folgten einem neuen, häretischen Gesetz: dem Talmud. Dieser sei geschrieben worden, um die Juden von der (aus dem Tanach angeblich leicht ersichtlichen) Einsicht abzuhalten, dass Jesus der Sohn Gottes sei. Während ein offener Angriff auf die europäischen Juden durch die augustinische Interpretation der Johannesapokalypse bisher vermieden worden war,[48] beendeten Petrus Alfonsis *Dialogi* die relative Toleranz des ersten Jahrtausends unserer Zeitrechnung. Dazu kam Alfonsis genaue Kenntnis der jüdisch-talmudischen Religion und ihrer Riten, die bisher in der lateinischen Welt nicht verbreitet gewesen war.

Auch der frühneuzeitliche Philosoph und Bischof Nikolaus Cusanus (1401–1464) hat mit *De Deo Abscondito* einen fiktiven interreligiösen Dialog vorgelegt, der allerdings eigentlich einer Darstellung der dahinterliegenden (Negativen) Theologie des Cusaners bedürfte. Ein Christ überzeugt hier einen Heiden davon, dass man von Gott nichts wissen könne, außer, dass er als Schöpfer vor allem Wissbaren, also auch vor der Wahrheit, Gutheit etc. sei, und man dennoch genau deshalb zu ihm beten solle. Als Jenseits alles Seienden, als wahres Sein ist Gott das einzig Anbetungswürdige. Ein Dialog zwischen den Religionen würde sich viele unnötige Streitig-

---

46   Ebd., S. 93.
47   Alfonsi, Petrus: Dialogus anti Judaios. Zurzeit am besten verfügbar in der engl. Übersetzung Dialogue Against the Jews, Oxford 2007.
48   Augustinus, Aurelius: De Civitate Dei 18, 46.

keiten sparen, könnte er sich auf dieses Gottesbild einer trotz allem sprachfähigen Negativen Theologie einigen. Vor diesem theoretischen Hintergrund von der Wahrheitsfrage abzusehen in Bezug auf konkrete theologische, ethische und rituelle Formen der Religionen, ähnelt aber vielleicht doch zu sehr der Struktur pluralistischer Religionstheologien, um so praxistauglich zu sein, wie die komparative Theologie.

Mittelalterliche Erwiderungen des Islam

Bei der rasanten Ausbreitung des Islam im Mittelmeerraum lässt sich die Herausforderung, die für seine Elite von christlichen Schriften und Kirchen ausging, nicht eindrücklich genug vorstellen. Sie verspürten deutlich die Abhängigkeit von der Gelehrsamkeit der arianischen und nestorianischen Christen,[49] wenn muslimische Gelehrte den Kontakt zur antiken Wissenschaft und Kunst vertiefen wollten, und entwickelten das Bedürfnis, die Plausibilität der Religion Mohammeds auf dem Niveau der vorgefundenen theologischen Reflexion darzustellen. Nach zwei Jahrhunderten der Eroberung fand sich neben einer großflächigen Umwidmung von Kirchen in Moscheen und dem Bau des Jerusalemer Felsendoms eine erste *Erwiderung auf die Christen* aus der Feder des arabischen Literaten Al-Gahiz (776–869).[50] Während die Juden bereits Nachbarn der Muslime in Medina gewesen seien, diese Nachbarschaft aber eher Neid und Feindschaft hervorgerufen habe, wurde den Christen nicht zuletzt wegen der größeren Entfernung zu ihnen bereits sehr früh größere Hochschätzung entgegengebracht. So etwa in der oben schon erwähnten Sure 5,82: „Und du wirst sicher finden, dass diejenigen Menschen, die den Gläubigen in Liebe am nächsten stehen die sind, welche sagen ‚wir sind Nasara [Christen]‘. Dies deshalb, weil es unter ihnen Priester und Mönche gibt und weil sie nicht hochmütig sind."

Doch dieses Ansehen, so Al-Gahiz, komme den Christen nicht rechtmäßig zu, denn ihr Wissen bestehe nur in Handwerk. Die für die islamische Kultur entscheidenden antiken Autoren Aristoteles, Platon, Euklid, Galen, Demokrit und andere seien keine Christen gewesen. Die Christen hätten sich deren Kultur und Wissen vielmehr angeeignet, um gegenüber Juden und Arabern damit zu prahlen und deren Glauben in Frage zu stellen. Damit verunsicherten sie aber die Schwachen unter den Muslimen und entfremdeten sie dem Koran. Die Christen seien zudem unrein, da unbeschnitten, und äßen Schweinefleisch. Hier entsteht also die Gestalt eines intellektuell und körperlich verführerischen Christentums, dem die Rechtsgelehrten mit entsprechenden Fatwas antworteten.

---

49 Die nach Nestorius (Patriarch von Konstantinopel 428 bis 431) benannt „Irrlehre" leugnet die Existenz einer ungetrennt in jeder Handlung anwesenden menschlichen *und* göttlichen Natur Jesu Christi (Zweinaturenlehre) und heißt deshalb auch Monophysitismus. Die nestorianische Kirche war in den Perser- und Sassanidenreichen noch Jahrhunderte nach dem Konzil von Chalzedon, in der Mongolei wahrscheinlich sogar bis zum 13. Jahrhundert vertreten und dürfte das islamische Denken wesentlich beeinflusst haben.

50 Un traité de polémique Christiano-Islamique au IXe siécle, übers. v. I. S. Alouche, in: *Hesperis* 26 (1939), S. 123–155. Zit in: Kassis, Hanna: Symbolische und gesellschaftliche Erwiderungen des Islam, in: Lutz-Bachmann; Fidora: Religionsdialoge, S. 173–191, hier: S. 185.

So schreibt Abu al Hasan al Qabisi (935–1012): „Du sollst keinen Umgang mit jemandem haben, der nicht deiner Religion angehört, denn dies ist sicherer für dich."[51] Insgesamt äußerten die Juristen „ihren entschlossenen Widerstand hinsichtlich der Neigung mancher Muslime, sich an den religiösen und kulinarischen Gewohnheiten der Christen zu beteiligen, wie in die Kirche zu gehen, einen Ruhetag in der Woche einzulegen und an den öffentlichen Zeremonien teilzunehmen".[52] Dies galt für den Osten ebenso wie für die Iberische Halbinsel. Solche Vorschriften sind allerdings angesichts der Bestrebung religiöser Autoritäten nachvollziehbar, die Religionsvermischung zu vermeiden, und in allen Religionen als Grundhaltung verbreitet.

Frühneuzeitlicher Antijudaismus und Luthers Schriften gegen die Juden

Zu den Stereotypen des christlichen Antijudaismus gehörte um 1500 die Ansicht, dass die Zerstörung des Jerusalemer Tempels, die Zerstreuung und Verfolgung der Juden Gottes fortwährende Strafe für die Kreuzigung Jesu Christi sei. Die Juden seien gottlos, christenfeindlich, verstockt, blind gegenüber der göttlichen Wahrheit, sie seien verflucht, stammten vom Teufel ab, seien mit dem Antichrist der Endzeit identisch, hätten den Gottesmord begangen, verübten regelmäßig Ritualmorde an christlichen Kindern, begingen Hostienfrevel, Brunnenvergiftung und strebten heimlich nach Weltherrschaft, etwa durch Verrat der Christen an feindliche Mächte. Diese Vorurteile verdichteten sich seit etwa 1100 in Judensau-Skulpturen an christlichen Kirchen und verbanden sich mit körperlichen Zuschreibungen (Kleinwuchs, Tierklauen, Hakennasen, Körpergeruch u. ä.). Ab etwa 1200 ließen Kirchenvertreter den Talmud immer wieder als angeblich christenfeindliche Fälschung und kriminelle Propaganda konfiszieren und verbrennen. Seit christliche Zünfte und Gilden Juden ausschlossen und in das Geldgeschäft abdrängten, wurden ihnen Wucher, Arbeitsscheu und Ausbeutung von Christen zugeschrieben. Und seit der Erfindung der Druckerpresse um 1440 verbreiteten neu aufgelegte *Adversus Judaeos*-Texte von Kirchenvätern und neu verfasste volkssprachliche Hetzschriften christlicher Theologen oder jüdischer Konvertiten solche Stereotype massenhaft in Europa.[53] Predigtkampagnen der Bettelorden und Judenverfolgung durch die Inquisition gingen Hand in Hand.[54]

Bei den Judenpogromen während der Kreuzzüge (12./13. Jahrhundert) und während der Pest-Pandemie (1349–1352) wurden überlebende Juden aus vielen Regionen West- und Mitteleuropas vertrieben, darunter aus England (1290), Frankreich (1182; 1394), Spanien (1492) sowie bis 1519 aus fast 90 deutschen Städten.[55] Im Heiligen Römischen Reich Deutscher Nation wurden ver-

---

51 Zitiert in ebd., S. 188.

52 Ebd., S. 189.

53 Ben-Zion, Degani: Die Formulierung und Propagierung des jüdischen Stereotyps in der Zeit vor der Reformation und sein Einfluss auf den jungen Luther, in: Kremers, Heinz (Hg.): Die Juden und Martin Luther, Neukirchen-Vluyn 1987, S. 3–37.

54 Scheller, Benjamin: Die Bettelorden und die Juden, in: Huschner, Wolfgang; Rexroth, Frank (Hg.): Gestiftete Zukunft im mittelalterlichen Europa, Berlin 2008, S. 89–122, hier: S. 90.

55 Oberman, Heiko A.: Die Juden in Luthers Sicht, in: Kremers: Die Juden und Martin Luther, S. 136–162, hier: S. 138.

triebene Juden oft in Nachbarregionen aufgenommen, da Kaiser und Päpste keine allgemeine Judenvertreibung anordneten oder diese nicht implementierten. Freie Reichsstädte isolierten Juden vielfach in Ghettos und kennzeichneten sie gemäß kirchlichen Vorschriften mit einer Judentracht. Auch auf dem Land waren sie von der übrigen Bevölkerung isoliert. Ihre Vertreibung blieb eine ständige gesellschaftspolitische Option, da das Judentum insgesamt als Häresie galt.[56]

Martin Luthers deutsche Übersetzung des Neuen und Alten Testament stellt auch für die Begegnung der Religionen einen unschätzbaren Beitrag dar. Anders als die katholische Theologie, die, von Ausnahmen wie den Humanisten abgesehen, in der Regel auf den lateinischen Text der Vulgata zurückgriff, findet durch sie ein unmittelbarer Kontakt mit dem hebräischen Original statt und erschließt so auch die jüdische Dimension der christlichen Heiligen Schrift neu. Luthers theologische Ausbildung als Augustinermönch war dabei entscheidend vom Studium des damals verfügbaren masoretischen Textes des Tanachs bestimmt.[57]

Luthers Feindseligkeit gegenüber anderen Religionen und Konfessionen, vor allem dem Judentum, ist hingegen keine Marginalie, sondern wurzelt im Kern seiner reformatorischen Lehre. Er ließ nämlich nur die Bibel als Maßstab christlicher Erkenntnis und Handlungen gelten *(sola scriptura)*. Ihr Zentrum war für ihn der unbedingte Zuspruch der Gnade Gottes *(sola gratia)*, die sich exklusiv in der stellvertretenden Schuldübernahme des für die Menschen gekreuzigten Sohnes Gottes ereignet habe *(solus Christus)* und allein durch das unbedingte Vertrauen auf ihn wirksam werde *(sola fide)*. Indem Gott sich im Leiden und Sterben Jesu Christi offenbare, richte er alle, die sich durch Eigenleistung („Werke") vor Gott rechtfertigen, als „Feinde des Kreuzes Christi". Weil Gott die menschliche Sünde allein vergeben wolle, führe die „Werkgerechtigkeit" trotz und gegen Gottes Gnade in die Verdammnis. Als Hauptvertreter dieser Werkgerechtigkeit zählte Luther in frühen exegetischen Werken oft Papsttum, Judentum und Islam gemeinsam auf.[58] Luther befasste sich in seiner gesamten Wirkungszeit als Theologe in exegetischen Kommentaren, Predigten, Briefen, Tischreden und besonderen thematischen Aufsätzen mit dem Judentum. Die Aufsätze wurden schon 1555 als „Schriften wider Juden" eingeordnet.[59] Mit der Schrift *Von den Juden und ihren Lügen* (1543) begann Luthers Serie explizit judenfeindlicher Schriften, die mit wenig Variation denselben Zweck wie die moderateren Frühschriften verfolgten: das Judentum theologisch vollständig zu entkräften und zu dämonisieren, um die Vertreibung der Juden aus allen evangelischen Gebieten durchzusetzen. Hier

---

56 Kirn, Hans-Martin: Israel als Gegenüber der Reformatoren, in: Siegert, Folker (Hg.): Israel als Gegenüber, Göttingen 2000, S. 290–321, hier: S. 292.

57 Diesen lernte er durch Ausgaben katholischer Humanisten kennen, die die hebräische Sprache bei jüdischen Gelehrten studiert hatten und die Hebraistik an den Universitäten Europas vorantrieben. Obwohl das Hebräischstudium von Papst Clemens VI. 1311 erlaubt und 1434 auf dem Konzil von Basel erneut als Universitätsfach verlangt worden war, griff die katholische Scholastik die Humanisten noch lange als „Judenfreunde" und subversive Haretiker an. Darauf reagierten diese gerne mit judenfeindlichen Traktaten, die ihr Hauptziel bekräftigten, der bislang weitgehend erfolglosen Judenmission durch Entkräftung der jüdischen Bibelexegese zum Erfolg zu verhelfen. Schreiner, Stefan: Was Luther vom Judentum wissen konnte, in: Kremers: Die Juden und Martin Luther, S. 58–71, hier: S. 70f.

58 Stolle, Volker: Israel als Gegenüber Martin Luthers – im Horizont seiner biblischen Hermeneutik, in: Siegert: Israel als Gegenüber, S. 322–359, hier: S. 343.

59 Kaufmann, Thomas: Luthers „Judenschriften", Tübingen 2011, S. 11.

finden sich die weitreichendsten politischen Forderungen für den Umgang mit Juden, die sich – unterbrochen von der durch Napoleons *code civil* indizierten Judenemanzipation – bis zu ihrem Gipfel 1933–1945 immer wieder in konkreter, oft staatlich legitimierter Diskriminierung Luft verschafften und über Jahrhunderte die Mentalität der christlichen mitteleuropäischen Bevölkerungsmehrheit formten, so etwa die Forderung, ihre Synagogen niederzubrennen, ihre Häuser zu zerstören und sie wie „Zigeuner" in Ställen und Scheunen wohnen zu lassen, ihnen ihre Gebetbücher und Talmudim wegzunehmen, die ohnehin nur Abgötterei lehrten, ihren Rabbinern das Lehren bei Androhung der Todesstrafe zu verbieten, ihren Händlern das freie Geleit und Wegerecht zu entziehen.

Gegenwart

In der globalen Perspektive sind Religionsdialoge der Gegenwart nach dem Ende religiöser Herrschaftssysteme wie dem osmanischen Kalifat und dem Feudalismus christlich-europäischer Prägung im Wesentlichen *politisch* bestimmt, zunächst also vom Zusammenrücken der Kulturen in Zeiten des Kolonialismus und Postkolonialismus. Dabei wurden Muster der wechselseitigen Über- und Unterordnung der (Religions-)Kulturen, wie sie sich in den theologischen Debatten der ersten Jahrhunderte spiegeln und bis heute variiert werden, durch die europäischen Mächte und die USA mit militärischen und ökonomischen Mitteln fortgesetzt.

Der Wegfall von Grenzen durch die Globalisierung nach 1989 und die Wiederkehr der Religion,[60] die durch die Eroberung Jerusalems und anderer heiliger Stätten durch israelische Truppen 1967, die Revolution Ayatollah Chomeinis im zwangssäkularisierten Iran 1979 und den islamischen Terror (vor und) nach dem 11. September 2011 prägen seither die Wahrnehmung des Islam in Mitteleuropa. Dieser wird aktuell vor allem seinerseits durch die neukonservative Fassung des „byzantinischen Laizismus" der Türkei unter Erdogan, die erdrückende ideen-politische Präsenz der Muslimbrüder in Nordafrika und einen, von Öl-Milliarden befeuert, weltweit präsenten wahabitischen Islam einseitig geprägt.[61] Von seiner ehemaligen Ambigui-tätstoleranz[62] ist nur noch wenig zu spüren.

Das neuzeitliche Judentum ist sicher wesentlich von seiner Emanzipation, seiner Konfessiona-lisierung und der Gründung des Staates Israel bestimmt. Auch nachdem sie 1776 in der US-ame-rikanischen Verfassung und 1791 von der konstituierenden Nationalversammlung Frankreichs Bürgerstatus erhielten, hatten Juden immer noch kaum die Möglichkeit, bürgerliche Berufe zu ergreifen. Preußen gewährte ihnen erst mit dem Judenedikt von 1812 das Staatsbürgerrecht. Weitere deutsche Länder wie Bayern (1813), Württemberg (1828) folgten. Ab 1874 waren alle Juden West- und Mitteleuropas gleichberechtigte Bürger ihrer Staaten. Dies ermöglichte ihnen 60 Jahre lang eine rege intellektuelle, aber auch ökonomische Betätigung, die unter national-sozialistischer Herrschaft, und damit fast in ganz Europa, ihr jähes und grausames Ende fand.

---

60 Riesebrodt, Martin: Die Rückkehr der Religionen. Fundamentalismus und der „Kampf der Kulturen", München ²2001.

61 Schulze, Reinhardt: Geschichte des Islam im 20. Jahrhundert, München 2003.

62 Bauer, Thomas: Die Kultur der Ambiguität, Frankfurt/Main 2011.

Die mit seiner Akkulturation an westeuropäische (vor allem protestantische) Religiosität verbundene Aufspaltung in verschiedene Denominationen – im Wesentlichen liberales, konservatives und (ultra-)orthodoxes Judentum – ist, wie auch in den anderen Religionen, maßgeblich für seine Bereitschaft zu interreligiösem Kontakt und Dialog. Dies gilt analog zu den übrigen Religionen: je liberaler, desto dialogbereiter. (Siehe hierzu die Beiträge von Michael A. Meyer, S. 277, Julius H. Schoeps, S. 289, Christoph Schulte, S. 317, Werner Treß, S. 335 und Norbert Waszek, S. 305.)

Trennung von Thron und Altar sowie Säkularisierung drängten die katholische Kirche seit Beginn des 19. Jahrhunderts vielfach in eine Defensive des „Antimodernismus", während die evangelische in den USA, aber auch in Nordeuropa nicht selten als Quasi-Staatsreligion reüssierte und sich als kompatibler mit der Modernisierung erwies. Dies gilt paradoxerweise auch für die weltweit am stärksten wachsenden Kirchen, die pentecostalen („Pfingstkirchen"), die, von den USA ausgehend, vor allem in Lateinamerika und Afrika inzwischen bis zu 30 % der ortsansässigen Christen ausmachen und sich in der Regel durch wenig Akzeptanz gegenüber Andersdenkenden und -glaubenden auszeichnen.[63]

Erst durch das von vielfältigen Öffnungsbewegungen vorbereitete, insgesamt aber doch kaum vorhersehbare II. Vatikanische Konzil (1962–1965) gelang der katholischen Kirche eine angemessene Öffnung zur Moderne, die in beispielhafter Weise einerseits dogmatische und hierarchische Eigenständigkeit wahrte, aber zugleich in der Anerkennung der Würde nichtpriesterlicher Gläubiger, der eigenen Historizität, vor allem aber der Religionsfreiheit und damit anderer Konfessionen und Religionen wesentliche Fermente der Aufklärung in die eigene Lehre integrierte. Für die von nun an erstmalig mögliche ernsthafte Begegnung mit VertreterInnen anderer Religionen[64] war das Dokument *Nostra Aetate*[65] wesentlich. Auf der Basis der bereits zitierten *lógos spermatikós*-Lehre der Stoa und die scholastisch entwickelte Universalität der Vernunft erkennt es „[i]n unserer Zeit, da sich das Menschengeschlecht von Tag zu Tag enger zusammenschließt und die Beziehungen unter den verschiedenen Völkern sich mehren" (Art. 1) in Lehre und Praxis anderer Religionen „nicht selten einen Strahl jener Wahrheit [...] die alle Menschen erleuchtet" (Art. 2). Während das Judentum im 4., zentralen, Artikel als „Wurzel

---

63 Hierher, genauer von der evangelikalen Zeitschrift *The Fundamentals,* stammt der Begriff *Fundamentalismus,* der trotz seiner christlichen Herkunft heute vermehrt auf Strömungen des Islam angewandt wird.

64 Neben vielfältiger theologischer Literatur sind hier für Deutschland vor allem die Arbeitskreise „Juden und Christen" des Zentralkomitees der Deutschen Katholiken und der Deutschen Bischofskonferenz sowie diverse Aktivitäten zum jüdisch-christlichen Dialog in beinahe sämtlichen deutschsprachigen Diözesen zu nennen. Eine Sammlung aller Dokumente findet sich in: Krause, Wolfgang; Henrix, Hans Hermann (Hg.): Die Kirchen und das Judentum, 2 Bde., Gütersloh 2001. Der katholische Dialog mit dem Islam hat weltweit durch die missverständlichen Formulierungen der sogenannten Regensburger Vorlesung Papst Benedikts XVI. 2006 eher einen Aufschwung erhalten. Für Deutschland wird der Dialog mit dem Islam durch die Christlich-islamische Begegnungs- und Informationsstelle (CIBEDO) organisiert. Hier entstand auch eine vergleichbare Textsammlung: CIBEDO e. V.; Karl Kardinal Lehmann; Güzelmansur, Timo; Troll, Christian W. (Hg.): Die offiziellen Dokumente der katholischen Kirche zum Dialog mit dem Islam, Regensburg 2009.

65 http://www.vatican.va/archive/hist_councils/ii_vatican_council/documents/vat-ii_decl_19651028_nostra-aetate_ge.html, letzter Zugriff: 20.01.2016.

des guten Ölbaums, in den die Heiden als wilde Schößlinge eingepfropft sind", wieder zu alten Ehren kommt, Substitutionstheologie, Gottesmordvorwurf, Diskriminierung und Antisemitismus verworfen werden und das Studium der Hebräischen Bibel allen Gläubigen, vor allem aber den Theologen und Theologinnen, aufgegeben wird, erfährt auch der Islam eine bis dato unvorstellbare Würdigung.[66] Belastet wurde der katholisch-jüdische Dialog allerdings noch einmal, als Papst Benedikt XVI. am 5. Februar 2008 die lateinische Version der Karfreitagsfürbitte aus dem „alten" Messformular für die Juden neu formulierte.[67]

Auf Seiten der evangelischen Kirche waren mehrere Stellungnahmen der deutschen Kirchen maßgebend, die sich in Schritten vor allem von der protestantischerseits heiklen Frage einer Judenmission distanzierten. Das Stuttgarter Schuldbekenntnis (1945), das Darmstädter Wort (1947) und das „Wort zur Judenfrage" (1948) sowie die Erklärung der EKD-Synode zur „Schuld an Israel" (Berlin-Weißensee 1950) stellten Meilensteine dar. Die wesentliche Passage aus dem Papier von 1950 ist die Folgende:

> „Gott hat alle beschlossen unter den Unglauben, auf dass er sich aller erbarme." Röm 11,32 1. Wir glauben an den Herrn und Heiland, der als Mensch aus dem Volk Israel stammt. 2. Wir bekennen uns zu der Kirche, die aus Judenchristen und Heidenchristen zu einem Leib zusammengefügt ist und deren Friede Jesus Christus ist. 3. Wir glauben, daß Gottes Verheißung über dem von ihm erwählten Volk Israel auch nach der Kreuzigung Jesu Christi in Kraft geblieben ist. 4. Wir sprechen es aus, daß wir durch Unterlassen und Schweigen vor dem Gott der Barmherzigkeit mitschuldig geworden sind an dem Frevel, der durch Menschen unseres Volkes an den Juden begangen worden ist. 5. Wir warnen alle Christen, das, was über uns Deutsche als Gericht Gottes gekommen ist, aufrechnen zu wollen gegen das, was wir an den Juden getan haben; denn im Gericht sucht Gottes Gnade den Bußfertigen. 6. Wir bitten alle Christen, sich von jedem Antisemitismus loszusagen und ihm, wo er sich neu regt, mit Ernst zu widerstehen und den Juden und Judenchristen in brüderlichem Geist zu begegnen. 7. Wir bitten die christlichen Gemeinden, jüdische Friedhöfe innerhalb ihres Bereiches, sofern sie unbetreut

---

66 Art. 3: „Mit Hochachtung betrachtet die Kirche auch die Muslime, die den alleinigen Gott anbeten, den lebendigen und in sich seienden, barmherzigen und allmächtigen, den Schöpfer Himmels und der Erde, der zu den Menschen gesprochen hat. Sie mühen sich, auch seinen verborgenen Ratschlüssen sich mit ganzer Seele zu unterwerfen, so wie Abraham sich Gott unterworfen hat, auf den der islamische Glaube sich gerne beruft. Jesus, den sie allerdings nicht als Gott anerkennen, verehren sie doch als Propheten, und sie ehren seine jungfräuliche Mutter Maria, die sie bisweilen auch in Frömmigkeit anrufen. Überdies erwarten sie den Tag des Gerichtes, an dem Gott alle Menschen auferweckt und ihnen vergilt. Deshalb legen sie Wert auf sittliche Lebenshaltung und verehren Gott besonders durch Gebet, Almosen und Fasten."

67 Die 2008 promulgierte und bis heute nicht modifizierte Formulierung lautet: „Lasst uns auch beten für die Juden, auf dass Gott, unser Herr, ihre Herzen erleuchte, damit sie Jesus Christus erkennen, den Retter aller Menschen. Allmächtiger ewiger Gott, Du willst, dass alle Menschen gerettet werden und zur Erkenntnis der Wahrheit gelangen. Gewähre gnädig, dass beim Eintritt der Fülle aller Völker in Deine Kirche ganz Israel gerettet wird. Durch Christus, unseren Herrn. Amen." Sie bedeutet eindeutig einen Rückfall hinter die in *Nostra Aetate* gefasste Aussage eines „niemals gekündigten Bundes" zwischen Gott und dem jüdischen Volk, der eine eschatologische Bekehrung, wie sie in der Fürbitte gefordert wird, überflüssig macht

sind, in ihren Schutz zu nehmen. 8. Wir bitten den Gott der Barmherzigkeit, daß er den Tag der Vollendung heraufführe, an dem wir mit dem geretteten Israel den Sieg Jesu Christi rühmen werden.[68]

Eine der wenigen gewichtigen Wortmeldungen von jüdischer Seite kommt bezeichnenderweise nicht aus Israel, sondern aus den USA, wo die interreligiöse Bewegung unausweichlich und nicht durch den Nah-Ost-Konflikt verkompliziert ist. *Dabru Emet – Redet Wahrheit*[69] ist das Papier aus dem Jahr 2000, das auf eine „tiefgreifende und nie da gewesene Veränderung der jüdisch-christlichen Beziehungen" reagieren will, nämlich die oben dargestellte jüngste Kehrtwende der christlichen Kirchen, die darin besteht, „dass sie Gottes bleibenden Bund mit dem jüdischen Volk anerkennen und den Beitrag des Judentums zur Weltkultur und zum christlichen Glauben insbesondere würdigen". Hier wird im Wesentlichen festgestellt, dass Christen und Juden zu demselben Gott beten, sich auf dieselbe Heilige Schrift beziehen, dieselben moralischen Grundsätze anerkennen und die theologische Begegnung wie gesellschaftspolitische Zusammenarbeit den Eigenstand der beiden Religionen nicht schwächt.

38 namhafte Gelehrte aus der ganzen islamischen Welt schrieben am 12. Oktober 2006 einen offenen Brief an Papst Benedikt XVI., in dem sie auf seine Rede an der Universität Regensburg reagierten. Zu den Unterzeichnern gehören die Großmuftis aus neun islamischen Staaten und wichtige Religionsgelehrte aus weiteren zehn Staaten, darunter auch Saudi-Arabien und der Iran.[70] Damit liegt eine der ganz wenigen breit belastbaren Äußerungen islamischer Gelehrter über das Verhältnis zum Christentum vor. Indem sie Äußerungen des damaligen Papstes zurückweisen, die Gültigkeit von Sure 2,256 „Es gibt keinen Zwang im Glauben" unterstreichen und die Transzendenz des muslimischen Gottesbegriffs relativieren, betonen sie die Legitimität des Vernunftgebrauchs, die zivilen islamischen Regeln für die Kriegsführung, das islamische Tötungsverbot und das Verbot der Zwangsmissionierung. Schließlich bieten sie auf der Basis der Gottes- und Nächstenliebe einen interreligiösen Dialog an.

An sich bildete der Staat Israel die ideale Möglichkeit, um die alte Tradition des jüdisch-islamischen Dialoges neu aufzugreifen und fruchtbar fortzuführen. Doch die enge Verflechtung zwischen ethnischen, nationalen und religiösen Identitätskonzepten scheint diese Möglichkeit dort und zunehmend auch anderswo zu versperren.

---

68 *Kirchliches Jahrbuch für die Evangelische Kirche in Deutschland* (1950), S. 5 f.

69 Dt. Version unter: http://www.christen-und-juden.de/Download/DABRU%20EMET.pdf, letzter Zugriff: 11.05.2017.

70 http://www.al-sakina.de/inhalt/artikel/vernunft_glaube/offener_brief/offener_brief.html, letzter Zugriff: 07.03.2017.

2. Theologie

Oralität und Literalität.
Mündliche Überlieferung und ihre Verschriftung

Stefan Schreiner

Wie in anderen Religionen so gehören auch im Judentum die Begriffe *Oralität* und *Literalität,* *Mündlichkeit* und *Schriftlichkeit* oder – dem üblichem Sprachgebrauch folgend – *Schrift* und *Tradition* zu den Grundbegriffen aller religiösen Überlieferung.[1] Dabei steht der Begriff der Oralität, der mündlichen Überlieferung, im Unterschied und Gegensatz zum Begriff der Litera-lität, der verschrifteten Überlieferung, hier als Inbegriff für die an die Mündlichkeit oder – mit einem Wort Martin Bubers – „Gesprochenheit des Worts" gebundene Weise der Weitergabe der religiösen Überlieferung „without the aid of a written medium" (Gísli Sigurðsson), unab-hängig von ihrem Inhalt ebenso wie von ihrer aus mnemotechnischen Gründen gewählten oder bevorzugten Form (Gattung).[2] Zusammengefasst wird diese doppelte Form der Überlieferung im Begriff der *Tradition,* der zunächst auf den Prozess der – mündlichen und schriftlichen – Weitergabe bezogen wird, dann aber auch auf deren Inhalt. Insofern meint Tradition nicht allein die *traditio,* den Überlieferungsprozess (im englischen Sprachraum spricht man von *transmis-sion history*), sondern schließt das *traditum,* das Überlieferte, ein.

Im Judentum begegnet das Thema Oralität und Literalität der Überlieferung in drei Zusam-menhängen: zuerst (a) im Zusammenhang mit der Frage nach Entstehung und Überlieferung der Heiligen Schrift, der Hebräischen Bibel, und sodann (b) im Zusammenhang mit der Frage nach dem Umgang mit ihr, ihrem Studium, und der Weitergabe der im Rahmen ihres Studi-ums aus ihrer Auslegung hergeleiteten Lehre. Schließlich begegnet das Thema im Gegenüber von „schriftlicher Tora" (תורה שבכתב *tora schebichtav*) und „mündlicher Tora" (תורה שבעל-פה *tora schebe'al-peh*) und dem Verhältnis beider zueinander als theologische, dogmatische Frage, wobei „Tora" hier als der Inbegriff der „Weisung Gottes" an den Menschen und der aus ihr hergeleiteten religiösen Lehre verstanden wird.

---

1 Vgl. dazu u. a. Vansina, Jan: Oral Tradition: A Study in historical Methodology, London 1961; Olson, David R.; Torrance, Nancy (Hg.): Literacy and Orality, Cambridge et al. 1991; Sigurðsson, Gísli: Art. „Orality", in: Segal, Robert A.; Stuckrad, Kocku von (Hg.): Vocabulary for the Study of Religion, 3 Bde., Leiden; Boston 2015, online edition unter URL: http://referenceworks.brillonline.com/entries/vocabulary-for-the-study-of-religion/orality-COM_00000009, letzter Zugriff: 01. 02. 2017.
2 Ong, Walter J.: Oralität und Literalität. Die Technologisierung der Worte, Opladen 1987; Günther, Hart-mut; Ludwig, Otto (Hg.): Schrift und Schriftlichkeit. Ein interdisziplinäres Handbuch internationaler Forschung (= Writing and its Use. Handbücher zur Sprach- und Kommunikationswissenschaft / Hand-books of Linguistics and Communication Science, Bd. 10, Teil 1–2), Berlin 1994–1996.

Die Hebräische Bibel zwischen Mündlichkeit und Schriftlichkeit

Wie jede religiöse Überlieferung so beginnt auch die religiöse Überlieferung im Judentum mit einer sich auf der Ebene der Mündlichkeit bewegenden Weitergabe der Inhalte, die später erst, ab einem bestimmten Zeitpunkt, unter bestimmten Bedingungen und in einem bestimmten Milieu oder Kontext verschriftet, also *Schrift* bzw. *Text* werden. Dementsprechend bezeichnet der Begriff der Schrift die zum *Text* gewordene mündliche religiöse Überlieferung, hier die nach dem Akronym ihrer drei Teile – תורה *Tora* („Weisung"); נביאים Nevi'im („Propheten"); כתובים *Ketuvim* („Schriften") – תנ״ך TaNaKh genannte *Heilige Schrift* oder Hebräische Bibel.

Wie stark und nachhaltig prägend die ihrer Verschriftung vorausgehende mündliche Überlieferung, die mündlich überlieferte Vorstufe von Texten gewesen und über deren Verschriftung hinaus geblieben ist, zeigt sich nicht zuletzt dann, wenn Texte innerhalb der Hebräischen Bibel oder auch in deren altorientalischer Umwelt in ähnlichen Versionen mehrfach vorhanden sind und in sogenannten Doppel- oder Mehrfachüberlieferungen vorliegen.

Zahlreiche anschauliche Beispiele dafür liefern u. a. die Parallelerzählungen in den fünf Büchern Mose (so 1 Mose 12,20–20 // 20,1–18 // 26,1–11; 1. Mose 24,1–67 // 29,1–14 // 2. Mose 2,15–21). Vor fast 100 Jahren schon hat sie Otto Eissfeldt (1887–1973) in (s)einer klassischen Textsynopse zusammengestellt,[3] auch wenn die Schlussfolgerungen, die er aus seiner Zusammenstellung gezogen hat, aus der Perspektive heutiger Bibelwissenschaft längst obsolet geworden sind, und andere sie entsprechend korrigiert und/oder ergänzt haben.[4] Nicht weniger aufschlussreich sind in diesem Zusammenhang aber auch solche Parallelüberlieferungen, die uns in biblischen und außerbiblischen Texten begegnen, wie beispielsweise die Parallelüberlieferungen, die in 2. Sam 24,1–28 // 1. Chron 21,1–30 und den „Worten Gads, des Sehers" enthalten sind und in jüngerer Zeit die Aufmerksamkeit auf sich gezogen haben,[5] um nur diese Beispiele hier zu nennen.

Im Blick auf derartige Doppel- oder Mehrfachüberlieferungen stellt sich beim Vergleich der Parallelüberlieferungen/-erzählungen die Frage, ob dabei zutage tretende Unterschiede zwischen ihnen noch in der Phase ihrer mündlichen Überlieferung eingetreten sind, also der Zeit vor ihrer Erstverschriftung entstammen, oder ob sie denen zuzuschreiben ist, denen die Verschriftung und/oder Zusammenstellung der Überlieferungen zu verdanken ist. Anders formuliert: Wo verläuft die Grenze zwischen dem Anteil eines Autors als des Urhebers einer Überlieferung, ihres Tradenten, in diesem Falle: ihres mündlichen Überlieferers, ihres Schreibers bzw. genauer: ihres Erstverschrifters und des Redaktors, der am Ende für die Zusammenstellung der Texte

---

3   Hexateuch-Synopse. Die Erzählungen der fünf Bücher Mose und des Buches Josua mit dem Anfange des Richterbuches, Leipzig 1922 (Nachdruck Darmstadt 1962 u. ö.).

4   Vgl. dazu Bendavid, Abba: מקבילות במקרא, Bd. I: בראשית, יהושע, שמואל, תהילים, דברי הימים, Bd. II: מלכים ב, ישעיה, ירמיה, דברי הימים, עזרא, נחמיה, Jerusalem 1969–1972.

5   Bar-Ilan, Meir: ספרים מקוצ׳ין, in: פעמים 52 (1992) S. 74–100; ders.: The Words of Gad the Seer, in: *Journal of Biblical Literature* 109 (1990), S. 477–493; ders.: The Discovery of The Words of Gad the Seer, in: *Journal for the Study of Pseudepigrapha* 11 (1993), S. 95–107; ders.: "דברי גד החחזה וב״מקבילות במקרא, in: בית-מקרא 42 (1997), S. 343–355.

verantwortlich zeichnet? Eine klare Grenzziehung scheint hier eher schwierig, wenn sie nicht gar ganz unmöglich ist.

Umso mehr drängt sich eine weitere Frage auf: Ist beim Vorliegen von Parallelüberlieferungen bzw. Parallelerzählungen davon auszugehen, dass es sich tatsächlich um Parallelüberlieferungen/-erzählungen handelt, um Überlieferungen/Erzählungen also, die mehrfach und zudem unabhängig voneinander entstanden und, zunächst jedenfalls, ebenso unabhängig voneinander überliefert worden sind? Oder ist eher anzunehmen, dass es eine Version gibt, die als das „Original" betrachtet werden kann (wenn ja, wäre zu klären: welche? und warum diese?), demgegenüber die Parallelüberlieferungen/-erzählungen sekundär und daher als dessen Bearbeitungen oder Auslegungen anzusehen sind, gleichviel, ob die Bearbeitung oder Auslegung – noch – in der Phase der mündlichen Überlieferung oder – schon – im Zusammenhang mit der Erstverschriftung oder – erst – auf der Ebene der Weitergabe des verschrifteten Textes erfolgt ist.

In vielen Fällen begnügt sich der Text der Hebräischen Bibel hingegen mit dem Verweis auf Parallelüberlieferungen/-erzählungen, ohne dass Genaueres darüber mitgeteilt wird, ob es sich hierbei um vor- oder außerbiblische mündliche oder vor- oder außerbiblische schriftliche Überlieferungen handelt. Auch fehlt jede Angabe über Art und Umfang oder Charakter der darin enthaltenen Parallelüberlieferungen/-erzählungen.[6]

So wird in der Hebräischen Bibel z. B. explizit verwiesen auf ein „Buch der Kriege Gottes" (4. Mose 21,14), ein „Buch des Aufrechten" (Jos 10,13; 2. Sam 1,18), auf die Propheten Samuel, Nathan und Gad (1. Chron 29,29) sowie Ahija, Je'do und Schema'ja (2. Chron 9,29; 12,5; 13,22) zugeschriebene Werke, auf ein „Buch der Klagelieder" (2. Chron 35,25) und das „Buch der Tagesbegebenheiten der Könige" David (1. Chron 23,27) und Salomo (1. Könige 11,41) sowie der Könige Israels und Judas (1. Kön 14,19.29 u. ö.). Namentlich erwähnt werden des Weiteren eine „Auslegung (מדרש midrasch) des „Buchs der Könige" (2. Chron 13,22) und eine „Auslegung (מדרש *midrasch*) des Propheten Iddo" (2. Chron 24,27), ohne dass etwas über deren Inhalt zu erfahren ist.

Doch wie auch immer die einzelnen Texte – historisch und literaturgeschichtlich betrachtet – zustande gekommen und überliefert worden sind, sei es mündlich, sei es schriftlich, für ihre Anerkennung als Heilige Schrift ist ihre Entstehung(sgeschichte) ebenso irrelevant wie die Art und Weise ihrer Überlieferung; denn eine Heilige Schrift ist nicht per se eine Heilige Schrift. Ob eine Sammlung von Texten eine Heilige Schrift wird, entscheidet allein ihre Akzeptanz durch Menschen. Im Grunde genommen kann jeder Text, jede Sammlung von Texten Heilige Schrift werden, vorausgesetzt, es gibt eine Gruppe von Menschen, die bereit ist, diese Texte, diese Sammlung von Texten als Urkunde ihrer religiösen Identität, als religiöse Identitätsurkunde anzuerkennen und dementsprechend als ihre Heilige Schrift zu akzeptieren, sie als solche zu behandeln und als solche von Generation zu Generation weiterzugeben. Das bedeutet umgekehrt aber auch, dass eine Heilige Schrift aufhört, eine Heilige Schrift zu sein, wenn es diese sie als Heilige Schrift zu akzeptieren bereite Gruppe von Menschen nicht mehr gibt. Die eben erwähnte Akzeptanzbereitschaft ist darüber hinaus auch die Voraussetzung und Bedingung

---

6   Siehe dazu Schreiner, Stefan: Schriftauslegung: B. I: Judentum, in: Historisches Wörterbuch der Rhetorik (HWRh), Bd. VIII, Tübingen 2007, Sp. 608–622.

dafür, einer Schrift Normativität beizumessen, eine Heilige Schrift also als normativen Text zu betrachten.[7] All das gilt auch im Blick auf die als Heilige Schrift akzeptierte Hebräische Bibel. Nachdem sie als Heilige Schrift akzeptiert (worden) ist, wird ihr, wie einer jeden Heiligen Schrift auch, aus der Rückschau, sekundär gleichsam, jene Normativität zugebilligt, die im Nachhinein damit begründet wird, dass ihr sowohl eine göttliche Urheberschaft als auch ein göttlicher Ursprung und Ursprungsort zugeschrieben werden. Durch diese Zuschreibung werden die göttliche Urheberschaft und der göttliche Ursprung der Heiligen Schrift der Abfolge der Tradenten, der Menschen also, die die Schrift als Heilige Schrift akzeptieren, annehmen und weitergeben, raumzeitlich über- und vorgeordnet.

Vermittelt wird den Tradenten das zu Überliefernde – und von ihnen dann Überlieferte – durch einen Vorgang, der üblicherweise als *Offenbarung* bezeichnet wird, als Geschehen indessen durchaus unterschiedlich beschrieben werden kann. Die jüdische Überlieferung spricht an dieser Stelle von מתן תורה (*mattan Tora*), von der „Gabe der Weisung [Gottes]", und verbindet diesen Vorgang „geographisch" mit dem mal „Berg Sinai" (הר סיני; so im 2. Buch Mose u. ö.), mal „Horev" (חורב; so im 5. Buch Mose; Septuaginta: χωρηβ, Vulgata: *Horeb*) genannten „Gottes- oder Götterberg" (2. Mose 3,1; 1. Kön 19,8: הר האלהים),[8] welcher Berg auch immer damit gemeint ist oder ursprünglich gemeint war.[9] Vor Jahrzehnten schon hatte Leo Baeck dazu die Vermutung geäußert, dass der „Sinai" (סיני) und der in 2. Mose 3,2 erwähnte „brennende Dornbusch" (סנה *seneh*) aufgrund morphologischer Parallelität der Begriffe möglicherweise dasselbe bezeichnen.[10]

---

7   Siehe dazu den Artikel von Goodman, Lenn E.: Truth, in: Segal; von Stuckrad: Vocabulary for the Study of Religion. Online unter http://referenceworks.brillonline.com/entries/vocabulary-for-the-study-of-religion/truth-SIM_000769, und hier insbesondere Abschnitt 2 über „Truth and Normativity", letzter Zugriff: 01.12.2016.

8   Religionsgeographisch interessant ist übrigens, dass in den monotheistischen Religionen stets „ein Berg in der Wüste" eine zentrale Rolle spielt, als Ort der Offenbarung Gottes ebenso wie als Ort der Gottesbegegnung: Im Judentums ist es der *Sinai* oder *Horev,* bei den Samaritanern der Berg *Garizim* (جبل جرزيم / הר גרזים) bei Nablus (biblisch Shechem), in der christlichen Überlieferung der „Berg der Versuchung" bei Jericho und der als „Berg der Verklärung" bekannte Berg *Tabor* in der Jezre'el-Ebene", und im Islam schließlich der Berg *al-Ḥirā'* (الاحراء) nordöstlich von Mekka. Die „Wüste" bzw. den „Berg in der Wüste" hat bereits Ernest Renan (1823–1892) in seinem Buch Histoire générale et système comparé des langues sémitiques (Paris 1858) als *den* Ort der Offenbarung in den monotheistischen Religionen beschrieben und bündig formuliert: Le désert est monothéiste – „die Wüste ist monotheistisch".

9   Der „Berg Sinai" im Sinne des Gottesberges (هر سيناء / جبل سيناء Ğabal Sīnā') wird erst seit dem 4. Jahrhundert mit dem von den Nabatäern „Moseberg" (جبل موسى Ğabal Mūsā) genannten zweithöchsten Berg (2.285 m) auf der Halbinsel Sinai gleichgesetzt. Siehe dazu Maiberger, Paul: Topographische und historische Untersuchungen zum Sinaiproblem. Worauf beruht die Identifizierung des Ğabal Mūsā mit dem Sinai? (= Orbis Biblicus et Orientalis, Bd. 54), Mainz; Fribourg 1984; Hobbs, Joseph J.: Mount Sinai, Austin 1995. – Zu den jüngsten diesbezüglichen Hypothesen siehe: Anati, Emmanuel: The Riddle of Mount Sinai: Archaeological Discoveries at Har Karkom (= Studi Camuni, Bd. 21), Valcamonica 2001; Carlson, Stephen C.: For Sinai is a Mountain in Arabia: A note on the text of Galatians 4:25, in: *Zeitschrift für die Neutestamentliche Wissenschaft* 105/1 (2014), S. 80–101; Shanks, Hershel: Where Is Mount Sinai? The Case for Har Karkom and the Case for Saudi Arabia in: *Biblical Archaeology Review* 40/2 (2014), S. 30–41, 66 ff.

10 Baeck, Leo: Epochen der jüdischen Geschichte, hg. von Hans I. Bach (= Studia Delitzschiana, Bd. 16), Stuttgart; Berlin; Köln; Mainz 1974, S. 46–47. Baeck verweist darauf, dass Gott in Richter 5,5 und Psalm

Am Beginn der aus der Rückschau konzipierten, theologisch begründeten Tradentenkette stehen die Propheten, allen voran Moses, der „Vater aller Propheten".[11] Wie alle, die am Beginn einer religiösen Tradentenkette stehen, sind die Propheten (נביא, pl. נביאים / *navi,* pl. *nevi'im*) die „Künder", Vermittler des Gotteswortes,[12] nicht dessen „Verfasser". Aus diesem Grunde werden alle Propheten aus theologischen Gründen gleichsam als Analphabeten beschrieben,[13] auch wenn die spätere rabbinische Tradition die Autorschaft an allen 24 Büchern der Hebräischen Bibel ihnen zugeschrieben hat, wie es im Babylonischen Talmud dazu ausdrücklich heißt:

Wer schrieb die *Schrift?* Mose schrieb sein Buch, die Kapitel über Bil'am (4. Mose 23–24) und Hiob.[14] Josua schrieb das Buch, das seinen Namen trägt und [die letzten] acht Verse der Tora [die vom Tod des Mose berichten]. Samuel schrieb das Buch, das seinen Namen trägt, das Buch der Richter und Ruth. David schrieb das Buch der Psalmen, in das er das Werk Älterer einfügte, nämlich Adams, Melchizedeks, Abrahams, Moses, Hemans, Jedutuns, Asafs und der Söhne des Korach.[15] Jeremia schrieb das Buch, das seinen Namen trägt, das Buch der Könige und die Klagelieder. Hiskija und seine Gefährten [die Prophetenschüler] schrieben [die Bücher] Jesaja, Proverbien, Lied der Lieder und Kohelet. Die Männer der Großen Versammlung schrieben [die Bücher] Ezechiel, der Zwölf Propheten, Daniel

---

68,9.18 (vgl. 5. Mose 33,2) „Der vom *Sinai*" (זה סיני *zeh Sinai*) genannt wird, in der Parallelstelle dazu (5. Mose 33,16) jedoch – wörtlich übersetzt – „der auf dem *Dornbusch* Thronende" (שכני סנה *schokhni seneh*).

11 Vgl. Philon, Vita Mosis II,189–191; Wayiqra Rabba I,3; Ester Rabba I; Schemot Rabba XXI,4; Bereschit Rabba LXXVI,1; bMeg 13a; Wayyiqra Rabba I,15; Schreiner, Stefan: „Der Vater aller Propheten". Mose als Prophet und die Prophetie des Mose in jüdischer, christlicher und islamischer Tradition, in: Stosch, Klaus von; Isik, Tuba (Hg.): Prophetie in Islam und Christentum (= Beiträge zur komparativen Theologie, Bd. 8), Paderborn; München; Wien; Zürich 2013, S. 13–34; Stemberger, Günter: Mose in der rabbinischen Tradition, Freiburg; Basel; Wien 2016.

12 Paul, Shalom M.; Sperling, S. David (2nd ed.); Rabinowitz, Louis Isaac; Lerner, Ralph; Kreisel, Howard (2nd ed.); Wurzburger, Walter S.: Art. „Prophets and Prophecy", in: Encyclopaedia Judaica, Bd. XVI, Detroit [etc.] ²2007, S. 566a–586b (Literatur); Schart, Aaron: Art „Prophetie" (erstellt 2014), in: Bauks, Michaela; Koenen, Klaus; Alkier Stefan (Hg.): Das wissenschaftliche Bibellexikon im Internet (WiBiLex), Stuttgart 2006 ff, unter der URL: https://www.bibelwissenschaft.de/wibilex/das-bibellexikon/lexikon/sachwort/ anzeigen/details/prophetie-at/ch/7d72bf2f343be849f3b45aaeced4d25c/, Literatur, letzter Zugriff: 12.03.2016; Stemberger, Günter: Propheten und Prophetie in der Tradition des nachbiblischen Judentums, in: ders.: Judaica Minora, Teil I: Biblische Traditionen im rabbinischen Judentum (= Texts and Studies in Ancient Judaism, Bd. 133), Tübingen 2010, S. 176–202.

13 Auch von Mohammed heißt es im Koran, dass er ein ummī war, was – theologisch – als „Analphabet" gedeutet wird (Sure 7,157–158; vgl. Sure 62,2), was auch immer die ursprüngliche Bedeutung des Wortes ummī gewesen sein mag; siehe dazu Ayoub, Mahmoud: The Qur'an and its Interpreters, Bd. 1, Albany1984, S. 121 f., und Geoffroy, E.: Art. „Ummī", in: Encyclopaedia of Islam, 12 Bde, Leiden; Boston ²1960–2004, online unter URL: http://referenceworks.brillonline.com/entries/encyclopaedia-of-islam-2/ummi-SIM_7726, letzter Zugriff: 01.02.2016. – Eine Ausnahme in der Reihe dieser prophetischen „Künder" ist der persische Prophet Mani (um 216–274), der „Stifter" des Manichäismus, insofern, als dessen Grundschriften *(Manis sechsteiliger Kanon)* auf ihn selbst zurückgehen.

14 Interessanterweise findet sich unter den Schriften von Qumran eine Handschrift des Buches Hiob, das in derselben althebräischen Schrift geschrieben ist wie die erhaltenen Fragmente der 5 Bücher Mose.

15 Zum Beispiel werden Adam Psalm 134,16; Melchizedek Psalm 110, und Mose Psalm 90 zugeschrieben. Abraham gilt als identisch mit Etan dem Esrahiten (Psalm 84).

und die Esterrolle. Esra schrieb das Buch, das seinen Namen trägt [einschließlich Nehemia] und die Genealogien im Buch der Chronik bis auf seine Zeit. (bBB 14b–15a).

Das von den Propheten zu kündende bzw. durch sie zu vermittelnde Gotteswort erhalten sie durch einen Vorgang, der *Berufung* genannt und als *Berufungserlebnis* zumeist in Form einer Vision oder einer Audition geschildert wird. Durch ihr jeweiliges Berufungserlebnis werden die Propheten befähigt, das einem gewöhnlichen Menschen unzugängliche Gotteswort in eine dem menschlichen Ohr zugängliche Sprache zu übersetzen. Denn das Gotteswort ist von einem gewöhnlichen Menschen zwar wahrnehmbar, von ihm aber nicht verstehbar. Das am Berg Sinai stehende Volk hörte wohl, *dass* Gott mit Moses redete (2. Mose 19,9), aber es hörte bzw. verstand nicht, *was* Gott mit ihm redete. Denn es vernahm keine unterscheidbaren Worte, sondern nur die „Stimme von Worten" (5. Mose 4,12). Es nahm eine Stimme wahr (2. Mose 19,19), aber diese Stimme war nicht zu hören, sondern zu sehen; denn die Stimme Gottes wird nicht gehört (5. Mose 4,33; 5,24 f.), sondern gesehen, wie es in der Septuaginta, der antiken griechischen Bibel zu 2. Mose 20,18 heißt: „Das ganze Volk sah die Stimme etc." (καὶ πᾶς ὁ λαὸς ἑώρα τὴν φωνὴν κτλ.; vgl. 5. Mose 4,12b).[16] Der Plural *die Stimmen* im hebräischen Text von 2. Mose 20,18 (וְכָל־הָעָם רֹאִים אֶת־הַקּוֹלֹת וכו' „Das ganze Volk sah die Stimmen etc.") ist dem Kontext der dort geschilderten Theophanie geschuldet und dem Singular *die Stimme* des griechischen Textes gegenüber als sekundär anzusehen. Um diese wohl sichtbare, aber dem gewöhnlichen menschlichen Ohr nicht verstehbare Stimme bzw. Rede Gottes in eine dem gewöhnlichen menschlichen Ohr verstehbare Sprache zu übersetzen und so das Gotteswort zu künden, bedarf es daher einer prophetischen Vermittlung, ein Thema, das insbesondere in der jüdischen Religionsphilosophie des Mittelalters und der frühen Neuzeit eine zentrale Rolle gespielt hat.[17]

Wenngleich das prophetisch vermittelte Gotteswort ein mündlich gesprochenes Wort ist, drängt es dennoch nachgerade auf Verschriftung. Nach 2. Mose 32,15–16 war es sogar Gott selber, der das von Moses zu Verkündende auf den beiden Tafeln verschriftet hatte. Und nachdem Moses diese beiden Tafeln zerbrochen hatte (2. Mose 32,17–20), musste er auf Gottes Geheiß hin neue Tafeln anfertigen, die diesmal allerdings nicht noch einmal von Gott beschrieben wurden, sondern von Moses (2. Mose 34,1–4, 27–29; vgl. 2. Mose 34,27 und 5. Mose 31,9). Dennoch ist Moses nicht der Verfasser, schon gar nicht der Autor im Sinne von Urheber des Verschrifteten, sondern bleibt dessen Künder und Vermittler.[18] Ähnlich heißt es dann auch von Jeremia ausdrücklich, dass er das von ihm zu Verkündende seinem Sekretär Baruch diktierte, der es dann

---

16 Die Wahrnehmung der göttlichen Stimme als ein solches wunderhaftes Ereignis, das gleichsam auf einer Sinnenvermischung bzw. Sinnenverknüpfung beruht, haben bereits Josephus Flavius (*Antiquitates* I,12,1) und der jüdische Dramatiker Ezechielos (2./1. Jahrhundert v. u. Z.) in seiner Tragödie *Exagoge* (99 v. u. Z.) beschrieben.

17 Siehe dazu das noch immer lesenswerte Buch von Sandler, Newmann: Das Problem der Prophetie in der jüdischen Religionsphilosophie von Saadia bis Maimuni, Breslau 1891, und ausführlich dazu: Kreisel, Howard: Prophecy: The History of an Idea in Medieval Jewish Philosophy (= Amsterdam Studies in Jewish Thought, Bd. 8), Dordrecht u. a. 2001.

18 Vgl. Amir, Yehoschua: Mose als Verfasser der Tora bei Philon, in: ders.: Die Hellenistische Gestalt des Judentums bei Philon von Alexandrien (= Forschungen zum jüdisch-christlichen Dialog, Bd. 5), Neukirchen Vluyn 1983, S. 77–106; Stemberger: Mose in der rabbinischen Tradition, S. 103–144, bes. S. 140 ff.

auf einer Schriftrolle niederschrieb (Jeremia 36,1–32). Und was – paradigmatisch – von Moses und Jeremia berichtet wird, darf für alle prophetisch vermittelte biblische Überlieferung angenommen werden: Sie hat nicht nur ihren Ursprung in einem mündlichen Kontext, sondern lebt von ihrer mündlichen Weitergabe, auch wenn sie – später – verschriftet wird.

Die prophetische Tradentenkette indessen ist begrenzt, nicht zuletzt aus apologetischen Gründen. Nach rabbinischer Überzeugung und Überlieferung nimmt sie ihren Anfang mit Moses und endet mit Maleachi, dem letzten der Propheten, mit dessen in die Zeit des persischen Königs Artaxerxes[19] datiertem Tod „der Geist der prophetischen Vermittlung aus der Geschichte weicht" (tSo II,30). Das bedeutet, dass alle prophetische Verkündigung, die nach dem Tod Maleachis entstanden ist, folglich nicht prophetische Verkündigung im Sinne der rabbinischen Auffassung von Prophetie sein kann.

Der antike jüdische Historiker Josephus Flavius (37–um 100) fasst in seinem Buch *Contra Apionem* 1,8 (38–41) die prophetische Tradentenkette und die von ihr überlieferten Bücher folgendermaßen zusammen:

> Bei uns gibt es […] nicht mehr als zweiundzwanzig Bücher,[20] welche die Niederschrift des ganzen Zeitraums enthalten und zu Recht Vertrauen gefunden haben. Und von diesen stammen fünf von Mose, die die Gesetze umfassen und die Überlieferung vom Ursprung des Menschen bis zu seinem [Moses] eigenen Ende; dieser Zeitraum ist nur wenig kürzer als dreitausend Jahre. Vom Tod des Mose bis zu Artaxerxes, dem König der Perser nach Xerxes, haben die auf Mose folgenden Propheten die Begebenheiten ihrer Zeit in dreizehn Büchern aufgezeichnet; die übrigen vier enthalten Hymnen an Gott und Lebensanweisungen für die Menschen. Von Artaxerxes bis in unsere Zeit ist auch alles aufgezeichnet; es wird aber nicht gleichen Vertrauens gewürdigt wie die früheren (Bücher), weil keine exakte Aufeinanderfolge der Propheten mehr stattfand.

An dieser Stelle unterscheiden sich die der pharisäisch-rabbinischen Tradition entstammende *Biblia Hebraica* und die *Septuaginta,* die Bibel der griechisch-sprachigen hellenistisch-jüdischen Diaspora konzeptionell voneinander. Der Kanon der Septuaginta ist nicht nur anders aufgebaut, sondern reflektiert auch ein anderes Kanonverständnis, insofern als seine Dreiteiligkeit zuerst (a) alle Bücher der Geschichte (5 Bücher Mose, Josua, Richter, Rut, 4 Bücher der Könige, 2 Bücher der Chronik, 1. Esra, Esra-Nehemia, Tobit, Judith, Esther mit Zusätzen, 4 Bücher der Makkabäer), dann (b) alle Bücher der Unterweisung (150 Psalmen. Psalm 151, Oden, Gebet des Manasse, Hiob, Proverbien, Kohelet, Hoheslied, Weisheit Salomos, Weisheit Jesus Sirachs, Psalmen Salomos) und am Schluss (c) die Bücher der Propheten (12 Propheten, Jesaja, Jeremia, Baruch, Klagelieder, Brief Jeremias, Ezechiel, Daniel mit Zusätzen) bringt und somit mit einem Ausblick auf die Zeit der Auferstehung und das Eschaton schließt (Daniel 12,2–13, gefolgt von den Zusätzen in Kap. 13 und 14).[21] Die christliche Überlieferung hat den Kanon der

---

19   Nach Josephus wäre das Artaxerxes I. (465–424 v. u. Z.).

20   Josephus zählt die Bücher Jeremia und Klagelieder und die Bücher Kohelet und Hoheslied als jeweils ein Buch und kommt daher statt der 24 auf 22 Bücher der Hebräischen Bibel.

21   Siehe dazu Tov, Emanuel: The Septuagint, in: Mulder, Martin Jan; Sysling, Harry (Hg.): Mikra – Text, Translation, Reading and Interpretation of the Hebrew Bible in Ancient Judaism and Early Christianity (=

Septuaginta übernommen, allerdings mit einer gewichtigen Änderung: Am Schluss des Kanons stehen die 12 Propheten, deren Abschluss Maleachi bildet. Das Buch Maleachi endet mit der Ankündigung des Kommens des Messias, an die dann das Matthäusevangelium (Kapitel 1) mit seinem Bericht über den gekommenen Messias lückenlos anschließt.

Da die Septuaginta zudem das rabbinische Kriterium nicht kennt, dem zufolge alle kanonischen Bücher prophetisch vermittelt sein müssen, mit Maleachis Tod aber „der Geist der prophetischen Vermittlung aus der Geschichte weicht", sind in ihr Schriften enthalten, die die pharisäisch-rabbinische Tradition nicht als prophetisch vermittelt anerkennt und deshalb als „außerhalb des Kanons der akzeptierten Heiligen Schrift überlieferte Bücher" („Apokrypha") betrachtet.[22]

Demgegenüber umfasst der im Akronym תנ״ך *TaNaKh* (= תורה *Tora,* נביאים *Nevi'im,* כתובים *Ketuvim*) – zusammengefasste Kanon der Hebräischen Bibel die folgenden drei Teile: (a) die „Tora" (תורה) im engeren Sinne (5 Bücher Mose); (b) die Bücher der Propheten, unterteilt in die „vorderen Propheten" (נביאים הראשונים *nevi'im ha-rischonim*: Josua, Richter, 2 Bücher Samuels und 2 Bücher der Könige) und die „hinteren Propheten" (נביאים האחרונים *nevi'im ha-achronim*: Jesaja, Jeremia, Ezechiel, 12 Propheten); und (c) die „Schriften" (כתובים *ketuvim*: Psalmen, Hiob, Proverbien, 5 Festrollen, Daniel, Esra-Nehemia, 2 Bücher der Chronik). Der erste Teil umfasst, wie Josephus schon schrieb, die Geschichte von der Erschaffung der Welt bis zum Vorabend der Einwanderung ins Gelobte Land; der zweite Teil die Geschichte von der Einwanderung ins Gelobte Land bis zum Ende der Eigenstaatlichkeit und der Zerstörung des Ersten Tempels; der dritte Teil die Geschichte des Babylonischen Exils und der Rückkehr bis zum Tod des letzten Propheten und schließt mit dem Ausblick auf die Rückkehr ins Land der Väter (2. Chron 36,22–23[23]).

Compendia Rerum Iudaicarum ad Novum Testamentum, Section II, Bd. 1), Assen; Maastricht; Philadelphia 1988, S. 161–188; Ziegert, Carsten; Kreuzer, Siegfried: Art. „Septuaginta" (erstellt 2012), in: Bauks; Koenen; Alkier: Das wissenschaftliche Bibellexikon im Internet, unter der URL: https://www.bibelwissenschaft.de/wibilex/das-bibellexikon/lexikon/sachwort/anzeigen/details/septuaginta/ch/b8178fbbe0907a93cf4eb0207e56fd95/, letzter Zugriff: 12.02.2016.

22 Grintz, Yehoshua M.; Dan, Joseph: Art. „Apocrypha and Pseudepigrapha", in: Encyclopaedia Judaica, Bd. II, Detroit [etc.] ²2007, S. 258a–261b; Beck, Martin: Art. „Apokryphen (AT)" (erstellt 2006), in: ebd., unter der URL: https://www.bibelwissenschaft.de/wibilex/das-bibellexikon/lexikon/sachwort/anzeigen/details/apokryphen-at/ch/196cbca55a60861131e0ccf3c4aa6741/, Literatur, letzter Zugriff: 12.02.2016; Stone, Michael E. (Hg.): Jewish Writings of the Second Temple Period: Apocrypha, Pseudepigrapha, Qumran Sectarian Writings, Philo, Josephus (= Compendia Rerum Iudaicarum ad Novum Testamentum, Section II: The Literature of the Jewish People in the Period of the Second Temple and the Talmud, Bd. 2), Assen; Philadelphia; Leiden 1984, S. 33–83, 171–184, 283–324.

23 Anspielung auf die Proklamation des achämenidischen Königs Kyros (II.) d. Großen (um 600 oder 576–530 v. u. Z.), von der in der Hebräischen Bibel eine aramäische (Esr 6,3–5) und eine anderslautende hebräische Fassung (Esr 1,1–4) vorliegen. Siehe dazu Galling, Kurt: Die Proklamation des Kyros in Esra 1, in: ders.: Studien zur Geschichte Israels im persischen Zeitalter, Tübingen ³1979, S. 61–77, und Bickerman, Elias: The Edict of Cyrus in Ezra, in: ders.: Studies in Jewish and Christian History, hg. von Amram Tropper, Bd. 1 (= Arbeiten zur Geschichte des antiken Judentums und des Urchristentums, Bd. 68/1), Leiden 2007, S. 71–107.

Von der mündlichen zur verschrifteten Überlieferung oder:
Die drei Ebenen der Hebräischen Bibel

Wenn auch die Talmudweisen lehrten, dass die „Tora vom Himmel ist" (תורה מן השמים) – ein Satz, der zu den Grundprinzipien des Judentums gehört,[24] „wer ihn leugnet, hat keinen Anteil an der zukünftigen Welt" (mSan X,1)[25] –, wussten sie doch, dass die Hebräische Bibel in ihrer vorfindlichen, sichtbaren Gestalt weder seit Urzeiten feststand noch als Buch vom Himmel herabgesandt worden ist. Auch wenn sie in der Hebräischen Bibel das Zeugnis von der Offenbarung Gottes sahen, betrachteten sie sie in ihrer überlieferten Form dennoch nicht einfach als gottgegeben, sondern als ein Buch, das „die Sprache der Menschen spricht" (דיברה תורה כלשון בני אדם „Die Tora spricht der Sprache der Menschen entsprechend").[26] Als solche ist sie Ergebnis eines von Menschen geleisteten Prozesses mündlicher und schriftlicher Überlieferung, der zugleich ihre ununterbrochene Auslegung abbildet. Hat doch die Auslegung das Bibelwort von allem Anfang an begleitet und ist mithin so alt wie der mündlich und schriftlich überlieferte Text der Bibel selbst.

Belege früher, die mündliche Überlieferung der Bibeltexte begleitender Auslegung finden sich bereits innerhalb der biblischen Texte selbst, freilich ohne dass sie explizit als solche benannt würden.[27] So werden mitunter in Form von in den Text eingetragenen Glossen grammatische Probleme erklärt (z. B. Esr 3,12), geschichtliche Ereignisse und Gegebenheiten erläutert (z. B. 1. Mose 12,6; 1. Sam 9,9) oder Personen und geographische Orte identifiziert (z. B. 1. Chron 11,4). Ebenso deuten Neuformulierungen älterer Texte in (jüngeren) Parallelüberlieferungen gelegentlich auf philologisch-lexikographische Interpretationen hin (z. B. 2. Sam 7,10 // 1. Chron 17,9; 1. Kön 5,22 // 2. Chron 2,15; 1. Kön 10,18 // 2. Chron 9,17) oder dienen wie im Falle juristisch relevanter Texte der Aktualisierung bzw. Novellierung bestehender Regelungen (z. B. 5. Mose 15,12 versus 2. Mose 21,2; 5. Mose 22,1–2 versus 2. Mose 23,4;

---

24 Auf eine neue Grundlage gestellt wird alle zukünftige Forschung zur Textgeschichte der Hebräischen Bibel, von ihrer Verschriftung bis zu ihrer facettenreichen, ebenso vielsprachigen wie vielgestaltigen Überlieferung, durch das monumentale Werk: Lange, Armin; Tov, Emanuel; Henze, Matthias; Fuller, Russell E.; Tervanotko, Hanna; White-Crawford, Sidnie Leiden (Hg.): Textual History of the Bible (THB), Boston 2016ff., Bd. 1A, 1B und 1C: The Hebrew Bible (2016); Bd. 2A und 2B: Deuterocanonical Scriptures (voraussichtlich 2017); Bd. 3A, 3B und 3C: A Companion to Textual Criticism (voraussichtlich 2019); Bd. 4: Indices, and Manuscript Catalogues (voraussichtlich 2020).

25 Vgl. die Achte und Neunte der „Dreizehn Grundlehren" des Moses ben Maimon (1138–1204) und dazu Shapiro, Marc B.: The Limits of Orthodox Theology: Maimonides' Thirteen Principles Reappraised, Oxford; Portland 2004, S. 91–131. – Nicht ohne Grund wählte Abraham Joshua Heschel diesen Satz als Titel seiner Gesamtdarstellung der rabbinischen Theologie: תורה מן השמים באספקלריה של הדורות, London; New York; Jerusalem 1962–1995; engl. Übersetzung: Heavenly Torah: as refracted through the generations, edited and translated from the Hebrew with commentary by Gordon Tucker and Leonard Levin, London; New York 2005 (²2007).

26 Sifre *Bemidbar* § 112; bBer 31a; Stemberger, Günter: Die Tora im rabbinischen Judentum, in: ders.: Judaica Minora I, S. 1–14.

27 Fishbane, Michael: Inner-Biblical Exegesis, in: Sæbø, Magne (Hg.): Hebrew Bible / Old Testament: The History of Its Interpretation, Bd. I/1: Antiquity, Göttingen 1996, S. 33–48; ders.: Biblical Interpretation in Ancient Israel, Oxford 1985.

5. Mose 7,9–10 versus 2. Mose 20,5). Insbesondere in prophetischen Reden wird immer wieder auf (ältere) vor allem rechtliche Überlieferungen zurückgegriffen, um sie homiletisch auf die jeweilige Gegenwart hin neu auszulegen (z. B. 2. Mose 22,1–2 und 5. Mose 24,1–4 in Jer 2,26 und 3,1–5; 1. Mose 27,35–36 in Jer 9,3–5; 5. Mose 24,16 in Ez 18,2–4). In gleicher Weise werden alte Orakel und Weissagungen aktualisiert (z. B. Jes 16,13–14; Jer 25,9–12 als Erfüllung von 3. Mose 25,41–45 und 29,10 // 2. Chron 36,19–21; Ez 29,17–20; Dan 9,1 ff. als Erfüllung von Jer 29,10) etc.

Text und Auslegung bzw. Kommentar sind daher letztlich nicht voneinander zu trennen. Wie eng Text und Kommentar schließlich miteinander verbunden, ja, ineinander verwoben (worden) sind, zeigt am Ende auch der Blick in den hebräischen Bibeltext, wie er in Gestalt des masoretischen Textes der drei Teile der *Biblia Hebraica* heute vorliegt.

Wohl geht die Dreiteilung der Hebräischen Bibel, ihre Gliederung in die drei oben beschriebenen aufeinander folgenden Teile ebenso wie die Abfolge der in diesen drei Teilen enthaltenen insgesamt 24 Bücher auf die Zeit des Zweiten Tempels zurück.[28] Als ältester Beleg dieser Dreiteilung gilt der Prolog zum Buch Sirach, in dem „das Gesetz, die Propheten und die anderen Schriften" gleich mehrmals explizit genannt werden (Prolog 1, 7, 21–25).[29] Zudem enthält das Buch Sirach in den Kapiteln 44,1–49,16 eine detaillierte Inhaltsangabe von zumindest 22 der 24 Bücher,[30] und zwar in eben der Abfolge, in der sie im Kanon der Hebräischen Bibel zu finden sind. Dennoch ist die Hebräische Bibel in ihrer heute bekannten Gestalt wesentlich ein Produkt des Mittelalters und der frühen Neuzeit, in dem anderthalb Jahrtausende Überlieferung – und zugleich Auslegung – ihren schriftlichen, literarischen Niederschlag gefunden haben.

Beim Blick auf den Text der Hebräischen Bibel lassen sich gleichsam drei Ebenen des Textes erkennen, die nicht nur voneinander zu unterscheiden sind, sondern zugleich die Stufen des Übergangs von der mündlichen Tradition zu ihrer Verschriftung reflektieren. Gleiches lässt sich übrigens auch an der syrischen und arabischen Bibel sowie am arabischen Koran beobachten.

Wann immer der Prozess der Verschriftung des mündlich Überlieferten begonnen hat[31] – als älteste Zeugen der Verschriftung der Hebräischen Bibel gelten die zwischen 250 v. u. Z. und 40 u. Z. entstandenen Schrift(roll)en vom Toten Meer[32] –, auch nach und trotz ihrer Ver-

---

28 Leiman, Sid Z.: The Canonization of Hebrew Scripture: The Talmudic and Midrashic Evidence (= Transactions of the Connecticut Academy of Arts and Science, Bd. 47), Hamden, CN 1976; ders.: The Canon and Masorah of the Hebrew Bible: An Introductory Reader (= The Library of Biblical Studies), New York 1974; Beckwith, Roger T.: Formation of the Hebrew Bible, in: Mulder; Sysling: Mikra – Text, S. 39–87, dort S. 51–58; Stemberger, Günter: Entstehung und Auffassung des Kanons im rabbinischen Denken, in: ders.: Judaica Minora, S. 69–87.

29 Vgl. dazu 1. Makkabäer 12,9; 3,48 u. ö.; Lukas 24,44.

30 Die Bücher Daniel- und Ester existierten zur Zeit der Abfassung des Buches Sirach (um 190 v. u. Z.) noch nicht. Siehe dazu Gilbert, M.: Wisdom Literature, in: Stone: Jewish Writings of the Second Temple Period, S. 283–324, dort S. 290–301. – Vgl. dazu auch das oben zitierte Exposé der 22 Bücher in Josephus' *Contra Apionem* I,8.

31 Demsky, Aaron; Bar-Ilan, Meir: Writing in Ancient Israel and Early Judaism, in: Mulder; Sysling: Mikra – Text, S. 1–38.

32 Ulrich, Eugene: The Biblical Qumran Scrolls. Transcriptions and Textual Variants (= Vetus Testamentum Supplements, Bd. 134), Leiden; Boston 2010; ders.: The Dead Sea Scrolls and the Developmental Com-

schriftung bleibt die Weitergabe der *Schrift* genauso an die Mündlichkeit ihrer Überlieferung gebunden, wie dies vor ihrer Verschriftung der Fall war. Der Grund dafür ist nicht zuletzt die Sprache der Verschriftung, das Hebräische (und für einen kleinen Teil der Hebräischen Bibel das Aramäische). Insofern handelt es sich aus jüdischer Sicht bei der Frage nach dem Verhältnis von Mündlichkeit und Schriftlichkeit, von mündlicher und schriftlicher Überlieferung zueinander nicht um die Frage eines zeitlichen Nacheinanders. Vielmehr stehen Mündlichkeit und Schriftlichkeit im Blick auf die Hebräische Bibel in einer Wechselbeziehung zueinander, die sich immer wieder auch als spannungsreiche Interdependenz erwiesen hat.

Als erste Stufe der Verschriftung und damit als erste, älteste Ebene des Textes der Hebräischen Bibel entsteht der „das Geschriebene" (הכתוב *ha-katuv*) oder „die Rezitation" (המקרא *ha-Mikra;* vgl. al-Qurʾān) genannte „überlieferte Text" (מסורת *masoret*).[33]

Da es indessen zu den Eigenheiten der hebräischen Sprache – wie der anderen semitischen Sprachen – gehört, dass sie nur Konsonanten schreibt, besteht der „überlieferte Text" aus nicht mehr als aus einem „Buchstabenkontinuum" (Arnold Goldberg), aus einer Abfolge von Konsonanten in festgelegter Reihe und Zahl, die allein der Abgrenzung der Textmenge dient. Ein „les- und verstehbarer" Text ist dieser reine Konsonantentext nicht. Zu einem „les- und verstehbaren" Text wird er erst durch dessen mündliche Rezitation. Erst durch die im mündlichen Vortrag erfolgende Verbindung der Konsonanten mit Vokalen erhält der Konsonantentext (s) einen Sinn. Ohne Lesung, ohne den mündlichen Vortrag ist und bleibt der überlieferte Text stumm. Im Blick auf die Überlieferung der Hebräischen Bibel bedeutet das, dass auch über den Zeitpunkt ihrer Verschriftung hinaus notwendigerweise das gesprochene Wort gilt, die Hebräische Bibel auch weiterhin an ihre mündlich erfolgende Weitergabe gebunden bleibt. Der verschriftete Text ist nicht mehr als eine Gedächtnisstütze (siehe hierzu auch den Beitrag von Elisa Klapheck, S. 81).

Das erklärt auch die Bedeutung einer Institution, die in der späteren rabbinischen Literatur immer wieder unter dem Begriff „Bibelleser" (קוראים *qor'im* oder קראים *qara'im*) erwähnt wird, die in den „Koranlesern" (qurrāʾ) der Frühzeit des Islam ihre Parallele haben. Aufgabe dieser „Bibelleser" war es, mit ihrer von Generation zu Generation erfolgenden mündlichen Weitergabe der Schrift die Verlässlichkeit der Überlieferung zu garantieren und damit die Authentizität der Schrift zu wahren. Nicht überraschen kann daher, dass an die Qualifikation dieser „Bibelleser" strenge Maßstäbe angelegt wurden und „Bibelleser" nur sein durfte, wer die Buchstaben korrekt auszusprechen und zwischen den konsonantischen und vokalischen Lautwerten korrekt zu unterscheiden in der Lage war.[34] So durfte R. Hijja nicht vorlesen, weil er nicht korrekt zwischen *Chet* (ח) und *He* (ה) unterscheiden konnte und möglicherweise in Jesaja 8,17 nicht וְחִכִּיתִי לַיהוָה (*we-chikkiti la-YHWH* „ich will auf den Ewigen warten"), sondern וְהִכִּיתִי לַיהוָה (*we-hikkiti* etc.

---

position of the Bible (= Vetus Testamentum Supplements, Bd. 169), Leiden; Boston 2015; Xeravits, Géza G.; Porzig, Peter: Einführung in die Qumranliteratur. Die Handschriften vom Toten Meer, Berlin; Boston 2015; Dimant, Devorah; Parry, Donald W.; Clements, Geraldine I. (Hg.): Dead Sea Scrolls Handbook, Leiden; Boston 2014.

33 Beckwith, Roger T.: Formation of the Hebrew Bible, in: Mulder; Sysling: Mikra – Text, S. 39–87, hier: S. 39 f.

34 Siehe dazu u. a. die Regeln für die öffentliche Lesung der Tora im Traktat *Sofrim* X–XXI.

„ich will schlagen etc.") oder in Psalm nicht כֹּל הַנְּשָׁמָה תְּהַלֵּל יָהּ (*kol neshama tehallel YH* „jede Seele soll Gott loben"), sondern כֹּל הַנְּשָׁמָה תְּחַלֵּל יָהּ (*kol neshama techallel YH*, „jede Seele soll Gott lästern") gelesen hätte (bChag 24b; bEr 53b).

Die beim mündlichen Vortrag des Textes erfolgende Verbindung der Konsonanten mit Vokalen bedeutet zugleich aber auch Auslegung des Textes. Lässt der nur aus Konsonanten bestehende Text oft mehrere Lesemöglichkeiten zu, kann im mündlichen Vortrag zur selben Zeit immer nur eine Lesemöglichkeit wieder- und weitergegeben werden. Mithin begrenzt die Rezitation die Lesemöglichkeiten des Textes und damit dessen Auslegungsmöglichkeiten auf eine. Folgerichtig lehrten bereits die Talmudweisen, „die Tora ist gegeben worden, damit sie ausgelegt wird" (תורה ניתנה להידרש *Tora nitna le-hiddaresch*).[35] „Ausgelegt" wird sie, wenn sie gelesen wird; und „ausgelegt werden" muss sie, weil man nur so „mit ihr und durch sie leben" kann (3. Mose 18,5).

Nach jüdischer Tradition beginnt dieser Prozess der Verschriftung und Auslegung mit Esra „dem Schreiber", von dem als erstem berichtet wird, dass er die durch Mose vermittelte „Weisung Gottes" verschriftet und dem Volk vorgelesen, also ausgelegt hat (Esr 7,6; Neh 8,8–9). Mit Esra setzt die Epoche der סופרים *sofrim,* der „Schreiber" (wörtlich „Zähler") und „Schriftgelehrten" ein, die in der theologisch begründeten Tradentenkette die Reihe der Propheten fortsetzten.[36] Ihre Tätigkeit ist für die Überlieferung der Schrift von grundlegender Bedeutung. „Richteten sie doch ihren Verstand auf die Schrift und machten sie verständlich" (Neh 8,8) und legten damit den Grundstein für eine verlässliche Überlieferung der Schrift sowohl hinsichtlich ihrer verschrifteten Form als auch hinsichtlich ihrer Lesung bzw. Auslegung, wie sie dann von den „Bibellesern" weitergeführt worden ist. „Zähler" (סופרים *sofrim*) wurden diese frühen Gelehrten deshalb genannt, „weil sie die Buchstaben der Tora zu zählen pflegten",[37] also für die Textstabilität des überlieferten Textes sorgten; denn es durfte weder hinzugefügt noch etwas von ihm weggenommen werden.[38] Nicht nur jeder Buchstabe, jedes „Häkchen" in der Schrift ist wichtig und ein unverzichtbarer Bedeutungsträger.[39] Von Rabbi Akiva sollte es später heißen, er habe „aus jedem Häkchen Berge über Berge von Halachot hergeleitet".[40]

Wie sehr für die späteren rabbinischen Gelehrten die Schrift gebunden war und sich bis heute, wie Günther Stemberger sagte, „an den Idealnormen eines in Buchstabenzahl wie materieller Gestalt unveränderlichen Ganzen orientiert", belegen nicht zuletzt die von ihnen aufgestellten Regeln für die Schreibung bzw. die Anfertigung eines Exemplars der Schrift,

---

35 yMeg1,1/70a.

36 Zu den „Schreibern" und ihrem Status siehe: Demsky; Bar-Ilan: Writing in Ancient Israel, S. 21–24.

37 bQid 30a: „Die frühen Gelehrten wurden *sofrim* genannt, weil sie die Buchstaben der Tora zu zählen pflegten. So lehrten sie, dass das *Waw* in *gahon* (3. Mose 11,42) der mittlere Buchstabe der Tora, *darosh darash* (3. Mose 10,16) die Mittelworte der Tora, *we-hitgallah* etc. (3. Mose 13,33) der Mittelvers der Tora, das *Ayin* in *mi-ya'ar* (Psalm 80,14) der mittlere Buchstabe des Psalters und der Vers Psalm 78,38 der Mittelvers des Psalters sind."

38 5. Mose 4,2; 13,1; bEr 13a.

39 Rothmüller, Erich Arthur: Masoretische Eigentümlichkeiten der Schrift, ihre Bedeutung und Behandlung im Talmudischen Schrifttum, Würzburg 1926 [Zagreb ²1927], S. 35–96.

40 bMen 29b.

die bis zum heutigen Tage eben diesen alten Regeln folgt.[41] Über allem steht die Mahnung Rabbi Jischmaels an den „Schreiber der Tora" eingedenk zu sein, „dass deine Arbeit heilige Arbeit ist; denn durch Auslassen oder Hinzufügen eines Buchstabens kannst du die Welt zerstören" (bEr 13a), so beispielsweise, wie R. Shlomo b. Isaak (Raschi, 1040–1105) hinzufügt, wenn er in Jeremia 10,10 וַיהֹוָה אֱלֹהִים אֱמֶת (*wa-YHWH Elohim emet* „und der Ewige, Gott, ist Wahrheit") ein *Alef* vergessen und es dann heißen würde: וַיהֹוָה אֱלֹהִים מֵת (*wa-YHWH Elohim met* „und der Ewige, Gott, ist tot") oder in 1. Mose 8,15 (וַיְדַבֵּר אֱלֹהִים אֶל-נֹחַ *wa-yedabber Elohim el Noach* „und Gott sprach zu Noah") ein *Waw* hinzufügen und es dann heißen würde: וַיְדַבְּרוּ אֱלֹהִים אֶל-נֹחַ (*wa-yedabberu Elohim el Noach* „und Götter sprachen zu Noah"). Und der Midrasch (Wayyiqra Rabba XIX,2) zitiert eine ganze Liste von Beispielen, wie der Schreiber durch Verschreiben zu blasphemischen Aussagen kommen kann, so beispielsweise, wenn er im Wort אחד in 5. Mose 6,4 am Ende das *Dalet* (ד) nicht korrekt schreibt, sodass man es mit einem *Resch* (ר) verwechseln kann und dann – *horribile dictu* – anstelle des „Höre Israel, der Ewige ist unser Gott, der Ewiger ist Einer (אחד *echad*)" liest: „Höre Israel, der Ewige ist unser Gott, der Ewige ist ein anderer (אחר *acher*)".

Da der nur aus Konsonanten bestehende Text, wie gesagt, oft mehrere Lesemöglichkeiten zulässt, sind im Laufe der Jahrhunderte Lesehilfen *(matres lectionis)* als Vokalersatz in den Text eingetragene Konsonanten entwickelt worden, die die Vielfalt der Lesemöglichkeiten auch des geschriebenen Textes eingrenzen und am Ende der Vereinheitlichung seiner Lesung dienen sollen.[42] Zahlreiche Beispiele für die Einfügung solcher Lesehilfen liefern die Schriftrollen von Qumran. Zusammengefasst sind die Stellen, an denen *matres lectionis* im Bibeltext verwendet worden sind im aus dem Mittelalter stammenden, in mehreren Versionen überlieferten Midrasch מדרש חסרות ויתרות שבתנ״ך („Midrasch der Defektiv- und Pleneschreibung in der Bibel").[43] Dazu kamen später die seit dem frühen Mittelalter eingeführten diakritischen Zeichen (נקודות *nekuddot* „Punkte"), mit deren Hilfe die nicht als Buchstaben geschriebenen Vokale im Text angedeutet werden,[44] sowie Akzent- bzw. Intonationszeichen für die öffentliche Rezitation (טעמים *ṭeʿamim*), die als Satztrennungs- und Satzverbindungszeichen zugleich eine Art Ersatz für fehlende Interpunktionszeichen darstellen.[45] Von den auf diese Weise entstandenen drei voneinander verschiedenen Systemen der Vokalisierung und Akzentuierung – dem palästinischen, babylonischen

---

41 Siehe dazu u. a. die Regeln für die Anfertigung einer Bibelhandschrift im Traktat *Sofrim* I–IX. Der Textstabilität dienen auch die am Ende eines jeden biblischen Buches stehenden Angaben hinsichtlich der Zahl seiner Verse etc.

42 Rothmüller: Masoretische Eigentümlichkeiten der Schrift, S. 11–34; Mulder, Martin Jan: The Transmission of the Biblical Text, in: Mulder; Sysling: Mikra – Text, S. 87–136, hier: S. 88–104; Dotan, Aharon: Art. „Masorah", in: Encyclopaedia Judaica, Bd. XXIII, Detroit et al. ²2007, Sp. 603a–656b.

43 Siehe dazu die bibliographischen Angaben bei Stemberger, Günter: Einleitung in Talmud und Midrasch, München ⁹2011, S. 381.

44 Chiesa, Bruno: The Emergence of Hebrew Biblical Pointing: The Indirect Sources (Judentum und Umwelt / Realms of Judaism, Bd. 1), Bern; Frankfurt/Main 1979.

45 Spanier, Arthur (1889–1944): Die massoretischen Akzente; eine Darlegung ihres Systems nebst Beiträgen zum Verständnis ihrer Entwicklung (= Veröffentlichungen der Akademie für die Wissenschaft des Judentums, Berlin / Sprachwissenschaftliche Sektion, Bd. 1), Berlin 1927.

und tiberiensischen System[46] – hat am Ende das sogenannte tiberiensische System die weitere
Verbreitung gefunden.[47]

Die in den Konsonantentext eingetragenen Vokalzeichen bilden die zweite Ebene des Bibeltextes und „verschriften" damit eine bestimmte Auslegung.[48] Kann ein unvokalisierter Text
auf verschiedene Weise gelesen werden, beendet die Vokalisierung des Textes (ניקוד *nikkud*
„Punktierung") seine Mehrfachlesbarkeit. Ging die rabbinische Exegese und Hermeneutik
davon aus, dass „die Tora siebzig Gesichter hat" (שבעים פנים לתורה),[49] jeder Schriftvers auf siebzig
verschiedene Weisen ausgelegt werden kann und von diesen siebzig Auslegungen nicht eine
richtig und die anderen falsch, sondern alle siebzig richtig sind (vorausgesetzt, die Auslegung
folgt den Regeln akzeptierter exegetisch-hermeneutischer Methodologie, wie sie in den „Sieben
Regeln Hillels", den „Dreizehn Regeln Rabbi Jischmaels" und den „Zweiunddreißig Regeln
Rabbi Eliezers" zusammengefasst sind[50]), reduzierten die Masoreten mit ihrer Vokalisierung
und Akzentuierung des Textes die Lesemöglichkeiten am Ende auf eine. Insofern bildet die
Masora, die verschriftete „Tradition einen Zaun um die Tora" (מסורת סיג לתורה *masoret sejag
la-Tora*), wie ein auf Rabbi Akiva zurückgeführtes Dictum lehrt (mAv 3,14). In der Tat haben
die Masoreten (בעלי המסורה *ba'ale ha-masora*), denen die Vokalisierung des überlieferten Konsonantentextes zu verdanken ist, den Text so vokalisiert, wie es der von ihnen akzeptierten Aus-
legungstradition entsprach und sie ihn fernerhin gelesen und verstanden wissen wollten, auch

---

46   Mulder: The Transmission of the Biblical Text, S. 106–111; Kahle, Paul E. (1875–1964): Masoreten des
      Ostens. Die ältesten punktierten Handschriften des Alten Testaments und der Targume, Leipzig 1913 [ND
      Hildesheim 1984, ²2001]; ders.: Masoreten des Westens, 2 Bde., Stuttgart 1927–1930 (ND Hildesheim 2005);
      ders.: The Cairo Geniza, London 1947; dt. Ausgabe: Die Kairoer Genisa, Untersuchungen zur Geschichte
      des hebräischen Bibeltextes und seiner Übersetzungen, hg. von Rudolf Meyer, Berlin 1962; Tov, Emanuel:
      Der Text der Hebräischen Bibel: Handbuch der Textkritik, Stuttgart et al. 1997; ders.: Textual Criticism
      of the Hebrew Bible, Minneapolis ³2012.

47   Wickes, William (1817–1903): טעמי אמ"ת: A treatise on the accentuation of the three so-called poetical
      books of the Old Testament, Psalms, Proverbs, and Job, Oxford 1881; ders.: טעמי כ"א ספרים: A Treatise on
      the Accentuation of the Twenty-one so-called Prose Books of the Old Testament, Oxford 1887 [ND beider
      Bände in einem: ders.: Two treatises on the accentuation of the Old Testament, hg. von Dotan, Aron, New
      York 1970]; Yeivin, Israel: Introduction to the Tiberian Masorah, transl. E. J. Revell (= Masoretic Studies,
      Bd. 5), New York 1980; Yeivin, Israel: המסורה למקרא, Jerusalem 5763 (= 2003); Breuer, Mordechai: טעמי
      המקרא בכ"א ספרים ובספרי אמ"ת, Jerusalem ²1989; Khan, Geoffrey: A Short Introduction to the Tiberian
      Massoretic Bible and its Reading Tradition, Piscataway 2012. Vgl. dazu ferner Busi, Giulio: Horayat ha-
      qore': una grammatica ebraica del secolo XI (= Judentum und Umwelt / Realms of Judaism, Bd. 11), Bern;
      Frankfurt/Main etc. 1984.

48   Siehe dazu Revell, E. J.: The Interpretative Value of the Massoretic Punctuation, in: Sæbø, Magne (Hg.):
      Hebrew Bible / Old Testament. The History of its Interpretation, Bd. I/2: The Middle Ages, Göttingen
      2000, S. 64–73; Goren, Zecharya: טעמי המקרא כפרשנות, Tel Aviv 1995; Samuel, Leonora: Accentuation,
      a Tool for Interpreting the Text of the Hebrew Bible, in: *Jewish Bible Quarterly* 33 (2005), S. 174–183; vgl.
      ferner Coetzee, Andries W.: Tiberian Hebrew Phonology: Focussing on Consonant Clusters (= studia semi-
      tica neerlandica), Assen 1999.

49   Mack, Hananel: שבעים פנים לתורה: למהלכו של ביטוי, in: Bar-Asher, Moshe (Hg.): ספר היובל לרב מרדכי ברויאר:
      אסופת מאמרים במדעי היהדות, Jerusalem 1992, S. 449–462.

50   Siehe dazu die Zusammenstellung bei Stemberger, Günter: Einleitung in Talmud und Midrasch, München
      ⁹2011, S. 26–42 (mit weiterer Literatur).

um den Preis, dass mit Einführung ihrer Vokalisierung manche in der rabbinischen Literatur überlieferte Auslegung des Bibeltextes keine Basis mehr im vokalisierten Text hatte.[51] Mit ihrer Vokalisierung des Konsonantentextes haben sie jedoch nicht nur *eine* Auslegung der Schrift geschaffen, sondern *ihre* Auslegung zum Text und damit ihre Auslegung zugleich zum Grundtext für alle weitere Auslegung der Schrift (Exegese) gemacht.

Das Gleiche gilt für die Weiterführung ihrer Arbeit durch die Einführung eines Systems von Akzent- und Intonationszeichen (טעמים *te'amim;* מסורת למסורת *masoret le-masoret*) in den Bibeltext. Diese Akzent- und Intonationszeichen dienen zunächst der „korrekten" öffentlichen Rezitation des Bibeltextes im Rahmen des synagogalen Gottesdienstes. Darüber hinaus stellen sie aber auch eine Art Ersatz für im Hebräischen nicht geschriebene Interpunktionszeichen dar. Als solche Satztrennungs- und Satzverbindungszeichen strukturieren sie den Bibeltext nicht nur syntaktisch, sondern tragen mit ihrer syntaktischen Strukturierung zugleich eine zweite Stufe der Auslegung in den Text ein, die die dritte Ebene des überlieferten Bibeltextes bildet. Denn wie die Punktierung ist auch die Akzentuierung, die Einfügung einer syntaktischen Strukturierung, nichts anderes als eine Auslegung des Textes, die – wie zahlreichen Beispielen zu entnehmen ist – den Sinn eines Textes gelegentlich sogar ins Gegenteil des ursprünglich Gemeinten verkehren kann, wie schon die ersten beiden Verse der Bibel nach masoretischer Lesart zeigen. Denn ließe sich der unvokalisierte Text von 1. Mose 1,1–2 lesen, wie er üblicherweise gelesen wird: „Am Anfang schuf Gott Himmel und Erde, und die Erde war ein *Tohu-wa-bohu*.", so haben die Masoreten ihn so vokalisiert und syntaktisch strukturiert, dass zu lesen ist: „Als Gott begann, Himmel und Erde zu erschaffen, da war die Erde ein *Tohu-wa-bohu*", waren die Masoreten als Anhänger der aristotelischen Lehre doch davon überzeugt, dass Gott die Welt nicht aus dem Nichts, sondern aus Etwas erschaffen hat.[52] So erkannten sie im *Tohu-wa-bohu* des Bibeltextes das wieder, was Aristoteles einst die „Urmaterie" (ὕλη *hylē*) genannt hatte. Entsprechend wollten sie den Bibeltext denn auch im aristotelischen Sinne gelesen und verstanden wissen. Zahlreiche weitere Beispiele dieser Art ließen sich mühelos anfügen, und für sie alle gilt: Mit ihrer Vokalisierung und Akzentuierung des Textes haben die Masoreten ihre Auslegung in den Text eingetragen und ihre Auslegung damit zu dem Text gemacht, der dann in den frühen masoretischen Kodizes erscheint. Als älteste gehören dazu:

(a) der Kairoer Prophetenkodex *(Codex Prophetarum Cairensis)*, die älteste Handschrift (?) mit vollständigem Text der *vorderen* und *hinteren Propheten*, die laut Kolophon „am Ende des

---

51 Siehe dazu von Mutius, Hans-Georg: Die Masoreten als Textverfälscher? Neue Überlegungen zu einem bekannten Problem in Genesis 1,20, in: *Biblische Notizen* 81 (1996), S. 15–20; ferner von dems.: Die hebräischen Bibelzitate beim englischen Scholastiker Odo (= Judentum und Umwelt / Realms of Judaism, Bd. 78), Frankfurt/Main; Berlin; Bern etc. 2006 und insbesondere Aptowitzer, Victor [Avigdor] (1871–1942): Das Schriftwort in der rabbinischen Literatur, Heft I–V, Wien 1906–1915 [ND in einem Band: New York 1970], dessen Arbeit indessen in der Bibelwissenschaft bis heute kaum rezipiert worden ist.

52 Ein Thema übrigens, das die Gelehrten im Mittelalter bis in die frühe Neuzeit hinein beschäftigt hat. Vgl. dazu das noch immer höchst lesenswerte Buch von Behler, Ernst: Die Ewigkeit der Welt. Problemgeschichtliche Untersuchungen zu den Kontroversen um Weltanfang und Weltunendlichkeit im Mittelalter, Bd. I: Die Problemstellung in der arabischen und jüdischen Philosophie des Mittelalters, München; Paderborn 1965.

Jahres 827 nach der Zerstörung des Zweiten Tempels" (= 895) von Mose ben Ascher in Tiberias geschrieben und mit Vokalzeichen versehen worden ist;[53]

(b) der *Aleppo Codex* (רתכ סרא אבטצ / *Keter Aram Tzova*), der um 920 in/bei Tiberias von Schlomo ben Buya'a kopiert und danach von Aharon ben Mose ben Ascher vokalisiert und mit masoretischen Anmerkungen versehen worden ist, war bis zu seiner teilweisen Zerstörung 1947 die älteste vollständige Handschrift der masoretischen Bibel;[54] Mose ben Maimon (1138–1204) nannte diesen Kodex in seinem Mischneh Tora (הנשמ הרות), *Hilchot Tora* VIII,4 „das verlässliche Buch in Ägypten" und autorisierte ihn damit.

(c) *Codex Petropolitanus* MS Heb B 19^A (früher: *Codex Leningradensis*), der vermutlich um das Jahr 1008 (in Kairo?) von Samuel ben Jakob nach eigener Aussage aus Büchern kopiert worden ist, die Aharon ben Mose ben Ascher korrigiert haben soll, und heute die älteste erhaltene vollständige Handschrift des hebräischen Bibeltextes mit Masora darstellt.[55]

Datiert die Einführung des Systems der Vokal- und Akzent- bzw. Intonationszeichen in den Text der Hebräischen Bibel im Wesentlichen aus dem 9./10. Jahrhundert, ist daran gleichwohl bis in die Neuzeit hinein gearbeitet worden, insbesondere am System der Akzent- und Intonationszeichen.[56] Streng genommen hat es seinen Abschluss erst mit Salomo Dubnos (1738–1813) *Tikkun Soferim* (zu 1. und 2. Mose), Wolf Heidenheims (1757–1832) Ausgabe der Tora und Samuel David Luzattos (1800–1865) Ergänzungen und endgültig dann mit Seligmann Baers

---

53   Löwinger, David Samuel: תנ"ך כתב יד קהיר מבית הכנסת בעבאסיה, Codex Cairo of the Bible: From the Karaite Synagoge at Abbasiya, Jerusalem 1971. Nach Beit-Arié, Malachi et al.: Codices Hebraicis litteris exarati quo tempore scripti fuerint exhibentes (= Monumenta palaeographica medii aevi. Series Hebraica), Paris; Louvain; Jerusalem 1997, S. 25–29, soll der Codex allerdings erst aus dem 11. Jahrhundert stammen, also nicht von Mose ben Ascher geschrieben worden sein.

54   Erhalten sind jetzt noch: 5. Mose 28,17–34,12, Josua, Richter, Samuel (I/II), Könige (I/II); Jesaja, Jeremia, Ezechiel, XII-Propheten (Text ab Amos 8,12, Ovadja, Jona bis Micha 5,1 fehlt); Chronik (I/II), Psalmen, Hiob, Proverbien, Rut, Hoheslied (bis 3,11) (Text ab Hoheslied 3,12, Kohelet, Klagelieder, Ester, Daniel, Esra/Nehemia fehlt). Siehe dazu Breuer, Mordechai: כתר ארם צובה והנוסח המקובל של המקרא [Einführung auf Englisch], Jerusalem 1976; Breuer, Mordechai: נוסח המקרא ב״כתר ירושלים״ ומקורותיו במסורה ובכתבי היד, Jerusalem 2003; [Breuer, Mordechai; Shahar, Ravi]: Torah, Nevi'im, Ketuvim = The Keter – Crown Bible: Masoretic Text based on the Aleppo Codex and related manuscripts according to the system of Rabbi Mordechai Breuer [vocalized Hebrew text and English translation facing on opposite pages], Jerusalem 2004, und die Website https://www.aleppocodex.org.

55   Freedman, David Noel; Beck, Astrid B.; Sanders, James A. (Hg.): The Leningrad Codex: A Facsimile Edition, Grand Rapids 1998; Dotan, Aharon (Hg.): Biblia Hebraica Leningradensia. Prepared According to the Vocalization, Accents, and Masora of Aaron ben Moses ben Asher in the Leningrad Codex, Leiden; Boston; Tokio; Köln 2001.

56   Siehe dazu u. a. Ginsburg, Christian D.: Introduction to the Massoretico-Critical Edition of the Hebrew Bible, London 1897; Goshen-Gottstein, Moshe: The Rise of the Tiberian Bible Text, in: Altmann, Alexander (Hg.): Biblical and other Studies (= Studies and Texts, Bd. 1), Cambridge 1963, S. 79–122; Penkower, Jordan S.: Masorah and Text Criticism in the Early Modern Mediterranean: Moses Ibn Zabara and Menahem de Lonzano, Jerusalem 2014 (weitere Literatur S. 297–318); Attia, Élodie: The Masorah of Elijah ha-Naqdan: An Edition of Ashkenazic Micrographical Notes (= Materiale Textkulturen, Schriftenreihe des Sonderforschungsbereichs 933, Bd. 11), Berlin; Boston 2015 (weitere Literatur S. 155–161).

(1825–1897) Ausgabe des gesamten masoretischen Bibeltextes gefunden,[57] die zwischen 1869 und 1895 erschienen, in die Wilnaer Standardausgabe der *Mikraot Gedolot,* der „Rabbinerbibel" aufgenommen worden ist. Mit ihrer Vokalisierung des Konsonantentextes (כביעת הניקוד *kevi'at ha-nikkud,* „Punktation") und ihrer Akzentuierung (כביעת הטעמים *kevi'at ha-te'amim*) des Bibeltextes, ihrer Einfügung von Akzent- und Intonationszeichen haben die Masoreten nicht nur die ursprüngliche Mehrfachlesart des Textes auf *eine* Lesart begrenzt und damit auch die mehrfache Deut- und Auslegbarkeit des Textes reduziert, sondern mit ihrer Vokalisierung und Akzentuierung darüber hinaus auch den wichtigsten und nachhaltigsten Kommentar geschaffen, den wir zur Bibel haben. Und nicht nur das; denn indem sie *diesen* Kommentar, *ihre* Auslegung in den Bibeltext eingetragen haben, haben sie ihren Kommentar bzw. ihre Auslegung zum integralen Bestandteil des Bibeltextes gemacht und damit zur *Schrift* werden lassen. Wenn auch Emanuel Tov (und mit ihm viele andere) davon ausgeht, dass der überlieferte masoretische Text „the best Hebrew representative of *one* of the texts that was current in the fourth-third century B. C." ist,[58] ist er als jetzt vorliegender Text dennoch ein Produkt des Mittelalters. Wenn weder zu übersehen noch gar zu bestreiten ist, dass die Masoreten in Punktation und Akzentuierung weithin der (pharisäisch-rabbinischen) Tradition, und hier dem *Peshat* (פשט), dem *sensus literalis* folgten, so gibt es dennoch auch eine ganze Reihe von Stellen, an denen sie die Punkte und Akzente nicht nach dem *Peshat* setzten, sondern – wie beispielsweise I. Sam 3,3; Jes 1,13; 13,1; Hos 12,12 – nach dem rabbinischen Midrasch (דרש *derash*) oder eben auch nach ihrer eigenen Auslegung, wie dies – wie oben schon angedeutet – nicht zuletzt all jene Stellen belegen, an denen die Masoreten den Text anders gelesen haben wollen (קרא *qere*), als er geschrieben (כתיב *ketiv*) ist. Zwar sind keineswegs alle der insgesamt 1054 derartigen Stellen gleichermaßen bedeutsam, einige Dutzend von ihnen belegen jedoch, dass Korrekturen am Text auch aus theologischen Gründen vorgenommen worden sind (z. B. Hiob 13,15; 5. Mose 32,7–8).[59] In jedem Falle haben die Masoreten mit *ihrer* Vokalisierung und *ihrer* Akzentuierung des Textes *ihre* Auslegung in den Text eingetragen und damit *ihre Auslegung zur Schrift* gemacht. Was das hermeneutisch für den Umgang mit dem Text bedeutet, ganz zu schweigen von der Frage nach dem *Urtext,* ist dann erst noch zu diskutieren.[60]

---

57 Textum Masoreticum accuratissime expressit, e fontibus Masorae varie ill., notis criticis confirmavit Seligmann Baer, 14 Bde, Leipzig 1869–1895 (nicht im Druck erschienen sind die vier Bände Exodus bis Deuteronomium).

58 Tov, Emanuel: Der Text der Hebräischen Bibel: Handbuch der Textkritik, Stuttgart 1997; ders.: Textual Criticism of the Hebrew Bible, Minneapolis ³2012, S. 184 f.

59 McCarthy, Carmel: The *Tiqqune Sopherim* and other theological corrections in the Masoretic text of the Old Testament (= Orbis Biblicus et Orientalis, Bd. 36), Fribourg 1980.

60 Vgl. dazu u. a. Goren, Zecharya: טעמי המקרא כפרשנות, Tel Aviv 1995; Kogut, Simha: המקרא בין טעמים לפרשנות, Jerusalem ²1996; Liss, Hanna: בחינה לשונית ועניינית של זיקות ומחלוקות בין פרשנות הטעמים לפרשנות המסורתית, Gelehrtenwissen, Drôlerie oder Esoterik? Erste Überlegungen zur Masora der Hebräischen Bibel in ihren unterschiedlichen materialen Gestaltungen im Hochmittelalter, in: Riemer, Nathanael (Hg.): Jewish Lifeworlds and Jewish Thought: Festschrift presented to Karl E. Grözinger on the Occasion of his 70th Birthday, Wiesbaden 2012, S. 27–40.

Die doppelte Tora: „Schriftliche Tora" und „mündliche Tora"

Wie oben erwähnt, hat die Überlieferung der Bibel ihre Auslegung stets begleitet. Der Umgang mit der Schrift, sei es ihre Rezitation während des synagogalen Gottesdienstes,[61] sei es ihr Studium im Lehrhaus, gehört zu den vornehmsten Pflichten eines Menschen. Nach einem in mAv 5,21 überlieferten Dictum, das auf Rabbi Jehuda ben Tema (nach bChag 14a ein „Meister der Mischna") zurückgeführt wird, andernorts allerdings Rabbi Schmuel ha-Katan („der Kleine"), der der zweiten Generation der „Lehrer der Mischna", angehört (um 90 bis um 130), zugeschrieben ist, soll das Studium der *Schrift* (המקרא) im Alter von fünf Jahren beginnen, nicht jedoch individuell, sondern nach Rabban Gamliel in der Gemeinschaft von Lehrenden und Lernenden, Lehrer(n) und Schüler(n), im Diskurs eines Schulbetriebs also (mAv 1,16).[62]

Das Studium der *Schrift* ist ein mündlicher Vorgang. Das gilt für ihre Rezitation während des synagogalen Gottesdienstes ebenso wie für den Diskurs im Lehrhaus. Wie die *Schrift* im synagogalen Gottesdienst durch die zur Lesung der Tora Aufgerufenen und des gegebenenfalls erforderlichen Vortrags des *Meturgeman,* des „Übersetzers", der die vorgelesenen Tora-Abschnitte *ad hoc* in die aramäische Umgangssprache übertragen hat,[63] mündlich vorgetragen wird, so werden auch die während des Studiums der *Schrift* aus ihrer Auslegung hergeleiteten halachischen und/ oder aggadischen, religionsgesetzlichen und/oder theologisch-ethischen Lehren mündlich vorgetragen und mündlich weitergegeben. Dabei ist es durch die Jahrhunderte bis heute allerdings ein Gegenstand kontroverser Diskussion geblieben, ob diese Mündlichkeit, d. h., die Bindung der während des diskursiven Studiums der *Schrift* aus ihr hergeleiteten halachischen und/oder aggadischen Lehre(n) und deren Weitergabe rein pragmatisch oder als „ideologisch" (Stichwort „Schreibverbot") begründete Maßnahme zu erklären ist. Der These von der mündlichen Lehre und ihrer ausschließlich mündlichen Weitergabe (sowohl im Blick auf die Halacha als auch auf die Aggada) steht die These von ihrer vergleichsweise früh einsetzenden Verschriftung und schriftlichen Weitergabe gegenüber. In der rabbinischen Literatur finden sich Belege für beide Thesen. Günter Stemberger hat sie erst vor einigen Jahren wieder dokumentiert.[64]

Seine theologische Zuspitzung erlebt das Thema Oralität und Literalität schließlich in der aus dem Studium der Bibel erwachsenen Vorstellung von einer „zweifachen oder doppelten Tora", wie sie im Gegenüber von „schriftlicher Tora" (תורה שבכתב *tora schebichtav*) und „mündlicher Tora" (תורה שבעל-פה *tora schebe'al-peh*) ihren Niederschlag gefunden hat und zu den theo-

---

61 Perrot, Charles: The Reading of the Bible in the Ancient Synagogue, in: Mulder; Sysling: Mikra – Text, S. 137–159.

62 Stemberger, Günter: Kinder lernen Tora – Rabbinische Perspektiven in: ders.: Judaica Minora I, S. 54–68, und ders.: „Schaff dir einen Lehrer, erwirb dir einen Kollegen" (mAv I,6) – Lernen als Tradition und in Gemeinschaft, in: ders.: Judaica Minora II, S. 360–373.

63 Alexander, Philipp S.: The Aramaic Translations of the Hebrew Scriptures, in: Mulder; Sysling: Mikra – Text S. 217–254, hier besonders S. 238–241; Smelik, Willem F.: Rabbis, Language, and Translation in Late Antiquity, Cambridge 2013, S. 141–184.

64 Stemberger, Günter: Einleitung in Talmud und Midrasch, München ⁹2011, S. 44–58 (mit weiterer Literatur).

logischen Grundbegriffen des pharisäisch-rabbinischen Judentums gehört.[65] Dabei soll der Begriff „mündliche Tora" (תורה שבעל-פה), wie schon Eisik Hirsch Weiss (1815–1905) in seinem *opus magnum* beobachtet hat, auf keinen geringeren als Hillel den Älteren (1. Jahrhundert v. u. Z.) zurückgehen,[66] entsprechend dem pharisäischen Verständnis von 5. Mose 31,19, dem zufolge die Tora „in den Mund gelegt" werden soll (שִׂימָהּ בְּפִיהֶם). Es geht also nicht allein um die Frage nach Mündlichkeit und Schriftlichkeit, also um die Wechselbeziehung zwischen Mündlichkeit und Schriftlichkeit in Bezug auf die *Schrift* und ihre Überlieferung. Vielmehr handelt es sich bei dem Verweis auf die „zweifache oder doppelte Tora" um die weit darüber hinausgehende Thematisierung einer theologischen Konzeption, die das Selbstverständnis des pharisäisch-rabbinischen Judentums und seine Auffassung von Offenbarung und Heiliger Schrift in seinem Kern betrifft. Entsprechend umfangreich und vielfältig ist denn auch die Literatur, die dieser „zweifachen oder doppelten Tora", ihrer Konzeption und Bedeutung über die Jahrhunderte gewidmet worden ist.[67]

Wie die dafür verwendeten Begriffe „schriftliche Tora" (תורה שבכתב *tora schebichtav*) und „mündliche Tora" (תורה שבעל-פה *tora schebe'al-peh*) bereits anzeigen, besteht der wesentliche Unterschied zwischen beiden danach darin, dass die eine Tora schriftlich, die andere hingegen mündlich gegeben und überliefert worden ist. Schriftliche Tora steht dabei für die Hebräische Bibel, mündliche Tora hingegen für die neben und außerhalb der Hebräischen Bibel überlieferte Lehre. Beide aber, mündliche und schriftliche Tora werden gleichermaßen als von Gott durch Mose gegebene *Weisung* (Lehre) verstanden. Auch die mündliche Tora, obschon sie – historisch gesehen – ihren Ursprung im Schulbetrieb des pharisäisch-rabbinischen Lehrhauses und aus der dort entwickelten und weitergegebenen Lehre(n) hat, ist theologisch ebenso wie die schriftliche Tora – „Tora vom Sinai".

In der Tat gelten beide, die schriftliche Tora ebenso wie die mündliche Tora, ungeachtet ihrer historisch-literarischen Entstehung, theologisch als „Tora vom Sinai". Beide werden als von Gott gegebene, durch Mose vermittelte Tora betrachtet, wie der rabbinischen Auslegung des Verses 2. Mose 24,12 zu entnehmen ist, in der es heißt:

---

65 Safrai, Shmuel: Oral Tora, in: ders.; Tomson, Peter J. (Hg.): The Literature of the Sages, First Part: Oral Tora, Halakha, Mishna, Tosefta, Talmud, External Tractates (= Compendia Rerum Iudaicarum ad Novum Testamentum, Section II, Bd. III/1), Assen; Maastricht; Philadelphia 1987, S. 25–119.

66 Weiss, Eisik Hirsch: דור דור ודורשיו: הוא ספר דברי הימים לתורה שבעל פה עם קורות סופריה וספריה – Zur Geschichte der Jüdischen Tradition, 5 Bde., Wien 1871–1891; Wilna ²1883–1893; Elisawetgrad ⁶1911; mehrere Nachdrucke, Bd. I, S. 1, Anm. 1.

67 Kaatz, Saul: Die mündliche Lehre und ihr Dogma, 2 Bde, Leipzig 1922–1923; Urbach, Ephraim E.: The Sages, their Concepts and Beliefs, 2 Bde, Jerusalem 21979, Bd. I, S. 286–314; Schäfer, Peter: Das „Dogma" von der mündlichen Torah im rabbinischen Judentum, in: ders.: Studien zur Geschichte und Theologie des Rabbinischen Judentums (= Arbeiten zur Geschichte des Antiken Judentums und des Urchristentums, Bd. 15), Leiden 1978, S. 153–197; Herr, Moshe David: Art. Oral Law, in: Encyclopedia Judaica (Second Edition), Bd. XV, Detroit et al. 2007, S. 454b–456b; Stemberger, Günter: Mündliche Tora in schriftlicher Form. Zur Redaktion und Weitergabe früher rabbinischer Texte, in: ders.: Judaica Minora, Teil II: Geschichte und Literatur des rabbinischen Judentums (= Texts and Studies in Ancient Judaism, Bd. 138), Tübingen 2010, S. 246–260; ders.: Einleitung in Talmud und Midrasch, weitere Literatur zum Thema S. 43.

Rabbi Lewi ben Hama sagte im Namen von Rabbi Schimʻon ben Laqish: Was bedeutet dies, dass geschrieben steht: *[Der Ewige sprach zu Mose: Steige zu mir auf den Berg und bleib dort,] damit Ich dir gebe die Tafeln aus Stein, die Tora und die Gebote, die ich aufgeschrieben habe, dass man sie* [danach mündlich] *lehre?* (2. Mose 24,12). *Die Tafeln* – das sind die Zehn Worte;[68] *die Tora* – das ist die Schrift;[69] *und die Gebote* – das ist die Mischna;[70] *die ich aufgeschrieben habe* – das sind die Propheten und die Schriften; *dass man sie* [danach mündlich] *lehre* – das ist die Gemara [Talmud]. Das lehrt, dass dies alles Mose am Sinai gegeben wurde" (bBer 5a).

Nach rabbinischer Auffassung beschreibt der Begriff „schriftliche Tora" eine klar umrissene, abgegrenzte Größe; wird er doch allein auf den 24 Bücher umfassenden Kanon der *Schrift,* der Hebräischen Bibel, bezogen. Demgegenüber ist der Begriff „mündliche Tora" nur schwer zu definieren; denn er bezieht sich nicht auf eine klar umrissene, geschweige denn abgegrenzte, sondern letztlich offene Größe. Steht er doch für die nie abgeschlossene, nach vorne prinzipiell offene Überlieferung, insofern als in ihm die Gesamtheit der durch das Studium der schriftlichen und mündlichen Tora über die Jahrhunderte aus ihnen hergeleitete, niemals zu Ende kommende rabbinische Lehre in ihrer halachischen und aggadischen Form zusammengefasst ist. Die weitestgehende Formulierung dieses Sachverhalts findet sich in einer rabbinischen Auslegung des in seinem Wortlaut merkwürdigen Satzes in 5. Mose 9,10 („Und der Ewige gab mir die beiden Tafeln aus Stein, beschrieben mit dem Finger Gottes, und auf ihnen entsprechend aller Worte, die der Ewige zu euch gesprochen hat am Berge mitten aus dem Feuer am Tag der Versammlung."). Dieser Vers wird im *Talmud Jeruschalmi* im Namen von Rabbi Jehoschua ben Lewi folgendermaßen ausgelegt: „Schrift (מקרא), Mischna (משנה), Talmud (תלמוד) und Aggada (אגדה), ja selbst das, was ein eifriger Schüler in Zukunft einmal vor seinem Lehrer als Weisung vortragen wird, all das ist bereits Mose am Sinai gesagt worden" (yPea 2,6/17a; vgl. bMeg 19b).

Dementsprechend gilt als *mündliche Tora* alles, was an Lehre neben und außerhalb der *schriftlichen Tora* überliefert ist, angefangen von der *Mischna* (משנה) und der Tosefta (תוספתא), über den *Talmud Jeruschalmi* (תלמוד ירושלמי), den *Talmud Bavli* (תלמוד בבלי) und die *Midraschim* (מדרשים), die *Sheʼelot u-Teschuvot* (שאלות ותשובות), die Responsen der *Savoraʼim* und *Geʼonim,* die

---

68 Nach biblischer Terminologie wird im Blick auf den Dekalog an keiner Stelle von „Geboten" (מצוות) gesprochen. In der Bibel ist von „den zehn Worten" (עשרת הדברים) (2. Mose 34,28; 5. Mose 4,13; 10,4) die Rede, in der Septuaginta von δέκα λόγοι und in der Vulgata von *verba decem.* Im nachbiblischen rabbinischen Sprachgebrauch begegnet dafür hebräisch עשרת הדיברות und aramäisch עסרתי דיבורייא (so z. B. in den palästinischen Targumim) bzw. עשרא פתגמין (so im Targum Onqelos). Enthalten sind in den Zehn Worten 14 Gebote. Zu dieser Terminologie siehe Greenberg, Moshe: The Decalogue Tradition Critically Examined, in: Segal, Ben-Tsiyon (Hg.): The Ten Commandments in History and Tradition, Jerusalem 1990, S. 83–119, hier: S. 83 f. Nach rabbinischer Überlieferung ist in den 620 Buchstaben der Zehn Worte die Tora insgesamt enthalten; siehe dazu Urbach: The Sages, Bd. I, S. 360–365; Schreiner, Stefan: Das Zehnwort vom Sinai nach Rashīd ad-Dīn's „Geschichte der Kinder Israel", in: *Frankfurter Judaistische Beiträge* 28 (2001), S. 21–77; Stemberger, Günter: Der Dekalog im frühen Judentum, in: ders.: Judaica Minora I, S. 145–158.

69 *Tora / Schrift* im engeren Sinne hier entsprechend der Dreiteiligkeit des hebräischen Kanons *(Tora – Propheten – Schriften)* als Bezeichnung des ersten Teils, der 5 Bücher Mose.

70 Mischna und Gemara sind die Grundtexte der rabbinischen Tradition. Zur Bedeutung der Begriffe siehe Stemberger: Einleitung in Talmud und Midrasch, S. 125 f., S. 184.

Halachot Gedolot (הלכות גדולות) der *Poskim* (Dezisoren) und die Kodizes, von Isaak ben Jakob Alfasi (1013–1103) *Sefer ha-Halachot* (ספר ההלכות), Mose ben Maimons *Mischneh Tora* (משנה תורה)[71] und Jakob ben Aschers (1269–1343) *Arba'a Turim* (ארבעה טורים) bis zu Josef ben Efraim Karos (1488–1575) *Shulchan Aruch* (שולחן ערוך) mit Moses ben Israel Isserles (um 1525–1572) dazugehörigen Glossen *Mappat Shulchan Aruch* (מפת שולחן ערוך) und Shlomo ben Josef Ganzfrieds (1804–1886) bündiger Zusammenfassung *Kitzur Shulchan Aruch* (קיצור שולחן ערוך),[72] ganz zu schweigen von den zahllosen Responsen-Sammlungen, die durch die Jahrhunderte bis heute entstanden sind und laufend fortgeschrieben werden.[73] All das ist *mündliche Tora* und bereits dem Moses am Sinai gegeben worden. Die über die Jahrhunderte entfaltete rabbinische Lehre ist gleichsam nichts anderes als eine zu je ihrer Zeit erfolgte und erfolgende Aktualisierung des durch die Offenbarung am Sinai Vorgegebenen.

So kann es denn auch nicht überraschen, dass für beide, für die schriftliche Tora und die mündliche Tora, dieselbe „Kette der Überlieferung" (שלשלת הקבלה *schalschelet ha-kabbala*) angenommen wird, wie aus dem Mischna-Traktat Pirke Avot hervorgeht. Nachgerade programmatisch heißt es gleich am Beginn des Traktats (mAv 1,1–2):[74] „Mose empfing die Tora am Sinai und übergab sie Josua, und Josua den Ältesten, und die Ältesten den Propheten, und die Propheten übergaben sie den Männern der Großen Versammlung." Das sind die Gelehrten, die die Zeit nach dem Tod Maleachis, des letzten Propheten, bis zur Zeit der sich formierenden pharisäisch-rabbinischen Tradition überbrücken,[75] die ihrerseits mit den *Sugot* (הזוגות), den „Paaren", den frühen Generationen pharisäischer Gelehrter beginnt und mit den Tanna'im (תנאים), den Gelehrten, deren Lehren in der Mischna überliefert sind, und den *Amora'im* (אמוראים), den Gelehrten, deren Lehren in den beiden Talmuden zu finden sind, fortgesetzt wird. Ihnen folgen die *Savora'im* (סבוראים), die Gelehrten des frühen Mittelalters, die *Ge'onim* (גאונים), die Oberhäupter der jüdischen Akademien in Babylonien, die *Rischonim* (ראשונים), die Gelehrten des Mittelalters, und schließlich die *Achronim* (אחרונים), mit denen die Gelehrten von der Neuzeit bis in die Gegenwart gemeint sind. Sie alle bilden eine „Kette der Überlieferung", für die Lückenlosigkeit angenommen wird.

Aufgrund der Lückenlosigkeit dieser Tradentenkette kann am Ende für beide, die schriftliche und die mündliche Tora, derselbe Grad an Verlässlichkeit der Überlieferung in Anspruch genommen werden. Und weil beide nicht nur gleichermaßen „Tora vom Sinai", sondern gleichermaßen verlässlich überliefert sind, haben sie auch beide gleiche Dignität (vgl. Psalm 119,160) und Validität (Psalm 19,8), wie beispielsweise die folgende Mischna lehrt:

---

71 Mose ben Maimon, משנה תורה הוא היד החזקה, hg. von Rabinowitz, M. D.; Rubinstein, Sh. T. u. a., 17 Bde, Jerusalem [6 u.]/1981–1985.

72 Ganzfried, Schelomo: Kizzur Schulchan Aruch, mit Punktation versehen, ins Deutsche übertragen von Selig Bamberger, 2 Bde, neue verbesserte Ausgabe, Basel 1988.

73 Siehe dazu Safrai; Schwartz; Tomson: The Literature of the Sages.

74 Stemberger, Günter: „Moses received Torah …" (mAv I,1) – Rabbinic Conceptions of Revelation, in: ders.: Judaica Minora II, S. 347–359.

75 Mantel, H. D.: אנשי כנסת הגדולה, Tel Aviv 1983; Stemberger: Einleitung in Talmud und Midrasch, S. 78–81.

Die Auflösung von Gelübden schwebt in der Luft. Sie hat nichts, auf das sie sich stützen könnte.[76] Die den Sabbat, die Festopfer und die Veruntreuungen betreffenden Halachot sind wie Berge, die an einem Haar hängen; denn sie bestehen aus wenig[en] Schrift[versen], und vielen [rabbinischen] Halachot.[77] [Hingegen] haben [die Halachot für] Rechtssachen, den Gottesdienst, rituelle Reinheit und Unreinheit und unerlaubte intime Beziehungen etwas, auf das sie sich stützen können.[78] [Dennoch] sind diese wie jene Hauptstücke der Tora (mChag 1,8).

Dass die Erstverwendung des Begriffs „mündliche Tora" Hillel zugeschrieben worden ist, ist zugleich auch ein Hinweis darauf, dass sich die Entstehung der Konzeption einer doppelten *Tora* zunächst innerjüdischen Differenzierungsprozessen und hier den Auseinandersetzungen zwischen Pharisäern und – ihnen folgend – rabbinischen Gelehrten einerseits und Sadduzäern und Anhängern der Gemeinschaft von Qumran andererseits verdankt. Wie die Sadduzäer allein die schriftliche Tora anerkannten und die darin enthaltene Lehre bzw. Halacha als verbindlich betrachteten (bQid 66a; vgl. Josephus Flavius, *Antiquitates,* XVIII, 1,2–5), nicht jedoch die mündliche Tora der pharisäisch-rabbinischen Tradition, worin ihnen die karäische Tradition gefolgt ist, aber eine eigene halachische Lehre entwickelt hat,[79] so haben die Anhänger der Gemeinschaft von Qumran auf der Grundlage ihrer Bibelrezeption ihre eigene Lehre bzw. gruppenspezifische Halacha entwickelt.[80] Dementsprechend haben die Vertreter der pharisäisch-rabbinischen Richtung schließlich der mündlichen Tora Vorrang gegenüber der schriftlichen eingeräumt und sie zu ihrem Markenzeichen und damit Ausdruck ihrer religiösen Identität gemacht.

Ganz dieser Linie folgt auch der spätere rabbinische Midrasch, wenn er die Entstehung der Konzeption der doppelten *Tora* mit der christlich-jüdischen, jüdisch-christlichen Auseinandersetzung in Zusammenhang bringt, die im 4. Jahrhundert ihren theologisch entscheidenden ersten Höhepunkt erreichte, wie vor mehr als 100 Jahren schon Rabbiner Leopold Lucas (1872–1943)

---

76   Die Befugnis eines rabbinischen Gelehrten, von der Erfüllung eines Gelübdes zu befreien, hat keinen Anhaltspunkt in der schriftlichen Tora; in 4. Mose 30,4 ist nur von der Befugnis eines Vaters gegenüber seiner Tochter und dem Ehemann gegenüber seiner Ehefrau die Rede.

77   Wie den diesbezüglichen Traktaten (*Schabbat, Chaggigah* und *Me'ila*) in Mischna und Talmud zu entnehmen ist.

78   Denn sie haben eine breite Basis im Text der schriftlichen Tora.

79   Revel, Bernard (1885–1940): The Karaite Halakhah and Its Relation to Sadducean, Samaritan and Philonian Halakah, Part 1 (mehr nicht erschienen), Philadelphia 1913 [ND 1970; Whitefish 2010]; Wieder, Naphtali: The Judean Scrolls and Karaism, London 1962; Astren, Fred: Karaite Judaism and Historical Understanding, Columbia, S. C. 2004, S. 185–216; Schreiner, Stefan: Religiöse Toleranz im Judentum? Die Karäer als halachischer Prüfstein – Mose Isserles' Entscheidung und ihre Folgen, in: Hüchtker, Dietlind; Kleinmann, Yvonne; Thomsen, Martina (Hg.): Reden und Schweigen über religiöse Differenz. Tolerieren in epochenübergreifender Perspektive, Göttingen 2013, S. 109–133.

80   Wie insbesondere der *Damaskusschrift* (CD bzw. 4QD), der *Gemeinderegel* (סרך היחד oder סרך העדה; 1QS und 1QSa) und anderen Texten aus Qumran zu entnehmen ist. Siehe dazu u. a. Schiffman, Lawrence H.: Art. „Rule of the Congregation", in: ders.; VanderKam, James C. (Hg.): Encyclopedia of the Dead Sea Scrolls, Oxford; New York 2000, S. 797–799, ferner: Schiffman, Lawrence H.: The Halakhah at Qumran, Leiden 1975, und Dávid, Nóra; Lange, Armin; Troyer, Kristin de; Tzoref, Shani (Hg.): The Hebrew Bible in Light of the Dead Sea Scrolls, Göttingen 2012.

richtig gesehen hat.[81] Ist doch die frühchristliche Tradition in einigen wesentlichen Punkten der sadduzäischen Halacha gefolgt. *Pars pro toto* genannt seien hier nur der Festkalender und die Auffassung vom Priestertum. So ist es sicher nicht zufällig, dass ein in diesem Zusammenhang gleichsam als Schlüsseltext zu erwähnender Midrasch mit Rabbi Jehuda bar Schalom (oder bar Schallum), einem palästinischen Gelehrten des 4. Jahrhunderts, zugeschrieben worden ist.[82]

In Auslegung des Verses 2. Mose 34,27 („Der Ewige sprach zu Mose: Schreib auf diese Worte, denn aufgrund dieser Worte habe ich mit dir und Israel einen Bund geschlossen") lehrte Rabbi Jehuda bar Schalom:

> Als der Heilige, gepriesen sei Er, zu Mose sagte: *Schreib auf,* wollte Mose auch die Mischna verschriften (בקש משה שתהא המשנה בכתב). Der Heilige, gepriesen sei Er, sah jedoch vorher, dass die Völker der Welt dereinst die Tora übersetzen und auf Griechisch lesen werden (שאומות העולם עתידין לתרגם את התורה ולהיות קוראין בה יונית) und sagen: ‚Wir sind [das wahre] Israel' (אנו ישראל). [...] Da sagte der Heilige, gepriesen sei Er, zu den Völkern: ‚Ihr sagt, dass ihr meine Kinder seid. Ich kenne aber nur die, die meine Geheimnisse haben (שמסטורין שלי אצלו); sie sind meine Kinder.' Und was sind die Geheimnisse? Das ist die *Mischna,* die mündlich gegeben worden ist (זו המשנה שנתנה על פה); und alles kann man [daraus] herleiten (והכל ממך לדרוש).

Und weiter lehrte Rabbi Jehuda bar Schalom:

> Der Heilige, gepriesen sei Er, sagte zu Mose: Warum willst du, dass die Mischna als Schrift existiert (שתהא המשנה בכתב)? Was ist dann der Unterschied zwischen Israel und den Völkern? Denn wenn *Ich ihnen meine Tora zehntausendmal aufschriebe, für etwas Fremdes würden sie sie halten* (Hos 8,12). Vielmehr, gib ihnen die *Mikra* [Bibel] als Schrift (מקרא בכתב), die *Mischna* hingegen lass mündlich (ומשנה על פה). [Das ist der Sinn des Schriftverses:] *Schreib auf die Worte* – das ist die *Mikra* (הרי מקרא); *denn aufgrund dieser Worte* – das ist die *Mischna* (הרי משנה על פה) (Midrasch Tanhuma, *Ki Tissa* 34 zu 2. Mose 34,27; vgl. bGit 60b; yPea 2,6/17a).

Unübersehbar wird hier mit dem Gegenüber von „schriftlicher *Mikra*" (מקרא בכתב) und „mündlich gegebener *Mischna*" (המשנה שנתנה על פה) nicht nur auf das Gegenüber von schriftlicher und mündlicher Tora angespielt, sondern die „mündlich gegebene *Mischna*" zugleich der „schriftlichen *Mikra*" deutlich vorgezogen. Begründet wird der Vorzug der *Mischna* vor der *Mikra* mit dem Hinweis auf die Usurpation der *Mikra,* d. h. der schriftlichen Tora durch die Völker der Welt, die eben diese Tora ins Griechische übersetzt haben und auf Griechisch lesen. Doch bevor die Septuaginta, die griechische Version der schriftlichen Tora, die Bibel der frühen Christen wurde, war sie die Bibel der griechisch-sprachigen jüdischen Diaspora und wurde als solche

---

81 Lucas, Leopold: Zur Geschichte der Juden im vierten Jahrhundert. Der Kampf zwischen Christentum und Judentum, Berlin 1910 (ND Hildesheim 1985).

82 Attias, Jean-Christophe: The Jews and the Bible (= Stanford Studies in Jewish History), Stanford 2014, S. 16; vgl. dazu auch Stemberger, Günter: Öffentlichkeit der Tora im Judentum – Anspruch und Wirklichkeit, in: ders.: Judaica Minora I, S. 27–37; Sommer, Benjamin D. (Hg.): Jewish Concepts of Scripture: A comparative introduction, New York 2012.

auch im Gottesdienst verwendet, wie einer im Namen von Rabban Schimon ben Gamliel überlieferten Mischna zu entnehmen ist, der zufolge „auch bezüglich der [24] Bücher [der Schrift]
nur erlaubt wurde, dass sie [zusätzlich zum Hebräischen] auf Griechisch geschrieben werden"
(mMeg I,8).[83] Die Hebräische Bibel wiederum befand sich, wie die in Qumran gefundenen Bibel-
handschriften belegen,[84] in der Hand von Dissidenten, jedenfalls aus pharisäisch-rabbinischer
Perspektive betrachtet. Das bedeutet, dass sowohl die griechische als auch die hebräische Version
der schriftlichen Tora für das pharisäisch-rabbinische Judentum – zumindest vorerst – obsolet
geworden waren.[85] An ihre Stelle trat die mündliche Tora, zuerst und vor allem in Gestalt der
Mischna, die zur „Bibel" des pharisäisch-rabbinischen Judentums geworden ist, ablesbar nicht
zuletzt auch daran, dass sie nach ihren ältesten erhaltenen Handschriften nicht anders behandelt wurde als der Text der Hebräischen Bibel, versehen mit eigener Masora und Auslegung.[86]

Wenn im synagogalen Gottesdienst auch weiterhin die schriftliche Tora auf Hebräisch (und
Aramäisch) gelesen worden ist,[87] Gegenstand des Studiums war sie in den ersten Jahrhunderten
des Nebeneinanders von Juden und Christen offenbar nicht. Denn nicht die schriftliche, sondern
die mündliche Tora, vorab in Gestalt der Mischna,[88] wurde in den pharisäisch-rabbinischen
Lehrhäusern und Akademien studiert und ausgelegt. Die ältesten rabbinischen Kommentare
zur Bibel: die *Mechilta* (zu 2. Mose), der *Sifra* (zu 3. Mose) und die *Sifre* (zu 4. und 5. Mose),[89]
mit denen die rabbinischen Gelehrten die mündliche Tora exegetisch an die schriftliche Tora
zurückzubinden begannen, entstanden nicht vor dem auch in dieser Hinsicht wiederum entscheidenden 4. Jahrhundert; die sogenannten Auslegungs- und homiletischen Midraschim

---

83   Siehe dazu Smelik: Rabbis, Language and Translation, S. 185–200. Allerdings hat die spätere rabbinische
     Tradition als Heilige Schrift nur jene „24 Bücher" anerkannt, die in *Aschurit*, in aramäischer Quadratschrift
     geschrieben worden sind; siehe ebd., S. 271–321.

84   Siehe oben Anm. 20. Nicht ohne Grund wird bei Dimant, Devorah: Qumran Sectarian Literature, in:
     Stone: Jewish Writings of the Second Temple Period, Section II, Bd. 2, S. 483–550, die Qumranliteratur
     denn auch unter „die Literatur aus sektiererischem Milieu" gerechnet. – Zur Sache ferner: Maier, Johann:
     Early Jewish Biblical Interpretation in the Qumran Literature, in: Sæbø: Hebrew Bible / Old Testament,
     S. 108–129.

85   Das ambivalente Verhältnis der Juden zu ihrer Bibel hat Jean-Christophe Attias in seinem höchst lesens-
     werten Buch Les Juifs et la Bible (Paris 2012; englisch: The Jews and the Bible [= Stanford Studies in
     Jewish History], Stanford 2014) eingehend untersucht und dabei gezeigt, wie Juden ihr Selbstverständnis
     im Laufe ihrer Geschichte mal mit der Bibel, mal ohne sie, mal gegen sie definiert haben. Entsprechend
     war die Bibel mal göttliche Offenbarung, mal Sammlung literarischer Texte, mal offenbartes Gesetz, mal
     nationales Geschichtsbuch, immer aber, „like the Koran, the Bible has never been anything other than
     what its readers make of it", wie es im Klappentext der englischen Ausgabe heißt.

86   Stemberger: Einleitung in Talmud und Midrasch, S. 123–166, hier: S. 157–160 und S. 163–166.

87   Perrot, Charles: The Reading of the Bible in the Ancient Synagogue, in: Mulder; Sysling: Mikra – Text,
     S. 138–159. Dabei wurde die aramäische Lesung (Targum) als „mündliche Tora" betrachtet, worauf Smelik:
     Rabbis, Language and Translation, S. 225–258, aufmerksam gemacht hat.

88   Goldberg, Abraham: The Mishna & The Tosefta, in: Safrai; Tomson: The Literature of the Sages, First Part,
     S. 211–262, 283–301, nennt daher auch die Mischna „a Study Book of Halakha" und die Tosefta „Com-
     panion to the Mishna"; Stemberger, Günter: Zum Verständnis der Schrift im rabbinischen Judentum, in:
     ders.: Judaica Minora I, S. 15–26.

89   Stemberger: Einleitung in Talmud und Midrasch, S. 284–287, 287–294, 294–302.

wie der *Midrasch Rabba*, der Große Midrasch zu den 5 Büchern Mose[90] und den fünf *Megillot*, den „5 Festrollen" für die Hauptfeste[91] und andere entstanden noch später. Dabei spielt auch hier wiederum – im Hintergrund zumindest – die christlich-jüdische, jüdisch-christliche Auseinandersetzung eine Rolle. Denn gewiss nicht zufällig beginnt der älteste Teil des Midrasch Rabba, der kaum vor dem Ende des 4., eher im 5. Jahrhundert entstandene Midrasch Rabba zum 1. Buch Mose,[92] mit einem programmatischen Exposé, das die Auslegung der Hebräischen Bibel im Neuen Testament, insbesondere die Interpretation und Methodologie des Paulus, die christliche Schriftauslegung also, zurückweist. Bis dahin jedoch waren es die Mischna und die Tosefta, die man studierte und auslegte; denn „alles kann man daraus herleiten".[93]

Auch wenn die mündliche und die schriftliche Tora in Konkurrenz zueinander stehen, erschließt sich ihr voller Gehalt erst in der Verbindung beider (vgl. 5. Mose 17,8–11), wie die folgende anekdotenhafte Geschichte zu illustrieren vermag:

> Unsere Meister lehrten: Ein gewisser Nichtjude kam zu Schammai und fragte ihn: ‚Wie viele *Torot* hast du?' ‚Zwei', antwortete er, ‚die *schriftliche Tora* und die *mündliche Tora*.' ‚Ich glaube dir nur hinsichtlich der *schriftlichen Tora*, nicht aber hinsichtlich der *mündlichen Tora*. Nimm mich als Proselyt an unter der Bedingung, dass du mich nur die *schriftliche Tora* lehrst.' Da schalt er ihn und wies ihn verärgert von sich. Als er [der Nichtjude] daraufhin zu Hillel kam, nahm er ihn als Proselyten an. Am ersten Tag lehrte er ihn *Alef, Bet, Gimel, Dalet;* am zweiten Tag [dasselbe] in umgekehrter Reihenfolge. ‚Gestern hast du mich dies nicht so gelehrt', protestierte er. ‚Musst du nicht Vertrauen zu mir [als deinen Lehrer] haben? Dann habe Vertrauen zu mir auch hinsichtlich der *mündlichen Tora* (bShab 31a; Avot de-Rabbi Natan B XXIX; vgl. Sifre *Devarim* § 351).

Aus der Rückschau erscheint diese Rückbindung der mündlichen an die schriftliche Tora wie die Anwendung des oben erwähnten hermeneutischen Prinzips der Weisen des Talmuds, dem zufolge „die Tora gegeben worden ist, damit sie ausgelegt wird" (תורה ניתנה להידרש *Tora nitna le-hiddaresch*).[94] Erst eine durch die Brille der Mündlichen Tora gelesene und entsprechend ausgelegte schriftliche Tora ermöglicht die in ihr enthaltene göttliche Weisung im Alltag anwendbar zu machen, sodass man „mit ihr und durch sie leben" kann (3. Mose 18,5; vgl. 5. Mose 30,11–20).

---

90 Ebd., S. 306–314, 319–323, 339–344.
91 Ebd., S. 314–318, 349–354.
92 Ebd., S. 306–314, hier: S. 310.
93 In den „Jeshives", den Talmudakademien in Mittel- und Osteuropa, hat man übrigens bis ins 19. Jahrhundert hinein nur Talmud, aber nicht die Bibel studiert. Eine eigen(tlich)e Bibelexegese begann hier erst im 19. Jahrhundert. So ist auch nicht zufällig, dass unter den 60 Kommentaren, die in die Wilnaer Standardausgabe der *Mikraot Gedolot* („Rabbinerbibel") aufgenommen worden sind, nur ein einziger Kommentar mittel-/osteuropäischer Provenienz ist.
94 yMeg I,1/70a.

Ritual

Charlotte Elisheva Fonrobert

Aeußerst neugierig war ich […], ihre Ceremonien kennen zu lernen. Ich ließ nicht ab, bis ich ihre Schule öfters besucht, einer Beschneidung, einer Hochzeit beygewohnt und von dem Laubhüttenfest mir ein Bild gemacht hatte.

Johann Wolfgang von Goethe, Dichtung und Wahrheit, 1811

Seit geraumer Zeit hat der Begriff *Ritual* an enormer Bedeutung für das Studium der jüdischen Kultur und ihrer langen Geschichte gewonnen. Dies spiegelt sich in den zahlreichen Studien über kulturelle Aspekte wider, die als jüdische Riten oder Rituale erkannt und beschrieben werden, vor allem in den Studien einzelner, spezifischer Handlungen und ihrer Bedeutung, etwa den immer wieder und prominenten Untersuchungen über die *rituelle* Beschneidung.[1] Auch in den Untersuchungen von abstrakten Normen und Konzepten und damit verbundener Praktiken spielt der Begriff eine herausragende Rolle, so etwa in den mittlerweile zahlreichen Studien über *rituelle* Reinheit und Unreinheit (*tum'ah* und *taharah*),[2] und der damit verbundenen Institution des oft als *rituell* bezeichneten Tauchbades oder Ritualbades, der Mikwe.[3] Man kann somit von einem grundsätzlichen, heuristischen Wert des Ritualbegriffs für das Studium

---

1 Hoffman, Lawrence A.: Covenant of Blood, Chicago 1996; Cohen, Shaye J. D.: Why Aren't Jewish Women Circumcised, Berkeley 2005; Glick, Leonard: Marked in Your Flesh: Circumcision from Ancient Judaea to Modern America, New York 2005; Judd, Robin: Contested Rituals: Circumcision, Kosher Butchering, and Jewish Political Life in Germany, 1843–1933, Ithaca 2007. Vgl. auch den Katalog zur Ausstellung *Haut ab! Haltungen zur rituellen Beschneidung* im Jüdischen Museum Berlin über die mühsame Beschneidungsdebatte in Deutschland im Zuge des Kölner Landgerichtsurteils von 2012 (hg. von Heimann-Jelinek, Felicitas und Kugelmann, Cilly, Göttingen 2014).

2 Fonrobert, Charlotte: Menstrual Purity: Rabbinic and Christian Reconstructions of Biblical Gender, Stanford 2000; Hayes, Christine: Gentile Impurities and Jewish Identities, New York 2002; Klawans, Jonathan: Impurity and Sin in Ancient Judaism, New York 2004, und ders.: Purity, Sacrifice, and the Temple: Symbolism and Supersessionism, Oxford 2006; Balberg, Mira: Purity, Body, and Self in Early Rabbinic Literature, Berkeley 2014; Miller, Stuart: At the Intersection of Texts and Material Finds: Stepped Pools, Stone Vessels, and Ritual Purity among the Jews of Roman Galilee, Göttingen 2015.

3 Wasserfall, Rahel: Women and Water: Menstruation in Jewish Life and Law, Boston 1999. Für die Mikwe liegen zwar vereinzelte Studien und Lokalgeschichten vor, aber meines Wissens keine umfassende Historiographie dieser rituellen Institution, obwohl sie für das jüdische Gemeinwesen historisch eine zentrale Bedeutung hat.

der jüdischen Kultur und ihrer Geschichte sprechen. Wie sonst ließen sich solche symbolisch oder theologisch bedeutungsvollen von praktischen oder instrumentell orientierten Handlungen unterscheiden, die rituelle von der medizinischen Beschneidung, die rituelle Reinigung von der Hygiene, das rituelle Tauchbad von einer bloßen Badewanne trennen? (Siehe hierzu auch den Beitrag von Tamara Or, S. 255.)

Eine wesentliche Grundlage für den heuristischen Nutzen des Ritualbegriffs ist zunächst die Tatsache, daß die jüdische Kultur durch eine breite Vielfalt symbolträchtiger Praktiken geprägt ist, welche die menschlichen Dimensionen von Zeit und Raum strukturieren.[4] Was die Dimension Zeit betrifft, werden die verschiedenen Zeitrhythmen von Alltag und Woche, Kalenderjahr und menschlichem Lebenszyklus[5] durch rituelle Handlungen, Objekte (Schabbatleuchter und Channukiot, Sukka oder Laubhütte und Palmwedel), Speisen (Challa, Mazza und Wein) oder Mahlzeiten (das Schabbatmahl am Freitagabend, die Sedermahlzeit des Pessachfestes) dargestellt, die auf jahrhundertealte Traditionen zurückgehen. Alltag und Woche werden liturgisch durch Morgen-, Nachmittags- und Abendgebet bzw. durch die Schabbatgebete markiert, traditionell in erster Linie von Männern, aber in den modernen, liberalen Bewegungen auch von Frauen. Der Schabbat und das mit ihm verbundene Arbeitsverbot,[6] seit der Antike für nichtjüdische Beobachter neben der Beschneidung eines der auffälligsten Merkmale jüdischer Kultur,[7] ist dabei der Anker für den Rhythmus der Woche. Weiterhin wird das Kalenderjahr[8]

---

4   Für eine immer wieder neu aufgelegte deutschsprachige, ursprünglich niederländische, umfassende Beschreibung der verschiedenen jüdischen Riten, bewusst an eine interessierte, nichtjüdische Öffentlichkeit gerichtet, siehe De Vries, Simon Philip: Jüdische Riten und Symbole, Wiesbaden ³2005.

5   Markus, Ivan: Rituals of Childhood, New Haven 1996, und ders.: The Jewish Life Cycle: From Biblical to Modern Times, Seattle 2004; Goldberg, Harvey E.: Jewish Passages: Cycles of Jewish Life, Berkeley; Los Angeles 2003; Sperber, Daniel: The Jewish Life Cycle: Custom, Lore and Iconography. Jewish Customs from the Cradle to the Grave, Oxford; New York 2008. Das populäre Literaturgenre von Einleitungen zu diesem Thema oder Darstellungen einzelner Aspekte, oft an eine jüdische Öffentlichkeit gerichtet, ist schier unüberschaubar.

6   Für ein historiographische Darstellung der frühen Entwicklung der Schabbatvorschriften siehe Doering, Lutz: Schabbat. Sabbathalacha und -praxis im antiken Judentum und Urchristentum, Tübingen 1999. Abraham Joshua Heschels Abhandlung *The Sabbath* ist seit ihrer Erstveröffentlichung 1951 nach wie vor eine der populärsten und zugänglichsten jüdisch-religionsphilosophischen Darstellungen des Schabbat.

7   Bloch, René: Antike Vorstellungen vom Judentum. Der Judenexkurs des Tacitus im Rahmen der griechisch-römischen Ethnographie, Stuttgart 2002. Menachem Stern hat die klassische Sammlung der griechischen und lateinischen Texte zu diesem Thema erstellt: Greek and Latin Authors on Jews and Judaism, Jerusalem 1974–1984.

8   Zu den verschiedenen Feiertagen existiert in der Moderne eine schier unübersehbare, an eine breitere, oft auch jüdische Öffentlichkeit gerichtete Einleitungsliteratur, die sich nicht mehr der vielen, mit den einzelnen Feiertagen verbundenen Riten und Traditionen bewusst war oder ist. So z. B. Thieberger, Friedrich; Rabin, Else (Hg.): Jüdisches Fest, Jüdischer Brauch, Berlin 1937 [ND Königstein/Ts. ²1985]. Die sogenannten *minhagim*-(Bräuche) *Bücher*, die zuerst im frühen Mittelalter erschienen und auf Jiddisch *(minhogim bikher)* ab dem 16. Jahrhundert populär wurden, können als Vorgänger dieser Literatur betrachtet werden, denn sie beschreiben auch die mit dem Kalenderjahr verbundene jüdische Praxis und Liturgie. Siehe Baumgarten, Jean: Prayer, Ritual and Practice in Ashkenazic Jewish Society: The Tradition of Yiddish Custom Books in the Fifteenth to Eighteenth Centuries, in: *Studia Rosenthaliana* 36 (2002–2003), S. 121–146.

durch die vielen Fest- und Feiertage rituell markiert, angefangen mit den sogenannten Hohen Feiertagen[9] im Herbst zu Beginn des jüdischen Kalenderjahres, von Rosch Haschana bis Jom Kippur und weiter mit den ehemaligen, biblischen Ernte- und Pilgerfesten, dem Laubhüttenfest im Herbst (Sukkot), dem Pessachfest im Frühjahr und dem Wochenfest (Schawuot) sieben Wochen nach dem Peassachfest; so wie den „historischen" Festen von Chanukka (Errettung des jüdischen Volkes von den Griechen durch die Makkabäer im 2. Jahrhundert v. u. Z.) im Winter und Purim (Rettung von den Persern durch die jüdische Königin Ester und Mordechai) im Spätwinter. Und schließlich beginnt die rituelle Gestaltung menschlicher Lebenszeit, des Lebenszyklus, mit der Geburt[10] und der acht Tage darauffolgenden Beschneidung des Jungen bzw. in der gegenwärtigen Praxis eines Namensgebungsrituals für Mädchen, führt weiter über die Bar Mitzwa und Bat Mitzwa zur Hochzeit, bis hin zu den rituellen Bräuchen, die Tod und Trauer begleiten und gestalten.[11]

Neben der Dimension Zeit wird auch der Raum umfassend, nämlich im Rahmen von häuslichen, so wie im öffentlichen Leben rituell geformt. Für den häuslichen Bereich spielen hier die Speisevorschriften (Kaschrut) eine zentrale Rolle. In der jüdischen Tradition ist der Konsum von Fleisch seit den biblischen Schriften streng reglementiert, zunächst durch das prinzipielle Verbot des Blutverzehrs, dann des Genusses verschiedener Tierarten. Vor allem die erst von den Rabbinen in ihren frühen Schriften eingeführte Trennung von Fleisch- und Milchprodukten, von *fleischig* und *milchig* (Jiddisch) oder *basari* und *chalawi* (Hebräisch) spielt für die Ritualisierung des alltäglichen Lebens eine wichtige Rolle.[12] Damit verbunden hat sich, besonders im aschkenasischen Judentum, auch die Trennung der jeweiligen Küchengeräte und des Geschirrs durchgesetzt, sodass jeder Topf und jeder Teller eine rituelle Identität gewinnt. Das hat wiederum zur Konsequenz, dass die jüdische Küche zum Zentrum des jüdischen häuslichen Lebens wird und darüber hinaus zu einem der Zentren jüdischen Lebens überhaupt.[13]

Im öffentlichen Raum findet jüdisches rituelles Leben seinen Ausdruck im Synagogenbau,[14] auf jüdischen Friedhöfen und in der Einrichtung der Mikwe, wobei jeder dieser rituellen Institutionen, je nach ihrem historischen und geopolitischen oder lokalen Kontext, ein unterschiedlicher Grad an Öffentlichkeit zukommt. Das trifft auch auf den sogenannten Eruv zu, eine symbolisch-rituelle Markierung und Umgrenzung von jüdischen Wohngegenden und Städten,

9   De Vries: Jüdische Riten und Symbole, S. 80–103.

10   Klein, Michele: A Time to Be Born: Customs and Folklore of Jewish Birth, Philadelphia 1998.

11   Heilman, Samuel C.: When a Jew Dies: The Ethnography of a Bereaved Son, Berkeley 2001. Siehe auch Wieseltier, Leon: Kaddish, New York 2000.

12   Siehe Kraemer, David: Jewish Eating and Identity through the Ages, New York 2007, der sich besonders der über die Jahrhunderte fortschreitenden Verschärfung dieses Aspekts der Speisevorschriften vor allem im aschkenasischen Judentum widmet.

13   Wohl kaum ein anderes Literaturgenre vermittelt in der Gegenwart der breiteren Öffentlichkeit jüdische Kultur, und oft auch jüdische Geschichte, so populär und erfolgreich wie Kochbücher. Siehe etwa Ottolenghi, Yotam; Tamimi, Sami: Jerusalem. Das Kochbuch, München 2013, in den USA und Europa ein Bestseller. Eine Kulturgeschichte jüdischer Kochbücher wäre ein Desideratum. Für eine generelle Übersicht über jüdische Speisen siehe Marks, Gil: Encyclopedia of Jewish Food, New York 2010.

14   Levine, Lee I.: The Ancient Synagogue: The First Thousand Years, New Haven 2000.

die in erster Linie dem Einhalten des Schabbats dient, aber auch mittelbar öffentlichen Raum in Anspruch nimmt und, je nach Kontext, zu einem Politikum werden kann.[15]

Diese Übersicht kann nicht viel mehr als einen oberflächlichen Eindruck von der Gesamtheit und Vielfalt ritueller Gestaltung jüdischen Lebens vermitteln. Aber sie macht zumindest ansatzweise klar, wie wichtig der Ritualbegriff für das Beschreiben und Erklären jüdischer Kultur ist. Man kommt ohne ihn eigentlich gar nicht aus.

Der allgemeinwissenschaftliche Ritualbegriff

Zunächst stellt sich die Frage nach der Problematik des Ritualbegriffs selbst, denn ähnlich wie „Religion" ist „Ritual" in erster Linie ein Begriff zweiter Ordnung, also keine Kategorie, die aus dem jüdisch-diskursiven Kontext selbst stammt, sondern ein analytisches Hilfsmittel für ein nach außen gerichtetes Beschreiben und Erklären jüdischer Kultur. Man könnte überlegen, ob es im jüdischen Sprachdenken überhaupt einen vergleichbaren Begriff gibt, etwa Mitzwa (Gebot) oder Minhag (Brauch). Aber dann muss man bedenken, dass der Ritualbegriff im allgemeinwissenschaftlichen Kontext schon länger diskutiert und kritisch reflektiert wird, er also keineswegs als neutrales oder transparentes analytisches Hilfsmittel betrachtet werden kann. Mittlerweile hat sich sogar ein eigenes theoretisches Wissenschaftsgebiet der Ritualforschung entwickelt, für das der Begriff zum eigenständigen Gegenstand der Reflexion geworden ist.[16] Die Relevanz dieses Forschungsgebietes für die Jüdischen Studien wird erst seit einigen Jahren erkannt.[17]

Hier hat sich allerdings kein eindeutiger Konsens hinsichtlich einer Definition des Ritualbegriffs ergeben. Zwar stellt der Kulturanthropologe Talal Asad, bekannt geworden durch seine grundlegende Kritik am Gebrauch des Ritualbegriffs in der Moderne, fest, dass „every ethnographer will probably recognize a ritual when he or she sees one, because ritual is, of course, symbolic *activity* as opposed to the instrumental *behavior* of everyday life". Und, so fügt er weiter hinzu, „there may be some uncertainty and disagreement over matters of explanation,

---

15   Fonrobert, Charlotte: Neighborhood as Ritual Space: The Case of the Rabbinic Eruv, in: *Archiv für Religionsgschichte* 10 (2008), S. 239–258; und The Political Symbolism of the Eruv, in: *Jewish Social Studies* 11/3 (2005), S. 9–35. Der *Eruv* als rituelle Grenzziehung der Schabbateinhaltung wird kaum je in den einschlägigen Einführungen dargestellt oder diskutiert, weder in den oben bereits erwähnten *minhagim-Büchern* noch in den moderneren Darstellungen, so z. B. auch nicht bei De Vries: Jüdische Riten, S. 64–80. Neuerdings hat sich allerdings vor allem in der amerikanischen akademischen Literatur ein größeres Interesse für diesen rituellen Handlungsbereich entwickelt, nicht zuletzt aufgrund der öffentlichen Kontroversen, die um einige, örtliche *Eruv*-Einrichtungen entstanden sind. Siehe Fonrobert, Charlotte: Installations of Jewish Law in Public Urban Space: An American Eruv Controversy, in: *Chicago-Kent Law Review* 90/1 (2015), S. 63–77. In ihrer kulturwissenschaftlichen Arbeit über die Laubhütte als symbolisches Haus behandelt Mimi Levy Lipis u. a. den *Eruv* als „ritual house". Levy Lipis, Mimi: Symbolic Houses in Judaism. How Objects and Metaphors Construct Hybrid Places of Belonging, Surrey; Burlington, VT 2011.

16   Dazu Krieger, David J.; Belliger, Andréa: „Ritual und Ritualforschung". Einleitung zu Ritualtheorien. Ein einführendes Handbuch, Wiesbaden 2013.

17   Für einen Versuch in dieser Richtung siehe Gruenwald, Ithamar: Rituals and Ritual Theory, Leiden 2003.

but not in identifying the phenomenon as such".[18] Der beste Beleg dafür sind die einleitend aufgezählten diversen jüdischen symbolischen Handlungen. Eine präzisere Definition ist schwierig. Als gemeinsamen Nenner der verschiedenen Definitionsversuche ließe sich lediglich ein Bezug zu Handlungen und Handlungskomplexen nennen. Catherine Bell, die Mutter der amerikanischen Ritualtheorie, beginnt ihre Reflexion mit der folgenden These: „Theoretical description of ritual generally regard it as *action* and thus automatically distinguish it from the *conceptual* aspects of religion, such as beliefs, symbols, and myths."[19] Die Historikerin Barbara Stollberg-Rilinger macht einen ähnlichen, aber etwas weiter gefassten Definitionsvorschlag für „Ritual" als „eine menschliche *Handlungsabfolge* […] die durch Standardisierung der äußeren Form, Wiederholung, Aufführungscharaker, Performativität und Symbolizität gekennzeichnet ist".[20] Wie Religionswissenschaftler sind sich Ritualforscher der Problematik ihres grundsätzlichen Begriffs bewusst, und hinterfragen gerade deshalb seine deskriptive Neutralität. In Catherine Bells Worten: „[…] it is no longer so easy to argue that we can establish adequate categories merely by defining them as objective analytical tools. They will not stay neutral."[21] Daher sollen hier kurz einige der Fragestellungen in dieser Diskussion umrissen werden, um sie dann auf ihre Relevanz für die Jüdischen Studien hin zu untersuchen.

Allgemein wird der gängige Ritualbegriff im europäischen Wissenschaftsdiskurs nicht nur etymologisch,[22] sondern auch historisch und wissenschaftstheoretisch verankert. Als analytisches Konzept gewinnt der Begriff „Ritual" spätestens Ende des 19. Jahrhunderts mit den neu entstehenden Kulturwissenschaften an zentraler Bedeutung.[23] Für die aus dem historischen Kontext des europäischen Kolonialismus hervorgehende vergleichende Religionswissenschaft,[24] die Soziologie sowie die Kulturanthropologie wurde das Konzept des Rituals als elementares soziales

---

18 Asad, Talal: Genealogy of Religion: Discipline and Reasons of Power in Christianity and Islam, Baltimore 1993, S. 55.

19 Bell, Catherine: Ritual Theory, Ritual Practice, New York 1992, S. 13. In diesem Sinne siehe auch Brosius, Christian; Michaels, Axel; Schrode, Paula (Hg.): Ritual und Ritualdynamik, Göttingen 2013: „Rituale sind in erster Linie Handlungen, d. h. eine Form des bewussten und zielgerichteten Einwirkens des Menschen auf seine Umwelt", S. 13.

20 Stollberg-Rilinger, Barbara: Rituale (= Historische Einführungen), Frankfurt/Main 2013, S. 9, Hervorhebung CEF.

21 Die Betonung des Performanceaspektes des rituellen Handelns ist ein wichtiges Merkmal der „ritual studies", so Belliger und Krieger: Ritual und Ritualforschung, S. 9. Catherine Bell stellt den Nutzen des Ritualbegriffs prinzipiell in Frage, meidet ihn letztendlich ganz und ersetzt ihn durch „Performance". Siehe ihren Beitrag in Taylor, Mark C. (Hg.): Critical Terms for Religious Studies, Chicago 1998, S. 205–225.

22 Die Etymologie des Begriffs aus dem Lateinischen wird vielfach zitiert, aber gleichzeitig für den Ursprung des modernen Konzepts in Frage gestellt, da dieser wenig mit dem lateinischen Gebrauch zu tun hat. Siehe Stausberg, Michael: „Ritual": A Lexicographic Survey of Some Related Terms from an Emic Perspective", in: Kreinath, Jens; Snoek, Jan; Stausberg, Michael: Theorizing Rituals: Issues, Topics, Approaches, Concepts, Leiden 2006, S. 51; Bogdan, Henrik: Western Esotericism and Rituals of Initiation, New York 2007, S. 27.

23 Bell: Ritual Theory, Ritual Practice, S. 14.

24 Stollberg-Rilinger meint, dass „Ritual" als modernes analytisches Konzept von der Religionswissenschaft um 1900 geprägt wurde und schreibt den Beginn einer wissenschaftlichen Ritualforschung demselben Zeitraum zu: „Hand in Hand mit anderen neuen kulturwissenschaftlichen Disziplinen." Rituale, S. 15.

Phänomen geradezu zum Kernbegriff.[25] Verwandte Begriffe wie „Zeremonie" oder „Zeremoniell", Brauch(tum), Kult oder Ritus[26] finden schon früher in verschiedenen theologischen und frühmodernen, ethnographischen Kontexten Verwendung. Man mag hier insbesondere an einen frühmodernen ethnographischen Text wie Jean-Frédéric Bernards und Bernard Picarts *Cérémonies et coutumes religieuses de tous les peuples du monde* (1723–1737)[27] denken, ein Bestseller der Aufklärungszeit, der auch eine Abhandlung über das Judentum mit einschließt; oder an die noch früheren Texte der Hebraisten, wie etwa Johann Buxtorfs *Synagoga Iudaica* von 1603, mit dem ausführlichen Untertitel „Darinnen der gantz Juedische Glaub und Glaubensubung/ mit allen Ceremonien/Satzungen/ Sitten und Gebraeuchen/ wie sie bey ihnen oeffentlich und Heimlich im Brauche";[28] bis hin zu Paul Christian Kirchners *Jüdisches Ceremoniell,* zuerst 1717 veröffentlicht und 1724 zusammen mit dem Hebraisten Sebastian Jugendres neu aufgelegt.

Generell aber wird in der neueren, vor allem in der angloamerikanischen Ritualforschung, angeregt durch die postkoloniale Kritik, der europäische Kolonialismus und die daraus hervorgehenden Kulturwissenschaften als eigentlicher Kontext für die „Erfindung" des modernen Ritualbegriffs betrachtet.[29] Er erwachse somit aus der kolonialen Begegnung mit anderen Kulturen.[30] Die Funktion, die der Ritualbegriff, ähnlich wie „Religion", in diesem Zusammenhang zu spielen beginnt, wird dabei unterschiedlich erklärt. Die einen betrachten ihn als Produkt der Krise der Moderne und des europäischen Bewusstwerdens der Relativität jeglicher Kultur.[31] Andere wiederum erklären ihn zum Werkzeug der Einordnung fremder kultureller Praktiken. Inbesondere aus Sicht der postkolonialen Kritik diente solche Einordnung menschlicher Handlungen in die großen Kulturevolutionssysteme der Stärkung eines kolonialistischen Überlegenheitgefühls. So traf für den Theologen und Altestamentler William Robsertson Smith, dessen *Lectures on the Religion of the Semites* (1889)[32] von allen Ritualforschern als eine Art Urtext der

---

25   So Stollberg-Rilinger: Rituale, S. 17, und Stausberg, Michael: Ritualtheorien und Religionstheorien, in: Harth, Dietrich; Schenk, Gerrit Jasper: Ritualdynamik. Kulturübergreifende Studien zur Theorie und Geschichte rituellen Handelns, Heidelberg 2004, S. 29–48.

26   „Ritus" wird immer weniger als Synonym für Ritual verwendet, obwohl im Englischen „rites" weiterhin relativ häufig und austauschbar mit „ritual" erscheint. Zum Beispiel hat sich für Initiationsriten der Begriff der „rites of initation" oder „rites de passages" im Französischen eingebürgert. Ganz abgesehen von der begrifflichen Problematik lässt sich sprachlich kaum der Ausdruck ändern, auch wenn man prinzipiell *rite* und *ritual* unterscheiden sollte. Für ein Bestehen auf die Unterscheidung von „Ritus und Ritual" siehe Johannes Quacks kurzen Aufsatz unter eben diesem Titel in Brosius; Michaels; Schrode: Ritual und Ritualdynamik, S. 197–205. Siehe Bogdan: Western Esotericism, S. 30, für eine kurze Darstellung der verschiedenen Versuche in diese Richtung.

27   1733–1739 ins Englische übersetzt und in London veröffentlicht als *The Ceremonies and Religious Customs of the Various Nations of the Known World.*

28   Später ins Lateinische und Englische übersetzt.

29   So die meisten Einführungen in die Ritualforschung. Siehe etwa Brosius; Michaels; Schrode: Ritual und Ritualdynamik, S. 11.

30   So Bell: Ritual Theory, Ritual Practice: „[...] the term expressed the beginnings of a major shift in the way European culture compared itself to other cultures and religions." S. 14.

31   Stollberg-Rilinger: Rituale, S. 17.

32   Deutsch (1899): Die Religion der Semiten.

modernen Ritualforschung zitiert wird,[33] der Ritualbegriff inbesondere auf „primitive" Religion zu, einschließlich der biblischen Religion.[34] Es sei „religion in primitive times", die nach ihm als ein „body of fixed traditional practices" beschrieben werden kann, dem sich alle Mitglieder der primitiven Gesellschaft selbstverständlich unterwerfen. Auf solchem wissenschaftshistorischen Hintergrund haftet dem Begriff des Rituals der Verweis auf das Primitive und das Fremde an.

Eine weitere Konnotation des Ritualbegriffs vor dem Hintergrund der Kritik der Aufklärung ist die des Veralteten, Überkommenen und der Äußerlichkeit. Im Zuge von Immanuel Kants Religionskritik und seiner Idealisierung eines „reine(n) Religionsglaube(ns), der sich gänzlich auf Vernunft gründet"[35] werden „äußerliche Handlungen, Cärimonien"[36] und rituelle Handlungen, ob im Christen- oder Judentum, im besten Fall als veraltet und entbehrlich, im schlimmeren Fall als Fetischismus verdammt.

Wenn wir zunächst aber mit der allgemeinen Ritualforschung von einem wissenschaftstheoretischen Ursprung des Ritualbegriffs im Zeitalter des (Spät-)Kolonialismus ausgehen, so wird dort häufig von diesem historischen Moment als einem sogenannten *ritual turn* oder einer „ritualtheoretischen Wende" gesprochen. Einerseits lässt sich um die damalige Jahrhundertwende eine Verschiebung in der Bedeutung des Ritualbegriffs feststellen, nämlich von einem früheren Bezug auf Text zu einem Bezug auf Handeln.[37] Das illustriert Talal Asad etwa damit, dass die ersten sieben Ausgaben der *Encyclopaedia Britannica* (1771–1852) Ritual als ein „book directing the order and manner to be observed in celebrating religious ceremonies" definieren, aber (nach längerer Unterbrechung) ab der elften Ausgabe (1910) Ritual als „a type of routine behavior" definiert wird, also als ein *Handeln,* das „etwas symbolisiert oder ausdrückt".[38] Für Ritualtheoretiker gewinnt im Zuge von Talal Asads Kritik am kolonialen Ritualbegriff die nachfolgende Spaltung zwischen Handeln und Denken essentiell an kritischer Bedeutung.[39]

---

33 Als Arabist und Bibelforscher war er einer der ersten Religionswissenschaftler, der Ritual bzw. Ritus und Zeremonie, für ihn noch Synonyme, ins Zentrum von Religion – einschließlich der Religion des biblischen Volkes Israel – rückte, anstelle von Glaube oder Mythos. Stollberg-Rilinger beschreibt Smiths Behandlung der bis dahin als Offenbarungstext verstandenen Bibel als ethnographische Quelle als revolutionär, nämlich derart revolutionär, dass er prompt seine Stelle als alttestamentlicher Exeget und Theologe verlor. Stollberg-Rilinger: Rituale, S. 21.

34 Segal, Robert: Religion as Ritual: Roy Rappaport's Changing Views from *Pigs for the Ancestors* (1968) to *Ritual and Religion in the Making of Humanity* (1999), in: Stausberg, Michael (Hg.): Contemporary Theories of Religion, London; New York 2009, S. 66.

35 Kant, Immanuel: Über die Religion innerhalb der Grenze der bloßen Vernunft, Akademieausgabe VI, S.115, zitiert in Twellmann, Marcus: Das andere Zeremoniell. Gottesdienst im Zeitalter der Aufklärung, in: *Zeitschrift für Religions- und Geistesgeschichte* 61/1 (2009), S. 67.

36 So etwa bei dem Aufklärungstheologen Johann Salomo Semler (1766). Siehe hierzu Twellman: Das andere Zeremoniell, S. 67.

37 So Asad: Toward a Genealogy of Ritual, S. 57 und Boudewijnse, H. B.: The Conceptualization of Ritual: A History of its Aspects, in: *Jaarboek voor Liturgie-onderzoek* 11 (1995), S. 52.

38 Asad: Toward a Genealogy of Ritual, S. 57; Boudewijnse: Conceptualization of Ritual, S. 227; Bogdan: Western Esotericism, S. 28.

39 Diese Spaltung soll gerade durch den Begriff der „Perfomance" überwunden werden, indem damit unsere Aufmerksamkeit auf den sinnkonstitutiven Aspekt des Handelns gelenkt wird. Siehe Belliger; Krieger: Ritual und Ritualforschung, S. 9 f.

Ferner wird unter dem *ritual turn* eine grundsätzliche Hinwendung zu einem Verständnis von Kultur und Religion als Praxis und Handeln verstanden, und zwar so, dass Ritualtheoretiker von einem regelrechten „Siegeszug *(triumphal march)*" des Begriffs im Laufe des 20. Jahrhunderts sprechen,[40] nicht zuletzt durch die Arbeiten bedeutender Kulturanthropologen wie etwa Victor W. Turner, Mary Douglas, Clifford Geertz und Pierre Bourdieu, womit sich die Ritualforschung weit über die Kulturanthropologie hinaus in anderen Kultur- und Sozialwissenschaften etablieren konnte. Für die Folgezeit lässt sich dann eine derartige semantische Ausweitung und ein inflationärer Gebrauch des Ritualbegriffs beobachten,[41] sodass mittlerweile zahlreiche Systematisierungsversuche unternommen werden.

Der „Ritual Turn" in den Jüdischen Studien

Von dieser allgemeinwissenschaftlichen Entwicklung ist der Begriff in die verschiedenen Fachgebiete der Jüdischen Studien gewandert, vor allem natürlich in die kulturwissenschaftlich orientierten. Ganz offensichtlich ergibt sich das für die Anwendung der Ethnographie in Studien gegenwärtiger jüdischer Kultur in ihrer weitgefächerten, aus den diversen Kontexten der Diasporageschichte jüdischer Kultur gewonnenen Diversität.[42]

Ein weiterer Ansatz ist der aus der Kulturanthropologie gewonnene Gebrauch des Ritualbegriffs. Das gilt vor allem für Fachgebiete der Jüdischen Studien, die sich traditionell eher auf Philologie oder Historiographie beschränkt hatten. Das akademische Studium der klassischen rabbinischen Literatur etwa ist zwangsläufig auf Textuntersuchungen beschränkt, da uns für den Großteil der Zeit, in der diese Literatur entstanden ist, nur Texte zur Verfügung stehen,[43] zumal Texte, deren Manuskripte aus einer wesentlich späteren Zeit als ihr chronologischer Inhalt stammen. Hier haben Forscher in jüngerer Zeit den Ritualbegriff gewinnbringend für die Analyse der Texte und „Textualität" an sich verwandt. Ishay Rosenzvi entwickelt in seiner Studie des Mischnatraktates *Sota* über die Tortur, der sich die des Ehebruchs verdächtigte Ehefrau unterwerfen soll, das Konzept „textual ritual".[44] Damit versucht er, die zahllosen, von jeglicher historischer Realität losgelösten und als imaginierte Praxis gegen alle Regeln des sonstigen rab-

---

40 So Platvoet, Jan G.: Ritual: „Religious and Secular", in: Kreinath; Snoek; Stausberg: Theorizing Rituals, S. 163. Andere wiederum weisen darauf hin, dass Ritual als solches nicht unmittelbar Subjekt generellen wissenschaftlichen Interesses wurde, zum Teil, weil selbst in den 1960er Jahren der Begriff des Rituals oft noch negativ besetzt blieb, so Bogdan: Western Esotericism, S. 29. Aber mit Johannes Quacks „Ritus und Ritual", lässt sich wohl kaum einer kontinuierlichen semantischen Ausweitung des Begriffs widersprechen (S. 199).

41 So Quack: „Ritus und Ritual", S. 200.

42 Hier besonders Goldberg: Jewish Passages.

43 Allerdings sind zumindest für die rabbinischen Textsammlungen, die in der römischen Provinz Syro-Palaestina, also dem ehemaligen Land Israel, entstanden sind, archäologische Spuren wichtig. Siehe hierzu etwa Miller, Stuart: At the Intersection of Texts and Material Finds: Stepped Pools, Stone Vessels, and Ritual Purity, Göttingen 2015, Anm. 2.

44 Siehe Rosenzvi, Ishay: The Mishnaic Sotah Ritual: Temple, Gender and Midrash (= Supplements to the *Journal for the Study of Judaism*), Leiden 2012, S. 235.

binischen Wertesystems verstoßenden Aspekte dieser spezifischen rabbinischen Diskussion zu erklären. Er schlägt vor, den Mischnatraktat *Sota* als ein „textual ritual" zu lesen und nicht als praktische Anleitung für den Strafvollzug mit einem Anspruch auf die Umsetzung von Theorie in Praxis. Beth Berkowitz macht in ihrer Studie der rabbinischen Diskussionen der Todesstrafe im Mischnatraktat *Sanhedrin* einen ähnlichen Vorschlag und spricht von einem „hyper-ritual".[45] So könne die Rezitation des Mischnakapitels die Funktion haben, den ursprünglichen Zuhörern Respekt für und gar Furcht vor Autorität einzuflößen. Naftali Cohn schließlich, um noch ein weiteres Beispiel zu erwähnen, prägt den Begriff des „ritual narrative" als ein spezifisches Text-Genre in der Mischna, das dazu dient, die verschiedenen pseudo-historischen Erzählungen über Tempelritual in dem spätantiken Text einzuordnen.[46]

Weiterhin werden verschiedene Kulturtheorien, darunter besonders prominent die Arbeiten von Mary Douglas, für die Interpretation und Analyse klassischer rabbinischer Literatur mobilisiert, nicht zuletzt, weil Douglas sich selbst u. a. mit biblischen Texten aus dem sozusagen rituellsten aller Bücher der Tora, *Levitikus* (Hebr. *Wajikra*) bzw. dem „3. Buch Mose", auseinandergesetzt hat.[47]

Der große Nutzen des Ritualbegriffs für das Studium jüdischer Kultur ist also unumstritten. Unter einem rein pragmatischen Gesichtspunkt hilft er, die traditionell philologisch orientierten Fachgebiete sinnvoller in die Religions- und Kulturwissenschaften einzugliedern. Er macht das Studium der rabbinischen Literatur für die Religionswissenschaften „salonfähig". Dennoch lässt er sich im Kontext der Jüdischen Studien nicht ganz reibungslos als neutraler analytischer oder deskriptiver Begriff mobilisieren. Man muss sich prinzipiell fragen, welche kolonialen Denkmuster in der Verwendung des Begriffes mitschwingen, mit denen dann die jüdische Kultur „erklärt" wird. Auch ein Schwerpunkt auf jüdische Praxis muss kritisch betrachtet werden, vor allem, wenn er aus den jeweiligen kulturhistorischen Kontexten herausgelöst und lediglich vorausgesetzt, aber eben nicht erklärt wird.

Wenn also der Ritualbegriff derart tief im europäischen Wissenschaftsdiskurs verankert ist, wie kann er über den heuristischen Nutzen hinaus mit kritischem Gewinn für das Studium jüdischer Kultur mobilisiert werden? Das lässt sich am besten durch einen Rückblick auf den kulturhistorischen Moment begreiflich machen, aus dem sich zwei grundsätzlich verschiedene, im Grunde diametral entgegengesetzte Theorien von Praxis herausbildeten – diejenige des Paulus einerseits und die der Rabbinen in der Mischna andererseits. Beide gingen aus der jüdischen Kultur des ersten und zweiten christlichen Jahrhunderts hervor und wurden erst später in ihrer jeweiligen Rezeptionsgeschichte zu Grundtexten des Judentums und des Christentums. Beide lassen sich mit Blick auf ihren impliziten praxistheoretischen Ansatz gewinnbringend in Beziehung zueinander setzen, wenn auch ein direkter, unmittelbarer historischer Bezug der

---

45 Siehe Berkowitz, Beth: Execution and Invention: Death Penalty Discourse in Early Rabbinic and Christian Culture, Oxford 2006, S. 18.

46 Cohn, Naftali S.: The Memory of the Temple and the Making of the Rabbis, Philadelphia 2013, S. 4.

47 Douglas, Mary: Reinheit und Gefährdung, Berlin 1988, vgl. vor allem das Kapitel „Die Greuel des dritten Buch Mose", S. 60–79. In den letzten zwei Jahrzehnten hat sich außerdem vor allem in den anglo-amerikanischen *Jewish Studies* ein nahezu eigener Bereich von „purity studies" herausgebildet, in denen *Reinheit und Gefährdung* eine prominente Rolle spielt, sowohl kritisch hinterfragt als auch kritisch weitergeführt.

(hebräischen) Mischna auf die etwas früheren (griechischen) Schriften des Paulus nicht nach-weisbar ist. Aber beide sind dadurch, dass sie sich mit dem Vermächtnis der Tora auseinander-setzen und dieses neu einordnen, zumindest eng miteinander verwandt.

Theorie und Praxis und die (Unter-)Scheidung von Juden- und Christentum

Für diese Zwecke ist hier vor allem Paulus' Konzept der *erga nomou* oder der „Werke des Geset-zes" (Gal 2,16, cf. Rom 3,28)[40] von Interesse, das er diametral seinem Konzept des „Glaubens an Christus" entgegensetzt. Wohl kaum eine andere paulinische Denkfigur ist so sehr Grund-bestandteil der protestantischen Theologie geworden wie diese, schon allein, weil sie sich im Zentrum der lutherischen Rechtfertigungslehre bewegt. Aber Paulus war kein Protestant, sondern ein pharisäischer Jude im 1. Jahrhundert u. Z., der sich kritisch mit seiner jüdischen Bildung auseinandersetzte. Das, was er in der historischen Figur Jesus zu erkennen meinte, erklärte er aus der Perspektive eben dieser Bildung.[49] Was das konkret für eine kulturgeschichtlich adäquate Interpretation und Analyse der Paulusbriefe bedeutet, ist erst durch die von James D. G. Dunn mit angeregte und von ihm zuerst so benannte „neue Paulusperspektive" herausgearbeitet worden.[50] Durch diese mittlerweile breit akzeptierte Perspektive sind die Paulusbriefe auch wieder den Jüdischen Studien im Allgemeinen und somit auch unserer Fragestellung zugäng-lich gemacht worden.

Zunächst sei kurz der ursprüngliche Zusammenhang umrissen, aus welchem Paulus' Kon-zept der „Werke des Gesetzes" (oder „Handlungen gemäß dem Gesetz") hervorgeht. Dieser unmittelbare Zusammenhang, eine Konfliktszene, lässt sich als eine Urszene jüdischer Ritual-oder Praxistheorie beschreiben. Im Galaterbrief, seinem wahrscheinlich frühesten Brief, erzählt Paulus, wie er während seines früheren Missionsaufenthaltes in Antiochia am Orontes mit Petrus (alias Kephas) als Repräsentant jüdischer Jesusanhänger, von Paulus als „derer aus der Beschneidung *(peritomae)*" bezeichnet, aneinandergeriet. Dieser Gebrauch von Beschneidung als eine Art soziale Kategorie – also eine Gruppe, die irgendwie durch Beschneidung definiert ist –, ist nicht ganz eindeutig: Beschneidung kann hier eine Handlungsnorm bedeuten, bezogen auf diejenigen, die Beschneidung zur Bedingung für die Zugehörigkeit zu der Gruppe der Jesus-anhänger machen wollen (siehe hierzu auch den Beitrag von Christina von Braun, S. 15). Es

---

48   De Roo, Jacqueline C. R.: The Concept of „Works of the Law" in Jewish and Christian Literature, in: Porter, Stanley E.; Pearson, Brook W. R. (Hg.): Christian-Jewish Relationships through the Centuries, Sheffield 2000, S. 116–147. Jüdische Literatur bezieht sich hier auf die Rollen vom Toten Meer, insbesondere 4 QMMT, *Mikzat Ma'asei Torah,* die Schriften vom Toten Meer, die die Interpretation von Paulus und des frühen rabbinischen Schrifttums mit am nachhaltigsten beeinflusst.

49   Boyarin, Daniel: A Radical Jew: Paul and the Politics of Identity (= Contraversions: Critical Studies in Jewish Literature, Culture, and Society), Berkeley 1994.

50   Dunn, James D. G.: The New Perspective on Paul, zuerst in *Bulletin of the John Rylands University Library of Manchester* 65 (1983), S. 95–122 veröffentlicht und dann des öfteren in verschiedenen Aufsatzsammlungen republiziert. Siehe die Sammlung unter demselben Titel, The New Perspective on Paul, Tübingen 2005. Dunns neue Perspektive geht auf das Werk von E. P. Sanders zurück, aber eine angemessene Geschichte der „neuen Perspektive" würde den hier vorliegenden Rahmen sprengen.

kann aber auch eine deskriptive Kategorie bezogen auf eine Personengruppe sein, die Beschneidung praktiziert, also Juden im Gegensatz zu Nichtjuden.[51] In der von Paulus beschriebenen Auseinandersetzung zwischen ihm und Petrus scheint es in erster Linie um die Bedeutung der Speisevorschriften für die neu entstehende Gruppierung um Paulus, Petrus und andere Jesusanhänger gegangen zu sein. So behauptet Paulus (Gal 2,12), Petrus – den er ausdrücklich als Jude *(ioudaios)* (Gal 2,14) bezeichnet[52] – habe anfangs ohne Zögern mit ihm und den Nichtjuden *(ta ethnae)* in der neuen Gruppe zusammen gespeist, bis „einige von Jakobus" aus Jerusalem in Antiochia auftauchten. Erst dann sei Petrus eingefallen, sich von den nichtjüdischen Jesusanhängern abzusondern, aus Paulus' Sicht aus Furcht vor „denen aus der Beschneidung", vor den Leuten Jakobus' also. Paulus bezichtigt Petrus somit öffentlich der Heuchelei, indem er bemängelt: „Wenn du, der du ein Jude bist, ‚heidnisch' lebst und nicht ‚jüdisch', warum zwingst du dann die Heiden, ‚jüdisch' zu leben *(iouda-itsein)*?" (Gal 2,14). Dies ist eine umfangreich diskutierte rhetorische Frage (siehe hierzu auch den Beitrag von Daniel Boyarin, S. 59). Denn Paulus problematisiert hier das Verhältnis zwischen Identität (Jude sein, σὺ ἰουδαῖος) und Handeln („jüdisch" oder „heidnisch" leben, ἰουδαϊκῶς / ἐθνικῶς ζῆν). Beides ist demnach für Paulus nicht, oder nicht mehr, deckungsgleich: Der Jude Petrus „lebt heidnisch" – warum sollten dann die Heiden „jüdisch" leben?

Wie auch immer die schwierige Rhetorik hier genau zu verstehen ist, lässt sich doch zumindest feststellen, dass die abstrakte Formulierung eng mit dem unmittelbar vorhergehenden Bericht über den Streit um die Bedeutung der Speisevorschriften verknüpft ist, ja, geradezu aus diesem hervorgeht.[53] Das trifft auch auf den unmittelbar darauffolgenden berühmten Satz über die „Werke des Gesetzes" zu: „Doch weil wir wissen, dass der Mensch durch *Werke des Gesetzes* nicht gerecht wird, sondern durch den *Glauben an Jesus Christus,* sind auch wir zum Glauben an Jesus Christus gekommen, damit wir gerecht werden durch *den Glauben an Christus* und nicht durch *Werke des Gesetzes*" (Gal 2,16). Die scheinbar dramatische, weil iterative,

---

51 Die Literatur zum Zusammenhang von Beschneidung und jüdischer Zugehörigkeit, vor allem in den Texten vom 2. Jahrhundert v. u. Z. bis zum 2. Jahrhundert u. Z., ist mittlerweile derart unfangreich, dass sie hier nicht im Einzelnen aufgelistet werden kann. Hinzu kommt, dass in diesem Zeitraum auch die Konversion zum Judentum ritualisiert wird, wobei die Beschneidung von Männern eine zentrale Rolle zu spielen beginnt. Hierzu siehe inbesondere das Kapitel „The Rabbinic Conversion Ceremony" in: Cohen, Shaye J. D.: The Beginnings of Jewishness, Berkeley 1999, S. 198–239, hier: S. 219 f.

52 Die genaue Bedeutung von *ioudaios* in den beiden Jahrhunderten um die Zeitenwende des christlichen Kalenders ist allerdings auch nicht eindeutig und in der jüngeren Forschung heiß umstritten. *Ioudaios* kann so entweder mit „Jude" oder „Judäer" bzw. „jüdisch" oder „judäisch" übersetzt werden, wobei die erste Bedeutung eine sozusagen geographisch-ethnische und die zweite eine viel schwieriger zu bestimmende Zugehörigkeit ist. Siehe dazu auch den Beitrag von Daniel Boyarin, S. 59 in diesem Band und u. a. Cohen: The Beginnings of Jewishness, S. 109–140; Mason, Steve: Jews, Judaeans, Judaizing, Judaism: Problems of Categorization in Ancient History, in: *Journal for the Study of Judaism* 38 (2007), S. 457–512; und Reinhartz, Adele: The Vanishing Jews of Antiquity, in: *Marginalia* (June 24, 2014); http://marginalia. lareviewofbooks.org/vanishing-jews-antiquity-adele-reinhartz, letzter Zugriff: 09. 06. 2016.

53 Dies ist James D. G. Dunns Argument in The New Perspective, S. 99–120. Er kategorisiert Paulus' „Werke des Gesetzes" soziologisch als „identity and boundary markers" (S. 146–149). Die Befolgung dieser Gebote sei für das Judentum, in welchem Paulus sich bewegte, charakteristisch gewesen; es seien insbesondere diese Toragebote und nicht die Tora allgemein, denen Paulus seine Lehre vom Glauben an Jesus entgegensetze.

aber zumindest doch diametrale Gegenüberstellung von „Werken des Gesetzes" und „Glauben an Jesus Christus" hat in der Tat rhetorisch eine verführerische Wirkungskraft, die sich in der späteren protestantisch-theologischen Auslegungsgeschichte und im protestantischen Denken voll entfaltet. Die neuere Paulusforschung betont aber die enge Verbindung zwischen konkret textlichem und historischem Kontext und fordert ein, dass die Interpretation kulturhistorisch, also im Kontext der jüdischen Kultur, verständlich gemacht werden muss. Es geht Paulus also mit seiner Formulierung nicht um eine abstrakte Gesetzlichkeit, sondern konkret darum, ob tatsächlich für seine Anhänger, für die neuen von ihm gegründeten Gruppen jene biblischen Vorschriften, die in der *Praxis* potentiell soziale Grenzen konstituieren, bestimmend – oder anders gesagt, identitätsstiftend – sein sollen. Im von Paulus dargestellten Konflikt in Antiochia sind das (nicht weiter bestimmte) Speisevorschriften: Paulus isst mit seinen Leuten, den „heidnischen" Jesusanhängern, Petrus anfangs ebenfalls, dann aber nicht mehr. Biblische Speisevorschriften bzw. darauf basierende Praktiken haben nach Paulus' Darstellung also *Trennungswirkung,* auch „innerhalb" der neuen Gruppierung, die noch nicht zu „einer" geworden ist.[54] Umgekehrt haben Speisegebote somit eine Funktion der *Zugehörigkeit*: Petrus isst wieder mit „seinen" Leuten, den Leuten von Jakobus, zieht sich – in der Darstellung von Paulus – hinter die durch rituelle Handlungen gezogene, von Paulus als „Werke" oder „Handlungen" bezeichnete, Grenzen zurück.[55] Er ringt im Grunde genommen schon damit, womit auch die Kulturanthropologie im 20. Jahrhundert ringt, nämlich mit dem Zusammenhang von Gruppenverbundenheit, Identität und Ritualen.

Für den aktuellen Anlass des Galaterbriefes selbst steht weiterhin die Beschneidung im Kreuzfeuer der Debatte (Gal 5,1–12), ob nämlich Nichtjuden – wie etwa der „Grieche" Titus (Gal 2,4) – die von Paulus zu Christenanhängern gemacht wurden, sich auch beschneiden lassen müssen, um „dazuzugehören", also zu der Gruppe der Jesusanhänger. Paulus' Argument ist selbstverständlich, dass Titus und seinesgleichen dies gerade nicht müssen. Daher ist auch die Polemik des Galaterbriefes für den Reformator Martin Luther der Freiheitsbrief schlechthin.

Paulus' Beschreibung des Konflikts mit den anderen jüdischen Anführern der jungen Jesusgruppe in Antiochia wird natürlich erst aus einer sehr viel späteren Retrospektive zu einer Urszene christlicher Praxistheorie. Für Paulus selbst müsste man noch von der Kritik eines jüdischen Denkers an bestehender jüdischer Praxistheorie sprechen, aus einer neuen historischen Perspektive heraus. Hier ist nicht der Ort, sich mit einer Debatte unter theologischen Exegeten darüber auseinanderzusetzen, ob Paulus mit seinen „Handlungen nach dem Gesetz" *alle* biblisch begründeten Handlungen oder nur bestimmte – Beschneidung und Speisegebote – im Sinn hatte.[56] Die abstrahierende Rhetorik lässt verschiedene Interpretationsmöglichkeiten zu. Generell lässt sich aber sagen, dass für Paulus insbesondere jene biblisch begründeten Hand-

---

54 Dazu auch Douglas, Mary: Ritual, Tabu und Körpersymbolik, Frankfurt/Main 1974, S. 60–63. Wie schon im Fall der biblischen Reinheitsvorschriften besteht für Douglas der Sinn der Speisevorschriften in ihrer Funktion, Grenzen zu setzen.

55 Hier kann die ursprüngliche Einsicht Durkheims ins Feld geführt werden, dass rituelle Handlungen Gruppensolidarität bewirken. Durkheim, Emile: Die elementaren Formen des religiösen Lebens, Frankfurt/Main 1981 (franz. Original 1912).

56 Der Schabbat als Merkmal jüdischer Kultur spielt bei Paulus kaum eine Rolle.

lungen für die Jesusbewegung zur Debatte standen, anhand derer eine Gruppenzugehörigkeit thematisiert werden kann. Jene Handlungen gehörten für ihn bestenfalls der Vergangenheit an, führten im schlimmsten Fall aber völlig in die Irre.

Wenn wir uns nun der Mischna der frühen Rabbinen zuwenden, aus der Retrospektive der Grundtexte des Judentums, wie es sich aus der Spätantike heraus entwickeln wird, begegnen wir einem diametral entgegengesetzten Modell. Der historische Ursprung der Mischna ist etwa zeitgleich mit Paulus, schenkt man dem Modell Glauben, dass dieser Text bzw. diese ursprünglich mündliche Textsammlung aus verschiedenen Textschichten besteht.[57] (Siehe hierzu auch die Beiträge von Stefan Schreiner, S. 147 und Elisa Klapheck, S. 81.) Der *terminus ad quem* zumindest ist das Ende des 2. bzw. der Beginn des 3. Jahrhunderts u. Z. Vorweg sei noch einmal betont, dass mit gutem philologisch-historiographischem Gewissen nicht argumentiert werden kann, dass die Rabbinen der Mischna die Schriften von Paulus oder die Auseinandersetzung paulinischer Gruppen mit seinen Schriften kannten. Trotzdem können beide miteinander in Verbindung gebracht werden, und das nicht nur chronologisch. Was hier folgt ist in erster Linie eine vergleichende Beobachtung und Darstellung, die der Fragestellung nach der Praxistheorie der Rabbinen dienen soll.

Wenn bei Paulus also die „Handlungen nach dem Gesetz" oder „Werke des Gesetzes" gleichsam ihrer Bedeutsamkeit entleert werden, bewirkt die Mischna gerade das Gegenteil. Für die Mischna bestimmen in erster Linie *Handlungen* jüdisches Leben, und zwar wesentlich systematischer und konsequenter als die biblischen Texte dies tun. Natürlich bezieht sich die Mischna auf die Tora und betrachtet diese als ihre Grundlage. Aber indem sie biblische Tradition als schriftliche Tora oder Lehre rezipiert, konzentriert sie sich in erster Linie auf die biblischen Vorschriften für menschliches *Handeln* unter Vernachlässigung des biblischen Erzählguts. Dabei werden die biblischen Vorschriften enorm erweitert und einer neuen, mehr oder weniger gesamtheitlichen Ordnung und Struktur unterworfen.[58] Somit stellt die Mischna gegenüber der Tora eine wesentlich umfassendere Praxistheorie dar, nach der das Leben des Einzelnen und auch der Gruppe gestaltet wird. Was einleitend als die Vielfalt von symbolträchtigen Handlungen oder Ritualen dargestellt wurde, geht grundsätzlich auf die Mischna zurück, mehr als auf die Tora, denn es ist die Mischna der Rabbinen, welche die biblischen Vorschriften neu ordnet, erweitert[59] und dabei aktualisiert[60] und somit einer neuen Praxistheorie unterwirft, in der diejenige des Paulus verworfen wird – soweit sie diese überhaupt wahrnahm. Dabei entwickelt

---

57 Dazu siehe die nach wie vor hervorragende Einleitung von Stemberger, Günter: Einleitung in Talmud und Midrasch, München [9]2011.

58 Jacob Neusner steht bei aller Kritik an seinen manchmal extremen Ansichten über die Entstehung rabbinischer Texte der Verdienst zu, die Mischna als eigenständigen, begrifflich und theoretisch kohärenten Text ernst zu nehmen. Hierzu beispielsweise Neusner, Jacob: Judaism: The Evidence of the Mischnah, Chicago 1981.

59 In einem bekannten Text in *Chaggiga* 1,8 gibt der Text unverblümt zu, dass z. B. die rabbinisch erweiterten Schabbatvorschriften wie Berge seien, die an Haaren hängen, weil es für sie wenig Basis in der Tora gibt.

60 Hier sei als Beispiel die Umwandlung oder Übersetzung biblischer Tempelfeste und -feiertage in Feste angeführt, die auch außerhalb des Tempels im Privathaushalt begangen werden können, so etwa das Pessachfest in *Mischna Pessachim* 10. Siehe Bokser, Baruch M.: The Origins of the Seder: The Passover Rite and Early Rabbinic Judaism, Berkeley 1984.

die Mischna das, was hier als Praxistheorie beschrieben wird: Indem einzelne Handlungen als *Mitzwot* (Gebote) konzipiert werden, werden sie in einen größeren Bedeutungszusammenhang eingebettet. Der Begriff der *Mitzwa* taucht zwar schon im biblischen Hebräisch auf, hier aber noch wesentlich diffuser, wohingegen in der Mischna der Begriff mit Handlung verbunden ist.[61] Als *Mitzwa* wird jede einzelne Handlung zum Teilaspekt eines Ganzen, der Halacha.

Die Mischna selbst präsentiert zwar nicht eine explizite Darstellung ihrer eigenen Handlungstheorie, denn generell werden einfach einzelne Handlungen nacheinander vorgeführt, angefangen mit der allerersten Frage der Mischna, wann das Schma Jisrael am Abend rezitiert werden soll (mBer 1,1). Außerdem werden Handlungsvorschriften nur selten bzw. gar nicht begründet. Aber in dem Moment, in dem eine Handlung als *Mitzwa* konzipiert wird, erhält sie eine eigene Bedeutung und somit Begründung. Dabei sind Beschneidung[62] und Speisevorschriften[63] nur zwei von vielen Handlungen bzw. Handlungskomplexen, die in der Mischna vorgeschrieben und diskutiert werden. Tatsächlich bleibt kaum ein menschlicher Handlungsbereich der Bedeutungslosigkeit überlassen. Von der Geburt bis zum Tod, vom Essen bis zur Verdauung,[64] vom Schabbat bis zu Jom Kippur (mit jeweils eigenem Traktat), von der Synagoge bis in den Privathaushalt werden Handlungen bestimmt, normiert, diskutiert und aufeinander bezogen. Die spätere rabbinische Literatur wird sich immer wieder zur Aufgabe machen, die einzelnen *Mitzwot* zu zählen, auf verschiedene Weise aufzulisten und zu strukturieren.[65]

Es ist also die Mischna, die die Praxis in den Vordergrund ihres Diskurses schiebt und indem sie diese als Halacha konzipiert, ihr eine gesamtheitliche Struktur und radikal vordergründige Bedeutung verleiht. Identität – im Sprachduktus der Mischna „Israel" – ist performativ kon-

---

61   Z. B. in *Qiduschin* 1,7, wo die *Mitzwot* in von Zeit abhängige oder unabhängige Handlungen unterteilt werden oder in Handlungen, die entweder nur Männern oder auch Frauen vorgeschrieben sind, oder Handlungen, die im Kontext des Landes Israel relevant sind, aber nicht außerhalb.

62   *Nedarim* 3,11 und *Schabbat* 19,2.

63   Drei Traktate der Mischna betreffen vornehmlich die Speisevorschriften: erstens das Traktat *Chullin,* der hauptsächlich normatives Schlachten (Chu 1–3) diskutiert, aber auch (Chu 8,1–6) die frührabbinische Version der Trennung von Milch- und Fleischprodukten. Zweitens behandelt das Traktat zur Liturgie *(Berachot)* auch die korrekten Segenssprüche, die bei Speiseaufnahme rezitiert werden sollen. Und drittens debattieren die frühen Rabbinen im Traktat *Avoda Zara* das Verhalten gegenüber Nichtjuden, u. a. auch mit Bezug auf Speisen. Dazu siehe Kraemer: Jewish Eating, S. 41–55.

64   Dies bezieht sich auf Diskussionen im Talmud über Toiletten-Gepflogenheiten bis hin zum Segensspruch, der jeden Morgen und nach erfolgreicher Verdauung zu sagen ist und in jedem traditionellen Gebetbuch gefunden werden kann.

65   Dies beginnt im Babylonischen Talmud selbst, wo ein talmudischer Rabbiner von 365 Verboten, entsprechend der Zahl der Tage des Sonnenjahres, und 248 Geboten, entsprechend der idealisierten Zahl der Glieder des menschlichen Körpers spricht (bMak 23b). Im Mittelalter entwickelt sich ein literarisches Genre, dass speziell der Auflistung und Diskussion der Gebote gewidmet ist, z. B. *Sefer ha-Mitzwot* von Maimonides aus dem 12. Jahrhundert, *Sefer Mitzwot ha-Gadol* des Moses ben Jacob of Coucy und das *Sefer ha-Chinuch* von Rabbi Aharon ha-Levi von Barcelona, beide aus dem 13. Jahrhundert, um nur einige der wirkungsvollsten zu nennen. Begleitend dazu entwickelte sich ein Diskurs der *ta'amei ha-mitzwot,* der Begründungen für zumindest einige der Gebote. Siehe hierzu Heinemann, I.: Ta'amei ha-Mitzvot be sifrut Yisra'el, 2 Bde., Jerusalem 1954–1957.

zipiert; Handlung lässt sich nicht von Sein trennen. Das bedeutet allerdings nicht, dass die *Mitzwot* als Teilaspekte der Halacha in der Mischna und im späteren rabbinischen Diskurs mit dem Ritualbegriff des wissenschaftlichen Diskurses einfach gleichgesetzt werden können. Einige „gebotene" Handlungen können leicht als rituelle Handlungen beschrieben werden, wie etwa die drei besonders für jüdische Ehefrauen wichtigen Gebote: das Backen der Challa, das Reinigungsbad nach der Menstruation und das Anzünden der beiden Schabbatkerzen am Freitagabend.[66] Auf andere Vorschriften trifft das nicht ohne Weiteres zu, wie etwa auf das rabbinische Gebot der Kinderzeugung.[67] So ist es vielleicht eher angebracht, bei der Mischna von einer umfassenden Ritualisierung menschlichen Handelns zu sprechen, etwa im Vergleich zur Tora, auf die sich die Mischna zwar grundsätzlich bezieht, über die sie aber auch gerade in dieser Hinsicht hinausgeht.

Wichtig ist hierbei die Feststellung, dass dieser ganze Vorgang in einem bestimmbaren kultur-historischen Moment verankert werden kann und nicht nur ein essentieller Aspekt jüdischer Kultur ist, als wäre diese grundsätzlich eine Kultur der Rituale. Die radikale Gegensätzlich-keit von den „Werken des Gesetzes" und dem „Glauben an Christus" bei Paulus ist genauso Bestandteil der jüdischen Kulturgeschichte wie die Mischna, nur eben mit einer radikal anderen Rezeptionsgeschichte. Verankert man diese vom rabbinischen Judentum ausgehende Entwick-lung kulturhistorisch, öffnen sich neue Perspektiven und Fragen. So stellt sich beispielsweise die Frage, warum mit der Mischna die Praxis in den Vordergrund jüdischen Diskurses rückt. Das wird in der Forschung bisher eher aus literaturgeschichtlicher, denn aus kulturgeschichtlicher Perspektive erklärt. Ein kulturgeschichtlicher Ansatz bestünde darin, die Mischna als Produkt der Zeit nach der Zerstörung des Jerusalemer Tempels zu betrachten: So gelangte sie zu ihrer Ausformulierung nach den beiden verheerenden Jüdischen Kriegen mit den Römern, einer Zeit also, in der Juden zwar in Galiläa lebten, aber unter der Herrschaft der Kolonialmacht Rom. Praxis wird gerade in dieser Zeit potentiell wichtig, da das symbolische und politische Zentrum – der Tempel und Jerusalem – zerstört und nicht mehr zugänglich ist. Juden verlieren somit ihren kollektiven „room of their own". In einem solchen Kontext spielt das rituelle Handeln jedes Einzelnen für die Gruppensolidarität eine entscheidende Rolle.[68] Die Rabbinen halten auch nach dem Verlust des geopolitischen Zentrums an einer Kollektivität fest, die durch rituelle Hand-lungen bestimmt ist und die in der Fremde, der späteren Diaspora also, sowie in der Fremde im eigenen, von den Römern bestimmten Land durch eben diese weiter reproduziert werden kann (siehe hierzu auch den Beitrag von Liliana Feierstein, S. 99).

---

66 Shab 2,6.
67 Yev 6,6; Tosefta Traktat Yev 8,4 und 7. Siehe Cohen, Jeremy: Be Fertile and Increase, Fill the Earth and Master It: The Ancient and Medieval Career of a Biblical Text, Ithaca 1992.
68 Durkheim: Die elementaren Formen des religiösen Lebens.

Ritual, Körper und Geschlechterdifferenz

Ein alternatives Erklärungsmodell für die Praxistheorie der Mischna und des ihr nachfolgenden
rabbinischen Judentums setzt mit der für die rabbinische Kultur maßgebenden Anthropologie an.
Dieses Erklärungsmodell geht auf Daniel Boyarins grundlegende Studie *Carnal Israel: Reading
Sex in Talmudic Culture* zurück, in der er die rabbinische Theorie bezüglich der Beziehung von
Geist und Körperlichkeit der hellenistisch-jüdischen und frühchristlichen gegenüberstellt. Nach
Boyarin wird die Letztere durch ein platonisches Weltbild bestimmt, in dem eine diametrale
Gegensätzlichkeit von Körper und Geist bzw. Seele postuliert wird, wohingegen die Rabbinen
eine eher monistische Sichtweise von Menschsein vertreten.[69] Für die Rabbinen ist der Körper
kein notwendiges Übel menschlicher Existenz, sondern Menschsein wird als in Körperlichkeit
verankert gesehen, wobei auch in den rabbinischen Texten Körperlichkeit nicht ganz unumstritten bleibt. Es ist ihre Anthropologie und nicht die Beschneidung, die nach Boyarin das
„most distinguishing mark" der Rabbinen ist. Wenn also Körperlichkeit eine grundsätzliche
Dimension von Menschsein ist, dann ergibt sich daraus als logische Konsequenz, dass der Körper
auch primäres Mittel für die Vermittlung und Darstellung von „Tora" („Lehre") ist, sozusagen
die Bühne, auf der sie tagtäglich inszeniert wird. Jeden Morgen rezitiert eine durch das rabbinische Judentum inspirierte Jüdin die rituelle Danksagung an den Ewigen, den König der Welt,
„der den Menschen gebildet hat mit Weisheit und an ihm erschaffen hat viele Öffnungen, viele
Höhlungen. Offenbar und bekannt ist es vor dem Throne (s)einer Herrlichkeit, dass, wenn eine
von ihnen offen oder eine von ihnen verschlossen bliebe, es nicht möglich wäre zu bestehn und
vor (ihn) hinzutreten".[70] Indem Körperlichkeit als Grund menschlichen Lebens betrachtet wird,
gilt sie als die Ebene für rituelle Verwirklichung.

Die Körperlichkeit schlechthin als den Grund menschlicher Existenz zu betrachten, führt
auch mit sich, dass die Geschlechterdifferenz in den Vordergrund der Praxis rückt. In der rabbinischen Praxistheorie sowie in der jüdischen Praxis, die sie mitgestaltet hat, spielt für die Entstehung unterschiedlicher Handlungsbereiche fast immer eine wesentliche Rolle, ob jemand
Mann oder Frau ist (siehe hierzu auch den Beitrag von Tamara Or, S. 255). Manche rituellen
Handlungen dienen geradezu der Hervorhebung von Geschlechterdifferenz. Die Beschneidung
veranschaulicht das wieder am eindrücklichsten. Frauen markieren ihre Menstruation durch
das rituelle Tauchbad.[71] In vielerlei Hinsicht sind Frauen historisch von religiöser Praxis ausgeschlossen worden, vor allem im intellektuellen Bereich des Torastudiums sowie in der synagogalen Sphäre. Gleichzeitig kann aber mit Blick auf die Darstellung zumindest in Erwägung
gezogen werden, ob die von Frauen dominierten Bereiche wie die Küche keineswegs nur einen
marginalen Platz innehaben, da gerade der häusliche Rahmen jüdischer Praxis in der Diasporageschichte eine wichtige Rolle einnimmt. Diese soziale Struktur ist erst in der Moderne grund-

---

69 Boyarin, Daniel: Carnal Israel: Reading Sex in Talmudic Culture, Berkeley 1992, S. 33 ff.
70 *Siddur,* Übersetzung von Victor Goldschmidt; auch Boyarin: Carnal Israel, S. 34.
71 Siehe Cohen: Why Aren't Jewish Women Circumcised, wo Cohen die mittelalterliche Polemik zwischen
    jüdischen Gelehrten und christlichen Theologen zum Ausschluss von Frauen von der Beschneidung unter-
    sucht.

sätzlich in Frage gestellt worden, obwohl es auch historisch immer wieder, allerdings nur vereinzelte Widerstände gegeben hat.

Durch den Ritualbegriff lassen sich vielschichtige Verbindungen zwischen den Jüdischen Studien und den Sozial- und Kulturwissenschaften knüpfen. Er hat ganz entscheidend dazu beigetragen, einen Diskurs, der von Text, Textstudien und Philologie bestimmt war, in ein an die Kulturanthropologie angelehntes Forschungsfeld zu verwandeln. Ritualtheorien lassen uns jüdische Kultur in neuem Licht betrachten. Gleichzeitig vermag aber die lange Geschichte des jüdisch-rabbinischen Ritualdiskurses und ihr Zusammenhang mit jüdischer Praxis einen entscheidenden Beitrag zu einer langen kulturhistorischen Perspektive auf einen wissenschaftlichen Diskurs leisten, der seine Wurzeln nicht nur in der europäischen Moderne hat.

Jüdische Mystik

Karl E. Grözinger

Die bisherigen Sichtweisen der Forschung

Die jüdische Mystik ist so alt wie das Judentum mit seinen israelitisch-biblischen Anfängen im zweiten Jahrtausend vor der Zeitrechnung. Jede Epoche des jüdischen Denkens hat ihre eigenen Mystiker hervorgebracht. Die übliche Identifizierung von jüdischer Mystik allein mit der Kabbala ist darum irrtümlich. Die Kabbala ist eine im Mittelalter ab dem 12. Jahrhundert in Europa entstandene esoterische Theologie, die wie alle anderen jüdischen Theologien und Philosophien auch zur Darstellung des mystischen Erlebens diente. In der jüdischen Religionsgeschichte gab es Phasen intensiverer mystischer Aktivitäten, die man mit Gershom Scholem als die „Hauptströmungen der jüdischen Mystik"[1] betrachten kann.

Die biblische Prophetie, von der judaistischen Religionswissenschaft meist nicht behandelt, wurde von den christlichen Theologen aus dogmatischen Gründen gewöhnlich nicht als Mystik verstanden. Als nächste Hauptphase folgt die antike *Merkava*- und *Hechalot*mystik. In ihrer Mitte standen die Meditation des himmlischen Gottesthrones (*Merkava*, Ez 1) sowie die Himmelfahrt zu diesem Thron. Ihnen folgt die Mystik der aschkenasischen „Frommen" *(Chasside Aschkenas)* des 12.–13. Jahrhunderts sowie die ebenfalls im 12. Jahrhundert einsetzende Kabbala, der ab dem 17. Jahrhundert der osteuropäische Chassidismus folgte. Neben diesen Hauptphasen gab es aber immer auch weniger prominent hervortretende einzelne Mystiker. Schon in biblischer Zeit findet man neben den großen sogenannten Schriftpropheten und deren Schülern mystische Prophetenzirkel, die als ekstatische Gruppen auftraten (1 Sam 5ff., 19,18ff.; 1 Kön 13,11; 2 Kön 2,3.5; 4,38; 6,1),[2] wie auch in den übrigen Phasen nachweislich abgesonderte Mystikergruppen existierten, insbesondere im osteuropäischen Chassidismus. Bei ihnen stand meist der Meister als mystischer Virtuose im Zentrum, es sei denn er hat wie der Kabbalist Jizchak Luria Aschkenasi (1534–1572) und die chassidischen *Zaddikim* den mystischen Akt kommunalisiert und als dessen Mittler fungiert.[3]

---

1 Scholem, Gershom: Die jüdische Mystik in ihren Hauptstromungen, Frankfurt/Main 1967.

2 Mánek, J.: Propheten, in: B. Reicke, Bo; Rost, Leonhard (Hg.): Biblisch-historisches Handwörterbuch, Göttingen 1966, Bd. 3, Sp. 1469–1512.

3 Vgl. Grözinger, Karl E.: Jüdisches Denken, Frankfurt/Main 2005, Bd. 2., S. 865–870; ders.: Die Gegenwart des Sinai, Erzählungen und kabbalistische Traktate zur Vergegenwärtigung des Sinai, FJB 16, S. 143–183, hier: S.159–168; online: https://publishup.uni-potsdam.de/frontdoor/index/index/docId/1715, letzter Zugriff: 9.6.2017.

Bemerkenswert ist, dass das Hebräisch ursprünglich keinen Begriff für „Mystik" kannte und diesen erst aus der jüngeren Religionswissenschaft übernahm. Das Hebräische sprach meist von einem Anhängen an Gott, *davak* (als Nomen: *Devekut*), ein Begriff der allerdings auch die nichtmystische Hinwendung und den Gehorsam gegenüber Gott bezeichnete. Eine mystisch technische Bedeutung des Wortes muss dann jeweils erst der Kontext ergeben. Dieses diente Scholem sogar als Beleg dafür, dass es im Judentum keine oder nur selten wirklich unitive mystische Verschmelzungen von Mystiker und Gottheit gegeben habe.[4] Die moderne Forschung hat dem aber nachdrücklich widersprochen.[5]

Phänomenologie und Beschreibungssprachen

Angesichts der Vieldeutigkeit des Begriffs Mystik muss dieser genau definiert werden. Selbst unter Religionswissenschaftlern und Mystikern hat der Begriff eine Vielfalt von Bedeutungen angenommen. So hat etwa der britische Religionshistoriker William R. Inge nicht weniger als 26 verschiedenen Definitionen für das Wesen von Mystik aufgeführt.[6] Will man demnach über Mystik als religiöses Phänomen sprechen, muss sie klar von anderen religiösen Wahrnehmungsformen des Göttlichen unterschieden werden, von der Offenbarung, von der Teilhabe am Kult und kollektiven oder auch individuellen Gottesdiensten etc. In keiner Weise aber kann der Religionswissenschaftler Aussagen über objektiv und real geschehene Erscheinungen des Göttlichen oder Vereinigungen des Menschen mit Gott machen. Er kann nur die überkommenen Zeugnisse göttlicher Manifestationen sichten und definieren, welche davon als mystisch und welche als nichtmystisch zu bezeichnen sind. Die Definition des Mystischen wird sich demnach ausschließlich auf die erzählenden Berichte als Grundlage stützen können, die nicht als ein tatsächliches Geschehen bewertet werden dürfen, sondern nur als die bildhaften Darstellungsversuche durch den religiösen Menschen. Die weitergehende Frage nach der transzendenten oder göttlichen Wahrheit bleibt dem Religionshistoriker verschlossen, sie ist nicht wissenschaftlich zu erfassen. Es wird also alles darauf ankommen, die Erlebnisberichte der religiösen Tradition zu prüfen und Kriterien zu finden, nach welchen die einen als mystisch, die anderen als nichtmystisch zu erklären sind.

Gershom Scholem definierte in seinem Standardwerk zur jüdischen Mystik mit Rufus Jones und Thomas von Aquin die Mystik als *cognitio dei experimentalis,* ein experimentelles, durch lebendige Erfahrung gewonnenes Wissen von Gott.[7]

Als mystische Texte sind demnach solche zu betrachten, die von einer als real angenommenen unmittelbaren Begegnung und Kommunikation des Menschen mit dem Göttlichen berichten, bei der häufig Transformationsprozesse am Menschen stattfinden, durch welche er aus seinen irdisch räumlichen oder modalen Zuständen entrückt und dem göttlichen Bereich

---

4   Vgl. Scholem: Hauptströmungen, S. 132–133.
5   Siehe Idel, Moshe: Kabbalah: New Perspectives, New Haven; London 1988; Grözinger, Karl E.: Neoplatonisches Denken in Hasidismus und Kabbala, in: *Frankfurter Judaistische Beiträge* 11 (1983), S. 57–89.
6   Inge, Wiliam Ralph: Christian Mysticism, Oxford 1899.
7   Jones, Rufus: Studies in Mystical Religion, London 1909; Scholem: Hauptströmungen, S. 4.

angeglichen wird. Da uns solche Prozesse jedoch nur durch die Beschreibungen der Mystiker bekannt sind, wird alles darauf ankommen, das sprachliche Material, den Verbalisierungsduktus dieser Berichte richtig zu erfassen. Die Beschreibungen solcher Widerfahrnisse werden sich mit dem Sprach- und Kulturwandel zwangsläufig verändern, sodass dieselben als Gotteserlebnis beschriebenen Eindrücke in verschiedenen theologischen, anthropologischen und philosophischen Phasen der menschlichen Kultur in unterschiedlichem Gewand erscheinen werden. Die Beschreibung des mystischen Erlebnisses wird z. B. sehr verschieden sein, wenn der Autor an eine menschliche Seele glaubt, die getrennt von ihrem Körper existieren kann, oder wenn er das menschliche Wesen im Intellekt oder wieder anders in des Menschen Körperlichkeit oder Naturhaftigkeit sieht. Analog gilt dies für das bezogene Gottesbild, wenn etwa Gott als im Himmel thronender König, als *prima causa* eines kausal verketteten Kosmos, oder als kosmisches Nichts gedacht wird. In jeder dieser Denkwelten wird ein und dasselbe mystische Widerfahrnis unterschiedlich beschrieben werden.

Es ist deshalb angezeigt, die sich verändernden Gewänder, d. h. die sich wandelnden Beschreibungssprachen, Theologien, Philosophien und Anthropologien, von den mit ihrer Hilfe beschriebenen Grundstrukturen des mystischen Prozesses zu unterscheiden. Das Erstere sind die ideologisch geprägten Beschreibungssprachen (Deutehorizonte oder Paradigmen) für den mystischen Akt, das andere sind die mystischen Grundphänomene, wie sie sich als phänomenologische Konstanten jenseits der sich ändernden Beschreibungssprachen darstellen, d. h. als Grundstrukturen der mystischen Widerfahrnisse.

Die drei Grundphänomene des mystischen Erlebens

Die mystischen Zeugnisse aus der jüdischen Religionsgeschichte zeigen ein Doppeltes: Während der ganzen Zeit kehren offensichtlich nur drei – auch in anderen Religionen anzutreffende – Grundformen des mystischen Erlebens wieder, die, wie gesagt, in ihren Beschreibungen im Laufe der Geschichte mit immer wieder neuen theologischen, psychologischen, kulturellen und philosophischen Begriffen dargestellt wurden und so eine anscheinende Vielfalt erzeugten, die aber von Nahem betrachtet nur aus den drei phänomenologischen Grundmodellen besteht.

Dem Erleben oder Streben nach einer direkten Begegnung mit dem Göttlichen liegt offenbar das Bewusstsein einer Distanz zwischen dem Daseinsbereich und dem Daseinsmodus des Menschen und denen der Gottheit zugrunde. Hier ist der Mensch in seinem begrenzten durch die Sinne und Gefühle gesteuerten irdischen Dasein, von dem die Gottheit räumlich und in ihrer Existenzweise, in ihrem Seinsmodus, getrennt ist. Diese Grunderfahrung der räumlich und modal gedachten Distanz zur Gottheit sucht der Mystiker zu durchbrechen, um in beiderlei Hinsicht in die Nähe des Göttlichen zu gelangen. Für dieses Unterfangen gab es gemäß den überkommenen Berichten und Beschreibungen der Mystiker offenbar nur drei Grundtypen, die durch die gesamte 3000-jährige Geschichte der jüdischen Mystik immer wieder, auch in Mischformen, zu finden sind.

Die Visitation

Die erste Weise der Überwindung der Distanz zwischen Gott und Mensch ist die, dass der Mensch an seinem angestammten „Ort" und in seinem Daseinsmodus verharrt und die Gottheit ihren Bereich oder Daseinsmodus verlässt, um den Menschen an seinem menschlich-begrenzten Ort aufzusuchen, ihm dort zu begegnen oder ihn zu „überfallen". Dieser mystische Typus ist die *Visitationsmystik.*

Die ekstatische Weltflucht zur *unio mystica* und Transformation des Menschen

Gemäß dem zweiten mystischen Typus verlässt der Mensch seinen irdisch-weltlichen „Ort" und Existenzmodus, um der Gottheit an deren „Ort" und in deren Daseinsmodus als ins Göttliche transformierter Mensch zu begegnen und im Maße des Möglichen sich mit dem Göttlichen zu vereinen. Dies ist die ekstatisch-unitive *Weltfluchtmystik.*

Die theurgisch-sakramentale Überbrückung

Beim dritten Typus schließlich bleiben sowohl der Mensch als auch die Gottheit an ihrem angestammten „Ort". Die Distanz zwischen beiden wird jedoch durch eine sakramental-theurgische Handlung des Menschen von seinem menschlichen Ort aus überbrückt. Dies ist die *sakramental-theurgische Überbrückungsmystik.*[8]

Diese drei Grundtypen der mystischen Ereignisse können nicht wirklich als ontologische Gegebenheiten betrachtet werden. Sie sind anthropologische Wahrnehmungskategorien. Das heißt, sie sind aus der menschlichen Anschauung, aus dem menschlichen Beeindrucktsein, gewonnene Darstellungsweisen, mit denen der Mystiker glaubt, das ihm Widerfahrene angemessen mitteilen zu können, also: Etwas Göttliches hat mich besucht, hat mich an meinem Ort überfallen (Visitation). Oder: Ich bin aus mir und aus meiner Welt hinausgerissen worden, in einen anderen, göttlichen Bereich (ekstatische Weltflucht), mit dem ich vereint wurde. Und schließlich: Ich habe hier an meinem angestammten Platz Wege gefunden, um direkt mit der göttlichen Welt zu kommunizieren (sakramentale Überbrückung). Diese drei Grunderfahrungen kehren während der gesamten jüdischen Religionsgeschichte auch in kombinierten Versionen wieder. Sie werden allerdings in den verschiedenen Epochen der jüdischen Religionsgeschichte oder von den Angehörigen verschiedener ideologischer Schulen (Theologie, Philosophie, Anthropologie) unterschiedlich mit Hilfe der von ihrer Ideologie bereitgestellten Denkkategorien und Begriffen beschrieben.

Eine Besonderheit jüdischer Mystik ist, dass es hier Mystiker gab, welche die phänomenologisch eigentlich gegensätzlichen Anliegen der Mystik und des Messianismus miteinander verbanden. Während die Mystik meist das zeitlose Suchen der Gottesnähe erstrebt, sucht der Messianismus die Herbeikunft des irdischen Messias und des Gottesreiches in der Zeit. Viele

---

8   Theurgie: Einwirkung auf die Gottheit mit Hilfe von menschlichen sakralen Handlungen.

jüdische Mystiker vertraten hingegen die Auffassung, dass mit dem Erreichen des einen auch das andere Ziel erlangt werden kann.[9]

Die unterschiedlichen Beschreibungssprachen für die drei mystischen Grundphänomene

Die hier aufzuzählenden Beschreibungsparadigmen sind im Wesentlichen die verschiedenen Theologien oder Philosophien, Menschen- und Weltbilder, die sich in der jüdischen Religionsgeschichte nacheinander entwickelt haben und auch zeitgleich nebeneinander existieren konnten. In ihnen wird jeweils eine Gotteslehre vorgetragen, eine Lehre über die Entstehung und den Aufbau des Kosmos und eine Lehre vom Menschen, was dessen Wesen und Sein ausmacht. Diese theologischen oder philosophischen Lehrstücke sind die Koordinaten, in welche die Mystiker die Beschreibungen ihres mystischen Erlebens einzeichnen. Die von den Mystikern empfundenen drei Grundkategorien des mystischen Erlebens werden in den verschiedenen Epochen mit den im Folgenden aufgezählten sprachlich-denkerischen Mitteln beschrieben und nehmen dementsprechend eine bunte Vielfalt an, die aber nur weltanschaulich durch die verschiedenen Theologien oder Philosophien bedingt ist, während die drei Grundphänomene anscheinend anthropologisch, d. h., in der wenig veränderten Natur des Menschen, begründet sind. Die wesentlichen Paradigmen oder Lehrsysteme, mit denen die mystischen Ereignisse beschrieben werden sind:

1. Das personhaft-räumliche Gottes-, Welt- und Menschenbild der Bibel und der rabbinischen Literatur.
2. Die seit der Antike aufgekommene Theologie der Gottesnamen und des mystischen Alphabets (Onomatologie, griechisch: *onoma*, Name).
3. Die spiritualistisch-intellektualistische Weltanschauung der mittelalterlichen Philosophie, die im Wesentlichen von der griechischen Philosophie in deren arabischem Gewand geprägt war.
4. Das sefirotisch-philosophische Mischkonzept der mittelalterlichen Kabbala.
5. Das psychologisch-kosmische System der frühneuzeitlichen lurianischen Kabbala.
6. Die chassidischen Theologien des göttlichen Nichts und des Akosmismus beim Maggid aus Mesritsch und im Chabad-Chassidismus.
7. Naturhaft kosmische Konzeptionen der Moderne.

Das personhaft-räumliche Gottes-, Welt- und Menschenbild der Bibel und der rabbinischen Literatur

In der biblischen und der rabbinischen Theologie (Talmud und Midrasch) wird Gott in personhaften und menschgestaltigen (anthropomorphen) Kategorien beschrieben, z. B. als Vater, König, aktiv Handelnder, Sehender und Hörender, zuweilen ausdrücklich als menschenähn-

---

9   Dazu Idel, Moshe: Messianic Mystics, New Haven; London 1998; Grözinger, Karl E.: Jüdisches Denken. Theologie, Philosophie, Mystik, 4 Bde., Bd. 2: Von der mittelalterlichen Kabbala zum Hasidismus, Frankfurt/Main; Darmstadt 2004–2015, S. 753–760.

liche Gestalt (Ez 1,26), was nicht zuletzt in der Lehre vom Menschen als dem Ebenbild Gottes (Gen 1,26–28) begründet ist. Der Ort, an dem dieser Gott gefunden werden kann, ist in der Bibel der irdische Raum – Bäume, Sträucher, Steine, Kultorte, der Jerusalemer Tempel und schließlich der himmlische Raum (1 Kön 22,19–22). In der nachbiblischen apokryphen und anschließenden rabbinischen Literatur sind dies sieben übereinander gelagerte von Engelhierarchien erfüllte Himmel, in deren höchstem die Gottheit thront. Der Mensch wurde demgegenüber entweder als ein nur körperlich-emotionales Wesen aus Fleisch und Blut (Bibel) oder als ein aus Körper und nichtmaterieller Seele zusammengesetztes Wesen vorgestellt (hellenistisch-rabbinisch). Die drei mystischen Grundphänomene werden mittels dieses Vorstellungsparadigmas demnach als personhafte Begegnungen beschrieben, als Vision, Audition, Bewegung, Dialog, Sprachbegegnung (die sexuelle Terminologie bleibt erst der mittelalterlichen Kabbala vorbehalten). Diese personalen Kategorien setzen der Beschreibung der mystischen Begegnung, vor allem dem unitiven Akt, ihre natürlichen Grenzen: Personen können sich nur bis zu einem gewissen Grad vereinen, räumlich und mittels sinnhafter Medien, Stimme, Sprache, Klang, Sehen, Hören und Fühlen, nicht aber in unterschiedsloser Verschmelzung.

Die Visitation – personhaft-räumlich beschrieben

Den biblischen Propheten Amos überfielen auf dem Feld Visionen und Auditionen (Am 7,14–15), ähnlich Jeremia (Jer 1), Ezechiel schaute im babylonischen Exil das phantastische Bild der *Merkava* (des göttlichen Thronwagens) (Ez 1–3), auf der „eine Gestalt wie das Aussehen eines Menschen" (Ez 1,26) thronte. Die musizierenden Prophetenzirkel im Samuelbuch werden auf dem Feld und im Prophetenhaus vom Geist Gottes ergriffen und geraten in unkontrollierte Verzückung.[10] Die unter Theologen verbreitete Auffassung, die Propheten seien keine Mystiker, lässt sich nur dogmatisch-heilsgeschichtlich begründen, kaum religionswissenschaftlich. Die mystische Natur der Prophetie wird bestätigt durch die verzückten und musizierenden Propheten des 1. Samuelbuches. Von einem prophetischen Wortauftrag berichten auch spätere Mystiker, trotz des rabbinischen Dekrets vom Ende der Prophetie mit der Zerstörung des Ersten Tempels im Jahre 587 v. u. Z. Diese korporalistisch-räumlich-personhafte Beschreibung der Visitation findet man auch in der antik-frühjüdischen Literatur, insbesondere in der bereits genannten *Merkava*mystik,[11] von der berichtet wird, dass Engel und himmlische Elemente, zuweilen auch die Gottheit selbst, sicht- und hörbar zu den Mystikern auf die Erde herabsteigen.[12]

---

10   1 Sam 10,5 ff.; 19,18–24.

11   Scholem, Gershom: Jewish Gnosticism, Merkabah Mysticism and Talmudic Tradition, New York 1960; Grözinger, Karl E.: Musik und Gesang in der frühen jüdischen Literatur, Tübingen 1982, S. 281–331; Grözinger: Jüdisches Denken, Bd. 1, S. 299–340.

12   Chag 77a. Die Engel beim Sinai werden auf Dtn 33,2 zurückgeführt. Vgl. die entsprechenden Übersetzungen des Targum Onqelos und Pseudo Jonatan sowie die Midraschliteratur, Mekhilta de Rabbi Jischmaʾel, hg. H. S. Horowitz, Jerusalem 1970, ba-ḥodesh, S. 236; sowie Pesikta de Rav Kahana, J. J. Mandelbaum (Hg.), New York 1962, ba-chodesch: „R. Avdimaj aus Haifa sagte: Ich lehrte in meiner Lehre, dass mit dem Heiligen, Er sei gesegnet, zweiundzwanzig Tausend Dienstengel auf den Sinai gestiegen waren." Auch die Hochzeitstopik gehört zum Sinai: Midrasch Schir Haschirim in: Midrasch Rabba, Wilna [ND Jerusalem 1961], 2,12,4; Mekhilta Jischmaʾel, ba-chodesh, S. 214: „Der Herr kam vom Sinai' (Dtn 33,2), um Israel zu empfangen wie ein Bräutigam der Braut entgegenzieht!" bChag 14b. Dazu ausführlich Grözinger, Karl E.:

Die ekstatische unio – personhaft-räumlich beschrieben

Der Prophet Jesaja verlässt die profane Welt und geht in den heiligen Tempel zu Jerusalem. Dort sieht er den thronenden Gott und die Engel, das Haus bebt, und der Prophet fürchtet um sein Leben, weil er unrein ist, worauf ihn ein Engel mit einer Kohle vom Altarfeuer läutert, sprich dem göttlichen Bereich anpasst (Jes 6). Auch Amos (9,1) hatte eine Tempelvision.

Die frühen *Hechalot*-Mystiker[13] beschrieben die Ekstase und die *unio mystica* wie schon die Visionäre der sogenannten apokryphen Literatur als Himmelfahrt,[14] bei welcher der Mensch Prüfungen bezüglich seiner Reinheit und Würdigkeit ausgesetzt und sein Fleischesleib zu einem himmlischen Feuerleib transfiguriert wurde, um in den sieben Himmeln bestehen zu können. Die *unio mystica* wurde schließlich als Stehen vor dem Gottesthron, als Vision und Audition der Engelsgesänge beschrieben.[15]

Zu dieser Gruppe von himmlischen Visionen gehört auch die eigenartige Beschreibung der fast unendlichen Größe der auf dem himmlischen Thron sitzenden Gottesgestalt, des *Schi'ur Koma* (Maße der Gestalt). Hier wird in Ermangelung des Begriffes Unendlichkeit, die Unvergleichbarkeit der Gottheit in unvorstellbar riesigen Maßen der Gottesgestalt ausgedrückt.[16] Der Himmelsaufstieg wurde auch im osteuropäischen Chassidismus als Seelenaufstieg des Mystikers wiederbelebt.[17]

Die theurgische Überbrückung – personhaft-räumlich beschrieben

Sie wird hier mit der nachfolgend genannten Theologie der göttlichen Namen und des Alphabets dargestellt.

Die seit der Antike aufgekommene Theologie der Gottesnamen und des Alphabets (Onomatologie)

Seit der antiken *Hechalot*-Literatur und herab bis in die Kabbala und den osteuropäischen Chassidismus gibt es im Judentum eine Namen- oder Sprach-Theologie, nach der die Gottheit nicht mehr anthropomorph dargestellt wird. Laut dieser Theologie ruht in dem einen (JHWH) oder in einer Vielzahl von Gottesnamen und damit in allen hebräischen Wörtern und einzelnen Buchstaben das Wesen der Gottheit selbst. Gott und sein Name sind eins, seine göttliche Macht ist in den Gottesnamen präsent. Seine göttliche Machtentfaltung setzt er durch

---

Die Gegenwart des Sinai. Erzählungen und kabbalistische Traktate zur Vergegenwärtigung des Sinai, in: *Frankfurter Judaistische Beiträge* 16 (1988), S. 143–183; ders.: Jüdisches Denken, Bd. 1, S. 299–310.

13 Vgl. Grözinger: Jüdisches Denken, Bd. 1, S. 310–325; Scholem: Hauptströmungen, S. 43–86; Schäfer, Peter: Der verborgene und der offenbare Gott, Tübingen 1991.

14 Gruenwald, Ithamar: From Apocalypticism to Gnosticism: Studies in Apocalypticism, Merkavah Mysticism and Gnosticism, Bern 1988.

15 Vgl. Grözinger: Jüdisches Denken, Bd. 1, S. 310–325.

16 Ebd.: S. 335–340; Scholem, Gershom: Schi'uir Koma, die mystische Gestalt der Gottheit, in: ders.: Von der mystischen Gestalt der Gottheit, Frankfurt/Main 1995, S. 7–47; Cohen, M. S.: The Shi'ur Qoma. Texts and Recensions, Tübingen 1985.

17 Grözinger, Karl E.: Kafka und die Kabbala. Das Jüdische im Werk und Denken von Franz Kafka, Frankfurt/Main ⁵2014, S. 58–63.

die Generierung weiterer Gottesnamen aus sich heraus, er überträgt sie Engeln, die gotthaltige (theophore) Namen tragen, Michael, Gabriel, und auch auf Menschen, die damit an der göttlichen Macht teilhaben können. Die Schöpfung ist eine Wortschöpfung, erzeugt durch solche Gottesnamen, wie auch das Wesen des Menschen sein Name ist. Die mystische Begegnung wird in dieser Theologie ganz alphabetologisch-onomatologisch beschrieben.[18]

Die Visitation – mit Hilfe der Gottesnamen und der Buchstaben beschrieben
Die mystische Visitation wird im Rahmen dieser onomatologischen Theologie bevorzugt durch die Tora-Sinai-Mystik dargestellt. Nach ihr wird der richtige Tora-Vortrag der Menschen durch das freudige Herabkommen der Toraworte als Feuerszungen dargestellt, wie dies einst am Sinai geschehen war.[19] Der mittelalterliche Mystiker Abraham Abulafia (1240–1291), der die maimonidische Intellektsphilosophie mit einer onomatologischen Theologie verband, beschreibt die mystische Visitation als Herabströmen der Buchstaben aus dem engelgleichen *Aktiven Intellekt*, der zugleich die himmlische Tora darstellt.[20]

Eine eigenartige Form dieser Tora-Visitation war seit dem Mittelalter verbreitet, nämlich der sogenannte Maggidismus. Nach ihm wurden große Gelehrte bei ihrer Arbeit an der Tora von einem himmlischen *Maggid,* d. h. einem Verkünder, besucht, der ihnen Entscheidungshilfe bei der Tora gibt, so z. B. der Verfasser des Halacha-Kodex Schulchan aruch, Josef Karo, in der Kabbalistenstadt Safed im 16. Jahrhundert. In seinem mystischen Tagebuch berichtet er von solchen Maggid-Besuchen in Gestalt der Mischna (dem grundlegenden jüdischen Rechtskodex)[21], entsprechend Jakob Halevi aus Marvège (um 1200), der eine Sammlung von *Responsen vom Himmel* hinterlassen hat, die ihm in Traumanfragen an den Himmel durch den „Herrn des Traumes" übermittelt wurden.[22]

Und eine späte an Josef Karo angelehnte chassidische Version (19. Jahrhundert) beschreibt vom Himmel herabkommende feurige Buchstaben der Mischna.[23]

Die ekstatische unio – mit Hilfe der Gottesnamen und der Buchstaben beschrieben
Die onomatologische Theologie der antiken Hechalotmystik beschrieb den Himmelsaufstieg und die *unio* mit sprachlich-onomatologischen Mitteln. Der Himmelsreisende muss die richtigen Gottesnamen kennen und an den Himmelstoren vorzeigen, um sich würdig zu erweisen, eingelassen und nicht geschädigt zu werden, er muss außerdem die himmlischen Lieder mit

---

18   Vgl. Grözinger: Jüdisches Denken, Bd. 1, S. 341–354; Bd. 2, S. 303–334, 335–394.
19   Dazu Grözinger: Die Gegenwart des Sinai, S. 149; Chag 77a; vgl. auch NT: Apostelgeschichte 2; u. vgl. noch bei dem neuzeitlichen Jesaja Horowitz (1565–1630), Schne Luchot ha-Brit, Amsterdam 1698; Shevu 40b, Grözinger: Die Gegenwart des Sinai, S. 180.
20   Vgl. Grözinger: Jüdisches Denken, Bd. 2, S. 346 ff., 372 f.
21   Dazu siehe Werblowski, R. J. Zwi: Josef Karo: Lawyer and Mystic, Philadelphia 1980; Altshuler, G. Mor: Prophecy and Maggidism in the Life and Writings of R. Joseph Karo, in: *Frankfurter Judaistische Studien* 33 (2006), S. 81–110; Scholem: Die Jüdische Mystik, S. 112; Elior, Rachel: Josef Karo and Israel Baʻal Schem Tov. Mystical Metamorphosis – Kabbalistic Inspiration – Spiritual Internalization, in: *Tarbiz* 65 (1996), S. 671–710.
22   Vgl. Scholem: Die jüdische Mystik, S. 112, 407.
23   Megillat Yuhasin Lemberg, o. D., S. 115; vgl. Grözinger: Die Gegenwart des Sinai, S. 158, 180.

ihren Gottesnamen kennen, muss mit im Feuer geläuterter Engelszunge singen können und tritt schließlich im siebten Himmel vor dem Gottesthron in die *communio* der himmlischen Thronliturgie ein, im Gesang mit „einer" Stimme und wird so mit den Himmlischen, im liturgischen Gesang vereint. Zugleich wird er mit göttlicher Sprache und göttlichem Gesang erleuchtet.[24]

In der alphabetologischen Theologie des Begründers des osteuropäischen Chassidismus, Israel Ben Elieser, dem Ba'al Schem Tov, wird der unitive Akt als Eintauchen des Menschen in die einzelnen Buchstaben und Worte (Gottesnamen) des hebräischen Gebets beschrieben, durch die der Beter ungeachtet ihres semantischen Sinnes langsam voranschreitet, um sich mit dem in den Buchstaben befindlichen Geist der Gottheit zu vereinen.[25]

Die theurgische Überbrückung – mit Hilfe der Gottesnamen und der Buchstaben beschrieben
Die antike jüdische Onomatologie kennt eine Form der theurgischen Überbrückungsmystik, die einen deutlich magischen Charakter hat, der ihr auch während der folgenden Phasen weiterhin erhalten blieb. Bei dieser Überbrückungsmystik werden unter mehrtägigem Fasten, Beten und Beschwören der himmlischen Mächte mittels der Gottesnamen überirdische Güter auf den Menschen herabgeleitet. Dies ist vor allem die mühelose Kenntnis der Tora und ihrer Mysterien, aber auch hoher sozialer Status. Der Erwerb dieser Güter kann als Vergöttlichung des menschlich-irdischen Lebens bezeichnet werden, denn es werden dem Mystiker Güter verheißen, die man sonst aus den Beschreibungen des Paradieses kennt. Eine zentrale Rolle für diese theurgische Form der Überbrückung zwischen der himmlischen und der irdischen Welt spielen die Gottesnamen. Sie sind die Machtträger, die der Beschwörung der himmlischen Mächte dienen und dem Menschen himmlische Einsichten verleihen. Besonders anschaulich für dieses Denken ist der Ritus, hebräische Buchstaben und Gottesnamen mittels essbarer Substanzen sich einzuverleiben und auf diese Weise göttliche Qualitäten und Machtbefugnisse zu erlangen.[26] In der aschkenasisch-chassidischen Mystik des 13. Jahrhunderts galt der Versuch, mit Hilfe der Gottesnamen einen Golem zu erschaffen, als Teil der mystischen Aktivitäten, entsprechend wird ab dem 14./15. Jahrhundert verschiedenen Meistern in Legenden die Erschaffung eines Golem zugeschrieben.[27]

---

24 Vgl.Grözinger: Jüdisches Denken, Bd. 1, S. 310–324; ders.: Musik und Gesang in der frühen jüdischen Teologie, S. 301–315.

25 Grözinger: Jüdisches Denken, Bd. 2, S. 793–802.

26 Vgl. Grözinger: Jüdisches Denken, Bd. 1, S. 326–329.

27 Vgl. Idel, Moshe: Golem: Jewish Magical and Mystical Traditions on the Artificial Anthropoid, Albany 1990; Scholem, Gershom: Die Vorstellung vom Golem in ihren tellurischen und magischen Beziehungen, in: ders.: Zur Kabbala und ihrer Symbolik, Zürich 1960, S. 209–260; Grözinger, Karl E.: Jüdische Wundermänner in Deutschland, in: ders.: Judentum im deutschen Sprachraum, Frankfurt/Main 1991, S. 190–221; Grözinger: Jüdisches Denken, Bd. 1, S. 348–354; und Grözinger: Karl E.: Between Magic and Religion: Askenazi Hasidic Piety, in: ders.; Dan, Josef: Mysticism, Magic and Kabbalah in Ashkenazi Judaism, Berlin 1995, S. 28–43.

Die spiritualistisch-intellektualistische Weltanschauung der mittelalterlichen Philosophie

Die mittelalterliche Philosophie hat im Gefolge ihrer Rezeption der griechischen Philosophie die personalistische Theologie vollkommen aufgegeben. Gott ist das unendliche *Eine* (platonisch) oder die *prima causa* (aristotelisch) der durch eine Kausalkette entstandenen Welt, er ist reiner Geist oder reiner Intellekt. Deshalb ist er mit den menschlichen Sinnen nicht erreichbar und mit den Kategorien der Sachbeschreibung dieser Welt (Raum, Zeit, Beziehung, Handeln etc.) nicht erfassbar, er ist unerkennbar und unansprechbar. Das logische Problem einer kausalen Verbindung zwischen dem Unendlichen und Endlichen wie zwischen dem Einen und der Vielfalt der Welt wird durch eine Kette von Zwischenursachen (aristotelisch) oder Emanationsstufen (platonisch) überbrückt vorgestellt. Sie sind die Mittelinstanzen zwischen „Gott" und der Welt und damit auch zwischen Mensch und „Gott". Der Mensch kann mit der göttlichen Welt nur kommunizieren, weil er in seinem innersten Wesen nicht begrenzter Körper, sondern wie die intelligiblen Mittelinstanzen Intellekt oder rationale Seele ist. Darum ist er auch zunächst auf die vermittelnden Zwischenstufen verwiesen. Die mystischen Begegnungen oder Kontakte werden gemäß diesem philosophischen Weltbild entsprechend in psychologischen und intellektualistischen Kategorien beschrieben, wobei die Menschen dann oft nur an die gleichfalls körperlosen intelligiblen Mittelinstanzen verwiesen sind. Die im biblisch-rabbinischen Denken vorhandenen Beschränkungen der Vereinung von Göttlichem und Menschlichem fallen hier fort, weil der Mensch als Intellekt oder rationale Seele wie die Gottheit und die Mittelinstanzen gleichfalls nicht mehr durch Raum und Zeit begrenzt ist. Es kann also eine vollkommene *unio mystica* stattfinden.[28]

Die Visitation – spiritualistisch-intellektualistisch beschrieben
Bei den mittelalterlichen Philosophen wird die Prophetie im Sinne eines visitationsmystischen Vorgangs beschrieben. Der erste Aristoteliker des jüdischen Mittelalters, Abraham Ibn Da'ud, sagt, dass es die Prophetenschüler sind, die von ihren Meistern die intellektuelle, ethische und praktische Entwicklung erlernen: „Und wenn dann die Seele vorbereitet war, dann floss die Prophetie auf sie ohne [dass die Seele] sich danach [eigens] gesehnt hätte."[29] Und zwar floss die prophetische Erleuchtung aus dem engelhaften *Aktiven Intellekt,* der das menschliche Denken insgesamt erweckt. Entsprechend sagt dies Maimonides: „Das Wesen der Prophetie und ihr wahrer Begriff ist die Emanation, welche sich von Gott durch die Vermittlung der *Aktiven Vernunft* zuerst auf das Denkvermögen und dann auf die Einbildungskraft ergießt."[30]
    Ähnliche Visitationsbeschreibungen findet man in der philosophisch geprägten Kabbala. Unter Einbeziehung des Systems der zehn Gottesemanationen (Sefirot) wird hier die Visitation als intellektuelle Erleuchtung durch den göttlichen Geist, d. h. durch einen Ausfluss aus der

---

28 Vgl. Grözinger: Jüdisches Denken, Bd. 1, S. 362–584.

29 Abraham Ibn Da'ud, Emuna rama, Ausgabe: Samuel, N. M.; Weiss, G.: Exalted Faith: Abraham ibn Daud, Cranbury; London; Ontario 1986, 165b,7 /166b; vgl. Grözinger: Jüdisches Denken, Bd. 1, S. 421.

30 Maimonides, Moses: *More Nevuchim.* Führer der Unschlüssigen, hg. von J. Maier, übers. von Adolf Weiss, Leipzig 1923; Hamburg 1972; 1995: II, 32, S. 238; vgl. Grözinger: Jüdisches Denken, Bd. 1, S. 470.

zweiten Sefira, der göttlichen Weisheit, beschrieben,[31] so etwa bei Asriel aus Gerona: „Wenn das Denken des Menschen am göttlichen Denken haftet, strömen die prophetischen Worte der Erleuchtung herab."[32]

Die ekstatische unio – spiritualistisch-intellektualistisch beschrieben

Die ekstatische Einswerdung des menschlichen Intellekts mit dem *Aktiven Intellekt* oder der menschlichen Seele mit der Weltseele ist die adäquate Form der philosophischen Sprache. Dabei tritt die Seele des Philosophen vorübergehend oder gar endgültig aus der körperlichen Materialität, was sowohl Philosophen als auch Kabbalisten als den Tod im Kuss beschreiben. Abraham Ibn Da'ud sagt, der Mensch, der bis an die äußerste Grenze vorgedrungen ist, wird engelsgleich und wird mit diesen intelligiblen Substanzen vereint sein und ist dann fähig, wie sie Wunder in der Welt zu wirken.[33] Maimonides hat diese höchste Erhebung allerdings dem Moses vorbehalten.[34] Der aristotelisch denkende Kabbalist, Mosche Ben Nachman (Nachmanides, 13. Jahrhundert), glaubt, dass im prophetischen Akt das Denken des Propheten am *Aktiven Intellekt* haftet.[35] Die Platoniker denken bei demselben Vorgang an die rationale Seele, die sich mit der Weltseele vereint.[36] Der Philosoph der Liebe, Leone Ebreo, das ist Jehuda Abravanel, spricht hier ausdrücklich das Phänomen des Todes im Kuss Gottes an, bei dem die Seele in der mystischen Verzückung sich weigert, in den Körper zurückzukehren.[37] Eine ähnliche philosophische Sprache findet man auch bei den philosophischen Kabbalisten, wie bei dem Aristoteliker Asriel aus Gerona: „Man soll das Denken an die [göttliche] Weisheit heften, damit sie und es eine Sache sind."[38] Und bei dem Platoniker Esra aus Gerona heißt es: „Wenn der Gerechte seine reine und lautere Seele zur oberen heiligen Seele emporhebt, wird er mit ihr eins."[39]

Die theurgische Überbrückung – spiritualistisch-intellektualistisch beschrieben

Erstaunlicherweise kann auch ein Philosoph wie Abraham Ibn Da'ud gleich den christlichen Renaissance-Philosophen eine magische Überbrückung der Distanz zwischen irdischer und überirdischer Befindlichkeit formulieren. Wenn der Mystiker-Prophet vom *Aktiven Intellekt* verklärt wird, „dann wird er die Fähigkeit besitzen, die Dinge in ihrem Sein zu verändern und ihre natürlichen und gewöhnlichen Verhaltensweisen zu ändern".[40]

---

31 Mosche Ben Nachman (Nachmanides), *Iggeret ha-Kodesch,* in: Schewel, H. D.: Kitve ha-Ramban, Jerusalem 1963, Bd. II, S. 333 [hebr.].

32 Vgl. Grözinger: Jüdisches Denken, Bd. 2, S. 295 f.

33 Samuel; Weiss: Emuna rama, S. 307, 236 f.; Grözinger: Jüdisches Denken, Bd. 1, S. 424 f.

34 *More nevuchim,* II, S. 37, Weiss, S. 248 f.; Grözinger: Jüdisches Denken, Bd. 1, S. 471.

35 Schewel, H. D. (Hg.): Perusche ha-Tora, Jerusalem 1960, Bd. 2, S. 404; bei Grözinger: Jüdisches Denken, Bd. 2, S. 297.

36 So etwa Isaak Israeli und Salomo Ibn Gabirol; siehe bei Grözinger: Jüdisches Denken, Bd. 1, S. 525, 544.

37 Leone Ebreo: Dialoghi D'Amore. Hebräische Gedichte, herausgegeben mit einer Darstellung des Lebens und des Werkes Leones von C. Gebhardt, Heidelberg; London; Paris; Amsterdam 1929, Bd. III, S. 5b; Grözinger, Jüdisches Denken, Bd. 1, S. 583 f., 292.

38 Vgl. Grözinger: Jüdisches Denken, Bd. 2, S. 296.

39 Ebd., S. 298.

40 Emuna 169a,6 ff., Samuel; Weiss: Exalted, S. 321, 194; Grözinger: Jüdisches Denken, Bd. 1, S. 423.

Das Mischkonzept aus Philosophie, Gottesemanationen *(Sefirot)* und Namentheologie der mittelalterlichen Kabbala

Die mittelalterliche Kabbala, die in eine Vielzahl verschiedener Systeme aufgespalten ist, stellt sich insgesamt als eine Mischung aus den drei vorausgegangenen Denksystemen dar: Von der Philosophie wurde der absolut abstrakte Gottesbegriff des *En Sof* (Unendliches) übernommen, samt der Konzeption einer Hierarchie von nicht körperlichen intelligiblen Zwischenstufen zwischen der Welt und der unerkennbaren Gottheit.

Die biblisch-antike Vorstellung einer vom Menschen erreichbaren oder gar personhaft-menschenähnlichen Gottheit wurde dem philosophischen System der Zwischeninstanzen vorangestellt. Dies geschah in der am meisten verbreiteten Version (z. B. im Buch Sohar) als zehnfaltige Selbstoffenbarung Gottes. Dies sind die zehn Sefirot oder Gotteskräfte, die den programmatischen Titel *Adam kadmon* (Ur-Mensch) erhielten und entsprechende anthropomorphe Strukturen besitzen, im Sinne der alten Vorstellung vom Menschen als Ebenbild Gottes. Die Selbstoffenbarung Gottes als zehn Sefirot repräsentiert die unterschiedlichen Attribute eines Körperwesens in symbolischer Weise: Kopf, Hand, Fuß, männlich, weiblich, barmherzig, streng etc.

Schließlich wurde auch die antike Theologie der Onomatologie in dieses sefirotische System integriert, indem jede der Sefirot bestimmte Gottesnamen repräsentiert, sodass sie zugleich als Gottesnamenoffenbarung verstanden wurden, die vom Menschen entsprechend adressiert werden können. Manche kabbalistischen Systeme arbeiten nur mit solchen Gottesnamen, so das des frühen Josef Gikatilla (13. Jahrhundert) in seinem Buch *Ginnat Egos*[41]oder der sehr stark der maimonidischen Philosophie verpflichtete Abraham Abulafia (13. Jahrhundert).[42] In vielen Texten der Kabbala werden die drei Denksysteme miteinander kombiniert und je nach Bedarf eingesetzt.

Die Beschreibungen der mystischen Akte können dank dieses vielgestaltigen Denkmodells der Kabbala entweder mit Hilfe einzelner dieser Elemente oder einer Mischung von ihnen dargestellt werden, also mittels körperlicher und räumlicher Symbole, psychischer oder intellektueller Entsprechungen von menschlicher und göttlicher Struktur oder rein onomatologisch, verbunden mit philosophischen Konzeptionen.[43]

Die Visitation – beschrieben mit Hilfe von Philosophie, Sefirot- und Namen-Theologie
Die philosophisch und onomatologisch geprägten Beschreibungen auch der Kabbalisten wurden schon an den entsprechenden Stellen genannt. Hier interessieren darum nur noch die sefirotisch-anthropomorphistischen Beschreibungen. Der Sohar bietet für die mystische Visitation zwei besonders eindrückliche Beispiele. Innerhalb des Zehnersystems gilt die zehnte Sefira, die Schechina, zugleich als Mutter Israels, als Braut und Königin.[44] Diese himmlische Braut

---

41 Vgl. Grözinger: Jüdisches Denken, Bd. 2, S. 303–334.
42 Ebd., S. 335–394.
43 Zu den kabbalistischen Systemen vgl. Scholem: Hauptströmungen; Idel: Kabbalah; Grözinger: Jüdisches Denken, Bd. 2.
44 Vgl. Grözinger: Jüdisches Denken, Bd. 2, S. 91, 101f.,106, 113, 125, 149, 543–547, 553; Scholem: Hauptströmungen, S. 256.

wird dem Mann verheißen, der am Morgen als erster in die Synagoge tritt. Zu ihm gesellt sich laut dieser Verheißung die Schechina und hält mit ihm die eheliche Vereinung – also eine Verbindung von Visitation mit der mystischen *unio.* Dieselbe Verheißung gilt den Torastudenten, wenn sie sich nach dem Schabbat von ihren Frauen trennen, um die ganze Woche im Lehrhaus zu verbringen.[45]

Die korporalistisch-anthropomorphe Visitation, das ist der Besuch durch die Schechina, wird, z. B. einmal verbunden mit der philosophisch beschriebenen Visitation als Erleuchtung durch den göttlichen Geist auf den Mystiker, von Nachmanides dargestellt.[46]

Die ekstatische unio – beschrieben mit Hilfe von Philosophie, Sefirot- und Namen-Theologie
In der sefirotischen Kabbala wird die Ekstase als Aufstieg der Seele (nach platonischer Tradition) oder des menschlichen Denkens (nach aristotelischer Tradition) in die göttliche Welt der Sefirot gezeichnet. Die aristotelisch denkenden Kabbalisten wie Asriel aus Gerona sprechen von einer Vereinung des menschlichen Intellekts mit der sefirotischen Weisheit: „Man soll das Denken an die Weisheit *(Chochma)* heften, damit sie eine Sache sind."[47] Demzufolge sprechen die „Platoniker", so Esra aus Gerona und Menachem Rekanati (Ende 13. Jahrhundert), von einer Vereinung der Seele mit der oberen Seele.[48] Die Klimax bestand im Erreichen derjenigen sefirotischen Stufe, aus welcher das Denken oder die Seele des Menschen ursprünglich stammt.[49] Auch der Sohar kennt die unitive Diktion als Haften des Juden am sefirotischen König (Sefira VI). Dies ist möglich, weil der Jude beschnitten ist und damit dem sefirotischen Zeugungsglied (Sefira IX) entspricht, das den König (Sefira VI) mit der Königin (Sefira X) vereint.[50]

Die theurgische Überbrückung – beschrieben mit Hilfe von Philosophie,
Sefirot- und Namen-Theologie
Die mittelalterliche Kabbala hat die antike Theologie der Gottesnamen zu einem zentralen Stück ihrer Theosophie gemacht und setzte sie bevorzugt zur Beschreibung des theurgisch-mystischen Akts ein. Die Kabbalisten sehen darum in den Gottesnamen, die sie zugleich mit den Sefirot identifizierten, die eigentlichen göttlichen Machtträger, die der Mystiker bei seinem Torastudium aktivieren möchte. So heißt es in dem kabbalistischen Handbuch *Scha'are Ora* aus dem 13. Jahrhundert: „Wahrheit und Bundestradition ist, dass derjenige, der seine Wünsche in Sachen der Gottesnamen erreichen will, sich mit ganzer Macht um die Tora mühen muss, um die Bedeutung, eines jeden Namens der Heiligen Namen, der Tora zu erfassen";[51] „[...] jeder

---

45   Vgl. Grözinger: Jüdisches Denken, Bd. 2, S. 602 f.
46   *Iggeret ha-kodesch,* S. 333.
47   Tischby, Y: Perusch ha-Aggadot le-Rabbi Asriel me-rischone ha-Mekubbalim be-Gerona, Jerusalem 1945 [ND 1983]; bei Grözinger: Jüdisches Denken, Bd. 2, S. 296.
48   Idel: Kabbalah, S. 38–49; Grözinger: Jüdisches Denken, Bd. 2, S. 297 f., u. vgl. 299, 450 f.
49   Vgl. Asriel bei Grözinger: Jüdisches Denken, Bd. 2, S. 292.
50   Vgl. ebd., S. 602.
51   Gikatilla, Josef (1248–1325): Scha'are Ora, Warschau 1883 [ND Jerusalem 1960], S. 2; Grözinger: Jüdisches Denken, Bd. 2, S. 405.

von ihnen hat eine andere Wirkung als der andere."[52] Der Mensch muss sich daher in seinem auf die Theurgie ausgerichteten Studium und Gebet auf die für seine Wünsche zuständigen Gottesnamen ausrichten, um den unmittelbaren Segensfluss aus der Gottheit auszulösen.[53]

Noch zentraler als das direkte Herabzwingen himmlischer Güter ist in der Kabbala jedoch die Einflussnahme des Menschen auf das Beziehungsgeflecht der zehn Sefirot. Durch das von mystischer Meditation begleitete Erfüllen der Gebote der Tora, inklusive des ehelichen Beischlafs sowie der täglichen Gebetsliturgie, bewirkt der Mystiker die Vereinung *(Jichud)* der innergött-lichen Kräfte, wodurch in der Gottheit und in der ganzen Welt ein Heilszustand erlangt wird, der auch konkrete Segensflusse auf den Menschen und die gesamte Welt auslöst. Der Kabbalist ist der Überzeugung, dass er durch das Erfüllen der Gebote, durch Gebet, Liturgie und Studium der Tora die Distanz zur Gottheit überwinden und auf sie Einfluss nehmen kann. Schon der älteste kabbalistische Text, der um 1200 in der Provence aufgetauchte *Sefer ha-Bahir* (Buch des [hellen] Glanzes) benennt das Grundmotiv allen sakramental verstandenen Tuns der Kabbalisten: In einer etymologischen Deutung des hebräischen Wortes für „Opfer", *Korban* (Angenähertes), sagt der *Bahir:* „Warum heißt das Opfer *Korban?* Weil es die heiligen Mächte zusammenführt."[54] Die zehn Gotteskräfte, mit ihren sich widerstreitenden Polen „Gericht" und „Liebe", „männ-lich" und „weiblich", werden durch die Theurgie zu einer wahren und heilspendenden Einheit, *Jichud,* verbunden. Das menschliche Tun führt die Gottheit aus ihrem widersprüchlichen Exil-zustand in einen glückhaften Zustand der Einheit. Die lurianische Kabbala hinterließ ausführ-liche Beschreibungen der sakramental-theurgischen Wirkung fast aller Gebote vor allem jener der Schabbat-Mahlzeiten.[55]

Häufig wird im *Sohar* dieser *Jichud* mittels einer gewagten sexuellen Symbolik beschrieben, so insbesondere als Meditation zum täglichen *Einheitsbekenntnis,* dem Schma Jisrael. Der voranschreitende liturgische Text wir dabei als Choreographie für eine in der Gottheit sich voll-ziehende bräutliche Paarung verstanden, die sich über mehrere Akte hinzieht, bis: „[…] dann schmückt sich die Matronita (Sefira X), um in den Traubaldachin zu ihrem Gatten (Sefira VI) zu treten. All die oberen Glieder vereinen sich dann in einem Verlangen und in einer Lust, um eins zu werden, ohne Trennung."[56] Es ist diese obere innergöttliche Paarung, die analog zur irdischen, neue Frucht und neuen Segen für Mensch und Welt zeugt.

---

52 Grözinger: Jüdisches Denken, Bd. 2, S. 407.

53 Gikatilla: Scha'are Ora, S. 4a; bei Grözinger: Jüdisches Denken, Bd. 2, S. 407.

54 *Sefer ha-Bahir:* Scholem, Gershom: Das Buch Bahir. Ein Schriftdenkmal aus der Frühzeit der Kabbala auf Grund der kritischen Neuausgabe, Leipzig 1923 [ND Darmstadt 1970], § 78, S. 79.

55 Grözinger, Karl E.: Formen jüdischer Mystik, in: Ariel, D.S. (Hg.): Die Mystik des Judentums, München 1993, S. 7–20.

56 Margaliot, R. M. (Hg.): Sefer ha-Sohar, Jerusalem 1970, II, 133b–134a [hebr.]; vgl. Grözinger: Jüdisches Denken, Bd. 2, S. 598 f.

Das psychologisch-kosmische System der frühneuzeitlichen lurianischen Kabbala

Die lurianische Kabbala des 16. und 17. Jahrhunderts hat ihrer mittelalterlichen Vorgängerin ein für sie zentral gewordenes psychologisches Lehrstück hinzugefügt. Laut ihm hat der *erste Adam* (der erste Mensch) eine hoch komplizierte und ausufernde Seelenstruktur, die er gemäß der Vorstellung von der Gottebenbildlichkeit des Menschen von dem göttlichen *Adam kadmon*, den zehn Sefirot, per Emanation überkommen hat. Diese kompliziert strukturierte Makroseele des ersten Menschen ist jedoch im Sündenfall in unzählige Seelenfunken zerbrochen, die nun als Individualseelen der – vor allem jüdischen – Menschen dienen. Zur Wiederherstellung (Tikkun) des ersten Adam und im Gefolge davon der gesamten Schöpfung, müssen diese Seelenfunken auf dem Wege der Seelenwanderung in die Makroseele des Adam zurückgeführt werden. Dieser Restitution der Adamsseele dienen neben der Gebotserfüllung auch mystische Techniken, zu denen vor allem die Paarung und Visitationen von menschlichen Seelenfunken Verstorbener aus dem himmlischen mit solchen im irdischen Bereich gehören. Diese Verbindungen vermitteln zwischen der irdischen und der überirdischen Welt. Die im Rahmen dieser Vorstellung gezeichneten mystischen Akte spielen folglich meist zwischen den Seelen von Verstorbenen und noch lebenden Menschen.[57]

Die Visitation – psychologisch-kosmisch beschrieben
In der psychologischen Beschreibungssprache der lurianischen Kabbala stellt sich die Visitation als vom Himmel herabkommende Seelen der ehemaligen Meister der Kabbala und deren vorübergehende Einwohnung oder „Einschwängerung" in den Seelen ihrer Schüler dar.[58] So berichtet die Legende von Jizchak Luria, dass er seine Schüler zur Lehre versammelte und jeden auf den ehemaligen Sitzplatz eines der verstorbenen Meister setzte. Daraufhin erschienen sämtliche toten Meister zur Versammlung samt den oben schon beschriebenen sinaitischen Feuerphänomenen.[59] Andere Schüler sandte er zu der oft noch unbekannten Grabstelle der altvorderen Meister, woraufhin sich deren Seele in dem Besucher niederließ und ihn mit den wunderbaren Gaben des Verstorbenen ausstattete.[60]

Die ekstatische unio – psychologisch-kosmisch beschrieben
In den lurianischen Texten wird der unitive Akt als Verbindung der Seele des Mystikers mit der himmlischen Seele eines verstorbenen Meisters beschrieben, die dann gemeinsam nach oben steigen. Ausgangspunkt der Seelenvereinigung und des gemeinsamen Aufstiegs in die göttliche Welt ist dabei meist das Grab des Verstorbenen, auf dem sich der Mystiker ausstreckt und eine Reihe von vorgeschriebenen Gebetsmeditationen spricht.[61] Hajjim Vital beschreibt dies so:

---

57 Grözinger: Jüdisches Denken, Bd. 2, S. 680 f.
58 Benayahu, Meir: Sefer Toledot ha-Ari, Jerusalem 1967, S. 179 [hebr.].
59 Vital, Ḥajjim: Sefer Scha'ar ha-Jichudim, Krakau 1783, c.4, S. 4c.5b; und Benayahu: Toledot ha-Ari, S. 179; bei Grözinger: Gegenwart des Sinai, S. 159.
60 Grözinger: Formen, S. 27.
61 Grözinger: Jüdisches Denken, Bd. 2, S. 680 f.

Und vollziehe eine *Jichud*-Formel wie immer du willst, dann breitet sich seine [des Verstorbenen] Seele vorübergehend in dessen Knochen aus und er verkündet dir Geheimnisse der Weisheit und es ist sogar möglich, dass er sich dir anhaftet und dir für immer anschwängert, um dir zu nützen und dir in der Tora und beim Gebotsdienst zu helfen, sofern dieser Zaddik aus deiner Seelenfamilie ist, denn dann nähert er sich und haftet an dir über die Maßen.

Zu Beginn des Kapitels nennt Vital diesen Vorgang in intellektualistischer Diktion „Haften/ Vereinen von Geist und Geist".[62]

Die theurgische Überbrückung – psychologisch-kosmisch beschrieben
Die lurianische Theurgie ist eine Vermischung mehrerer Ziele und all der schon überkommenen theurgischen Riten. Zum einen ist das sogenannte Heben der Funken ein theurgischer Prozess, bei dem die im Schöpfungsprozess durch den „Bruch der Gefäße" in die Tiefe gestürzten Funken nach oben in die göttliche Welt gehoben werden. Dieses Heben dient dem kosmischen Tikkun, d. h. der Restitution der Welt und der Gottheit, und geschieht durch das Erfüllen der Gebote, die von speziellen Meditationen begleitet werden. Das heißt die kabbalistische Gebotserfüllung ist ein messianischer Prozess, bei dem Mensch, Welt und Gott der endgültigen Heilung und Erlösung zugeführt werden, ein göttliches Werk.[63]

Neben dieser heilsgeschichtlich ausgerichteten Theurgie bewirken diese sakramentalen Akte zugleich sogenannte Jichudim, d. h. oft sexuell verstandene innergöttliche Vereinigungen, die zu neuem Segen auf der Welt führen.[64]

Die chassidischen Theologien des göttlichen Nichts und des Akosmismus beim Maggid aus Mesritsch und im Chabad-Chassidismus
Laut der Theologie des zentralen Lehrers des osteuropäischen Chassidismus, Dov Ber aus Mesritsch, ist die göttliche Schöpfermacht im absoluten Nichts der Gottheit konzentriert. Dieses göttliche Nichts brachte die Welt hervor und trägt deren dauernde kreative Erhaltung. Gott ist als Nichts in der Welt präsent. Dieses göttliche Nichts ist folglich der zentrale Begriff zur Beschreibung des mystischen Erlebens. Beim Schüler des Maggid, Schne'ur Salman aus Liadi, wird der Gedanke, dass die wahre Wirklichkeit der Welt im göttlichen Nichts liegt, zu der akosmistischen Vorstellung entwickelt, d. h., dass die gesamte Welt tatsächlich nichts ist und nur Gott alleine existiert. Die scheinbare Existenz einer von Gott getrennten Welt ist demnach nur eine Sinnestäuschung, der eine falsche Erkenntnis zugrunde liegt. In beiden Systemen, des Lehrers wie des Schülers, ist deshalb die kontemplative Nichtung der Welt das schlechthin mystische Ziel.[65]

---

62 Vital: Sefer Scha'ar ha-Jichudim, c.4, S. 4c.5b.
63 Vgl. Grözinger: Jüdisches Denken, Bd. 2, S. 676–680; Scholem: Hauptströmungen, S. 294–312.
64 Grözinger: ebd., S. 676–681.
65 Vgl. Schatz Uffenheimer, Rivka: Hasidism as Mysticism: Quietistic Elements in Eighteenth Century Hasidic Thought, Jerusalem 1993; Elior, Rachel: The Paradoxical Ascent to God: The Kabbalistic Theosophy of Habad Hasidism, New York 1992; Grözinger: Jüdisches Denken, Bd. 2, S. 826–852, 889–897.

Die Visitation des göttlichen Nichts

Das visitationsmystische Grundphänomen wird im osteuropäischen Chassidismus häufig mittels der oben bereits skizzierten sinaimystischen Terminologie dargestellt: Durch das Herabkommen von Feuer, himmlischen Gestalten oder, philosophisch-kabbalistisch, als Erleuchtung mit Geist. Statt des zünftigen Torastudiums wird dies bei den Chassidim allerdings häufig durch biblische und andere Gesänge samt begleitendem Tanz erreicht.[66]

In der Schule des Maggid aus Mesritsch wird die Herabkunft der himmlischen Güter mit der ekstatischen *unio* des *Zaddik* verbunden. Der menschliche Zaddik, der sich mit dem göttlichen Nichts verbindet, wird damit „gottgleich", wird zum kreativen Nichts und leitet dank dieser Machtfülle die himmlischen Güter auf die Welt herab, die nun als Kreativkräfte ihn und die ihn umgebende Gemeinde erfüllen. Ursprünglich im Blick auf jeden gerechten (zaddik) Menschen konzipiert, wurde dies spätestens ab der dritten chassidischen Generation zur Lehre vom herausgehobenen Zaddik als dem Spezialisten für die *unio mystica,* der damit zugleich zum „Kanal" für die Herableitung der göttlichen Kräfte auf seine Gemeinde wurde.[67]

Die ekstatische unio mit dem göttlichen Nichts

Die ekstatische *unio mystica,* die vom Begründer des Chassidismus, dem Ba'al Schem Tov, noch konsequent alphabetmystisch (onomatologisch) als Vereinung des Beters mit dem Gottesgeist innerhalb der hebräischen Buchstaben des Gebets und der Tora beschrieben wurde, gewinnt beim Hauptorganisator des Chassidismus, Dov Ber aus Mesritsch eine völlig neue Wendung. Gemäß seiner Lehre von der Präsenz und Wirksamkeit Gottes in der Welt als „Göttlichem Nichts" geht der Weg des ekstatischen Mystikers hinaus vom Seienden dieser Welt hin zum göttlichen Nichts. Konkret bedeutet dies, dass der Mystiker sich selbst und die gesamte Welt als Nichts erkennt, sie kontemplativ „nichtet" und daraus seine individuelle wie gesellschaftliche Selbsteinschätzung gewinnt. Dort im Nichts wird er mit dem Nichts der Gottheit vollkommen eins und wird „vergottet".[68] Beim Schüler, Schne'ur Salman, führt die meditative Nichtung der Welt in die allumfassende Gegenwart des einzig Existierenden, nämlich Gottes.

Die theurgische Überbrückung zum göttlichen Nichts

Die theurgische Überbrückung zwischen Gott und Mensch wird im Chassidismus zur zentralen Aufgabe des Gemeindeführers, des Zaddik, der als Kanal der Vermittlung zwischen Gott und Mensch dient. Voraussetzung für diese Eigenschaft ist, dass der Zaddik möglichst ununterbrochen in der mystischen *unio* mit dem göttlichen Nichts steht. „Der Zaddik zieht den Ausfluss für das Leben, den Lebensunterhalt und den Kindersegen herab."[69]

---

66 Texte dazu bei Grözinger: Die Gegenwart des Sinai, S. 160 ff.
67 Vgl. Grözinger: Jüdisches Denken, Bd. 2, S. 849–852, 904–910.
68 Vgl. ebd., S. 826–852.
69 Nigal, G. (Hg.): No'am Elimelech le-Rabbi Elimelech mi-Lisensk, Jerusalem 1978, Wajera, S. 43; Grözinger: Jüdisches Denken, Bd. 2, S. 905.

Naturhaft kosmische Konzeptionen der Moderne

Nur um anzudeuten, dass das Prinzip der sich wandelnden Beschreibungssprache für die immer gleich bleibenden mystischen Grundphänomene auch in der Moderne weiter gilt, soll hier noch ein Beispiel des 20. Jahrhunderts genannt werden, nämlich der zionistische Pionier Aharon David Gordon (1856–1922). Wiewohl Gordon immer wieder selbst bestritten hatte, Mystiker zu sein, hat man in seinem Denken und Handeln doch mystische Züge erkannt.[70] Er vertrit eine vollkommen von der rabbinischen Tradition abweichende Religionsauffassung, die ganz im Individuum und seinem Wollen begründet ist. Entscheidend ist aber, dass nach Gordon dieses Ich bis in sein Innerstes von der konkreten es umgebenden und noch mehr von der gesamten kosmischen Natur getragen und geprägt wird. „Gordons Weltanschauung gründet in der Überzeugung, dass der Kosmos eine Einheit sei, dass Mensch und Natur eins seien und alle Menschen organische Teile des Kosmos sind. Der Mensch ist auf zwei unterschiedliche Weisen durch den Kosmos geprägt: Durch seine Kenntnis der Welt und durch seine intuitive Wahrnehmung der Welt."[71] Das Ziel des Menschen, und darin mag man das mystische Anliegen Gordons sehen, muss es sein, mit dieser allumfassenden Natur in steter Verbindung zu stehen. Und dies kann Gordon in sehr mystisch klingenden Worten so beschreiben:

> Die unerkennbare Seite [der Natur] – sie ist offenbar der Ort des *Haftens*, an welchem die Seele des einzelnen Menschen an der Seele der gesamten Schöpfung *haftet (tidbak)*, so dass sie zu einer lebenden Seele werden. Das ist der Raum, in welchen sich das Leben des einzelnen Menschen und der gesamten Schöpfung ergießen und sich vereinen und so zum Leben der Welt werden. Das ist die Natur selbst in der Seele des Menschen, und das ist der Quell des Lebens. […] Aus all dem Gesagten folgt: Der Mensch muss, sofern er Mensch ist, stets in der Natur sein, denn die Natur ist für den fühlenden und erkennenden Menschen tatsächlich das, was für den Fisch das Wasser ist. […] Er braucht diese unvermittelte und ununterbrochene Verbindung zur der unendlichen Natur, als verborgenes Saugen, denn jedes Atom seines Körpers und seiner Seele saugt aus der unendlichen Natur […] er braucht das Leben der Welt.[72]

Mystische Autoren und Texte

Im Blick auf die lange jüdische Mystik muss zunächst an eine wichtige Beobachtung erinnert werden. Im Gegensatz zur christlichen Mystik gibt es in der jüdischen Mystik nur relativ wenige persönliche Erlebnisberichte, hingegen gibt es eine Vielzahl von eher allgemein formulierten Beschreibungen und Anweisungen, sei es von namentlich genannten Autoren oder auch anonymen Verfassern, die oft in weitergreifende theologische, philosophische oder kabbalistische Erörterungen eingefügt sind; eine Ausnahme ist Abraham Abulafia, der in seinem sehr ausgebrei-

---

70 Vgl. Grözinger: Jüdisches Denken, Bd. 4, S. 250.
71 Ebd., 4, S. 264.
72 Gordon, A.D.: Gesammelte Schriften, Bd. 2, S. 44; bei Grözinger: Jüdisches Denken, Bd. 4, S. 266.

teten Werk ausführliche Berichte und Anweisungen für das mystische Erleben gibt.[73] Dennoch sind hier einige dezidiert mystische Tagebücher und Manuale zu nennen. In ihnen werden außer dem Erlebten auch die Techniken beschrieben, die zu dem mystischen Ereignis führen, wozu im folgenden Paragraphen noch weiteres gesagt werden wird. Einer der frühesten Texte (1295) mit autobiographisch-mystischen Berichten ist das aus Abulafias Schule stammende Buch *Scha'are ha-Zedek,* aus dem – typisch für die jüdische mystische Überlieferung – in den Drucken wesentliche Teile ausgelassen wurden, wie dies noch bei weiteren entsprechenden Werken zu finden ist. Gershom Scholem hat diesen ausgelassenen autobiographischen Teil ediert und ins Deutsche übersetzt.[74] Das dort Beschriebene gehört der onomatologischen Darstellungsweise der Visitation an. Der Schüler hat sich gewiss von seinem Meister Abulafia anregen lassen, in dessen Manualen entsprechende mystische Anleitungen neben mystisch-biographischen Hinweisen gegeben werden.[75] Als nächstes sind die nur handschriftlich erhaltenen Bücher von Isaak aus Akko aus dem 14. Jahrhundert zu nennen, *Ozar Chajim* (Schatzhaus des Lebens)[76] und Elasar Azikris *Mille di-Schemaja* (Worte vom Himmel). Gedruckt sind *Maggid Mescharim* (Künder des Rechten) von Josef Karo[77] und das *Sefer Hesjonot* (Buch der Visionen)[78] von Hajjim Vital, und schließlich die chassidische *Megillat Setarim* von Jizchak Safrin aus Komarno (1806–1874). In den zuletzt genannten Texten sind die Beschreibungen des eigentlich mystischen Erlebnisses allerdings vergleichsweise dünn gesät, vorherrschend sind Traumberichte.[79]

Zu nennen ist auch das vom Hauptpromulgator der lurianischen Kabbala Hajjim Vital verfasste *Scha'are Keduscha* (Tore zur Heiligkeit), das eine Art Handbuch für den Weg zur Ekstase darstellt. Auch hier wurde der vierte und letzte, aber wichtigste Teil dieses Werkes in den traditionellen Ausgaben stets ausgelassen und erst in jüngster Zeit in einer separaten Edition gedruckt.[80] Bedeutsam sind außerdem die Reflexionen über die Ekstase des zweiten Führers des Chabad-Chassidismus, Dov Ber aus Lubawitsch (1773–1827), die unter dem Titel *Kuntras ha-Hitpa'alut* (Traktat über die Ekstase) erschienen.[81] Über ekstatische Zustände des Begründers des osteuropäischen Chassidismus, dem Ba'al Schem Tov, berichten die Legenden der *Schivche ha-Bescht* sowie einige Briefe an seinen Schwager.[82]

---

73 Vgl. Grözinger: Jüdisches Denken, Bd. 2, S. 335–393; Idel, Moshe: The Mystical Experience in Abraham Abulafia, Albany 1988; ders.: Language, Torah and Hermeneutics in Abraham Abulafia, Albany 1989; ders. Studies in Ecstatic Kabbalah, Albany 1988.

74 Vgl. Scholem: Hauptströmungen, S. 160–170.

75 Ebd., S. 128–170; Grözinger: Jüdisches Denken, Bd. 2, S. 335–395; Idel,: The Mystical Experience.

76 Kaplan, Aryeh: Meditation and Kabbalah, York Beach 1982, S. 137–146.

77 Vgl. Werblowski: Josef Karo; Altshuler: Prophecy and Maggidism.

78 Englische Übersetzung in: Faierstein, Morris M.: Jewish Mystical Autobiographies: The Book of Visions and Megillat Setarim, New York 1999.

79 Vgl. ebd.

80 Vital, Hajjim: Sefer Scha'are Keduscha, Sulzbach 1758, oder Jerusalem o. D. Der vierte Teil erschien in: Ketavim chadaschim me-Rabbenu Hajjim Vital, Jerusalem 1988.

81 Dov Ber aus Lubawitsch, Kuntras ha-Hitpa'alut, Königsberg 1831; englische Übersetzung von Jacobs, Louis: Tract on Ecstasy, London 1963.

82 Siehe Grözinger, Karl E. (Hg.): Die Geschichten vom Ba'al Schem Tov, Schivche Ha-Bescht, hebräischer und jiddischer Text, 2 Bde., Wiesbaden 1997, H61; ders.: Kafka und die Kabbala, S. 58–63.

Zustände und körperliche Erfahrungen

Wie alle Mystiker sprechen auch die jüdischen Mystiker von den die mystische Erfahrung begleitenden Umständen: Das sind Empfindungen von Hitze oder der Anblick von Feuer, das Hören von Stimmen, Furcht und Schrecken, das Gefühl, entmaterialisiert oder transformiert zu werden. Es wird von Bewusstseinsspaltung, von der Gefahr des Wahnsinns[83] und gar des Todes, dem Tod im göttlichen Kuss, gesprochen, vom Rasen der Seele, von Apathie, von der Unerträglichkeit der Geschehnisse, von einem äußersten Kraftaufwand und zugleich von der großen Sehnsucht nach der göttlichen Gegenwart. Die Zustände der Klimax werden als Erleuchtung,[84] als Einswerden *(unio)*, als Gefühl der Weite und der Gleichheit mit dem Göttlichen beschrieben.

Techniken zur Erlangung mystischer Zustände

Auch die Techniken zur Erlangung mystischer Zustände überschneiden sich mit denen in vielen nichtjüdischen Mystiken.[85] Hierzu gehört meist die vorgängige körperliche und ethische Reinigung und Heilung, das Fasten, die philosophische oder religiöse Bildung, das Tauchbad, die Einsamkeit, das meditative Absehen von der Welt. Wie bei einer Buchreligion nicht anders zu erwarten, steht bei den jüdischen Mystikern das Torastudium als mystische Technik an wichtiger Stelle, aber auch das Gebet, der Gesang und Tanz, ausartende Gestik und im Chassidismus gar das Trinken und Rauchen, alles begleitet von meditativen Techniken. Bei Abraham Abulafia und seiner Schule spielt die Buchstabenkombinatorik eine zentrale Rolle.[86] In der lurianischen Tradition steht die Prostration auf den Gräbern heiliger Männer an vorderster Stelle.[87]

---

83 Mark, Zvi: Mysticism and Madness: The Religious Thought of Rabbi Nachman of Bratslav, Bloomsbury 2009.

84 Vgl. Grözinger, Karl E.: Licht und Erleuchtung in der Kabbala, in: Renger, Almut-Barbara (Hg.): Erleuchtung. Kultur- und Religionsgeschichte eines Begriffs, Freiburg et al. 2016, S. 273–293.

85 Zu den Techniken siehe Kaplan: Meditation and Kabbalah.

86 Vgl. Grözinger: Jüdisches Denken, Bd. 2, S. 378–394.

87 Vgl. ebd., S. 680 f.

Memorialkulturen („Gedächtnis und Erinnerung")

Rainer Kampling

> „Bekanntlich war es den Juden untersagt,
> der Zukunft nachzuforschen.
> Die Tora und das Gebet
> unterweisen sie dagegen im Eingedenken."[1]

Vorbemerkungen

Die folgenden Überlegungen gehen davon aus, dass die in der jüdischen Tradition angelegten Formen der Erinnerungen durch den Transfer über das Christentum weitreichenden Einfluss auf die gesamte europäische Kultur und Geistesgeschichte genommen haben. Zwar trifft dies besonders auf religiöse Kontexte zu, aber nicht ausschließlich. So sind etwa Formen generationenübergreifender und persönlicher Erinnerung von biblischen Vorstellungen geprägt. Dagegen verdankt sich die monumentale bzw. heroische Erinnerungskultur mit Elementen der Apotheose dem griechisch-römischen Einfluss.[2]

Jüdische Memorialkulturen sind weitgehend mit Schriftlichkeit verbunden (siehe hierzu auch die Beiträge von Elisa Klapheck, S. 81 und Stefan Schreiner, S. 147); dieser Befund trifft auch hinsichtlich der Rituale der Erinnerungskultur[3] (siehe hierzu auch den Beitrag von Charlotte Fonrobert, S. 173), die sich auf Schriftüberlieferung gründen und auf Erinnerungsorte,[4] die in Texten zu Mnemotopen werden, darin weiter existieren und auf diese Weise als

---

1   Benjamin, Walter: Geschichtsphilosophische Thesen: Anhang B, in: Gesammelte Schriften 1,2, Frankfurt/Main 1980, S. 691–704, hier: S. 704; vgl. dazu meine Anmerkungen in: Kampling, Rainer: „Groß erzeigt sich ER über die Mark Jisraels". Zur Gegenwart und Vergegenwärtigung Israels in der christlichen Liturgie, in: Homolka, Walter (Hg.): Liturgie als Theologie. Das Gebet als Zentrum im jüdischen Denken, Berlin 2005, S. 154–162, hier: S. 155–158.

2   Da 1 u. 2 Makkabäer kanonische Bestandteile der Septuaginta und Vulgata sind, erfolgt auch hier ein Transfer, da die intentional anti-hellenistischen Texte sehr wohl am hellenistischen Modell des Heroen partizipieren; vgl. dazu: Firestone, Reuven: Holy War in Judaism: The Fall and Rise of a Controversial Idea, New York 2012.

3   Vgl. dazu Eisen, Arnold M.: Rethinking modern Judaism: Ritual, Commandment, Community, Chicago 1998.

4   Zu Pierre Noras Ansatz vgl. Carrier, Peter: Pierre Noras Les Lieux de mémoire als Diagnose und Symptom des zeitgenössischen Erinnerungskultes, in: Echterhoff, Gerald; Saar, Martin (Hg.): Kontexte und Kulturen des Erinnerns: Maurice Halbwachs und das Paradigma des kollektiven Gedächtnisses, Konstanz 2002,

Interpretamente gegenwärtiger Erfahrungen fungieren, was besonders deutlich an historischen Orten, deren Namen zu Chiffren der Erinnerung geworden sind, etwa Jerusalem, Babylon oder Moab, abzulesen ist. Die transgeographische, transkulturelle und transtemporale Kompatibilität von Erinnerung und deren Objekten wird wesentlich durch die literarische Fixierung gesichert. Diese verhindert nicht etwa einen Prozess der Aktualisierung, sondern das Erinnerte unterliegt einer je neuen Interpretation der sozialen Gruppe. Diese macht sich kontextbezogen die Inhalte und die Praxis der Erinnerung zu eigen, indem auf der Rezipientenseite der Akt der Lektüre das der Vergangenheit Angehörende in die Gegenwart transferiert und etabliert, womit wiederum eine Anreicherung ihrer symbolischen Bedeutung einhergeht.[5]

Damit ist ein Spezifikum der Memorialkultur im Judentum benannt, nämlich das der Vergegenwärtigung, die durch ritualisierte Einbeziehung der Rezipienten verstärkt werden kann. Dem Erinnerten wird im Prozess des Erinnerns eine unmittelbare Bedeutung in der Gegenwart zugeeignet: „Die historische Distanz des Vergangenen wird keinesfalls negiert, aber durch das Erinnern wird die existentielle Distanz zur Vergangenheit überwunden."[6] Erinnerung als Gefüge von Erinnertem und Erinnern als Ereignis hatten ihren Zielpunkt mithin in der Gegenwart. Diese erinnernde Aktualisierung, deren bestimmendes Merkmal die Negierung der Annahme ist, dass das Vergangene abgetan ist und dem Vergessen anheimfällt, steht quer zu einer Historisierung, da sie, wie Yosef Hayim Yerushalmi[7] aufzeigt, das historische Geschehen in seiner Bedingtheit transzendierend interpretiert.[8] Freilich gilt dieser Befund besonders vor der Wiederentdeckung der Historiographie[9] im neuzeitlichen Judentum, aber auch durch die historiographische Wende sind die Strukturen der Memorialkulturen nicht in Frage gestellt worden, da beide Elemente strukturell in einer signifikanten Opposition zueinander stehen: „Jewish historiography can never replace Jewish memory because these are both different tra-

---

S. 141–162; Schmidt, Patrick: Zwischen Medien und Topoi: Die Lieux de mémoire und die Medialität des kulturellen Gedächtnisses, in: Erll, Astrid; Nünning, Ansgar (Hg.): Medien des kollektiven Gedächtnisses. Konstruktivität – Historizität – Kulturspezifität (= Medien und kulturelles Gedächtnis, Bd. 1), Berlin 2004, S. 25–43.

5   Roemer, Nils: Memory, in: Roth, Laurence; Valman, Nadia (Hg.): The Routledge Handbook of Contemporary Jewish Cultures, London 2015, S. 162–171, hier: S.162: „[…] remembrance is a process that actively shapes what it recalls. It does not supplant the past but transforms it and warrants a wider multidisciplinary exploration that remains mindful of the particular practices of articulation, representation, and reenactment of the past." Roemer legt einen Schwerpunkt auf die „Entdeckung" der erinnerten Vergangenheit („Jewish nostalgia") im 18. und 19. Jahrhundert.

6   Kampling: Gegenwart, S. 156.

7   Yerushalmi, Yosef Hayim: Zakhor: Jewish History and Jewish Memory, Seattle 1982 (dt.: Zachor: Erinnere Dich! Jüdische Geschichte und jüdisches Gedächtnis, Berlin 1988); dass der vorliegende Beitrag von diesem magistralen Werk beeinflusst ist, ist unschwer zu erkennen.

8   Ebd., S. 44: „[…] for whatever memories were unleashed by the commemorative rituals and liturgies were not a matter of intellection, but of evocation and identification."

9   Vgl. zur mittelalterlichen Historiographie: Dönitz, Saskia: Überlieferung und Rezeption des *Sefer Yosippon*, Tübingen 2013; Drews, Wolfram: Koordinaten eines historischen Bewußtseins in der mittelalterlichen jüdischen Historiographie. Das Beispiel des Ahimaaz von Oria, in: Hödl, Klaus (Hg.): Historisches Bewußtsein im jüdischen Kontext. Strategien – Aspekte – Diskurse, Innsbruck 2004, S. 13–28.

ditions in the lives of Jewish people."[10] Daher ist die Frage nach der Tatsächlichkeit eines erinnerten Geschehens bzw. seiner Begleitumstände für die Erinnerung nahezu irrelevant, da das Erinnerte seinen Stellenwert nicht aus dem Stattgehabten, sondern aus dem Ereignis des Erinnerns gewinnt.[11] Hierfür ist der Einfluss sakral-religiöser Traditionen und Elemente in der jüdischen Memorialkultur von zentralem Belang, und zwar in einem solchem Umfang, dass die Erinnerung selbst zu deren Bestandteil wird.

Religiöse Traditionen als Grundlagen der Memorialkultur

Wenn auch dem 1931 formulierten Satz von Martin Buber nicht das dem Autor eigene Pathos fehlt, so ist damit dennoch Wesentliches über das Fundament des Erinnerns im Judentum gesagt: „Die jüdische Bibel ist die reichste Erinnerungswahrerin, die freigiebigste Erinnerungsspenderin der Menschheit; wenn irgendwer, wird sie uns lehren, uns wieder zu erinnern."[12] Die Hebräische Bibel und ihre Narrative sind nicht nur Objekte der Erinnerung, sondern fordern innertextlich die Erinnerung als Praxis der Glaubenden ein. Im Text selbst wird sein Erinnern festgeschrieben. Die Aufforderung findet ihren spezifischen Ausdruck in imperativer Rede,[13] die an Einzelne oder an die Versammlung ganz Israels gerichtet wird und sie darauf verpflichtet. Durch die Formulierung als unmittelbare Gottesrede wird ihnen ein hohes Maß an Verbindlichkeit zugesprochen. Innertextlich wird mittels der literarischen Form der direkten Rede die Bedeutung der Oralität für die Weitergabe von Erinnertem herausgestellt.[14] In beispielhafter Weise ist das an Dtn 6,4–9,[15] der mit dem Schma Jisrael verbundenen Anordnung zur permanenten Praxis der aktiven Erinnerung an die Gebote, ablesbar. Das schriftlich Fixierte wird zum Gegenstand der generationenübergreifenden Kommunikation einer Erinnerung, die auf Tradierung ausgerichtet ist. Der Text sichert das zu Erinnernde, wobei im Prozess der Textproduktion – insbesondere des Deuteronomium – eine theologisch intendierte Auswahl vorauszusetzen ist, die

---

10 Ebd., S. 101.

11 Ebd., S. 8: „If Herodotus was the father of history, the fathers of meaning in history were the Jews."

12 Buber, Martin: Warum gelernt werden soll. Aus dem „Arbeitsplan" der Berliner Schule der jüdischen Jugend, in: ders.: Schriften zu Jugend. Erziehung und Bildung. Herausgegeben, eingeleitet und kommentiert von Juliane Jacobi (= Martin Buber Werkausgabe, Bd. 8), Gütersloh 2005, S. 220–222, hier: S. 222. (Siehe hierzu auch den Beitrag von Micha Brumlik über Erziehung, S. 351.)

13 Zachor (Erinnere dich!) ist 169-mal in der Biblia Hebraica belegt.

14 Schaper, Joachim: The Written Word Engraved in Stone: The Interrelationship of the Oral and the Written and the Culture of Memory in Deuteronomy and Joshua, in: Barton, Stephen C. u. a. (Hg.): Memory in the Bible and Antiquity, Tübingen 2007, S. 9–23.

15 „4 Höre Jissrael: ER unser Gott, ER Einer! 5 Liebe denn IHN deinen Gott mit all deinem Herzen, mit all deiner Seele, mit all deiner Macht. 6 Es seien diese Reden, die ich heuttags dir gebiete, auf deinem Herzen, 7 einschärfe sie deinen Söhnen, rede davon, wann du sitzest in deinem Haus und wann du gehst auf den Weg, wann du dich legst und wann du dich erhebst, 8 knote sie zu einem Zeichen an deine Hand, sie seien zu Gebind zwischen deinen Augen, 9 schreibe sie an die Pfosten deines Hauses und in deine Tore!"; zitiert nach: Die Schrift: zu verdeutschen unternommen von Martin Buber gemeinsam mit Franz Rosenzweig: Teil 5: das Buch der Reden, Berlin o. J.; vgl. Dtn 11,13–21.

selbst wiederum zu einer Konstruktion und Kollektion dessen führt, was als erinnerungswürdig erachtet und als transtemporale Erinnerung behauptet wird.[16] Das Verschriftete wird durch die Oralität im Akt des Erinnerns in die Gegenwart überführt. Kulturhistorisch kann daher „[…] das Deuteronomium als Paradigma kultureller Mnemotechnik" gelten.[17] Darüber hinaus wird festgeschrieben, dass Erinnerung konstitutiv für die Zugehörigkeit zum Bundesvolk Israel ist, dessen permanente Existenz wesentlich auf das Erinnern verwiesen ist. Dieses ereignet sich in einem solchem Umfang als soziales und kollektives Geschehen, dass es signifikant für die tragende Gruppe ist, die zu ihrem eigenen Erinnerungsort wird. Denn im Erinnern des Vergangenen wird sie sich selber gewiss.[18] Die frühe Kennzeichnung der Biblia Hebraica als „Buch der Erinnerung"[19] lässt erkennen, dass diese Verschränkung in nachbiblischer Zeit durchaus gesehen wurde.

Folgerichtig macht die rabbinische Gruppierung das Konzept der Erinnerung der Tora durch Studium zu ihrer Lebenspraxis, allerdings mit dem Anspruch, dass diese für diejenigen, die zu Israel gehören, verbindlich ist. Die Vorstellung von der zweifachen Tora, der mündlichen und der schriftlichen, ermöglichte es den Rabbinen, sich als Bewahrer einer auf sie gekommenen mündlichen Überlieferung zu betrachten. Mit dem Traktat Pirke Avot etwa wird nicht nur eine Genealogie der Tradenten festgeschrieben, sondern auch dem zu Erinnernden Material hinzugefügt, das aber als von Gott stammend und ursprünglich behauptet wird.[20] Gegenstand der Erinnerung ist intentional nicht etwas je Neues, sondern die Explikation des Anfangs der Erinnerung. Dabei ist die rabbinische Kreativität bei der Konstruktion von Personen, Ereignissen und Orten als Erinnerungsgegenstände nicht unerheblich und wird zur Legitimation der eigenen Positionen eingesetzt. Dies lässt sich insbesondere an den mit rituellen Fragen verbundenen Debatten feststellen, vornehmlich im talmudischen Traktat Qidduschin. Hier werden der Zweite Tempel und sein Kult dergestalt erinnert, dass die Rabbinen sich als legitime und notwendige Mittler für eine tempelkompensatorische religiöse Praxis ausweisen. Durch die Formung der Erinnerung wächst ihnen Autorität zu. Gewiss lassen die Debatten im Traktat Qidduschin auch Nachfragen zur Tatsächlichkeit des Erinnerten zu, aber die Differenzen in Ein-

---

16 Vgl. etwa: Dtn 32,7: „Gedenke der Tage der Urwelt, faßt die Jahre, Geschlecht zu Geschlecht, deinen Vater frag, der dirs melde, deine Alten, sie sprechens dir zu."

17 Assmann, Jan: Das kulturelle Gedächtnis. Schrift, Erinnerung und politische Identität in frühen Hochkulturen, München 1992, S. 212.

18 Ebd., S. 213: „Sie [die Religion] bildet einen alles übergreifenden Rahmen, der die vergleichsweise ‚natürlichen' Rahmenbedingungen des kollektiven und kulturellen Gedächtnisses im Grenzfall entbehrlich macht." Es entsteht ein „Israel', das überall dort stattfinden kann, wo eine Gruppe zusammenkommt, um im Studium der heiligen Texte die Erinnerung daran zu beleben".

19 Targum Neofiti zu Ex 12,42 (McNamara, Martin: Targum Neofiti 1, Exodus, Edinburgh 1994); vgl. zur Erinnerung als biblisches Thema: Hendel, Ronald S.: Remembering Abraham: Culture, Memory, and History in the Hebrew Bible, Oxford 2005.

20 mAv 1,1: „Moses hat die Tora auf dem Sinai empfangen und sie dem Josua überliefert, und Josua den Ältesten, und die Ältesten den Propheten, und die Propheten haben sie den Männern der grossen Versammlung überliefert. Diese sprachen drei Dinge aus: Seid vorsichtig beim Richtspruche, stellet viele Schüler aus, und machet einen Zaun um die Tora."; Ordnung Nesikin übersetzt und erklärt von David Hoffmann, Berlin 1898, S. 327.

zelheiten sind innertextlich als Glaubwürdigkeitsstrategien zu interpretieren.[21] Die historiographische Beschäftigung mit dem Traktat ist bis in die Gegenwart mit dem Problem der Autorität belastet; letztlich ist man in Ermangelung archäologischer Funde auf die Glaubwürdigkeit der Erinnerung und der Erinnernden verwiesen. Allemal kann man feststellen, dass die im Traktat behauptete erinnerte Wirklichkeit des Zweiten Tempels sein Bild im Judentum, aber auch im Christentum bestimmt und damit zum Material der Erinnerung geworden ist.

Das rabbinische System von Bewahrung und kreativer Interpretation von Erinnerung als kommunikatives Geschehen findet im Druck des Talmud[22] seine mediale Repräsentanz: Die Lektüre überwindet Zeiten und Epochen und führt die Erinnerung fort.

Angesichts des Befunds, dass die beiden zentralen religiösen Corpora des Judentums, Tanach und Talmud, Inhalte, Akte und Rituale der Erinnerung beinhalten und sie in ihrer Gesamtheit als konstitutiv betrachten, ist es verständlich, dass die darauf gründende Entwicklung der Memorialkultur religiös kontextualisiert wird und die Lebensvollzüge bestimmt.[23]

Das fast klassisch zu nennende Beispiel für ein Ritual der jüdischen Memorialkultur[24] ist der Sederabend. Es handelt sich dabei um die Inszenierung der Erinnerung an den Exodus Israels aus Ägypten, die in umfassender Weise alle Beteiligten einbezieht, um so Zusammengehörigkeit zu konstituieren. Dazu gehören auch eine dialogische Struktur,[25] die Generationen übergreift, und die rituelle Überhöhung alltäglicher Prozesse wie z. B. das Essen und die Körperhaltung. Durch die Pessach-Haggada wird die Textbezogenheit des Erinnerns sichergestellt, während die vorgeschriebenen Fragen und Antworten das Medium der Oralität gemäß Dtn 6,4–9 in das Ritual einbeziehen und religiöses Wissen weitergeben. Die gesamte Ausführung des Sederabends mit all seinen Elementen ist die Erinnerung an das, was für die je eigene Existenz als jüdische Gläubige als Gründungsereignis angesehen wird. Indem man sich aktiv erinnert, vollzieht man zugleich die Zusage der Zugehörigkeit und nimmt das Erinnerte als Eigenes an.[26] Die Entgrenzung der Zeit im Vollzug der ritualisierten Erinnerung wird durch die der beteiligten Personen erweitert: „In jeder Generation soll der Mensch sich so betrachten, als ob er selbst aus Ägypten ausgezogen sei."[27] Diese Vorgabe erwartet einen Habitus des Erinnerns, der die Vergangenheit und die Vergangenen existentiell vergegenwärtigt und ihnen bleibende Relevanz sichert. Das Ereignis existiert unabgeschlossen in der Erinnerung; durch sie wird aus

---

21 Vgl. dazu: Cohn, Naftali S.: The Memory of the Temple and the Making of the Rabbis, Philadelphia 2012.

22 Erstmals in Venedig 1519–1523 von Daniel Bomberg gedruckt; Heller, Marvin: Printing the Talmud: A history of the earliest printed editions of the Talmud, New York 1992.

23 Yerushalmi: Zakhor, S. 73 nennt die religiösen Komponenten „vehicles of memory".

24 Ebd., S. 44: „This can perhaps be perceived most clearly in that quintessential exercise in Jewish group memory which is the Passover Seder."; vgl. auch: Assmann: Gedächtnis, S. 15–18.

25 Da der Dialog Bestandteil der Inszenierung ist, hat der Seder zwar Elemente der „Conversational Remembering", ist aber damit nicht zu identifizieren: Er ist interaktiv, jedoch nicht frei in seinem Verlauf. Vgl. Middleton, David; Edwards, Derek: Conversational Remembering: A Social Psychological Approach, in: dies. (Hg.): Collective Remembering, London 1990, S. 23–45.

26 Vgl. Stemberger, Günter: Jüdische Religion, München ⁷2015, S. 37: „Die ganze Errettungsgeschichte, die in diesem Pesachmahl erzählend erneuert wird, ist die Geschichte jedes Juden, wo und wann er lebt."

27 Shire, Michael (Hg.): Die Pessach Haggada. Mit Illustrationen aus Handschriften der British Library, Berlin 2001, S. 23.

dem einmaligen Geschehen ein die Geschichte transzendierendes. Nicht zuletzt im Blick auf den Sederabend ist die Diastase zwischen Erinnerung und Historie offensichtlich. Denn es ist nicht von Wichtigkeit, ob es das historische Ereignis gegeben hat, sondern ob seine Präsenz in der gegenwärtigen Erinnerung dergestalt ist, dass es die Gegenwart prägt (siehe hierzu auch den Beitrag von Charlotte Fonrobert, S. 173).

Die gleiche Struktur der Erinnerung findet sich am neunten Tag des Monats Aw (Tischa b'Aw),[28] der der Erinnerung an die verschiedenen Tempelzerstörungen in den Jahren 586 v. u. Z. und 70 gewidmet ist und mit Trauerritualen begangen wird. Die Verluste werden als so zentral erinnert, dass der Tischa b'Aw zum Tag der Erinnerung der Katastrophen wird, unbeschadet der historiographischen Genauigkeit. So wird mit ihm der Beginn des Ersten Kreuzzugs und der Vertreibung der Juden von der Iberischen Halbinsel verbunden. Die Erinnerung bemächtigt sich hier der Geschichte, um sie zugleich zu deuten.

Das kollektive Begehen von religiös umfassten Ritualen dient dem Erinnern von zentral erachteten Ereignissen, die im Medium verbindlicher Texte, in denen sie bereits selbst der Erinnerung eingeschrieben wurden, fassbar sind. Allerdings liegt der eindeutige Akzent dabei auf der (Re-)Aktivierung für die jeweilige Gegenwart als einer kreativen Aktualisierung. Es findet mithin ein Transfer der Erinnerung des geschichtlichen, ob nun des tatsächlichen oder vermeintlichen, Geschehens in den Kontext der eigenen Erfahrung statt. Dieser Prozess bestätigt je neu die Bedeutung des Erinnerten und des Erinnerns. Dabei haben die überkommenen Ritual- und Sprachformen die Kreativität offensichtlich nicht gehindert, sondern Interpretamente vorgegeben, die genutzt werden konnten, um das Selbst-Erlebte wieder zu einem Erinnerungsgegenstand werden zu lassen, wie sich insbesondere an den *Kinnot,* poetische Texte zur Katastrophenbewältigung und Erinnerung in hergebrachter Sprache, ablesen lässt.

Krisen der Erinnerung in der Neuzeit

Eine der folgenreichsten Infragestellungen[29] der traditionellen Memorialkultur in der Frühen Neuzeit ist mit dem Auftreten des Sabbatai Zwi[30] (1626–1676) und den daraus folgenden Wirren in jüdischen Gemeinden im Osmanischen Reich und in Gesamteuropa gegeben.[31] Die Problematik zeigte sich darin, dass der Sabbatianismus sich der gleichen Erinnerungsgegenstände und Erinnerungsrituale bediente, sie aber gänzlich neu interpretierte und sie in völlig anderer Weise

---

28 Kampling, Rainer: „Denn unsere Erinnerungen sind Euer einziges Grab". Institutionalisierte Formen der Erinnerung, in: Gelhard, Dorothee; Lühe, Irmela von der (Hg.): Wer zeugt für den Zeugen? Positionen jüdischen Erinnerns im 20. Jahrhundert, Frankfurt/Main 2012, S. 37–50, hier: S. 40 ff.

29 Die Überschrift zu diesem Abschnitt lehnt sich an die Monographie von Terdiman, Richard: Present Past: Modernity and the Memory Crisis, Ithaca 1993 an, dessen Überlegungen diesen Abschnitt beeinflusst haben.

30 Scholem, Gershom: Sabbatai Zwi. Der mystische Messias, Frankfurt/Main 1992.

31 Barnai, Jacob: Some Social Aspects of the Polemic between Sabbatians and their Opponents, in: Goldish, Matt; Popkin, Richard H. (Hg.): Millenarianism and Messianism in Early Modern European Culture Vol. 1: Jewish Messianism in the Early Modern World, Berlin 2010, S. 77–90; Ruderman, David B.: Early Modern Jewry: A New Cultural History, Princeton 2010, S. 133–158.

umsetzte. Sie wurden nun in seinen Anspruch, die Zeit des Messias sei gekommen, integriert. Dazu gehört die Selbstinszenierung des Sabbatai Zwi, die sich nicht nur an tradierten messianischen Hoffnungen, sondern auch an Geschichten vorhergehender, gescheiterter Messiasse ausrichtete. Dass er Elemente aus den Erzählungen über Bar Kochba übernahm, stellt angesichts der bis dahin vorherrschenden negativen Erinnerung deren Umwertung dar, während die Bezüge auf Jesus von Nazareth einem Tabubruch gleichkommen.[32] In ähnlicher Weise ist das Auftreten sabbatianischer Propheten zu bewerten, die explizit an biblische Propheten anknüpften. Sabbatai Zwi und seine Anhänger und Anhängerinnen[33] hatten den Aspekt der Vergegenwärtigung und Aktualisierung von Erinnerung radikalisiert und damit eine neue Interpretation geschaffen, der erstaunlich viele in den jüdischen Gemeinden, ob in Aschkenas oder Sepharad, folgten. Die anti-sabbatianische rabbinische Polemik gründete u. a. in ihrer Bedrohung als Instanz der Bewahrung von Erinnerung. Es ging mithin auch um die Fragen von Autorität und Interpretationshoheiten. Dabei sollte nicht übersehen werden, dass die Ereignisse während und nach den messianischen Wirren eine tatsächliche Gefährdung für den inneren Zusammenhalt der jüdischen Gemeinden und ihrem Leben in der muslimischen bzw. christlichen Mehrheitsgesellschaft bedeuteten. In dem Sinne kann man von einem gefährlichen Potential der Erinnerung sprechen, das durch Sabbatai Zwi offengelegt wurde, indem er sie zur Durchsetzung seiner Messianität funktionalisierte und damit zumindest in der Wahrnehmung seiner Kontrahenten zerstörte. Als Reaktion darauf zeichnete sich im aschkenasischen Rabbinismus eine Tendenz zur Konservierung, Ritualisierung, Spiritualisierung und Endpolitisierung der Erinnerungen ab.[34] (Siehe hierzu auch den Beitrag von Sina Rauschenbach, S. 111.)

Anders als die sabbatianische wird die historiographische Krise von außen ausgelöst. Ideengeschichtlich ist sie in das Umfeld der beginnenden nachorthodoxen Bibelkritik des Protestantismus einzuordnen,[35] die wiederum u. a. in Auseinandersetzung mit den bibel- und autoritätskritischen Schriften Baruch Spinozas entstanden ist.[36] Zeitlich mit dieser verbunden entwickelte sich eine christliche Literatur, die gleichsam mit ethnographischer Wahrnehmung die Juden als eine fremde Gruppe mit eigenen Riten und Gebräuchen beschrieb.[37] Diese Texte standen zum großen Teil in der Tradition antijüdischer Polemiken, deren Inhalte sie unkritisch übernahmen und als Deskriptionen des Tatsächlichen ausgaben. (Siehe hierzu auch den Beitrag von Joachim Valentin, S. 125.) Der seit der Spätantike begegnende Vorwurf, die je gegenwärtigen Juden hätten nichts mit der Bibel gemein, wurde in dieser Literatur weitergeführt, indem man zahlreiche Elemente und Rituale der Erinnerungen als unbiblische, befremdliche Neuerungen

---

32 Rutishauser, Christian M.: Jesus von Nazareth und Sabbatai Zwi oder das Scheitern des Messias, in: *Gregorianum* 87 (2006), S. 324–346.

33 Auch dieser Aspekt ist im Sabbatianismus bemerkenswert: Rapoport-Albert, Ada: Women and the Messianic Heresy of Sabbatai Zevi: 1666–1816, Oxford 2011.

34 Katz, Jacob: Tradition und Krise. Der Weg der jüdischen Gesellschaft in die Moderne, München 2002.

35 Gerdmar, Anders: Roots of Theological Antisemitism: German Biblical Interpretation and the Jews, from Herder and Semler to Kittel and Bultmann, Leiden 2009.

36 Vgl. Frampton, Travis L.: Spinoza and the rise of historical criticism of the Bible, New York 2006; Preus, James S.: Spinoza and the irrelevance of biblical authority, Cambridge 2001.

37 Deutsch, Yaacov: Judaism in Christian Eyes: Ethnographic Descriptions of Jews and Judaism in Early Modern Europe, New York 2012.

ausgab, was zumeist mit dem Vorwurf der willentlichen Täuschung durch Rabbinen verbunden wurde. Gewiss handelt es sich zunächst um eine von außen herangetragene Problematik. Sie wurde noch verschärft durch die kritische Befragung der historischen Glaubwürdigkeit der Biblia Hebraica innerhalb der christlichen Theologie. Es ist zu konstatieren, dass weite Teile des Judentums sich als äußerst resistent gegenüber solchen Thesen erwiesen. Dennoch war die Diskussion in Gelehrtenkreisen zu weit fortgeschritten, als dass man sie gänzlich ausblenden konnte, insofern man sich an diesen Diskursen beteiligen wollte.[38] Als eine Folge davon wurde die Form einer naiven Historizität, d. h. der unhinterfragten Annahme, dass es ein geschichtliches Geschehen gegeben habe, auf das sich Erinnerung gründe, im Rahmen der jüdischen Memorialkultur grundsätzlich in Frage gestellt.

In der Haskala und ihrem Umfeld[39] wurde diese Entwicklung durch die heftige Kritik an der rabbinischen Talmudauslegung begleitet und deren Folgen für die Praxis. Zahlreiche Rituale der Erinnerungskultur, die aus dem Talmud abgeleitet waren, wurden in die Nähe abergläubischer Praktiken gerückt und als völlig irrational verworfen. (Siehe hierzu auch die Beiträge von Julius H. Schoeps, S. 289 und Christoph Schulte, S. 317.) Dieses Verdikt traf auch die Memotechnik der Talmudschulen, nach der der Text durch stetiges Repetieren eingeprägt wurde. Zahlreiche *Maskilim* (Aufklärer) sahen die einzige Möglichkeit zur Befreiung der Juden und ihrer Integration in die christliche Mehrheitsgesellschaft in einem Bruch mit der als negativ bewerteten Vergangenheit und die sie bestimmenden Gegenwart.[40] Allerdings bezog sich diese Einschätzung auf Aschkenas; Vertreter der Haskala konstruierten als Gegenmodell eine Erinnerung an Sepharad unter dem Stichwort von al-Andalus.[41] Die anti-talmudische Spitze bestand in der Behauptung, dass die sephardischen Juden ohne rabbinische Bevormundung in bedeutender Weise an der kulturellen Vielfalt maßgeblich partizipiert hätten. Dieser Erweiterung einer jüdischen Erinnerung war großer Erfolg beschieden, wie sich nicht nur im Orientalismus zeigt, sondern auch in ihrem Fortleben außerhalb der Haskala.

Eine weitere Ergänzung des Erinnerungsguts ist in der Mendelssohn-Verehrung zu sehen.[42] Auch hier zeigte sich, dass sie nicht auf eine bestimmte Gruppe im deutschen Judentum beschränkt blieb, sondern sich bei allen etablierte. Daher ist es auch nicht erstaunlich, dass sie Elemente einer säkularisierten Erinnerung an große Gestalten des Rabbinismus enthält. Mit der Haskala war zwar eine Infragestellung der bisherigen Memorialkultur verbunden, aber mit ihr wurde zugleich ein Prozess eingeleitet, bei dem sie in neue Kontexte transferiert wurde, die die religiöse Begründung nicht mehr benötigten. Auf Seiten der sich als Reaktion auf das

---

38 Breuer, Edward: The Limits of Enlightenment: Jews, Germans, and the Eighteenth-Century Study of Scripture, Cambridge 1996.

39 Moses Mendelssohn bildet hier aber eine Ausnahme; vgl. Schulte, Christoph: Die jüdische Aufklärung. Philosophie, Religion, Geschichte, München 2002, S. 56–63.

40 Cohen, Richard I.: Urban Visibility and Biblical Visions: Jewish Culture in Western and Central Europe in the Modern Age, in: Biale, David (Hg.): Cultures of the Jews: A New History, New York 2002, S. 731–796.

41 Brann, Ross; Sutcliffe, Adam (Hg.): Renewing the Past, Reconfiguring Jewish Culture: From al-Andalus to the Haskalah, Philadelphia 2003; Schapkow, Carsten: Vorbild und Gegenbild. Das iberische Judentum in der deutsch-jüdischen Erinnerungskultur 1779–1939, Köln 2011.

42 Ehrenfreund, Jacques: Moses Mendelssohn, in: Schulze, Hagen; Francois, Etienne (Hg.): Deutsche Erinnerungsorte, Bd. 3, München 2001, S. 258–274.

Reformjudentum formierenden Neo-Orthodoxie[43] wurden die überkommenen Rituale weiterhin gepflegt, erfuhren jedoch in mancher Hinsicht eine andere Begründung: Sie wurden
als wesentlicher Bestandteil jüdischer Existenz gewertet, um sich damit in die Kontinuität der
Erinnerung einzufügen. Die religiöse und ritualisierte Form der Erinnerung diente zur kollektiven und individuellen Vergewisserung des Jüdischseins und wurde zu einem Unterscheidungsmerkmal gegenüber der nichtjüdischen Mehrheitsgesellschaft. In den Diskursen um das Jüdische
erhielt die Vorstellung der ungebrochenen Erinnerung, ihrer Weitergabe und ihrer Bejahung
in der Neo-Orthodoxie eine zentrale Bedeutung, die nicht nur die Praxis betraf, sondern sich
auch in einer intensiven Beschäftigung mit den Gegenständen der Erinnerung zeigte. Dabei
wurde der Bibel als Urkunde zu Anfang des 19. Jahrhunderts bedeutend mehr Aufmerksamkeit
geschenkt als zuvor.[44] Die aus diesem Kontext stammenden Bibelübersetzungen sind im Sinne
einer Bewahrung der Erinnerung zu verstehen.[45] (Siehe hierzu auch die Beiträge von Michael
A. Meyer, S. 277, Walter Homolka, S. 227 und Werner Treß, S. 335.)

Einen Ausgleich zwischen der säkularisierten und religiös akzentuierten Erinnerung stellen
die historischen Entwürfe des 19. Jahrhunderts dar.[46] Ihre der Wissenschaftlichkeit verpflichteten Untersuchungen hatten in nicht wenigen Fällen religiös bedingte Ereignisse der jüdischen
Geschichte zum Gegenstand. Ihre Darstellungen der Widerständigkeit von Juden angesichts
von Verfolgungen und deren Weigerung, das Judentum auch angesichts des Todes aufzugeben,
war anschlussfähig für beide Ausprägungen des Erinnerns.

Die Faszination der Vergangenheit schlug sich in zahlreichen literarischen Produkten nieder.[47] Da durch die größere Mobilität geographische Erinnerungsorte zu real besuchbaren
Orten wurden, entwickelt sich die Tendenz zu einer konservatorischen Praxis im Blick auf
die Zeugnisse der Vergangenheit. Die Beschäftigung mit der erinnerten Vergangenheit par-
tizipierte an allgemeinen kulturellen und wissenschaftlichen Vorgaben, ihre Gegenstände
waren aber eindeutig jüdisch. Am Ende des 19. Jahrhunderts hatte sich trotz der Krisen der
Erinnerung[48] eine eigenständige jüdische Erinnerungskultur verfestigt, die kulturelle und

---

43 Kampling, Rainer: Die Neo-Orthodoxie des 19. Jahrhunderts und die Haskala. Randbemerkungen zu
übersehenen Nähen, in: Braun, Christina von (Hg.): Was war deutsches Judentum? 1870–1933 (= Europäisch-jüdische Studien, Bd. 24), Berlin 2015, S. 61–70.

44 Breuer, Edward: Politics, Tradition, History: Rabbinic Judaism and the Eighteenth-Century Struggle for
Civil Equality, in: *The Harvard Theological Review* 85 (1992), S. 357–383; Shavit, Yaacov; Eran, Mordechai
(Hg.): The Hebrew Bible Reborn: From Holy Scripture to the Book of Books: A History of Biblical Culture
and the Battles over the Bible in Modern Judaism, Berlin 2007.

45 Cohen: Visibility, S. 787: „The Bible translations of this period were another way that Jews in Western
and Central Europe asserted their historic lineage and unique role in Western civilization. The translators
drew from many sources, classical and contemporary, non-Jewish and Jewish, to protect Jewish memory
from becoming wholly integrated in the European culture."

46 Brenner, Michael: Propheten des Vergangenen. Jüdische Geschichtsschreibung im 19. und 20. Jahrhundert,
München 2006.

47 Roemer: Memory, S. 164, spricht von einer: „Jewish nostalgia".

48 Terdiman: Present past, S. 240–341 ordnet Sigmund Freuds Verständnis von Erinnerung in die Krise der
Erinnerung ein, hebt aber hervor, dass durch dessen Ansatz die Vorstellung von der Gegenwart des vermeintlich Vergangenen breite Akzeptanz fand. Dieser Abschnitt wurde von dieser Monographie beeinflusst.

religiöse Elemente vereinigte und daher für eine breite Rezeption durch verschiedene jüdische Gruppierungen offen war.[49]

Die Shoah und der Bruch der Erinnerung

Die Shoah bedeutet die Ermordung von Millionen von Menschen. Mit ihnen wurden ihre Erinnerungen und ein Teil ihrer Erinnerungskultur ausgelöscht. Da 90 % der ostmitteleuropäischen Rabbinen und Rabbinatsschüler in der Shoah ermordet wurden, wurde fast die ganze Trägergruppe religiös institutioneller Erinnerung vernichtet. Der „Krieg gegen die Juden", der in der Verwüstung deutsch-jüdischer Erinnerungsorte in der Pogromnacht öffentlich gemacht wurde,[50] führte zur völligen Zerstörung jüdischen Lebens, jüdischer Kultur und Religiosität im östlichen Teil Europas. Zwar wäre es unhistorisch zu behaupten, dass das dortige Judentum ausschließlich chassidisch-orthodox geprägt war, aber für diese Richtung war es das weltweite Zentrum. Da das chassidisch-orthodoxe Judentum sich selber als Ort und Bewahrer der Erinnerung verstand und dementsprechend eine eigene Form der Memorialkultur entwickelt hatte, bedeutete sein gewaltsames Ende auch das Ende dieses Erinnerns. Diese Feststellung ist auf alle anderen Zentren jüdischen Lebens in Europa übertragbar. Menschen, säkulare und religiöse Kulturen, Orte und Institutionen wurden völlig vernichtet und dem Vergessen preisgegeben. Außer den wenigen Überlebenden wurden Juden außerhalb Europas zu Trägern der Erinnerung, womit sich nicht nur eine geographische Veränderung, sondern auch eine in Form und Ausdruck ergab. Besonders deutlich wird diese Veränderung der Memorialkultur in der starken Betonung der individuellen Zeugenschaft, die sich auf die Shoah selbst und die Zeit vor der Shoah bezieht.[51] Das kollektive Narrativ der Erinnerung, das das Geschehene in Sprachelementen und Motiven der Memorialkultur widergibt, wurde weitgehend durch die Form des Augenzeugenberichts ersetzt, der mit Begriffen wie Authentizität, Tatsächlichkeit und Historizität konnotiert ist.[52] Die Modifikation der traditionellen Erinnerungsformen im Judentum zeigt sich u. a. an dem Motiv vom Sterben der Zeugen als Bedrohung für die Erinnerung. Anders als in vorgegebenen Modellen wird nicht davon ausgegangen, dass das Geschehen die kollektive Erinnerung generiert, sondern sie bedarf, um Bestand zu haben, der Erinnerung der Zeugen, als seien sie die Garanten gegen das kollektive Vergessen. Die Bedeutung, die den Überlebenden zugesprochen wird, ist dadurch zu erklären, dass die Shoah als Ereignis der Geschichte historisierende Erinnerung nach sich zieht. Die Zeugen ermöglichen zwar keine Annäherung an das Verstehen, aber

---

49 Zum komplementären Verhältnis von Säkular und Religiös vgl. Biale, David: Not in the Heavens: The Tradition of Jewish Secular Thought, Princeton 2011, S. 15–58.

50 Exemplarisch sei an die Zerstörung der von Gottfried Semper geplanten Alten Synagoge in Dresden erinnert und an die auf das Jahr 1185 zurückgehende Synagoge in Worms.

51 Vgl. Horvath, Rita: The Role of the Survivors in the Remembrance of the Holocaust: Memorial Monuments and Yizkor books, in: Friedman, Jonathan C. (Hg.): The Routledge history of the Holocaust, New York 2011, S. 470–481.

52 Sabrow, Martin; Frei, Norbert (Hg.): Die Geburt des Zeitzeugen nach 1945, Göttingen 2012.

an das Geschehen der Shoah.[53] Jedoch ist nicht zu übersehen, dass ihnen auch die Funktion zugesprochen wird, gegen die Leugnung der Shoah, mithin der Vernichtung der Erinnerung, aufzutreten. Dem öffentlichen Zeugnis kommt aber keine begründende Aufgabe zu; seine Wertschätzung erfolgt bereits im Kontext einer kollektiven Erinnerung der Shoah, die nicht nur Juden, sondern die gesamte Menschheit betraf.[54] Der Singularität der Vernichtung, die als Bruch der Geschichte zu verstehen ist,[55] entspricht, dass, anders als bei anderen Katastrophen der jüdischen Geschichte, eine Entgrenzung der Erinnerung des Traumatischen über das Judentum hinaus stattfindet.[56] Dennoch ist die Erinnerung im Judentum in einem weitgehenden Umfang von der „Kontaminierung von Vergangenheit und Zukunft"[57] betroffen. Denn nicht nur die Shoah selbst, sondern auch die ihr vorausgehende Zeit und die Erinnerung daran sind fraglich geworden. Im Schatten der Shoah stellt sich die Frage nach gelungener Emanzipation, Konvivenz und auch Assimilation völlig anders. Weder die Erinnerung an das Schtetl noch die an die Integration ins europäische Bürgertum sind als positive Erinnerungen denkbar.

Dazu paradoxal verhält sich eine Memorialkultur in einigen orthodoxen Gruppen, die die Zeit vor der Shoah, ohne diese zeitlich zu terminieren, als eine ideale ausgibt und sie nicht nur narrativ erinnert, sondern durch ritualisierte Praktiken vergegenwärtigt.[58] Es kommt nicht zu einer Negierung der Shoah, wohl aber wird ihre Endgültigkeit durch die Nachbildung der Vergangenheit bestritten. Die verklärende Erinnerung an die Praxis der ermordeten Chassidim wird zur Norm des eigenen Lebens. Damit kommt es zu einer Verschmelzung der eigenen Zeit mit der der Vergangenheit, bei der die Shoah gleichsam wie eine Unterbrechung der Kontinuität interpretiert wird. Dementsprechend wird sie in diesem Kontext auch nicht als singulär betrachtet, sondern als eine der Verheerungen, die über das Judentum, beginnend in der biblischen Zeit, gekommen waren. Das Festhalten an den vorgegebenen religiös bestimmten Elementen der Memorialkultur und die Behauptung einer angemessenen Erinnerung, gelebt in der Rekonstruktion der Vergangenheit, führen nicht nur zu einer konfliktgeladenen Ausgrenzung anderer Positionen,[59] sondern bindet die Erinnerung in Rigidität, weil sie intentional nicht in

53 Berg, Nicolas: Perspektivität, Erinnerung und Emotion. Anmerkungen zum „Gefühlsgedächtnis" in Holocaustdiskursen, in: Echterhoff, Gerald; Saar, Martin (Hg.): Kontexte und Kulturen des Erinnerns. Maurice Halbwachs und das Paradigma des kollektiven Gedächtnisses, Konstanz 2002, S. 225–251.

54 Vgl. den Beschluss der Generalversammlung der UN vom 1. November 2005 zur Einführung des International Day of Commemoration in Memory of the Victims of the Holocaust; Alexander, Jeffrey C.: On the Social Construction of Moral Universals: The „Holocaust" from War Crime to Trauma Drama, in: *European Journal of Social Theory* 4 (2001), S. 459–539.

55 Steiner, George: Sprache und Schweigen. Essays über Sprache, Literatur und das Unmenschliche, Frankfurt/Main 1973; ders.: In Blaubarts Burg. Anmerkungen zur Neubestimmung der Kultur, Wien; Zürich 1991.

56 Vgl. Assmann, Aleida: The Holocaust – a Global Memory? Extensions and Limits of a New Memory Community, in: dies.; Conrad, Sebastian (Hg.): Memory in a Global Age: Discourses, Practices and Trajectories, Basingstoke 2010, S. 97–118.

57 Diner, Dan: Gedächtniszeiten. Über jüdische und andere Geschichten, München 2003, S. 9.

58 Vgl. Kampling: Erinnerungen, S. 42–45.

59 Vgl. Edrei, Arye: Holocaust Memorial: A Paradigm of Competing Memories in Religious and Secular Societies in Israel, in: Mendels, Doron (Hg.): On Memory: An Interdisciplinary Approach, Oxford 2007,

gegenwärtige Bezüge transformierbar ist. Insofern das Potential der Kreativität fehlt, wird sie zur Erinnerung ihrer selbst. Mithin ist auch der Versuch einer rekonstruierenden Erinnerung als Antwort auf die Shoah zu verstehen. Er erhebt zwar den Anspruch, die traditionelle Memorialkultur weiterzuführen, scheitert aber daran aufgrund des konservatorischen Grundzuges, der die Gegenwart ausschließlich als Raum des Erinnerns definiert, ohne ihr dialogische Wirkung auf das Erinnern zuzugestehen.

Die Behauptung einer bruchlosen Erinnerungskultur nach der Shoah ist letztendlich der Erweis ihrer Unmöglichkeit. Denn auch in diesem Fall wird sie als Geschehen, von dem man meint, sich distanzieren zu können, zum alles bestimmenden Faktor. Das Erinnern als Akt und Habitus zivilisatorischer Praxis ist grundlegend vom Bruch der Zivilisation betroffen.[60]

Die Zukunft der Erinnerung

Für die Gegenwart und Zukunft der jüdischen Memorialkultur sind zwei Ereignisse von zentraler Bedeutung: Die Gründung des Staates Israel und die Medialisierung der Erinnerung. Mit der Staatsgründung wurde aus dem erinnerten Land der Hoffnung staatliche und nationale Realität. Insofern das Land Israel wieder in die Souveränität von Juden gelangt war, konnte die diasporäische Existenz prinzipiell als beendet gelten, was wiederum die Erinnerung an sie transformierte. (Siehe hierzu auch die Beiträge von Micha Brumlik zum Thema Zionismus, S. 371 und Liliana Feierstein, S. 99.) Nach der Shoah verband sie den Aspekt des unwiederbringlichen Verlusts mit dem der Befreiung aus der existenziellen Bedrohung und wurde so zum Bestandteil der kollektiven Erinnerung des neuen Staates. Die je kulturell und lebensgeschichtlich anders akzentuierten Erinnerungen wurden teleologisch in dem Sinne interpretiert, dass das Erinnerte Vorstufe der Staatsgründung war. Festzustellen ist, dass die Akzeptanz der Erinnerung und des Erinnerten nicht gleichförmig verlief. Während gerade in der Anfangszeit aufgrund der Shoah eine negative Konnotation zu deren zeitlicher Vorgeschichte vorherrschte, entwickelte sich die Vorstellung, dass dem Staat Israel die Verantwortung zur Bewahrung der transkulturellen und transtemporalen jüdischen Erinnerungen zukommt. Die Praxis des Erinnerns – auch die religiös fundierte – ändert sich signifikant, indem sie mit Formen der staatlichen Memorialkultur, wie sie sich seit der Neuzeit herausgebildet haben und von Israel übernommen wurden, verbunden und Teil der nationalen Identität wurde.[61]

S. 37–134.

60 Diner, Dan: Zivilisationsbruch, Gegenrationalität, „gestaute Zeit". Drei interpretationsleitende Begriffe zum Thema Holocaust, in: Ehrlich, Ernst Ludwig (Hg.): „Meinetwegen ist die Welt erschaffen". Das intellektuelle Vermächtnis des deutschsprachigen Judentums, Frankfurt/Main 1997, S. 513–520; ders.: Den „Zivilisationsbruch" erinnern. Über Entstehung und Geltung eines Begriffs, in: Uhl, Heidemarie (Hg.): Zivilisationsbruch und Gedächtniskultur. Das 20. Jahrhundert in der Erinnerung des beginnenden 21. Jahrhunderts, Innsbruck 2003, S. 17–34.

61 Wistrich, Robert S.; Ohana, David (Hg.): The Shaping of Israeli Identity: Myth, Memory and Trauma, London 1995; Zerubavel, Yael: Recovered Roots: Collective Memory and the Making of Israeli National Tradition, Chicago 1995; dies.: The Historic, the Legendary, and the Incredible: Invented Tradition and Collective Memory in Israel, in: Gillis, John R. (Hg.): Commemorations: The Politics of National Identity,

Exemplarisch kann diese Aussage anhand zweier zentraler Erinnerungsorte Israels illustriert werden: Yad Vashem, Gedenkstätte der Märtyrer und Helden des Staates Israel im Holocaust, und *ha kotel ha ma'arawi,* die Westmauer des Zweiten Tempels, die sogenannte Klagemauer.

Trotz des aus Jes 56,5 entliehenen Namens handelt es sich bei Yad Vashem um eine explizit säkulare Einrichtung,[62] deren Gründung 1953 durch ein Gesetz der Knesset geregelt wurde. Der Umstand, dass in diesem Gesetz die jüdischen Ermordeten der Shoah *post mortem* zu Bürgern des Staates Israel erklärt werden, belegt die enge Verflechtung von Erinnerung und Staatlichkeit und die Ausbildung einer an die Shoah anknüpfenden Identität,[63] für die Israel als Ort der Wiedergeburt des jüdischen Volkes nach der Shoah konstitutiv ist.[64] Die Konzeption der Gedenkstätte entsprach weitgehend säkular-zionistischen Vorstellungen; so wurde in der Gründungsphase eine ihrer Aufgaben darin gesehen, dass sie u. a. als Dokumentation für das angeblich völlige Scheitern der diasporäischen jüdischen Existenz durch die Jahrhunderte dienen sollte. Daher reichte der Zeitraum der Ausstellung konsequenterweise von 1933 bis zur Staatsgründung.[65] Wegen des fast völligen Verzichts auf die Übernahme von Elementen aus der traditionellen religiösen Erinnerungspraxis[66] – die Aufgabe von Yad Vashem war allerdings nie auf die Erinnerungsarbeit allein beschränkt, sondern war von Anfang an als ein wissenschaftliches Forschungszentrum geplant –, wurden eigene Formen des Gedenkens entwickelt, die sich an die der bürgerlichen Gesellschaften und Staaten anlehnten. Dabei unterliegen die Rituale und die künstlerische Repräsentanz der Erinnerung einem Prozess der Veränderung und der Neugestaltung.[67] Jedoch bleibt festzustellen, dass die säkulare Inszenierung der Erinnerung durchaus für religiöse Bezüge, Interpretationen und Assoziationen offen ist.

Einer der signifikantesten Aspekte ist die Konzentration auf die Namen der Opfer. Das geschieht zweifelsohne in der Intention, dass die von den Nazis gewollte völlige Auslöschung,

---

Princeton 1996, S. 105–126; dies.: Transhistorical Encounters in the Land of Israel: On Symbolic Bridges, National Memory, and the Literary Imagination, in: *Jewish social studies* 11 (2004/2005), S. 115–140; dies.: Antiquity and the Renewal Paradigm: Strategies of Representation and Mnemonic Practices in Israeli Culture, in: Mendels: On Memory, S. 331–348.

62 In Abgrenzung von der 1948 in Jerusalem gegründeten Erinnerungsstätte Martef haShoah.

63 Vgl. Zertal, Idith: Israel's holocaust and the politics of nationhood, Cambridge 2005; Stauber, Roni: The Holocaust in Israeli Public Debate in the 1950s: Ideology and memory, London 2007; Cohen, Boaz: Israeli Holocaust research: Birth and evolution, London 2013.

64 Brog, Mooli: Art. Yad Vashem, in: Laqueur, Walter (Hg.): The Holocaust encyclopedia, New Haven 2001, S. 697–701: „Yad Vashem […] gives expression to the centrality of the Holocaust in Israeli collective consciousness. The symbolic burial of Holocaust victims in the Holy Land both ensured the future resurrection of the Jewish people and constructed the state of Israel as an antidote to the Nazi cabal to exterminate European Jewry. The themes of rebirth and heroism served as cornerstones in the construction of Yad Vashem's commemorative landscape." (S. 701).

65 Vgl. zu den verschiedenen Diskussionen und beteiligten Akteuren: Kenan, Orna: Between memory and history: The evolution of Israeli historiography of the Holocaust 1945–1961, New York 2003, S. 43–75.

66 Vgl. nur die Debatten um die Funktion der Synagoge auf dem Gelände von Yad Vashem: Bar, Doron: A house of worship or a Holocaust and heroism memorial? The synagogue at the historical Yad Vashem 1945–1964, in: *Yad Vashem Studies* 43 (2015), S. 171–209.

67 Vgl. Haß, Matthias: Gestaltetes Gedenken. Yad Vashem, das U.S. Holocaust Memorial Museum und die Stiftung Topographie des Terrors, Frankfurt/Main 2002, S. 135–141.

auch die im Vergessen, nicht Wirklichkeit wird. Gleichwohl erfolgt dabei mittelbar ein Rückgriff auf vorgegebene Traditionen, die modifiziert selbst wiederum in die Erinnerungskultur
nach der Shoah aufgenommen werden. Zu nennen ist hier nicht nur die biblisch begründete
Theologie des göttlichen Namens und daraus folgernd die Wertschätzung der menschlichen
Namen, die sich in der religiösen Namensgebung *(schemot ha kodesch)* dokumentiert, sondern
auch die *Kinnot,* Klagegesänge, die die Verheerungen europäischer Geschichte reflektieren
und gegenwärtig auf die Sprache und die Metaphorik des Shoah-Gedenkens einwirken.[68] Die
Erneuerung der Tradition der Memorbücher verweist ebenso in die Erinnerungskultur des
mittelalterlichen aschkenasischen Judentums wie die Heroisierung der Opfer hier ihre Vorformen hat.[69] Daher lässt sich sagen, dass der Versuch einer säkularen Erinnerungskultur auf
einem religiösen Subtext aufbaut, der in Form und Sprache die überkommenen Elemente
wiederum selbst vergegenwärtigt.

Eine eindeutig religiöse Fundierung hat die Westmauer des Zweiten Tempels als Erinnerungsort. Hieronymus berichtet in seinem am Ende des 4. Jahrhunderts entstandenen Kommentar
zu Zefanja, dass Juden am Tischa b'Aw sich in Jerusalem versammelten, um die Ruinen des
Tempels zu beweinen,[70] allerdings ist damit nicht klar, ob die Versammlung an der Westmauer
stattfand. Dass der Ort in religiöser Erinnerung blieb, auch wenn Zeugnisse über religiöse Praktiken weitgehend fehlen, belegen theologische Spekulationen über die bleibende Anwesenheit
der Schechina, der Präsenz Gottes, an der Westmauer.[71] In der Erinnerung der Diaspora stand
nicht die Klage um den Verlust des Tempels im Vordergrund, sondern es ging um die geglaubte
Nähe zu Gott und der daraus erwachsenen Heiligkeit. Der Wunsch, dort zu beten, gehörte
zu den Konstruktionen von Jerusalem als Ziel eines frommen Lebens. Mit den erweiterten
Möglichkeiten des Reisens und der Kommunikation veränderte sich die Bedeutung der Westmauer: Sie wurde zu einem beliebten Motiv folkloristischer Kunst und zugleich Ausdruck der
Sehnsucht nach der Rückkehr nach Zion. Sie, die an das Gewesene erinnerte, wurde zu einem
Symbol der Neubegründung eines jüdischen Staates.[72] Bereits in der Mandatszeit war der Ort
Auseinandersetzung zwischen Juden und Muslimen, wobei religiöse und politische Streitpunkte
nicht deutlich geschieden waren. Nach der kriegerischen Inbesitznahme durch das Königreich

---

68 Hoffman, Lawrence A.: May God remember: Memory and memorializing in Judaism, Woodstock 2013.

69 Vgl. Raspe, Lucia: Jüdische Hagiographie im mittelalterlichen Aschkenas, Tübingen 2006.

70 Vgl. Kampling, Rainer: Das Blut Christi und die Juden: Mt 27,25 bei den lateinischsprachigen christlichen
    Autoren bis zu Leo dem Großen, Münster 1984, S. 134–135.

71 In geradezu stupender Weise sammelt Adler, Cyrus: Memorandum on the Western wall: Submitted to the
    Special Commission of the League of Nations on behalf of the Rabbinate, the Jewish Agency for Palestine,
    the Jewish Community of Palestine (Knesseth Israel) and the Central Agudath Israel of Palestine, Jerusalem
    1930, Belege für die Heiligkeit und Jüdischkeit der Westmauer und untermauert damit den Anspruch auf
    den Platz vor ihr; das Dokument wurde ein Jahr nach den Unruhen, die ihren Anfang an der Westmauer
    nahmen, verfasst; vgl. Sela, Avraham: The „Wailing Wall" riots (1929) as a watershed in the Palestine con-
    flict, in: *Muslim World* 84 (1994), S. 60–94; Winder, Alex: The „Western Wall" riots of 1929: Religious
    boundaries and communal violence, in: *Journal of Palestine Studies* 42 (2012), S. 6–23.

72 Bezeichnenderweise war auf der Teilnehmerkarte des 1. Zionistenkongresses im August 1897 ein Bild der
    Westmauer; vgl. Epstein, Lawrence J.: The dream of Zion: The story of the first Zionist Congress, Lanham
    2016, S. 53.

Jordanien im Jahre 1948 wurde Juden der Zugang zur Westmauer untersagt. Das wurde als religiöse und nationale Demütigung gedeutet, die durch den Sechstagekrieg beendet wurde. Die Inbesitznahme der Mauer wurde von Gebeten und religiösen Ritualen begleitet und als Befreiung zelebriert.[73] Die völlige Umgestaltung des Platzes vor der Mauer, einhergehend mit dem Abriss eines von muslimischen Jerusalemern bewohnten Viertels, war in keiner Weise durch Erinnerungen an frühere Phasen der Gestaltung bestimmt, sondern mit dem Wunsch, einer größeren Menschenmenge den Zugang zu ermöglichen. Die Bestimmung des Platzes an der *Kotel* als Synagoge konserviert zwar die Erinnerung an den Tempel, aber er wird auch für staatliche Aktivitäten genutzt.[74] Der neugestaltete Platz an der Westmauer schafft einen hybriden Erinnerungsort, weil es ihn so vor 1967 nicht gegeben hat. Mit ihm ist die Erinnerung an die Zeit, als die Westmauer unter muslimischer Herrschaft stand, zerstört worden bzw. existiert als Subtext an die erfahrene Machtlosigkeit weiter, die durch die Westmauer als Ruine des Zweiten Tempels immer präsent ist. Daher kann dieser Ort ein so hohes Maß an Identifikation auch bei denen auslösen, die ihn als nichtreligiösen wahrnehmen und erfahren.[75] Dass die Westmauer allerdings immer auch noch ein Ort religiöser Erfahrung ist, eingedenk der ihm zugesprochenen Heiligkeit, zeigen nicht zuletzt die anhaltenden Debatten über die Möglichkeiten und Grenzen religiöser Beteiligung aller jüdischen Gruppen an der Westmauer.[76] Allerdings besteht bei allen Beteiligten Einigkeit darüber, dass es heilige Räume im Rahmen jüdischen Glaubens gibt. Die Selbstverständlichkeit, mit der das für *ha kotel ha ma'arawi* angenommen wird, zeigt, dass die neue Wirklichkeit des Erinnerungsortes auch eine der traditionellen Erinnerungskultur gegenläufige Tendenz schaffen kann.[77]

Zu der Veränderung der Erinnerungskultur gehört nicht zuletzt die mediale Repräsentanz der Erinnerung. Die Möglichkeit, dass dadurch an die Stelle der mündlichen und schriftlichen Weitergabe von Erinnerung eine historisierende Entfremdung und Musealisierung, also Vergegenwärtigung durch Aufbewahrung, tritt, ist nicht undenkbar.[78] Allerdings müssen solche Überlegungen vorläufig bleiben, da durch die mediale Wirklichkeit sich nicht nur die jüdische,

---

73   Vgl. Friedland, Roger; Hecht, Richard: To rule Jerusalem, Berkeley 2000, S. 41–46.

74   Vgl. Storper-Perez, Danielle; Goldberg, Harvey E.: Meanings of the Western Wall, in: Goldberg, Harvey E. (Hg.): The Life of Judaism, Berkeley 2001, S. 173–193; Breger, Marshall: Jerusalem's holy sites in Israeli law, in: Ferrari, Silvio; Benzo, Andrea (Hg.): Between cultural diversity and common heritage: Legal and religious perspectives on the sacred places of the Mediterranean, Farnham 2014, S. 119–154.

75   Vgl. Ricca, Simone: Heritage, nationalism and the shifting symbolism of the Wailing Wall, in: *Jerusalem Quarterly* 24 (2005), S. 39–56.

76   Chesler, Phyllis: Women of the wall: Claiming sacred ground at Judaism's holy site, Woodstock 2003.

77   Einer der schärfsten Kritiker der religiösen Praxis an der Westmauer war Jeshajahu Leibowitz (1903–1994), jedoch nicht nur wegen Zwischenfällen – er prägte den Begriff „Diskotel" –, sondern aufgrund eines grundlegend anderen Verständnisses von Heiligkeit, die er einzig auf Gott bezog; eine Partizipation an dieser Heiligkeit konnte es nach seiner Meinung weder bei Menschen, noch bei Orten oder Sachen geben. Daher sah er in der Westmauer eher einen Ort der Idiolatrie als den der Erfüllung der Gesetze. Vgl. Ohana, David: Political theologies in the Holy Land: Israeli messianism and its critics, London 2010, S. 76–92.

78   Kattago, Siobhan: Memory and Representation in Contemporary Europe: The Persistence of the Past, Farnham 2012; Arnold-de Simine, Silke: Mediating Memory in the Museum: Trauma, Empathy, Nostalgia, Basingstoke 2013.

sondern jede Memorialkultur im Prozess der Änderung befindet. Der Umstand, dass die die jüdische Memorialkultur betreffenden Aussagen weitgehend auch für andere zutreffen, ist selbst ein Beleg des Wandels. Das Erinnerte ist nicht mehr allein gruppengebunden zugänglich, sondern steht medial einer allgemeinen Rezeption zur Verfügung, was wiederum zu einem Transfer der Motive führen kann. Daher kann man nicht nur von einer transnationalen, sondern einer globalen Erinnerung sprechen, die im Hinblick auf das Judentum die Shoah unweigerlich einschließt.[79] Sie beeinflusst auch die museale Repräsentanz jüdischer Erinnerung, wie sich an den Debatten um europäische Jüdische Museen ablesen lässt.[80] Insofern die Sammlungen mit der Zeit der Shoah abbrechen, kommt den Gegenständen der Erinnerung zwar eine Präsenz zu, aber sie verweisen zugleich auf das Ende der von ihnen repräsentierten Geschichte. Sie sind nurmehr Signifikanten des Verlustes.

Von grundsätzlicher Bedeutung für die Zukunft der Erinnerung im Judentum wird sein, ob es gerade wegen der Shoah möglich sein wird, die Erinnerung an Vergangenes nicht an einer als ideal angesehenen Konzeption auszurichten, sondern eine vielfältige Erinnerung zu ermöglichen, die der Wirklichkeit des europäischen Judentums in Vergangenheit und Gegenwart entspricht. Die Vorstellung einer normativen Vergangenheit – sei sie religiös, sei sie national begründet – und dementsprechend einer normativen Erinnerung kann dem nicht gerecht werden. Vielmehr fiele dann eines der wichtigsten Elemente der jüdischen und gesamteuropäischen Geschichte und Erinnerungskultur dem Vergessen anheim.

---

79 Rothberg, Michael: Multidirectional Memory: Remembering the Holocaust in the Age of Decolonization, Stanford 2009.

80 Holtschneider, K. Hannah: The Holocaust and Representations of Jews: History and Identity in the Museum, London 2011; Heimann-Jelinek, Felicitas: Thoughts on the Role of a European Jewish Museum in the 21st Century, in: Cohen, Richard I. et al. (Hg.): Visualizing and Exhibiting Jewish Space and History, Oxford 2012, S. 243–257; Köhr, Katja: Die vielen Gesichter des Holocaust. Museale Repräsentationen zwischen Individualisierung, Universalisierung und Nationalisierung, Göttingen 2012; Hansen-Glucklich, Jennifer: Holocaust Memory Reframed: Museums and the Challenges of Representation, New Brunswick 2014.

Das jüdische Recht

Walter Homolka

Das jüdische Recht[1] ist nicht das Recht eines Staates, sondern eines Volkes: des Volkes Israel. Dieses Volk hat in seiner mehr als 3000-jährigen Geschichte nur selten einen eigenen Staat mit politischer Souveränität gehabt. Der überwiegende Teil der jüdischen Geschichte war durch das Leben unter fremder Herrschaft und vor allem auch in der Diaspora[2] gekennzeichnet: Juden lebten und leben in vielen verschiedenen Ländern und Kulturen und in ganz unterschiedlichen Herrschafts- und Rechtssystemen (siehe hierzu auch den Beitrag von Liliana Feierstein, S. 99). Diese haben zwar immer wieder auch Einfluss auf die Entwicklung des jüdischen Rechts genommen, aber dennoch hat es über die Jahrhunderte hinweg seine Eigenständigkeit bewahren können. Maßgeblich dazu beigetragen hat die Tatsache, dass die jüdischen Gemeinden oft eine – in Abhängigkeit von Zeit und Ort unterschiedlich stark ausgeprägte, aber meist relativ weitgehende – Autonomie in Rechtsangelegenheiten genossen. Diese rechtliche Autonomie und die dadurch erforderliche praktische Anwendung des Rechts gewährleisteten, dass es sich stetig fortentwickelte.

Ein anderer Grund dafür, dass das jüdische Recht seine Eigenständigkeit und Eigenart bis heute bewahrt hat, ist jedoch noch weitaus wesentlicher und fundamentaler: Es beruht nicht auf der Autorität eines irdischen Gesetzgebers, sondern gründet in letzter Instanz im Bund des Volkes Israel mit Gott. Seine ursprüngliche Quelle und sein eigentlicher Kern ist daher die göttliche Offenbarung, wie sie in der Tora[3] und in den anderen Büchern der Hebräischen Bibel ihren Niederschlag gefunden hat.

Die biblischen Begriffe für Recht sind *mischpat* und *din*. Dabei ist es kaum möglich, die Bedeutungen beider Ausdrücke klar gegeneinander abzugrenzen. Das Wort *mischpat* meint u. a. das „Recht" als ein System von Gesetzen und Vorschriften, welches das bürgerliche Recht, das Strafrecht und das religiöse Recht gleichermaßen umfasst. Es regelt die Beziehung der

---

1 Überarbeitete Fassung aus Homolka, Walter: Das Jüdische Eherecht, Berlin 2009, S. 1–12. Eine ausführliche Darstellung der Geschichte des jüdischen Rechts gibt Elon, Menachem: Jewish Law: History, Sources, Principles, Bd. 1, Philadelphia 1994, passim.

2 Diaspora (griech. „Zerstreuung") bezeichnet die Ausbreitung der Juden außerhalb von Eretz Israel. Hebräische Begriffe für Diaspora sind *galut* („Verbannung") und *tefutza* („Zerstreuung").

3 Tora („Lehre") ist die Bezeichnung für die dem Mose zugeschriebenen fünf Bücher Genesis *(Bereschit)*, Exodus *(Schemot)*, Levitikus *(Wajikra)*, Numeri *(Bemidbar)* und Deuteronomium *(Devarim)*. Als Bezeichnung ebenfalls gebräuchlich sind: Fünf Bücher Mose, Pentateuch, Chumasch.

Menschen untereinander und die Beziehung der Menschen zu Gott.[4] Das Wort *din* hingegen wird in Dtn 17,8 auf den Kontext des zwischenmenschlichen Rechts bezogen. In diesem Sinne wird der Begriff auch später im Talmud verwendet, wobei dort zwischen dem Vermögensrecht *(dine mamonot)*, dem Familienrecht *(dine mischpacha)*, dem Strafrecht *(dine nefaschot)* und dem Staatsrecht *(dine ha-malchut)* unterschieden wird. Die *dine mamonot* umfassen alle vermögensrechtlichen Fragen. Hierzu gehört auch das Zivilprozessrecht sowie der vermögensrechtliche Teil des Eherechts und des Erbrechts, ferner die Bestimmungen, die Geldstrafen *(kenass)* betreffen (siehe hierzu auch den Beitrag von Nathan Lee Kaplan, S. 241). Zu den *dine mischpacha* werden alle Gesetze zu Fragen der Ehe und Familie sowie des Personenstands gezählt (siehe hierzu auch den Beitrag von Tamara Or, S. 255). *Dine nefaschot* sind jene Gesetze, die sich mit der Bestrafung von Personen (außer Geldstrafen) und dem Verfahren im Strafprozess beschäftigen. Die *dine ha-malchut* regeln Fragen, die den Staat, Krieg und Frieden, die Einsetzung des Königs und der Richter, die Bodengesetzgebung, das Heiligtum sowie das Vermögen der Gemeinschaft und des Heiligtums *(hekdesch)* betreffen. Aber auch der Begriff *din* schließt durchaus die Regeln für das Verhältnis zwischen den Menschen und Gott ein – so wie überhaupt eine Scheidung von religiösem und profanem Recht (entsprechend der römischen Unterscheidung von *fas* und *ius*) dem jüdischen Recht fremd bleibt.

Nach der Epoche seiner biblischen Grundlegung ist die Zeit zwischen der Zerstörung des Zweiten Tempels (70) und dem Beginn des 3. Jahrhunderts für die Entwicklung des jüdischen Rechts besonders bedeutsam. In dieser Periode wird das tradierte Recht in einer neuen Weise geordnet und systematisiert, und dadurch bildet sich ein neuartiges jüdisches Recht heraus, das fortan als „Halacha" bezeichnet wird. Das Wort *halacha* ist eine Ableitung des hebräischen Verbs *halach* (gehen). Dass es zu einer Bezeichnung für die Gesamtheit des jüdischen Rechts geworden ist, gründet sich auf die metaphorische Deutung von Ex 18,20: „[…] ihnen aber die Gesetze und die Lehren einschärfst und ihnen den Weg bekannt machst, welchen sie gehen sollen und was sie zu tun haben." Die Halacha ist demnach „der zu gehende Weg". Das Wort *halacha* (Pl. *halachot*) kann dann in der Folge, abhängig vom Kontext, ebenso das gesamte jüdische Recht bezeichnen wie auch eine spezifische Vorschrift, ein auf eine bestimmte Sache bezogenes Gesetz.[5]

Als Gesamtheit des jüdischen Normensystems umfasst die Halacha Rechtsfragen des Lebens in all seinen Erscheinungen. Bei der praktischen Anwendung des jüdischen Rechts spielen zwei Faktoren eine besondere Rolle: zum einen die unterschiedlichen Auffassungen, die in den verschiedenen Strömungen innerhalb des Judentums über die leitenden Prinzipien der Rechtsanwendung bestehen, und zum anderen sein Verhältnis zum „Gesetz des Landes", also zu dem jeweils geltenden Recht des Staates, in dem es praktiziert wird.

---

4   Menachem: Jewish Law, S. 105 f.; vgl. EJ, 1971 Bd. 12, S. 110–151 (Art. Mishpat Ivri); JL, Bd. 4, S. 1262–1275 (Art. Jüdisches Recht).

5   Segal, Peretz: Jewish Law during the Tannaitic Period, in: N. S. Hecht; B. S. Jackson; S. M. Passamaneck (Hg.): An Introduction to the History and Sources of Jewish Law, Oxford 1996, S. 101–140.

Die klassischen Quellen des jüdischen Rechts

Aus der skizzierten Eigenart des jüdischen Rechts ergibt sich, dass es als Ganzes auf einem biblischen Fundament ruht. Die erste und wichtigste schriftliche Quelle des jüdischen Rechts überhaupt ist daher die Hebräische Bibel und in ihr insbesondere die Tora. Die traditionelle jüdische Auffassung zählt in den fünf Büchern der Tora insgesamt 613 Rechtsvorschriften, sogenannte *mitzwot*,[6] sie bilden die Basis aller späteren jüdischen Rechtskodifikationen und des jüdischen Rechtssystems überhaupt. Die ersten Texte, in denen eine Tora des Mose erwähnt wird (2 Kön 14,6; 2 Chr 25,4), beziehen sich auf König Amazja, der im frühen 8. Jahrhundert v. u. Z. lebte. Es ist jedoch nicht sicher, ob das Gesetzbuch, an dem dieser König von Juda nach dem (wesentlich später niedergeschriebenen) biblischen Bericht sein Handeln ausrichtet, tatsächlich schon mit der Tora in ihrer späteren kanonischen Gestalt identisch ist. Spätestens in der ersten Zeit nach dem babylonischen Exil, also in der Zeit Esras (5. Jahrhundert v. u. Z.), der als Priester und Schriftkundiger in der Tora des Mose geschildert wird, erscheint die Tora jedoch deutlich als niedergeschriebener Rechtskodex, der von Priestern ausgelegt und angewendet wird: „So lasen sie aus dem Buch der Weisung Gottes vor mit Erläuterung und Darlegung des Sinnes, dass sie das Gelesene verständlich machten" (Neh 8,8). Man geht davon aus, dass die damals als „Tora des Mose" oder „Tora Gottes" bezeichneten Bücher mehr oder weniger mit dem Pentateuch in seiner heutigen Gestalt übereinstimmen.

Die Tora enthält nicht nur einzelne Gebote, sondern darüber hinaus verschiedene Sammlungen von Rechtsvorschriften. Beispiele dafür sind das sogenannte Bundesbuch (Ex 20,23; 23,19), das sogenannte Heiligkeitsgesetz (Lev 17–26) oder die Zehn Gebote. Das Bundesbuch enthält kultische, ethische und rechtliche Regelungen; in Ex 21,1–22,16 stehen dabei (ähnlich wie beispielsweise in Dtn 15,12–18, 19,11–13, 21,1–25,13) Vorschriften im Vordergrund, die das Verhältnis zwischen einzelnen Individuen regeln. Die in Lev 17–26 gesammelten Gesetze lassen sich überwiegend, aber nicht ausschließlich dem sakralen Recht zuordnen. Die Zehn Gebote, die in zwei Erzählungen (Ex 20,1–17 und Dtn 5,6–21) erscheinen, sind moralische Forderungen an das Individuum und können nicht als „Gesetze" im eigentlichen Sinne bezeichnet werden, da sie keine Sanktionen bei Nichteinhaltung des Gebots vorsehen.

Die nächste autoritative literarische Quelle des jüdischen Rechts sind die Propheten (Nevi'im) und Hagiographen *(Ketuvim)*, auch wenn sie im Vergleich zur Tora nur wenige juristisch relevante Abschnitte enthalten. Dabei kann es um so unterschiedliche Dinge gehen wie das Erwerbsrecht (Rut 4; Jer 32), das Königtum (1 Sam 8; 1 Kön 21), Fragen der Bürgschaft (Spr 6,1–5) oder die (individuelle bzw. kollektive) Haftung bei Rechtsverstößen (2 Kön 14,6).

In der nachbiblischen Zeit ist die Epoche zwischen der Zerstörung des Zweiten Tempels (70) und dem Abschluss des Talmud (ca. 600) für die Entwicklung des jüdischen Rechts von besonderer Bedeutung: In ihr entstehen die klassischen Quellen des jüdischen Rechts, von denen – bis zum heutigen Tage – das Studium desselben und jegliche praktische Rechtsfindung

---

6   Plural von *mitzwa* („Gebot"). 248 der insgesamt 613 Vorschriften stellen Gebote im engeren Sinne dar („Du sollst", *mitzwot asseh* genannt) und 365 beinhalten Verbote („Du sollst nicht", *mitzwot lo taaseh*). Die Aufzählung und der Nachweis der Gebote machen eine besondere Literaturgattung aus, das *Sefer ha-Mitzwot* („Buch der Gebote").

ausgeht: die Mischna, die Tosefta und die beiden Talmude, der Palästinische (oder Jerusalemer) und der Babylonische Talmud, sowie die halachischen Midraschim.

Das Wort „Midrasch" leitet sich von dem hebräischen Verb *darasch* her, das „suchen" und „fragen" bedeutet. Mit diesem Wort wird beispielsweise das Handeln Esras (Esr 7,10) beschrieben: „Denn Esra hatte sein Herz darauf gerichtet, der Weisung des Ewigen nachzugehen und sie zu üben und in Jisrael Gesetz und Recht zu lehren." Bereits in der Bibel wird also eine Verbindung zwischen der Auslegung des biblischen Wortes und der Rechtsfindung hergestellt. *Midrasch* (Pl. *midraschim*) heißt demnach in erster Linie „Forschung, Studium", aber auch „Auslegung" und „Lehre". Der Begriff bezeichnet im engeren Sinne die Auslegung von Büchern der Hebräischen Bibel ganz allgemein und dann auch die verschiedenen Sammlungen dieser Interpretationen, die im Wesentlichen zwischen 70 und 300 in Palästina entstanden sind. Als „halachische Midraschim" wird eine Untergruppe der Midraschim bezeichnet, nämlich diejenigen, die sich auf Texte aus der Tora beziehen, und zwar vornehmlich auf die Bücher Exodus, Levitikus, Numeri und Deuteronomium.

Die Mischna ist eine Sammlung von Gesetzen bzw. ein Gesetzeskodex in hebräischer Sprache, der um 200 kompiliert worden ist. Das Wort *mischna* stammt von dem hebräischen Verb *schana* ab, welches „wiederholen, lernen" (aram. *matnita*) bedeutet. Die einzelnen *halachot* wurden zunächst für lange Zeit mündlich tradiert und später dann in Akademien gesammelt und schriftlich fixiert. Man nimmt an, das die Klassifizierung der *halachot* und die Anordnung derselben nach einer thematischen Abfolge bereits vor der Zerstörung des Zweiten Tempels im Wesentlichen abgeschlossen war. Die endgültige Ausgestaltung der Mischna wird traditionell Jehuda ha-Nasi[7] (ca. 135–ca. 220) zugeschrieben. Nach ihrem Abschluss wurde die Mischna zum zentralen Bezugspunkt für die jüdische Rechtsfindungspraxis. Es war fortan nicht mehr möglich, ein Gesetz anzuwenden, ohne die Mischna zu Rate zu ziehen.

Die Mischna besteht aus sechs Ordnungen *(sedarim)*, von denen jede einzelne einen Bereich des Gesetzes repräsentiert. Die Ordnungen sind: „Saaten" (*zeraim* – landwirtschaftliches Recht, das sich nur auf den Anbau in Israel bezieht), „Feste" (*moed* – religiöse Feiertage), „Frauen" (*naschim* – Familienrecht im weiten Sinne), „Beschädigungen" (*nezikin* – Zivilrecht, Strafrecht), „Heiliges" (*kodaschim* – Gesetze hinsichtlich des Kultes und der Tempelsteuern), „Reinheiten" (*toharot* – Gesetze, die sich auf die rituelle Reinheit von Personen, Gegenständen und Orten beziehen). Die Ordnungen sind wiederum in Traktate (masechtot) unterteilt, die Traktate in Kapitel *(perakim)*, die Kapitel in *mischnajot* (Pl. von *mischna*) – die kleinste Einheit in der Mischna. Das Wort *mischna* kann demnach sowohl den gesamten Kodex als auch einen einzelnen Paragraphen darin bezeichnen. Diese Struktur der Mischna bestimmte die Systematisierung des jüdischen Rechts für die folgenden Jahrhunderte.

Das nächste wichtige Werk des jüdischen Rechts ist die Tosefta, die etwa zur selben Zeit wie die Mischna[8] entstanden ist und deren Endredaktion wahrscheinlich in das späte 3. und

---

7   Jehuda ha-Nasi war ein bedeutender Gelehrter und Anführer des palästinischen Judentums im 2. Jahrhundert.

8   Die Epoche bis ca. 200 bezeichnet man traditionell als die Zeit der Tannaiten („Rezitatoren des Rechts"). – Für einen epochengeschichtlichen Überblick vgl. Konner, Melvin: Unsettled: An Anthropology of the Jews, New York 2003.

frühe 4. Jahrhundert fällt.[9] Der Begriff *tosefta* ist von dem Verb *jasaf* abgeleitet und bedeutet „Sammlung, Hinzufügung". Die Tosefta ist ebenfalls eine Sammlung von Gesetzen. Sie stimmt in ihrer Gesamtstruktur zum größten Teil mit der Mischna überein, und auch der Text weicht mitunter nur wenig von dem der Mischna ab. Jedoch sind die Gesetze innerhalb eines Kapitels anders angeordnet. Es gibt ferner Rechtsvorschriften und Themen, die in der Mischna nicht oder in einer anderen Version vorkommen. Die Tosefta nennt manchmal Autoritäten als Urheber von Gesetzen, die von der Mischna anonym überliefert werden, oder sie schreibt die Gesetze anderen Rabbinen[10] zu, als die Mischna dies tut, und widerspricht der Mischna darin, welches die geltende, anzuwendende Halacha sei. Sie enthält darüber hinaus zusätzliches erzählendes (haggadisches) und auslegendes (midraschisches) Textmaterial.

Das prinzipielle Verhältnis von Mischna und Tosefta zueinander wird noch diskutiert. Die Frage, ob es sich um zwei Gesetzessammlungen verschiedener, miteinander konkurrierender Rechtsschulen handelt, handelt, die gemeinsam auf eine „Proto-Mischna" zurückgreifen, oder die Tosefta eine zeitgenössische Ergänzung und Vervollständigung der kurz zuvor abgeschlossenen, bereits zu autoritativem Status gelangten Mischna darstellt, ist noch nicht entschieden. Man kann aber sagen, dass die Tosefta frühes Quellenmaterial bewahrt und eine größere Meinungsvielfalt anbietet, als die Mischna.

In den drei Jahrhunderten, die der Redaktion der Mischna folgen, entstanden zwei weitere zentrale Werke des jüdischen Rechts, die den Grundstein für alle spätere halachische Literatur legten. Dieses sind der Palästinische oder Jerusalemer Talmud, der im Land Israel geschaffen und im 5. Jahrhundert abgeschlossen wurde, sowie der Babylonische Talmud, den die Rabbinen Babylons im 6. Jahrhundert vollendeten. Das Wort *talmud* meint „Lehre, Belehrung, Studium". Beide Talmude haben die Interpretation der Mischna zum Ziel und entstanden durch einen langen Prozess des Lernens und Lehrens der früheren halachischen Schriften und insbesondere der Mischna. Während die Mischna eine thematisch gegliederte Sammlung knapp formulierter Regeln darstellt, enthalten die Talmude diskursive Kommentare und Analysen zu ihnen, die als Gemara (von aramäisch *gemar:* „lernen", „vollenden") bezeichnet werden.

Für beide Talmude stellt die Mischna das gemeinsame Fundament dar. Der Palästinische und der Babylonische Talmud unterscheiden sich jedoch deutlich hinsichtlich ihrer Sprache und ihres literarischen Charakters sowie in Bezug auf das aufgenommene Quellenmaterial, die kommentierten Mischna-Traktate und den Umfang dieser Kommentare.

Die Feststellung derjenigen Gestalt der Mischna, die dem Palästinischen Talmud zugrunde liegt, ist schwierig; denn seine ursprüngliche Fassung enthielt keinen Mischna-Text, sondern nur Zitate und Anspielungen innerhalb der Gemara selbst. Erst in späteren Handschriften wurde der zuvor durchlaufende Text entsprechend den Texteinheiten der Mischna aufgebrochen, und der Mischna-Text wurde jeweils kapitelweise vor den der Gemara gesetzt.[11] Somit stellt

---

9   Stemberger, Günter: Einleitung in Talmud und Midrasch, München [8]1992, S. 154–162; Zinvirt, Yaacov: Tor zum Talmud, Münster et al. 2009.

10 Plural von *rabbi*, dem Titel ordinierter Tannaiten und Amoräer (Überlieferer) in Palästina; Gelehrtentitel seit der Generation nach Hillel (Mt 23,7). Die Rabbinen legten die Tora in *Halacha* und *Aggada* aus und lehrten an den Akademien.

11 Stemberger: Einleitung, S. 178.

der Mischna-Text des Palästinischen Talmuds, so wie er in Handschriften und Drucken überliefert ist, nicht jenen Text dar, den die Rabbinen zur Zeit der Entstehung des palästinischen Talmud diskutierten.

Der Palästinische Talmud umfasst die ersten vier Ordnungen der Mischna: „Saaten" *(zeraim)*, „Feste" *(moed)*, „Frauen" *(naschim)*, „Schäden" *(nezikin)* und Teile des Traktats „Unreinheit" (nidda) aus der Ordnung „Reinheiten" *(toharot)*. Er kommentiert damit 39 von 63 Traktaten der Mischna. Die These, dass es ursprünglich zu allen sechs Ordnungen Gemara gegeben habe, wird durch Fragmente des Palästinischen Talmud widerlegt, die in der Geniza von Kairo gefunden wurden. Die Ordnungen „Heiliges" *(kodaschim)* und „Reinheiten" *(toharot)* waren wohl nie im Palästinischen Talmud enthalten, obwohl sie auch studiert wurden, wie aus Textstellen im Palästinischen Talmud und auch aus Zitaten palästinischer Gelehrter im Babylonischen Talmud hervorgeht. Das Fehlen einiger Traktate aus den vorhandenen Ordnungen wird hingegen späterem Textverlust zugeschrieben.

Traditionell gilt Jochanan bar Nappacha[12] (180–279), ein Schüler von Rabbi Jehuda ha-Nasi und einer der bedeutendsten Gelehrten des Altertums, als Verfasser des Palästinischen Talmuds. Aber bereits spätmittelalterliche Gelehrte haben bemerkt, dass diese Datierung auf Schwierigkeiten stößt. Im Palästinischen Talmud werden nämlich Rabbinen des 4. Jahrhunderts und Ereignisse aus derselben Epoche erwähnt. Heute nimmt man als Zeit der Endredaktion des Palästinischen Talmud die erste Hälfte des 5. Jahrhunderts und Tiberias in Galiläa als deren Ort an. Bei dieser Redaktion handelt es sich um eine systematische Überarbeitung des Textes, die jedoch nicht einheitlich und zentral durchgeführt worden ist. Wie man sich diese Redaktionstätigkeit im Einzelnen vorzustellen hat, ist noch nicht abschließend geklärt.[13]

Auch der Babylonische Talmud basiert auf der Mischna und kommentiert 36 und einen halben von den 63 Traktaten der Mischna. In den Ordnungen „Saaten" *(zeraim)* und „Reinheiten" *(toharot)* gibt es nur für die Traktate „Lobpreisungen" (berachot) und „Unreinheit" (nidda) Gemara; in den anderen Ordnungen fehlt diese wiederum nur zu einzelnen Traktaten. Die traditionelle Erklärung für das weitgehende Fehlen von Gemara zu den beiden genannten Ordnungen ist, dass deren Gesetze mit Ausnahme der beiden tatsächlich kommentierten Traktate in der Praxis ihre Bedeutung verloren hatten: Die landwirtschaftlichen Gesetze waren vorwiegend an das Land Israel gebunden, die Reinheitsvorschriften aufgrund des fehlenden Tempelkultes nicht mehr durchführbar.

Obwohl der Babylonische Talmud weniger Traktate der Mischna behandelt als der Palästinische, ist er um vieles umfangreicher als dieser. Er integriert sehr viel mehr Material als der Palästinische Talmud und enthält neben vielen Midraschim, die in Palästina eine eigene Literaturgattung bilden, zahlreiche narrative Texte (der aramäische Sammelbegriff lautet aggada) wie Sagen und Legenden, Erzählungen über Rabbinen und historische Erinnerungen. Weiterhin beinhaltet der Babylonische Talmud Wissensstoff aus verschiedenen naturwissenschaftlichen

---

12   Jochanan bar Nappacha lebte in Palästina und zählte zu den bedeutenden Gelehrten des jüdischen Altertums.

13   Siehe auch Lifshitz, Berachyahu: The Age of the Talmud, in: Hecht; Jackson; Passamaneck: History and Sources of Jewish Law, S. 169–195.

Bereichen. Man kann also sagen, dass er „weniger ein geschlossenes Buch als vielmehr eine im Aufbau an [der] M[ischna] orientierte Nationalbibliothek des babylonischen Judentums" ist.[14]

Die traditionelle Auffassung führt den Babylonischen Talmud vorrangig auf Rav Aschi (335–427) zurück, der ihn niedergeschrieben und noch einmal selbst überarbeitet habe. Dieser Text sei dann einige Jahrzehnte später endgültig abgeschlossen worden, sodass der Babylonische Talmud ab 500 „versiegelt" gewesen sei. Tatsächlich ist aber davon auszugehen, dass sich die Entstehung des Textkorpus über einen längeren Zeitraum erstreckt, also bereits erheblich früher begonnen hat. Der Babylonische Talmud schöpft aus einer Vielzahl von Quellen, die in unterschiedlichen Vorformen bereits zur Verfügung standen. Der so gewachsene Text wurde wahrscheinlich noch im 6. und 7. Jahrhundert erheblich überarbeitet und ergänzt: Nachdem man die Beteiligung der Rabbinen dieser Epoche (der sogenannten Saboräer, Redaktoren hauptsächlich zwischen 500–590)) an der Entstehung des Babylonischen Talmud zunächst auf die „Feinarbeit literarischer Endredaktion" beschränkt hatte, geht man inzwischen davon aus, dass sie einen wesentlichen Anteil an dessen Bearbeitung haben.[15] Mit dem frühen 8. Jahrhundert gilt dann die Redaktionsgeschichte des Babylonischen Talmud als endgültig abgeschlossen, nicht jedoch seine Textgeschichte. Obwohl der Babylonische im Gegensatz zum Palästinischen Talmud im Laufe der Zeit zum maßgeblicheren der beiden Talmude wurde, galt er lange als ein „offenes" Buch, dessen Text korrigiert, erklärt und mit Einfügungen versehen werden konnte.[16]

Bereits die Vorsteher der Akademien in Babylonien (die sogenannten Geonim) legten fest, dass Rechtsfälle nach dem babylonischen Talmud zu entscheiden seien. Moses Maimonides (1135–1204) unterstrich diesen Lehrsatz, indem er erklärte, dass es die Pflicht eines jeden Juden sei, dem Babylonischen Talmud zu folgen, da sich ganz Israel diesem unterworfen habe.[17] Seit dieser Zeit wird versucht, Begründungen für rechtliche Regelungen am Babylonischen Talmud auszurichten. Der Babylonische Talmud entwickelte sich so zu dem von den Gelehrten am intensivsten studierten gesetzlichen Referenzwerk des jüdischen Rechts überhaupt, während der im Vergleich weniger ausführliche, schwerer verständliche Palästinische Talmud nicht die gleiche Bedeutung erlangte.

Das Verhältnis des biblischen und des rabbinischen Rechts zueinander

Im jüdischen Recht wird zwischen dem mündlichen Recht *(tora sche-be-al pe)* und dem schriftlichen Recht *(tora)* unterschieden. Der Begriff *tora sche-be-al pe* bezeichnet das Recht, das außerhalb der Hebräischen Bibel niedergelegt ist, und umfasst nicht nur die Mischna, die halachischen Midraschim und beide Talmude, sondern die gesamte Halacha in allen ihren historischen Erscheinungsformen.[18] (Siehe hierzu auch die Beiträge von Elisa Klapheck, S. 81

---

14 Stemberger: Einleitung, S. 193.
15 Ebd., S. 205 f.; Lifshitz: Age, S. 178.
16 Lifshitz: Age, S. 178; Stemberger: Einleitung, S. 108.
17 Lifshitz: Age, S. 179.
18 Elon: Jewish Law, S. 191.

und Stefan Schreiner, S. 147.) Die Rabbinen leiteten aus Lev 26,46 („Dies sind die Gesetze, Rechte und Lehren [*torot,* Pl. von *tora*], die der Ewige auf dem Berg Sinai durch Mosche gegeben hat als einen Bund zwischen ihm und den Kindern Jisraels") ab, dass Gott Israel zwei Torot gegeben hat, eine schriftliche und eine mündliche. Diese Offenbarung beinhaltet die Feinheiten der Bibelexegese, die Interpretationen der Schriftkundigen und das, was diese später schufen.[19] Demnach ist die Halacha eine Manifestation des am Sinai offenbarten Rechts, und Aufgabe der Rabbinen ist es, dieses stets aufs Neue zu beleuchten, zu ergänzen und in angewandtes Recht zu transformieren.[20]

Eine weitere Unterscheidung zwischen zwei Arten von Halacha ist die zwischen der Halacha *de-oraita* und der Halacha *de-rabbanan.* Der aramäische Begriff *de-oraita* bezeichnet ganz allgemein Gesetze, die aus der Tora stammen, *de-rabbanan* Vorschriften, die den rabbinischen Gelehrten zugeschrieben werden. Die Trennlinie zwischen beiden Begriffen zu ziehen ist jedoch schwierig, weil die Kriterien dafür, welche Gesetze der Tora und welche den Rabbinen zuzuordnen sind, komplexer Natur sind. So umfasst *de-oraita* mit Einschränkungen nicht nur die Gesetze, die in der Tora zu finden sind, sondern auch solche, die mittels Midrasch aus der Tora abgeleitet werden. Gleichermaßen sind an einen Satz in der Tora angelehnte Gesetze als Halacha *de-oraita* zu betrachten. Hierzu gehören auch einige *halachot*, die *halacha le-Mosche mi-Sinai* (Halacha an Mose vom Sinai) genannt werden.[21] Zu dieser Kategorie gehören Gesetze, deren Interpretation auf einer Tradition beruht, die sich auf die Gesetzgebung an Mose am Sinai zurückführen lässt und die von den Rabbinen ausdrücklich als biblischen Ursprungs betrachtet wird.[22] Zur Gruppe *de-rabbanan* werden Gesetze gezählt, die von Gelehrten durch Erlass oder auf andere Art geschaffen und erneuert wurden. Und auch wenn diese sich manchmal auf einen Satz in der Tora stützen, werden sie trotzdem keineswegs unbedingt als *de-oraita* eingeordnet.

Die Diskussion darüber, welche Vorschriften als *de-oraita* und welche als *de-rabbanan* anzusehen sind, gehört nicht nur der Vergangenheit an, sondern wird auch heute noch geführt; denn die Zuordnung zu einer der beiden Seiten ist für die praktische Rechtsfindung durchaus von Belang. Im Zweifelsfall folgt man beispielsweise der strengen Auslegung eines Gesetzes, weil es als biblisch eingestuft wird, und umgekehrt erlaubt der rabbinische Ursprung einer Vorschrift im Zweifelsfall eine mildere Auslegung derselben. Die Rabbinen selbst betrachteten freilich ihre Gesetze generell als ebenso rechtskräftig bindend und wirkungsvoll wie das biblische Recht.[23]

---

19   bMeg 19b. Bezug ist hier Dtn 9,10.
20   Elon: Jewish Law, S. 192 f.
21   Goldfine, Yitzhak: Einführung in das Jüdische Recht. Eine historische und analytische Untersuchung des Jüdischen Rechts und seiner Institutionen, Hamburg 1973, S. 45.
22   Elon: Jewish Law, S. 204–207, 209.
23   Ebd., S. 215.

Nachtalmudische Entwicklungen

Die nachtalmudische Phase des jüdischen Rechts wird in drei historische Abschnitte unterteilt:[24]
- die Talmud-Kommentare und Responsen der Geonim (700–ca. 1050)
- die Kodifikationen der Rischonim (ca. 1050–ca. 1600)
- die Kommentare und Responsen der Acharonim[25] (ca. 1600–heute).

Die Zeit zwischen dem Abschluss des Talmud und dem Auftreten der Rischonim, der „frühen" oder auch „ersten" Gelehrten im 11. Jahrhundert, wird als die gaonäische Zeit bezeichnet. Der Name ist von dem Titel *Gaon* (Pl. *Geonim,* wörtlich „Exzellenz") abgeleitet, der jenen Autoritäten vorbehalten war, welche die Akademien von Sura und Pumbedita in Babylonien leiteten. Die gaonäische Periode beginnt 589 und endet nach allgemeiner Auffassung im Jahr 1038 mit dem Tod des Rav Hai (939–1938), der Gaon von Pumbedita war. Dieser hat besondere Werke über spezielle Rechtsgebiete, wie Kauf und Verkauf sowie den Eid geschrieben.

Die Geonim brachten eine hinsichtlich ihres literarischen Charakters, der Fülle der behandelten Themen und der innovativen Ansätze ganz eigenständige Rechtsliteratur hervor, die man in vier Gattungen unterteilen kann, die das Bild der nachtalmudischen Rechtsliteratur von den Geonim über die Rischonim bis zu den Acharonim, den späteren Gelehrten bis zum heutigen Tag, prägen: Kommentare zum Talmud, kodifizierende Arbeiten, Responsen und halachische Abhandlungen.

Kommentare

Beispielhaft für die Zeit der Geonim möchte ich das Werk *Sche'iltot* von Rabbi Achaj (680–752) und die Gesetzessammlung *Halachot gedolot* des Simon aus Kajara (9. Jahrhundert) nennen. Zur gaonäischen Periode Frankreichs und Deutschlands zählt die Tradition auch Rabbi Schlomo ben Isaac[26] (1040–1105), der unter dem Akronym „Raschi" berühmt wurde. Sein Kommentar wurde zu einem Klassiker und „unverzichtbaren Bestandteil des Talmuds".[27] Raschis Ziel war es, deutlich zu machen, wie die Texte der Mischna und Gemara richtig zu lesen seien. Sein Talmudkommentar gewann den Charakter gültigen Rechts.

Noch zu den Zeiten von Raschis Schülern wurde die Kommentarreihe „Tosafot" (nicht zu verwechseln mit der Tosefta) begonnen, die dann über volle zwei Jahrhunderte hinweg – bis ins 13. Jahrhundert – fortgesetzt werden sollte. In heutigen gedruckten Talmudausgaben findet man jedoch neben dem Kommentar Raschis und den Tosafot auch noch weitere Kommentare. Einer

---

24 Vgl. ebd., S. 1101 f.

25 Die Gelehrtengruppen *Geonim* (auch *Kadmonim,* die Frühesten, genannt), *Rischonim* (die Ersten, bis zum 16. Jahrhundert) und *Acharonim* (die Letzten, ab dem 16. Jahrhundert) werden unter dem Begriff *Posekim,* als Dezisoren oder „Entscheider" des für die religiöse Praxis verbindlichen Gesetzes, zusammengefasst.

26 Schlomo ben Isaac wirkte als bedeutendster Kommentator und Lehrer des Hochmittelalters an den Jeschiwen in Troyes sowie in Mainz und Worms.

27 Vgl. Elon: Jewish Law, S. 1116 f.

davon stammt von Eliahu ben Schlomo Zalman[28] (1720–1797), der als der „Gaon von Wilna"
bekannt geworden ist. Er zählt neben Raschi zu den bedeutendsten Talmudgelehrten überhaupt.

Kodifikationen

Wann immer Kodifikationen unternommen wurden, setzte sofort eine rege Entwicklung der
Rechtsliteratur ein. So eliminierte das *Sefer Halachot* des Rabbi Isaac ben Jacob Alfasi (1013–1103;
Akronym: Rif) die haggadischen Teile des Talmud und die Aspekte, die wegen der Zerstörung
des Jerusalemer Tempels nicht mehr relevant waren. Dabei folgte er in der Anordnung den
Talmudtraktaten und behielt auch noch das Aramäische bei. Die Arbeit des Rif inspirierte
Weiterentwicklungen wie die Mischne Tora des Moses Maimonides (1135–1204; Akronym:
Rambam). Die *Mischne Tora* („Wiederholung der Tora"[29]) (nach Dtn 4,34 auch *Jad Chasaka*
[„Die starke Hand"]) ist der erste große jüdische Rechtskodex nach der Mischna und den
beiden Talmuden und entstand innerhalb von zehn Jahren, ungefähr zwischen 1170–1180.[30] Er
besteht aus 14 Büchern – die Zahl 14 ist der numerische Wert des hebräischen Worts *jad* (Hand).
Obwohl bereits Zeitgenossen des Maimonides die große Bedeutung der *Mischne Tora* für die
Systematisierung des jüdischen Rechts anerkannten, kritisierten sie, ebenso wie auch spätere
Gelehrte, das methodische Vorgehen des Maimonides: Sie warfen ihm vor, dass er die Rechtsvorschriften in apodiktischer Weise vorbringe, ohne seine Quellen zu nennen und die Lehrmeinungen früherer Autoritäten darzulegen.[31] Nachvollziehbarkeit und Beweisführung seien
aber für die praktische Rechtsfindung von zentraler Bedeutung. Die in Hebräisch abgefasste
Mischne Tora, die auch alle (etwa durch Zerstörung des Tempels) obsolet gewordenen Rechts-
felder umfasst, entwickelte sich zur autoritativen Quelle des jüdischen Rechts schlechthin, die
wiederum zahlreiche Kommentare initiierte, von denen sich viele mit den von Maimonides
benutzten talmudischen Quellen beschäftigen.

In Spanien wurde durch den bedeutenden Gelehrten Rabbi Ascher ben Jechiel (ca. 1250–
ca. 1327; Akronym: Rosch) ein weiteres klassisches Werk des jüdischen Rechts verfasst: die Piske
ha-Rosch („Entscheidungen des Rosch"). In diesem Buch kommt die wichtige Auffassung
zum Ausdruck, dass die Entscheidungen früherer Rechtsgelehrter nicht per se höhere Autorität
besitzen als die Auslegungen der jeweiligen Zeit. Jeder Gelehrte habe das Recht, einer Meinung
der vorangegangenen Autoritäten zu widersprechen.

Der dritte Sohn des Rosch, Rabbi Jakob ben Ascher (Tur; 1283–1340) schuf seinen eigenen
Ansatz zur Kodifikation, im *Sefer ha-Turim* („Buch der Säulen"). Der Autor bringt diejenigen
Halachot, die zu seiner Zeit noch aktuell waren, in knapper Zusammenfassung, ohne Nennung
von Urheber und talmudischer Quelle. Auch beschränkte sich seine Darstellung nicht auf

---

28 Eliahu ben Schlomo Zalman lebte in Wilna und zählte zu den bedeutendsten jüdischen Gelehrten des
    18. Jahrhunderts. Er wandte sich vehement gegen die aufkommende Bewegung des Chassidismus.

29 Der Begriff „Mischne Tora" entspricht dem griechischen „Deuteronomion". So wie Mose die Tora im Buch
    Deuteronomium wiederholt hat, so wiederholt Maimonides die Halacha in seiner Zeit: Elon: Jewish Law,
    S. 1197.

30 Vgl. ebd., S. 1188.

31 Goldfine: Einführung, S. 82.

talmudisches Material alleine, sondern bezog auch spätere Rechtstexte mit ein. Im Anschluss daran stellt er jedoch die Meinungsverschiedenheiten zu den jeweiligen Themenkreisen dar und benennt auch die Kontrahenten. Die Arbeiten des Rosch, Rambam und Tur bildeten ihrerseits die Basis für den letzten großen Kodex des jüdischen Rechts, den Schulchan aruch[32] („Gedeckter Tisch") des Josef Karo (1488–1575), der erstmals im Jahr 1565 in Venedig gedruckt wurde. Der *Schulchan aruch* besteht aus vier Teilen, dessen dritter mit dem Titel *Even ha-Ezer* („Stein der Hilfe") dem Eherecht gewidmet ist. Karo traf bei divergierenden Meinungen der drei Gelehrten eine Entscheidung darüber, welche er für gültig hielt, und komprimierte damit die Vielfalt der Positionen. Es wurde mit der Zeit als abschließende Kodifikation des jüdischen Rechts betrachtet. Erst mit den Glossen von Moses Isserles (Rama; ca. 1525–1572), die Karos Werk auch für die aschkenasischen Juden anwendbar machte, wurde der *Schulchan aruch* zum allgemeinen Leitfaden im Judentum insgesamt.[33]

Rechtsentwicklung durch Responsum, Takkana oder Minhag

Ab dem 16. Jahrhundert, mit dem Erscheinen des *Schulchan aruch,* nahm die Kreativität und Vielfalt in dem kontinuierlichen Prozess der Erneuerung des jüdischen Rechts ab. Infolge des Buchdrucks war dieser Kodex bald weit verbreitet und relativ leicht zugänglich. Von nun an wurde die Übereinstimmung mit dem *Schulchan aruch* im traditionellen Judentum zum Kriterium dafür, was als jüdisches Recht zu gelten habe. Dadurch tat sich allmählich eine Kluft zwischen dem jüdischen Gesetz und dem Alltagsleben auf, die in der Folge nicht zuletzt durch die etwa gleichzeitig einsetzende Aufklärung immer größer wurde (siehe hierzu auch den Beitrag von Julius H. Schoeps, S. 289).

Im Wesentlichen wurden die Veränderungen im jüdischen Recht durch folgende Faktoren eingeschränkt:
1. durch die Überzeugung der Unveränderlichkeit göttlicher Offenbarung;
2. durch die Zerstörung des Tempels und damit des Großen Sanhedrins in Jerusalem um 70 sowie die Auflösung des Sanhedrins in Tiberias um 425 gab es keine oberste Instanz und kein Höchstgericht für Rechtsentscheidungen mehr. Damit konnte sich das jüdische Recht nur in Form eines „Präzedenzrechts" weiterentwickeln, also durch die Orientierung an den Entscheidungen einzelner Richter oder Gerichtshöfe auf der Grundlage ihrer Interpretation der relevanten autoritativen Quellen und Beispiele;
3. durch die eher konservative Haltung nachfolgender Generationen, die die Ansicht vertraten, dass „ein späterer Gerichtshof die Entscheidung eines früheren Gerichtshofs nicht annullieren kann, es sei denn, er ist ihm an Weisheit und Anzahl überlegen".[34]

Diese Einschränkungen verhinderten jedoch nicht die Weiterentwicklung der Halacha. Auch wenn die Durchsetzung des *Schulchan aruch* das Ende der klassischen Periode jüdischer Rechts-

---

32 Vgl. ebd.
33 Zu Isserles vgl. Ebd., S. 1359–1365.
34 mEd 1,5.

kodifikation marktiert, so setzte sich doch der jüdische Rechtsdiskurs in den unterschiedlichen Strömungen des modernen Judentums fort.

Für die praktische Anwendbarkeit des jüdischen Rechts war es unerlässlich, zwischen widersprüchlichen Lehrmeinungen zu entscheiden. Lokale Autoritäten waren vielfach nicht in der Lage, komplexe rechtliche Sachverhalte angemessen zu behandeln. Deshalb richteten Gemeinden, Rabbiner oder auch einzelne Personen ihre Fragen an die führenden Gelehrten ihrer Zeit. Die Fragen wurden in Heften oder kleinen Büchern gesammelt und verschickt und dann in ebensolcher Form beantwortet. So entwickelte sich über Jahrhunderte eine reichhaltige und umfangreiche Literatur, in der Antworten (Responsen) auf die rechtlichen und intellektuellen Fragen der jeweiligen Epoche zu finden sind.[35]

Zusätzlich können Rechtsautoritäten in ihren Amtsbezirken *Takkanot* erlassen, Anordnungen, mit denen Rechtsetzung geschieht. Dies kann örtlich begrenzt auch durch Minhag[36] geschehen. Der Minhag („Brauch") kennzeichnet die gewohnheitsrechtliche und liturgische Praxis der jüdischen Gemeinde eines Ortes oder einer Region und hat – wenn auch örtlich begrenzte – rechtliche Bindekraft.

Jüdisches Recht heute

Die Aufklärung und die auf ihr basierende rechtliche Gleichstellung (Emanzipation), die vom Ende des 18. Jahrhunderts an in den europäischen Staaten vollzogen wurde,[37] brachten die Teilhabe und Teilnahme der Juden an der modernen europäischen Kultur mit sich. Die aktuellen Fragen und Herausforderungen führten zu heftigen Auseinandersetzungen unter den Juden Europas, aber auch Nordamerikas, die das ganze 19. Jahrhundert hindurch andauerten. Schließlich bildeten sich drei jüdische Grundströmungen heraus, die das jüdische Recht unterschiedlich anwenden und weiterentwickeln sollten. Eine dieser Richtungen, das neo-orthodoxe Judentum mit seinem Vordenker Rabbiner Samson Raphael Hirsch (1808–1888), nahm die Erosion an jüdischer Observanz seit Beginn der Aufklärung zum Anlass, die Gesetze und Doktrinen des rabbinischen Judentums streng und umfassend zu befolgen. Die Bewegung, die die Lehren des rabbinischen Judentums zu überdenken und in der Praxis umzuarbeiten begann, wird als jüdische Reformbewegung oder auch als liberales oder progressives Judentum bezeichnet. Einer seiner größten deutschen Protagonisten ist Rabbiner Abraham Geiger (1810–1874). Hat es seine Wurzeln auch im Deutschland des frühen 19. Jahrhunderts, so breitete es sich in den 1840er Jahren auch nach Nordamerika und Großbritannien aus. Heute gibt es auf allen Kontinenten liberale Gemeinden. Diese sind seit 1926 in der Weltunion für Progressives Judentum (World

---

35   Zur Entwicklung der Responsenliteratur vgl. Elon: Jewish Law, S. 1472.

36   Der *Minhag* („Brauch") kennzeichnet die gewohnheitsrechtliche und liturgische Praxis der jüdischen Gemeinde eines Ortes oder einer Region und ergänzt die Halacha.

37   Während der Französischen Revolution wurde von der Nationalversammlung die Gleichberechtigung der Juden verkündet (1790). In Preußen wurde das Emanzipationsedikt vom 11. März 1812, das die Juden als Staatsbürger anerkannte, später rechtlich und praktisch wieder eingeschränkt. 1869 bzw. 1871 war die Emanzipation in Deutschland dann tatsächlich erreicht.

Union of Progressive Judaism) geeint (siehe hierzu auch den Beitrag von Michael A. Meyer, S. 277). Ein konservativer und trotzdem nach Erneuerung strebender Zweig des Judentums bildete sich wenig später und ebenfalls in Deutschland in Form des sogenannten positiv-historischen Judentums in der Nachfolge Rabbiner Zacharias Frankels (1801–1875) heraus. Diese konservativen Gemeinden sind heute weltweit in der „Masorti"-Bewegung zusammengeschlossen (*masorti* ist die hebräische Bezeichnung für „traditionell").

Betrachtet man alle drei Richtungen, so zeigt sich, dass sich die Auffassungen über das, was die Halacha ist, zu allen Zeiten verändert und fortentwickelt haben. Darin spiegelt sich ein Grundzug wider, der die Geschichte des jüdischen Volkes von Anfang an prägt: Diese Gemeinschaft hat den Glauben der jüdischen Erzväter und Erzmütter mit der Lehre vom Sinai in Einklang gebracht, mit dem Idealismus der Propheten, mit den pragmatischen Einzelentscheidungen der Rabbinen. Sie hat die sozialen Bedingungen verschiedener Epochen berücksichtigt und auf zeitgenössische Lebensstile und Einstellungen reagiert, auch wenn sie sich ihnen nicht zwangsläufig angepasst hat. Dies zeigt sich vor allem in der talmudischen Zeit, in der halachische Prinzipien lebhaft diskutiert und kritisch geprüft wurden. Bräuche, die nicht mehr durchführbar waren, wurden erfolgreich abgeschafft, und zwar durch einen Interpretationsprozess, der dem Wortsinn des Toratextes andere Bedeutungen verlieh. So wurde die Todesstrafe, die in der biblischen Literatur für zahlreiche Delikte vorgesehen ist, schließlich an so viele Bedingungen geknüpft, dass es ob dieser Hürden unmöglich wurde, sie zu vollstrecken. In ähnlicher Weise löste man den Satz „Auge für Auge, Zahn für Zahn" (Ex 21,24) von jeglicher körperlichen Vergeltung ab und bezog ihn vielmehr auf einen rein finanziellen Ausgleich. Später wandte man rabbinische Beschlüsse an, um Gesetze außer Kraft zu setzen, die negative Auswirkungen für das Gemeinwesen haben. Zum Beispiel machte es Hillels Prosbul[38] möglich, dass Kredite auch nach dem Schabbatjahr – das ist die Zeit des Brachliegens der Felder, die nach dem biblischen Text für jedes siebte Jahr vorgeschrieben ist – zurückgezahlt werden müssen und nicht verfallen, wie es die Bibel gebietet (siehe hierzu auch den Beitrag von Nathan Lee Kaplan, S. 241). Als weiterer Beleg dafür, wie sehr das traditionelle Judentum in der Vergangenheit Veränderungen gebilligt hat, sei darauf hingewiesen, dass im 2. Jahrhundert die Schabbatgottesdienste nur eine Stunde dauerten, dass der Tora-Abschnitt in die Landessprache übersetzt wurde, dass die Gebete in jeder Gemeinde variierten, dass die Männer keine Kopfbedeckung trugen, dass es ihnen erlaubt war, mehr als eine Ehefrau zu haben,[39] und dass sie im Gottesdienst offenbar nicht getrennt von ihren Frauen saßen.

Auch über Veränderungen bei der Befolgung des religiösen Rechts gab es über die Jahrhunderte immer wieder eine breite Debatte, die sich nach der Aufklärung zwischen den drei Grundströmungen des Judentums fortsetzte. Viele Entscheidungsträger berücksichtigten bei einem Rechtsentscheid ausdrücklich die realen Gegebenheiten. Für manche Situation gab es auch keine auf der Logik beruhende Herleitung mittels der halachischen Methode (also durch Rückgriff auf ein in der Tradition vorhandenes Gesetz). Dann wurden radikal neue Ansätze

---

38 Als Prosbul wird der Verwahrschein bezeichnet, der bei Gericht deponiert wurde, um der Verjährung von Forderungen im Erlassjahr entgegenzutreten.

39 Die Einehe, die schon vorher in Mitteleuropa Usus gewesen sein dürfte, wurde nach traditioneller Annahme erst um 1040 von Rabbi Gerschom ben Juda festgeschrieben.

ins jüdische Recht eingeführt. Jehuda ha-Nasi sah sich z. B. gezwungen, die ganze halachische Grundlage der Gesetze zum Schabbatjahr zu verändern, um das Volk vor dem Verhungern zu bewahren. Der bedeutende liberale Rabbiner und Halachist Moshe Zemer (1932–2011) verweist darauf, dass vom Mittelalter bis zum heutigen Tag große Rechtsgelehrte wie Moses Isserles (1525–1572) und David Zwi Hoffmann[40] (1843–1921) aus halachischer Verantwortung heraus Gesetze modifizierten, die ihnen zu streng erschienen. Die buchstabengetreue Durchsetzung des Rechts war für sie eine Profanierung des göttlichen Namens.[41]

Es gibt zwar sehr wohl ein jüdisches Recht, d. h. die Halacha, welche für alle Juden gleichermaßen Geltung hat. Aber es gibt nicht einen Weg, sie zu deuten. Das Judentum lebt von der Vielfalt der Auffassungen, die in ihm vertreten werden. Es gibt viele richtige Interpretationen und viele Wege, die Halacha zu verstehen. Daraus entwickelten sich zuerst geographische Unterschiede in der Observanz zwischen den Aschkenasim und den Sefardim (siehe hierzu auch den Beitrag von Sina Rauschenbach, S. 111) und schließlich die Unterschiede heute zwischen liberalen, konservativen und orthodoxen Juden.[42]

---

40 David Zwi Hoffmann war ein Vertreter der Neo-Orthodoxie und wirkte ab 1899 als Rektor des Rabbinerseminars für das Orthodoxe Judentum in Berlin.

41 Zemer, Moshe: Jüdisches Religionsgesetz heute. Progressive Halacha, Neukirchen 1999, S. 209.

42 Siehe dazu vertieft: Homolka, Walter: Das Jüdische Recht als pluralistisches Phänomen. Halacha und Autorität im Judentum der Neuzeit, in: *Jahrbuch Zentrum Jüdische Studien Berlin-Brandenburg* 2 (2015), und: Rosenthal, Gilbert; Homolka, Walter: Das Judentum hat viele Gesichter. Eine Einführung in die religiösen Strömungen der Gegenwart, Berlin 2014.

Ökonomie

Nathan Lee Kaplan

Einleitung

Im Sinne jüdischer Traditionen ist Ökonomie essentiell zur Schaffung von Gesellschaftsordnungen im Einklang mit dem monotheistischen Glauben. Für die Tora besteht keine Dualität zwischen Wirtschaft und Werten. Marktordnung und -praxis werden nicht als säkulare Sphären betrachtet, sondern als weitere gesellschaftliche Wirkungsräume religiöser Ideale wie Gerechtigkeit und Wohltätigkeit. Nicht unähnlich der sogenannten Integrativen Wirtschaftsethik Peter Ulrichs, die eine Trennung zwischen den Sphären Ökonomie und Ethik aufzuheben sucht,[1] rufen jüdische Traditionen zur Verbindung von Ökonomie und Religion auf.

Sie tun dies in pluralistisch dialektischer Manier. Wer in der Tora eine Bestärkung von Adam Smiths „invisible hand" sucht, kann ebenso fündig werden wie der Forscher nach dem Wirken einer göttlichen Hand. Fest steht immerhin, dass vom Judentum eine gerechte, menschliche und lebensdienliche Ökonomie gefordert wird. Was diese Grundsätze jedoch bedeuten und wie sie zu verwirklichen sind, könnte einige weitere Jahrtausende der Interpretation, Diskussion und Anwendung beanspruchen. Der vorliegende Artikel steigt hier ein mit einer Übersicht zentraler ökonomischer Lehren des biblischen und talmudischen Judentums sowie einer Fallstudie deren Interpretation durch einen zeitgenössischen Ökonom im Feld der Jüdischen Studien.

Ökonomie in der Bibel

Von den nach rabbinischer Tradition 613 Mitzwot (365 Ver- und 248 Gebote) des Pentateuch beziehen sich mehr als 100 direkt auf die Ökonomie.[2] Zum Vergleich: Die biblischen Speise- und Sexualvorschriften bestehen aus jeweils weniger als einem Drittel dieser Anzahl. Dies bezeugt sowohl die von der schriftlichen Tora der Wirtschaft beigemessene hohe Bedeutung als auch die aus ihrer Sicht notwendige Regulierung (siehe hierzu auch den Beitrag von Walter Homolka, S. 227).

Neben den Gesetzesvorschriften des *Chumasch* (fünf Bücher Moses) besteht biblische Ökonomie aus Geisteshaltungen und Geschichten. Beispielsweise wird das Narrativ der Inter-

---

1   Ulrich, Peter: Integrative Wirtschaftsethik. Grundlagen einer lebensdienlichen Ökonomie, Bern 1997.

2   Entsprechend der Zählung nach Maimonides im *Sefer ha-Mitzwot,* online verfügbar unter https://www. jewishvirtuallibrary.org/jsource/Judaism/613_mitzvot.html, letzter Zugriff: 23.12.2015.

aktion zwischen Jakob und seinem Onkel Laban[3] als Vorbild für Ehrlichkeit und Integrität am Marktplatz interpretiert[4] und die bedingungslose Gotteshörigkeit Abrahams bei der befohlenen Opferung seines Sohnes Isaak als Aufruf zu einer Orientierung an einem weder deontologischen noch konsequentialistischen Wirtschaftsethos verstanden.[5] Auch die *Neviim* (Propheten) und *Ketuvim* (Schriften) enthalten Lehren ökonomischer Relevanz, allerdings sind diese aggadisch (homiletisch) statt halachisch (gesetzlich). Fokus im Folgenden sind die ökonomischen Rechtslehren des Chumasch, welche in vier Kategorien unterteilt werden können: Eigentum, Zeit, Handel und Philanthropie.

Eigentum im Chumasch

Den Verpflichtungen biblischer Eigentumsethik unterliegen drei Grundsätze: Jeglicher Besitz gehört letztendlich Gott,[6] mit Eigentum ist verantwortungsvoll umzugehen, und eine lebenslange Besitzlosigkeit ist ungerecht.

Die Tora institutionalisiert sowohl Gemeinschafts- als auch Privateigentum. Beim Einzug der zwölf israelitischen Stämme in Kanaan wird ihnen jeweils ein dem Stammeskollektiv gehörendes Stück Land zugeteilt.[7] Die Stämme verteilten ihr Land wiederum unter ihren individuellen Mitgliedern, und die Fortführung dieser Aufteilung bildet die Grundlage des biblischen Eigentumsrechts. Private Transaktionen von Grundbesitz werden im alle sieben Schabbatjahre *(Schmita)* wiederkehrenden Halljahr *(Jobel)* durch eine Wiederherstellung der ursprünglichen Landaufteilung aufgehoben.[8]

Den Israeliten wird aus biblischer Sicht ein Land unter der Bedingung der Torabefolgung gegeben.[9] Ähnlich basiert die gesamte biblische Einstellung zu Eigentum auf Verpflichtungen anstelle von Rechten. In diesem Sinne kodifiziert die Tora statt eines expliziten Anspruchs auf Privateigentum die Verbote von Diebstahl[10] und Neid.[11] Zusätzlich soll dem Nächsten geholfen werden, dessen verlorenes Eigentum wiederzuerlangen.[12] Diebstahl wird mit Rückgabe, Bußgeld sowie Sühneopfer[13] oder Freiheitsentzug bestraft.[14]

Schutz des Privateigentums hat Grenzen: In Maßen darf sich jeder „am Weinberg oder Kornfeld des Nächsten" satt essen.[15] Im Schabbatjahr werden Sklaven freigelassen und Schulden

---

3   Gen 30,27–30.
4   Levine, Aaron: Market Ethics and Jewish Business Ethics, in: Jung, Leo: Business Ethics in Jewish Law, New York 1980, S. 200 ff.
5   Pava, Moses: Business Ethics: A Jewish Perspective, New York 1998, S. 84 ff.
6   Lev 25,23.
7   Jos 13,7.
8   Lev 25,8–12.
9   Ebd., 25,18–22.
10   Ebd., 19,11.
11   Ex 20,17.
12   Dtn 22,1–4.
13   Lev 5,20–25.
14   Ex 22,3.
15   Dtn 23,25–26.

erlassen.[16] Aus biblischer Sicht besteht kein unauflöslicher Konflikt zwischen Privateigentum und Freiheit. Im Gegenteil: Die Wiedererlangung von Besitz wird mit Freiheit in Verbindung gebracht,[17] Besitzlosigkeit soll höchstens ein temporärer Zustand sein, von dem jedes Gesellschaftsmitglied eine Aussicht auf Entkommen gewährt wird.

Zeit im Chumasch

Die Wirtschaftswissenschaften untersuchen nach Lionel Robbins „das menschliche Verhalten in Relation zu Zielen und knappen Mitteln mit alternativen Verwendungen“.[18] Eine dieser knappen Ressourcen ist Zeit, ihre Regulierung ist somit von großer ökonomischer Bedeutung. Die Verordnung eines einheitlichen Zeitrhythmus ist Grundlage für Kooperation, Planbarkeit und Geschichtsschreibung. Sie ist somit auch notwendige Bedingung einer gemeinschaftlichen Ökonomie.

Grundlage biblischer Zeitnormierung[19] ist die Dialektik zwischen Produktivität und deren Transzendenz: Die Tora verpflichtet zur Arbeit, zugleich begrenzt sie diese durch geheiligte Ruhe- und Festzeiten. Entsprechend den sechs Schöpfungstagen und dem Schabbat[20] verpflichtet die Tora zur sechstägigen Arbeit und zu einem anschließenden Ruhetag.[21] Zusätzlich wird die Arbeitszeit durch sieben Festzeiten begrenzt,[22] die in deren jeweiligen Quellen ebenfalls die Dialektik zwischen Produktivitäts- und Transzendenzimperativen widerspiegeln.[23] Schabbat und Festtage führen somit zu einer Reduzierung verfügbarer Arbeitszeit um ca. fünfzehn Prozent jährlich, bei Berücksichtigung der Eingrenzung landwirtschaftlicher Tätigkeit im Schabbatjahr sogar um etwa doppelt so viel.[24] Die soziale Funktion dieser verordneten Ruhezeiten schützt explizit auch die wirtschaftlich Schwächsten, Abhängigsten und Nutztiere vor unablässiger Arbeitslast.[25]

Handel im Chumasch

Die Tora reguliert sowohl den Warenhandel als auch den Arbeitsmarkt. Im Gegensatz zu Aristoteles verurteilt sie nicht kategorisch den Handel für Profit, Lohnarbeit bewertet sie nicht, wie Marx es später für die industrielle Lohnarbeit tat, als per se unmenschlich. Stattdessen versucht sie, diese Handelssphären gerecht und menschenwürdig zu gestalten.

---

16 Ex 21,2–6; Dtn 15,1–12.
17 Lev 25,10.
18 Robbins, Lionel: An Essay on the Nature and Significance of Economic Science, London 1945, S. 16.
19 Gen 1,14; 8,14.
20 Ex 20,11.
21 Ex 20,9–10.
22 Rosch Haschana, Jom Kippur, Sukkot, Schemini Atzeret, Simchat Tora, Schawuot und Pessach.
23 Ex 12,16; Lev 23,6–8; 23,21; 23,24–25; 23,32; 23,35–36.
24 Lev 25,3–5.
25 Ex 23,12.

Ausgleichende Gerechtigkeit ist wichtigster Grundsatz des biblischen Handelsrechts: Transaktionen sollen fair und gerecht sein, indem Käufer und Verkäufer sich auf einen wahren, intrinsischen Warenwert einigen. Täuschung und Betrug werden durch das Verbot der Übervorteilung untersagt[26] sowie das Gebot gerechter Längenmaße und Gewichte.[27] Der Handel mit bestimmten Gütern und Vermögenswerten wird kategorisch untersagt, wie z. B. levitisches Weideland.[28]

Im biblischen Arbeitsrecht steht die humane Behandlung von Arbeitnehmern im Vordergrund. Die Tora nimmt an, dass jemand seine Arbeitskraft nur getrieben von Bedürftigkeit verkauft, und diese Zwangslage soll nicht ausgenutzt werden.[29] Zur humanen Behandlung eines Arbeiters gehört aus biblischer Sicht in erster Linie dessen pünktliche Entlohnung.[30]

Die Tora nennt keine expliziten Pflichten des Arbeitnehmers. Allerdings wird mit dem allgemeinen Verbot der Übervorteilung, des Diebstahls und des Lügens auch die Verpflichtung zum Einsatz vereinbarter Arbeitszeit und -kraft institutionalisiert. Biblische Narrative wie z. B. bzgl. Jakobs Arbeitsethos[31] können als homiletische Aufrufe zu Arbeitnehmerfleiß gewertet werden. Jedoch steht aufgrund fehlender expliziter Kodifizierung rechtlich-positiver Arbeitnehmerpflichten fest, dass die Tora moralische Verpflichtung vor allem auf Arbeitgeberseite geboten sieht.

Bezüglich der Haltung von Sklaven unterscheiden sich die Lehren der Tora von anderen antiken Gesetzeskodizes sowie neueren Formen der Sklaverei deutlich. Aristoteles z. B. betrachtet Sklaverei als etwas Notwendiges, Natürliches und Vorteilhaftes.[32] In der Tora hingegen wird Sklaverei zwar erlaubt, aber nicht ermutigt. Sie wird vor allem als Ausweg aus der Armut und Not gewertet, initiiert vom künftigen Sklaven selbst, dem somit besonderer Schutz zuteilwird.[33] Hebräische Sklaven sind im Schabbatjahr zu befreien, reichlich mit Geschenken auszustatten,[34] gut zu behandeln, ihr freiwilliger Dienerstatus ist über das Schabbatjahr hinaus zu entmutigen.[35] Sklaven müssen entschädigt werden, erzwungene Versklavung von sowohl Israeliten als auch Nichtisraeliten wird per Todesstrafe untersagt.[36] Nichtisraeliten ist es erlaubt, hebräische Sklaven zu erwerben. Diese können jedoch losgekauft werden und sind ebenfalls im Schabbatjahr zu befreien.[37]

---

26 Lev 25,14.
27 EBd. 19,35–37; Dtn 25,13–14.
28 Lev 25,34.
29 Dtn 24,14–15.
30 Lev 19,13.
31 Gen 29,7; 31,6, 38,41.
32 Aristoteles: Politik. Buch 1, V, München ³2009.
33 Lev 25,39–42.
34 Dtn 15,12–18.
35 Dtn 15,12–16, siehe. auch Ex 21,10.
36 Ex 21,16.
37 Lev 25,47–55.

Philanthropie in der Bibel

Kern biblischer Sozialgesetzgebung ist verteilende Gerechtigkeit *(Zedaka)*. Aus Sicht der Tora ist Armut kein der Wirtschaft notwendigerweise immanentes Phänomen.[38] Entsprechend verpflichtet sie zur aktiven Armutsbekämpfung.[39] Zinslose Notdarlehen sind hierfür das präferierte philanthropische Instrument.[40]

Die Tora verpflichtet zum humanen Umgang mit Schuldnern, fordert so beispielsweise bei Bedarf die vorzeitige Rückgabe eines Pfandstücks,[41] verbietet überlebenswichtige Gegenstände als Darlehenspfand[42] und untersagt das Drängen auf Darlehensrückzahlung.[43] Schulden werden im Schabbatjahr erlassen und diese Regelung darf nicht zum Vorenthalten von Darlehen führen.[44] Verstetigung von Einkommensunterschieden sollte auch durch ein Rückkaufsrecht für Arme entgegengewirkt werden, womit sie ihr aus der Not verkauftes Eigentum wiedererlangen können.[45]

Eigentumsrecht wird durch Verpflichtungen zur Zedaka eingeschränkt. Die Ernte des Schabbatjahres soll auch Bedürftigen zugutekommen,[46] und spezifische Teile des Ertrags sind explizit nur für Arme bestimmt.[47] Armut sollte gesellschaftlich-rituelle Partizipation nicht ausschließen, wodurch das Opfergesetz spezielle Bestimmungen und Rechte für die sozial Schwachen enthält.[48] Insgesamt sollen so Verelendung und extreme Bedürftigkeit verhindert werden, zur Stärkung des Allgemeinwohls und gesellschaftlichen Friedens.

Ökonomie im Talmud

Ökonomie nimmt im Talmud, der mündlichen Tora, eine zentrale Rolle ein. Kein Themengebiet wird umfassender behandelt – nicht nur in drei dedizierten Traktaten für Wirtschaftsfragen *(Baba Kamma, Baba Metzia* und *Baba Batra)*, sondern im gesamten Talmud werden Halachot und Aggadot tradiert; es werden ökonomisch relevante Themen wie Betrug und Korruption diskutiert, „Work-Life-Balance" sowie Arbeitsbeziehungen, Werbung und Preisfindung, Wettbewerb und Regulierung, Geld und Finanzen. Eine Gesamtübersicht talmudischer Ökonomie würde den Rahmen dieses Beitrags sprengen.[49] Zur Vermittlung talmudisch-dialektischer Methodik bei einem zentralen ökonomischen Thema soll im Folgenden

38 Dtn 15,4.
39 Dtn 15,11.
40 Ex 22,24; Lev 25,35–36; Dtn 15,7–8.
41 Dtn 24,12.
42 Ebd., 24,6.
43 Ex 22,24.
44 Dtn 15,9.
45 Lev 25,25.
46 Ex 23,11; Lev 25,6.
47 Lev 19,9–10; 23,22, Dtn 24,19; 24,21.
48 Lev 5,7–11; 14,21; 27,8; Dtn 14,28–29.
49 Für eine solche Übersicht vgl. z. B.: Kaplan, Nathan Lee: Management Ethics and Talmudic Dialectics: Navigating Corporate Dilemmas with the Indivisible Hand, Wiesbaden 2014.

die Interpretation, Weiterentwicklung und Anwendung des biblischen Zinsverbots in Mischna und Gemara dargestellt werden.

Zinsverbot und Investitionsförderung im Talmud

Der Tanach lehnt Zinsnahme rechtlich und homiletisch ab,[50] Mischna und Tosefta behandeln kommerzielle Darlehen restriktiv und skeptisch.[51] Die Gemara hingegen erläutert und preist Investitionskredite.[52] Wie konnte es so weit kommen?

Die talmudische Iska
Die *Iska* (wörtl. Geschäft) bildet eine Synthese zwischen babylonischen Investitionsdarlehen und jüdischer Wirtschaftsethik. Ihre talmudische Formalisierung lautet:

האי עיסקא, פלגא מלוה ופלגא פקדון. עבוד רבנן מילתא דניחא ליה ללוה, וניחא ליה למלוה

„Eine Iska ist zum Teil ein Darlehen und zum Teil ein Depositum. Die Rabbinen haben eine Lösung entwickelt, die sowohl für Schuldner als auch für Gläubiger von Vorteil ist."[53]
    Diese gegenseitige Vorteilhaftigkeit begründet sich aus den folgenden drei Szenarien: Wäre die Iska ein reines Darlehen, würde eine Gewinnbeteiligung des Gläubigers am Geschäft seines Schuldners einer verbotenen Zinszahlung gleichkommen. Auch für den Schuldner wäre dies ein ungünstiges Konstrukt, da dieser nach Darlehensrecht das volle Risiko trüge. Wäre die Iska hingegen ein reines Depositum, so läge jegliches Verlustrisiko alleine beim Gläubiger, und der Depositar dürfte das Geld nicht für eigene Geschäfte verwenden,[54] da es Eigentum des Gläubigers ist. Wird der Iska-Betrag jedoch zur einen Hälfte als Darlehen und zur anderen als Depositum definiert, kann das Verlustrisiko zwischen beiden Transaktionsparteien gerecht geteilt werden, und der Gläubiger kann den mit seiner Hälfte durch den Depositar erwirtschafteten Gewinn einnehmen. So trägt die Iska, wie ein Forscher erläutert, durch „ihre Ausgewogenheit der Gewinn- und Verlustregelung und ihre gleichmäßige Verteilung des Verlustrisikos im Falle höherer Gewalt den berechtigten wirtschaftlichen Interessen beider Parteien und den strengen Zinsvorschriften Rechnung".[55]

---

50 Ex 22,24; Lev 25,35–38; Dtn 23,20–21; 1 Sam 22,2, 2 Kön 4,1; Jes 50,1, Ps 37,21–26; 109,11; 112:5; Spr 10,17; 22,7.
51 mBM 5,2; 5,6–7; 5,9–11; tBM 6,17.
52 bBM 104b.
53 Ebd.
54 Sofern er kein Geldwechsler ist, siehe mBM 3,11; bBM 43a.
55 Klingenberg, Eberhard: Das israelitische Zinsverbot in Tora, Mischna und Talmud, in: Abhandlungen der Geistes- und Sozialwissenschaftlichen Klasse der Akademie der Wissenschaften und der Literatur, Mainz 1977, S. 97.

Die Fortführung der zitierten Gemara macht überspitzt deutlich, dass die Iska nicht die Konsumtivdarlehen biblischer Zeiten im Blick hat,[56] sondern ihr Zweck stattdessen die Formalisierung von Investitionskrediten darstellt:

פלגא מלוה, אי בעי למשתי ביה שכרא – שפיר דמי. רבא אמר: להכי קרו ליה עיסקא, דאמר ליה: כי יהבינא
לך – לאיעסוקי ביה, ולא למשתי ביה שכרא.

„Jetzt wo gesagt wurde, dass [die Iska] zum Teil ein Darlehen und zum Teil ein Depositum ist, wenn [der Schuldner] mit dem Darlehensteil Bier trinken möchte, kann er dies tun. Rava sagte: [Nein.] Deshalb heißt sie eine Iska: Denn [der Gläubiger] kann [dem Schuldner] sagen: ‚Ich habe Dir [die Iska] für das Wirtschaften, und nicht zum Betrinken gegeben.'"[57]

Die Iska erfüllt somit auch eine soziale Funktion, indem sie durch die Institutionalisierung einer Partnerschaft zwischen Investoren und Managern einer Unternehmung vor Arbeitslosigkeit schützt und Selbständigkeit fördert.[58] Gleichzeitig geht aus den weiteren Traditionen der Iska hervor, dass sie eine gerechte Risiko-, Gewinn- und Verlustverteilung zwischen den Partnern sichert und eine von der Darlehensvergabe unabhängige Arbeitsentlohnung von Managern durch ihre Investoren einführt.[59] Im Kontext der starken Diskrepanz zwischen jüdischer Wirtschaftsethik und babylonischer Wirtschaftspraxis, im Folgenden erläutert, wird die Genialität dieser Iska-Synthese besonders deutlich.

Das Zinsverbot in Tanach und Mischna

Die Tora verbietet als einziger Gesetzeskodex der Antike Zinsnahme.[60] Dies ist möglicherweise auf die relative Bedeutungslosigkeit von kommerziellen Krediten im antiken Israel zurückzuführen,[61] auch zur tannaitischen Zeit hatte die Mehrheit der Bevölkerung Palästinas Grundbesitz und lebte von dessen Erträgen, wodurch ein Zinsverbot nicht zu einem gravierenden Einschnitt in den Wirtschaftsverkehr führte.[62]

Das biblische Verbot der Zinsnahme bezieht sich auf Notdarlehen innerhalb der israelitischen Stammesgemeinschaft.[63] Es ist dementsprechend als ein Instrument der Sozialhilfe zu

---

56　Rappaport, Josef H.: Das Darlehen nach talmudischem Recht, in: *Zeitschrift für Vergleichendes Recht* 47 (1933), S. 38.

57　bBM 104b.

58　Laut Maimonides (Mischneh Torah, Mattanot Aniyim, 10,7–14) besteht die höchste Form von Zedaka in der Verhinderung einer Abhängigkeit derselben. Die Formation einer Geschäftspartnerschaft, wie die Iska sie ermöglicht, wird explizit als Mittel zu diesem Ziel genannt.

59　bBM 68b–69a.

60　Gamoran, Hillel: Jewish Law in Transition: How Economic Forces Overcame the Prohibition Against Lending on Interest, New York 2008, S. 4f.

61　Klingenberg: Das israelitische Zinsverbot, S. 32.

62　Ebd., S. 87.

63　Dtn 23,21. Max Weber erkannte hierin die Reflexion einer „Binnen- und Außenmoral des jüdischen Rechtssystems" (in: Die Wirtschaftsethik der Weltreligionen. Das antike Judentum, Tübingen ⁸1986, S. 54). Eine plausiblere Erklärung ist das Prinzip der Reziprozität, denn eine Rechtslage, in der die Israeliten zinsfreie Darlehen an ihre Nachbarvölker verleihen mussten und an dieselben, da diese kein Zinsverbot institu-

verstehen, mit der kein Profit generiert werden sollte.[64] Trotz dieser *ratio legis* hat sich in der rabbinischen Rezeption das Zinsverbot auf alle Juden ausgeweitet. Diese Verschärfung vollzog sich in drei Dimensionen. Erstens sind Wohltaten, Vergünstigungen und Geschenke jeder Art verboten, die als eine Nutzungsvergütung für ein Darlehen gelten könnten (wie etwa als Gläubiger mietfrei bei seinem Schuldner leben).[65] Zweitens werden bestimmte Geschäftsarten aufgrund möglicher Preis- und Wertschwankungen für unzulässig erklärt (etwa Lieferungs-[66] und Kreditkäufe[67]). Drittens findet eine personelle Erweiterung der Normadressaten statt: Nicht nur der zinsnehmende Darlehensgläubiger sündigt, sondern auch dessen Schuldner,[68] der Bürge und die Zeugen[69] sowie der Schreiber des Schuldscheines.[70] Diese tannaitischen Verschärfungen wurden zunehmend zur Hürde einer erfolgreichen Partizipation der exilierten Juden am Wirtschaftsleben Babylons.

Iska: Synthese babylonischer Finanzwirtschaft und jüdischer Ethik

Die Institution des biblischen Notdarlehens wurde im babylonischen Exil gefährdet. Das Wirtschaftsleben der Juden war zunehmend von Handel bestimmt, wodurch sie Investitionsmöglichkeiten für ihr Kapital nachfragten.[71] Die Rabbinen sahen den sozialen Sinn des biblischen Darlehens gefährdet, indem aus Bedürftigkeit nun ein Geschäft gemacht werden konnte.[72] Gleichzeitig schwächte die geographische Verstreuung des Judentums in der Diaspora dessen Stammessolidarität und damit eine essentielle Vertrauensbasis zinsloser Notdarlehen. Hinzu stiegen die Opportunitätskosten zinsloser Darlehensvergaben signifikant im babylonischen Exil, wo ein Zinsniveau von ca. 20 Prozent für Geld- und 33 Prozent für Getreidedarlehen geläufig waren.[73]

---

tionalisierten, jedoch Zinsen auszahlen mussten, wäre wirtschaftlich wenig nachhaltig. Dieses Argument wird auch von mBM 5,6 unterstützt, wonach Zinszahlungen von Juden an „Goyim" erlaubt sind.

64   Gamoran: Jewish Law in Transition, S. 10.

65   mBM 5,2; 5,10; tBM 6,17.

66   mBM 5,7. Eine solche Transaktion ist nur in zwei Fällen erlaubt: Wenn der Verkäufer die Ware bereits besitzt, da diese dann sofort Eigentum des Käufers wird, oder wenn ein fester Marktpreis vertraglich fixiert wird.

67   mBM 5,2.

68   bBM 75b. Abgeleitet vom Zinsverbot in Dtn 23,20, in der rabbinischen Tradition interpretiert als „Du sollst Deinen Bruder nicht veranlassen, Zins zu nehmen".

69   Ebd, abgeleitet von Ex 22,24.

70   mBM 5,11.

71   Es gibt Indikationen, dass die Tannaiten genau diese Entwicklung aufzuhalten gedachten: Beispielsweise ordnet mBB 2,3 Handel dem Handwerk sowie der Bodenkultur unter.

72   Cohn, Emil: Der Wucher im Talmud, seine Theorie und ihre Entwicklung. Ein Beitrag zur Rechts- und Wirtschaftsgeschichte des Talmud, in: *Zeitschrift für vergleichendes Recht* 18 (1905), S. 318.

73   Ebd., S. 321. Auch wenn schon in biblischer Zeit Zinsen vom *Nachri* (Volksfremden) genommen werden konnten, wie das Zinsverbot in Dtn 23,21 zeigt, sanken die Transaktionskosten solcher Kredite im babylonischen Exil vor allem aufgrund geringerer Verlustrisiken durch verringerte räumliche Distanz zu Schuldnern.

Die tannaitischen Verschärfungen sollten nicht nur das biblische Notdarlehen schützen, sondern auch gegen die Bedingungen babylonischer Investitionskredite protestieren:[74] Gläubiger erhielten üblicherweise eine Beteiligung auf halben Gewinn, entlohnten die Arbeitsleistung von Schuldnern nicht und setzten eine Verlustausschlussklausel einseitiger Risikoverteilung durch.[75]

Die Amoräer griffen diese Bedenken auf, entwickelten jedoch gleichzeitig eine deutlich pragmatischere Haltung im Umgang mit dem Zinsverbot.[76] So erzählt die Gemara von kreativen Schlupflöchern und „Erleichterungen" zur Erwirtschaftung einer Kapitalrendite, beispielsweise für schutzbedürftige oder rabbinische Weisen.[77] Diese nachsichtigeren Haltungen werden auch durch die Einführung der Iska verdeutlicht. Ihre Syntheseleistung verbindet den Geist biblisch-mischnaischer Zinsgesetze mit den Anforderungen der babylonischen Wirtschaft. Die Besonderheit der Iska ist daher nicht als Umgehungsversuch des halachischen Zinsverbots zu verstehen, sondern beruft sich vielmehr auf die ursprüngliche Funktion dieses Verbots – eine Verhinderung der Ausbeutung von wirtschaftlich Schwachen und eine Ermöglichung eines menschenwürdigen Lebens durch unternehmerische Gründungshilfe, hier in Form von Risikokapital.[78] Außerdem verstößt die Iska nicht gegen biblisches Zinsrecht, weil sich mit ihr keine sicheren, festgesetzten Beträge als Nutzungsvergütung erzielen lassen.[79]

Wie jede gelungene Synthese vollzieht die talmudische Iska die drei hegelianischen Momente *conservare*, *negare* und *elevare* – gewisse Traditionen werden erhalten, andere den Bedingungen der Zeit angepasst, wodurch eine höhere Entwicklungsstufe erreicht wird. Die Iska importierte das Judentum Palästinas nach Babylonien, machte es aber gleichzeitig zu etwas Neuem. Solchen weitsichtigen Syntheseleistungen, beobachtete Heinrich Graetz, „verdankt das Judentum die Möglichkeit seines Bestandes in der Fremde".[80]

---

74 mBM 5,4; tBM 4,16.

75 Klingenberg: Das israelitische Zinsverbot, S. 93.

76 Hoffmann, David: Mar Samuel. Rector der jüdischen Akademie zu Nahardea in Babylonien. Lebensbild eines talmudischen Weisen der ersten Hälfte des dritten Jahrhunderts nach den Quellen dargestellt, Leipzig 1873, S. 30.

77 bBM 69b, 70a, 75a.

78 Ähnlich wie die Intention des tannaitischen *Prosbuls* (mGit 4,3) nicht die Aufhebung des Schuldenerlasses im Schabbatjahr ist, sondern die Sicherung des Kreditangebots auch gegen Ende des Schmitah-Zyklus.

79 Bei der post-talmudischen Kodifizierung der Iska in der sogenannten *Hetter Iska* (wörtl. Geschäftszulassung) kann hingegen mit gewissem Recht eine legale Umgehung des Zinsverbots postuliert werden, da diese als halachische Neuerung u. a. eine festvereinbarte Rendite ermöglicht. Siehe: Bleich, David: Hetter Iska, the Permissible Venture: A Device to Avoid the Prohibition Against Interest-Bearing Loans, in: The Oxford Handbook of Judaism and Economics, Oxford 2010, S. 197–220.

80 Graetz, Heinrich: Geschichte der Juden von den ältesten Zeiten bis auf die Gegenwart, Bd. 4, Leipzig 1908, S. 263.

Ökonomie in den Jüdischen Studien

Die wissenschaftliche Untersuchung des Judentums aus ökonomischer Perspektive erreichte in der zweiten Hälfte des 20. Jahrhunderts an wirtschaftswissenschaftlichen Fakultäten jüdischer Ausrichtung eine bis dahin beispiellose Spezialisierung. Die Ökonomen Meir Tamari (geb. 1927) an der Bar Ilan Universität Tel Aviv und Aaron Levine (1946–2011) an der Yeshiva University New York gelten als Pioniere der Bildung einer praxisorientierten, angewandten jüdischen Wirtschaftsethik sowie der Erforschung jüdischer Traditionen mittels der akademischen Volks- und Betriebswirtschaftslehre. Der folgende Abschnitt untersucht Levines 1980 erschienenes Werk *Free Markets and Jewish Law (FM&JL)*.[81]

Aaron Levine: Zwischen Kapitalismus und Kommunismus

Das im Kalten Krieg veröffentlichte *FM&JL* kann als Apologetik jüdischer Wirtschaftslehren im Zuge zunehmender Marktidealisierung der US-amerikanischen Öffentlichkeit verstanden werden. Befördert durch die Konsensfähigkeit von Positionen wie die des wirtschaftsliberalen Nobelpreisträgers Milton Friedman („die soziale Verantwortung von Unternehmen ist die Steigerung ihres Gewinns"[82]), wurden kollektivistische Grundsätze des Judentums wie Arbeiterrechte, soziale Gerechtigkeit und ökologische Nachhaltigkeit zunehmend als „Un-American" angeprangert – eine nicht nur gefährliche, sondern auch fehlgeleitete Tendenz, da jüdische Traditionen auch individualistische Werte vertreten wie Eigenverantwortung, Ambition und Prosperität.

In diesem Kontext unternimmt *FM&JL* eine halachische Bewertung zentraler Fundamente der freien Marktwirtschaft wie Wettbewerb, Effizienz und Liberalismus. Hierbei präsentiert Levine zunächst die jüdische Tradition als Alternative zu den ökonomischen Visionen sowohl kommunistischer als auch kapitalistischer Wirtschaftsordnungen: „Tradition, autoritative Führung und die freie Marktwirtschaft stellen gesellschaftliche Lösungsansätze des Problems der Wirtschaftsorganisation dar."[83]

Trotzdem zielt Levine auf eine Synthese jüdischer Wirtschaftstradition mit US-amerikanischer Kapitalismuspraxis. Hierfür akzeptiert er gleichzeitig Halacha und Volkswirtschaftslehre als autoritativ, was zu interessanten Brückenschlägen führt. So werden etwa bestimmte individualistische Wirtschaftshandlungen aufgrund ihrer Nonkonformität mit der Halacha als moralisch verwerflich bewertet – so eine verweigerte Beteiligung an der Errichtung von Synagogen: „Jemanden zu nötigen, seine religiöse Pflicht zu tun, wird vom jüdischen Recht nicht als Zwang betrachtet."[84] Kollektivismus soll so erzwungen werden dürfen. Gleichzeitig und paradoxerweise postuliert Levine wirtschaftsliberale Theorien wie die eines selbstregulie-

---

81   Levine, Aaron: Free Enterprise and Jewish Law: Aspects of Jewish Business Ethics, New York 1980.
82   Friedman, Milton: Capitalism and Freedom, Chicago 1962, S. 133.
83   Levine: *FM&JL*, S. 1.
84   Ebd., S. 159.

renden Marktes: „Obwohl das Modell des freien Unternehmertums die egoistische Natur des Menschen zum vollen Ausdruck bringt, nutzen die Kräfte des Marktes paradoxerweise das egoistische Motiv, um dem gesellschaftlichen Interesse zu dienen."[85]

Wenn Halachot eine Begrenzung des Marktes gewähren, etwa örtliche Unternehmer vor Wettbewerbern schützen und somit Monopolstellungen befördern, versucht Levine, trotzdem marktliberale Interpretationen und Legitimationen zu entwickeln: „In Anbetracht der Tatsache, dass ein Unternehmen keinen Anspruch […] auf unternehmerischen Schutz außerhalb seines Produktmarkts hat, kann man sich eine Folge von Ereignissen vorstellen, in denen der (Schutz) komplett wegfällt."[86] In den (wenigen) Fällen, wo Levine aus halachischer Perspektive eine Begrenzung von Marktkräften für erforderlich hält, bemüht er sich, diese Positionen nicht als „unamerikanisch" darzustellen, indem er sie als deckungsgleich mit westlichen Theorien, Ideologien und Bewegungen wie z. B. Keynesianismus, „Probusiness" oder „Consumerism"[87] darstellt. So auch beim genannten Wettbewerbsrecht, dessen punktuelle Begrenzung durch die Halacha als Schutz zum Wohle von Geschäftstreibenden dargestellt wird: „Die Haltung des jüdischen Rechts gegenüber ruinösem Wettbewerb spiegelt eine Vermittlung zwischen den gesellschaftlichen Werten der ökonomischen Effizienz und der industriellen Gerechtigkeit wider […], denn sie verlangt, dass der Geschäftsmann von einem Konkurrenten gegen übermäßig aggressives und zwielichtiges Geschäftsverhalten geschützt werde."[88]

Trotz des biblischen und talmudischen Primats des Rechts von Arbeitnehmern betont Levine deren halachische Verpflichtungen und die Freiheiten, sie entlassen zu können.[89] Auch wenn Levine grundlegend neoliberale Positionen vertritt, begründet er diese mit jüdischen Werten wie etwa bei seiner Argumentation, dass Mindestlöhne den Armen durch höhere Arbeitslosigkeitsraten schaden.[90]

Bezüglich der Marktregulierung, ein besonders kontroverses Feld im Diskurs über die Rolle des Staates in der Marktwirtschaft, sucht Levine Deckung für die interventionistischen Maßnahmen der Rabbinen: „Die Haltung des jüdischen Rechts in Bezug auf die Frage des Verbraucherschutzes […] steht stark im Einklang mit der aktuellen Consumerism-Bewegung."[91] Und wie Keynes glaubt auch Levine, dass in manchen Fällen die Handlungen von Individuen nicht zu einem sozialen Optimum führen und daher der Staat als Korrektiv eingreifen muss: „Da die freie Marktwirtschaft, wäre sie sich selbst überlassen, keine ausreichende gesamtwirtschaftliche Nachfrage erzielen würde, um Vollbeschäftigung zu generieren, müssen öffentliche Investitionen herangezogen werden, um diese Lücke zu schließen."[92]

---

85 Ebd., S. 2.
86 Ebd., S. 29.
87 US-Bewegung, die sich für den Schutz von Verbrauchern vor unlauteren Geschäftspraktiken einsetzt.
88 Levine: *FM&JL*, S. 21, 24.
89 Ebd., S. 35–38.
90 So auch in dessen Werk: Levine: Economic Public Policy and Jewish Law, New York 1993.
91 Levine: *FM&JL*, S. 115.
92 Ebd., S. 161.

Diese Sichtweisen sind unter Marktfundamentalisten, insbesondere in der angelsächsischen Welt, umstritten und laufen Gefahr, schnell als „sozialistisch" abgestempelt zu werden.[93] Aber unter Keynesianischer Deckung sieht Levine es als gerechtfertigt an, auch den Staat für die Finanzierung von religionsgemeinschaftlichen Vorhaben zu verpflichten: „Eingriffe des öffentlichen Sektors sind insofern gerechtfertigt, als sie angemessene Ausgaben und eine breite Beteiligung sicherstellen, um religiöse Pflichten zu finanzieren."[94]

An diesen Textbeispielen wird der von Alan Brill benannte „Handmaiden Approach" sehr deutlich: Wissenschaft wird instrumentalisiert für religiöse Zwecke.[95] Doch scheint dies nur eine Seite von Levines Werk zu sein. Denn er instrumentalisiert auch das Judentum für wirtschaftswissenschaftliche Zwecke. So sieht er alle sieben Funktionen, die von der Halacha dem Staat zugeschrieben werden, als „auf der Grundlage eines wirtschaftlichen Effizienzarguments rationalisiert".[96] Der Halacha zu folgen macht demnach ökonomisch Sinn, und sie wird somit auch zur „Handmaiden" der Wirtschaft. Dieser Problematik ist sich Levine sicherlich bewusst, was vielleicht auch erklärt, warum er im Nachwort eines sieben Jahre später veröffentlichten Werks umgekehrt versucht zu demonstrieren, dass „ökonomische Theorie sich hervorragend eignet, halachische Ziele zu befördern [...]"[97] Die Halacha und die Volkswirtschaftslehre wechseln sich so in der Rolle der „Handmaiden" ab. Entsprechend leidet auch Levine unter der von Meir Tamari angesprochenen Schwierigkeit bei der ökonomischen Erforschung jüdischer Traditionen:

> Für einen Wissenschaftler ist es ausgesprochen schwierig, seine persönliche ökonomische oder religiöse Philosophie nicht in den Diskurs mit einfließen zu lassen, aber diese Befangenheit wird dem Leser nicht immer klar. So kommt es, dass in der ersten Hälfte des 20. Jahrhunderts zahlreiche Untersuchungen zur Wirtschafts- und Sozialgeschichte des Judentums stark von den zeitgenössischen sozialistischen oder liberalen Philosophen beeinflusst waren und somit dazu tendieren, ein Judentum darzustellen, dass sich mit diesen philosophischen Thesen deckt. Heutzutage scheint das Pendel in eine andere Richtung zu schwingen, tendieren Forscher jetzt doch dazu, das Judentum mit den extremsten Philosophen der freien Marktwirtschaft gleichzusetzen.[98]

In seinen Positionen als Wirtschaftsprofessor und neoorthodoxer *Dayan* ist Levine dem Widerspruch zwischen dem dualen Selbstbild eines Homo economicus und Homo religiosus ausgesetzt. Leider entsteht so ein apologetisches, unkritisches und einseitiges Bild des vielfältigen jüdischen Wirtschaftsrechts. Bei allem wohlverdienten Respekt, das Feld der akademischen jüdischen Wirtschaftslehre und -ethik mit diesem Werk begründet zu haben, hat Levine hier nur selektive Aspekte der jüdischen ökonomischen Tradition präsentiert (was dem Untertitel von *FM&JL*,

---

93 Zur Kritik des Keynesianismus als „kollektivistisch" und „zentrale[r] Planung fördernd" siehe Hayek, Friedrich: The Collected Works of F. A. Hayek, Chicago 1989, S. 202.

94 Levine: *FM&JL*, S. 160.

95 Brill, Alan: Judaism in Culture: Beyond the Bifurcation of Torah and Madda, in: *The Edah Journal* 4/1 (1994), S. 2.

96 Levine: *FM&JL*, S. 136

97 Ebd., S. 196

98 Tamari, Meir: With All Your Possessions: Jewish Ethics and Economic Life, Jerusalem 1998, S. 9.

Aspects of Jewish Business Ethics, eine neue Bedeutung verleiht). So unternimmt Levine sowohl zu viel als auch zu wenig, zu viel, da die Ökonomie des Judentums sich nicht unter Begriffe wie „Kapitalismus" und „Kommunismus" subsumieren lässt, zu wenig, weil jüdische Ökonomie in einer fortwährenden Dialektik individualistische und kollektivistische Traditionen entwickelt, deren fundierte Synthese eine fruchtbare Grundlage zur Bildung der Vision eines freiheitlichen, gerechten und produktiven Wirtschaftssystems darstellen kann. So lehrte Hillel vor zwei Jahrtausenden zentrale Prinzipien zur Inspiration einer sozialen Marktwirtschaft:

אם אין אני לי, מי לי; וכשאני לעצמי, מה אני; ואם לא עכשיו, אימתיי

„Wenn ich nicht für mich bin, wer ist dann für mich? Und wenn ich nur für mich bin, was bin ich? Und wenn nicht jetzt, wann dann?"[99]

---

99 mAv 2,14.

Männlichkeit, Weiblichkeit, Körperlichkeit und Sexualität im Judentum

Tamara Or

„Wenn man die Dinge in mystischer Meditation betrachtet,
offenbart sich alles als eines." (Zohar I, 241a)

Geschlechterbilder stehen in einem engen Zusammenhang mit Gemeinschaftsentwürfen. In der Beschreibung von Männlichkeit und Weiblichkeit finden sich daher häufig auch Analogien zur Konstruktion von Gruppenidentitäten. Geschlechterbilder sind ferner verbunden mit der Vorstellung von bestimmten sozialen Rollen, die als geschlechtsspezifisch und quasi naturgegeben konstruiert werden. Die Geschlechterbilder im Judentum und die Rollenzuschreibungen für jüdische Frauen und Männer haben sich jedoch über die Jahrhunderte hinweg grundlegend verändert.

Die Untersuchung der jüdischen (Religions-)Geschichte anhand der in Abhängigkeit voneinander konstruierten Konzepte von Männlichkeit und Weiblichkeit belegt die Wandelbarkeit jüdischer Gesellschaftsentwürfe, zeigt den Konstruktcharakter von Geschlechterrollen auf und macht historische Machtverhältnisse sichtbar. Die Betrachtung von Männlichkeit und Weiblichkeit im Judentum eröffnet darüber hinaus grundlegende Erkenntnisse über das Selbstverständnis eines sich über die Jahrhunderte verändernden Judentums und zeigt, dass Geschlecht ein wichtiges Analyseinstrument zum Verständnis der jüdischen Geschichte insgesamt sein kann.

„Alles ist in Bewegung". Wandel als Charakteristikum von Religion und Geschlecht

Allen Kulturen ist gemeinsam, dass dem Geschlecht nicht nur eine biologische Bedeutung, sondern auch eine soziale Funktion zukommt. Geschlecht ist keine natürlich-ontologische Größe, sondern ein soziales Konstrukt, das sich unter unterschiedlichen historischen Rahmenbedingungen verändert. Geschlechtliche Identitäten und Rollen werden erlernt und stetig „aufs Neue aktualisiert".[1] Untersuchungen von Geschlecht fragen daher immer auch nach dem vorherrschenden Normensystem, „das die unterschiedlichen Rollen, Positionen, Möglichkei-

---

1   Opitz-Belakhal, Claudia: Geschlechtergeschichte, Frankfurt/Main 2010, S. 27.

ten und die Macht bestimmt, die jedem Geschlecht zuerkannt werden".[2] Mit der Kategorie Geschlecht lassen sich daher soziale Zuschreibungen ebenso wie politische Hierarchien und Klassifikationssysteme entschlüsseln.[3] Die Analyse von Geschlechterordnungen geht folglich über einen individuellen Ansatz hinaus und fragt nach der alltäglichen sozialen Praxis und ihrer kulturellen Bedeutung in einer Gesellschaft. Über die Geschlechterrollen und die Sexualbilder werden weitreichende Grundsätze und das Selbstverständnis von Gemeinschaften transportiert.[4]

Inzwischen ist die Geschlechterforschung in die unterschiedlichen akademischen Disziplinen als anerkanntes Analyseinstrument eingegangen.[5] In die Jüdischen Studien und die Judaistik hielt die Geschlechterforschung vor allem seit Mitte der 1990er Jahre Einzug. Vorreiter waren hier die jüdische Geschichtsforschung und die feministische Auseinandersetzung mit der rabbinischen Literatur, die die Stellung von Frauen und Männern in der jüdischen Traditionsliteratur in den Blick nahm.

Wie Geschlecht ist auch Religion keine essentialistische Größe, sondern wandelt sich in ihrer Erscheinungsform über die Jahrhunderte. Religionen befördern vornehmlich die Vergemeinschaftung von Menschen.[6] Die Ausgestaltung dieser Gemeinschaften, die religiösen Ausformungen und Rechtsnormen befinden sich in einem dynamischen Prozess, der sich unter unterschiedlichen historischen Rahmenbedingungen verändert. Auch das Judentum war von der Antike bis in die Jetztzeit großen Wandlungen unterworfen, die sich auf die Konstruktion von Männlichkeit und Weiblichkeit im Judentum entscheidend auswirkten.

Der vorliegende Beitrag untersucht exemplarisch die Konstruktion von Männlichkeit, Weiblichkeit, Körperlichkeit und Sexualität im Judentum von der Antike bis ins 20. Jahrhundert. Im ersten Teil des Beitrags steht die theologische Dimension im Fokus. Anhand der Analyse der biblischen Schöpfungsgeschichte, rabbinischer Kommentare und einiger mystischer jüdischer Traditionen wird darlegt, wie die Konstruktion von Männlichkeit und Weiblichkeit das Gottes- und Menschenbild im Judentum widerspiegelt. Zentral ist dabei auch die geschlechtsspezifiscshe Beziehung zwischen Gott und dem Volk Israel, das in der Beziehung zu Gott weiblich gedacht wird. Daran anschließend erfolgt eine historische Analyse der Veränderungen in den Rollenzuschreibungen für jüdische Männer und Frauen, die sich von der Antike bis zum 20. Jahrhundert radikal wandelt. Die Verortung in der jeweiligen Umweltkultur trägt dabei maßgeblich zur Konstruktion der Geschlechterrollen bei.

---

2   Zemon Davis, Natalie: Women's History in Transition: The European Case, in: *Feminist Studies* 3 3/4 (1976), S. 83–103, hier: S. 76; Frey Steffen, Therese: Gender, Leipzig 2006, S. 13.

3   Frevert, Ute: Geschlechtergeschichte. Rück- und Ausblick, in: Brenner, Michael; Myers, David N. (Hg.): Jüdische Geschichtsschreibung heute. Themen, Positionen, Kontroversen, München 2002, S. 172–180, hier: S. 175.

4   Braun, Christina von: Gender, Geschlecht und Geschichte, in: Braun, Christina von; Stephan, Inge (Hg.): Gender-Studien. Eine Einführung, Stuttgart 2006, S. 10–51, hier: S. 10. Geschlecht ist dabei nur eine der (meist binär konstruierten) Codierungen gesellschaftlicher Prozesse, die mit einer Vielzahl von anderen Kategorien interagiert, von diesen beeinflusst wird und *vice versa* auf diese zurückwirkt.

5   Für eine Einführung in die Geschlechterforschung unterschiedlicher akademischer Disziplinen vgl. ebd.

6   Eisen, Ute E.; Gerber, Christine; Standhartinger, Angela (Hg.): Doing Gender – Doing Religion. Fallstudien zur Intersektionalität im frühen Judentum, Christentum und Islam, Tübingen 2013, S. 18.

Ist Israel weiblich? – Die Grundlehre des Judentums in der Konstruktion der Geschlechter

Die Hebräische Bibel erzählt vom Wirken Gottes und seiner Interaktion mit den Menschen. Das Wesen Gottes bleibt meist im Verborgenen und deutet sich dem Menschen in den biblischen Geschichten nur an. Zentrale Aussagen über das Wesen Gottes finden sich in den zeitlichen Kategorien, in denen Gott angerufen wird: als Seiender, Werdender und Ewiger. Darüber hinaus finden wir im 5. Buch Mose den zentralen Wesenszug Gottes in einer Formulierung, die als zentraler Ausdruck des jüdischen Selbstverständnisses in die Geschichte des Judentums eingegangen ist. Dort heißt es: „Höre Israel, der Ewige, unser Gott, der Ewige ist eins *(echad)*" (Dtn 6,4).

Diese Einheit Gottes ist der Wesenskern der jüdischen Gottesvorstellung. Der Wesenskern des Menschen wiederrum findet sich in der biblischen Schöpfungsgeschichte darin festgehalten, dass Gott den Menschen nach seinem Abbild schuf: „Gott schuf also den Menschen als sein Abbild, als Abbild Gottes schuf er ihn" (Gen 1,27). Gott schafft den Menschen folglich als Abbild der göttlichen Einheit. Im gleichen Vers heißt es weiter: „Als Mann und Frau schuf er sie" (Gen 1,27). Mann und Frau werden in diesem ersten Schöpfungsbericht gleichberechtigt als Mensch gedacht und erhalten ihre Würde durch den Bezug auf die Schöpfung in der Ebenbildlichkeit Gottes. Der zweite Schöpfungsbericht unterscheidet sich in Bezug auf die Schöpfung von Mann und Frau deutlich vom ersten. Hier wird die Frau nicht in Bezug auf Gott, sondern in Bezug auf den Mann erschaffen. Sie ist vom „Mann genommen" (Gen 2,23). Der Mensch wird hier zum Mann, dem in der Frau eine Hilfe zur Seite gestellt wird, da es „nicht gut" sei, „daß der Mensch allein ist" (Gen 2,18).

Die Schaffung des Menschen in Einheit und Ebenbildlichkeit Gottes scheint mit der Schaffung der Zweiheit der Geschlechter (Mann und Frau) und ihrer Hierarchisierung zunächst durchbrochen. Die Hebräische Bibel berichtet weiterhin, dass das Streben des Menschen von nun an darin liegt, wieder eins zu werden: „Darum wird ein Mann seinen Vater und seine Mutter verlassen und sie werden *eins* sein *(echad)*" (Gen 2,24).

Während Gott also *eins* ist, zeichnet sich der Mensch nach der biblischen Schöpfungsgeschichte dadurch aus, *eins* werden zu wollen. Die Einheit des Menschen kann folglich im Gegensatz zur gegebenen Einheit Gottes nur durch aktives Handeln hergestellt werden. Männlichkeit und Weiblichkeit stehen hier symbolisch für eine Teilung, die es zu überwinden gilt. Ziel und Sinn der menschlichen Existenz liegt im Streben nach der Einheit, die die göttliche Existenz vorgibt.

Der Mensch ist in seiner Ebenbildlichkeit Gottes (*zelem elohim*) das einzige plastische Zeugnis eines Gottes, der ansonsten gestaltlos ist[7]. Die Einheit und Gestaltlosigkeit hebt den Gott der Hebräischen Bibel deutlich von den Umweltkulturen ab. Bei der biblischen Beschreibung der Offenbarung der Tora am Berg Sinai heißt es daher: „Die Stimme von Worten habt ihr gehört, aber Gestalt habt ihr nicht gesehen außer der Stimme" (Dtn 4,12) und weiter: „Denn ihr habt keinerlei Gestalt gesehen am Tage, an dem Gott zu euch am Horeb aus dem Feuer

---

7   Zu den Vorstellungen einer Körperlichkeit Gottes in der jüdischen Mystik vgl. Scholem, Gershom: Von der mystischen Gestalt der Gottheit. Studien zu Grundbegriffen der Kabbala, Frankfurt/Main 1995, S. 7–48.

sprach" (Dtn 4,15). Gott wird durch das Wort wirkmächtig. Er erschafft die Welt durch Worte („und Gott sprach") und offenbart sich den Menschen durch Wort und Stimme. (Siehe hierzu auch den Beitrag von Inka Bertz, S. 399.)

Trotz dieser Grundaussagen kommt auch die Hebräische Bibel nicht ohne anthropomorphe Beschreibungen Gottes aus. Diese Beschreibungen sind nicht geschlechtsneutral. Gott ist Herr, Vater, Richter, Hirte, König, Retter und Arzt. Nur sehr selten finden sich auch weibliche Gottesbeschreibungen in der Bibel, so tröstet Gott sein Volk wie eine Mutter (Jes 66,13). Weibliche Metaphern finden wesentlich häufiger Anwendung auf die Beschreibung des Volkes Israel. So ist Israel Tochter (Ps 45,11) und Ehefrau (Jer 51,5). Darüber hinaus kennen semitische Sprachen keine geschlechtsneutralen Verbformen. Jedes Verb kann entweder in seiner männlichen oder in seiner weiblichen Form gebraucht werden. Während die deutsche Formulierung „Gott spricht" nichts über das Genus des Sprechenden aussagt, wird das hebräische Verb deutlich einem Geschlecht zugeordnet. Das hebräische Wort Gott *(elohim)* ist ein männlicher Plural, der grammatikalisch im männlichen Singular agiert. Obwohl die Hebräische Bibel Gott weder als männlich noch als weiblich bzw. als männlich *und* weiblich denkt, transportiert die hebräische Sprache vor allem ein männlich gedachtes Gottesbild. Göttinnen werden in der Hebräischen Bibel hingegen ausschließlich polemisch erwähnt und sind verbunden mit Götzendienst bzw. einer Absage an den kanaanäischen Polytheismus. Die weibliche Gottheit wird so zum Urbild des „Anderen". Der männlich adressierte Gott Israels steht der Göttin oder den Göttinnen der Götzendiener gegenüber.[8] Die Bezugnahme zu dieser anderen Gottheit wird mit erotischen und sexuellen Bildern unterlegt und als „Hurerei" abgelehnt. Der Prophet Ezechiel bezeichnet die Israeliten als ehebrecherisch, wenn sie fremde Götter anbeten. Den Götzendienst Israels vergleicht er mit einer Dirne: „An jeder Straßenecke hast Du Deine Kulthöhen errichtet, du hast Deine Schönheit schändlich missbraucht, hast Dich jedem angeboten, der vorbeiging, und hast unaufhörlich Unzucht getrieben" (Ez 16,23). Der weibliche Körper dient hier als Metapher für die Untreue Israels. Israel wird im Götzendienst zu einer Hure und Ehebrecherin. Mann und Frau werden zu den Metaphern, mit denen die Hebräische Bibel die Beziehung zwischen Gott und seinem Volk beschreibt. Während der Namensstifter Jakob/Israel nach biblischer Erzählung ein Mann ist, der mit Gott ringt, wird Israel als Gemeinschaft in Bezug auf Gott weiblich gelesen.

Diese Interpretation greift auch die rabbinische Literatur auf, die das Hohelied der Liebe als Beschreibung der Beziehung zwischen Gott und seinem Volk liest.[9] Gott ist dabei Ehemann und die *Knesset Israel* (die Versammlung Israel) seine Braut. Die *Knesset Israel* taucht in zahlreichen rabbinischen Geschichten als weibliche Partnerin Gottes auf. Im Babylonischen Talmud werden Gott und die *Knesset Israel* z. B. zu Vater und Mutter, die ihre Kinder gemeinsam erziehen (bBer 35b).

Die rabbinische Literatur thematisiert auch die zwei Schöpfungsgeschichten und fragt nach dem Geschlecht des Menschen. Die biblische Erzählung, dass der Mensch im Abbild Gottes als Mann und Frau geschaffen wurde, lesen der Midrasch und der Babylonische Talmud dahingehend, dass der erste Mensch als Hermaphrodit auf die Welt gekommen sei, als Mann

---

8   Berichte über die Verehrung von Göttinnen finden sich z. B. in: Ri 3,7; Ri 6,25–26; Ri 10,6; 1 Sam 31,10; 1 Kön 11,5; 1 Kön 11,33; 1 Kön 18,19; 2 Kön 21,7.

9   Vgl. Midrasch Schir Haschirim.

und Frau in einer Person (GenR 8,1; bBer 61a). An anderer Stelle betont der Talmud, dass das Menschsein an der Verbindung von Mann und Frau hängt. So sei ein Mensch, der keine Frau hat, kein Mensch (bYev 63a).

Darüber hinaus schafft Gott nach rabbinischer Tradition die Welt in Gerechtigkeit und in Barmherzigkeit, was sich in seinen Beschreibungen als Richter und Erbarmer auch in den zwei unterschiedlichen Gottesbezeichnungen, die im Buch Genesis Erwähnung finden, ausdrückt. Während der Begriff des Richters männlich konnotiert ist, leitet sich das Wort *haRachaman* (Der Barmherzige) vom hebräischen Wort für Uterus *(Rechem)* ab und hat daher eine direkte Verbindung mit dem Ursprung des Wortes „gebären". An einer anderen Stelle sagt der Babylonische Talmud in einer anthropomorphen Beschreibung Gottes, „Gott stemmt die Hände in die Hüften wie eine Gebärende" (bSan 98b). Die Welt kann nach rabbinischer Auffassung nur in Gerechtigkeit und Barmherzigkeit Bestand haben und damit auch nur in der Einheit ihrer weiblichen und männlichen Anteile.

In der Konstruktion von Männlichkeit und Weiblichkeit wird der gesamte Schöpfungsakt als Teilung und Einswerdung beschrieben, als die Suche des Menschen nach der Einheit. Die Heilung der Geschlechterbeziehungen und der Trennungen in der Welt wird in der jüdischen Mystik zu einem theurgischen Akt auf dem Weg der Instandsetzung der Welt, zu Tikkun Olam. Einsicht *(Bina)* und Weisheit *(Chochma)*, durch die Gott in der rabbinischen Tradition die Welt schafft, werden in der jüdischen Mystik zu weiblichen Anteilen der Gottheit selbst.

Die jüdische Mystik (Kabbala) verlegt das Suchen und das Streben des Menschen nach der Einheit in das innergöttliche Wesen. Im ältesten Werk der Kabbala, im Buch der Schöpfung *(Sefer Jezira)* und im Buches des Glanzes *(Sefer HaZohar)*, das im 13. Jahrhundert in Spanien entsteht, besteht das innergöttliche Wesen aus einem theosophischen System von zehn Wirkkräften/Emanationen (Sefirot),[10] die unterschiedliche Wesensmerkmale Gottes beschreiben und in späteren mystischen Traditionen auch in Form eines *Sefirot*-Baumes oder in der Gestalt eines irdischen zweigeschlechtlichen Adam dargestellt werden.[11] Die Wesensmerkmale Gottes sollen die Einheit in der Vielgestaltigkeit der Schöpfung zum Ausdruck bringen[12] und sind geschlechtsspezifisch. Weiblichen Emanationen Gottes stehen männliche Emanationen gegenüber. Die gesamte Welt wird als Manifestation dieser zehn Emanationen gedeutet, die unter Verwendung einer stark sexuellen Bildsprache miteinander interagieren und in der Interaktion veränderlich sind. So wie die innergöttlichen Wirkkräfte in die Welt wirken, so übt das Verhalten Israels Einfluss auf die innergöttlichen Emanationen aus.[13]

---

10 Der Begriff *Sefirot* ist eine Neuschöpfung des Autors des *Sefer Jezira*. Im *Sefer Jezira* sind die innergöttlichen Wirkkräfte noch nicht namentlich benannt. Das im 13. Jahrhundert in Spanien entstandene *Sefer HaZohar* benennt hingegen die Wirkkräfte namentlich: *Keter Eljon* (höchste Krone), *Chochma* (Weisheit), *Bina* (Verstand), *Chessed* (Gnade), *Gvura* (Macht), *Tiferet* (Pracht), *Nezach* (Glanz, Beständigkeit), *Hod* (Majestät), *Jesod* (Fundament), *Malchut* (Herrschaft); vgl. Sefer Jezira. Buch der Schöpfung, herausgegeben, übersetzt und kommentiert von Klaus Herrmann, Tübingen 2008, S. 157.

11 Systematisch weiterentwickelt werden sie in der Folge u. a. im Buch des Lichtes *(Sefer HaOra)* von Joseph Gikatilla, vgl. Hermann: Sefer Jezira, S. 146.

12 Das Grundprinzip des *Sefer Jezira* drückt sich nach Herrmann daher in dem Satz „Einheit in Vielheit" aus, vgl. Herrmann: Sefer Jezira, S. 182 f.

13 Ebd., S. 147.

Vor allem den weiblichen Emanationen werden die Eigenschaften zugeschrieben, zwischen den unterschiedlichen Wirkkräften innerhalb der Gottheit und zwischen Gott und Menschen zu korrespondieren. Im Fokus dieser Kommunikation zwischen Gott und den Menschen steht die Vorstellung der Schechina. Der grammatikalisch weibliche Begriff *Schechina* bedeutet im Wortsinn Anwesenheit Gottes und kommt in der Bibel nicht vor. In der rabbinischen Literatur ist die *Schechina* gleichbedeutend mit Gott selbst, sofern Gott bei einer Handlung oder an einem bestimmten Ort anwesend ist.[14] (Siehe hierzu auch den Beitrag von Elisa Klapheck, S. 81.) Eine explizit weibliche Konnotation hat die *Schechina* in der rabbinischen Literatur nicht. Dies ändert sich in der jüdischen Mystik mit dem Buch des hellen Glanzes *(Sefer HaBahir)*, das in Südfrankreich im 12. Jahrhundert in Umlauf kam und die *Schechina* als weibliche Kraft definiert. Das *Sefer HaBahir* beschreibt die *Schechina* sowohl als Tochter und Frau als auch als obere Mutter, die die unteren *Sefirot* erzieht oder als Braut, die die Gemeinschaft mit Gott quasi durch eine innergöttliche Hochzeit sucht.[15] (Siehe hierzu auch den Beitrag von Karl Grözinger, S. 191.)

Im *Sefer HaZohar* steht die *Schechina* für das „Ewig-Weibliche" und für alles, was in der irdischen Welt weiblich ist.[16] Zur weiblichen Beschreibung kommt im *Zohar* eine ausgesprochen erotische Dimension und Sexualsymbolik hinzu.[17] Dabei unterscheidet der *Zohar* zwischen einer oberen und einer unteren *Schechina*. Die obere *Schechina* steht für das gebärende und mütterliche Prinzip, aus welchem die unteren *Sefirot* hervorgehen und aus dem alles kosmische Leben entsteht. Die untere *Schechina* hingegen wirkt in die Schöpfung hinein. Sie wird als Gefäß dargestellt, das alle Kraft von den männlich konnotierten *Sefirot* empfängt. Die untere *Schechina* ist passiv und auf die männlichen Kräfte angewiesen. Da sie in enger Verbindung zur irdischen Welt steht, ist sie nach mystischem Verständnis auch dem Bösen in der Welt am stärksten ausgeliefert, das sie von der Vereinigung mit ihrem männlichen Gegenpart abzubringen sucht. Die Einheit in Gott ist durch das passive, weibliche Element innerhalb der Gottheit in Gefahr. Vor allem die Vorstellung im rabbinischen Judentum, dass Gott nach der Zerstörung des Tempels in Gestalt der *Schechina* mit seinem Volk ins Exil gezogen sei, bekommt in der jüdischen Mystik eine weitere Bedeutung. Der Gang der *Schechina* ins Exil ist in der jüdischen Mystik gleichbedeutend mit einem innergöttlichen Exil, das sich in der Entfremdung der weiblichen und männlichen Seite Gottes ausdrückt. Das Exil Israels wird so gleichzeitig zu einem Exil innerhalb der Gottheit.

Die ganze Dynamik des Gottesbegriffes des *Zohar* ist auf die Realisierung der Einheit des göttlichen Lebens durch die Vereinigung des männlichen mit dem weiblichen Prinzip abgestellt.[18] Die Gottheit kann ebenso wie die Welt erst eins werden, wenn die vorhandene Trennung zwischen männlich und weiblich aufgehoben wird. Die Anziehung und die Ver-

---

14   Vgl. Scholem: Von der mystischen Gestalt der Gottheit, S. 143.

15   Mit dem Bild der *Schechina* als „Braut" ist auch das bis heute zu Beginn des Schabbats in der Synagoge gesungene Lied „Lecha Dodi" verbunden. Verfasst wurde es von Schlomo Alkabez, einem Anhänger der lurianischen Kabbala. Es beginnt mit den Worten: „Geh mein Geliebter, der Braut entgegen".

16   Vgl. Scholem: Von der mystischen Gestalt der Gottheit, S. 177.

17   Ebd., S. 164.

18   Ebd., S. 179.

einigung zwischen dem Männlichen und Weiblichen werden mit explizit sexuellen Metaphern verdeutlicht. Die irdische sexuelle Vereinigung von Mann und Frau wird so von einem körperlichen zu einem metaphysischen Akt. Sexualität wird in einen Zusammenhang gestellt mit der Herstellung der verloren gegangenen Einheit Gottes und Gottes mit Israel. Sexualität führt so auf einer metaphysischen Ebene zur Erlösung. Dieses mystische Verständnis von Sexualität führte partiell zu sexuellen Exzessen in den jüdisch-messianischen mystischen Bewegungen des auf Sabbatai Zwi (1626–1646) zurückgehenden Sabbatianismus und des auf Jakob Joseph Frank (1726–1791) zurückgehenden Frankismus im 17. und 18. Jahrhundert. Im Zentrum von Franks Lehre stand die *Schechina,* die von seinen Anhängern mit seiner Tochter Eva identifiziert wurde. Eva Frank wurde so zum einzigen bekannten Fall einer weiblichen Messiasgestalt im Judentum.[19]

In der Hebräischen Bibel wird Gott als gegebene Einheit gedacht. Ziel des menschlichen Strebens ist die Nachahmung dieser Einheit Gottes durch das Überwinden der Trennung von Weiblichkeit und Männlichkeit. Die Beziehung zwischen Gott und seinem Volk wird im Bild der Einheit eines männlich konstruierten Gottes mit Israel als seinem weiblichen Gegenpart metaphorisch zum Ausdruck gebracht. Die jüdische Mystik verlegt die Suche nach der Einheit in das Innere der Gottheit selbst. Wie der Mensch sucht nun auch Gott durch die Überwindung von Männlichkeit und Weiblichkeit nach seiner Einheit. Die mystische Vorstellung, dass Gott in sich dynamische Prozesse vereinigt und seine eigene Einheit finden muss, stand im großen Widerspruch zu den meisten Denkschulen der jüdisch-arabischen Philosophie, die zeitgleich die Unveränderlichkeit Gottes und seine innere Unbewegtheit propagierten. Die *Schechina* war in diesen philosophischen Schulen nicht Teil Gottes, sondern stand als „erstes Licht" am Anfang der göttlichen Schöpfung. Beide Richtungen fanden für ihre Interpretationen Anhaltspunkte in der Hebräischen Bibel und der rabbinischen Literatur, die Männlichkeit und Weiblichkeit auch hinsichtlich unterschiedlicher sozialer Rollenzuschreibungen für jüdische Männer und Frauen definierte. Diese Rollenbilder veränderten sich in jüdischen Gemeinschaften über die Jahrhunderte grundlegend.

„Ihre Arbeit versieht ihn mit Büchern." Tapfere Frauen und lernende Männer von der Antike zur Neuzeit

Bereits die Hebräische Bibel benennt geschlechtsspezifische Unterschiede in der Erfüllung religiöser Gebote. Das erste geschlechtsspezifische Gebot findet sich im 1. Buch Mose. Gott schließt nach biblischer Erzählung seinen Bund mit Abraham und seinen Nachkommen. Als Zeichen des Bundes sollen alle männlichen Kinder am achten Tag nach ihrer Geburt beschnitten werden (Gen 17,10–14). Die biblische Erzählung gab dem im antiken Orient weit verbreiteten Brauch der Beschneidung somit eine spezifische Bedeutung: Sie war das Bundeszeichen, das alle männlichen Nachfahren Abrahams an ihrem Körper tragen sollten.[20] Während sich das biblische

---

19 Morgenstern, Matthias: Gender und Judentum, Berlin 2014, S. 18.

20 Die Ursprünge des Brauches sind ungewiss. Die älteste bekannte Darstellung des Beschneidungsritus findet sich auf einem ägyptischen Relief und stammt aus der Zeit um 2300 v. u. Z. Vgl. Schroer, Silvia; Keel,

Beschneidungsgebot an alle Nachfahren Abrahams richtete, wurde die Pflicht der Beschneidung in der rabbinischen Literatur auf Juden beschränkt (GenR 53,12).[21] Auch die frühchristliche Diskussion um die Notwendigkeit der Beschneidung von Nichtjuden wurde auf dem Apostelkonzil in Jerusalem dahingehend entschieden, dass sich zum Christentum konvertierte Heiden im Gegensatz zu den sogenannten Judenchristen nicht beschneiden lassen müssten.[22] Mit dem Ende des antiken Judenchristentums wurde die Beschneidung nicht nur zum Bundeszeichen mit Gott, sondern auch zu einem Unterscheidungsmerkmal zwischen Juden und Nichtjuden erklärt. (Siehe hierzu auch den Beitrag von Christina von Braun, S. 15.)

Nach rabbinischer Lesart war die Frau von der Beschneidung ausgenommen, da sie durch den Mann am Bund mit Gott Anteil hatte. Sie galt damit nicht als eigene Rechtsperson, sondern als Teil einer Rechtsgemeinschaft mit dem Mann, der das Rechtssubjekt darstellte. Die rechtliche Unterordnung von Frauen unter ihre Männer hatte weitreichende Auswirkungen auf die sozialen Rollen und die Bewegungsspielräume von Frauen und Männern im rabbinischen Judentum, das eine stark patriarchalisch geprägte Gesellschaft war. Bereits in der Hebräischen Bibel werden Frauen regelmäßig unter ihre Männern subsumiert.[23] Die biblischen Könige und Priester sind durchgehend männlich und die rabbinische Literatur schließt Frauen auch von den wichtigsten kultischen nachtemplischen Pflichten aus.[24]

Gleichzeitig wird das Reinigungsritual, dem sich die Priesterschaft im Tempel zur Vorbereitung auf den Opferdienst unterziehen muss, zu einem Ritual, bei dem die Priester geschlechtslos auftreten sollten, um die Einheit des Volkes Israel im Dienst am Heiligtum zu symbolisieren.[25] Das Buch *Sirach* (Sir 50,5–14) beschreibt die Schönheit des Hohepriesters Simeon während des Tempeldienstes, der Prachtgewänder und Schmuckstücke anlegte, Speisen vorbereitete und rituelle Reinigungsarbeiten durchführte – Tätigkeiten, die die rabbinische Literatur im nachtemplischen Judentum als Frauenarbeiten definierte. Darüber hinaus machte jede äußerliche Manifestation männlicher Sexualität (Geschlechtsverkehr oder ein Samenfluss während des Schlafes) die Priester rituell untauglich für den Tempeldienst.[26]

Männer und Frauen konnten aus unterschiedlichen Gründen rituell unrein werden. Die rabbinische Literatur verpflichtete Männer und Frauen, die rituell unrein geworden waren,

---

     Othmar: Die Ikonographie Palästinas/Israels und der Alte Orient. Vom ausgehenden Mesolithikum bis zur Frühbronzezeit, Freiburg 2005, S. 256.

21   Im Mittelalter setzt sich im Midrasch *Jalkut Schimoni* (§ 261) die Auffassung wieder durch, die Beschneidung sei allen Menschen geboten. Ferner seien alle Gerechten und auch der erste Mensch in beschnittenem Zustand geschaffen worden.

22   In einem Streit zwischen Simon Petrus und Paulus von Tarsus, der in der neutestamentarischen Exegese als „Antiochenischer Zwischenfall" bekannt wurde, sprach sich Paulus gegen die Beschneidung von Heidenchristen aus (Gal 2; Apg 15). Vgl. Schnelle, Udo: Die ersten 100 Jahre des Christentums 30–130 n. Chr., Wien 2015. (Siehe hierzu auch die Beiträge von Daniel Boyarin, S. 59 und Joachim Valentin, S. 125.)

23   Cohen, Shaye J. D.: Are Women in the Covenant? in: Ilan, Tal; Or, Tamara; Salzer, Dorothea M.; Steuer, Christiane; Wandrey, Irina (Hg.): A Feminist Commentary on the Babylonian Talmud: Introduction and Studies, Tübingen 2007, S. 25–42, hier: S. 26 ff.

24   Ilan et al.: A Feminist Commentary on the Babylonian Talmud, S. 5.

25   Vgl. Marx, Dalia: Tractates Tamid, Middot and Qinnim, in: ebd., S. 13.

26   Morgenstern: Gender und Judentum, S. 22 f.

zu einem Tauchbad (Mikwe). Im Fokus der Reinigungsvorschriften für die Frauen stand die Menstruation. Wie in anderen antiken Kulturen auch galt eine Menstruierende (Nidda) im Judentum als rituell unrein und der Geschlechtsverkehr mit ihr war verboten (Lev 20,18). In der mittelalterlichen aschkenasischen Tradition wurden die Reinheitsvorschriften für die *Nidda* das Pendent zur Beschneidung und zum entscheidenden Ritual, durch das eine Frau ihr „Jüdisch-sein" unter Beweis stellte.[27] (Siehe hierzu auch den Beitrag von Charlotte Fonrobert, S. 173.) Männer definierten ihre eigene rituelle Reinheit über die Körper der Frauen.[28] Frauen nutzten die Reinheitsvorschriften auch, um zu entscheiden, wann sie mit ihrem Mann schlafen wollten. In mittelalterlichen aschkenasischen Quellen ist belegt, dass Frauen absichtlich das Untertauchen in der *Mikwe* hinauszögerten, um ihre Männer auf (sexuelle) Distanz zu halten. Im Buch der Frommen *(Sefer Chassidim)* aus dem frühen 13. Jahrhundert hieß es daher, ein Mann, der seine Tochter verheiratet, solle ihr „befehlen, niemals den Zeitpunkt ihres Untertauchens hinauszuzögern",[29] um den ehelichen Verkehr zu verhindern.[30]

Nach rabbinischem Recht war der Mann verpflichtet, seine Frau sexuell zu befriedigen. Das biblische Gebot, dass der Mann seine Frau „erfreuen" solle (Dtn 24,5), legten die Rabbinen als sexuelle Freude aus (bPes 72b). Die Frau hatte das Recht auf regelmäßigen Beischlaf (Ex 21,10; bEr 100b) auch dann, wenn sie keine Kinder (mehr) gebären konnte. Das Gebot Nachkommen zu haben, geht auf das biblische Gebot „seid fruchtbar und mehret Euch" (Gen 1,28) zurück und wurde im jüdischen Recht nur als Verpflichtung des Mannes verstanden. Biblisch galt das Ausbleiben von Kindern als Übel und die Bibel erzählt zahlreiche Geschichten von Frauen, die keine Kinder gebären können (Sara, Rebekka, Rachel, Hanna et al.). Wenn ein Mann kinder-los verstarb, so war sein Bruder verpflichtet, die Witwe zu heiraten und ein Kind im Namen seines Bruders zu zeugen (Leviratsehe, Dtn 25,5–6). Die rabbinische Tradition kannte zwar die beabsichtigte Kinderlosigkeit,[31] hielt diese jedoch für ein Verbrechen, dass dem „Blutver-gießen" gleichkäme (bYev 63b). Vor diesem Hintergrund war folglich auch die Onanie ver-boten, da sie die Möglichkeit der Zeugung verspielte und im Gegensatz zum Grundsatz der Einheit Sexualität in der Trennung bedeutete. Auch Homosexualität war verboten und galt als Anlehnung an ägyptische und kanaanäisch heidnische Kulturen (Lev 18,2–5; Lev 18,22).[32] Gleichzeitig beschreibt sowohl die Bibel in der Geschichte von David und Jonathan als auch

---

27 Baskin, Judith R.: Geschlechterverhältnisse und rituelles Tauchbad im mittelalterlichen Aschkenas, in: Müller, Christiane E.; Schatz, Andrea (Hg.): Der Differenz auf der Spur. Frauen und Gender in Aschkenas, Berlin 2004, S. 51–67, hier: S. 51.

28 Ebd., S. 52.

29 *Sefer Chassidim* § 506, vgl. ebd., S. 59.

30 Eleasar von Worms empfahl den Männern zwar Abstand zu ihren Frauen zu halten, da diese sie nur vom Torastudium abhalten würden, sah in der sexuellen Enthaltsamkeit des Mannes aber gleichzeitig die Gefahr, dass sich Manner außerhalb der Ehe „versundigen" konnten. Vgl. *Sefer HaRokeach* § 20, Baskin: Geschlechterverhältnisse, S. 54.

31 Zum Beispiel begründete Ben Azzai seine Kinderlosigkeit im Babylonischen Talmud (bYev 63a) mit dem Satz, „seine Seele habe Lust an der Tora, mögen andere die Welt erhalten".

32 Grundlegend für die Beurteilung von Homosexualität war die Sodom-Erzählung (Gen 19,4–13) und das Verbot, „bei einem Mann zu liegen wie bei einer Frau" (Lev 18,22). Diese Norm wurde auf den Analver-kehr bezogen und mit der Todesstrafe sanktioniert (Lev 20,13). Auch das Neue Testament lehnte homo-

die rabbinische Literatur in der Beziehung zwischen Rabbi Jochanan ben Zakkai und Resch Lakisch (bBM 84a) die Liebe zwischen Männern.

Sexualität gehörte nach biblischem und rabbinischem Verständnis jedoch in die Ehe. Nach biblischem Recht konnte eine Tochter von ihrem Vater als Ehefrau verkauft werden (Ex 21,7). Sie war als Ehefrau eine „in Besitz genommene" *(Beula)* ihres Ehemannes *(Baal)*, der sie durch einen Kaufpreis erwarb (Gen 34,12; Ex 22,15). Prinzipiell entschied der Mann über die Eheschließung, konnte jedoch bei der nachgewiesenen Verführung einer Frau zur Ehe mit ihr gezwungen werden. Auch die Polygamie des Mannes war erlaubt, wenn die Rechte der ersten Frau nicht zugunsten der zweiten gemindert wurden (Dtn 21,15). Erst im Mittelalter wurde für aschkenasische Juden die Polygamie von Rabbenu Gerschom Me'or haGolah („Die Leuchte der Diaspora", 1028) verboten. Für die sephardischen und orientalischen Juden wurde die Polygamie hingegen erst durch das Bigamieverbot des Staates Israel 1959 institutionell abgeschafft. (Siehe hierzu auch den Beitrag von Sina Rauschenbach, S. 111.) Eheschließung zwischen jüdischen Männern und nichtjüdischen Frauen waren biblisch nicht problematisch.[33] Das rabbinische Recht hingegen, das die eherechtlichen Bestimmungen in fünf Traktaten ausführlich behandelte und das biblische Recht erweiterte, verbot die Ehe mit Nichtjüdinnen vor dem Hintergrund der Festlegung des Prinzips der Matrilinearität, nach dem derjenige Jude war, der von einer jüdischen Mutter geboren wurde. (Siehe hierzu auch den Beitrag von Christina von Braun, S. 15.) Auch wenn Frauen nach rabbinischem Recht mit dem zukünftigen Ehemann einverstanden sein mussten, blieben Eheschließungen rechtlich ein kommerzieller Akt zwischen dem Vater und dem zukünftigen Ehemann der Frau. So legt die rabbinische Literatur fest, dass eine Ehefrau auf drei Wegen „erworben" werden kann: durch Geld, durch Vertrag und durch Beischlaf (mQid 1,1).

Vor allem der Ehevertrag *(Ketubba)* erlangte über die Jahrhunderte zunehmende Bedeutung für die Eheschließung. Im Mittelalter wurde die *Ketubba* in Aschkenas standardisiert und Zeitpunkt, Ort und Größe der Hochzeit ebenso festgelegt wie die bei Vertragsbruch zu zahlende Strafe.[34] Die finanziellen Möglichkeiten der Eltern wurden im Spätmittelalter für die Ausgestaltung der Eheverträge entscheidender als das rabbinische Recht. Sie beeinflussten die halachischen Bestimmungen dadurch, dass Zusatzverträge die halachischen Vorschriften modifizieren oder umgehen konnten.[35] Ein gesondertes Schriftstück definierte die *Tna'im*, die Bedingungen, die die Heirat ergänzten und in denen auch Unterhalt und Mitgift ausgehandelt wurden.[36] Die Mitgift war beidseitig und sollte die ökonomischen Grundlagen der Familie sichern, für die Männer und Frauen gemeinsam aufkamen. Die Erwerbsarbeit der Frauen hatte für den Unter-

---

sexuelle Praktiken ab (1 Kor 6,9–10). Hinweise auf lesbische Beziehungen finden sich jedoch auch in der rabbinischen Literatur (bShab 65a; bYev 76a).

33   Vgl. z. B. die Eheschließungen von Moses und David (Ex 2,21; Num 12,1; 2 Sam 11).

34   Zur Entwicklung der rechtlichen Bestimmung bezüglich des Ehevertrages vgl. Klein, Birgit E.: „Der Mann – ein Fehlkauf". Entwicklungen im Ehegüterrecht und die Folgen für das Geschlechterverhältnis im spätmittelalterlichen Aschkenas, in: Müller; Schatz: Frauen und Gender in Aschkenas, S. 69–100, vor allem S. 78–86.

35   Ebd., S. 99.

36   Ebd., S. 72.

halt der Familie im Mittelalter eine zentrale Bedeutung und war bereits in der rabbinischen Rollenzuschreibung für Frauen angelegt.

Die unterschiedlichen Rollenvorstellungen für Männer und Frauen in der rabbinischen Tradition zeigten sich äußerlich an den Kleidervorschriften, die festlegten, dass Frauen keine Männerkleidung und ein Mann keine Frauenkleidung tragen sollte (Dtn 22,5). Darüber hinaus sollten Männer ihren Kopf mit einer Kopfbedeckung und Frauen ihr Haar bedecken.[37] Noch deutlicher wird die unterschiedliche Rollenaufteilung jedoch durch die Zuschreibung unterschiedlicher Tätigkeitsfelder für Frauen und Männer. Im Traktat *Ketubbot* legt das rabbinische Recht die Tätigkeiten einer Ehefrau explizit fest. Dort heißt es: „Dies sind die Arbeiten, die eine Frau für ihren Mann verrichten muss: Mehl sieben und Brot backen und Wäsche waschen und Nahrung zubereiten, ihr Kind stillen, sein Bett machen und die Wollarbeiten verrichten" (mKet 5,5). Frauen waren daher nach rabbinischer Auffassung für die Zubereitung der Speisen verantwortlich,[38] die im Judentum keine profane Angelegenheit, sondern zutiefst mit dem jüdischen Ritus verbunden war. Alle jüdischen Feiertage sind durch bestimmte Speisen (wie die Challazöpfe an Schabbat, Mazzot an Pessach oder Milchspeisen an Schawuot) oder durch die Enthaltung von Speisen (Jom Kippur, Tischa b'Aw) charakterisiert. Die Zubereitung von Speisen als Kern religiöser Feierlichkeiten drückte sich auch durch komplexe Speisegesetze aus, die ein umfangreiches Wissen der Frauen in halachischen Bestimmungen erforderten. Darüber hinaus stand der Tisch, an dem die Mahlzeiten eingenommen wurden, symbolisch für den Altar, an dem die Priester zur Zeit des Tempeldienstes den Opferdienst verrichteten. So heißt es im Babylonischen Talmud: „Als der Tempel noch stand, sühnte der Altar für Israel, heute ist es der Tisch des Menschen" (bBer 55a). Die Frauen nahmen daher in der Zubereitung der Speisen eine analoge Rolle zu den biblischen Priestern ein. (Siehe hierzu auch den Beitrag von Charlotte Fonrobert, S. 173.)

Die Zubereitung der Nahrung war keine Tätigkeit, die ausschließlich in privaten Räumen erfolgte, sondern machte Frauen auch im „öffentlichen Raum" sichtbar. Die feministische Forschung hat darauf hingewiesen, dass patriarchalische Gesellschaften die Welt in öffentliche und private Räume einteilen, die Männer dem öffentlichen und Frauen dem privaten Raum zuschreiben. Öffentliche Macht wurde dabei als „ein typisch und ausschließlich männliches Phänomen" gelesen.[39] In ihrer institutionalisierten Form bedeutete Macht die Autorität, sich räumlich auszubreiten.[40] In vielen Religionen, auch im Christentum und im Islam, gab es einen engen Zusammenhang zwischen Mission und territorialer Expansion. Die Ausbreitung im Raum war dabei in der Regel Angelegenheit der Männer. Auch das antike Judentum sah

---

37 Im Babylonischen Talmud heißt es: „Das Haar einer Frau zu sehen heißt, ihre Blöße zu sehen" (bBer 24a; bShab 64b). Das Haar war in der biblischen Geschichte von Samson Zeichen der Stärke, vgl. Ri 13–16. Heute tragen orthodoxe verheiratete Frauen eine Perücke *(Pea)*.

38 Zu den zahlreichen metaphorischen Beispielen in der rabbinischen Literatur, die Essen und Sexualität zusammendenken vgl. Or, Tamara: Massekhet Betsah. Text, Translation, and Commentary, Tübingen 2010, S. 24–25; Ilan, Tal: Massekhet Ta'anit. Text, Translation, and Commentary, Tübingen 2008, S. 92–95; Boyarin, Daniel: Carnal Israel: Reading Sex in Talmudic Culture, Berkeley 1993; Satlow, Michael L.: Tasting the Dish: Rabbinic Rhetorics of Sexuality, Atlanta 1995; Biale, David: Eros and the Jews, New York 1992.

39 Vianello, Mino; Caramazza, Elena: Gender, Raum und Macht. Auf dem Weg zu einer postmaskulinen Gesellschaft, Opladen 2007, S. 57.

40 Ebd., S. 58.

unterschiedliche Tätigkeitsfelder für Männer und Frauen vor, die hierarchisiert waren. Die grundlegende Hierarchisierung verlief jedoch nicht entlang öffentlicher und privater Räume, sondern auf der Basis jüdischer Vorstellungen von Zeit und Raum.

Die Heiligung der Zeit ging in der Hebräischen Bibel der Heiligung des Raumes voran. Gott selbst heiligte nach biblischer Erzählung zuerst die Zeit (Gen 2,3). Die Heiligung der Zeit drückte sich im Namen Gottes, der als Seiender, Werdender und Ewiger angerufen wurde, ebenso aus wie in der Heiligung der Fest*zeiten*. Die Heiligung der Zeit war nach biblischer Erzählung gefolgt von der Heiligung des Volkes, und erst dann wurden das Land Israel und der *Mischkan,* das tragbare Heiligtum der Israeliten in der Wüste, geheiligt. Im Gegensatz zur Zeit, die von Gott selbst geheiligt wurde, wurde der *Mischkan* von Moses geheiligt (Num 7,1).

Im rabbinischen Denken ist Macht vor allem mit Zeit und nicht mit Raum verbunden. Autorität zeigt sich nicht an der Ausdehnung im Raum, sondern an der Ausdehnung in der Geschichte. Zentral für die Rabbinen ist daher die Frage, wie lange und wie viele Lehrmeinungen einer Autorität bewahrt werden ebenso wie die Anzahl der Schüler, die ein Lehrer hatte. Ein geheiligter Raum, war daher im nachtemplischen Judentum, vornehmlich nicht der euklidische dreidimensionale Raum, sondern der Raum der Lehre, der Raum des Wortes und der Schrift.

Nach rabbinischem Verständnis war die Welt durchdrungen von Heiligkeit. Es gab daher keine profanen Räume im Sinne der prinzipiellen Abwesenheit von Heiligkeit. Allerdings gab es insbesondere dem griechischen Wortsinn nach (gr. *pro-phaino* = „sich zeigen") offenbare und versteckte metaphysische Räume. Die Lehre offenbarte sich im Verborgenen[41] und wurde im Lehrhaus, das den Männern vorbehalten war, weitergetragen. Obwohl es zahlreiche Beispiele prominenter und gelehrter Frauen in der Bibel[42] und in der rabbinischen Tradition gibt,[43] wurden Frauen prinzipiell von der Pflicht des Toralernens ausgenommen. Frauen sollten die Lehre „hören, aber nicht lernen".[44] Die religiöse Erziehung der Kinder und der Torunterricht waren daher vor allem den Männern vorbehalten (bQid 29b).

Die biblischen Gebote wurden von den Rabbinen in Gebote und Verbote und in zeitabhängige und zeitunabhängige Vorschriften unterteilt. Frauen waren von den zeitabhängigen Geboten wie dem Rezitieren des Schema-Gebets, dem Sitzen in der Laubhütte (*Sukka*) und dem Blasen des Schofar ausgenommen (mQid 1,7). Gleichzeitig waren Frauen jedoch im „öffentlichen" Raum präsent. Öffentliche und private Bereiche waren in vormodernen Gesellschaften überlappend. Kochen, Essen und Wäschewaschen fanden öffentlich statt, und Arbeitsgeräte wie Mühlsteine und Öfen wurden von mehreren Familien auf öffentlichen Plätzen genutzt.

---

41 Insbesondere die mystische Lehre sollte explizit im Verborgenen gelehrt werden.

42 In der Bibel werden Frauen z. B. als Richterinnen und Prophetinnen namentlich genannt, darunter Miriam, Debora und Hulda (Ex 15,20; Ri 4,4; 2 Kön 22,14–20, 2 Chron 34,22–28).

43 In der gesamten rabbinischen Literatur werden 52 Frauen namentlich genannt (im Gegensatz zu über 1000 Männern). Zu gelehrten Frauen in der rabbinischen Literatur vgl. Ilan, Tal: Mine and Yours are Hers: Retrieving Women's History from Rabbinic Literature, Leiden 1997, S. 166 ff.; Ilan, Tal: Integrating Jewish Women into Second Temple History, Tübingen 1999, S. 175–194.

44 Cohen: Are Women in the Covenant?, S. 36. Im Talmud wird darüber gestritten, ob Töchter unterrichtet werden sollen (bSot 20a). In bSot 21a heißt es mit Bezugnahme auf bChag 3a: „Versammle das Volk, die Männer, Frauen, die Kinder – die Männer kommen, um zu lernen, die Frauen kommen, um zu hören."

Die Erwerbsarbeit von Frauen war in der Antike sehr verbreitet. Frauen waren dabei meist in Berufen tätig, in denen sie eine „besondere, wenngleich informelle Kenntnis und Ausbildung besaßen".[45] Zu diesen zählte bereits in der Antike zentral die Sorge für die ökonomische Grundversorgung der Familie, die im öffentlichen Raum erfolgte. Bis auf den heutigen Tag wird am Freitagabend zu Beginn des Schabbat in traditionellen jüdischen Familien das biblische Lied über die „tapfere Frau" *(eschet chail)* gesungen (Prov 31,10–31), in dem eine Frau dafür gelobt wird, Speise „von fern herbei zu holen", Ackerland zu kaufen, Weinberge zu pflanzen, die Geschäfte zu beaufsichtigen und Anweisungen zu geben. Forschungen zur Erwerbsarbeit in der Antike zeigen, dass es sich um eine reale Beschreibung weiblicher Tätigkeiten handelte.[46] Besonders gut belegt ist die jüdische Frauenerwerbsarbeit und ihre ökonomische Bedeutung auch für das 11.–13. Jahrhundert. Die Responsenliteratur der Geonim zeigt Dutzende Fälle, in denen davon berichtet wird, wie jüdische Frauen geschäftliche Verhandlungen mit jüdischen und nichtjüdischen Männern führen.[47] Frauen waren im Spätmittelalter in zahlreichen Arbeitsfeldern als Mägde, Hebammen, in der Lebensmittelversorgung und in Textilberufen tätig. Das wichtigste Tätigkeitsgebiet jüdischer Frauen war jedoch der Geldverleih. Seit dem 12. Jahrhundert war der Geldhandel die einzige Erwerbsquelle für die meisten Juden, und zahlreiche jüdische Frauen betätigten sich im gesamten nordwesteuropäischen Raum von England bis Frankreich als Geldhändlerinnen.[48] Insbesondere in Deutschland war der Status von jüdischen Frauen – aufgrund ihrer ökonomischen Stellung – sowohl im Vergleich mit nichtjüdischen Frauen als auch im Vergleich mit jüdischen Frauen in anderen Regionen relativ gut.[49] Die Spielräume für Frauen wurden durch die wechselseitige finanzielle Abhängigkeit im Geldhandelsgeschäft vergrößert[50] und beeinflussten partiell auch ihre religiöse Stellung. Im 12. Jahrhundert war es Frauen in Deutschland und Nordfrankreich beispielsweise erlaubt, Segenssprüche zu zeitgebundenen Geboten zu rezitieren, obwohl die Halacha sie von dieser Pflicht freistellt.[51] Simcha von Speyer, ein Gelehrter aus dem 12. Jahrhundert, zählte Frauen mit zum Minjan.[52] In sabbatianischen Gemeinden wurden auch Frauen zur Tora aufgerufen. In den Anfangsjahren der chassidischen Bewegung nahmen Frauen am gemeinsamen ekstatischen Tanz teil.[53]

---

45 Ilan, Tal: Jewish Women in Greco-Roman Palestine: An Inquiry into Image and Status, Tübingen 1995, S. 190.

46 Yoder, Christine Roy: The Women of Substance: A Socioeconomic Reading of Proverbs 1–9 and 31:10–31, in: *Zeitschrift für die alttestamentarische Wissenschaft* 304 (2001), S. 427–447, hier: S. 446.

47 Auch in zahlreichen nichtjüdischen Quellen ist eine „bedeutende Zahl von Frauen" erwähnt, die im Geldhandel tätig waren. Insgesamt waren in Deutschland 25 % aller systematisch dokumentierten Geschäftsleute Frauen, vgl. Grossman, Avraham: The Status of Jewish Women in Germany (10th–12th Centuries), in: Carlebach, Julius (Hg.): Geschichte der jüdischen Frau, Berlin 1993, S. 17–35, hier: S. 25; Toch, Michael: Die jüdische Frau im Erwerbsleben des Spätmittelalters, in: Carlebach: Geschichte der jüdischen Frau, S. 37–48, hier: S. 40.

48 Klein: Ehegüterrecht, S. 75; Toch: Die jüdische Frau im Erwerbsleben, S. 43.

49 Grossman: The Status of Jewish Women, S. 17.

50 Müller; Schatz: Frauen und Gender in Aschkenas, S. 13.

51 Baskin: Geschlechterverhältnisse, S. 63.

52 Grossman: The Status of Jewish Women, S. 17–35.

53 Aus der Prominenz der Frauen im Chassidismus entwickelte sich später auch die Rolle der *Rebbezin,* die als Ansprechpartnerin in religiösen Fragen agierte und über die Mädchenschulen Aufsicht führte. Bis heute

Die tapfere Frau und der lernende Mann wurden zum idealen Rollenbild jüdischer Frauen und Männer. Rabbi Elieser ben Juda von Worms drückte dies bereits im 12. Jahrhundert in einem Trauergedicht über seine ermordete Frau Dulcia mit folgenden Worten aus: „Sie speiste und kleidete ihn in Würde, so daß er Torastudium und gute Taten üben konnte; ihre Arbeit versieht ihn mit Büchern."[54]

Die Berichte über die Tätigkeitsfelder und die Ausweitung der Handelsspielräume von Frauen stammten bis zum 17. Jahrhundert alle aus der Feder von Männern. Dies änderte sich in der frühen Neuzeit mit der Entwicklung des Buchdrucks. Zwischen 1650 und 1720 erschien in Mitteleuropa ein jiddischsprachiges Gebetbuch, das sich vor allem an Frauen richtete.[55] Die zeitgleiche Ausbreitung jiddischsprachiger Literatur machte auch Frauen zu Leserinnen und Autorinnen.[56] Eine der bekanntesten Autorinnen der frühen Neuzeit war Glikl (Glückel) von Hameln (1645–1724), die nach dem Tod ihres Mannes sehr erfolgreich sein Geschäft weiterführte und in ihren Ausführungen auch von anderen Frauen berichtete, die die Familie ernährten und erfolgreich Geschäfte führten.[57] Ihre Memoiren, in denen sie auch ausführlich über die sabbatianische Bewegung berichtete,[58] wurden zu einem „Klassiker der Literatur des aschkenasischen Judentums aus voraufklärerischer Zeit"[59] und zu einer wichtigen historischen Quelle, die auch die wirtschaftliche Bedeutung von Frauen im Geldleihgeschäft und Unternehmertum dokumentierte.

Bis ins 19. Jahrhundert hinein trugen jüdische Frauen zur wirtschaftlichen Sicherung der Familie bei ohne dass diese Rolle grundlegend hinterfragt wurde. Auch der Schriftsteller Isaac Bashevis Singer (1902–1991) erzählte noch, wie seine Großmutter für den Unterhalt der Familie sorgte, während sein Großvater Tora lernte. Um die Wende zum 20. Jahrhundert wurde „die arbeitende Frau" in Mitteleuropa zum Thema nichtjüdischer öffentlicher Diskussionen. Zu diesem Zeitpunkt hatten sich das Männer- und Frauenbild und die Zuschreibung der sozialen Rollen an beide Geschlechter auch im Judentum grundlegend gewandelt.

---

werden Frauen im Lubawitscher Chassidismus religiös geschult und streben parallel auch akademische Bildung an.

54   Zitiert in: Toch: Die jüdische Frau im Erwerbsleben, S. 37.

55   Kay, Devra: An Alternative Prayer Canon for Women: The Yiddish *Seyder tkhines*, in: Carlebach: Geschichte der jüdischen Frau, S. 49–85.

56   Schwarz, Johannes Valentin: „Einige Worte an junge Frauenzimmer". Mädchen und Frauen als Zielpublikum jüdischer Periodika in Deutschland vor 1850, in: Lappin, Eleonore; Nagel, Michael (Hg.): Frauen und Frauenbilder in der europäisch-jüdischen Presse von der Aufklärung bis 1945, Bremen 2007, S. 35–54, hier: S. 41.

57   Toch: Die jüdische Frau im Erwerbsleben, S. 37.

58   Carlebach, Elisheva: Die messianische Haltung der deutschen Juden im Spiegel von Glickls ‚Zikhroynes‘, in: Richarz, Monika (Hg.): Die Hamburger Kauffrau Glickl. Jüdische Existenz in der Frühen Neuzeit, Hamburg 2001, S. 238–253.

59   Turniansky, Chava: Die Erzählungen in Glikl von Hamelns Werk und ihre Quellen, in: Müller; Schatz (Hg.): Frauen und Gender in Aschkenas, S. 121–148, hier: S. 121. Herausgegeben wurden die Memoiren erstmals von David Kaufmann in Frankfurt/Main im Jahr 1896. 1910 übersetzte Bertha Pappenheim die Memoiren ins Deutsche.

„Der jüdische Charakter ist ein weiblicher" – Männlichkeit und Weiblichkeit neu definiert

Mit der Aufklärung hatte sich die Idee eines geschlechtsübergreifenden Bildungsideals verbreitet.[60] Der Ausschluss von Frauen von Bildung und Erziehung schien vielen Aufklärern „ebenso verwerflich wie die Unterjochung breiter Bevölkerungsschichten durch die herrschenden Eliten".[61] Zu Beginn der Aufklärung begannen auch jüdische wohlhabende Familien, ihre Töchter allgemein bilden zu lassen und in Sprachen, Musik und gesellschaftlichen Umgangsformen zu unterrichten.[62] Aus den gesellschaftlichen Treffen und Lesezirkeln von Frauen entwickelten sich die Salons, die jüdische Frauen wie Rahel Levin-Varnhagen (1771–1833) und Henriette Herz (1764–1847) vom ausgehenden 18. bis ins frühe 20. Jahrhundert hinein initiierten. Die jüdischen Salons waren Ausdruck eines neuen weiblichen Selbstverständnisses und erprobten neue Umgangsformen zwischen den Geschlechtern und Kulturen. Mit der Etablierung des Bürgertums setzte jedoch auch eine Neudefinition männlicher und weiblicher Rollenbilder ein, die den Ideen der Salons und den bisherigen jüdischen Rollenvorstellungen nicht entsprachen. (Siehe hierzu auch den Beitrag von Julius H. Schoeps, S. 289.)

Die rechtliche Gleichstellung und der soziale Aufstieg vieler Juden in die Mittelklasse führten zur Übernahme des Leitbilds der „bürgerlichen Familie" auch in jüdischen Familien.[63] Die Autorität des Mannes beruhte nun nicht mehr auf dem religiösen Wissen, sondern auf Beruf, weltlicher Bildung und Besitz.[64] Er sollte in der Öffentlichkeit wirken und für den Lebensunterhalt der Familie aufkommen. Während bis ins 19. Jahrhundert Frauen und Männer zum Lebensunterhalt gemeinsam beitrugen, hatte die jüdische Ehefrau „mit dem sozialen Aufstieg ihre Aufgabe als Geschäftspartnerin des Mannes zumeist eingebüßt".[65] Das Idealbild der „tapferen Frau" wurde durch die „müßige Frau" ersetzt, die zum Statussymbol der Familie wurde. Die Frau sollte im Privaten wirken und sich durch Empfindsamkeit und Innerlichkeit auszeichnen. Die Rollenbilder idealer Männlichkeit und Weiblichkeit wurden auch auf einer Metaebene verhandelt. Während Männlichkeit mit der Einführung der allgemeinen Wehrpflicht den territorialen Machtanspruch des Volkes versinnbildlichte, rückte die Weiblichkeit ins Zentrum jüdischer Identitätsbildung.[66] Frauen wurden für „das Umgreifen des Materialismus" ebenso

60 Hecht, Louise: „Die Söhne sollt ihr unterrichten und nicht die Töchter" (bQid 59b): Zur Ambivalenz des Frauenbildes in der jüdischen Presse der Aufklärung, in: Lappin; Nagel: Frauen und Frauenbilder, S. 17–34, hier: S. 18.

61 Ebd., S. 17.

62 Eliav, Mordechai: Die Mädchenerziehung im Zeitalter der Aufklärung und der Emanzipation, in: Carlebach: Geschichte der jüdischen Frau, S. 97–111, hier: S. 100.

63 Richarz, Monika: Frauen in Familie und Öffentlichkeit, in: Meyer, Michael A. (Hg.): Deutsch-Jüdische Geschichte in der Neuzeit, Bd. 3, München 1997, S. 69–100, hier: S. 69.

64 Ebd., S. 71.

65 Ebd., S. 72.

66 Hyman, Paula E.: The Modern Jewish Family: Image and Reality, in: Kraemer, David (Hg.): The Jewish Family: Metaphor and Memory, New York 1989, S. 173–193, hier: S. 190.

verantwortlich gemacht wie für leere Synagogen.[67] Darüber hinaus individualisierte die bürgerliche Gesellschaft die zuvor gemeinschaftsbildende Funktion von Religion und beförderte die Auffassung, dass Religion Privatangelegenheit sei. Die gleichzeitige Festschreibung von Religion und Weiblichkeit auf das Private führte in der jüdischen Welt zu einer Umkehrung der bisherigen Rollenbilder und rückte die Frauen vom „Rande des religiösen Geschehens sukzessive in den Mittelpunkt".[68] Die jüdische Frau wurde nun zur „Priesterin des Hauses"[69] und übernahm nicht nur die Vorbereitung von Mahlzeiten und rituellen Speisen, sondern auch die Verantwortung für die religiöse Erziehung der Kinder, die jahrhundertelang im Aufgabenbereich des jüdischen Mannes gelegen hatte. Um ihre Kinder erziehen zu können, mussten Mädchen folglich neben der Erziehung in allgemeinen Fächern auch religiös gebildet werden.

Zeitgleich zur Institutionalisierung der Mädchenerziehung durch die Errichtung von sogenannten Töchterschulen und speziellen Mädchenklassen[70] gründeten sich Ende des 19. Jahrhunderts in Ostmitteleuropa reformierte religiöse Lehrzimmer *(chedarim metukanim)*, in denen Mädchen und Jungen gemeinsam in hebräischer Sprache unterrichtet wurden, eine Domäne, die bis dato jüdischen Männern und Jungen vorbehalten war.[71] Auch in Deutschland setzte eine weitreichende religiöse Erneuerungsbewegung ein, die Frauen Zugang zu Bereichen erlaubte, die zuvor als „männlich" definiert worden waren.

Die deutschen Juden, die im ausgehenden Kaiserreich nicht einmal ein Prozent der Bevölkerung ausmachten, waren eine „stark ausdifferenzierte" Gemeinschaft, die im Laufe des Jahrhunderts grundlegenden Veränderungen und Transformationsprozessen unterworfen war. Die deutsch-jüdischen Gemeinschaften waren Ende des 19. Jahrhunderts weitestgehend urbanisiert, die Geburtenrate war niedrig und der Anteil interkonfessioneller Ehen hoch. Die Berufsstruktur unterschied sich deutlich von der Mehrheitsgesellschaft. Der Handel blieb das Hauptbetätigungsfeld, im Sektor Gewerbe und Industrie überwogen bei Nichtjuden die Industriearbeiter, während Juden vornehmlich Handwerker, Angestellte und Unternehmer waren.[72]

---

67 Baader, Maria: From the 'Priestess of the Home' to the 'Rabbi's brilliant daughter': Concepts of Jewish Womanhood and Progressive Germanness. Die Deborah and the American Israelite 1854–1900, in: *Leo Baeck Institute Year Book* 43 (1998), S. 47–72, hier: S. 61.

68 Hecht: Ambivalenz des Frauenbildes, S. 32.

69 Schach, Fabius: Die Frau im Judentum, in: *Hamburger Israelitisches Familienblatt* 52 (1911), S. 9. Zitiert in Richarz: Frauen in Familie und Öffentlichkeit, S. 79.

70 Schwarz: Frauen als Zielpublikum, S. 47. Die erste Institution der höheren Bildung für Frauen wurde 1869 mit dem Viktoria-Lyzeum in Berlin gegründet, vgl. Richarz: Frauen in Familie und Öffentlichkeit, S. 85.

71 Das *Cheder Metukan* unterschied sich sowohl in der Lernform als auch in den Inhalten vom regulären *Cheder*. Zu den ersten reformierten jüdischen Mädchenschulen im Russischen Reich vgl. Dohrn, Verena: Jüdische Eliten im Russischen Reich. Aufklärung und Integration im 19. Jahrhundert, Köln 2008, S. 117–123, hier: S. 198 ff. Zur Reform der Mädchenerziehung im traditionsorientierten osteuropäischen Judentum vgl. Grill, Tobias: Westen im Osten. Deutsches Judentum und jüdische Bildungsreform in Osteuropa (1783–1939), Göttingen 2013, S. 274–283.

72 Richarz, Monika: Berufliche und soziale Strukturen, in: Lowenstein, Steven M.; Mendes-Flohr, Paul; Pulzer, Peter; Richarz, Monika (Hg.): Deutsch-Jüdische Geschichte in der Neuzeit, Bd. 3: Umstrittene Integration 1871–1918, S. 39–68, S. 41.

Ab dem frühen 19. Jahrhundert gingen viele Männer nicht mehr in die Synagogen, gleichzeitig setzten zahlreiche Reformbemühungen ein.[73] 1837 veröffentlichte Abraham Geiger (1810–1874) in der *Wissenschaftlichen Zeitschrift für jüdische Theologie* einen Text mit dem Titel „Zur Stellung des weiblichen Geschlechts", in dem er die Festschreibung und Ausgrenzung von Frauen als zeitwidrig verurteilte.[74] Geigers Kommentare wurden auf den zwischen 1844 und 1846 stattfindenden Rabbinerkonferenzen in Braunschweig, Frankfurt am Main und Breslau diskutiert. Die Konferenz kam zu dem Ergebnis, dass Frauen die gleiche Verpflichtung hätten, an den Gottesdiensten teilzunehmen, wie Männer.[75] Die Mechiza, die den Frauen- und Männerbereich in der Synagoge trennte, wurde in einigen Synagogen abgeschafft und durch eine Empore ersetzt. In reformierten Gebetbüchern wurde der Passus „Gelobt sei, der mich nicht als Frau erschaffen hat" gestrichen oder verändert.[76] (Siehe hierzu auch den Beitrag von Michael A. Meyer, S. 277.)

Auch in den Bereichen der nichtreligiösen Bildung wurden Frauen Ende des 19. Jahrhunderts zunehmend aktiv. Die hohe soziale Mobilität der deutschen Juden ließ sich vor allem an der steigenden Anzahl jüdischer GymnasiastInnen und StudentInnen messen, die meist aus Kaufmannsfamilien stammten.[77] Jüdische Schülerinnen waren an den höheren Bildungsinstituten in Deutschland überproportional vertreten. Auch der relative Anteil jüdischer Studentinnen an den deutschen Universitäten war hoch.[78] Im Vergleich zu ihren männlichen Glaubensgenossen waren jüdische Frauen doppelt so stark an den Universitäten vertreten.[79] Die weitreichende Frauenbildung wurde in der öffentlichen Diskussion für die niedrigen Geburtenraten unter den deutschen Juden verantwortlich gemacht und führte zu einer Beschwörung und Glorifizierung von Ehe[80] und Mütterlichkeit[81] und zu einer Betonung der „männlichen" Öffentlich-

---

73 Bis 1918 lebten noch ca. 15 Prozent der jüdischen Haushalte orthodox. Die Mehrheit der deutschen Juden war liberal, vgl. Richarz: Frauen in Familie und Öffentlichkeit, S. 81.

74 Geiger, Abraham: Zur Stellung des weiblichen Geschlechts, S. 3, zitiert in: Herrmann, Klaus: Massekhet Hagigah and Reform Judaism, in: Ilan, Tal et al.: A Feminist Commentary, S. 245–268, hier: S. 252.

75 Protokolle und Aktenstücke der zweiten Rabbinerversammlung, S. 167 f., zitiert in: Hermann: Reform Judaism, S. 253.

76 Zum Beispiel das Reformgebetbuch von Geiger aus dem Jahr 1854. Zur Geschichte der Reformbewegung vgl. Meyer, Michael A.: Antwort auf die Moderne. Geschichte der Reformbewegung im Judentum, Wien 2000.

77 Richarz: Berufliche und soziale Strukturen, S. 56.

78 Die Zulassung von Frauen zum Universitätsstudium erfolgte nicht an allen Universitäten in Deutschland gleichzeitig, sondern zog sich von 1899 bis 1908 hin. In Preußen bildeten jüdische Schülerinnen 30 Prozent aller Abiturientinnen, in ganz Deutschland waren 11,6 Prozent der Schülerinnen an Mädchengymnasien jüdisch, vgl. Richarz: Frauen in Familie und Öffentlichkeit, S. 86.

79 Im selben Jahr, in dem der Anteil an der Gesamtbevölkerung ein Prozent betrug, machten jüdische Frauen über zehn Prozent der Studentinnen an den preußischen Universitäten aus. 1913/14 stellten sie 12,9 Prozent der Studentinnen an deutschen Universitäten und 21,7 Prozent der Berliner Studentinnen. Besonders an der medizinischen Fakultät war der Anteil jüdischer Studentinnen besonders hoch und betrug 1910/1911 28 Prozent aller Frauen, vgl. Kaplan, Marion: Jüdisches Bürgertum. Frau, Familie und Identität im Kaiserreich, Hamburg 1997, S. 191.

80 Richarz: Frauen in Familie und Öffentlichkeit, S. 84.

81 Neben der Ehevermittlung wurde die persönliche Wahl des Partners, die Liebeshochzeit, zunehmend wichtiger für jüdische Eheschließungen im Kaiserreich, vgl. Prestel, Claudia: Die deutsch-jüdische Presse

keit. Zahlreiche Frauenorganisationen gründeten sich, um für die Rechte der Frauen auch und insbesondere im öffentlichen Raum einzutreten. (Siehe hierzu auch den Beitrag von Micha Brumlik über Erziehung, S. 351.)

Die Organisationsform der bürgerlichen Gesellschaft waren Vereine, durch die Männer und Frauen die Möglichkeit erhielten, öffentlichkeitswirksam für ihre Interessen einzutreten.[82] Frauen war es bis Anfang des 20. Jahrhunderts offiziell untersagt, politische Vereine zu gründen bzw. diesen anzugehören.[83] Zahlreiche jüdische Frauen waren dennoch schon zuvor politisch aktiv und engagierten sich u. a. für die jüdische Emanzipation und im Rahmen der bürgerlichen und proletarischen Frauenbewegung auch für die Emanzipation der Frauen.[84] In der deutschen Frauenbewegung waren Jüdinnen überproportional vertreten.[85] Meist wird dies in der Forschung damit erklärt, dass die Wohltätigkeit, der sich in der zweiten Hälfte des 19. Jahrhunderts die meisten Frauenvereine offiziell widmeten, in der jüdischen Tradition besonders verankert war.[86] Die ebenfalls in der jüdischen Tradition verankerte Erwerbstätigkeit von Frauen, die sich seit der Aufklärung deutlich reduziert hatte, fand bisher kaum Beachtung. Seit den 60er Jahren des 19. Jahrhunderts wurde weibliche Erwerbsarbeit ein zunehmend wichtigeres Thema der Frauenvereine.[87] Auch wenn im Kaiserreich zahlreiche Jüdinnen in unterschiedlichen Berufen bis ins 19. Jahrhundert zum Einkommen der Familien beitrugen,[88] so waren es verhältnismäßig mehr nichtjüdische als jüdische Frauen, die Ende des 19. Jahrhunderts einer Erwerbsarbeit nachgingen.[89]

Der 1904 gegründete Jüdische Frauenbund stellte das Thema der Frauenerwerbsarbeit ins Zentrum seiner Aktivitäten.[90] Der Jüdische Frauenbund war bis zu seinem Ausschluss 1933

und die weibliche Sexualität. „Freie Liebe" oder die Rückkehr zu traditionellem jüdischen Familienleben?, in: Lappin, Frauen und Frauenbilder, S. 123–141, hier: S. 131.

82   Grandner, Margarete; Sauer, Edith: Emanzipation und Religion in der jüdischen Frauenbewegung, in: dies. (Hg.): Geschlecht, Religion und Engagement. Die jüdischen Frauenbewegungen im deutschsprachigen Raum, Wien 2005, S. 7–25, hier: S. 7.

83   Ebd., S. 8.

84   Hecht, Dieter Josef: Die Weltkongresse jüdischer Frauen in der Zwischenkriegszeit: Wien 1923, Hamburg 1929, in: Grandner; Sauer: Geschlecht, Engagement, Religion, S. 123–156, hier: S. 123.

85   Fassmann, Maya: Jüdinnen in der deutschen Frauenbewegung 1865–1919, in: Carlebach, Geschichte der jüdischen Frau, S. 147–165, hier: S. 147.

86   Nach einer Erhebung des Kaiserlichen Statistischen Amtes waren 1909 5,4 % der Frauen (rund 1 Million) in Frauenvereinen organisiert; dabei standen karitative Organisationen mit 62 Landes- bzw. Bezirksverbänden an der Spitze, vgl. Fassmann: Jüdinnen in der deutschen Frauenbewegung, S. 156.

87   Grandner; Sauer: Emanzipation und Religion in der jüdischen Frauenbewegung, S. 13.

88   Eine signifikante Minderheit unter den jüdischen Frauen – 1907 waren es etwa 18 Prozent – arbeitete außer Haus und wurde daher von den Berufszählungen erfasst. Andere blieben „lange unsichtbar", da sie unbezahlten Tätigkeiten nachgingen, die nicht von der Statistik erfasst wurden. Vgl. Kaplan: Jüdisches Bürgertum, S. 208, S. 211.

89   Nach der ersten vergleichenden Berufszählung von 1882 waren in Preußen im Vergleich zu 21 Prozent aller Frauen 11 Prozent der jüdischen Frauen erwerbstätig. 1907 gab es eine Zunahme der Erwerbstätigkeit jüdischer Frauen um 36 Prozent, der absolute Anteil jüdischer Frauen lag mit 18 Prozent jedoch weiterhin deutlich unter dem der nichtjüdischen Frauen (31 Prozent). Vgl. Kaplan: Jüdisches Bürgertum, S. 213 f.

90   Richarz: Frauen in Familie und Öffentlichkeit, S. 97.

eine der vier größten Gruppen im 1894 gegründeten Bund Deutscher Frauenvereine.[91] Der Jüdische Frauenbund warb offen für das Frauenwahlrecht in den Synagogen und in der Politik. Die Forderung der politischen Gleichberechtigung der Geschlechter, die sich auch in den Programmen der Sozialdemokratie fanden, übte auf jüdische Frauen große Anziehungskraft aus. Sie engagierten sich aktiv innerhalb der sozialdemokratischen Bewegung und nahmen wichtige Positionen in der Partei ein.[92] Auch der Jüdische Arbeiterbund in Russland wandte sich gleichermaßen an Frauen und Männer. Zu seinen bekanntesten Aktivistinnen zählten Zhenia Hurvich (1861–1940) ebenso wie Malka Lifshits (1880–1943), die unter ihrem revolutionären Pseudonym Esther Frumkin öffentlich auftrat. Frumkin setzte sich vor allem für die Anerkennung der jiddischen Sprache ein und forderte „die Sprache der Frauen zur Sprache des Volkes zu erheben".[93]

Im Gegensatz zum *Bund* setzten sich die VertreterInnen der zionistischen Bewegungen für die Verbreitung der hebräischen Sprache ein. Die AnhängerInnen der Idee einer „Wiederbelebung" der hebräischen Sprache als Nationalsprache des jüdischen Volkes waren vor dem Ersten Weltkrieg in ihrer Mehrheit jung und gut gebildet und fanden sich in Deutschland vor allem im Kreis der jüdisch-nationalen Studenten- und Frauenorganisationen.[94] Viele zionistische Frauen sahen – aufgrund des bereits 1898 durchgesetzten aktiven und passiven Frauenwahlrechts innerhalb der zionistischen Bewegung – die Gleichberechtigung der Geschlechter als Wesensmerkmal der jüdischen Nationalbewegung an. (Siehe hierzu auch den Beitrag von Micha Brumlik zum Thema Zionismus, S. 371.)

Auch für die Analyse der im 18. und 19. Jahrhundert entstehenden Nationalbewegungen ist die Erforschung der Konstruktion von Männlichkeit und Weiblichkeit grundlegend, da jeder

91 Seine Vorsitzende Bertha Pappenheim (1859–1936) gilt bis heute als eine der Begründerin des jüdischen Feminismus. Nach dem Ersten Weltkrieg entstand auch ein Jüdischer Frauenbund in Polen. Darüber hinaus hatte die aus einer chassidischen Familie stammende Sarah Schnirer (1883–1935) 1917 in Krakau eine Lehrgruppe für Frauen und Mädchen gegründet, die sich zum Kern des Netzwerkes der orthodoxen Beth Yaakov Mädchenschulen entwickelte. Morgenstern bezeichnet die Gründung dieses Netzwerkes „als die vielleicht bedeutendste Neuerung innerhalb des jüdisch-orthodoxen Milieus im vergangenen Jahrhundert". Morgenstern: Gender und Judentum, S. 72 f.

92 Raggam-Blesch, Michaela: Frauen zwischen den Fronten. Jüdinnen in feministischen, politischen und philanthropischen Bewegungen in Wien an der Wende des 19. zum 20. Jahrhundert, in: Grandner; Sauer: Geschlecht, Religion und Engagement, S. 25–56, hier: S. 53.

93 Marten-Finnis, Susanne: Von der Sprache der Frauen zur Sprache der Revolution? Esther Frumkin, der „*bund*" und die „Entführung" des Jiddischen im nachrevolutionären Russland, in: Lappin: Frauenbilder, S. 81–90, hier: S. 85.

94 Die Berliner Jüdisch-Nationale Frauenvereinigung hatte in ihren Statuten das Hebräischlernen zum Pflichtprogramm gemacht und bereits vor dem Ersten Weltkrieg, zu einem Zeitpunkt also, als noch die wenigsten deutschen ZionistInnen eine Wiederbelebung der hebräischen Sprache als eine gesprochene für möglich hielten, zahlreiche systematische Hebräischkurse für Kinder und Jugendliche sowie für jüdische Jugendvereine initiiert. Darüber hinaus gründeten sie zahlreiche hebräische Kindergärten in Deutschland. Bereits 1911 druckten sie Aufrufe ab, in denen sie wohlhabende jüdische Familien aufriefen, statt französischer und englischer Gouvernanten hebräische Erzieherinnen zu beschäftigen. Siehe etwa *Jüdische Rundschau* 44 (1911), S. 523. Zu den jüdisch-nationalen Frauenorganisationen vgl. Or, Tamara: Vorkämpferinnen und Mütter des Zionismus. Die deutsch-zionistischen Frauenorganisationen (1897–1938), Frankfurt/Main 2009.

Form von Nationalismus eine (Neu-)Definition der Geschlechterrollen inhärent ist.[95] Der Nationalismus versprach gleichberechtigte Partizipation aller Nationsangehörigen, richtete sich jedoch in erster Linie an den wehrhaften Mann. „Die Frau" wurde auch im jüdischen Nationalismus zum Antipode des neuen „Muskeljuden", der zum idealtypischen zionistischen Rollenmodell stilisiert wurde.[96] Frauen wurden entweder wie Marianne in der französischen oder Germania in der deutschen Nationalbewegung zu einem nationalen Symbol verklärt oder als Mütter und Erzieherinnen der jüdischen Nation idealisiert.[97] Weiblichkeit stand in der zionistischen Bewegung vor allem als Metapher für die Schwäche eines nicht nationalen Daseins, das sich im fehlenden eigenen Territorium manifestierte. Diese Auffassung brachte der hebräische Schriftsteller Joseph Chaim Brenner (1881–1921) in folgenden Worten auf den Punkt: „Diese Nation hat Eigenschaften von Frauen! Keine Manneskraft, keine schöpferische Kraft. […] Der jüdische Charakter ist ein weiblicher."[98]

Brenner setzte Weiblichkeit mit dem jüdischen Volk im Exil gleich. Die Verbindung von Weiblichkeit und Exil fand sich bereits in der jüdischen Mystik. Die Mystiker verbanden die rabbinische Vorstellung, dass die *Schechina* das Volk Israel ins Exil begleitete, mit dem Gang der weiblichen Anteile der Gottheit ins Exil. Durch die jüdische Geschichte hindurch zeigte sich in der Konstruktion von Männlichkeit und Weiblichkeit die wandelnde Selbstverortung eines sich immer wieder neu definierenden Judentums. Die Definitionen von Männlichkeit und Weiblichkeit waren dabei stets aufeinander bezogen und bildeten jeweils die Gegenpole für einen Gesellschaftsentwurf, der sich über die Jahrhunderte hinweg radikal veränderte. Das rabbinische Judentum hatte die Heiligung der Zeit zum Grundprinzip des Judentums erklärt. Das Studium der Tora und die Kindererziehung wurden als männliche Betätigungsfelder konzipiert, die sich auf das Lehr*haus* konzentrierten. Frauen hatten bis ins 19. Jahrhundert hinein vor allem für die ökonomischen Grundlagen der Familie gesorgt. Diese Rollenzuschreibungen wandelten sich nun grundsätzlich. Im neuen säkularen Glaubenssystem des Nationalismus stand nicht mehr die Heiligung der Zeit, sondern das Territorium im Kern jüdisch-nationaler Gemeinschaftskonzepte. Die bürgerlichen Familienkonstruktionen schrieben Frauen die Verantwortung für das Haus und die religiöse Erziehung zu, während Männer als Ernährer der Familien in der Öffentlichkeit wirken sollten. Diese neuen Geschlechterrollen wurden als quasi naturgegeben wahrgenommen. Dementsprechend äußerte Theodor Herzl, der Begründer des politischen Zionismus, seine Sorgen über die Erwerbstätigkeit von Frauen in folgenden Worten: „Es liegt hier jedenfalls ein beachtlicher Versuch vor, die Unterschiede der Geschlechter zu verwischen […]. Man verwandle uns die lieblichen Jungfrauen nicht in so hässliche Erwerbswesen wie wir es sind."[99]

---

95 Or: Deutsch-zionistische Frauenorganisationen, S. 5.

96 Der Begriff des Muskeljudentums wurde von Max Nordau geprägt. Vgl.: Muskeljudenthum, in: *Die Welt* 24 (1900), S. 2 f.

97 Or: Deutsch-zionistische Frauenorganisationen, S. 235.

98 Brenner, Joseph Chaim: Ketavim, Tel Aviv 1985, Bd. 4, S. 1293: Übersetzung: Gluzman, Michael: Verwirrung der Geschlechter auf Jüdisch. Der Zionismus und das Schauspiel des grotesken Leibes, in: Müller; Schatz: Frauen und Gender in Aschkenaz, S. 231–258, hier: S. 237 ff.

99 Herzl, Theodor: Zur Frauenfrage, in: Feuilletons II, Berlin (o. J.), S. 15–20.

Die Analyse der Konzepte von Männlichkeit und Weiblichkeit im Judentum und die damit einhergehenden Rollenzuschreibungen für Frauen und Männer zeigen die Wandelbarkeit jüdischer Rollenbilder in religiösen wie in säkularen jüdischen Gemeinschaftsvorstellungen und den Konstruktcharakter von Geschlecht auf. Bis auf den heutigen Tag wirken sich jedoch die als „natürlich" deklarierten Rollenbilder und -zuschreibungen auf die Handlungsspielräume von Frauen und Männer entscheidend aus. 2014 veröffentlichte die israelische Soziologin Hagar Tzameret-Kertcher eine Studie, die die Stellung von Frauen und Männern in der israelischen Gesellschaft über die letzten zehn Jahre miteinander verglich. Sie kam zu dem Ergebnis, dass die Ungleichbehandlung von Frauen und Männern im öffentlichen Sektor trotz eines hohen Bildungsstandards unter israelischen Frauen vor allem auf dem Gebiet der Erwerbsarbeit signifikant ist und in den letzten Jahren zugenommen habe. Den wesentlichen Grund für die Ungleichbehandlung der Geschlechter sah sie in der in der Gesellschaft „tief verankerten" Struktur, Verantwortung für bestimmte Aufgabenbereiche einzelnen Geschlechtern zuzuschreiben.[100]

Das Bewusstsein für die Konstruktion sozialer Zuschreibungen macht es möglich, Rollenzuschreibungen historisch zu verorten und damit geschlechtsspezifische Klassifizierungen aufzubrechen. Jüdische Vorstellungen von Männlichkeit und Weiblichkeit haben sich durch die Geschichte immer wieder gewandelt und sind auch heute nicht festgeschrieben. Die bereits in der Schöpfungsgeschichte überlieferte Suche nach der Einheit als Bestimmung des Menschen muss deshalb in jeder Generation neu gedacht und gelebt werden.

---

100 Tzameret-Kertcher, Hagar: The Gender Index: Gender Inequality in Israel, Jerusalem 2014, S. 25.

Religiöse Strömungen im Judentum

Michael A. Meyer

Das Judentum erfuhr im Laufe seiner Geschichte verschiedenartige religiöse Spaltungen. Bereits in biblischen Zeiten unterschieden sich Priester und Propheten in ihrer Auffassung davon, ob nun das Opfer im Tempel von Jerusalem oder die Einhaltung sozialer Normen zum Kern des israelitischen Glaubens gehörten. Zur Zeit von Jesus teilten sich die Juden in die Sadduzäer, welche die adeligen Schichten repräsentierten und nicht an ein Leben nach dem Tod glaubten, die Pharisäer, die für ein Leben gemäß der überlieferten mündlichen und schriftlichen Gesetze eintraten, und die Essener, die ihr Leben der Entsagung von jeglichem Luxus weihten. Und im Mittelalter spaltete sich das Judentum in diejenigen, die – wie Moses Maimonides (1135–1204) – einen Rationalismus bevorzugten, der sich auf griechisch-philosophische Quellen stützte, und Mystiker wie der Autor des *Zohar*, Moses de Leon (1250–1305). In gewisser Weise bestehen diese mittelalterlichen Spaltungen noch in der heutigen Zeit, in der einige religiöse Juden das Konzept eines stärker rationalistischen Gottes bevorzugen, während sich andere zu einer eher mystischen Erfahrung hingezogen fühlen.

Im Osteuropa des 18. Jahrhunderts entstanden neue Abspaltungen: In Litauen etwa dominierte die Gruppe, für die das intensive Studium des Talmud und seiner Kommentare die höchste Erfüllung des Judentums bedeutete, während sich die jüdische Bevölkerung in den südlichen Regionen zu den Lehren von Israel ben Eliezer, des Baal Shem Tov („der Gute Meister des Namen Gottes"; 1698–1760), hingezogen fühlte, der die Existenz Gottes in der Natur betonte und im Gebet emotionale Hingabe forderte. Er wurde schon bald als Gründer einer neuen Strömung im Judentum anerkannt – dem *Chassidismus*. Die Gegner des Chassidismus (die *Mitnagdim*) wiederum rückten intellektuelle Werte in den Vordergrund. Beide Strömungen existieren durchgängig bis heute. Der Chassidismus selbst unterteilte sich in verschiedene Strömungen, die von den Nachkommen einer wachsenden Anzahl von Dynastien angeführt werden. Die heute bekannteste unter ihnen ist Chabad Lubawitsch, die zwar nicht die größte, aber die erfolgreichste Bewegung im Verbreiten ihrer Botschaft über die eigenen Reihen hinaus ist. Obwohl ihr letzter *Rebbe*, Menachem Mendel Schneerson (1902–1994), vor mehr als zwei Jahrzehnten starb, leitet sein Geist weiterhin die Bewegung. Das geht sogar so weit, dass einige seiner Anhänger ihn als den Messias betrachten, der eines Tages zur Erde zurückkehren wird. Seine Anhängerschaft ist insofern einzigartig, als sie ihren Mitgliedern die Verpflichtung auferlegt, nichtorthodoxe Juden anzusprechen und sie von einem frommeren, idealerweise chassidischen Lebensstil zu überzeugen. Zu diesem Zweck schickt Chabad Abgesandte zu jüdischen Gemeinden und Universitätscampi weltweit, um dort ihre Botschaft zu verbreiten. Heutzutage sind Chabad und andere chassidische Gruppen auf der ganzen Welt verstreut, mit der stärksten

Präsenz in Israel und den USA. Auch ihre Gegner, die auf die religiöse Kultur ihrer eigenen *Jeschiwot* stolz sind, existieren bis heute. Zusammen bilden diese beiden Gruppen die Charedim (die „Gottesfürchtigen"), die Ultraorthodoxen innerhalb des Judentums, die moderne Werte ablehnen, Bildung fast vollständig auf die Vermittlung traditioneller jüdischer Fächer reduzieren, Kleidung aus dem Polen des 18. Jahrhunderts tragen, weibliche Bescheidenheit betonen und Frauen eine gänzlich untergeordnete und gesonderte Rolle zuweisen. In Israel hoffen die Charedim auf die vollständige Umwandlung des Staates in eine Theokratie, die auf jüdischer Gesetzgebung basiert.

Mit Ausnahme der Charedim sind alle anderen Strömungen des zeitgenössischen Judentums auf die eine oder andere Weise Produkte der Konfrontation mit der Moderne, die in Mittel- und Westeuropa im späten 18. und frühen 19. Jahrhundert an Bedeutung gewann. Die jüdische Aufklärung, die Haskala, ebnete den Weg für die Modernisierung der jüdischen Religion durch die Heranführung eines wachsenden Anteils der jüdischen Bevölkerung an zeitgenössisches wissenschaftliches Denken und ästhetische Werte. Wissenschaftliche Bücher sowie eine Auswahl europäischer Literatur erschienen auf Hebräisch. Juden kamen in Kontakt mit der Würde und den Gepflogenheiten protestantischer Gottesdienste, die in völligem Gegensatz zum Chaos ihrer eigenen Gottesdienste standen. Dennoch verfolgten die Wegbereiter der Haskala mit ihrer zentralen Figur Moses Mendelssohn (1729–1786) keine aktive Revision der jüdischen Religion, weder theologisch noch praktisch.

Zwei weitere Entwicklungen erwiesen sich als zentral für das Entstehen moderner Formen des Judentums. Eine Vorbedingung für die religiöse Reform war die „Wissenschaft des Judentums", deren kritisch-historische Herangehensweise an jüdische Quellen, die auf Ursprünge und Ort im Entwicklungsprozess von Glaube und Praxis verwiesen, diesen ihre absolute Autorität nahmen (siehe hierzu auch den Beitrag von Norbert Waszek, S. 305). Diese neue Wissenschaft, die in der ersten Hälfte des 19. Jahrhunderts entstand, konnte zeigen, dass das Judentum der Vergangenheit bis zu der aktuellen Stagnation flexibel gewesen war und dass es viele Beispiele für Vielfalt und Änderungen in der Befolgung jüdischer Rituale gab. Ein zweiter Faktor, der die religiöse Modernisierung vorantrieb, war die kritische Herausforderung durch die deutsche Philosophie, vor allem durch die Schriften von Immanuel Kant und den Idealismus. Kant beanstandete, das Judentum nehme mit seinem Beharren auf der Befolgung von Gesetzen dem Individuum die freie Wahl, die für ihn den ethischen Kern jeder Religion darstellte. Das Infragestellen des Judentums durch Kant sowie durch Schelling und Hegel zwang diejenigen jüdischen Denker, die sich über das intellektuelle Überleben des Judentums in der modernen Gesellschaft Gedanken machten, einen Bezug zwischen ihrer Interpretation von Judentum und zeitgenössischer Philosophie herzustellen. Dennoch widersprachen sie vehement den Intellektuellen, die wie schon früh bei Lessing und in stärkster Form bei Hegel das Judentum als abgelöst sahen von entweder dem Christentum oder der Philosophie. Von allen deutschen Philosophen hatte Kant den nachhaltigsten Einfluss auf die Reformbewegung, die das unkritische Befolgen jüdischer Gesetze durch selbst gewählte, doch aus der Tradition geschöpfte, moralische Einstellungen ersetzte. (Siehe hierzu auch den Beitrag von Christoph Schulte, S. 317.)

In diesem kulturellen, ästhetischen und philosophischen Milieu entwickelten sich die modernen Strömungen des Judentums. Von diesen drei Elementen hatte das ästhetische den unmittelbarsten Einfluss und war wesentlicher Motor der frühesten praktischen Bemühungen um eine

Reform. Für diejenigen Juden, für die emotionale Zurückhaltung und einträchtiges Gebet zentral für einen richtigen Gottesdienst waren, wurde der Gottesdienst zu einer attraktiven gemeinsamen Basis aller drei Strömungen, die sich in Deutschland in der ersten Hälfte des 19. Jahrhunderts und dann in Europa und besonders in Amerika ausbreiteten. Inwieweit aber die traditionellen Bräuche den neuen Befindlichkeiten angepasst werden sollten, wurde zur spaltenden Frage, so wie es wenig später Fragen der Theologie und der Historisierung traditioneller Texte wurden. Die drei modernen Strömungen des Judentums, die allesamt ihre Ursprünge in Deutschland hatten, entwickelten sich in dieser Reihenfolge: zunächst die Reformbewegung (die später dominiert wurde vom weniger radikalen Liberalen Judentum), dann die „Moderne Orthodoxie", die sich als Gegenreaktion zu den religiösen Reformen bildete, und zuletzt das „Konservative Judentum", in Deutschland, bekannt als positivistisch-historische Bewegung im Judentum.

Die ersten praktischen religiösen Reformen auf breiter Ebene wurden während der Zeit der französischen Herrschaft in Westfalen von 1807 bis 1813 eingeführt, wo Juden erstmals die vollen gleichberechtigten Bürgerrechte erhielten. Unter der Führung von Israel Jacobson (1768–1828), einem von der Haskala beeinflussten wohlhabenden „Hofjuden", wurde das Königlich-Westfälische Konsistorium der Israeliten gegründet. Es bestand aus drei Rabbinen, zwei Lehrenden sowie Jacobson selbst und war zu diesem Zeitpunkt noch nicht auf die Idee eines sich fortentwickelnden Judentums ausgerichtet, wie es die spätere Reformbewegung prägen sollte. Es versuchte lediglich, das Judentum zu modernisieren, indem es Aufgaben für Rabbinen einführte, die stärker an denen nichtjüdischer Geistlicher angelehnt waren. Sie sollten wiederkehrende erbauende Predigten halten statt sporadische Rechtsauslegungen und vor ihren Anhängern in einer eher pastoralen Funktion und als moralisches Vorbild auftreten. Mit einem Katechismus bereiteten sie Kinder auf Konfirmationszeremonien vor, in denen Jungen (und später auch Mädchen) ihr Wissen über die Grundsätze des Judentums beweisen mussten, das nun als Konfession im selben Sinne wie Protestantismus und Katholizismus verstanden wurde. Die Synagogenordnung des Konsistoriums schrieb eine würdevolle und andächtige Atmosphäre für die Synagogen vor, in der keine lauten Unterbrechungen vorkommen sollten. Die Liturgie blieb erhalten, bis auf die Streichung eines mittelalterlichen Gebets für Vergeltung, das Gott um Rache und Bestrafung der Feinde und Verfolger bat. Jacobson führte weiterreichende Reformen in einer Synagoge ein, die er selbst in Seesen finanziert und 1810 eröffnet hatte. Hier gab es eine Orgel, und das Gebäude wurde entsprechend der französischen Bezeichnung für evangelische Kirchen „Tempel" genannt. All diese Bemühungen hatten jedoch keinen dauerhaften Bestand. Die Niederlage Napoleons machte die Arbeit des Konsistoriums und seiner Reformen zunichte.

Dem westfälischen Beispiel folgten bald weitere in Berlin, wo Studenten der neu gegründeten Berliner Universität als Prediger in Gottesdiensten auftraten, zu denen eher die gebildeten Berliner Juden erschienen. Die preußische Regierung, die sowohl das Übergreifen der Innovationen von der religiösen auf die politische Ebene als auch die Anziehungskraft dieser Gottesdienste auf Christen befürchtete, verbot 1823 den modernen Gottesdienst, der hier acht Jahre zuvor eingeführt worden war.

Eine beständige Heimat für die Reformbewegung im Judentum konnte erst durch die Gründung eines Tempels in Hamburg im Jahr 1817 erreicht werden. Dort wurde das erste vollständige reformierte Gebetbuch herausgegeben, in dem bezeichnenderweise die Hoffnung der Betenden auf eine Rückkehr von Europa nach Israel nicht mehr vorkam. Im Gottesdienst verwendete man jetzt die sephardische Aussprache des Hebräischen, die als näher an der biblischen Aussprache galt, und setzte sich damit noch stärker von der osteuropäischen Form des Betens ab. Es gab Orgelbegleitungen, regelmäßige Konfirmationsfeiern und die Einführung einiger deutscher Hymnen. Obwohl die Traditionalisten in Hamburg gegen den Tempel waren, konnte er die Genehmigung des Hamburger Senats gewinnen und bestand bis in die Zeit des Nationalsozialismus.

Andernorts entwickelte sich die Reformbewegung in den kommenden Jahrzehnten entweder nur sehr langsam oder gar nicht. Erst in den 1840er Jahren, in der Atmosphäre relativer Liberalität einiger deutscher Staaten, gelang es der Reformströmung, ihre Botschaft zu verbreiten. In der Zwischenzeit hatten ihre Gegner einen Fürsprecher gefunden, der ihr Bedürfnis, vollständig getreu der Halacha und gleichzeitig in einer europäischen Kultur und Gesellschaft zu leben, in Worte fassen konnte. Samson Raphael Hirsch (1808–1888) vertrat eine aufgeklärte Moderne Orthodoxie, manchmal auch Neo-Orthodoxie genannt. Hirsch trat sowohl für weltliche als auch jüdische Bildung ein, für deutschen Patriotismus und die volle Beteiligung an der nicht-jüdischen Welt, außer wenn sie mit dem jüdischen Gesetz in Konflikt geriet. Sein Motto der *Tora im derech eretz* (Befolgung der jüdischen Tradition, gepaart mit tugendhaftem Verhalten in der Gesellschaft) zeigte seine Bereitschaft, an beiden Welten Anteil zu haben. Als Rabbiner einer abgespaltenen jüdischen Gemeinde in Frankfurt am Main, welche die reformistischen Tendenzen der örtlichen Einheitsgemeinde ablehnte, führte er in den Bräuchen bezüglich des Verhaltens in der Synagoge und der klerikalen Kleidung des Rabbinen Änderungen ein; und ähnlich wie die Reformer hielt er regelmäßig erbauliche Predigten in deutscher Sprache. So wie sie glaubte auch er, dass Juden, die in der Diaspora leben, die „Mission" haben, eine Botschaft purer Menschlichkeit unter den Nichtjuden zu verbreiten.

Dennoch war sich Hirsch sicher, dass sowohl die schriftliche Tora von Moses als auch die mündliche Tora der alten Rabbiner durch Gott am Sinai offenbart worden waren und daher nicht von Menschenhand verändert werden durften. Weder durften neue Werte nach dem Zeitgeist eingeführt werden noch sollte der Wissenschaft des Judentums mit ihren säkularen Wahrheitskriterien erlaubt sein, auch nur einen Teil der göttlichen Offenbarung in Frage zu stellen. Das Judentum sei kein sich entwickelndes Gebilde, sondern „ewig". Niemand sollte einfach entscheiden können, nur dieses oder jenes rituelle Gebot zu akzeptieren; man sei verpflichtet, alle zu befolgen. Obwohl sich die meisten traditionell ausgerichteten Juden entschieden, in den Einheitsgemeinden zu bleiben, statt den separatistischen neo-orthodoxen Gemeinden beizutreten, waren Hirschs Ansichten dennoch bahnbrechend und sein Einfluss auf die Moderne Orthodoxie nicht nur in Deutschland, sondern auch in anderen Ländern dominant.

Zur selben Zeit entwickelte die Reformbewegung ihre eigenen Ideologien, zunächst vorgelegt von Ideologen, deren Ansichten die ganze Bandbreite von radikal bis konservativ abdeckten. Sie entstanden unabhängig voneinander während einer Entwicklungspause der Reformbewegung in den 1830er und frühen 1840er Jahren, um dann kurz danach zeitgleich aufzutreten. Der radikalste unter den prominenten Reformern war Samuel Holdheim (1806–1860), der sich allmählich von einer ultra-orthodoxen Tradition zu einer Einstellung bewegte, die ihn weit jenseits des liberalen Mainstreams positionierte. Er wurde Rabbiner einer abgespaltenen Gemeinde am äußersten Rand des religiösen Spektrums in Berlin, der Reformgemeinde, deren fast vollständig auf Deutsch abgehaltener Gottesdienst sich von der liberalen Hauptströmung unterschied, später jedoch Vorbild für die klassische Phase des Reformjudentums in Nordamerika wurde. Holdheims Theorien basierten nicht auf einem Judentum, das Reformen brauchte, sondern auf der nie zuvor bestehenden Situation, dass deutsche Juden nicht länger gesondert in einem physischen und spirituellen Ghetto lebten, sondern integriert in die nichtjüdische Gesellschaft. Diese revolutionäre gesellschaftliche und kulturelle Situation erforderte seiner Ansicht nach nicht nur Reformen, sondern eine religiöse Revolution. Es werde ein neues Verständnis von Judentum benötigt, das sich nur auf die Religion bezog und die übrigen rechtlichen Elemente abwerfen müsse. Der Zweck der weiteren jüdischen Existenz bestehe darin, Vorbote eines universalen Monotheismus zu sein, der sich aus sorgfältig ausgewählten moralischen Elementen zusammensetzen sollte, die der Schatzkiste jüdischer Traditionen entnommen wurden. Seine Inhalte konnten in Formen vermittelt werden, die besser zu akzeptieren und effektiver für die moderne Welt waren: die Verwendung von Deutsch anstelle von Hebräisch im Gebet und die Entscheidung, den Gottesdienst am Sonntag statt am Samstag abzuhalten. Obwohl er Gegner der opportunistischen Konversion zum Christentum war, gehörte Holdheim zu den wenigen Rabbinern in Deutschland, die bereit waren, interreligiöse Eheschließungen durchzuführen.

Anders als Holdheim entschied sich Abraham Geiger (1810–1874), die zentrale Persönlichkeit der moderaten und vorherrschenden liberalen Strömung in Deutschland, in der Einheitsgemeinde zu bleiben. Obzwar er in seinen Theorien oft radikal auftrat, war er doch bereit, in praktischen Dingen um der Einheit der Gemeinde willen Kompromisse einzugehen. Als einer der wichtigsten und konsequentesten Forscher innerhalb der Wissenschaft des Judentums unterwarf Geiger die gesamte jüdische Tradition, inklusive der biblischen Texte, dem Kriterium der Forschungsresultate. Er betrachtete das Judentum als ein sich fortentwickelndes Gebilde, das in verschiedenen Epochen der Geschichte an unterschiedlichen Orten in verschiedenen Gewändern auftrat. Er malte sich ein Judentum aus, in dem jedes Zeitalter ein einzigartiges und besonderes Glied zu der Kette religiöser Traditionen hinzufügte. Was Juden in all den Jahrhunderten von der Mehrheitsgesellschaft unterschieden habe, war ihr besonderer Geist – oder Genius – der nach Geiger ein Produkt göttlicher Inspiration gewesen sei und inmitten der Vielfältigkeit aufgrund der geschichtlichen Umstände eine Kontinuität vermittelt habe. Für Geiger und Holdheim gleichermaßen war der Kern des Judentums sein Monotheismus, der es Geigers Ansicht nach allen externen Kritikern zum Trotz zu einer Religion der Zukunft machte. Dennoch war er innerhalb der Breslauer Gemeinde, in der er den Großteil seines aktiven Rabbinats tätig war, gegen die Verschiebung des Schabbat auf den Sonntag und hielt Gottesdienste fast ausschließlich auf Hebräisch ab. Und im Gegensatz zu Holdheim glaubte Geiger weder, das Judentum sei bereit für eine Revolution, noch dass es diese brauchte.

Gemeinsam mit anderen Rabbinern seiner Generation, die sein Engagement für ein organisiertes Programm religiöser Reformen teilten (selbst wenn sie sich nicht einig darüber waren, wie weit diese reichen sollten), nahm Geiger an drei Rabbinerversammlungen teil, die zwischen 1844 und 1846 in Braunschweig, Frankfurt am Main und Breslau stattfanden. Sie sollten eine stärkere Kohärenz in den religiösen Reformen erzeugen und vor dem Hintergrund radikalerer Initiativen von Laiengruppen in Frankfurt und Berlin das Vorrecht religiöser Entscheidungsgewalt der Rabbiner erhalten. 42 Rabbiner nahmen an mindestens einer dieser Versammlungen teil. Sie vertraten sowohl Großstädte als auch kleine Orte, waren mit einem Durchschnittsalter von 36–37 Jahren zum größten Teil noch ziemlich jung und hatten in ihrer Mehrheit an einer deutschen Universität promoviert. Zu ihren Entscheidungen gehörte die Streichung des Gebets zur Wiedereinführung des Tieropfers, der Austausch des Glaubens an einen personifizierten Messias, der die Juden in ihr Land zurückführen wird, durch die Mission Israels unter den Völkern, die Billigung des Spielens der Orgel in den Synagogen und die Erlaubnis, gewisse Aktivitäten am Schabbat auszuüben, wie etwa bezahlte Tätigkeiten im Staatsdienst. In einem der Ausschussberichte, die in der Breslauer Versammlung vorgestellt wurden, wurde auch der Ruf nach einer stärkeren Gleichberechtigung für jüdische Frauen laut, insbesondere ihre Berücksichtigung bei der Mindestanzahl von zehn Anwesenden für das Gebet (Minjan). Sie sollten dieselben religiösen Verpflichtungen wie Männer erhalten, und ihre Gelübde sollten nicht mehr, entgegen dem jüdischen Gesetz, von ihren Vätern oder Männern annulliert werden können. (Siehe hierzu auch den Beitrag von Tamara Or, S. 255.)

Die am heftigsten debattierte Frage war die des Hebräischen im Gottesdienst. In Frankfurt am Main wurde beschlossen, dass, obwohl das jüdische Gesetz es nicht zwingend vorschreibt, auf Hebräisch zu beten, es subjektiv dennoch wünschenswert wäre, diese Tradition auch in der Gegenwart beizubehalten. Der Streit entfachte sich an der Frage, ob die Verwendung des Hebräischen unabhängig vom jüdischen Gesetz objektiv unumgänglich sei. Eine Abstimmung führte zu einem fast exakten Gleichstand, eine kleine Mehrheit befand jedoch, dass das Hebräische nicht objektiv notwendig sei. Insbesondere diese Abstimmung überzeugte einen der am traditionellsten eingestellten Teilnehmer an der Frankfurter Konferenz, Zacharias Frankel (1801–1875), dass sein eigener Ansatz über das Judentum außerhalb des Einvernehmens der versammelten Rabbiner zu finden sei und eine eigene Richtung rechtfertigte. Seiner Meinung nach konnte die hebräische Form nicht vom theologischen Inhalt getrennt werden; Form und Inhalt bildeten eine organische Einheit. Frankel nannte seine Version des Judentums „positiv-historisch", womit er meinte, dass es unabänderliche positive Werte enthalte, also Elemente, die neben den historisch veränderlichen bestünden. So wie Hirsch lehnte er die historische Beurteilung des Pentateuch ab, aber ähnlich wie Geiger war er bereit, die Wissenschaft auf den Talmud und die rabbinischen Schriften anzuwenden. Frankels Betrachtung des Judentums war insofern einzigartig, als er den Status der Offenbarung nicht nur dem Sinai zuschrieb, sondern auch dem Gesamtwillen der jüdischen Gemeinden. Im Gegensatz zu den radikaleren Rabbinern behauptete er, die Aufgabe des Rabbis bestehe nicht darin, seine Anhänger in die Richtung zu ziehen, die er für die beste hielt, sondern im Gegenteil – aus der Mitte zu führen und die aktuell gültige Norm der Gemeinde widerzuspiegeln. Auf praktischer Ebene bedeutete das, einen traditionellen Gottesdienst in hebräischer Sprache beizubehalten, gleichzeitig aber einige Bräuche in der Synagoge dem zeitgenössischen ästhetischen und moralischen Empfinden anzupassen. Als Frankel Direktor des ersten modernen Rabbinerseminars in Deutschland wurde, des Jüdisch-Theologischen Seminars in Breslau, gewann seine Position an Einfluss und entwickelte sich zu einer separaten Strömung im Judentum. Auf diese Weise entstand in Deutschland ein Spektrum, das von vormodernem Traditionalismus, wie er noch immer von einigen Rabbinern wie Salomon Tiktin (1791–1843) und seinen Anhängern vertreten wurde, über die abgespaltene Neo-Orthodoxie von Samson Raphael Hirsch zur orthodoxen Strömung innerhalb der Einheitsgemeinden, die sich mit dem positiv-historischen Judentum des Zacharias Frankel vermischte, dem Liberalen Judentum von Abraham Geiger, der wiederum mit den

Konservativen in den Gemeinden konkurrierte, bis hin zur separatistischen Reformgemeinde von Samuel Holdheim reichte.

Seit der Mitte des 19. Jahrhunderts war das deutsche Judentum nun in Strömungen aufgeteilt, deren Unterschiede vor allem in den größeren Gemeinden deutlich zu sehen waren. In den 1870er Jahren war die Entwicklung so weit fortgeschritten, dass jede der modernen Strömungen ihr eigenes intellektuelles Zentrum besaß: das positiv-historische Judentum im Seminar in Breslau, Liberale und Reformer gemeinsam an der Hochschule für die Wissenschaft des Judentums in Berlin und die moderne Orthodoxie am Rabbinerseminar für das orthodoxe Judentum, ebenfalls in Berlin. Zu Beginn des 20. Jahrhunderts wurde das Liberale Judentum in Deutschland durch Leo Baeck (1873–1956) gestärkt, der in der Einheitsgemeinde in Berlin wirkte und später während der NS-Zeit quasi das gesamte deutsche Judentum gegenüber dem Regime vertrat.

Obwohl Deutschland weiterhin das einflussreichste europäische Zentrum der jüdischen religiösen Modernisierung blieb, breiteten sich die hier gegründeten Strömungen langsam gen Osten und Westen aus. So gewann etwa die moderne Orthodoxie in England und Frankreich an Boden: In England war sie bis zu einem gewissen Grad der Church of England nachempfunden und in Frankreich der katholischen Kirche. Vor der Mitte des Jahrhunderts bildete sich in Großbritannien eine neue Strömung in London und anderen Städten, die sich „Reform" nannte und das Studium der Bibel über den Talmud stellte. Um die Jahrhundertwende entstand überdies die radikalere Strömung des Liberal Judaism (das Gegenteil der deutschen Terminologie) zeitgleich mit einer ähnlich radikalen Gruppe in Paris.[1] 1926 gründete sich bei einem Kongress in London die World Union for Progressive Judaism und einte damit die nichtorthodoxen Strömungen sowohl in Europa als auch in Übersee. Im Osten hingegen wie etwa in Wien etablierten sich eher die maßvollen Ansätze Zacharias Frankels, die in Ungarn als „neologes Judentum" bekannt wurden. Im zaristischen Russland gab es aufgrund des reaktionären Charakters des Regimes und der Ermangelung an Reformen innerhalb der orthodoxen Kirche kaum Änderungen in der Theologie und Praxis des Judentums, obwohl einige der *Maskilim* eine weniger strenge Anwendung der jüdischen Gesetze einforderten. In den 1930ern brachten jüdische Flüchtlinge aus Deutschland ihr Liberales Judentum in die Gemeinden von Südamerika, Südafrika, Australien und Palästina, die bis zu diesem Zeitpunkt strikt orthodox gewesen waren. Allerdings konnte das Liberale Judentum an keinem dieser Orte die Mehrheit stellen, die es in Deutschland gehabt hatte und später in den Vereinigten Staaten erreichen sollte.

Die Vereinigten Staaten ermöglichten eine besonders förderliche Umgebung für die Vielfalt jüdischer religiöser Strömungen. Es existierten keine etablierten Kirchen wie in Großbritannien und Frankreich, der Protestantismus war in verschiedene Konfessionen zersplittert und es herrschte eine klare Trennung zwischen Kirche und Staat. Die Ideologie des Individualismus und der Blick auf die Zukunft schwächten traditionalistische Tendenzen, die in Europa stärkeren Bestand hatten. Diese Vielfalt hatte noch nicht in der Kolonialzeit existiert, als die jüdische Bevölkerung aus unterschiedlicher Herkunft bestand, aber dennoch in allen Synagogen glei-

---

1   Während in Deutschland „liberal" gemäßigt und „reform" radikal bedeutete, nannten sich die britischen gemäßigten Reformer Reformjuden und die Radikalen „Liberale".

chermaßen die sephardischen Riten praktiziert wurden. Erst im Jahr 1825 verließ eine Gruppe gebildeter Juden ihre Synagoge in Charleston, South Carolina, um die Reformed Society of Israelites zu gründen und eine amerikanische Form des Gebets einzuführen. Sie bevorzugten die Bibel und maßen dem Talmud eine geringe Bedeutung bei. Diese Gemeinde bestand allerdings nur eine kurze Zeit, bevor sie wieder in der Gemeindesynagoge aufging.

Obwohl es in der ersten Hälfte des 19. Jahrhunderts noch keine dauerhafte religiöse Spaltung innerhalb des amerikanischen Judentums gab und die Liturgie in den Synagogen weitgehend traditionell blieb, reduzierten viele Juden im Privaten die Befolgung der rituellen Gebote. Das führende religiöse Haupt seiner Zeit, Isaac Leeser (1806–1868), der als Chasan (Kantor) der Mikveh Israel Synagogue in Philadelphia tätig war, arbeitete zwar an der Amerikanisierung des Judentums, blieb jedoch in theologischen und praktischen Fragen ein Traditionalist.

Erst in der zweiten Hälfte des 19. Jahrhunderts konnte die Reformbewegung durch die wachsende Anzahl an deutsch-jüdischen Einwanderern in den USA wirklich Fuß fassen und an Einfluss gewinnen. Die Ankunft von deutschen Rabbinern, die zum Teil an den deutschen Rabbinerversammlungen teilgenommen hatten, lieferte den Anstoß und die nötige Führung für diese Entwicklung. Dabei waren es zwei herausragende, in vielerlei Hinsicht unterschiedliche Rabbiner, die der beginnenden Reformbewegung in Amerika ihren Charakter gaben. Isaac Mayer Wise (1819–1900) kam 1846 aus Böhmen in die Vereinigten Staaten und ließ sich acht Jahre später in Cincinnati nieder. Sein vornehmliches Ziel war es, ein vereintes amerikanisches Judentum mit einer gemeinsamen Liturgie zu bilden, das kulturell in Amerika integriert war. Zu diesem Zweck versuchte er, zwischen Traditionalisten wie Leeser und den radikaleren Reformern, die aus Deutschland eintrafen, einen Mittelweg zu finden. Sein Gebetbuch, das Minhag Amerika, konnte auf eine große Bandbreite liturgischer Vorlieben angepasst werden. Wise selbst hatte nur eine begrenzte säkulare Bildung erhalten, aber er verfügte über eine außerordentliche Tatkraft und Energie, sodass er durch journalistische und organisatorische Leistungen den Mangel an akademischem Status ausgleichen konnte. Sein Konkurrent war David Einhorn (1809–1879), der einen deutschen Doktortitel erworben, tiefsinnige Werke zur jüdischen Theologie verfasst hatte und fest daran glaubte, das Reformjudentum in Amerika könne nur dann gedeihen, wenn es seine Beziehung zur deutschen Kultur aufrechterhielte. Während Wise vornehmlich Englisch sprach und schrieb, beschränkte sich Einhorn ausschließlich aufs Deutsche. Als Schüler von Holdheim war Einhorn in seiner Theologie radikaler als Wise und befürwortete kompromisslosere Reformen. Wie Wise erstellte auch er ein Gebetbuch, das jedoch größtenteils auf Deutsch geschrieben und von der Tradition weiter entfernt war. Radikal auch in seiner Sozialphilosophie wurde Einhorn ein offener Gegner der Sklaverei, was ihn zwang, seine Stelle als Kanzelredner in Baltimore aufzugeben, da der Staat Maryland die Sklaverei betrieb. In der folgenden Generation wurde das Streben nach sozialer Gerechtigkeit eine zentrale und dauerhafte Angelegenheit des Reformjudentums.

Als sich die deutschen Juden zunehmend einlebten und sich die religiösen Reformen landesweit in den Synagogen verbreiteten, folgte eine Periode intensiver Rivalität zwischen der kompromisslosen Vision eines Reformjudentums im Sinne von Einhorn und dem eher integrativen Ansatz von Wise. Schließlich erreichte Wise durch seine organisatorischen Fähigkeiten ein breites Einvernehmen, als er 1873 die Union of American Hebrew Congregations ins Leben rief, die zunächst Gemeinden im Mittleren Westen und Süden anzog und schließlich auch den Osten der USA erreichte. Zu Beginn war der vorrangige Zweck dieses Verbands, ein modernes Rabbinerseminar nach deutschem Vorbild aufzubauen. 1875 wurde in Cincinnati als intellektuelles Zentrum des Gemeindeverbands das Hebrew Union College mit Wise als Präsidenten gegründet, das der Verband auch finanziell unterstützte. Wise hatte damit sein Ziel erreicht: Die beiden Organisationen vereinten die große Mehrheit der amerikanischen Juden und ließen nur ein paar vereinzelte orthodoxe Gemeinden des alten Typs außen vor, die sich nicht zusammenschlossen und wenig Einfluss hatten.

Die Vereinigung, die Wise in den 1870er Jahren geschaffen hatte, zerbrach jedoch bereits zehn Jahre später. 1885 beriefen die radikaleren Reformrabbiner in Pittsburgh eine Konferenz ein und entwickelten ein Grundprogramm, das stärker dem Geiste Einhorns entsprach (der wenige Jahre zuvor verstorben war) als jenem von Wise. Es lehnte den Glauben an eine körperliche Wiederauferstehung sowie die Einhaltung von Speisevorschriften ab. Juden wurden als eine ausschließlich religiöse und nicht als eine nationale Gemeinschaft definiert, und es wurde ein fortschrittliches Judentum gefordert, das im Laufe seiner historischen Entwicklung primitivere Ideen hinter sich lassen sollte. Das Judentum wurde als ein rein moralischer Monotheismus betrachtet, über seinen „Tochterreligionen", dem Christentum und dem Islam, stehend.

Dieses Programm setzte den Grundstein für das, was später „Klassisches Reformjudentum" genannt wurde, und führte zu eben jener Spaltung in der amerikanischen Reformbewegung, die Wise befürchtet hatte. Obwohl einige von ihnen bisher Unterstützer von Wises College gewesen waren, brach eine Gruppe Rabbiner (vergleichbar der Aktion von Zacharias Frankel in Deutschland) ihre Verbindungen ab und schuf bereits 1886 in New York eine traditionellere und mit dem Hebrew Union College konkurrierende Institution: das Jewish Theological Seminary of America. So teilte sich das nichtorthodoxe Judentum in Amerika in zwei separate Strömungen.

Während das frühe amerikanische Reformjudentum fast ausschließlich aus deutschstämmigen Juden bestand, war das Konservative Judentum, das sich nun langsam als getrennte Bewegung etablierte, zunächst auf die zweite Generation osteuropäischer Juden ausgerichtet. Diese wanderten in größerer Anzahl in die Vereinigten Staaten ein, nachdem ab 1881 neue Pogrome ausbrachen und Einschränkungen in Russland verhängt wurden. Mit der Ankunft des renommierten Gelehrten Solomon Schechter (1847–1915) aus England und seiner Berufung zum neuen Leiter des Jewish Theological Seminary 1902 gewann diese neue Strömung sowohl neue Mitglieder als auch ein gestiegenes Ansehen. Ihre Alumni gründeten 1901 die Rabbinical Assembly of America und 1913 einen Zusammenschluss von Gemeinden unter dem Namen United Synagogue of America. Bis in die 1950er Jahre blieben die Konservativen relativ traditionell und verwendeten in ihren Gemeinden ein Gebetbuch, das im Wesentlichen dem der Orthodoxen entsprach – bis auf eine einzige Passage, die das Ritual der Opferung von Tieren in die Vergangenheit verbannte und seine Reinstitutionalisierung ausschloss. Allerdings wurde in einigen Gemeinden wie schon bei der Reformbewegung in Gottesdiensten Orgelmusik gespielt, und immer häufiger konnten auch Frauen und Männer zusammensitzen.

Zur selben Zeit entfernte sich das Reformjudentum beständig weiter von der Tradition. Die Central Conference of American Rabbis, die sich 1889 gebildet hatte, gab das *Union Prayerbook* heraus, eine sehr verkürzte Form der Liturgie, in der die meisten Gebete in modernem Englisch standen. Einige Reformsynagogen, vor allem in den größeren Städten, führten ihre Wochengottesdienste am Sonntag durch. Das klassische Reformjudentum lehnte den Zionismus als

Untergrabung des „Amerikanismus" ab und befürwortete sowohl Darwinismus als auch eine wissenschaftliche Bibelkritik. Erst ein halbes Jahrhundert später, mit der Annahme eines neuen traditionelleren Programms im Jahr 1937, begann ein Prozess der Rückbesinnung auf überlieferte Elemente, der bis heute anhält.

Ebenfalls während dieser Jahre trat eine neue kleine Strömung in Erscheinung, dieses Mal amerikanischen Ursprungs. Mordecai Kaplan (1881–1983), ein Rabbiner der Konservativen und Professor am Jewish Theological Seminary, gründete die Bewegung des Rekonstruktionismus, der die jüdische Volkszugehörigkeit sowie den Glauben an einen nicht personifizierten, immanenten Gott betonte, gleichzeitig das göttliche Auserwähltsein der Juden ablehnte sowie Gebote als bloße Bräuche und Sitten des jüdischen Volkes umdeutete.[2] Zunächst war der Rekonstruktionismus nur eine Strömung innerhalb des Konservativen Judentums, doch 1968 wurde ein eigenes Rabbinerseminar gegründet, das Reconstructionist Rabbinical College in Philadelphia, gefolgt von der Gründung von Vereinigungen rekonstruktionistischer Synagogen und Rabbiner. Der Rekonstruktionismus wurde in der Praxis immer radikaler, akzeptierte Frauen und schließlich auch Schwule und Lesben als Studierende und erklärte – so wie die amerikanische Reformbewegung – Kinder mit jüdischen Vätern, aber ohne jüdische Mütter zu Juden, ohne dass sich diese dem Ritus einer Konversion unterziehen mussten. Obwohl die Gottesdienste der Rekonstruktionisten stärker im Hebräischen verhaftet waren als die meisten Reformgottesdienste, entfernte sich der Rekonstruktionismus in theologischer Hinsicht mit seinem religiösen Naturalismus weiter von der Tradition als die Reformbewegung, mit der er bald in der World Union for Progressive Judaism zusammengefasst werden sollte. (Siehe hierzu auch den Beitrag von Christina von Braun, S. 15.)

Nach dem Zweiten Weltkrieg wurde die amerikanische Orthodoxie immer strenger. 1897 hatte sie das Isaac Elchanan Theological Seminary und 1902 eine ultra-orthodoxe und später eine modern-orthodoxe Rabbinervereinigung (1935) gegründet, doch während dieser Jahre befolgten viele orthodoxe Juden kaum religiöse Regeln. Lange Zeit war die modern-orthodoxe Führung bereit, mit den anderen jüdischen Strömungen im Synagogue Council of America (1926–1994) zu kooperieren. Doch ab 1932, mit dem Eintreffen von Joseph Soloveitchik (1903–1993), einer starken Führungspersönlichkeit der modernen Orthodoxie, sowie mit der Einwanderung der osteuropäischen Chassiden in den 1940er Jahren, entfernte sich die amerikanische Orthodoxie mit einem größeren Zulauf an Mitgliedern immer weiter von den anderen Strömungen. Das religiöse Einhalten der Gebote wurde nun mit peinlicher Genauigkeit umgesetzt. Dieser Trend löste eine kleine Gegenbewegung aus, die sich Open Orthodoxy nannte und von einem einflussreichen Zögling von Soloveitchik, Avi Weiss (1944–) angeführt wurde, der 1999 in New York das Rabbinerseminar Yeshivat Chovevei Torah sowie eine zweite ähnliche Institution für die Ausbildung von jüdischen Frauen für religiöse Leitungspositionen (doch ohne den Rabbinertitel) gründete.

In den Nachkriegsjahren wuchs das Konservative Judentum unter den traditionell gesinnten Juden, die in die amerikanischen Vorstädte zogen, rapide an; zugleich begann eine stärkere

---

2   Kaplan, Mordecai M.: Judaism as a Civilization: Toward a Reconstruction of American-Jewish Life, New York 1934.

Übernahme von Bräuchen des Reformjudentums. Im Jahr 1972 wurde in der Reformbewegung die erste amerikanische Rabbinerin ordiniert.[3] Die Bewegung der Konservativen folgte diesem Schritt 1985, ein gutes Jahrzehnt später. Die Reformbewegung, die 1977 enthusiastisch zionistisch war, gründete eine eigene zionistische Bewegung mit dem Namen Association of Reform Zionists of America (ARZA); einige Monate später tat das Konservative Judentum dasselbe. 1981 verfasste der Rabbiner W. Gunther Plaut (1912–2012) den ersten Tora-Kommentar der Reformbewegung; die Konservative Bewegung schuf 2001 ein Äquivalent. 1984 begann das Reformjudentum, seine eigenen Mohalim (rituelle Beschneider) auszubilden, darunter auch Frauen; das Konservative Judentum folgte diesem Beispiel etwa fünf Jahre später. Schließlich akzeptierte die Reformbewegung im Jahr 2000 die vollständige religiöse Gleichberechtigung für Schwule und Lesben, einschließlich ihrer Ordination zu Rabbinern; die Konservative Bewegung folgte im Jahr 2006.

Während die Konservativen sich immer weniger traditionell definierten, bewegte sich die Reformbewegung in die entgegengesetzte Richtung. Die Gebetbücher nahmen Passagen wieder auf, die vorher gestrichen worden waren, viele Männer – und auch einige Frauen – begannen nun, mit der traditionellen Kopfbedeckung *(Kippa)* und dem Gebetsschal *(Talit)* zu beten. Anstatt nur einen verbalen Schwur abzulegen, durchliefen diejenigen, die bei der Reformbewegung konvertierten, immer stärker auch die körperlichen Rituale, die mit einem Übertritt zum Judentum einhergehen. Eine traditionelle Theologie, die auf dem verpflichtenden Bündnis zwischen Gott und dem jüdischen Volk basierte, gewann starken Zustrom.

Mittlerweile bestehen nur noch wenige Unterschiede zwischen den beiden größten nicht-orthodoxen Strömungen. Das Konservative Judentum definiert sich wie die Orthodoxie zumindest in der Theorie als *halachisch*, wenn auch weitaus flexibler in seiner Auslegung. Das Reformjudentum sieht sich selbst als nichthalachisch. Der Konservative Gottesdienst dauert noch immer länger und enthält mehr hebräische Elemente als der der Reformbewegung. Während sich die steigende Rate an interkonfessionellen Ehen bei den Reformjuden auch in der Teilnahme an Gottesdiensten niederschlägt, existiert in den Konservativen Gemeinden nur ein kleiner Anteil an Mitgliedern, der in gemischten Ehen lebt. Obwohl Reformrabbiner offiziell nicht dazu ermutigt werden, gemischte Trauungen durchzuführen, sind sie in den meisten Fällen dennoch dazu bereit, wenn auch mit speziellen Auflagen an das Paar wie etwa, dass die gemeinsamen Kinder jüdisch erzogen werden. Im Gegensatz dazu verbietet das Konservative Judentum seinen Rabbinern, Trauungen dieser Art vorzunehmen. Während das Reformjudentum patrilineare Juden auch ohne Konversion akzeptiert, tut dies das Konservative Judentum (zumindest offiziell) nicht. Schließlich fordern Konservative Rabbiner eine jüdische Scheidung *(Get)* vor einer Wiedervermählung, Reformrabbiner hingegen nicht.

Die demographische Aufteilung zwischen den Strömungen des amerikanischen Judentums liegt zurzeit bei 35 Prozent Reform, 18 Prozent Konservativ (ein deutlicher Rückgang im Vergleich zur Generation zuvor) und 10 Prozent Orthodox (von denen sich 67 Prozent als Ultra-Orthodoxe definieren). Die Rekonstruktionisten machen etwa zwei Prozent aus. Der Rest

---

3   Regina Jonas wurde 1935 als weltweit erste Frau in Berlin ordiniert.

fühlt sich zu keiner der organisierten Strömungen zugehörig, da sie entweder säkular sind oder bevorzugen, „einfach nur Juden" zu sein.[4]

Außerhalb der Vereinigten Staaten konnte das Reformjudentum in den letzten Jahren kleine Fortschritte verzeichnen. Es gibt Reformgemeinden (oder Liberale) in vielen europäischen Ländern, einschließlich der früheren Mitgliedsstaaten der Sowjetunion. In Großbritannien bildet das 1956 gegründete Leo Baeck College nichtorthodoxe Rabbiner aus; das Abraham Geiger Kolleg in Potsdam tut dies seit 1999 in Deutschland. Die Union Progressiver Juden in Deutschland repräsentiert 24 Gemeinden mit etwa 4500 Mitgliedern.[5] Das Konservative Judentum ist in Europa relativ klein geblieben, in Deutschland vertritt die Synagoge Oranienburger Straße in Berlin diese Richtung, wenn auch nicht offiziell als Konservative Gemeinde. Die Gründung einer dauerhaften Reformgemeinde in Israel machte bis zur Etablierung der Gemeinde Kehilat Har-El in Jerusalem im Jahr 1958 keine Fortschritte. Heute gibt es mehrere Dutzend progressive Gemeinden in Israel, sowohl Reformgemeinden als auch Konservative Gemeinden. Obwohl sie nur einen sehr kleinen Prozentsatz der israelischen Bevölkerung ausmachen, die noch immer in säkulare, orthodoxe und „traditionelle" Juden (die meist aus islamischen Ländern stammen und zum größten Teil nicht streng religiös sind) gespalten ist, sind viele säkulare Israelis dazu übergangen, in Konservativen oder Reformgemeinden ihre wichtigen Lebenszeremonien abzuhalten, vor allem Bar Mitzwa- und Bat Mitzwa-Feiern. Nach wie vor werden Trauungen und Konversionen durch nichtorthodoxe Rabbiner nicht vom Oberrabbinat anerkannt, und es dürfen auch nur orthodoxe Rabbiner als Geistliche in der Armee dienen. Allerdings hat sich in den letzten Jahren die öffentliche Meinung einem religiösen Pluralismus gegenüber mehr geöffnet und damit auch dem Glauben und den Bräuchen, welche die verschiedenen religiösen Strömungen im Judentum ausmachen.

Übersetzung aus dem Englischen: Anna Held

---

4   http://www.pewforum.org/2013/10/01/jewish-american-beliefs-attitudes-culture-survey/, letzter Zugriff: 15.07.2016.
5   https://de.wikipedia.org/wiki/Union_progressiver_Juden_in_Deutschland, letzter Zugriff: 15.07.2016.

3. Kultur/Moderne

Aufklärung

Julius H. Schoeps

Die Verlockung der Vernunft

Über Generationen hinweg war jüdisches Denken und Bewusstsein vom Glauben bestimmt, die Juden seien von Gott auserwählt und Träger der religiösen Wahrheit. Die fest verwurzelte Überzeugung, sie stünden in einem besonderen Verhältnis zu Gott, der ihnen eines Tages den Messias schicken würde, bestimmte bis zur Aufklärung, für einige teilweise bis heute, den Ablauf des täglichen Lebens. Die fest gefügte Ordnung der Gemeinde kannte weder die nagenden Selbstzweifel, die typisch für die Juden in der modernen Gesellschaft werden sollten, noch ließ sie dem Einzelnen Platz zur individuellen Entfaltung. Ob Kind oder Erwachsener, ein jeder war strengen Normen und Regeln unterworfen, die das Leben von der Geburt bis zum Tod bestimmten und denen sich zu entziehen nur sehr schwer möglich war.

Die Anfänge der innerjüdischen Aufklärung sind umstritten; in der jüdischen Geschichtsschreibung gibt es dazu unterschiedliche, teilweise sich widersprechende Positionen. Die einen sehen die Anfänge im Zusammenhang mit der Ende des 18. Jahrhunderts einsetzenden Haskala, jener Bewegung also, deren Anhänger die traditionellen Formen des Judentums sprengen und eine Synthese zwischen dem Judentum und seiner Umwelt herbeiführen wollten. Sie setzen als die eigentlich entscheidende Zäsur das Wirken Moses Mendelssohns an, der bereits von seinen Zeitgenossen als Inbegriff und Verkörperung des modernen Juden gesehen wurde.

Andere wiederum halten aufgeklärte Ansätze nicht allein für ein Resultat der Übergangsveränderungen vom Mittelalter zur Neuzeit, sondern sehen diese als etwas spezifisch „Jüdisches" an, habe es doch im Judentum seit jeher eine „aufgeklärte" Denkweise gegeben. Verwiesen wird dabei auf verschiedene Religionsphilosophen wie etwa Sa'adja Gaon (gest. 942), Maimonides (1135–1204) oder Chasdai Chrescas (um 1340–1410) und deren Bestrebungen, den jüdischen Monotheismus und die darauf gegründete Offenbarungsreligion zugleich als ein in sich konsistentes System einer Vernunftreligion zu deuten.

In den letzten Jahrzehnten hat sich zunehmend die von dem Kabbalaforscher Gershom Scholem vertretene Ansicht durchgesetzt, die jüdische Mystik, die unter dem Eindruck der Katastrophen des ausgehenden Mittelalters überraschende und zum Teil sehr radikale Antworten auf die bedrängenden Fragen der Zeit gab, sei die eigentliche Antriebskraft für innerjüdische Veränderungen gewesen. Als zentral gilt dabei die eigenartige und geheimnisumwobene Gestalt des aus Smyrna stammenden Ekstatikers Sabbatai Zwi (1626–1676), der für sich die Rolle des Erlösers beanspruchte und sich als Messias hatte feiern lassen. (Siehe hierzu auch den Beitrag von Karl E. Grözinger, S. 191.)

Die Apostasie des Sabbatai Zwi und die damit verbundenen Nachwirkungen[1] werden von Scholem und seinen Schülern nicht als flüchtige Angelegenheit, sondern als ein historisches Ereignis ersten Ranges betrachtet, das eine neue Auffassung des Judentums eingeleitet habe. Als Beleg dafür, dass der Sabbatianismus zu Veränderungen im Judentum geführt hat, weist Scholem auf sabbatianische Kabbalisten wie Abraham Cardoso (1626–1706), Jakob Koppel Lifschitz (? –1740) und den Hamburger Rabbiner Jonathan Eybeschütz (1690–1764) hin, von denen bekannt ist, dass sie in ihren Reden und Schriften den Abfall des Sabbatai Zwi als den Anbeginn einer neuen Zeit gedeutet haben.

Sabbatianismus und Aufklärung

An der Ausbildung der Aufklärungsbewegung in Europa hatten religiöse und mystische Bewegungen zweifellos einen gewichtigen Anteil. Das gilt gleichermaßen für die jüdische wie für die christliche Welt, in der radikale Pietisten, Anabaptisten und Quäker die für den Rationalismus der Aufklärung förderliche Stimmung geschaffen haben. Der Sabbatianismus, der auf dem Paradox eines abgefallenen Erlösers aufbaute, hatte ähnliche Wirkungen und verursachte Aufregung und Aufruhr in den Gassen der jüdischen Ghettos. In Scholems Werken ist nachzulesen, wie das europäische Judentum durch den Sabbatianismus und seine Metamorphosen bis hart an den Rand der Selbstauflösung geführt wurde und Bewusstseinswandlungen durchlief, die letztendlich den inneren Zerfall des talmudischen Judentums zur Folge hatten.

Das Auftreten des Sabbatai Zwi verband die Sehnsüchte der Zeit mit uralten messianischen Erwartungen. In ganz Europa machte die Botschaft dieses seltsamen Abenteurers die Runde. Der Wahn der Massen kannte keine Grenzen: In den Synagogen wurden Gebete gesprochen für „Unseren Herren, König und Meister, den heiligen und rechtschaffenen Sabbatai Zwi, gesalbt vom Gott Israels". Frauen verfielen in Verzückung und weissagten Wunder, die sich ereignen würden, in Sprachen, die ihnen vorher angeblich unbekannt waren. Vielerorts soll es zwischen Anhängern und Gegnern der neuen Erlösungsmystik zu harten Auseinandersetzungen gekommen sein.

Aus den Memoiren der Kaufmannswitwe Glückel von Hameln (1646–1724) erfahren wir etwa, wie junge Leute festlich gekleidet um die Hamburger Synagoge tanzten, um die kurz bevorstehende Welterlösung zu feiern. Einige hielten Fässer mit Trockenproviant (Erbsen, Bohnen, Dörrfleisch, Pflaumenschnitz) bereit, um jederzeit ohne Verzögerung dem Ruf des Messias zu folgen und nach Jerusalem aufbrechen zu können. Andere, wie beispielsweise Glückels Schwiegervater, stellten sich die Erlösung noch romantischer und konsequenter vor, trafen nicht einmal mehr Reisevorbereitungen, sondern liquidierten ihre bescheidene Habe und gaben jeden Broterwerb auf.

Als Sabbatai Zwi, anstatt die Welt zu erlösen, 1666 zum Islam übertrat, verfielen nicht wenige Zeitgenossen in Trübsal und tiefe Verzweiflung. Sie haderten mit dem Schicksal und suchten die Schuld bei sich selbst. Andere begannen sich zu fragen, ob vielleicht die Menschen

---

1   Vgl. Scholem, Gershom: Der mystische Messias, Frankfurt/Main 1992, S. 742 ff.

noch nicht reif seien für die messianische Befreiung. „Wir wissen wohl", heißt es in Glückels Memoiren, „daß der Höchste es uns zugesagt hat, und wenn wir von Grund unseres Herzens fromm und nicht so böse wären, so weiß ich gewiß, daß sich Gott unserer erbarmen würde". Dass der Messias nicht erschienen sei, hinge wohl damit zusammen, dass die Juden Sünden begangen hätten. Würden sie sich strikt an die Gebote halten, dann werde der Messias auch erscheinen, „wenn Deine festgesetzte Zeit da ist".[2]

Auf die Zeit überschäumender Hoffnungen folgte eine Zeit der Ernüchterung. Die Vorsteher der Gemeinden, Rabbiner und Gelehrte waren bemüht, Namen und Andenken des „falschen Messias" auszulöschen. Dokumente, die an Sabbatai Zwi erinnerten, wurden von „aufgeklärten" Nachkommen, die sich der Verirrungen und „dunklen Stunden" im Leben ihrer Väter schämten, vernichtet. Gänzlich ließen sich die Vorgänge aber nicht aus der Erinnerung verdrängen; die messianische Revolte hatte Nachwirkungen. Überkommene Gebote und Bräuche wurden in Frage gestellt und die Skepsis gegenüber dem Glauben der Väter nahm zu. Manche folgten dem falschen Messias in den Islam nach und zogen wie dieser den weißen Turban an. Andere fanden sich in Frömmigkeitsbewegungen wie dem Chassidismus wieder, traten zum Christentum über oder verfielen in religiöse Agonie und Anarchie.

Historiker vertreten in den letzten Jahren zunehmend die Ansicht, der Sabbatianismus habe dem Judentum den Übergang in die Emanzipationsära erleichtert.

Uriel da Costa und Baruch Spinoza

Bewegungen wie der Sabbatianismus und der aus ihm hervorgegangene Frankismus[3] stehen am Anfang der neuzeitlichen Entwicklungen im Judentum. Sie werden in der Historiographie als Aufbruch, manchmal aber auch als innerjüdische Verfallstendenzen oder als diesseitige Erlösungsbewegungen gedeutet. Zweifellos waren beide Reaktionen auf die allgemeine Lage der europäischen Judenheit, die zu Ende des 17. und zu Beginn des 18. Jahrhunderts von einem orthodoxen Rabbinismus und von der Willkür der Gemeindeoligarchie geprägt war.

Sieht man von den Interpretationen ab, die im Sabbatianismus „Aufbruch", „Verfallstendenzen" oder gar eine säkulare „Erlösungsbewegung" sehen wollen, so bleibt es doch unstrittig, dass die tiefgreifenden Veränderungen und Umwälzungen innerhalb des Christentums Rückwirkungen auf die jüdische Welt und das jüdische Selbstverständnis hatten. Der „Zweifel", seit der Renaissance einer der Grundelemente des modernen Denkens, erfasste auch die Juden in den Gassen des Ghettos und führte dazu, dass innerhalb der Gemeinden zunehmend überkommene Lehren verworfen und manche bis dahin für unumstößlich gehaltene Glaubenssätze in Frage gestellt wurden.

Im Judentum der frühen Neuzeit sind ähnliche Veränderungsprozesse feststellbar wie im Christentum, nur im Kern und in den Konsequenzen vielleicht etwas radikaler. Luther, Calvin

---

2 Feilchenfeld, Alfred (Hg.): Denkwürdigkeiten der Glückel von Hameln, Berlin 1923, S. 63.
3 Der „Frankismus", eine von Jakob Joseph Frank (1726–1791) begründete messianische Bewegung innerhalb des Chassidismus in Polen, wollte durch die Ablehnung des Talmud und die Konversion zum Katholizismus die Juden in die Mehrheitsgesellschaft integrieren.

oder Zwingli, die in Deutschland und in der Schweiz für die Erneuerung der Kirche kämpften, haben sich zwar für eine Reform der Kirche eingesetzt, sind aber letztlich immer auf dem Boden der christlichen Kirche verblieben. Im Judentum hingegen zweifelten radikale Denker und Philosophen wie etwa Uriel da Costa und Baruch Spinoza am Offenbarungsglauben und hatten den Mut, den Boden des traditionellen Judentums zu verlassen, und dies im vollen Bewusstsein, dass dies zwangsläufig zu ihrer Ächtung und ihrem Ausschluss aus der Gemeinde führen würde.

Uriel da Costa (1590–1640), dem Karl Gutzkow in seiner berühmten Novelle *Der Sadduzäer von Amsterdam* (1847) und Israel Zangwill in seinen *Dreamers of the Ghetto* (1898) ein Denkmal setzte, gilt vielen bis heute als nachahmenswertes Vorbild. Bewundert wird seine Standfestigkeit, weder die christliche Dogmenlehre noch die rabbinischen Traditionen zu akzeptieren („Ich bezweifele, dass das Gesetz des Moses in Wahrheit das Gesetz Gottes ist."). Da Costa, dessen Kampf auf heftigen Widerstand stieß, machte die manchem Ketzer vertraute Erfahrung, dass es die erträumte ideale Gemeinschaft nicht gibt und letztlich der Einzelne unterliegt, wenn er sich mit gegenläufigen oder revolutionären Ansichten gegen die festverwurzelten Auffassungen der Mehrheit stellt. Er gab nach.

Eine ähnliche, wenngleich etwas anders gelagerte Erfahrung machte Baruch Spinoza (1632–1677), einer „der großen Revolutionäre der Menschheit" (Alex Bein). Spinoza, der ein Anhänger René Descartes war und vom Schleifen optischer Gläser lebte, hatte sein Denken ganz auf die Erkenntnis der Vernunft gestellt. Als er von der Amsterdamer jüdischen Gemeinde ketzerischer Ansichten verdächtigt und angeklagt wurde, war er weder willens noch bereit (wohlgemerkt im Gegensatz zu Uriel da Costa und seinem Zeitgenossen Sabbatai Zwi), seine Überzeugungen aufzugeben und den einmal eingeschlagenen „Irrweg" zu verlassen.

Spinoza stellte die Bibel als allgemeingültige Grundlage für den Glauben, das Denken und die Lebensordnung der Menschen in Frage und kämpfte Zeit seines Lebens für die Befreiung der Menschen von der Religion. Es fehlte ihm jegliche Furcht vor den Konsequenzen des eigenen Denkens, und den 1656 erfolgten Ausschluss aus der Amsterdamer Gemeinde betrachtete er vermutlich als normale Folge seines Kampfes gegen Glaubenszwang und den Übergriff der Theologie in das freie, das philosophische Denken. Seine Zeitgenossen wiederum sahen in Spinoza einen Gottesleugner und Atheisten, dessen Lehren nicht nur die sittlichen Grundlagen menschlichen Zusammenlebens untergraben, sondern sogar zerstören würden.

Im Gegensatz zu den mittelalterlichen Vertretern jüdischer Religionsphilosophie, von Ibn Esra bis Maimonides, für die sowohl der göttliche Ursprung der Bibel als auch die Offenbarung und die Prophetie unumstößliche Tatsachen waren, hat Spinoza nur die philosophische Gotteserkenntnis gelten lassen. In seinem berühmten *Theologisch-politischen Traktat*[4] (1670), das er zugunsten der Politik des ihm befreundeten und damals an der Spitze der Holländischen Republik stehenden Jan de Witt (1625–1672) verfasst hatte, bestritt Spinoza nicht nur den Absolutheitsanspruch der Offenbarung, sondern vertrat auch die Ansicht, der Staat müsse Gedankenfreiheit garantieren, also jedem das Recht zugestehen, „zu denken, was er will, und zu sagen, was er denkt".

---

4   Theologisch-politischer Traktat, übertr. und eingel. von C. Gebhardt (= Philosophische Bibliothek, Bd. 93), Hamburg 1955.

Spinoza, der nur die „libertas philosophandi" gelten lassen wollte und jede Bevormundung durch Staat und Kirche ablehnte, formulierte Ansichten, die ein Jahrhundert später einen heftigen Streit auslösen sollten. Der Streit zwischen dem Philosophen Friedrich Heinrich Jacobi (1743–1819) und Moses Mendelssohn 1781 nach dem Tod des Schriftstellers Gotthold Ephraim Lessing über die Frage, ob Letzterer als Spinozist (und damit für die Zeitgenossen also dezidierter Atheist) gelten solle oder nicht, löste eine heftige Debatte aus, an der sich die wichtigsten Intellektuellen der Zeit beteiligten, wie etwa Immanuel Kant, Johann Caspar Lavater, Johann Gottfried Herder, Johann Georg Hamann und sogar Johann Wolfgang von Goethe, dessen *Prometheus* angeblich der äußere Anlass zu diesem berühmt gewordenen Streit gewesen sein soll.[5]

Der Aufklärer Moses Mendelssohn

Die jüdische Aufklärungsbewegung ist Teil der europäischen Aufklärung, die seit dem Ausgang des 17. Jahrhunderts von Holland, England *(enlightenment)* und Frankreich *(lumières)* ausgehend das europäische Geistesleben bis in das 19. Jahrhundert bestimmt hat. Der Aufruf, sich von der Last ererbter Vorurteile zu befreien, von vernunftgemäßer Erkenntnis lenken zu lassen und Aberglaube durch Wissen zu ersetzen, ist auch bei Juden auf fruchtbaren Boden gefallen. Das Besondere der jüdischen Aufklärung – der *Haskala* – bestand allerdings darin, dass sie nicht nur die kulturellen Wertbegriffe der europäischen Völker aufnahm, sondern sie sich auch parallel zu der sozialen und kulturellen Integration der Juden in ihre jeweilige Umwelt entwickelte.

Als geistiger Wegbereiter der jüdischen Aufklärung gilt in Deutschland der Philosoph und Schriftsteller Moses Mendelssohn (1729–1786).[6] Bis heute lebt er im historischen Bewusstsein als Freund Gotthold Ephraim Lessings und Vorlage zu dessen Figur Nathan dem Weisen fort. Mendelssohn, Sohn eines Synagogendieners und Torarollenschreibers aus Dessau, der seinen Lebensunterhalt zunächst als Buchhalter, später als Teilhaber einer Seidenfabrik in Berlin verdiente, war nicht nur einer der geistreichsten Denker im Europa der zweiten Hälfte des 18. Jahr-

---

5   Zur Rezeptionsgeschichte Spinozas vgl. Delf, Hanna; Schoeps, Julius H.; Walther, Manfred (Hg.): Spinoza in der europäischen Geistesgeschichte (= Studien zur Geistesgeschichte, Bd. 16), Berlin 1994.

6   Zur Literatur über Mendelssohn vgl. Meyer, Hermann M. Z.: Moses Mendelssohn-Bibliographie. Mit einigen Ergänzungen zur Geistesgeschichte des ausgehenden 18. Jahrhunderts. Mit einer Einführung von Hans Herzfeld (= Veröffentlichungen der Historischen Kommission zu Berlin, Bd. 26), Berlin 1965; Altmann, Alexander: Moses Mendelssohn: A Biographical Study, Philadelphia 1973. Vgl. auch Albrecht, Michael: Moses Mendelssohn. Ein Forschungsbericht 1965–1980, in: *Deutsche Vierteljahresschrift für Literaturwissenschaft und Geistesgeschichte* (1983), S. 64–159; Goetschel, Willi: Neue Literatur zu Moses Mendelssohn, in: *Lessing Yearbook* 29 (1997), S. 199–208; Bourel, Dominique: Moses Mendelssohn. Begründer des modernen Judentums, Zürich 2007; Schoeps, Julius H.: David Friedländer. Freund und Schüler Moses Mendelssohns, Hildesheim 2012; Lohmann, Uta: „Dem Wahrheitsforscher zur Belehrung". Die Herausgaben von Moses Mendelssohns *Ha-Nefesh* (1787) und *Phädon* (1814–1821) durch David Friedländer. Kontexte, Adressaten, Intentionen, in: *Mendelssohn Studien. Beiträge zur neueren deutschen Kulturgeschichte* 19 (2015), S. 45–77.

hunderts, sondern auch der erste Jude in Deutschland, der in seiner Person die Möglichkeit vorlebte, Judentum und moderne Kultur miteinander zu verbinden.[7]

Mendelssohn hat in der Philosophie keine Epoche gemacht, wie Immanuel Kant vorhergesagt hatte, und ist auch nicht, wie Lessing prophezeite, ein zweiter Spinoza geworden. Er blieb Zeit seines Lebens der Leibniz-Wolff'schen Philosophie verhaftet. Deren Grundideen (die Monadologie und die prästabilierte Harmonie) versuchte er mit von John Locke (1632–1704) und den englischen Freidenkern entnommenen sensualistischen Begriffe zu modifizieren. Dass er dabei keine neuen Ideen zu entwickeln vermochte und vielleicht auch überfordert war, der Philosophie Kants gegenüber Stellung zu beziehen, hat Mendelssohn sich selbst eingestanden.

Mehr Einfluss als auf die Philosophie hatte der „deutsche Sokrates" oder der „Sokrates der Aufklärung", wie ihn seine Verehrer nannten, auf die Entwicklung der Ästhetik und der Literaturkritik.[8] Insbesondere machten seine philosophisch-ästhetischen und seine literaturkritischen Schriften auf seine Zeitgenossen Eindruck. Sein 1767 erschienener *Phädon*,[9] eine Art Erbauungsbuch für das gebildete aufgeklärte Bürgertum, in dem über die Unsterblichkeit der Seele verhandelt wurde, machte Mendelssohn quasi über Nacht zu einer europäischen Berühmtheit.

Dem sich gerade entwickelnden Bildungsbürgertum vermittelte Mendelssohn fruchtbare Anregungen. So hat er z. B. zur Klärung der Frage beigetragen, welcher Geschmack der beste, welche Empfindung des Schönen der wahren Bestimmung des Menschen und damit dem Endzweck seines Daseins am Zuträglichsten ist. Stets war er in der Kritik bemüht, den Menschen den Weg zur Vollkommenheit zu weisen, zur vollkommenen Ausbildung ihrer Seelenfähigkeiten. Ob Mendelssohns Arbeiten auf diesem Feld ganz ohne Wirkung geblieben sind – darüber scheint das letzte Wort noch nicht gesprochen zu sein.

Vor allem wurde Mendelssohns Kunst des Schreibens bewundert, mochte er selbst noch so bescheiden darüber gedacht haben. Drei Eigenschaften wurden und werden seinem Stil mit Abwandlungen immer wieder nachgesagt: Denkschärfe (Genauigkeit, Gründlichkeit), Deutlichkeit (Klarheit, Helle, Licht), Anmut (Zierlichkeit, Leichtigkeit, Eleganz). „Es ist", so meinte Kant einmal, „nicht jedermann gegeben, so subtil und doch zugleich so anlockend zu schreiben als David Hume oder so gründlich und dabei so elegant als Moses Mendelssohn".[10]

Selbst seine Kritiker waren von Mendelssohns Sprache und von der Art seines Schreibens angetan. Nicht wenig zu diesem Urteil beigetragen hat Mendelssohns ablehnende Haltung

7   Altmann, Alexander: Moses Mendelssohn as Archtypal Jew, in: Reinharz, Jehuda; Schatzberg, Walter (Hg.): The Jewish Response to German Culture: From the Enlightenment to the Second World War, Hanover; London 1985, S. 1–31.

8   Zu Mendelssohn als Literaturkritiker vgl. Engel, Eva: The Emergence of Moses Mendelssohn as Litarary Critic, in: *Leo Baeck Institute Year Book* 24 (1979), S. 61–82; Engel-Holland, Eva J.: Die Bedeutung Moses Mendelssohns für die Literatur des 18. Jahrhunderts, in: *Mendelssohn-Studien* 4 (1979), S. 111–159; Bahr, Ehrhard (Hg.): Moses Mendelssohn: His Importance als Literary Critic, in: ders. et al. (Hg.): Humanität und Dialog. Lessing und Mendelssohn in neuer Sicht (= Beiheft zum *Lessing Yearbook*), Detroit 1982, S. 259–273.

9   Mendelssohn, Moses: Phädon oder über die Unsterblichkeit der Seele in drey Gesprächen, Berlin; Stettin 1867.

10   Preußische Akademie der Wissenschaften (Hg.): Kants gesammelte Schriften, 22 Bde., Berlin 1900–1942, Bd. 5, S. 262.

gegenüber dem Gebrauch der französischen Sprache, von der er weder Form noch Inhalt sonderlich schätzte. Wiederholt spöttelte er über die „französische Windmacherei" und mokierte sich, dass der Preußenkönig Friedrich II. in seinen Schriften sich in erster Linie der französischen Sprache bediene.

Bahnbrechend neu war hingegen die Tatsache, dass Mendelssohn und seine Schüler auf Deutsch schrieben. Andere jüdische Aufklärer, wie etwa Jakob Emden (1697–1776) oder Aaron Gumperz (1723–1769), veröffentlichten zur gleichen Zeit ihre Schriften in hebräischer Sprache. Sie verstanden sich als Juden und wollten ausschließlich ein jüdisches Publikum ansprechen. Moses Mendelssohn wollte mit der Wahl des Deutschen, dem Jiddisch, der jüdisch-deutschen Volks- und Umgangssprache, dem sogenannten Jargon, den Kampf ansagen.

Der Disput mit Lavater

Für den Eintritt der Juden in die europäisch-deutsche Geistesgeschichte war ein Disput zwischen Mendelssohn und Goethes Freund Johann Caspar Lavater (1741–1801) von herausragender Bedeutung.[11] Mit dem Pathos des guten und noch ungetäuschten Glaubens war hier von „Toleranz", von „Verstehen" und „gegenseitiger Anerkenntnis" die Rede. Doch dieser Disput zwischen Jude und Christ wurde von zwei ungleichen Partnern geführt. Lavater begriff vermutlich nicht, dass zu einem Dialog immer zwei Partner gehören, die zum einen gleichberechtigt und zum anderen auch bereit sind, ihren Gesprächspartner vorurteilslos als das gelten zu lassen, was er ist.

Der Disput hatte für Lavater ganz offensichtlich nur einen Zweck, nämlich Mendelssohn von der Überlegenheit des Christentums zu überzeugen.[12] Das Szenario war vorgegeben: Auf der einen Seite stand der Zürcher Diakon Lavater, ungebrochen in seinem Bekehrungseifer, auf der anderen der mit einem Schutzbrief versehene und auf das Wohlwollen seiner Umgebung angewiesene Mendelssohn. Auch die Argumentationsfiguren waren die üblichen. Lavater stellte Mendelssohn unverhüllt vor die Wahl, entweder die Beweise des französischen Philosophen Charles Bonnet für die Wahrheit des Christentums zu widerlegen oder sich, sollte ihm dies nicht gelingen, für den christlichen Glauben zu entscheiden. Mendelssohn wusste, dass er seine Worte vorsichtig wählen und unbedachte Äußerungen vermeiden musste. Ein falsches oder missverstandenes Wort hätte leicht seine eigene und die an sich schon schlechte Lage seiner jüdischen Glaubensbrüder noch weiter gefährden können.

Der öffentliche Briefwechsel zwischen Mendelssohn und Lavater fand unter den Augen der gesamten damaligen gelehrten Welt Europas statt. In den literarischen und philosophischen Salons harrte man gespannt des Ausgangs des Disputs und hoffte, es würde Lavater gelingen, Mendelssohn davon zu überzeugen, dass der Messias bereits gekommen und das Christentum die bessere, dem Judentum überlegene Religion sei. Lavater erhoffte sich von einer Bekehrung Mendelssohns eine Signalwirkung. Probst Teller (1734–1804), der einige Jahre später mit David

---

11   Graupe, Heinz Mosche: Die Entstehung des modernen Judentums. Geistesgeschichte der deutschen Juden 1650–1942, Hamburg 1969, S. 95.

12   Vgl. Bourel, Dominique: Mendelssohn und Lavater. Ein Fauxpas in der Aufklärung?, in: Kremers, Heinz; Schoeps, Julius H. (Hg.): Das jüdisch-christliche Religionsgespräch, Stuttgart; Bonn 1988, S. 41–54.

Friedländer (1750–1834) in einen ähnlichen Disput verwickelt war, hat die Quintessenz des zwischen Lavater und Mendelssohn geführten Gesprächs geistvoll durch einen Spottvers ironisiert, den er in einer Abendgesellschaft in Anwesenheit von Lessing, Nicolai und Mendelssohn vortrug:

> An Gott, den Vater glaubt ihr schon,
> so glaubt doch auch an Gott den Sohn.
> Ihr pflegt doch sonst bei Vaters Leben
> dem Sohn schon Kredit zu geben.

Schlagfertig soll Mendelssohn geantwortet haben:

> Wie sollen wir Kredit ihm geben,
> wird doch der Vater ewig leben.

Mendelssohn war überzeugter Jude. Zahlreiche Briefe, die er im Zusammenhang mit dem Lavater-Streit an Dritte schrieb, machen deutlich, dass er den Vorzug des Judentums vor der christlichen Religion im Fehlen gerade jeder über die Vernunft hinausgreifenden Glaubenslehre erblickte. „Wir haben", schrieb er etwa im Juli 1771, „keine Glaubenssätze, die gegen die Vernunft oder überdieselbe seien."[13]

Besonders aufschlussreich ist Mendelssohns Schreiben vom September 1770 an den Erbprinzen von Braunschweig, in dem er sich skeptisch über das Christentum und dessen Dogmen Dreieinigkeit, Menschwerdung, Leidensweg und Sühnetod Christi äußerte, die „den ersten Gründen der menschlichen Erkenntniß schnurstracks zu widersprechen scheinen".[14] Gerade dies sei der Unterschied zwischen den Büchern des Alten Testaments und des Neuen Testaments: „Jene harmonieren mit meiner philosophischen Ueberzeugung oder widersprechen derselben wenigstens nicht, diese hingegen fordern einen Glauben, den ich nicht leisten kann."[15]

Vernunftglauben und göttliche Offenbarung

Die in gelehrten Kreisen geführte Debatte, ob den Juden Rechte zuzugestehen seien oder nicht, bewegte Mendelssohn, seine Grundsätze über Staat und Religion in aller Offenheit darzulegen. Er tat dies in einem bahnbrechenden Buch, das er 1783 unter dem Titel *Jerusalem, oder über religiöse Macht und Judentum*[16] veröffentlichte. Bei seinem Erscheinen war das Werk Tagesgespräch. Dass ein rechtloser Jude das Recht in Anspruch nahm, sich für seine unterdrückten

---

13   Brief an Elkan Herz, 22. Juli 1771, in: Kayerling, M[eyer]: Moses Mendelssohn. Sein Leben und seine Werke, Leipzig 1862, S. 495.

14   Mendelssohn, Moses: Schriften zum Judentum I, Faksimile-Neudruck der Ausgabe Berlin 1930 (Gesammelte Schriften Jubiläumsausgabe, Bd. VII), Stuttgart 1974, S. 301.

15   Ebd.

16   Mendelssohn, G. B. (Hg.): Moses Mendelssohn's gesammelte Schriften. Nach Originaldrucken und Handschriften, in sieben Bänden, Leipzig 1843–1845, hier: Bd. III, S. 255–362.

Glaubensbrüder einzusetzen, war schon ein ungewöhnliches Ereignis. Staunen und Bewunderung aber erregte die Tatsache, dass dieser Jude es wagte, freimütig und ohne Hemmungen das Verhältnis von Staat und Kirche zu erörtern, dass er nicht davor zurückscheute, sowohl für Denk-, Glaubens- und Gewissenfreiheit als auch für Gleichheit aller vor dem Gesetz, für Toleranz und religiöse Duldung einzutreten.

Gleich zu Beginn des Buches weist Mendelssohn auf den Widerspruch zwischen Staat und Religion hin. Seit Jahrhunderten sei es ein Problem, eine der schwersten Aufgaben, „Staat und Religion – bürgerliche und geistliche Verfassung – weltliches und kirchliches Ansehen – diese Stützen des gesellschaftlichen Lebens so gegeneinander zu stellen, daß sie sich die Waage halten".[17] Bisher sei noch keine Lösung gefunden worden. Mit den Lehren eines Thomas Hobbes oder John Locke würde man nicht weit kommen. Es sei notwendig, den wechselvollen Einfluss zu berücksichtigen, den Staat und Religion auf die „Glückseligkeit des bürgerlichen Lebens" hätten. Staat und Religion hätten zwar ein gemeinsames Ziel, doch seien die Mittel, dieses Ziel zu erreichen, sehr unterschiedlicher Natur: Der Staat erreiche durch Gesetze, was er erreichen will; die Religion hingegen kenne keine Handlung ohne Gesinnung, kein Werk ohne Geist, keine Übereinstimmung im Tun, ohne Übereinstimmung im Sinn. Der wesentliche Unterschied zwischen Staat und Religion sei der, dass der Staat gebiete und zwinge, die Religion hingegen belehre und überrede.[18]

Soll nun der Staat überhaupt Einfluss in Fragen der Religion haben? Darf ihm das Recht zugestanden werden, sich in religiöse Streitigkeiten einzumischen? Soll es ihm gestattet sein, bestimmte Lehrmeinungen besonders zu begünstigen? Mendelssohn räumt dem Staat zwar das Recht ein, in bestimmten Fällen einzuschreiten, aber nur im Falle, wenn seine ethischen und sozialen Grundlagen gefährdet, die Staatsautorität durch Atheismus, Epikureismus oder Fanatismus in Frage gestellt sein sollten.

Grundsätzlich ist Mendelssohn der Auffassung, der Staat habe in Fragen der Religion eine Haltung der Neutralität einzunehmen. Für verkehrt und nicht akzeptabel hält er es andererseits aber auch, wenn die Kirche die Staatsgewalt für sich in Anspruch nähme. Gesinnungen, Meinungen und Überzeugungen dürften weder durch den Staat noch durch die Kirche Einschränkungen erfahren: „Grundsätze sind frei, Gesinnungen leiden ihrer Natur nach keinen Zwang, keine Bestechung […] Weder Kirche noch Staat haben also das Recht, Grundsätze und Gesinnungen der Menschen irgend einem Zwange zu unterwerfen […]."[19]

Im zweiten Teil seines Bekenntnisbuches beschäftigt er sich damit, die in der ersten Hälfte entwickelten rechtsphilosophischen und kirchenpolitischen Prinzipien auf die bürgerliche und staatsbürgerliche Stellung der Juden zur Anwendung zu bringen. Die jüdische Religion, widerspräche den aufgestellten Grundsätzen nicht. Im Gegenteil: Staat und Religion seien im alten Judentum vollständig vereinigt, letztlich also ein und dasselbe. Das Judentum ist keine „geoffenbarte Religion", sondern „geoffenbartes Gesetz". Und wie schon im Disput mit Lavater verweist Mendelssohn darauf, dass das Judentum keine Dogmen kenne. Es enthielte göttliche

---

17 Mendelssohn, Moses: Schriften zum Judentum II (Gesammelte Schriften Jubiläumsausgabe, Bd. VIII), Stuttgart 1983, S. 103.
18 Vgl. ebd., S. 114.
19 Ebd., S. 294.

Gesetze, Gebote, Befehle, Lebensregeln, aber keine Lehrmeinungen, Heilswahrheiten oder allgemeinen Vernunftsätze.

Neben dem Beweis, dass das Judentum in sich Vernunftglauben und göttliche Offenbarung, und zwar die Offenbarung der Gesetze und der Vorschriften, vereinbare, verfolgte Mendelssohn mit *Jerusalem* auch eine wesentlich praktische Absicht: Er wollte zum einen auf die Rechtmäßigkeit der Forderung nach bürgerlicher Emanzipation seiner Glaubensbrüder hinweisen und zum anderen die Prinzipien hervorheben, die er über das vernunftgemäße Verhältnis des Staates zu den Religionen überhaupt entwickelt hatte. Die Gesetze und Lebensregeln des jüdischen Volkes beruhten, so meinte er, auf Offenbarung und würden auf ein einmaliges historisches Ereignis zurückgehen – der Gesetzesverkündigung auf dem Berg Sinai. Eindringlich warb er um Verständnis für die jüdischen Zeremonialgesetze, von denen er ahnte, dass sie der bürgerlichen Emanzipation hinderlich seien, wenn nicht gar entgegenstünden. Unmissverständlich gab er zu verstehen, dass aus seiner Sicht Abstriche von der Gesetzesoffenbarung nicht möglich seien. Mit deutlicher Anspielung auf die geplanten Reformen und Erziehungsmaßnahmen Josephs II. bemerkte er: „Wenn die bürgerliche Vereinigung [Emanzipation] unter keiner anderen Bedingung zu erhalten [ist], als wenn wir von dem Gesetze abweichen, [...] so müssen wir lieber auf bürgerliche Vereinigung Verzicht thun."[20]

Zum Schluss fordert Mendelssohn noch einmal Gewissensfreiheit, Gerechtigkeit und Toleranz. Mit den Worten „Regenten der Erde!" wendet er sich direkt an die christlichen Völker und Fürsten:

> Um Eurer und unsrer Aller Glückseligkeit willen Glaubensvereinigung ist nicht Toleranz, ist der wahren Duldung gerade entgegen! [...] Belohnet und strafet keine Lehre, locket und bestechet zu keiner Religionsmeinung! Wer die öffentliche Glückseligkeit nicht stört, wer gegen die bürgerlichen Gesetze, gegen Euch und seine Mitbürger rechtschaffen handelt, den lasset sprechen wie er denkt, Gott anrufen nach seiner oder seiner Väter Weise, und sein eigenes Heil suchen, wo er es zu finden glaubt. Lasset Niemanden in euren Staaten Herzenskündiger und Gedankenrichter sein, Niemanden ein Recht sich anmaßen, das der Allwissende sich allein vorbehalten hat![21]

Die Herausbildung des Toleranzbegriffs

Der Toleranzgedanke ist in Europa erstmalig als Forderung nach Glaubensfreiheit an die Kirche und die weltlichen Machthaber aufgekommen. In älteren Nachschlagewerken findet man zwar für den Begriff Toleranz noch allgemeine und nichtssagende Formulierungen wie etwa „Erlauben oder wissentliches Geschehenlassen von Dingen und Handlungen aller Art".[22] Neuere Lexika zielen hingegen meist auf die Probleme der Glaubensfreiheit ab und definieren Toleranz als „Duldsamkeit gegenüber abweichenden Überzeugungen".[23] In modernen Geschichtslehrbüchern

---

20   Ebd., S. 357 f.
21   Ebd., S. 361 f.
22   Staats- und Gesellschaftslexikon, Berlin 1865, Bd. 20, S. 554.
23   Brockhaus Enzyklopädie, Bd. 18, S. 743.

finden sich ähnliche Äußerungen, meist verbunden mit dem Hinweis, dass der Toleranzgedanke Ergebnis und Produkt der Reformationsjahrzehnte und der damit verbundenen Glaubenskämpfe sei. Verwiesen wird dabei häufig auf das Wirken von Spiritualisten am Rande der Reformation wie Sebastian Frank (1499–1542) und Sebastian Castellio (1515–1563) oder einzelner Täuferführer wie Hans Denck, Dirck von Cornheert oder David Joris, die Glaubenszwang und gewaltsame Unterdrückung für unvereinbar mit dem christlichen Liebesgebot erklärten.

Im Zeitalter der Glaubenskriege traten Männer wie Paul Felgenhauer (1593–nach 1677) auf,[24] die Religionstoleranz predigten und gleichzeitig ihre Stimmen pro Judaeis erhoben. Felgenhauer, ein biblischer Chiliast, der aus schwärmerischer Liebe zum Judentum seinen Sohn auf den Namen Israel und seine Tochter Hierosolyma taufte, war ein dezidierter Gegner kirchlicher Dogmen, die er mit rüden Worten bekämpfte. Die Kirche nannte er „Babel", den Papst schimpfte er „Vater aller falschen Propheten". Aus seiner Christologie heraus – Christus sei ein reines Himmelswesen, das nur eine göttliche, aber keine wirklich menschliche Natur besitze – fand er zu Duldung und Toleranz gegenüber den Juden. „Es wäre ja wohl recht und billig, dass wir Menschen einander dulden, dieweil auch Gott uns alle duldet, wie unterschieden wir auch im Glauben und Religion wären."[25]

Wirklich entscheidend für die Ausformung des Toleranzgedankens waren allerdings nicht christliche Mystiker, Spiritualisten oder Chiliasten aller Art und auch nicht der Einfluss christlicher und neustoischer Humanisten (wie beispielsweise Erasmus von Rotterdam, Johannes Reuchlin, Justus Lipsius, Daniel Heinsius u. a.), sondern in erster Linie die sich allmählich durchsetzende naturrechtliche Theorie, die die Plattform bot, auf der sich Menschen jeder Religion und Weltanschauung zusammenfinden und verständigen konnten.

Gelehrte wie Jean Bodin (1529–1596), Johannes Althusius (1563–1638) und Hugo Grotius (1583–1645) haben dazu beigetragen, und zwar jeder auf seine Art, das „Mündigwerden der Vernunft" voranzutreiben. Bodin plädierte für die Anerkennung der Verschiedenartigkeit der religiösen Bekenntnisse; Althusius entwickelte unter dem Titel „Politik" eine systematische Soziallehre, die das gesamte gesellschaftliche Leben auf eine ursprüngliche Bereitschaft des Menschen zur „Symbiose", zur Lebensgemeinschaft mit anderen, zurückführte; und Hugo Grotius schließlich, der auch der „Vater des Völkerrechts" genannt wird, propagierte eine von den Grundsätzen der Staatengleichheit und der Gegenseitigkeit geprägte Rechtsordnung, die bis in unsere Gegenwart in den Theorien über die zwischenstaatliche Politik Berücksichtigung findet.

Ende des 17. Jahrhunderts kam es zu einem Massenexodus von etwa 500.000 Hugenotten aus Frankreich, ausgelöst durch die von Ludwig XIV. angeordnete Zurücknahme des Toleranzediktes von Nantes. Diese Zurücknahme hatte aber auch einen nicht vorhergesehenen Nebeneffekt, und zwar die Stärkung der Toleranzidee. Zahlreiche Denker propagierten nun Toleranz und traten für eine strikte Trennung von Staat und Kirche ein. Sie leiteten damit eine Entwicklung ein, die einige Jahrzehnte später den Aufstieg der bürgerlichen Gesellschaft begünstigte. John Locke legte 1689 mit seinen *Letters concerning Toleration* ein Toleranzprogramm vor, mit dem er für die Freiheit aller Glaubensbekenntnisse eintrat und die Pflicht der Toleranz für Kirche und

---

24 Ausführlich zum Leben und Wirken Felgenhauers vgl. Schoeps, Hans-Joachim: Philosemitismus im Barock. Religions- und geistesgeschichtliche Untersuchungen, Tübingen 1952, S. 18 ff.

25 Monarchen-Spiegel I (Wolffenbüttel; Basel 1633).

Staat forderte. Pierre Bayle (1647–1706) wiederum, der aus Frankreich fliehen musste und ein Gegner jeder Form von Dogmatismus war, plädierte für religiöse Toleranz seitens des Staates, selbst gegenüber Atheisten, wozu Locke sich noch nicht hatte durchringen können. Und in Deutschland übte Christian Thomasius (1655–1728) Kritik am landesherrlichen Recht auf Eingriff in innerkirchliche Angelegenheiten und sprach sich für eine strikte Trennung staatlicher und kirchlicher Angelegenheiten aus, womit er den Boden der herrschenden Lehre seiner Zeit verließ und zu einem der Vorkämpfer der deutschen Aufklärung wurde.

Die Umsetzung der Toleranzidee im 17. und 18. Jahrhundert vollzog sich stufenweise. Sie begann in den Niederlanden, wo Katholiken und Lutheraner, aber auch Täufer, Sektierer, Spiritualisten und aus Spanien vertriebene Juden (sogenannte Marranen) eine neue Heimat fanden; über England, wo nach erbitterten konfessionellen Kämpfen im Jahr 1689 als Krönung der Glorious Revolution die Toleranzakte zustande kam, die allen religiösen „Dissenters" außerhalb der Staatskirche volle Religionsfreiheit zusicherte, sofern sie dem englischen König Treue schworen und sich der päpstlichen Autorität entzogen; und schließlich 1789 bzw. 1791 in den Vereinigten Staaten mit den „Bill of Rights", die wiederum für Frankreich und seine in der Revolution propagierten „droits naturelles et inscriptibles" 1789 zum Vorbild wurde.

Das als Musterland religiöser Freiheit gefeierte Brandenburg-Preußen wurde zwar von toleranten Herrschern regiert, wie etwa dem Großen Kurfürsten (der spätere König Friedrich I.), der Arianer, Socinianer, Menoniten, Hugenotten und Juden aufnahm, doch war es nicht nur der Geist religiöser Duldsamkeit, der Brandenburg-Preußen zum Asyl für Religionsverfolgte machte, sondern eine Politik handfester Interessen, die diese Einwanderungspolitik bestimmte. Bevölkerungspolitische Ideen spielten dabei ebenso eine Rolle wie Motive wirtschaftspolitischer Natur. Von den Fremden erhoffte sich der Kurfürst, sie würden nicht nur loyale Untertanen sein, sondern auch die notwendigen finanziellen Mittel mitbringen, um den gewerblichen und wirtschaftlichen Aufschwung des Landes voranzutreiben.

Den jüdischen Zuwanderern wurden hingegen weniger Rechte zugesprochen als den anderen religiös verfolgten Migranten. Das „Edikt wegen aufgenommenen 50 Familien Schutz-Juden" vom 21. Mai 1671,[26] mit dem der Kurfürst den Juden Niederlassungsrechte gewährte, enthielt im zweiten Teil des Titels die einschränkende Formulierung „jedoch dass sie keine Synagogen halten", die unterstrich, dass der Duldung der Juden dort Grenzen gesetzt waren, wo ihr Glaube mit dem christlichen Glauben und christlicher Überzeugung nicht übereinstimmten. Die Nachfolger des Kurfürsten, der „Soldatenkönig" und der „Philosoph von Sanssouci", verhielten sich nicht anders. Auch sie orientierten ihre Judenpolitik nicht an der Toleranzidee und dem Prinzip der christlichen Nächstenliebe, sondern an den steuer- und wirtschaftspolitischen Notwendigkeiten des sich herausbildenden merkantilistischen Industriestaates.

In patriotischen Erbauungsschriften und Schulgeschichtsbüchern ist über Jahrzehnte der Preußenkönig Friedrich II. als aufgeklärter Herrscher idealisiert worden. In Fragen der Religionspolitik hätte er Toleranz walten lassen. Dieses bis heute liebevoll gepflegte Image muss aufgrund der historischen Realität korrigiert werden. Die berühmten Zitate Friedrichs II. müssen an seiner tatsächlichen Politik gemessen werden. Das Marginal auf einem Eingabeakt etwa („Die

---

26   Stern, Selma: Der preußische Staat und die Juden, Bd. I/2, Tübingen 1962, S. 13 ff.

Religionen müssen alle toleriret werden, und muß der Fiskal nur das Auge darauf haben, dass keine der anderen Abbruch tue; denn hier muß ein jeder nach seiner Fasson selig werden."[27]) oder seine bekannte Replik anlässlich einer Anfrage des Generaldirektoriums („Alle Religionen sind gleich gut, wenn nur die Leute, wo sie professiren, ehrliche Leute sind."[28]) waren Äußerungen, die dem Aufklärungszeitgeist entsprachen, aber mit der Realität des preußischen Staates und seiner Bewohner nur wenig zu tun hatten.

Toleranz war für Friedrich II. keine Frage der Gesinnung, sondern der Zweckmäßigkeit und der Staatsräson. Letztlich waren für ihn alle Religionen „un système fabuleux plus ou moins absurde", weshalb er sich wohl zu einem Toleranzedikt nicht hat durchringen können. Anders der katholische Kaiser Joseph II., der ein solches für die österreichischen Kronländer am 13. Oktober 1781 erließ. Joseph II. war freilich nicht „aufgeklärter" als sein preußischer Gegenspieler; auch er wollte die Rolle der Juden im Staat beschnitten wissen. Sein Toleranzedikt, das nur dem Namen nach eines war, war ein raffiniert durchdachtes System der Reglementierung, das in 23 Paragraphen der jüdischen Bevölkerung mehr Pflichten als Rechte auferlegte und ihren Bewegungsspielraum einengte. Kritiker dieser Gesetzgebung haben es denn auch als ein von vordergründigen Nützlichkeitserwägungen diktiertes Duldungsedikt verstanden, das unter der Maske der Reform und unter Zuhilfenahme der Machtmittel des Polizeistaates nicht nur die Autonomie der jüdischen Gemeinden abschaffen, sondern auch die Sprache und die nationale Kultur der Juden verdrängen sollte – entsprechend der Losung „zuerst die nationale Entpersönlichung, dann die bürgerliche Gleichberechtigung".

Mit Toleranz im heutigen Sinne hatte das nicht viel zu tun. Selbst viele Aufgeklärte waren nur bedingt bereit, den Anderen voll zu akzeptieren, so wie sich dieser selbst verstand oder definierte. Typisch ist hierfür die Debatte um die Staatsbürgerrechte der Juden. Man war zwar im Prinzip bereit, Juden individuelle Staatsbürgerrechte zu gewähren – aber nur unter der Auflage, ihr Judentum aufzugeben. In diesem Zusammenhang wird oft die berühmte Formulierung zitiert, die Graf Stanislas de Clermont-Tonnèrre in der Emanzipationsdebatte der französischen Nationalversammlung im Dezember 1789 äußerte und die dann zum unumstößlichen Credo der Gegner der Emanzipation der Juden europaweit werden sollte: „Den Juden als Individuen alles, den Juden als Nation nichts."[29]

Dennoch begann sich die Toleranzidee durchzusetzen, und zwar unter dem Eindruck des Bildes vom „guten Juden", das im 18. Jahrhundert zunehmend von Schriftstellern wie Johann Gottfried Schnabel,[30] Christian Gellert[31] und insbesondere von Gotthold Ephraim Lessing

---

27 Schoeps, Hans-Joachim: Preußen. Geschichte eines Staates, Frankfurt/Main; Berlin 1966, S. 333.

28 Borchardt, Georg (Hg.): Randbemerkungen Friedrichs des Großen, Bd. I, Potsdam 1937, S. 82.

29 Der genaue Wortlaut der betreffenden Passage in der Rede des Grafen Clermont-Tonnèrre lautet: „Man soll alles den Juden verweigern und alles ihnen als Individuen gewähren; sie dürfen im Staate weder eine politische Körperschaft noch einen Orden bilden; sie sollen individuell Staatsbürger sein. Man behauptet, dass sie das nicht sein wollen. So mögen sie es [klar] sagen, und man verbanne sie dann! Es darf keine Nation in der Nation geben."

30 Vgl. Gisander (= Schnabel, Johann Gottfried): Wunderliche Fata einiger See-Fahrer absonderlich Alberti Julii (= Die Insel Felsenburg), 4 Theile, Nordhausen 1731–1743.

31 Vgl. Gellert, Christian: Leben der Schwedischen Gräfinn von G***. Roman in 2 Teilen, Leipzig 1747/48.

gezeichnet wurde. Zahlreiche Abhandlungen, Zeitschriftenaufsätze, Romane und Dramen predigten Toleranz und waren bemüht, wohltätige und edelmütige Juden darzustellen. Der „gute Jude" war nicht nur eine literarische Kunstfigur, sondern galt geradezu als Symbol für das eigene aufgeklärte Verhalten, ein Gleichnis quasi für den Kampf des sich der Vernunft verpflichteten Bürgertums gegen alle Ausdrucksformen von Vorurteil und Intoleranz. Lessings *Nathan der Weise* spielte für das deutsche Judentum eine nicht zu unterschätzende Rolle. Das Schauspiel diente der Selbstdefinition, war gewissermaßen ein Orientierungspunkt, an dem nicht nur der Toleranzbegriff festgemacht, sondern auch die Formel für das Miteinanderumgehen von Juden und Christen definiert werden konnte. Die Parabel von den drei vom Vater den Söhnen ausgehändigten Ringen lehrte, dass Gott dem Juden, dem Christen und dem „Muselmann" jeweils den echten Ring gegeben habe und somit jede der drei monotheistischen Religionen Gottes Offenbarung respektieren solle. Diese Botschaft wurde von einer Generation auf die nächste weitergegeben, und das Ansehen des Autors des *Nathan* führte im deutsch-jüdischen Bürgertum geradezu zu einem Lessing-Kult, der manche seltsame Blüte hervorgetrieben hat.

Fatalerweise haben die Zeitgenossen jedoch nicht bemerkt – oder nicht bemerken wollen –, dass Lessings Ansatz in sich brüchig war, denn letztlich relativierte sie die Wahrheit. „Oh so seid ihr alle drei betrogene Betrüger!", äußerte der Richter. „Eure Ringe sind alle drei nicht echt. Der echte Ring ging vermutlich verloren. Den Verlust zu ersetzen, ließ der Vater diese drei für einen machen."[32] Den Juden während und nach Lessings Zeit ging es aber nicht um die Doppelbödigkeit in der Lessing'schen Ringparabel, die Generationen von Literaturwissenschaftlern beschäftigt und manche von ihnen zu überaus gewagten Interpretationen angeregt hat.[33] Wichtiger war ihnen die uns heute vielleicht etwas banal erscheinende, aber seit dieser Zeit mit dem Namen Lessing verbundene Botschaft, dass der moderne Mensch stets vor die Frage gestellt sei, „ob er den Raum der geistigen Freiheit festhalten will, den ihm die Generation von 1800 erkämpft hat, als sie den Weg vom Dogmenstreit zum Glaubensgespräch bahnte und damit eine neue Einschätzung auch des religiösen und weltanschaulichen Gegners durchsetzte".[34]

Wenn Moses Mendelssohn in *Jerusalem oder über religiöse Macht und Judentum* für religiöse Duldung und gegenseitige Toleranz warb, dann hatte er die Lage seiner Glaubensbrüder im Blick und deren Forderung nach politischer Emanzipation und gesellschaftlicher Anerkennung. Dem Staat wollte er bei der Durchsetzung dieser Forderung keine besondere Rolle zuweisen. Das ist verständlich, war doch zu seiner Zeit der Staat der Gegner, der die geforderten Rechte nicht zugestehen wollte.

Drei Generationen später sah es schon anders aus. Die rechtliche Gleichstellung war zu diesem Zeitpunkt nicht mehr strittig, und die deutschen Juden betrachteten den Staat nicht mehr als Gegner, sondern als Beschützer, als Garant für Gewissensfreiheit, Gerechtigkeit und Toleranz. So formulierte etwa 1917 der Neukantianer Hermann Cohen in einem Vortrag in

---

32 Lessing, Gotthold Ephraim: Nathan der Weise, in: Lessings Werke (= Meisterwerke deutscher Klassiker), Berlin 1910, S. 362.

33 Über die Ringparabel und die Herkunft des Satzes „Von den drei Betrügern" vgl. Niewöhner, Friedrich: Veritas sive Varietas. Lessings Toleranzparabel und das Buch *Von den drei Betrügern,* Heidelberg 1988.

34 Schoeps, Hans-Joachim: Studien zur unbekannten Religions- und Geistesgeschichte, Göttingen u. a. 1963, S. 205.

Berlin: „Der Staat allein gibt den religiösen Gemeinschaften nicht bloß politische Sicherheit, sondern er muss auch für Gewissensfreiheit, für die Unabhängigkeit des religiösen Bekenntnisses von äußeren Hemmnissen und Beeinträchtigungen sorgen."[35]

Das Bekenntnis zur religiösen Duldung und gegenseitigen Toleranz gehörte zum Arsenal der Grundüberzeugungen des deutschen Judentums vor 1933. Die von dem Freundespaar Lessing-Mendelssohn vermittelte Überzeugung, jeder Menschen solle seinen Religionsüberzeugungen unbehindert nachgehen und „nach seiner Façon selig" werden (Friedrich II.) – sei er nun Christ, Moslem oder Jude – wurde in Schule und Familie wie ein heiliges Vermächtnis angesehen und an die nachfolgenden Generationen weitergegeben.

Das Vorhandensein eines Begegnungsraumes, in dem die jeweiligen Gesprächspartner gleichberechtigt und unbefangen miteinander umgehen können, wurde im ausgehenden 18. Jahrhundert als ein kostbares Gut neuzeitlicher Liberalität betrachtet. Die Wahrheit offen aussprechen, ohne sich dadurch in ständiger Besorgnis zu befinden, persönlichen Schaden zu nehmen, war ein Zustand, den man anstrebte und den man bemüht war, auf möglichst unkomplizierte Weise zu verwirklichen. Ein wie auch immer gearteter Zwang in Religionsfragen wurde von den aufgeklärten Kreisen abgelehnt. Man wollte sich nichts vorschreiben lassen. Schon Johann Caspar Lavater bemerkte 1777 in seinen *Physiognomischen Fragmenten:* „Es ist unsinnig, dem Gewissen einer Nation, Gemeinde, Gesellschaft eine Religionsform aufzudrängen. Zum äußerlichen Bekenntnisse kann man durch Zwang gebracht werden, zur innerlichen Überzeugung nicht."[36]

---

35   Cohen, Hermann: Was einigt Konfessionen?, in: ders.: Jüdische Schriften, Bd. 1: Ethische und religiöse Grundfragen, Berlin 1924, S. 67.

36   Lavater, Johann Caspar: Physiognomische Fragmente zur Beförderung der Menschenkenntnis und Menschenliebe, Bd. III, Leipzig [u. a.] 1777, S. 240.

Die „Wissenschaft des Judentums" (WdJ)

Norbert Waszek

Einleitung

Der noch immer lesenswerte, einschlägige Beitrag der großen *Encyclopaedia Judaica (EJ)*[1] aus den Jahren 1971/72 trägt mitten im englischsprachigen Werk den *deutschen* Titel „Wissenschaft des Judentums" (WdJ)[2] vor den Übersetzungen ins Englische *(Science of Judaism)* und Hebräische *(Hokhmat Yiśrael)*. Darin kommt bereits zum Ausdruck, dass sich das hier zu behandelnde Phänomen mit seinem spezifischen institutionellen Rahmen zunächst in Berlin und im deutschsprachigen Raum entfaltete, wenngleich davon später eine starke internationale Ausstrahlung ausging. Wie noch näher zu zeigen ist, wurzelt der Nachdruck auf der *wissenschaftlichen* Bearbeitung des jüdischen Erbes tatsächlich in deutschen Kontexten, einerseits in denjenigen der jüdischen Aufklärung oder Haskala[3] um Moses Mendelssohn, andererseits in denjenigen der Forschungsimpulse, die von der damals noch jungen Berliner Universität (gegründet 1810) ausgingen. (Siehe hierzu auch den Beitrag von Julius H. Schoeps, S. 289.) Der Autor des Artikels der *EJ* war kein geringerer als Benzion Dinur (1884–1973),[4] der sich über die WdJ überzeugend äußern konnte, weil er als junger Mann (1911–1913) selbst an einer der großen, für die WdJ repräsentativen Institutionen, der Berliner „Hochschule für die Wissenschaft des Judentums" studiert hatte.[5] Dinur war also gewissermaßen Zeitzeuge und kannte eine zentrale Einrichtung der WdJ von innen. So zögerte er nicht – und von einem Nicht-Berliner, ja sogar „Ostjuden", kommt diesem Urteil noch mehr Gewicht zu –, die WdJ als „eine der herausragenden Erscheinungen des Judentums in der Moderne" zu bezeichnen.[6]

---

1   Roth, Cecil (Hg.): Encyclopaedia Judaica [EJ], 16 Bde., Jerusalem; New York 1971–1972.

2   BD [= Dinur, Benzion]: Wissenschaft des Judentums, in: Encyclopedia Judaica, Bd. 16 (1972), S. 570–584.

3   Vgl. Waszek, Norbert: Die jüdische Aufklärung (Haskala) um Moses Mendelssohn, in: Hofmann, Michael (Hg.): Aufklärung. Epoche – Autoren – Werke, Darmstadt 2013, S. 107–124.

4   Dinur, vor der Hebraisierung seines Namens Dinaburg – Historiker, einstweiliger (1951–1955) Erziehungsminister Israels und Gründungspräsident (1953–1959) der Gedenkstätte Yad Vashem – verfasste den Artikel noch kurz vor seinem Tode; vgl.: *EJ,* Bd. 16, S. 57 f.

5   Besonders wichtig waren dort für ihn die Seminare des Althistorikers Eugen Täubler (1879–1953), der sein Mentor wurde.

6   EJ, Bd. 16 (1972), S. 570: „one of Judaism's outstanding manifestations in modern times".

Annäherung an eine Definition

Schon Dinur griff bei seinen Bemühungen um eine Definition der WdJ zu recht auf die Gründerväter, den Berliner „Verein für Cultur und Wissenschaft *der* Juden" und dessen *Zeitschrift für die Wissenschaft des Judenthums (ZWdJ)*[7] zurück, vorwerfen kann man ihm dabei lediglich, dass er zentrale Mitglieder des Vereins – wie dessen Präsidenten Eduard Gans (1797–1839) und auch Immanuel Wolf (später Wohlwill, 1799–1847), obwohl dessen programmatischer Beitrag „Über den Begriff einer Wissenschaft des Judenthums" die *ZWdJ*[8] eröffnete – vernachlässigt und aus dieser Phase der WdJ allein Leopold Zunz (1794–1886) herausstellt.

Im Gegensatz zu einer bloßen Pflege talmudischer Traditionen, sollten die Methoden moderner Wissenschaftlichkeit, in deren Mittelpunkt die Kritik steht (z. B. als Textkritik der Philologie), auf das Studium des „Judentums" angewandt werden, welches, weit über die Religion hinausgehend, auf umfassendste Weise definiert wurde „als Inbegriff der gesamten Verhältnisse, Eigentümlichkeiten und Leistungen der Juden, in Beziehung auf Religion, Philosophie, Geschichte, Rechtswesen, Literatur überhaupt, Bürgerleben und alle menschlichen Angelegenheiten".[9] Zwar könnte auch das traditionelle Judentum Gelehrsamkeit pflegen und bewundern – sagte nicht der größte jüdische Denker des 12. Jahrhunderts, dass das Lehrhaus noch heiliger wäre als die Synagoge,[10] – das Neue der Wissenschaft als Kritik musste indessen zuerst zu einem Bruch führen, denn sie las die Dokumente der Offenbarung wie andere Bücher, und diese Verweltlichung des Heiligen musste der jüdischen Orthodoxie als Sakrileg und Bedrohung erscheinen.[11] Der Nachdruck auf den „Leistungen der Juden", die es verdienten, ins Licht gerückt zu werden, der Wille, weiteren Errungenschaften den Weg zu bahnen, bringt das Selbstbewusstsein der „intellektuellen Erben von Moses Mendelssohn" zum Ausdruck, welche „die Juden in Deutschland aus den Ghettos heraus in die Moderne […] führen"[12] wollten. Der frühe Definitionsversuch, den Wolf 1822 in der *ZWdJ*[13] lieferte, gipfelte in der Dreigliederung: Philologie, Geschichte und Philosophie des Judentums – Gebiete, die bald wirklich zu den Stärken der WdJ zählen sollten, die geistesgeschichtlich, aber auch auf die damals junge Berliner Universität zu beziehen sind, an der sich gerade die drei genannten Disziplinen auf besonders innovative Weise entfalteten.

---

7   *Zeitschrift für die Wissenschaft des Judenthums (ZWdJ)* (1822/23).

8   Ebd., S. 1–24.

9   *ZWdJ*, S. 1; vgl. Zunz, Leopold: Etwas über die rabbinische Litteratur [sic.], Berlin 1818, S. 5: „Hier wird die ganze Litteratur [sic.] der Juden, in ihrem größten Umfange, als *Gegenstand der Forschung* aufgestellt".

10 Moses Maimonides (ca. 1135–1204), Mischneh Torah, Hilchot Talmud Torah, 4:9.

11 Vgl. Meyer, Michael A.: Jüdische Wissenschaft und jüdische Identität, in: Carlebach, Julius (Hg.): Wissenschaft des Judentums = *[Hokhmat Yiśra'el]*: Anfänge der Judaistik in Europa, Darmstadt 1992, S. 3–20, hier: S. 4 (dort auch das obige Maimonides-Zitat, S. 18).

12 Ebd., S. X.

13 *ZWdJ*, S. 19.

Der Berliner „Kulturverein": Die Keimzelle der WdJ

Vorläufer und Nukleus des späteren „Kulturvereins" war der „Wissenschaftszirkel", eine Gesprächsrunde, die sich vom November 1816 bis Juli 1817 rund 30-mal in Berlin traf, um jeweils das Referat eines Teilnehmers zu hören und zu diskutieren.[14] Der Kreis bestand ursprünglich aus neun und maximal 20 vorwiegend jungen Juden, unter denen die Studenten und Studienabsolventen den Ton angaben. Mehrere Gründe erlauben es, den späteren „Verein" auf den „Zirkel" zurückzuführen. Zunächst die große personelle Kontinuität der beiden Gruppen. Gans, der Präsident des Vereins, spielte schon im Zirkel eine führende Rolle. Auch so wichtige Vereinsmitglieder wie Wolf und Zunz, dann Isaak Marcus Jost (1793–1860), der später als Historiker bekannt wurde und als Pädagoge am Frankfurter „Philanthropin" wirkte, Moses Moser (1797–1838), als langjähriger Korrespondent Heinrich Heines der einschlägigen Forschung vertraut, und Julius Rubo (1794–1866), vermutlich der erste Jude, der an einer preußischen Universität zum Dr. jur. promoviert wurde (1817), später langjähriger Syndikus der jüdischen Gemeinde in Berlin, gehörten bereits dem Zirkel an. Schließlich war auch der vorwiegend theoretische, wissenschaftliche Charakter des Vereins bereits im Zirkel vorgebildet.

Als sich die weitgehend identische Gruppe am 7. November 1819 erneut versammelte und somit den „Kulturverein" bereits konstituierte,[15] auch wenn die Statuten und die behördliche Erlaubnis erst später folgten,[16] lag dafür auch ein konkreter Anlass vor: die „Hep!-Hep!" Ausschreitungen gegen die jüdische Bevölkerung, zu denen es im Spätsommer des Jahres in rund 30, vorwiegend süddeutschen Städten gekommen war.[17] Trotz des aktuellen Anlasses, der vielleicht praktische Konsequenzen (wie z. B. Initiativen zu Schutz und Selbsthilfe, oder auch direkte politische Stellungnahmen) erfordert hätte, sollte das Ziel der Gruppe, die „Verbesserung des Zustandes der Juden" wiederum auf dem Weg theoretischer Bemühungen erreicht werden. Der Verein stiftete ein „Institut für die Wissenschaft des Judentums" und als dessen Organ die *ZWdJ*.[18]

---

14 Das Protokollbuch des Zirkels hat sich im Zunz-Archiv erhalten, welches noch 1939 von Berlin nach Jerusalem gerettet werden konnte. Inzwischen wurde diese wichtige Quelle digitalisiert und ist im Internet frei zugänglich: http://www.jewish-archives.org/nav/classification/2388, letzter Zugriff: 11. 05. 2017. Ausgewertet wurde dieses Dokument von Reissner, Hanns Günther: Eduard Gans. Ein Leben im Vormärz, Tübingen 1965, hier: S. 28–36.

15 Im erhaltenen Protokoll dieses Treffens (http://www.jewish-archives.org/content/titleinfo/2742, letzter Zugriff: 11. 05. 2017; (Transkription bei Reissner: Eduard Gans, S. 50) heißt es explizit „hat sich heute ein Verein [...] constituiert". Die sieben Gründer waren Joseph Hillmar, Joel Abraham List, Isaac Levin Auerbach, Isaak Markus Jost, Leopold Zunz, Eduard Gans und Moses Moser.

16 Ab Ende 1820 wurden die „Vereinsstatuten" in langen Sitzungen vorbereitet, bis im März 1821 ein Entwurf vorlag, dessen Drucklegung im September beschlossen und der wohl noch 1821 gedruckt wurde, obgleich die Titelseite das Jahr 1822 trägt: Entwurf von Statuten des Vereins für Cultur und Wissenschaft der Juden, Berlin 1822, jetzt als Teil des Zunz-Archivs digitalisiert und frei zugänglich: http://www.jewish-archives. org/content/titleinfo/3219, letzter Zugriff: 11. 05. 2017.

17 Rürup, Reinhard: Emanzipation und Antisemitismus. Studien zur „Judenfrage" der bürgerlichen Gesellschaft Frankfurt/Main ²1987, S. 62–65; 185–188.

18 Wie in der deutschen Geistesgeschichte überhaupt (man denke an die Aufklärung und den Vormärz, die beiden Blütezeiten des Zeitschriftenwesens) spielten die Zeitschriften auch für die WdJ eine bedeutende Rolle. Auf die für ihre Entstehungszeit charakteristische *ZWdJ* folgte 1851 die langlebige (bis 1939) *Monats-*

In der kurzen, nur gut zweijährigen Glanzzeit des Vereins, die mit der Präsidentschaft von Eduard Gans (März 1821 bis Mai 1823) übereinstimmt, hielt das „Institut" rund 40 Sitzungen ab, und die besten der dort diskutierten Vorträge erschienen bald in der *ZWdJ*.[19] Von Gans eingeführt, stieß nun auch der damals noch unauffällige, erst später berühmt gewordene Heinrich Heine (1797–1856) zum „Kulturverein".[20] Durch das Protokollbuch der Sitzungen sowie durch die drei publizierten Präsidialreden von Gans (vom Oktober 1821, April 1822 und Mai 1823) ist auch die Quellenlage für diese Zeit besonders gut.[21] Erst im Juli 1821 und nach einer ausführlichen Diskussion nahm der Verein den Namen an, unter welchem er in die Geschichte einging: „Verein für Cultur und Wissenschaft der Juden". Unter etwa einem Dutzend vorgeschlagener Namen gab es auch mehrere Vorschläge, die überhaupt keinen Bezug zum Judentum hatten (z. B. „Symposion" und „Academia"), doch setzte sich die von Gans vorgeschlagene Genitivwendung „Wissenschaft der Juden" durch, weil deren Zweideutigkeit gleichzeitig die Beschäftigung mit den jüdischen Beiträgen zur notwendig universalen Wissenschaft und mit der spezifischen WdJ zuließ.[22] Dass der gewählte Name des Vereins das damals der bürgerlichen Laufbahn schädliche Substantiv „Juden" enthält, ist zu Recht als Zeichen der selbstbewussten Identifikation der Mitglieder mit ihrer jüdischen Herkunft und Identität verstanden worden.[23] Eine weitere Debatte im „Kulturverein" verdient es, als besonders bedeutungsträchtig erwähnt zu werden, da sie das Verhältnis der frühen WdJ zur Religion verdeutlicht. War der „Verein"

---

schrift für Geschichte und Wissenschaft des Judentums (Sigel: *MGWJ*), die über ihren Gründer Zacharias Frankel mit dem „Jüdisch-Theologischen Seminar" in Breslau verbunden war. Auch an die Zeitschriften von Abraham Geiger (1810–1874) muss hier erinnert werden: *Wissenschaftliche Zeitschrift für Jüdische Theologie,* Bd. 1–6 (1835–1837, 1839, 1844, 1847); *Jüdische Zeitschrift für Wissenschaft und Leben,* Bd. 1–11 (1862–1875). Zum jüdischen Zeitschriftenwesen in Deutschland, vgl. Dinur, in: EJ, Bd. 16 (1972), bes. S. 576–578; Suchy, Barbara: Die jüdischen wissenschaftlichen Zeitschriften in Deutschland von den Anfängen bis zum Ersten Weltkrieg, in: Carlebach: Wissenschaft, S. 180–198; Nagel, Michael (Hg.): Zwischen Selbstbehauptung und Verfolgung. Deutsch-jüdische Zeitungen und Zeitschriften von der Aufklärung bis zum Nationalsozialismus, Hildesheim 2002. Diese Zeitschriften erfüllten eine mehrfache Funktion: Erstens brachten sie ein neues jüdisches Selbstbewusstsein zum Ausdruck, den Stolz auf spezifisch jüdische wissenschaftliche Leistungen und dienten damit der Selbstverständigung; zweitens verbreiteten sie derartiges Wissen als Teil des „jüdischen Binnendiskurses" innerhalb der jüdischen Leserschaft; drittens waren die Zeitschriften auch ein aufklärerisches Bildungsangebot an die nichtjüdische Leserschaft, von welchem allerdings zu wenige Gebrauch machten.

19   Die Arbeit des Vereins und seines Instituts wurde vorzüglich dokumentiert in: Reissner: Eduard Gans, S. 28–36.

20   Diese Tatsache hat die Heine-Forschung – von Adolf Strodtmann (1829–1879) bis Klaus Briegleb (*1932) und S. S. Prawer (1925–2012) – immer wieder zur Beschäftigung mit dem „Kulturverein" geführt.

21   Ucko, Siegfried: Geistesgeschichtliche Grundlagen der Wissenschaft des Judentums (Motive des Kulturvereins vom Jahre 1819), in: *Zeitschrift für die Geschichte der Juden in Deutschland* 5 (1935), S. 1–34; Waszek, Norbert (Hg.): Eduard Gans (1797–1839). Hegelianer – Jude – Europäer. Texte und Dokumente, Frankfurt/Main 1991, S. 55–85.

22   Vgl. Ucko: Grundlagen, S. 20.

23   Vgl. die glänzende Studie von Schorsch, Ismar: Breakthrough into the past: The *Verein für Cultur und Wissenschaft der Juden,* in: *Leo Baeck Institute Yearbook* 33 (1988), S. 3–28, hier: S. 5; zum Verhältnis von WdJ und jüdischer Identität: Meyer: Jüdische Wissenschaft, S. 3–20.

auch vorwiegend theoretisch ausgerichtet, ergriff er doch die praktische Initiative, eine „Unterrichtsanstalt" zu schaffen, in der die studentischen Mitglieder den mittellosen jungen Juden aus Osteuropa, die in Berlin eine bessere Zukunft suchten, kostenlos Unterricht erteilten. Mit der „Unterrichtsanstalt" stellte sich für den „Kulturverein" rasch die Frage, ob darin, neben den dominanten Fächern der klassischen Bildung, dem Unterricht im Deutschen und anderen modernen Sprachen, Geschichte und Geographie, auch Religionsunterricht erteilt werden sollte. Die stürmische Debatte darüber fand am 22. Dezember 1821 statt und die folgende Abstimmung, um das Ergebnis gleich vorwegzunehmen, fiel gegen einen jüdischen Religionsunterricht aus.[24] Für den stark von Hegel geprägten Gans,[25] der als Präsident als letzter vor dem Votum sprach, „gibt nur die Philosophie genügende Auskunft über Gott, Unsterblichkeit, usw.", und er wollte die Religion aus ihrer dominanten Rolle verdrängen und auf den Bereich der Subjektivität einschränken. Für Moses Moser ist die „israelitische Religion, von allem Dogmatischen frei, [eine] Sache der Geschichte"; die nötigen Informationen über die jüdische wie über die anderen Religionen sollten die Schüler im Geschichtsunterricht erhalten. Er vertrat also bereits eine gänzlich areligiöse Perspektive, die in der englischsprachigen Literatur gerne als *secular* (säkular oder säkularisiert) bezeichnet wird. Leopold Zunz, dem am wenigsten vorgeworfen werden kann, der jüdischen Religion untreu geworden zu sein, war zwar keineswegs gegen eine religiöse Erziehung im Geiste des Judentums, doch sei deren Ort die Familie, nicht die schulische Form. Die „Verstandesbildung" der „Unterrichtsanstalt" würde die Zöglinge „über das Wesen der Religion besser unterrichten, als ein eigener Religionsunterricht". Ludwig Marcus (1798–1843), dem Heine später gemeinsam mit dem ganzen „Kulturverein" ein Denkmal setzte,[26] trat zwar für „einen zweckmäßigen Religionsunterricht" ein, doch ging es ihm dabei darum, den „gänzliche[n] Verfall des Studiums der hebräischen Sprache" aufzuhalten. Damit wird die Rangordnung des orthodoxen Judentums umgekehrt, und die Theologie wird zur Magd der Philologie.

Dass führende Vereinsmitglieder wie Eduard Gans – der später als Herausgeber von Hegels Rechts- und Geschichtsphilosophie hervortrat und in den wenigen Jahren, um die er seinen Meister überlebte, zum Führer der Hegel'schen Schule aufstieg[27]–, Moses Moser, Immanuel Wolf (Wohlwill), Ludwig Marcus, Heine und andere stark unter dem Einfluss Hegels standen, ist in der Forschung immer wieder betont worden.[28] Dazu hatte Hegels berühmter § 209 seiner *Philosophie des Rechts* – „der Mensch gilt so, weil er Mensch ist, nicht weil er Jude, Katholik, Protestant, Deutscher, Italiener usf. ist" – ebenso beigetragen wie gemeinsame Feinde, wie etwa die „feinen" Volksverhetzer um Friedrich Rühs (1781–1820) und Jakob Friedrich Fries

---

24 Die verschiedenen Stellungnahmen wurden im Protokollbuch des Vereins festgehalten und von Ucko: Grundlagen, S. 18 f., erstmals publiziert, dem die folgenden Zitate entnommen sind.

25 Waszek, Norbert: War Eduard Gans (1797–1839) der erste Links- oder Junghegelianer? in: Quante, Michael; Mohseni, Amir (Hg.): Die linken Hegelianer. Studien zum Verhältnis von Religion und Politik im Vormärz, Paderborn 2015, S. 29–51.

26 Heine, Heinrich: Ludwig Marcus. Denkworte [1844/1854], in: Heine DHA, Bd. 14/1, S. 265–275.

27 Vgl. Waszek: Links- oder Junghegelianer.

28 Vgl. Ucko: Grundlagen; Waszek, Norbert (Hg.): Eduard Gans (1797–1839). Politischer Professor zwischen Restauration und Vormärz, Leipzig 2002, S. 71–103.

(1773–1843) (siehe hierzu auch den Beitrag von Werner Treß, S. 335). Umstritten ist eigentlich nur, ob die eindeutige Übernahme Hegel'scher Termini und Theoreme (wie das Absolute, subjektiver und objektiver Geist, Notwendigkeit des Begriffs, Totalität) durch die genannten Vereinsmitglieder nur dem zeitgenössischen Ambiente entsprach oder ob der Einfluss zentraler war und beispielsweise auch den Wissenschaftsbegriff der WdJ prägte. In seinem zentralen Aufsatz „Über den Begriff einer Wissenschaft des Judenthums",[29] in der Geschichtsschreibung der WdJ stets als Schlüsseltext gewürdigt,[30] beruft Immanuel Wolf sich zwar nicht ausdrücklich auf Hegel, sondern führt Spinoza als Kronzeugen seiner Ausführungen an,[31] doch war es sicher Hegel, der Wolf die epochale Bedeutung Spinozas vermittelt hatte. Zweitens zieht er selbst eine Kontinuitätslinie von Spinoza zur „tieferen Philosophie heutiger Tage" und denkt dabei sicher eher an seinen Lehrer, Hegel, als an Fichte oder gar Kant, die beide schon gestorben waren. Entscheidender ist, dass Wolf zumindest drei wesentliche Bestimmungen der WdJ aus Hegels Philosophie gewann: (1) seine am Totalitätsbegriff von Hegels Wissenschaftsbegriff orientierte umfassendste Ausrichtung; (2) wie bei Hegel geht es dabei nicht bloß um eine Sammlung von Kenntnissen, sondern um deren Begreifen aus dem Standpunkt der „Idee"; (3) schließlich das notwendig systematische Wesen der Wissenschaft.[32]

Aber nicht alle Vereinsmitglieder waren von Hegel geprägt. Zuerst könnte hierbei an Lazarus Bendavid (1762–1832) gedacht werden, der noch zu den unmittelbaren Schülern Mendelssohns gehörte, sich dann zu einem überaus treuen Anhänger Kants entwickelte und als solcher von Heine karikiert wurde.[33] Durch den großen Altersunterschied, eine Generation, der ihn von den jungen Männern des „Kulturvereins" trennte, war er für diesen jedoch eher marginal als repräsentativ und wurde dementsprechend „ehrenhalber" als außerordentliches Mitglied geführt. Unter den zentralen Mitgliedern wird eigentlich nur Zunz als ganz unbeeinflusst von Hegel dargestellt;[34] für ihn, so könnte die verbreitete Deutung seiner Position zugespitzt werden, bildete die Philologie – tatsächlich hatte Zunz philologische Vorlesungen von Friedrich August Wolf (1759–1824) und August Boeckh (1785–1867) gehört[35] – und nicht Hegels Philosophie das

---

29 *ZWdJ*, S. 1–24.

30 Vgl. Mendes-Flohr, Paul R.; Reinharz, Jehuda (Hg.): The Jew in the modern world: A documentary history, New York 1980, S. 149 f.; Meyer: Jüdische Wissenschaft, S. 5 f.

31 *ZWdj*, S. 14.

32 *ZWdJ*, S. 17 f.

33 Heine DHA, Bd. 14/1, S. 268: „Ich kann nicht umhin, auch hier meinen lieben Bendavid zu erwähnen [...]. Er war [...] pflichtgehärtet wie der Marmor des kategorischen Imperativs seines Meisters Immanuel Kant. Bendavid war Zeit seines Lebens der eifrigste Anhänger der kantschen Philosophie [...] ein eingefleischter Kantianer, und ich habe damit auch die Schranken seines Geistes angedeutet. Wenn wir von hegelscher Philosophie sprachen, schüttelte er sein kahles Haupt und sagte, das sey Aberglaube."

34 Zum Beispiel Meyer, Michael A: The origins of the modern Jew: Jewish identity and European culture in Germany, Detroit ⁴1984, S. 166. Eine schöne Monographie über Zunz ist auf Französisch erschienen: Trautmann-Waller, Céline: Philologie allemande et tradition juive: le parcours intellectuel de Leopold Zunz, Paris 1998.

35 Vgl. hierzu Veltri, Giuseppe: Altertumswissenschaft und Wissenschaft des Judentums. Leopold Zunz und seine Lehrer F. A. Wolf und A. Böckh, in: ders.; Markner, Reinhard (Hg.): Friedrich August Wolf. Studien, Dokumente, Bibliographie, Stuttgart 1999, S. 32–47.

wesentliche Paradigma der WdJ.[36] Mochte Zunz also von den Ideen der übrigen führenden Köpfe des „Kulturvereins" gelegentlich abweichen, war er es, der sich in der Forschung als eigentliche Galionsfigur der frühen WdJ durchgesetzt hat. Dafür gibt es sicher legitime, aber leider auch unberechtigte Gründe. Richtig ist sicher, dass Zunz sein ganzes langes Leben (er überlebte alle Gründungsmitglieder des „Kulturvereins") mit bewunderungswürdiger Energie sein Programm einer WdJ weiterverfolgte, wovon seine zahlreichen Publikationen ein beredtes Zeugnis ablegen. Hervorzuheben ist auch, dass Zunz zunächst erfolglose, aber zukunftsträchtige Bemühungen unternahm, der WdJ einen öffentlich anerkannten, institutionellen Rahmen zu schaffen. Im Hochgefühl der Revolution von 1848 (Zunz beteiligte sich als Redner und Wahlmann an der demokratischen Bewegung) beantragte er beim preußischen Kultusministerium die Einrichtung einer Professur für jüdische Geschichte und Literatur an der Berliner Universität.[37] Der Antrag wurde in modifizierter Form erneut im September 1850 eingebracht und beide Male abschlägig entschieden (der philosophischen Fakultät, so wurden die Entscheidungen zumindest begründet, erschien die Schaffung anderer Lehrstühle vorrangiger), doch brachte Zunz damit die institutionelle Verankerung der WdJ nachdrücklich in die Diskussion ein und wurde so ein wichtiger Pionier späterer Entwicklungen.

So verdienstvoll das Wirken von Zunz auch war, ist es aber sicher ungerecht, die Errungenschaften der frühen WdJ nur mit ihm zu assoziieren. Die Deutung von Sven-Erik Rose, in seiner sonst ausgewogenen und lehrreichen Studie,[38] Zunz sei der „eigentliche Praktiker", Gans, Wolf und Moser hingegen nur die Theoretiker des „Kulturvereins" gewesen, bietet immerhin eine wissenschaftliche Begründung, auch wenn diese angesichts der kontinuierlichen Forschungen von Gans zur Geschichte des jüdischen Rechts nicht überzeugen kann. In vielen anderen Studien zur WdJ kann man sich indessen des Eindrucks nicht erwehren, dass bewusst alle diejenigen ausgegrenzt werden sollten, die dem Christentum oder auch Hegel zu nahe kamen.

Das Jüdisch-Theologische Seminar in Breslau

Hatten die oben angeführten, institutionellen Bemühungen von Zunz, Abraham Geiger (der schon 1836 eine vergleichbare Forderung gestellt hatte[39]) und anderen die geistigen Grundlagen zur Errichtung eines jüdisch-theologischen Seminars gelegt, wurde dessen Realisierung

---

36 Die Distanz von Zunz zu Hegel und zur Philosophie insgesamt wird allerdings oft überzogen. Selbst in seinem frühen Schlüsseltext heißt es: „Über alle diese Räume der Wissenschaft, über den ganzen Tummelplatz menschlicher Thätigkeit herrscht mit ausschließender Majestät die *Philosophie*", Zunz: Rabbinische Litteratur, S. 42. Und sein bewegender Rückblick (des Jahres 1846) auf die Vereinstätigkeit – „seitdem sind […] Gans und Moser gestorben. Die Individuen und ihre Gebilde verschwinden, die Idee lebt weiter" (so von Zunz nachträglich ins Protokollbuch, Anm. 14, geschrieben, – klingt doch sehr hegelisch!)

37 Vgl. hierzu Liebeschütz, Hans: Das Judentum im deutschen Geschichtsbild von Hegel bis Max Weber, Tübingen 1967, S. 65 f.

38 Rose, Sven-Erik: Jewish philosophical politics in Germany, 1789–1848, Waltham, MA 2014, S. 87. Rose vernachlässigt Gans, Moser und Wolf aber keineswegs zugunsten von Zunz.

39 Geiger, Abraham: Die Gründung einer jüdisch-theologischen Facultät, ein dringendes Bedürfnis unserer Zeit, in: *Wissenschaftliche Zeitschrift für jüdische Theologie* 2/1 (1836), S. 1–21.

erst durch die finanziellen Mittel ermöglicht, die der Kaufmann Jonas Fränckel (1773–1846) für die Errichtung eines Seminars „zur Heranbildung von Rabbinern und Lehrern" hinterließ.[40] Dementsprechend lautete der offizielle Name des Instituts, als es 1854 eröffnet wurde „Jüdisch-Theologisches Seminar Fraenckel'scher Stiftung zu Breslau". Zunächst hoffte Geiger auf die Leitung des Seminars, doch der Reformrabbiner erschien dem Kuratorium offenbar als nicht konsensfähig genug; und die Wahl fiel auf Zacharias Frankel.[41] Dieser teilte das Seminar in drei Abteilungen auf[42] und gewann als zusätzliche Lehrkräfte (er selbst unterrichtete rabbinische Literatur[43]) Heinrich (Hirsch) Graetz (1817–1891; Bibelexegese und jüdische Geschichte) und Jacob Bernays (1824–1881; Religionsphilosophie, klassische Philologie und Geschichte). Die beiden anfänglichen Assistenten wurden ebenfalls bald gleichrangige Lehrer: Manuel Joël (1826–1890; Homiletik und deren Übung, später auch Philosophie[44]) und Benedict Zuckermann (1818–1891; Mathematik und jüdischer Kalender).

Im Vergleich zum „Kulturverein" blieb das Breslauer Seminar der jüdischen Tradition, inklusive der Einhaltung der religiösen Regeln, an welche die Lehrer gebunden waren, stets eng verbunden. Für Frankel, der die intellektuelle Position des Seminars nachhaltig prägte, blieben auch die fünf Bücher Moses unantastbar für die wissenschaftliche Quellenkritik.[45] Doch davon abgesehen, sollte sich die Anstalt „dem frischen Geist der wissenschaftlichen Forschung und ihrer Ergebnisse" öffnen.[46] Mag Frankels Arbeit an der Mischna (1859), die sicher für diese

---

40 Das Zitat aus Fränckels Testament wird aus dem nicht namentlich gekennzeichneten Beitrag übernommen: Zur Geschichte des jüdisch-theologischen Seminars, in: Programm zur Eröffnung des jüdisch-theologischen Seminars zu Breslau „Fränckel'sche Stiftung" den 16. Ab 5614, 10. August 1854, Breslau 1854, S. 2.

41 Zu beiden liegen inzwischen gediegene Studien vor (dort weiterführende Literaturangaben): Brämer, Andreas: Rabbiner Zacharias Frankel. Wissenschaft des Judentums und konservative Reform im 19. Jahrhundert, Hildesheim 2000; Wiese, Christian et al. (Hg.): Jüdische Existenz in der Moderne. Abraham Geiger und die Wissenschaft des Judentums, Berlin 2013. Es fehlt noch eine moderne Gesamtdarstellung des Breslauer Seminars – selbst der Band von Carlebach: Wissenschaft, S. VIII, enthält keinen Beitrag darüber; vgl. aber die kurze Würdigung von Seidel, Esther: Zacharias Frankel und das Jüdisch-Theologische Seminar, Berlin 2013 sowie die Festschrift: Brann, Markus: Geschichte des Jüdisch-Theologischen Seminars (Fraenckel'sche Stiftung) in Breslau, Breslau 1904 und die Gedächtnisschrift: Kisch, Guido (Hg.): Das Breslauer Seminar. Jüdisch-Theologisches Seminar (Fraenckelscher Stiftung) in Breslau 1854–1938, Gedächtnisschrift, Tübingen 1963.

42 (1) als Ausbildungsstätte für zukünftige Rabbiner – Kandidaten mit Hochschulreife wurden in sieben Jahren zur Ordinierung geführt (für die Zahl der Rabbiner, die aus dem Seminar hervorgingen, reichen die Schätzungen von 130 bis 250); (2) als Vorbereitungskurs für Kandidaten ohne das damals noch nicht zwingende Reifezeugnis (da sich das Abitur langsam durchsetzte, wurde diese Abteilung 1867 geschlossen); (3) als dreijährige Lehrerausbildung (abhängig vom Bedarf wurde diese Abteilung von 1887 bis kurz nach dem Ersten Weltkrieg unterbrochen).

43 Seine wenige Jahre später erschienene Einführung in die Mischna mag einen Einblick in seine einschlägige Lehrtätigkeit bieten: *Darkhe ha-mishna ve-darkhe ha-sefarim ha-nilvim 'eleha Tosefta, Mekhilta, Sifra, Sifre*, Leipzig 1859.

44 Insbesondere seine Spinoza-Studien (Spinoza's theologisch-politischer Tractat auf seine Quellen geprüft, Breslau 1870; Zur Genesis der Lehre Spinoza's, Breslau 1871) scheint er erst entfaltet zu haben, nachdem er das Seminar Ende 1863 verlassen hatte und er dürfte diese kaum in der Lehre vertreten haben.

45 Meyer: Jüdische Wissenschaft, S. 9.

46 Programm, 1854, S. 3.

Periode der WdJ charakteristisch ist, der modernen Forschung als zu ängstlich, wenn nicht gar naiv erscheinen, war sie doch ein Versuch, das Werk als geschichtlich entwickelt zu verstehen und auch der Quellenkritik zu unterwerfen. Die damals entstehende Neo-Orthodoxie empfand eine derart historische Infragestellung der göttlichen Offenbarung und deren mündlicher Überlieferung als Provokation und griff Frankel und sein ganzes Seminar unter der Führung ihres Vorkämpfers Samson Raphael Hirsch (1808–1888) heftig an.[47] Einer der später berühmten Studenten des Breslauer Seminars, nämlich kein geringerer als Hermann Cohen (1842–1918), hatte übrigens damals versucht, seinen Lehrer Frankel in Schutz zu nehmen.[48]

Unter den wissenschaftlichen Arbeiten der anderen Breslauer Lehrkräfte kann hier nur auf diejenigen von Graetz eingegangen werden, der mit seiner monumentalen, leicht verständlichen und vielfach übersetzten *Geschichte der Juden*[49] einer der bekanntesten Historiker des Judentums wurde. Sein Werk, oder zumindest die gekürzte dreibändige Ausgabe, stand bis ins 20. Jahrhundert hinein in den Bücherschränken fast aller jüdischen Bildungsbürger (Gershom Scholem berichtet, er habe die „Volksausgabe" als Bar-Mitzwa-Geschenk erhalten) – und dies obwohl – oder vielleicht gerade weil – Graetz die philosophischen Prämissen des Berliner „Kulturvereins" nicht teilte. Spätere Vertreter der WdJ beanstandeten, seine Erzählung der Geschichte ginge auf Kosten ihrer Analyse, und Moritz Steinschneider (1816–1907)[50] zog Graetz' eigenständige „Quellenstudien" in Zweifel, ja unterstellte ihm gar Plagiate.[51]

Zu den berühmten Studenten des Seminars gehörten auch der Spinoza-Forscher Jakob Freudenthal (1839–1907), der als Nachfolger von Manuel Joël von 1864 bis 1888 am Seminar lehrte, der Historiker und Rabbiner Markus Brann (1849–1920), der ab 1891 als Nachfolger von Graetz lehrte, und schließlich Ismar Elbogen (1874–1943) sowie Leo Baeck (1873–1956). Letzterer setzte seine Studien ab 1894 allerdings an der Hochschule für die Wissenschaft des Judentums in Berlin fort.

Die Hochschule für die Wissenschaft des Judentums in Berlin

Nach dem Scheitern der Bemühungen, für die WdJ einen Platz innerhalb der Berliner Universität zu finden, sollte durch eigene, jüdische Initiative eine parallele Institution geschaffen werden. Abraham Geiger, unglücklicher Kandidat am Breslauer Seminar, aber inzwischen einer, vermutlich sogar *der* Gründervater des Reformjudentums, wurde 1870 als Rabbiner nach Berlin berufen. Unterstützt u. a. von dem einflussreichen Herausgeber der *Allgemeinen Zeitung des Judentums,* Ludwig

---

47   Z. B. in seiner Zeitschrift *Jeschurun* 7/8 (Mai 1861), S. 437–444.

48   Hirsch beging die Indiskretion, Cohens persönlichen Brief ohne Erlaubnis auszugsweise und mit seiner Antwort zu publizieren: *Jeschurun* 7/5 (Februar 1861), S. 297 f.

49   Graetz, Heinrich: Geschichte der Juden, 11 Bde., verschiedene Orte 1853–1875.

50   Über Steinschneider liegt jetzt endlich ein gelungener Band vor: Leicht, Reimund; Freudenthal, Gad (Hg.): Studies on Steinschneider: Moritz Steinschneider and the Emergence of the Science of Judaism in Nineteenth-Century Germany, Leiden 2011.

51   Vgl. Steinschneiders Rezensionen in: Hebräische Bibliothek, Bd. 3 (1860), S. 103 f.; Bd. 4 (1861), S. 84 (wo er ausdrücklich von „literarische[m] Diebstahl" spricht).

Philippson (1811–1889), und Heymann Steinthal (1823–1899), der auch zu den ersten Dozenten zählte, setzte er sich erfolgreich für die Gründung einer „Hochschule für die Wissenschaft des Judentums" ein, die 1872 in Berlin eröffnet wurde.[52] Durfte die Einrichtung den Namen „Hochschule" nur am Anfang (ab 1883 wurde stattdessen die Bezeichnung „Lehranstalt" von staatlicher Seite durchgesetzt) und in der Zeit der Weimarer Republik führen, verrät er doch die Intentionen der Stifter: Es handelte sich um eine Gegengründung zur Universität, deren Türen ihr noch verschlossen waren, deren sie sich in der Ausrichtung auf freie Forschung und in der institutionellen Form (eingeschriebene Hörer) aber anzugleichen suchte. Auch wenn die Forschungszwecke der „Hochschule" unparteiisch verfolgt wurden, also über den Auseinandersetzungen der verschiedenen Strömungen des Judentums stehen sollten, stand sie zweifellos denjenigen Tendenzen näher, die bereits in einige Distanz zur Orthodoxie getreten waren. Trotz ihres Forschungsimperativs verzichtete sie nicht auf den praktischen Zweck der Rabbinerausbildung. In den Augen der Neo-Orthodoxie galt diese Tatsache als Provokation und veranlasste ihren damaligen Berliner Vorsitzenden Esriel Hildesheimer (1820–1899), bereits ein Jahr nach der Eröffnung der „Hochschule" (also 1873) ein „Rabbinerseminar für das orthodoxe Judenthum" zu gründen. Mit diesem Seminar wurde das Monopol in der Ausbildung religiös zuverlässiger Rabbiner angestrebt. Hingegen kann als „Sieg" der „Hochschule" gewertet werden, dass sich sogar das gesetzestreue Seminar Hildesheimers gezwungen sah, Elemente der WdJ in ihr Programm zu integrieren.

Den Neo-Orthodoxen war die „Hochschule" nicht religiös genug, und gleichzeitig war sie den Vorreitern eines „säkularen" Studiums des Judentums viel zu religiös. Steinschneider etwa konnte nicht als Lehrkraft gewonnen werden, da er gegen die Rabbinerausbildung im Rahmen der „Hochschule" war und grundsätzlicher noch gegen eine Vermischung von Religion und Wissenschaft. Im Gegenteil – er versuchte weiterhin, die WdJ in die Universität zu integrieren, da er fürchtete, sie werde sonst bald zu einem neuen, geistigen Ghetto.[53] Trotz des schmerzhaften Fehlens von Steinschneider unter den Dozenten bewegte sich die Lehre an der „Hochschule" von Anfang an auf hohem Niveau. Zwar hielten sich die Studentenzahlen bis zum Ende des 19. Jahrhunderts in engen Grenzen, doch dann, besonders in der Zeit als Ismar Elbogen zu ihrer unbestrittenen Führungsgestalt wurde, profitierte sie vom Wachstum und der Attraktivität Berlins sowie von der Nähe zur Berliner Universität, da sie seit 1907 über ein eigenes Gebäude verfügte, nur wenig Meter von Unter den Linden entfernt. Sie erfreute sich immer größerer Beliebtheit, auch unter Studenten aus Osteuropa. Unter den letzten Studenten der „Hochschule" vor ihrer gewaltsamen Schließung durch die Nationalsozialisten befanden sich Abraham Joshua Heschel (1907–1972) und Emil Fackenheim (1916–2003), der dort noch 1938 zum Rabbiner ordiniert wurde.

---

52 Als Einrichtung, die unabhängig von staatlichen und synagogalen Instanzen sein wollte, konnte die „Hochschule" nur durch Spenden finanziert werden. Ein großzügiges Legat des Bankiers Moritz Meyer (1811–1869, Berliner Stadtrat seit 1851) stand am Anfang und regte andere dazu an, seinem Beispiel zu folgen. Doch blieb der finanzielle Rahmen immer eng. Fast resigniert heißt es bei Elbogen, Ismar: Ein Jahrhundert Wissenschaft des Judentums, Berlin 1922, S. 36: „So arm wie die ‚Hochschule' hat keine gleichartige Anstalt begonnen – nur an Gegnern war sie reich."

53 Die Beiträge von Ismar Schorsch, C. Trautmann-Waller und Nils Roemer zu dem Band von Leicht und Freudenthal diskutieren die Haltung von Steinschneider (und des alten Zunz) zur „Hochschule".

Nach der Zwischenstation in Breslau war die Rückkehr der WdJ nach Berlin aber auch unter der Perspektive des darin enthaltenen Wissenschaftsbegriffs bedeutungsträchtig. Während die Anfänge der WdJ im „Kulturverein" im Zusammenhang mit der Konstitution der Berliner Universität standen und den dort erzielten Errungenschaften in Geschichte, Philologie und Philosophie, hatten sich die Bedingungen in den rund 50 Jahren, die bis zur Gründung der „Hochschule", bzw. den rund 80 Jahren, die bis zur Ära Elbogen (er lehrte von 1902 bis zu seiner Vertreibung 1938 an der „Hochschule") vergangen waren, gründlich geändert. So hatten sich die historischen und philologischen Innovationen der überaus kreativen Gründungsphase der Berliner Universität im Laufe des 19. Jahrhunderts zu einer „Historisch-Kritischen Methode" professionalisiert (vielleicht aber auch erstarrt), deren Übernahme durch die WdJ ihren Vertretern bis zur Generation Elbogens selbstverständlich erschien. Doch mit der von Steinthal gemeinsam mit seinem Freund und Schwager Moritz (Moses) Lazarus (1824–1903) vertretenen Völkerpsychologie als neuer Fundamentaldisziplin kamen neue Impulse zum Tragen. Auch die Philosophie, die den Gründervätern des „Kulturvereins" so wichtig war, um die WdJ systematisch auszugestalten, dann aber eine Weile zugunsten der „philologischen und historischen Kleinarbeit"[54] vernachlässigt wurde, erlebte ein *comeback,* als der reife Hermann Cohen 1912 ins Kollegium der „Hochschule" eintrat und dort sein posthumes Werk vorbereitete.[55]

Ausblick

Da heute oftmals Gershom Scholem angeführt wird, wenn an die deutschstämmige wissenschaftliche Erforschung der jüdischen Tradition gedacht wird, muss im Ausblick auch seine kritische Haltung gegenüber der WdJ angesprochen werden, wie er sie hauptsächlich in zwei Vorträgen ausgedrückt hat.[56] Scholem, der, schenkt man seinen autobiographischen Schriften und anderen Zeugnissen Glauben, den Bildungseinrichtungen der WdJ fern geblieben ist, kritisiert, sachlich wohl nicht ganz unbegründet, ihren apologetischen Zug, der mit ihrem Ideal der unparteiischen Wissenschaft zwangsläufig kollidieren musste.[57] Er warf der WdJ aber vor allem vor, mit ihrem Ziel, das Judentum an die europäische Kultur heranzuführen, letztlich zu seiner Selbstzerstörung beigetragen zu haben. Der zweite und radikalere Vorwurf war unbestritten von Scholems radikalem Zionismus geprägt, der sich u. a. daran erkennen lässt, dass er

---

54 Elbogen: Jahrhundert, S. 18.

55 Cohen, Hermann: Die Religion der Vernunft aus den Quellen des Judentums, Leipzig 1919.

56 Der erste Vortrag erschien auf Hebräisch in einem Almanach der Zeitung *Ha'aretz* 1944/45. Auf Deutsch erschien er unter dem Titel: Überlegungen zur Wissenschaft vom Judentum, in: Schäfer, Peter (Hg.): Judaica 6, Frankfurt/Main 1997, S. 9–52; der zweite, ca. 15 Jahre später gehaltene und im Urteil ausgewogenere Vortrag erschien unter dem Titel: Wissenschaft vom Judentum einst und jetzt, in: *Bulletin des Leo Baeck Instituts* 3 (1960), S. 10–20; dann in: Judaica 1, Frankfurt/Main 1963, S. 147–163. Dass der zweite Vortrag auf Deutsch viel früher als der erste erschien, hat die Rezeption stark beeinflusst; vgl. hierzu Heuberger, Rachel: Aron Freimann und die Wissenschaft des Judentums, Tübingen 2004, bes. S. 3–6.

57 Er benutzt den Ausdruck „Apologetik" selbst: Scholem: Wissenschaft, S. 153; vgl. Brenner, Michael: Propheten des Vergangenen. Jüdische Geschichtsschreibung im 19. und 20. Jahrhundert, München 2006, S. 226 f.

sich auf seinen Jugendfreund Salman Rubaschoff (1889–1974) bezog, der unter dem Namen Zalman Shazar von 1963 bis 1973 dritter Staatspräsident Israels war.[58] Dieser schalt die frühen Vertreter der WdJ, insbesondere Gans, als „Erstlinge der Entjudung".[59] Allerdings darf bei Scholems Kritik nicht vergessen werden, dass er sie erst nach der Shoah artikuliert hat. Jenseits der in ihrem Kontext verständlichen Polemik und aus der Distanz mehrerer Jahrzehnte kann sicher nicht bestritten werden, dass auch Scholem in den breiten Kontext der WdJ gehört, und „es wäre gewiss verfehlt", wie Michael Brenner schreibt, „wollte man Scholems Anerkennung für die Verdienste der ersten Generation der Wissenschaft des Judentums übersehen. Er zollte den Gründervätern seiner Disziplin durchaus Respekt, erkannte die Forschungsleistungen eines Zunz oder Steinschneider an und billigte ihnen vor allem zu, ohne jegliche Sentimentalität an ihren Forschungsgegenstand herangetreten zu sein".[60]

In seiner Mittelstellung zwischen dem orthodoxen bzw. neo-orthodoxen und dem radikaleren Reformjudentum wurden Frankel und sein Breslauer Seminar zu einer zentralen Inspirations-quelle für die *conservative* oder „*Masorti*"-Strömung des Judentums, die sich zunächst und in erster Linie in den USA entfaltete. Das Lehrinstitut dieser Strömung, das 1886 in New York gegründete „Jewish Theological Seminary of America" (JTS), greift schon in seinem Namen auf Breslau zurück, und zwei seiner bedeutendsten Vertreter, Alexander Kohut (1842–1894) und Bernard Drachman (1861–1945), die noch in persönlichem Kontakt zu Frankel standen, verstärkten diese Einflusslinie. (Siehe hierzu auch den Beitrag von Michael A. Meyer, S. 277.)

Die Auswirkungen der WdJ, wie sie in den deutschen Zentren entfaltet wurde, reichen wis-senschafts- und universitätsgeschichtlich heute weltweit, denn im Grunde sind ihr alle Fach-bereiche und Institute verpflichtet, die sich der *Judaica* oder den „Jüdischen Studien" widmen. Über zahlreiche ehemalige Lehrkräfte und Absolventen führt die Einflusslinie der WdJ an die Hebräische Universität in Jerusalem,[61] an die beiden großen jüdischen Bildungseinrichtungen in den USA (das „Hebrew Union College" in Cincinnati und das JTS in New York) und in zahlreiche weitere Länder. So wirkten unter den Lehrkräften der „Hochschule" etwa Julius Gutt-mann (1880–1950), Autor einer einflussreichen Geschichte der jüdischen Philosophie,[62] noch an der Hebräischen Universität und Ismar Elbogen an den beiden genannten Institutionen in den USA. Auch wenn der 1935 in Hannover geborene Ismar Schorsch, heute einer der bedeutendsten Historiker der WdJ[63] und sechster Kanzler des JTS, dessen Geschicke er fast 20 Jahre lang bis 2006 leitete, noch zu jung war, um vor der Emigration an den deutschen Bildungseinrichtungen der WdJ zu studieren, steht auch er noch ganz in dieser großen Tradition.

---

58 Scholem: Überlegungen, S. 13.

59 Rubaschoff, Salman: Erstlinge [der Entjudung]: Drei Reden von Eduard Gans im Kulturverein, in: *Der jüdische Wille* 1/1 (April 1918), S. 30–42; 1/2 (Juni 1918), S. 108–121; 1/3 (August 1918), S. 193–203.

60 Brenner: Propheten, S. 220.

61 Vgl. Jütte, Robert: Die Emigration der deutschsprachigen „Wissenschaft des Judentums". Die Auswan-derung jüdischer Historiker nach Palästina 1933–1945, Stuttgart 1991.

62 Guttmann, Julius: Die Philosophie des Judentums, München 1933.

63 Zum Beispiel Schorsch: Breakthrough into the past, S. 3–28; jetzt auch in dem Band, der viele von Schorschs Aufsätzen versammelt: From text to context: The turn to history in modern Judaism, Hanover, NH 1994, S. 203–232.

Jüdische Philosophie

Christoph Schulte

Problemstellung

Wer immer einen Überblick über die Geschichte und die AutorenInnen der jüdischen Philosophie geben will, muss zunächst erklären, was sie oder er überhaupt unter jüdischer Philosophie versteht. Denn es gibt nicht wenige Stimmen, die behaupten, so etwas wie jüdische Philosophie gebe es gar nicht – so wenig wie jüdische Kunst oder jüdische Musik. Es gebe, ausgehend vom antiken Griechenland, in Orient und Okzident eine Tradition von fundamentalen philosophischen Fragestellungen, Autoren und Texten über Gott, die Welt und die Menschen, an der alle möglichen Philosophen teilhaben, auch jüdische Philosophinnen und Philosophen. Aber davon werde deren Philosophie nicht jüdisch, so wenig wie ein Kunstwerk oder eine musikalische Komposition durch die jüdische Herkunft des Künstlers jüdisch werden.

Philosophie als Philosophie – so das Argument – hat einen universalen Anspruch, so wie die menschliche Vernunft universal jedem Menschen eignet. Das Jüdische aber ist immer etwas Partikulares. Im Begriff einer „jüdischen Philosophie", der 1818 von Leopold Zunz,[1] einem der Gründerväter der „Wissenschaft des Judentums", geprägt wurde, werde also widersprüchlich oder zumindest fragwürdig die universale Philosophie mit dem partikularen Attribut des Jüdischen zusammengesetzt, ohne dass erklärt wird, wie das zusammengehört. Philosophie ist Philosophie, sie wird durch jüdische Autorenschaft nicht zu „jüdischer Philosophie". Denn Philosophie behält, bei aller Unterschiedlichkeit dessen, was unterschiedliche Philosophen und Philosophinnen in unterschiedlichen Epochen zu unterschiedlichen Problemen geschrieben haben, ihren prinzipiell universalen Anspruch: nämlich an die Einsichtsfähigkeit und Vernunft jedes vernünftig denkenden Wesens adressiert zu sein und dabei rationale, also begründbare und begründete Argumente zu benutzen.[2]

Dieser Einwand gegen den Begriff einer jüdischen Philosophie ist insofern richtig, als hier tatsächlich Universales und Partikulares zusammengebunden werden. Aber er geht an der Sache vorbei, wenn er unterstellt, dass hier das Denken selbst oder die Philosophie durch das Attribut

---

1 Zunz, Leopold: Etwas über die rabbinische Litteratur, Berlin 1818, in: ders.: Gesammelte Schriften, Berlin 1875, ND Hildesheim 1976, S. 28, wo Zunz eine „Geschichte der jüdischen Philosophie" zur Aufgabe zukünftiger Forschung über erklärt. Vgl. Meyer, Thomas: Standortbestimmungen. Zum Problem einer „jüdischen Philosophie", in: *Widerspruch* 21/37 (2001), S. 26–41.

2 Für eine analytische Bestandsaufnahme der Argumente und Gegenargumente vgl. Levy, Ze'ev: Between Yafeth and Shem: On the Relationship between Jewish and General Philosophy, New York 1987.

„jüdisch" vermeintlich judaisiert oder ethnisiert werde. Denn natürlich wird ein philosophischer Text oder Gedanke nicht dadurch jüdisch, dass sein Urheber Jüdin oder Jude ist. Gleiches gilt für Kunst oder Musik: Des Juden Max Liebermann späte Ölgemälde seiner Villa am Wannsee sind keine jüdische Malerei (siehe hierzu auch den Beitrag von Inka Bertz, S. 399). Und Giacomo Meyerbeers Opern, etwa *Les Huguenots* (1836), werden nicht dadurch jüdische Musik, dass ihr Komponist Jude war und auf dem jüdischen Friedhof an der Schönhauser Allee in Berlin begraben liegt (siehe hierzu auch den Beitrag von Jascha Nemtsov, S. 443). Oder um zwei Beispiele aus der Philosophie zu nennen: Die philosophische Phänomenologie Edmund Husserls oder die Philosophie der symbolischen Formen Ernst Cassirers sind ihrem Inhalt und ihrem eigenen Anspruch nach kein bisschen jüdisch, nur weil ihre Autoren als Juden geboren wurden. Die Phänomenologie und die Philosophie der symbolischen Formen erheben universalen Anspruch und sind ausdrücklich keine jüdische Philosophie. Eine solche Behauptung gegenüber Husserls oder Cassirers Philosophie wäre sogar rassistisch und antisemitisch. Sie kommt solchen absurden Nazi-Behauptungen nahe, Einsteins Relativitätstheorie sei wegen Einsteins jüdischer Herkunft eine „jüdische Physik", der man dann im Tausendjährigen Reich eine „arische", „deutsche Physik" entgegensetzte.[3]

Kurzdefinition: Jüdische Philosophie

Kurz: Jüdische Philosophie ist nicht deswegen jüdische Philosophie, weil ihre Autorin oder ihr Autor Juden sind. Sie ist *jüdische* Philosophie, weil in ihr das Judentum als Religion oder das Jude-Sein in unserer Welt mit den Mitteln und in der Sprache der Philosophie thematisiert und reflektiert werden. Jüdische Philosophie beinhaltet sonach eine Philosophie des Judentums oder des Jude-Seins, zumindest ist sie die philosophische Reflexion von Elementen der *conditio judaica*. Das Wort „Judentum" hat in der deutschen Sprache bekanntlich eine doppelte Bedeutung: Zum einen meint der Begriff Judentum die jüdische Religion, Judentum als *Religion*. Zum anderen meint Judentum, etwa im Begriff „das europäische Judentum" für die Gesamtheit aller Juden in Europa, die jüdischen Menschen in ihrer historischen und empirischen Existenz. Eine philosophische Reflexion des Judentums oder gar eine Philosophie des Judentums bedenkt demnach beides: die jüdische Religion und die jüdischen Menschen in ihrer Lebenswelt.

Philosophie des Judentums als Religionsphilosophie

Traditionell und bis heute besteht die Philosophie des Judentums, so wie Julius Guttmann sie in seinem gleichnamigen und noch heute unverzichtbaren Klassiker *Die Philosophie des Judentums* (München 1933) darstellt, aus philosophischen Reflexionen über das Judentum als Religion des jüdischen Volkes, seine Lehren und Traditionen. Diese religiösen Lehren und Traditionen werden im Lichte der aus der griechischen, lateinischen und arabischen, später auch der europäischen

---

3   Vgl. Lenard, Philipp: Deutsche Physik, München 1936.

und heute auch aus der nordamerikanischen Philosophie überkommenen Begriffe, Konzepte und Ideen von Gott, Mensch und Welt betrachtet, analysiert, dargestellt, systematisiert und beurteilt. Traditionell berührte eine Philosophie des Judentums also die klassischen Themen der Religionsphilosophie und der Metaphysik wie etwa die Existenz und die Attribute Gottes, die Schöpfung oder Entstehung der Welt und des Menschen, den Ursprung des Bösen und der Übel, Offenbarung und Erlösung, göttliche Providenz und Theodizee. Thematisch waren ferner auch das religiös-moralische Verhalten von Juden und die Grundlagen einer jüdischen Ethik im Vergleich mit anderen Ethiken, und das Verhältnis von Juden und Nichtjuden, Judentum und anderen Religionen.

Julius Guttmann verstand die Philosophie des Judentums als Religionsphilosophie, d. h. als Philosophie über die Religion Judentum.[4] Und er legt in *Die Philosophie des Judentums* eine chronologische Geschichte der jüdischen „Religionsphilosophie" im Mittelalter und in der Neuzeit vor. In seinem Verständnis der Philosophie des Judentums als einer Entwicklungsgeschichte der jüdischen Religionsphilosophie folgt Guttmann Salomon Munk (*Esquisse historique de la philosophie chez les Juifs,* Paris 1859), David Neumark (*Geschichte der jüdischen Philosophie des Mittelalters,* 3 Bde., Berlin 1907–1910) und Isaac Husik (*History of Mediaeval Jewish Philosophy,* New York 1916), die ihre Darstellungen der Philosophie des Judentums allerdings jeweils auf das Mittelalter beschränkt hatten.

Philosophie der *conditio judaica*

In der Neuzeit und in der Moderne, in der Judentum auch von Juden selbst nicht mehr ausschließlich als Religion und Jude-Sein nicht mehr ausschließlich als Religionszugehörigkeit, sondern auch als profane Zugehörigkeit zum jüdischen Volk aufgefasst werden, kommen zu diesen traditionellen Themen der Religionsphilosophie aber auch Fragen der Anthropologie, der Geschichte und der Geschichtsphilosophie oder die weltanschauliche Auseinandersetzung mit dem Antisemitismus, dem Zionismus und politischen Ideologien. Das beginnt mit Spinozas *Tractatus theologico-politicus* (Amsterdam 1670), wo die Hebräer der Bibel als profan-politische Nation verstanden werden, über Theodor Herzls *Der Judenstaat* (1896), wo Juden als Volk definiert werden, und ist mit Hannah Arendts Essay *Über die verborgene Tradition* (publiziert 1948) und ihren Reflexionen über moderne, nichtreligiöse jüdische Außenseiter von Rahel Varnhagen über Heine und Bernard Lazare bis zu Kafka längst nicht beendet. Hier greift Guttmanns Verständnis der Philosophie des Judentums als Religionsphilosophie zu kurz: Viele moderne Reflexionen über das Judesein, das moderne jüdische Selbstverständnis oder die jüdische Identität sind ausdrücklich keine Religionsphilosophie mehr.

Deswegen wird hier der Begriff der Philosophie des Judentums erweitert und pluralisiert: Die verschiedenen Philosophien des Judentums in Vergangenheit und Gegenwart kreisen um die beiden Pole von jüdischer Religion und deren Lehren einerseits und von Zugehörigkeit zum

---

4   In Guttmanns Spuren, mit neuem Forschungsstand vgl. Nöthlings, Christoph: Religionsphilosophie des Judentums, in: Grätzel, Stephan; Kreiner, Armin (Hg.): Religionsphilosophie, Stuttgart 1999, S. 163–208; 296 ff.

jüdischen Volk oder zur jüdischen Gemeinschaft (oder wie immer man das Kollektiv aller Juden in Vergangenheit, Gegenwart und Zukunft auch nennen mag) andererseits. Dabei sind weder die jüdische Religion noch das jüdische Volk feste Größen: Die jüdische Religion ist nur ein Oberbegriff für eine Vielzahl unterschiedlicher, historischer wie aktueller Erscheinungsformen von religiösen Lehren und religiöser Praxis; und die Zugehörigkeit zum jüdischen Kollektiv, die jüdische „Identität" oder Ethnizität wurde gerade in der Moderne jenseits der Religionszugehörigkeit sowohl von Nichtjuden als auch von Juden häufig neu und anders bestimmt. Aber für eine formale Bestimmung des Begriffs einer Philosophie des Judentums mag hier ausreichen, dass mit „Judentum" sowohl Religion als auch Jude-Sein gemeint sind.

Jüdische Philosophie und christliche Philosophie

Die Bezugnahme aufs Jude-Sein macht übrigens einen wichtigen Unterschied zwischen jüdischer und christlicher Philosophie aus: Christliche Philosophie ist in der Regel Philosophie der christlichen Religion und ihrer Lehren, sie ist christliche Religionsphilosophie. Die Christenheit versteht sich als religiöses Kollektiv, aber sie versteht sich nicht als Volk. Christentum als Weltreligion ist eine Religion der Völker im Plural. Christ wird man durch die Taufe, unabhängig von der ethnischen oder nationalen Herkunft. Verliert einer den Glauben und wird Atheist, dann ist er nicht mehr Christ und nicht mehr Teil der Christenheit. Im Selbstverständnis des rabbinischen Judentums dagegen ist Jude, wer von einer jüdischen Mutter geboren wird (siehe hierzu auch den Beitrag von Christina von Braun, S. 15). Auch ein jüdischer Atheist bleibt Jude. Die Philosophie des Judentums reflektiert darum nicht nur die jüdische Religion, sondern auch das Jude-Sein und die Zugehörigkeit zum jüdischen Volk, das Schicksal und die Geschichte der Juden als Kollektiv, Herkunftsgemeinschaft oder minoritäre Ethnie unter den Völkern. Schon in der Bibel versteht sich das jüdische Kollektiv als Volk, Gottes Offenbarung ergeht an das Volk Israel (siehe hierzu auch den Beitrag von Daniel Boyarin, S. 59), und auch in der Diaspora verstehen sich religiöse Juden noch als jenes Volk Israel, an das Gottes Weisung am Sinai erging (siehe hierzu auch den Beitrag von Liliana Feierstein, S. 99). Die Zionisten gar verstehen das Volk Israel wieder als eine moderne politische Nation mit Recht auf einen eigenen Staat – eine Auffassung, die wiederum nicht alle Juden in der Welt teilen (siehe hierzu auch den Beitrag von Micha Brumlik zum Thema Zionismus, S. 371).

Gleichviel: Das Christentum war von Anfang an eine Religion für die Völker,[5] die jeweilige Volkszugehörigkeit stellte jedoch für die Religionszugehörigkeit, die religiöse Praxis und die Theologie kein Problem dar. Christliche Philosophie ist Philosophie des Christentums als Religion, Religionsphilosophie. Die Philosophie des Judentums dagegen reflektiert einerseits die jüdische Religion, andererseits das Jude-Sein und das Schicksal des jüdischen Volkes in der Welt.

---

5   Vgl. Peterson, Erik: Die Kirche aus Juden und Heiden, in: ders.: Theologische Traktate, München 1950, S. 239–292.

Philosophie des Judentums durch Nichtjuden

Nun lässt sich mit Recht einwenden, eine solche Philosophie des Judentums könne nicht nur von Juden, sondern auch, von außen, aus der Feder von nichtjüdischen Autoren stammen. So gibt es in der Tat in Hegels *Vorlesungen über die Philosophie der Religion* (1824 und 1827) ebenso wie in seinen *Vorlesungen über die Philosophie der Weltgeschichte* (1822/23) eine Darstellung des Judentums als „Religion der Erhabenheit" und als eine zurückgebliebene Phase der Weltgeschichte, über die der Weltgeist, der bekanntlich erst am Katheder Hegels in Berlin Unter den Linden ganz zu sich selbst und an sein Ziel kam, hinweg gegangen ist. Das antike Judentum ist für Hegel ein geistig-religiöses Relikt der Vergangenheit, das rabbinische Judentum bis in die Gegenwart ignoriert er in seiner Darstellung völlig. Judentum bleibt daher stets religiös-geistige Vorstufe zum Christentum, das gegenüber dem Judentum einen Fortschritt im Bewusstsein der Freiheit darstellt. Das Judentum wird bei Hegel wie bei vielen anderen christlichen Philosophen und Intellektuellen von den Kirchenvätern über die Scholastik bis zu Voltaire, Lessing oder Kant absichtsvoll und nach allen Regeln der Kunst als historisch überwundene Epoche in der Entwicklung zum Christentum gesehen und dargestellt,[6] der für Hegel endgültigen und daher „absoluten Religion". Das Judentum ist keine dem Christentum gleichwertige Religion. Hegel bietet also durchaus auch eine Philosophie des Judentums, aber mit für das Judentum negativen Vorzeichen.

Die einzige, übrigens wirklich kenntnisreiche Philosophie des Judentums von einem Christen, in der das Judentum dem Christentum gegenüber gleichberechtigt und gleichwertig ist und in der es auch positiv dargestellt wird, ist die *Philosophie der Geschichte* von Franz Joseph Molitor, erschienen 1827 bis 1853 in vier Bänden. Aber der katholische Philosoph und Kabbalist Molitor, der in Frankfurt am Main lebte und schrieb und enge Kontakte mit Rabbinern und jüdischen Gelehrten pflegte, blieb eine Ausnahme.[7] Es überwiegen in der gesamten Geschichte der Philosophie seit der Antike die negativen Vorurteile gegen das Judentum, mit denen sich die jüdischen Philosophen in ihrer Philosophie des Judentums auseinandersetzen mussten: Jehuda Halevi und Maimonides gegenüber arabischen Philosophen und Theologen, Chasdai Crescas und Josef Albo gegenüber scholastischen Theologen und Inquisitoren genauso wie Moses Mendelssohn und Hermann Cohen gegenüber zeitgenössischen Judenfeinden und Antisemiten. Bis in die Gegenwart ist der vorherrschende Trend der Philosophie-Geschichtsschreibung, sich auf die Griechen zu berufen und einzig die Philosophie von Jonien bis Jena ernstzunehmen, hingegen die Tradition von Jerusalem bis Jena auszublenden: Athen *statt* Jerusalem rückte an die Stelle von Athen *und* Jerusalem.

Für die Überlegungen zur jüdischen Philosophie bleibt dennoch festzuhalten, dass es Philosophie des Judentums auch von Nichtjuden gibt und geben kann. Es ist daher nicht automatisch jede philosophische Reflexion des Judentums und des Jude-Seins, wie sie etwa in Jean-Paul

---

6   Vgl. Löwith, Erik: Weltgeschichte und Heilsgeschehen. Die theologischen Voraussetzungen der Geschichtsphilosophie, Stuttgart 1953; Brumlik, Micha: Deutscher Geist und Judenhass. Das Verhältnis des philosophischen Idealismus zum Judentum, München 2000.

7   Schulte, Christoph: Franz Joseph Molitors Philosophie des Judentums, in: *Menora. Jahrbuch für deutschjüdische Geschichte* (1995), S. 47–64.

Sartres *Réflexions sur la question juive* (1954) vorliegt, automatisch schon jüdische Philosophie. In Sartres Reflexionen denkt ein moderner Atheist über modernes Judentum nach, von außen und mit teilweise merkwürdigen Ergebnissen. Denn Sartre schildert die „Judenfrage" als eine den Juden von außen aufgezwungene Frage, abhängig von den Definitionen der Anderen, der Nichtjuden. Aber er räumt den Juden selbst in seinen Reflexionen gar keinen Platz ein, selbst zu bestimmen, wer und was ein moderner Jude ist. Wie bei Hegel ist Sartres Reflexion der Judenfrage eine Bestimmung des Jüdischen von außen und durch einen Nichtjuden. Sie kann und will nicht jüdische Philosophie sein.

Formale Bestimmung: Jüdische Philosophie

Mit der Überlegung, dass Philosophie des Judentums zumindest in der Neuzeit nicht ausschließlich Religionsphilosophie ist, und mit dieser Abgrenzung von Philosophien des Judentums, die von Nichtjuden verfasst wurden, kommen wir zu einer positiven formalen Bestimmung des Begriffs von jüdischer Philosophie: Weder reicht es, wie an den Fällen von Husserl und Cassirer deutlich wird, dass die Philosophinnen und Philosophen jüdisch sind, um eine Philosophie als *jüdische Philosophie* kennzeichnen zu können. Noch reicht es, dass irgendein nichtjüdischer Philosoph eine Philosophie des Judentums oder der Judenfrage vorgelegt hat wie Hegel oder Sartre. Wir können jüdische Philosophie nur über das Zutreffen und Zusammentreffen beider Momente bestimmen: Jüdische Philosophie ist, so hier die formale Definition, die philosophische Reflexion eines jüdischen Denkers oder einer Denkerin über Judentum und Jude-Sein.[8] Wenn nicht über Judentum *in toto,* denn niemand kann die *Encyclopaedia Judaica* in Philosophie verwandeln, so ist jüdische Philosophie doch zumindest die Reflexion über einige Elemente, Lehren und Traditionen der jüdischen Religion sowie über Elemente der *conditio judaica,* also über Befinden und Stellung von Juden in der Welt, in Geschichte, Gesellschaft und Politik. Jüdische Philosophie umfasst nach dieser Definition die philosophischen Reflexionen von Jüdinnen und Juden über die jüdische Religion und die jüdischen Menschen – wobei hier der jahrtausendealte Streit, was eigentlich Philosophie sei und wer ein Philosoph und wer nicht, außen vor bleibt.

Die weiteste Klammer, welche dabei die traditionelle jüdische Philosophie seit Philo in der Antike und die moderne jüdische Philosophie zusammenhält, ist der Umstand, dass jüdische Religion und Jude-Sein, oder Elemente daraus, mit Mitteln und im Kontext der okzidentalen philosophischen Diskurse reflektiert und dargestellt werden. Ein gemeinsamer Zug aller jüdischen Philosophie ist dabei die Selbstdarstellung und Selbstbehauptung von Jüdischem gegenüber einer mehrheitlich nichtjüdischen Umwelt nach außen und die jüdische Selbstreflexion nach innen. Leser und Adressaten der jüdischen Philosophie sind Juden *und* Nichtjuden; häufig ist die jüdische Philosophie in nichtjüdischen Sprachen geschrieben, was sie etwa von der Kabbala als einem weit stärker innerjüdischen Diskurs zumeist in hebräischer oder aramäischer

---

8   Vgl. eine knappe, analoge Auffassung von jüdischer Philosophie bei Niewöhner, Friedrich: Jüdische Philosophie – Versuch einer Begriffsbestimmung, in: *Widerspruch* 21/37 (2001), S. 66–69. Für die Begriffsgeschichte von „jüdischer Philosophie" siehe ders.: Philosophie, jüdische, in: Historisches Wörterbuch der Philosophie, Bd. 7, Basel 1989, Sp. 900–904.

Sprache unterscheidet. Jüdische Philosophie ist seit zwei Jahrtausenden die Philosophie einer Minderheit, die sich, ihre Religion, ihre Ethik und ihr Selbstverständnis gegenüber einer zumeist feindlichen Umwelt behaupten muss. Jüdische Philosophie ist sogar das Paradigma einer Minderheiten-Philosophie im Okzident.

Dabei ist jüdische Philosophie im philosophischen Diskurs des Okzidents nicht nur die Nehmende, sondern sie wirkte bereichernd auf den jeweiligen nichtjüdischen Diskurs zurück: Zu erinnern wäre hier etwa an Maimonides' Wirkung auf Thomas von Aquin und Leibniz oder Hermann Cohens schulbildenden Einfluss auf den Neukantianismus oder die Wirkung der linken jüdischen Philosophen Bloch, Lukács, Benjamin, Marcuse, Horkheimer und Adorno auf das Geistesleben der Bundesrepublik Deutschland und der DDR.

Fronten: Jüdische Theologie, *Machschevet Jisrael,* Jüdisches Denken

Von jeher gerieten die jüdischen Philosophen des Judentums bei der Vermittlung von philosophischem Diskurs und Judentum zwischen die Fronten: Einerseits wird ihnen von den Frommen und den Rabbinern schon im Talmud vorgeworfen, das Judentum an den fremden und unangemessenen philosophischen Kategorien der *Gojim,* der Nichtjuden, zu messen und es ihnen anzupassen. Fragen nach dem Wesen Gottes in seiner Einzigkeit oder philosophische Gottesbeweise seien dem gelebten Judentum von Bibel und Talmud fremd: Der lebendige Gott der Tora fordere Gehorsam gegenüber seinen Geboten, er fordere nicht Philosophie und Wissenschaft. Schon die schiere Beschäftigung mit „griechischer" Philosophie steht unter Verdacht. Die Frage: „Ist denn die griechische Weisheit verboten?" wird von namhaften Rabbinen im Talmud bejaht (bBQ 83a), und es heißt dort auch: „Verflucht sei, der Schweine züchtet, und verflucht sei, der seinen Sohn griechische Weisheit lehrt" (bSo 49b). Insofern war die Beschäftigung mit der Philosophie als einer Weisheit von Nichtjuden im rabbinischen Judentum stets umstritten, und sie galt manchen Rabbinern als so wenig koscher wie das Schweinezüchten. Die Skepsis gegenüber der Philosophie war im rabbinischen Judentum so groß, dass es nicht verwundert, dass erst mit der Wissenschaft des Judentums im 19. Jahrhundert, angefangen mit Leopold Zunz und seinem Schüler Salomon Munk, institutionalisiert am Breslauer Rabbinerseminar, wo noch Julius Guttmann ausgebildet wurde, eine kritische historische Erforschung der jüdischen Philosophen und der jüdischen Philosophie anhebt.[9] Seit der Wissenschaft des Judentums und bis heute in den Jüdischen Studien ist die Erforschung der jüdischen Philosophie ein eigener Wissenschaftsbereich geworden (siehe hierzu auch den Beitrag von Norbert Waszek, S. 305).

Andererseits wussten die nichtjüdischen Philosophen oft wenig mit den jüdischen Versuchen anzufangen, die Lehren einer ursprünglich vorderasiatischen Stammesreligion logisch, dialektisch, metaphysisch oder moralisch auf allgemeinphilosophische Begriffe zu bringen und damit in die Universalien und die Weltgeschichte des menschlichen Geistes, der Religionen und Kulturen einzutragen oder sie auf dem Forum zeitgenössischer philosophischer Diskurse zu

---

9   Seidel, Esther: „Jüdische Philosophie" in nichtjüdischer und jüdischer Philosophiegeschichtsschreibung, Frankfurt/Main 1984, S. 85–114.

diskutieren. Während jüdische Denker wie Moritz Lazarus und Hermann Cohen im Judentum einen ethischen Monotheismus sahen, erklärt Friedrich Nietzsche in *Zur Genealogie der Moral* (1887) das Judentum zum Ursprung aller „Sklavenmoral", der er eine vornehme, mitleidslose, ästhetische „Herrenmoral" entgegensetzt.

Nun ist es aber eben jene Orientierung am Universalen, die eine jüdische Philosophie von jüdischer Theologie und jüdischem Denken (hebr.: *Machschevet Jisrael*) unterscheidet: Jüdische Theologie ist nicht weniger als jüdische Philosophie der Versuch, eine Offenbarungsreligion, ihre Schriften und Lehren *rational* zu erklären, zu kommentieren und zu verteidigen. Dabei ist es bei der jüdischen Theologie und beim jüdischen Denken keine besondere Form von Rationalität, welche sie von der jüdischen Philosophie unterscheidet. Auch beim jüdischen Denken ist ja nicht das Denken jüdisch, sondern das Gedachte, das Objekt, Jüdisches. Und der jüdische Denker, der da Jüdisches denkt. Der Unterschied zwischen jüdischer Theologie und jüdischer Philosophie ist vielmehr einer der Perspektive und der Ausrichtung: Jüdische Theologie, Exegese, *Machschevet Jisrael* und auch die Kabbala nehmen eine Binnenperspektive ein. Und sie finden primär, wenn nicht ausschließlich als ein Binnendiskurs unter Juden über religiös-jüdische Themen statt, ein Binnendiskurs aus innerjüdischer Perspektive und zumeist in hebräischer Sprache: von Juden für Juden. Dagegen nimmt jüdische Philosophie schon über ihre Begrifflichkeit eine Außenperspektive ein: Die jüdische Religion muss sich an ihr ursprünglich fremden, allgemeinen philosophischen Begriffen messen und mit ihnen sich beschreiben und explizieren lassen. Auch der jüdische Philosoph nimmt gegenüber dem Judentum durch den philosophischen Allgemeinheitsanspruch sozusagen die nichtjüdische Außenperspektive ein und führt, inhaltlich wie sprachlich, einen Außendiskurs über das Jüdische und die Philosophie.

Das Partikulare, das Jüdische, wird so in der jüdischen Philosophie mit dem Universalen und Allgemeinen von Vernunft, Philosophie und Anthropologie vermittelt. Jüdische Philosophie hat damit eine doppelte Funktion und auch ein doppeltes Publikum: Sie ist einerseits eine partikulare, innerjüdische Binnenreflexion von Juden für Juden über Judentum, sie ist jedoch auch Darstellung und nicht selten sogar Rechtfertigung des Jüdischen nach außen im Medium und in der Sprache des Allgemeinen, in der Sprache der Philosophie, gegenüber den Nichtjuden. Diese Außendiskurse der jüdischen Philosophie sind deswegen fast immer in nichtjüdischen Sprachen der Philosophie und Wissenschaft verfasst: Griechisch, Arabisch, Lateinisch, Deutsch. Maimonides schrieb seine halachischen Texte für den innerjüdischen Gebrauch in Hebräisch, seine philosophischen Texte in Arabisch. Und noch Mendelssohn schrieb viele Texte für jüdische Leser in Hebräisch und ließ sie wie sogar seine deutsche Pentateuch-Übersetzung in hebräischen Buchstaben drucken, seine Philosophie hingegen in Deutsch (siehe hierzu auch den Beitrag von Julius H. Schoeps, S. 289).

Damit kommen wir zurück zur Bestimmung dessen, was jüdische Philosophie ist: Jüdische Philosophie ist die Reflexion von Lehren und Traditionen der jüdischen Religion und von Elementen und Charakteristika des Jude-Seins in der Sprache und Begrifflichkeit der Philosophie durch eine Jüdin oder einen Juden. Noch kürzer: Jüdische Philosophie ist die Versprachlichung des Nachdenkens über die jüdische Religion sowie über das Jude-Sein in der Welt durch einen jüdischen Autor oder eine jüdische Autorin in philosophischer Terminologie.

Die antike und mittelalterliche jüdische Philosophie

Nachdem im Sinne einer Arbeitsdefinition beschrieben ist, was jüdische Philosophie und ihre Problematik im Allgemeinen sind, kommen wir hier zu Fragestellungen und Themen der antiken, mittelalterlichen und modernen jüdischen Philosophie. Die moderne jüdische Philosophie seit der Aufklärung, das war schon angedeutet, unterscheidet sich grundlegend von der antiken und mittelalterlichen jüdischen Philosophie gerade darin, dass sie nicht mehr ausschließlich Religionsphilosophie ist, und darin, dass auch die moderne jüdische Religionsphilosophie ganz andere philosophische Grundlagen hat als etwa die mittelalterliche jüdische Religionsphilosophie. Dafür verantwortlich sind die neuen historischen, philosophischen und intellektuellen Voraussetzungen der jüdischen Geisteswelt in Europa seit der Aufklärung.

Sowohl in Julius Guttmanns *Die Philosophie des Judentums* (1933) als auch in Heinrich und Marie Simons *Geschichte der jüdischen Philosophie* (1984) figuriert Philon von Alexandrien (ca. 15 v. u. Z.–nach 40 u. Z.) als der bedeutendste jüdische Philosoph der Antike. Die ägyptische Hafenstadt Alexandria war das Zentrum der hellenistisch-jüdischen Welt. In Alexandria lasen die Juden die Bibel in der griechischen Übersetzung der Septuaginta, die zwischen 250 und 100 v. u. Z. von jüdischen Gelehrten in Ägypten angefertigt worden war. Griechisch war die Sprache ihrer Gottesdienste und der Kultur. Philon schrieb seine Philosophie in griechischer Sprache. Als Platoniker versuchte er, die leitenden Ideen hinter den Narrativen der biblischen Texte darzustellen, und wird so zum Begründer der philosophischen Allegorese im Judentum. Philon unterscheidet streng zwischen der empirisch-sinnlichen Welt der Menschen und einer intelligibel-geistigen Welt Gottes, er konzeptionalisiert Gott als Logos, transzendente Vernunft und intelligenten Weltenplaner. Wie für Platon ist für Philon der sinnliche, menschliche Körper ein Ort der Vergehen und das Gefängnis der unsterblichen Seele. Die Tora ist bloß allegorisch-narrativer Ausdruck höherer göttlicher Ideen, Normen und Werte. Im auf schriftliche und mündliche Tora fixierten rabbinischen Judentum der Spätantike (siehe hierzu auch den Beitrag von Stefan Schreiner, S. 147) und des Mittelalters hat diese jüdische Philosophie Philons allerdings gar keine Resonanz gefunden, denn seine griechischen Texte fanden keinen Eingang in die hebräischen und aramäischen Diskurse der Rabbiner in der talmudischen und nachtalmudischen Epoche.

So gab es zwischen Philon und dem Auftreten des Sa'adja ben Josef (882–942) aus Fajjum in Ägypten, der den Ehrennamen Sa'adja Gaon erhielt, keine nennenswerte jüdische Philosophie mehr. Zentrales Thema der arabisch geschriebenen Philosophie des Sa'adja ist das Verhältnis von Vernunft und Offenbarung. Sa'adja spricht der Vernunft das Vermögen zu, von sich aus die religiösen Offenbarungswahrheiten zu erkennen, zugleich aber behalten die Offenbarungstexte der Tora ihre pädagogische Bedeutung für die jüdischen Gläubigen und die Masse der Nicht-Philosophen. Sa'adjas Philosophie setzt sich mit zentralen Lehren des *Kalam* („Gespräch"), der führenden, islamisch-kontroverstheologischen Schule auseinander; davon zeugen andere Themen seiner jüdischen Philosophie wie die Willensfreiheit des Menschen angesichts der göttlichen Vorsehung, die Einheit, Vernünftigkeit, Ewigkeit und Schöpfertätigkeit Gottes, die Endlichkeit der geschaffenen Welt und die Unsterblichkeit der menschlichen Seele.

Im 10. und 11. Jahrhundert dann entsteht eine ganze Gruppe von jüdischen Neuplatonikern, die sich mit dem Neuplatonismus der arabisch-islamischen Philosophie auseinandersetzen, in der ihrerseits sowohl platonische als auch aristotelische Werke tradiert und kommentiert werden. Zu diesen jüdischen Neuplatonikern gehören neben Isaac Israeli, einem Zeitgenossen des Sa'adja Gaon, Salomo ibn Gabirol, Bachja ibn Pakuda und schließlich auch Jehuda Halevi. Ein vom Neo-Platonismus Plotins und dessen Emanationslehre geerbtes Zentralproblem dieser jüdischen Neuplatoniker ist die Erzeugung der Vielheit der Welt aus der ewigen Einheit Gottes, das Hervorgehen von Materie und Form, von Potenzialität und Aktualität der irdischen Dinge aus der höchsten intelligiblen Ursache und dem materielosen Sein Gottes. Salomo ibn Gabirol (1021–nach 1050) postuliert dabei in *Fons vitae* Gottes Wille als Movens der Weltentstehung. Bachja ibn Pakudas (2. Hälfte 11. Jahrhundert) Hauptwerk *Chovot HaLevavot* („Herzenspflich-ten"; ca. 1080) zielt auf die Vertiefung und Verinnerlichung des religiösen Lebens. Jehuda Halevi (1075–1141) schließlich, der neben Salomo ibn Gabirol auch der bedeutendste jüdische Lyriker der Epoche war und vor allem für seine Zions-Lieder bekannt wurde, übt scharfe Kritik am Rationalismus des Aristotelismus und an der Möglichkeit philosophischer Erkenntnis in der Religion. Sein *Sefer HaKusari* („Buch des Kusari") richtet sich argumentativ gegen Islam und Christentum; der Übertritt des Chasaren-Königs zum Judentum ist seine Rahmenhandlung. In seiner rationalistischen Philosophiekritik hält Halevi in diesem Buch der Unsicherheit der philosophischen und metaphysischen Erkenntnis die geschichtlich überlieferte Faktizität der Offenbarung Gottes an die Menschen durch die Tora vom Sinai entgegen: Der Offenbarungs-glaube bei Halevi beruht auf historischem Wissen, nicht auf philosophischer Spekulation. Halevi schreibt wie Salomo ibn Gabirol seine Gedichte mehrheitlich in Hebräisch, seine Phi-losophie in Arabisch.

Maimonides und die Folgen

Mit Abraham ibn Da'ud (1110–1180) und vor allem mit Moses Maimonides (1138–1204) folgt vom 12. bis zum 15. Jahrhundert auf die Schule des jüdischen Neuplatonismus eine Epoche des jüdischen Aristotelismus. Inspiriert von den Aristotelikern in der arabischen Philosophie, allen voran al-Farabi, Avicenna und Averroes, erobert die metaphysische Gotteslehre des Aris-toteles die mittelalterliche jüdische Philosophie: Gott gilt als erster unbewegter Beweger und vernünftige Welturache, Ursprung aller Bewegung und Kausalität. Bei Maimonides geraten die Einheit, Transzendenz, Ewigkeit und Unkörperlichkeit Gottes, welchen der Philosoph die Materialität, Zeitlichkeit, Endlichkeit und Körperlichkeit aller irdischen Dinge und des Men-schen entgegenstellt, in einen Konflikt mit den biblischen Vorstellungen von einem lebendigen, sich den Menschen wiederholt offenbarenden und in die Weltgeschichte eingreifenden Gott. Maimonides löst diesen Konflikt, indem er die Bibelstellen, in denen Gott körperliche Attribute oder Tätigkeiten zugeschrieben werden (z. B. „und der Herr sprach zu…") allegorisch umdeutet. Ebenso berühmt wie umstritten war Maimonides als Rabbiner und Kodifikator aller in Bibel und Talmud enthaltenen 613 Mizwot, die er in seinem umfangreichen halachischen Hauptwerk Mischne Tora („Wiederholung der Tora"; Kairo 1180) systematisch ordnet und kommentiert. Die *Mischne Tora* wurde zeitgenössisch heftig attackiert und von einigen Rabbinern sogar ver-brannt, ist jedoch bis heute eines der maßgeblichen Werke in der Geschichte und Entwicklung der Halacha (siehe hierzu auch den Beitrag von Walter Homolka, S. 227).

Halachische Observanz sei die Pflicht aller Juden, lehrt Maimonides, jüdische Philosophie hingegen sei die Domäne weniger wissenschaftlich, naturkundlich und philosophisch gebildeter Männer, die nach intellektueller Erkenntnis Gottes als höchster Form der Gottesliebe streben. Erkenntnis und vernünftiger Beweis der Existenz Gottes ist für den jüdischen Philosophen möglich und deswegen wichtiger als der Glaube. Wichtigste Lehren von Maimonides' ursprünglich arabisch geschriebenem Hauptwerk *More Newuchim* („Führer der Unschlüssigen"; Kairo 1190) sind neben dem Gottesbeweis und der negativen Attributenlehre die Einheit und Unkörperlichkeit Gottes, die Erschaffenheit der Materie und die Schöpfung aus Nichts, die Providenz Gottes, der freie Wille des Menschen und dessen Verantwortlichkeit für das Böse in der Welt sowie die zentrale Rolle der Prophetie des Mose gegenüber allen anderen biblischen Propheten (und implizit gegenüber der Prophetie des Muhammad).

Anfangs umstritten, wurde der Aristotelismus des Maimonides in Spanien und Südfrankreich unter jüdischen Philosophen schulbildend: Jehuda ibn Tibbon (1120–1190) übersetzte Maimonides' arabische Werke und Briefe, wie übrigens auch Jehuda Halevis *Kusari,* ins Hebräische und sorgte so für eine weite Rezeption auch in der jüdischen Welt Europas, wo Arabisch unbekannt war; Chasdai Crescas (1340–1410)[10] und Josef Albo (ca. 1380–1444) traten hingegen später als Kritiker von Maimonides' Aristotelismus hervor. Josef Albo reduzierte in seinem *Sefer HaIkkarim* („Buch der Grundlehren") die 13 religiösen Grundlehren des Maimonides auf nur noch drei: Gott, Offenbarung, Lohn und Strafe. Allerdings agierte die Schule ebenso wie die Gegner des Maimonides unter ganz anderen religiösen und sozio-kulturellen Gegebenheiten als Maimonides im islamischen Ägypten: Die wichtigsten jüdischen Philosophen des 13.–15. Jahrhunderts lebten in christlichen Ländern und mussten sich mit christlicher Theologie und Scholastik auseinandersetzen. Das resultiert bei Crescas und Albo in Polemik beispielsweise gegen die christliche Trinitätslehre und das Gottessohn-Verständnis der Christologie. Wie Maimonides bestehen sie auf der Einheit und Unkörperlichkeit Gottes; ein menschgewordener Gott wie Jesus Christus laut christlichem Glaubensbekenntnis ist für die jüdischen Philosophen logisch wie metaphysisch ein Selbstwiderspruch.

Wegen der sehr unterschiedlichen Ausgangspositionen, Kontexte und Argumentationen der jüdischen Philosophen in den islamischen und in den christlichen Ländern trennt Colette Sirat ihre Darstellung der jüdischen Philosophie des Mittelalters in zwei Teile (und später in zwei Bände): In *La Philosophie juive médiévale en terre d'Islam* (Paris 1988) zeigt sie, wie die jüdischen Philosophen vom 9.–12. Jahrhundert sich mit dem Neuplatonismus und Aristotelismus der islamischen Wissenschaftler, Theologen und Philosophen auseinandersetzen mussten, während *La Philosophie juive médiévale en pays de Chrétienté* (Paris 1988) darstellt, wie in den christlichen Ländern der Streit mit der aristotelisch geprägten christlichen Scholastik und der christlichen Theologie im Mittelpunkt steht. Aber die Beeinflussung ist dabei eine gegenseitige: Auch Thomas von Aquin setzt sich noch positiv mit dem Gottesverständnis und der Theodizee des Maimonides auseinander.[11] Und das *Sefer HaIkkarim* des Josef Albo fand unter christlichen

---

10 Austryn Wolfson, Harry: Crescas' Critique of Aristotle, Cambridge, MA 1929; Harvey, Warren Zeev: Physics and Metaphysics in Hasdai Crescas, Amsterdam 1998.
11 Vgl. Wohlman, Avital: Thomas d'Aquin et Maïmonide. Un dialogue exemplaire, Paris 1988.

Hebraisten, Theologen und Trinitätskritikern der frühen Neuzeit bis weit ins 17. Jahrhundert viele Leser[12] (siehe hierzu auch den Beitrag von Joachim Valentin, S. 125).

Die Voraussetzungen der modernen jüdischen Philosophie

Epistemologische Voraussetzung der modernen jüdischen Philosophie sind die neuzeitliche Naturwissenschaft und die „kopernikanische Wende" in der Philosophie, also die Metaphysik-kritik Kants. Von Philo über die Blütezeit der spanisch-jüdischen Philosophen des Mittelalters bis zu den philosophischen Hauptwerken Moses Mendelssohns war die jüdische Philosophie zu großen Teilen Religionsphilosophie gewesen, welche sich letztlich auf die antike Metaphysik stützte: auf Platon, Aristoteles und den Platonismus, welche im Mittelalter in der Brechung durch die arabische Philosophie und Kommentarliteratur rezipiert wurden, im 18. Jahrhundert hingegen in der Brechung durch Leibniz, Christian Wolff und Alexander Baumgarten. Metaphysik und Ontologie sind bis zu Mendelssohn das Reservoir und die Folie der Argumentations- und Diskursformen, in denen die Fragen von Existenz Gottes, Vorsehung, Theodizee, Ursprung, Emanation oder Schöpfung, Teleologie und Erlösung, Leib und Seele, Offenbarung, Geboten und Gesetzen, Menschheit und Kosmos, Glauben und Wissen verhandelt wurden.

Diese Basis der metaphysischen Vorgaben der jüdischen Philosophie wird durch Kants *Kritik der reinen Vernunft* (1781) zertrümmert. Kant hat in seiner ersten Kritik sowohl die philosophischen Gottesbeweise destruiert als auch Mendelssohns Beweis für die Unsterblichkeit der Seele in der 2. Auflage seiner *Kritik* von 1788 direkt und vernichtend kritisiert. Damit entfielen zwei philosophische Eckpfeiler der metaphysikgestützten jüdischen Religionsphilosophie: Gott als Schöpfer, Offenbarer, Lenker und Erlöser der Welt wird, mangels Beweisbarkeit seiner Existenz, zur Glaubenssache. Seine Existenz wird aus der Reihe beweisbarer philosophischer Vernunftwahrheiten gestrichen. Dasselbe widerfährt der Unsterblichkeit der Seele. Ewiges Leben und die göttliche Vergeltung für Gut und Böse nach dem Tod eines Menschen waren klassische Themen der jüdischen Religionsphilosophie. Nach Kant und ohne einen Beweis für die Unsterblichkeit der Seele kann man an diese religiösen Lehren noch glauben, aber sie nicht mehr wissen. Das Glauben und die Glaubenswahrheiten sind indessen Sache der Theologie und nicht mehr der auf demonstrierbares *Wissen* ausgerichteten Philosophie.[13]

Waren, darauf hat Leo Strauss in *Philosophie und Gesetz* (1935) hingewiesen, für die mittelalterliche jüdische Religionsphilosophie Schöpfung, Offenbarung und Erlösung metaphysische und ontologische *Tatsachen,* so werden sie für die nachkantische jüdische Philosophie „idealistische" Fragestellungen. Sie werden philosophisch nicht als objektive, wissenschaftlich erweisliche Tatsachen, sondern als „Ideen" der menschlichen Vernunft und in der menschlichen Vernunft verhandelt, die entsprechenden biblischen Narrative als „Mythos" oder historische menschliche Erzählung. Als Grundproblem für die moderne jüdische Philosophie ergibt sich

---

12 Rauschenbach, Sina: Josef Albo. Jüdische Philosophie und christliche Kontroverstheologie in der Frühen Neuzeit, Leiden 2002.

13 Vgl. Schulte, Christoph: Die jüdische Aufklärung, München 2002, S. 157–171.

daraus: Wie und in welchen Formen und Grenzen kann Philosophie überhaupt noch von Gott und seinem Handeln sprechen, wenn sie seine Existenz nicht mehr beweisen und wissen kann? Die philosophische Rede von Gott wird spekulativ, reflexiv auf die Grenzen der Vernunft oder auf die gänzliche Andersheit Gottes, sie wird individualistisch oder gefühlsreligiös, dialog- oder gebetsreligiös, existenzialistisch oder phänomenologisch-deskriptiv – nur eine metaphysisch beweisbare erste Substanz und Größe, das erste „Sein" der Ontologie, ist Gott in der modernen jüdischen Religionsphilosophie nicht mehr.

Leo Strauss verweist auch noch auf eine zweite Folge der Metaphysik-Kritik Kants für die moderne jüdische Religionsphilosophie: War die jüdische Religionsphilosophie im Mittelalter wie alle Metaphysik *Theorie* gewesen, so regiert und dominiert in der modernen jüdischen Philosophie, angefangen mit Saul Aschers Forderungen nach einer „Reformation" des Judentums in seinem Haskala-Werk *Leviathan* (1792) über Moritz Lazarus' *Die Ethik des Judentums* (1899) und Martin Bubers *Dialogik* bis zu Levinas' *Metaethik* die Praxis, die Ethik und der Primat der praktischen Vernunft. Aufgrund der modernen religiösen Pluralisierung des Judentums pluralisiert sich indessen auch der Bereich der Ethik: Es gibt nicht mehr eine Ethik *des* Judentums, sondern Ethik *im* Judentum, wo unterschiedliche ethische Ansätze und Haltungen innerhalb der jüdischen Gemeinschaft, z. B. zu gleichgeschlechtlicher Sexualität oder zur Gleichberechtigung und zur Rolle der Frau in der Gesellschaft, diskutiert werden (siehe hierzu auch den Beitrag von Tamara Or, S. 255). In der Umweltethik, der Tierethik oder der Medizinethik tun sich heute neue Fragen auf, die sich dem biblischen oder talmudischen Judentum noch nicht stellten und die aktualisierend im Rückgriff auf rabbinische Quellen immer neu beantwortet werden müssen.[14] Der Abschied von der Metaphysik ist damit eine sehr folgenreiche epistemologische Voraussetzung der modernen jüdischen Philosophie.

Jüdische Philosophie und Historisierung des Judentums

Eine zweite sehr folgenreiche Voraussetzung der modernen jüdischen Philosophie ist das moderne Bewusstsein von der Geschichtlichkeit der Welt, das sich mit der modernen Historiographie und Geschichtsphilosophie im 18. Jahrhundert ausbildet.[15] Unter dem Einfluß von Spinoza und den Wolfenbütteler Fragmenten des Reimarus beginnt schon die Haskala mit der Historisierung von hebräischer Bibel und rabbinischer Tradition. Für Mendelssohn in *Jerusalem* (1783) war die Gabe der Tora am Sinai *(matan tora)*, die Juden überall in der Welt an *Simchat Tora* feiern, keine metaphysische „Vernunftwahrheit", sondern eine „Geschichtswahrheit" gewesen, ein historisches Ereignis, dessen Wahrheit und Tatsächlichkeit nicht durch die Philosophie, sondern durch die Tradierung innerhalb der rabbinischen Tradition von Generation zu Generation bis in die Gegenwart, also durch glaubwürdige und gehorsame Zeugenschaft, autoritativ bezeugt wird. Schriftliche und mündliche Tora, d. h. auch die Halacha und ihre 613 Mizwot/Gebote, sind für Mendelssohn „geoffenbarte Gesetzgebung" Gottes

---

14 Vgl. „Lehre mich, Ewiger, Deinen Weg". Ethik im Judentum, hg. von Zentralrat der Juden in Deutschland und Schweizerischen Israelitischen Gemeindebund, Berlin 2015.

15 Koselleck, Reinhart: Vergangene Zukunft. Zur Semantik geschichtlicher Zeiten, Frankfurt/Main 1979.

für die Juden; die *historische* Wahrheit ihrer Offenbarung wird durch das Tradieren innerhalb des jüdischen Volkes und durch dessen Observanz gegenüber den Geboten glaubhaft bezeugt, bewährt und bewahrheitet.

Damit werden die Geschichte der jüdischen Offenbarungsreligion und die Geschichte des jüdischen Volkes als Träger dieser historischen Überlieferung allerdings eng verkettet. Wie das jüdische Volk bekommt auch die jüdische Religion ihre eigene Geschichte, Überlieferung und damit Historizität. Während der rabbinischen Tradition und auch der mittelalterlichen jüdischen Religionsphilosophie des Jehuda Halevi, Salomo ibn Gabirol oder Maimonides ein historisches Bewusstsein völlig fehlte – *„ejn mukdam ume'uchar batora"*, „es gibt kein früher oder später in der Tora" heißt ein rabbinisches Diktum – während also die ahistorische Immergültigkeit und Unveränderlichkeit der ganzen Tora *als Offenbarung* ein Eckpfeiler der rabbinischen Tradition und Religionsphilosophie war, ist die Historizität sowohl der jüdischen Religion und der rabbinischen Tradition als auch des jüdischen Volkes eine grundlegende Voraussetzung der modernen jüdischen Philosophie.[16] Mit Saul Aschers *Leviathan* (1792) und Lazarus Bendavids *Etwas zur Charakteristick der Juden* (1793) hält die Geschichte der jüdischen Religion und des jüdischen Volkes Einzug in die moderne jüdische Philosophie.

Im frühen 19. Jahrhundert wird die Geschichte des Judentums, „Judentum" hier in der doppelten Bedeutung von jüdischer Religion und jüdischem Volk,[17] bei Peter Beer, Isaak Markus Jost und Leopold Zunz Gegenstand breiter historischer Erforschung in der Wissenschaft des Judentums, einer Wissenschaft, die sich von ihren Anfängen 1822/23 an dazu bekannte, nicht nur die Geschichte der jüdischen Religion, sondern die Geschichte der Juden in all ihren profanen, alltäglichen Lebensverhältnissen erforschen zu wollen. Durch diese Historisierung des Judentums, die auch eine Profanierung ist, stellte die Wissenschaft des Judentums der modernen jüdischen Philosophie ein historisches Wissen über das Judentum zur Verfügung, das die jüdischen Philosophen niemals zuvor in Antike und Mittelalter hatten und anstrebten.

Geschichtsphilosophien des Judentums

Der viel gravierendere Wandel, ja Paradigmenwechsel, vollzieht sich indessen auf der Gegenstandsseite der Historisierung: Der historische Blick schon der jüdischen Aufklärer, erst recht der Wissenschaft des Judentums, sieht bei der Erforschung der rabbinischen Tradition die Genese der jüdischen Religion als Menschenwerk an, die historische Entwicklung des jüdischen Volkes in der Geschichte bringt die historische Entwicklung der Religion mit sich. Das jüdische Volk wird zum Träger dieser Geschichte, der Religions- ebenso wie der Profangeschichte. Nicht Gott, sondern das jüdische Volk wird damit zum Subjekt der jüdischen Geschichte, es sind Juden, die diese Geschichte machen und erleiden. Das jüdische Volk mit seiner profanen Geschichte

---

16   Vgl. Schorsch, Ismar: From Text to Context: The Turn to History in Modern Judaism, Hanover; London 1994, besonders S. 151–157

17   Michael A. Meyer sieht in jüdischer Religionszugehörigkeit und jüdischer Volkszugehörigkeit die beiden Pole moderner jüdischer Identität. Meyer, Michael A.: Jüdische Identität in der Moderne, Frankfurt/Main 1992.

und mit seiner Religionsgeschichte wird von der Haskala an gleichberechtigter Gegenstand der modernen jüdischen Philosophie. Damit hört die moderne jüdische Philosophie auf, ausschließlich Religionsphilosophie zu sein, wie dies die antike und mittelalterliche jüdische Philosophie gewesen ist. In dem Maße, wie das jüdische Volk in seiner eigenen Geschichte und in der Weltgeschichte ein profaner Gegenstand philosophischer Reflexion wird, entstehen säkulare philosophische Reflexionen über das Judentum, welche anstelle der religiösen Lehren das jüdische Volk, seine Geschichte und sein Ergehen in der Geschichte zum Gegenstand haben: Es entstehen Geschichtsphilosophien des Judentums.

Odo Marquard hat den philosophiegeschichtlichen Vorgang beschrieben, wie nach der Metaphysik-Kritik Kants mit Hegel die Geschichtsphilosophie zur neuen Leitphilosophie des 19. Jahrhunderts wird.[18] In der Geschichte der jüdischen Philosophie vollzieht sich dieser Vorgang analog, ohne dass dies doxographisch bei Julius Guttmann, Leo Strauss, bei Marie und Heinrich Simon oder in anderen Darstellungen der Geschichte der jüdischen Philosophie jemals analysiert wurde: Jüdische Geschichtsphilosophien lösen nach Mendelssohn die metaphysikgestützte Religionsphilosophie ab. In Auseinandersetzung mit Hegel, Herder und Maimonides schreibt Nachman Krochmal (1785–1840) seinen unvollendeten *More Nevuche HaSeman* (1851).[19] Salomon Formstecher mit *Religion des Geistes* (1841) und Samuel Hirsch mit *Die Religionsphilosophie der Juden* (1842) publizieren umfassende Geschichtsphilosophien des Judentums in ausdrücklicher Auseinandersetzung mit Hegel und Schelling. Eine besonders hervorstechende profane Geschichtsphilosophie des jüdischen Volkes entwirft Moses Hess, ein jüdischer Sozialist, Freund des jungen Marx und Proto-Zionist, in seinem Büchlein *Rom und Jerusalem* (1862). Für Hess beginnt mit Spinoza das dritte, die Weltgeschichte abschließende Zeitalter der Menschheit, in dem das Volk Israel nach Palästina zurückkehren und so die „Judenfrage" ebenso wie die „Nationalitätsfrage" in Europa gelöst werden wird.

Moses Hess ist der erste in einer Reihe von modernen jüdischen Philosophen, die für den Sozialismus optieren und den Messianismus der jüdischen Propheten in eine die Welt verändernde, politisch links stehende Theorie der Befreiung aller Menschen von Armut, Ungerechtigkeit und Unterdrückung verwandeln. Für Hermann Cohen (1841–1918), den bedeutendsten akademischen Philosophen des Wilhelminischen Kaiserreichs und Begründer der Marburger Schule des Neukantianismus, ist in seinem religionsphilosophischen Hauptwerk *Religion der Vernunft aus den Quellen des Judentums* (1919) der Messianismus, den er in den Quellen des Judentums bei den Propheten findet, gar die „Quintessenz" des jüdischen Monotheismus und einer Philosophie des Judentums. Er interpretiert die Messiashoffnung der Hebräischen Bibel um in die Forderung nach einem ethischen Sozialismus und einer durch einen internationalen Staatenbund vor Krieg gesicherten europäischen Friedensordnung. Ernst Bloch, Walter Benjamin und Theodor W. Adorno erblicken in einem Messianismus auch ohne Gott das utopische Potential und die Chiffre einer anderen, veränderten Weltordnung und Menschheit. Ihrer aller politische Option für einen menschheitlichen Sozialismus ist mit dem Messianismus, also einem Element der jüdischen Philosophie und Tradition, unterfüt-

---

18 Marquard, Odo: Schwierigkeiten mit der Geschichtsphilosophie, Frankfurt/Main 1973.
19 Krochmal, Nachman: Führer der Verwirrten der Zeit, dt. v. Andreas Lehnardt, 2 Bde., Hamburg 2012.

tert. Das Partikulare, der jüdische Messianismus, wird hier ins Universale überführt. Hier löst sich zuletzt moderne jüdische Philosophie in neo-marxistische Geschichtsphilosophie und Gesellschaftskritik auf.

Dem ganz entgegengesetzt ist die Tendenz von Franz Rosenzweig und Martin Buber. Sie wollten unter dem Eindruck des Ersten Weltkriegs gerade zwischen Judentum und Geschichte trennen. Beide sind Gegner der Assimilation und befürworten Dissimilation und eine selbstbewusste jüdische Renaissance: Das Jüdische soll nicht im Allgemeinen aufgehen, weder im Deutschtum noch im Sozialismus, sondern das Besondere bleiben und seinen Eigenwert diesseits eines abstrakten Universalismus behaupten. Für Rosenzweig in seinem Hauptwerk *Der Stern der Erlösung* (1921) ist die Judenheit das „ewige Volk" Gottes jenseits der Zeitläufte von Geschichte und Politik, während die christlichen Völker die Schlachtbank der Weltgeschichte bemannen und beherrschen. Buber rechnet in *Zwei Glaubensweisen* (1950) die Prophetie dem Judentum, die Apokalyptik dem Christentum zu. Er individualisiert und entpolitisiert – gegen Historismus und Geschichtsphilosophie – das Judesein zu einem existenziellen, geschichtsunabhängigen Ich-Du-Verhältnis mit Gott. Und er optiert in späteren Jahrzehnten für eine philosophisch gar nicht mehr begründbare biblizistische Frömmigkeit mit Distanz zur rabbinischen Tradition.

Pluralisierung im Judentum

Im 19. Jahrhundert vollzieht sich nicht nur die Pluralisierung des religiösen Judentums in das liberale, konservative und neo-orthodoxe Lager, die eminente Auswirkungen auf die jüdische Religionsphilosophie hat, denn die modernen jüdischen Religionsphilosophen müssen sich zu dieser Pluralisierung des Judentums positionieren und sagen, was denn nun eigentlich Judentum sei: Sie philosophieren über ein selbst plural gewordenes religiöses Judentum. Aber daneben treten explizit und selbstbewusst säkulare jüdische Gruppen wie die jüdische Arbeiterbewegung, die Bundisten, die Zionisten und die strikt antireligiöse, linkssozialistische Kibbutzbewegung auf. Damit müssen die jüdische Philosophie und sogar die jüdische Religionsphilosophie zur Kenntnis nehmen, dass in der Moderne ein säkulares Judentum und Judesein neben das religiöse tritt. Wer die moderne *conditio judaica* in toto und angemessen reflektieren will, so ein weiteres Grundproblem der modernen jüdischen Philosophie, kann weder die Pluralisierung des religiösen Judentums noch die Formen ungläubigen, säkularen Judentums und Judeseins ignorieren. Zur *conditio judaica* des 20. und 21. Jahrhunderts gehört die Existenz einer militant nationalistischen, messianisch-jüdischen Siedlerbewegung in der Westbank genauso wie die selbstbewusste, ästhetisierte jüdische Säkularität eines Woody Allen, die Brazlawer Chassidim genauso wie Jacques Derrida und Judith Butler, jüdisch-religiöser Fundamentalismus wie in Stein gemeißelt einerseits und weltanschaulicher Dekonstruktivismus andererseits.

Im Unterschied zu Antike und Mittelalter kennt die moderne jüdische Philosophie sogar erstmals den ungläubigen jüdischen Denker, der über Judentum nachsinnt: Die Religionsphilosophen des Mittelalters waren religiös observante Juden. Von Uriel da Costa und Spinoza über Salomon Maimon bis zu Jean Améry kennt die neuzeitliche jüdische Philosophie jedoch den ungläubigen jüdischen Denker, der über die jüdische Religion und Geschichte oder Elemente daraus oder über ungläubiges Judesein in einer ungläubigen Welt philosophiert. Auch der paradoxe *non-jewish jew* Isaac Deutschers gehört zu einer modernen *conditio judaica,* mit der die moderne jüdische Philosophie, auch die Religionsphilosophie, konfrontiert ist.

Um diese Veränderungen in der modernen jüdischen Philosophie zusammenzufassen: Als Ausgangspositionen und Grundprobleme der modernen jüdischen Philosophie sind zu erinnern 1. die Metaphysikkritik, welche der traditionellen jüdischen Religionsphilosophie die Basis entzieht und ein modernes Anknüpfen an sie erschwert; 2. die Historisierung von Bibel und rabbinischer Tradition in der Wissenschaft des Judentums, welche die absolute, normative Geltung der Halacha und religiösen Lehren unterläuft, zugleich aber das historische Wissen der jüdischen Philosophen auf einen nie zuvor gekannten Stand bringt und die profane Geschichte des jüdischen Volkes erstmals zu einem denkwürdigen Gegenstand moderner jüdischer Philosophie erhebt; 3. die Entstehung religiöser und säkularer jüdischer Geschichtsphilosophien und 4. das Entstehen gänzlich profaner philosophischer Sichtweisen auf die jüdische Geschichte und Religion (oder Elemente daraus) durch gänzlich profane, methodisch oder bekennend ungläubige jüdische Philosophen, sodass die moderne jüdische Religionsphilosophie sich immer neben oder auch gegen profane jüdische Philosophien und Philosophen behaupten muss, von den nichtjüdischen und atheistischen ganz zu schweigen.

Zwei Ereignisse prägten die jüdische Philosophie in der zweiten Hälfte des 20. Jahrhunderts: Die Shoah und die Gründung des Staates Israel. Beide Ereignisse sind philosophisch bis heute nicht verarbeitet. Die Gründung des Staates Israel ermöglicht das erste Mal überhaupt eine Philosophie des Judentums in einem jüdischen Staat, d. h. von einer Majoritätsposition der Juden aus und ohne den Zwang zur intellektuellen Selbstbehauptung oder gar Apologetik gegenüber einer nichtjüdischen Mehrheitsgesellschaft. Das hat es in der ganzen Geschichte der jüdischen Philosophie noch nicht gegeben, denn jüdische Philosophie entstand von der Antike an in der Situation des Exils und einer religiösen und intellektuellen Auseinandersetzung mit Nichtjuden. Es ist noch nicht abzusehen, ob in Israel eine neuartige jüdische Philosophie entsteht wie bei Jeshajahu Leibowitz und Avishai Margalit oder ob mit der Staatsgründung eines jüdischen Staates die Ausgangssituation für eine jüdische Philosophie in Israel hinfällig geworden ist. Die Diaspora der jüdischen Philosophie besteht unterdessen fort, wie wir am wirkungsmächtigen Werk von Emmanuel Lévinas sehen können, das in Paris entstanden ist.

Die Shoah ist ein Thema praktisch aller jüdischen Philosophie seither, aber sie entzieht sich den Versuchen denkerischer Verarbeitung genauso wie denen der Wiedergutmachung. Die Vernichtung des europäischen Judentums birgt ungeheure Probleme für die jüdische Religionsphilosophie. Denn wo war Gott in Auschwitz? Wie konnte er die Vernichtung zulassen? Welchen Stellenwert hat Auschwitz in der jüdischen Geschichte? Ist nach dem Zivilisationsbruch der Shoah jüdische Geschichtsphilosophie noch möglich? Oder ist die Shoah eine Leerstelle der jüdischen Geschichte und Philosophie, Ort einer Gottesfinsternis? Auch hier gibt es keine abschließenden Antworten, aber die Shoah bleibt eines der bewegenden Grundprobleme aller jüdischen Philosophie heute. Vielleicht ist die Katastrophe nicht zu denken, aber sie wird, anders als im nichtjüdischen Philosophiebetrieb unserer

Tage, zumindest erinnert. Der nach Kanada emigrierte deutsch-jüdische Philosoph Emil L. Fackenheim aus Halle in Sachsen-Anhalt hat die 613 Gebote und Verbote der Tora darum unorthodox durch ein 614. Gebot ergänzt: Juden sollen jüdisches Leben fortsetzen und so Hitler keine postumen Siege gewähren.[20] Fast ein kategorischer Imperativ, nicht nur der jüdischen Philosophie unserer Tage.

---

20 Fackenheim, Emil L.: To mend the World: Foundations of Post-Holocaust Jewish Thought, Bloomington 1994.

Jüdisches Gesetz und Staatsbürgerrecht im Übergang zur Moderne

Werner Treß

Staat, Gesellschaft und Religion bildeten im Übergang zur Moderne ein neues, dynamisches Wirkungsgefüge. Dass Reformideen mit der zweiten Hälfte des 18. Jahrhunderts im deutschsprachigen Raum auch innerhalb des Judentums an Bedeutung gewannen, war nicht allein aus ihm selbst heraus zu erklären, sondern auch eine Folge des Ringens um die Neudefinition seiner Stellung im gesellschaftlichen und legislativen Wandel. Eine Grundvoraussetzung dafür war die Herausbildung des modernen Staates, der zunächst aus einem durch die europäische Aufklärung vermittelten, dann aber von der Französischen Revolution und napoleonischen Besatzung erzwungenen Säkularisierungs- und Reformprozess hervorging. Die damit einhergehende Neuordnung und Verlagerung individueller Partizipationsrechte vom Kriterium der Standes- und Religionszugehörigkeit zu dem des mit gleichen Rechten und Pflichten ausgestatteten Staatsbürgers war wiederum eine wesentliche Voraussetzung für die Durchsetzung der bürgerlichen Freiheitsidee und mit ihr für die Entstehung des jüdischen Emanzipationsgedankens.[1] Christliche Gelehrte, Staatsbeamte und Vertreter der jüdischen Aufklärung begannen darüber zu diskutieren, welche bürgerlichen Rechte man den Angehörigen der jüdischen Religion zuerkennen sollte bzw. welche Reform- und Modernisierungsschritte das Judentum an sich selbst vornehmen müsste, um für den aufgeklärten, säkularen und dabei weiterhin von den christlichen Konfessionen geprägten Staat und seine Rechtsnormen anschlussfähig zu sein. Zentral war dabei die immer wieder von Seiten der christlichen Mehrheitsgesellschaft an das Judentum herangetragene und zunehmend auch innerhalb des reformorientierten Judentums diskutierte Frage, inwieweit die aus seiner rabbinisch-talmudischen Tradition herrührende Prägung des Judentums zu revidieren wäre. Daraus folgte die Forderung, die Geltung halachischer, also innerjüdischer Rechtsnormen und Ritualgesetze zurückzudrängen und mit ihnen auch die religiöse Autonomie der Juden zugunsten ihrer engeren Bindung an den Staat und seine Gesetze aufzugeben (siehe hierzu auch den Beitrag von Julius H. Schoeps, S. 289).

Mit der Debatte um den bürgerlichen Rechtsstatus der Juden und die Verbesserung ihrer gesellschaftlichen Partizipationsmöglichkeiten ging auch die Transformation der Judenfeind-

---

1 Vgl. hierzu Rürup, Reinhard: Judenemanzipation und bürgerliche Gesellschaft, in: ders.: Emanzipation und Antisemitismus. Studien zur Judenfrage der bürgerlichen Gesellschaft, Frankfurt/Main 1987 [1975], S. 13–45; Schoeps, Julius H.: Deutsch-jüdische Symbiose oder die mißglückte Emanzipation, Berlin; Potsdam; Bodenheim 1996.

schaft einher.[2] Ihre Vertreter gingen nun dazu über, ihr bisher religiös geprägtes Referenzsystem judenfeindlicher Differenz- und Ausgrenzungsnarrative auf die Kategorie des Staates und die Ausdeutung seiner säkularen Rechtsnormen zu übertragen.[3] Neben die über die Zugehörigkeit zum Christentum abgesicherten Exklusivitätsansprüche und Privilegiertenvorrechte trat nun immer stärker das Kriterium der Volkszugehörigkeit als Bedingung für das Staatsbürgerrecht. Letzteres sollte den Juden vorenthalten werden, indem sie nunmehr als Angehörige eines fremden Staates und Volkes klassifiziert wurden. Die grundlegende Neuausrichtung des judenfeindlichen Ausgrenzungsarguments verlief dabei über die säkulare Umdeutung der jüdischen Glaubensgesetze als mit den eigenen Rechtsnormen unvereinbare Gesetze eines fremden Staates. Wie der Kampf um die Deutung der jüdischen Gesetze mit dem um die Klärung des bürgerlichen Rechtsstatus der Juden sowie dem der Abwehr der Judenfeindschaft zusammenhing, ist Gegenstand der nachfolgenden Betrachtungen, die sich als Beitrag zur deutsch-jüdischen Beziehungsgeschichte verstehen.

Von der konfessionellen zur säkularen Judenfeindschaft

Seit im Zuge der europäischen Aufklärung und der im deutschsprachigen Raum einsetzenden Reformpolitik die Durchsetzung eines modernen Staatsbürgerrechts zum Tragen kam, wurde auch die Forderung nach der „bürgerlichen Verbesserung" der Juden zum Gegenstand der politischen Debatte. Zentral und äußerst umstritten war dabei die Frage, ob die Bindung der Juden an ihre in Pentateuch und Talmud überlieferten Glaubens- und Rechtsnormen im Widerspruch zu ihren staatsbürgerlichen Pflichten stehen würden oder mit diesen in Einklang zu bringen wären. Angeregt von Moses Mendelssohn, auf den noch näher einzugehen sein wird, trat 1781 der preußische Jurist und Diplomat Christian Konrad Wilhelm Dohm mit der Schrift *Über die bürgerliche Verbesserung der Juden* hervor, worin er die Auffassung vertrat, dass die Ursache für

---

2   Zum Wandel der Judenfeindschaft im Übergang zur Moderne vgl. u. a. die Studien von Weyand, Jan: Historische Wissenssoziologie des modernen Antisemitismus. Genese und Typologie einer Wissensformation am Beispiel des deutschsprachigen Diskurses, Göttingen 2016; Puschner, Marco: Antisemitismus im Kontext der politischen Romantik. Konstruktionen des „Deutschen" und des „Jüdischen" bei Arnim, Brentano und Saul Ascher, Tübingen 2008; Holz, Klaus: Nationaler Antisemitismus. Wissenssoziologie einer Weltanschauung, Hamburg 2001; Erb, Rainer; Bergmann, Werner: Die Nachtseite der Judenemanzipation. Der Widerstand gegen die Integration der Juden in Deutschland 1780–1860, Berlin 1989; Katz, Jacob: Vom Vorurteil bis zur Vernichtung. Der Antisemitismus 1700–1933, München 1989 [1980].

3   Christian Graf Krockow verwendet für dieses Sonderphänomen der neueren deutschen Geschichte den Begriff der „Halbsäkularisation". „Die dem kirchlichen Bereich entgleitenden religiösen Ideen verschwinden keineswegs, sondern sie schießen eschatologisch, als Heilserwartung, ins Philosophisch-Weltliche ein [...]. Es kommt zur doppelten Deformation politischer Theologie und theologisierter Politik." Krockow, Christian von: Philosophie, Ideologie und Gesellschaft, in: Talmon, Shermaryahu; Siefer, Gregor (Hg.): Religion und Politik in der Gesellschaft, Bonn 1978, S. 112; vgl. hierzu auch Altgeld, Wolfgang: Katholizismus, Protestantismus, Judentum. Über religiös begründete Gegensätze und nationalreligiöse Ideen in der Geschichte des deutschen Nationalismus, Mainz 1992, S. 2.

die den Juden zugeschriebenen negativen Eigenschaften auf ihrer lang anhaltenden rechtlichen und gesellschaftlichen Diskriminierung beruhe.[4] Zur Behebung dieses Missstandes schlug Dohm vor, die Juden durch die Verleihung gleicher bürgerlicher Rechte und Pflichten sowie durch die Ermöglichung des Zugangs zu bisher verschlossenen Gewerben wie Handwerk und Ackerbau sukzessive zu nützlichen Staatsbürgern zu erziehen. Dagegen wandte der Göttinger Orientalist Johann David Michaelis 1782 in einer Rezension der Dohm'schen Schrift ein, dass durch das Festhalten der Juden an den „Gesetze[n] Mosis" ihre Naturalisation unmöglich gemacht oder zumindest erschwert werde. Als Beispiel benannte Michaelis u.a. die jüdischen Gesetze von den „reinen und unreinen Speisen", die es ihnen verbieten würden, „mit uns zusammen [zu] speisen, und bei Mahlzeiten oder [...] im Bierkrug vertrauliche Freundschaft" zu schließen. Die Absicht der Juden, sich „als ein von andern Völkern abgesondertes Volk zu erhalten" sei so tief in ihre mosaischen Gesetze „eingewoben", dass ihre „Zusammenschmelzung mit andern Völkern" in einem Staat ausgeschlossen sei.[5]

Diese Position wurde 1793 von Johann Gottlieb Fichte dahingehend verstärkt, dass er behauptete, das Judentum würde sich über Europa als ein „feindselig gesinnter Staat" ausbreiten, der auf den „Haß des ganzen Menschengeschlechts aufgebaut" sei. Als Volk, das sich „durch seine Religion von unsern Mahlen, von unserm Freudenbecher"[6] ausschließe und das „bis in seine Pflichten und Rechte und bis in die Seele des Allvaters uns alle andere von sich absondert", würden die Juden einen „Staat im Staate" bilden, der alle „übrigen Bürger völlig unter die Füße treten" würde, wenn man ihnen auch noch das Bürgerrecht zugestehe. „Aber ihnen Bürgerrechte zu geben", so gipfeln Fichtes Ausführungen in den bekannten Worten, „dazu sehe ich wenigstens kein Mittel, als das, in einer Nacht ihnen allen die Köpfe abzuschneiden, und andere aufzusetzen, in denen auch nicht eine jüdische Idee sei".[7]

Dieses Verdikt Fichtes wurde wiederum 1803 von Carl Wilhelm Friedrich Grattenauer an den Anfang seiner Schrift *Wider die Juden* gestellt.[8] In seiner Rechtfertigungsschrift *Erklärung an das Publikum* polemisierte Grattenauer gegen das jüdische „Ritual-Recht", dieses sei eine „Kompilation widersinniger Aphorismen rabbinischen Aberwitzes", das den Grundsätzen der bürgerlichen Gesetze zuwider sei.[9] Im Kontext der öffentlichen Kontroverse um Grattenauers judenfeindliche Schrift versuchte der Berliner Jurist und Kammergerichtsrat Christian Ludwig Paalzow in seinem Buch *Über das Bürgerrecht der Juden* den Beweis, dass „das Wesen und die Natur des Judenthums der Aufnahme der Juden zu Bürgern entgegensteht" ebenfalls

---

4   Vgl. Dohm, Christian Konrad Wilhelm: Über die bürgerliche Verbesserung der Juden, Berlin; Stettin 1781, S. 34 und passim.

5   Michaelis, Johann David: [Rezension zu Dohms Schrift] in: *Orientalische und Exegetische Bibliothek* 19 (1782), S. 1–40, hier: S. 11 f.

6   Wie zuvor Michaelis spielt Fichte hier auch auf die jüdischen Speisegesetze an.

7   Fichte, Johann Gottlieb: Beitrag zur Berichtigung der Urteile des Publicums über die Französische Revolution, Berlin 2014 [E. A. 1793], S. 81 ff.

8   Grattenauer, Carl Wilhelm Friedrich: Wider die Juden. Ein Wort zur Warnung an alle unsere christlichen Mitbürger, Berlin ²1803, S. 8 f.

9   Grattenauer, Carl Wilhelm Friedrich: Erklärung an das Publikum über meine Schrift: Wider die Juden, Berlin 1803, S. 33.

dadurch zu erbringen, das die „mosaischen Gesetze das Wesentliche in den Bürgerpflichten" aufheben würden.[10]

Indem mit Ausnahme von Dohm in den bis hierher erwähnten Texten mal von den „Gesetzen Mosis", mal vom „Ritual-Recht" und „rabbinischem Aberwitz" die Rede war, lässt sich hierin wie auch in vielen weiteren, in derselben Zeit und aus ähnlicher Motivation entstandenen Schriften meist nicht erkennen, ob sie sich etwa nur gegen die den Kultus betreffenden oder gegen die jüdischen Gesetze insgesamt wandten. Auch ist durch solche Bezeichnungen wie „Gesetze Mosis" oder „mosaische Gesetze" meist nicht klar, ob damit nur die ursprünglicheren sinaitischen und pentateuchischen Gesetze oder auch deren spätere Auslegung und Erweiterung im rechtlichen Teil des Talmud (der Halacha) gemeint waren. Stattdessen fällt auf, dass ein immer wiederkehrendes und aufeinander verweisendes Bündel an Themen, so vor allem zu Speisegesetzen, Beschneidung, Eidesleistung, Ehestand, Ackerbau, Handwerk, Wehrpflicht und Wehrfähigkeit, mit den jüdischen Gesetzen in Zusammenhang gebracht wurde, um damit die fundamentale Andersartigkeit des Judentums und der Juden zu belegen. Unberücksichtigt blieb, wie genau diese Themen etwa im Talmud diskutiert und im religiösen Leben der Juden gelehrt und praktiziert wurden. Es ist daher wichtig zu beachten, dass es sich bei den vorgenannten und im Folgenden zu erwähnenden Publikationen, soweit sie aus einer antijüdischen Motivation geschrieben wurden, im Unterschied zu den im Kontext der jüdischen Aufklärung und der Wissenschaft des Judentums entstandenen Texte nicht um kritische Auseinandersetzungen mit den jüdischen Gesetzen an sich, sondern um eine Fortschreibung von Vorurteilen darüber handelt.

Die Kontinuität der Ansicht, dass die Normen der jüdischen Gesetze im Widerspruch zu den Pflichten eines modernen Staatsbürgerrechts stünden, wie sie in den vorgenannten und vielen weiteren Schriften zum Ausdruck kam, war nicht zuletzt deshalb von besonderer Relevanz, weil sie im Übergang zum 19. Jahrhundert auch den legislativen Prozess der die Juden betreffenden Emanzipationsgesetze beeinflusste. So sprach sich der vortragende Rat im preußischen Justizministerium Friedrich Pfeiffer 1811 in seinem schriftlichen Kommentar zu dem von Friedrich von Raumer vorgelegten Entwurf eines „Edikts über die künftigen Verhältnisse der Juden" dafür aus, dass „die ausdrückliche Aufhebung der mosaischen u. Ritualgesetze notwendig" sei, um zu gewährleisten, dass die Juden sich künftig „in allen bürgerlichen Geschäften nach den Gesetzen anderer Staatsbürger" richten würden.[11] Auf Anweisung des preußischen Staatskanzlers Hardenberg wurde daraufhin der jüdische Aufklärer David Friedländer, Stadtrat in Berlin und Generaldeputierter der Judenschaften in Preußen, um eine Stellungnahme zur Äußerung Pfeiffers gebeten. Friedländer erklärte darin, dass es nicht nötig sei, eigens die Aufhebung der „mosaischen und Ritualgesetze" zu fordern. Es genüge, das Edikt mit einer einleitenden Formulierung zu versehen, wonach die Bekenner des Judentums an sämtliche Dienste, Pflichten und Vorschriften der Landesobrigkeit ebenso „ohne alle Ausnahme und

10   Paalzow, Christian Ludwig: Über das Bürgerrecht der Juden, Berlin 1803, S. 102.

11   „Die Pfeiffer'schen Bemerkungen zu den von Raumer vorgelegten Grundzügen eines Edikts, 29. Januar 1811", in: Freund, Ismar: Die Emanzipation der Juden in Preußen unter besonderer Berücksichtigung des Gesetzes vom 11. März 1812, Zweiter Band: Urkunden, Berlin 1912, S. 327–332, hier: S. 332.

Einschränkung" gebunden seien wie alle anderen Untertanen.[12] Indem Friedländer die Vereinbarkeit der jüdischen Gesetze mit dem Geltungsanspruch der staatlichen Rechte – hier die Preußens – für etwas geradezu Selbstverständliches hielt, ließ er implizit den talmudischen Rechtsgrundsatz דִּינָא דְּמַלְכוּתָא דִּינָא (*Dina de Malchuta Dina,* Das Gesetz des Landes ist Gesetz) anklingen, wonach alle Juden verpflichtet sind, die Gesetze des jeweiligen Landes, in dem sie ansässig sind, wie ihre eigenen zu achten und vorrangig zu befolgen. Andere von Pfeiffer in seiner Eingabe offenbar aus der judenfeindlichen Publizistik tradierte Vorurteile, wonach Juden zu Hehlerei und „Münzverbrechen" neigen würden,[13] quittierte Friedländer in seiner Stellungnahme nur mit einem „Achselzucken" und dem Verweis auf die derartige Behauptungen widerlegende Kriminalstatistik.[14]

Dennoch wurde in der Endfassung des am 11. März 1812 vom preußischen König erlassenen „Edikts betreffend die bürgerlichen Verhältnisse der Juden in dem Preußischen Staate" einigen der Anmerkungen von Pfeiffer hinsichtlich der jüdischen Gesetze Rechnung getragen. Dies betraf insbesondre die §§ 21. (Ausnahmen bei privatrechtlichen Verhältnissen in Rücksicht auf die Verschiedenheit der Religionsbegriffe und des Kultus), 22. und 23. (Eidesleistungen und eidliche Zeugnisse), 24. (Präsentation von Wechseln in Rücksicht auf den Sabbath und jüdische Festtage), 25. bis 27. (Eherecht), 29. (Vormundschaftsrecht) und 30. (Begrenzung der autonomen Gerichtsbarkeit durch Rabbiner und jüdische Gemeindeälteste).[15]

Der, wenn auch mit Einschränkungen, versehene, legislative Fortschritt, den die Verleihung des Bürgerrechts für die Juden in Preußen und in anderen deutschen Staaten bedeutete, wurde spätestens mit der Niederringung der napoleonischen Besatzung und der territorialen Neuordnung Europas im Zuge des Wiener Kongresses wieder in Frage gestellt.[16] Die zunehmenden gesellschaftlichen Ressentiments wurden nicht zuletzt von einer Serie judenfeindlicher Schriften befeuert, worin auch die erwähnten Vorurteile hinsichtlich der jüdischen Gesetze wieder in den Vordergrund traten. Der Dichter und Historiker Ernst Moritz Arndt, der als einer der zentralen Vordenker des deutschen Nationalismus gelten kann, schrieb 1814 in seiner Schrift *Blick aus der Zeit auf die Zeit,* dass die Juden schon während der Antike durch die „Wurzelung" ihres Volkes und ihrer Religion in „grausamster Priesterstrenge und sklavischten Ceremoniendienst"[17] verhärtet und verstockt worden seien. Das „Gleichartige und Gesellige" sei „diesem Volke" fremd, weshalb es auch „in seiner abgeschlossenen Art und Weise und in seinem wunderbaren Gesetze unter den europäischen Völkern [...] wie ein Fremdling" sei. Daher würden „die Juden als Juden" nicht „in diese Welt und in diese Staaten hinein" passen. Arndt sprach sich dagegen aus, dass die Juden „auf eine ungebührliche Weise in Deutschland vermehrt" würden, wobei

---

12 „Die Äußerung Friedländers zu den Pfeiffer'schen Bemerkungen", in: ebd., S. 332–335, hier: S. 334 f.

13 Pfeiffer'sche Bemerkungen, in: ebd., S. 331.

14 Äußerungen Friedländers, in: ebd., S. 334.

15 Zum staatlichen Umgang mit dem jüdischen Recht und der Autonomie jüdischer Gerichtsbarkeit im Übergang zur Moderne vgl. die Studie von Gotzmann, Andreas: Jüdisches Recht im kulturellen Prozess. Die Wahrnehmung der Halacha im Deutschland des 19. Jahrhunderts, Tübingen 1997.

16 Zum Widerstand gegen die rechtliche Gleichstellung der Juden im Übergang zur Moderne vgl. die immer noch maßgebliche Studie von Erb; Bergmann: Die Nachtseite der Judenemanzipation.

17 Arndt, Ernst Moritz: Blick aus der Zeit auf die Zeit, Germanien [d. i. Frankfurt/Main] 1814, S. 186.

er hinzufügte, dass sie ein „durchaus fremdes Volk" seien und er „den germanischen Stamm so sehr als möglich von fremdartigen Bestandtheilen rein zu erhalten wünsche".[18]

Diese von Arndt vorgenommene Verklammerung einer den Juden zugeschriebenen radikalen Fremdartigkeit aufgrund ihrer religiösen Gesetze mit ihrem durchaus schon rassistisch motivierten Ausschluss als „fremdartiger Bestandtheil", von dem es den „germanischen Stamm" reinzuhalten gelte, war auch den judenfeindlichen Publikationen des Berliner Professors für Geschichtswissenschaft Friedrich Rühs zu eigen, der ab 1815 durch seine Schrift *Ueber die Ansprüche der Juden an das deutsche Bürgerrecht* eine deutschlandweite Kontroverse auslöste. Für Rühs war die vermeintliche Rolle der Zeremonialgesetze eines der zentralen Ausgangspunkte, wenn nicht sogar der zentrale Ausgangspunkt für seine These, die Juden würden fremden Gesetzen und nicht den Gesetzen des Staates, in dem sie leben, folgen. Deshalb würden sie als Volk einen Staat im Staate bilden und könnten daher auch keinen Anspruch auf das deutsche Bürgerrecht geltend machen. Rühs, der in seiner Eigenschaft als Professor für Geschichtswissenschaft an der Berliner Universität vorgab, ein „[...] sehr sorgfältiges Studium der jüdischen Geschichte"[19] vollzogen zu haben, stellt in seiner Schrift die These auf, das „Wesen des Judenthums" würde im „Ansehen der Rabbiner und des Ceremonialgesetzes" bestehen. Die Zeremonialgesetze stünden nicht nur im Zentrum des Judentums als Religion, sondern machten darüber hinaus ihren „politischen Mittelpunkt"[20] als Volk aus. Als solches würden die Juden „nicht blos ein Volk", sondern „zugleich einen Staat" bilden, worin die Rabbiner als „Adel" oder „ihre Vorsteher" die „eigentlich gesetzgebende Gewalt" seien, „denen das Volk die höchste Ehrfurcht und den blindesten Gehorsam schuldig" sei. Es ergäbe sich also ein „sonderbarer Widerspruch, daß ein Bürger des jüdischen Staats oder Reichs zugleich Bürger eines christlichen Staats seyn will".[21] Rühs wandte sich mit dieser Position nicht nur im Hinblick auf das Judentum, sondern auch auf das Christentum gegen die sich mit der Aufklärung verbreitende Erkenntnis, wonach zwischen den Sphären von Staat und Religion zu unterscheiden sei. Ohne „dem Judenthume zu entsagen", so Rühs, würde ein Jude als Bürger eines „christlichen Staats" in eine „Collision von Pflichten gerathen".[22] Im Weiteren seiner Schrift nennt Rühs mehrere Beispiele, an denen er einen solchen Interessenkonflikt zwischen den Zeremonialgesetzen und den staatsbürgerlichen Pflichten festmachen will. So beim Ackerbau. Unter Verweis darauf, dass es den Juden in der Vergangenheit nicht in allen Ländern versagt worden sei, Land zu erwerben, führt Rühs aus:

> Der Ackerbau ist die eigentliche äußere Basis unsrer Staaten; die Juden werden sich nie daran gewöhnen, und es ist längst hinreichend erwiesen, daß sie, so lange das Ceremonialgesetz besteht, weder die Geschäfte, die derselbe erfordert, gehörig verrichten, noch die Vorteile benutzen können: einer höheren Tätigkeit, die mit körperlicher Anstrengung verbunden ist, stellen die Vorschriften über das Gebet, die Reinigung, die Feier der Feste, Bußübungen u. s. f. unzählige Hindernisse entgegen.[23]

---

18   Ebd., S. 188.

19   Rühs, Friedrich: Ueber die Ansprüche der Juden an das deutsche Bürgerrecht, Berlin 1816 [1815], S. V.

20   Ebd., S. 6

21   Ebd., S. 5.

22   Ebd.

23   Ebd., S. 30.

Gleiches gelte für den Militärdienst, zu dem nach Rühs die Juden nicht herangezogen werden können, weil er „mit ihrem Ceremonialgesetz nicht verträglich"[24] sei.

Abwehr der Judenfeindschaft durch eine Neubewertung der Zeremonialgesetze

Bemerkenswert an der öffentlichen Kontroverse, die der Verbreitung der judenfeindlichen Schrift von Rühs folgte, war die Beteiligung bedeutender jüdischer Gelehrter aus dem deutschsprachigen Raum. Nicht zuletzt aufgrund der Tatsache, dass die gegen das Judentum und die Juden vorgebrachten Behauptungen von einem namhaften Universitätsprofessor kamen, war ihnen nun daran gelegen, deren vermeintliche wissenschaftliche Autorität durch eigene, wissenschaftlich fundierte Entgegnungsschriften zu entkräften. Der Auseinandersetzung mit den Rühs'schen Darstellungen über die Rolle der Zeremonialgesetze wurde eine besondere Aufmerksamkeit zuteil. Grundlegend in mehreren Entgegnungsschriften war das Argument, dass mit Verweis auf das erwähnte talmudische Prinzip „Das Gesetz des Landes ist Gesetz" ein derart substanzieller Interessenkonflikt der jüdischen Zeremonialgesetze mit den staatsbürgerlichen Pflichten, wie Rühs ihn konstruiert hatte, gar nicht bestehen könne. So bemerkte der Lehrer am Frankfurter Philanthropin Jakob Weil in seiner Schrift: „Welchen Vorwurf man auch dem Talmud machen mag, so ist doch wenigstens sehr unbegründet, daß dessen Grundsätze verhinderten, ein guter Bürger zu sein, da es von den Talmudisten zur unerlässlichen religiösen Pflicht gemacht wird, den Gesetzen des Staates vor allen anderen zu gehorchen."[25]

Der Leiter des Frankfurter Philanthropin, Michael Hess, wies darauf hin, dass Rühs mit „alten abgedroschenen Einwürfen gegen die Rechte der Juden" hervorgetreten sei, die „längst aufs Triftigste widerlegt"[26] seien und gab die Beweispflicht an Rühs zurück, indem er schrieb:

> Möchte es auch Hrn R. gefallen, uns deutlicher zu erklären, was er zu dem Ceremonialgesetz rechnet und in wiefern es noch jetzt verbindlich ist; denn daß der größte Theil desselben nicht mehr beobachtet wird, wie z. B. alles was die Priester, die Reinigungen u. d. gl betrifft, wird ihm wohl nicht unbekannt seyn. Der Thalmud selbst unterscheidet zwischen Local- und Temporal Gesetzen und persönlichen Obliegenheiten.[27]

Weiter führte Hess aus, dass nicht einmal der „orthodoxe Jude" in Fragen der Religion den Rabbinern in blindem Gehorsam verbunden sei, dass die „Macht des catholischen Priesters weit größer" sei und dass die Erfüllung der Zeremonialgesetze auf das weltliche Leben der Juden

---

24 Ebd., S. 38.

25 Anonym [Weil, Jakob]: Bemerkungen zu den Schriften der Professoren Rühs und Fries über die Juden und deren Ansprüche auf das deutsche Bürgerrecht, Frankfurt/Main 1816, S. 41. Weil verweist hier auf entsprechende Stellen in: „Talm. T. Baba Kama fol. 113, Baba Bathra fol. 54, Gitin fol. 10, Nedarim fol. 28".

26 Hess, Michael: Freimüthige Prüfung der Schrift des Herrn Professor Rühs über die Ansprüche der Juden an das deutsche Bürgerrecht, Frankfurt/Main 1816, S. 1 f.

27 Ebd., S. 11.

keinen Einfluss habe, der sie an ihren Pflichten gegenüber den staatlichen Gesetzen hindere.[28] „Wir fordern Hrn. Rühs auf, die Pflichten anzugeben, die der Jude gegen den Staat nicht erfüllen kann, und nicht erfüllet."[29]

Noch gründlicher gingen die beiden Lehrer an der „Herzoglichen Franzschule zu Dessau", Joseph Wolf und Gotthold Salomon, auf Rühs und seine Haltung zu den Zeremonialgesetzen ein. Wolf und Salomon, die auch als Herausgeber und Autoren der Zeitschrift *Sulamith* sowie als Reformrabbiner hervorgetreten waren, veröffentlichten 1817 gemeinsam eine Monographie unter dem Titel *Der Charakter des Judentums nebst einer Beleuchtung der unlängst gegen die Juden von Prof. Rühs und Fries erschienenen Schriften*. Rühs wird hierin nicht nur hinsichtlich der Zeremonialgesetze von Wolf und Salomon derart detailliert widerlegt, dass hier nur auf einen Aspekt eingegangen werden kann: Auf dessen Darstellung, dass die Zeremonialgesetze den Juden die Ausübung von Handwerk und Ackerbau verbieten würden, führen Wolf und Salomon zunächst eine Reihe von Beispielen auf, wo sich in Europa und vor allem im „vereinigten Amerika" Juden als Landwirte und Handwerksmeister bewährt hätten.[30] Dann schreiben sie:

> Sollte sich aus diesen Beispielen nicht leicht der Schluß ziehen lassen, daß die Juden, wenn ihnen der Weg zu bürgerlichen Gewerben offen steht, sowohl Handwerke als auch den Ackerbau ungehindert treiben werden? Doch Hr. R. meint, daß ,einer höheren Thätigkeit, die mit körperlicher Anstrengung verbunden ist, die Vorschriften über das Gebet, die Reinigungen, die Feier der Feste, Bußübungen u. s. f. unzählige Hindernisse entgegen stellen.' […] Das ,Gebet', selbst das wichtigste, darf der Handwerker nach ausdrücklicher Vorschrift des Thalmuds, sogar während seiner Arbeit verrichten [in Originaltext Fußnote mit Verweis auf Mischna Berachot – WT]; die Lehre von den ,Reinigungen' findet ganz und gar nicht mehr statt. Eigentliche Festtage hat der Jude nicht mehr als 12, und unter diesen zwölf Festtagen einen einzigen Bußtag.[31]

Inwieweit die beispielhaft erwähnten Entgegnungen auf Rühs von jüdischen Gelehrten, die dem Reformjudentum zuzurechnen waren, auch von orthodoxen Juden geteilt wurden, war Gegenstand innerjüdischer Debatten. Hinsichtlich der Wissenschaftlichkeit ihrer Darstellung ist jedoch ein anderer Aspekt viel entscheidender. Die Auseinandersetzung mit den Vorurteilen bei Rühs erfolgte bei Wolf und Salomon nämlich nur noch in einem „Anhang"[32] ihrer insgesamt 208 Seiten umfassenden Monographie. Der größte Teil ihrer Ausführungen war demgegenüber der Darstellung des Judentums selbst gewidmet, also aus einem Anspruch heraus geschrieben, in dem es nicht mehr allein darum ging, antijüdische Vorurteile zu widerlegen, sondern die Wahrheit über das Judentum aus seiner schriftlichen Überlieferung heraus zur Geltung zu bringen. Wolf und Salomon gehen vom 17. bis 19. Abschnitt ihrer Monographie

---

28 Vgl. ebd., S. 7.
29 Ebd., S. 8.
30 Vgl. Wolf, Joseph; Salomon, Gotthold: Der Charakter des Judentums nebst einer Beleuchtung der unlängst gegen die Juden von Prof. Rühs und Fries erschienenen Schriften, Leipzig 1817, S. 185 ff.
31 Ebd., S. 188 f.
32 Ebd., S. 127 f.

auf die religiösen Gesetze und Pflichten der Juden ein und behandeln u. a. den Opferdienst, die Denkgesetze, die Bedeutung der einzelnen Festtage, die öffentlichen Gottesdienste, die Gebete (darunter die Gebete für das Wohlergehen des jeweiligen Landesherren), die Segenssprüche, die Erziehung der Jugend etc.[33]

Während Wolf und Salomon ihre Darstellung des Judentums bereits von der Auseinanderset-zung mit den Vorurteilen darüber abtrennten, finden sich in der ab 1822 vom „Verein für Cultur und Wissenschaft der Juden" herausgegebenen *Zeitschrift für die Wissenschaft des Judenthums* einzelne Beiträge, die sich mit denselben Themengebieten beschäftigen, dabei jedoch noch stärker auf die historisch-kritische, also rein wissenschaftliche Darstellung des Judentums fokussiert waren. So veröffentlichte der Rechtswissenschaftler Eduard Gans eine Abhandlung über „Die Grundzüge des mosaisch-talmudischen Erbrechts", worin er bemerkte, dass das ältere mosai-sche Recht seine „volle Anwendung" erst im talmudischen Recht gefunden habe und darin „zu einem immer stärker werdenden Gewebe" fortentwickelt worden sei, dass in Letzteres jedoch auch deutliche Einflüsse der griechischen und römischen Rechtstradition eingeflossen seien, was Gans anhand verschiedener Rechtsbegriffe aus der Halacha, die dem Griechischen und Lateinischen entstammen, belegte.[34] Damit war zumindest angedeutet, dass, wenn die recht-lichen Grundsätze des modernen christlichen Staates sich ebenfalls aus einer sowohl biblischen, also alttestamentarischen wie auch römischen Rechtstradition ableiteten, diese in Bezug auf die Quellen des jüdischen Rechts so grundverschieden gar nicht sein konnten (siehe hierzu auch den Beitrag von Norbert Waszek, S. 305).

Ein weiteres Beispiel aus der *Zeitschrift für die Wissenschaft des Judenthums* ist der Aufsatz „Ueber geschriebenes und mündliches Gesetz" von Lazarus Bendavid, worin er mittels eines quellenkritischen Ansatzes versuchte zu belegen, dass das Gesetz Mose während der Zeit des Ersten Tempels über fünf Jahrhunderte nur mündlich übergeben wurde, bis es etwa 50 Jahre vor der babylonischen Gefangenschaft unter dem König Josija von einem Priester namens Chilkijahu niedergeschrieben worden sei.[35] Dieser knapp 30-seitige Aufsatz von Bendavid war von ihm als erstes Kapitel einer großen wissenschaftlichen Monographie über den Pentateuch konzipiert, die er jedoch nie veröffentlichte.[36] Bemerkenswert an seinen Ausführungen in der *Zeitschrift für die Wissenschaft des Judenthums* ist eine stärkere Differenzierung seiner Einstellung zu den jüdischen Gesetzen, die sich im Vergleich zu seinen früheren Positionierungen von einer zum Teil pessimistischen auch ablehnenden Haltung zu einem wissenschaftlich-kritischen Zugang entwickelt hatte.

In seiner 1793 veröffentlichten Schrift *Etwas zur Charackteristick der Juden* hatte Bendavid die von ihm erhobene Frage, was „die Juden von ihrer Seite thun" müssten, um „sich zu einer bürgerlichen Reform tauglich" zu machen, noch anhand der weitergehenden Frage zu beant-

---

33 Vgl. ebd., S. 88–118.

34 Vgl. Gans, Eduard: Die Grundzüge des mosaisch-talmudischen Erbrechts, in: *Zeitschrift für die Wissen-schaft des Judenthums* 1/3 (1823), S. 419–471, hier: S. 421.

35 Bendavid, Lazarus: Ueber geschriebenes und mündliches Gesetz, in: *Zeitschrift für die Wissenschaft des Judenthums* 1/3 (1823), S. 472–500, hier: S. 476 ff.

36 Das Rohmanuskript im Umfang von über 300 handgeschriebenen Seiten befindet sich heute im Zunz-Archiv in Jerusalem, Zunz Archive (JNUL), ARC 4°792/A 14–3; A14–4; A 4–1; A 14–30.

worten versucht, „welches die wesentlichen Fehler der jüdischen Nation" seien.[37] Seit der Zerstörung des Tempels in Jerusalem und ihrer „Zerstreuung in alle Länder" seien die Juden in einem „undurchdringlichen Dunkel begraben" und in einer „von Aberglauben verfinsterten Tradition" befangen.[38]

> Sündenhalber, lehrte sie der Pentateuch, sollten sie der Herrschaft über ihr Land verlustig werden; Besserung der Sitten sie zu derselben wieder gelangen lassen. […] Sie suchten durch Befolgung der Gesetze ihrer Väter den Ewigen auszusöhnen, suchten in seiner Allmacht den Gott der Schaaren zu finden, der die Feinde zerschmettern, oder ihren schwindenden Kräften wieder emporhelfen, und ihnen Muth zum Ausharren geben wird.[39]

Da aber die Gesetze der Väter sich großenteils ohne ihr Land und seinen Tempel gar nicht ausüben ließen, seien mehr und mehr jene „Ceremonien" an ihre Stelle getreten, aus deren Befolgung sich die Juden die Wiedererlangung der göttlichen Gnade erhofften.

> Man raffte daher solche Ceremonien von Heyden Griechen, Römern und der neu entstandenen christlichen Religion zusammen, die sich einigermaßen mit dem Judenthume vertrugen, setzte Gebete an die Stelle der Opfer, Ceremonialgesetze an die Stelle der praktischen mosaischen Gesetze, Glaubensartikel an die Stelle der Handlungen, einen neuen Glauben an die Stelle der alten Religion ein.[40]

Indem Bendavid hier die Zeremonialgesetze als etwas später Hinzugefügtes von den ursprünglichen von Mose am Berg Sinai empfangenen Gesetzen abgrenzte, ordnete er – obwohl dies durchaus irreführend ist – die Zeremonialgesetze dem rabbinischen, am Talmud orientierten Judentum zu. An Letzterem kritisierten Bendavid (und mit ihm weitere Vertreter des Reformjudentums), dass es durch eine immer strengere Auslegung und Praktizierung der Zeremonialgesetze den ursprünglichen Geist des Judentums überformt und verschüttet habe. Bendavid ging sogar soweit, die Abschaffung der Zeremonialgesetze zu fordern, „weil die Beybehaltung einen wirklich schädlichen Einfluß auf den Charakter der Juden, und von ihm auf den Staat haben muss".[41]

Nicht ganz so rigoros argumentierte auch David Friedländer noch 1799 dafür, den Geltungsanspruch der Zeremonialgesetze innerhalb des Judentums zu revidieren. In seinem offenen Sendschreiben an den evangelischen Theologen und Berliner Oberkonsistorialrat Wilhelm Abraham Teller stellte Friedländer fest, dass die Zeremonialgesetze zwar ursprünglich die Funktion hatten, einen an bestimmten Handlungen orientierten Rahmen für die „großen Lehren der Religion" abzugeben.[42] Indem aber nach der Zerstörung des Tempels die Verschriftung der

---

37 Bendavid, Lazarus: Etwas zur Charackteristick der Juden, Leipzig 1793, S. 5.
38 Ebd., S. 11.
39 Ebd., S. 16.
40 Ebd., S. 16 f.
41 Ebd., S. 54.
42 Anonym [Friedländer, David]: Sendschreiben an Seine Hochwürden, Herrn Oberconsistorialrath und Probst Teller zu Berlin, von einigen Hausvätern jüdischer Religion [1799], in: Schleiermacher, Friedrich;

Gesetze endgültig an die Stelle ihrer mündlichen Weitergabe getreten sei, wären diese zwar erhalten, zugleich aber auch zerstört worden, weil mit ihrer nunmehr eingetretenen zeitlichen Fixierung ebenso ihr ursprünglich lebendiger Geist, sie mündlich „nach Maasgabe von Zeit und Umständen" auszulegen, verloren gegangen sei.[43]

> Sobald die Ceremonialgesetze, als Zeichen, nicht mehr das Bezeichnete ins Gedächtnis rufen, sobald die Gebräuche keinen gediegenen Sinn haben, und keine Gesinnungen veranlassen, die zu sittlichen und gesellgen Handlungen leiten, so artet alles in Werkheiligkeit, Wortkram, und leeren Tand aus. Die Gebräuche sind die Körper, deren Geist die Lehre ist. Ist die Seele entflohen, was nutzt die abgestreifte Hülle?[44]

Friedländer plädierte dafür, hinter den Zeremonialgesetzen die ursprünglichen Grundwahrheiten des Judentums wieder freizulegen, die er in fünf Sätzen zusammenfasste, darunter die Einheit und Einzigkeit Gottes, die Unkörperlichkeit und Unsterblichkeit der menschlichen Seele und die Einsicht, dass Gott den Menschen zu dessen Glückseligkeit erschaffen habe. Diese ihren mosaischen Kern betreffenden theologischen Grundwahrheiten des Judentums hielt Friedländer für durchaus vereinbar mit denen des Christentums, weshalb er in seinem Sendschreiben an Teller auch die Möglichkeit in Erwägung zog, dass – wenn die Juden die Zeremonialgesetze aufgeben und die Kirche ihnen das Bekenntnis zur Gottessohnschaft Jesu Christi erließe – die Juden zumindest partiell „die große christliche protestantische Gesellschaft zum Zufluchtsorte" erwählen könnten.[45] Im Hinblick auf die Vereinbarkeit mit dem angestrebten Staatsbürgerrecht plädierte Friedländer auch für die Abschaffung der Zeremonialgesetze:

> Die Aufhebung derselben unter den jetzigen Umständen ist nach unserer Überzeugung dem Geiste des mosaischen Gesetzes höchst gemäß, und nicht allein wünschenswürdig für unsere eigene Erleichterung, sondern selbst auch notwendig, um die Erfüllung der Pflichten eines Staatsbürgers für uns möglich zu machen.[46]

Auch bei Friedländer wurde deutlich, dass seine auf eine Reform des Judentums abzielende Kritik an den Zeremonialgesetzen verbunden war mit seiner Kritik an der talmudisch-rabbinischen Tradition: Er schrieb, dass das Studium des Talmud unter den Juden ebenso im Abnehmen begriffen sei, wie das Ansehen der Rabbinen gefallen sei und dass Letzteres „mit der Vernachlässigung der Ceremonial- und Ritualgesetze immer mehr fallen" müsse.[47]

Nicht minder kritisch drückten sich die aus dem Reformjudentum hervorgehenden Gründer der „Wissenschaft des Judentums" aus, allen voran der junge Leopold Zunz, der unter „rabbinischer Litteratur" nicht nur das Studium des Talmud verstanden wissen wollte,

---

Schriften aus der Berliner Zeit 1796–1799 (KGA I.2), Berlin; New York 1984, S. 381–413, hier: S. 391.
43 Vgl. ebd., S. 392.
44 Ebd., 393.
45 Vgl. ebd., S.409 ff.
46 Ebd., S. 402.
47 Ebd., S. 410.

sondern „die ganze Litteratur der Juden, in ihrem größten Umfange, als Gegenstand der Forschung"[48] zum Ausgangspunkt einer neu zu begründenden wissenschaftlichen Disziplin zu machen vorschlug. „Das Studium der hebräischen Litteratur", so Zunz weiter, „ist etwas, von der die gemeinen Talmudquäler gar keinen Begriff haben. […] Die Entwöhnung von solchem Talmudismus und dem vulgo-Rabbinismus unterschreiben wir herzlich gern."[49] Immanuel Wolf, der in seinem programmatischen Artikel „Ueber den Begriff einer Wissenschaft des Judentums" die Relevanz für die jüdische Emanzipationsbewegung darin sah, dass die „wissenschaftliche Kunde des Judenthums […] über den Werth oder Unwerth der Juden, über ihre Fähigkeit oder Unfähigkeit, andern Bürgern gleich geachtet und gleich gestellt zu werden" entscheiden müsse,[50] gelangte ebenfalls zu der Auffassung, dass die Zeremonialgesetze nicht nur der staatsbürgerlichen Gleichstellung der Juden abträglich, sondern auch für das Judentum selbst nicht mehr zeitgemäß seien. Hätten die „Thalmudisten" zunächst in guter Absicht „das ganze Leben der Juden mit religiösen Erinnerungen und Gebräuchen durchflochten"[51] und mit den Zeremonialgesetzen einen Zaun um das ursprüngliche Gesetz gezogen, um dieses zu schützen und zu bewahren, so wäre dieser Zaun schließlich zu einem „trotzenden Wall" angewachsen, der „den Weg zum inneren Heiligthum versperrte, ja das Heiligthum selbst in sich begrub".[52]

Diese Auffassungen, wie sie von Lazarus Bendavid, David Friedländer, Leopold Zunz, Immanuel Wolf und weiteren Protagonisten des Reformjudentums und der ersten Generation der „Wissenschaft des Judentums" vertreten wurden, repräsentieren gewiss nicht die Gesamtheit der damaligen Diskussion über die Frage nach dem Geltungsanspruch der Zeremonialgesetze im Judentum. Gleichwohl markieren diese Positionen eine einflussreiche Tendenz innerhalb der jüdischen Reformbewegung, die nicht zuletzt aus einer tiefen Unzufriedenheit mit der inneren Verfasstheit der eigenen Religion heraus nach ihrer Modernisierung und im selben Zuge nach der bürgerlich-rechtlichen Gleichstellung ihrer Mitglieder strebte (siehe hierzu auch den Beitrag von Michael A. Meyer, S. 277). Eingedenk der Fortschritte, die dadurch erzielt wurden, bestand das Dilemma dieses Ansinnens gleichwohl darin, von den Angehörigen der eigenen Religion zu fordern, grundlegende Elemente ihres bisherigen religiösen Selbstverständnisses preiszugeben, während zugleich die Kritik an den Zeremonialgesetzen und der rabbinisch-talmudischen Tradition solchen Judenfeinden wie Friedrich Rühs als Vorwand für ihre Attacken gegen das Judentum und die Juden dienten. Deshalb stießen die Vertreter des Reformjudentums auf zunehmende Widerstände in den eigenen Reihen und hatten sich zugleich der wachsenden Judenfeindschaft einer christlichen Mehrheitsgesellschaft zu erwehren. Dem Modell einer „defensiven Modernisierung" des Staates,

48   Zunz, Leopold: Etwas über die rabbinische Literatur [1818], in: ders.: Gesammelte Schriften, Berlin 1875, S. 5.
49   Ebd., S. 29.
50   Wolf, Immanuel: Ueber den Begriff einer Wissenschaft des Judentums, in: *Zeitschrift für die Wissenschaft des Judenthums* 1/3 (1823), S. 23.
51   Ebd., S. 10.
52   Ebd., S. 15.

wie Hans-Ulrich Wehler es bezeichnete,[53] korrespondierte hier in einem anderen Sinne die defensive Modernisierung der jüdischen Religion.

Innerjüdische Konflikte zur Frage der Ritualgesetze

Tatsächlich stellte sich die Frage, ob sich eine zeitgemäße Reform des Judentums bewerkstelligen ließ, indem man über Jahrhunderte maßgebliche Traditionen schlechthin aus ihm heraustrennte und einen Teil aller jüdischen Glaubensgesetze verwarf (siehe hierzu auch den Beitrag von Charlotte Fonrobert, S. 173). Damit verband sich die weitergehende Frage, ob es angemessen war, dies zu tun, um über den Umweg einer theologischen Konsensfindung mit den christlichen Kirchen schließlich auf der säkularen Ebene eine vollständige Gleichstellung der Juden als Staatsbürger zu erlangen. Für den Vordenker der jüdischen Aufklärung, Moses Mendelssohn, war beides keine Option. Das Judentum, bestehend aus seinen ewigen und geschichtlichen Wahrheiten sowie seinen Gesetzen in ihrer schriftlichen Überlieferung und mündlichen Auslegung, bildete nach seinem Verständnis eine Einheit, die es in ihren inneren Bezügen durch die Praxis des religiösen Lebens in ein rechtes Verhältnis zu setzen galt.[54] Das Zeremonialgesetz, so schrieb Mendelssohn in seinem Werk *Jerusalem oder über religiöse Macht und Judentum* sei nicht aufgrund seiner ursprünglichen Bestimmung, sondern durch die „Torheit der Menschen" und aus „Mißverstand und Mißleitung" so angewendet worden, dass es schließlich „ausartete".[55] Das war für ihn jedoch kein Grund, die Zeremonialgesetze als etwas vermeintlich Störendes aus dem Judentum herauszustreichen, um dadurch dem essentiellen Gehalt der ewigen Wahrheiten wieder zu stärkerer Geltung zu verhelfen. Für Mendelssohn hätte dies im Gegenteil bedeutet, den über die rituellen Handlungen vermittelten Lebensfaden zu gerade diesen ewigen Wahrheiten zu durchtrennen. Als integraler Bestandteil des Judentums standen die Zeremonialgesetze wie die jüdischen Gesetze insgesamt unter dem Schutz der religiösen Autonomie und konnten ebenso wenig wie alle anderen geistlichen Belange der Menschen zur Disposition gestellt oder gar durch staatliche Gesetzgebungen reglementiert werden.

Für Mendelssohn waren die Einflüsse von Religion und Staat in so unterschiedlichen Sphären gelagert – die Religion die Verhältnisse der Menschen zu Gott, der Staat die Verhältnisse der Menschen untereinander betreffend –, dass die der besseren sittlichen Gesinnung des Menschen zuträgliche Ausübung des Glaubens die Wahrung der bürgerlichen Pflichten zwar befördern, nicht jedoch behindern könne. „Die bürgerlichen Handlungen gehören dem Staat, und die eigentlichen religiösen Handlungen leiden, ihrer Natur nach, weder Zwang noch Bestechung. Sie fließen entweder aus freiem Antriebe der Seele, oder sind ein leeres Spiel, und dem wahren Geist der Religion zuwider."[56] Die Lehrsätze, Gebote und Verbote der Religion konnten demnach

---

53 Vgl. Wehler, Hans-Ulrich: Deutsche Gesellschaftsgeschichte. Erster Band: Vom Feudalismus des Alten Reiches bis zur Defensiven Modernisierung der Reformära 1700–1815, München 1996, S. 344 ff.

54 Vgl. Mendelssohn, Moses: Jerusalem oder über religiöse Macht und Judentum [1783], Hamburg 2005, S. 128 ff.

55 Vgl. ebd., S. 130.

56 Ebd., S. 61.

nur aus der inneren Überzeugung und Einsicht des Gläubigen heraus, durch „ein geneigtes Ohr und ein williges Herz" wirksam sein. Aus dieser Argumentation heraus war es für Mendelssohn folgerichtig, dass durch den Staat ein Eingriff in die Freiheit der Religionsausübung – gleich ob jüdisch oder nichtjüdisch – niemals zur Bedingung für die Erlangung bürgerlicher Rechte gemacht werden durfte. Dasselbe gelte auch für die jüdischen Gesetze. Mit Verweis darauf, dass auch Jesus Christus die jüdischen Glaubensgesetze befolgte, wandte sich Mendelssohn am Schluss seines *Jerusalem* nochmal an die Vertreter der christlichen Mehrheitsgesellschaft:

> Und ihr, lieben Brüder und Mitmenschen! die ihr der Lehre Jesu folget, solltet uns verargen, wenn wir das tun, was der Stifter eurer Religion selbst getan, und durch sein Ansehen bewährt hat? Ihr soll-tet glauben, uns nicht brüderlich wieder lieben, euch mit uns nicht bürgerlich vereinen zu können, solange wir uns durch das Zeremonialgesetz äußerlich unterscheiden, nicht mit euch essen, nicht von euch heuraten, das, soviel wir einsehen können, der Stifter eurer Religion selbst weder getan, noch uns erlaubt haben würde? – Wenn dieses, wie wir von christlich gesinnten Männern nicht vermuten können, eure wahre Gesinnung sein und bleiben sollte; wenn die bürgerliche Vereinigung unter keiner andern Bedingung zu erhalten, als wenn wir von dem Gesetze abweichen, das wir für uns noch für verbindlich halten; so tut es uns herzlich leid, was wir zu erklären für nötig erachten: so müssen wir lieber auf die bürgerliche Vereinigung Verzicht tun; so mag der Menschenfreund Dohm vergebens geschrieben haben, und alles in dem leidlichen Zustande bleiben, wie es itzt ist, oder in welchen es eure Menschenliebe zu versetzen, für gut findet.[57]

Zur Kontinuität der Vorurteile über die jüdischen Gesetze im modernen Antisemitismus

Es sollte fast ein Jahrhundert dauern, bevor in Deutschland zumindest auf der rechtlichen Ebene das Verhältnis von Religionszugehörigkeit und Staatsbürgerrecht so bestimmt wurde, wie es Mendelssohn 1783 schon gefordert und ausführlich begründet hatte. Im „Gesetz, betreffend die Gleichberechtigung der Konfessionen in bürgerlicher und staatsbürgerlicher Beziehung", das 1871 auch im Deutschen Reich Geltung erlangte, wurde 1869 im Norddeutschen Bund festgelegt: „Alle noch bestehenden, aus der Verschiedenheit des religiösen Bekenntnisses her-geleiteten Beschränkungen der bürgerlichen und staatsbürgerlichen Rechte werden hierdurch aufgehoben."[58] Doch auch dieser, die Bestimmungen des preußischen Emanzipationsedikts von 1812 vervollständigende legislative Fortschritt sollte nichts daran ändern, dass die Vorurteile und Anfeindungen gegen das Judentum, gerade auch mit Verweis auf die vermeintliche Andersartig-keit der jüdischen Gesetze, fortgeschrieben wurden. So vertrat der Theologe und Philosoph Bruno Bauer in seiner Schrift *Die Judenfrage* von 1843 die These, dass sich die Juden durch ihr Gesetz mit „besonderer Zähigkeit" als Volk erhalten, damit aber zugleich jeder „Möglichkeit einer geschichtlichen Entwicklung" beraubt hätten. „Mit Recht sprechen die Juden von dem

---

57 Ebd., S. 137.
58 Bundesgesetzblatt des Norddeutschen Bundes, 1869, Nr. 28, S. 292.

Zaun des Gesetzes: das Gesetz hat sie gegen die Einflüsse der Geschichte abgezäunt und umso mehr abgezäunt, da gerade ihr Gesetz von vornherein die Abschließung von den Völkern gebot."[59] Der Vordenker des modernen Antisemitismus Wilhelm Marr, der den angeblichen „Sieg des Judenthums" über das Germanenthum" 1879 aus einem „nicht confessionellen Standpunkt" darzulegen versuchte, wollte dem Judentum seinen Charakter als Religion absprechen, indem er behauptete, „der Jude" habe „nur einen Geschäftsvertrag mit Jehova und zahlt in Formeln und Satzungen seinem Gott, der ihm dafür ausdrücklich die angenehme Pflicht auferlegte, alles Nichtjüdische zu vertilgen".[60] Damit bediente sich Marr aber derselben konfessionell vorgeprägten Vorurteile über das jüdische Gesetz, derer sich schon der eingangs erwähnte Michaelis bedient hatte, auch wenn Marr dies noch fundamentaler ins Säkulare zu wenden versuchte und die Juden als eine „semitische Race"[61] definierte. Ähnlich ging auch Adolf Stoecker daran, den Streit „Race gegen Race" bzw. die schon von Fichte, Arndt und Rühs her bekannte Darstellung der Juden als „ein Volk im Volke, ein Staat im Staate, ein Stamm in einer fremden Race" unter Verweis auf die jüdischen Gesetze zu erklären, indem er schrieb:

> Israel hat noch heute religiöse Satzungen, die es von den andern Völkern absondern; die orthodoxen Israeliten glauben sich zu verunreinigen, wenn sie mit Christen zusammen essen, sie haben ihre besonderen Schlächter und ihre Speisegesetze. Nun, dann sind sie doch gewiß eine fremde Race, wenn sie die christlichen Deutschen und ihre Mahlzeiten für unrein achten.[62]

Frappierend ist auch hier die unmittelbare Verklammerung, mit der Stoecker aus der Zuschreibung der jüdischen Gesetze als etwas zutiefst Fremdes sowie der radikalen Trennung von Reinem und Unreinen darauf schließt, dass die Juden eine Rasse seien (siehe hierzu auch den Beitrag von Stefanie Schüler-Springorum, S. 363).

Das immer wiederkehrende Narrativ, wonach das Jüdische in seinem vermeintlichen Verharren im seelenlosen Gesetz und zugleich als Inbegriff des Fleischlichen und Materiellen konstruiert wurde, rührte, der theologischen Deutungstradition des Apostels Paulus im Galaterbrief[63] folgend, ursprünglich aus seiner negativen Abgrenzung vom Evangelium Jesu Christi und seiner das jüdische Gesetz überwindenden Verheißung von Geist, Gnade, Freiheit und Liebe[64] (siehe hierzu den Beitrag von Joachim Valentin, S. 125). Die grundlegende Transformation, die sich mit dem Übergang zum 19. Jahrhundert und der Säkularisierung der Judenfeindschaft vollzog, machte sich nun daran bemerkbar, dass der Identifizierung des Jüdischen mit dem Gesetz nicht mehr die rein geistlichen Attribute der christlich-paulinischen Tradition gegenübergestellt wur-

---

59 Bauer, Bruno: Die Judenfrage, Braunschweig 1843, S. 12.

60 Marr, Wilhelm: Der Sieg des Judenthums über das Germanenthum. Vom nicht confessionellen Standpunkt aus betrachtet, Bern 1879, S. 15.

61 Ebd., S. 22.

62 Stoecker, Adolf: Das moderne Judenthum in Deutschland, besonders in Berlin. Zwei Reden in der christlich-socialen Arbeiterpartei, Berlin 1880, S. 39.

63 Gal 3–5.

64 Vgl. hierzu auch Nierenberg, David: Antijudaismus. Eine andere Geschichte des westlichen Denkens, München 2015.

den, sondern deren säkularisierte oder halbsäkularisierte Substrate. Das jüdische Gesetz wurde
also, wie oben gezeigt, nicht mehr in seiner bisherigen Funktion als scharfe Differenzkategorie
gegen die universellen Werte des Christentums, sondern als unvereinbar mit dem Gesetz eines
u. a. von Rühs als „christlich" definierten Staates gesetzt, und in diesem sollte den Juden das
Bürgerrecht versagt bleiben. Der Begriff des Gesetzes wurde also nicht mehr gegen den der
Freiheit abgewogen, sondern Gesetz gegen Gesetz, Staat gegen Staat, Stamm gegen Stamm,
Volk gegen Volk und schließlich Rasse gegen Rasse. Wurde das jüdische Gesetz in judenfeindlichen Fremdzuschreibungen immer schon als etwas zutiefst von säkularen Zwängen Durch-
wirktes und auf den partikularen Auserwähltheitsanspruch einer Stammesreligion Bezogenes
gebrandmarkt, so wurden die positiven Selbstzuschreibungen in der politisch-weltanschaulichen
Verklammerung von christlichem Staat und deutscher Nation nun ihrerseits säkular, partikular
und überheblich. Auf diese Weise wurde die Transformation nicht des Judentums, sondern der
Judenfeindschaft im Zuge ihrer immer stärker das Leibliche akzentuierenden Apotheose der
„Deutschen Volksgemeinschaft"[65] bis hin zur Kodifizierung des Rassegedankens in der Gesetzgebung des Nationalsozialismus zu einem negativen Brennspiegel ihrer selbst.

---

65 So bereits als Terminus anzutreffen bei Fries, Jakob Friedrich: Ueber die Gefährdung des Wohlstands und
    des Charakters der Deutschen durch die Juden, Heidelberg 1816, S. 3.

Jüdische Bildung und Erziehung

Micha Brumlik

Biblische Grundlagen

Das Judentum ist eine lernende Religion, oder anders: eine Religion, eine Kultur des Lernens.[1] Im Judentum jedenfalls standen Lehren und Lernen seit Anbeginn im Horizont intergenerationeller Beziehungen: So kennt die alltägliche und festtägliche jüdische Liturgie, die Gebetsordnung des rabbinischen Judentums, zwei zentrale Gebete: einerseits das „Höre Israel", das ein direktes Zitat aus dem Deuteronomium (6, 4–9) ist, sowie das nur im Kreise von mindestens zehn Erwachsenen und im Stehen zu sagende Achtzehnbittengebet. Beide Gebete gehören zur synagogalen Liturgie – frühestens seit dem 3. Jahrhundert v. u. Z., spätestens seit dem frühen 2. Jahrhundert u. Z. Das synagogale „Schma Jisrael" (Dtn 6,4–9) lautet in seinem ersten Absatz: „Höre Israel, der Ewige, unser Gott, der Ewige ist einzig", worauf ein so in der Bibel nicht fixierter Einschub erfolgt: „Gelobt sei der Name der Herrlichkeit seines Reiches immer und ewig." Dem folgt dann ein Katalog von Weisungen:

> Du sollst den Ewigen, deinen Gott, lieben mit deinem ganzen Herzen und deiner ganzen Seele und deinem ganzen Vermögen. Es seien diese Worte, die ich dir heute befehle, in deinem Herzen. Schärfe sie deinen Kindern ein und sprich von ihnen, wenn du in deinem Hause sitzest und wenn Du auf dem Weg gehst, wenn du Dich niederlegst und wenn du aufstehst. Binde sie zum Zeichen auf deinen Arm, und sie seien zum Denkband auf deinem Haupte. Schreibe sie auf die Pfosten deines Hauses und deiner Tore.

Das „Schma Jisrael" hebt somit mit einer eigentümlichen Verschränkung von Aufforderung und Aussage an und gleicht insofern einem Lehrvortrag: Als erstes wird die Gemeinde aufgefordert, eine Tatsache zu akzeptieren und zu verstehen, nämlich, dass der Gott Israels ewig und einzig ist, eine Behauptung, die in einer polytheistischen Umwelt offenbar so wenig selbstverständlich war, dass sie mit allerlei Merkzeichen immer wieder beglaubigt und weitergegeben werden musste. Einzigartigkeit und verbürgte Zuwendung („unser Gott") sind die Gründe für die folgende Aufforderung, Gott zu lieben, und zwar mit der ganzen Persönlichkeit, mit allen Worten, Gedanken und Taten. Im alten Orient stand „Herz" *(Lew)* – anders als heute – nicht für

---

1 Botticini, Maristella; Eckstein, Zvi: The Chosen Few: How Education Shaped Jewish History, 70–1492, Princeton; Oxford 2012.

Gefühl und Emotion, sondern für Persönlichkeit und Verstand ein, während „*Nefesch*" (Seele) und „*Meod*" (Verstand) so viel wie Lebenskraft und Klugheit bedeuteten. Dass hier „Liebe" auf „Gottesliebe" verweist, ist deshalb kein Paradox, weil es sich bei diesem Begriff von Liebe gerade nicht um ein romantisch aufflackerndes, nur spontan und letztlich unverfügbares Gefühl handelt, sondern weil es sich um die Haltung tätiger Zuwendung handelt, einer Liebe, die sich nicht im Sehnen und Trachten, sondern eben im Befolgen der Weisung, der Tora, erweist.

Die folgenden Passagen des „Höre Israel" (Dtn 11,13) stellen dann das Verhältnis von Tun und Ergehen, von Weisung und Leben ins Zentrum:

> Und es sei, wenn ihr auf meine Weisungen hört, die ich euch heute weise, den Ewigen, euren Gott zu lieben und ihm zu dienen mit eurem ganzen Herzen und eurer ganzen Seele. So werde ich den Regen eures Landes zu seiner Zeit geben, Frühregen und Spätregen, du wirst sein Getreide einsammeln und deinen Most und dein Öl. […] Auf dass sich eure Tage vermehren und die Tage eurer Kinder auf dem Erdboden, den der Ewige euren Vätern zugeschworen, ihnen zu geben, wie die Tage des Himmels über der Erde.

Die Weisung ermöglicht es, Gott zu lieben, während sich umgekehrt die Liebe zu Gott im Erfüllen seiner Weisungen erfüllt. Aber wird hier Wohlergehen nicht gleichsam im Tausch für Verehrung, für Unterwerfung angeboten – Inbegriff aller sogenannten Werkgerechtigkeit? Darum geht es nicht – es geht um das Problem des sogenannten Tun-Ergehens-Zusammenhangs. Diese Gedankenfigur ist auch der Gegenwart durchaus vertraut: Sich vernünftig zu ernähren und maßvoll Sport zu treiben, das hat – wie heute allgemein bekannt ist – wohltätige Konsequenzen für das individuelle körperliche und psychische Wohlbefinden. Wer auf diese Zusammenhänge aufmerksam gemacht wird, ist damit noch lange nicht gezwungen, sich entsprechend zu verhalten: Der kausale Zusammenhang zwischen Lebensstil und Wohlbefinden ist schlicht und einfach eine erwiesene, empirische Tatsache. In genau diesem Sinn macht das „Höre Israel" auf die lebensdienlichen, wohltätigen Folgen eines Lebens aufmerksam, das Gottes Weisungen entspricht. Der für eine Theorie des Lernens im Horizont der Tora entscheidende Abschnitt des „Schma Jisrael" lautet: „Es seien diese Worte, die ich dir heute befehle, in deinem Herzen. Schärfe sie deinen Kindern ein und sprich von ihnen, wenn du in deinem Hause sitzest und wenn Du auf dem Weg gehst […] Schärfe sie deinen Kindern ein" – und zwar deshalb, weil die Empfänger der Lehre im Vertrauen darauf, dass Gottes Weisung gut ist, bereit sind, der Weisung zuerst zu willfahren, um sie erst dann, in einem darauffolgenden, zweiten Schritt kritisch zu erörtern – „*Na'asse ve nischma*", d. h. „Wir werden tun und dann hören."

Auch eines der populärsten jüdischen Feste, das im Frühjahr zu begehende Pessachfest (Passah), währenddessen nicht zuletzt anhand bestimmter spezieller Speisen, vor allem der ungesäuerten Brote, des Auszugs aus Ägypten gedacht wird, befasst sich an zentraler Stelle im häuslichen Gebetbuch für das Fest, der Haggada schel Pessach, mit der Belehrung von Kindern und Schülern. Vier Typen von Kindern werden mit diesem Fest konfrontiert: das kluge Kind, das böse Kind, das törichte Kind und das Kind, das noch nicht zu fragen versteht.

Der jüdische Philosoph Emmanuel Levinas verbindet das Prinzip des „*Na'asse ve nischma*", aus Ex 24,7, also des „Wir werden hören und dann tun", mit der Idee radikaler zwischenmenschlicher Verantwortlichkeit, der Diakonie, wie Levinas sie in Jes 53, den sogenannten

Gottesknechtsliedern vorfindet. Die diesem Gedanken vorgeschaltete Passage Ex 24,7, also die Bereitschaft, Gott und seiner Weisung zu vertrauen, bereit zu sein, der Weisung zuerst zu entsprechen und sie erst dann kritisch zu befragen, stellt demnach einen Ausdruck des Vertrauens in die Güte von Gott und seiner Weisung dar.[2]

Aus dieser Konstellation heraus wird deutlich, worum es beim Projekt jüdischen Lernens geht; Hannah Arendt, die zwar jüdische, gleichwohl nicht aus jüdischen Quellen schöpfende Philosophin, hat das Problem, um das es geht, so artikuliert:

> Erziehen tun wir im Grunde immer für eine aus den Fugen geratene oder geratende Welt, denn dies ist die menschliche Grundsituation, in welcher die Welt von sterblichen Händen geschaffen ist, um Sterblichen für eine begrenzte Zeit als Heimat zu dienen. Weil die Welt von Sterblichen gemacht ist, nutzt sie sich ab; und weil sie ihre Bewohner dauernd wechselt, ist sie in Gefahr, selbst so sterblich zu werden wie ihre Bewohner.[3]

Das in der Antike seit dem 2. Jahrhundert u. Z., nach der Zerstörung des Zweiten Tempels und Jerusalems entstandene rabbinische Judentum, hat die oben genannten biblischen Impulse aufgenommen und zu einer eigenen Lebensform weitergebildet. Erst mit dem rabbinischen Judentum entsteht jene Religion, die heute als Judentum gilt und die sich in wichtigen Elementen von Glaube und Ritual des biblischen Israel, die Opferdienst zu ihrem Zentrum hatten, unterscheidet. An die Stelle des Altars trat der häusliche Tisch, an die Stelle mancher Opfer Gebete, an die Stelle des gesamten Kultus das Lernen der Heiligen Texte, also der Tora, der Propheten und – erst seit dem 2. Jahrhundert bekannt – der nun verschrifteten, Moses zugeschriebenen mündlichen Lehre, der Mischna.

Rabbinisches Judentum

Unterscheidungsmerkmal des ab dem 1. Jahrhundert u. Z. entstandenen rabbinischen Judentums – im Gegensatz zu anderen, die Zerstörung des Tempelstaates überlebenden jüdischen Strömungen[4] – war die Kanonisierung der Mischna, der „zweiten" Schrift, einer Sammlung von so in den fünf Büchern Moses nicht enthaltenen Weisungen und Erzählungen, die als bisher nur „mündlich" überlieferte Lehre galten; Weisungen, die jetzt, nach dem Verlust des politisch religiösen Zentrums des Tempelstaates schriftlich niedergelegt und kommentiert wurden. Ihre Sammlung und Kommentierung erfolgte an unterschiedlichen Orten – in Jabne, Uscha und Bet Schearim, also zunächst in Judäa, dann in „Palaestina", kurz darauf auch in der großen östlichen Diaspora, im sassanidischen Babylonien. (Siehe hierzu auch die Beiträge von Daniel Boyarin, S. 59, Elisa Klapheck, S. 81, Stefan Schreiner, S. 147, Liliana Feierstein, S. 99 und Charlotte Fonrobert, S. 173.)

---

2   Levinas, Emmanuel: Die Spur des Anderen, Freiburg 2007, S.224.

3   Arendt, Hannah: Zwischen Vergangenheit und Zukunft. Übungen im politischen Denken, München 1994, S. 273.

4   Neusner, Jacob: Das pharisäische und talmudische Judentum, Tübingen 1984.

Die Kommentierung der Mischna im Westen, in Galiläa, wurde Ende des 2. Jahrhunderts vollendet und gilt als „Jerusalemer Talmud", während Deutung und Kommentierung von Tanach und Mischna im Osten, in Babylonien, erst im frühen 6. Jahrhundert abgeschlossen wurden und seither als „Babylonischer Talmud" gelten.

In der späten Antike waren diese rabbinischen Akademien,[5] die Tora und Mischna kommentierten, auslegten und damit aktualisierten, sowohl im römischen als auch im neupersischen Reich nicht nur philosophisch-religiöse Lehreinrichtungen,[6] sondern auch Körperschaften politischer Herrschaft; abhängig zwar von den Rahmenbedingungen des römischen und neupersischen Reiches, aber doch im Sinne einer begrenzten politischen Selbstverwaltung[7] für lokale Gemeindeorganisation und niedere Gerichtsbarkeit zuständig und tätig. Im römischen und im neupersischen[8] Reich waren die Versammlungen der Rabbinen sowohl studierende Akademie, legislative Körperschaft als auch Exekutivorgan, wobei die exekutive Rolle von einzelnen Personen, in aller Regel gleichsam adlige, hochgestellte Männer, wahrgenommen wurde. So waren das im Westen,[9] im römischen Reich, Abkömmlinge vornehmer Gelehrtengeschlechter, die die Funktion eines „Patriarchen" dynastisch einnahmen und auch von der römischen Zentralmacht anerkannt wurden. Als wohlhabende Grundbesitzer und Bewirtschafter großer, landwirtschaftlich genutzter Ländereien sowie als Besitzer von Handelsflotten konzentrierten sich bei ihnen theologische Deutungshoheit, politischer Einfluss und ökonomische Macht. Die westlichen Patriarchen waren zudem bemüht, bei der Festlegung des Kalenders, der Jurisdiktion für die Festtage und des Sammelns von Spenden die Anerkennung der Diasporagemeinden zu erhalten – vergleichbar jenem Prinzip, nach dem noch heute der Apostolische Stuhl in Rom die Maßgaben für alle Katholiken festlegt.

Im Osten, in Persien, ist die Institution eines „Exilarchen", der vom persischen Königshaus förmlich anerkannt wurde, ab dem 3. Jahrhundert u. Z. belegt.[10] Jüdisches Leben in Persien konzentrierte sich vor allem in den Städten Sura und Pumpadita. Die politische Funktion des Exilarchen lag vornehmlich in seiner juristischen Autorität über die jüdischen Einwohner des Sassanidenreichs. Ohne in Fragen des Strafrechts kompetent zu sein, waren die vom Exilarchen eingesetzten Richter zuständig für das Zivilrecht, die Marktaufsicht, Erb- und Schuldfragen sowie über das Familien- und Scheidungsrecht. Anders als die Patriarchen der in Palästina befindlichen jüdischen Gemeinschaft waren die persischen Exilarchen jedoch nicht auf das Engste mit dem rabbinischen Gelehrten verbunden, was oft zu heftigen Spannungen führte. Massive Konflikte löste u. a. das Begehren der Rabbinen aus, von der allen Juden auferlegten Kopfsteuer befreit zu werden. Spätere Konflikte der Exilarchen mit dem sassanidischen Königshaus schwächten die Institution zusätzlich, bis sie zu Beginn des 6. Jahrhunderts, nur wenige Jahre vor der Eroberung Persiens durch die Araber, in den Dokumenten nicht mehr belegt sind.

---

5   Urbach, Ephraim E.: The Sages: The World and Wisdom of the Rabbis of the Talmud, Boston 2006.

6   Boyarin, Daniel: Socrates and the Fat Rabbis, Chicago 2009.

7   Neusner, Jacob: Rabbinic Political Theory: Religion and Politics in the Mishna, Chicago 1991.

8   Ders.: Israel and Iran in Talmudic Times: A Political History, London 1986.

9   Alon, Gedaliah: The Jews in their Land in the Talmudic Age, Boston 1989.

10   Neusner: Rabbinic Political Theory.

Im römischen Reich waren die in Galiläa gelegenen Akademien mitsamt ihrer politisch-geistlichen Führung, dem Patriarchen, trotz der einen oder anderen Einschränkung – etwa bei der Beschneidung und Konversion von Nichtjuden – als *religio licita*, als lizenzierte Religion anerkannt, die – als einzige – das Privileg besaß, nicht dem Kaiser opfern bzw. ihm als Gott Steuern entrichten zu müssen; ein Privileg, das erst dann beendet wurde, als unter Konstantin das Christentum zur Staatsreligion erhoben wurde.

Für das Verhältnis von Judentum, Bildung und Erziehung, von Judentum als „lernender Religion" bedeutet das nichts anderes, als dass es die rabbinischen Akademien waren, die die biblischen Anregungen zu einer neuartigen Form der Religion umbildeten und festigten. Vergleichbare Entwicklungen sind für das Christentum vor der Reformation ebenso unbekannt wie für den Islam. Der klassische Text hierzu stammt aus der Mischna, es handelt sich um den Traktat *„Avot"*, übersetzt „Die Sprüche der Väter", ein Text, der eine lückenlose Sukzession der Überlieferung von Moses am Sinai bis zur damaligen Gegenwart behauptet. Dort ist als erstes zu lesen:

> Mose empfing die Tora auf dem Sinai, überlieferte sie Jehoshua, Jehoshua den Ältesten, die Ältesten den Propheten und die Propheten überlieferten sie den Männern der großen Synode. Diese sprachen drei Dinge aus: Seid bedächtig beim Rechtsprechen, bildet viele Schüler aus und errichtet einen Zaun um die Tora.

Dem Imperativ, viele Schüler auszubilden, entsprach der komplementäre Imperativ, sich einen Lehrer zu suchen – so heißt es einige Verse später: Sodann: „[…] Jehoshua b. Perachja sprach: Schaffe dir einen Lehrer und erwirb dir einen Kollegen. Beurteile jeden Menschen nach der guten Seite."[11]

Vers XV der „Sprüche der Väter" zitiert dann Schammai, der sagte: „Mache dein Torastudium zur ständigen Beschäftigung […]." Ideal des Lebens ist also die Gelehrsamkeit – wobei den Rabbinen durchaus bewusst war, dass man vom Studium allein nicht sein Leben fristen konnte. Das formulierte niemand genauer als der Sohn des galiläischen Patriarchen Jehuda ha-Nasi (des Fürsten), Rabbi Gamliel, von dem folgender Ausspruch überliefert ist: „Schön ist das Torastudium mit weltlichem Tun verbunden, denn die auf beides verwandte Mühe lässt die Sünde in Vergessenheit geraten, aber das Torastudium ohne Lebenserwerb wird endlich zunichte und zieht Sünde nach sich."[12]

Die Rabbinen sowohl Galiläas als auch Babyloniens beließen es freilich nicht bei den Aufforderungen an die Individuen, sondern waren an der Errichtung eines regelrechten Bildungssystems interessiert. Im Jerusalemer Talmud, Traktat Chag 7,76c wird eine Ortschaft beklagt, die keine Lehrer anstellen wollte:

> R. Judan Nesian sandte R. Chijja und R. Assi und R. Ammi aus, sie sollten durch die Ortschaften des Landes Israel ziehen und dort Bibel- und Mischnalehrer einsetzen. Sie kamen in einen Ort und fanden

---

11   bAv VI.

12   bAv II,ii.

dort weder einen Bibel- noch einen Mischnalehrer. Da sagten sie zu den Ortsbewohnern: ‚Bringt uns die Hüter des Ortes.' Da brachten sie ihnen die Wachleute des Ortes. Doch sie entgegneten: ‚Das sind doch nicht die Hüter des Ortes, sondern Vernichter des Ortes.' Da fragten sie: ‚Wer sind dann die Hüter des Ortes'? Sie antworteten: ‚Bibel- und Mischnalehrer. Denn so steht geschrieben: ‚Wenn nicht der Herr das Haus erbaut' (Ps 127,1).[13]

Die Errichtung eines Schulsystems war eine der vornehmsten Aufgaben der rabbinischen Höfe in Galiläa und Babylonien – so lobte Rabbi Jehuda einen Mann namens Jehoschua ben Gamala dafür, dass ohne ihn die Tora in Israel in Vergessenheit geraten wäre:

Früher lernte jemand, der noch einen Vater hatte, von diesem Tora; wer keinen Vater mehr hatte, lernte nicht Tora. Wie legten sie aus? ‚Ihr sollt sie lehren (Dtn 11,19) – ihr selbst sollt sie lehren.' Dann ordnete man an, Kinderlehrer in Jerusalem einzusetzen. Wie legten sie aus? ‚Denn von Zion geht die Tora aus.' (Jes 2,3) Und noch immer war es so: Wer einen Vater hatte, den brachte dieser hinauf und ließ ihn lernen. Da ordnete man an, in jedem Bezirk [Lehrer] einzusetzen, und ihnen [die Jugendlichen] im Alter von sechzehn oder siebzehn Jahren zu bringen. Wenn nun der Lehrer sich über einen Schüler ärgerte, rebellierte dieser und lief davon. Schließlich kam Jehoschua ben Gamala und ordnete an, Kinderlehrer in jedem Bezirk und in jeder Stadt einzusetzen und ihnen die Kinder im Alter von sechs oder sieben Jahren zu bringen.[14]

Freilich war das rabbinische Bildungswesen von Anfang mit einem Problem konfrontiert, das die Geschichte der jüdischen Bildung bis weit ins 19., ja sogar 20. Jahrhundert begleiten sollte – der Umstand nämlich, dass das rabbinische Judentum als patriarchalische Religion Frauen und Mädchen vom Lernen ausschloss. So heißt es in einem rabbinischen Kommentar:

Und ihr sollt sie eure Söhne lehren. Eure Söhne und nicht eure Töchter – Worte des R. Jose b. Aqiba. Von daher sagten sie: Sobald ein Knabe zu sprechen beginnt, spricht sein Vater mit ihm in der heiligen Sprache und lehrt ihn Tora. Spricht er nicht mit ihm in der heiligen Sprache und lehrt ihn nicht Tora, so ist es, als ob er ihn begraben würde.[15]

Frauen und Lernen

Ein höheres Leben, so geht aus diesem Text hervor, können nur Männer anstreben, Frauen ist nach dem Glauben der meisten Rabbiner eine andere Aufgabe in der göttlichen Schöpfungsordnung zugewiesen. Allerdings: Der Talmud überliefert auch das Aufbegehren von Frauen wider diese Auslegung, berichtet von Rebellionen gegen diese patriarchalische Ordnung sowie

---

13 Stemberger, Günter: Das klassische Judentum. Kultur und Geschichte der rabbinischen Zeit, München 1979, S. 109.
14 bBB21a, zitiert in ebd., S. 108.
15 Zitiert in ebd., S.107.

von Frauen, die es an Gelehrsamkeit und Streitbarkeit mit den schärfsten rabbinischen Geistern aufnahmen (siehe hierzu auch den Beitrag von Tamara Or, S. 255).

Besonders bekannt wurde eine Frau namens Berurja. Anfang des 2. Jahrhunderts geboren, galt sie, die mit einem der Begründer der mischnischen Tradition verheiratet war, als gelehrtes Genie: „Berurja" so wurde von ihr erzählt, „prägte sich an einem Tag 300 Traditionen von 300 Meistern ein und brauchte mehr als drei Jahre, um sie zu studieren [...]"[16] Die Traditionen von Berurja zeichnen in aller Kürze das Bild einer komplexen, individuellen und intellektuellen Person. Eine andere Frau, Jalta, Tochter eines im späten 3. Jahrhundert in Babylonien lebenden Gemeindeoberhaupts, wurde als streitlustige Kritikerin der schon damals ultraorthodoxen Rabbinen bekannt, die Frauen aufgrund der Reinheitsvorschriften aus der Gesellschaft ausgrenzten.[17] Als bei einem Mahl der ultraorthodoxe Gelehrte Ulla von Jaltas Vater aufgefordert wurde, seiner Tochter den Becher zu geben, über den er den Weinsegen gesprochen hatte (da ja schon die Leibesfrüchte der Frauen nicht durch sie selbst, sondern nur durch den Mann gesegnet seien), ging sie in den Weinkeller des Hauses und zerbrach vierhundert Krüge. Auf versöhnliche Äußerungen anderer rabbinischer Gäste, ob dieser zerstörerischen Handlung, antwortete sie nur mit dem Schmähruf: „Gerede von Fahrenden, Schande von Lumpen." Jalta unterbreitete zudem Rabbinen offen Fragen über ihre Monatsblutungen. So hielt sie dem berühmten Rabbi Nachman entgegen:

Beachte, dass die Tora uns für alles Verbotene einen Ausgleich gestattet: Wir dürfen kein Blut essen, aber Leber ist erlaubt. Wir haben keinen Verkehr während der Menstruation, aber nach der Geburt [...] Der Verkehr mit einer Verheirateten ist verboten, aber mit einer Geschiedenen zu Lebzeiten des früheren Mannes erlaubt. Die Brudersfrau ist verboten, aber die Ehe mit seiner Witwe erlaubt. Nichtjüdinnen sind verboten, aber die schöne Kriegsgefangene ist erlaubt. Ich habe Appetit auf Fleisch mit Milch – wo ist der Ausgleich?

Die vor allem von Männern besuchten Akademien des rabbinischen Judentums in Galiläa, also im Römischen Reich, sowie in Babylonien mussten am Ende der Antike ihre Arbeit einstellen: Im byzantinisch beherrschten Palästina endete das rabbinische Patriarchat im frühen 5. Jahrhundert,[18] während die rabbinischen Akademien im neupersischen Reich noch bis zur Eroberung des Sassanidenreichs durch die muslimischen Araber weiter existierten.[19]

---

16   bPes 62b.
17   http://jwa.org/encyclopedia/article/yalta, letzter Zugriff: 11.05.2017.
18   Avi-Yonah, Michael: Geschichte der Juden im Zeitalter des Talmud. In den Tagen von Rom und Byzanz, Berlin 1962, S. 227 f.
19   Neusner: Israel and Iran, S. 245.

Mittelalter

Mit dem Ende der Antike, mit der Spaltung der Territorien des ehemaligen Römischen Reiches
in einen christlichen Westen und einen islamischen Osten wurden die jüdische Welt und ihre
Gelehrsamkeit gespalten. Während die im Westen, in Aschkenas lebenden Juden (nachgewiesen
seit dem 3. Jahrhundert) mit ihren Gemeinden allenfalls die Bibel, das „Alte Testament" – und
auch dies nur in griechischer Sprache – kannten,[20] wurden biblische und talmudische Kenntnisse im islamischen Einzugsbereich auch ohne Existenz förmlicher Akademien weiter gepflegt.
Erst im 11. Jahrhundert erreichten die talmudischen Schriften und die hebräische, masoretische Bibel auch das in Aschkenas, auf dem Gebiet des heutigen Frankreich, Deutschland und
Polen lebende Judentum und führten zum Wiederaufblühen jüdischer Gelehrsamkeit[21] (siehe
hierzu auch den Beitrag von Sina Rauschenbach, S. 111). Kurz vor den ersten Kreuzzügen
(1096) sind aus Italien sowie aus den jüdischen Gemeinden am Rhein Gelehrte bekannt, die
nicht nur talmudische, rabbinische Responsen, sondern auch aus der Fülle der Überlieferung
schöpfende Bibelkommentare schufen – vor allem „Raschi": Rabbi Schlomo ben Isaac aus
Troyes (1040–1105), dessen Bibelkommentar noch heute beinahe kanonische Geltung besitzt.
Die damals in Aschkenas verbreitete Bildungspraxis der jüdischen Gemeinden wurde auch von
christlichen Gelehrten wahrgenommen: Ein Schüler von Peter Abaelard (1079–1142) hob an
den Juden hervor, dass sie – im Unterschied zu den Christenmenschen – so viele ihrer Söhne
wie möglich zum gelehrten Unterricht schickten, mehr noch: sogar ihre Töchter.[22] Freilich war
auch dieser Unterricht nicht kostenlos, sodass sich viele Äußerungen jener Zeit mit der Frage
befassen, ob wohlhabendere jüdische Familien die Kinder ärmerer Familien aus Wohltätigkeit
beim Lernen unterstützen sollten. Damals bildete sich der Beruf des Lehrers (*„Melamed"*) aus,
dessen Aufgabe es war, Kindern zunächst die Buchstaben, dann die Wörter, schließlich die
Verse der Bibel und endlich die Wochenabschnitte, schließlich die Mischna und endlich den
Talmud beizubringen. Mehrere Schriften, etwa das *„Sefer Chassidim"* aus dem hohen Mittelalter widmen sich der Frage, ob und in welchem Maß sich Väter Kindern auch leiblich zuwenden sollten. Institutionen des höheren Lernens aber, jenseits häuslicher Unterweisung, waren
im aschkenasischen Mittelalter, anders als in der späten Antike, keine öffentlichen, sondern
private Institutionen. Im Westen dagegen, in Spanien, in „Sefarad", wurden „Jeschiwot" von
den Gemeinden unterhalten. Zumal das 13. Jahrhundert erwies sich als Blütezeit „tosafistischer"
(d. h. den Talmud und die Tora „ergänzend" kommentierender) Akademien. Bei alledem war
klar, dass Studium und Lernen die höchsten Werte jüdischen Lebens darstellten. Das *„Sefer
Chassidim"*, wahrscheinlich im späten 12. Jahrhundert von Juda ben Samuel aus Regensburg
verfasst, postuliert etwa:

---

20   Mendels, Doron; Edrei, Arye: Zweierlei Diaspora. Zur Spaltung der antiken jüdischen Welt (Toldot),
     Göttingen 2010.
21   Fishman, Talya: Becoming the People of the Talmud: Oral Torah as Written Tradition in Medieval Jewish
     Cultures, Philadelphia 1985.
22   Kanarfogel, Ephraim: Jewish Education and Society in the Middle Ages, Detroit 1992, S. 16.

Wenn jemand kein Toragelehrter und auch nicht dem Studium gewidmet ist, sein Bruder aber ein Gelehrter ist, dann ist es für den ungebildeten Bruder besser, geschäftlich aktiv zu sein, um seinen Bruder zu unterstützen, auf dass er lernen kann. Und wenn ein Bruder reich, aber kein Gelehrter und vergesslich ist, der andere Bruder jedoch ein Gelehrter, dann – wenn der Gelehrte zum reichen Bruder sagt: ‚Gib mir Mittel, damit ich zurückzahlen kann‘ und der reiche Bruder wünscht, seinen gelehrten Bruder zu unterstützen, so sollte er dem Gelehrten kein Geld geben, damit dieser nicht von den Studien ablässt.[23]

Die Blütezeit jüdischen Lernens in Aschkenas wurde durch die mit den ersten Kreuzzügen einsetzenden Judenverfolgungen abgebrochen. Die im Heiligen Römischen Reich und den deutschen Reichsstädten spätestens im 14. Jahrhundert einsetzende Pogrom- und Vertreibungs-welle[24] (das geschah früher und anders bereits in Frankreich und England) führte zu einem Niedergang jüdischen Lebens und einer Wanderung von Juden nach Osten, nach Polen und Litauen. In Aschkenas blieb nur eine arme, allenfalls von etwas Handwerk, Handel und Geld-geschäften lebende jüdische Minderheit übrig – eine Minderheit, für die es aufgrund ihrer bedrängten sozialen Lage, die dauerhafte Perspektiven nicht eröffnete, immer schwerer wurde, dem Ideal des lebenslangen Tora- und Talmudstudiums nachzukommen. Doch blieben viele Familien auch unter diesen Bedingungen dem Ideal eines auf Lernen ausgerichteten Lebens treu, wenn auch unter schwersten Bedingungen: Knaben wurden bereits im Alter von drei Jahren zu einem *Melamed* in eine Lernstube (Cheder) gegeben, wo sie durch einen aus heutiger Sicht nur als Paukdrill zu bezeichnenden Unterricht zumindest mit den Grundlagen des Betens und des hebräischen Lesens vertraut gemacht wurden.

Haskala

Dies war die Situation, die die jüdischen Gemeinschaften von den deutschen Ländern bis nach Polen und Litauen prägte, was nicht ausschließt, dass in einzelnen Ländern immer wieder herausragende Gelehrte bekannt wurden. Leitbild dieser Erziehungspraxis war der „*Talmid Chacham*", der „weise Schüler", der im besten Falle seine Lehrer in der Kenntnis von Talmud und Tora übertraf. So schreibt Rabbi Nathan Hannover im 17. Jahrhundert über jüdische Schulen in Polen und Litauen:

Die Gelehrten und die Jugend, wie überhaupt alle wissensdurstigen Männer, versammeln sich oft im Lehrhaus, um dem von seinen Freunden und Schülern umgebenen Jeschibahaupt zu Füßen zu sitzen. Jedermann darf dem Rosch-Jeschiba irgendeine schwierige talmudische Frage vorlegen, auf die er dann bereitwillig in ausführlicher Weise einzugehen pflegt. Darauf lässt er ein akademisches Kolleg über Halacha folgen, in dem er seine eigene Auffassung zum Ausdruck bringt. Nach der Vor-lesung kommt die Reihe an den Chiluk, der im Wesentlichen in Folgendem besteht: Es werden ver-

---

23 Vgl. ebd., S. 97 [Übersetzung MB].
24 Graus, František: Pest – Geißler – Judenmorde. Das 14. Jahrhundert als Krisenzeit, Göttingen 1987.

schiedene einander widersprechende Stellen aus dem Talmud oder aus den Kommentaren zu diesem gegenübergestellt, dann diese Widersprüche durch andere Zitate behoben, in diesen neu angeführten Stellen aber wiederum Widersprüche entdeckt, um ihrerseits durch Berufung auf neue Stellen überbrückt zu werden und so weiter, bis die erörterte Frage endgültig geklärt ist.[25]

Dieser Blüte jüdischen Lernens in Mittelosteuropa entsprach nur wenig im westlichen Aschkenas. David Friedländer, ein Freund und Schüler Immanuel Kants sowie Moses Mendelssohns,[26] schrieb im Jahre 1799 an einen Freund:

> Wir sind von jüdischen Eltern geboren, und in der jüdischen Religion erzogen. Unsere Erziehung hatte nichts Auszeichnendes vor der Erziehung anderer Genossen [...] Vom frühen Morgen bis in die späte Nacht hat er entweder gewisse religiöse Handlungen zu beachten oder aufzumerken, ob er nicht gegen Vorschriften verstößt [...] Es ist für ein denkendes Wesen nichts Demütigenderes, als dieser ewige Zustand der Unmündigkeit; ewig, statt auf vernünftige Gründe über sein Verfahren zu geben, sich auf Autoritäten des Gesetzes berufen zu müssen.[27]

Auf diese Situation jüdischer Bildung und Erziehung reagierte in den deutschen Ländern die jüdische Aufklärung, die „Haskala". Das hebräische Substantiv fußt auf derselben sprachlichen Wurzel wie der hebräische Ausdruck für Verstand „Sechel".[28] Neuere Forschungen haben freilich nachgewiesen, dass der Erneuerung jüdischer Bildung und Erziehung im 18. Jahrhundert bereits eine Phase von rationaler, auch philologisch orientierter neuer Bildungsideen, vor allem im sefardischen Bereich, namentlich in Italien, voranging.[29]

Leitfigur dieser vor allem, aber nicht nur, in den deutschen Ländern entstehenden Bewegung war Moses Mendelssohn, dessen Beitrag für eine Erneuerung jüdischer Bildung und jüdischen Lernens nicht hoch genug eingeschätzt werden kann. Geboren im Jahr 1729 in Dessau als Sohn eines Gemeindeschreibers und Lehrers erhielt Mendelssohn von seinem Vater eine gründliche Erziehung in Hebräisch und Aramäisch und soll bereits als Zehnjähriger vorzügliche Talmudkenntnisse besessen haben. Im Alter von zehn Jahren wurde er Schüler des Dessauer Oberrabbiners David Fränkel und folgte diesem 1742 nach Berlin in eine dort neu gegründete Talmudschule. Mendelssohn eignete sich in diesen Jahren autodidaktisch Latein sowie Englisch und Französisch an – ebenso wie die damals aktuellen philosophischen Schriften, etwa von John Locke oder Leibniz. 1750 zum Hauslehrer einer wohlhabenden jüdischen Familie bestellt, machte er in den 1750er Jahren die Bekanntschaft Gotthold Ephraim Lessings, mit dem

---

25   Die jüdischen Schulen Polens und Litauens, in: Höxter, Julius (Hg.): Quellentexte zur jüdischen Geschichte und Literatur, Wiesbaden 2009, S. 406 f.

26   Schoeps, Hans-Joachim: David Friedländer. Freund und Schüler Moses Mendelssohns, Hildesheim; Zürich; New York 2012.

27   Friedländer, David: Sendschreiben, in: Kobler, Franz (Hg.): Juden und Judentum in deutschen Briefen aus drei Jahrhunderten, Königstein/Ts. 1984, S. 123.

28   Schulte, Christoph: Die jüdische Aufklärung. Philosophie, Religion, Geschichte, München 2002.

29   Ruderman, David B. (Hg.): Preachers of the Italian Ghetto, Berkeley; Los Angeles; Oxford 1992; ders.: Early Modern Jewry: A New Cultural History, Princeton; Oxford 2010.

er nicht nur befreundet war, sondern dem er auch als Vorbild für die Gestalt des „Nathan des Weisen" diente. Es war Mendelssohn, der im Jahr 1778 die von David Friedländer und Isaac Daniel Itzig gegründete „Freischule" unterstützte und an der Abfassung des dort verwendeten Lesebuchs mitwirkte. Mendelssohn war als Autodidakt das gleichsam lebende Beispiel für die Kraft autonomer Vernunft und selbstverantworteter Aufklärung und somit ein gesuchter Diskussions- und Gesprächspartner in den aufgeklärten Kreisen Berlins. Als jüdisches Mitglied vieler aufgeklärter Gesellschaften musste er 1770 auf die Provokationen des reformierten Schweizer Pfarrers Johann Caspar Lavater antworten, der ihn aufforderte, entweder zum Christentum überzutreten oder den christlichen Glauben zu widerlegen. 1784 verfasste er – vor Kant – in der *Berlinischen Monatszeitschrift* einen viel beachteten Beitrag zur Frage „Was ist Aufklärung?". Mit seiner Frau Fromet Guggenheim hatte er zehn Kinder, von denen sechs die Erwachsenenjahre erreichten (siehe hierzu auch die Beiträge von Julius H. Schoeps, S. 289 und Christoph Schulte, S. 317).

Die Erneuerung des jüdischen Bildungswesens in den deutschen Ländern, vor allem in Preußen und Österreich, war sowohl den Regierungen des aufgeklärten Absolutismus als auch dem Willen erfolgreicher jüdischer Familien geschuldet, die zwar die Tradition bewahrten, aber geistig auch auf der Höhe der Zeit waren.[30] Entsprechend kannte das erneuerte jüdische Bildungswesen zum einen praktische Reformprojekte – „Freischulen" – zum anderen auch neue Programmatiken. Die bedeutendste Programmschrift eines erneuerten jüdischen Lernens stammt aus der Feder des als Naphtali Herz Weisel geborenen Hartwig Wessely (1725–1805), dessen im Jahre 1782 auf Hebräisch publizierte Schrift *„Dibrej shalom ve emet" (Schriften der Wahrheit und des Friedens)* zum ersten Mal nicht nur theologische, sondern auch säkulare Studien für das jüdische Bildungswesen einforderte.[31] Von traditionellen Rabbinen scharf angegriffen, wurden diese und ähnliche Programmschriften gleichwohl von immer mehr jüdischen Gemeinden übernommen und zur Grundlage eigener Schulgründungen – etwa in Frankfurt am Main[32] – gemacht. Diese widmeten sich einerseits gezielt einer Hebung des Bildungsniveaus vor allem ärmerer jüdischer Knaben,[33] andererseits waren sie aber auch an einer multikonfessionellen Schülerschaft im Geiste der Aufklärung interessiert.

Diese zunehmend reformjüdische Erziehungspraxis provozierte schließlich reaktiv die Entstehung eines neoorthodoxen Erziehungswesens, das in der Tradition von Samson Rafael Hirsch gemäß dem Wahlspruch *„Tora im derech Eretz"*[34] („Tora auf den Wegen der [modernen] Welt") ein traditionsbewusstes, liturgisch und lebenspraktisch unverkürztes Judentum mit zeitgemäßer

---

30 Eliav, Mordechai: Jüdische Erziehung in Deutschland im Zeitalter der Aufklärung und Emanzipation, Münster 2001.

31 Behm, Britta L.: Moses Mendelssohn und die Transformation der jüdischen Erziehung in Berlin, Münster 2002, S. 220–235; vgl. zu Wesselys anderen pädagogischen Programmschriften auch Lohmann, Ingrid; Lohmann, Uta (Hg.): „Lerne Vernunft!" Jüdische Erziehungsprogramme zwischen Tradition und Modernisierung. Quellentexte aus der Zeit der Haskala, 1760–1811, Münster 2005, S. 44–55, S. 101–106.

32 Das Philanthropin zu Frankfurt am Main. Dokumente und Erinnerungen, Frankfurt/Main 1964; Hopp, Andrea: Jüdisches Bürgertum in Frankfurt am Main im 19. Jahrhundert, Stuttgart 1997, S. 253–281.

33 Eliav: Jüdische Erziehung, S. 91–182.

34 Breuer, Mordechai: Jüdische Orthodoxie im Deutschen Reich 1871–1918. Die Sozialgeschichte einer religiösen Minderheit, Frankfurt/Main 1986.

beruflicher Bildung[35] und – nicht zuletzt – mit einer bewusst auf die Gegenwart des Kaiserreiches[36] zielenden Mädchenerziehung verband. Auch und zumal in der jüdischen Erwachsenenbildung erwiesen sich die Jahre der Weimarer Republik als eine Blütezeit.[37]

Der Nationalsozialismus beendete diese Phase jüdischer Erziehung in all ihrer Vielfalt schlagartig. Während in den ersten Jahren des NS-Regimes jüdische Schülerinnen und Schüler von den öffentlichen Schulen verwiesen wurden,[38] entstand ein jüdisches Schul- und Erziehungswesen, das sowohl für Schülerinnen und Schüler als auch für Erwachsene als eine Art „Aufgang im Untergang" (Ernst Simon) wie auch als eine Form des Widerstands gelten konnte.[39] Tatsächlich fand jüdische Erziehung auch unter den widrigsten Bedingungen – in Ghettos, Konzentrations- und Vernichtungslagern statt.[40] Für all diese mutigen Formen geistigen Widerstands steht vor allem der Name von Janusz Korczak.[41]

Das Wiedererstehen jüdischen Lebens in Europa[42] und in den beiden deutschen Staaten[43] führte vor allem in der unmittelbaren Nachkriegszeit zu neuen Formen auch traditionellen jüdischen Lernens in den DP-Camps,[44] in der Bundesrepublik Deutschland zum Wiederaufbau der Gemeinden, der Einrichtung von jüdischem Religionsunterricht und sogar der Neu- und Wiedergründung jüdischer Schulen, etwa in Frankfurt am Main[45] und Berlin.[46]

Das jüdische Erziehungswesen der Gegenwart lässt sich weltweit in zwei Entwicklungen unterteilen: auf der einen Seite Israel,[47] auf der anderen die Diaspora, vor allem die USA.[48] Dies hingegen sind Themen, die diesen Beitrag sprengen würden und jeweils einer eigenen Behandlung würdig sind.

---

35 Eliav: Jüdische Erziehung, S. 291–307.

36 Ebd., S. 360 f.; Kaplan, Marion: Geschichte des jüdischen Alltags in Deutschland, München 2003, S. 258–277.

37 Brenner, Michael: Jüdische Kultur in der Weimarer Republik, München 2000, darin: Die Lehrhaus-Bewegung, S. 81–113 sowie Kaplan: Geschichte des jüdischen Alltags, S. 371–387.

38 Ortmeyer, Benjamin: Schulzeit unterm Hitlerbild, Frankfurt/Main 1996.

39 Walk, Joseph: Jüdische Erziehung als geistiger Widerstand, in: Paucker, Arnold (Hg.): Die Juden im nationalsozialistischen Deutschland, Tübingen 1986, S. 230–248: Daxner, Michael: Die Private Jüdische Waldschule Kaliski in Berlin 1932–1939, in: ebd., S. 249–258.

40 Kasperová, Dana: Erziehung und Bildung der jüdischen Kinder im Protektorat und im Ghetto Theresienstadt, Bad Heilbrunn 2014.

41 Aus der Fülle der Literatur: Beiner, Friedhelm: Janusz Korczak. Themen seines Lebens. Eine Werkbiographie, Gütersloh 2011.

42 Wasserstein, Bernard: Europa ohne Juden. Das europäische Judentum seit 1945, Köln 1999.

43 Brenner, Michael: Nach dem Holocaust. Juden in Deutschland 1945–1950, München 1995.

44 Wetzel, Juliane; Königseder, Angelika: Lebensmut im Wartesaal. Die jüdischen DPs (Displaced Persons) im Nachkriegsdeutschland, Frankfurt/Main 1994.

45 http://lichtigfeld-schule.de/was-sie-ueber-uns-wissen-sollten/die-geschichte-der-i-e-lichtigfeld-schule/, letzter Zugriff: 11.05.2017.

46 http://josberlin.de/top/ueber-uns/geschichte-der-schule/, letzter Zugriff: 11.05.2017.

47 Schröder, Bernd: Jüdische Erziehung im modernen Israel. Eine Studie zur Grundlegung vergleichender Religionspädagogik, Leipzig 2000.

48 Drachler, Norman (Hg.): A Bibliography of Jewish Education in the United States, Detroit 1996.

Antijudaismus/Antisemitismus

Stefanie Schüler-Springorum

Antisemitismus und Jüdische Studien

„Der Antisemitismus ist widerlich. Um ihn zu erkennen, bedarf es keines großen intellektuellen Aufwands".[1] Diesem Diktum des Soziologen Detlev Claussen, dem wir zentrale Arbeiten zum Thema verdanken, der die Bezeichnung „Antisemitismusforscher" für sich jedoch vehement ablehnen würde, ist eigentlich wenig hinzuzufügen. Und vermutlich stimmen ihm viele Kollegen und Kolleginnen aus den Jüdischen Studien insgeheim zu: Antisemitismus ist *gojim naches,* er wird „irgendwie" als gegeben vorausgesetzt und man analysiert lediglich die vielfältigen, kollektiven wie individuellen, religiösen und kulturellen, politischen oder auch psychologischen Reaktionen von jüdischer Seite. Im Grunde gilt seine Erforschung nicht als Thema der Jüdischen Studien *in it's own right,* sondern als Teil der allgemeinen Geschichte. Obgleich einige bedeutende Kollegen, wie Shulamit Volkov oder Reinhard Rürup, sich bewusst mit beidem, mit jüdischer Geschichte *und* mit der Geschichte des Antisemitismus beschäftigt haben, sind dies, zumindest aus Sicht der Jüdischen Studien, bis heute deutlich getrennte Forschungsfelder. Gleichzeitig aber ist auch die Antisemitismusforschung, ähnlich den Jüdischen Studien, keineswegs eine klar begrenzte wissenschaftliche Disziplin, ja streng genommen noch nicht einmal ein „Fach", sondern vielmehr ein Gegenstand, dem sich viele verschiedene Disziplinen – u. a. Theologie, Soziologie, Geschichte, Psychologie, Literatur- und Kulturwissenschaft – unter ganz unterschiedlichen Perspektiven und, je nach akademisch-politischer Konjunktur, auch mit recht unterschiedlichem Enthusiasmus anzunähern versuchen.[2] Das 1982 gegründete und an der TU Berlin angesiedelte Zentrum für Antisemitismusforschung ist in Deutschland der einzige Ort, an dem man sich seit nunmehr über 30 Jahren gebündelt und interdisziplinär mit diesem Gegenstand beschäftigt und seit 2014 auch einen Masterstudiengang „Interdisziplinäre Antisemitismusforschung" anbietet. Diese thematische Konzentration ist aufgrund der Fächervielfalt sicher sinnvoll, zugleich muss es jedoch – auch hier eine Parallele zu den Jüdischen Studien – immer

---

1   Claussen, Detlev: Ist der Antisemitismus eine Ideologie? Einige klärende Bemerkungen, in: Globisch, Claudia; Pufelska, Agnieskza; Weiss, Volker (Hg.): Die Dynamik der europäischen Rechten. Geschichte, Kontinuitäten und Wandel, Wiesbaden 2011, S. 175–185, hier: S. 175.

2   Vgl. zur Antisemitismusforschung vor 1945: Hahn, Hans-Joachim; Kistenmacher, Olaf (Hg.): Beschreibungsversuche der Judenfeindschaft. Zur Geschichte der Antisemitismusforschung vor 1944 (= Europäisch-jüdische Studien Beiträge, Bd. 20), Berlin; München; Boston 2015; für einen allgemeinen Überblick: Bergmann, Werner; Körte, Mona (Hg.): Antisemitismusforschung in den Wissenschaften, Berlin 2004.

auch um die Integration der spezifischen Forschungsfragen und Erkenntnisse in die jeweiligen Disziplinen gehen. Dies ist keineswegs überall zufriedenstellend gewährleistet und unterliegt zudem den schon erwähnten wissenschaftlichen Moden und politischen Konjunkturen. Die Rolle der Antisemitismusforschung innerhalb der Jüdischen Studien variiert daher je nach Fach und Fragestellung: Für eine textkritische Talmudlektüre ist sie vermutlich weniger wichtig als für eine Geschichte der jüdischen Jugendbewegung, und eine kunsthistorische Abhandlung über illuminierte Handschriften kann eher auf sie verzichten als eine Biographie Bertold Auerbachs. Dennoch gilt, dass man überall dort nicht ohne sie auskommt, wo man jüdische Lebenswelten als Beziehungs-, gar Verflechtungsgeschichte beschreiben möchte – oder anders ausgedrückt: Man kann über den Antisemitismus zumindest theoretisch nachdenken, ohne vertiefte Kenntnisse der jüdischen Geschichte zu besitzen (auch wenn sich dies im Einzelfall gelegentlich negativ bemerkbar zu machen pflegt), nicht aber die jüdische Religion, Kultur und Geschichte ohne die beständige Auseinandersetzung mit der Judenfeindschaft ihrer jeweiligen Zeit verstehen.

Die Vielfalt der disziplinären wie theoretisch-methodischen Zugriffe, die den Reichtum der Antisemitismusforschung ausmachen, bedingen zugleich auch ihr vielleicht größtes Problem: Weder gibt es bis heute eine allgemein anerkannte Definition des Gegenstands, um den es eigentlich geht, noch eine Übereinkunft um dessen korrekte Bezeichnung: Antijudaismus, Antisemitismus, Judenfeindschaft, Judenhass? Meist einigt man sich auf recht generelle Umschreibungen eines historischen Phänomens, das zum einen „die Juden" als Gruppe konstruiert und ihnen negative Eigenschaften, Absichten und Handlungen unterstellt, wodurch sich zum anderen die eigenen feindlichen Haltungen und diskriminierenden Praktiken rechtfertigen lassen. Im deutlichen Gegensatz zu anderen xenophoben oder rassistischen Vorurteilen bzw. Zuschreibungen werden „Juden" jedoch nicht nur als fremd und minderwertig, sondern zugleich als (un-)heimlich mächtig phantasiert, als im Verborgenen beständig für die angestrebte Weltherrschaft konspirierend – hierin ähneln sie wiederum den „Freimaurern" und später den „Bolschewisten", so dass es sicher kein Zufall ist, dass diese Gruppen im faschistischen Weltbild des 20. Jahrhunderts schließlich in eins gesetzt wurden. Doch schon allein die Erwähnung dieser einen konkreten antisemitischen Denkfigur – der „jüdischen Weltverschwörung" – verweist auf ein weiteres Problem der Forschung: die Frage nach den Kontinuitäten oder Diskontinuitäten der Judenfeindschaft. Ist diese tatsächlich *The Longest Hatred,* wie der israelische Historiker Robert Wistrich sein Standardwerk zum Thema betitelte,[3] eine Aversion also, die sich über die Jahrhunderte zwar wandelte und den Zeitläufen anpasste, aber im Kern immer dieselbe geblieben ist? Oder geschieht auf dem immerhin 2000-jährigen Weg von der Antike über Mittelalter und Vormoderne zur Moderne, vom christlichen Antijudaismus zum rassistischen Antisemitismus nicht doch etwas, das sich vorsichtig als Transformation umschreiben ließe und dessen Phasen, ihr Beginn und Ende dann sogleich wiederum umstritten sind.[4] Die Verwirrung über Begriffe, Definitionen und Periodisierung sollte jedoch, dies wäre zumindest zu wünschen, weniger als Problem oder Kampflinie verstanden, sondern vielmehr als Herausforderung begriffen werden:

---

3   Wistrich, Robert Solomon: Antisemitism: The Longest Hatred, New York 1991.

4   Vgl. als letztes Beispiel einer eindrucksvollen Gesamtschau: Nirenberg, David: Anti-Judaismus. Eine andere Geschichte des westlichen Denkens, München 2015; zusammenfassend zur Diskussion: Nonn, Christoph: Antisemitismus, Darmstadt 2008, S. 10–16.

Ziel einer so verstandenen integrierenden Antisemitismusforschung wäre es dann, das jeweilige Forschungsthema möglichst genau zu beschreiben, es dabei nicht als isolierbares Substrat zu verstehen, sondern sorgfältig zu kontextualisieren und dabei immer auch die eigenen, aus den Diskussionen des 20. und 21. Jahrhunderts stammenden Vorstellungen in Frage stellen zu lassen.[5]

Christlicher (oder religiöser) Antijudaismus

Wie auch immer man Judenfeindschaft definiert, periodisiert und analysiert, einig ist man sich über ihre Ursprünge im religiösen Konflikt zwischen Juden und Christen, der zunächst ein innerjüdischer war und sich konkret um die Anerkennung Jesus als Messias drehte. Recht schnell jedoch wandelte sich dies in eine grundsätzliche Ablehnung der jüdischen Religion als Ganzes, wobei die bis in die Gegenwart anhaltende Ambivalenz darin besteht, dass sich beide Religionen auf denselben Ursprungstext als Teil der göttlichen Offenbarung beziehen, die Hebräische Bibel bzw. das „Alte Testament" (siehe hierzu auch die Beiträge von Daniel Boyarin, S. 59 und Joachim Valentin, S. 125). Aus dieser spirituellen Nähe und der daraus erwachsenen direkten Konkurrenz der beiden über einige hundert Jahre einzigen monotheistischen Religionen erklärt sich die Vehemenz der Abgrenzung seitens des antiken Christentums, das als Staatsreligion seit dem späten 4. Jahrhundert nicht nur ideologische, sondern auch weltliche Durchsetzungsmacht besaß, was sich nach und nach in einem, je nach Region und Zeit unterschiedlichen, diskriminierenden Sonderrecht für Juden im christlichen Herrschaftsbereich niederschlagen sollte. Von Anfang an wurde dieser religiöse Deutungskampf christlicherseits mit personalisierten Abwertungen zunächst der Priesterschaft, dann „der Juden" als Gruppe vorangetrieben: Deren Religion sei zum inhaltsleeren Ritual verkommen bzw. durch materielle Interessen entweiht („Pharisäer", Tempelreinigung), sie hätten sich geweigert, Jesus als den Messias anzuerkennen und an seiner Ermordung mitgewirkt, wodurch sie für immer gezeichnet seien („Sein Blut komme über uns und unsere Kinder."). Mit der Ausweitung des Christentums nach Zentraleuropa, also im Rahmen eines sich über mehrere Jahrhunderte erstreckenden, kriegerischen Prozesses der Eroberungen und Zwangsbekehrungen, sollte sich diese Abwehrhaltung zum einen ideologisch verfestigen, zum anderen um neue Motive anreichern, die nun zunehmend auch auf politische, soziale und ökonomische Spannungen reagierten. Eindeutig dem religiösen Bereich zuzuordnen sind die im Kontext der Debatten um die Transsubstantiationslehre im 12. Jahrhundert aufkommenden Blutvorwürfe der Hostienschändung und des Ritualmords, die, gerichtet an eine das Blut ausdrücklich tabuisierende Religion, überzeugend als Projektion bzw. „Übertragungsphänomen" bezeichnet worden sind. Das Bild der Juden als direkte und aktive Feinde der Christen findet sich weltlich gewandet in der im 12. Jahrhundert erstmals nachweisbaren Vorstellung von konspirativen Treffen jüdischer Gelehrter, auf denen der Kampf gegen die christliche Welt und den rechten Glauben in Wort (Talmud) und Tat vorbereitet würde. Von hier zur „Sündenbock"-Funktion war es dann beim Ausbruch von Seuchen

---

5   Engel, David: Away from a Definition of Antisemitism: An Essay in the Semantics of Historical Description, in: Cohen, Jeremy; Rosman, Moshe (Hg.): Rethinking European Jewish History, Oxford; Portland 2009, S. 30–53.

und anderen Krisen nicht mehr weit, wie sich für das 14. Jahrhundert belegen lässt, als man die Juden flächendeckend der Brunnenvergiftung beschuldigte, was schließlich zu Mord und Vertreibung und damit zur Zerstörung der mitteleuropäischen Gemeinden führen sollte. Direkt auf ökonomische Veränderungen reagierte schließlich der zunächst innerchristliche Vorwurf des Wuchers, der sich erst seit Beginn des 16. Jahrhunderts auf Juden zentrierte, nun aber die durch staatlich-religiöse Zwangsmaßnahmen nach und nach auf den Handel bzw. das Geldgeschäft beschränkte Minderheit zum bevorzugten Ziel der jeweils unter wirtschaftlichem Druck geratenen Bevölkerungsgruppen machen sollte.[6]

Die Tatsache, dass all diese Motive bis heute, ob direkt oder indirekt, Teil der antisemitischen Vorstellungswelt sind, ist auf den ersten Blick ein starkes Argument für die Anhänger der Kontinuitätsthese. Gleichwohl fehlen bislang überzeugende Untersuchungen, die diese Kontinuität nicht nur behaupten, sondern auch an den historischen Quellen nachweisen können.[7] Eine Ausnahme bildet die Idee einer „jüdischen Weltverschwörung“, deren Wandel vom Mittelalter in die Neuzeit Johannes Heil mit dem klaren Befund untersucht hat, dass es sich hier keineswegs um dasselbe, bruchlos durch die Jahrhunderte wandernde Phänomen handelt, sondern vielmehr um eine auf ganz unterschiedlichen Voraussetzungen aufbauende Vorstellung, die klar in ihren jeweiligen lebensweltlichen Zusammenhängen verankert ist.[8] Derselbe Autor betont jedoch, dass es umgekehrt auch im Spätmittelalter durchaus schon „protorassistische“ Facetten der Judenfeindschaft gegeben habe, die sich ikonographisch beispielsweise in typisierten Körperdarstellungen von Juden niederschlugen und in den „Blutreinheitsgesetzen“ der spanischen Inquisition wohl ihren deutlichsten Ausdruck gefunden haben.[9] Die um eben diese Zeit beginnende Spaltung der christlichen Kirche führte im 16. Jahrhundert zu keiner wesentlichen Erweiterung des antijüdischen Arsenals, was vermutlich vor allem darauf zurückzuführen ist, dass sich die christlichen Konfessionen in den folgenden 150 Jahren untereinander mit exzessiver Gewalt bekämpften. Die nach dem Ende des Dreißigjährigen Krieges einsetzende tendenzielle religiöse Duldsamkeit erstreckte sich zum Teil auch auf die jüdische Minderheit, die nun weniger als eine mit dem Antichristen im Bunde stehende existentielle Bedrohung, sondern als friedlich zu missionierende Zeugin der Heilsgeschichte in den Blickpunkt des christlichen Interesses geriet.

---

6   Vgl. Todeschini, Giacomo: Christian Perceptions of Jewish Economic Activity in the Middle Ages, in: Toch, Michael (Hg.): Wirtschaftsgeschichte der mittelalterlichen Juden. Fragen und Einschätzungen, München 2008, S. 1–16; zusammenfassend bei Bergmann, Werner; Wyrwa, Ulrich: Antisemitismus in Zentraleuropa. Deutschland, Österreich und die Schweiz vom 18. Jahrhundert bis zur Gegenwart, Darmstadt 2011, S. 10–12.

7   Vgl. Adams, Jonathan; Heß, Cordelia (Hg.): Jew-hatred from the Middle Ages to the Present Day: Change and Continuity, Farnham 2017.

8   Vgl. Heil, Johannes: „Gottesfeinde“ – „Menschenfeinde“. Die Vorstellung von jüdischer Weltverschwörung (13. bis 16. Jahrhundert) (= Antisemitismus: Geschichte und Strukturen, Bd. 3), Essen 2006.

9   Vgl. Heil, Johannes: „Antijudaismus“ und „Antisemitismus“-Begriffe als Bedeutungsträger, in: Benz, Wolfgang (Hg.): *Jahrbuch für Antisemitismusforschung* 6 (1997), S. 92–114; Heng, Geraldine: The Invention of Race in the European Middle Ages I: Race Studies, Modernity, and the Middle Ages, in: *Literature Compass* 8/5 (2011), S. 315–331.

Nationalistischer Judenhass

Es waren diese christlichen Hebraisten, deren Arbeiten die Grundlage dafür bildeten, dass das traditionelle Judenbild im 17. Jahrhundert vereinzelt einer kritischen Revision unterzogen wurde. Dieser Prozess ist jedoch nicht zu trennen von den dramatischen gesamtgesellschaftlichen Umbrüchen, die sich zeitgleich vollzogen und schließlich in der Französischen Revolution gipfelten. Der Wandel von der ständischen zur bürgerlichen Gesellschaft, mit seinen massiven kulturellen, sozialen wie wirtschaftlichen Implikationen ist die Folie, vor der sich nun auch das Verhältnis von Christen und Juden grundlegend veränderte. Der langsam einsetzende Bedeutungsverlust der Religion als Grundlage des ständisch geordneten Zusammenlebens und die wachsende Attraktivität der Ideen der Aufklärung setzten eine Dynamik in Gang, die auch das Verhältnis der monotheistischen Religionen zueinander neu ordnete: Geschah dies zunächst mittels der idealisierten Vorstellung von religiöser Toleranz *(Nathan der Weise)*, so ging es bald recht konkret und politisch um Fragen der Teilhabe oder, in der Sprache der Zeit, der Emanzipation. Anders ausgedrückt: Angesichts des aufklärerischen Postulats der naturgegebenen Gleichheit aller Menschen mussten offensichtlich bestehende Ungleichheiten neu legitimiert werden, was im Übrigen für verschiedene gesellschaftliche Gruppen – Frauen, Juden, Sklaven – gleichermaßen galt. Sie alle wurden als minderwertig angesehen, ein Zustand, der je nach politischer Haltung für verbesserungsfähig gehalten wurde – oder eben nicht. Im Falle der Juden setzten sich vor allem preußische Beamte, nicht zuletzt aus staatlichem Regulierungs- und Mobilisierungsinteresse, für deren „bürgerliche Verbesserung" (Dohm) ein, an deren Ende die vollständige rechtliche Gleichstellung stehen sollte und, so hoffte mancher aufgeklärte Beamte, auch die Auflösung der jüdischen Gemeinschaft als solche. Hier wird bereits ein Dilemma deutlich, das sich durch das ganze folgende Jahrhundert ziehen sollte: Die liberale Vorstellung einer rechtlichen Gleichheit implizierte gleichzeitig, offen oder stillschweigend, die Aufgabe einer partikularen jüdischen Identität, ließ also keinen Raum für das, was immer wieder als „jüdische Absonderung" kritisiert wurde. Dies wiederum bereitete den Boden für „progressive" Kritik an der jüdischen Emanzipation, wie sie etwa schon 1793 von Johann Gottlieb Fichte geäußert wurde, der den Juden vorwarf, sie gefährdeten durch ihre kollektive Absonderung die Entstehung des modernen bürgerlichen Staates. Aber auch die Gegner desselben argumentierten anti-emanzipatorisch, wenngleich mit deutlich rückwärtsgewandter Stoßrichtung: Bei ihnen verband sich mit der Judenfeindschaft eine beginnende Modernisierungskritik, die einherging mit einem Bekenntnis zum Ständestaat und dem Festhalten an der alten, vorkapitalistischen Produktionsweise. Antijüdisches Ressentiment war also in der entstehenden bürgerlichen Gesellschaft anschlussfähig an ganz unterschiedliche politische Ordnungsvorstellungen. Spätestens mit den anti-napoleonischen Kriegen in Europa formierten sich diese neu, und an die Stelle eines aufgeklärten (tendenziellen) Kosmopolitismus trat in Deutschland ein exklusiver und fremdenfeindlicher Germanozentrismus. Es war dieser national argumentierende Angriffsstrang, der sich mehr als der religiöse in der Folgezeit als tragfähig erwies, indem er einen unüberbrückbaren Gegensatz zwischen Judentum und Deutschtum konstruierte, wobei jedoch das „Deutschtum" zugleich christlich grundiert war. Mit der Idee des christlichen Staates rechtfertigte man schließlich im 19. Jahrhundert selbst nach erfolgter rechtlicher Gleichstellung weiterbestehende Diskriminierungen wie im Beamtenapparat und im Militär (siehe hierzu auch den Beitrag von Werner Treß, S. 335).

Während sich also die Debatten um die Emanzipation der Juden in Deutschland über hundert Jahre hinzogen, verschob sich die judenfeindliche Argumentation nach und nach auf eine post-religiöse Grundlage, die jedoch ihre Wurzeln in christlichen Denkfiguren nicht verleugnen konnte: Nicht umsonst erschien 1871 ein Buch wie *Der Talmudjude* des katholischen Theologen August Rohling, das, rekurrierend auf Johann Andreas Eisenmengers *Entdecktes Judentum,* noch einmal das ganze Arsenal christlicher Judenfeindschaft zeitgemäß zusammenfasste.

Rassistischer Antisemitismus

Aus dieser Perspektive und vor dem Hintergrund der fortgesetzten Amalgamierung von Christentum und Nationalismus – was alles andere als eine deutsche Besonderheit war – erscheint gerade der langsame und keineswegs bruchlose Wandel hin zu einem biologistisch exkludierenden, rassistischen Antisemitismus als inhärenter Teil der Moderne und nicht als Endpunkt einer gradlinigen Entwicklung, wobei die Grenze zwischen „traditionell" und „modern" ohnehin nicht so klar zu ziehen ist, wie die Begriffe insinuieren. Eindeutig neu war nun jedoch die Irreversibilität der Zuschreibung des „Jüdischen": Im Erbgut verankert, konnte man ihr auch durch die Konversion nicht mehr entkommen. Aus einer „Judenfrage", bei der es um die Gestaltung von Gesetzen und das Zusammenleben von Juden und Christen ging, wurde im letzten Drittel des 19. Jahrhunderts somit ein vorgeblich wissenschaftlich begründbarer „Rassenkampf", in dem von Seiten der Judengegner oft gewaltförmige Lösungsvorschläge – Sondergesetze, Ausgrenzung, Vertreibung – präsentiert wurden, die man zum Teil auch schon zu Beginn des Jahrhunderts in Stellung gebracht hatte. In dieser Phase wurde der Begriff „Antisemitismus" (Marr) als politischer Kampfbegriff popularisiert, erst später im 20. Jahrhundert etablierte er sich auch als keineswegs unproblematischer wissenschaftlicher Begriff. Darin kam ein deutlicher Wandel in der Auffassung von Juden zum Ausdruck, die nun nicht mehr über ihre Religion definiert, sondern als Volk, als Rasse, als Nation bzw. als außerhalb der „natürlichen" nationalen Ordnung der Welt stehende Bedrohung verstanden wurden. Die sich in diesen neuen Konstruktionen spiegelnde Abwehrhaltung richtete sich sowohl gegen die konkrete Emanzipation und die damit verknüpfte Idee von der Gleichheit aller Menschen als auch ganz allgemein gegen die gewaltigen gesellschaftlichen, ökonomischen und kulturellen Modernisierungsschübe des 19. Jahrhunderts. Zeitlich zusammen fiel seine Formierung als soziale und politische Bewegung mit der Entwicklung moderner Massenpolitik, was seine Funktion als „kultureller Code" (Volkov) plausibel erscheinen lässt: Antisemitismus bedeutete so nicht nur Judenfeindschaft und aggressiver Nationalismus, sondern zugleich die Absage an Liberalismus, Demokratie und sozialen Ausgleich. Antisemitismus war zu einem zentralen Diskurs der europäischen Gesellschaften der Jahrhundertwende geworden, jener alten Ordnungen, die kurz darauf im Weltkrieg untergehen sollten. Als solcher überlebte er diese nicht nur, sondern erfuhr durch die Katastrophe des Krieges einen ungeahnten Radikalisierungsschub, allerdings weniger auf der diskursiven Ebene als auf der der sozialen Praxis: Zu Hunderten, in Osteuropa gar zu Zehntausenden fielen Juden einer im und vor allem nach dem Ersten Weltkrieg über weite Teile

Ost- und Mitteleuropas hinwegrollenden Welle von Pogromen zum Opfer und auch in den krisengeschüttelten 1920er Jahren galt Gewalt in immer breiteren Bevölkerungskreisen in ganz Europa als ein gangbarer, ja legitimer Weg zur „Lösung der Judenfrage".

Lediglich in Deutschland jedoch wurde dies ab 1933 staatliche Politik einer aus freien Wahlen hervorgegangenen Regierung. Es ist bis heute umstritten, welche Rolle der Antisemitismus beim Aufstieg der Nationalsozialisten erst zur Massen- und dann zur Regierungspartei spielte, wieviel Rückhalt er in den zwölf Jahren der Diktatur in der Bevölkerung wirklich besaß und, auch und vor allem, welchen Anteil er an der Eskalation dieser Politik zum Völkermord hatte. Hier wiederum schließt sich der Kreis zu den eingangs erwähnten Definitionsproblemen und grundsätzlichen politischen Vorannahmen über die Natur der Judenfeindschaft, die sich nach 1945 letztlich alle – intentionalistische wie funktionalistische, marxistische wie psychoanalytische Ansätze – explizit oder implizit auf den Holocaust beziehen bzw. ihr Erklärungspotential an ihm messen zu glauben müssen. Ähnliches gilt letztlich auch für die Versuche, die Persistenz antijüdischer Ressentiments *nach* dem Holocaust zu erklären. Während man sich einigermaßen einig darüber ist, dass der „klassische" Antisemitismus durch die politische Tabuisierung der Nachkriegszeit zumindest in den westlichen Gesellschaften in die „Kommunikationslatenz" (Erb/Bergmann) gedrängt wurde, stellt sich dies bei der Bewertung des an seine Stelle getretenen „sekundären Antisemitismus" schon anders dar: Haben wir es bei seinen beiden zentralen Topoi – der vorgeblichen Instrumentalisierung des Holocaust durch die Juden und der Kritik am israelischen Staat – in erster Linie mit Umweg-Kommunikationen zu tun, in denen sich ein antijüdisches Ressentiment Luft verschafft, dem die traditionellen Wege versperrt sind? Oder handelt es sich hier vielmehr um reale gesellschaftliche Problemfelder – in diesem Fall um eine angeblich fehlgelaufene, überbordende Erinnerungspolitik und den von Krieg und Menschenrechtsverletzungen durchzogenen Nahostkonflikt –, für die sich lediglich alte Klischeevorstellungen leicht revitalisieren lassen?[10] Verkompliziert hat sich die Diskussion um einen vorgeblich „neuen" Antisemitismus in den letzten beiden Jahrzehnten zudem durch die Präsenz migrantischer Gruppen mit muslimischem Hintergrund, bei denen eine radikal antijüdische Grundhaltung oftmals mehr unterstellt als belegt wird, die dann entweder mit eigenen sozialen oder rassistischen Diskriminierungserfahrungen erklärt oder aber auf vorgängige religiöse (oder gar ethnische) Prägungen zurückgeführt wird. Immerhin hat sich die Antisemitismusforschung dadurch (wieder) zwei Feldern verstärkt zugewandt: Zum einen kehrt die Wirkmacht religiöser Vorstellungen nach langer Zeit zurück auf die wissenschaftliche Tagesordnung, zum anderen geraten Fragen nach der Vergleichbarkeit bzw. der Verflochtenheit von religiösen, nationalen und rassistischen Ausgrenzungsmechanismen und -ideologien vielen Widerständen zum Trotz nun verstärkt ins Blickfeld. Beide Tendenzen bieten die Chance, unsere Kenntnis der vielschichtigen Folgen des europäischen Kolonialismus zu erweitern und damit zugleich, quasi *ex negativo,* ein Bewusstsein für die historische Präsenz und das kulturelle Erbe aller drei monotheistischen Religionen auf europäischem Boden zu fördern.

---

10 Braun, Christina von; Ziege, Eva-Maria (Hg.): Das bewegliche Vorurteil. Aspekte des internationalen Antisemitismus, Würzburg 2004.

Zionismus/Antizionismus/Postzionismus

Micha Brumlik

Einführung

Jahrhundertelang war die Rückkehr des jüdischen Volkes, der Juden, in das ihnen in der Tora von Gott zugesprochene Land, das Land Israel, nur ein frommer Wunsch, ausgedrückt beispielsweise in dem alljährlich während des Pessachfestes, beim Sederabend, wiederkehrenden Spruch: Nächstes Jahr in Jerusalem! Tatsächlich lebten stets kleine Gruppen von Juden während der zweitausend Jahre seit der Zerstörung Jerusalems durch die Römer im Lande Israel. Und bereits seit dem hohen Mittelalter liegt eine bedeutende hebräische Lyrik vor, wie etwa die Jehuda Halevis (1075–1141), die von „Zionssehnsucht" kündet. Allerdings sollte nach orthodoxem jüdischen Glauben eine gemeinsame Rückkehr aller Juden ins Land Israel messianischen Zeiten vorbehalten bleiben – nur der von Gott gesandte, künftige Erlöser dürfe die Juden zurückführen und könne ihnen ein gesichertes gottgefälliges Leben garantieren. Gleichzeitig mit dieser Rückkehr sollte auch die Befriedung der Welt eintreten. Für diese Auffassung steht etwa der mittelalterliche Philosoph Moses Maimonides (1135–1204), der den Glauben an den Messias in seinen Glaubensartikeln für verbindlich erklärte, damit allerdings lediglich die Vorstellung verband, dass die Juden gesammelt in einem eigenen Staat und in Sicherheit würden leben können,[1] der Lauf der Welt sich aber ansonsten nicht ändern werde. Der Messias des Maimonides ist kein eschatologischer Friedensfürst. Sein etwas jüngerer Zeitgenosse Nachmanides (1194–1270) hingegen verband in einem jüdisch-christlichen Zeitgespräch unter Berufung auf den Propheten Jesaja mit dem Kommen des Messias die Erlösung der ganzen Welt.[2]

Frühe Vorläufer

Der Zionismus als Form politischen Willens mit Bezug auf die Juden wurde überhaupt erst mit der Neuzeit, also mit jenem Epochenbruch möglich, der gemeinhin als das Zeitalter der europäischen Expansion bezeichnet wird. Damit ist das Zeitalter gemeint, das mit der Eroberung des in Marokko gelegenen Ceuta durch portugiesische Seefahrer im Jahr 1415, spätestens aber

---

1   Maimonides on the Messiah, in: Patai, Rafael (Hg.): The Messiah Texts: Jewish Legends of Three Thousand Years, Detroit 1979, S. 323–327.
2   The Vikuah of Nahmanides: Translation and Commetary, in: Maccoby, Hyam: Judaism on Trial: Jewish-Christian Dialogues in the Middle-Ages, Portland 2006, S. 97–150.

mit der Entdeckung Amerikas durch Columbus im Jahr 1492 beginnt und frühestens mit der Epoche der sogenannten Entkolonialisierung nach dem Zweiten Weltkrieg endet. Tatsächlich hatte der Zionismus frühneuzeitliche Vorläufer, wie etwa den als Mystiker bekannten Prager Rabbiner Jehuda Löw (1512–1609), der als einer der Ersten eine rationale Schöpfungstheologie des Verhältnisses von Völkern *(nationes)* und Territorien entfaltete. So schreibt er in seinem Werk *Nezach Israel* (Ewiges Israel) aus dem Jahr 1591:

> Das Exil ist eine Abweichung von der Ordnung der Natur, durch die der Herr jedes Volk an den Ort stellte, der für es am geeignetsten war. […] Der Ort, der ihnen nach der Ordnung alles Bestehenden zukam, war Eretz Israel in Unabhängigkeit soweit eine natürliche Einheit nicht zweigeteilt ist. […] Und da die jüdische Nation eine ungeteilte Nation ist, sei sie auch weiter versprengt als alle anderen Nationen […] ist diese Zerstreuung doch wider die Natur.[3]

Etwa ein halbes Jahrhundert später postulierte der in Amsterdam lebende marranische Philosoph Baruch Spinoza[4] in seinem 1670 publizierten *Theologisch-politischem Traktat:*

> Ja, wenn die Grundsätze ihrer Religion ihren Sinn nicht verweichlichen, so möchte ich ohne Weiteres glauben, dass sie einmal bei gegebener Gelegenheit, wie ja die menschlichen Dinge dem Wechsel unterworfen sind, ihr Reich wieder aufrichten und Gott sie von neuem auserwählt.[…] Ein augenfälliges Beispiel hierfür bieten uns die Chinesen. Auch sie haben ihr Reich nicht immer behauptet, aber nachdem sie es verloren, wiedererlangt.[5]

Spinozas Blick auf das östliche Asien kam nicht von ungefähr: 1602 wurde in den Niederlanden die Vereinigde Oostindische Compagnie gegründet, 1623 legte Jan Pieterszon Coen einen ersten Plan zur Errichtung niederländischer Siedlungskolonien in Südostasien vor.[6] Und der Spinoza immerhin mindestens flüchtig bekannte Menasse ben Israel, der später bei den Verhandlungen über die Wiederzulassung von Juden in England eine wichtige Rolle spielen sollte und selbst plante, nach Brasilien auszuwandern, publizierte 1650 sein Buch *Die Hoffnung Israels,* in dem er die Wiederentdeckung der zehn verlorenen Stämme Israels in Lateinamerika behauptete.

Der Zionismus und seine Strömungen

Der Zionismus im engeren Sinne nahm seinen Anfang freilich erst um die Wende vom 19. zum 20. Jahrhundert. Seine Befürworter setzten sich zum Ziel, einen Weg aus der internen Krise des modernen Judentums, dem nicht zu leugnenden Antisemitismus in West- und Osteuropa

---

3   Zitiert nach Ben-Sasson, Hillel (Hg.): Geschichte des jüdischen Volkes, 2. Bd: Vom 7. bis zum 17. Jahrhundert, München 1979, S. 394.

4   Nadler, Stephen: Spinoza: A Life, Cambridge 1999, S. 78.

5   Spinoza, Baruch de: Theologisch-Politischer Traktat, Hamburg 1984, S. 63 f.

6   Schmitt, Eberhard (Hg.): Der Aufbau der Kolonialreiche. Dokumente zur Geschichte der europäischen Expansion, Bd. 3: Aufbau der Kolonialreiche, München 1987, S. 71–80.

und aus der Identitätskrise vieler Juden zu finden. Der Zionismus trat damit in Konkurrenz zu anderen, von Juden betriebenen Entwürfen zur Behebung der je unterschiedlich ausgeprägten „Judennot" (Herzl): erstens zum westeuropäischen Assimilationsjudentum, welches das Judentum konsequent konfessionalisieren wollte; zweitens zu den unterschiedlichen Spielarten des (jüdischen) Sozialismus, die darauf setzten, mit der Lösung der sozialen Frage zugleich jede Form der Judenfeindschaft zum Verschwinden zu bringen; drittens zu Varianten eines ethnisch verstandenen Kulturjudentums, das sich im Rußland des späten Zarismus meist als ein ethnokultureller Sozialismus verstand, wie etwa die jiddisch sprechende Gewerkschaftsbewegung, der *Algemeyner Yidisher Arbeter Bund in Lite, Poyln un Rusland,* kurz: Bund – und dort auch als hebräischsprachiger, aber nicht staatenbildender Kulturzionismus auftrat.

Im Zarenreich und beispielsweise auch in Serbien waren es hingegen gläubige Juden, die eine Rückkehr ins Land Israel forderten. Dazu gehörten etwa der Rabbiner Zvi Hirsch Kalischer (1795–1874), der Gründer der Chowewei Zion (Zionsliebhaber) mit seinem 1862 publizierten *Sefer Drishas Zion*[7] (Anpruch auf Zion) und der zunächst assimilationsfreudige, doch nach den Erfahrungen der Pogrome zum Nationaljuden gewordene Leon Pinsker[8] mit seiner unabhängig von Herzl konzipierten und schon 1882 publizierten Idee einer „Autoemanzipation" der Juden.

Die Idee eines Judenstaats

Von ihnen allen unterschied sich der politische Zionismus sowohl durch seinen Territorial- als auch durch seinen Staatsgedanken, wobei keineswegs immer klar war, ob als einziges Territorium für einen Judenstaat nur Regionen des historischen Landes Israel in Frage kämen. Theodor Herzl jedenfalls hielt auch Argentinien für ein geeignetes Territorium, um dort einen souveränen Judenstaat zu errichten.

Herzl[9] und sein Kampfgenosse Max Nordau[10] entwarfen letztendlich den „politischen", staatsgründenden Zionismus. Dieser politische Zionismus löste spätestens seit dem ersten zionistischen Kongress 1897 ähnlich gelagerte, vor allem in Russland und Polen beheimatete Bestrebungen ab, die dort von den *Chowewei Zion* eher philanthropisch betrieben wurden.[11] Tatsächlich war es noch einige Jahre früher ein Bekannter und Kampfgenosse von Karl Marx, Moses Hess (1812–1875), der im Jahre 1862, desillusioniert vom vergeblichen Kampf des Sozialismus gegen den Antisemitismus, seine protozionistische Schrift *Rom und Jerusalem* weitgehend unbeachtet publizierte.[12] Grob gesagt verstand der moderne staatsbildende, also der „politische

---

7   http://www.jewishencyclopedia.com/articles/9159-kalischer-zebi-hirsch, letzter Zugriff: 11.05.2017.

8   Schoeps, Julius H. (Hg.): Palästinaliebe. Leon Pinsker, der Antisemitismus und die Anfänge der nationaljüdischen Bewegung in Deutschland, Berlin; Wien 2005.

9   Avineri, Shlomo: Theodor Herzl und die Gründung des jüdischen Staates, Berlin 2016.

10   Schulte, Christoph: Psychopathologie des Fin de siècle. Der Kulturkritiker, Arzt und Zionist Max Nordau, Frankfurt/Main 1996.

11   Schoeps: Palästinaliebe.

12   Naaman, Shlomo: Emanzipation und Messianismus. Leben und Werk des Moses Heß, Frankfurt/Main; New York 1982; Weiß, Volker: Moses Hess. Rheinischer Jude, Revolutionär und Zionist, Köln 2015.

Zionismus", die Juden als Nation – und zwar als Reaktion auf den in West- und Osteuropa ganz unterschiedlichen Antisemitismus.

Als Reaktion auf die Judenfeindschaft entstanden – voneinander zunächst unabhängig – zuerst in Russland, dann, nach der Dreyfus-Affäre in Frankfreich[13], angeregt durch den Wiener Journalisten Theodor Herzl, auch in England, Deutschland und Österreich zunächst kleine jüdische Nationalbewegungen, die die Judenfeindschaft als mittelfristig nicht behebbare, gesellschaftliche, ja sogar biologische Tatsache betrachteten. Sie erwogen den Exodus der bedrohten Juden in ein ungefährdetes, selbstregiertes Territorium am Rande der Einflusszonen der damaligen Großmächte, also in eine nationale Heimstätte im südlichen Lateinamerika, in Ostafrika oder im Osmanischen Reich, etwa im Sinai oder im „Land Israel", dem damaligen osmanischen *Wilayet Falestin*. Die Neuheit des Zionismus spätestens seit Theodor Herzl bestand darin, die Juden als „Nation" anzusehen. So schrieb er in seiner Schrift *Der Judenstaat* aus dem Jahr 1896: „Ich halte die Judenfrage weder für eine soziale, noch für eine religiöse […] Sie ist eine nationale Frage."[14]

Exkurs: Nation

Der moderne Begriff der Nation[15] entstand im heutigen Sinne des Wortes nicht vor der Französischen Revolution, wo der Begriff zunächst das im Geiste einer auf Demokratie und Menschenrechten beruhenden Verfassung geeinte Bürgertum bezeichnete. Im Mittelalter noch benannte der lateinische Begriff *natio* an den Universitäten das, was man heute als „Landsmannschaft" bezeichnet. Diese Form der Nation lässt sich als ein auf gleichen Rechten aller Citoyens beruhendes Zukunftsbündnis ansehen, dem es um die Verwirklichung der gemeinsamen Freiheit aller Bürger geht. So formulierte es 1788 der Revolutionär Abbe Sieyes:

> Die Nation „ist eine Körperschaft von Gesellschaftern, die unter einem gemeinsamen Gesetz leben und durch dieselbe gesetzgebende Versammlung repräsentiert werden".[16]

Im Gegenzug und in Konkurrenz dazu entstand vor allem in Deutschland, in Reaktion auf die napoleonische Besatzung, ein Begriff der Nation, der nicht die gemeinsame Zukunft der einander anerkennenden Bürger, sondern die gemeinsame Herkunft der in Sprache und Tradition verhafteten Volksgenossen zum Inhalt hatte. Hierfür lassen sich systematisch die von Johann Gottlieb Fichte im Jahre 1808 verfassten *Reden an die Deutsche Nation* nennen.

Der Unterschied zwischen einem aufklärerischen Begriff der Nation im französischen und einem romantischen Begriff der Nation im deutschen Sinne sollte auch die zionistische Bewe-

---

13 Als Dreyfus-Affäre wird die Verurteilung im Jahre 1894 des französischen Hauptmanns Alfred Dreyfus wegen angeblichem Landesverrats und die dadurch ausgelösten öffentlichen Auseinandersetzungen und weiteren Gerichtsverfahren bezeichnet.

14 Herzl, Theodor: Der Judenstaat, Jerusalem 1946, S. 11.

15 Nation, Nationalismus, Nationalität, in: Ritter, Joachim; Gründer, Karlfried; Gabriel, Gottfried (Hg.): Historisches Wörterbuch der Philosophie, Bd. 6. Darmstadt 1984, S. 406–414.

16 Ebd., S. 410.

gung in ihren vielfältigen Schattierungen prägen. Freilich stand jenseits der Ausfaltung in einen Begriff der Nation als eines im Staat geeinten Herkunftsvolkes im Geiste Fichtes bzw. einer die Rechte und Freiheiten der Individuen wahrenden und verwirklichenden Rechtsgemeinschaft im Geiste der Französischen Revolution die von Theodor Herzl artikulierte Idee der modernen jüdischen Nation. Diese sollte von allem Anfang an unter dem Druck des Antisemitismus, also unter dem kollektiven Interesse, vor jeglicher kulturellen Verwirklichung oder allen liberalen Garantien Leib und Leben verfolgter Juden schützen sowie ihre verletzte Selbstachtung wieder aufrichten.

Die Politik der ganz unterschiedlichen, sich seit den ersten zionistischen Kongressen auch in Parteien organisierenden Strömungen lassen sich grob in mindestens drei verschiedene Richtungen aufgliedern, wobei in der historischen Wirklichkeit unterschiedlichste Kombinationen möglich waren.

Politischer Zionismus

Der „politische Zionismus", im Wesentlichen von Theodor Herzl und dem Arzt und Kulturkritiker Max Nordau vertreten, setzte vor allem – auch unter Gewaltanwendung – auf eine Staatsgründung. Für die letzte Konzeption des Zionismus stand vor allem Wladimir Jabotinsky (1880–1940).[17] Im November 1923 erschien in Paris die russische Zeitschrift jüdischer Emigranten mit dem Titel *Rasswet* (Dämmerung). In einem Leitartikel unter der Überschrift „Der eiserne Wall" zeigte sich der Autor Jabotinsky, der glaubwürdig für die Gleichberechtigung aller Völker eintrat, davon überzeugt, dass es niemals zu einem freiwilligen, friedlichen Ausgleich zwischen jüdischen Kolonisten und Arabern in Palästina käme, da sich noch nie im Lauf der Geschichte die Kolonisierten freiwillig den Kolonisatoren ergeben hätten. In scharfer Abgrenzung gegen die von zionistischen Politikern wie Chaim Weizmann vertretene Synthese von Siedlungsbau im Land und internationalen diplomatischen Anstrengungen war der Autor davon überzeugt, der Zionismus müsse entweder seine Bemühungen einstellen oder seine Interessen ohne jede Rücksichtnahme auf die eingeborene Bevölkerung vorantreiben. Das aber sei nur im Schutze eines „eisernen Walls" möglich, also einer Armee aus jüdischen oder britischen Soldaten. Dem Autor war bewusst, dass diese militärische Staatsgründungspraxis umstritten war, doch war er ebenso fest davon überzeugt, dass dies angesichts des Unrechts, das den Juden historisch angetan wurde, moralisch vertretbar war.[18]

Nach Ausbruch des Ersten Weltkrieges traf Jabotinsky als Korrespondent verschiedener Moskauer Zeitungen im ägyptischen Alexandria einen jüdischen Kriegsveteranen der Armee des Zaren, Joseph Trumpeldor, sowie eine Gruppe jüdischer Siedler aus Palästina, die von den türkischen Behörden dorthin deportiert wurden, da sie im Verdacht standen, mit Großbritannien zu kollaborieren. Gemeinsam mit Trumpeldor, der am russisch-japanischen Krieg teilgenommen hatte, entwickelte Jabotinsky die Idee einer „Jüdischen Legion", die zunächst

---

17 Halkin, Hillel: Jabotinsky: A Life, New Haven; London 2014; Stanislawski, Michael: Zionisms and the Fin de Siecle, Berkeley; Los Angeles; London 2001, S. 116–237.

18 http://www.jewishvirtuallibrary.org/jsource/Zionism/ironwall.html, letzter Zugriff: 11.05.2017.

zu nichts anderem als zur Gründung eines „Zion Maultier Korps" führte, einer aus Juden
bestehenden Transportkompanie im britischen Heer. 1917 gab das britische Oberkommando
seinem Drängen nach und errichtete schließlich das „38th Bataillon of Royal Fusiliers", das als
Zeichen eine Menora aufwies. Jabotinsky meldete sich zu den Fahnen und wurde sogar dafür
ausgezeichnet, die Truppe über den Jordan geführt zu haben. Wegen seiner politischen Agitation
für einen jüdischen Staat von der britischen Mandatsmacht in der Festung Akko eingesperrt,
wurde er 1921 freigelassen und zu einem Helden des Jischuw. Im gleichen Jahr, während der
pogromartigen Wirren des ukrainischen Bürgerkrieges, verhandelte Jabotinsky, der stets mit
der ukrainischen Nationalbewegung sympathisiert hatte, erfolglos mit Emissären der ukrainischen Exilregierung unter Petlura, die Juden in der Ukraine zu verschonen. 1923 gründete er
in Polen die Jugendbewegung „Betar", die in Tracht und Führungsstil große Nähe zum italienischen Faschismus aufwies. Auch gründete er im faschistischen Italien eine Marineschule zur
Ausbildung künftiger jüdischer Seestreitkräfte.[19] Unzufrieden mit dem zögerlichen Vorgehen der
Zionistischen Weltorganisation gründete er zunächst 1925, dann noch einmal 1935 eine weitere,
dissidentische zionistische Organisation, die für die Wiederbelebung von Herzls ursprünglichen Staatsgründungsgedanken, die Ablehnung jedweden Kompromisses mit den Arabern,
für einen radikalen Wandel der britischen Politik zugunsten jüdischer Einwanderung sowie für
einen jüdischen Staat auf beiden Ufern des Jordan kämpfte. Dieser Staat sollte der arabischen
Minderheit gleiche Rechte in kulturellen und religiösen Angelegenheiten garantieren. So trat
Jabotinsky stets dafür ein, einem jüdischen Präsidenten des künftigen Judenstaates einen arabischen Vizepräsidenten an die Seite zu stellen. Als politisches Programm war der Zionismus
zwangsweise auf Landnahme angewiesen – Landnahme, die einen Globus, Bevölkerungen und
Staaten voraussetzte, die dem europäischen Blick gemäß Kolonien – also Pflanzstädte – der in
Europa gelegenen Staaten sein sollten, konnten und durften.

Nach der Machtübernahme Hitlers warnte Jabotinsky unermüdlich vor der Gefahr, die
der Nationalsozialismus für die europäischen Juden bedeutete und trat entschieden für einen
Boykott des nationalsozialistischen Deutschland sowie gegen das „*Haavara*-Abkommen" ein.[20]
Im selben Zeitraum – nur wenige Monate vor Hitlers Überfall auf Polen – warb er bei den
Regierungen Polens, Rumäniens und Ungarns für einen „Evakuierungsplan", also eine Massen-
auswanderung von anderthalb Millionen europäischer Juden nach Palästina zu fördern – eine
Initiative, die sowohl im polnischen als auch im US-amerikanischen Judentum heftig abgelehnt
wurde. In äußerster Hellsicht analysierte er schriftlich schon im September/Oktober 1939 die
Lage; so sei das osteuropäische Judentum, das Hauptpotential des Zionismus, zerstört und der
restliche Teil von der Sowjetunion geschluckt. Im Februar 1940 verließ Jabotinsky Europa in
Richtung USA, wo er im August beim Besuch des Trainingscamps 1856 (einer zionistischen
Jugendorganisation nahe New York) einem Herzinfarkt erlag.

---

19   https://en.wikipedia.org/wiki/Betar_Naval_Academy#References, letzter Zugriff: 11.05.2017.
20   Bauer, Yehuda: Jews for Sale? Nazi-Jewish Negotiations, 1933–1945, New Haven; London 1994, S. 5–29.

Kulturzionismus

Von all diesen Bestrebungen unterschied sich der „Kulturzionismus", denn er setzte vor allem auf eine Wiederbelebung der hebräischen Sprache sowie auf die Gründung eines geistigen Zentrums in Palästina, etwa durch die Gründung einer Hebräischen Universität. Als herausragender Vertreter gilt hier Ascher Ginsberg (1856–1927), der sich selbst „Achad Ha'am" („Einer aus dem Volk") nannte und ein Gegenspieler Herzls war.[21] Kulturzionisten waren auch die meisten Mitglieder des 1923 in Jerusalem gegründeten Bewegung „Brit Schalom" („Friedensbund"), die eine jüdische Staatsgründung ablehnte und für ein friedliches Zusammenleben bis hin zu einem bi-nationalen Staat mit den palästinensischen Arabern eintrat. Bekannte Mitglieder der Gruppe waren etwa der Religionshistoriker Gershom Scholem, der Philosoph Hugo Bergmann, Leon Judah Magnes, der erste Präsident der 1925 eröffneten Hebräischen Universität Jerusalem, sowie Martin Buber, der in seiner Befürwortung eines bi-nationalen Staates besonders weit ging.[22]

Sozialistischer Zionismus

Der vor allem in Russland und Polen entstandene „linke", oftmals antibürgerliche, sozialrevolutionäre, von kommunistischen und anarchistischen Gedanken beeinflusste Zionismus setzte vor allem auf das, was als „Selbstverwirklichung" galt und darin bestand, allen Widrigkeiten zum Trotz noch vor dem Ersten Weltkrieg im damals osmanisch beherrschten *Falestin* auf von jüdischen Siedlungsgesellschaften gekauftem Boden landwirtschaftliche Gemeinschaftssiedlungen, die „Kibbuzim", zu gründen. Sie wandten sich sowohl in Bezug auf das Zusammenleben der Geschlechter als auch der Erziehung der Kinder radikal von den Prinzipien des bürgerlichen Lebens ab.

Einer ihrer geistigen Vertreter war Aharon David Gordon, geboren 1856 bei Schitomir, gestorben 1922 im Kibbuz Degania am See Genezareth. Gordon, der 1904, im Alter von beinahe 50 Jahren nach Palästina auswanderte, schuf eine tolstoianische, national-soziale, strikt antimarxistische mit starken naturreligiösen Elementen versetzte Gemeinschaftslehre, die er folgendermaßen umriss:[23] „Die Arbeit muss national sein. Die Arbeit – das ist das Volk, die ganze Kraft des Volkes. Ihr Kampf ist kein Klassen-, sondern ein nationaler Kampf, der Kampf des Volkes gegen seine Parasiten."[24] Das richtete sich nicht zuletzt gegen kleinere Gruppen marxistischer Zionisten wie etwa die *„Poale Zion"* („Zionsarbeiter") und ihren Vorstand Ber Borochov, die keine Kibbuzim gründeten, sondern als klassenbewusste Arbeiter in den Städten Palästinas gemeinsam mit arabischen Arbeitern für einen sozialistischen Staat eintraten. Dabei ging Borochov von einem marxistischen Standpunkt aus und postulierte ein Geschichtsgesetz,

21 Zipperstein, Steven J.: Elusive Prophet: Ahad Ha'am and the Origins of Zionism, Berkeley 1993.
22 Buber, Martin: Politische Schriften, Neu-Isenburg 2010.
23 Gordon, Aharon David: Erlösung durch Arbeit, Berlin 1929.
24 Ebd., S. 273.

das die jüdischen Arbeiter mit einer gewissen Notwendigkeit zur Auswanderung nach Palästina bewegen würde.[25]

Die bedeutendste Bewegung des sozialistischen Zionismus war die 1913 in Polen gegründete Jugendbewegung „Haschomer Hatzair"[26] („der junge Wächter"), die stets für eine politische Allianz von Juden und Arabern eintrat und bis in die Mitte der 1970er Jahre neben einem sozialdemokratischen Verband (*Ichud ha-Kibbuzim ve ha-Kwutzot* – „Einheit von Kibbuzim und Gruppen") einen bedeutenden, wenn nicht den bedeutendsten Teil der Kibbuzbewegung stellte.

Bis weit in die 1970er Jahre wurde die politische Kultur des Staates Israel von sozialdemokratisch und gewerkschaftlich gesonnenen und organisierten Zionisten geprägt, unter ihnen der Gründer des israelischen Staates, David Ben-Gurion,[27] sowie der 1909 nach Palästina ausgewanderte Berl Katznelson, Chefredakteur der Tageszeitung *Davar*.[28]

Religiöser Zionismus

Eine Synthese von Zionismus und Orthodoxie war der religiöse Zionismus, der entgegen der ablehnenden Haltung der überwiegenden Mehrheit der jüdischen Orthodoxie in der Wiedergründung eines jüdischen Staates die legitime Einlösung einer messianischen Verheißung sah. Für diese Synthese stand insbesondere der erste aschkenasische Oberrabbiner des britischen Mandats Palästina, Rav Kook, geboren 1865 als Abraham Isaak Kook in Lettland, gestorben 1935 in Palästina.[29]

Kook, der sich in seiner Funktion als Oberrabbiner Palästinas auch in streitigen Fällen stets für die atheistischen, sozialistischen Zionisten einsetzte, stand vor der Aufgabe, das sozialistische Aufbauwerk mit den Mitteln der Kabbala und einer nun doch modern anmutenden Geschichtsphilosophie mit den Grundkategorien des Universalen und des Partikularen zu begründen. Beides sollte zugleich noch in überzeugender Weise mit der messianischen Tradition verbunden werden.

Die Tradition kannte zwei Messiasgestalten: Die Spaltung der Gestalt des messianischen Königs in einen Messias ben Joseph und einen Messias ben David. Der Gestalt des Messias ben Joseph, die unwiderruflich zum Tode verurteilt ist, stellten die Rabbinen schließlich den wahren, den Gang der Geschichte erlösenden, abschließenden Messias ben David entgegen, von dem es etwa in der erwähnten talmudischen Passage heißt, dass er „noch in unseren Tagen" erscheinen wird. In seinem Buch *Orot* („Lichter"), postum 1961 publiziert, identifizierte Rav Kook den modernen jüdischen Nationalismus mit der Gestalt des Mes-

25 http://www.yivoencyclopedia.org/; Borochov, Ber: Die Grundlagen des Poalezionismus, Frankfurt/Main 1969.

26 http://www.jewishgen.org/yizkor/rzeszow/rze172.html, letzter Zugriff: 11. 05. 2017.

27 Shapira, Anita: Ben Gurion: Father of Modern Israel, New Haven 2014; Teveth, Shabtai: Ben Gurion and the Palestinian Arabs, Oxford 1985; Ben-Gurion, David: Der Gründer des Staates Israel, Bergisch-Gladbach 1992; ders.: Israel. Der Staatsgründer erinnert sich, Frankfurt/Main 2010.

28 Shapira, Anita: Berl Katznelson. Ein sozialistischer Zionist, Frankfurt/Main 1988.

29 Kaplan, Lawrence J.; Shatz, David: Rabbi Abraham Isaac Kook and Jewish Spirituality, New York 1995.

sias ben Joseph[30] und ordnet ihn typologisch der Kategorie des Partikularen zu.[31] Das lässt sich so lesen, dass Erscheinen und Untergang des Messias ben Joseph eine (notwendige) Vorbedingung für das Auftreten des Messias ben David ist. Rav Kook aber identifiziert den modernen, partikularen, jüdischen Nationalismus, also den Zionismus, mit genau diesem Messias ben Joseph.[32]

Als politisch denkender Theologe war Rav Kook mit dem Problem des Widerstreits zwischen atheistischem Zionismus und ablehnender Mehrheitsorthodoxie befasst, ein Widerstreit, der sich topographisch als Widerstreit von „Zion" (säkulares Streben nach jüdischem Leben im Land Israel) sowie „Jerusalem" (halachisches, gottgefälliges Leben im Land Israel) manifestierte. Tatsächlich dachte er selbst über die Gründung einer „jerusalemistischen" im Unterschied zu einer „zionistischen" Bewegung nach – mit dem Ziel, vor allem die Orthodoxie und ihre Anhängerschaft für die Gründung eines jüdischen Nationalheims im Palästina zu gewinnen. Allerdings musste Kook vor dem Hintergrund seiner theosophischen Spekulationen über Verhältnis von „hoch" und „niedrig", von „profan" und „heilig" letztendlich zu dem Schluss kommen, dass die profanen Bemühungen der atheistischen Sozialisten theosophisch gesehen höher standen.[33] In einer an Hegels Metaphysik des Staates erinnernden, ja sie sogar noch übertreffenden Manier beschwört er die Heiligkeit – jedenfalls einer künftigen – jüdischen Staatlichkeit: „Die Tätigkeit des Staates gehört zu den höchsten Offenbarungen der Heiligkeit und weil sie so heilig ist, kann sie nicht offen scheinen, in einem Licht, das offene Heiligkeit zur Erscheinung bringt.."[34]

Aus alledem folge, so etwa Jerome Gellmans Deutung,[35] dass nach Kooks Überzeugung der jüdische Staat keineswegs nur ein Mittel zum Zweck der Durchsetzung religiöser Ziele sein könne, sondern dass er ein Selbstzweck sein müsse – nicht in einem staatsmetaphysischen Sinn, sondern in dem Sinne, dass sich wahre Heiligkeit im Staat selbst manifestiere. Andererseits schrieb Kook in großer Nüchternheit:

> Ein Staat stellt nicht die höchste Glückseligkeit der Menschheit dar. Das ließe sich über einen normalen Staat sagen, aber nicht über einen Staat, der in seiner Gründung idealistisch ist, einen Staat, der in seine Existenz den höchsten Gehalt des Ideals gemeißelt hat. Ein solcher Staat steht auf der Leiter der Glückseligkeit wahrlich am höchsten. Und unser Staat, der Staat Israel, ist solch ein Staat, die Quelle von Gottes Sitz in der Welt.[36]

Freilich setzt diese messianologische Legitimation des zionistischen Staatsgründungsprojekts noch eine dritte intellektuelle Operation voraus, nämlich die Entpersonalisierung und damit

---

30 Vgl. Patai, Raphel: The Messiah Texts, Detroit 1988, S. 165–170.

31 Vgl. Belfer, Ella: The Land of Israel and Historical Dialectics in the Thought of Rav Kook: Zionism and Messianism, in: Kaplan; Shatz: Rabbi Abraham Isaac Kook, S. 261.

32 Kook, Avraham Isaak: Orot, Jerusalem 1961, S. 160 [hebr.].

33 Ebd., S. 280 [Übersetzung MB.].

34 Ebd., S. 281 [Übersetzung MB].

35 Gellman, Jerome: Zion and Jerusalem: The Jewish State in the Thought of Rabbi Abraham Isaac Kook, in: Kaplan; Shatz: Rabbi Abraham Isaac Kook, S. 276–289.

36 Kook: Orot, S. 284 [Übersetzung MB].

Prozessualisierung des Messiasgedankens – eine Gedankenoperation, die seit der späten Antike zumindest mit den sogenannten Wehen des Messias, also mit einer Zunahme des Leidens vor seinem Eintreffen rechnete. Dabei galt der Messias aber immer noch als eine menschliche Person. Indem nun der erste Oberrabbiner der aschkenasischen Juden im britisch verwalteten Völkerbundesmandat Palästina auf der Basis kabbalistischer Spekulationen die landwirtschaftliche Arbeit atheistischer Sozialisten zum „Erlösungswerk" erklärte, gelang ihm gegen den traditionellen Antizionismus der Orthodoxie jene nationalreligiöse Synthese, die den jüdischen Staat aufgrund seines Territoriums für gottgewollt erklärte und wie selbstverständlich davon ausging, dass die dort lebende jüdische Bevölkerung sich früher oder später einer, wenn auch modifizierten, Verfassung im Geist der Tora anzuschließen hätte.

Zionistische Taktiken

Diesen vier strategischen Hauptströmungen entsprachen taktische Varianten, die je nachdem entweder erstens Landkauf und Besiedlung in Palästina, zweitens forcierte Einwanderung nach Palästina oder aber drittens die Erringung einer Charter durch die jeweiligen Großmächte zum Ziel hatten. In der politischen Realität waren natürlich beliebige Kombinationen möglich. Alle Elemente des modernen Zionismus – philanthropischer Territorialgedanke, romantisch verstandener Nationalstaat und lebensreformerischer Sozialismus – entstanden völlig unabhängig von den Überlieferungen des konfessionalisierten oder auch kommunal gelebten Glaubens, ja ausdrücklich gegen diese.

Der Zionismus als politisches Programm – nicht als religiös sehnsüchtige Selbstvergewisserung – stand unter einer Reihe empirischer Bedingungen:

1. dem Willen einer Gruppe von Juden, sich politisch-körperschaftlich zu konstituieren und damit zugleich die Repräsentativität ihrer Willensbildung für alle Juden zu beanspruchen;
2. einem – (noch) nicht im Besitz dieser politischen Körperschaft befindlichen Territorium – wo auch immer auf der Welt;
3. der Verfügbarkeit kommerzieller, rechtlicher und auch militärischer Quellen, sich dieses Territoriums anzueignen, sowie angemessener infrastruktureller Mittel (Transportwege und -mittel), Juden in dieses Territorium zu bringen;
4. angemessener Mittel, bereits andere auf dem Territorium lebende Menschen davon zu überzeugen bzw. zu zwingen, der politischen Körperschaft das Territorium zu überlassen.

Bei alldem verband sich zumal der lebensreformerische Sozialismus nicht nur mit dem romantischen Nationalismus, sondern auch mit einem bürgerlichen Machtstaatsdenken, das die Rettung des in Europa bedrohten jüdischen Volkes alleine durch den Aufbau einer jüdischen Armee, die militärische Eroberung des künftigen Territoriums beiderseits des Jordans und die Masseneinwanderung in Städte und nichtsozialistische Siedlungen gewährleistet sah.

Die 1903 anstehende, die zionistische Bewegung spaltende Entscheidung darüber, ob man als rettendes Territorium anstelle Palästinas im Osmanischen Reich das damals dem britischen Empire zugehörige Uganda akzeptieren sollte, rührte an die traditionellen Bindungen auch des modernen Judentums. Vor allem osteuropäische Zionisten bedeuteten unmissverständlich und dramatisch, dass eine Wahl etwa der britischen Kolonie Uganda als Territorium eines künftigen jüdischen Gemeinwesen auf die wanderungsbereiten jüdischen Massen Osteuropas abschreckend wirken und damit den ohnehin stärkeren Zustrom nach Nordamerika bzw. die antizionistische, nationaljüdische Arbeiterbewegung, den „Bund", nur verstärken würde. Erst die Ugandakrise legte frei, dass ein Zionismus, der sich seiner religiösen Wurzeln gänzlich beraubte, keinen Widerhall finden konnte. Diese Debatte lenkte den Fluss der säkularen Erlösungsreligionen von romantischem Nationalismus und lebensreformerischem Sozialismus in das Bett jüdischen Traditionsbewusstseins und gab ihm damit seine Richtung ins Land Israel, die osmanische Provinz Palästina.

In vielen Fällen verband sich dieser lebensreformerische Sozialismus nicht nur mit dem romantischen Nationalismus, sondern auch mit einem bürgerlichen Machtstaatsdenken, das die Rettung des in Europa bedrohten jüdischen Volkes alleine durch den Aufbau einer jüdischen Armee, die militärische Eroberung des künftigen Territoriums beiderseits des Jordans und die Masseneinwanderung in Städte und nichtsozialistische Siedlungen gewährleistet sah.

Antizionismus

Freilich stieß der Zionismus in all seinen Formen von Anfang an auf großen Widerstand und zwar von Seiten, die unterschiedlicher nicht sein konnten: Da war beispielsweise das assimilationsbereite Reformjudentum, in Deutschland vertreten durch den „Centralverein deutscher Staatsbürger jüdischen Glaubens";[37] gesetzestreue Juden und die Ultraorthodoxie leisteten ebenso Widerstand wie schließlich auch die „Bundisten", also die Anhänger jener jüdisch-nationalen Arbeiterbewegung, die auf eine säkulare, autonome jüdische Kultur im jeweiligen Heimatland, vor allem in Polen oder auch in den baltischen Staaten setzte.[38] Theodor Herzl wurde von einer Bewegung von sogenannten Protestrabbinern konfrontiert, und der zum Christentum übergetretene brillante Wiener Publizist Karl Kraus höhnte: „Ja, heraus mit uns Juden!"[39] Die Ultraorthodoxie verwies stets auf jene drei Schwüre, die gemäß einer Passage im Babylonischen Talmud[40] sowie dem Midrasch „Schir Haschirim", einer mittelalterlichen Auslegung des biblischen „Hohelieds", die Juden aufforderten, Gott und dem Messias bei der Rückführung ins Land Israel nicht vorzugreifen, selbst nicht nach politischer Macht zu streben und die Völker dazu anhielt, das Volk Israel nicht zu bedrängen.[41] Besonders radikal war und ist der Antizionismus der in Jerusalem lebenden ultraorthodoxen *Neturei Karta* („Wächter der Stadt") sowie der vor allem in New York aber auch in Antwerpen lebenden *Satmarer Chassidim*, deren Rabbi Joel Teitelbaum nach Ende des Zweiten Weltkrieges den Holocaust als göttliche Strafe wegen

---

37 Barkai, Avraham: „Wehr dich!" Der Centralverein deutscher Staatsbürger jüdischen Glaubens (C. V.) 1893–1938, München 2002.

38 Pickhan, Gertrud: „Gegen den Strom". Der Allgemeine Jüdische Arbeiterbund „Bund" in Polen 1918–1939, Leipzig 2001.

39 Kraus, Karl: Eine Krone für Zion, Wien 1898.

40 Ket 111a

41 Midrasch Schir ha Schirim, Leipzig 1880.

des Abfalls vom Glauben in Form von Reformjudentum und Zionismus verstand.[42] Auch im liberalen Reformjudentum finden sich einzelne Strömungen, die eine letztlich antizionistische, propalästinensische Befreiungstheologie vertreten.[43]

In der Mandatszeit und vor allem nach der Gründung des Staates Israel waren es besonders linke, kommunistische Gruppen unterschiedlicher Couleur, unter ihnen trotzkistische Vereinigungen, die als erklärte Antizionisten auftraten,[44] aber auch Persönlichkeiten wie etwa der Publizist Uri Avnery, die sich selbst als Bürger eines israelischen Staates betrachteten, dessen innere Strukturen sie künftig nicht mehr auf die Aufnahme der Juden aus aller Welt ausgerichtet sehen wollten, sondern der vor allem für einen Ausgleich mit den in Israel lebenden Arabern und das Entstehen einer israelischen Nation stehen sollte. Mit Ausnahme der Ultraorthodoxie zeichnen sich all diese Gruppen u. a. dadurch aus, dass sie die im Zuge des Krieges von 1948 von jüdischen Milizen und der israelischen Verteidigungsarmee bewirkte Vertreibung von etwa 700.000 palästinensischen Arabern als historische Tatsache anerkennen und sich in vielen – keineswegs allen – Fällen für eine Rückkehr der Palästinenser einsetzen. Ihnen gemeinsam ist der Nachweis, dass die offizielle Behauptung, mehr als 700.000 Palästinenser seien 1947/48 (freiwillig) geflohen, historisch falsch ist.[45] Mehr noch, Benny Morris, Professor an der Ben-Gurion-Universität in Beer Scheva, früher ein Postzionist, der heute die Vertreibung der Araber nachträglich befürwortet,[46] weist etwa nach, dass von den jüdischen Verteidigungskräften 1948 mehr Kriegsverbrechen begangen wurden als von allen arabischen Armeen zusammen.[47] Diese Behauptung wird von Efraim Karsh,[48] Dozent am Kings College, London angezweifelt.

Postzionismus

Der Staat Israel wurde 1948 gegründet, womit in der Augen vieler das engere und eigentliche Ziel des (politischen) Zionismus erreicht und seine Aufgabe erfüllt war. Zudem existiere nach dem Holocaust und nach dem Ende der Sowjetunion zwar noch in vielen Ländern Antisemitismus, doch sei dieser Antisemitismus nicht exterminatorischer Art, vielmehr lebten die Juden derzeit mehr oder minder weltweit in Sicherheit. Somit bestehe nun keine Notwendigkeit mehr,

---

42 Kaplan, Zvi Jonathan: Rabbi Joel Teitelbaum: Zionism, and Hungarian Ultra-Orthodoxy, in: *Modern Judaism* 24/2 (2004), aber auch: Feldman, Deborah: Unorthodox, Zürich 2016.

43 Ellis, Marc H.: Toward a Jewish Theology of Liberation, Waco, TX 1987; Braverman, Mark: Verhängnisvolle Scham. Israels Politik und das Schweigen der Christen, Gütersloh 2011; Butler, Judith: Am Scheideweg. Judentum und die Kritik am Zionismus, Frankfurt/Main; New York 2013.

44 Greenstein, Ran: Zionism and its Discontents: A Century of Radical Dissent in Israel/Palestine, London 2014; Grabski, August: Matzpen, in: ders. (Hg.): Rebels against Zion: Studies on the Jewish Left Anti-Zionism, Warschau 2011, S. 139–155.

45 Morris, Benny: The Birth of the Palestinian Refugee Problem revisited, Cambridge 2004; Pape, Ilan: Die ethnische Säuberung Palästinas, Hamburg 2007; Weiss, Yfaat: Verdrängte Nachbarn: Wadi Salib – Haifas enteignete Erinnerung, Hamburg 2012.

46 https://de.wikipedia.org/wiki/Benny_Morris#Kritik_an_Morris, letzter Zugriff: 11. 05. 2017.

47 Morris, Benny: 1948, New Haven; London 2008, S. 405.

48 Karsh, Ephraim: Palestine Betrayed, New Haven 2010.

Juden zum Umzug nach Israel zu bewegen. Die verbliebenen Spannungen zwischen dem Staat Israel und seinen arabischen Nachbarn sowie das nach wie vor ungelöste Palästinaproblem sind demnach von den Beteiligten zu lösen, stellen aber nicht notwendig eine Aufgabe für die Juden in aller Welt mehr dar.

Es sind nicht zuletzt Historiker und Historikerinnen, die als politisch bewusste israelische, jüdische Bürger und Bürgerinnen die Geschichte des zionistischen Unternehmens entmythologisieren, sein heroisches Narrativ entzaubern, viele seiner Gründungsmythen widerlegen und seine verklärten Persönlichkeiten in ihren Fehlern und ihrer Durchschnittlichkeit nüchtern darstellen,[49] so etwa den Umgang des frühen zionistischen israelischen Staates[50] mit der Erinnerung an den Holocaust.[51] Als Gründungsmythen sieht etwa der durch seine Forschungen zum französischen Faschismus bekannt gewordene Zeev Sternhell den „Primat der Nation", die zentrale Rolle der Arbeit und des „Arbeiters" bei der nationalen Wiederauferstehung, einen der Nation dienstbaren Sozialismus sowie den Triumph eines „nationalen Sozialismus" an.[52]

Postzionisten, zu denen sich auch der Autor dieser Zeilen rechnet,[53] sehen in den unterschiedlichen Theorien und Praktiken des Zionismus den Versuch jüdischer Individuen und Gruppen, das Judentum im inzwischen vergangenen Zeitalter des Nationalstaates und des Nationalismus – es währte vom frühen 19. bis in die erste Hälfte des 20. Jahrhunderts – zeitgemäß neu zu bestimmen und auch für die Israel/Palästina Frage neue Antworten zu finden.[54]

---

49 Schäfer, Barbara (Hg.): Historikerstreit in Israel. Die „neuen" Historiker zwischen Wissenschaft und Öffentlichkeit, Frankfurt/Main; New York 2000.

50 Segev, Tom: Die ersten Israelis. Die Anfänge des jüdischen Staates, München 2008.

51 Ders.: Die siebte Million. Der Holocaust und Israels Politik der Erinnerung, Reinbek 1995; Zertal, Idith: Nation und Tod, Göttingen 2003.

52 Sternhell, Zeev: The Founding Myths of Israel, Princeton 1998.

53 Brumlik, Micha: Kritik des Zionismus, Hamburg 2007; ders.: Wann, wenn nicht jetzt? Versuch über die Gegenwart des Judentums, Berlin 2015.

54 Morris, Benny: One State, Two States: Resolving the Israel/Palestine Conflict, New Haven 2009.

Literatur

Irmela von der Lühe

Mit dem Begriff „jüdische Literatur" verbinden wir heute im deutschsprachigen Raum große Namen wie Heinrich Heine und Franz Kafka, Joseph Roth und Stefan Zweig, Else Lasker-Schüler und Kurt Tucholsky; im europäisch-außereuropäischen Raum mag man an Autoren wie Samuel Agnon, Chaim Nachman Bialik und an David Grossmann, an Amos Oz und Philipp Roth, an Isaac Singer oder auch Aharon Appelfeld denken. Freilich musste Gershom Scholem noch im Jahre 1959 am Ende seiner Rede über „Wissenschaft vom Judentum einst und jetzt" feststellen: „Eine Ästhetik der jüdischen Literatur steht noch völlig aus." Auch seien die „großen Schöpfungen des jüdischen Schrifttums […] noch lange nicht unter wissenschaftlichen Gesichtspunkten bewältigt".[1] Scholem benannte ein wissenschaftliches, aber auch ein ästhetisches Desiderat, dessen Ursprung nicht zuletzt in der systematischen Zerstörung jüdischen Lebens und jüdischer Kultur durch die nationalsozialistische Herrschaft lag. In Literatur und Literaturwissenschaft der alten Bundesrepublik herrschte gegenüber dem Thema überwiegend beredtes Schweigen; sieht man von leisen Stimmen wie derjenigen des remigrierten Germanisten und Barockforschers Richard Alewyn (1902–1979) ab, der in der ersten Stunde seiner Kölner Vorlesung im Goethe-Jahr 1949 erklärte: „Zwischen uns und Weimar liegt Buchenwald."[2] Dem in der DDR kultivierten Mythos eines kämpferischen Antifaschismus in Literatur und Kultur korrespondierten im Westen bis weit in die 1960er Jahre hinein literarische und wissenschaftliche „Wiedergutmachungsphantasien".[3] Die vielzitierte „Unfähigkeit zu trauern" artikulierte sich entweder in philosemitischer Emphase oder als diskursives Vermeidungshandeln, das sich auf den gesamten Themenbereich einer jüdischen Literatur oder jüdischer Autoren und Autorinnen in der westdeutschen Nachkriegsliteratur erstreckte.[4]

---

1   Scholem, Gershom: Wissenschaft vom Judentum einst und jetzt, in: ders.: Judaica 1, Frankfurt/Main 1963, S. 164.

2   Alewyn, Richard: Goethe als Alibi, in: *Hamburger Akademische Rundschau* 3 (1948/49), S. 685–687, hier: S. 686.

3   Den Begriff verwendet Ruth Klüger mit Verweis auf Autoren wie Bruno Apitz, Alfred Andersch und Hans Scholz vgl. Klüger, Ruth: Gibt es ein „Judenproblem" in der deutschen Nachkriegsliteratur? in: dies.: Katastrophen. Über deutsche Literatur, Göttingen 1994, S. 9–38, hier: S. 12.

4   Braese, Stephan: Die andere Erinnerung. Jüdische Autoren in der westdeutschen Nachkriegsliteratur, Berlin ²2002; ders.: Überlieferungen. Zu einigen Deutschland-Erfahrungen jüdischer Autoren der ersten Generation, in: Gilman, L. Sander; Steinecke, Hartmut (Hg.): Deutsch-jüdische Literatur der 90er Jahre (= Beiheft der *Zeitschrift für deutsche Philologie,* Bd. 11), Berlin 2002, S. 17–28.

Als wegweisende sachliche und wissenschaftspolitische Zäsur im Bereich der germanistischen Literaturwissenschaft wird man daher ein deutsch-israelisches Symposion bezeichnen dürfen, das im Oktober 1983 an der Hebräischen Universität Jerusalem unter dem Titel „Juden in der deutschen Literatur" stattfand.[5]

Seither und insbesondere seit 1989 wurden sowohl innerhalb der Jüdischen Studien als auch in den Literatur- und Kulturwissenschaften vielerlei Anstrengungen unternommen, um dem von Scholem formulierten Desiderat zu begegnen. Von einem Kanon stabiler Antworten kann indes keine Rede sein. Bereits die Frage nach Inhalt und Gestalt, Tradition und Intention einer „jüdischen Literatur" ist kontrovers beantwortet worden. Ob darüber hinaus eine „Ästhetik" der jüdischen Literatur existiert oder zu entwickeln wäre, ob sie sich aus vorhandenen Texten und Traditionsbeständen rekonstruieren und damit als Spezifikum einer „jüdischen" gegenüber anderen Literaturen ausweisen ließe, auch dies ist bis heute strittig. Der Radius der Debatten vergrößert sich noch einmal, wenn Begriff und Geschichte der „deutsch-jüdischen" Literatur ins Spiel kommen. Eine kulturwissenschaftlich-diskurs-geschichtlich arbeitende Literaturwissenschaft innerhalb der Jüdischen Studien hat den Terminus daher in den beiden letzten Jahrzehnten einer kritischen Prüfung unterzogen und neue Ansätze für seine Verwendung vorgeschlagen.[6] Dabei entscheidet schon der definitorische Ausgangspunkt über die methodische Perspektive und den dafür relevanten historischen Kontext: Jüdische Literatur kann der Sammelbegriff für jüdische (häufig biblisch-religiöse) Themen, Stoffe, Figuren, erzählte oder dramatisierte Geschichten sein; sie kann die explizit oder implizit thematisierte Herkunft und das Selbstverständnis eines Autors bzw. einer Autorin bezeichnen und damit entweder „Außenseiter" oder „Ruhestörer"[7] in der Literatur und Kultur seit 1800 meinen; schließlich kann es ein Spezialgebiet der allgemeinen Literaturgeschichte, ein Phänomen der Gegenwartsliteratur sein oder es kann – wie die eingangs zitierte Feststellung Gershom Scholems belegt – eine spezifisch „jüdische" Ästhetik und Poetik gemeint sein. Berücksichtigt man die Forschungsdebatte in den letzten Jahren, so zeigt sich überdies ein besonderes methodisch-theoretisches Interesse an Fragen der Diaspora und des kulturellen „Nomadismus" (siehe hierzu auch den Beitrag von Liliana Feierstein, S. 99). Je nach gewähltem Akzent werden andere Sachverhalte relevant, wie im Folgenden sowohl beispielhaft als auch systematisch gezeigt werden soll.

Gotthold Ephraim Lessings 1749 entstandenes und 1754 veröffentlichtes Lustspiel *Die Juden* brachte erstmalig eine umfassend positiv gezeichnete Judenfigur auf die deutsche Bühne. Ein

---

5   Moses, Stéphane; Schöne, Albrecht (Hg.): Juden in der deutschen Literatur. Ein deutsch-israelisches Symposion, Frankfurt/Main 1986; auf eine entsprechende Ringvorlesung an der TU Berlin geht ein ähnlicher Band zurück: Strauss, Herbert A.; Hoffmann, Christhard (Hg.): Juden und Judentum in der Literatur, München 1985.

6   Vgl. insbesondere den Sammelband Lezzi, Eva; Salzer, Dorothea M. (Hg.): Dialog der Disziplinen. Jüdische Studien und Literaturwissenschaft, Berlin 2009 sowie Braese, Stephan; Weidner, Daniel (Hg.): Meine Sprache ist Deutsch. Deutsche Sprachkultur von Juden und die Geisteswissenschaften 1870–1970, Berlin 2015.

7   Vgl. z. B. das Kapitel über „Shylock" in Mayer, Hans: Außenseiter, Frankfurt/Main 1975, S. 311–458 sowie die Essaysammlung von Reich-Ranicki, Marcel: Über Ruhestörer. Juden in der deutschen Literatur, München [4]2000.

namenloser, gebildeter und begüterter Reisender rettet einen christlichen Baron gleich zweimal aus existenzieller und materieller Bedrohung. Die Überführung der wahren Täter und
die praktische Entlarvung der antijüdischen und antisemitischen Vorurteile, die die Täter sich
zunutze gemacht hatten, läuft parallel, sodass der christliche Baron am Ende ausruft: „O wie
achtungswürdig wären die Juden, wenn sie alle Ihnen glichen"; woraufhin der so Adressierte
antwortet: „Und wie liebenswürdig die Christen, wenn sie alle Ihre Eigenschaften besäßen."[8]
Lessings frühes Stück, gern als komödienhafte Vorübung zu seinem „dramatischen Gedicht",
also zu *Nathan der Weise* (1779), (miss)verstanden, liefert vernunftgestützt und aufklärungs-
optimistisch ein frühes Plädoyer für die natürliche Religion der Menschenliebe jenseits kon-
fessioneller Grenzen, klerikaler Dogmatik und gewaltaffiner Stereotypen. Im Zentrum steht
das Bekenntnis zum individuellen Menschen, der Jude oder Christ sein mag, aber dessen
Zugehörigkeit zu einer „Nation" weniger zählt als die reine Menschlichkeit. So begeistert sich
Moses Mendelssohn von diesem einaktigen Lustspiel zeigte, so entschiedene Kritik löste es
in den Kreisen aus, für die es bestimmt war. Denn dem Plädoyer für eine natürliche Religion
der Humanität, für Freundschaft als Ausdruck solcher Humanität und für die vorurteilsfreie
Akzeptanz des Anderen antwortete die Kritik mit der ebenso schlichten wie folgenreichen
Infragestellung der Tatsache, dass ein Mensch wie Lessing ihn in der Figur des Reisenden auf-
treten lässt, also ein gebildeter und tugendhafter Jude, überhaupt realistisch sei. Die Debatte,
ausgelöst durch den Göttinger evangelischen Theologen und Orientalisten Johann David
Michaelis, veranlasste Moses Mendelssohn zu einer ebenso heftigen wie wiederum folgenlosen
Replik, in der u. a. die Sätze fallen:

> Man fahre fort, uns zu unterdrücken, man lasse uns beständig mitten unter freien und glückseligen
> Bürgern eingeschränkt leben, ja man setze uns ferner dem Spotte und der Verachtung aller Welt aus;
> nur die Tugend, den einzigen Trost bedrängter Seelen, die einzige Zuflucht der Verlassenen, suche
> man uns nicht gänzlich abzusprechen.[9]

Die Empörung darüber, dass einer visionären Bühnenfigur, die jüdische Aufklärung und universale Humanität repräsentiert, schlichtweg die Wahrscheinlichkeit und damit ihre Relevanz
abgesprochen wird, schlägt bei Mendelssohn ins schiere Entsetzen um. Von Empörung, ungläu-
biger Irritation und sarkastischem Protest, von verzweifeltem Staunen bis zum immer erneuten
Appell an gesunden Menschenverstand und aufklärungsbereite Zukunftshoffnung reichen fortan
die Reaktionen in Literatur und Publizistik, wenn es um die Darstellung positiver jüdischer
Figuren, aber auch wenn es um die Präsenz von Juden im kulturellen Leben geht (siehe hierzu
auch den Beitrag von Julius H. Schoeps, S. 289).

Als Gegenstück zu Lessings Bühnenfigur und als Entsprechung zur publizistischen Kritik
an ihr lesen sich denn auch die einleitenden Ausführungen, die ein seinerzeit anonymer Verfasser einem Bändchen mit *Gedichte(n) von einem pohlnischen Juden* im Jahre 1772 voranstellt.

---

8   Lessing, Gotthold Ephraim: Die Juden. Ein Lustspiel in einem Aufzuge verfertigt im Jahr 1749. Mit
     Anmerkungen und Materialien hg. von Wilhelm Grosse, Stuttgart 2002, S. 45.
9   Ebd., S. 62.

Es handelt sich vermutlich um die „erste belletristische Publikation deutschsprachiger jüdischer Literatur".[10] Der Autor und Arzt, Issachar Falkensohn Behr (1746–1817?), wählt die zeittypische Form fingierter Anonymität für eine Sammlung von Gedichten, die der lyrischen Mode der Zeit entsprechend einen verspielt-galanten Ton (Anakreontik) anschlagen. Der Verfasser eröffnet seinen Gedichtband indes mit dem „Schreiben an einen Freund", in dem er die Veröffentlichung zu legitimieren und die zeitgenössische Rezeption zu antizipieren versucht. Vor allem dem Titel seiner Sammlung, *Gedichte von einem pohlnischen Juden,* gilt Behrs legitimatorische Anstrengung. Freimütig räumt er ein, dass seine Gedichte kaum Originalität würden beanspruchen können: „In meinem Büchlein wird schwerlich neues zu finden seyn, es wäre denn der Titel: Lieder eines pohlnischen Juden. – In der That mögen diese Worte wohl in ein paar tausend Jahren nicht beysammen gestanden haben."[11]

Behr rechnet nicht nur mit dem besonderen Erstaunen seines Publikums; zu einem Zeitpunkt betont er die mangelnde Originalität seines Werkes, da es noch gar nicht hatte gelesen werden können, und fügt hinzu, dass allenfalls die mitgeteilte Herkunft seines Verfassers, eines polnischen Juden, Aufmerksamkeit auslösen werde. Die soziale Distinktion dominiert mithin die ästhetische, und der Autor weiß dies nicht nur, er spricht es offen aus. Er tritt gleichsam mit seinem Publikum und seinen Kritikern in eine Diskussion, und zwar nicht etwa über Anlage und Absicht des Werkes, sondern über das skandalisierende Potential, das seine Herkunft für die Augen der christlichen Mehrheitsgesellschaft evoziert. Es sind stereotype und stigmatisierende „Judenbilder". „Erregen nicht die Worte pohlnischer Jude, in der Seele das Bild eines Mannes, schwarzvermummt, das Gesicht verwachsen, die Blicke finster und rauh die Stimme? […] Und wird dieses Bild meinen Liedern nicht nachteilig sein?"[12]

Seinen Wunsch, als Jude in der deutschen Literatur und mit deutschen Versen im Geschmack der Zeit Anerkennung zu finden, entwickelt Behr also in dem einleitenden Schreiben an den Freund als durch und durch paradox: Als polnischer Jude wird er auf Vorurteile stoßen, und als Autor ist er sich selbst seiner Sache nicht sicher. Bleibt nur die Hoffnung auf Geltung und Wirkung jenes Grundsatzes, an den auch Lessings Reisender appelliert hatte. Es ist der universalistische Grundsatz der Epoche: „Denkt und fühlt der pohlnische Jude nicht wie ein Mensch?"[13]

Der hoffnungsvoll-rhetorischen Frage folgte die ernüchternde Erfahrung. Behrs Gedichte wurden durch den jungen Goethe in den *Frankfurter Gelehrten Anzeigen* vom 1. September 1772 prominent besprochen, damit wurden sie bekannt. Zugleich initiierte Goethes Rezension, wovor sich Behr eigentlich hatte schützen wollen. In der Hoffnung auf die Geltung des universalistischen Ethos hatte Behr sich als polnischer Jude zu erkennen gegeben, aber genau diesen Umstand kehrt der junge Kritiker gegen den jüdischen Dichter: „Es ist recht löblich ein polnischer Jude sein, der Handelschaft entsagen, sich den Musen weihen, Deutsch lernen, Liederchen rründen; wenn man aber in allem zusammen nicht mehr leistet, als ein christlicher

---

10 Kilcher, Andreas B.: Deutsch-jüdische Literaturgeschichte schreiben? Perspektiven historischer Diskursanalyse, in: Lezzi; Salzer: Dialog der Disziplinen, S. 351–379, hier: S. 351, 353.

11 Behr, Issachar Falkensohn: Gedichte von einem pohlnischen Juden, hg. von Gerhard Lauer (= Kleines Archiv des 18. Jahrhunderts, Bd. 40), St. Ingbert 2002, S. 11.

12 Ebd.

13 Ebd.

Etudiant en belles Lettres auch, so ist es, deucht uns, übel gethan, mit seiner Judenschaft ein Aufsehen zu machen.“[14]

Lessings Bühnenfigur, einem gebildeten, vernünftigen und tugendhaften Juden, wurde mangelnde Wahrscheinlichkeit vorgeworfen; dem jüdischen Dichter, der sich als deutscher Autor mit deutschen Versen seinem Publikum stellte, hallt aus dem Munde der Zeitgenossen entgegen, er solle nicht so viel Aufhebens von seiner jüdischen Herkunft machen, wenn er nur mittelmäßige Verse schreiben könne. Beides sind Beispiele aus der „Literaturgeschichte der Judenemanzipation“;[15] in beiden Fällen artikuliert sich antijüdisches Ressentiment im Rekurs auf poetische Konzepte, die entweder einer normativen Ästhetik oder der entstehenden Genie-ästhetik verpflichtet sind. Positive jüdische Figuren oder ein jüdischer, deutschsprachiger Autor sind ein Skandalon für beides, auch wenn sie in beiden Fällen dem Vertrauen auf den optimistisch-humanistischen Zeitgeist entstammten.

An der Konstellation zwischen Lessings Reisendem und dem jüdischen Autor anakreontischer Oden und Kantaten lässt sich die sachliche und die systematische Problematik illustrieren, auf die man bei der Beschäftigung mit deutsch-jüdischer Literatur trifft: Der „emanzipierte“ Jude wird selbst als Bühnenfigur zum unglaubwürdigen Ausnahmefall und als solcher von der Kritik abgetan; der deutsch schreibende Autor ostjüdischer Herkunft, der eben diese Herkunft gerade nicht verleugnet, sieht sich mit dem Vorwurf konfrontiert, seine Verse seien ärgerliches Mittelmaß und die Mitteilung seiner Herkunft eitle Selbstdarstellung. Tatsächlich zeugt vor allem das Beispiel Behrs von den strukturellen Aporien eines jüdischen Schreibens in deutscher Sprache bzw. „von der Unmöglichkeit […], zugleich deutsch *und* jüdisch zu sein“.[16] Solche „Unmöglich-keiten“ sollten für die Geschichte der deutsch-jüdischen Literatur bestimmend werden. Ihren Spuren und nicht etwa denjenigen einer „deutsch-jüdischen Symbiose“ bzw. einer „Kultur-synthese“ (Margarete Susman) zwischen jüdischem und deutschem Geist folgt die neuere Forschungsdiskussion zu Begriff, Geschichte und Funktion einer deutsch-jüdischen Literatur.[17] Unauflösbare Gegensätze, prinzipielle Widersprüche, vor allem aber kulturelle Auseinandersetzungen und strukturelle Aushandlungsprozesse[18] rücken dabei immer stärker ins Blickfeld.

Der im ersten Drittel des 19. Jahrhunderts einsetzenden Beschäftigung mit der „Rolle“ oder dem „Beitrag“ der Juden zur deutschen Kultur begegnet die Forschung zur jüdisch-deutschen

---

14 Goethe, Johann Wolfgang: Rezension der „Gedichte von einem pohlnischen Juden“, in: Lauer, Falkensohn, S. 87–89, hier: S. 87. Zur Interpretation von Behrs Gedichten sowie der zeitgenössischen Rezeption vgl. Wagenknecht, Christian: Issachar Falkensohn Behrs *Gedichte eines pohlnischen Juden*. Ein Kapitel aus der Literaturgeschichte der Judenemanzipation, in: Moses; Schöne: Juden in der deutschen Literatur, S. 77–87.

15 Wagenknecht: Issachar Falkensohn, S. 77.

16 Kilcher: Deutsch-jüdische Literaturgeschichte, S. 357.

17 Vgl. zu Letzterem u. a. Horch, Hans Otto: „Was heißt und zu welchem Ende studiert man deutsch-jüdische Literaturgeschichte?“ Prolegomena zu einem Forschungsprojekt, in: *German Life and Letters* 49 (1996), S.124–135; Lamping, Dieter: Jüdische Literatur, in: Brenner, Michael; Rohrbacher, Stefan (Hg.): Wissenschaft vom Judentum. Annäherungen nach dem Holocaust, Göttingen 2000, S. 198–206 sowie den bereits genannten Sammelband von Eva Lezzi und Dorothea Salzer. Neuerdings außerdem: Horch, Hans Otto (Hg.): Handbuch der deutsch-jüdischen Literatur, Berlin 2015.

18 Braese, Stephan: Schreiben ans Stiefvaterland. Zum Anregungsgehalt postkolonialistischer Begriffsarbeit für die Lektüre deutsch-jüdischer Literatur, in: Lezzi; Salzer: Dialog der Disziplinen, S. 415–435.

bzw. zur europäisch-jüdischen Literatur daher mit wachsender Skepsis. Stattdessen zeigt sie sich an der prinzipiellen Interkulturalität (D. Lamping), an ihrer Exterritorialität (A. Kilcher), an ihrer paradoxen Zugehörigkeit, schließlich an ihrer Funktion für die Entwicklung eines modernen Verständnisses von literarischer Transnationalität interessiert. Auch die wissenschafts- und kulturgeschichtliche Entwicklung, in deren Verlauf zunächst im Kontext der entstehenden „Wissenschaft des Judentums", sodann in Abgrenzung von ihr bzw. in explizit zionistischer Absicht für die Beschäftigung mit „Juden in der deutschen Literatur" plädiert sowie an Begriff und Programm einer jüdischen Literatur gearbeitet wurde, wird inzwischen vorwiegend aus der Perspektive der genannten „Unmöglichkeit", also ihrer aporetischen Grundstruktur beschrieben und gedeutet. Zweifelsohne hat dies seinen Grund in der Auslöschung der deutschen und euro- päischen Juden in der Shoah, im ultimativen Ende sämtlicher Konzepte und Visionen von einer deutsch-jüdischen Symbiose. Und doch ist in den letzten beiden Jahrzehnten immer wieder und gerade in Auseinandersetzung mit Gershom Scholems Polemik „Wider den Mythos vom deutsch-jüdischen ‚Gespräch'" darauf hingewiesen worden, dass der seit Beginn des 20. Jahr- hunderts geführte Diskurs über „Deutschtum und Judentum",[19] über Assimilation und zionis- tische Selbstbehauptung nicht als immer schon verfehlt, als naiv und illusionär, also als Vollzug einer negativen Teleologie betrachtet werden sollte.

Auch wenn Uneinigkeit darüber herrscht, ob es richtig oder gar geboten ist, von einem deutsch-jüdischen „Dialog", einer „Synthese", einer „Symbiose" oder einer Aporie zu sprechen, so herrscht weitgehend Einigkeit über den Zeitraum und über eine Pluralität thematischer und systematischer Aspekte. Es geht – grob gesprochen – um einen Zeitraum von knapp 250 Jahren, um literarisch-kulturelle Entwicklungen, die mit Mendelssohns Sprachreform, mit dem „Ein- tritt" der Juden in die deutsche Sprache begannen und jenen Prozess der Akkulturation, der Emanzipation durch „Bildung" einleiteten, der mit den Verfassungen des Norddeutschen Bundes bzw. des Deutschen Kaiserreichs seine juristische Kodifizierung erhielt. Von einem „goldenen Zeitalter der deutsch-jüdischen Literatur" hat Heinz Politzer für die Jahre von 1890 bis 1933 gesprochen.[20] Andere lassen die Entwicklung früher, mit den Jüdischen Salons der Henriette Herz und Rahel Varnhagen, mit Heinrich Heine, Ludwig Börne und Fanny Lewald beginnen. Wiederum andere Akzente sind zu setzen, wenn man die innerjüdischen Debatten betrachtet, die – mit Berthold Auerbach beginnend – bis in die Jahre der Weimarer Republik hinein über die Stellung der Juden in der deutschen Kultur geführt wurden.

Unter der programmatischen Frage *Was heißt und zu welchem Ende studiert man jüdische Geschichte und Literatur?* erörterte Moritz Lazarus im Jahre 1900 eine Problematik, die schon bei der Konzeptualisierung der „Wissenschaft des Judentums" im Jahre 1819 eine Rolle gespielt hatte (siehe hierzu auch die Beiträge von Christoph Schulte, S. 317 und Norbert Waszek, S. 305). Das Ziel einer systematisch-historischen Beschäftigung mit allen Dimensionen des Judentums und damit der Entwicklung eines jüdischen Geschichts- und Wissenschaftsverständnisses, das

---

19 Vgl. die Anthologie von Schulte, Christoph (Hg.): Deutschtum und Judentum. Ein Disput unter Juden aus Deutschland, Stuttgart 1993.

20 Zitiert nach Grimm, Gunter E.; Bayerdörfer, Hans-Peter (Hg.): Im Zeichen Hiobs. Jüdische Schriftsteller und deutsche Literatur im 20. Jahrhundert, Frankfurt/Main ²1986, S. 7.

sich vom talmudischen Traditionsbegriff bewusst lösend eine säkulare Wissenschaft etablieren wollte, beschrieb 1822 Immanuel Wolf wie folgt:

> Wenn von einer Wissenschaft des Judentums die Rede ist, so versteht es sich von selbst, dass hier das Wort Judentum in seiner umfassendsten Bedeutung genommen wird, als Inbegriff der gesammten Verhältnisse, Eigentümlichkeiten und Leistungen der Juden, in Beziehung auf Religion, Philosophie, Geschichte, Rechtswesen, Litteratur überhaupt, Bürgerleben und alle menschlichen Angelegenheiten; nicht aber in jenem beschränkteren Sinne, in welchem es nur die Religion der Juden bedeutet.[21]

Die philologisch-wissenschaftliche und die rezensierende Beschäftigung mit „Litteratur überhaupt" wurde denn auch in den folgenden Jahren und Jahrzehnten selbstverständlicher Bestandteil der sich etablierenden „Wissenschaft des Judentums"; zugleich wurde sie zum wichtigen Element in den jüdischen Periodika, insbesondere der *Allgemeinen Zeitung des Judentums* (1837–1922). Ihr Begründer und langjähriger Chefredakteur, Ludwig Philippson (1811–1889), hatte die *AZJ* aus dem Geiste von Aufklärung, Idealismus und bürgerlicher Emanzipation konzipiert und der Beschäftigung mit Literatur einen besonders hohen Stellenwert zugesprochen. Jüdische Literatur ist in der Sicht Philippsons und großer Teile des Reformjudentums nicht lediglich talmudische oder rabbinische Literatur, sie ist in wachsendem Maße „Litteratur überhaupt"; sie entstammt der Feder deutsch-jüdischer Autoren, behandelt Themen und Sujets aus der Geschichte des Judentums und sie wird – so Philippsons Überzeugung – für die „Erkräftigung" jüdischen Selbstbewusstseins von ungleich größerer Wirkung sein als der ohnehin nur noch gelegentliche Synagogen- und Schulbesuch.[22] Akkulturation und Assimilation schließen in dieser Vorstellung die Bewahrung und Vertiefung jüdischen Wissens und Selbstbewusstseins gerade nicht aus; sie erscheinen – ganz im Gegenteil – als zusammengehörig und als untrennbare Teile eines übergreifenden Ethos der Humanität. Deutsche Kultur und jüdische Religiosität sollten eine Einheit bilden und jüdische Literatur einem solchen Einheitsbewusstsein zuarbeiten.

Heinrich Heines *Rabbi von Bacharach* (1840), vor allem aber das literarische Werk Berthold Auerbachs (1812–1882) wurden zum Modell für einen erweiterten Literaturbegriff, der jüdische Geschichte und Erfahrung aus einer doppelten Intention heraus zum Thema machte: zum Zwecke der Bewahrung und Bestätigung jüdischen Selbstbewusstseins und zum Zwecke der Integration dieser Wissens- und Erfahrungsbestände in die „deutsche" Kultur. Die Brüder Ludwig und Phöbus Philippson begründeten eine auch publizistisch begleitete Form jüdischer Belletristik, die sich großer Beliebtheit erfreute und vorzugsweise Sujets aus der Geschichte Israels (*Der Flüchtling aus Jerusalem,* 1839) oder der Verfolgung, Konversion und Vertreibung der sephardischen Juden (*Die Marannen,* 1837) behandelte.[23] Mit dem Genre der Ghetto-bzw. der Dorfgeschichte wurde Auerbach zum wichtigsten Vertreter des jüdisch-historischen Erzählens im 19. Jahrhunderts; als Verfasser eines großen *Kritische(n) Versuch(s) über das Judenthum und*

---

21 Zitiert nach: Schulte, Christoph: Über den Begriff einer Wissenschaft des Judentums, in: *Aschkenas. Zeitschrift für Geschichte und Kultur der Juden* 7/2 (1997), S. 277–302, hier: S. 285 f.

22 Zitiert nach Grimm; Bayerdörfer: Im Zeichen Hiobs, S. 18.

23 Für die Einzelheiten vgl. von Glasenapp, Gabriele: Jüdisch historischer Roman, in: Horch: Handbuch, S. 391–406.

die neueste Literatur (1836) begründete er die bis in die Jahre der Weimarer Republik reichende Reihe systematisch-kritischer Reflexion über die Rolle der Juden und die Macht antijüdischer Stereotype für die deutsche Literatur und Kultur.[24]

Tatsächlich ging es spätestens seit der Mitte des 19. Jahrhunderts unter dem Rubrum jüdische Literatur um gleich mehrere höchst kontrovers erörterte Themen: um die „Rolle" von Juden in und für die deutsche Literatur und Kultur. Hier konnten sich auf jüdischer Seite stolze Selbst-behauptung angesichts großer Leistungen mit der souveränen Forderung nach Entfaltung und Beförderung einer genuin jüdischen Literatur verbinden; zum anderen wurde der Ruf nach einer vollständigen Integration in die deutsche Kultur auf jüdischer Seite gelegentlich so laut, dass er von neo-orthodoxer Seite mit dem offensiven Plädoyer für eine eigene jüdische Belletristik und auch für die Förderung und Pflege einer hebräischen Literatur beantwortet wurde. Für Ludwig Philippson lagen hier noch keinerlei Gegensätze, hatte er doch mit seinen eigenen historischen Erzählungen und neben seiner publizistischen Aktivität für die *AZJ* zugleich die erste jüdische Buchgemeinschaft sowie ein „Institut zur Förderung der israelitischen Literatur" (1855–1874) begründet. Solche Versuche institutioneller Beförderung und „Erkräftigung" des religiösen und des kulturellen jüdischen Selbstbewusstseins in reformjüdischer Perspektive trafen freilich nicht nur auf heftige Kritik in der Neo-Orthodoxie (siehe hierzu auch den Beitrag von Michael A. Meyer, S. 277). Bedroht wurden sie vor allem durch jenen neuen Antisemitismus, der nach der Reichsgründung und seit Mitte der 70er Jahre des 19. Jahrhunderts weite Kreise des akademisch-kulturellen Milieus erfasste und im November 1880 zur Reichstagsdebatte über die ‚Judenfrage' führen sollte. Liberale Hoffnungen wie sie nicht lediglich in Kreisen des Reformjudentums und der Träger der „Wissenschaft des Judentums" bestanden hatten, zerschlugen sich auf diese Weise, nationaljüdische und zionistische Positionen wurden zum Modus des Protests. Berthold Auerbach schrieb angesichts der Reichstagsdebatte und der Antisemiten-Petition: „Vergebens gelebt und gearbeitet".[25] Es war das Eingeständnis, dass sich alle Hoffnungen auf eine deutsch-jüdische Kultursynthese als illusionär erwiesen hatten. Der Konnex zwischen Emanzipation und Antisemitismus sollte sich für die literatur- und kulturgeschichtliche Entwicklung in den kommenden Jahrzehnten als unauflösbar erweisen, und nur allzu bald wurde dem zukunftsfro-hen Nachweis der kulturfördernden Leistungen, die das deutsche Judentum erbracht hatte, mit dem Vorwurf der „Verjudung" der deutschen Kultur begegnet. Aus der liberal-reformjüdischen Hoffnung, es werde die nichtjüdische deutsche Mehrheitsgesellschaft die kulturzerstörerische und irrationale Macht des Antisemitismus schon von sich aus erkennen und abwehren, wurde spätestens mit dem Jahre 1933 die Erfahrung einer systematischen Austreibung und Zerstörung alles sogenannten Jüdischen aus dem deutschen Volke.

Und doch handelt es sich nicht um einen zwangsläufigen oder wohl gar teleologischen Pro-zess. Auffällig ist vielmehr die vielstimmige, heterogene und kontroverse Diskursgeschichte, die sich aus Anlass der deutsch-jüdischen Literatur nachzeichnen lässt. Es ist nicht lediglich eine Geschichte enttäuschter Hoffnungen, vergeblicher Anstrengungen und gescheiterter Visionen; es ist zugleich die Geschichte souveräner Leistungen, unzweifelhafter Erfolge, stolzer Selbstbehaup-

---

24   Vgl. Auerbach, Berthold: Schriften zur Literatur, hg. von Marcus Twellmann, Göttingen 2014, S. 177–210.
25   Zit. nach: Grimm; Bayerdörfer: Im Zeichen Hiobs, S. 20.

tungen und rebellisch-melancholischer Widerrede. Das gilt für literarische und publizistische Aktivitäten wie sie seit der Mitte des 19. Jahrhunderts mit Namen wie Heinrich Heine, Ludwig Börne, aber auch Ludwig Philippson, Ludwig Geiger, Gustav Karpeles, Berthold Auerbach und Fanny Lewald verbunden sind. Fanny Lewalds seinerzeit populärer und dann lange vergessener Roman *Jenny* (1843) thematisiert im Übrigen als einer der ersten den Zusammenhang zwischen jüdischer und weiblicher Emanzipation. Es gilt nicht minder für Autoren der Kaiserzeit, die sich in einer gleich doppelten Frontstellung befanden und weder einer zionistische Programmatik folgen noch sich von dem aggressiver werdenden völkischen Antisemitismus einschüchtern lassen wollten. Wie kaum ein anderer steht der Goethe-Philologe Ludwig Geiger (1848–1919), der im WS 1903/4 eine vielbeachtete Vorlesung über „Die Juden in der deutschen Literatur" gehalten und im Jahre 1910 auf dieser Grundlage ein Buch hatte erscheinen lassen, für diese Tendenz. Im ersten Kapitel seines Buches heißt es programmatisch:

> Wer die deutsche Literatur und Kunst, um nur bei ihr zu verweilen, betrachtet, der wird geradezu sagen müssen, daß es eine ausschließlich deutsche Kunst fast niemals gegeben hat, ja daß geradezu die glänzendste Epoche den größten Einfluß entweder des Altertums oder der ausländischen Völker deutlich aufweist.[26]

Solche Sätze entstammen einem Buch, das mit Kapiteln über Johannes Reuchlin und Moses Mendelssohn, Herder, Schiller und Goethe, über Ludwig Börne und Moritz Veit sowie über Berthold Auerbach, Gabriel Riesser und Karl Emil Franzos auch gegen die pseudowissenschaft-lichen, programmatisch antisemitischen Publikationen von Adolf Bartels gerichtet waren. Dieser hatte Eugen Dührings berüchtigtes Pamphlet *Die Judenfrage* (1881) offensiv ins Feld der Literatur-geschichtsschreibung transferiert und mit Büchern wie *Kritiker und Kritikaster* (1903), mit dem 1910 erschienenen Aufsatz „Judentum und deutsche Literatur" sowie mit der 1925 publizierten Arbeit *Jüdische Herkunft und Literaturwissenschaft* eine explizit antisemitische Literaturwissen-schaft begründet. Deren zentrale Aufgabe sah Bartels, der während der Weimarer Jahre zum Wortführer einer völkischen Literaturgeschichtsschreibung avancierte und folgerichtig durch die nationalsozialistischen Machthaber vielerlei Ehrungen erfuhr, in der „reinlichen Scheidung von Juden und Deutschen, Deutschtum und Judentum".[27] Nicht nur Ludwig Geiger, auch zahl-reiche andere, entweder reformjüdisch oder zionistisch orientierte Schriftsteller, Journalisten und Literaturkritiker haben sich mit ihren Publikationen der völkisch-antisemitischen Denunzia-tion zu widersetzen versucht und auf eine klärende Debatte gehofft. Dass bereits die Titel ihrer Bücher seit dem späten 19. Jahrhundert im antisemitischen Sinne usurpiert und missbraucht werden konnten und auch wurden, gehört zu den schwer erträglichen und immer erneut zu reflektierenden Aporien einer Beschäftigung mit jüdischer bzw. deutsch-jüdischer Literatur.

Es war vor allem Moritz Goldstein (1880–1970), der mit seinem Aufsatz in der konservativen Kulturzeitschrift *Der Kunstwart* unter dem Titel „Deutsch-jüdischer Parnaß" im Jahre 1912 die Debatte über die Bedeutung der Juden für die deutsche Kultur polemisch vorantrieb. Goldstein

---

26 Geiger, Ludwig: Die deutsche Literatur und die Juden, Berlin 1910, S. 5.
27 Zitiert nach Kilcher, Andreas B.: Lexikon der deutsch-jüdischen Literatur. Jüdische Autorinnen und Autoren deutscher Sprache von der Aufklärung bis zur Gegenwart, Stuttgart 2000, S. VIII.

rechnet mit beiden Seiten ab: mit der liberal-jüdischen, die immer noch auf Anerkennung und Assimilation setzte, und mit der antisemitischen Seite. Vor allem aber handelt der Aufsatz von einer in der Sicht des Verfassers unauflösbaren Schwierigkeit: Er muss den Raum der Öffentlichkeit wählen, obwohl sein Thema zunächst ein innerjüdisches ist; geht es doch – wie er u. a. am Beispiel der jüdischen Wagner-Verehrung erläutert – um das mangelnde Ehrbewusstsein der deutschen Juden:

> Wagners Judenhass ist nicht nur den Juden ein Dorn im Auge, sondern auch wohlmeinenden Christen ein *Pudendum,* von dem sie nur heimlich unter sich reden. Offiziell dagegen bescheinigt man uns gern, dass nicht die deutschen Fürsten oder das deutsche Volk, sondern jüdisches Geld Bayreuth ermöglicht habe, und uns tut es im Herzen wohl, von jener Seite bestätigt zu bekommen, dass der große Mann uns schnöde verkannt habe und sein Werk allerdings von seinem Antisemitismus getrennt werden müsse. So reist man zu den Festspielen und dirigiert und rezensiert, und niemandem fällt es ein, dass es nicht bald etwas Schämenswerteres für uns Juden gibt, als *den* Mann unterstützt zu haben, der uns auf das Unzweideutigste von seiner Seite gewiesen. Dass Wagners Lebenswerk vollendet werden konnte, mag ein Glück sein; eine Ehre ist es für uns nicht.[28]

Goldsteins Kritik gilt einem falschen Bewusstsein; dem illusionären Vertrauen darauf, dass die auf jüdischer Seite praktizierte Akkulturation zu tatsächlicher Toleranz und Akzeptanz auf deutscher Seite führen würde. Eben daran glaubt er nicht und hält folglich Bücher und Bekenntnisse zum „Beitrag" der Juden für die deutsche Kultur für unerheblich. So viel sie auch für die deutsche Kultur geleistet hätten, eine Tatsache bleibe bestehen: „Wir Juden verwalten den geistigen Besitz eines Volkes, das uns die Berechtigung und die Fähigkeit dazu abspricht."[29] Goldstein hatte auf eine Debatte unter den Juden gehofft, er suchte gerade nicht die Akzeptanz in zionistischen Kreisen, sondern die Diskussion im liberalen jüdischen Milieu.[30] Hier hatte er – in fataler, wenngleich ungewollter Übereinstimmung mit antisemitischen Behauptungen – eine Dominanz von Juden diagnostiziert und deren Repräsentanten mit seinen Überlegungen aufzurütteln gehofft. Allerdings blieb die Auseinandersetzung mit diesem für Moritz Goldstein entscheidenden Feld aus, es war vor allem die antisemitische Presse, die sich seiner Überlegungen bediente. Zur tragischen Paradoxie dieser Konstellation gehört, dass mit der „Kunstwart-Debatte" die Argumentationsmuster und Konfliktlinien für die seit dem Ersten Weltkrieg einsetzenden und bis zum Ende der Weimarer Republik fortdauernden Auseinandersetzungen über Judentum und Deutschtum auf Seiten aller Beteiligten

---

28   Goldstein, Moritz: Deutsch-jüdischer Parnass, in: *Der Kunstwart* 25 (1912), S. 281–294, hier: S. 282 f. Der Text des Essays sowie die sich anschließende Diskussion sind in Buchform wieder gedruckt: Deutsch-jüdischer Parnass. Rekonstruktion einer Debatte, in: *Menora. Jahrbuch für deutsch-jüdische Geschichte* 13 (2002).

29   Ebd., S. 283.

30   Zu den Einzelheiten Ubbens, Irmtraud: Moritz Goldstein: „…die anderen fühlen uns ganz undeutsch". 100 Jahre *Deutsch-jüdischer Parnaß*. Eine Kulturdebatte in der jüdischen Presse (1912), in: *Medaon – Magazin für jüdisches Leben in Forschung und Bildung* 7/12 (2013), S. 1–6, online unter http://www.medaon.de/pdf/ MEDAON_12_Ubbens.pdf, letzter Zugriff: 23. 01. 2016.

im Grunde fixiert waren.[31] Das gilt für die Repräsentanten der sogenannten Jüdischen Renaissance, für Autoren und Autorinnen wie Hermann Cohen, Martin Buber, Franz Rosenzweig und Margarete Susman; es gilt für kulturzionistische Positionen, die durch die Begegnung mit Kultur und Literatur des Ostjudentums stimuliert wurden und in Büchern wie Arnold Zweigs *Das ostjüdische Antlitz* (1920) oder Joseph Roths *Juden auf Wanderschaft* (1927) ihren Niederschlag fanden. Es gilt aber auch für eine Sammlung von 23 Porträts, die der zionistische Publizist Gustav Krojanker (1891–1945) im Jahre 1922 unter dem Titel *Juden in der deutschen Literatur. Essays über zeitgenössische Literatur* herausbrachte. Hier schrieben u. a. Moritz Goldstein über Arnold Zweig, Martin Buber über Alfred Mombert, Ernst Weiss über Albert Ehrenstein, Max Brod über Franz Kafka, Willy Haas über Hugo von Hofmannsthal. Als einzige Autorin wird Else Lasker-Schüler vorgestellt, und zwar durch den polnisch-österreichischen Schriftsteller und Jiddisten Meir Wiener.

Es solle, so erläutert der Herausgeber einleitend, aus den Beiträgen des Bandes erkennbar werden, dass „Juden innerhalb des deutschen Kulturkreises als eine Sondererscheinung"[32] zu betrachten seien. Krojanker weiß, dass eine solche Behauptung Wasser auf die Mühlen der Antisemiten sein kann, sodass seine Porträtsammlung jüdischer Autoren „die Geschäfte einer finsteren Reaktion betreibt".[33] Zu diesem Risiko kommt ein zweites, dem Krojanker mit seinem Buch vor allem entgegentreten möchte: die Haltung des assimilierten jüdischen Bürgertums, das allein schon in der Beschäftigung mit jüdischen Themen eine Gefahr für seine „bürgerliche oder geistige Existenz" sieht und Zweifel an seinem „Deutschtum" befürchtet. In knapper Form diagnostiziert und kritisiert er eine mentale Disposition im akkulturierten Judentum, die auf falschen Voraussetzungen beruhe, denn sie unterwerfe eine eigentlich gebotene jüdische Selbstwahrnehmung der Fremdperspektive einer nichtjüdischen Mehrheitsgesellschaft. In den Augen dieser Mehrheitsgesellschaft erscheine „jüdisches Wesen als ein Komplex von nicht nur andersartigen, sondern vor allem minderwertigen und verderblichen Eigenschaften", und alle Anstrengung des assimilatorischen Bewusstseins richte sich darauf, keinen Vorwand für die Bestätigung solcher Vorurteile zu liefern. Das habe zur Folge, dass Gleichberechtigung und Gleichheit nicht für das „Besondere individueller Eigenart", sondern für „das Allgemeine menschlichen Wertes schlechthin" gefordert werde. Die Furcht vor Ausgrenzung und das Streben nach Assimilation und Anerkennung hätten das Bewusstsein für Unterschiede und Besonderheiten auf jüdischer Seite völlig verschwinden lassen. Insbesondere im bürgerlich-demokratischen und im sozialistisch-radikalen Lager werde auf jüdischer Seite daher stets das Allgemein-Menschliche, die absolute Idee von Freiheit und Gerechtigkeit gefordert, während es eigentlich darum gehen müsse, die Freiheit des Andersseins zu fordern und damit das Recht und die Möglichkeit, sich als Jude abzugrenzen. Modern gesprochen, plädiert Krojanker für Gleichberechtigung im Sinne der Anerkennung von Unterschieden; und eben dafür sollen die porträtierten Autoren in seinem Buch die Beispiele liefern. Zugleich soll es eine kollektive

---

31 Vgl. dazu die materialreiche Anthologie von Schulte, Christoph (Hg.): Deutschtum und Judentum. Ein Disput unter Juden aus Deutschland, Stuttgart 1993.
32 Krojanker, Gustav (Hg.): Juden in der deutschen Literatur. Essays über zeitgenössische Schriftsteller, Berlin 1922, S. 8.
33 Ebd.

Gegenstimme sein gegen Jakob Wassermanns im Jahre zuvor publizierte Schrift *Mein Weg als Deutscher und Jude* (1921) und seine melancholisch-resignative Bilanz. Aus Krojankers Sicht ist dies Ausdruck eines generationentypisch falschen Verständnisses von Integration und Akkulturation, das „Abgrenzen für Ausschließen" hält und entsprechend fürchtet. Aus naheliegenden Gründen endet der Band denn auch mit einem Aufsatz Alfred Wolfensteins über „Das neue Dichtertum des Juden".[34]

Schon Moritz Goldstein hatte seinem kritisch-polemischen Artikel einen Aufsatz über „Begriff und Programm einer jüdischen Nationalliteratur" (1913) folgen lassen und damit die Debatten um Akkulturation und Zionismus, um deutsch-jüdische Kultur und Literatur an eine ältere Forderung zurückgebunden. Der Titel bereits macht es klar: Einer nationaljüdischen, einer neuhebräischen Literatur wird das Wort geredet. Literatur und literarische Texte erscheinen als Bausteine und Denkmäler einer jüdischen Nationalkultur; in hebräischer oder jiddischer Sprache verfasst, sollen sie jüdisches Bewusstsein zugleich beglaubigen und verstärken und der illusionär-assimilatorischen Hoffnung die stolze Haltung eines bewussten (zionistischen) Judentums entgegensetzen. Literaturgeschichtliche Kompendien wie Gustav Karpeles' (1848–1909) *Geschichte der jüdischen Literatur* (1885) oder Meyer Kayserlings (1829–1905) *Die jüdische Litteratur von Moses Mendelssohn bis auf die Gegenwart* (1896) hatten dafür bereits quellengestützte Grundlagen erarbeitet.

Mit seinem utopischen Roman *Altneuland* (1902) hatte Theodor Herzl das literarische Äquivalent zum 1896 veröffentlichten zionistischen Gründungsmanifest *(Der Judenstaat. Versuch einer modernen Lösung der Judenfrage)* in deutscher Sprache und mit klarer politischer Zielsetzung vorgelegt und dabei auf den wachsenden Antisemitismus im deutschen Kaiserreich und in der Donaumonarchie, vor allem aber auf die Dreyfus-Affäre reagiert (siehe hierzu auch den Beitrag von Micha Brumlik zum Thema Zionismus, S. 371). Das Plädoyer für eine neuhebräische Literatur sowie die Öffnung für die osteuropäisch-jiddischen Autoren und Texte waren keineswegs ausschließlich vom politischen Zionismus inspiriert, sondern – so zeigen bei aller Unterschiedlichkeit Moritz Goldstein und Gustav Krojanker – am Bemühen um ein jüdisches Selbstbewusstsein, das die Zugehörigkeit zur deutschen Kultur nicht länger mit dem Preis der Selbstverleugnung bezahlen wollte. Auch im Bereich der Literatur wurden somit Kontroversen ausgetragen und Positionsbestimmungen erprobt, die im Raum von Wissenschaft und Philosophie mit Namen wie Hermann Cohen, Franz Rosenzweig, Martin Buber und Gershom Scholem verbunden sind.

Mit Recht ist darauf hingewiesen worden, dass die „Kunstwart-Debatte" den Blick auf einen kulturellen „Zwischenraum" öffnet,[35] in dem die Frage nach deutscher, jüdischer und deutsch-jüdischer Literatur und Kultur kontrovers erörtert wird. Er bestimmt das erste Drittel des 20. Jahrhunderts und ist zum einen davon geprägt, einer völkisch-antisemitischen Verwendung des Begriffs „jüdische Literatur" entgegenzutreten; zum anderen macht er mindestens drei innerjüdische Positionen sichtbar: diejenige der Akkulturation, also des Austritts aus dem Ghetto durch Integration in die deutsche Sprache; zweitens das zionistische Plädoyer für

---

34 Ebd., S. 333–359.
35 Kilcher, Andreas B.: Interpretationen eines kulturellen Zwischenraums. Die Debatte um die deutsch-jüdische Literatur 1900–1933, in: Goldstein: Deutsch-jüdischer Parnaß, S. 289–312.

eine „jüdische Nationalliteratur"; bei Autoren wie Max Brod und Albert Ehrenstein schließlich zeigen sich die Konturen eines „dezidiert jüdischen Modells von Literatur, das die *Galuth*
zum ästhetischen Paradigma hat".[36] Trotz jeweils anderer Akzentuierung in zionistischen oder
assimilierten Kreisen, im Milieu der jüdischen Renaissance oder der liberal-jüdischen Publizistik, bei Franz Kafka oder Max Brod, Arnold Zweig oder Kurt Tucholsky, Walter Mehring oder
Jakob Wassermann, bei den Vertretern der expressionistischen Generation (Jakob van Hoddis,
Karl Wolfskehl, Else Lasker-Schüler) – stets bewegen sich Autoren und Autorinnen mit ihren
Texten in einem „Zwischenraum", um poetisch oder publizistisch, lyrisch oder dramatisch,
mit Romanen oder Autobiographien dem strukturellen Konflikt zwischen Zugehörigkeit und
Fremdheit, Herkunftsbindung und programmatischer Ortlosigkeit Ausdruck zu verleihen.

Das Jahr 1933 brachte die endgültige existenzielle Dissimilation zwischen einer in den „Kata-
komben"[37] in Deutschland und einer im Exil existierenden deutschsprachigen jüdischen Literatur. Zugleich brachte es das Ende einer Integrations- und Akkulturationsbereitschaft, vor
der auf zionistischer Seite stets gewarnt worden war und die nun vom nationalsozialistischen
Staat höhnisch eliminiert wurde. Es erstaunt kaum, dass in der seit 1933 in Deutschland entstehenden Literatur jüdischer Autoren und Autorinnen Versuche der Selbstbewahrung und
der Selbstvergewisserung mit der Reflexion zerstörter Hoffnungen und brutal-bedrohlicher
Lebensumstände einhergehen. Als Rückbesinnung auf historische Muster von Verfolgung und
Vertreibung finden sich solche Versuche selbstverständlich auch in der Literatur des Exils.[38] So
unterschiedlich die existenziellen Rahmenbedingungen und Einzelschicksale auch waren, so
deutlich wurde dennoch, dass eine deutsch-jüdische Literatur im Sinne der hier beschriebenen
Kontroversen unwiederbringlich der Vergangenheit angehörte.

Und doch zeugt die Entwicklung seit 1945, also die vielfältigen und wiederum kontrovers
erörterten Versuche einer Literatur nach der Shoah, es zeugen vor allem die Texte von Autoren
und Autorinnen der sogenannten jüdisch-deutschen Gegenwartsliteratur von der literarisch-
poetischen Arbeit an der zerstörten Tradition und in einem fortdauernden „Zwischenraum".
Robert Schindel (geb. 1944) und Barbara Honigmann (geb. 1949), Esther Dischereit (geb. 1951)
und Robert Menasse (geb. 1954), Maxim Biller (geb. 1960) und Doron Rabinovici (geb. 1961),
Gila Lustiger (geb. 1963) und Vladimir Vertlib (geb. 1966), Lena Gorelik (geb. 1981) und Katja
Petrowskaja (geb. 1970): Die Liste ist lang und unvollständig; die generationelle Zugehörigkeit
ebenso unterschiedlich wie die poetisch-literarischen Versuche. Die Frage aber, ob und wenn
ja, in welcher Weise die Texte Beiträge oder Belege, Widerrede oder Bekenntnis zu einem
„jüdischen" Schreiben in nichtnationaler Perspektive, in transnationalen oder transkulturellen
Bezügen sind, bestimmt die Arbeiten dieser jungen europäisch-jüdischen Literatur nachhaltig.
Aus naheliegenden Gründen geht es nicht mehr um „Deutschtum" und „Judentum", zumal
eine wachsende Zahl von jungen Autoren und Autorinnen als „Aussiedler" aus den Staaten der

---

36 Ebd., S. 304.

37 Schoor, Kerstin: Vom literarischen Zentrum zum literarischen Ghetto. Deutsch-jüdische literarische Kultur
    in Berlin zwischen 1933 und 1945, Göttingen 2010 sowie dies.: Deutsch-jüdische Literatur im nationalso-
    zialistischen Deutschland, in: Horch: Handbuch der deutsch-jüdischen Literatur, S. 164–188.

38 Mittelmann, Hanni: Deutschsprachige jüdische Exilliteratur, in: Horch: Handbuch der deutsch-jüdischen
    Literatur, S. 189–200.

ehemaligen Sowjetunion nach Deutschland kamen oder in anderem Sinne zwischen Ländern und Kontinenten gelebt haben und noch immer leben. Das Bewusstsein und das Bekenntnis zu „Exterritorialitäten" prägt die „Post-Shoah-Identität"[39] dieser zweiten und dritten Generation jüdischer Autoren und Autorinnen im deutschsprachigen, aber auch im gesamteuropäischen Raum. Doron Rabinovici hat im Jahre 1999 erklärt, sie seien Repräsentanten eines „Widerspruch(s), der dem Verbrechen und seinen Zielen, der deutschen Vergangenheit und Gegenwart entgegenhallt".[40] Die literarische Arbeit dieser Generation sei ein bewusstes „Überlebenstraining" und geprägt von der Erfahrung irreversibler „Brüche zwischen ihnen und der Überlieferung, zwischen ihrem Leben heute und jenem der Juden vor Auschwitz, zwischen ihnen und den Menschen des Landes, in dem sie aufwuchsen".[41] „Versehrtheit", nicht identitäre Gewissheit; Brüche, nicht fixierte Zugehörigkeit liefern die erzählerischen Muster dieser „exterritorialen" jüdischen Literatur der zweiten und dritten Generation; und zweifellos handelt es sich um Beiträge zu der von Gershom Scholem angemahnten „Ästhetik der jüdischen Literatur".

---

39 Brumlik, Micha: Zur Identität der zweiten Generation deutscher Juden nach der Shoah in der Bundesrepublik, in: ders. (Hg.): Jüdisches Leben in Deutschland seit 1945, Frankfurt/Main 1986, S. 172–176, hier: S. 176.

40 Rabinovici, Doron zit. in: Kilcher: Lexikon der deutsch-jüdischen Literatur, S. 425 f.

41 Zit. nach Kilcher, Andreas: Exterritorialitäten. Zur kulturellen Selbstreflexion der aktuellen deutsch-jüdischen Literatur, in: Gilman; Steinecke: Deutsch-jüdische Literatur der neunziger Jahre, S. 131–146, hier: S. 142.

Die bildenden Künste

Inka Bertz

Die Frage nach dem Gegenstand

„Jüdische Kunst", „Jüdische Künstler", „Kunst im jüdischen Kontext", „jüdische Bildkultur"? Zunächst stellt sich die Frage nach dem Gegenstand.[1] In Überblicksdarstellungen[2] umfasst er alle von Juden geschaffenen oder in der jüdischen Kultur relevanten bildkünstlerischen, kunstgewerblichen und architektonischen Zeugnisse aus allen Epochen und Regionen, in denen Juden lebten und leben: von archäologischen Funden wie spätantiken Bildmosaiken und Goldgläsern über Synagogenarchitektur und Grabmalkunst, Kultgeräte für Synagoge und Haus, Illuminationen von Handschriften, Illustrationen gedruckter Bücher bis zu den klassischen Kunstgattungen der Skulptur, Malerei und Graphik.

Wie auch in der allgemeinen Kunstgeschichte galt das vornehmliche Interesse der Gelehrten lange den Zeugnissen aus Antike, Mittelalter und früher Neuzeit. Seit den 1920er Jahren traten die von jüdischen Künstlern geschaffenen Werke aller Kunstgattungen hinzu, ein Spektrum, das sich seit den 1990er Jahren um Zeugnisse der populären Bildkultur und der materiellen Kultur erweiterte. Hinzu kommen Fragen der Rezeption, der Geschichte jüdischer Museen, Sammler, Galerien, Kritiker und ihrer Netzwerke. Grundlegend neue Themen stellten sich mit der Kunst des modernen Israel und der ästhetischen Verarbeitung der Katastrophe des Völkermords. Die Gesamtheit dieses Wissensgebietes kann nur noch in interdisziplinärer Kooperation bearbeitet werden,[3] verlangt es doch nicht allein die Kenntnis der jüdischen Quellen und Traditionen,

---

1 Für wichtige Hinweise und kritische Anmerkungen danke ich Christina von Braun, Yaniv Feller, Christoph Frank, Lucia Raspe und Lea Weik.

2 Roth, Cecil: Die Kunst der Juden, 2 Bde., Frankfurt/Main 1963–1964 (Erstmals als: ha-Omanut ha-Yehudit, Tel Aviv 5717=1956/57 in Zusammenarbeit mit Zusia Efron, engl. Ausg. New York 1961, Neuausg. London 1971 überarbeitet von Bezalel Narkiss); Sed-Rajna, Gabrielle; Amishai-Maisels, Ziva; Jarrassé, Dominique; Klein, Rudolf; Reich, Ronny; Marcou, Léa: L'art juif, Paris 1995 (dt. Ausg: Die jüdische Kunst, Freiburg 1997); vgl. Fine, Steven: Review of Sed-Rajna, Gabrielle: Jewish Art, in: H-Judaic, H-Net Reviews August 1999 (http://www.h-net.org/reviews/showrev.php?id=3343, letzter Zugriff: 05.09.2016); Künzl, Hannelore: Die jüdische Kunst. Von der biblischen Zeit bis in die Gegenwart, München 1992; Magall, Miriam: Kleine Geschichte der jüdischen Kunst, Köln 1984; sowie die Zeitschriften *Journal of Jewish Art,* Jerusalem 1974–1998 (seit 1985 *Jewish Art*); *ars judaica* Plymouth seit 2005; *Images. A journal of Jewish art and visual culture,* Leiden seit 2007.

3 Jarrassé, Dominique: Existe-t-il un art juif? Paris 2006, S. 213–216, wirft die Frage auf, in wie weit der Zusammenhang einer jüdischen Kunst von der Antike bis zur Gegenwart ideologisch konstruiert ist.

vor allem für die Deutung von Zeugnissen der religiösen Praxis, sondern auch ein fundiertes Wissen über die jeweiligen Mehrheitskulturen, ihrer Geschichte und Sprachen, um die Zeugnisse der jüdischen Minderheit einordnen und Phänomene des kulturellen Austauschs erkennen und interpretieren zu können.

Die Intensivierung der Forschung führte zu einer stärkeren Vernetzung mit Wissenschaftlern, die sich außerhalb der jüdischen Studien mit derselben Epoche oder Region beschäftigen. Dabei rückten Fragen jüdischer Bildkultur seit etwa 20 Jahren verstärkt auch in den Blick der allgemeinen Kunstgeschichte und der *cultural studies*.

Auch wenn die Grenzen der Disziplinen durchlässiger wurden, bleiben ihre Perspektiven und Fragestellungen unterschiedlich: So wird in einem *Handbuch Jüdische Studien* weniger nach der Bedeutung jüdischer Künstler oder jüdischer Traditionsbestände in der Geschichte der Kunst als vielmehr nach der Rolle der bildenden Künste in der jüdischen Kultur und Geschichte zu fragen sein. Der folgende Überblick hat seinen Schwerpunkt im deutschsprachigen Raum in der Zeit seit dem 18. Jahrhundert. Wir nähern uns dem Thema aus drei Richtungen: zunächst aus der theologisch-religiösen, die den Diskurs um das Bilderverbot knapp umreißt, zweitens aus der historischen und kritischen Auseinandersetzung mit jüdischer Kunst sowie drittens aus der Geschichte jüdischer Künstler und der Kunstpraxis im jüdischen Kontext.

Theologisch-philosophische Perspektiven: Diskurse über das Bilderverbot

Die Rede über Kunst und Judentum beginnt fast immer mit dem Bilderverbot – kaum eine der um 1900 erschienenen Proklamationen einer modernen, nationalen jüdischen Kunst oder der seit den 1920er Jahren veröffentlichten Überblicksdarstellungen, die nicht dessen Widerlegung, Relativierung oder Historisierung an den Beginn der Ausführungen stellte.

Die biblischen Texte

Am Anfang stehen die biblischen Texte: der Dekalog, die Schlüsselerzählungen vom Goldenen Kalb und von Moses' Bitte, das Angesicht Gottes sehen zu dürfen, sowie die Anweisungen zum Bau der Bundeslade. In allen drei Texten, in denen das sogenannte Bilderverbot überliefert ist – den beiden Überlieferungen der Zehn Gebote (Ex 20,4 und Dtn 5,8) sowie einer weiteren ausführlichen Warnung (Dtn 4, 16–18) –, wird deutlich, dass im zweiten Gebot nicht ein Verbot von Bildern allgemein, sondern speziell von Kultbildern ausgesprochen ist: „Du sollst dir kein Götzenbild machen, auch keine ähnliche Gestalt, von dem was oben im Himmel, und unten auf der Erde. Oder im Wasser unter der Erde ist" (Ex 20,4, Dtn 5,8).[4] Luthers Übersetzung des hebräischen „peßel" mit „Bildnis" war missverständlich. Die Ableitung aus dem Wortstamm „behauen", „aus Stein hauen" bezeichnet ein dreidimensionales „Bildwerk" im Sinne von „Sta-

---

4   Übersetzung hier und im Folgenden nach: Mendelssohn, Moses: Gesammelte Schriften. Jubiläumsausgabe, Bde. 9,1 u. 9,2: Schriften zum Judentum Bd. 3, Teile 1 u. 2, Weinberg, Werner (bearb.): Pentateuchübersetzung in deutscher Umschrift, Stuttgart 1993.

tue", „Götterbild".[5] Dementsprechend lautet die Fortsetzung in beiden Versionen: „Du sollst dich vor ihnen nicht bücken auch sie nicht gottesdienstlich verehren" (Ex 20,5).

Der gesamte Bericht der Ereignisse am Berg Sinai kann als Reflexion über den historischen und theologischen Sinn des Verbots der Götzenverehrung gedeutet werden: die Aufrichtung des Goldenen Kalbes als sichtbarem Ersatz für den unerreichbaren Gott zur Beschwichtigung des ungeduldig gewordenen Volkes. Angesichts solch pragmatisch motivierter Lügengebilde zielt Moses' Bitten um die Verschonung der Ungehorsamen auf die Überlegenheit, mithin Wahrheit, der bilderlosen Religion:[6] Die Vernichtung des Volkes Israel, so argumentiert Moses gegenüber Gott, würde seinen bilderverehrenden Feinden, denen es doch gerade entronnen sei, im Nachhinein Recht geben (Ex 32, 11–12). Gott lässt sich überzeugen und vertraut das Strafgericht Moses und seinen Getreuen an (Ex 32, 15–30).

Der biblische Bericht lässt darauf eine weitere Diskussion folgen: Nachdem Moses die steinernen Gesetzestafeln im Zorn über die Verehrung des Goldenen Kalbes zerschlagen hatte, sollte er den Berg Sinai ein zweites Mal besteigen, um ein neues Paar steinerne Tafeln zu hauen und sie von Gott beschreiben zu lassen. Doch es überkamen ihn Zweifel: „Laß mich deine Herrlichkeit schauen!" bat er. Gott antwortete:

> Du kannst mein Antlitz nicht schauen. Denn kein Mensch schaut mich und bleibt am Leben. Der Ewige sprach ferner, hier ist eine Stelle bei mir. Da kannst du auf dem Felsen stehen. Wenn nun meine Herrlichkeit vorüberziehen wird, werde ich dich in die Höhle des Felsens tun. Und meine Hand über dich decken (das heißt, dich in meinen allmächtigen Schutz nehmen und verhüten, daß du nicht das Antlitz schauest), bis meine Herrlichkeit vorüber sein wird. Wenn ich denn meine Hand von dir nehme (das heißt, deinen Blicken ihre Freiheit lasse), so wirst du meiner Erscheinung von hinten nachschauen, mein Antlitz aber kann nicht geschaut werden." (Ex 33, 18, 20–23)[7]

Die Begegnung mit dem sich jeder Sichtbarkeit verweigernden Gott wird der Verehrung des Goldenen Kalbes gegenübergestellt. Während diese den historischen Ort des Verbots der Götzenverehrung in der Entwicklung der altisraelitischen Religion und ihrer Abgrenzung zu den umgebenden kultbildverehrenden Kulturen bezeichnet, zeigt jene den theologischen Sinn des

---

5   Im Text erscheint der Begriff „peßel" für das Götzenbild und „t'muna" für seine mimetische Eigenschaft als Abbild, Gleichnis, Gestalt. Der Nachsatz ist in Ex 20,5 durch ein hier mit „auch" übersetztes „waw" verbunden, das in Dtn 5,8 entfiel. Am deutlichsten vermittelt den Sinn die Einheitsübersetzung von Dtn 5,8: „Du sollst dir kein Gottesbildnis machen, das irgendetwas darstellt am Himmel droben, auf der Erde unten oder im Wasser unter der Erde."

6   Zum Motiv der Überlegenheit der bilderlosen Religion vgl. auch Ps. 97,2.

7   Bemerkenswert ist, dass Mendelssohn den Ablauf dieser Szene durch Anmerkungen in Klammern zu verdeutlichen suchte. Vgl. dagegen die Übersetzung von Wohlgemuth, Josef; Bleichrode, Isidor: Die fünf Bücher Moses, Rödelheim 1909 [ND Basel 1979]: „Du vermagst nicht mein Angesicht zu sehen; denn kein Mensch kann mich sehen, so lange er lebt. Und der Ewige sprach: Siehe, ein Ort ist bei mir, da magst du auf dem Felsen stehen. Und wenn dann meine Herrlichkeit vorüberzieht, so werde ich dich in eine Felskluft stellen und meine Hand über dich decken, bis ich vorübergezogen bin. Wenn ich dann meine Hand entferne, so wirst du mich von hinten sehen; mein Angesicht aber kann nicht gesehen werden." Die Orthographie der Zitate wurde zum besseren Verständnis modernisiert.

Bilderverbots. Es geht um die Frage nach der Möglichkeit der Erkenntnis Gottes, nach seiner
Unerreichbarkeit, der Unverfügbarkeit des Göttlichen, der unüberwindbaren Grenze zwischen
Gottes Ewigkeit und menschlicher Sterblichkeit. Hier bereits sind die Grundmotive ange-
stimmt, die die weiteren philosophischen und theologischen Diskurse um das Bilderverbot
begleiten werden: die Frage nach dem Verhältnis von Gott und Mensch, nach der Möglichkeit
der Erkenntnis Gottes und, daraus folgend, die nach Wahrheit und Lüge sowie, daran angeschlossen, die ethische Frage nach dem Verhältnis von Mensch zu Mensch.[8]

Nicht berührt von diesen Reflexionen sind die Bilder und dreidimensionalen Bildwerke, die
nicht der Verehrung, sondern der Ausschmückung dienen. Doch werden diese bezeichnenderweise in engem erzählerischem Zusammenhang mit den obigen Szenen behandelt: In einem
sechs Kapitel langen Exkurs (Ex 25–31) werden die Anweisungen wiedergegeben, die Mose
während seines vierzigtägigen Aufenthalts auf dem Berg Sinai zur Gestaltung der Stiftshütte,
der Tempelgeräte und der Kleidung der Priester erhielt. Dazu zählen auch die Cherubim auf
der Bundeslade (Ex 25, 18–20):

> Mache zwei güldene Cherubim. Von getriebener Arbeit sollst du sie machen […]. Die Cherubim
> sollen ihre Flügel oben ausbreiten, mit den Flügeln den Deckel überdecken, und einer dem andern
> das Angesicht zuwenden. Jedoch so, daß das Gesicht der Cherubim gegen den Deckel sich neige.

Die Schaffung dreidimensionaler Bildwerke und die Wiedergabe des menschlichen Gesichts als
Schmuck sind also klar getrennt vom Verbot der Bilderverehrung. Die Bedeutung dieser Anweisungen wird auch aus ihrer Stellung im Gang der Erzählung deutlich. Dieser Exkurs steht kom-
plementär zu dem vorangegangenen, in dem Rechtsordnungen gegeben wurden (Ex 21–23, 19).

Rabbinische Auslegungen

Diese Texte und die damit verbundenen talmudischen und rabbinischen Auslegungen bildeten
die Grundlage für das Verbot der Götzenverehrung sowie für die Pflicht zur Ausschmückung der
göttlichen Gebote. Letztere wird als Konzept der „Hiddur Mizwa" grundlegend für die Praxis
des Umgangs mit Bildern und Bildwerken im religiösen Kontext. Doch gab es in den rabbinischen Responsen, die diese Fragen immer wieder behandelten, keine einheitliche Lehrmei-
nung, sodass die Haltung zum Bilderverbot und die konkrete Bildpraxis je nach der Kultur der
Umgebungsgesellschaft variierten. Was auf den ersten Blick als Anpassung erscheinen mag, war
eher eine Appropriation bestimmter Bildelemente und deren Adaption für die Anforderungen
der jüdischen Traditionen.[9]

---

8   Brumlik, Micha: Schrift, Wort und Ikone. Wege aus dem Bilderverbot, Frankfurt/Main ²2006.

9   Weber, Annette: „Bilderverbot und jüdische Bildwelten" – kunstgeschichtliche Perspektiven. Zum Umgang
    mit dem Bilderverbot im Judentum, in: Schröder, Bernd (Hg.): „Du sollst Dir kein Bildnis machen …".
    Bilderverbot und Bilddidaktik im jüdischen, christlichen und islamischen Religionsunterricht, Berlin 2013,
    S. 43–61; Brumlik, Micha: Lemma „Bilderverbot", in: Diner, Dan (Hg.): Enzyklopädie jüdischer Geschichte
    und Kultur, Bd. 1, Stuttgart 2011, S. 338–342; Picard, Jaques: Aphrodite zu Besuch bei Raban Gamaliel. Über
    Bilderverbot, Kunstproduktion und Körperlichkeit, in: Kampling, Rainer (Hg.): „Wie schön sind deine

Mehr noch: Die Forschungen zur Entstehungsgeschichte des biblischen Textes zeigten, dass das Verbot der Götzenverehrung erst verhältnismäßig spät in den Kanon aufgenommen wurde, nämlich in einer Zeit der Auseinandersetzung zwischen hellenisierenden und konservativen Tendenzen, als die Abgrenzung von der bilderverehrenden hellenistischen Kultur zum Thema geworden war. Bereits in der Antike und Spätantike also wird in der Frage des Umgangs mit Bildern nach dem Verhältnis zu anderen Religionen, mithin die Frage jüdischer Selbstbestimmung verhandelt.

Die rabbinischen Diskussionen im Babylonischen und Jerusalemer Talmud betrafen vor allem die Unterscheidung zwischen bloßem Bild und Götzenbild, bloßem Umgang mit Bildern und ihrer religiösen Verehrung. Am bekanntesten ist die Begründung Rabban Gamliels, warum es keine Übertretung darstellt, ein Badehaus zu besuchen, das mit einer Statue der Aphrodite geschmückt ist.[10] In spätantiken Synagogen gab es Bodenmosaike und Wandmalereien, die nach einer der heutigen Auffassungen dazu dienten, diese Räume als heilig zu markieren und die Kontinuität zwischen dem zerstörten Tempel und diesen neuen Kulträumen aufzuzeigen. Diese Praxis änderte sich im 7. Jahrhundert. Als Reaktion auf das erstarkte und immer mehr gegen Juden und Judentum gerichtete Christentum kommt es zu einer Gegenbewegung weg vom Bild und hin zum Wort, insbesondere in der Stärkung der Rolle der hebräischen Sprache. Auch hier zeigt sich die Tendenz, jüdische Eigenständigkeit neu zu formulieren und damit zu bewahren.[11]

Im Mittelalter erhält die Diskussion neue Akzente: Maimonides beschäftigte sich erneut mit der Frage, mit welcher Art Bilder das Gebot übertreten würde, und systematisierte sie nach der Darstellungsweise als zwei- oder dreidimensionale Bilder sowie nach ihren Gegenständen in Menschen, Gestirne, Tiere und Pflanzen. Dreidimensionale Darstellungen von Tieren und Pflanzen waren erlaubt, von Menschen und Planeten verboten, Letztere waren nur als Reliefs gestattet.[12]

Während Maimonides diese Normen vor dem Hintergrund der islamischen Kultur formulierte, setzten sich die aschkenasischen Gelehrten mit der mittelalterlichen jüdischen wie christlichen Bildpraxis auseinander. Raschi fügte den bisherigen Argumenten das der Ablenkung durch Bilder hinzu, während Jehuda he-Chassid die Gefahr eines falschen Eindrucks bei christlichen Beobachtern fürchtete. Auch die Frage, auf welche Form der Wiedergabe, vor allem menschlicher Gestalten, sich das Verbot bezog, wurde weiter diskutiert.[13]

Zelte, Jakob, deine Wohnungen, Israel (Num 24,5). Beiträge zur Geschichte jüdisch-europäischer Kultur, Frankfurt/Main 2009, S. 79–98; Heimann-Jelinek, Felicitas: Zum sogenannten Bilderverbot, in: Graetz, Michael (Hg.): Ein Leben für die jüdische Kunst. Gedenkband für Hannelore Künzl, Heidelberg 2003, S. 21–31; dies.: Zum Stereotyp des Bilderverbotes, in: Golinski, Heinz-Günther; Hiekisch-Picard, Sepp (Hg.): Das Recht des Bildes. Jüdische Perspektiven in der modernen Kunst, Heidelberg 2003, S. 53–64; Mann, Vivian B.: Jewish texts on the visual arts, Cambridge 2000.

10   Mischna AZ III, 4.

11   Heimann-Jelinek: Zum Stereotyp des biblischen Bilderverbots, S. 60.

12   Ebd.; Heiman-Jelinek: Zum sogenannten Bilderverbot, S. 27.

13   Ebd., S. 28 f.

Philosophische Perspektiven

Diese Argumente über den Umgang mit Bildern waren unter den Rabbinern seit bald zwei Jahrhunderten ausgetauscht, als im christlichen Kontext als Folge der Reformation Bilderstürme in Deutschland, der Schweiz und den Niederlanden stattfanden. Nachdem diese theologische Debatte auch im Christentum ausgetragen war, dauerte es wiederum gut zwei Jahrhunderte, bis das Bilderverbot erneut zum Thema wurde – nunmehr jedoch in der Philosophie.

Dort begegnen wir der Rede über das Bilderverbot zuerst wieder im Kontext der Ästhetik. Als Kant in seiner *Kritik der Urteilskraft* über die „Modalität des Urteils über das Erhabene in der Natur" reflektiert, bemerkt er, es gebe vielleicht „keine erhabenere Stelle im Gesetzbuche der Juden, als das Gebot: Du sollst Dir kein Bildnis machen […]".[14] „Das Gefühl des Erhabenen", so Kant, sei eben nicht auf die „Ansehung des Sinnlichen" angewiesen. Im Gegenteil, „da, wo nun die Sinne nichts mehr vor sich sehen", bliebe dennoch „die unverkenntliche unauslöschliche Idee der Sittlichkeit" übrig.[15] Im selben Absatz erklärt er Bilder zum Instrument der Regierungen, um dem Untertan „das Vermögen zu benehmen, […] seine Seelenkräfte über die Schranken auszudehnen" und ihn zu manipulieren. Diese geistesgeschichtlich äußerst folgenreichen Denkfiguren fügten sich zu einem „germanophonen Requiem für die jüdische visuelle Kunst", zur fixen Idee vom „Juden ohne Kunst".[16] Dieses tönte im 19. und 20. Jahrhundert aus zwei entgegengesetzten, aber stets auf einander bezogenen Richtungen:

Für die meisten jüdischen Philosophen, wie etwa den Neukantianer Hermann Cohen, lag der Kern des „Wesens des Judentums" im Konzept des „ethischen Monotheismus". Darin blieb Ästhetik stets mit Ethik, die Idee des Einzigen Gottes stets mit dem Bilderverbot verknüpft und das Wort als das Medium der Wahrheit dem Bild als dem der Unwahrheit gegenübergestellt: „Und es ist die Probe des wahren Gottes, dass es kein Bild von ihm geben kann." Denn jedes Bild ist ein lediglich subjektives Abbild, eine subjektive Projektion, sei es seines Schöpfers oder seines Betrachters. Gott hingegen „kann nie durch ein Abbild zur Erkenntnis kommen, sondern einzig und allein nur als Urbild, als Urgedanke, als Ursein".[17] Auch wenn dieses philosophische Argument sich keinesfalls gegen Bilder überhaupt oder gegen Kunst richtete, verband es sich doch mit zentralen normativen Vorstellungen des Judentums, insbesondere der Idee des ethischen Monotheismus zu einer „anikonischen Gestimmtheit" als einem wesentlichen Element jüdischen Selbstverständnisses. Dies umso mehr, als so die Abstraktion zu einem genuin jüdischen Beitrag zu Kunst und Ästhetik erklärt werden konnte.[18] Die behauptete „Seelenver-

---

14   Kant, Immanuel: Kritik der Urteilskraft. Werkausgabe, Bd. 10, Frankfurt/Main 1977, S. 201.

15   Ebd., S. 202.

16   Bland, Kalman: Anti-Semitism and Aniconism: The Germanophone Requiem for Jewish Visual Art, in: Soussloff, Catherine M. (Hg.): Jewish Identity in Modern Art History, Berkeley 1999, S. 41–66; ders.: The Artless Jew: Medieval and modern affirmations and denials of the visual, Princeton 2000.

17   Cohen, Hermann: Religion der Vernunft aus den Quellen des Judentums, Frankfurt/Main 1929, S. 61.

18   Biemann, Asher D.: Aesthetics and Art, in: Kavka, Martin (Hg.): The Cambridge History of Jewish Philosophy, Bd. 2: The modern era, New York 2012, S. 759–179, hier: S. 761; Batnitzky, Leora: The Image of Judaism: German-Jewish Intellectuals and the Ban on Images, in: *Jewish Studies Quarterly* 11 (2001), S. 259–281; Olin, Margret: The Nation without Art: Examining Modern Discourses on Jewish Art, Lincoln, NE 2001, S. 191 f.

wandtschaft" von Judentum und Moderne ließ sich auch in die umgekehrte Richtung verstehen. Eine Denkfigur, die Steven S. Schwarzschild auf die griffige Formel brachte: „In modernism, art is assimilating Judaism."[19]

Von der anderen Seite schallte die Herabwürdigung des Judentums: In Verkehrung von religiöser Norm und kultureller Praxis wurde aus dem „Nicht-Dürfen" ein „Nicht-Können" konstruiert. Die Behauptung der Unfähigkeit von Juden zu großen Kunstschöpfungen – oder überhaupt zu Kunstschöpfungen – hatte bereits eine lange Ahnenreihe, als sie sich bei Hegel mit der Geschichtsphilosophie und bei Ernest Renan mit der Theorie des Nationalismus verband. Schon Moses Mendelssohn hatte den Wandel vom religiösen zum kulturellen Vorurteil beobachtet, das nun „Mangel an moralischem Gefühle, Geschmack und feine Sitten, Unfähigkeit zu Künsten, Wissenschaften und nützlichem Gewerbe" behauptete.[20] Brisanter wurden diese Ressentiments, je mehr sich der deutsche Nationalismus auf die Kultur bezog. Richard Wagner aktualisierte sie 1850 und 1869 in seinem Pamphlet *Das Judenthum in der Musik* und machte sie anschlussfähig an die Moderne: Fremdheit in äußerer Erscheinung und künstlerischem Ausdruck, Wurzellosigkeit, Mangel an tiefer Empfindung und epigonale Artistik, Inauthentizität, Unwahrhaftigkeit, kommerzielle Interessen im „Kunstwarenhandel". Diese Topoi sanken als „kultureller Code" tief in die kulturellen Vorstellungen des deutschen Bürgertums ein.[21] Die Selbstwahrnehmung von Juden blieb davon nicht unberührt. Viele jüdische Autoren, die über die Kunstleistungen von Juden schrieben, meinten, diese Stereotype widerlegen zu müssen.

War der Begriff des Bilderverbots also bereits zu Beginn des 20. Jahrhunderts von zahlreichen Bedeutungsschichten umlagert, so verstärkte sich nach der Erfahrung von Massenkultur, Totalitarismen und Holocaust die Skepsis gegenüber dem Bild. Die Dialektik der Aufklärung auslotend, suchten Max Horkheimer und Theodor W. Adorno im kalifornischen Exil die „Souveränität des abstrakten Begriffs" und die Fähigkeit zur Erkenntnis von Wahrheit gegen die „verführende Anschauung" zu verteidigen:

> Gerettet wird das Recht des Bildes in der treuen Durchführung seines Verbots. [...] Dialektik offenbart vielmehr jedes Bild als Schrift. Sie lehrt aus seinen Zügen das Eingeständnis seiner Falschheit lesen, das ihm die Macht entreißt und sie der Wahrheit zueignet.[22]

---

19   Schwarzschild, Steven S.: Aesthetics, in: Cohen, Arthur A.; Mendes-Flohr, Paul (Hg.): Contemporary Jewish Religious Thought. Original Essays on Critical Concepts, Movements, and Beliefs, New York 1988, S. 1–6, hier: S. 6.

20   Mendelssohn, Moses: Manasseh Ben Israel: Rettung der Juden [1782], in: Schulte, Christoph; Kennecke, Andreas; Jurewicz, Grażyna (Hg.): Moses Mendelssohn. Ausgewählte Werke. Studienausgabe, Bd. 2, Schriften zu Aufklärung und Judentum 1770–1786, Darmstadt, 2009, S. 79–95, hier: S. 81.

21   Volkov, Shulamit: German, Jews, and Antisemites: Trials in Emancipation, Cambridge 2006; dies.: Antisemitismus als kultureller Code. Zehn Essays, München 1990; Bland: Anti-Semitism and Aniconism, S. 56f.; Zu Literatur und Musik vgl. Gubser, Martin: Literarischer Antisemitismus. Untersuchungen zu Gustav Freytag und anderen bürgerlichen Schriftstellern des 19. Jahrhunderts, Göttingen 1998; Fischer, Jens Malte: Richard Wagner und seine Wirkung, Wien 2013.

22   Horkheimer, Max; Adorno, Theodor W.: Dialektik der Aufklärung. Philosophische Fragmente, Frankfurt/Main 1969, S. 25.

In der Folge verbanden sich mit dem Bilderverbot nicht nur die Ideologiekritik des „falschen Bewußtseins", sondern auch die Frage nach der Möglichkeit von Kunst „nach Auschwitz" und eine sich als Machtkritik verstehende Repräsentationskritik.[23] Sein ursprünglich theologischer Sinngehalt wurde dabei bis zur Unsichtbarkeit überlagert, doch ist die vermeintlich ästhetische Rede vom „Bilderverbot" ohne diese Hintergründe kaum zu verstehen und zu verwenden.[24] Der Theologe Klaus Müller bezeichnet das Bilderverbot daher wohl nicht zu Unrecht als einen Begriff im „semantic overstretch", in der Bedeutungsüberdehnung.[25]

Die beiden Diskurse um das Bilderverbot – der halachische und der philosophische – bezeichnen auch die Unterscheidung zwischen der jüdischen Bildpraxis „vor dem Zeitalter der Kunst"[26] und jener „unter dem Vorzeichen der Kunst". Während der halachische Diskurs über die Bilderfrage sich seit dem Mittelalter kaum weiterentwickelte, wurde der philosophische Diskurs im Kontext der jeweiligen Zeitströmungen immer wieder aktualisiert und in die sich ebenfalls wandelnden identitären Diskurse integriert. Nicht zuletzt dadurch konnten die bildenden Künste, vor allem unter dem Vorzeichen der Moderne, als Medium zur Formulierung und Verhandlung eines jüdischen Selbstverständnisses jenseits der Religion fungieren.

Die Moderne, deren ästhetische Theorie nicht nur das „Flüchtige", sondern auch das „Eigene" als kunstwürdig erklärte, indem sie normative Vorstellungen von Schönheit aufhob, schuf den Raum, in dem sich ein Diskurs über eine spezifisch jüdische Kunst entfalten konnte, der nicht mehr nur apologetisch gegen antisemitische Behauptungen der Kunstfeindlichkeit der Juden gerichtet war, sondern sich mit den Diskursen um jüdische Identität verband und neue Selbstbilder entwarf.

Die bildende Kunst, die in der jüdischen Kultur vermeintlich ohne Tradition war, schien der Emphase des Neuen, der Aufbruchstimmung der Moderne kongenial. Diese Emphase richtete sich nicht zuletzt auch gegen traditionelle Autoritäten. Ein Topos der jüdischen Kunstkritik der Jahrhundertwende ist die Entgegensetzung eines „alten" Judentums, das als verkrustet und erstarrt, dem Wort verhaftet, beschrieben wird, und des „neuen", das sich der Welt und ihren sinnlichen Qualitäten öffnet. Ebenso zum Klischee geronnen, jedoch deshalb nicht weniger bezeichnend für die Bedeutung, die der Kunst zugewiesen wurde, ist die Erzählung vom jungen Künstler, der gegen die Widerstände der Rabbiner und anderer traditioneller Autoritäten schließlich zu seiner Berufung findet.[27] Anders als andere Künste, etwa die Musik oder die Literatur, konnte die Hinwendung zur bildenden Kunst als ein Überschreiten von Grenzen erzählt werden, als stellvertretend für den Aufbruch in die Moderne.

---

23   Jay, Martin: Downcast Eyes: The denigration of vision in twentieth-century French thought, Berkeley 1993.

24   Brumlik: Schrift, Wort und Ikone, S. 27 f.

25   Müller, Klaus: „Bilderverbot" oder: Wie ein theologisches Missverständnis ein philosophischer Mythos wird, in: Joas, Hans (Hg.): Die Zehn Gebote. Ein widersprüchliches Erbe, Köln 2006, S. 33–45; Assmann, Jan: Was ist so schlimm an den Bildern, in: ebd., S. 17–32.

26   Begriff in Anlehnung an Belting, Hans: Bild und Kult. Eine Geschichte des Bildes vor dem Zeitalter der Kunst, München 1999.

27   Bereits für Salomon Maimon war der Künstlerberuf eine mögliche Station auf dem Weg „aus dem Ghetto": Salomon Maimons Lebensgeschichte. Von ihm selbst erzählt und herausgegeben von Karl Philipp Moritz, hg. von Zwi Batscha, Frankfurt/Main 1995, S. 171.

Perspektive der Rezeption: „Jüdische Kunst" in Kunstgeschichte und Kunstkritik

Die Erforschung der visuellen und materiellen Zeugnisse des Judentums begann in unterschiedlichen wissenschaftlichen Disziplinen: der Wissenschaft des Judentums, der Archäologie, der Geschichte und der Kunstgeschichte.[28] Sie fand im Wesentlichen außerhalb der Universitäten statt. Zentren waren die Hebraica-Sammlungen der großen Bibliotheken und Rabbinerseminare sowie die in Wien, Prag, Berlin und Breslau gegründeten jüdischen Museen. Aus den Wissenschaftlern dieser Institutionen und einem breiten Feld von Privatsammlern, Laienforschern und Publizisten bildete sich im Verlauf der letzten Jahrzehnte des 19. Jahrhunderts eine lose verbundene wissenschaftliche Community, die von Beginn stark international vernetzt war. Wichtige Forschungsergebnisse erschienen in ihren neu gegründeten Zeitschriften,[29] doch auch in denen der allgemeinen Wissenschaftsdisziplinen.

Parallel zu dieser eng an das konkrete historische Material gebundenen und positivistisch deskriptiven Beschäftigung mit der jüdischen Kunstproduktion vor der Moderne entwickelte sich um 1900 ein stark interpretierender Diskurs um die Werke jüdischer Künstler der Moderne. Letzterer wurde vor allem von Kunstkritikern und Schriftstellern getragen und fand seinen Ort in jüdischen Kulturzeitschriften, zunächst aus dem Umfeld des Zionismus.[30] Diese, und weniger die historisch-wissenschaftlichen Publikationen, wurden zum Austragungsort ideologisch aufgeladener Debatten um die Existenz und Charakteristika einer jüdischen Kunst. Im Verlaufe der 1920er Jahre glätteten sich die Wogen, und die bildenden Künste wurden zu einem Bestandteil des kulturellen Selbstverständnisses und der kulturellen Praxis unter den deutschsprachigen Juden sowie in den jüdischen Vereinen, Lehreinrichtungen und Publikationsorganen.[31]

---

28 Mann, Vivian B.: Jewish Art and Visual Culture: A Century of Academic Achievement, in: *Studia Rosenthaliana* 45 (2014), S. 9–16; Mayer, L. .A.: Bibliography of Jewish Art, Jerusalem 1967; Wischnitzer-Bernstein, Rahel: Jüdische Kunstgeschichtsschreibung. Bibliographische Skizze, in: Elbogen, Ismar; Meisl, Josef; Wischnitzer, Mark (Hg.): Festschrift zu Simon Dubnows siebzigstem Geburtstag, Berlin 1930, S. 76–81; Künzl, Hannelore: Nachwort, in: Cohn-Wiener, Ernst: Die jüdische Kunst. Ihre Geschichte von den Anfängen bis zur Gegenwart (E. A. Berlin 1929), Berlin 1995, S. 269–283; einen Überblick über die Geschichte und die Fragestellungen der jüdischen Archäologie, die hier nicht behandelt werden kann, gibt: Levine, Lee I.: Art, Architecture, and Archeology, in: Goodman, Martin (Hg.): The Oxford Handbook of Jewish Studies, Oxford 2002, S. 824–850; eine Wissenschaftsgeschichte und Ideologiekritik dieses Forschungsfeldes schreiben Jarrassé: Existe-t-il und art juif?; Fine, Steven: Art and Judaism in the Greco-Roman World: Toward a New Jewish Archaeology, Cambridge ²2010, S. 22–46; Soussloff: Jewish Identity in Modern Art History.

29 *Jahresberichte der Gesellschaft für Sammlung und Conservirung von Kunst- und historischen Denkmälern des Judenthums,* Wien 1895–1913; *Mitteilungen der Gesellschaft zur Erforschung Jüdischer Kunstdenkmäler zu Frankfurt am Main,* Frankfurt/Main 1900–1915; *Notizblatt der Gesellschaft zur Erforschung Jüdischer Kunstdenkmäler, Frankfurt am Main* 1902–1937, Reprint Jerusalem 1971; *Mitteilungen der Gesellschaft für Jüdische Volkskunde,* Hamburg 1898–1904; *Mitteilungen zur jüdischen Volkskunde,* Leipzig; Wien; Frankfurt/Main 1905–1929.

30 *Ost und West. Illustrierte Monatsschrift für das gesamte Judentum,* Berlin 1901–1923; Feiwel, Berthold; Lilien, Ephraim Mose (Hg.): *Jüdischer Almanach,* Berlin 1902; Verein jüdischer Hochschüler aus Galizien, Bar Kochba (Hg.): *Jüdischer Almanach,* Wien 1910.

31 *Menorah. Jüdisches Familienblatt für Wissenschaft, Kunst und Literatur,* Wien 1923–1932; *Rimon/Milgroim* (hebr./jidd.), Berlin 1922–1924; *Das Zelt. Eine illustrierte jüdische Monatsschrift,* Wien 1924–1935; *Das*

Jüdische Kunst im Kontext nationaler Epistemologien

Während der zeitgenössischen Kunst vor allem seit 1900 in der jüdischen kulturellen Öffentlichkeit eine wichtige Rolle als Medium zur Formulierung und Aushandlung einer modernen, säkularen jüdischen Identität zugewiesen wurde, war dies für die historische jüdische Kunstproduktion weniger der Fall. Auch für die Forschung war sie zunächst ein eher marginales Gebiet. Dabei zählte Leopold Zunz die bildende Kunst schon in seinem 1818 veröffentlichten Gründungsmanifest der Wissenschaft des Judentums zu ihren möglichen Gegenständen: „Auch […] über die Kunst besitzen wir einige Schiften. Zu viel, wie es scheint, für die Kritik, die sich daran geübt, – zu wenig, als dass wir nicht selbst noch mithelfen müssten, ihr Inneres und Äußeres zu beschreiben", und vermerkt in der Fußnote: „Sogar über Mahlerei und Stickerei, wenigstens aus neuerer Zeit, könnte ein Liebhaber etwas zusammenbringen."[32] Dass diese Anregung kaum Beachtung fand, hat Irene Zwiep auf überzeugende Weise auf die nationalphilologische Ausrichtung der Wissenschaft des Judentums und ihrer an Textüberlieferungen entwickelte Hermeneutik zurückgeführt.[33]

Für die Kunstgeschichte stellte sich das Problem, die in der Bibel überlieferten Werke nicht durch archäologische Zeugnisse belegen zu können, denn ihre Epistemologie gründete sich auf materielle Überlieferungen. In seiner *Geschichte der Kunst des Alterthums* bekennt Winckelmann: „Von der Kunst unter den Juden, als Nachbarn der Phönicier, wissen wir noch weniger, als von diesen", hält aber andererseits alle Möglichkeiten offen, denn „Nebucadnezar führete, unter andern Künstlern tausend welche eingelegte Arbeit macheten, nur allein aus Jerusalem mit sich weg; eine so große Menge wird sich schwerlich in den größten Städten heut zu Tage finden".[34] Auch Franz Kugler bezieht sich in seinem 1842 erstmals erschienenen *Handbuch der Kunstgeschichte* vor allem auf die biblische Beschreibung des Tempels und seiner Ausschmückung. Erscheinen Juden in den ersten beiden Auflagen noch als eigenständige Schöpfer,[35] so figurieren sie seit Neubearbeitung durch Wilhelm Lübke 1856 lediglich noch als Auftraggeber phönizischer Baumeister und Kunsthandwerker. Deren Schöpfungen attestiert der Redakteur „gänzliche Abwesenheit künstlerischen Sinnes" und bezeichnet sie als „kümmerlich", „abscheulich", „kindisch" und schließlich als „völlig barbarisch".[36]

Nicht nur die Vorstellung von der jüdischen Kultur als einer bilderlosen, sondern mehr noch die von einer Hierarchie der Kulturen und die am Ideal der Antike orientierten Wertungen

---

Jüdische Magazin, Berlin 1929; die illustrierten Beilagen zur *Jüdischen Rundschau,* der *CV-Zeitung,* dem *Israelitischen Familienblatt* und verschiedenen Gemeindeblättern sowie die Beiträge zu Kunst und Künstlern im *Jüdischen Lexikon* und der *Encyclopaedia Judaica.*

32 Zunz, Leopold: Etwas über die rabbinische Literatur [1818], in: ders.: Gesammelte Schriften, Bd. 1, Berlin 1875, S. 1–31, hier: S. 15.

33 Zwiep, Irene: The *Wissenschaft des Judentums* and the visual, in: *Jewish Culture and History* 12 (2010), S. 411–425.

34 Winckelmann, Johann Joachim: Schriften und Nachlass, Bd. 4: Geschichte der Kunst, Teil 1: Text, hg. von Adolf Heinrich Borbein und Max Kunze, Max, Mainz 2002, S. 117; 119 (zit. nach der 2. Aufl. v. 1776).

35 Kugler, Franz: Handbuch der Kunstgeschichte, Stuttgart 1842, S. 76–84, hier: S. 77.

36 Ders.: Handbuch der Kunstgeschichte. Dritte, gänzlich umgearbeitete Auflage, Stuttgart 1856, Bd. 1, S. 79–83, hier: S. 82 f.

der Kunsthistoriker ließen die Kunst der Juden als wenig ergiebiges Forschungsfeld erscheinen. Überdies waren die an Nationalkulturen orientierten Kategorien der Kunstgeschichtsschreibung kaum geeignet, die Zeugnisse einer Kultur zu erfassen, die auch zu Zeiten ihrer staatlichen Eigenständigkeit in der Antike im engen Austausch mit ihrer Umgebung stand und die sich in späteren Epochen als Minderheit in der Formensprache der jeweiligen Mehrheit ausdrückte.

Veröffentlichung und Systematisierung des Materials: Sammlungen, Ausstellungen, Museen

Sowohl die Kunstgeschichte als auch die Wissenschaft des Judentums hatten in der Mitte des 19. Jahrhunderts Epistemologien entwickelt, in die sich die künstlerischen Zeugnisse des Judentums nur schwer einfügen ließen und daher wenig Beachtung fanden. Diese Situation änderte sich in der zweiten Hälfte des 19. Jahrhunderts: Die systematische Katalogisierung der hebräischen Handschriften in den großen Bibliotheken, die archäologischen Grabungen im damaligen Palästina und die Entstehung und Ausstellung privater Judaica-Sammlungen machte bislang unentdecktes oder unbeachtetes Material zugänglich, das bisherige Vorstellungen konterkarierte und das Interesse der Wissenschaftler herausforderte. Dabei entwickelte sich die Forschung zur jüdischen Kunstgeschichte stets in enger Anbindung an die physischen Objekte. Sammlung und Ausstellung waren hierbei nicht lediglich Medien der Wissensvermittlung, sondern auch Instrumente der Wissensproduktion. Der öffentliche Charakter der Ausstellungen, aber auch mancher Sammlungen machte das Feld durchlässig für interessierte Laien und das breite Publikum.

Die erste Museumspräsentation von Zeugnissen jüdischer Kultur fand 1853 in der von Félix de Saulcy eingerichteten „musée judaïque" genannten Abteilung des Louvre statt. Sie zeigte die archäologischen Funde seiner Expeditionen ans Tote Meer und nach Jerusalem. Ungeachtet der sich anschließenden Debatten um die Zuordnung und Datierung der Objekte, rückte nicht zuletzt die Platzierung in unmittelbarer Nachbarschaft des Saales des Phidias die jüdische Kultur nunmehr in den Kreis der antiken Hochkulturen.[37] Die erste Ausstellung, in der jüdische Zeremonialobjekte abgelöst von ihrer religiösen Funktion als kunstgewerbliche Gegenstände öffentlich präsentiert wurden, fand ebenfalls in Paris statt, und zwar im Rahmen der Weltausstellung von 1878. Die dort gezeigte Sammlung von Isaac Strauss wurde 1890 durch die Baronne Nathaniel de Rothschild für das staatliche Musée Cluny erworben. Auch diese Geste zielte darauf ab, Zeugnisse jüdischer Kultur in die Präsentation einer als universal verstandenen Geschichte der Kunst zu integrieren. Die Ausstellung wurde in der jüdischen Gelehrtenwelt stark beachtet und gilt als der Beginn der systematischen Erforschung jüdischer Zeremonialobjekte.[38]

---

37 Jarrassé: Existe-t-il un art juif, S. 21–38. Die Abteilung wurde 1890 verlegt und 1950 aufgelöst.

38 Kaufmann, David: Etwas von jüdischer Kunst [1878], in: ders: Gesammelte Schriften, hg. von Marcus Brann, Bd. 3, S. 150–153, zuerst erschienen als Artikelserie in der weit verbreiteten *Israelitischen Wochenschrift*.

In der Folge entstanden in fast allen jüdischen Zentren Europas private Judaica-Sammlungen und wissenschaftliche Vereine, die die Basis eines dichten Netzwerks jüdischer Museen
bildeten: In Wien wurde 1895 die „Gesellschaft für Sammlung und Konservierung von Kunst-
und historischen Denkmälern des Judentums" gegründet, in Hamburg 1898 die „Gesellschaft
für jüdische Volkskunde" und in Frankfurt am Main 1901 die „Gesellschaft zur Erforschung
jüdischer Kunstdenkmäler". In Wien und Frankfurt gingen daraus jüdische Museen hervor.
Die Hamburger Sammlung wurde im dortigen Museum für Völkerkunde präsentiert. Andere
jüdische Museen basierten auf privaten Judaica-Sammlungen, meist als Stiftung an die jüdischen Gemeinden. So wurden die Sammlungen Mathias Bersohn und Lesser Gieldinsky 1904
zum Grundstock für die in Warschau und Danzig gegründeten Museen wie die Sammlung
Hugo Lieben 1906 in Prag. Das 1933 schließlich in neuen Räumen eröffnete Berliner Museum
basierte auf der Sammlung Albert Wolf, die die Gemeinde bereits 1907 erhalten und seit 1917
in der Bibliothek ausgestellt hatte.[39]

Die Sammlungen ähnelten sich in ihren Beständen. Stark regionalgeschichtlich ausgerichtet, standen Zeremonialobjekte im Mittelpunkt, gerahmt von Porträts und Objekten von
historischer Bedeutung. Münzen und Medaillen waren eine Objektgattung, die über den
regionalen Rahmen hinauswies. Allein das Berliner Jüdische Museum zeigte auch archäologische Funde aus Palästina. Die Präsentation trennte, wie damals üblich, meist noch nicht
scharf zwischen Sammlungsbestand und Ausstellung. Diese wurde oft auch durch historisierende Environments ergänzt, wie etwa das „Rothschild-Zimmer" in Frankfurt oder die
„Sabbatstube" in Wien. Auch die Beweggründe – Rettung des historischen Materials angesichts drohenden Verlusts wie etwa in Prag durch den Abriss des Ghettos, Lokalpatriotismus,
jüdisches Selbstbewusstsein, wissenschaftliches Interesse oder Philanthropie – folgten einer
allgemeinen Tendenz des späten 19. Jahrhunderts, lokale, nationale wie auch universalistische
Identitäten im Medium der Sammlung, der Ausstellung und des Museums zu verhandeln.[40]
Dies galt auf ähnliche Weise auch für die Judaica-Sammlungen in allgemeinen historischen
Museen – etwa in Kassel, Mainz oder Köln.[41] Und es galt für diejenigen jüdischen Sammler,
die sich christlicher oder antiker Kunst widmeten und Judaica eher als nostalgische Reminiszenz, denn als aktives Sammelgebiet betrachteten. Gleichwohl engagierten sich viele von
ihnen wie etwa James Simon oder Rudolf Mosse für jüdische philanthropische Anliegen. Vor
allem für diese Gruppe jüdischer Sammler ist in jedem Einzelfall zu klären, welche Bedeu-

---

39 Vgl. die Liste der Ausstellungen, Museen und Sammlungen, in: Jüdisches Lexikon, Berlin 1927; Lemma
    „Sammlungen, jüdische"; Enzyklopädie Jüdischer Geschichte und Kultur, Stuttgart 2011–2015, Lemma
    „Museen"; Rauschenberger, Katharina: Jüdische Tradition im Kaiserreich und in der Weimarer Republik.
    Zur Geschichte des jüdischen Museumswesens in Deutschland, Hannover 2002; Wiener Jahrbuch für
    jüdische Geschichte, Kultur und Museumswesen, 3 Bde., Wien 1994–1998.

40 Cohen, Richard I.: Self-Exposure, Self-Image, and Memory, in: ders.: Jewish Icons: Art and Society in
    Modern Europe, Berkeley 1998, S. 186–219; Cohen, Richard I.: The Visual Revolution in Jewish Life – An
    Overview, in: ders. (Hg.): Visualizing and Exhibiting Jewish Space and History, Oxford 2012 (Studies in
    Contemporary Jewry, Bd. 26), S. 3–24.

41 Hoppe, Jens: Jüdische Geschichte und Kultur in Museen. Zur nichtjüdischen Museologie des Jüdischen
    in Deutschland, Münster 2002.

tung für das Selbstverständnis und welcher „Sitz im Leben" der Kunst und dem Judentum jeweils zugewiesen wurden.[42]

Die Forschung dieser ersten Jahrzehnte wurde vor allem getragen von Bibliothekaren wie dem erwähnten David Kaufmann oder David Günzburg, von Rabbinern wie Max Grunwald,[43] der die Grundlagen der Jüdischen Volkskunde legte, oder von Privatsammlern wie Albert Wolf[44] und Salli Kirschstein,[45] die beide über frühe jüdische Künstler publizierten. Der christliche Kunsthistoriker Heinrich Frauberger,[46] der die *Mitteilungen der Gesellschaft zur Erforschung jüdischer Kunstdenkmäler* herausgab, blieb in diesem Kreis eine Ausnahmeerscheinung.

Paradigmenwechsel in der Kunstgeschichte

Neben der Auseinandersetzung mit den Artefakten waren es methodische Entwicklungen in der akademischen Kunstgeschichte, die einen neuen Blick auf die künstlerische Produktion von Juden eröffneten und neue Deutungsmöglichkeiten anboten: die Ausweitung der Forschungsperspektive auf bislang wenig beachtete Epochen oder außerhalb Europas liegende Regionen, die Abkehr von den am antiken Ideal orientierten Wertungen, die Öffnung gegenüber ästhetischen und philosophischen Fragestellungen im Bestreben, die Kunstgeschichte aus den Gesetzmäßigkeiten der Kunst, der Ästhetik heraus zu begründen.

Für die jüdische Kunstgeschichtsforschung besonders bedeutsam war die Wiener Schule der Kunstgeschichte.[47] Einer ihrer Vertreter, Julius von Schlosser, publizierte gemeinsam mit dem Orientalisten David Heinrich Müller und dem Rabbiner David Kaufmann, einem der vielseitigsten jüdischen Gelehrten seiner Zeit, die Haggada aus der Bibliothek von Sarajevo, einer in Spanien Anfang des 14. Jahrhunderts entstandenen Bilderhandschrift.[48] Die Veröffentlichung als Faksimile mit ausführlichem Kommentar gilt gemeinhin als die erste wissenschaftliche Edition einer jüdischen illuminierten Handschrift. In den folgenden Jahrzehnten war die Forschung zur mittelalterlichen Buchmalerei die Königsdisziplin jüdischer Kunstgeschichte, die weitere

---

42 Weber, Annette; Radjai-Ordoubadi, Jihan: Jüdische Sammler und ihr Beitrag zur Kultur der Moderne. Jewish Collectors and Their Contribution to Modern Culture, Heidelberg 2011.

43 Über Grunwald: Daxelmüller, Christoph: Hamburg, Wien, Jerusalem. Max Grunwald und die Entwicklung der jüdischen Volkskunde zur Kulturwissenschaft 1898 bis 1938. Eine Biographie in Stichworten, in: *Österreichische Zeitschrift für Volkskunde* 113 (2010), S. 375–393.

44 Über Wolf: Simon, Hermann: Das Berliner Jüdische Museum in der Oranienburger Straße. Geschichte einer zerstörten Kulturstätte, Teetz 2000, S. 18 f.

45 Über Kirschstein: Gutmann, Joseph: The Kirchstein Museum of Berlin, in: *Jewish Art* 16/17 (1990/1991), S. 172–176.

46 Über Frauberger: Rauschenberger: Jüdische Tradition, S. 59–67.

47 Frojmovic, Eva: Buber in Basle, Schlosser in Sarajevo, Wischnitzer in Weimar: The Politics of Writing about Medieval Jewish Art, in: dies. (Hg.): Imagining the Self, Imagining the Other: Visual Representation and Jewish-Christian Dynamics in the Middle Ages and Early Modern Period, Leiden 2002, S. 1–32; Olin: The Nation without Art, S. xvii–xxi.

48 Kaufmann, David; Müller, David Heinrich; Schlosser, Julius von: Die Haggadah von Sarajevo. Eine spanisch-jüdische Bilderhandschrift des Mittelalters, Wien 1898.

prachtvolle Editionen wie die der *Petersburger Manuskripte*[49] oder der *Darmstädter Haggada*[50] hervorbrachte.

Vor allem in den 1920er Jahren traten junge Kunsthistoriker neben die ältere Generation der Bibliothekare, Rabbiner und Privatgelehrten. Doch standen für sie die jüdischen Themen neben anderen Forschungsinteressen oder blieben nur eine Episode in ihrer Laufbahn. So verfasste Richard Krautheimer[51] 1927 seine Habilitation über mittelalterliche Synagogen, bevor er sich seinem Lebensthema, der frühmittelalterlichen Architektur Roms, zuwandte. Rudolf Hallo forschte als Kustos des Kasseler Landesmuseums über die jüdischen Zeremonialobjekte in seinem Bestand.[52] Die spätere Doyenne der jüdischen Kunstgeschichte, Rahel Wischnitzer-Bernstein, betrieb ihre Forschungen in Deutschland ohne institutionelle Anbindung. Mit ihrer Zeitschrift *Rimon/Milgroim* vermittelte sie von Berlin aus historische und moderne jüdische Kunst wie auch die internationale Moderne an ein hebräisch- und jiddischsprachiges Publikum vor allem in den USA.[53]

Anders als diese Gruppe haben die meisten der heute auch im Kontext einer jüdischen Kulturgeschichte behandelten Kunsthistoriker und Theoretiker wie etwa Aby Warburg, Erwin Panofsky, Ernst Kantorowicz, Ernst Cassirer oder Walter Benjamin sich in ihren Forschungen kaum oder gar nicht mit jüdischen Themen beschäftigt.[54] Hier ist zu unterscheiden zwischen ihren Selbstaussagen zum Judentum und den nachträglichen Deutungen. Am Ende war es der aus dem Wiener jüdischen Bildungsbürgertum stammende ehemalige Direktor des nach London emigrierten Warburg-Instituts, Ernst H. Gombrich, der die Vorstellung einer jüdischen Kunst besonders vehement ablehnte und die Ansicht vertrat, „daß der Begriff der jüdischen Kultur von Hitler und seinen Vor- und Nachläufern erfunden wurde".[55]

---

49   Günzbourg, David; Stasov, Vladimir V.: Ornementation des anciens manuscrits hébreux de la Bibliothèque Impériale Publique de St. Pétersburg, Berlin 1886/1905.

50   Italiener, Bruno (Hg.): Die Darmstädter Pessach-Haggadah: Codex Orientalis 8 der Landesbibliothek zu Darmstadt aus dem 14. Jahrhundert, 2 Bde., Leipzig 1927–1928.

51   Über Krautheimer: Maurer, Golo: Richard Krautheimer (1897–1994), in: Pfisterer, Ulrich (Hg.): Klassiker der Kunstgeschichte, Bd. 2: Von Panofsky bis Greenberg, München 2008, S. 90–106.

52   Über Hallo: Schweikhart, Gunther (Hg.): Rudolf Hallo. Schriften zur Kunstgeschichte Kassel. Sammlungen – Denkmäler – Judaica, Kassel 1983.

53   Über Wischnitzer: Feil, Katharina S.: Art under Siege: The Art Scholarship of Rachel Wischnitzer in Berlin, 1921–1938, in: *Leo Baeck Institute Year Book* 44 (1999), S. 167–190.

54   Vgl. dazu Levine, Emily J.: Dreamland of Humanists: Warburg, Cassirer, Panofsky, and the Hamburg School, Chicago 2013; aus umgekehrter Perspektive: Schoell-Glass, Charlotte: Aby Warburg und der Antisemitismus. Kulturwissenschaft als Geistespolitik, Frankfurt/Main 1998.

55   Gombrich, Ernst H.: Jüdische Identität und jüdisches Schicksal. Eine Diskussionsbemerkung, hg. von Emil Brix und Frederick Baker, Wien ²2011, S. 33.

Diskurs um Judentum und die Kunst der Gegenwart 1900–1933/38

Man mag eine wissenschaftshistorische Ironie darin sehen, dass hier ein Student der Wiener Schule sprach. Deren Konzepte prägten nicht nur die frühe jüdische Kunstgeschichtsforschung, sondern vor allem die jüdische Kunstpublizistik, die seit etwa 1900 eine gegenwärtige jüdische Kunst zu definieren suchte. Der eine Generation ältere Martin Buber, der diese Debatten um jüdische Kunst wesentlich mit initiiert hatte, war ebenfalls ein Schüler des Wiener Instituts für Kunstgeschichte. Die dort geprägten Denkfiguren und Schlagworte erwiesen sich, ebenso wie andere Entwicklungen in der akademischen Kunstgeschichte, als anschlussfähig an identitäre Diskurse. So bedeuteten die allgemeine Abkehr vom Historismus und die Hinwendung zu ästhetischen und philosophischen Problemen, etwa bei Bubers zweitem Lehrer August Schmarsow oder bei Heinrich Wölfflin, keine Abkehr von national, ethnisch oder geographisch begründeten Kollektivismen. Im Gegenteil: Sie wurden vielmehr auf einen höheren Abstraktionsgrad verlegt, sodass Begriffe wie Heinrich Wölfflins „Formgefühl" oder August Schmarsows Frage nach der Wirkung von Kunstwerken sich mit Kategorien der Kulturgeschichte und Völkerpsychologie verbanden und für Diskurse über das spezifisch Jüdische in der Kunst, der historischen wie der gegenwärtigen, fruchtbar gemacht werden konnten. Dies umso mehr, als sich diese Universitätslehrer nun auch der Kunst der Gegenwart öffneten und eine ganzheitlichere Sicht auf die Kunst vertraten, im Sinne der von der Moderne geforderten Verschmelzung von „Kunst und Leben" und als Ausdruck der jeweiligen individuellen und kollektiven „Eigenart". Die ästhetischen Diskurse der Moderne waren denn auch die zweite Quelle für die theoretischen Begründungen einer jüdischen Kunst in Gegenwart und Zukunft.[56]

Getragen wurde die jüdische Kunstpublizistik um 1900 vor allem von jungen Intellektuellen, die sich im Umfeld des Zionismus sammelten, beeinflusst von Theoretikern wie Achad Ha'am und Nathan Birnbaum als dritter Quelle. Den Zionismus sahen sie weniger als politisches Projekt, denn als ganzheitliche Befreiungsbewegung. Sie pflegten Kontakte zu Künstlerkreisen, verstanden sich selbst als Künstler und traten mit einem bohèmehaften Habitus auf. Damit unterschieden sie sich im Alter sowie in ihren politischen und kulturellen Orientierungen von den über die historische jüdische Kunst forschenden Gelehrten ebenso wie von der liberalen jüdischen Kunstpublizistik und ihrer apologetischen Haltung.[57] Doch waren die Grenzen fließend. In den an ein breites Publikum gerichteten Zeitschriften wie *Ost und West* oder *Menorah* erschienen sowohl Beiträge zur historischen wie zur zeitgenössischen jüdischen Kunst und publizierten nicht allein zionistisch orientierte Autoren.

Martin Buber und mit ihm viele heute eher in der Fachwelt bekannte Autoren wie Berthold Feiwel, Nathan Birnbaum, Theodor Zlocisti, Franz Servaes und Adolph Donath lieferten die

---

56 Bertz, Inka: Jüdische Kunst als Theorie und Praxis vom Beginn der Moderne bis 1933, in: Golinski; Hiekisch-Picard: Das Recht des Bildes, S. 148–161.

57 Etwa in den regelmäßig erscheinenden Besprechungen der Großen Berliner Kunstausstellung in der Allgemeinen Zeitung des Judentums. Vgl. auch den Abschnitt über bildende Künstler und Architekten in: Kohuth, Adolph: Berühmte israelitische Männer und Frauen in der Kulturgeschichte der Menschheit. Lebens- und Charakterbilder aus Vergangenheit und Gegenwart. Ein Handbuch für Haus und Familie, Bd. 1, Leipzig 1900, S. 260–348.

Stichworte. Ephraim Mose Lilien, Lesser Ury, Hermann Struck, Josef Israels, Maurycy Gottlieb, Boris Schatz, Samuel Hirszenberg, Jehudo Epstein waren die Künstler, an deren Werken
sie ihre Thesen belegten. Auf einer von Buber und Lilien organisierten Ausstellung im Rahmen
des 5. Zionistenkongresses in Basel im Dezember 1901 wurden zum ersten Mal Gemälde und
Zeichnungen als Werke jüdischer Kunst gezeigt. Die Rede, die Buber auf dem Kongress hielt,
machte zwar Einschränkungen – „Eine nationale Kunst braucht eine einheitliche Menschen-
gemeinschaft, aus der sie stammt und für die sie da ist. […] Eine ganze und vollendete Kunst
wird erst auf jüdischem Boden möglich sein."[58] – doch sah er bereits in der Diaspora „Keime"
für diese Entwicklung angelegt.

Die Ästhetik war dabei ein Aspekt der nationalen „Renaissance",[59] die wiederum nicht allein
das jüdische Volk erfasste, sondern es zu einem Teil „der modernen national-internationalen
Kulturbewegung" werden ließ:

> Auf der einen Seite kündigt sich eine große allgemeine Schönheitskultur an. Das allerorten erwachende
> Kunstgefühl, die Entwickelung des modernen Kunstgewerbes, das Hineintragen der Schönheitslinie in
> das Thun und Erleben des Alltags, die mannigfachen Versuche einer ästhetischen Jugenderziehung, das
> Streben nach Sozialisierung der Kunst […]. Auf der anderen Seite sehen wir die nationalen Gruppen
> sich um neue Fahnen scharen. Es ist nicht mehr der elementare Selbsterhaltungstrieb, der sie bewegt;
> nicht die äussere Abwehr feindlichen Völkeransturms […], sondern ihre individuelle Nuance. Es ist
> die Selbstbesinnung der Völkerseelen.[60]

Getragen von solch nationalästhetischer Emphase und volkserzieherischem Gestus, gestaltet im
Geiste des Jugendstils, wurden weitere Ausstellungen organisiert, Verlage, Zeitschriften, und
sogar eine Kunstgewerbeschule in Jerusalem gegründet.[61] Wie in den Reformbewegungen um
1900 verband sich auch hier die Ästhetik mit sozialutopischen Entwürfen zu einem umfassenden
Konzept von „Kulturpolitik".

In theoretischer Hinsicht führte dieses Bedürfnis nach Selbstvergewisserung zu zirkulären
Deutungen: Angebliche Charakteristika des Jüdischen wurden als spezifisch modern interpre-

---

58 Buber, Martin: Referat über „Jüdische Kunst" [1901], in: Mendes-Flohr, Paul; Schäfer, Peter (Hg.): Martin
    Buber Werkausgabe, Bd. 7: Bilsky, Emily D.; Breitenbach, Heike; Rokem, Freddie; Witte, Bernd (Hg.):
    Schriften zu Literatur, Theater und Kunst. Lyrik, Autobiographie und Drama, Gütersloh 2016, S. 470–487,
    hier: S. 474.

59 Biemann, Asher: Inventing New Beginnings: On the Idea of Renaissance in Modern Judaism, Stanford
    2009, S. 174–305.

60 Buber, Martin: Jüdische Renaissance [1901], in: Mendes-Flohr; Schäfer: Martin Buber Werkausgabe, Bd. 3:
    Schäfer, Barbara (Hg.): Frühe jüdische Schriften 1900–1922, Gütersloh 2007, S. 143–147, hier: S. 143 f.

61 Bertz, Inka: Politischer Zionismus und Jüdische Renaissance in Berlin vor 1914, in: Rürup, Reinhard (Hg.):
    Jüdische Geschichte in Berlin. Studien, Berlin 1995, S. 149–180; Schenker, Anatol: Der Jüdische Verlag
    1903–1938. Zwischen Aufbruch, Blüte und Vernichtung, Tübingen 2003; Brenner, David A.: Marketing
    Identities: The Invention of Jewish Ethnicity in „Ost und West", Detroit 1998; Schmidt, Gilya Gerda: The
    art and artists of the fifth Zionist Congress 1901: Heralds of a new age, Syracuse 2003; Goldman-Ida, Bats-
    heva: Fragmented Mirror: Exhibition of Jewish Artists, Berlin 1907, Tel Aviv 2009; Shilo-Cohen, Nurit:
    Bezalel 1906–1929, Jerusalem 1983.

tiert. Der Moderne wiederum wurden Eigenschaften zugeschrieben, die, als jüdisch gedeutet, eine Wesensverwandtschaft zwischen Judentum und Moderne begründeten. Martin Bubers Interpretation der Werke Lesser Urys ist dafür ein prägnantes Beispiel: Worin, fragt Buber, ist Lesser Ury jüdischer Künstler? Er fährt fort:

> Zunächst in seiner Art zu malen, als Kolorist. Ich meine damit nicht bloß eine Vorliebe für funkelnde, lichtberauschte Farben, eine Vorliebe, die man auf orientalischen Einfluß gedeutet hat. Dieser Kolorismus will nicht die Umrisse der Dinge, sondern ihre Nuance geben, wie sie aus der Einwirkung von Licht und Luft entsteht. Der Ton wird auf die feine Wechselwirkung der Wesen und Kräfte, nicht auf ihr äußeres Heraustreten gelegt; doch geschieht, das Mildern der äußeren Begrenzung nur zu Gunsten einer innerlichen Individualisierung. Diese Art die Welt zu sehen, ist echt jüdisch. Man kann sich davon überzeugen, wenn man Versuche mit jüdischem und z. B. germanischem Bildgedächtnis anstellt. Überall herrscht bei uns eine mehr flächenartige, von einer Gesamtstimmung ausgehende und mehr auf die Beziehungen der Dinge als auf ihre Formen gerichtete Anschauungsweise vor. Dann ist Ury ein echt jüdischer Künstler als Revolutionär. Das ist er schon dadurch, daß er der künstlerischen Gesamtentwicklung vorauseilte und aus sich heraus erst den radikalen Impressionismus, dann den modernen malerischen Monumentalstil fand. Er ist Revolutionär in seinen Bildern, in denen sich immer wieder eine lebendige Kraft gegen dumpfe Schicksalsmächte aufbäumt und eine Erlösung sucht. Als solch ein Revolutionär aber geht der jüdische Stammesgeist durch die Zeiten.[62]

Diese Denkfiguren blieben auch an kommende Kunst-Ismen adaptierbar und erwiesen sich daher als äußerst langlebig. Über die tatsächliche kulturelle und soziale Bedeutung von Juden in der Kunst der Moderne machte dieser philosophisch-ästhetische Diskurs keine Aussagen, wenngleich er erst dadurch seine empirische Glaubwürdigkeit erhielt.

Etwa um 1910 traten die politischen Aporien von Bubers Synthese moderner und nationaler Kunst zutage: Während einerseits die Moderne die Formulierung einer jüdischen Ästhetik erst ermöglicht hatte, erwies sie sich andererseits für die politische Perspektive des Zionismus als unbrauchbar. Denn sie konnte nicht stehen bleiben bei dem einmal formulierten „Eigenen", kein festes Identitätsmodell bieten. Moderne bedeutete auch permanente Kritik, Hinterfragen und Verändern. Die Kunst ließ sich nicht in kollektivistische Ansprüche fügen.[63] Ein politisches Projekt hingegen forderte eindeutige Entscheidungen.

Vor allem durch die Renaissance des Hebräischen wurde im zionistischen Kontext die Literatur zu einem immer wichtigeren Medium nationaler „Selbstbesinnung". Die bildende Kunst hingegen erschien zunehmend als losgelöst von jeder nationalen Tradition, als universale Sprache mit der Künstlerpersönlichkeit als einziger Quelle. Für das theoretische Konzept einer jüdischen Kunst ergab sich daraus eine nicht auflösbare Spannung zwischen der Individualität des Künst-

---

62   Buber, Martin: Lesser Ury, in: Mendes–Flor; Schäfer: Werkausgabe, Bd. 7, S. 492–504 (Text), S. 820–833 (Kommentar), hier: S. 826 f., Zu diesen zirkulären Denkfiguren vgl. Theisohn, Philipp: Die Urbarkeit der Zeichen. Zionismus und Literatur – eine andere Poetik der Moderne, Stuttgart 2005.

63   Exemplarisch: Heimann, Moritz: Jüdische Kunst [1913], in: ders.: Was ist das: ein Gedanke? Essays, hg. von Gert Mattenklott, Frankfurt/Main 1986, S. 177–180. Ursprünglich im Sammelband des Prager Kreises: Kohn, Hans (Hg.): Vom Judentum, Leipzig 1913, S. 258–260.

lers, den Kollektivismen der jüdischen Gemeinschaft sowie dem universalistischen Anspruch der Kunst. Das Auftreten der Avantgarden seit etwa 1910 verschärfte sie zusätzlich: Künstler thematisierten nun ihre Isolation, suchten aber auch die bewusste Abgrenzung von der Gesellschaft.

Auch diese Konstellation war im Sinne einer „jüdischen Moderne" deutbar,[64] wie Kurt Hiller polemisch vorführte, als er gegen die von Jakob Steinhardt in der Galerie „Der Sturm" gezeigten biblischen Kompositionen vorbrachte,

> daß der wahre Volljude schwerlich jüdisch im Sujet, vielmehr jüdisch in der Modalität sein; kaum Biblisches, Bildungshaftes, vergangene Angelegenheiten, eher mit jüdischem Geist (ich meine: mit Geist) Heutiges malen wird. Ein knall-israelitisches Edelwesen im Königreich Preußen (1912) sieht nicht aus wie ein naiv nationaler Reminiszenzenfeierer, sondern intellektuell, zukünftig und zerrissen.[65]

Wie schon bei Buber finden wir hier den Zirkelschluss von der jeweils aktuellen Kunst auf vermeintlich jüdische Charakteristika. Wieder wurden eine Ontologisierung des Jüdischen und eine Ontologisierung der Moderne miteinander zur Deckung gebracht, nun freilich im Vokabular des Expressionismus. Doch ein wesentlicher Unterschied ist festzuhalten: Bezugspunkt des Jüdischen war nun nicht mehr ein wie immer definiertes Kollektiv, sondern die Moderne selbst. Die These Martin Bubers, jüdische Kunst sei nur möglich auf jüdischem Boden, wurde damit obsolet: die Moderne, aber erst die Moderne, ermöglichte eine jüdische Kunst auch in der Diaspora. Mehr noch: „Jüdisch" war nun kein nationaler Begriff mehr, sondern das Synonym einer spezifisch modernen Erlebnisweise, die sich um 1920 freilich auch mit dem neu erwachten Interesse an religiöser Erfahrung verband und ihren Ausdruck in der Formensprache des Expressionismus fand.

Abseits dieser Diskurse und Definitionsfragen wurde die bildende Kunst vor allem in den 1920er Jahren zu einem selbstverständlichen Bestandteil des jüdischen kulturellen Lebens. Die graphischen Mappen, bibliophilen Editionen und Kunstbücher aus dem „Verlag für Jüdische Kunst und Kultur Fritz Gurlitt", der „Soncino-Gesellschaft der Freunde des jüdischen Buches", den russisch-jüdischen Verlagen „Schweln" oder „Funken", Kunstzeitschriften wie *Menorah, Das Zelt* oder *Rimon/Milgroim* trafen auf ein vom Bewusstseinswandel nach dem Ersten Weltkrieg geprägtes, auch internationales Publikum. Umgekehrt wurde jüdische Kunst zum festen Bestandteil des allgemeinen Kulturlebens, wie die jüdischen Abteilungen in Ausstellungen wie der Hygiene-Ausstellung in Dresden 1911, der „Ge-so-lei" in Düsseldorf 1926, der Kölner „Pressa" 1928 oder „Kult und Form" 1930 in Berlin.[66]

Darüber hinaus wurde die historische und die gegenwärtige jüdische Kunst immer mehr als Einheit betrachtet, wie in den Überblicksdarstellungen von Karl Schwarz, Ernst Cohn Wiener

---

64 Während Shulamit Volkov, auf die der Begriff der „jüdischen Moderne" häufig zurückgeführt wird, von „modernity" spricht (Germans, Jews, and Antisemites, Cambridge, MA 2006) und an sozialwissenschaftliche Theorien der Modernisierung anschließt, erscheint der Begriff in den Kulturwissenschaften häufig im Sinne von „modernism", der ästhetischen Moderne.

65 Hiller, Kurt: Ausstellung der Pathetiker, in: *Die Aktion* 2/48 (1912), Sp. 1514–1516, hier: Sp. 1515.

66 Gross, William L.: Catalogue of Catalogues: Bibliographical Survey of a Century of Temporary Exhibitions of Jewish Art, in: *Journal of Jewish Art* 6 (1979), S. 133–157.

und Franz Landsberger deutlich wird.[67] Karl Schwarz übertrug dieses Konzept in das von ihm geleitete Berliner Jüdische Museum in der Oranienburger Straße, für das seit Mitte der 1920er Jahre auch Werke lebender Künstler gesammelt wurden.[68] Bei seiner Eröffnung zeigte es in der Eingangshalle großformatige Gemälde mit biblischen Themen von Lesser Ury und Jakob Steinhardt und Porträtbüsten Abraham Geigers und Moses Mendelssohns. Der Rundgang umschloss alle Bereiche dessen, was in der Zeit als jüdische Kunst galt: eine Porträtgalerie, Werke jüdischer Künstler mit allgemeinen Sujets, historische und moderne Zeremonialobjekte, einen rekonstruierten Synagogenraum sowie eine Abteilung „palästinensischer Altertümer". Letztere waren von besonderer Aktualität, hatten doch in jenen Jahren neue archäologische Funde die bislang gängigen Vorstellungen jüdischer Kunst revolutioniert: die Entdeckungen antiker Synagogen, vor allem 1929 der Bodenmosaike in Beth Alpha und 1932 der Wandmalereien in Dura Europos.[69]

Zerstörung und Zerstreuung

Die Eröffnung des Jüdischen Museums Berlin eine Woche vor der Machtübergabe an die Nationalsozialisten ist in der Rückschau wider Willen zum Schlusspunkt einer Entwicklung geworden. Doch bis zu seiner erzwungenen Schließung 1938 übernahm es, zusammen mit den anderen jüdischen Museen, Kultureinrichtungen, Verlagen und Zeitschriften, eine wichtige Funktion in dem von den deutschen Behörden eng beschränkten und streng kontrollierten jüdischen Kulturleben.

Die Entlassungen aus Hochschulen, Schulen, Verlagen und Museen zwangen Kunsthistoriker wie Karl Schwarz zur sofortigen Emigration oder auf das Feld der jüdischen Kunst wie Max Osborn, der den Beitrag über Künstler im Sammelwerk „Juden im deutschen Kulturbereich" verfasste.[70] Franz Landsberger, Spezialist für die Goethezeit, verlor seine Lehrerlaubnis an der Universität Breslau und übernahm das Direktorat des Berliner Jüdischen Museums. Auch Hermann Gundersheimer musste in Frankfurt vom Historischen an das Jüdische Museum wechseln. Beide konnten schließlich, ebenso wie Rahel Wischnitzer, in die USA emigrieren, doch arbeiteten sie dort nicht wieder in der allgemeinen Kunstgeschichte, sondern in jüdischen

---

67 Schwarz, Karl: Die Juden in der Kunst, Berlin 1928; Cohn-Wiener, Ernst: Die jüdische Kunst. Ihre Geschichte von den Anfängen bis zur Gegenwart, Wien 1929, neu herausgegeben mit einem Nachwort von Hannelore Künzl, Berlin 1995; Landsberger, Franz: Einführung in die jüdische Kunst, Berlin 1935.

68 Schwarz, Karl: Jüdische Kunst – Jüdische Künstler. Erinnerungen des ersten Direktors des Berliner Jüdischen Museums, hg. von Schütz, Chana C.; Simon, Hermann, Teetz 2001. Schon Schwarz' Vorgänger Moritz Stern hatte zeitgenössische Kunst erworben.

69 Kohl, Heinrich; Watzinger, Carl: Antike Synagogen in Galilaea, Leipzig 1916; Sukenik, Eleazar L.: The Ancient Synagogue of Beth Alpha, Jerusalem 1932; Olin, Margaret: „Early Christian Synagogues" and „Jewish Art Historians": The Discovery of the Synagogue of Dura-Europos, in: *Marburger Jahrbuch für Kunstwissenschaft* 27 (2000), S. 7–28; Levine: Art, Architecture, and Archeology.

70 Osborn, Max: Bildende Künste, in: Katznelson, Siegmund (Hg.): Juden im deutschen Kulturbereich. Ein Sammelwerk, Berlin ³1962, S. 68–117; ders.: Photographie, in: ebd., S. 118 f.; Schwarz, Karl: Kunstsammler, in: ebd., S. 120–125; ders.: Kunsthandel und Antiquariat, in: ebd., S. 126–130 (1934 geplant, aber durch NS-Zensur verboten, erschienen erstmals 1959).

Institutionen: dem Hebrew Union College in Cincinnati, dem Jewish Museum und der Yeshiva University in New York.

Die Katastrophe der Massenvernichtung bedeutete einen Bruch in mehrfacher Hinsicht: Danach schienen für zeitgenössische Kunst die vor 1933/38 diskutierten Identitätsfragen obsolet. Für die historische Forschung waren viele ihrer Quellen zerstört wie die Holzsynagogen Polens[71] oder verlagert wie die noch erhaltenen Restbestände der jüdischen Museen in Frankfurt und Berlin, die die jüdischen Restitutions-Nachfolgeorganisationen in die USA und nach Israel transferiert hatten.[72] Doch auch dort, wo die Objekte, wie etwa in Paris, Prag, Budapest, Wien oder Amsterdam, am Ort geblieben oder wieder dorthin zurückgelangt waren, fanden sie sich in einer völlig veränderten kulturellen Konstellation. Die Zerstörung der wissenschaftlichen Netzwerke und der kulturellen Resonanzräume blieben für die Forschung lange spürbar. Eine ungebrochene Tradition finden wir hingegen im Jewish Museum und der Ben Uri Gallery in London[73] und im Jewish Museum in New York.[74]

Institutionelle Wiederentstehung nach 1945

Am Transfer des Wissens in den angelsächsischen Sprachraum waren die aus Deutschland emigrierten Kunsthistoriker, vor allem Franz Landsberger und Helen Rosenau, mit ihren unmittelbar nach Kriegsende veröffentlichten Überblicksdarstellungen wesentlich beteiligt.[75] Doch fand der erste allein der jüdischen Kunstgeschichte gewidmete Kongress erst 1977 in Oxford statt.[76]

Wichtige Grundlagen, vor allem für das Gebiet der Zeremonialkunst, boten die Bestands- und Ausstellungskataloge der Museen.[77] Daneben entwickelten sich Zentren der Forschung an den

---

71 Alfred Grotte, der sie umfassend beschrieben hatte, wurde selbst Opfer des Holocaust. Er starb 1943 in Theresienstadt. Grotte, Alfred: Deutsche, böhmische und polnische Synagogentypen vom XI. bis Anfang des XIX. Jahrhunderts, Berlin 1915.

72 Simon, Hermann; Schütz, Chana C.: Auf der Suche nach einer verlorenen Sammlung. Das Berliner Jüdische Museum 1933–1938, Berlin 2011; Jüdisches Museum Frankfurt am Main (Hg.): Was übrig blieb. Das Museum jüdischer Altertümer in Frankfurt 1922–1938, Frankfurt/Main 1988; Cohen, Julie-Marthe; Heimann-Jelinek, Felicitas (Hg.): Neglected witnesses: The fate of Jewish ceremonial objects during the Second World War and after, Crickadarn 2011; Gallas, Elisabeth: Die Restitution jüdischer Kulturgüter Europas zwischen 1945 und 1952, in: Bertz, Inka; Dormann, Michael (Hg.): Raub und Restitution. Kulturgüter aus jüdischem Besitz von 1933 bis heute, Göttingen 2008, S. 209–215.

73 MacDougall, Sarah; Dickson, Rachel: Ben Uri. 100 Years in London. Art, Identity, Migration, London 2015; dies.: Out of Chaos: Ben Uri. 100 Years in London, London 2015.

74 Miller, Julie; Cohen, Richard I.: A Collision of Cultures: The Jewish Museum and the Jewish Theological Seminary 1904–1971, in: Wertheimer, Jack (Hg.): Tradition Renewed: A History of the Jewish Theological Seminary, Bd. 2: Beyond the Academy, New York 1997, S. 310–361.

75 Landsberger, Franz: A history of Jewish art, Cincinnati 1946 (erw. Ausg. 1973); Rosenau, Helen: A short history of Jewish art, London 1948.

76 Moore, Clare (Hg.): The Visual Dimension: Aspects of Jewish Art. Published in Memory of Isaiah Shachar (1935–1977), Boulder 1993.

77 Braunstein, Susan (Bearb.): Five centuries of Hanukkah lamps from the Jewish Museum: A catalogue raisonné, New Haven 2004; Mann, Vivian (Hg.); Grafman, Rafi (Bearb.): Crowning glory: Silver torah

jüdischen Hochschulen der USA sowie in Israel an der Hebräischen Universität und dem durch Bezalel Narkiss 1979 in Jerusalem gegründeten Center for Jewish Art. Bereits fünf Jahre zuvor hatte er mit dem *Journal of Jewish Art* eine Zeitschrift etabliert, die Themen von der Archäologie bis zur zeitgenössischen Kunst behandelte.[78] Sie existierte bis 1998. Die Zeitschriften *ars judaica* und *Images* setzen diese Tradition in veränderter Weise fort. In den Ausbildungsprogrammen der Jewish Studies in den USA spielen die bildenden Künste heute eine wichtige Rolle, ebenso wie die jüdischen Bildkünste in der kunsthistorischen Ausbildung in Israel.[79]

In Deutschland konnte an die 1933 zerstörte Tradition lange nicht wieder angeknüpft werden. In den 1960er/70er Jahren wurden im Rahmen von Ausstellungen zur jüdischen Geschichte Kontakte zu emigrierten Kunsthistorikern wiederaufgenommen, aber erst mit dem an der Hochschule für Jüdische Studien in Heidelberg 1979 eingerichteten Lehrstuhl für jüdische Kunst und den dortigen Studiengängen, seit 2012 auch für Jüdische Museologie, sowie mit der Neugründung jüdischer Museen fand die Beschäftigung mit den künstlerischen Zeugnissen des Judentums wieder eine institutionelle Basis. Demgegenüber war die Forschung zur jüdischen Geschichte bis in die 1990er Jahre stark von politik- und sozialwissenschaftlichen Fragestellungen geleitet, während in der Judaistik philologische und religionsgeschichtliche Perspektiven vorherrschten und kulturhistorische Aspekte vor allem in der Literaturwissenschaft behandelt wurden.

Jüdische Zeremonialobjekte und Werke jüdischer Künstler rückten vor allem durch kulturhistorische Ausstellungen wie „Synagoga" 1960 in Recklinghausen, „Monumenta Judaica" 1963 in Köln und „Jüdische Lebenswelten" 1992 in Berlin wieder in das allgemeine Bewusstsein. In den 1980er Jahren, vor allem im Zusammenhang mit dem 50. Jahrestag der Novemberpogrome 1988, begann in beiden deutschen Staaten eine vielfach von lokalen Initiativen und Laienhistorikern getragene Suche nach „Spuren jüdischen Lebens", wie die Ausstellungs- und Buchtitel vielfach lauteten.[80] Die dort gemachten Entdeckungen, vor allem von Friedhöfen, Genisot und ehemaligen Synagogen im ländlichen Raum, erweiterten das Wissen um die materielle Kultur der deutschen Juden erheblich[81] und wurden teilweise an Forschungsinstitute angegliedert und dort fortgeführt.[82]

ornaments of the Jewish Museum, Boston 1996; Keen, Michael: Jewish ritual art in the Victoria and Albert Museum, London 1991; exemplarisch für die ältere Literatur: Barnett, Richard D.: Catalogue of the permanent and loan collections of the Jewish Museum London, London 1973; Heuberger, Georg (Hg.): Die Pracht der Gebote. Die Judaica-Sammlung des Jüdischen Museums Frankfurt am Main, Köln 2006.

78 Sie enthielten jeweils eine Liste der neu erschienenen Literatur.

79 Für einen Überblick über die universitären Lehrangebote auf dem Feld jüdischer Kunst: Symposium: „Constructing and Deconstructing Jewish Art." The Round Table Discussion, in: *Ars Judaica* 13 (2017), S. 7–26.

80 Bertz, Inka: Jewish Museums in the Federal Republic of Germany, in: Cohen: Visualizing and Exhibiting Jewish Space and History, S. 80–112.

81 Riemer, Nathanael (Hg.): Einführung in die materiellen Kulturen des Judentums, Wiesbaden 2016.

82 Vgl. die Arbeiten zu Friedhöfen und Epigraphik im Salomon-Ludwig-Steinheim Institut in Duisburg, zur Kunstgeschichte von Friedhöfen und Synagogen an der Hochschule für Jüdische Studien in Heidelberg sowie die Forschungsstelle Bet Tfila an der TU Braunschweig.

The New Jewish Visual Studies

In den 1990er Jahren gab es insbesondere in den USA, aber auch in Israel eine methodische Neuorientierung, und es entstanden, was Catherine M. Soussloff als die „New Jewish Visual Studies" bezeichnete.[83] Die bisher stark ikonographisch und stilgeschichtlich orientierte Forschung wandte sich sozial- und kulturhistorischen Themen und Methoden zu und entwickelte unter dem Einfluss vor allem der amerikanischen *Ethnic, Gender and Postcolonial Studies* postmoderne Perspektiven auf Identität, Erinnerung, Geschlecht und Alterität. Damit wandte sich der Blick von der einzelnen Künstlerpersönlichkeit stärker auf Netzwerke von Künstlern, Sammlern und Kritikern, sowie auf den lebensweltlichen Gebrauch von Kunst und Formen des kulturellen Austausches. Auch das Spektrum des Materials erweiterte sich hin zu populäreren Formen wie Buchgestaltung, Karikaturen, Postkarten, Comics sowie zu neueren und neuesten Medien wie Photographie und Video.[84] Unter dem Vorzeichen der *Visual and Material Culture Studies* wurden nunmehr alle Bildmedien von den traditionellen bis zu den digitalen, alle Formen von Architektur auch jenseits der repräsentativen Synagogenbauten sowie alle Objekte der materiellen Kultur, seien es als Massenprodukte hergestellte Zermonialobjekte oder Phänomene der Konsumkultur, zum Gegenstand der Forschung zu kulturwissenschaftlichen Fragestellungen.

Diese Verschiebung der Forschungsperspektive ließ manche älteren Debatten um die Definition jüdischer Kunst weitgehend obsolet erscheinen. Die Frage nach dem Spannungsverhältnis zwischen individuellen Positionen und den kollektiven Aspekten jüdischer Kultur und Religion blieb dennoch bestehen, ja sie erhielt unter dem Vorzeichen der Fragen von „ethnicity" und Identität neue Aktualität.[85] Damit verlagerte sich der historische Schwerpunkt der Forschungen hin zur Moderne und der Gegenwart. Auch die jüngeren Arbeiten zur Archäologie,[86] zur mittelalterlichen Buchmalerei[87] oder der frühneuzeitlichen materiellen Kultur[88] entwickelten

---

83 Soussloff, Catherine M.: The New Jewish Visual Studies: A Historiographical Review, in: *Images* 3 (2009), S. 102–118; vgl. auch: Silver, Larry; Baskind, Samantha: Looking Jewish: The State of Research in Modern Jewish Art, in: *The Jewish Quarterly Review* 101 (2011), S. 631–652; Cohen, Richard I.: Jewish Art in the Modern Era, in: Wertheimer, Jack (Hg.): The Modern Jewish Experience: A Reader's Guide, New York 1993, S. 228–241.

84 Cohen: Jewish Icons; Cohen, Richard I.; Mendelsohn, Ezra (Hg.): Art and its Uses: The visual image and modern Jewish Society, New York 1990.

85 Baigell, Matthew; Heyd, Milly (Hg.): Complex Identities: Jewish Consciousness and Modern Art, New Brunswick 2001; Washton Long, Rose-Carol; Baigell, Matthew; Heyd, Milly (Hg.): Jewish Dimensions in Modern Visual Culture: Antisemitism, assimilation, affirmation, Waltham 2010; Baskind, Samantha; Silver, Larry: Jewish Art: A Modern History, London 2011; Brunotte, Ulrike; Ludewig, Anna-Dorothea; Stähler, Axel (Hg.): Orientalism, Gender, and the Jews: Literary and Artistic Transformations of European National Discourses, Berlin 2015 (= Europäisch-jüdische Studien. Beiträge, Bd. 23).

86 Fine: Art and Judaism; Levine, Lee I. (Hg.): From Dura to Sepphoris: Studies in Jewish art and society in late antiquity, Portsmouth 2000.

87 Frojmovic, Eva (Hg.): Imagining the self, imagining the other: Visual representation and Jewish-Christian dynamics in the Middle Ages and early modern period, Leiden 2002; Kogman-Apel, Katrin: A *Mahzor* from Worms: Art and Religion in a Medieval Jewish Community, Cambridge 2012; Schrijver, Emile; Wiesemann, Falk: Schöne Seiten. Jüdische Schriftkultur aus der Braginsky Collection, Zürich 2011.

88 Mann, Vivian B.: Art and Ceremony in Jewish Life. Essays in Jewish Art History, London 2005.

Perspektiven, etwa auf Geschlechterrollen oder auf den interkulturellen Austausch zwischen Juden und Christen in diesen Epochen.

Perspektive der Praxis: Jüdische Künstler und Kunst im jüdischen Kontext

Für die Betrachtung der künstlerischen Praxis im jüdischen Kontext eröffnen sich zwei unterschiedliche, doch vielfach miteinander verflochtene Perspektiven: die der künstlerischen Produkte und die ihrer Erschaffer.

Das jüdische Verständnis vom Künstler erhellt eine Legende, die besagt, dass ursprünglich Moses die Menora für den Tempel gestalten sollte. Doch bereitete ihm dies so große Schwierigkeiten, dass Gott ihn schließlich zu Bezalel schickte. Dieser führte den Auftrag ohne Probleme aus. Moses kommentierte dies verwundert:

> Mir wurde sie viel Male von dem Heiligen, gepriesen sei er, gezeigt, aber ich fand es zu schwer, es zu begreifen. Aber du, ohne sie gesehen zu haben, konntest sie aufgrund deiner Verständigkeit gestalten. Sicherlich mußt Du im Schatten Gottes [hebr.: be'zel-el] gestanden haben, als der Heilige mir ihre Konstruktion erklärte.[89]

Die Nähe zu der von Vasari eingeführten Rede vom „göttlichen Künstler" ist bemerkenswert. Doch sind es auch die Unterschiede: Der Künstler wird zwar von Gott inspiriert und geleitet, wird ihm aber niemals gleich.

Die religiös-kulturelle Einheit von Künstler und Produkt, wie sie in der biblischen Erzählung vorgestellt wird, war freilich nur in wenigen historischen Epochen Realität: Vor der Emanzipation wurden im aschkenasischen Raum Kultgeräte, Synagogen oder Buchmalereien häufig von christlichen Künstlern und Handwerkern geschaffen, umgekehrt arbeiteten zu allen Zeiten jüdische Künstler und Handwerker nicht ausschließlich für jüdische Auftraggeber. Synagogen und jüdische Kultgeräte werden bis in die Gegenwart von jüdischen wie nichtjüdischen Architekten und Designern entworfen.[90]

---

89 Zit. nach Gutmann, Josef: Jüdische Kunst, in: ders.: Sacred images: Studies in Jewish Art from Antiquity to the Middle Ages, Northampton 1989, Bd. I, S. 168–179, hier: S. 179.

90 Hammer-Schenk, Harold: Synagogen in Deutschland. Geschichte einer Baugattung im 19. und 20. Jahrhundert (1780–1933), Hamburg 1981; Schwarz, Hans-Peter (Hg.): Die Architektur der Synagoge, Frankfurt/Main 1989; Sachs, Angeli; van Voolen, Edward (Hg.): Jüdische Identität in der zeitgenössischen Architektur, München 2004; zum Kultgerät exemplarisch: Weber, Annette: Jüdisches Kultgerät aus Frankfurt vom 16.–20. Jahrhundert. Tradition und Innovation, in: *Frankfurter Judaistische Beiträge* 23 (1996), S. 75–95.

Der Eintritt der Juden in die künstlerischen Berufe

Die Geschichte der jüdischen Künstler vor der Emanzipation ist im Wesentlichen eine der Kunsthandwerker. Dieser Umstand ist weniger dem religiösen Verbot des Bildermachens geschuldet
als der Tatsache, dass den Juden der Zugang zu den in Zünften organisierten Berufen der Maler,
Bildschnitzer und Steinmetze häufig versperrt war. Offen standen ihnen die nicht durch Zunft-
beschränkungen belegten Handwerke, etwa die Stempelschneiderei und Goldstickerei, oder
die Ausübung künstlerischer und kunsthandwerklicher Tätigkeit in Territorien, in denen die
Zünfte weniger mächtig waren.[91]

In den letzten Jahrzehnten des 18. Jahrhunderts beginnt „der Eintritt der Juden in die künstlerischen Berufe".[92] Er ist dabei weniger eine Folge der Emanzipation der Juden – diese sollte
erst Jahrzehnte später stattfinden – als eine Folge der Emanzipation des Künstlerberufes von
ständischen Beschränkungen. Mit der Einrichtung von Akademien und Zeichenschulen wurde
er an öffentlichen, den Universitäten vergleichbaren Schulen erlernbar. Anders als an manchen
Fakultäten der Universitäten war für Juden der Zugang zu den Akademien nicht beschränkt.
Im Gegenteil waren das Erlernen und die Ausübung handwerklicher, also auch künstlerischer
Berufe als Teil des Projekts der „bürgerlichen Verbesserung der Juden" von der Obrigkeit sogar
erwünscht. Nicht selten förderte ein Landesfürst den Schritt zum Künstler im modernen Sinne
durch ein Stipendium oder einen Hoftitel. Freilich war eine leitende Funktion in der Akademie
oder die Arbeit für kirchliche Auftraggeber an die Taufe gebunden, wie sich an den Laufbahnen
von Daniel bzw. David Friedrich Bach oder Marquard Treu ablesen lässt.

Berufliche Traditionen blieben dennoch bestimmend. Viele der jüdischen Künstler des 18.
und frühen 19. Jahrhunderts stammten aus Familien von Sofrim, Petschierstechern oder Stem-
pelschneidern, Berufen also, die bereits seit langem von Juden ausgeübt wurden.[93] Mit Ausnahme des Berliner Medailleurs Abraham Abramson,[94] der Malerfamilie Pinhas aus Ansbach
und Kassel[95] oder des Berliner Architekten Salomo Sachs[96] sind ihre Namen und Werke heute
kaum noch bekannt. Unter den Vertretern der Generation der um 1800 Geborenen sind Eduard
Bendemann und Moritz Daniel Oppenheim nicht nur die heute noch geläufigsten, sie können
auch als zwei gegensätzliche und dennoch typische Beispiele für die Künstlerbiographien ihrer

---

91   Tumarking-Goodman, Susan (Hg.): The Emergence of Jewish Artists in Nineteenth-Century Europe, New
      York 2001; Landsberger, Franz: Jewish artists before the period of emancipation, in: *Hebrew Union College
      Annual* 16 (1941), S. 321–414; ders.: New studies in early Jewish artists, in: *Hebrew Union College Annual* 18
      (1944), S. 279–331; Kirschstein, Sally: Jüdische Graphiker aus der Zeit von 1625 bis 1825, Berlin 1918; Wolf,
      Albert: Etwas über jüdische Kunst und ältere jüdische Künstler, in: *Mitteilungen für jüdische Volkskunde* 9
      (1902), S. 12–74; ders.: Nachtrag 15 (1905), S. 1–58; ders.: 2. Nachtrag 23 (1907), S. 103–117.

92   Der Begriff in Anlehnung an: Richarz, Monika: Der Eintritt der Juden in die akademischen Berufe. Jüdische
      Studenten und Akademiker in Deutschland 1678–1848, Tübingen 1974.

93   Fishof, Iris: Jüdische Buchmalerei in Hamburg und Altona, Hamburg 1999.

94   Hoffmann, Tassilo: 55 Jahre Berliner Medaillenkunst 1755–1810. Jacob Abraham und Abraham Abramson,
      Frankfurt/Main 1927.

95   Krieger, Martin: Die Ansbacher Hofmaler des 17. und 18. Jahrhunderts, Ansbach 1966, S. 239–257; Rosen-
      Sammlung zu Wilhelmshöhe, nach der Natur gemalt von Salomon Pinhas, Regensburg 2001.

96   Sachs, Salomo: Mein fünfzigjähriges Dienstleben und literarisches Wirken, Teetz 2005.

Altersgruppe gelten.[97] Während Bendemann der Berliner jüdischen Oberschicht entstammte und bereits als Kind getauft wurde, wuchs Oppenheim im kleinbürgerlich orthodoxen Milieu der Hanauer Judengasse auf. Bendemanns „Trauernde Juden" wurden ihrer christlichen Ikonographie zum Trotz zu einem weit verbreiteten jüdischen Identifikationsbild. Oppenheim hat mit seiner ebenfalls sehr populären Serie von „Bildern aus dem altjüdischen Familienleben" als erster Maler dieser Lebenswelt eine Darstellung von künstlerischem Rang verliehen. Während Bendemann – nicht zuletzt dank seiner Taufe – Professuren an den Akademien in Dresden und Düsseldorf antreten konnte, wurde Oppenheim von Carl Mayer von Rothschild gefördert, dessen Tochter Charlotte er Malunterricht erteilte.

Ermuntert durch das allgemeine Anwachsen des Kunstbetriebs, nicht zuletzt auch durch den Erfolg Bendemanns und Oppenheims, entschlossen sich seit den 1830er Jahren immer mehr junge Juden, den Künstlerberuf zu ergreifen. Die meisten arbeiteten ähnlich wie ihre nichtjüdischen Altersgenossen später als Porträtisten wie der Berliner Julius Moser oder der Hamburger Louis Asher. Andere wichen in künstlerische Nebenberufe aus, wie der Maler und Lithograph Raphael Biow, dessen Sohn Hermann ein Pionier der frühen Photographie wurde. Viele ihrer Namen sind heute nur noch regionalhistorisch präsent, auch wenn sie, wie etwa der Berliner Akademielehrer Max Michael, zu Lebzeiten durchaus erfolgreich und berühmt waren.[98]

Kunst als Medium jüdischer Selbstverständigung

Überblickt man die Liste der Künstler im *Jüdischen Lexikon* oder in Siegmund Katznelsons Sammelwerk *Juden im Deutschen Kulturbereich*[99], stellen sich Fragen, die jede Beschäftigung mit diesem Thema begleiten: Abgesehen von manchen lange tradierten Fehlzuordnungen,[100] figurieren dort auch Künstler, die bereits als Kinder getauft wurden, oder die nur einen jüdischen Elternteil hatten. Aber auch bei allen übrigen dort Genannten stellt sich nach der Autonomisierung der Kunst und der Künstler die Frage nach dem Sitz des Jüdischen in ihrem Werk und ihrem Leben. Dass sich die meisten der dort genannten bildenden Künstler einer Festlegung als „jüdische Künstler" verweigerten und ihre Unabhängigkeit von Herkunft und Religion behaupteten, ist durch viele Aussagen belegt.[101] Offen bleiben muss hier die Frage, ob dieser universalistische Anspruch in den bildenden Künsten stärker ausgeprägt war als in anderen Kunstgattungen. Doch ist diese Haltung wohl nicht allein Ausdruck eines strategischen Ver-

---

97 Heuberger, Georg; Merk, Anton (Hg.): Moritz Daniel Oppenheim. Die Entdeckung des jüdischen Selbstbewußtseins in der Kunst, Köln 1999; Krey, Guido: Gefühl und Geschichte. Eduard Bendemann (1811–1889). Eine Studie zur Historienmalerei der Düsseldorfer Malerschule, Weimar 2003.

98 Für diese und die sich anschließende Entwicklung u. a.: Golinski; Hiekisch-Picard: Das Recht des Bildes. Bibliographische Angaben zu einzelnen Künstlern werden, da leicht auffindbar, im Folgenden nicht aufgeführt.

99 Osborn: Bildende Künste, in: Katznelson: Juden im Deutschen Kulturbereich.

100 Am prominentesten wohl die Fehlzuordnung von Anton Raphael Mengs und seines Vaters Ismael, die Eingang in viele Standardwerke fand. Zuerst wohl bei Lemberger, Ernst: Jüdische Porträtminiaturisten, in: *Ost und West* 14 (1914), Sp. 195–208, hier: Sp. 199 f.

101 Zahlreiche Zitate bei Gutmann: Jüdische Kunst, S. 176 f.

haltens auf dem „Feld der Kunst".[102] In der historischen Rückschau lässt sie sich auch als Ausdruck einer Minderheitenposition deuten, die nach der These von George L. Mosse als typisch für weite Teile des jüdischen Bürgertums gelten konnte.[103] Es beharrte weiterhin auf den Werten der Aufklärung und des Liberalismus, als im christlichen Teil der Gesellschaft spätestens in der zweiten Jahrhunderthälfte, die Idee der Autonomie zunehmend einem Verlangen nach nationaler und religiöser Bindung gewichen war. So konnten gerade diese universalistischen Positionen mit jüdischer Bedeutung aufgeladen werden. Unabhängig von den Nuancen ihres jüdischen Selbstverständnisses wurden Künstler wie Max Liebermann, Kunsthändler wie Paul Cassirer und mit ihnen die Berliner Sezession häufig als „jüdisch" wahrgenommen – von ihren Freunden, aber mehr noch von ihren Gegnern.[104]

Neben der universalistischen Ästhetik formulierte sich auch im Judentum am Ende des 19. Jahrhunderts immer deutlicher die Vorstellung einer nationalen Kunst, nicht zuletzt unter dem Eindruck ähnlicher Bestrebungen in Osteuropa. So entwickelte sich im Gefolge der jüdischen Nationalbewegung, des Zionismus, nicht nur ein Diskurs um jüdische Kunst, sondern es entstanden auch Kunstwerke teils im direkten Auftrag jüdischer Organisationen: Lesser Urys und Ephraim Mose Liliens Wandgemälde und Glasfenster im Saal der Berliner und Hamburger Bnai Brith Logen, das Goldene Buch und andere Werbematerialien des Jüdischen Nationalfonds oder die für die Zionistenkongresse entworfenen Postkarten.[105] Darüber hinaus entstanden Verlage wie der Jüdische Kunstverlag Phoenix oder der Verlag für jüdische Kunst und Kultur Fritz Gurlitt, die die Werke jüdischer Künstler in illustrierten Büchern und Graphikmappen verbreiteten. Im Anschluss an die Ideen von Werkbund und Bauhaus wurde die Gestaltung jüdischer Friedhöfe reformiert, Synagogen und Kultgeräte in der Formensprache der Moderne gestaltet.

Stand diese lose Bewegung von Künstlern und Intellektuellen um 1900 in Verbindung mit den Sezessionen und der Lebensreformbewegung, so wurden um 1920 die Begegnung mit der jüdischen Lebenswelt Osteuropas und die politischen Utopien der Nachkriegsjahre für die Haltung der Künstler und Intellektuellen prägend. Bis zum gewaltsamen Ende dieser Entwicklung 1933 und vollends 1938 entwickelte sich in der jüdischen Publizistik und später auch in Ausstellungen des Berliner Jüdischen Museums und des Jüdischen Kulturbunds eine Art Kanon von Künstlern, der von Beginn an die Grenzen des deutschen Sprachraums überschritt.[106]

Kaum einer dieser Künstler hat sich nicht auch allgemeinen Themen gewidmet, obwohl es einige wenige gab wie Joseph Budko, Erwin Singer und Otto Geismar, die fast ausschließlich im jüdischen Umfeld arbeiteten. Die Beschäftigung mit dem Jüdischen hat im Werk der einzelnen Künstler einen jeweils unterschiedlichen Ort. Lesser Ury schuf zeitlebens parallel zu seinen impressionistischen Stadtbildern biblische Gemälde in neomonumentaler Formen-

---

102 Der Begriff nach: Bourdieu, Pierre: Les règles de l'art. Genèse et structure du champ littéraire, Paris 1992.

103 Mosse, George L.: Jüdische Intellektuelle in Deutschland. Zwischen Religion und Nationalismus, Frankfurt/Main 1992.

104 Bilsky, Emily D. (Hg.): Berlin Metropolis: Jews and the New Culture 1890–1918, Berkeley 2000.

105 Berkowitz, Michael: Zionist culture and West European Jewry before the First World War, Chapel Hill 1996.

106 Rosenfeld, Garvriel D.: Defining „Jewish Art" in Ost und West, 1901–1908: A Study in the Nationalisation of Jewish Culture, in: *Leo Baeck Institute Year Book* 39 (1994), S. 83–110.

sprache. Jakob Steinhardt hatte in größeren Zeitabständen intensive Phasen der Auseinandersetzung mit jüdischen Themen, während sie für El Lissitzky eine kurze, wenn auch heute viel beachtete Episode seines Schaffens blieben. Ludwig Meidners Prophetendarstellungen und Else Lasker-Schülers Selbstorientalisierungen machen nicht zuletzt deutlich, dass das Jüdische – oder Versatzstücke davon – auch zum Ausdruck individueller Religiosität oder des Spiels mit Identitäten eingesetzt werden konnten. Eine allgemeingültige Deutung des Judentums wurde von den beiden Letztgenannten, anders als etwa von Lesser Ury, nicht mehr versucht. Das Projekt einer säkularen jüdischen Kultur war folglich durch eine paradoxe Situation gekennzeichnet: Waren einerseits unter den philosophischen Vorzeichen der Moderne kollektive und essentialistische Identitätsentwürfe formuliert worden, hatte andererseits die Moderne neue Formen kultureller Praxis hervorgebracht, die es ermöglichten, diese Entwürfe jeweils individuell und situativ mit Leben zu füllen, ihre Essentialismen zu unterlaufen und sich den Ansprüchen ihrer Kollektivismen zu entziehen.

Umgekehrt finden sich in den Avantgarden der Zwischenkriegszeit etliche jüdische Künstler, die sich kaum oder nie mit explizit Jüdischem beschäftigt haben. Arthur Segal, Raoul Hausmann, Man Ray, Amadeo Modigliani und Otto Freundlich wären hier exemplarisch zu nennen. Ob und in wie weit ihre jüdische Herkunft ihre künstlerische Haltung prägte, lässt sich erst aus einer genauen historischen Analyse erschließen.[107]

Die Biographien der jüdischen Künstler der Vor- und Zwischenkriegszeit sind durch eine hohe Mobilität gekennzeichnet, ähnlich wie die ihrer nichtjüdischen Kollegen. Denn anders als im 19. Jahrhundert, sind Künstler nun nicht mehr nur mit ihrem regionalem Publikum verbunden, sondern auch mit den transnationalen Netzwerken der Avantgarden, für die Paris der wichtigste Bezugspunkt war. Für die Entwicklung in Deutschland in der Zwischenkriegszeit war der Austausch mit jüdischen Künstlern aus Osteuropa und den dortigen jüdischen Avantgarde-Bewegungen bemerkenswert: So kamen um 1920, oft nur für kurze Zeit, Künstler der russischen Avantgarde nach Berlin. Der prominenteste unter ihnen, Marc Chagall, konnte an seine Beziehungen zur „Sturm"-Galerie aus der Vorkriegszeit anknüpfen. Issahar Ber Ryback kam aus dem Kreis der Kiewer Kultur-Lige, in der eine Synthese aus jüdischer Volkskunst und russischer Avantgarde-Ästhetik versucht worden war, nach Berlin.[108] Nathan Altman und Naum Gabo waren dort 1922 an der Ersten Russischen Kunstausstellung beteiligt. Aus dem Lodzer Kreis von „Jung Jiddisch" kam Jankel Adler nach Deutschland. Für viele der jüdischen Künstler aus Osteuropa war Berlin nur eine Zwischenstation auf dem Weg nach Paris. Dort hatte sich seit den 1910er Jahren ein enges Netzwerk jüdischer Künstler und Kunstkritiker, die „École de Paris", entwickelt.[109] Alle diese Künstler waren geprägt von den Einflüssen einer internationalen Moderne, aber auch von den Traditionen ihrer Herkunftsländer, den jeweiligen Diskursen über

---

107 Deppner, Martin Roman (Hg.): Die verborgene Spur. Jüdische Wege durch die Moderne, Bramsche 2009; Kampf, Avram: Jüdisches Erleben in der Kunst des 20. Jahrhunderts, Weinheim 1987.
108 Apter-Gabriel, Ruth (Hg.): Tradition and Revolution: The Jewish Renaissance in Russian Avant-Garde Art 1912–1928, Jerusalem 1987; Hazan-Brunet, Natalie; Ackerman, Ada (Hg.): Futur Antérieur. L'avant-garde et le livre yiddish (1914–1939), Paris 2009; für die ältere Zeit exemplarisch: Mendelsohn, Ezra: Painting a People: Maurycy Gottlieb and Jewish Art, Hanover, NH 2002.
109 Nieszawer, Nadine: Peintres juifs à Paris: 1905–1939. École de Paris, Paris ²2014.

nationale Kunst und den national unterschiedlichen Modernen. Sie wären danach nicht nur in einer Geschichte der jüdischen Künstler und der Moderne zu verorten, sondern auch in ihren nationalen und regionalen Kontexten.

Das Ende einer Geschichtsepoche und das Fortleben in Israel und den USA

Diese Entwicklung wurde 1933 in Deutschland und in den folgenden Jahren auch in den von Deutschland besetzten Ländern Europas gewaltsam abgebrochen. In Deutschland, besonders in Berlin, überdauerten bis 1933 das Jüdische Museum und der Jüdische Kulturbund mit ihren Ausstellungen. Im Exil, vor allem in London und Paris, schlossen sich emigrierte Künstler, jüdische und nichtjüdische, zu Gegenausstellungen gegen die Hass-Ausstellungen der National-sozialisten zusammen.[110] In den Lagern, vor allem in Theresienstadt, wurde die bildende Kunst zu einem wichtigen Medium des Widerstands und der psychischen Selbsterhaltung.[111] Andere Künstler arbeiteten nunmehr isoliert, oft im Versteck, aus dem viele in den Tod deportiert wurden, wie Otto Freundlich, Felix Nussbaum und Charlotte Salomon. Betrachtet man die Situation jüdischer Künstler, jüdischer Kunst, Kunst im Judentum nach der Katastrophe, so gilt hier das Wort Leo Baecks, dass „eine Geschichtsepoche zu Ende gegangen" ist. Aber nicht nur in Deutschland, sondern auf fast dem gesamten europäischen Kontinent war das Netz-werk von Künstlern, Kritikern, Galeristen und Publikum sowie der Austausch zwischen der jüdischen kulturellen Sphäre und ihrer Umgebung zerstört. Das Spiel mit Identitäten wich der Erinnerung an die Katastrophe.

Dass auch danach in Europa, vor allem in Frankreich und Großbritannien, einige vor dem Nationalsozialismus geflohene Künstler tätig waren und sich in Paris mit Maryan und in der „London School" mit R. B. Kitaj, Frank Auerbach, und Lucian Freud eine neue Generation die Bühne betrat, konnte nicht darüber hinwegtäuschen, dass sich das Gewicht zunehmend in die USA und den neu gegründeten Staat Israel verlagert hatte.

Von den Entwicklungen, die jüdische Künstler in der zweiten Hälfte des 20. Jahrhunderts nahmen, seien hier nur einige Aspekte hervorgehoben:

Vor allem in den 1950er und 1960er Jahren wurde die Abstraktion, nach der Erfahrung von Diktaturen und der politischen Instrumentalisierung von Kunst, als Garantin von Autonomie und Universalismus betrachtet und in der westlichen Welt zur vorherrschenden Sprache der Kunst. Umgekehrt wurden die Werke jüdischer abstrakter Künstler wie Barnett Newman, Mark Rothko und Richard Serra als Ausdruck einer spezifisch jüdischen Präferenz für Bilderlosig-keit gedeutet und waren somit anschlussfähig an die Formulierung einer jüdischen Identität

---

110 Dogramaci, Burcu; Wimmer, Karin (Hg.): Netzwerke des Exils. Künstlerische Verflechtungen, Austausch und Patronage nach 1933, Berlin 2011; Neugebauer, Rosamunde: Zeichnen im Exil – Zeichen des Exils? Handzeichnungen und Druckgraphik deutschsprachiger Emigranten ab 1933, Weimar 2003; Neue Gesell-schaft für Bildende Kunst Berlin (Hg.): Kunst im Exil in Großbritannien 1933–1945, Berlin 1986.

111 Kaumkötter, Jürgen: Der Tod hat nicht das letzte Wort. Kunst in der Katastrophe, Berlin 2015; Blodig, Vojtěch: Kultur gegen den Tod. Dauerausstellungen der Gedenkstätte Theresienstadt in der ehemaligen Magdeburger Kaserne, Prag 2002.

nach der Shoah.[112] Die ästhetische Auseinandersetzung mit ihr war für jüdische, aber nicht nur jüdische Künstler, vor allem seit den 1980er Jahren ein beherrschendes Thema.[113]

Doch suchten seitdem auch viele jüdische Künstler und Künstlerinnen unter dem Vorzeichen postkolonialer und feministischer Diskurse nach Ausdrucksformen des Jüdischen jenseits des Religiösen und des Kollektiven, und sie taten dies nicht selten auf ironische oder provozierende Weise.[114]

Die Entwicklung der israelischen Kunst war in den ersten Jahren gekennzeichnet durch zwei Tendenzen: die eine den internationalen Avantgarden zugewandt, die andere in der Auseinandersetzung mit dem Land und auf der Suche nach einer nationalen Spezifik. Seit den 1970er Jahren positionierten sich Künstler immer deutlicher in den politischen Konflikten des Landes, was in den 1990ern in eine ironische, „anti-pathetische" Haltung mündete, die auch vor der Shoah nicht halt machte.[115] Auch wenn heute zahlreiche jüdische Künstler, insbesondere aus Israel, aber auch aus den USA und anderen Ländern, in Deutschland und hauptsächlich in Berlin arbeiten, so sind sie, mehr noch als ihre Vorgänger in den 1920er Jahren, Teil einer globalisierten Kunstwelt. Die zeitgenössischen Fragen des Judentums werden heute, auch auf dem Feld der zeitgenössischen Kunst, nicht mehr in Deutschland, sondern vor allem in den USA und in Israel verhandelt.

112 Kleeblatt, Norman L. (Hg.): Action – Abstraction: Pollock, de Kooning and American Art 1940–1976, New Haven 2008; exemplarisch: Kampf: Jüdisches Erleben, S. 187–197; Pincus-Witten, Robert: Six Propositions on Jewish Art, in: *Arts Magazine* (1975), S. 66–69.

113 Amishai-Maisels, Ziva: Depiction and Interpretation: The Influence of the Holocaust on the Visual Arts, Oxford 1993; Hoffmann-Curtius, Kathrin: Bilder zum Judenmord. Eine kommentierte Sichtung der Malerei und Zeichenkunst in Deutschland von 1945 bis zum Auschwitz-Prozess, Marburg 2014; Young, James E. (Hg.): Mahnmale des Holocaust. Motive, Rituale und Stätten des Gedenkens, München 1994.

114 Kleeblatt, Norman L. (Hg.): Too Jewish: Callenging Traditional Identities, New York 1996.

115 Der Begriff in Anlehnung an: Katz-Freiman, Tami; Zalmona, Yigal: Antipathos: Black Humor, Cynicism and Irony in Contemporary Israeli Art, Jerusalem 1993; Kleeblatt, Norman L. (Hg.): Mirroring evil: Nazi imagery, recent art, New York 2002; zur israelischen Kunst: Zalmona, Yigal: A Century of Israeli Art, Farnham 2013, S. 409–489; Barzel, Amnon (Hg.): Israele. Arte e Vita – Israel. Art and Life 1906–2006, Mailand 2006; Ofrat, Gideon: One Hundred Years of Art in Israel, Boulder 1998; LeVitte Harten, Doreet; Zalmona, Yigal (Hg.): Die neuen Hebräer. 100 Jahre Kunst in Israel, Berlin 2005; sowie die Kataloge der Ausstellungsserie „Sixty Years of Art in Israel", die 2008 in sechs israelischen Museen stattfand.

Film

Gertrud Koch

Filme als Gegenstand von Mentalitäts- und Gegengeschichte

Gegenstand jüdischer Studien werden Filme im weitesten Sinne dann, wenn sie Aspekte jüdischen Lebens, historische Konstellationen, die für das Leben jüdischer Kollektive und Einzelner bestimmend waren, ins Zentrum rücken oder auf signifikante Weise zur Geltung bringen. Dabei spielt es keine Rolle, ob die Regisseure, Drehbuchautoren, Schauspieler und sonstigen Mitarbeiter an der Produktion halachisch, kulturell oder ethnisch dem Judentum angehören, sich selbst als jüdisch verstehen oder von anderen dem Judentum zugerechnet werden. Filme werden dabei auf zwei Ebenen zu relevanten Gegenständen jüdischer Studien: Erstens als kulturhistorische Reflexionsmedien, in denen die Interaktion von Selbst- und Fremdwahrnehmung in spezifischen soziokulturellen Konstellationen zum Ausdruck kommt. Zweitens im Sinne der *Gegengeschichte,* die der französische Filmhistoriker Marc Ferro als Gegenstand filmwissenschaftlich informierter Geschichtsanalyse ins Spiel gebracht hat.[1] Im Film, so seine These, wird immer mehr gezeigt, als gesagt wird. Filme enthalten auch die Gegengeschichten, die nicht in die offizielle Geschichtsschreibung Eingang gefunden haben. Sie manifestiert sich in Gesten und Moden, in den Außenaufnahmen von Straßen und Städten, die nicht nur Drehorte für die Fiktion sind, sondern auch Schauplätze der Realgeschichte.

Im frühen amerikanischen Stummfilm wurden z. B. Filme gedreht, die in New Yorks Lower East Side vom Nebeneinander- und Zusammenleben verschiedener Emigrantengruppen erzählen. Eine dieser Konstellationen ist das Verhältnis der osteuropäischen Juden und der katholischen Iren, die oft Seite an Seite wohnten und deren Kinder gemeinsam aufwuchsen und einander heirateten. Die Filme erzählen vom Kampf der romantischen Paare gegen die Vorurteile der Eltern und kulminieren im versöhnenden Austausch von Kochrezepten zwischen jüdischer Schwiegermutter und irischer Braut, mit deren Hilfe die „Irish Rose" ihrem „jüdischen Abe" ein „jüdisches Heim" einrichtet. Diese multiethnischen Komödien lassen sich darauf hin ansehen, wie die Politik des *melting pot* durch lebensweltlichen Pragmatismus in populären Medien, die selbst wiederum für ein Publikum, das aus Emigranten bestand, gemacht wurden, befestigt wird. In einer späteren kritischen Rezeption wurden diese Filme dann wiederum Gegenstand

---

1 Ferro, Marc: Der Film als Gegenanalyse der Gesellschaft, in: Bloch, Marc u. a.: Schrift und Materie der Geschichte. Vorschläge zur systematischen Aneignung historischer Prozesse, hg. von Claudia Honegger, Frankfurt/Main 1977, S. 247–269.

einer Kritik an den stereotypen Stigmatisierungen kultureller und religiöser Subkulturen als „rückständig", „kurios" etc.

In dieser Hinsicht lassen sich Filme mit filmwissenschaftlichen Methoden wie Form- und Diskursanalyse über ihren reinen Inhalt und die in ihnen erzählte Geschichte hinaus für die mentalitätsgeschichtliche Analyse erschließen.[2]

In dieses Feld gehören auch diejenigen Filme, die sich als kulturelle Binnenerzählungen verstehen, in denen eine partielle jüdische Lebenswelt und Kultur sowohl Rahmen als auch Gegenstand ist: Das jiddische Kino, das die Sprache der osteuropäischen Juden und ihrer Literatur und Theatertradition zum Ausgangspunkt nimmt und sich über mehrere Generationen vom Stummfilm bis zu den Filmen der jiddischen Renaissance der 1980er Jahre versucht hat zu behaupten. Letzten Endes gehört auch das israelische Kino, das sich als „national cinema" begriffen und konstituiert hat, in dieses Feld eines Kinos kultureller Identitätsvermessungen.[3]

Filme als kommuniziertes Geschichtszeichen

Eine zweite Dimension, die in der historisierenden kulturwissenschaftlichen Perspektive auf Film nicht aufgeht und stärker am aktual bleibenden Eigensinn ihrer ästhetischen Deixis auf historische Ereignisse hin festhält, verbindet sich mit den Filmen, die im engeren Sinne an zentralen Ereignissen ansetzen und sich dieser doppelten Anforderung stellen müssen: das *Repräsentationsproblem* (kann Geschichte überhaupt und, wenn ja, wie dargestellt werden?) und das *Wertungsproblem* (als was für ein Ereignis sehen wir Geschichte, wie deuten wir es als Geschichte und in einer Geschichte?). Ich greife auf die Theorie des Geschichtszeichens von Kant als einen methodischen Einstieg zurück, Film in seiner Bezeichnungs- und Bedeutungsfunktion aktualer Potentiale der Geschichte und ihrer Ereignisse zu bestimmen. Filme sind dabei selbst Akteure der Geschichtsschreibung, und als solche werden sie zu einem zentralen Gegenstand der Jüdischen Studien in Bezug auf die Aktualisierbarkeit historischer Phänomene für ein gegenwärtiges Bewusstsein, sei es in Formen des Erinnerns, Gedenkens oder Aufbewahrens.

Kant verleiht dem „Geschichtszeichen" drei Funktionen, es wirkt als „Signum rememorativum, demonstrativum, prognosticon".[4] Für Kant war das Ereignis, das als Geschichtszeichen fungiert, bekanntlich die Französische Revolution. Unabhängig davon, ob das Ereignis selbst in allen seinen empirischen Facetten gutgeheißen werden kann, schafft es eine Öffentlichkeit von Zuschauern, die, ohne die Erfahrungen des historischen Ereignisses selbst gemacht zu haben, mit Enthusiasmus begrüßen, dass ein deutlicher Versuch zur Erlangung größerer Gerechtigkeit ein Gefühl freisetzt, dass diese für die Zukunft, entgegen dem historischen Scheitern des ersten Versuchs, als Möglichkeit prognostiziert und wachhält. Auch wenn, wie Kant schreibt,

---

2   Vgl. Friedman, Lester D.: Hollywood's Image of the Jew, New York 1982; Blacher Cohen, Sarah (Hg.): From Hester Street to Hollywood: The Jewish-American Stage and Screen, Bloomington 1986.

3   Vgl. hierzu Hoberman, James: Bridge of Light: Yiddish Film Between Two Worlds, New York 1991; Shohat, Ella: Israeli Cinema: East/West and the Politics of Representation, Austin 1987.

4   Kant, Immanuel: Der Streit mit der juristischen Fakultät, in: Werkausgabe Band XI, hg. von Wilhelm Weischedel, Frankfurt/Main 1977, S. 357.

„diese Teilnehmung am Guten mit Affekt" als Affekt Tadel verdient, so wirkt sie doch in the long run für die Verbesserung. Das „Geschichtszeichen" erinnert also an ein Ereignis, wird Gedächtnis (Signum rememorativum), fungiert als Beweis des Fortwirkens der Verbesserung in der Geschichte (Signum demonstrativum) und verweist auf die künftige Möglichkeit weiterer Versuche (Signum prognosticon). Das „Geschichtszeichen" ist die affektive, enthusiastische Symbolisierung eines normativen Sollens: So sollte unser Handeln sein, um die Geschichte unserer Verhältnisse zum Besseren, zum Guten wenden zu können. In einer asynchronen Wende, die sich von der historischen Rahmung ablöst, könnte man also Kants Äußerungen als ein affektpolitisches Argument herauslösen, das eine implizite Annahme der Einbeziehung moralischer Gefühle in die Betrachtung historischer Begebenheiten einschließt.

Aus dieser affektiven Komponente, die aus den Teilnehmern an einem historischen Ereignis enthusiastische Zuschauer und Leser jenes Zeichens werden lässt, das das Ereignis gegeben hat (ganz im Sinne einer prophetischen Zeichengebung übrigens, die am Beginn von Kants Überlegungen steht), gibt er als erste Antwort auf die Frage, „Wie kann man es wissen?", „ob das menschliche Geschlecht im beständigen Fortschreiten zum Besseren sei", folgenden Hinweis:

> Als wahrsagende Geschichtserzählung des bevorstehenden in der künftigen Zeit: mithin als eine a priori mögliche Darstellung der Begebenheiten, die da kommen sollen.[5] […] Wie ist aber eine Geschichte a priori möglich? – Antwort: wenn der Wahrsager die Begebenheiten selber macht und veranstaltet, die er zum Voraus verkündigt.

Die Übertragung des affektpolitischen Modells des „Geschichtszeichens" auf die Affektpoetiken von Filmen, die sich zwar auf Geschichte beziehen, diese aber über die hindeutenden Geschichtszeichen als prophetische Artefakte entwerfen, wird relevant als ein Modell transkultureller Vermittlung partikularer und singulärer Ereignisse, die gleichwohl verallgemeinerbare ethische und moralische Fragen stellen. Filme tun dies insofern, als sie weniger im Sinne assertorischer Aussagen Behauptungen darüber aufstellen, „wie es gewesen sei" (Ranke), als dass sie affektive Wertungsperspektiven auf Handlungen und Haltungen von Akteuren entwerfen, die insofern prophetische Züge annehmen können, als sie Umwertungen zulassen und vornehmen; sie verhalten sich zur Geschichte so, als sei sie künftig änderbar. Jede Neuerzählung wäre in diesem Sinne eine affektive Betrachtung, die enthusiastisch auf ein historisches Ereignis reagiert und dieses als Geschichtszeichen interpretiert. Der Zuschauer der Filme wird als potentieller Akteur adressiert, der „selber macht und veranstaltet", was ihm der filmische Prophet als Möglichkeit avisiert. Geschichte wird im affektiv aktivierten Zeichen zu einer prognostischen Potentialität. Das „Vermögen, nicht bloß den gegenwärtigen Lebensaugenblick zu genießen, sondern die kommende, oft sehr entfernte, Zeit sich gegenwärtig zu machen, ist das entscheidendste Kennzeichen des menschlichen Vorzuges, um seiner Bestimmung gemäß sich zu entfernten Zwecken vorzubereiten".[6] Die anthropologische Bestimmung des Menschen, die Kant hier vornimmt,

---

5   Ebd., S. 351.
6   Kant, Immanuel: Mutmaßlicher Anfang der Menschengeschichte, in: ebd., S. 90.

enthält bereits die Bedingung eines historischen Handelns als Zukunftsgestaltung, das eigene Geschick muss in die eigene Hand genommen werden, es wird prognostische Antizipation.

Für Jüdische Studien sind die geschichts-, zeit- und affektpolitischen Dimensionen des „Geschichtszeichens" dort relevant, wo der kulturwissenschaftliche Ansatz durch Fragestellungen aus der Philosophie aufgebrochen werden soll, wo Fragen des normativen Sollens und Könnens historischen Handelns aus der Perspektive jüdischer Theologie und Philosophie ins Zentrum rücken. Die Zentralität der Shoah für das Geschichts- und Selbstbewusstsein des gegenwärtigen Judentums als Ausgangspunkt der Frage nach der Möglichkeit der Zukunft jüdischen Lebens erfährt seine ästhetischen Verdichtungen und Debatten zunehmend über Filme, in denen sich die Shoah als negatives Geschichtszeichen einschreibt. Die Aktualität dieser Debatte zeigt sich in der exemplarischen Kontroverse über die Ethik der Ästhetik historischer Repräsentation zwischen zwei Filmen als Paradigmen: Claude Lanzmanns *Shoah* (1986) und Steven Spielbergs *Schindler's List* (1993).[7]

Die Arbeiten zu *Shoah* wurden in den 70er Jahren des 20. Jahrhunderts begonnen, zu einem Zeitpunkt, als die historische Aufarbeitung der Vernichtung begann. Der Film basiert auf einem Modell von Zeugenschaft, von Zeugen, die berichten, was geschehen ist. Dieses Modell folgt dem moralischen Imperativ des Gedenkens, einem Modell der anamnetischen Solidarität mit den Toten, das von den Lebenden abverlangt, sich ihrer zu erinnern. Außer dem historisch-rekonstruktiven Verfahren, die Shoah ganz durch die Zeugen des Geschehens zu zeigen und damit in ein kollektives Gedächtnis zu transferieren, das als historisches Gedächtnis in die Zukunft hineinwirkt, steht der Film damit in einer inneren Korrespondenz zum theologischen Gebot des Erinnerns, ohne dass er freilich darin aufginge. *Shoah* zeugt vielmehr von der normativen Kontinuität, die vom religiösen Ritual in ein weltlich diesseitiges historisches Gedächtnis übergeht.

Dagegen steht Spielbergs Spielfilm ganz im Zeichen des Überlebens und der Überlebenden, nicht nur weil er sich auf die historische Geschichte einer Rettungsaktion bezieht, sondern auch in seiner dokumentarischen Rahmung. Am Ende des Films werden die Familien der Überlebenden auf einem Friedhof in Jerusalem versammelt, um Steine auf das Grab von Schindler zu legen. Der Wechsel von den Toten zu den Überlebenden als „master narrative" des Holocaust ist damit vollzogen. Auch Spielberg gibt seinem Film ein jüdisch-theologisches Motto voran, das seinen Ursprung im Talmud hat: „Wer eine einzige Seele zerstört, zerstört die ganze Welt. Und wer eine einzige Seele rettet, rettet die ganze Welt" (Jerusalemer Talmud, San 23 a–b 12). Damit wird der Fokus für eine ganze Generation von Filmen zum Holocaust neu aufgezogen: Nicht mehr die Katastrophe, die Zerstörung der Welt steht im Zentrum, sondern deren Rettung. Das Gedenken an die Toten wird durch eine psychologische Sicht auf die Überlebenden abgelöst. Eine Wende, die nicht ohne Folgen und auch nicht ohne Kritik geblieben ist.

---

7   Vgl. u. a. Liebman, Stuart (Hg.): SHOAH. Key Essays, Cambridge 2007; Hansen, Miriam Bratu: Schindler's list is not Shoah: The second commandment, popular modernism, and public memory, in: Landy, Marcia (Hg.): The historical film: History and memory in media, New Brunswick 2001.

Jüdisches Leben im Film

Werner Schneider-Quindeau

Was ist ein „jüdischer Film"? Ist eine solche Klassifikation oder sogar ein Genre sachgerecht? Wenn eine Regisseurin/ein Regisseur jüdisches Leben, seine Geschichte, seinen Alltag, seine religiösen Traditionen ins Zentrum des Films rückt, kann dann von einem „jüdischen Film" gesprochen werden? Oder sollten auch die Protagonisten und die Regieführenden jüdischer Herkunft sein? Kann sogar Hollywood als „eine jüdische Erfahrung" apostrophiert werden wie in der Ausstellung des jüdischen Museums Wien *Bigger than life. 100 Jahre Hollywood. Eine jüdische Erfahrung?*[1] Dass zahlreiche Gründer der Studios in Hollywood einen jüdischen Migrationshintergrund aus Mittel- und Osteuropa besaßen, lässt sich nicht bestreiten. Aber haben sie deshalb „jüdische Filme" produziert? Sie drehten Western, Liebesfilme, Abenteuerfilme, Komödien und Thriller; jüdische Themen spielten hingegen in den meisten produzierten Filmen kaum eine Rolle. Denn der Film war für sie primär eine Gestalt der sich entwickelnden populären amerikanischen Kultur und half, die beabsichtigte Integration in diese Kultur zu vollziehen. Hollywood verarbeitete dabei in großer Freiheit eine Vielzahl ethnischer, religiöser oder kultureller Themen. Diese Freiheit war der Ort, an dem die Träume von einem weniger bedrängten Leben Wirklichkeit werden konnten. Juden haben beim Aufbau der amerikanischen Unterhaltungsindustrie entscheidend mitgewirkt wie J. Hoberman und Jeffrey Shandler in ihrem Buch *Entertaining America. Jews, Movies and Broadcasting*[2] dokumentiert haben. Erfahrungen aus der jüdischen Welt, der Emigration und der kulturellen Assimilation gehen in die Stoffe der Filme ein. Wenn die Warner Brothers (vier Brüder aus einer polnisch-jüdischen Familie) im Jahr 1927 mit *The Jazz Singer* (Regie: Alan Rosland) den ersten Tonfilm produzieren, der die Geschichte eines Jazzmusikers erzählt, der als Sohn eines jüdischen Kantors selbst Kantor werden soll, dann bildet der Konflikt in einer jüdischen Familie den dramatischen Hintergrund für einen gelungenen Integrationsprozess in die amerikanische Kultur. Jüdisches Leben in Ost- und Mitteleuropa sowie in Amerika hat seit den Anfängen des Films an seiner Entwicklung teilgenommen und ihn als Medium der Selbstverständigung und der öffentlichen Repräsentation genutzt. Neben Hollywood bilden der jiddische Film, der israelische Film, die Auseinandersetzung mit dem Holocaust, der jüdische Humor und die Pluralität jüdischen Lebens die Kontexte, in denen die Filme ihre je eigene Thematik entfalten.

---

1   Hanak-Lettner, Werner: Bigger than life. 100 Jahre Hollywood. Eine jüdische Erfahrung, hg. im Auftrag des Jüdischen Museums Wien, Berlin 2011.

2   Hoberman, J.; Shandler, Jeffrey: Jews, Movies and Broadcasting, Princeton 2003.

So ist die Geschichte des jüdischen Kinos in den USA und Europa nicht nur eine Widerspiegelung jüdischer Lebensbedingungen, Geschichte und Kultur; auch in den Bedingungen ihrer Produktion und Rezeption verweist diese Kinematographie auf die Geschichte des jüdischen Volkes, seine Verfolgungen und Wanderungen, auf soziale Wandlungen und Veränderungen – bis hin zum Rückgang oder dem allmählichen Verschwinden des jiddischen Kinos (und Theaters) in den USA nach Ende des 2. Weltkriegs. Dafür wiederum treten neue jüdisch bestimmte Filme in Lateinamerika hervor (die argentinischen Filmemacher Jorge Polaco und Adolfo Aristarain beispielsweise).[3]

Die Filme sind Zeitbilder, in denen die Geschichte und die Gegenwart jüdischen Lebens in Auseinandersetzung mit anderen Lebensformen zum Thema wird. Ob der amerikanische Traum oder die moderne Großstadterfahrung, das Schtetl in Osteuropa oder die Shoah unter nationalsozialistischer Herrschaft, das Leben in Israel oder das Spezifische des jüdischen Humors: Stets sind die Kontexte für die filmische Inszenierung von größter inszenatorischer und dramaturgischer Relevanz. Daher orientiert sich der folgende Aufbau an diesen Kontexten, die in der jüdischen Geschichte immer schon das Verständnis jüdischen Lebens mitprägten. Im Talmud sind es unterschiedliche Interpretationen der Tora, die spannungsreich und dialogisch nebeneinander stehen. Aschkenasische, sephardische und orientalische Juden haben im Mittelalter je eigene kulturelle Muster geformt, und die Kontroverse zwischen Orthodoxie und Moderne ist bis heute für die jüdische Identität entscheidend.

Hollywood und der amerikanische Traum

Carl Laemmle als Gründer von Universal, Adolph Zukor als Chef von Paramount, die Warner Brothers, William Fox von Fox Film, Louis B. Mayer und Samuel Goldwyn von Metro Goldwyn Mayer: Die Mehrheit der Pioniere der Filmindustrie in Hollywood entstammten jüdischen Migrantenfamilien aus Osteuropa. Laemmle kam aus einer jüdischen Familie aus Laupheim in Württemberg. Auch zahlreiche Regisseure hatten jüdische Wurzeln: Billy Wilder, Otto Preminger, Max Ophüls, Fred Zinnemann, Fritz Lang, Erich von Stroheim, Josef von Sternberg, Michael Curtiz und Ernst Lubitsch. Die Diskriminierung der Juden in der Geschichte, die Erfolge kultureller Anpassung Ende des 19. Jahrhunderts und die Migration in die Vereinigten Staaten bilden den Hintergrund für die Sehnsucht, „sich ein Zentrum herbei zu phantasieren, einen *Mainstream,* selbst wenn dieser nicht existiert".[4] Filme wie *High Noon* (R: Fred Zinnemann) oder *Casablanca* (R: Michael Curtiz) aus dem Jahr 1942 sollten auch Amerika als einen sicheren Ort der Zuflucht, der individuellen Freiheit und des Rechts ins Zentrum rücken. Hollywood wird für die Studiobosse jüdischer Herkunft zur Traumfabrik, in der ein idealisiertes Amerika imaginiert wird, wo die Leistung des Einzelnen („Vom Tellerwäscher zum Millionär") wie auch das Streben nach Glück („Pursuit of Happiness") honoriert werden. Es geht nicht um jüdische Themen, sondern um den Traum von einer Gesellschaft der Gleichen und Freien, in dem man

3   Gregor, Ulrich: Jüdische Lebenswelten im Film. Eine Retrospektive, in: ders.: Gregor, Erika: Jüdische Lebenswelten im Film. Freunde der Deutschen Kinemathek, Berlin 1992, S. 11.

4   Botstein, Leon: Hollywood und die Geburt des audiovisuellen Amerika, in: Bigger than life, S. 25.

die alte Welt Europas hinter sich lässt, um in der neuen Welt ein neues Leben zu suchen und zu finden. Filmhistorische Meilensteine wie der monumentale Stummfilm *Die Zehn Gebote* aus dem Jahr 1923 und sein Remake als Ton- und Farbfilm aus dem Jahr 1956 von Cecil B. DeMille, in denen es um den Exodus Israels aus der ägyptischen Sklaverei geht, sind zugleich Hollywoods universales Plädoyer für die Befreiung des Menschen aus Unterdrückung und Unrecht. Die Filmindustrie eröffnete den Emigranten den Horizont für eine ethnische und kulturelle Vielfalt, in der religiöse Lebensformen zwar thematisiert werden, aber keine von ihnen einen dominanten Anspruch erheben kann. Für Verfolgte und Ausgegrenzte ist diese Welt äußerst attraktiv, weil sie die Hoffnung auf Integration und Sicherheit enthält.

Der jiddische Film – ein Blick zurück in eine vergangene Welt

Zwischen 1910 und 1940 entstanden vor allem in Polen und in den USA, aber auch in Russland Filme in jiddischer Sprache, die zumeist aus dem Theater und der Literatur des Jiddischen hervorgegangen waren. Das osteuropäische Judentum verständigte sich hautpsächlich in Jiddisch.

> Die Stoffe der jiddischen Filme zerfallen in zwei Hauptkategorien. Sentimentale Volkserzählungen, die eine idyllische, aber eine isolierte jüdische Welt in ländlicher Umgebung schildern. Und moderne Melodramen aus dem städtischen Leben; sie sind realistisch aufgeputzt und schildern Freuden und Leiden der unvollständigen Anpassung.[5]

Der Stummfilm *Jewrejskoja Stschastje/Jüdisches Glück* aus dem Jahr 1925 unter der Regie von Alexej Granowski erzählt die Geschichte des Heiratsvermittlers und archetypischen Verlierers Menachem Mendel, der als *Luftmensch* versucht, dem Schtetl zu entfliehen. Der Traum vom Bräuteexport en gros nach Amerika scheitert ebenso wie sein Ausbruchsversuch aus den für Juden restriktiven Bedingungen im zaristischen Russland. 1933 wurde eine vertonte Version des Films unter dem Titel *Menachem Mendel* bzw. *The Matchmaker* in jiddischer Sprache in den USA herausgebracht. Der jiddische Film steht zwischen der alten Welt Osteuropas und der neuen Welt Amerikas.[6] Filme wie *Der Dibek/Dybuk* (R: Michael Waszynski, Polen 1937) oder *Jidl mitn fidl/Yiddle With His Fiddle* (R: Joseph Green, Jan Nowina Przybylski, Polen 1936) lassen den Zusammenhang zwischen der jiddischen und der amerikanischen Kultur erkennen.

> Der düstere, würdevolle und schwermütige DIBEK ist der atmosphärisch dichteste und „künstlerischste" der jiddischen Tonfilme. Vom Anfangsbild einer kerzenerleuchteten Synagoge über die unheimlichen Tänze auf der nicht beendeten Hochzeitsfeier bis zum Höhepunkt des Exorzismus ist der Film von Religion und Ritual durchtränkt – und auch von Aberglauben und dem Übernatürlichen.[7]

---

5   Isaac, Dan: Jiddischer Film. Ein zurückgefordertes Leben, in: Gregor: Jüdische Lebenswelten im Film, S. 286.

6   Hoberman, J.: Bridge of Light: Yiddish Films between Two Worlds, New York 1991.

7   Hoberman, J. zit in: Gregor: Jüdische Lebenswelten im Film. Filmprogramm Nr. 32.

Elemente des Broadwaymusicals konnten ebenso in jiddische Filme integriert werden wie Horrorszenarien im Stile von Dracula oder Frankenstein. Der jiddische Film hat auf diese Weise eine Brücke gebildet zwischen den Millionen emigrierten osteuropäischen Juden in die USA und der alten Welt, die zurückgelassen und in der Shoah nahezu vollständig zerstört wurde. In *Yentl* (R: Barbra Streisand, Großbritannien 1983) etwa wird diese vernichtete ostjüdische Kleinstadtwelt, das „Schtetl", zum Zentrum der Emanzipationsgeschichte einer Frau, die sich nicht den engen religiösen und sozialen Regeln fügt. *Yentl* ist kein jiddischer Film, sondern eher eine Produktion im Hollywoodstil, die aber der fast vergessenen jiddischen Kultur ein Denkmal setzt. Die Geschichten von Faust und Hiob verknüpft der Film *God, Man and Devil/ Got, Mentsch und Tajwel* (R: Joseph Seiden, USA 1949), in dem ein frommer Tora-Gelehrter zum habgierigen Geschäftsmann mutiert.

> In GOD, MAN AND DEVIL verbinden sich religiöses Lebensgefühl und politische Aufklärung ganz im Sinne vieler jiddischer Literaten, die den Weg von der Aufklärung über den populistischen Chassidismus und seine Werte gegangen sind und eine Verbindung dieser Motive suchten. Eine Form chassidisch-geprägter Kapitalismus-Kritik.[8]

Der Film findet kaum noch ein Publikum, und ab 1950 werden keine jiddischen Filme mehr produziert. In *Hester Street* (R: Joan Micklin Silver, USA 1974), in dem die jüdische Einwanderung in die Lower East Side von New York um 1900 thematisiert wird, wird an den Übergang von der jiddischen Vergangenheit in die amerikanische Gegenwart erinnert. Das Gedächtnis an diese vergangene Welt hält fest, dass jüdische Existenz nicht ohne historische Erfahrungen der eigenen Sprache und Kultur verstanden werden kann. Der Anspruch auf Selbständigkeit und Freiheit begleitet die jüdische Geschichte seit ihren Anfängen. *Exodus* und *Gelobtes Land* stehen für Aufbruch aus Unterdrückung und Ankunft in einer freien Welt. Der „jiddische Film" setzt diesem Pathos auf ein eigenständiges Leben ein Denkmal.

Die Auseinandersetzung mit der Shoah – der schmerzliche Blick auf unermessliches Leid

Zahlreiche Filme haben in den letzten 60 Jahren jüdische Lebensgeschichten in der Auseinandersetzung mit der Shoah zum Thema. Der nationalsozialistische Massenmord an den europäischen Juden hat als traumatische Erfahrung sowohl unter den Juden als den Opfern als auch unter den Völkern, die an dem industriellen Morden beteiligt waren, tiefe Spuren hinterlassen. Jüdisches Leben im 20. Jahrhundert ist kaum ohne den Bezug zur Shoah erzählbar. Spielfilme wie *Schindlers Liste* (R: Steven Spielberg, USA 1993), *Auf Wiedersehen, Kinder* (R: Louis Malle, Frankreich 1987), *Korczak* (R: Andrej Wajda, Polen 1990) und *Nacht und Nebel* (R: Alain Resnais, Frankreich 1955/56) erzählen vom Überleben angesichts des Grauens und der unfassbaren Ver-

---

8   Koch, Gertrud: Auf halbem Weg zum Engel des Vergessens, in: Das jiddische Kino. Deutsches Filmmuseum Frankfurt 1982 (zit. in: Jüdische Lebenswelten im Film. Programm Nr. 76).

nichtung. Auch die Dokumentarfilme *Shoah* (R: Claude Lanzmann, Frankreich 1974–1985), *Die Partisanen von Wilna* (R: John Waletzky, USA 1985) und *Wegen dieses Krieges* (R: Orna Ben-Dor Niv, Israel 1988) zeigen den Schmerz und die Auswirkungen der traumatischen Erfahrungen der Shoah bis in die zweite Generation, die nach dem Ende des Zweiten Weltkrieges geboren wurde. Jüdisches Leben ist durch Verfolgung und Vernichtung gezeichnet und überschattet von unfasslichem Leid, dessen filmische Darstellung immer wieder an Grenzen stößt (siehe hierzu auch den Beitrag von Gertrud Koch, S. 429). Gerade im Film ist es wichtig, diese „Grenzen der Repräsentation" mit zu reflektieren, um hinsichtlich der Erfahrungen der Opfer eine oberflächliche Dramatisierung oder gar Heroisierung zu vermeiden. Zeugenschaft bedeutet auch, dass der Augen- und Ohrenzeuge die gigantische Mordmaschinerie selber erfahren hat. Dass sich der Schrecken millionenfach wiederholte, stößt immer wieder an die Grenzen der Sprache und der Bilder. Das kann ins Verstummen, aber auch in stets neue Ausdrucksformen führen, die kreativ mit der Begrenztheit der bisherigen Zeugnisse umgehen. Auf diese Weise ist die Auseinandersetzung mit der Shoah niemals abgeschlossen, auch wenn Historisierung und zeitlicher Abstand die Erinnerung schwächer werden lassen. Die filmische Auseinandersetzung kann jedoch die Konstellation zwischen Vergangenem und Gegenwärtigem neu inszenieren, sodass die Erinnerung an dieses Menschheitsverbrechen zur Mahnung wird, dem Antisemitismus und seinen Ursachen rechtzeitig entgegenzutreten. Als politischer und moralischer Ort des Lernens sind bei diesen Filmen Synagoge und Kino geistig miteinander verbunden.

Der israelische Film – der aktuelle Blick auf ein zerrissenes Land

Der israelisch-palästinensische Konflikt, die Unterschiede und Gegensätze jüdischer Lebensformen und die Suche nach einer ethnisch-religiösen oder nationalen Identität sind dominierende Themen in der israelischen Filmproduktion. Amos Gitais Filme wie *Kadosh* (Israel, 1999), der die Geschichte zweier Frauen in einer ultraorthodoxen Familie erzählt, die von religiösen und patriarchalen Normen beherrscht wird, setzen sich fiktional oder dokumentarisch mit den kulturellen, religiösen und politischen Konflikten Israels auseinander. Zu seinem Spielfilm *Berlin Jerusalem* (Frankreich 1991) über die deutsch-jüdische Dichterin Else Lasker-Schüler und die sozialrevolutionäre Zionistin Tania, die aus Russland fliehen musste und in der Wüste Palästinas einen Kibbuz aufbaut, schreibt Amos Gitai:

> Das Heilige Land ist der Ort, auf den die Suche abzielt. Es ist das geographische Schicksal unserer Protagonisten auf der Suche nach ihrer Identität. Das Heilige Land ist auch eine konkrete geographische Region, ein politisches Territorium, ein Schauplatz zahlreicher Kämpfe. Jede soziale Gruppe hat „ihr" Heiliges Land, ihr „Gelobtes Land", auf das sich ihre ideologischen, nationalen und religiösen Bestrebungen richten.[9]

---

9   Gitai, Amos, zit. in: Jüdische Lebenswelten im Film. Programm Nr. 68.

Diese Sehnsucht nach einem Zuhause für die Entwurzelten und Vertriebenen macht Israel zu einem besonderen Ort vielfältiger Erwartungen, die zugleich eine äußerst spannungsgeladene Wirklichkeit erzeugen. In Gitais Film *Golem, der Geist des Exils* (Frankreich 1991) ist der Golem (gespielt von Hanna Schygulla), der von Rabbi Loew, dem Maharal von Prag, geschaffen wurde, der Beschützer der Verbannten und all derer, die auf der Erde umherirren. Wie dieses Zuhause in Israel aussehen könnte, ist das Thema in den Filmen von Eran Riklis. Er erkundet in *Die syrische Braut* (Israel 2004), *Lemon Tree* (Israel 2008) und *Dancing Arabs* (Israel 2014) die Möglichkeiten eines friedlichen Zusammenlebens zwischen Israelis und Palästinensern angesichts der ständig wiederkehrenden gewaltsamen Auseinandersetzungen. Die Kritik an der Besatzungs- und Siedlungspolitik der israelischen Regierung wird dort ebenso formuliert wie die Kritik an traditionellen Verhaltensmustern in der palästinensischen Gesellschaft, die Gewalt und Feindschaft befördern. Eine Liebesgeschichte zwischen zwei ultraorthodoxen Männern erzählt *Du sollst nicht lieben* (R: Chaim Tabakman, Israel 2009). Was für die streng religiöse Welt schlechterdings verboten ist, wird in einer säkular-liberalen Gesellschaft offen gelebt. Die Gegensätze erscheinen unlösbar, sodass die Frage nach der Zukunft des Landes sich immer dringlicher stellt. Filme können Horizonte öffnen, die in der gegenwärtigen Wirklichkeit zugebaut erscheinen. „Schalom" wird zum Versprechen, das wie ein einladender Gruß den Geist der Filme bestimmt. Ohne die Phantasie dieses Schalom ist kein realer Friede denkbar.

Der jüdische Humor – der subversive Blick angesichts bedrängter Existenz

Charlie Chaplin ist oft für einen Juden gehalten worden, weil sein Witz und sein Humor einen subversiven Charakter besaßen, der aus der jüdischen Tradition bekannt war. Im Film *Der große Diktator* (USA 1940) spielt er sogar einen jüdischen Friseur und zugleich die grotesk-absurde Figur des Diktators. Die Komik sich aufspielender Autoritäten, das Unterlaufen vorgegebener Verhaltensmuster und das Lachen als letztes Mittel in einer verzweifelten Lage: Indem man ironisch auf das persönliche Verhalten blickt, kann man vielleicht am ehesten den erdrückenden eigenen oder fremden Ansprüchen entkommen. Klassiker dieses jüdischen Humors sind die Marx-Brothers in ihren Filmen zwischen 1930 und 1960. Groucho, Harpo, Chico and Zeppo kommen aus jüdischen Familien, die Ende des 19. Jahrhunderts aus Polen in die USA eingewandert sind. Zunächst treten sie als Komödianten in Vaudevilleshows und am Broadway auf, bevor sie mit Filmen wie *A Night in the Opera* (1936) oder *Go West* (1940) durch Slapstick und Komik zu erfolgreichen Schauspielern werden. In *At the Circus* (1939), *A Night in Casablanca* (1946) und *The Story of Mankind* (1957) wird ihr subversiver Humor gegen sehr unterschiedliche Bedrohungen sichtbar. Der bevorstehende Bankrott eines Zirkus, die Verfolgung durch die Nationalsozialisten oder die atomare Vernichtung der Menschheit können solche Bedrohungsszenarien darstellen. Woody Allen hat in seinen Filmen die subversive Ironie der Marx-Brothers rezipiert und mit der Großstadterfahrung New Yorks verbunden. Aufgewachsen in einer jüdischen Familie aus Brooklyn wirkt das jüdische Leben in seinen Filmen wie eine ironische Folie auf die Fragen moderner urbaner Lebensformen. In *Annie Hall* (1977) inszeniert er die Krise traditioneller Sinnangebote einerseits als Produkt des städtischen Überangebots von Sinn. „Multikulturalität" oder auch „Multireligiosität" entstehen in einer Stadt der vielen Einwandergruppen mit ihren je spezifischen kulturellen und religiösen Traditionen gleichsam zwangsläufig auf dem freien Markt der Sinnangebote. Sinnversprechen im Überangebot bedeutet andererseits, dass die Geltung des jeweiligen Anspruchs sich manchmal auf komische und dann wieder auf ernsthafte Weise zu relativieren vermag. Wer nach einem religiösen Shopping vom Buddhismus über den Katholizismus wieder zu seiner säkular und liberal verstandenen jüdischen Tradition zurückkehrt, kann sich kaum des Seufzers erwehren: „Stop making sense!"

Andererseits scheitert die Leistungsfähigkeit sinnstiftender Legitimationen im urbanen Alltag, was sich an der Krisenförmigkeit öffentlicher Institutionen zeigen lässt. Da streikt einmal die Müllabfuhr, und dann funktioniert das U-Bahn-System miserabel. Auf öffentliche Einrichtungen kann man sich kaum verlassen, eher schon auf private Selbsthilfe. Da hat sich eine Frau das Gesicht liften lassen. Der Komiker Alvy Singer kommentiert dies: „Sie haben für die Operation ja mehr investiert als die Stadt für die Sanierung des West-Side-Highways" – wahrscheinlich weil dieser eher einem Feldweg ähnelt als einer asphaltierten Straße. Auf diese pessimistische Grunderfahrung moderner Identität, dass fast alles möglich sein könnte und ich daran nichts ändern kann, reagiert Woody Allen in seinen Filmen mit einer komisch-heroischen grandiosen Selbstinszenierung. Wenn ich schon nichts ändern kann, dann kann ich wenigstens über mich und die absurde Sinnlosigkeit, die mich umgibt, lachen. In seinen Filmen *Manhattan* (1979), *Zelig* (1980) und *Broadway Danny Rose* (1984) wird explizit oder indirekt Allens Zugehörigkeit zur jüdischen Bevölkerung New Yorks zum Thema. Oder wie er es in einem Interview formuliert: „Man muss kein Jude sein, um traumatisiert zu sein, aber es hilft ungemein."[10] New York gilt als die „Jewish City" in den USA mit ca. 10 % jüdischem Bevölkerungsanteil. Zwar versteht sich Woody Allen nicht als religiös, aber seine Identität als amerikanischer Jude will er nicht verleugnen. Und wie für eine große Zahl amerikanischer Juden ist auch für ihn sowohl der Staat Israel als auch der Holocaust von großer Bedeutung für sein Verständnis des jüdischen Selbst. Die Verweise auf die jüdische Tradition sind in seinen Filmen höchst ambivalent: Einerseits sind ihm viele religiösen Inhalte fremd, andererseits speist sich sein Humor und sein Witz aus eben diesen Quellen. Neben seinen metaphysischen Fragen nach Liebe, Tod und Sinn ist sein ambivalentes Verhältnis zur jüdischen Tradition einer der wichtigsten Gründe, sich mit Religion zu beschäftigen. Dabei könnte allerdings das Verhältnis von Kino und Religion etwas mit konkurrierenden Überlebensstrategien zu tun haben.

Gegenüber der Religion bietet das Kino einen unterhaltsamen Kult, der modern und regressiv zugleich ist und dessen Inszenierungen den alltäglichen Wahnsinn sichtbar und zugleich lächerlich machen. Das Kino eröffnet eine Transzendenz, die in dieser Welt bleibt, ihre Widersprüche und ihre Probleme, ihre Neurosen und ihre Dramen, ihre Verheißungen und ihre Enttäuschungen aushält und die Mythen zu erzählen vermag, in denen sich der moderne Mensch selber entdecken kann. Denn ohne solche Mythen würde er vom herrschenden Wahnsinn erdrückt, sich in unübersichtlichem Gelände endgültig verirren und der alltäglichen Gewalt so ausgeliefert sein, dass er zwischen den Extremen und den Neurosen schließlich nur noch selber verrückt werden kann. Das Lachen über sich selbst erweist sich so als Mittel der Hoff-

---

10   Zit. in: Jüdische Lebenswelten im Film. Programm Nr. 40.

nung: Der Mensch muss sich nicht so ernst nehmen angesichts der Tatsache, dass es außerhalb des Kinos tatsächlich wenig zu lachen gibt. In Deutschland hat die Komödie *Alles auf Zucker* von Dany Levy im Jahr 2004 versucht, diese subversive Intention des Allen'schen Humors aufzunehmen. Die im Testament der Mutter geforderte Versöhnung zwischen dem säkularen und dem orthodoxen jüdischen Bruder hat komische Seiten, wirkt allerdings streckenweise überkonstruiert. Auch Joel und Ethan Coens *A Serious Man* (USA 2009) entwirft in einer modernen Variation der biblischen Hiobfigur die hintergründigen Seiten jüdischen Humors. Wenn der Protagonist Larry Gopnick, ein Physikprofessor, bei drei Rabbinern sehr unterschiedlichen Typs um Hilfe in seiner Ehe- und Berufskrise nachfragt, erhält er ausgesprochen witzige, ja sogar satirisch-absurde Antworten. Der Humor entfaltet seine subversive Kraft, indem Gopnik und die Zuschauer den „Ernst der Lage" nicht zur alles beherrschenden Sicht machen müssen. Die unterschiedlichen jüdischen Antworten haben auch etwas Befreiendes und sind im Dialog untereinander stets neu zu interpretieren. Dies entspricht wiederum talmudischer Tradition, die auf eindeutige dogmatische Festlegungen verzichtet und der Wahrheit des Glaubens und dem Geheimnis Gottes in der spannungsreichen Vielfalt der Auslegungen auf der Spur ist. Wer nicht im Besitz der Wahrheit ist, sondern sich ihr nur zu nähern vermag, der kann auch über manche komische Deutung lachen.

Lebenswelten – die vielen Blicke als Bereicherung jüdischen Lebens

Ob reformiert, konservativ, orthodox oder säkular: Das jüdische Leben im Film zeigt uns eine Vielfalt, die sich dem Publikum öffnet und damit eine Einladung zum Dialog, zur Kontroverse oder neugierigen Nachfrage darstellt. Historische Erfahrungen und religiöse Rituale, zeitgeschichtliche Fragen und traditionelle Debatten sowie Werktag und Schabbat werden in diesen Filmen zum Thema einer unabgeschlossenen Pluralität. Ein Film wie *Get. Der Prozess der Viviane Amsalem* von Ronit und Shlomi Ekabetz (Israel 2014) erzählt die Geschichte einer Frau, die sich scheiden lässt. Da es in Israel keine zivile Ehe gibt, muss die Scheidung von einem orthodoxen Rabbinatsgericht ausgesprochen werden. Doch ist in diesem traditionellen Verfahren das Recht der Frau, einen solchen Scheidungsbrief zu verlangen, kaum vorhanden. Der Film löste in Israel eine öffentliche Debatte über Frauenrechte aus und führte zur verstärkten Forderung nach zivilen Regelungen. Indem Filme unterschiedliche Perspektiven auf die Wirklichkeit werfen, öffnen sie den Blick für die Fragen nach Frieden, Recht und Gerechtigkeit. Auf diese Weise entsprechen die Filme der Pluralität jüdischen Lebens.

Die nicht konkret fixierte, offene und deshalb unverwüstliche Utopie ist ein starkes Ferment der jüdischen Kultur, das immer wieder erkennbar wird, ohne ausdrücklich benannt zu werden. Charakteristisch ist die Einsicht, dass die Mittel, die zu einem Ziel führen, diesem Ziel in keinem Moment widersprechen dürfen. In der Konsequenz dieser Einsicht liegt die Idee, dass das In-Bewegung bleiben viel wichtiger ist als das Ankommen. Jossi Papierniekoff hat ihr 1924 in seinem jiddischen Gedicht *Soll sein* einen poetischen Ausdruck gegeben:

Soll sein, dass ich werde mein Ziel nicht erreichen,
soll sein, dass mein Schiff wird nicht kommen zum Steg.
Mir geht nicht darum, ich soll was erreichen,
mir geht um den Gang auf einem sonnigen Weg.[11]

Für die „bewegten Bilder" (*moving pictures*) gilt dieses „In-Bewegung-Bleiben" auf besondere Weise. Das biblische Bilderverbot, das sich sowohl auf Gott als auch den Menschen bezieht, verlangt eine Bewegung des Denkens und des Glaubens, welche das Gegenüber nicht fixiert und damit seine Wahrnehmung offen hält (siehe hierzu auch den Beitrag von Inka Bertz, S. 399). Das Bilderverbot wird gerade in den Filmen durch die Fülle der Bilder gewahrt, weil jedes erzeugte Bild durch die Bewegung eines anderen Bildes bereits relativiert und kritisiert wird. Wo die Bilder zu Götzen werden, da arbeiten die Filme an ihrer Auflösung. Die Faszination des Films besteht ja gerade darin, dass es immer wieder etwas Neues zu sehen und zu verstehen gibt. Die Macht der Bilder wird gebrochen, indem neue Bilder entworfen werden. Dies eröffnet die Räume, in denen Gott und der Mensch frei zur Sprache kommen können. „Jüdisches Leben" in seiner Vielfalt findet in den Filmen den Geist dieses Bilderverbots.

Die hier vorgelegte Blickauswahl zum jüdischen Leben im Film ist sicherlich erweiterbar. Sie versuchte jedoch eine erste Orientierung im Rahmen der schier unüberschaubaren Fülle des Themas im Film. Allein in der Retrospektive *Jüdische Lebenswelten im Film* der „Freunde der Deutschen Kinemathek" im Jahre 1992 wurden 106 Spiel- und Dokumentarfilme, Fernsehfeatures und restaurierte Filmdokumente gezeigt.[12] Vollständig ist das Thema nicht zu erfassen, denn es entstehen weiterhin Filme zum jüdischen Leben, die überraschende und provozierende Sichtweisen beinhalten. Soll sein – die kommenden Filme werden lebendige Bilder und gelegentlich auch mahnende Weisung auf diesem unbekannten Weg entwerfen.

---

11 Pöttker, Horst, zit. in: Jüdische Lebenswelten, S. 342.

12 Hinweisen möchte ich schließlich auf das Buch von Lea Wohl von Haselberg, Und nach dem Holocaust? Jüdische Spielfilmfiguren im (west-)deutschen Film und Fernsehen nach 1945, Berlin 2016, das einen gründlichen Überblick über die deutsche Spiel- und Fernsehfilmproduktion seit dem 2. Weltkrieg bietet.

Jüdische Musik

Jascha Nemtsov

Von allen Kunstarten spielt die Musik im Judentum die bedeutendste Rolle. Die Entwicklung der bildenden Künste oder des Theaters wurde durch religiös bedingte Beschränkungen und vor allem durch das Fehlen von materiellen Voraussetzungen während der häufigen Verfolgungen sowie Wander- und Fluchtbewegungen lange gehemmt. Dagegen war die jüdische Musik, die mündlich tradiert wurde und mit dem religiösen Kultus eng verknüpft ist, stets ein essentieller Bestandteil der jüdischen Kultur. Trotz aller historischen Brüche und Katastrophen lässt sich eine nahezu zweieinhalbtausend Jahre lange kontinuierliche Entwicklung der jüdischen Musik nachzeichnen. Die jüdische Musik ist daher ein wichtiger Ausdruck der jüdischen Identität, ihre unterschiedlichen Formen und Gattungen entsprechen dem Pluralismus und Facettenreichtum des jüdischen Lebens.

Was ist jüdische Musik?

„Über die Frage des ‚spezifisch Jüdischen' in der Musik wird eifrig debattiert", notierte 1935 der Komponist und Cellist Joachim Stutschewsky (1891–1982).[1] Bis heute wird darüber diskutiert, was jüdische Musik ist und sogar, ob sie als ein besonderes Phänomen überhaupt existiert. Seit Richard Wagners antisemitischem Pamphlet *Das Judenthum in der Musik* (1850) gab es zahlreiche Versuche, jüdische Musikkultur auf einen gemeinsamen biologischen, soziologischen oder ästhetischen Nenner zu bringen. Bekannt ist beispielsweise eine Definition des bedeutenden Musikwissenschaftlers Curt Sachs (1881–1959), wonach jüdische Musik eine solche sei, „which is made by Jews, for Jews, as Jews".[2] Diese Definition ist nicht nur an sich absurd (demnach wäre ein Werk jüdischer Musik nicht mehr jüdisch, wenn es von einem nichtjüdischen Interpreten für ein allgemeines Publikum gespielt würde). Jeder Versuch, ein äußerst vielfältiges kulturelles Phänomen auf eine einfache Formel zu reduzieren, ist problematisch. Einfache Formeln – unabhängig davon, ob sie positiv oder negativ gemeint sind, – gibt es weder für das Judentum im Allgemeinen noch für jüdische Musik im Besonderen, und es ist fraglich, ob es überhaupt eine Kultur geben kann, die mit solchen Formeln zu erfassen wäre.

---

1   Stutschewsky, Joachim: Mein Weg zur jüdischen Musik, Wien 1935, S. 17.

2   Aus der Eröffnungsrede zum Ersten Internationalen Kongress für jüdische Musik in Paris 1957. Zit. nach Whitfield, Stephen J.: In Search of American Jewish Culture, Hanover 1999, S. 88.

Hilfreicher ist dagegen ein struktureller Vergleich jüdischer Musik mit ebenfalls facettenreichen musikalischen Kulturen anderer Völker. Die russische Musik beispielsweise beinhaltet nicht nur Werke von Tschaikowsky oder Mussorgsky, sondern auch den altrussischen Kirchengesang aus dem frühen Mittelalter, die „Stadtromanzen" aus dem 19. Jahrhundert, derbe Bauernlieder oder Tanzmusik für Volksinstrumente wie Balalaika und Domra – insgesamt eine bunte Palette von ganz unterschiedlichen musikalischen Formen und Gattungen.

Jüdische Musik ist wohl noch reicher an Erscheinungsformen. Grund dafür ist die enorme Vielfalt der jüdischen Kultur insgesamt. Ihre Pluralität hat eine zeitliche – historische – wie auch eine räumliche – geographische Dimension, die einerseits durch ihre lange Geschichte, andererseits aber auch durch die Tatsache bedingt ist, dass sich in der Diaspora eigene regionale Traditionen gebildet haben. Daher ist auch die Typologie der jüdischen Musik durch besonders viele Facetten gekennzeichnet.

Dass es in Bezug auf jüdische Musik – im Gegensatz zur russischen, norwegischen oder ungarischen Musikkultur – viele Missverständnisse gibt, liegt vor allem am vergleichsweise unzureichenden Kenntnisstand. Wenn es sich um Erscheinungsformen und Persönlichkeiten jüdischer Musik handelt, wird die Vokabel „vergessen" überdurchschnittlich oft benutzt. So wird oft angenommen, dass jüdische Musik etwas ganz Spezielles wäre, jede Note sollte sich irgendwie als „jüdisch" identifizieren lassen. Jüdische Musik ist aber keine abgekapselte, isolierte Kultur, sondern Teil verschiedener Kulturräume in West- und Osteuropa, im Nahen Osten und auf dem amerikanischen Kontinent. Ähnlichkeiten und Interaktionen mit ukrainischen, deutschen oder polnischen Musiktraditionen sind genauso historisch bedingt wie mit arabischen, türkischen oder persischen. Solche Wechselwirkungen sind nichts Ungewöhnliches: Keine musikalische Kultur der Welt existiert in einem luftleeren Raum, fremde Einflüsse sind für jede Tradition ganz normal. Die Unwissenheit verursacht Vorurteile.

Ein weiteres Missverständnis betrifft die Vermischung der Begriffe „jüdische Musik" und „jüdischer Komponist". Bei Weitem nicht alle jüdischen Komponisten schrieben und schreiben jüdische Musik. Doch auch nicht alle ungarischen Komponisten waren im gleichen Maße wie Bartók oder Kodaly an der Schaffung von ungarischer nationaler Musik interessiert. Es gibt in dieser Hinsicht glücklicherweise keinen Automatismus und jeder Musiker entscheidet selbst, welche Ausdrucksart ihm am nächsten liegt. Nach einer überwiegend kosmopolitischen Phase in der zweiten Hälfte des 20. Jahrhunderts beginnen heute viele Komponisten, sich erneut für musikalische Traditionen ihrer jeweiligen Nationen zu interessieren. Ein Beispiel dafür ist das Schaffen von Komponisten aus asiatischen Ländern wie Indien, China, Japan oder Korea. Grund dafür ist das wachsende Bedürfnis nach eigener Verortung in einer Welt ohne Grenzen und nicht zuletzt auch nach der Anreicherung von stilistischen Mitteln.

Vielfalt und stilistische Offenheit

Ebenso wie bei vielen anderen Kulturvölkern gibt es bei den Juden traditionelle Musik und Kunstmusik. Jüdische traditionelle Musik besteht aus zwei großen Bereichen – dem liturgischen und dem weltlichen. Die weltliche Volksmusik der Juden ist dem breiten Publikum am ehesten bekannt: Jiddische und sephardische Lieder und vor allem Klezmer, die Instrumentalfolklore

der osteuropäischen Juden, gehören heute zum Standardrepertoire. Der älteste und ursprüng-
lichste Teil jüdischer Musiktradition ist jedoch die Synagogenmusik. Die biblischen Kantillationen etwa basieren auf Motiven, die bis zu zweieinhalb Jahrtausende alt sind, möglicherweise
wurden sie schon im Zweiten Tempel in Jerusalem gesungen. Noch heute werden mit diesen
Motiven Texte der Tora und einige andere Teile der Hebräischen Bibel vorgetragen. Im Mittelalter wurde die Synagogenmusik der aschkenasischen Juden durch melodische Elemente des
deutschen Volkslieds bereichert, später kamen viele chassidische Melodien aus Osteuropa hinzu.
Die liturgischen Gesänge sephardischer und orientalischer Juden wurden von persischer und
arabischer Musik beeinflusst. Ein ganz neuer Stil wurde in den europäischen Reformgemeinden
im 19. Jahrhundert entwickelt: Dem Zeitgeschmack zuliebe wurden alte überlieferte Melodien
in die romantische Musiksprache integriert.

Zusätzlich weist die jüdische traditionelle Musik beträchtliche regional bedingte Unterschiede auf. Die synagogale Musik der äthiopischen Juden hat mit der polnisch-litauischen
Tradition nur noch wenig gemeinsam. Der süddeutsche Ritus unterscheidet sich stark von
der Synagogenmusik der bucharischen Juden. Überall auf der Welt, wo Juden lebten, entstanden eigene Volkslieder, zum Teil in verschiedenen Sprachen. Das Wechselwirken dieser
verschiedenen Richtungen jüdischer Musik fand gleichzeitig unter den Bedingungen des
intensiven Austauschs mit den musikalischen Traditionen der umgebenden Kulturen statt.
In jeder Zeitperiode und in jeder Region nahm dieser Austausch eigene Formen an. Das alles
ergibt ein äußerst heterogenes Bild.

Die Definition jüdischer Kunstmusik ist mit einer zusätzlichen Problematik verbunden. Im
19. und zu Beginn des 20. Jahrhunderts galten Werke von Komponisten jüdischer Abstammung wie Felix Mendelssohn Bartholdy, Giacomo Meyerbeer oder Jacques Offenbach als
„jüdische Musik". Es wurde allgemein geglaubt, dass allein die ethnische Herkunft des Komponisten seine Werke zwingend präge.[3] Diskutiert wurde lediglich darüber, ob dieser Einfluss
positiv oder negativ zu bewerten sei. In der Tat begannen jüdische Komponisten aber erst
Anfang des 20. Jahrhunderts, sich für die Quellen jüdischer Musik zu interessieren. Dieses
Interesse war Teil einer umfassenden jüdischen kulturellen Renaissance. In Berlin und in
St. Petersburg entstanden fast gleichzeitig Vereinigungen von jüdischen Komponisten, die
sich auf die Suche nach ihren kulturellen Wurzeln begaben.[4] Dem Beispiel anderer neofolk-
loristischer Strömungen folgend, die seit Mitte des 19. Jahrhunderts die europäische musikalische Landschaft prägten, versuchten diese jüdischen Musiker einen dezidiert jüdischen
Stil in der Kunstmusik zu entwickelten. Wurde etwa für Bartók die alte ungarische Bauern-
folklore zur Grundlage seines Stils und zur Quelle der Erneuerung seiner Musiksprache, so
beschäftigten sich jüdische Komponisten wie Joseph Achron (1886–1943), Michail Gnesin
(1883–1957), Alexander Krein (1883–1951), Grigori Krein (1878–1957), Arno Nadel (1878–1943),
Jakob Schönberg (1900–1956), Joachim Stutschewsky, Alexander Weprik (1899–1958) oder

---

3   Vgl. Berl, Heinrich: Das Judentum in der Musik, Stuttgart 1926.
4   Die Komponistengruppe um die Zeitschrift *Ost und West* in Berlin und die Gesellschaft für jüdische Volks-
     musik in St. Petersburg. Vgl. Nemtsov, Jascha: Die Neue Jüdische Schule in der Musik, Wiesbaden 2004,
     sowie ders.: Der Zionismus in der Musik. Jüdische Musik und nationale Idee, Wiesbaden 2009.

Juliusz Wolfsohn (1880–1944) auf ähnliche Art und Weise mit jiddischen Volksliedern und alten synagogalen Motiven.[5]

Die beschriebene Vielfalt und Heterogenität jüdischer Musik ist einer der Gründe, warum es bis heute nur wenig Standardliteratur auf diesem Gebiet gibt. Die „Wissenschaft des Judentums" im 19. Jahrhundert ignorierte diesen Zweig jüdischer Kultur vollständig. Erst um die Wende zum 20. Jahrhundert setzte das Sammeln und die Erforschung jüdischer musikalischer Tradition ein. Diese Arbeit wurde jedoch später durch die politischen Umstände und den Holocaust vielfach behindert und kam in Europa weitgehend zum Erliegen. Erst in jüngster Zeit wird sie wiederbelebt. Es ist nun zu hoffen, dass sich der Wunsch von Joachim Stutschewsky erfüllt und jüdische Musik künftig tatsächlich „einen Widerhall bei den übrigen Völkern, einen Platz in der Musikliteratur in der ganzen Welt finden wird".[6]

Musik in der jüdischen Religion

Ohne Musik ist das Ausüben der jüdischen Religion undenkbar. Religion und Musik sind im Judentum so eng miteinander verwachsen, dass fast nur singend gelesen und gebetet wird: In orthodoxen Synagogen wird der Gottesdienst nahezu vollständig als Gesang durchgeführt. In manchen Reformsynagogen werden zwar einzelne liturgische Texte gesprochen, der größte Teil der Liturgie wird aber ebenfalls gesungen. Auch außerhalb des Gottesdienstes werden religiöse Schriften wie Tora oder Talmud traditionell singend studiert.

Musik im jüdischen Gottesdienst

Den ältesten Teil der jüdischen Musikkultur bildet das rituelle Vortragen der Hebräischen Bibel, das durch ein kompliziertes, sehr verzweigtes System von strengen musikalischen Regeln und genau festgelegten Motiven (Kantillationen) organisiert wird. Dieses System, das u. a. der generellen Bedeutung der Oralität im Judentum geschuldet ist (siehe hierzu auch den Beitrag von Stefan Schreiner, S. 147), entstand in seinen wesentlichen Zügen in der biblischen Zeit, es wurde dann einige Jahrhunderte lang mündlich überliefert und im 9. Jahrhundert mit neumenähnlichen Zeichen *(teamim)* kodifiziert. Das Erlernen der Kantillationen und der Vortragsregeln gehört zur religiösen Ausbildung von Kindern.

Einige Melodien, mit denen bedeutsame Texte der jüdischen Liturgie gesungen werden, stammen aus dem Mittelalter. Sie werden *missinai* (hebr.: „vom Sinai") genannt, um damit ihr hohes Alter allegorisch zu betonen, als wären sie Moses zusammen mit der Tora auf dem Berg Sinai gegeben worden. Diese Melodien enthalten oft melodische Floskeln aus deutschen Volksliedern jener Zeit, die allerdings in einen eigenen musikalischen Kontext übertragen wurden.

---

5   Siehe ebd. und außerdem Nemtsov, Jascha: Deutsch-jüdische Identität und Überlebenskampf. Jüdische Komponisten im Berlin der NS-Zeit, Wiesbaden 2010, sowie ders.: Doppelt vertrieben. Deutsch-jüdische Komponisten aus dem östlichen Europa in Palästina/Israel, Wiesbaden 2013.

6   Stutschewsky: Mein Weg zur jüdischen Musik, S. 34.

Viele Gebete werden nicht zu festgelegten Melodien vorgetragen, sondern improvisiert. Die Improvisationen sind nicht beliebig, sondern werden nach festgelegten Regeln gestaltet: Sie basieren auf Sammlungen charakteristischer Motive in bestimmten Modi, die jeweils die musikalische Grundlage einzelner Teile der Liturgie bilden. Solche Verfahrensweise ähnelt dem orientalischen *Maqam*. Diese Motive, die mündlich tradiert wurden, werden als *nussach* bezeichnet.

Eine wichtige Rolle spielen im Gottesdienst Sologesänge, die vom speziell ausgebildeten Vorbeter (chasan) gesungen und daher *chasanut* genannt werden. Sie werden virtuos entwickelt und ausgiebig ornamentiert und stellen oft musikalische Höhepunkte des Gottesdienstes dar. Das Repertoire an Solo-Gesängen wird durch neue Kompositionen ständig erweitert.[7]

Stilistische Eigenschaften der traditionellen Synagogenmusik

Der Einsatz von Musikinstrumenten im Gottesdienst ist im Judentum seit der Zerstörung des zweiten Jerusalemer Tempels im Jahr 70 verboten, daher ist die Musik der orthodoxen Synagoge ausschließlich vokal. Die musikalischen Strukturen sind dabei noch immer stark orientalisch geprägt: Der Gesang folgt sehr flexibel dem Text, es gibt oft kein erkennbares Metrum, die rhythmischen Strukturen sind ebenfalls frei, viele Melodien zeichnen sich durch reiche Ornamentik aus, und das Improvisieren im *nussach*-Stil spielt eine wichtige Rolle.

Die traditionelle jüdische Musik ist homophon, seit der Antike wird sie fast ausschließlich horizontal gestaltet, während die europäische Musik seit dem frühen Mittelalter auch eine vertikale (harmonische) Dimension enthält. Das hängt auch mit den alten jüdischen Modi zusammen, die im Gegensatz zum europäischen Dur-Moll-System kein harmonisches Denken ermöglichen. In manchen orthodoxen Synagogen wird zwar seit dem 17. Jahrhundert neben dem Vorbeter auch ein Chor eingesetzt, seine Funktion ist jedoch auf gehaltene Klänge und kurze Kadenzen beschränkt. Die Musik der orthodoxen Synagoge ist durch Männer- bzw. Knabenstimmen geprägt. Eine weibliche Singstimme ist im orthodoxen Judentum immer noch verpönt, und Frauen sind von einer aktiven Teilnahme am Gottesdienst ausgeschlossen.

Der Vorbeter gibt zwar die generelle Richtung des Gottesdiensts vor, doch alle Betenden tragen einen großen Teil der Liturgie selbständig vor. Dabei ist der individuelle Ablauf des Gottesdienstes relativ frei: Jeder Beter hat sein eigenes Tempo und muss nicht immer auf die anderen Rücksicht nehmen. Manche Gebete werden also gemeinschaftlich vorgetragen, die anderen individuell. Ein charakteristisches Merkmal des jüdischen Gottesdiensts ist daher eine Vielfalt an singenden und murmelnden Stimmen, die eine Art „Klangwolke" ergeben. Wenn man noch bedenkt, dass sich während des Gottesdiensts manche Betenden miteinander unterhalten, von der Frauenempore ebenfalls Gespräche zu hören sind und kleine Kinder herumlaufen, ergibt sich insgesamt ein heterogenes und komplexes Klangbild, das sich stark von der andächtigen Ordnung etwa eines kirchlichen Gottesdienstes unterscheidet.

---

7   Vgl. Schleifer, Eliyahu: Current trends of liturgical music in the Ashkenazi synagogue, in: *The World of Music* 37/1 (1995), S. 59–72, hier: S. 60.

Diese klangliche Vielfalt entspricht den traditionellen jüdischen Vorstellungen von individueller Freiheit, die von der ganz persönlichen Beziehung eines jeden Menschen zu Gott, seiner Selbstbestimmung und moralischen Eigenverantwortung geprägt ist.

Synagogale Musik im liberalen Judentum

Anfang des 19. Jahrhunderts wurde in Deutschland eine Reformbewegung begründet, die sich später in allen west- und mitteleuropäischen Ländern (wie auch in der Neuen Welt) etablierte. Sie war ein Ausdruck der Emanzipationsbestrebungen eines Teils des europäischen Judentums. Die Reformbewegung rührte relativ wenig an religiösen Grundsätzen (was sie beispielsweise von der christlichen Reformation grundsätzlich unterscheidet), dafür wurden aber die äußeren Formen der Religionspraxis umso stärker verändert. Nicht zuletzt wurde eine radikale Erneuerung der synagogalen Musik angestrebt. Die wichtigsten Komponisten der Reformbewegung – Salomon Sulzer (1804–1890) in Wien, Louis Lewandowski (1821–1894) in Berlin, Samuel Naumbourg (1817–1880) in Paris und einige andere – orientierten sich an zeitgenössischer protestantischer und katholischer Kirchenmusik und entwickelten einen Stil, der sich an die romantische Musik jener Zeit anlehnte. Einige christliche Komponisten haben zudem zum Repertoire der Reformsynagoge beigetragen (das bekannteste Beispiel ist eine Psalmvertonung von Franz Schubert im Auftrag von Sulzer). Eine besonders heftig umstrittene Neuerung, die ebenfalls aus der Kirchenmusik stammte, war die Einführung der Orgel, von der u. a. eine „disziplinierende" Wirkung erwartet wurde. Lewandowski formulierte es damals folgendermaßen: „Die Orgel, das Instrument der Instrumente, ist vermöge ihrer weit ausgebenden Tonfülle allein im Stande, große Massen in großen Räumen zu beherrschen und zu leiten."[8] Als 1859 in Budapest die damals größte Synagoge der Welt eröffnet wurde, war sie selbstverständlich mit einer Orgel ausgestattet.

Die jüdische musikalische Tradition wurde zwar nicht vollständig aufgegeben, die überlieferten Melodien wurden allerdings in ein ihnen stilistisch fremdes Korsett des europäischen tonalen Denkens mit seiner Dur-Moll-Harmonik, der strengen rhythmischen Organisation und dem vierstimmigen Choralsatz gezwungen. Dieser Stil entsprach aber gerade den Bedürfnissen der emanzipierten Juden nach zeitgemäßen ästhetischen Formen des jüdischen Gottesdienstes – auf diese Weise sollte die Integration der Juden in die europäische Kultur musikalisch verarbeitet werden.

Inzwischen hat sich die Musik der Reformsynagoge parallel zur protestantischen Kirchenmusik stark gewandelt. Neben Orgel werden im Gottesdienst Instrumente wie Gitarre, Klavier, Cello, Flöte oder Trommeln benutzt. Das musikalische Repertoire ist äußerst vielfältig, es wird stets dem Zeitgeist angepasst und schließt moderne Gesänge aus den USA, chassidische Lieder, Melodien aus Israel oder auch umgetextete Popsongs ein. Nur wenige „traditionsbewusste" Reformsynagogen pflegen noch das „klassische" Repertoire aus dem 19. Jahrhundert.

---

8   The Central Archives for the History of the Jewish People, Jerusalem, Nachlass Moritz Stern, P 17/585,
    Bl. 59. Vgl.: Nemtsov, Jascha; Simon, Hermann: Louis Lewandowski. „Liebe macht das Lied unsterblich!"
    (= Jüdische Miniaturen, Bd. 114), Berlin 2011.

Neben den Reformgemeinden existieren heute weitere liberale Richtungen, darunter das Konservative Judentum (auch *masorti* genannt) oder das sogenannte *Jewish Renewal,* deren Musik ebenfalls eine bunte Mischung aus traditionellen und modernen Elementen darstellt (siehe hierzu auch den Beitrag von Michael A. Meyer, S. 277).

Die Rolle des Kantors im jüdischen Gottesdienst und im Gemeindeleben

Die christliche Bezeichnung „Kantor" für einen professionellen jüdischen Vorbeter etablierte sich erst im 19. Jahrhundert in der Reformbewegung: Salomon Sulzer bezeichnete sich als erster als Kantor, um die Bedeutung dieses Amts und seine Gleichwertigkeit mit christlichen Kirchenmusikern zu unterstreichen. Inzwischen wird dieser Begriff auch im orthodoxen Milieu akzeptiert, obwohl die traditionelle Bezeichnung *chasan* immer noch bevorzugt wird.

Seit den Anfängen des Synagogengottesdienstes in der Antike stand der Vorbeter im Mittelpunkt des Geschehens, ein Beruf wurde aus dieser Tätigkeit hingegen erst zu Beginn der Neuzeit. Grundsätzlich kann die Leitung des Gottesdiensts von jedem Gemeindemitglied ausgeübt werden, allerdings sind dafür Kenntnisse und Fähigkeiten notwendig, die insbesondere unter den heutigen, überwiegend säkular lebenden Juden selten sind. Der Vorbeter muss nicht nur eine musikalische Begabung (eine angenehme und ausdrucksvolle Stimme und ein musikalisches Gedächtnis), sondern auch eine perfekte Beherrschung des liturgischen Ablaufs und der hebräischen Sprache aufweisen. Im jüdischen Gottesdienst ist der Vorbeter die zentrale Gestalt, während der Rabbiner nicht unbedingt aktiv involviert werden muss. Als Gelehrter soll er in der Regel nur eine Predigt halten.

In der Glanzzeit der Reformbewegung vor dem Zweiten Weltkrieg wurden an vielen großen Reformgemeinden jeweils drei Synagogenmusiker beschäftigt: ein Kantor, der im Gottesdienst ausschließlich als Sänger fungierte, ein Chorleiter und ein Organist. Heute dominiert im liberalen Gottesdienst eher das gemeinschaftliche Singen der Betgemeinschaft, sodass nur wenige Gemeinden einen Chor und die Orgel einsetzen. Der Kantor wird in den angelsächsischen Ländern zunehmend als „song leader" bezeichnet und erscheint im Gottesdienst oft mit einer Gitarre.

Ein besonderer Höhepunkt des Gottesdiensts ist die öffentliche Lesung aus der Tora und einigen anderen biblischen Texten. Der jeweilige wöchentliche Textabschnitt wird nach einem festgelegten Ritus auf acht Personen aus der Gemeinde oder Gäste aufgeteilt, und es gilt als große Ehre, zur Lesung aufgerufen zu werden *(alija).* Da die musikalische Gestaltung der Lesung äußerst kompliziert und ein fehlerfreier Vortrag eminent wichtig ist, wird die Lesung von einem sogenannten *baal kore* (Meister der Lesung) übernommen, der die Motive der Lesung auswendig kennt. Diese Funktion wird oft vom Kantor erfüllt. Die aufgerufenen Personen stehen dabei in der Nähe des Lesepults *(bima)* und dürfen nur leise mitlesen, falls sie dazu in der Lage sind.

Den Gottesdienst zu leiten, ist die wichtigste, jedoch bei Weitem nicht die einzige Aufgabe eines jüdischen Kantors. Von ihm wird die komplette musikalische Betreuung des Gemeindelebens im liturgischen und profanen Bereich erwartet, die u. a. musikpädagogische und musiktheoretische Kompetenz sowie Kenntnisse auf verschiedenen Gebieten jüdischer und allgemeiner Musikkultur voraussetzt. Dazu gehören vor allem religiöse und säkulare Festlichkeiten, bei denen Musik unentbehrlich ist.

Oft ist der Kantor auch als Religionslehrer tätig. Traditionsgemäß bereitet der Kantor die Kinder auf ihre Bar Mitzwa bzw. Bat Mitzwa vor, denn zu der entsprechenden Feier in einem Schabbat-Gottesdienst gehört der selbständige Vortrag eines Tora-Texts mit den richtigen Kantillationen. Aber auch die Grundlagen der Liturgie und des jüdischen religiösen Selbstverständnisses werden bei diesem Unterricht erlernt.

Der Kantor begleitet zudem alle Ereignisse des jüdischen Lebenszyklus – von der Beschneidungszeremonie (Brit Mila) am achten Lebenstag bis zur Beerdigung. Auch soziale Aufgaben wie Kinder- und Jugendarbeit, Seelsorge oder diverse Familienbelange gehören zum Tätigkeitsbereich eines Kantors.

Zwischen Tradition und Moderne: Klezmer und andere weltliche Musiktraditionen

In jeder Region der jüdischen Diaspora entwickelten sich eigene volkstümliche musikalische Traditionen, die in enger Verbindung mit der Musik der jeweiligen nichtjüdischen Umgebung standen. Spätestens ab dem 15. Jahrhundert wurden jüdische Wandermusikanten in Mittel- und Osteuropa, die zu bestimmten feierlichen Anlässen, vor allem bei Hochzeiten, aufspielten „Klezmorim" (hergeleitet aus dem hebr. *klej* „Instrumente" und *zemer* „Melodie, Gesang") genannt. Es waren kleine Gruppen („Kapellen") mit zumeist zwei bis fünf Musikern, die ausschließlich aus Instrumentalisten ohne Gesang bestanden. Gelegentlich wurden die Klezmorim auch von ihren nichtjüdischen Nachbarn engagiert; damit wurde nicht selten ein erbitterter Konkurrenzkampf mit den in Zünften organisierten christlichen Musikern provoziert. Im jüdischen Milieu war der Wirkungsbereich der Klezmorim zunächst eher begrenzt. Neben den Hochzeiten gehörten vor allem die fröhlichen religiösen Feste wie Purim, Simchat Tora und Chanukka dazu.

Ihre Blütezeit erlebte die Klezmer-Musik im 19. Jahrhundert in Ost- und vor allem in Südosteuropa, wo sie die musikalische Landschaft neben der Roma-Musik entscheidend mitgestaltete. Sowohl Klezmer- als auch Roma-Musiker – die gelegentlich sogar gemeinsam auftraten – zeichneten sich durch ihre erstaunliche Fähigkeit aus, Folklore anderer, sie umgebender Kulturen, zu absorbieren und sie auf eigene Art zu verändern. Die wichtigsten Mittel waren dabei Variation und Ornament. So übernahm die Klezmermusik zu einem großen Teil moldawische, ukrainische, rumänische, polnische und ungarische Volkslieder und -tänze. Besonders intensiv war der Einfluss von rumänisch-moldawischer Instrumentalmusik mit ihrer *doina* als Hauptgattung. *Doina* ist eine längere Komposition aus zwei Teilen, in der der erste langsame Teil einen nachdenklich-melancholischen Moll-Charakter hat und der zweite ein schneller virtuoser Tanz ist. Der erste Teil – eine improvisationsartige Phantasie, oft ohne genaues Metrum – wurde in der jüdischen Musik als *taksim* bezeichnet. Dieses Wort, das auch von Roma-Musikern verwendet wurde, ist türkischen Ursprungs. Möglicherweise wurde diese Form durch jüdische Musikanten nach Südosteuropa gebracht, aber es ist auch denkbar, dass Rumänen, Juden und Roma sie unabhängig voneinander der türkischen Tradition entnahmen. Ebenfalls aus der türkischen Musik stammen vermutlich die Modi mit dem „orientalisch" klingenden Intervall der übermäßigen Sekunde, die heutzutage gemeinhin als Charakteristikum der jüdischen Musik betrachtet wird.

Entscheidenden Einfluss auf die Stilistik der Klezmer-Musik übte jedoch die jüdische Tradition aus: der Synagogengesang sowie der chassidische Melodienschatz.

Der improvisationsartige Gesang des Synagogenvorbeters mit seinem Reichtum an Koloraturen und Ornamenten, die Beweglichkeit und Ausdruckskraft seiner Stimme boten ein Muster, dem die Instrumentalsolisten der Klezmer-Kapellen nacheiferten. Aus der liturgischen Praxis wurden außerdem viele charakteristische melodische Wendungen und ganze Melodiefragmente aufgenommen sowie die typischen Modi. Die auffälligste Besonderheit einer langsamen Klezmer-Improvisation ist der sogenannte *krechts*. Dieses jiddische Wort bedeutet „Seufzer" und bezeichnet eine schluchzerartige Verzierungsart, die im osteuropäischen Synagogengesang entwickelt wurde und sowohl in die Klezmer-Musik als auch ins jiddische Volkslied Eingang fand.

In der Anfang des 18. Jahrhunderts in der Ukraine entstandenen chassidischen Bewegung wurde der Musik eine besondere spirituelle Bedeutung beigemessen. Die Chassiden kreierten nicht nur zahlreiche eigentümliche Lieder hauptsächlich religiösen oder halbreligiösen Inhalts, sondern auch eine spezielle Gattung von Liedern ohne Worte, die *nigunim* (hebr. „Melodien"). Obwohl chassidische Musik ausschließlich vokal war, imitierten viele *nigunim* unter Verwendung von tonmalerischen Silben den Klang von verschiedenen Musikinstrumenten. Im Unterschied zu einem großen Teil der Synagogenmusik, die rhythmisch ungebunden war, waren die meisten chassidischen *nigunim* klar rhythmisiert (oft sogar marschartig) und von symmetrischen Strukturen geprägt. Chassidische Melodien, die in Osteuropa auch unter Anhängern anderer Strömungen im Judentum beliebt wurden, bildeten den Grundstock des Klezmer-Repertoires. Rhythmische *nigunim* formten die melodische Grundlage vieler Klezmer-Tänze.

Das ursprüngliche Instrumentarium der Klezmorim bestand aus Geige und einem Zymbal (Hackbrett) als Begleitung, zu denen sich ein Kontrabass und, je nach Größe der Kapelle, weitere Streich- und Blasinstrumente gesellten. Zu Beginn des 20. Jahrhunderts wurde die Geige als Soloinstrument zunehmend von der Klarinette verdrängt; unter dem Einfluss von osteuropäischer Militärmusik stieg auch der Anteil von Blechblas- und Schlagzeuginstrumenten an.

Da es sich bei Klezmer um ausschließlich mündlich überlieferte Musik handelt, wurde dieser Beruf gewöhnlich innerhalb einer Familie über mehrere Generationen hinweg tradiert. Aus Klezmer-Familien stammten mehrere herausragende Musiker des 20. Jahrhunderts, darunter die Geiger Jascha Heifetz, Isaak Stern, Bronislav Hubermann, Efrem Zimbalist, Joseph Szigeti, die Cellisten Emmanuel Feuermann und Joachim Stutschewsky oder die Pianisten Vladimir Horowitz und Emil Gilels. Dagegen sind nur wenige Namen berühmter Klezmorim überliefert. Zu diesen gehören vor allem Michael Joseph Gusikow (1806–1837) aus Weißrussland, der mit seinem selbst gebauten, einem Xylophon ähnlichen „Holz- und Strohinstrument", auch „Strohfiedel" genannt, sogar europaweit konzertierte; der Geiger Jossele Drucker (1822–1879) aus Berditschew in der Ukraine, den Scholem Alejchem in seiner Novelle *Stempenju* verewigte, sowie der unter dem Spitznamen „Pedozer" bekannte Geiger Aron Mosche Cholodenko (1828–1902).

Die in den 1880er Jahren durch Pogrome ausgelöste Emigrationswelle brachte bis 1924 fast 2 Millionen osteuropäischer Juden in die USA, von denen ca. 70 % in New York blieben. Darunter waren zahlreiche Klezmer-Musiker, die erst nach den ersten harten Jahren in den berüchtigten Sweatshops den Anschluss an die amerikanische Musikszene fanden. Doch nur wenige von ihnen konnten die alte Klezmer-Tradition direkt fortführen, indem sie ab und zu auf Hochzeiten armer Emigranten auftraten. Die meisten mussten sich neue Betätigungsfelder

erschließen und leisteten so einen eminenten Beitrag zum Entstehen einer jiddischen Populärmusik. Die Berufsbezeichnung „Klezmer" erfuhr nun allerdings eine starke Abwertung und
wurde nur noch als Schimpfwort benutzt. An der Stelle von Klezmer-Kapellen entstanden
Unterhaltungsorchester, die eine Stilmischung aus Elementen jiddischer Lied-Folklore und
osteuropäischer Klezmer-Musik mit aktuellen amerikanischen Trends wie Jazz oder Swing verbreiteten. Besonders bekannt wurden die Orchester von Abe Schwartz (ca. 1880–1940) und von
Joseph Cherniavsky (1894–1959). In beiden Bands spielte zeitweise der berühmte Klarinettist
Naftule Brandwein (1884–1963), der als „King of Jewish Music" bezeichnet wurde und der
noch ein überwiegend traditionelles Repertoire pflegte. Neben der Konzertmusik der Unterhaltungsorchester beteiligten sich die ehemaligen Klezmorim darüber hinaus am Aufschwung
des jiddischen Theaters und Films (siehe hierzu den Beitrag von Werner Schneider-Quindeau,
S. 433) sowie am Aufblühen der vokalen jiddischen Populärmusik. In all diese Gattungen
wurden viele Elemente der ursprünglichen Klezmer-Musik integriert.

Nach dem Ende der Massenemigration 1924 wurde ein Großteil des amerikanischen Judentums einem gewaltigen Akkulturations- und zum Teil auch Assimilationsprozess ausgesetzt.
Danach ließ das Interesse für die jüdische Musik innerhalb einer Generation dramatisch nach.
Auch die national gesinnten Juden begeisterten sich seit den 1930er Jahren eher für die neuen
hebräischen Lieder aus Palästina als für die durch Sehnsucht nach der alten osteuropäischen
Heimat geprägte jiddische Populärmusik. Erst Mitte der 1970er Jahre begann auf der Welle
verschiedener Folkstile in der amerikanischen Populärmusik die Neuentdeckung der Klezmer-
Tradition. Die erste Band, die daran anknüpfte, war 1976 *The Klezmorim* in Berkeley. 1978
wurde in New York ein Comeback des ehemals berühmten Klezmer-Klarinettisten Dave Tarras
(1897–1989) organisiert. Dieses Konzert wurde zu einem Schlüsselerlebnis für viele interessierte
Musiker, danach entstanden Gruppen wie *Kapelye* (1979), *Klezmer Conservatory Band* (1980),
Klezmatics (1986), *Brave Old World* (1988) u. v. a. Die neue Musikrichtung wurde „Klezmer"
genannt, obwohl sich die Musiker auch für die Erforschung und Wiederbelebung traditionel-
ler jiddischer Vokalmusik engagierten. Ab 1985 wurden in verschiedenen Ländern Workshops
(„KlezKamps") und Festivals veranstaltet, die diese Richtung international verbreiteten. Einige
Pioniere dieser Renaissance, darunter Zev Feldman und Andy Statman mit ihrer bahnbrechen-
den Schallplatte *Jewish Klezmer Music* (1979), bemühten sich gleichermaßen um stilistische
Authentizität und künstlerische Qualität. In Deutschland machte sich vor allem der 1936 in
Buenos Aires geborene Klarinettist Giora Feidman um die Popularisierung der Klezmer-Musik
verdient, unter dessen Schülern viele nichtjüdische Musiker waren. Der weltweite kommerzielle
Erfolg des Klezmer-Revivals lockte jedoch bald zahlreiche Trittbrettfahrer an, die diese Musik
als billiges und vereinfachtes Nostalgieobjekt vermarkteten. Andererseits wurden gewisse Elemente des neu entwickelten Klezmer-Stils seit den 1990er Jahren oft mit anderen Weltmusik-
Richtungen und Popstilen wie Jazz, Rock oder Hip-Hop gemischt und dadurch noch mehr
verfremdet. Die Frage einer kulturellen Authentizität spielt hier keine Rolle mehr, die ursprüngliche Tradition wird auf wenige leicht erkennbare Elemente reduziert.

Jüdische Musik im interreligiösen und interkulturellen Kontext

Seit den biblischen Zeiten hat das Judentum wichtige Impulse für die musikalischen Kulturen der christlichen und islamischen Völker gegeben. Neben dem antiken Erbe der hellenistisch-römischen Zivilisation bildete das Judentum eine wichtige Grundlage für verschiedene Kulturräume im Nahen Osten und in Europa.

Der Einfluss speziell jüdischer Musik auf die Musik des frühen Christentums und des Islam ist naheliegend: Der jüdische liturgische Gesang wirkte stilbildend für die christliche Musik bis in die Zeit der Gregorianik und der byzantinischen Hymnen; im islamischen Orient wurden die jüdischen Kantillationen zum Modell für die Koranrezitationen.[9] Die Parallelen zwischen der jüdischen und der christlichen sakralen Musiktradition bleiben allerdings zum Teil auf der Ebene der Spekulation. Es ist unbekannt, wie die frühe jüdische Musik geklungen hat – die ersten Notenabschriften stammen aus der Neuzeit, bis dahin wurde diese Tradition fast ausschließlich mündlich überliefert. Auch die Kenntnisse über die christliche Musik jener Zeit sind ausgesprochen lückenhaft.

Trotz des prekären rechtlichen Status der Juden in christlichen und islamischen Ländern gab es für sie im Mittelalter dennoch gewisse Freiräume, die damals einen kulturellen Austausch mit ihrer Umgebung und in Einzelfällen sogar einen sozialen Aufstieg (insbesondere im islamischen Raum) ermöglichten. Dennoch war die kulturelle Interaktion in dieser Zeit relativ einseitig: Die Juden nahmen viele Elemente der nichtjüdischen Umgebung in ihre eigene musikalische Kultur auf, während ihr Einfluss auf die christliche bzw. islamische Musik marginal war.

Ab dem 12. Jahrhundert erfasste der religiöse Fanatismus weite Teile der christlichen und islamischen Welt. Die christlichen Kreuzzüge und die Herrschaft radikaler Strömungen in vielen islamischen Ländern wie die Almohaden auf der iberischen Halbinsel oder später die Safawiden in Persien brachten die jüdische Diaspora an den Rand der Vernichtung. Die Überlebenden wurden separiert und in eine soziale und kulturelle Isolation gedrängt. Die fast komplette Abtrennung des jüdischen Lebens von der übrigen Gesellschaft hat dazu beigetragen, dass die Wahrnehmung der Juden durch ihre Umgebung sehr beschränkt war und hatte kaum etwas mit der Realität zu tun. Der Jude geriet immer mehr zu einem Mythos, es gab so gut wie keine Gemeinsamkeiten zwischen der realen jüdischen Existenz und dem Bild „der Juden" in der christlichen bzw. muslimischen Kultur. Das Judentum wurde vielmehr zu einer Projektionsfläche für eigene Ängste, eigene Glaubenszweifel und eigene Verfehlungen, zu einer Verkörperung des absolut Bösen in allen seinen Dimensionen. Indem man dem Juden eigene negative Eigenschaften übertrug, kreierte man ein positives Eigenbild. Ein beredtes Beispiel dafür sind die „Judenrollen" im sogenannten geistlichen Spiel (auch geistliches Drama oder liturgisches Spiel genannt), der wichtigsten Form der europäischen mittelalterlichen musikalischen Kultur außerhalb des kirchlichen Rahmens. Die Darstellung der Juden hat hier weder mit den thematisierten neutestamentlichen Inhalten noch mit den zeitgenössischen Juden etwas zu tun.

---

9 Werner, Eric: The Sacred Bridge: Bd. 1: Liturgical Parallels in Synagogue and Early Church, New York 1963; Bd. 2: The Interdependence of Liturgy and Music in Synagogue and Church During the First Millennium, Jersey City 1985.

Auf der anderen Seite wurde speziell die Entwicklung der christlichen geistlichen Musik von den Idealbildern aus der Hebräischen Bibel inspiriert, die einerseits wie die Engelsmusik aus den Visionen Jesajas (die „Himmels-Cantorey", nach dem späteren Ausdruck von Heinrich Schütz) stammten, andererseits aus den Beschreibungen der Tempelmusik in den Psalmen und den Chronik-Büchern. Eine Randnotiz Johann Sebastian Bachs zum 25. Kapitel im 1. Chronikbuch über die Bestellung der Instrumentalisten und Sänger für den Jerusalemer Tempel durch König David ist ein spätes Zeugnis davon: „Dieses Capitel ist das wahre Fundament aller Gottgefälligen Kirchen Music."[10]

Während im christlichen Europa die kirchliche Musik seit dem Mittelalter eine gewaltige Entwicklung erfuhr, pflegten die meisten islamischen Glaubensrichtungen, mit Ausnahme des Sufismus, eine ambivalente Einstellung zur musikalischen Kunst. Die Verwendung von Musik im religiösen Bereich wurde stark reglementiert und eingeschränkt, die weltliche Musik bekam in der Gesellschaft einen umso niedrigeren Stellenwert. In Persien gehörte Musik (neben etwa Latrinenputzen und Gerben) zu den beruflichen Tätigkeiten, die den religiösen Minderheiten vorbehalten wurden. Auch im Osmanischen Reich waren viele Musiker aus dem gleichen Grund Nichtmuslime, in erster Linie Juden und Armenier. Jahrhundertelang leisteten jüdische Musiker so einen wesentlichen Beitrag zur klassischen türkischen und persischen Musik.[11]

Mit der beginnenden Säkularisierung in Europa im 16. Jahrhundert erwachte das Interesse der christlichen Menschen an ihren jüdischen Nachbarn. Der deutsche Humanist Johannes Reuchlin erforschte als Erster Motive der jüdischen Bibelkantillationen. In seiner Grammatik der hebräischen Sprache, *De accentibus et orthographia linguae Hebraicae* (1518), publizierte er davon einige Transkriptionen[12] – dies war die erste Publikation jüdischer Musik außerhalb des jüdischen Kulturkreises.[13]

Dem Interesse von Humanisten und Kirchenreformatoren des 16. und 17. Jahrhunderts an der Hebräischen Bibel als primärer Quelle für die Erneuerung des christlichen Glaubens folgte im 18. Jahrhundert die Zeit der Aufklärung (siehe hierzu auch den Beitrag von Julius H. Schoeps, S. 289). Die jüdische Religion galt nun mehr denn je als Sammlung wilder Mystizismen, und die Juden in ihrer abgesonderten Lebensart erschienen dem modernen aufgeklärten Menschen als Inbegriff des finstersten „Obskurantismus" und der Rückständigkeit. Die sich verbreitenden Ideen von allgemeinen Menschenrechten (die auch für Juden gelten sollten) wurden deswegen von einer verächtlichen und ablehnenden Einstellung gegenüber allen Erscheinungsformen einer genuinen jüdischen Kultur begleitet, darunter auch der jüdischen Musik. Sowohl die nichtjüdischen als auch die jüdischen Aufklärer forderten von den Juden, sich zu „bessern", um für die Gesellschaft „akzeptabler" zu werden. Damit sollte die Grundvoraussetzung erfüllt werden, die Isolation der Juden zu überwinden und sie in die Gesellschaft zu integrieren. Dementsprechend waren die Anstrengungen nicht auf die Erforschung traditioneller jüdischer Musik-

---

10   Zit. nach: Prautzsch, Ludwig: Bibel und Symbol in den Werken Bachs, Schwerin o. J., S. 8.

11   Vgl. Tsadik, Daniel: Between Foreigners and Shi'is: Nineteenth-Century Iran and its Jewish Minority, Stanford 2007, S. 11.

12   Die Transkriptionen besorgte Johannes Böschenstein (1472–1540).

13   Vgl. Avenary, Hanoch: The Ashkenazi Tradition of Biblical Chant between 1500 and 1900, Tel Aviv 1978, S. 11 ff.

kultur gerichtet, sondern vielmehr auf ihre Anpassung an die christliche Umgebung bzw. ihre Abschaffung als selbständiges Phänomen. So war auch die musikalische Gestaltung der aus der jüdischen Aufklärung hervorgegangenen religiösen Reform in Westeuropa weitgehend an die kirchliche Musik angelehnt.

Erst im 20. Jahrhundert gewann traditionelle jüdische Musik die Aufmerksamkeit vieler nichtjüdischer Komponisten und eines breiten Publikums. Ein Beispiel dafür ist das Schaffen von Dmitri Schostakowitsch (1906–1975), der seine Faszination für jüdische Musik folgendermaßen erklärte: „Viele meiner Stücke spiegeln den Eindruck jüdischer Musik. Das ist keine rein musikalische Frage, es ist auch eine moralische."[14] Während Schostakowitsch und einige andere Komponisten jüdische Musik als „Symbol für die menschliche Schutzlosigkeit"[15] rezipierten, ist sie für andere ein Sinnbild für die Freiheit und Menschlichkeit schlechthin. Die Rolle der jüdischen Thematik in der Musik des 20. Jahrhunderts bis in die zeitgenössische Neue Musik ist in ihren vielfältigen Ausprägungen bislang kaum erforscht. Unbestritten, jedoch genauso lückenhaft aufgearbeitet, ist der Beitrag jüdischer Musiker zur abendländischen Musikkultur seit Beginn der Haskala Anfang des 19. Jahrhunderts bis zum Holocaust. Besonders bemerkenswert ist der Anteil der Juden an der europäischen und amerikanischen populären Musik im 20. Jahrhundert, speziell in der Weimarer Republik und in New York.

Während das Judentum und die jüdischen Musiker in den christlichen Kulturräumen im Osten wie im Westen, trotz des Holocaust und trotz gewaltiger Wanderbewegungen (insbesondere Abwanderung aus der Diaspora in den Staat Israel), ein wichtiger Faktor des Kulturlebens bleiben, ist das jüdische Leben in der islamischen Welt fast vollkommen ausgelöscht. Das Judentum ist dort nur noch als Objekt der antisemitischen Ressentiments präsent, die in allen Kulturbereichen, auch in der Musik, relevant sind.

In den 1920–1930er Jahren waren die Komponisten der jüdischen nationalen Bewegung in Europa noch bemüht, eine jüdische Musik zu schaffen, die eine gleichberechtigte Stimme im „Konzert der Nationen" bilden würde, „die aus eigenem Wesen und Gestalten einen Widerhall bei den übrigen Völkern, einen Platz in der Musikliteratur in der ganzen Welt finden wird".[16] Dieses Ziel wurde eindeutig nicht erreicht, nicht nur, weil die Schöpfer dieser Musik und deren Publikum zum größten Teil im Holocaust ermordet oder entwurzelt und in alle Winde zerstreut wurden. Eine aus jüdischer Tradition heraus komponierte Musik hätte im kosmopolitischen Musikbetrieb der Nachkriegszeit sowieso kaum eine Chance. Vor allem aber verlor das Jüdische nach dem Holocaust jegliche Unbefangenheit: Jüdische Musik ist nicht mehr einfach eine folkloristische Richtung wie alle anderen. Sie wird mit vielen zusätzlichen Konnotationen beladen, die weit über ihre ursprüngliche Semantik hinausgehen. Das Jüdische in der Musik ist nach dem Holocaust nicht nur ein Symbol für das unbeschreibliche Leid und das tragische Schicksal der Juden, es ist auch ein Symbol für Opfer der Gewalt und für das Leiden schlechthin. Das konkret Folkloristische wurde durch das Moralische und das Politische verdrängt. Das

---

14 Die Memoiren des Dmitri Schostakowitsch, hg. von Solomon Wolkow, Berlin; München 2000, S. 248 f. Vgl. zu diesem Thema auch Kuhn, Ernst; Wolter, Günter (Hg.): Dmitri Schostakowitsch und das jüdische musikalische Erbe, Berlin 2001.

15 Schostakowitsch: Memoiren, S. 250.

16 Stutschewsky: Mein Weg zur jüdischen Musik, S. 34.

Jüdische in der Musik, seien es charakteristische Elemente in Werken von Komponisten ernster Musik oder das moderne Klezmer-Revival, hat also nicht mehr nur mit Juden zu tun, sondern ist offen für breiteste Identifikationsmöglichkeiten.

Glossar

Achtzehnbittengebet: Seit dem 1. Jahrhundert dreimal täglich und in Varianten an den Feiertagen zu sagendes Hauptgebet, das aus 18 Bitten und Segenssprüchen (hebräisch: Berachot) besteht. Vgl. auch Maariv, Mincha und Schacharit.

Aggada: Nichtgesetzliche Inhalte der antiken rabbinischen Literatur, die, im Unterschied zur Halacha, meistens im Anschluss an biblische Texte und Stoffe das religiöse Denken widerspiegeln und illustrieren, jedoch nicht als verbindliche Lehre gewertet werden.

Amoräer (aramäisch: Amora'im, die Sprechenden): Rabbinische Weise, die sich vom 3. bis 5. Jahrhundert v. u. Z. in Babylonien und in Palästina über das mündliche Gesetz (die mündliche Tora) „unterhalten" oder über es „erzählt" haben. Ihre Diskussionen wurden in der Gemara kodifiziert.

Averroismus ((lateinisch: Averroes): Zweig der islamischen Philosophie, der sich auf den Philosophen Ibn Rushd (1126–1198) beruft, der Kommentare zu Aristoteles verfasste.

Bar Mitzwa (hebräisch: Sohn der guten Tat): Religiöse Mündigkeit eines Jungen im Alter von 13 Jahren. An diesem Tag wird der Junge erstmalig zur Toralesung aufgerufen.

Bat Mitzwa (hebräisch: Tochter der guten Tat): Religiöse Mündigkeit eines Mädchens im Alter von zwölf Jahren. An diesem Tag wird im liberalen Judentum das Mädchen erstmalig zur Toralesung aufgerufen.

Beit Din (hebräisch: Haus des Gerichtes): Rabbinischer Gerichtshof, an dem religiöse Streitfragen und Probleme wie etwa Ehescheidungen verhandelt werden.

Beit Knesset (hebräisch: Haus der Versammlung): Synagoge.

Beit Midrasch (hebräisch: Lehrhaus): Bezeichnung für den Bereich in der Synagoge, in dem studiert wird.

Berachot (hebräisch: Segenssprüche): Vgl. Achtzehnbittengebet.

Brazlawer Chassidim: Chassidische Gruppe, die sich auf Rabbi Nachman von Brazlaw (1772–1810) beruft – einen Rabbi, der ausdrücklich keinen Nachfolger hat.

Brit Mila (hebräisch: Bund der Beschneidung): Entfernung der Vorhaut am 8. Tag nach der Geburt. Sie wird von einem Mohel ausgeführt.

Brit Schalom: Eine 1925 in Palästina gegründete Vereinigung linksliberaler deutscher Zionisten, die mehrheitlich für einen bi-nationalen jüdisch-arabischen Staat eintraten.

Chabad Lubawitsch: Im 18. Jahrhundert entstandene chassidische Gruppierung, die religiöse Inbrunst mit strengem Lernen verbinden wollte und bis heute innerjüdisch auf der ganzen Welt für eine Rückkehr zur Tradition missioniert.

Chanukka (hebräisch: Einweihung): Achttägiges Fest zur Erinnerung an die Wiedereinweihung des Zweiten Tempels in Jerusalem im Jahr 164 v. u. Z. nach dem Aufstand der Makkabäer gegen die Römer.

Charedim (hebräisch: Die Gottesfürchtigen): Orthodoxe jüdische Fundamentalisten.

Chasan (hebräisch: Vorbeter): Kantor in der Synagoge.

Cheder (hebräisch: Zimmer): Bezeichnung für die religiöse „Grundschule".

Chibat Zion (hebräisch: Zionsliebe): Ende des 19. Jahrhunderts in Russland entstandene protozionistische Bewegung.

Chowewei Zion: Bezeichnung der Mitglieder der „Chibat Zion"-Bewegung.

Eretz Israel: Biblischer Ausdruck für das in seinen Grenzen nicht genau umrissene Land Israel.

Erster Tempel: Der nach biblischer Auskunft von König Salomon errichtete Tempel in Jerusalem, der am 9. Aw des Jahres 586 v. u. Z. von den Babyloniern zerstört wurde.

Eruv (hebräisch: Mischung): Drei Verfahren, die in der Halacha bestimmte Aktivitäten erlauben, die nach den jüdischen Gesetzen ansonsten verboten sind. Gemeint ist hauptsächlich das Tragen, aber es gibt auch einen Eruv für das Kochen und einen für das Reisen.

Gemara (hebräisch: Schließung): Abschließend kommentierender Teil des Talmud. Die Gemara erläutert oftmals kontrovers die überlieferten Glaubensvorschriften der Mischna, die nach rabbinischer Überlieferung am Berg Sinai empfangen, aber bis zur Zerstörung des Zweiten Tempels nur mündlich überliefert wurde.

Geniza von Kairo: Eine 1890 gefundene und archäologisch ausgewertete „Grabstätte" für beschädigte und nicht mehr verwendete Torarollen.

Geonim (gaonäische Zeit) (hebräisch: Herrlichkeit): Sammelbegriff für jene rabbinischen Weisen, die im Gebiet des heutigen Irak vom 7. bis 11. Jahrhundert die talmudischen Schriften auslegten. Die babylonischen Geonim galten als die religiösen Führer des Judentums im frühen Mittelalter.

Haggada schel Pessach: In der späten Antike verfasstes und später immer wieder erweitertes Gebets- und Erzählbuch, das beim Peassachmahl *(seder)* gemeinsam studiert wird.

Halacha (hebräisch: Gehen): Sammelbegriff für jene auch im jüdischen Alltag geltenden Religionsgesetze, die der rabbinischen Interpretation der am Sinai gegebenen Weisungen entsprechen. Die Halacha umfasst die Gebote und Verbote der mündlichen und schriftlichen Überlieferung. Im Laufe ihrer Geschichte war sie stetem Wandel unterworfen.

Haschomer Hatzair (hebräisch: Junger Wächter): 1913/14 in Galizien gegründete sozialistisch-zionistische Jugendbewegung, die in Palästina/Israel wesentlicher Teil der Kibbutzbewegung war.

Haskala (hebräisch: Bildung, Erleuchtung): Bezeichnung der jüdischen Aufklärung seit Moses Mendelssohn. Sie beruhte auf den Ideen der europäischen Aufklärung und trat für Toleranz und eine gleichberechtigte Stellung der Juden in den europäischen Gesellschaften ein.

Jeschiwa (hebräisch: Sitzung): Talmudschule, an der meist männliche Studierende die Tora und den Talmud studieren.

Jichudim (hebräisch: Abgeschiedenheiten): Das Verbot für orthodoxe Juden, dass unverheiratete Frauen und Männer sich gemeinsam in einem Raum aufhalten.

Jischuw (hebräisch: Bewohntes Land, Siedlung): Bezeichnung der jüdischen Bevölkerung in Palästina vor der Gründung des Staates Israel.

Jom Kippur (hebräisch: Tag der Sühne): Versöhnungsfest. Höchster Feiertag im Judentum. Bis zu diesem Tag sollen alle Sünden und Streitigkeiten beigelegt sein. Aus Reue und Bescheidenheit vor Gott muss den ganzen Feiertag über streng gefastet werden.

Kabbala: Sammelname für ein großes Schrifttum jüdischer Mystik, dessen Wurzeln sich im Tanach finden. Es reicht bis in die Antike zurück und wurde durch die Pionierarbeit Gershom Scholems erschlossen.

Kaschrut (abgeleitet aus dem hebräischen *kascher:* tauglich, geeignet): Jüdische Speisegesetze.

Leviten: Einer der zwölf Stämme Israels, genannt nach dem Stammvater Levi, die laut dem Tanach von den Söhnen Jakobs abstammen. Sie hatten keinen Landbesitz und waren für den Dienst im Jerusalemer Tempel zuständig. Num 1,49–50.

Maariv (abgeleitet aus dem hebräischen Wort *erev:* Abend): Abendgebet, das zwischen Sonnenuntergang und Mitternacht gebetet werden muss. Vgl. auch Achtzehnbittengebet, Mincha und Schacharit.

Marranen/Conversos: Als Marranen werden Juden bezeichnet, die im Mittelalter und in der frühen Neuzeit im katholischen Spanien und Portugal zur Verleugnung ihrer Religion gezwungen waren, diese aber heimlich aufrechterhielten. Sie sind historisch mit den Zwangstaufen verbunden.

Masechtot (Plural von Masechet): Traktate der Gemara.

Masoreten (abgeleitet aus dem hebräischen Wort *masora:* Überlieferung): Redakteure und Editoren des hebräischen Textes der Bibel, die zwischen 700 und

1000 den bisher fixierten Konsonantentext des Tanach vokalisierten.

Mechiza: Trennungsvorhang zwischen Männern und Frauen in der Synagoge.

Mesusa: Am Türrahmen angebrachte kleine Gebetsrolle, die das Gebet „Schma Jisrael" enthält. Eine Vorschrift, die sich bereits im 5. Buch Mose findet: 5 Mos 6,9 EU und 5 Mos 11,20.

Midrasch: Bibel- oder Talmudstellen-Exegese.

Mikwe (abgeleitet aus dem hebräischen Wort *kava*: zusammenfließen): Tauchbad, dessen Wasser nicht der Hygiene, sondern der Reinigung von ritueller Unreinheit durch rituelle Waschungen dient. Es muss aus Quellwasser gespeist sein.

Mincha: Das Nachmittagsgebet. Eines der drei Gebete, die von religiösen Juden täglich verrichtet werden. Vgl. auch Achtzehnbittengebet, Maariv und Schacharit.

Minhag (hebräisch: Brauch): Religiöser, ortsüblicher Brauch, der nicht in der Tora vorgeschrieben ist.

Minjan: Aus zehn männlichen Personen (in der Orthodoxie) bestehendes Quorum, das erfüllt sein muss, damit in der Synagoge das Achtzehnbittengebet gesprochen werden kann.

Mischna (hebräisch: Wiederholung): Die vermutlich im 2. Jahrhundert niedergeschriebene mündliche Lehre, die den Kern des Talmud bildet.

Mischne Tora (hebräisch: Wiederholung der Tora): Ende des 12. Jahrhunderts von Moses Maimonides (Rambam) verfasste Gesetzessammlung.

Mitzwa: Eine von der Tora auferlegte, göttliche Weisung, gottgefällig zu handeln.

Mohel: Ein Fachmann, der die Brit Mila, die männliche Beschneidung, nach jüdischer Sitte vollzieht.

Nevi'im (hebräisch: Propheten): Bezeichnung für die biblischen Prophetenbücher.

Nidda (hebräisch: Abgrenzung): Regelungen und Rituale während der Menstruation. Eine Frau, die menstruiert, gilt als *nidda,* bis sie die nötigen Rituale durchgeführt hat, die sie wieder als rein gelten lassen. Nidda ist auch der Name eines Traktates im Talmud, der sich speziell mit diesem Thema beschäftigt.

Peruschim: Bedeutung und Interpretation von Schriftversen.

Pessach (hebräisch: Überschreitung): Das erste der drei Wallfahrtsfeste im Jahr, das genau wie Schawuot und Sukkot zur Zeit der beiden Tempel mit einer Pilgerfahrt nach Jerusalem und Opfern im Tempel begangen wurde. Es erinnert an den biblischen Bericht über den Auszug der Israeliten aus Ägpten und wird acht Tage lang gefeiert. Pessach wird auch das „Fest der ungesäuerten Brote" (*mazzot*) genannt, da es in diesen Tagen verboten ist, Gesäuertes zu essen oder überhaupt zu besitzen. In den sozialistischen Kibbuzim wird es auch als Frühlingsfest gefeiert.

Pirke Avot (hebräisch: Sprüche der Väter): Traktat der Mischna.

Piske ha-Rosch: Zusammenfassung der meisten talmudischen Traktate durch Ascher ben Jechiel (genannt auch ha-Rosch – das Haupt).

Purim (hebräisch: Lose): In Erinnerung an den Sieg der persischen Juden über den Wesir des persischen Königs Artaxerxes, Haman, am Winterende gefeiertes Maskenfest. Berichtet wird darüber im biblischen Buch Ester.

Rosch Haschana (hebräisch: Haupt des Jahres): Jüdisches Neujahrsfest, an dem in Erinnerung an das nicht vollzogene Opfer Isaaks durch Abraham das Widderhorn *(Schofar)* geblasen wird.

Schabbat (abgeleitet vom hebräischen *schevet:* ruhen, aufhören): Der siebte Wochentag, an dem keine Arbeit verrichtet werden soll. Nach Jom Kippur der höchste jüdische Feiertag.

Schabbatjahr: Nach sechs Jahren Bebauung wird das Land – in Analogie zum Schabbat als Ruhetag – ein Jahr brach liegen gelassen (Ex 23,10–11).

Schacharit: Das Morgengebet. Eines der drei Gebete, die von religiösen Juden täglich verrichtet werden. Vgl. auch Achtzehnbittengebet, Maariv und Mincha.

Schawuot (hebräisch: Wochen): Das zweite der drei Wallfahrtsfeste, das sieben Wochen nach dem Pessachfest gefeiert wird. Genau wie Pessach und Sukkot wurde es zur Zeit der beiden Tempel mit einer Pilgerfahrt nach Jerusalem und Opfern im Tempel begangen. Es erinnert an den Empfang der Tora auf dem Berg Sinai und ist gleichzeitig auch das jüdische Erntedankfest.

Schechina: Kabbalistischer Ausdruck für die weiblich gekennzeichnete Anwesenheit Gottes unter den Menschen.

Schir Haschirim (hebräisch: Lied der Lieder): Das biblische „Hohelied Salomons". Eine Sammlung von zärtlichen, teilweise explizit erotischen Liebesliedern, in denen das Suchen und Finden, das Sehnen und gegenseitige Lobpreisen zweier Liebender geschildert wird.

Schma Jisrael: „Höre Israel", der Bibel (Dtn 6, 4) entnommenes Gebet. Zentraler Bestandteil des täglichen Achtzehnbittengebets.

Schofar: Widderhorn, das zu Rosch Haschana sowie am Ende von Jom Kippur in Erinnerung an das vermiedene Opfer Isaaks geblasen wird. Es ist als einziges Instrument des Altertums noch heute in der Synagoge in Gebrauch.

Schulchan aruch (hebräisch: gedeckter Tisch): Titel der von Rabbi Josef Karo im 16. Jahrhundert verfassten Sammlung religiöser, den Alltag betreffender Weisungen.

Sefira (Pl. **Sefirot**) (hebräisch: Sphäre): Einzelne, in der Kabbala bezeichnete, beinahe personifizierte herausgehobene Eigenschaften Gottes.

Septuaginta (griechisch: siebzig): Name der im 2. Jahrhundert v. u. Z. entstandenen Bibel.

Sohar (hebräisch: strahlender Glanz): Wichtigstes Schriftwerk der Kabbala, das zurück auf biblische Texte bei den Propheten Ezechiel und Daniel geht. Es tauchte erstmalig im 13. Jahrhundert auf.

Sukkot: Siebentägiges Laubhüttenfest, das dritte und letzte der Wallfahrtsfeste. In Erinnerung an den Auszug aus Ägypten, als die Israeliten in provisorischen Hütten wohnen mussten, wird sieben Tage lang in einer Hütte (hebräisch: *sukka*) gegessen und geschlafen. Genau wie zu Pessach und Schawuot wurde dieses Fest zur Zeit der beiden Tempel mit einer Pilgerfahrt nach Jerusalem und Opfern im Tempel begangen.

Talmud, Babylonischer: Ende des 6. Jahrhunderts v. u. Z. im heutigen Irak redigierte Sammlung von Kommentaren und protokollierten Diskussionen zur Mischna. Sie wurden als Gemara (Beschluss) bezeichnet und bestehen aus kodifizierten Weisungen (Halacha) und narrativen, theologischen Exegesen (Aggada).

Talmud, Palästinischer (Jerusalemer): Vermutlich Ende des 4. Jahrhunderts v. u. Z. im damaligen Palästina redigierte Sammlung von Kommentaren und protokollierten Diskussionen zur Mischna. Wie der umfangreichere Babylonische Talmud besteht er aus kodifizierten Weisungen und narrativer Theologie.

Tanach, TaNaKh: Abkürzung für „Tora" (fünf Bücher Mose), „Newi'im" (Propheten) sowie „Ketuwim" (Schriftwerke). Kurzausdruck für die Hebräische Bibel.

Tanna'im: Generation der ersten rabbinischen Weisen und Kommentatoren der Mischna, die in den ersten zwei Jahrhunderten u. Z. wirkten.

Targum (hebräisch: Übersetzung): Eine antike Übersetzung von hebräischen oder altgriechischen Bibel-Handschriften in das Aramäische.

Tikkun Olam (hebräisch: Reparatur der Welt): Aufgaben, die gemäß der Kabbala nur von den Menschen vollbracht werden kann.

Tischa b'Aw: Am Tischa b'Aw (dem 9. Tag des Monats Aw) wurden sowohl der Erste Tempel (596 v. u. Z. durch die Babylonier) als auch der Zweite Tempel (70 u. Z. durch die Römer) zerstört. Nach Jom Kippur ist Tischa b'Aw der wichtigste Fastentag im jüdischen Kalender.

Tora: Die fünf Bücher Mose, der erste Teil des Tanach, der Hebräischen Bibel.

Tosefta (Plural von Tosafot) (hebräisch: Ergänzung): Niedergeschriebene „Ergänzung" mündlicher, rabbinischer Kommentare aus den ersten Jahrhunderten.

Zweiter Tempel: 515 v. u. Z. erbauter und am 9. Aw des Jahres 70 u. Z. von den Römern zerstörter Tempel in Jerusalem.

Abkürzungen

Exemplarische Darstellung von Abkürzungsanwendungen

Gen 18,3	1. Buch Mose, Kapitel 18, Vers 3
mBer 2,5	Mischna, Traktat Berachot, Kapitel 2, Mischna 5
tYev 4,3	Tosefta, Traktat Yevamot, Kapitel 4, Halacha 3
bBer 2a	Babylonischer Talmud, Traktat Berachot, Folio 2, Vorderseite
bBer 2b	Babylonischer Talmud, Traktat Berachot, Folio 2, Rückseite

TaNaKh: Tora (Lehre), Nevi'im (Propheten), Ketuvim (Schriften)

Tanach

Gen	Genesis	**Na**	Nachum
Ex	Exodus	**Hab**	Habakkuk
Lev	Leviticus	**Zep**	Zephania
Num	Numeri	**Cha**	Chaggai
Dtn	Deuteronomium	**Zec**	Zecharia
Jos	Josua	**Mal**	Maleachi
Jgs	Richter	**Ps**	Psalmen
Sam	Samuel	**Spr**	Sprüche
Kön	Könige	**Job**	Hiob
Jes	Jesaja	**Hld**	Hoheslied
Jer	Jeremia	**Rut**	Rut
Ez	Ezechiel	**Lam**	Klagelieder
Hos	Hosea	**Eccl**	Prediger
Joel	Joel	**Est**	Ester
Am	Amos	**Dan**	Daniel
Ob	Obadia	**Esr**	Esra
Jona	Jona	**Neh**	Nehemia
Mi	Mica	**Chron**	Chroniken

Mischna und Talmud

A	Av	Avot	B	BB	Baba Batra
	Ar	Arakhin		Becho	Bechorot
	AZ	Avoda Zara		Ber	Berachot
				Beit	Beitza
				Bik	Bikkurim
				BM	Baba Metzia
				BQ	Baba Kamma
C	Chag	Chaggiga	D	Dem	Demai
	Chal	Challa			
	Chu	Chullin			
E	Ed	Eduyot	G	Git	Gittin
	Er	Eruvin			
H	Hor	Horayot	K	Kel	Kelim
				Ker	Keritot
				Ket	Ketubot
				Kil	Kilayim
M	Maas	Ma'aserot	N	Naz	Nazir
	Mak	Makkot		Ned	Nedarim
	Makh	Machschirin		Neg	Nega'im
	Meg	Megilla		Nid	Nidda
	Me'i	Me'ila			
	Men	Menachot			
	Mid	Middot			
	Miq	Miqva'ot			
	MSh	Ma'aser Sheni			
	MQ	Mo'ed Qatan			
O	Oha	Ohallot	P	Pa	Parra
	Orla	Orla		Pea	Peiah
				Pes	Pessachim
Q	Qid	Qiduschin	R	RH	Rosh Hashana
	Qin	Qinnim			
S	San	Sanhedrin	T	Taan	Ta'anit
	Shab	Schabbat		Tam	Tamid
	Shevi	Shevi'it		TY	Tevul Yom
	Shevu	Shevu'ot		Tem	Temurot
	Sheq	Sheqalim		Ter	Terumot
	So	Sota		To	Toharot
	Su	Sukka			

U	Uk	Ukzin	Y	Yad	Yada'im
				Yev	Yevamot
				Yo	Yoma
Z	Zab	Zabim			
	Zeb	Zebachim			

Verzeichnis der Autorinnen und Autoren

Inka Bertz ist die Leiterin der Sammlungen und Kuratorin für Kunst am Jüdischen Museum Berlin. Ausstellungen und Veröffentlichungen zur jüdischen Kunst- und Kulturgeschichte, u. a.: (Hg. gemeinsam mit Michael Dorrmann): Raub und Restitution. Kulturgut aus jüdischem Besitz von 1933 bis heute (2008); Familienbilder. Selbstdarstellung im jüdischen Bürgertum (2004); Jüdische Kunst als Theorie und Praxis vom Beginn der Moderne bis 1933, in: Golinski, Hans Günter; Hiekisch-Picard, Sepp (Hg.): Das Recht des Bildes. Jüdische Perspektiven in der modernen Kunst, Bochum 2003, S. 148–161; Jewish Museums in the Federal Republic of Germany, in: Cohen, Richard I. (Hg.): Visualizing and Exhibiting Jewish Space and History, Oxford 2012, S. 80–112. Weitere Informationen: https://www.jmberlin.de/sammlung.

Daniel Boyarin ist Hermann P. and Sophia Taubman Professor of Talmudic Culture an den Fachbereichen „Near Eastern Studies" und „Rhetoric" an der University of California in Berkeley. Zu seinen Veröffentlichungen gehören: Dying for God: Martyrdom and the Making of Christianity and Judaism (1999); Socrates and the Fat Rabbis (2009); Abgrenzungen. Die Aufspaltung des Judäo-Christentums (2009). Als Mitherausgeber fungierte er u. a. in: Queer Theory and the Jewish Question (2004). Weitere Informationen: http://nes.berkeley.edu/Web_Boyarin/BoyarinHomePage.html.

Christina von Braun ist Kulturtheoretikerin, Autorin, Filmemacherin und Professorin Emerita für Kulturwissenschaft an der Humboldt-Universität zu Berlin. Sie hat zahlreiche Werke (Bücher und Filme) zur Ideen- und Mentalitätsgeschichte publiziert. Seit 2012 ist sie Senior Research Fellow und Gründungsleiterin des Zentrums Jüdische Studien Berlin-Brandenburg. Kürzlich erschienen: Sekundäre Religionen. Fundamentalismus und Medien (2016); Blutsbande. Verwandtschaft als Kulturgeschichte (2018). Weitere Informationen: http://www.christinavonbraun.de.

Micha Brumlik ist Professor Emeritus am Institut für Allgemeine Erziehungswissenschaft der Johann Wolfgang Goethe-Universität Frankfurt/Main sowie Senior Professor am Zentrum Jüdische Studien Berlin-Brandenburg. Zu seinen Veröffentlichungen gehören: Kritik des Zionismus (2007); Kurze Geschichte: Judentum (2009); Entstehung des Christentums (2010); „Innerlich beschnittene Juden". Zu Eduard Fuchs' Die Juden in der Karikatur (2012); Messianisches Licht und menschliche Würde. Politische Theorie aus den Quellen des Judentums (2013); Wann wenn nicht jetzt? Versuch über die Gegenwart des Judentums (2016). Weitere Informationen: www.michabrumlik.de.

Liliana Ruth Feierstein ist Professorin für die transkulturelle Geschichte des Judentums am Institut für Kulturwissenschaft der Humboldt-Universität zu Berlin und am Zentrum Jüdische Studien Berlin-Brandenburg sowie Fellow des Seminario Rabínico Latinoamericano. Letzte Publikationen: „A Quilt of Memory": The Shoah as a Prism in the Testimonies of Survivors of the Dictatorship in Argentina, in: *European Review* 22/4 (2014), S. 585–593; Hermann Cohen, el contrabandista cultural, in: Sucasas, Alberto; Taub, Emmanuel (Hg.): Pensamiento judío contemporáneo (2015), S. 27–78. Weitere Informationen: http://www.zentrum-juedische-studien.de/person/feierstein-liliana-ruth/

Charlotte Elisheva Fonrobert ist Professorin für Jüdische Studien im Department of Religious Studies an der Stanford University in Kalifornien, wo sie auch Direktorin des Instituts für Jüdische Studien ist. Ihre Forschung widmet sich insbesondere der rabbinischen

Literatur und dem Talmud. Veröffentlichungen u. a.: Menstrual Purity: Rabbinic and Christian Reconstructions of Biblical Gender (2000); (Hg.): Cambridge Companion to the Talmud and Rabbinic Literature (2007); (Hg.): Jacob Taube, From Cult to Culture: Fragments toward a Critique of Historical Reason (2010). Weitere Informationen: http://jewishstudies.stanford.edu/faculty/charlotte-fonrobert.

Karl E. Grözinger ist Professor Emeritus für Religionswissenschaft und Jüdische Studien an der Universität Potsdam. Zu seinen Publikationen zählen: Musik und Gesang in der Theologie der frühen jüdischen Literatur (1982); Kafka und die Kabbala (⁵2014); Die Geschichten vom Ba'al Schem Tov, Hebräisch, Jiddisch, Deutsch (1997); Jüdisches Denken, Theologie, Philosophie und Mystik, 5 Bde. (2004–2015); Der Ba'al Schem von Michelstadt. Ein deutsch-jüdisches Heiligenleben zwischen Legende und Wirklichkeit (2010); Tausend Jahre Ba'ale Schem. Jüdische Heiler, Helfer, Magier (2017). Weitere Informationen: http://www.zentrum-juedische-studien.de/person/groezinger-karl-e/.

Walter Homolka ist liberaler Rabbiner und Professor für Jüdische Religionsphilosophie der Neuzeit mit Schwerpunkt Denominationen und interreligiöser Dialog. Er ist außerdem Rektor des Abraham Geiger Kollegs und Vorsitzender des Ernst Ludwig Ehrlich Studienwerks. Zu seinen Veröffentlichungen gehören: Leo Baeck. Jüdisches Denken – Perspektiven für heute (2006); Das Jüdische Eherecht (2009); Jesus von Nazareth im Spiegel jüdischer Forschung (= Jüdische Miniaturen, Bd. 85) (³2011); Jewish Jesus Research and its Challenge for Christology Today (2017). Weitere Informationen: http://www.whomolka.de/.

Rainer Kampling ist Professor am Seminar für Katholische Theologie an der Freien Universität Berlin sowie am Zentrum Jüdische Studien Berlin-Brandenburg. Neueste Veröffentlichungen: Interreligiöser Dialog als Form politischer Verständigung, in: *Zeitschrift Außerschulische Bildung* 1 (2016), S. 26–31; Derselbe Gott im Judentum und im Christentum? in: *Herder Korrespondenz* 70/1 (2016), S. 25–27; Antijudaismus im Neuen Testament. Zur Erkundung der Relevanz einer theologischen Kategorie, in: *Zeitschrift für Neues Testament* 37 (2016), S. 3–10. Weitere Informationen: http://www.geschkult.fu-berlin.de/e/kaththeo/allgInfo/magistri/profs/kampling/index.html.

Nathan Lee Kaplan hat an der Hochschule für Jüdische Studien Heidelberg zum Thema „Management Ethics and Talmudic Dialectics: Navigating Ethical Dilemmas with the Indivisible Hand" (2014) promoviert. Er ist Mitglied der Geschäftsleitung eines E-Commerce-Startups und ehemaliger McKinsey-Berater. Aktuelle Veröffentlichung: Wirtschaftsethik, in: „Lehre mich Ewiger, Deinen Weg". Ethik im Judentum (2015). Weitere Informationen: http://www.juedische-allgemeine.de/article/view/id/23207.

Elisa Klapheck ist liberale Rabbinerin in Frankfurt/Main und Professorin für Jüdische Studien an der Universität Paderborn. Zu ihren Veröffentlichungen gehören: Fräulein Rabbiner Jonas. Kann die Frau das rabbinische Amt bekleiden? (1999) und Margarete Susman und ihr jüdischer Beitrag zur politischen Philosophie (2014). Außerdem ist sie Herausgeberin der Reihe *Machloket / Streitschriften* zur jüdischen Auseinandersetzung mit gesellschaftlichen Gegenwartsfragen. Weitere Informationen: http://www.elisa-klapheck.de.

Gertrud Koch ist Professorin für Filmwissenschaft an der Freien Universität Berlin und Visiting Professor an der Brown University, USA. Sie arbeitet zur Ästhetischen Theorie und der Theorie des Films. Ihre jüngsten Veröffentlichungen: Breaking Bad (2015); Die Wiederkehr der Illusion. Film und die Künste der Gegenwart (2016); (Hg. gemeinsam mit Judith Keilbach und Thomas Morsch): Zwischen Raubtier und Chamäleon. Texte zu Film, Medien, Kunst und Kultur (2016). Weitere Informationen: http://www.geisteswissenschaften.fu-berlin.de/we07/institut/mitarbeiter/koch/index.html

Irmela von der Lühe ist Professorin Emerita für Neuere Deutsche Literatur an der FU Berlin sowie Senior Advisor am Zentrum Jüdische Studien Berlin-Brandenburg. Ihre Forschungsschwerpunkte liegen im Bereich der deutsch-jüdischen Literatur- und Kulturgeschichte, der Literatur des Exils und der Shoah. Jüngste Veröffentlichung: (mit Hans-Richard Brittnacher): Kriegstaumel und Pazifismus. Jüdische Intellektuelle im Ersten Weltkrieg (2016). Weitere Informationen: http://www.zentrum-juedische-studien.de/person/von-der-luehe-irmela/cv/.

Michael A. Meyer ist der Adolph S. Ochs Professor Emeritus für jüdische Geschichte am Hebrew Union College-Jewish Institute of Religion in Cincinnati, Ohio. Zu seinen Veröffentlichungen gehören: Antwort auf die Moderne. Geschichte der Reformbewegung im Judentum (2000); Die Anfänge des modernen Judentums. Jüdische Identität in Deutschland, 1749–1842 (2011). Er ist außerdem der Herausgeber von Deutsch-Jüdische Geschichte in der Neuzeit, 4 Bde. (1996). Weitere Informationen: http://huc.edu/directory/michael-meyer.

Jascha Nemtsov ist Professor für Geschichte der jüdischen Musik an der Hochschule für Musik Franz Liszt Weimar sowie Akademischer Direktor der Kantorenausbildung des Abraham Geiger Kollegs an der Universität Potsdam. Er ist der Herausgeber der Schriftenreihe „Jüdische Musik. Studien und Quellen zur jüdischen Musikkultur". Als Pianist spielte er über 30 CDs ein, darunter Ersteinspielungen von Werken jüdischer Komponisten. 2007 erhielt er den Preis der Deutschen Schallplattenkritik. Er ist künstlerischer Leiter der ACHAVA Festspiele Thüringen. Weitere Informationen: http://www.musica-judaica.com/jnd.htm.

Tamara Or ist zurzeit als geschäftsführender Vorstand der Stiftung Deutsch-Israelisches Zukunftsforum tätig. Sie studierte Judaistik und Geschichtswissenschaften in Berlin und Jerusalem und wurde 2008 promoviert. Veröffentlichungen u. a.: Vorkämpferinnen und Mütter des Zionismus. Die deutsch-zionistischen Frauenorganisationen, 1897–1938 (2009); Massekhet Betsah. Text, Translation, and Commentary (2010); Heimat im Exil. Eine hebräische Diaspora in Berlin, 1909–1933 (erscheint 2018). Weitere Informationen: www.dizf.de.

Sina Rauschenbach ist Professorin für Religionswissenschaft mit dem Schwerpunkt Jüdisches Denken an der Universität Potsdam und Mitglied des Direktoriums des Zentrums Jüdische Studien Berlin-Brandenburg. Sie arbeitet zur sephardischen und jüdisch-christlichen Geschichte zwischen Mittelalter und Früher Neuzeit. Zu ihren Veröffentlichungen gehören: Josef Albo. Jüdische Philosophie und christliche Kontroverstheologie in der Frühen Neuzeit (2002); Judentum für Christen. Vermittlung und Selbstbehauptung Menasseh ben Israels in den gelehrten Debatten des 17. Jahrhunderts (2012). Sie ist außerdem Mitherausgeberin von Bänden zur Wissensgeschichte, Intellektuellengeschichte und

politischen Geschichte der Iberischen Halbinsel in der Frühen Neuzeit. Weitere Informationen: http://www. uni-potsdam.de/js-rw/institut/profjuddenk/rauschenbach.html

Werner Schneider-Quindeau war während der Jahre 2007–2015 Pfarrer für Stadtkirchenarbeit an der Katharinenkirche in Frankfurt/Main. Er war auch Vorsitzender der Jury der Ev. Filmarbeit, die den „Film des Monats" nominiert; 1999–2003 Filmbeauftragter des Rates der EKD; 1993–1999 Vorsitzender des Fördervereins des Fritz-Bauer-Instituts. Letzte Veröffentlichungen: Filmkultur als protestantische Aufgabe, in: *forum erwachsenenbildung* 4 (2016), S. 49–51; Gottvertrauen – zwischen Sicherheitswahn und Gelassenheit, in: Dierken, Jörg; Evers, Dirk (Hg.): Religion und Politik. Historische und aktuelle Konstellationen eines spannungsvollen Geflechts (2016). Weitere Informationen: http://evangelischesfrankfurt.de/2014/12/fromme-unruhe-werner-schneider-quindeau/.

Julius H. Schoeps ist Professor Emeritus und Gründungsdirektor des Moses Mendelssohn Zentrums für europäisch-jüdische Studien an der Universität Potsdam. Neueste Veröffentlichungen: Begegnungen. Menschen, die meinen Lebensweg kreuzten (2016); (Hg. gemeinsam mit Olaf Glöckner): Deutschland, die Juden und der Staat Israel. Eine politische Bestandsaufnahme (2016). Weitere Informationen: http://www.mmz-potsdam.de/prof-dr-julius-h-schoeps.html

Stefan Schreiner ist Professor Emeritus für Religionswissenschaft und Judaistik an der Universität Tübingen und Direktor des entsprechenden Seminars der Universität. Seither ist er als Seniorprofessor für Religionswissenschaft und Judaistik und Berater des Rektors der Universität Tübingen für den weiteren Auf- und Ausbau des Zentrums für Islamische Theologie tätig. Daneben ist er Redaktor der Quartalsschrift *JUDAICA – Beiträge zum Verstehen des Judentums,* Koordinator des European Abrahamic Forum (Zürich) und Mitglied im Vorstand des Zürcher Instituts für Interreligiösen Dialog (ZIID). Weitere Informationen: http://www.uni-tuebingen.de/ fakultaeten/evangelisch-theologische-fakultaet/lehrstuehle-und-institute/religionswissenschaft-und-judaistik/religionswissenschaft-und-judaistik/mitarbeiter/ schreiner-stefan-seniorprof-dr.html

Stefanie Schüler-Springorum ist die Leiterin des Zentrums für Antisemitismusforschung an der TU Berlin und Mitglied des Direktoriums des Zentrums Jüdische Studien Berlin-Brandenburg. Seit 2009 ist sie zudem Vorsitzende der Wissenschaftlichen Arbeitsgemeinschaft des Leo Baeck Instituts in Deutschland. Ihre Forschungsschwerpunkte sind: Deutsch-jüdische Geschichte, spanische Geschichte sowie Geschlechtergeschichte im 19. und 20. Jahrhundert. Zu ihren Veröffentlichungen gehören: Geschlecht und Differenz (2014); Krieg und Fliegen. Die Legion Condor im Spanischen Bürgerkrieg (2010); Denkmalsfigur. Biographische Annäherung an Hans Litten (2008). Weitere Informationen: http://www.tu-Berlin.de/fakultaet_i/zentrum_fuer_antisemitismusforschung/menue/ueber_uns/mitarbeiter/schueler-springorum_prof_dr_stefanie/

Christoph Schulte ist Professor für Philosophie und Jüdische Studien an der Universität Potsdam. Zu seinen Veröffentlichungen gehören: Die jüdische Aufklärung. Philosophie Religion Geschichte (2002); Zimzum. Gott und Weltursprung (Berlin 2014); (Hg.): Hebräische Poesie und jüdischer Volksgeist. Die Wirkungsgeschichte von Johann Gottfried Herder im Judentum Mittel- und Osteuropas (2003); (Hg.): Leibniz und das Judentum (2008); Moses Mendelssohn. Ausgewählte Werke. Studienausgabe, 2 Bde. (2009); (Hg.): Isaac Euchel. Der Kulturrevolutionär der jüdischen Aufklärung (2010). Weitere Informationen: http://www.uni-potsdam.de/js-rw/institut/aplprof/schulte.html.

Werner Treß ist Historiker und Wissenschaftlicher Mitarbeiter am Moses Mendelssohn Zentrum für europäisch-jüdische Studien an der Universität Potsdam und dort wissenschaftlicher Koordinator des Promotionskollegs der Hans Böckler Stiftung „Judentum und Arbeiterbewegung"; von 2012 bis 2016 war er Postdoc am Zentrum Jüdische Studien Berlin-Brandenburg.

Letzte Veröffentlichungen: Berliner Wissenschaft im Kaiserreich, in: *Berliner Geschichte. Zeitschrift für Geschichte und Kultur* 5 (2016), S. 14–21; „Bekanntlich kein Freund der Juden". Zur Rezeption der judenfeindlichen Schriften Martin Luthers im Umfeld des 300. Reformationsjubiläums 1817, in: *Zeitschrift für Religions- und Geistesgeschichte* 67/3–4 (2015), S. 222–243; Akademischer Nationalismus und jüdische Wissenschaftsbewegung. Die Kontroverse um die judenfeindlichen Schriften von Friedrich Rühs, Jakob Friedrich Fries und die Entstehung der Wissenschaft des Judentums 1815–1824, in: Braun, Christina von et al. (Hg.): Von der jüdischen Aufklärung über die Wissenschaft des Judentums zu den Jüdischen Studien (2014), S. 15–44. Weitere Informationen: http://www.mmz-potsdam.de/dr-werner-tress.html.

Joachim Valentin ist außerplanmäßiger Professor für christliche Religions- und Kulturtheorie an der Johann Wolfgang Goethe-Universität Frankfurt/Main sowie Direktor des Kultur- und Begegnungszentrums „Haus am Dom" in Frankfurt/Main. Zu seinen Veröffentlichungen gehört: Eschatologie (= Glauben gegenwärtig denken, Bd. 11) (2013). Außerdem ist er Mitherausgeber von: Jüdische Traditionen in der Philosophie des 20. Jahrhunderts (2000). Weitere Informationen: https://www.uni-frankfurt.de/44634872/prof_valentin.

Norbert Waszek ist Professor an der Universität Paris VIII (Vincennes à Saint-Denis). Seine Forschungsgebiete sind die deutsche Geistesgeschichte des 18. und 19. Jahrhunderts, mit den Schwerpunkten europäische Aufklärung, deutscher Idealismus und Vormärz (besonders Heinrich Heine). Im Bereich des deutsch-jüdischen Denkens hat er von Mendelssohn bis Emil Fackenheim publiziert. Weitere Informationen: http://norbertwaszek.free.fr.

Literaturverzeichnis

Abrevaya Stein, Sarah: Making Jews Modern: The Yiddish and Ladino Press in the Russian and Ottoman Empires, Bloomington 2003.

Adams, Jonathan; Heß, Cordelia (Hg.): Jew-hatred from the Middle Ages to the Present Day: Change and Continuity, Farnham 2017.

Adin, Steinsaltz: Persönlichkeiten aus dem Talmud, Basel 1996.

Albrecht, Michael: Moses Mendelssohn. Ein Forschungsbericht 1965–1980, in: *Deutsche Vierteljahresschrift für Literaturwissenschaft und Geistesgeschichte* (1983), S. 64–159.

Alewyn, Richard: Goethe als Alibi, in: *Hamburger Akademische Rundschau* 3 (1948/49), S.685–687.

Alexander, Jeffrey C.: On the Social Construction of Moral Universals: The „Holocaust" from War Crime to Trauma Drama, in: *European Journal of Social Theory* 4 (2001), S. 459–539.

Altmann, Alexander (Hg.): Biblical and other Studies (= Studies and Texts, Bd. 1), Cambridge 1963.

Altmann, Alexander: Moses Mendelssohn: A Biographical Study, Philadelphia 1973.

Altshuler, G. Mor: Prophecy and Maggidism in the Life and Writings of R. Joseph Karo, in: *Frankfurter Judaistische Studien* 33 (2006), S. 81–110.

Amir, Yehoschua: Die Hellenistische Gestalt des Judentums bei Philon von Alexandrien (= Forschungen zum jüdisch-christlichen Dialog, Bd. 5), Neukirchen Vluyn 1983.

Amishai-Maisels, Ziva: Depiction and Interpretation. The Influence of the Holocaust on the Visual Arts, Oxford 1993.

Anati, Emmanuel: The Riddle of Mount Sinai: Archaeological Discoveries at Har Karkom (= Studi Camuni, Bd. 21), Valcamonica 2001.

Apter-Gabriel, Ruth (Hg.): Tradition and Revolution. The Jewish Renaissance in Russian Avant-Garde Art 1912–1928, Jerusalem 1987.

Aptowitzer, Victor [Avigdor]: Das Schriftwort in der rabbinischen Literatur, Heft I–V, Wien 1906–1915.

Arnold-de Simine, Silke: Mediating Memory in the Museum: Trauma, Empathy, Nostalgia, Basingstoke 2013.

Asad, Talal: Genealogy of Religion: Discipline and Reasons of Power in Christianity and Islam, Baltimore 1993.

Assis, Yom Tov: The Ordinance of Rabbenu Gershom and Polygamous Marriages in Spain, in: *Zion* 46 (1981), S. 251–277 [Hebr.].

Assmann, Aleida: The Holocaust – a Global Memory? Extensions and Limits of a New Memory Community, in: dies.; Conrad, Sebastian (Hg.): Memory in a Global Age: Discourses, Practices and Trajectories, Basingstoke 2010, S. 97–118.

Assmann, Jan: Das kulturelle Gedächtnis. Schrift, Erinnerung und politische Identität in frühen Hochkulturen, München 1992.

Assmann, Jan: Die Mosaische Unterscheidung oder der Preis des Monotheismus, München 2003.

Assmann, Jan: Moses der Ägypter. Entzifferung einer Gedächtnisspur, München 1998.

Assmann, Jan: Was ist so schlimm an den Bildern?, in: Joas, Hans (Hg.): Die Zehn Gebote. Ein widersprüchliches Erbe, Köln 2006, S. 17–32.

Astren, Fred: Karaite Judaism and Historical Understanding, Columbia, S. C. 2004.

Attia, Élodie: The Masorah of Elijah ha-Naqdan: An Edition of Ashkenazic Micrographical Notes (= Materiale Textkulturen. Schriftenreihe des Sonderforschungsbereichs 933, Bd. 11), Berlin; Boston 2015.

Attias, Jean-Christophe: The Jews and the Bible (= Stanford Studies in Jewish History), Stanford 2014.

Avenary, Hanoch: The Ashkenazi Tradition of Biblical Chant between 1500 and 1900, Tel Aviv 1978.

Avineri, Shlomo: Theodor Herzl und die Gründung des jüdischen Staates, Berlin 2016.

Ayala, Amor; Denz, Rebekka; Salzer, Dorothea M.; Schmädel, Stephanie von (Hg.): Galut Sepharad in Ashkenaz. Sepharden im deutschsprachigen Kulturraum, Potsdam 2013.

Baader, Maria: From the „Priestess of the Home" to the „Rabbi's brilliant daughter": Concepts of Jewish Womanhood and Progressive Germanness. Die Deborah and the American Israelite 1854–1900, in: *Leo Baeck Institute Year Book* 43 (1998), S. 47–72.

Baeck, Leo: Die Pharisäer. Ein Kapitel jüdischer Geschichte, Berlin 1934.

Bahr, Ehrhard (Hg.): Moses Mendelssohn: His Importance as Literary Critic, in: ders. et al. (Hg.): Humanität und Dialog. Lessing und Mendelssohn in neuer Sicht (= Beiheft zum *Lessing Yearbook*), Detroit 1982, S. 259–273.

Baigell, Matthew; Heyd, Milly (Hg.): Complex Identities: Jewish Consciousness and Modern Art, New Brunswick 2001.

Balaban, Majer: Skizzen und Studien zur Geschichte der Juden in Polen, Berlin 1911.

Baltrusch, Ernst: Die Juden und das Römische Reich, Darmstadt 2002.

Bar, Doron: A house of worship or a Holocaust and heroism memorial? The synagogue at the historical Yad Vashem 1945–1964, in: *Yad Vashem Studies* 43 (2015), S. 171–209.

Barkai, Avraham: „Wehr dich!" Der Centralverein deutscher Staatsbürger jüdischen Glaubens (C. V.) 1893–1938, München 2002.

Barnai, Jacob: Some Social Aspects of the Polemic between Sabbatians and their Opponents, in: Goldish, Matt; Popkin, Richard H. (Hg.): Millenarianism and Messianism in Early Modern European Culture, Bd. 1: Jewish Messianism in the Early Modern World, Berlin 2010, S. 77–90.

Barzel, Amnon (Hg.): Israele. Arte e Vita. Israel. Art and Life 1906–2006, Mailand 2006.

Baskind, Samantha: Distinguishing the Distinction: Picturing Ashkenazi and Sephardic Jews in Seventeenth- and Eighteenth-Century Amsterdam, in: *The Journal for the Study of Sephardic & Mizrahi Jewry* (2007), S. 1–13.

Baskind, Samantha; Silver, Larry: Jewish Art: A Modern History, London 2011.

Batnitzky, Leora: The Image of Judaism: German-Jewish Intellectuals and the Ban on Images, in: *Jewish Studies Quarterly* 11 (2001), S. 259–281.

Battenberg, Friedrich: Das europäische Zeitalter der Juden, 2 Bde., Darmstadt 2000.

Bauer, Thomas: Die Kultur der Ambiguität, Frankfurt/Main 2011.

Bauer, Yehuda: Jews for Sale? Nazi-Jewish Negotiations, 1933–1945, New Haven; London 1994.

Baumgarten, Jean: Prayer, Ritual and Practice in Ashkenazic Jewish Society: The Tradition of Yiddish Custom Books in the Fifteenth to Eighteenth Centuries, in: *Studia Rosenthaliana* 36 (2002–2003), S. 121–146.

Becker, Adam H.; Yoshiko Reed, Annette (Hg.): The Ways that Never Parted: Jews and Christians in Late Antiquity and the Early Middle Ages, Tübingen 2003.

Behler, Ernst: Die Ewigkeit der Welt. Problemgeschichtliche Untersuchungen zu den Kontroversen um Weltanfang und Weltunendlichkeit im Mittelalter, Bd. I: Die Problemstellung in der arabischen und jüdischen Philosophie des Mittelalters, München; Paderborn 1965.

Beinart, Haim (Hg.): Moreshet Sepharad: The Sephardi Legacy, 2 Bde., Jerusalem 1992.

Beit-Arié, Malachi et al.: Codices Hebraicis litteris exarati quo tempore scripti fuerint exhibentes (= Monumenta palaeographica medii aevi. Series Hebraica), Paris; Louvain; Jerusalem 1997.

Bell, Catherine: Ritual Theory, Ritual Practice, New York 1992.

Benbassa, Esther (Hg.): Mémoires juives d'Espagne et du Portugal, Paris 1996.

Benbassa, Esther; Attis, Jean-Christophe: Haben die Juden eine Zukunft? Ein Gespräch über jüdische Identitäten, Zürich 2002.

Ben-Gurion, David: Der Gründer des Staates Israel, Bergisch-Gladbach 1992.

Ben-Gurion, David: Israel. Der Staatsgründer erinnert sich, Frankfurt/Main 2010.

Ben-Rafael, Eliezer; Schoeps, Julius H.; Sternberg, Yitzhak; Glöckner, Olaf (Hg.): Handbook of Israel: Major Debates, 2 Bde., Berlin 2016.

Ben-Sasson, Hillel (Hg.): Geschichte des jüdischen Volkes, München 1979.

Ben-Ur, Aviva: Sephardic Jews in America: A Diasporic History, New York 2009.

Berg, Nicolas: Perspektivität, Erinnerung und Emotion. Anmerkungen zum „Gefühlsgedächtnis" in Holocaustdiskursen, in: Echterhoff, Gerald; Saar, Martin (Hg.): Kontexte und Kulturen des Erinnerns. Maurice Halbwachs und das Paradigma des kollektiven Gedächtnisses, Konstanz 2002, S. 225–251.

Berger, Shlomo: Ashkenazim Read Sephardim in Seventeenth- and Eighteenth-Century Amsterdam, in: *Studia Rosenthaliana* 35/2 (2001), S. 253–265.

Bergmann, Werner; Körte, Mona (Hg.): Antisemitismusforschung in den Wissenschaften, Berlin 2004.

Bergmann, Werner; Wyrwa, Ulrich: Antisemitismus in Zentraleuropa. Deutschland, Österreich und der Schweiz vom 18. Jahrhundert bis zur Gegenwart, Darmstadt 2011.

Berkowitz, Beth: Execution and Invention: Death Penalty Discourse in Early Rabbinic and Christian Culture, Oxford 2006.

Berkowitz, Michael: Zionist culture and West European Jewry before the First World War, Chapel Hill 1996.

Berl, Heinrich: Das Judentum in der Musik, Stuttgart 1926.

Bertz, Inka: Jewish Museums in the Federal Republic of Germany, in: Cohen, Richard I. (Hg.): Visualizing and Exhibiting Jewish Space and History (= Studies in Contemporary Jewry, Bd. 26), New York 2012, S. 80–112.

Bertz, Inka: Politischer Zionismus und Jüdische Renaissance in Berlin vor 1914, in: Rürup, Reinhard (Hg.): Jüdische Geschichte in Berlin. Studien, Berlin 1995, S. 149–180.

Bertz, Inka; Dorrmann, Michael (Hg.): Raub und Restitution. Kulturgüter aus jüdischem Besitz von 1933 bis heute, Göttingen 2008.

Beyer, Klaus: Die aramäischen Texte vom Toten Meer: samt den Inschriften aus Palästina, dem Testament Levis aus der Kairoer Genisa, der Fastenrolle und den alten talmudischen Zitaten; aramaistische Einleitung, Text, Übersetzung, Deutung, Grammatik, Wörterbuch, deutsch-aramäische Wortliste, Register, 3 Bde, Göttingen 1984–2004.

Biale, David: Blood and Belief: The Circulation of a Symbol between Jews and Christians, Berkeley 2007.

Biale, David: Eros and the Jews, New York 1992.

Biale, David: Not in the Heavens: The Tradition of Jewish Secular Thought, Princeton 2011.

Bickerman, Elias: Studies in Jewish and Christian History (= Arbeiten zur Geschichte des antiken Judentums und des Urchristentums, Bd. 68/1), Leiden 2007.

Biemann, Asher D.: Aesthetics and Art, in: Kavka, Martin (Hg.): The Cambridge History of Jewish Philosophy, Bd. 2: The modern era, New York 2012, S. 759–179.

Biemann, Asher: Inventing New Beginnings: On the Idea of Renaissance in Modern Judaism, Stanford 2009.

Bilsky, Emily D. (Hg.): Berlin Metropolis: Jews and the New Culture 1890–1918, Berkeley 2000.

Bland, Kalman: Anti-Semitism and Aniconism: The Germanophone Requiem for Jewish Visual Art, in: Soussloff, Catherine M. (Hg.): Jewish Identity in Modern Art History, Berkeley 1999, S. 41–66.

Bland, Kalman: The Artless Jew. Medieval and modern affirmations and denials of the visual, Princeton 2000.

Bleich, David: Hetter Iska, the Permissible Venture: A Device to Avoid the Prohibition Against Interest-Bearing Loans, in: The Oxford Handbook of Judaism and Economics, Oxford 2010.

Bloch, René: Antike Vorstellungen vom Judentum. Der Judenexkurs des Tacitus im Rahmen der griechisch-römischen Ethnographie, Stuttgart 2002.

Blodig, Vojtěch: Kultur gegen den Tod. Dauerausstellungen der Gedenkstätte Theresienstadt in der ehemaligen Magdeburger Kaserne, Prag 2002.

Blumenberg, Yigal: Psychoanalyse – eine jüdische Wissenschaft? Von den jüdischen Wurzeln der Psychoanalyse und der Abwehr von Tradition und Fremdsein, in: *Forum der Psychoanalyse* 12 (1996), S. 156–178.

Bodian, Miriam: Dying in the Law of Moses: Crypto-Jewish Martyrdom in the Iberian World, Bloomington 2007.

Bodian, Miriam: Hebrews of the Portuguese Nation: Conversos and Community in Early Modern Amsterdam, Bloomington 1997.

Bogdan, Henrik: Western Esotericism and Rituals of Initiation, New York 2007.

Bokser, Baruch M.: The Origins of the Seder: The Passover Rite and Early Rabbinic Judaism, Berkeley 1984.

Bonfil, Robert: How Golden was the Age of the Renaissance in Jewish Historiography?, in: *History and Theory* 27/4 (1988), S. 78–102.

Bossong, Georg: Die Sepharden. Geschichte und Kultur der spanischen Juden, München 2008.

Bourel, Dominique: Moses Mendelssohn. Begründer des modernen Judentums, Zürich 2007.

Boyarin, Daniel: A Radical Jew: Paul and the Politics of Identity (= Contraversions: Critical Studies in Jewish Literature, Culture, and Society), Berkeley 1994.

Boyarin, Daniel: Border Lines: The Partition of Judaeo-Christianity (= Divinations: Rereading Late Ancient Religion), Philadelphia 2004.

Boyarin, Daniel: Carnal Israel: Reading Sex in Talmudic Culture, Berkeley 1993.

Boyarin, Daniel: Dying for God: Martyrdom and the Making of Christianity and Judaism (= Figurae: Reading Medieval Culture), Stanford 1999.

Braden, Jutta: Hamburger Judenpolitik im Zeitalter lutherischer Orthodoxie (1590–1710), Hamburg 2001.

Braese, Stephan: Die andere Erinnerung. Jüdische Autoren in der westdeutschen Nachkriegsliteratur, Berlin ²2002.

Braese, Stephan: Überlieferungen. Zu einigen Deutschland-Erfahrungen jüdischer Autoren der ersten Generation, in: Gilman, L. Sander; Steinecke, Hartmut (Hg.): Deutsch-jüdische Literatur der 90er Jahre (= Beiheft der *Zeitschrift für deutsche Philologie*, Bd. 11), Berlin 2002, S. 17–28.

Braese, Stephan; Weidner, Daniel (Hg.): Meine Sprache ist Deutsch. Deutsche Sprachkultur von Juden und die Geisteswissenschaften 1870–1970, Berlin 2015.

Brämer, Andreas: Rabbiner Zacharias Frankel. Wissenschaft des Judentums und konservative Reform im 19. Jahrhundert, Hildesheim 2000.

Brann, Markus: Geschichte des Jüdisch-Theologischen Seminars (Fraenckel'sche Stiftung) in Breslau, Breslau 1904.

Brann, Ross; Sutcliffe, Adam (Hg.): Renewing the Past, Reconfiguring Jewish Culture: From al-Andalus to the Haskalah, Philadelphia 2003.

Braun, Christina von: Blutsbande. Verwandtschaft als Kulturgeschichte, Berlin 2018.

Braun, Christina von: Der Preis des Geldes, Berlin 2012.

Braun, Christina von: Versuch über den Schwindel. Religion Schrift Bild Geschlecht, Gießen 2016.

Braun, Christina von: Zum Begriff der Reinheit, in: *Metis. Zeitschrift für Historische Frauenforschung* I (1997), S. 7–25.

Braun, Christina von: Zur Bedeutung der Sexualbilder im rassistischen Antisemitismus, in: *Feministische Studien* 2/2 (November 2015), S. 293–307.

Braun, Christina von; Mathes, Bettina: Die Frau, der Islam und der Westen, Berlin 2007.

Braun, Christina von; Stephan, Inge (Hg.): Gender-Studien. Eine Einführung, Stuttgart 2006.

Braun, Christina von; Ziege, Eva-Maria (Hg.): Das bewegliche Vorurteil. Aspekte des internationalen Antisemitismus, Würzburg 2004.

Braunstein, Susan (Bearb.): Five centuries of Hanukkah lamps from the Jewish Museum: a catalogue raisonné, New Haven 2004.

Braverman, Mark: Verhängnisvolle Scham. Israels Politik und das Schweigen der Christen, Gütersloh 2011.

Breger, Marshall: Jerusalem's holy sites in Israeli law, in: Ferrari, Silvio; Benzo, Andrea (Hg.): Between cultural diversity and common heritage: Legal and religious perspectives on the sacred places of the Mediterranean, Farnham 2014, S. 119–154.

Brenner, David A.: Marketing Identities: The Invention of Jewish Ethnicity in „Ost und West", Detroit 1998.

Brenner, Michael: Propheten des Vergangenen. Jüdische Geschichtsschreibung im 19. und 20. Jahrhundert, München 2006.

Brenner, Michael; Myers, David N. (Hg.): Jüdische Geschichtsschreibung heute. Themen, Positionen, Kontroversen, München 2002.

Brenner, Michael; Rohrbacher, Stefan (Hg.): Wissenschaft vom Judentum. Annäherungen nach dem Holocaust, Göttingen 2000.

Breuer, Edward: The Limits of Enlightenment: Jews, Germans, and the Eighteenth-Century Study of Scripture, Cambridge 1996.

Breuer, Mordechai: Jüdische Orthodoxie im Deutschen Reich 1871–1918. Die Sozialgeschichte einer religiösen Minderheit, Frankfurt/Main 1986.

Brill, Alan: Judaism in Culture. Beyond the Bifurcation of Torah and Madda, in: *The Edah Journal* 4/1 (1994).

Brosius, Christian; Michaels, Axel; Schrode, Paula (Hg.): Ritual und Ritualdynamik, Göttingen 2013.

Brown, Peter: Die Keuschheit der Engel. Sexuelle Entsagung, Askese und Körperlichkeit im frühen Christentum, München 1994.

Brox, Norbert: Kirchengeschichte des Altertums, Düsseldorf 2008.

Brumlik, Micha (Hg.): Jüdisches Leben in Deutschland seit 1945, Frankfurt/Main 1986.

Brumlik, Micha: Deutscher Geist und Judenhass. Das Verhältnis des philosophischen Idealismus zum Judentum, München 2000.

Brumlik, Micha: Judentum. Was stimmt? Die wichtigsten Antworten, Freiburg i. Br. 2007.

Brumlik, Micha: Kritik des Zionismus, Hamburg 2007.

Brumlik, Micha: Schrift, Wort und Ikone. Wege aus dem Bilderverbot, Hamburg ²2006.

Brumlik, Micha: Wann, wenn nicht jetzt? Versuch über die Gegenwart des Judentums, Berlin 2015.

Brunotte, Ulrike; Ludewig, Anna-Dorothea; Stähler, Axel (Hg.): Orientalism, Gender, and the Jews. Literary and Artistic Transformations of European National Discourses (= Europäisch-jüdische Studien. Beiträge, Bd. 23), Berlin 2015.

Buber, Martin: Politische Schriften, Neu-Isenburg 2010.

Buber, Martin: Warum gelernt werden soll. Aus dem „Arbeitsplan" der Berliner Schule der jüdischen Jugend, in: ders.: Schriften zu Jugend. Erziehung und Bildung, herausgegeben, eingeleitet und kommentiert von Juliane Jacobi (Martin Buber Werkausgabe, Bd. 8), Gütersloh 2005, S. 220–222.

Butler, Judith: Am Scheideweg. Judentum und die Kritik am Zionismus, Frankfurt/Main; New York 2013.

Cardoso, José Luís; Vasconcelos Nogueira, António de: Isaac de Pinto (1717–1787) and the Jewish problems: Apologetic letters to Voltaire and Diderot, in: *History of European Ideas* 33/4 (2007), S. 476–487.

Carlebach, Elisheva: Between History and Hope: Jewish Messianism in Ashkenaz and Sepharad, Jerusalem 1998.

Carlebach, Elisheva: Die messianische Haltung der deutschen Juden im Spiegel von Glickls „Zikhroynes", in: Richarz, Monika (Hg.): Die Hamburger Kauffrau Glickl. Jüdische Existenz in der Frühen Neuzeit, Hamburg 2001, S. 238–253.

Carlebach, Julius (Hg.): Wissenschaft des Judentums = [Hokhmat Yiśra'el]: Anfänge der Judaistik in Europa, Darmstadt 1992.

Carlebach, Julius (Hg.): Zur Geschichte der jüdischen Frau in Deutschland, Berlin 1993.

Carlson, Stephen C.: For Sinai is a Mountain in Arabia: A note on the text of Galatians 4:25, in: *Zeitschrift für die Neutestamentliche Wissenschaft* 105/1 (2014), S. 80–101.

Carrier, Peter: Pierre Noras Les Lieux de mémoire als Diagnose und Symptom des zeitgenössischen Erinnerungskultes, in: Echterhoff, Gerald; Saar, Martin (Hg.): Kontexte und Kulturen des Erinnerns. Maurice Halbwachs und das Paradigma des kollektiven Gedächtnisses, Konstanz 2002, S. 141–162.

Chesler, Phyllis: Women of the wall: Claiming sacred ground at Judaism's holy site, Woodstock 2003.

Chiesa, Bruno: The Emergence of Hebrew Biblical Pointing: The Indirect Sources (Judentum und Umwelt / Realms of Judaism, Bd. 1), Bern; Frankfurt/Main 1979.

Claussen, Detlev: Ist der Antisemitismus eine Ideologie? Einige klärende Bemerkungen, in: Globisch, Claudia; Pufelska, Agnieszka; Weiss, Volker (Hg.): Die Dynamik der europäischen Rechten. Geschichte, Kontinuitäten und Wandel, Wiesbaden 2011, S. 175–185.

Coetzee, Andries W.: Tiberian Hebrew Phonology: Focussing on Consonant Clusters (= studia semitica neerlandica), Assen 1999.

Cohen, Boaz: Israeli Holocaust research: Birth and evolution, London 2013.

Cohen, Gerson D.: Messianic Postures of Ashkenazim and Sephardim, in: Saperstein, Marc (Hg.): Essential Papers on Messianic Movements and Personalities in Jewish History, New York 1992, S. 202–233.

Cohen, Jeremy: Be Fertile and Increase, Fill the Earth and Master It: The Ancient and Medieval Career of a Biblical Text, Ithaca 1992.

Cohen, Jeremy; Rosman, Moshe (Hg.): Rethinking European Jewish History, Oxford; Portland 2009.

Cohen, Julie-Marthe; Heimann-Jelinek, Felicitas (Hg.): Neglected witnesses: The fate of Jewish ceremonial objects during the Second World War and after, Crickadarn 2011.

Cohen, M. S.: The Shi'ur Qoma: Liturgy and Theurgy in Pre-Kabbalistic Jewish Mysticism. Lanham; New York 1983.

Cohen, M. S.: The Shi'ur Qoma: Texts and Recensions, Tübingen 1985.

Cohen, Mark R.: Unter Kreuz und Halbmond. Die Juden im Mittelalter, München 2005.

Cohen, Michael R.: The Birth of Conservative Judaism: Solomon Schechter's Disciples and the Creation of an American Religious Movement, New York 2012.

Cohen, Richard I. (Hg.): Visualizing and Exhibiting Jewish Space and History (= Studies in Contemporary Jewry, Bd. 26), Oxford 2012.

Cohen, Richard I.: Jewish Icons: Art and Society in Modern Europe, Berkeley 1998.

Cohen, Richard I.: Urban Visibility and Biblical Visions: Jewish Culture in Western and Central Europe in the Modern Age, in: Biale, David (Hg.): Cultures of the Jews: A New History, New York 2002, S. 731–796.

Cohen, Richard I.; Mendelsohn, Ezra (Hg.): Art and its Uses: The visual image and modern Jewish Society, New York 1990.

Cohen, Shaye J. D.: The Beginnings of Jewishness: Boundaries, Varieties, Uncertainties. Hellenistic Culture and Society, Los Angeles 1999.

Cohen, Shaye J. D.: The Origins of the Matrilineal Principle in Rabbinic Law, in: *Association for Jewish Studies (AJS) Review* 10 (1985), S. 19–53.

Cohn, Naftali S.: The Memory of the Temple and the Making of the Rabbis, Philadelphia 2013.

Coudert, Alison; Shoulson, Jeffrey S. (Hg.): Hebraica veritas? Christian Hebraists and the Study of Judaism in Early Modern Europe, Philadelphia 2004.

Dan, J.: Die Kabbala. Eine kleine Einführung, Ditzingen 2007.

Dávid, Nóra; Lange, Armin; Troyer, Kristin de; Tzoref, Shani (Hg.): The Hebrew Bible in Light of the Dead Sea Scrolls, Göttingen 2012.

Davis, Joseph: The Reception of the „Shulhan Arukh" and the Formation of Ashkenazic Jewish Identity, in: *Association for Jewish Studies Review* 26/2 (2002), S. 251–276.

Davis, Mosh: The Emergence of Conservative Judaism: The Historical School in 19th Century America, Philadelphia 1965.

De Vries, Simon Philip: Jüdische Riten und Symbole, Wiesbaden ³2005.

Delf, Hanna; Schoeps, Julius H.; Walther, Manfred (Hg.): Spinoza in der europäischen Geistesgeschichte (= Studien zur Geistesgeschichte, Bd. 16), Berlin 1994.

Deppner, Martin Roman (Hg.): Die verborgene Spur. Jüdische Wege durch die Moderne, Bramsche 2009.

Deuber-Mankowsky, Astrid: Der frühe Walter Benjamin und Hermann Cohen. Jüdische Werte, Kritische Philosophie, vergängliche Erfahrung, Berlin 2000.

Deutsch, Yaacov: Judaism in Christian Eyes: Ethnographic Descriptions of Jews and Judaism in Early Modern Europe, New York 2012.

Dimant, Devorah; Parry, Donald W.; Clements, Geraldine I. (Hg.): Dead Sea Scrolls Handbook, Leiden; Boston 2014.

Diner, Dan: Den „Zivilisationsbruch" erinnern. Über Entstehung und Geltung eines Begriffs, in: Uhl, Heidemarie (Hg.): Zivilisationsbruch und Gedächtniskultur. Das 20. Jahrhundert in der Erinnerung des beginnenden 21. Jahrhunderts, Innsbruck 2003, S. 17–34.

Diner, Dan: Gedächtniszeiten. Über jüdische und andere Geschichten, München 2003.

Diner, Dan: Rituelle Distanz. Israels deutsche Frage, München 2015.

Diner, Dan: Zivilisationsbruch, Gegenrationalität, „gestaute Zeit". Drei interpretationsleitende Begriffe zum Thema Holocaust, in: Ehrlich, Ernst Ludwig (Hg.): „Meinetwegen ist die Welt erschaffen". Das intellektuelle Vermächtnis des deutschsprachigen Judentums, Frankfurt/Main 1997, S. 513–520.

Dogramaci, Burcu; Wimmer, Karin (Hg.): Netzwerke des Exils. Künstlerische Verflechtungen, Austausch und Patronage nach 1933, Berlin 2011.

Dohmen, Christoph; Stemberger, Günter: Hermeneutik der Jüdischen Bibel und des Alten Testaments, Köln 1996.

Dohrn, Verena: Jüdische Eliten im Russischen Reich. Aufklärung und Integration im 19. Jahrhundert, Köln 2008.

Dönitz, Saskia: Überlieferung und Rezeption des *Sefer Yosippon,* Tübingen 2013.

Dotan, Aharon (Hg.): Biblia Hebraica Leningradensia. Prepared According to the Vocalization, Accents, and Masora of Aaron ben Moses ben Asher in the Leningrad Codex, Leiden; Boston; Tokio; Köln 2001.

Douglas, Mary: In the Wilderness. The Doctrine of Defilement in the Book of Numbers, New York 2004.

Douglas, Mary: Leviticus as Literature, New York 2000.

Douglas, Mary: Reinheit und Gefährdung. Eine Studie zu Vorstellungen von Verunreinigung und Tabu, Frankfurt/Main 1988.

Dunn, James D. G. (Hg.): Jews and Christians: The Parting of the Ways, A. D. 70 to 135, Tübingen 1999.

Dunn, James D. G.: The New Perspective on Paul, Tübingen 2005.

Edrei, Arye: Holocaust Memorial: A Paradigm of Competing Memories in Religious and Secular Societies in Israel, in: Mendels, Doron (Hg.): On Memory: An Interdisciplinary Approach, Oxford 2007, S. 37–134.

Edward Breuer: Politics, Tradition, History: Rabbinic Judaism and the Eighteenth-Century Struggle for Civil Equality, in: *The Harvard Theological Review* 85 (1992), S. 357–383.

Efron, John M.: German Jewry and the Allure of the Sephardic, Princeton 2016.

Ehrenfreund, Jacques: Moses Mendelssohn, in: Schulze, Hagen; Francois, Etienne (Hg.): Deutsche Erinnerungsorte, Bd. 3, München 2001, S. 258–274.

Eisen, Arnold M.: Rethinking modern Judaism: Ritual, Commandment, Community, Chicago 1998.

Eisen, Ute E.; Gerber, Christine; Standhartinger, Angela (Hg.): Doing Gender – Doing Religion. Fallstudien zur Intersektionalität im frühen Judentum, Christentum und Islam, Tübingen 2013.

Elazar, Daniel J.; Mintz Geffen, Rela: The Conservative Movement in Judaism: Dilemmas and Opportunities, New York 2000.

Elazar, Daniel J.: The Other Jews: The Sephardim Today, New York 1989.

Elbogen, Ismar: Der Jüdische Gottesdienst in seiner geschichtlichen Entwicklung, Leipzig 1913.

Elbogen, Ismar: Ein Jahrhundert Wissenschaft des Judentums, Berlin 1922.

Eliav, Mordechai: Die Mädchenerziehung im Zeitalter der Aufklärung und der Emanzipation, in: Carlebach, Julius (Hg.): Zur Geschichte der jüdischen Frau in Deutschland, Berlin 1993, S. 97–111.

Elinson, Alexander E.: Looking back at Al-Andalus: The Poetics of Loss and Nostalgia in Medieval Arabic and Hebrew Literature, Leiden 2009.

Ellis, Marc H.: Toward a Jewish Theology of Liberation, Waco, TX 1987.

Elon, Menachem: Jewish Law: History, Sources, Principles, Bd. 1, Philadelphia 1994.

Endelman, Todd M.: Benjamin Disraeli and the Myth of Sephardi Superiority, in: *Jewish History* 10/2 (1996), S. 21–35.

Engel, David: Away from a Definition of Antisemitism: An Essay in the Semantics of Historical Description, in: Cohen, Jeremy; Rosman, Moshe (Hg.): Rethinking European Jewish History, Oxford; Portland 2009, S. 30–53.

Engel-Holland, Eva J.: Die Bedeutung Moses Mendelssohns für die Literatur des 18. Jahrhunderts, in: *Men-delssohn-Studien. Beiträge zur neueren deutschen Kulturgeschichte* 4 (1979), S. 111–159.

Epstein, Lawrence J.: The dream of Zion: The story of the first Zionist Congress, Lanham 2016.

Faierstein, Morris M.: Jewish Mystical Autobiographies: Book of Vision and Book of Secrets, New York 1999.

Fassmann, Maya: Jüdinnen in der deutschen Frauenbewegung 1865–1919, in: Carlebach, Julius (Hg.): Zur Geschichte der jüdischen Frau in Deutschland, Berlin 1993, S. 147–165.

Feil, Katharina S.: Art under Siege: The Art Scholarship of Rachel Wischnitzer in Berlin, 1921–1938, in: *Leo Baeck Institute Year Book* 44 (1999), S. 167–190.

Feilchenfeld, Alfred (Hg.): Denkwürdigkeiten der Glückel von Hameln, Berlin 1923.

Feiner, Shmuel; Sorkin, David (Hg.): New Perspectives on the Haskalah, Oxford 2004.

Feldman, Deborah: Unorthodox, Zürich 2016.

Fine, Steven: Art and Judaism in the Greco-Roman World: Toward a New Jewish Archaeology, Cambridge ²2010.

Finkelstein, Israel; Silberman, Neil A.: Keine Posaunen vor Jericho. Die archäologische Wahrheit über die Bibel, München ⁸2015.

Firestone, Reuven: Holy War in Judaism: The Fall and Rise of a Controversial Idea, New York 2012.

Fishof, Iris: Jüdische Buchmalerei in Hamburg und Altona, Hamburg 1999.

Fonrobert, Charlotte: Installations of Jewish Law in Public Urban Space: An American Eruv Controversy, in: *Chicago-Kent Law Review* 90/1 (2015), S. 63–77.

Fonrobert, Charlotte: Neighborhood as Ritual Space: The Case of the Rabbinic Eruv, in: *Archiv für Religionsgschichte* 10 (2008), S. 239–258.

Fonrobert, Charlotte: The Political Symbolism of the Eruv, in: *Jewish Social Studies* 11/3 (2005), S. 9–35.

Fontaine, Resianne; Schatz, Andrea; Zwiep, Irene (Hg.): Sepharad in Ashkenaz: Medieval Knowledge and Eighteenth-Century Enlightened Jewish Discourse, Amsterdam 2007.

Frampton, Travis L.: Spinoza and the rise of historical criticism of the Bible, New York 2006.

Freedman, David Noel; Beck, Astrid B.; Sanders, James A. (Hg.): The Leningrad Codex: A Facsimile Edition, Grand Rapids 1998.

Freidenreich, Harriet: Sephardim and Ashkenazim in Inter-War Yugoslavia: Attitudes toward Jewish Nationalism, in: *Proceedings of the American Academy for Jewish Research* 44 (1977), S. 53–80.

Frey Steffen, Therese: Gender, Leipzig 2006.

Friedland, Roger; Hecht, Richard: To rule Jerusalem, Berkeley 2000.

Friedman, Jerome: The Most Ancient Testimony: Sixteenth-Century Christian-Hebraica in the Age of Renaissance Nostalgia, Athens, OH 1983.

Friedman, Richard Elliot: Wer schrieb die Bibel? So entstand das alte Testament, Wien; Darmstadt 1989.

Frojmovic, Eva (Hg.): Imagining the self, imagining the other: Visual representation and Jewish-Christian dynamics in the Middle Ages and early modern period, Leiden 2002.

Fromer, Jakob: Der Talmud. Geschichte, Wesen und Zukunft, Berlin 1920.

Frye, Northrup: The Great Code: The Bible and Literature, Boston 2002.

Furmann, Liliana: Hypothesen zum Übergang von der biblischen Patrilinearität zur rabbinischen Matrilinearität, in: *Freiburger Universitätsblätter* 172 (2006), S. 45–54.

Fürst, Alfons: Jüdisch-christliche Gemeinsamkeiten im Kontext der Antike. Zur Hermeneutik der patristischen Theologie, in: Hünerman, Peter; Söding, Thomas (Hg.): Methodische Erneuerung der Theologie. Konsequenzen der wiederentdeckten jüdisch-christlichen Gemeinsamkeiten. (= Questiones Disputatae 200), Freiburg 2003, S. 71–92.

Galasso, Christina: Religious Space, Gender, and Power in the Sephardi Diaspora: The Return to Judaism of New Christian Men and Women in Livorno and Pisa, in: Lieberman, Julia (Hg.): Sephardi Family Life in the Early Modern Diaspora, Hanover; London 2011, S. 101–128.

Gallas, Elisabeth: Die Restitution jüdischer Kulturgüter Europas zwischen 1945 und 1952, in: Bertz, Inka; Dorrmann, Michael (Hg.): Raub und Restitution. Kulturgüter aus jüdischem Besitz von 1933 bis heute, Göttingen 2008, S. 209–215.

Galling, Kurt: Studien zur Geschichte Israels im persischen Zeitalter, Tübingen ³1979.

Gamoran, Hillel: Jewish Law in Transition: How Economic Forces Overcame the Prohibition Against Lending on Interest, New York 2008.

Ganzfried, Schelomo: Kizzur Schulchan Aruch, mit Punktation versehen, ins Deutsche übertragen von Selig Bamberger, 2 Bde, neue verbesserte Ausgabe, Basel 1988.

Geiger, Abraham: Darkhe ha-mishna ve-darkhe ha-sefarim ha-nilvim 'eleha Tosefta, Mekhilta, Sifra, Sifre, Leipzig 1859.

Geiger, Abraham: Die Gründung einer jüdisch-theologischen Facultät, ein dringendes Bedürfnis unserer Zeit, in: *Wissenschaftliche Zeitschrift für jüdische Theologie* 2/1 (1836), S. 1–21.

Geiger, Ludwig: Die deutsche Literatur und die Juden, Berlin 1910.

Gelhard, Dorothee; Lühe, Irmela von der (Hg.): Wer zeugt für den Zeugen? Positionen jüdischen Erinnerns im 20. Jahrhundert, Frankfurt/Main 2012.

Gerber, Jane S.: The Jews of Spain: A History of the Sephardic Experience, New York et al. 1994.

Gerdmar, Anders: Roots of Theological Antisemitism: German Biblical Interpretation and the Jews, from Herder and Semler to Kittel and Bultmann, Leiden 2009.

Gilman, L. Sander; Steinecke, Hartmut (Hg.): Deutschjüdische Literatur der 90er Jahre (= Beiheft der *Zeitschrift für deutsche Philologie,* Bd. 11), Berlin 2002.

Ginsburg, Christian D.: Introduction to the Massoretico-Critical Edition of the Hebrew Bible, London 1897.

Gitelman, Zvi (Hg.): Religion or Ethnicity? Jewish Identities in Evolution, New Brunswick; London 2009.

Gluzman, Michael: Verwirrung der Geschlechter auf Jüdisch. Der Zionismus und das Schauspiel des grotesken Leibes, in: Müller, Christiane E.; Schatz, Andrea (Hg.): Der Differenz auf der Spur. Frauen und Gender in Aschkenas, Berlin 2004, S. 231–258.

Gnilka, Joachim: Jesus von Nazareth. Botschaft und Geschichte, Freiburg 2007.

Goetschel, Willi: Neue Literatur zu Moses Mendelssohn, in: *Lessing Yearbook* 29 (1997), S. 199–208.

Goldberg, Harvey E.; Bram, Chen: Sephardic/Mizrahi/Arab-Jews: Reflections on Critical Sociology and the Study of Middle Eastern Jewries within the Context of Israeli Society, in: Medding, Peter (Hg.): Sephardic Jewry and Mizrahi Jews, Oxford 2007, S. 227–256.

Goldberg, Harvey E.: Jewish Passages: Cycles of Jewish Life, Berkeley; Los Angeles 2003.

Goldfine, Yitzhak: Einführung in das Jüdische Recht. Eine historische und analytische Untersuchung des

Jüdischen Rechts und seiner Institutionen, Hamburg 1973.

Goldman-Ida, Batsheva: Fragmented Mirror: Exhibition of Jewish Artists, Berlin 1907, Tel Aviv 2009.

Golinski, Hans-Günther; Hiekisch-Picard, Sepp (Hg.): Das Recht des Bildes. Jüdische Perspektiven in der modernen Kunst, Heidelberg 2003.

Gombrich, Ernst H.: Jüdische Identität und jüdisches Schicksal. Eine Diskussionsbemerkung, Brix, Emil; Baker, Frederick (Hg.), Wien ²2011.

Gordon, Aharon David: Erlösung durch Arbeit, Berlin 1929.

Grabski, August (Hg.): Rebels against Zion. Studies on the Jewish Left Anti-Zionism, Warschau 2011.

Graetz, Heinrich: Geschichte der Juden von den ältesten Zeiten bis auf die Gegenwart, Bd. 4, Leipzig 1908.

Graetz, Michael (Hg.): Ein Leben für die jüdische Kunst. Gedenkband für Hannelore Künzl, Heidelberg 2003.

Graizbord, David L.: Souls in Dispute: Converso Identities in Iberia and the Jewish Diaspora, 1580–1700, Philadelphia 2004.

Grandner, Margarete; Sauer, Edith (Hg.): Geschlecht, Religion und Engagement. Die jüdischen Frauenbewegungen im deutschsprachigen Raum, Wien 2005.

Grätzel, Stephan; Kreiner, Armin (Hg.): Religionsphilosophie, Stuttgart 1999.

Graupe, Heinz Mosche: Die Entstehung des modernen Judentums. Geistesgeschichte der deutschen Juden 1650–1942, Hamburg 1969.

Green, Arthur: Tormented Master: The Life and Spiritual Quest of Rabbi Nahman of Bratslav, Woodstock 1992.

Greenberg, Mark I.: A „Haven of Benignity": Conflict and Cooperation Between Eighteenth-Century Savannah Jews, in: *The Georgia Historical Quarterly* 86/4 (2002), S. 544–568.

Greenstein, Ran: Zionism and its Discontents. A Century of Radical Dissent in Israel/Palestine, London 2014.

Grill, Tobias: Westen im Osten. Deutsches Judentum und jüdische Bildungsreform in Osteuropa (1783–1939), Göttingen 2013.

Grimm, Gunter E.; Bayerdörfer, Hans-Peter (Hg.): Im Zeichen Hiobs. Jüdische Schriftsteller und deutsche Literatur im 20. Jahrhundert, Frankfurt/Main ²1986.

Gross, Abraham: Conversions and Martyrdom in Spain in 1391: A Reassessment of Ram Ben-Shalom, in: *Tarbiz* 71 (2002), S. 269–278 [Hebr.].

Gross, Abraham: On the Ashkenazi Syndrome of Martyrdom in Portugal in 1497, in: *Tarbiz* 64 (1994), S. 83–114 [Hebr.].

Gross, William L.: Catalogue of Catalogues: Bibliographical Survey of a Century of Temporary Exhibitions of Jewish Art, in: *Journal of Jewish Art 6* (1979), S. 133–157.

Grossman, Avraham: Beyn Sefarad, le-Zarfat, in: Mirsky, Aaron (Hg.): Galut ahar gola, Jerusalem 1988, S. 75–101 [Hebr.].

Grossman, Avraham: Pious and Rebellious: Jewish Women in Medieval Europe, Waltham, MA 2004.

Grossman, Avraham: Relations between Spanish and Ashkenazic Jewry in the Middle Ages, in: Beinart, Hayim (Hg.): Moreshet Sepharad: The Sephardic Legacy, Jerusalem 1992, Bd. 1, S. 220–239.

Grossman, Avraham: The Status of Jewish Women in Germany (10th–12th Centuries), in: Carlebach, Julius (Hg.): Zur Geschichte der jüdischen Frau in Deutschland, Berlin 1993, S. 17–35.

Grözinger, Karl E. (Hg.): Die Geschichten vom Baʿal Schem Tov, Schivche Ha-Bescht, hebräischer und jiddischer Text, 2 Bde., Wiesbaden 1997.

Grözinger, Karl E. (Hg.): Judentum im deutschen Sprachraum, Frankfurt/Main 1991.

Grözinger, Karl E.: Die Gegenwart des Sinai. Erzählungen und kabbalistische Traktate zur Vergegenwärtigung des Sinai, in: *Frankfurter Judaistische Beiträge* 16 (1988), S. 143–183.

Grözinger, Karl E.: Formen jüdischer Mystik, in: Ariel, D. S. (Hg.): Die Mystik des Judentums, München 1993, S. 7–20.

Grözinger, Karl E.: Jüdisches Denken. Theologie, Philosophie, Mystik, Bd. 1–4, Frankfurt/Main; Darmstadt 2004–2015.

Grözinger, Karl E.: Kafka und die Kabbala. Das Jüdische im Werk und Denken von Franz Kafka, Frankfurt/Main ⁵2014.

Grözinger, Karl E.: Licht und Erleuchtung in der Kabbala, in: Renger, Almut-Barbara (Hg.): Erleuchtung. Kultur- und Religionsgeschichte eines Begriffs, Freiburg et al. 2016, S. 273–293.

Grözinger, Karl E.: Musik und Gesang in der Theologie der frühen jüdischen Literatur, Tübingen 1982.

Grözinger, Karl E.: Types of Jewish Mysticism and their Relation to Theology and Philosophy, in: Fenton, P. B.; Goetschel, R. (Hg.): Expérience et écriture mystiques dans les religions du livre, Leiden; Boston; Köln 2000, S. 15–23.

Grözinger, Karl E.; Dan, J. (Hg.): Mysticism, Magic and Kabbalah in Ashkenazi Judaism, Berlin 1995.

Gruenwald, Ithamar: Rituals and Ritual Theory, Leiden 2003.

Günther, Hartmut; Ludwig, Otto (Hg.): Schrift und Schriftlichkeit. Ein interdisziplinäres Handbuch internationaler Forschung, Berlin 1994–1996.

Gurock, Jeffrey S.: Orthodox Jews in America, Bloomington 2009.

Gutmann, Josef: Sacred images: Studies in Jewish Art from Antiquity to the Middle Ages, Northampton 1989.

Gutterman, Alexander: Yehudim sefardim al admat Polin, in: *Pe'amim* 18 (1984), S. 53–79 [Hebr.].

Guttmann, Julius: Die Philosophie des Judentums, München 1933.

Guttstadt, Corry: Sepharden auf Wanderschaft. Vom Bosporus an die Spree, Elbe und Isar, in: Ayala, Amor; Denz, Rebekka; Salzer, Dorothea M.; Schmädel, Stephanie von (Hg.): Galut Sepharad in Ashkenaz. Sepharden im deutschsprachigen Kulturraum, Potsdam 2013, S. 89–112.

Haarmann, Harald: Universalgeschichte der Schrift, Frankfurt/Main; New York 1991.

Hacker, Joseph R. (Hg.): From Sages to Savants. Studies Presented to Avraham Grossman, Jerusalem 2010 [Hebr.].

Hahn, Hans-Joachim; Kistenmacher, Olaf (Hg.): Beschreibungsversuche der Judenfeindschaft. Zur Geschichte der Antisemitismusforschung vor 1944 (= Europäisch-jüdische Studien. Beiträge, Bd. 20), Berlin; München; Boston 2015.

Halevi Wise, Yael: Sephardism: Spanish Jewish History and the Modern Literary Imagination, Stanford 2012.

Halkin, Hillel: Jabotinsky: A Life, New Haven; London 2014.

Hansen-Glucklich, Jennifer: Holocaust Memory Reframed: Museums and the Challenges of Representation, New Brunswick 2014.

Harth, Dietrich; Schenk, Gerrit Jasper: Ritualdynamik. Kulturübergreifende Studien zur Theorie und Geschichte rituellen Handelns, Heidelberg 2004.

Harvey, Warren Zeev: Physics and Metaphysics in Hasdai Crescas, Amsterdam 1998.

Haß, Matthias: Gestaltetes Gedenken. Yad Vashem, das U. S. Holocaust Memorial Museum und die Stiftung Topographie des Terrors, Frankfurt/Main 2002, S. 135–141.

Havelock, Eric A.: Als die Muse schreiben lernte, Frankfurt/Main 1992.

Hayek, Friedrich: The Collected Works of Friedrich A. Hayek, Chicago 1989.

Hazan-Brunet, Natalie; Ackerman, Ada (Hg.): Futur Antérieur. L'avant-garde et le livre yiddish (1914–1939), Paris 2009.

Hecht, Louise: „Die Söhne sollt ihr unterrichten und nicht die Töchter" (bT Kidd 59b): Zur Ambivalenz des Frauenbildes in der jüdischen Presse der Aufklärung, in: Lappin, Eleonore; Nagel, Michael (Hg.): Frauen und Frauenbilder in der europäisch-jüdischen Presse von der Aufklärung bis 1945, Bremen 2007, S. 17–34.

Heil, Johannes: „Antijudaismus" und „Antisemitismus"-Begriffe als Bedeutungsträger, in: Benz, Wolfgang (Hg.): *Jahrbuch für Antisemitismusforschung* 6 (1997), S. 92–114.

Heil, Johannes: „Gottesfeinde" – „Menschenfeinde". Die Vorstellung von jüdischer Weltverschwörung (13. bis 16. Jahrhundert) (= Antisemitismus: Geschichte und Strukturen, Bd. 3), Essen 2006.

Heilman, Samuel C.: Defenders of the Faith: Inside Ultra-Orthodox Jewry, Berkeley 1992.

Heilman, Samuel C.: When a Jew Dies: The Ethnography of a Bereaved Son, Berkeley 2001.

Heimann-Jelinek, Felicitas: Thoughts on the Role of a European Jewish Museum in the 21st Century, in: Cohen, Richard I. et al. (Hg.): Visualizing and Exhibiting Jewish Space and History, Oxford 2012, S. 243–257.

Heine, Heinrich: Historisch-kritische Gesamtausgabe der Werke. In Verbindung mit dem Heinrich-Heine-Institut [Düsseldorfer Heine Ausgabe], hg. von Manfred Windfuhr, 16 Bde., Hamburg 1973–1997.

Heller, Marvin: Printing the Talmud: A history of the earliest printed editions of the Talmud, New York 1992.

Hendel, Ronald S.: Remembering Abraham: Culture, Memory, and History in the Hebrew Bible, Oxford 2005.

Heng, Geraldine: The Invention of Race in the European Middle Ages I: Race Studies, Modernity, and the Middle Ages, in: *Literature Compass* 8/5 (2011), S. 315–331.

Hengel, Martin: Judentum und Hellenismus, Tübingen 1988.

Herford, Robert Travers: Die Pharisäer, Leipzig 1928.

Herrmann, Klaus (Hg.): *Sefer Jezira*. Buch der Schöpfung (Übersetzung und Kommentar), Tübingen 2008.

Herrmann, Klaus: Massekhet Hagigah and Reform Judaism, in: Ilan, Tal et al. (Hg.): A Feminist Commentary on the Babylonian Talmud. Introduction and Studies, Tübingen 2007, S. 245–268.

Heschel, Abraham Joshua: Heavenly Torah: as refracted through the generations, edited and translated from the Hebrew with commentary by Gordon Tucker and Leonard Levin, London; New York ²2007.

Heschel, Abraham: Die Erde ist des Herrn, Neukirchen-Vluyn 1985.

Heuberger, Rachel: Aron Freimann und die Wissenschaft des Judentums, Tübingen 2004.

Hirsch, Samson Raphael: Herr Dr. Frankel, in: *Jeschurun* 7/8 (Mai 1861), S. 437–444.

Hobbs, Joseph J.: Mount Sinai, Austin 1995.

Hödl, Klaus (Hg.): Historisches Bewußtsein im jüdischen Kontext. Strategien – Aspekte – Diskurse, Innsbruck 2004.

Hoffman, Lawrence A.: May God remember: Memory and memorializing in Judaism, Woodstock 2013.

Hoffmann, David: Mar Samuel. Rector der jüdischen Akademie zu Nahardea in Babylonien. Lebensbild eines talmudischen Weisen der ersten Hälfte des dritten Jahrhunderts nach den Quellen dargestellt, Leipzig 1873.

Hoffmann-Curtius, Kathrin: Bilder zum Judenmord. Eine kommentierte Sichtung der Malerei und Zeichenkunst in Deutschland von 1945 bis zum Auschwitz-Prozess, Marburg 2014.

Holtschneider, K. Hannah: The Holocaust and Representations of Jews: History and Identity in the Museum, London 2011.

Homolka, Walter: Leo Baeck: Jüdisches Denken – Perspektiven für heute, Freiburg 2006.

Homolka, Walter: Jewish Jesus Research and its Challenge for Christology Today, Leiden 2017.

Homolka, Walter (Hg.): Liturgie als Theologie. Das Gebet als Zentrum im jüdischen Denken, Berlin 2005.

Homolka, Walter: Das Jüdische Eherecht, Berlin 2009.

Hoppe, Jens: Jüdische Geschichte und Kultur in Museen. Zur nichtjüdischen Museologie des Jüdischen in Deutschland, Münster 2002.

Horch, Hans Otto (Hg.): Handbuch der deutsch-jüdischen Literatur, Berlin 2015.

Horch, Hans Otto: „Was heißt und zu welchem Ende studiert man deutsch-jüdische Literaturgeschichte?" Prolegomena zu einem Forschungsprojekt, in: *German Life and Letters* 49 (1996), S. 124–135.

Horvath, Rita: The Role of the Survivors in the Remembrance of the Holocaust: Memorial Monuments and Yizkor books, in: Friedman, Jonathan C. (Hg.): The Routledge history of the Holocaust, New York 2011, S. 470–481.

Huschner, Wolfgang; Rexroth, Frank (Hg.): Gestiftete Zukunft im mittelalterlichen Europa, Berlin 2008.

Husik, Isaac: History of Mediaeval Jewish Philosophy, New York 1916.

Hyman, Paula E.: Gender and Assimilation in Modern Jewish History: The Roles and Representation of Women, Seattle; London 1985.

Hyman, Paula E.: The Modern Jewish Family: Image and Reality, in: Kraemer, David (Hg.): The Jewish Family: Metaphor and Memory, New York 1989, S. 173–193.

Idel, Moshe: Der Golem, Frankfurt/Main 2007.

Idel, Moshe: Language, Torah and Hermeneutics in Abraham Abulafia, Albany 1989.

Idel, Moshe: Messianic Mystics, New Haven; London 1998.

Idel, Moshe: Studies in Ecstatic Kabbalah, Albany 1988.

Idel, Moshe: The Mystical Experience in Abraham Abulafia, Albany 1987.

Ilan, Tal: Integrating Jewish Women into Second Temple History, Tübingen 1999.

Ilan, Tal: Jewish Women in Greco-Roman Palestine: An Inquiry into Image and Status, Tübingen 1995.

Ilan, Tal: Massekhet Ta'anit. Text, Translation, and Commentary, Tübingen 2008.

Ilan, Tal: Mine and Yours are Hers: Retrieving Women's History from Rabbinic Literature, Leiden 1997.

Ilan, Tal; Or, Tamara; Salzer, Dorothea M.; Steuer, Christiane; Wandrey, Irina (Hg.): A Feminist Commentary on the Babylonian Talmud. Introduction and Studies, Tübingen 2007.

Israel, Jonathan: Diasporas within a Diaspora: Jews, Crypto-Jews and the World Maritime Empires, 1540–1740, Leiden 2002.

Jacobs, Louis: Hasidic Prayer, New York ²1978.

Jacobs, Louis: Jewish Mystical Testimonies, New York 1976.

Jacobs, Martin: Islamische Geschichte in jüdischen Chroniken. Hebräische Historiographie des 16. und 17. Jahrhunderts, Tübingen 2004.

Janowski, Bernd; Welker, Michael (Hg.): Opfer. Theologische und kulturelle Kontexte, Frankfurt/Main 2000.

Jarrassé, Dominique: Existe-t-il un art juif?, [Paris] 2006.

Joas, Hans (Hg.): Die Zehn Gebote. Ein widersprüchliches Erbe (= Schriften des Deutschen Hygienemuseums Dresden), Köln 2006.

Jonas, Hans: Gnosis. Die Botschaft des fremden Gottes, hg. von Christian Wiese, Frankfurt/Main 1999.

Jüdisches Museum Frankfurt (Hg.): Was übrig blieb. Das Museum jüdischer Altertümer in Frankfurt 1922–1938, Frankfurt 1988.

Jung, Leo: Business Ethics in Jewish Law, New York 1980.

Jütte, Robert: Die Emigration der deutschsprachigen „Wissenschaft des Judentums". Die Auswanderung jüdischer Historiker nach Palästina 1933–1945, Stuttgart 1991.

Kaatz, Saul: Die mündliche Lehre und ihr Dogma, 2 Bde., Leipzig 1922–1923.

Kagan, Richard L. (Hg.): Atlantic Diasporas: Jews, Conversos, and Crypto-Jews in the Age of Mercantilism, 1500–1800, Baltimore 2009.

Kahle, Paul E.: Masoreten des Ostens. Die ältesten punktierten Handschriften des Alten Testaments und der Targume, Leipzig 1913 [ND Hildesheim ²2001].

Kahle, Paul E.: Masoreten des Westens, 2 Bde., Stuttgart 1927–1930 [ND Hildesheim 2005].

Kahle, Paul E.: The Cairo Geniza, London 1947; dt. Ausgabe: Die Kairoer Genisa, Untersuchungen zur Geschichte des hebräischen Bibeltextes und seiner Übersetzungen, hg. von R. Meyer, Berlin 1962.

Kallir, Alfred: Sign and Design. Die psychogenetischen Quellen des Alphabets, Berlin 2002.

Kampf, Avram: Jüdisches Erleben in der Kunst des 20. Jahrhunderts, Weinheim 1987.

Kampling, Rainer (Hg.): „Wie schön sind deine Zelte, Jakob, deine Wohnungen, Israel" (Num 24,5). Beiträge zur Geschichte jüdisch-europäischer Kultur, Frankfurt/Main 2009.

Kampling, Rainer: „Denn unsere Erinnerungen sind Euer einziges Grab". Institutionalisierte Formen der Erinnerung, in: Gelhard, Dorothee; Lühe, Irmela von der (Hg.): Wer zeugt für den Zeugen? Positionen jüdischen Erinnerns im 20. Jahrhundert, Frankfurt/Main 2012, S. 37–50.

Kampling, Rainer: „Groß erzeigt sich ER über die Mark Jisraels". Zur Gegenwart und Vergegenwärtigung Israels in der christlichen Liturgie, in: Homolka, Walter (Hg.): Liturgie als Theologie. Das Gebet als Zentrum im jüdischen Denken, Berlin 2005, S. 154–162.

Kampling, Rainer: Das Blut Christi und die Juden. Mt 27,25 bei den lateinischsprachigen christlichen Autoren bis zu Leo dem Großen, Münster 1984.

Kampling, Rainer: Die Neo-Orthodoxie des 19. Jahrhunderts und die Haskala. Randbemerkungen zu übersehenen Nähen, in: Braun, Christina von (Hg.): Was war deutsches Judentum? 1870–1933 (= Europäisch-jüdische Studien, Bd. 24), Berlin 2015, S. 61–70.

Kampling, Rainer; Weinrich, Michael (Hg.): Dabru Emet – redet Wahrheit. Eine jüdische Herausforderung zum Dialog mit den Christen, Gütersloh 2003.

Kantorowicz, Ernst H.: Die zwei Körper des Königs. Eine Studie zur politischen Theologie des Mittelalters, München 1990.

Kaplan, Aryeh: Meditation and Kabbalah, York Beach 1982.

Kaplan, Dana Evan: Contemporary American Judaism, New York 2009.

Kaplan, Dana Evan: The New Reform Judaism, Philadelphia 2013.

Kaplan, Marion: Jüdisches Bürgertum. Frau, Familie und Identität im Kaiserreich, Hamburg 1997.

Kaplan, Mordecai M.: Judaism as a Civilization: Toward a Reconstruction of American-Jewish Life, New York 1934.

Kaplan, Nathan Lee: Management Ethics and Talmudic Dialectics: Navigating Corporate Dilemmas with the Indivisible Hand, Wiesbaden 2014.

Kaplan, Yosef: The Portuguese Community in 17th-Century Amsterdam and the Ashkenazi World, in: Michman, Jozeph (Hg.): Dutch Jewish History, 3 Bde., Jerusalem 1984–1993, Bd. 2, S. 23–45.

Karsh, Ephraim: Palestine Betrayed, New Haven 2010.

Kątny, Andrzej; Olszewska, Izabela; Twardowska, Aleksandra (Hg.): Ashkenazim and Sephardim: A European Perspective, Frankfurt/Main 2013.

Kattago, Siobhan: Memory and Representation in Contemporary Europe: The Persistence of the Past, Farnham 2012.

Katz, Jacob: Tradition und Krise. Der Weg der jüdischen Gesellschaft in die Moderne, München 2002.

Katz-Freiman, Tami; Zalmona, Yigal: Antipathos: Black Humor, Cynicism and Irony in Contemporary Israeli Art, Jerusalem 1993.

Katznelson, Siegmund (Hg.): Juden im deutschen Kulturbereich. Ein Sammelwerk, Berlin ³1962.

Kaufmann, Thomas: Luthers „Judenschriften", Tübingen 2011.

Kaumkötter, Jürgen: Der Tod hat nicht das letzte Wort. Kunst in der Katastrophe, Berlin 2015.

Kay, Devra: An Alternative Prayer Canon for Women: The Yiddish *Seyder tkhines,* in: Carlebach, Julius (Hg.): Zur Geschichte der jüdischen Frau in Deutschland, Berlin 1993, S. 49–85.

Kedourie, Elie (Hg.): Spain and the Jews: The Sephardi Experience 1492 and After, London 1992.

Keen, Michael: Jewish ritual art in the Victoria and Albert Museum, London 1991.

Kenan, Orna: Between memory and history: The evolution of Israeli historiography of the Holocaust 1945–1996, New York 2003.

Kennecke, Andreas: Isaac Euchel. Architekt der Haskala, Göttingen 2007.

Keßler, Katrin: Ritus und Raum der Synagoge. Liturgische und religionsgesetzliche Voraussetzungen für den Synagogenbau in Mitteleuropa (=Schriften der Bet Tfila – Forschungsstelle für jüdische Architektur in Europa, Bd. 2), Petersberg 2007.

Khan, Geoffrey: A Short Introduction to the Tiberian Massoretic Bible and its Reading Tradition, Piscataway 2012.

Kilcher, Andreas B.: Lexikon der deutsch-jüdischen Literatur. Jüdische Autorinnen und Autoren deutscher Sprache von der Aufklärung bis zur Gegenwart, Stuttgart 2000.

Kirn, Hans-Martin: Israel als Gegenüber der Reformatoren, in: Siegert, Folker (Hg.): Israel als Gegenüber, Göttingen 2000, S. 290–321.

Kisch, Guido (Hg.): Das Breslauer Seminar. Jüdisch-Theologisches Seminar (Fraenckelscher Stiftung) in Breslau 1854–1938, Gedächtnisschrift, Tübingen 1963.

Kleeblatt, Norman L. (Hg.): Action – Abstraction: Pollock, de Kooning and American Art 1940–1976, New Haven 2008.

Kleeblatt, Norman L. (Hg.): Mirroring evil: Nazi imagery, recent art, New York 2002.

Kleeblatt, Norman L. (Hg.): Too Jewish: Challenging Traditional Identities, New York 1996.

Klein, Birgit E.: „Der Mann – ein Fehlkauf". Entwicklungen im Ehegüterrecht und die Folgen für das Geschlechterverhältnis im spätmittelalterlichen Aschkenas, in: Müller, Christiane E.; Schatz, Andrea (Hg.): Der Differenz auf der Spur. Frauen und Gender in Aschkenas, Berlin 2004, S. 69–100.

Klein, Michele: A Time to Be Born: Customs and Folklore of Jewish Birth, Philadelphia 1998.

Klingenberg, Eberhard: Das israelitische Zinsverbot in Tora, Mischnah und Talmud, in: Abhandlungen der Geistes- und Sozialwissenschaftlichen Klasse der Akademie der Wissenschaften und der Literatur, Mainz 1977.

Klüger, Ruth: Katastrophen. Über deutsche Literatur, Göttingen 1994.

Kogman-Apel, Katrin: A Mahzor from Worms: Art and Religion in a Medieval Jewish Community, Cambridge 2012.

Köhr, Katja: Die vielen Gesichter des Holocaust. Museale Repräsentationen zwischen Individualisierung, Universalisierung und Nationalisierung, Göttingen 2012.

Konner, Melvin: Unsettled: An Anthropology of the Jews, New York 2003.

Kraemer, David: Jewish Eating and Identity through the Ages, New York 2007.

Krause, Wolfgang; Henrix, Hans Hermann (Hg.): Die Kirchen und das Judentum, 2 Bde., Gütersloh 2001.

Kreinath, Jens; Snoek, Jan; Stausberg, Michael: Theorizing Rituals: Issues, Topics, Approaches, Concepts, Leiden 2006.

Kreisel, Howard: Prophecy: The History of an Idea in Medieval Jewish Philosophy (= Amsterdam Studies in Jewish Thought, Bd. 8), Dordrecht et al. 2001.

Kremers, Heinz (Hg.): Die Juden und Martin Luther, Neukirchen-Vluyn 1987.

Kremers, Heinz; Schoeps, Julius H. (Hg.): Das jüdisch-christliche Religionsgespräch, Stuttgart; Bonn 1988.

Krieger, David J.; Belliger, Andréa: „Ritual und Ritualforschung“. Einleitung zu Ritualtheorien. Ein einführendes Handbuch, Wiesbaden 2013.

Krojanker, Gustav (Hg.): Juden in der deutschen Literatur. Essays über zeitgenössische Schriftsteller, Berlin 1922.

Kügler, Joachim (Hg.): Bayreuther Forum TRANSIT, Impuls oder Hindernis? Mit dem Alten Testament in multireligiöser Gesellschaft. Beiträge des Internationalen Bibel-Symposiums Bayreuth 27.–29. September 2002, Münster 2004.

Kuhn, Ernst; Wolter, Günter (Hg.): Dmitri Schostakowitsch und das jüdische musikalische Erbe, Berlin 2001.

Künzl, Hannelore: Die jüdische Kunst. Von der biblischen Zeit bis in die Gegenwart, München 1992.

Lachower, F.: The Wisdom of the Zohar, 4. Bde., Oxford 1991.

Lamping, Dieter: Jüdische Literatur, in: Brenner, Michael; Rohrbacher, Stefan (Hg.): Wissenschaft vom Judentum. Annäherungen nach dem Holocaust, Göttingen 2000, S. 198–206.

Landsberger, Franz: Jewish artists before the period of emancipation, in: *Hebrew Union College Annual* 16 (1941), S. 321–414.

Landsberger, Franz: New studies in early Jewish artists, in: *Hebrew Union College Annual* 18 (1944), S. 279–331.

Landy, Marcia (Hg.): The historical film: History and memory in media, New Brunswick 2001.

Lanfranchi, Pierluigi: L'Exagoge d'Ézéchiel le Tragique (= Studia in Veteris Testamenti Pseudepigrapha, Bd. 21), Leiden; Boston 2006.

Lappin, Eleonore; Nagel, Michael (Hg.): Frauen und Frauenbilder in der europäisch-jüdischen Presse von der Aufklärung bis 1945, Bremen 2007.

Laqueur, Walter (Hg.): The Holocaust encyclopedia, New Haven 2001.

Lehmann, Matthias B.: Emissaries from the Holy Land: The Sephardic Diaspora and the Practice of Pan-Judaism in the Eighteenth Century, Stanford 2014.

Leibowitz, Jeshajahu: Gespräche über Gott und die Welt mit Michael Shashar in Jerusalem 1987, Frankfurt/ Main 1990.

Leicht, Reimund; Freudenthal, Gad (Hg.): Studies on Steinschneider: Moritz Steinschneider and the Emergence of the Science of Judaism in Nineteenth-Century Germany, Leiden 2011.

Leiman, Sid Z.: The Canon and Masorah of the Hebrew Bible: An Introductory Reader (= The Library of Biblical Studies), New York 1974.

Leiman, Sid Z.: The Canonization of Hebrew Scripture: The Talmudic and Midrashic Evidence (= Transactions of the Connecticut Academy of Arts and Science, Bd. 47), Hamden, CN 1976.

Levie Bernfeld, Tirtsah: Poverty and Welfare among the Portuguese Jews in Early Modern Amsterdam, Oxford 2012.

Levinas, Emmanuel: Die Spur des Anderen, Freiburg 2007.

Levine, Aaron: Economic Public Policy and Jewish Law, New York 1993.

Levine, Aaron: Free Enterprise and Jewish Law. Aspects of Jewish Business Ethics, New York 1980.

Levine, Emily J.: Dreamland of Humanists: Warburg, Cassirer, Panofsky, and the Hamburg School, Chicago 2013.

Levine, Lee I. (Hg.): From Dura to Sepphoris: Studies in Jewish art and society in late antiquity, Portsmouth 2000.

Levine, Lee I.: The Ancient Synagogue: The First Thousand Years, New Haven 2000.

LeVitte Harten, Doreet; Zalmona, Yigal (Hg.): Die neuen Hebräer. 100 Jahre Kunst in Israel, Berlin 2005.

Levy Lipis, Mimi: Symbolic Houses in Judaism: How Objects and Metaphors Construct Hybrid Places of Belonging, Surrey; Burlington VT 2011.

Levy, Ze'ev: Between Yafeth and Shem: On the Relationship between Jewish and General Philosophy, New York 1987.

Lezzi, Eva; Salzer, Dorothea M. (Hg.): Dialog der Disziplinen. Jüdische Studien und Literaturwissenschaft, Berlin 2009.

Liebeschütz, Hans: Das Judentum im deutschen Geschichtsbild von Hegel bis Max Weber, Tübingen 1967.

Liebman, Stuart (Hg.): SHOAH: Key Essays, Cambridge 2007.

Lieu, Judith: Image and Reality: The Jews in the World of the Christians in the Second Century, Edinburgh 1996.

Lifshitz, Berachyahu: The Age of the Talmud, in: N. S. Hecht; B. S. Jackson; S. M. Passamaneck (Hg.): An Introduction to the History and Sources of Jewish Law, Oxford 1996.

Loewenthal, N.: Communicating the Infinite: The Emergence of the Habad School, Chicago; London1990.

Lohmann, Uta: „Dem Wahrheitsforscher zur Belehrung". Die Herausgaben von Moses Mendelssohns *Ha-Nefesh* (1787) und *Phädon* (1814–1821) durch David Friedländer: Kontexte, Adressaten, Intentionen, in: *Mendelssohn Studien. Beiträge zur neueren deutschen Kulturgeschichte* 19 (2015), S. 45–77.

Lowenstein, Steven M., Jüdisches Leben – Jüdischer Brauch, Düsseldorf 2002.

Löwith, Karl: Weltgeschichte und Heilsgeschehen. Die theologischen Voraussetzungen der Geschichtsphilosophie, Stuttgart 1953.

Lucas, Leopold: Zur Geschichte der Juden im vierten Jahrhundert. Der Kampf zwischen Christentum und Judentum, Berlin 1910 [ND Hildesheim 1985].

Lutz-Bachmann, Matthias; Fidora, Alexander (Hg.): Juden, Christen und Muslime. Religionsdialoge im Mittelalter, Darmstadt 2004.

Maccoby, Hyam: Judaism on Trial: Jewish-Christian Dialogues in the Middle-Ages, Portland 2006.

Magall, Miriam: Kleine Geschichte der jüdischen Kunst, Köln 1984.

Maiberger, Paul: Topographische und historische Untersuchungen zum Sinaiproblem. Worauf beruht die Identifizierung des Ǧabal Mūsā mit dem Sinai? (= Orbis Biblicus et Orientalis, Bd. 54), Mainz; Freiburg 1984.

Mann, Vivian B. (Hg.); Grafman, Rafi (Bearb.): Crowning glory: Silver torah ornaments of the Jewish Museum, Boston 1996.

Mann, Vivian B.: Art and Ceremony in Jewish Life: Essays in Jewish Art History, London 2005.

Mann, Vivian B.: Jewish Art and Visual Culture: A Century of Academic Achievement, in: *Studia Rosenthaliana* 45 (2014), S. 9–16.

Mann, Vivian B.: Jewish texts on the visual arts, Cambridge 2000.

Manuel, Frank: The Broken Staff: Judaism through Christian Eyes, Cambridge, MA 1992.

Mark, Zvi: Mysticism and Madness: The Religious Thought of Rabbi Nachman of Bratslav, Bloomsbury 2009

Marks, Gil: Encyclopedia of Jewish Food, New York 2010.

Markus, Ivan: Rituals of Childhood, New Haven 1996.

Markus, Ivan: The Jewish Life Cycle: From Biblical to Modern Times, Seattle 2004.

Marquard, Odo: Schwierigkeiten mit der Geschichtsphilosophie, Frankfurt/Main 1973.

Mayer, Hans: Außenseiter, Frankfurt/Main 1975.

Mayer, L. A.: Bibliography of Jewish Art, Jerusalem 1967.

McCarthy, Carmel: The *Tiqqune Sopherim* and other theological corrections in the Masoretic text of the Old Testament (= Orbis Biblicus et Orientalis, Bd. 36), Fribourg 1980.

McNamara, Martin: Targum Neofiti 1, Exodus, Edinburgh 1994.

Méchoulan, Henry (Hg.): Les Juifs d'Espagne. Histoire d'une diaspora (1492–1992), Paris 1992.

Medding, Peter Y. (Hg): Sephardic Jewry and Mizrahi Jews (= Studies in Comtemporary Jewry, Bd. 22), Oxford 2007.

Melammed, Renée Levine: Heretics or Daughters of Israel? The Crypto-Jewish Women of Castile, New York 1999.

Menache, Sophia (Hg.): Communication in the Jewish Diaspora: The Pre-Modern World, Leiden 1996.

Mendels, Doron (Hg.): On Memory: An Interdisciplinary Approach, Oxford 2007.

Mendelsohn, Ezra: Painting a People: Maurycy Gottlieb and Jewish Art, Hanover, NH 2002.

Mendes-Flohr, Paul R.; Reinharz, Jehuda (Hg.): The Jew in the modern world: A documentary history, New York 1980.

Mendes-Flohr, Paul; Schäfer, Peter (Hg.): Martin Buber Werkausgabe, Bd. 3: Schäfer, Barbara (Hg.): Frühe jüdische Schriften 1900–1922, Gütersloh 2007.

Mendes-Flohr, Paul; Schäfer, Peter (Hg.): Martin Buber Werkausgabe, Bd. 7: Bilsky, Emily D.; Breitenbach, Heike; Rokem, Freddie; Witte, Bernd (Hg.): Schriften zu Literatur, Theater und Kunst. Lyrik, Autobiographie und Drama, Gütersloh 2016.

Menny, Anna Lena: Spanien und Sepharad. Über den offiziellen Umgang mit dem Judentum im Franquismus und in der Demokratie, Göttingen 2013.

Meyer, Hermann M. Z.: Moses Mendelssohn-Bibliographie. Mit einigen Ergänzungen zur Geistesgeschichte des ausgehenden 18. Jahrhunderts. Mit einer Einführung von Hans Herzfeld (= Veröffentlichungen der Historischen Kommission zu Berlin, Bd. 26], Berlin 1965.

Meyer, Michael A.: Antwort auf die Moderne. Geschichte der Reformbewegung im Judentum, Wien 2000.

Meyer, Michael A.: Jüdische Identität in der Moderne, Frankfurt/Main 1992.

Meyer, Michael A.: Jüdische Wissenschaft und jüdische Identität, in: Carlebach, Julius (Hg.): Wissenschaft des Judentums = [Hokhmat Yiśra'el]: Anfänge der Judaistik in Europa, Darmstadt 1992, S. 3–20.

Meyer, Michael A.: The origins of the modern Jew: Jewish identity and European culture in Germany [1967], Detroit ⁴1984.

Meyer, Thomas: Standortbestimmungen. Zum Problem einer „jüdischen Philosophie", in: *Widerspruch* 21/37 (2001), S. 26–41.

Meyer, Thomas; Kilcher, Andreas (Hg.): Die „Wissenschaft des Judentums". Eine Bestandsaufnahme, Paderborn 2015.

Middleton, David; Edwards, Derek: Collective Remembering, London 1990.

Miller, Stuart: At the Intersection of Texts and Material Finds: Stepped Pools, Stone Vessels, and Ritual Purity, Göttingen 2015.

Moore, Clare (Hg.): The Visual Dimension: Aspects of Jewish Art. Published in Memory of Isaiah Shachar (1935–1977), Boulder 1993.

Morgenstern, Mathias: Mutter-, Schwester- oder Tochterreligion? Religionswissenschaftliche Beobachtungen und Überlegungen zum Verhältnis von Judentum und Christentum, in: *Dialog („Du-Siach").* *Christlich-jüdische Informationen* 67 (2007), S. 19–26.

Morgenstern, Matthias: Gender und Judentum, Berlin 2014.

Morris, Benny: 1948, New Haven; London 2008.

Morris, Benny: One State, Two States: Resolving the Israel/Palestine Conflict, New Haven 2009.

Morris, Benny: The Birth of the Palestinian Refugee Problem revisited, Cambridge 2004.

Moses, Stéphane; Schöne, Albrecht (Hg.): Juden in der deutschen Literatur. Ein deutsch-israelisches Symposion, Frankfurt/Main 1986.

Mulder, Martin Jan; Sysling, Harry (Hg.): Mikra – Text, Translation, Reading and Interpretation of the Hebrew Bible in Ancient Judaism and Early Christianity (= Compendia Rerum Iudaicarum ad Novum Testamentum, Section II, Bd. 1), Assen; Maastricht; Philadelphia 1988.

Müller, Christiane E.; Schatz, Andrea (Hg.): Der Differenz auf der Spur. Frauen und Gender in Aschkenas, Berlin 2004.

Müller, Klaus: „Bilderverbot" oder: Wie ein theologisches Missverständnis ein philosophischer Mythos wird, in: Joas, Hans (Hg.): Die Zehn Gebote. Ein widersprüchliches Erbe, Köln 2006, S. 33–45.

Munk, Salomon: Esquisse historique de la philosophie chez les Juifs, Paris 1859.

Mutius, Hans-Georg: Die hebräischen Bibelzitate beim englischen Scholastiker Odo (= Judentum und Umwelt, Bd. 78), Frankfurt/Main; Berlin; Bern et al. 2006.

Mutius, Hans-Georg: Die Masoreten als Textverfälscher? Neue Überlegungen zu einem bekannten Problem in Genesis 1,20, in: *Biblische Notizen* 81 (1996), S. 15–20.

Naaman, Shlomo: Emanzipation und Messianismus. Leben und Werk des Moses Heß, Frankfurt/Main; New York 1982.

Nadler, Stephen: Spinoza: A Life, Cambridge 1999.

Nagel, Michael (Hg.): Zwischen Selbstbehauptung und Verfolgung. Deutsch-jüdische Zeitungen und Zeitschriften von der Aufklärung bis zum Nationalsozialismus, Hildesheim 2002.

Nahon, Gérard: From New Christians to the Portuguese Jewish Nation in France, in: Beinart, Haim (Hg.): Moreshet Sepharad: The Sephardi Legacy, 2 Bde., Jerusalem 1992, S. 336–364.

Nahon, Gérard: Sépharades et Achkénazes en France. La conquête de l'émancipation, in: Yardeni, Myriam (Hg.): Les Juifs dans l'histoire de France. Premier colloque international de Haifa, Leiden 1980, S. 121–145.

Necker, G.: Einführung in die lurianische Kabbala, Berlin 2008.

Nemtsov, Jascha: Der Zionismus in der Musik. Jüdische Musik und nationale Idee, Wiesbaden 2009.

Nemtsov, Jascha: Deutsch-jüdische Identität und Überlebenskampf. Jüdische Komponisten im Berlin der NS-Zeit, Wiesbaden 2010.

Nemtsov, Jascha: Die Neue Jüdische Schule in der Musik, Wiesbaden 2004.

Nemtsov, Jascha: Doppelt vertrieben. Deutsch-jüdische Komponisten aus dem östlichen Europa in Palästina/Israel, Wiesbaden 2013.

Nemtsov, Jascha; Simon, Hermann: Louis Lewandowski. „Liebe macht das Lied unsterblich!" (= Jüdische Miniaturen, Bd. 114), Berlin 2011.

Neugebauer, Rosamunde: Zeichnen im Exil – Zeichen des Exils? Handzeichnungen und Druckgraphik deutschsprachiger Emigranten ab 1933, Weimar 2003.

Neumark, David: Geschichte der jüdischen Philosophie des Mittelalters, 3 Bde., Berlin 1907–1910.

Neusner, Jacob: Four Stages of Rabbinic Judaism, London 1999.

Neusner, Jacob: Introduction to Rabbinic Literature, New York; London 1994.

Neusner, Jacob: Jerusalem and Athens: The Congruity of Talmudic and Classical Philosophy, Leiden; Boston 1997.

Neusner, Jacob: Talmud Torah: Ways To God's Presence Through Learning. An Exercise in Practical Theology, Lanham; New York; Oxford 2002.

Neuwirth, Angelika: Der Koran als Text der Spätantike. Ein europäischer Zugang, Frankfurt/Main 2010.

Nieszawer, Nadine: Peintres juifs à Paris: 1905–1939. École de Paris, Paris ²2014.

Niewöhner, Friedrich: „Jüdische Philosophie – Versuch einer Begriffsbestimmung", in: *Widerspruch* 21/37 (2001), S. 66–69.

Niewöhner, Friedrich: Veritas sive Varietas. Lessings Toleranzparabel und das Buch Von den drei Betrügern, Heidelberg 1988.

Nigal, G.: Magic, Mysticism, and Hasidism. The Supernatural in Jewish Thought, Nortwale; London1994.

Nirenberg, David: Anti-Judaismus. Eine andere Geschichte des westlichen Denkens, München 2015.

Nonn, Christoph: Antisemitismus, Darmstadt 2008.

Nöthlings, Christoph: Religionsphilosophie des Judentums, in: Grätzel, Stephan; Kreiner, Armin (Hg.): Religionsphilosophie, Stuttgart 1999, S. 163–208, S. 296–298.

Ohana, David: Political theologies in the Holy Land: Israeli messianism and its critics, London 2010.

Olin, Margaret: „Early Christian Synagogues" and „Jewish Art Historians": The Discovery of the Synagogue of Dura-Europos, in: *Marburger Jahrbuch für Kunstwissenschaft* 27 (2000), S. 7–28.

Olin, Margret: The Nation without Art: Examining Modern Discourses on Jewish Art, Lincoln, NE 2001.

Olmer, Heinrich C.: Wer ist Jude? Ein Beitrag zur Diskussion über die Zukunftssicherung der jüdischen Gemeinschaft, Würzburg 2010.

Olson, David R.; Torrance, Nancy (Hg.): Literacy and Orality, Cambridge et al. 1991.

Ong, Walter J.: Oralität und Literalität. Die Technologisierung der Worte, Opladen 1987.

Opitz-Belakhal, Claudia: Geschlechtergeschichte, Frankfurt/Main 2010.

Or, Tamara: Massekhet Betsah. Text, Translation, and Commentary, Tübingen 2010.

Or, Tamara: Vorkämpferinnen und Mütter des Zionismus. Die deutsch-zionistischen Frauenorganisationen (1897–1938), Frankfurt/Main 2009.

Pape, Ilan: Die ethnische Säuberung Palästinas, Hamburg 2007.

Patai, Rafael (Hg.): The Messiah Texts: Jewish Legends of Three Thousand Years, Detroit 1979.

Pava, Moses: Business Ethics: A Jewish Perspective, New York 1998.

Peck, Jeffrey M.: Being Jewish in the New Germany, New Brunswick; London 2006.

Penkower, Jordan S.: Masorah and Text Criticism in the Early Modern Mediterranean: Moses Ibn Zabara and Menahem de Lonzano, Jerusalem 2014.

Peterson, Erik: Die Kirche aus Juden und Heiden, in: ders. (Hg.): Theologische Traktate, München 1950.

Phillips Casteel, Sarah: Calypso Jews: Jewishness in the Caribbean Literary Imagination, New York 2016.

Picard, Jaques: Aphrodite zu Besuch bei Raban Gamaliel. Über Bilderverbot, Kunstproduktion und Körperlichkeit, in: Kampling, Rainer (Hg.): „Wie schön sind deine Zelte, Jakob, deine Wohnungen, Israel" (Num 24,5). Beiträge zur Geschichte jüdisch-europäischer Kultur, Frankfurt/Main 2009, S.79–98.

Pickhan, Gertrud: „Gegen den Strom". Der Allgemeine Jüdische Arbeiterbund „Bund" in Polen 1918–1939, Leipzig 2001.

Pinto, Isaac de: Apologie pour la nation juive. Réflexions critiques sur le premier chapitre du VIIe tome des œuvres de M. Voltaire, Amsterdam 1762.

Porter, Stanley E.; Pearson, Brook W. R. (Hg.): Christian-Jewish Relationships through the Centuries, Sheffield 2000.

Posner, Raphael; Kaploun, Uri; Cohen, Shalom (Hg.): Jewish Liturgy: Prayer and Synagogue Service Throughout the Ages, Jerusalem 1975.

Preus, James S.: Spinoza and the irrelevance of biblical authority, Cambridge 2001.

Raggam-Blesch, Michaela: Frauen zwischen den Fronten. Jüdinnen in feministischen, politischen und philanthropischen Bewegungen in Wien an der Wende des 19. zum 20. Jahrhundert, in: Grandner, Margarete; Sauer, Edith (Hg.): Geschlecht, Religion und Engagement. Die jüdischen Frauenbewegungen im deutschsprachigen Raum, Wien 2005, S. 25–56.

Raphael, Marc Lee: Profiles in American Judaism: The Reform, Conservative, Orthodox, and Reconstructionist Traditions in Historical Perspective, New York 1984.

Rapoport-Albert, Ada: Women and the Messianic Heresy of Sabbatai Zevi: 1666–1816, Oxford 2011.

Rappaport, Josef H.: Das Darlehen nach talmudischem Recht, in: *Zeitschrift für Vergleichendes Recht* 47 (1933).

Raspe, Lucia: Jüdische Hagiographie im mittelalterlichen Aschkenas, Tübingen 2006.

Rauschenbach, Sina: Josef Albo. Jüdische Philosophie und christliche Kontroverstheologie in der Frühen Neuzeit, Leiden 2002.

Rauschenberger, Katharina: Jüdische Tradition im Kaiserreich und in der Weimarer Republik. Zur Geschichte des jüdischen Museumswesens in Deutschland, Hannover 2002.

Ray, Jonathan: New Approaches to the Jewish Diaspora: The Sephardim as a Sub-Ethnic Group, in: *Jewish Social Studies,* N. S. 15/1 (2008), S. 10–31.

Reich-Ranicki, Marcel: Über Ruhestörer. Juden in der deutschen Literatur, München [4]2000.

Reinharz, Jehuda; Schatzberg, Walter (Hg.): The Jewish Response to German Culture: From the Enlightenment to the Second World War, Hanover; London 1985.

Reissner, Hanns Günther: Eduard Gans. Ein Leben im Vormärz, Tübingen 1965.

Renger, Almut-Barbara (Hg.): Erleuchtung. Kultur- und Religionsgeschichte eines Begriffs, Freiburg et al. 2016.

Revel, Bernard: The Karaite Halakhah and Its Relation to Sadducean, Samaritan and Philonian Halakhah, Part 1, Philadelphia 1913 [ND 1970; Whitefish 2010].

Ricca, Simone: Heritage, nationalism and the shifting symbolism of the Wailing Wall, in: *Jerusalem Quarterly* 24 (2005), S. 39–56.

Richarz, Monika (Hg.): Die Hamburger Kauffrau Glickl. Jüdische Existenz in der Frühen Neuzeit, Hamburg 2001.

Richarz, Monika: Frauen in Familie und Öffentlichkeit, in: Meyer, Michael A. (Hg.): Deutsch-Jüdische Geschichte in der Neuzeit, Bd. 3, München 1997, S. 69–100.

Riemer, Nathanael (Hg.): Einführung in die materiellen Kulturen des Judentums, Wiesbaden 2016.

Riemer, Nathanael (Hg.): Jewish Lifeworlds and Jewish Thought. Festschrift presented to Karl E. Grözinger on the Occasion of his 70th Birthday, Wiesbaden 2012.

Riesebrodt, Martin: Die Rückkehr der Religionen. Fundamentalismus und der „Kampf der Kulturen", München [2]2001.

Robbins, Lionel: An Essay on the Nature and Significance of Economic Science, London 1945.

Roemer, Nils: Memory, in: Roth, Laurence; Valman, Nadia (Hg.): The Routledge Handbook of Contemporary Jewish Cultures, London 2015, S. 162–171.

Rose, Sven-Erik: Jewish philosophical politics in Germany, 1789–1848, Waltham, MA 2014.

Rosenthal, Gilbert; Homolka, Walter: Das Judentum hat viele Gesichter. Eine Einführung in die religiösen Strömungen der Gegenwart, Berlin 2014.

Rosenzvi, Ishay: The Mishnaic Sotah Ritual: Temple, Gender and Midrash (= Supplements to the *Journal for the Study of Judaism*), Leiden 2012.

Roth, Cecil (Hg.): Encyclopaedia Judaica [Sigel: EJ], 16 Bände, Jerusalem; New York 1971–1972.

Roth, Laurence; Valman, Nadia (Hg.): The Routledge Handbook of Contemporary Jewish Cultures, London 2015.

Rothberg, Michael: Multidirectional Memory: Remembering the Holocaust in the Age of Decolonization, Stanford 2009.

Rothmüller, Erich Arthur: Masoretische Eigentümlichkeiten der Schrift, ihre Bedeutung und Behandlung im Talmudischen Schrifttum, Würzburg 1926.

Ruderman, David B.: Early Modern Jewry: A New Cultural History, Princeton 2010.

Rürup, Reinhard: Emanzipation und Antisemitismus. Studien zur „Judenfrage" der bürgerlichen Gesellschaft, Frankfurt/Main [2]1987.

Rutishauser, Christian M.: Jesus von Nazareth und Sabbatai Zwi oder das Scheitern des Messias, in: *Gregorianum* 87 (2006), S. 324–346.

Sabrow, Martin; Frei, Norbert (Hg.): Die Geburt des Zeitzeugen nach 1945, Göttingen 2012.

Sæbø, Magne (Hg.): Hebrew Bible / Old Testament. The History of Its Interpretation, Bd. I/1: Antiquity, Göttingen 1996; Bd. I/2: The Middle Ages, Göttingen 2000.

Samuel, Leonora: Accentuation, a Tool for Interpreting the Text of the Hebrew Bible, in: *Jewish Bible Quarterly* 33 (2005), S. 174–183.

Sandler, Newmann: Das Problem der Prophetie in der jüdischen Religionsphilosophie von Saadia bis Maimuni, Breslau 1891.

Saperstein, Marc (Hg.): Essential Papers on Messianic Movements and Personalities in Jewish History, New York 1992.

Sarna, Jonathan D.: American Judaism, New Haven 2004.

Satlow, Michael L.: Tasting the Dish: Rabbinic Rhetorics of Sexuality, Atlanta 1995.

Schäfer, Barbara (Hg.): Historikerstreit in Israel. Die „neuen" Historiker zwischen Wissenschaft und Öffentlichkeit, Frankfurt/Main; New York 2000.

Schäfer, Peter: Der verborgene und der offenbare Gott, Tübingen 1991.

Schäfer, Peter: Die Geburt des Judentums aus dem Geist des Christentums. Fünf Vorlesungen zur Entstehung des rabbinischen Judentums, Tübingen 2010.

Schäfer, Peter: Studien zur Geschichte und Theologie des Rabbinischen Judentums (= Arbeiten zur Geschichte des Antiken Judentums und des Urchristentums, Bd. 15), Leiden 1978.

Schaper, Joachim: The Written Word Engraved in Stone: The Interrelationship of the Oral and the Written and the Culture of Memory in Deuteronomy and Joshua, in: Barton, Stephen C. et al. (Hg.): Memory in the Bible and Antiquity, Tübingen 2007, S. 9–23.

Schapkow, Carsten: Iberian-Sephardic Jews as Cultural Mediators and the Case of German Jewry, in: Martinson, Steven D.; Schulz, Renate A. (Hg.): Transcultural German Studies/Deutsch als Fremdsprache (= *Jahrbuch für Internationale Germanistik,* Reihe A, Bd. 94), Bern 2008, S. 327–347.

Schapkow, Carsten: Vorbild und Gegenbild. Das iberische Judentum in der deutsch-jüdischen Erinnerungskultur 1779–1939, Köln 2011.

Schatz-Uffenheimer, R.: Hasidism as Mysticism: Quietistic Elements in Eighteenth Century Hasidic Thought, Jerusalem 1993.

Scheller, Benjamin: Die Bettelorden und die Juden, in: Huschner, Wolfgang; Rexroth, Frank (Hg.): Gestiftete Zukunft im mittelalterlichen Europa, Berlin 2008, S. 89–122.

Schiffman, Lawrence H.: The Halakhah at Qumran, Leiden 1975.

Schiffman, Lawrence H.; VanderKam, James C. (Hg.): Encyclopedia of the Dead Sea Scrolls, Oxford; New York 2000.

Schleifer, Eliyahu: Current trends of liturgical music in the Ashkenazi synagogue, in: *The World of Music* 37/1 (1995), S. 59–72.

Schmidt, Gilya Gerda: The art and artists of the fifth Zionist Congress 1901: Heralds of a new age, Syracuse 2003.

Schmidt, Patrick: Zwischen Medien und Topoi: Die Lieux de mémoire und die Medialität des kulturellen Gedächtnisses, in: Erll, Astrid; Nünning, Ansgar (Hg.): Medien des kollektiven Gedächtnisses: Konstruktivität – Historizität – Kulturspezifität (= Medien und kulturelles Gedächtnis, Bd. 1), Berlin 2004, S. 25–43.

Schnelle, Udo: Die ersten 100 Jahre des Christentums 30–130 n. Chr., Wien 2015.

Schoell-Glass, Charlotte: Aby Warburg und der Antisemitismus. Kulturwissenschaft als Geistespolitik, Frankfurt/Main 1998.

Schoeps, Hans-Joachim: Philosemitismus im Barock. Religions- und geistesgeschichtliche Untersuchungen, Tübingen 1952.

Schoeps, Hans-Joachim: Studien zur unbekannten Religions- und Geistesgeschichte, Göttingen u. a. 1963.

Schoeps, Julius H. (Hg.): Palästinaliebe. Leon Pinsker, der Antisemitismus und die Anfänge der nationaljüdischen Bewegung in Deutschland, Berlin; Wien 2005.

Schoeps, Julius H.: David Friedländer. Freund und Schüler Moses Mendelssohns, Hildesheim 2012.

Scholem, Gershom: Das Buch Bahir. Ein Schriftdenkmal aus der Frühzeit der Kabbala auf Grund der kritischen Neuausgabe, Leipzig 1923 [ND Darmstadt 1970].

Scholem, Gershom: Die Jüdische Mystik in ihren Hauptströmungen, Frankfurt/Main 1967.

Scholem, Gershom: Jewish Gnosticism, Merkabah Mysticism and Talmudic Tradition, New York 1960.

Scholem, Gershom: Von der mystischen Gestalt der Gottheit. Studien zu Grundbegriffen der Kabbala, Frankfurt/Main 1995.

Scholem, Gershom: Zur Kabbala und ihrer Symbolik, Frankfurt/Main 1973.

Scholem, Gershom: Sabbatai Zwi. Der mystische Messias, Frankfurt/Main 1992.

Scholem, Gershom: Überlegungen zur Wissenschaft vom Judentum, in: ders.; Schäfer, Peter (Hg.): Judaica 6, Frankfurt/Main 1997, S. 9–52.

Scholem, Gershom: Wissenschaft vom Judentum einst und jetzt, in: *Bulletin des Leo Baeck Instituts* 3 (1960), S. 10–20.

Schoor, Kerstin: Vom literarischen Zentrum zum literarischen Ghetto. Deutsch-jüdische literarische Kultur in Berlin zwischen 1933 und 1945, Göttingen 2010.

Schorsch, Ismar: Breakthrough into the past: The Verein für Cultur und Wissenschaft der Juden, in: *Leo Baeck Institute Yearbook* 33 (1988), S. 3–28.

Schorsch, Ismar: From Text to Context. The Turn to History in Modern Judaism, Hanover; London 1994.

Schorsch, Ismar: The Myth of Sephardic Supremacy, in: *Leo Baeck Institute Year Book* 34 (1989), S. 47–66.

Schöttler, Heinz-Günther: „Die Nachbarschaft von Juden und Christen – auf Augenhöhe". Zur Theologie und Praxis der christlich-jüdischen Beziehungen, in: Hierold, Alfred E. (Hg): „Umbruch" – ein Zeichen der Zeit. Kirche von Bamberg in der Welt von heute, Münster 2007 (= Bamberger Theologisches Forum, Bd. 11), S. 81–119.

Schreiner, Stefan: Christliche Theologie als Antwort auf die islamische Herausforderung. Eine historische Perspektive, in: Gharaibeh, Mohammad u. a. (Hg.): Zwischen Glaube und Wissenschaft. Theologie in Christentum und Islam, Regensburg 2015, S. 23–40.

Schreiner, Stefan: Das Zehnwort vom Sinai nach Rashīd ad-Dīn's „Geschichte der Kinder Israel", in: *Frankfurter Judaistische Beiträge* 28 (2001), S. 21–77.

Schreiner, Stefan: Religiöse Toleranz im Judentum? Die Karäer als halachischer Prüfstein – Mose Isserles' Entscheidung und ihre Folgen, in: Hüchtker, Dietlind; Kleinmann, Yvonne; Thomsen, Martina (Hg.): Reden und Schweigen über religiöse Diffe-

renz. Tolerieren in epochenübergreifender Perspektive, Göttingen 2013, S. 109–133.

Schröder, Bernd (Hg.): „Du sollst Dir kein Bildnis machen …". Bilderverbot und Bilddidaktik im jüdischen christlichen und islamischen Religionsunterricht, Berlin 2013.

Schroer, Silvia; Keel, Othmar: Die Ikonographie Palästinas/Israels und der Alte Orient. Vom ausgehenden Mesolithikum bis zur Frühbronzezeit, Freiburg 2005.

Schroeter, Daniel: Orientalism and the Jews of the Mediterranean, in: *Journal of Mediterranean Studies* 4 (1994), S. 183–196.

Schulte, Christoph (Hg.): Deutschtum und Judentum. Ein Disput unter Juden aus Deutschland, Stuttgart 1993.

Schulte, Christoph: Die jüdische Aufklärung. Philosophie, Religion, Geschichte, München 2002.

Schulte, Christoph: Franz Joseph Molitors Philosophie des Judentums, in: *Menora. Jahrbuch für deutsch-jüdische Geschichte* (1995), S. 47–64.

Schulte, Christoph: Psychopathologie des Fin de siècle. Der Kulturkritiker, Arzt und Zionist Max Nordau, Frankfurt/Main 1996.

Schulte, Christoph: Über den Begriff einer Wissenschaft des Judentums, in: *Aschkenas. Zeitschrift für Geschichte und Kultur der Juden* 7/2 (1997), S. 277–302.

Schulze, Reinhardt: Geschichte des Islam im 20. Jahrhundert, München 2003.

Schwarz, Johannes Valentin: Einige Worte an junge Frauenzimmer. Mädchen und Frauen als Zielpublikum jüdischer Periodika in Deutschland vor 1850, in: Lappin, Eleonore; Nagel, Michael (Hg.): Frauen und Frauenbilder in der europäisch-jüdischen Presse von der Aufklärung bis 1945, Bremen 2007, S. 35–54.

Schweikhart, Gunther (Hg.): Rudolf Hallo. Schriften zur Kunstgeschichte Kassel. Sammlungen – Denkmäler – Judaica, Kassel 1983.

Sed-Rajna, Gabrielle; Amishai-Maisels, Ziva; Jarrassé, Dominique; Klein, Rudolf; Reich, Ronny; Marcou, Léa: L'art juif, Paris 1995 (dt. Ausg: Die jüdische Kunst, Freiburg 1997).

Segal, Ben-Tsiyon (Hg.): The Ten Commandments in History and Tradition, Jerusalem 1990.

Segal, Peretz: Jewish Law during the Tannaitic Period, in: N. S. Hecht; B. S. Jackson; S. M. Passamaneck (Hg.): An Introduction to the History and Sources of Jewish Law, Oxford 1996.

Segal, Robert A.; Stuckrad, Kocku von (Hg.): Vocabulary for the Study of Religion, 3 Bde., Leiden; Boston 2015.

Segev, Tom: Die ersten Israelis. Die Anfänge des jüdischen Staates, München 2008.

Segev, Tom: Die siebte Million. Der Holocaust und Israels Politik der Erinnerung, Reinbek 1995.

Seidel, Esther: „Jüdische Philosophie" in nichtjüdischer und jüdischer Philosophiegeschichtsschreibung, Frankfurt/Main 1984.

Seidel, Esther: Zacharias Frankel und das Jüdisch-Theologische Seminar, Berlin 2013.

Sela, Avraham: The „Wailing Wall" riots (1929) as a watershed in the Palestine conflict, in: *Muslim World* 84 (1994), S. 60–94.

Shanks, Hershel: Where Is Mount Sinai? The Case for Har Karkom and the Case for Saudi Arabia, in: *Biblical Archaeology Review* 40/2 (2014), S. 30–41, S. 66–68.

Shapira, Anita: Ben-Gurion: Father of Modern Israel, Hew Haven 2014.

Shapira, Anita: Land and Power: The Zionist Resort to Force, 1881–1948, Stanford 1991.

Shapiro, Marc B.: The Limits of Orthodox Theology: Maimonides' Thirteen Principles Reappraised, Oxford; Portland 2004.

Shatzky, Jacob: Sefardim in Zamoshch, in: *Yivo bleter* 35 (1951), S. 93–120 [Jidd.].

Shavit, Yaacov; Eran, Mordechai (Hg.): The Hebrew Bible Reborn: From Holy Scripture to the Book of Books. A History of Biblical Culture and the Battles over the Bible in Modern Judaism, Berlin 2007.

Shear, Adam: Judah Halevi's Kuzari: The Reinterpretation and Reimagining of a Medieval Work, in: Brann, Ross; Sutcliffe, Adam (Hg.): Renewing the Past, Reconfiguring Jewish Culture: From Al-Andalus to the Haskalah, Philadelphia 2004, S. 71–92

Shenhav, Yehouda: The Arab Jews: A Postcolonial Reading of Nationalism, Religion, and Ethnicity, Stanford 2006.

Shilo-Cohen, Nurit: Bezalel 1906–1929, Jerusalem 1983.

Shire, Michael (Hg.): Die Pessach Haggada. Mit Illustrationen aus Handschriften der British Library, Berlin 2001.

Shohat, Ella: Sephardim in Israel: Zionism from the Standpoint of its Jewish Victims, in: *Social Text* 19–20 (1988), S. 1–35.

Shohat, Ella: The Invention of the Mizrahim, in: *Journal of Palestine Studies* 29/1 (1999), S. 5–20.

Siegert, Folker (Hg.): Israel als Gegenüber, Göttingen 2000.

Silver, Larry; Baskind, Samantha: Looking Jewish: The State of Research in Modern Jewish Art, in: *The Jewish Quarterly Review* 101 (2011), S. 631–652.

Simon, Heinrich; Simon, Marie: Geschichte der jüdischen Philosophie, München 1984.

Simon, Hermann: Das Berliner Jüdische Museum in der Oranienburger Straße. Geschichte einer zerstörten Kulturstätte, Teetz 2000.

Simon, Hermann; Schütz, Chana C.: Auf der Suche nach einer verlorenen Sammlung. Das Berliner Jüdische Museum 1933–1938, Berlin 2011.

Sirat, Colette: La Philosophie juive médiévale en terre d'Islam, Paris 1988.

Skolnik, Jonathan: Jewish Pasts, German Fictions: History, Memory, and Minority Culture in Germany, 1824–1955, Stanford 2014.

Smelik, Willem F.: Rabbis, Language and Translation in Late Antiquity, Cambridge 2013.

Sommer, Benjamin D. (Hg.): Jewish Concepts of Scripture – a comparative introduction, New York 2012.

Sorkin, David: Beyond the East-West Divide: Rethinking the Narrative of the Jews' Political Status in Europe, 1600–1700, in: *Jewish History* 24/3–4 (2010), S. 247–256.

Soussloff, Catherine M.: The New Jewish Visual Studies: A Historiographical Review, in: *Images* 3 (2009), S. 102–118.

Soussloff, Catherine M. (Hg.): Jewish Identity in Modern Art History, Berkeley 1999.

Spanier, Arthur: Die massoretischen Akzente; eine Darlegung ihres Systems nebst Beiträgen zum Verständnis ihrer Entwicklung (= Veröffentlichungen der Akademie für die Wissenschaft des Judentums, Berlin / Sprachwissenschaftliche Sektion, Bd. 1), Berlin 1927.

Sperber, Daniel: The Jewish Life Cycle: Custom, Lore and Iconography. Jewish Customs from the Cradle to the Grave, Oxford; New York 2008.

Spinoza, Baruch de: Theologisch-Politischer Traktat, Hamburg 1984.

Stanislawski, Michael: The Yiddish „Shevet Yehudah": A Study in the „Ashkenization" of a Spanish-Jewish Classic, in: Carlebach, Elisheva; Efron, John M.; Myers, David N. (Hg.): Jewish History and Jewish

Memory: Essays in Honor of Yosef Hayim Yerushalmi, Hanover, NH 1998, S. 134–149.

Stanislawski, Michael: Zionisms and the Fin de Siecle, Berkeley; Los Angeles; London 2001.

Stauber, Roni: The Holocaust in Israeli Public Debate in the 1950s: Ideology and memory, London 2007.

Stausberg, Michael (Hg.): Contemporary Theories of Religion, London; New York 2009.

Stein, Sarah Abrevaya: Assymetric Fates: Secular Yiddish and Ladino Culture in Comparison, in: *The Jewish Quarterly Review* 96/4 (2006), S. 498–509.

Stein, Sarah Abrevaya: Making Jews Modern: The Yiddish and Ladino Press in the Russian and Ottoman Empires, Bloomington 2004.

Steinberg, Leo: The Sexuality of Christ in Renaissance Art and in Modern Oblivion, Chicago; London ²1996.

Steiner, George: In Blaubarts Burg. Anmerkungen zur Neubestimmung der Kultur, Wien; Zürich 1991.

Steiner, George: Sprache und Schweigen. Essays über Sprache, Literatur und das Unmenschliche, Frankfurt/Main 1973.

Steinschneider, Moritz (Hg.): Hebräische Bibliothek, 21 Bde., Berlin 1858–1882.

Stemberger, Günter: Einleitung in Talmud und Midrasch, München ⁹2011.

Stemberger, Günter: Judaica Minora, 2 Bde., Tübingen 2010.

Stemberger, Günter: Jüdische Religion, München ⁷2015.

Stemberger, Günter: Mose in der rabbinischen Tradition, Freiburg; Basel; Wien 2016.

Stern, Menachem: Greek and Latin Authors on Jews and Judaism, Jerusalem 1974–1984.

Stern, Selma: Der preußische Staat und die Juden, I/2, Tübingen 1962.

Sternhell, Zeev: The Founding Myths of Israel, Princeton 1998.

Stillman, Norman A.: The Islamic Component of Jewish Studies, in: *Association for Jewish Studies Perspectives* (Spring 2012), S. 6–8.

Stock, Brian: The Implications of Literacy: Written Language and Models of Interpretation in the Eleventh and Twelfth Centuries, Princeton 1983.

Stollberg-Rilinger, Barbara: Rituale (= Historische Einführungen), Frankfurt/Main 2013.

Stollberg-Rilinger, Barbara (Hg.): „Als Mann und Frau schuf er sie". Religion und Geschlecht, Würzburg 2014.

Stone, Michael E. (Hg.): Jewish Writings of the Second Temple Period: Apocrypha, Pseudepigrapha, Qumran Sectarian Writings, Philo, Josephus (= Compendia Rerum Iudaicarum ad Novum Testamentum, Section II, Bd. 2), Assen; Philadelphia; Leiden 1984.

Storper-Perez, Danielle; Goldberg, Harvey E.: Meanings of the Western Wall, in: Goldberg, Harvey E. (Hg.): The Life of Judaism, Berkeley 2001, S. 173–193.

Stosch, Klaus von; Isik, Tuba (Hg.): Prophetie in Islam und Christentum (= Beiträge zur komparativen Theologie, Bd. 8), Paderborn; München; Wien; Zürich 2013.

Strauss, Herbert A.; Hoffmann, Christhard (Hg.): Juden und Judentum in der Literatur, München 1985.

Strauss, Leo: Philosophie und Gesetz, Berlin 1935.

Studemund-Halévy, Michael (Hg.): A Sefardic Pepper-Pot in the Caribbean: History, Language, Literature, and Art, Barcelona 2016.

Studemund-Halévy, Michael (Hg.): Sefarad in Österreich Ungarn, in: *transversal* 13 (2012), S. 5–80.

Studnicki-Gizbert, Daviken: A Nation upon the Ocean Sea: Portugal's Atlantic Diaspora and the Crisis of the Spanish Empire, 1492–1640, Oxford 2007.

Stutschewsky, Joachim: Mein Weg zur jüdischen Musik, Wien 1935.

Suchy, Barbara: Die jüdischen wissenschaftlichen Zeitschriften in Deutschland von den Anfängen bis zum Ersten Weltkrieg, in: Carlebach, Julius (Hg.): Wissenschaft des Judentums = [Hokhmat Yiśra'el]: Anfänge der Judaistik in Europa, Darmstadt 1992, S. 180–198.

Sutcliffe, Adam: Can a Jew Be a Philosophe? Isaac de Pinto, Voltaire, and Jewish Participation in the European Enlightenment, in: *Jewish Social Studies* NS 6/3 (2000), S. 31–51.

Tamari, Meir: With All Your Possessions: Jewish Ethics and Economic Life, Jerusalem 1998.

Ta-Shma, Israel: Creativity and Tradition: Studies in Medieval Rabbinic Scholarship, Literature and Thought, Cambridge, MA 2007.

Ta-Shma, Israel: Rabbi Joseph Caro and his Beit Yosef: Between Spain and Germany, in: Beinart, Haim (Hg.): Moreshet Sepharad: The Sephardi Legacy, 2 Bde., Jerusalem 1992, S. 192–206.

Taylor, Mark C. (Hg.): Critical Terms for Religious Studies, Chicago 1998.

Terdiman, Richard: Present Past: Modernity and the Memory Crisis, Ithaca 1993.

Teveth, Shabtai: Ben-Gurion and the Palestinian Arabs, Oxford 1985.

The Jewish Publication Society (Hg.): JPS Torah Commentary Project, Philadelphia 1989.

Theißen, Gerd: Studien zur Soziologie des Urchristentums, Tübingen 1989.

Thieberger, Friedrich; Rabin, Else (Hg.): Jüdisches Fest, Jüdischer Brauch, Berlin 1937 [ND Königstein/Ts. ²1985].

Toch, Michael (Hg.): Wirtschaftsgeschichte der mittelalterlichen Juden. Fragen und Einschätzungen, München 2008.

Toch, Michael: Die jüdische Frau im Erwerbsleben des Spätmittelalters, in: Carlebach, Julius (Hg.): Zur Geschichte der jüdischen Frau in Deutschland, Berlin 1993, S. 37–48.

Tomson, Peter J. (Hg.): The Literature of the Sages, First Part: Oral Tora, Halakha, Mishna, Tosefta, Talmud, External Tractates (= Compendia Rerum Iudaicarum ad Novum Testamentum, Section II, Bd. III/1), Assen; Maastricht; Philadelphia 1987.

Tov, Emanuel: Der Text der Hebräischen Bibel. Handbuch der Textkritik, Stuttgart 1997.

Trautmann-Waller, Céline: Philologie allemande et tradition juive: le parcours intellectuel de Leopold Zunz, Paris 1998.

Tsadik, Daniel: Between Foreigners and Shi'is: Nineteenth-Century Iran and its Jewish Minority, Stanford 2007.

Tumarking-Goodman, Susan (Hg.): The Emergence of Jewish Artists in Nineteenth-Century Europe, New York 2001.

Turniansky, Chava: Die Erzählungen in Glikl von Hamelns Werk und ihre Quellen, in: Müller, Christiane E.; Schatz, Andrea (Hg.): Der Differenz auf der Spur. Frauen und Gender in Aschkenas, Berlin 2004, S. 121–148.

Tzameret-Kertcher, Hagar: The Gender Index. Gender Inequality in Israel, Jerusalem 2014.

Ubbens, Irmtraud: Moritz Goldstein: „…die anderen fühlen uns ganz undeutsch". 100 Jahre Deutsch-jüdischer Parnaß. Eine Kulturdebatte in der jüdischen Presse (1912), in: *Medaon – Magazin für jüdisches Leben in Forschung und Bildung* 7/12 (2013), S. 1–6.

Ucko, Siegfried: Geistesgeschichtliche Grundlagen der Wissenschaft des Judentums (Motive des Kulturvereins vom Jahre 1819), in: *Zeitschrift für die Geschichte der Juden in Deutschland* 5 (1935), S. 1–34.

Ulrich, Eugene: The Biblical Qumran Scrolls. Transcriptions and Textual Variants (= Vetus Testamentum Supplements, Bd. 134), Leiden; Boston 2010.

Ulrich, Eugene: The Dead Sea Scrolls and the Developmental Composition of the Bible (= Vetus Testamentum Supplements, Bd. 169), Leiden; Boston 2015.

Urbach, Ephraim E.: The Sages, their Concepts and Beliefs, 2 Bde, Jerusalem ²1979.

Veltri, Giuseppe: Altertumswissenschaft und Wissenschaft des Judentums. Leopold Zunz und seine Lehrer F. A. Wolf und A. Böckh, in: Markner, Reinhard; Veltri, Giuseppe (Hg.): Friedrich August Wolf. Studien, Dokumente, Bibliographie, Stuttgart 1999, S. 32–47.

Vianello, Mino; Caramazza, Elena: Gender, Raum und Macht. Auf dem Weg zu einer postmaskulinen Gesellschaft, Opladen 2007.

Vink, Wieke: Creole Jews: Negotiating Community in Colonial Suriname, Leiden 2010.

Wallenborn, Hiltrud: Portugiesische Nation und hochdeutsche Juden. Die Hamburger sephardische Gemeinde und die Ansiedlung von aschkenasischen Juden im Hamburger Raum, in: *Menora* 8 (1997), S. 121–149.

Washofsky, Mark: Jewish Living: A Guide to Contemporary Reform Practice, New York 2010.

Washton Long, Rose-Carol; Baigell, Matthew; Heyd, Milly (Hg.): Jewish Dimensions in Modern Visual Culture: antisemitism, assimilation, affirmation, Waltham 2010.

Waszek, Norbert (Hg.): Eduard Gans (1797–1839). Hegelianer – Jude – Europäer. Texte und Dokumente, Frankfurt/Main 1991.

Waszek, Norbert: „Wissenschaft und Liebe zu den Seinen". Eduard Gans und die hegelianischen Ursprünge der „Wissenschaft des Judenthums", in: Blänkner, Reinhard; Göhler, Gerhard; Waszek, Norbert (Hg.): Eduard Gans (1797–1839). Politischer Professor zwischen Restauration und Vormärz, Leipzig 2002, S. 71–103.

Waszek, Norbert: Die jüdische Aufklärung (Haskala) um Moses Mendelssohn, in: Hofmann, Michael (Hg.):

Aufklärung. Epoche – Autoren – Werke, Darmstadt 2013, S. 107–124.

Waszek, Norbert: Hegel, Mendelssohn, Spinoza. Beiträge der Philosophie zur Wissenschaft des Judentums. Eduard Gans und die philosophischen Optionen des „Vereins für Kultur und Wissenschaft der Juden", in: *Menora. Jahrbuch für deutsch-jüdische Geschichte* 10 (1999), S. 187–215.

Waszek, Norbert: War Eduard Gans (1797–1839) der erste Links- oder Junghegelianer? in: Quante, Michael; Mohseni, Amir (Hg.): Die linken Hegelianer. Studien zum Verhältnis von Religion und Politik im Vormärz, Paderborn 2015, S. 29–51.

Weber, Annette; Radjai-Ordoubadi, Jihan: Jüdische Sammler und ihr Beitrag zur Kultur der Moderne. Jewish Collectors and Their Contribution to Modern Culture, Heidelberg 2011.

Weber, Max: Die Wirtschaftsethik der Weltreligionen. Das antike Judentum, Tübingen ⁸1986.

Weinstock, Nathan; Sephiha, Vidal: Yiddish and Judeo-Spanish: A European Heritage, Brüssel 1997.

Weiß, Volker: Moses Hess. Rheinischer Jude, Revolutionär und Zionist, Köln 2015.

Weiss, Yfaat: Verdrängte Nachbarn: Wadi Salib – Haifas enteignete Erinnerung, Hamburg 2012.

Werblowski, R. J. Z.: Josef Karo: Lawyer and Mystic, Philadelphia 1980.

Werner, Eric: The Sacred Bridge: vol 1: Liturgical Parallels in Synagogue and Early Church, New York 1963; vol. 2: The Interdependence of Liturgy and Music in Synagogue and Church during the First Millennium, Jersey City 1985.

Whitfield, Stephen J.: In Search of American Jewish Culture, Hanover 1999.

Wickes, William: A Treatise on the Accentuation of the Three so-called Poetical Books of the Old Testament, Psalms, Proverbs, and Job, Oxford 1881.

Wickes, William: A Treatise on the Accentuation of the Twenty-one so-called Prose Books of the Old Testament, Oxford 1887.

Wieder, Naphtali: The Judean Scrolls and Karaism, London 1962.

Wiese, Christian et al. (Hg.): Jüdische Existenz in der Moderne. Abraham Geiger und die Wissenschaft des Judentums, Berlin 2013.

Wieseltier, Leon: Kaddish, New York 2000.

Wilhelm, Kurt (Hg.): Wissenschaft des Judentums im deutschen Sprachbereich. Ein Querschnitt, 2 Bde., Tübingen 1967.

Wilke, Carsten: Sephardi and Ashkenazi Conceptions of World History: From Gedaliah ibn Yahya to David Gans, in: *Judaica Bohemiae* 51/1 (2016), S. 111–126.

Winder, Alex: The „Western Wall" riots of 1929: Religious boundaries and communal violence, in: *Journal of Palestine Studies* 42 (2012), S. 6–23.

Wistrich, Robert S.; Ohana, David (Hg.): The Shaping of Israeli Identity: Myth, Memory and Trauma, London 1995.

Wistrich, Robert S.: Antisemitism: The Longest Hatred, New York 1991.

Wohl von Haselberg, Lea (Hg.): Hybride jüdische Identitäten. Gemischte Familien und patrilineare Juden, Berlin 2015.

Wohl von Haselberg, Lea: Und nach dem Holocaust? Jüdische Spielfilmfiguren im (west-)deutschen Film und Fernsehen nach 1945, Berlin 2016.

Wohlman, Avital: Thomas d'Aquin et Maïmonide. Un dialogue exemplaire, Paris 1988.

Wolfson, Harry Austryn: Crescas' Critique of Aristotle, Cambridge, MA 1929.

Xeravits, Géza G.; Porzig, Peter: Einführung in die Qumranliteratur. Die Handschriften vom Toten Meer, Berlin; Boston 2015.

Yagel, Abraham ben Hanina: A Valey of Vision, Philadelphia 1990.

Yeivin, Israel: Introduction to the Tiberian Masorah (= Masoretic Studies, Bd. 5), New York 1980; 2005.

Yerushalmi, Yosef Hayim (Hg.): Usages de l'oubli. Colloques de Royaumont, Paris 1988.

Yerushalmi, Yosef Hayim: Freuds Moses. Endliches und unendliches Judentum, Berlin 1992.

Yerushalmi, Yosef Hayim: Zachor: Erinnere Dich! Jüdische Geschichte und jüdisches Gedächtnis, Berlin 1988 (EA Seattle 1982).

Yoder, Christine Roy: The Women of Substance: A Socioeconomic Reading of Proverbs 1–9 and 31:10–31, in: *Zeitschrift für die alttestamentarische Wissenschaft* 304 (2001), S. 427–447.

Yuval, Israel: Zwei Völker in deinem Leib. Gegenseitige Wahrnehmung von Juden und Christen, Göttingen 2007.

Zafrani, Haim: Kabbale vie Mystique et Magie, Paris 1986.

Zalmona, Yigal: A Century of Israeli Art, Farnham 2013.

Zeller, Dieter: Christus unter den Göttern, Stuttgart 1993.

Zemer, Moshe: Jüdisches Religionsgesetz heute. Progressive Halacha, Neukirchen 1999.

Zemon Davis, Natalie: Women's History in Transition: The European Case, in: *Feminist Studies* 3 3/4 (1976), S. 83–103.

Zentralrat der Juden in Deutschland; Schweizerischer Israelitischer Gemeindebund (Hg.): „Lehre mich, Ewiger, Deinen Weg". Ethik im Judentum, Berlin 2015.

Zertal, Idith: Nation und Tod, Göttingen 2003.

Zerubavel, Yael: Antiquity and the Renewal Paradigm: Strategies of Representation and Mnemonic Practices in Israeli Culture, in: Mendels, Doron: On Memory, Bern 2007, S. 331–348.

Zerubavel, Yael: Recovered Roots: Collective Memory and the Making of Israeli National Tradition, Chicago 1995.

Zerubavel, Yael: The Historic, the Legendary, and the Incredible: Invented Tradition and Collective Memory in Israel, in: Gillis, John R. (Hg.): Commemorations: The Politics of National Identity, Princeton 1996, S. 105–126.

Zerubavel, Yael: Transhistorical Encounters in the Land of Israel: On Symbolic Bridges, National Memory, and the Literary Imagination, in: *Jewish social studies* 11 (2004/2005), S. 115–140.

Zevi, Bruno: Arquitetura e judaismo: Mendelssohn, Sao Paulo 2002.

Zimmels, H. J.: Ashkenazim and Sephardim: Their Relations, Differences and Problems as Reflected in the Rabbinical Responsa, London 1958.

Zinvirt, Yaacov: Tor zum Talmud, Münster et. al. 2009.

Zipperstein, Steven J.: Elusive Prophet: Ahad Ha'am and the Origins of Zionism, Berkeley 1993.

Zohar, Zion: (Hg.): Sephardic and Mizrahi Jewry: From the golden Age to Modern Times, New York 2005.

Zunz, Leopold: Etwas über die rabbinische Litteratur, Berlin 1818, in: ders.: Gesammelte Schriften, Berlin 1875 [ND Hildesheim 1976].

ZWdJ: Zeitschrift für die Wissenschaft des Judenthums, hg. von dem Verein für Cultur und Wissenschaft der Juden, Redakteur Zunz, Leopold, Berlin 1822–1823 [Nachdruck in einem Band: Hildesheim; New York 1976].

Zwiep, Irene: The *Wissenschaft des Judentums* and the visual, in: *Jewish Culture and History* 12 (2010), S. 411–425.

Studien-, Lehr- und Forschungsbereiche

Bundesrepublik Deutschland

Zentrum Jüdische Studien Berlin-Brandenburg
Sophienstr. 22a
10178 Berlin
http://www.zentrum-juedische-studien.de/

Universität Bamberg
Professur für Judaistik
An der Universität 5
96045 Bamberg
https://www.uni-bamberg.de/orientalistik/judaistik/

Freie Universität Berlin
Fachbereich Geschichts- und Kulturwissenschaften
Institut für Judaistik
Fabeckstraße 23–25
14195 Berlin
http://www.geschkult.fu-berlin.de/e/judaistik/

Heinrich-Heine-Universität Düsseldorf
Philosophische Fakultät
Abteilung für Jüdische Studien
Universitätsstr. 1
40225 Düsseldorf
http://www.juedische-studien.hhu.de/

Universität Erfurt
Fachbereich Religionswissenschaften
Lehrstuhl Judaistik
Nordhäuser Str. 63
99089 Erfurt
https://www.uni-erfurt.de/religionswissenschaft/
judaistik/

Goethe-Universität Frankfurt am Main
Seminar für Judaistik
Senckenberganlage 31
60325 Frankfurt/Main
http://www.uni-frankfurt.de/42965591/home

Goethe-Universität Frankfurt am Main
Martin-Buber-Professur
Fachbereich Evangelische Theologie
Grüneburgplatz 1
60323 Frankfurt/Main
http://www.uni-frankfurt.de/40998908/profil?

Albert-Ludwigs-Universität Freiburg im Breisgau
Orientalisches Seminar
Studiengang Judaistik
Platz der Universität 3
79085 Freiburg
http://www.orient.uni-freiburg.de/judaistik/index.html

Martin-Luther-Universität Halle-Wittenberg
Philosophische Fakultät
Seminar für Judaistik/Jüdische Studien
Großer Berlin 14
06108 Halle/Saale
http://www.judaistik.uni-halle.de/

Hochschule für Jüdische Studien Heidelberg
Landfriedstraße 12
69117 Heidelberg
http://www.hfjs.eu/

Universität zu Köln
Philosophische Fakultät
Martin-Buber-Institut für Judaistik
Kerpener Str. 4
50937 Köln
http://judaistik.phil-fak.uni-koeln.de/21911.html

Johannes Gutenberg-Universität Mainz
Evangelisch-Theologische Fakultät
Professur für Judaistik
Saarstr. 21
55122 Mainz
http://www.ev.theologie.uni-mainz.de/307.php/

Ludwig-Maximilians-Universität München
Fakultät für Kulturwissenschaften
Institut für den Nahen und Mittleren Osten
Abteilung für Judaistik
Veterinärstr. 1
80539 München
http://www.naher-osten.uni-muenchen.de/institut/
judaistik/index.html

Universität Paderborn
Zentrum für Komparative Theologie
und Kulturwissenschaften (ZeKK)
Jüdische Studien
Warburger Str. 100
33098 Paderborn
https://kw.uni-paderborn.de/zekk/was-ist-das-zekk/
juedische-studien/

Universität Potsdam
Philosophische Fakultät
Institut für Jüdische Studien und Religionswissenschaft
Am Neuen Palais 10
14469 Potsdam
http://www.uni-potsdam.de/js-rw/

Eberhard Karls Universität Tübingen
Evangelisch-Theologische Fakultät
Seminar für Religionswissenschaft und Judaistik/
Institutum Judaicum
Liebermeisterstraße 12
72076 Tübingen
http://www.uni-tuebingen.de/fakultaeten/
evangelisch-theologische-fakultaet/lehrstuehle-
und-institute/religionswissenschaft-und-judaistik/
religionswissenschaft-und-judaistik/home.html

Universität Trier
Fachbereich Germanistik
Studiengang Jiddistik
45286 Trier
http://www.uni-trier.de/?id=982

Österreich

Karl-Franzens-Universität Graz
Centrum für Jüdische Studien
Beethovenstraße 21
8010 Graz
https://juedischestudien.uni-graz.at/

Universität Salzburg
Zentrum für Jüdische Kulturgeschichte (ZJK)
Kapitelgasse 4–6
5020 Salzburg
http://www.uni-salzburg.at/index.php?id=142

Universität Wien
Institut für Judaistik
Spitalgasse 2, Hof 7.3
1090 Wien
http://www.univie.ac.at/Judaistik/

Schweiz

Universität Basel
Jüdische Studien
Leimenstrasse 48
4051 Basel
https://jewishstudies.unibas.ch/zentrum/

Universität Bern
Theologische Fakultät
Institut für Judaistik
Länggassstrasse 51
3012 Bern
http://www.judaistik.unibe.ch/

Universität Luzern
Kultur- und sozialwissenschaftliche Fakultät
Institut für Jüdisch-Christliche Forschung
Frohburgstrasse 3
6002 Luzern
https://www.unilu.ch/studium/studienangebot/
bachelor/kultur-und-sozialwissenschaftliche-fakultaet/
judaistik/

Personenregister